中研院歷史語言研究所集刊論文類編

歷史編·明清卷

三

中華書局

記朝鮮實錄中之「皇明全史」

兼論乾隆年刊行之明史

李　光　濤

所謂「皇明全史」，見於朝鮮肅宗實錄者凡三則，今錄如下：

二十三年丁丑（康熙三十六年）十二月癸亥，都承旨李玄錫上疏曰：「……妄謂皇明史記，雜亂無統，所謂昭代典則等書，不過朝報謄劄者也，或一事而散出，或微事而錯擬，律以綱目之義，大有逕庭。若裒取諸書，鬷括成書，則庶可以表揭不忘皇明之至意。矧今冠帶之國，遵用明制者，只我東耳，宏綱大猷，瞭然修整，則可以有辭於天下。遂乃不自忖量，思欲編摩，塗抹點列，幾乎五分之四，而身縻職事，何暇抽繹？由是而蕪沒膠廢，不得卒業，則臣實有死不瞑目者矣。倘蒙曲加矜憐，賜臣以六七載屏退，俾得專治筆硯，以底成書，或供乙夜之涉覽，或備震宮之繙閱。……」答曰：「……所陳志固可尚，古人有十年用功者，縱不解任，磨以歲月，從容卒業，不亦宜哉？」（卷三一葉六七）

二十九年癸未（康熙四十二年）十月壬辰，知事李玄錫卒。玄錫恬靜自守，上褒以不喜黨論，且有文名，嘗修皇明全史，書未成而卒。（卷三八下葉三四）

四十年甲午（康熙五十三年）九月癸卯，前叅奉李漢謙進其父故叅贊玄錫所撰明史三十二冊。詣闕陳疏，略陳纂史之指意，屬藁之顚末曰：「大復讐重討賊，嚴尊王黜夷之法，而素律無施，籍（藉）空文以見志，槩聖賢編史之意，勤苦可悲也。臣父研思積年，編選明史者，蓋其區區素畜，傷皇朝遺澤之既泯，痛今日大義之莫伸，而及伏覩我聖上御製隆堂詩，益感聖意之激烈，包括鎖錄，裒成明史一書，庶乎表揚聖意，仰贊宏猷，此其平素之積志也。不幸庚寅之春，草本纔成，而先臣遽罹劇疾，綿歲沉痼，癸未泣謂家人曰：來歲干支復續湣

灘，此實崇禎後一周甲也，仰惟睿念，亦必增感於此歲，而志士之痛柰深矣。
吾雖疾篤，必欲磨礪精神，整完此書，趁來甲申三月前上進，則死可瞑目矣。
遂發箱篋，力疾考證，刪整未訖，凶禍遽迫，先臣積勤之苦志，無以顯著於聖
世矣。何幸今日聖睿猶記，收進遺書，先臣平素之積志，庶可仰暴天鑑，則十
年齎志之冥魂，亦將感泣於泉下矣。」上答以省爾疏辭，繼覽冊子，可見先卿
用功之勤也。(卷五五葉二〇)

右記「皇明全史，」又簡稱「明史，」凡三十二冊，據作者李玄錫自述，當康熙三十六
年，其已完成者，「幾已五分之四，」參此一言，也就是說還有五分之一正在繼續撰述
中。而如所謂「五分之四」所已經過的歲月究竟有多少，可不必細算。現在姑就未完
成部分「五分之一」言之，參康熙四十二年記事，計又歷時六載，作者竟致「未成書
而卒，」可謂「死不瞑目，」厥後乃由其子李漢謙續成之，於康熙五十三年始以全帙進
呈於國王。據此，可見皇明全史一書，原係李氏父子兩代之作，前後通計數十年始克
完成，則是這部史書之傳世，我想，比之班固之續成其父西漢書，正可兩相媲美的。

　　再，還有皇明全史作者關于其初所有撰述之動機，亦當拈出一談，如其言有曰：
「妄謂皇明史記，雜亂無統，所謂昭代典則等書，不過朝報謄劄者也，或一事而散
出，或微事而錯擬，律以綱目之義，大有逕庭。」按所謂皇明史記，與清人所修之明
史並非一事，因清人之纂修明史，雖曰於順治二年五月開館，然由於或作或止，兼之
又有一些有關「建州」的史例，必須久而後定，所以一直延至乾隆四年才奉旨准予頒行
的。同時還有這部明史之通行，由其時的朝鮮言之，一時也不易見到，因清人對于凡
關史書之類一向都是禁止出境的。至若李玄錫所據之皇明史記，參王氏東華錄，當係
明人所撰之書，如康熙四年十月己巳御史顧如華奏，有「查明史舊有刊本」之說。而
這一「明史舊刊本，」考之朝鮮實錄亦有明白之記錄，如英宗實錄卷四十八葉十一載：
「初康熙時，有買來皇明十六朝紀者。」此書本為朝鮮使臣赴燕之行潛貿而來，即明萬
曆中陳建所撰之「皇明通紀，」明亡之後，董其昌更有「皇明通紀續編」之作，其實此
二者合而言之或許正形成一書，也就是不外像英宗實錄所說的甚麼「皇明十六朝紀」
一書而已。不意此書自傳到東國之後，乃致引起了該國儒臣李玄錫氏之注意，以為是
編既成於明人之手，「律以孔子作春秋在魯則諱」之義當然史之真實性也就不免有了問

題的，因而他才說出了一些「雜亂無統」以及「律以綱目之義大有逕庭」的話，認爲就「史以傳信」四字而論，實有重寫之必要，於是乎所謂「皇明全史」也就因此之故而見於東國了。

又，李玄錫氏尙撰有「明史綱目」一書，見英宗實錄卷五十四葉十六。是書與「皇明全史」是否爲一事，吾人似無注意之必要，總因我們現在的取義，只在尋求書之內容不失爲信史足資吾人之研究而已。有如「明史綱目」卽係採取這種意義而乃是「據實直書」的，姑據英宗實錄取例如下：

十七年辛酉（乾隆五年）九月乙丑，掌令宋時涵上疏言：「……本朝之事皇明，無異內服，爲尊者諱，春秋之書法。臣伏見李玄錫所編明史綱目，則其立綱之文，任意褒貶，當諱而不諱者，至於入梓進御，其將流傳於百代，玄錫固不足責，而我殿下尊周之誠，恐有竊議者矣，臣謂亟命儒臣改正焉。」上下嚴批不從。初，玄錫編明史綱目，至靖難事，特書曰：「燕王某舉兵。」上以其事問領議政金在魯，在魯對曰：「明朝雖爲父母之邦，不爲綱目則已，爲之，則成祖御諱，亦何可不書。」左議政宋寅明曰：「孔子作春秋，在魯則諱，在周則不甚諱，作史者豈可無褒貶乎？」上以爲然，置之。

由「作史者豈可無褒貶」一言，見東國儒者治史之公，而如明人所寫的「皇明十六朝紀，」則係以明人言明事，尤其是關于朝廷之措施，當然有很多失政的行爲，還不是本着甚麼「爲尊者諱」的那一套都是略而不載的。大抵言之，有善則揚，有惡則隱，所以歷代的一些聖帝賢王都在這種情形之下才能夠「永有辭於天下後世」的。今者吾人由於讀朝鮮實錄所見之史料，其性質正是所謂一堆「生材料」，姑就宣德一朝言之，其侵擾朝鮮之處眞是書不勝書，有如鷹犬等物之頻頻求索，便是其時朝鮮一大害。同時還有奉命而至東國者都是些無知的太監，此輩平日多視朝鮮爲奇貨，一至該國，大都恣意地貪求無所不用其極。於是乎國王因不勝其擾而乃至常常發爲慨歎之言曰：「不明之君在上，宦官用事，則雖中朝之人尙且畏縮，況在海外之國，豈可守正而不事之哉？」又有曰：「自古天下國家之亂，由于宦寺，奉使而來者，皆此輩也，則上國之政可知矣。」凡此之類，使「皇明全史」的作者李玄錫父子如亦注意及此，則其收入「皇明全史」之處，說起來又都是「有貶而無褒」的。特據世宗實錄轉錄若干於後，俾

治明史者不難作爲考證之用：

①十年戊申(宣德三年)七月丁巳，視事，上曰：「……向者尹鳳告予曰：歲丙午，帝使內史田獵，侵擾民間。御史入奏曰：人主不食野獸，毋使內史獵之，使其驕恣。帝怒曰：爾使我勿食野獸，是野獸便於汝也。卽投畀猛豹咥齕之，不死，更斬之。鳳之意以爲帝非枉殺諫官，御史自取之也。」(卷四十一葉十五)

②十一年己酉(宣德四年)十一月甲辰，使臣金滿入京，上率王世子及百官迎勅于慕華館，還宮行禮如儀。勅曰：「惟王聰明特達，恭事朝廷，前遣人所進海靑鷹犬，足見王之至誠，朕深嘉悅。茲遣內官金滿齎勅諭王，特賜白磁器十五卓。王國中有好海靑及籠黃鷹犬，尋訪進來，尤見王之美意。故茲勅諭，宜體至懷。」羣臣及耆英宰樞咸造欲賀，命停之。(卷四十六葉六)

③戊午，受朝叅，視事……禮曹判書申商啓：「海靑本非我國所產，皇帝求索無有紀極，若多獻，則必謂易捕以成格例，將來之弊，莫之勝說，不可多獻。」上曰：「曩捕獲數連欲獻之際，大臣等云：數進鷹犬，逢君之惡，非也。此誠至論。然以外國，旣不能面折庭爭，至於降詔萬里之外而拒命，其可乎？今多獲而減獻以欺天聰，予心未安，莫如盡數以進，自盡其道也。況隨獲隨進又有聖旨乎？且今不委遣採訪，而降勅於予，不可不盡心也，若生巧計而不盡心，則恐或差人採訪矣，然則受弊尤甚矣。」(卷四十六葉十)

④己未，受常叅，視事。上謂左右曰：「……今來內史眞立，雖是我國之人，帝所信任而權重者，迎接之禮雖異於使臣，贈遺之物宜失於厚。其以正三品爲接伴使，並賜頭目鞍馬衣服。」(卷四十六葉十一)

⑤十二月乙酉，計稟使恭寧君裀奉勅囘自京師……勅曰：「自今朝廷所遣內官內史人等至王國中，王但以禮待之，毋贈遺以物，朝廷凡取索物件，惟憑御寶勅書應付，若口傳朕之言語取索，及非理需求者，悉勿聽。王父子敬事朝廷，多歷年歲，愈久愈篤，朕所深知，非左右近習所能間也，王無慮焉。」(卷四十六葉十八)

⑥十二年庚戌(宣德五年)七月乙卯，上率羣臣迎勅于慕華樓……勅曰：「王國中所產諸品海味嘉魚、及豹、大犬、海靑、好鷹、白黃鷹，可採取進來。」(卷四十九

葉四)

⑦八月辛未，命知申事許誠問安于兩使臣。<u>昌盛</u>書示進獻物數：海青等鷹五十連，
豹子三十，兒騸狗六十隻，魚蝦海味鮓六十壜，礦石三十塊。(卷四十九葉十一)

⑧己卯，遣同副代言<u>尹粹</u>問安于使臣。<u>昌盛</u>言：宜抄<u>吉州</u>捕土豹軍一萬五千名，
給付前去頭目。<u>粹</u>以啓。上曰：「<u>咸吉道</u>因水災，禾穀不稔，欲多抄軍難矣，
處之何如？」知申事<u>許誠</u>等對曰：「勿定數，令都節制使隨宜抄軍爲便。」從之。
(卷四十九葉二十一)

⑨九月丙申，受常參，視事。上謂左右曰：「年前使臣<u>金滿</u>督捕鷹子，予亦盡心捕
得七十餘連以進，<u>滿</u>久留<u>遼東</u>，因而生病多死於路，唯進獻十餘連。今<u>昌盛</u>等
亦爲捕鷹而來，所獲海青止而不送，比欲親賚以進，以見奉使勤謹之意，且欲
要功復來也。」<u>孟思誠</u>對曰：「帝所戲玩之物，久留不進，甚不可也。」上曰：
「吾聞十月之內進獻，則可及飛放，今乃久留於此。」(卷五十葉十二)

⑩十一月戊申，謝恩使同知敦寧府事<u>李皎</u>、同知總制<u>金乙辛</u>奉勅回自京師……勅
曰：「惟王至誠端恪，敬事朝廷，比所進海青等皆嘉，朕用懌悅，今使臣回，
特勅獎諭。繼今王國中有好海青，更用心尋訪進來。」(卷五十葉十六)

⑪十二月癸亥，進獻使判軍器監事<u>金因</u>回自京師啓：「太監<u>亥成</u>賚別賜羊酒到會
同館傳聖旨曰：<u>朝鮮</u>國王敬事朝廷，所進御膳甚精，鷹子皆善，朕甚嘉悅。禮
部尙書又傳聖旨曰：<u>朝鮮</u>國王甚賢，<u>太宗</u>皇帝嘗曰<u>朝鮮</u>國王頗有賢德，今來使
臣亦體主(王)意，又皆謹愼，所獻物件，路上完固來進，宜於常例倍加賞賜。
仍賜使四表裏，從事官二表裏。」(卷五十葉四十七)

⑫十三年辛亥(宣德六年)二月癸亥，戶曹判書<u>安純</u>啓：「各道留養狗，一歲所養之
費，幾至二千餘石，請定留，以除冗費。」上曰：「狗非予所好，近因朝廷求索，
令預養京外，其費果不貲，宜定數。」卽令<u>承政院</u>量減其數。」(卷五十一葉二十一)

⑬七月癸未，戶曹據<u>黃海道</u>監司關啓：「今來使臣四，頭目一百五十，比前倍
多。」……(卷五十三葉七)

⑭丙申……上謂<u>安崇善</u>曰：「自降諭毋贈遺(使臣)以物之後，年前<u>昌(盛)尹(鳳)</u>之
來，不給一物，<u>昌尹</u>怒，多率頭目故爲侵逼，其兆已現。大臣或云宜贈遺以從

其欲，予不從之，果今多率頭目以來，其志將以侵本國也。」(卷五十三葉十一)

⑮辛亥，王世子率百官迎勅于慕華館，勅曰：「王國中所產海青、黃鷹、白鷹、
土豹，勅至，王令人同差去官軍一同採取，就差的當人員同差來內官昌盛、尹
鳳、張童兒、張定安等進來，王其體朕至懷。」

又曰：「今遣內官昌盛、尹鳳、張童兒、張定安等，率領官軍一百五十員名，
往毛憐等衞採取海青土豹等物。勅至，王卽遣的當人護送，從朝鮮後門取路前
去。所用糧食，煩王供給。如或天道寒冷，合用衣鞋之類，並所採海青土豹等
物回還，緣途合用肉食喂養，王亦從宜造辦與之，就令人護送出境。」(卷五十三
葉十六)

⑯引見右代言金宗瑞曰：「父王敬事朝廷，內史黃儼至，則事之甚謹，儼導達誠
意於永樂，永樂益重父王，屢賞繒帛。傳至於我，事朝廷益謹。今皇帝每遣使
臣勅辭褒美，非一二計。……大抵上下之間，久合則離，事君數則斯辱矣，此
理之常也。今皇帝屢加褒賞，褒辭極美，此誠稀世之事。吾嘗恐懼前年勅書有
禁私贈，辭甚懇至，吾欲遵守，卿於其時獻議，中國任用宦寺，閹人用事，我
國專用此輩，導達誠意，不可不贈。予以禮義之邦，卽逆朝廷，於義未順，不
聽卿言，不贈一物，尹鳳昌盛挾此恨，乃作今日之弊。今之勅書有辭，如弄孤
兒，曾謂皇帝至如是乎？今逢如此之時，不可守正，宜從權厚慰宦寺，以救今
日之弊。……」(卷五十三葉十七)

⑰壬子，引見右代言金宗瑞于內曰：「(野人)權豆所進海青，豈勝於往日所進乎？
予至誠事大，隨獲隨進，敢有一毫遲留顧惜不進之心乎？天地神明，實所監
臨。而使臣憾予不從其請，欲加以虛誕之責，言甚悖慢，天子雖明見萬里，焉
知我誠心？予實痛心。宦者所爲，自古如此，然自反無愧，吾何畏焉？但多率
採捕軍，經過郡邑，多作民弊，今年如是，明年又如是，連年出來，重困吾
民，深以爲恐。救弊之術，不可不慮，卿將此意議于大臣。」時夜蹁二鼓，上
猶未寢，唯小宦印平侍側，蓋上心以爲本國能續獻海青，則中國必不遣採捕
軍矣。諸臣議亦如是，故始備捕海青之事。(卷五十三葉十八)

⑱九月壬戌朔，召承文院提調孟思誠、許稠、申商、鄭招、尹淮、申檣議曰：

「尹重富除職，僉議不一，其更議之。」准曰：「重富之職，實踰涯分，安能加授？」招曰：「重富，瑞與一農夫也，以兄之故濫蒙聖恩，位至僉總制，今何加授？且鳳無面請，何必迎意而授之乎？待其更請切至，然後除之可也。」思誠、穗曰：「論賢否授職，平常之事也，鳳之爲人陰猜多慾，恣行不義，不可不厚待，宜曲意從之。」商、檣曰：「名器至重，不可不惜。」上曰：「卜者云予今年九、十、十一月之厄不下於己巳年，宜避之。」(卷五十三葉二十二)

⑲十月乙巳，召謂黃喜等曰：「……尹鳳向本國不如昔時，發言又狂，略無厚待之意，將何以悅其心乎？」喜等曰：「密贈布子爲可。」上曰：「其數幾何？」喜等曰：「七八十匹爲可。」安崇善曰：「臣等以爲贈之無名，雖密贈，誰不知之，莫若不贈之爲愈也。」上曰：「不明之君在上，宦官用事，則雖中朝之人尙且畏縮，況在海外之國，豈可守正而不事之哉？宜以麻布七十匹潛給尹重富，待鳳之還，乘間贈之。」(卷五十四葉七)

⑳十二月甲辰，幸大(太)平館設餞宴，上語使臣曰：「……敝邦之產無物可進，但有海青土豹耳。帝再三勅諭，予盡心捕獲以進，予之此心，天地日月照臨。今者帝遣採捕軍賚網捕之，深恐帝以本國爲未盡心而有是命也。」盛等對曰：「帝非有此意而命之也，願殿下勿疑。」(卷五十四葉三十四)

㉑十四年壬子(宣德七年)五月丙戌，上率百官迎勅于慕華館，至景福宮行禮如儀。勅曰：「今遣太監昌盛、尹鳳、監丞張定安前來，王可於國中量發人馬，委的當頭目管領，與之一同採捕海青土豹，回日令人護送，毋致疎失。故勅。」

又勅曰：「近遣內官張童兒等，率領官軍四百員名，往白山等處公幹，約用食糧四百八十石，欲於遼東運去，人力艱難。聞王國與白山等處相近，茲遣太監昌盛、尹鳳、監丞張定安賚勅諭王，王可如數差人輸運，同昌盛等送至東梁地面，交付張童兒等收用。如昌盛等往來東梁地面公幹，王可分付守把人等放行。故勅。」

又勅曰：「王恭事朝廷，自永樂至今，前後一誠，可謂卓然賢王矣。肆朝廷待王，亦前後一誠，所遣使臣，慮其中有小人任情輕率，不顧大體，妄有需求，凡其所言，非勅書所諭者，王勿信從。前命山東布政使司運布絹於邊衞，與王

國民人收買耕牛，給<u>遼東</u>屯軍。今得王奏，國中所產不多，朕已具悉，可隨見有者送來交易，餘卽<u>止</u>之。但海靑飛放所用，而產於國中，若遣人來採捕，王可應付。故諭。」（卷五十六葉二十八──九）

㉒六月庚寅，上謂知申事<u>安崇善</u>曰：「……<u>尹鳳</u>到<u>重富</u>家語<u>崔濕</u>曰：牛隻事，親奏于帝，已允，適予不在而奏下，故未得更奏。禮部尙書<u>胡淡</u>言曰：<u>朝鮮</u>小國，今運糧與捕海靑土豹等事，亦以煩擾，加以牛隻貿易，奈何？予曰：旣謂如此，胡不奏聞？<u>淡</u>曰：帝不聽輦下之言，難於奏請。朝臣皆不以帝爲是，今若敷奏牛隻不產之弊，必蒙奏准，不爾，則爲半請減亦可也。設使<u>淡</u>淺露，豈與本國宦官發如此言乎？必無是理。以<u>鳳</u>之言觀之，具弊請免似可。」（卷五十六葉三十）

㉓十月甲午，<u>咸吉道</u>監司馳報：<u>愁濱江</u>野人，將欲盡殺<u>張童兒</u>軍馬，及<u>斡朶里</u>兀良哈等整軍待變。（卷五十八葉二）

㉔壬寅，受常叅，視事。……上曰：「如海靑土豹進獻之物，予無一毫忌憚之心，但慮我國人民疲勞耳。<u>張童兒</u>爲捉海靑土豹到<u>阿木河</u>，畏草賊，備軍威而行，其有戒心，我國之大幸也。」（卷五十八葉五）

㉕辛未，<u>昌盛</u>、<u>張定安</u>同自<u>咸吉道</u>回，命右議政<u>權軫</u>、判書<u>鄭欽之</u>、右代言<u>權孟孫</u>設宴于<u>普濟院</u>。……至夕，<u>定安</u>對<u>柳殷之</u>、<u>金益精</u>呼都監使<u>裴屯</u>跪之曰：「隨我頭目皆飽，毋饋酒食，到<u>咸吉道</u>，喫一鉢小米飯一盞濁醪與魚耳，我於<u>遼東</u>一路，但一二日喫小米，餘皆食白米，殿下雖敬事朝廷，汝等反欺殿下，前日薄待，亦是監司任意支待也。」<u>盛</u>曰：「我非求衣食求金銀，爲帝捕海靑也。」<u>定安</u>又呼副<u>使偰衟</u>叱曰：「養鷹之器皆朶之，我之衣櫃何不朶乎？」<u>盛</u>等又云：「行李諸裝雖千萬杠，皆令汝國輸至<u>遼東</u>。」（卷五十八葉十五）

㉖十二月丁亥，幸<u>慕華館</u>餞<u>尹鳳</u>。

遣宣慰使中樞院副使<u>尹重富</u>于<u>義州</u>。<u>尹鳳</u>，本國火者也，初在<u>瑞興</u>甚貧賤，<u>永樂</u>年間被選赴京，出入禁闥，于今三世。欺誑帝聰，以捕海靑、土豹、黑狐等事，連年來我（國）。貪求無厭，恣行己慾，於<u>瑞興</u>起第，將爲退老之計。土田臧獲，覿面求請，以備家產。使弟<u>重富</u>位至中樞，至於族親靡不授職，其蒙國

家之恩至矣。猶爲不足，鞍馬布幣，亦區區請之，無恥甚矣。本國之人爲本國之害，使吾民奔走疲斃，其於昌盛、張定安，何足責乎？自古天下國家之亂，由于官寺，奉使而來者，皆此輩也，則上國之政可知矣。(卷五十八葉二十)

㉗十五年癸丑(宣德八年)閏八月庚申……崔眞，東寧衞人，曉解本國言語，朝廷以眞爲序班，掌待本國入朝使臣。爲人輕薄多言，見本國人，則朝廷之事一無所諱。隨昌盛、尹鳳兩官爲頭目，每歲來本國。上待昌、尹甚厚，曲從其請，族人之在本國者授以官職，眞歆羨之。故婆猪江、忽刺溫野人地面境連遼東，不直往而先來本國，欲以累次往還，久留本國，以濟其欲也。(卷六十一葉三十五)

㉘甲戌，視事。上曰：「本朝使臣之赴京也，內官尹鳳口傳聖旨於闕庭，令進海靑狗兒，今當進獻，稱宣諭聖旨乎？前日聖旨不用宣諭，今稱宣諭，無乃不可乎？前此皇帝索犬，令翰林院書勅，以此觀之，稱宣諭無所不可。在昔判府事卞季良言於予曰：自今以後，雖內官口傳之言，皆稱聖旨，則朝廷於鷹犬處女等事，必不公然爲之，其言理或然也。」吏曹判書許稠啓曰：「前日聖旨不用宣諭之言，以朝廷使臣到本國所傳宣諭之謂也，此宣諭於闕庭，不可不據以奏聞也。」(卷六十一葉四十五)

㉙十月壬戌，太監昌盛、內官李祥、張奉奉勅而來，上率王世子及文武羣臣迎勅于慕華館，還至景福宮行禮如常儀。勅曰：「今遣太監昌盛等來，賜王彩幣。王處有好海靑，可尋數連付昌盛等帶來。」(卷六十二葉三)

㉚癸亥，幸大(太)平館設翌日宴。上先下輦於御室，辟左右，密命都承旨安崇善往議于議政府六曹判書以上。其五曰：「本國已捕海靑八連，今來勅書王處有好海靑，可尋數連付昌盛帶來。予思以天下之主，旣勅曰數連，則宜進獻六連，卽日議于大臣，以五連爲定，餘三連不告天使。予更思之，捕鷹專爲進獻，若不盡進獻，心有未安，更議于大臣，或曰宜進獻，或曰旣勅數連，則不宜盡數。安崇善言：鷹犬一時玩好之物，上不好鷹犬，且昔者野人權豆進折爪海靑，其時以折爪不進，後昌盛聞而言之，上動念。今旣爲進獻而捕，則雖過數連並皆進獻，則後必無患，而心亦快矣。此言亦是，處之如何？」僉曰：「若皆進獻，則事得其宜，而心無愧怍矣。」上曰：「不如盡獻，更無他疑。」

（卷六十二葉四）

㉛十二月壬戌，千秋使朴安臣傳寫賫來勅書二道，先使通事金玉振馳啓。一曰：
「…所進鷹犬皆至，備見王之誠心，但犬未及前進者尤佳，有如前者，更爲尋
訪進來。國中產人參，亦可令人採取進來。故勅。」（卷六十二葉二十六）

㉜十六年甲寅（宣德九年）正月辛丑，僉知中樞院事李伯寬，賫進獻大犬二十隻人參
一千斤如京師。（卷六十三葉十一）

㉝三月戊寅朔，命都承旨安崇善曰：「海青其品至貴，中國以海青爲第一寶，以
金線豹爲第二寶，見在海青四連，其才良者二連，心欲進獻，然已進八連，不
爲不多，意欲坐養過夏，退毛然後進之。今更思之，萬一倒死終不得進，若昌
尹輩出來，則必藉口非之，何以處此？往于政府議之。」僉曰：「此時進獻可
也。」上曰：「若今進之，庶無後言，速備進獻諸事。」（卷六十三葉二十三）

㉞庚辰，進獻使上護軍李士信，賫海青二連如京師。（卷六十三葉二十四）

㉟十二月辛亥，千秋使通事金自安回自京師曰：「朴信生賫捧勅書三道而來，其
一，求辦膳兒女；其二，求海青；其三，黑龍江野人侵犯國境事也。」（卷六十六
葉二十四）

㊱二十一年己未（正統四年）閏二月辛卯，御經筵，講至漢明帝紀，曰：「明帝孝於
親，而凡所施爲，可謂善矣，然頗傷苛刻，刑殺過重。大明太祖皇帝亦好殺不
已，至于太宗皇帝刑殺慘酷，一歲之內，殺宮人幾至數千，予聞之惻然矣。」
（卷八十四葉二十四）

㊲二十八年丙寅（正統十一年）五月丁亥，上令桂陽君瑄傳內書于集賢殿直提學李季
甸曰：「太祖高皇帝時，正后之外，數千宮人皆斷其手，車載而出，本國使臣
親見之。太宗皇帝時，宮人二千八百人，皆於帝庭親剮（剮）之。時王之制，皆
不以有司。」（卷二一二葉二十四）

右錄史文凡三十七條，此三十七條，在朝鮮初期實錄中所佔的數量真是少之又少。其
實尚有甚多的史事包括自永樂以來采女之記事，本文由於篇幅所限不便儘數採取，異
日吾人將於「明史本紀補」一書中當另作長編記之。今者所論，專爲說明宣德對于朝
鮮所有求索鷹犬等物之若干事例而已。由這些事例，我們頗可以看出當所謂「盛明」

之世便有很多很多失政之事。如第十九條關于「不明之君在上，宦官用事，則雖中朝之人尚且畏縮」之一記錄，實際也就等于給予吾人一種研究之啓示。因爲明之朝廷，其臣下對于政府之失政爲甚麼「畏縮」而不敢進言？此一問，我們現在只須參看史文第一條所記宣德皇帝「枉殺諫官」的行爲，而且其枉殺的經過，據本文：「卽投畀猛豹噬齕之，不死，更斬之。」是眞所謂慘無人道了。考諫官之因事進言，如依朝鮮平時的看法，本是該說的，檢成宗實錄卷二八八葉六記此類情事有云：「朝廷之上，事無過舉，則臺諫何所復言，及其有言，必與朝廷違異，惟不以異己爲嫌，而事求其當，則天下幸甚。」乃宣德之於諫官，大約由于鷹犬之好將他的頭腦玩昏了，不但嫌言者爲異己，抑且殺之而後快。同時又爲了向臣下示威，特「殺一儆百」以杜一般言者之口，於是乎中朝之士夫當宣德之世也就相率結舌而不敢言了。特是宣德殺人之殘忍，究其淵源，亦有所本，比如第三十六及第三十七兩條所記太祖太宗之殺人，也是極不人道的，一則「數千宮人皆斷其手，車載而出，」一則「宮人二千八百人，皆於帝庭親剮之，」都是些血腥的史事，其在明代的史籍當然都是諱而不言的。至於一般官書之著錄而又以之傳世的，據成宗實錄卷一一三葉十一，則有甚麼「歷代君臣鑑」一書，其中所記洪武以下至宣德，說起來無非都是些「時王之治」和所謂「嘉言善政」而已：

十一年庚子(成化十六年)正月辛丑，御經筵，講訖。知事徐居正啓曰：「今命弘文館校讎歷代君臣鑑，此書乃景泰皇帝所撰，洪武以下至宣德，嘉言善政可法者，皆載此書。大明實錄未行於世，而此書流布於外國。」

己亥，御經筵，講訖。侍講官成淑啓曰：「臣等奉敎校讎歷代君臣鑑，至宣德皇帝十有五年(光濤按，宣德在位凡共十年，此云十五年，疑誤)有曰：我國使趙琠、金玉振獻松菌鷹犬于上國。皇帝曰：松菌食物，鷹犬何所用？自今食物服飾外，如鷹犬之類，勿復貢獻。宣德之於我國，徵求甚煩，以至求女求金，殆無虛歲，特闕鷹犬，必無是理。而其時史官不據事直書，何以鑑後，請刪不錄。」上曰：「史官之職重矣，據事一書，則美惡之實不沒於千載之下，如或傳聞而不以實書，非信史也。」遂命勿錄。

此歷代君臣鑑，僅爲當時官書之一種，實則其例甚多，如大明實錄和寶訓，比之「君

臣鑑」正是一類，也是專主稱頌皇帝的「聖德」，而一般史官也是不敢「據事直書」的。談到這點，我們現在另有一證，更可加強這一說法，比如成宗實錄卷七十七葉二所引唐太宗取見高祖實錄之故事有云：

> 八年丁酉（成化十三年）閏二月癸卯，御夕講，講綱目，至房玄齡等上高祖實錄，上曰：「太宗之取見，何如？」右承旨孫舜孝曰：「非也；如是，則史不直書，而善惡沒矣。」上曰：「史官若守正，則當直書不諱，然人主之取見，誠非也。」

再觀明之列朝實錄，由繼世之君而言，不但取見而已，且須經過皇帝御批然後才能稱爲「定本」的，檔案中有天啓紅本未定本實錄凡數十卷，其中關于崇禎皇帝之「御筆」塗抹的便有多起，都是需要另行改撰的。又如太祖實錄，建文時已告完成，可是及乎永樂之世乃竟全部銷毀，勅廷臣重行纂修。像這些情形，爲史官者，雖欲守正亦不可能，其結果當然也談不到甚麼「據事直書」，還不是演爲「史不直書」與夫終至於「善惡沒矣」不能成爲信史之一情事了。以此爲例，則可知明人所撰的「皇明十六朝紀」也就是清人所說的「明史舊刊本」，其當初關于史料的選擇，如實錄，如實訓，以及「歷代君臣鑑」之一類，由明人的眼光觀之，當然都是視爲惟一正確的材料，卽所謂「文獻足徵」是已。其實那裏又知道及其書傳到東國之後，竟會有了很多的疑義？由是而始有「皇明全史」之作，而這部巨著且歷數十寒暑而後成，則是作者關于其難其愼之情更可想像而知。又，這一著作，使吾人今日如能獲其一部而利用之，則其有關明代史事之發明當非等閒之比。然在往者之明人言之，不消說，這一著作，還不是全在他們意想之外？所以自來論史者往往有所云「史之是非本不易明，必須久而後定」的話，卽此類也。

此外，再言清人所修的明史，談起來也是其難其愼的，其歲月之多幾乎百年之久，卽自順治二年迄乾隆四年凡共九十五年，這在歷代史書中是比較一部最難產的之一種刊物。不過清人之其難其愼，言之亦有其故。第一，其所取材，當有甚多部分都是取之我在前面所說的「明史舊刊本」，同時連明代官書如實錄等等也都是些主要的根據，而其中不免要大費商酌，似乎也是爲了「傳信後世」的。第二，談起這一點則乃是一個極端複雜的問題，因爲清之「太祖」奴兒哈赤，其於大明之關係，則「大明

為君，而奴兒哈赤為臣」，而且這一名分，自其先世相傳二百數十年一向都是如此，都是「忠於大明，心若金石」的。可是王氏東華錄載雍正七年九月癸未一上諭，根本卽否認此一關係，而乃曰：「我朝之於明，則隣國耳。」所以清修明史，結頭卽在此，而於他們當初一些叛明的史事必須盡量地加以粉飾，其結果乃致顛倒是非以為欺世之談。第三，清修明史，除却上述粉飾史事為其最大缺點外，其實問題並不止此，大抵言之，潦亂無據者有之，湊合成篇者亦有之，總而言之，有甚多史事正如朝鮮所云「不據事直書」而已。茲者吾人姑就王氏東華錄關于記載康熙帝談及纂修明史的諭旨數道先照錄如左，以見清人對于修史之一工作所有其難其愼之狀，然後再於明史中提出若干疑義附以簡明的討論。

①四年十月己巳，御史顧如華奏：「伏讀上諭禮部，廣搜前明天啓以後事蹟，以備纂修明史。查明史舊有刊本，尙非欽定之書，且天啓以後文籍殘毀，苟非廣搜稗史，何以考訂無遺。如三朝要典，同時尙論錄、樵史、兩朝崇信錄、頌天臚筆，及世族大家之紀錄，高年逸叟之傳聞，俱宜採訪，以備考訂。至於開設史局，尤宜擇詞臣博雅者，兼廣徵海內宏通之士，同事纂輯。然後上之滿漢總裁，以決去取，纂成全書，進呈御覽，成一代信史。」章下所司。

②二十二年十一月丁丑，上召入大學士等問曰：「所修明史若何？」李霨奏曰：「草本已有大略，自萬曆以後三朝，事繁而雜，尙無頭緒，方在參酌。」上曰：「史書永垂後世，關係甚重，必據實秉公，論斷得正，始無偏誣之失，可以傳信後世。夫作文豈有一字一句不可更改者，當彼此虛心互相推究。卽如朕所製之文，亦常有斟酌更定之處。今觀翰林院所撰祭文碑文，亦俱不樂改易，若不稍加更定，恐文章一道流於偏私矣。爾等將此諭傳示修史各官知之。」

③二十六年四月己未，諭大學士等：「爾等纂修明史，曾參看前明實錄否？史事所關甚重，若不參看實錄，虛實何由悉知？他書或以文章見長，獨修史宜直書實事，豈可空言文飾乎？如明代纂修元史，限期過迫，以致要務多漏，且議論殊乖公正。俟明史修成之日，應將實錄並存，令後世有所考據。從來論人甚易，自處則難，若不審己之所行，而徒輕議古人，雖文詞可觀，亦何足道？朕嘗博覽羣書，於古之聖君哲后，未敢漫加評隲也。」

④二十九年二月乙丑，諭大學士等：「爾等所進明史，朕已詳閱，遠過宋元諸史矣。凡編纂史書，務宜考覈精詳，不可疏漏。朕於明代實錄，詳悉披覽，宣德以前尚覺可觀，至宣德以後，頗多譌謬，不可不察。」

⑤三十一年正月丁丑，諭大學士等：「前者纂修明史諸臣所撰本紀、列傳，曾以數卷進呈，朕詳晰披閱，並命熊賜履校讐，熊賜履寫籤呈奏，於洪武宣德本紀，訾議甚多。朕思洪武係開基之主，功德隆盛，宣德乃守成賢辟，雖運會不同，事蹟攸殊，然皆勵精著於一時，謨烈垂諸奕世，為君事業，各克殫盡。朕亦一代之主也，銳意圖治，朝夕罔懈，綜理萬幾，孳孳懋勉，期登郅隆。若將前代賢君搜求其間隙，議論其是非，朕不惟本無此德，本無此才，亦實無此意也。朕自反厥躬，於古之聖君既不能逮，何敢輕議前代之令主耶？若表揚洪武宣德，著為論贊，朕尚可指示詞臣撰文稱美，儻深求刻論，非朕意所忍為也。至開剏時佐運文武諸臣，各著勳績，列傳之中，若撰文臣事實優於武臣，則議論失平，難為信史。纂修明史，雖史臣職也，適際朕時撰成明史，苟稍有未協，咎歸於朕矣。明代實錄及紀載事蹟諸書，皆當蒐羅藏弆，異日明史告成之後，新史與諸書俾得並觀，以俟天下後世之公論焉。前曾以此旨面諭徐元文，爾等當知之。」

⑥己卯，諭修明史諸臣：「朕自冲齡，即在宮中披覽經史，明實錄曾閱數過，見其間立言過當紀載失實者甚多，纂修明史，宜加詳酌。如宏治中，太后思念崇王，欲令入朝，此亦情理之常。且所封之地，初不甚遠，而一時大臣及科道官員交章爭執，以為不可，至云人民騷擾，國勢動搖，時已有旨召崇王矣，竟因人言而止。書言以親九族，九族既睦，若藩王就封，必不可召見，則自古帝王所云睦族之道謂何？又正德實錄，載午朝罷後，於御道得匿名文簿一卷，傳旨詰問，百官皆跪於丹墀，時仆而暴死者數人，喝而病者尤眾。夏月雖天時炎熱，何至人多暴卒？且行間將士每披堅執銳，戮力於烈日之中，未聞因暑而致死，豈朝堂之上，病喝若斯之甚耶？所云盡信書不如無書，此之謂矣。至於宦官為害，歷代有之，明如王振、劉瑾、魏忠賢輩，負罪尤甚。崇禎之誅鋤閹黨，極為善政，但謂明之亡於太監，朕殊不以為然。明末朋黨紛爭，在廷諸

臣，置封疆社稷於度外，惟以門戶勝負爲念，不待智者知其必亡，乃以國祚之
顛覆，盡委罪於太監耶？朕於宮中太監，止令供洒掃奔走之役，一顰一笑，從
不假借，所以數十年以來，太監皆極貧乏，有不能自給者，爾諸臣想亦悉知。
朕非信用太監之主，惟朕可爲此言。作史之道，務在秉公持平，不應膠執私
見，爲一偏之論，今特與諸臣言之，宜共知此意。」

⑦三十六年正月己巳，諭大學士等：「觀明史洪武永樂所行之事，遠邁前王，我
朝見行事例，因之而行者甚多。且明代無女后豫政，以臣凌君等事，但其末季
壞於宦官耳。且元人譏宋，明復譏元，朕並不似前人，輒譏亡國也，惟從公論
耳。今編纂明史，著將此諭增入修明史勅書內。」

⑧四十二年四月戊戌，上發出熊賜履呈覽明神宗熹宗以下史書四本，諭大學士
等：「朕自冲齡，卽每事好問，明時之太監，朕皆及見之，所以彼時之事，朕
知之甚悉。太監魏忠賢惡跡，史書僅記其大略而已，猶未詳載也。明末之君，
多有不識字者，遇講書，則垂幔聽之，諸事皆任太監辦理，所以生殺之權，盡
歸此輩也。」又諭：「此書所載楊漣左光斗死於北鎭撫司獄中，聞此二人在午門
前受御杖死，太監等以布裹屍出之。至於隨崇禎殉難者，乃太監王承恩，因此
世祖章皇帝作文致祭，並立碑碣，此書載太監王之心從死，明係錯誤。至於本
朝興兵聲討之故，書並未記載，可問熊賜履王鴻緒等。」尋大學士等覆奏：「熊
賜履奉旨復行詳察，崇禎死難太監，果係王承恩非王之心，應遵照諭旨改正。
至於左光斗楊漣，察考諸書，俱云死於北鎭撫司獄中，故照彼書書之。我太祖
高皇帝興師之由，詳載太祖本紀，是以明史內未曾載入。」上曰：「太祖興師
之故，雖不詳載明史，記其大略未始不可。」

其後雍正元年七月亦有諭旨一道，與上引史文爲一事，卽總括康熙時對于纂修明史所
有「尙未成書」之故而說的。諭旨原文載雍正十三年明史總裁官張廷玉等奏本內，特
據檔案併錄於後，以見「明史藁本」至是始有「告竣」之奏，可知所謂「成書」眞非
易事也。

明史總裁官大學士臣張廷玉臣朱軾侍郎臣徐元夢臣留保謹奏，「爲明史藁本告
竣，恭呈御覽，仰祈睿鑒事：雍正元年七月欽奉世宗憲皇帝諭旨：『史書務紀

其眞，而史才古稱難得，蓋彰善癉惡，傳信去疑，苟非存心忠厚，學識淹通者，未能定得失於一時，垂鑒戒於久遠也。有明一代之史，屢經修纂，尚未成書，我聖祖仁皇帝，大公至愼之心，旌別淑慝，務期允當。惟恐幾微未協，遂失其眞，鄭重周詳，多歷年所。冀得良史之才，畀以編摩之任。朕思歲月愈久，考據愈難，目今相去明季將及百年，幸簡編之紀載猶存，故老之傳言不遠，令文學大臣董率其事，愼選儒臣，以任分脩。再訪山林積學之士，忠厚淹通者，一同編輯，俾得各展所長，取舍折衷，歸於盡善，庶成一代信史，足以昭示無窮。著將滿漢大臣等職名，開列具奏。特諭。』欽此欽遵。臣等旋奉旨充總裁官，於雍正元年十二月開館，率同纂修諸臣分類纂輯。至雍正六年九月，先繕寫本紀二十四卷，列傳三十二卷進呈，奉旨留覽。其後兩次進呈列傳藁本，俱奉旨存館。今共纂成本紀二十四卷，志七十五卷，表一十三卷，列傳二百二十卷，目錄四卷，共三百三十六卷，繕寫全藁，裝成一十二套，恭進御覽。竊惟明代享國二百餘年，傳世十有六帝，其間英君誼辟，德政多有可傳，名臣碩儒，功烈堪垂不朽。忠良奸佞，臧否有待於公評，制度典章，沿革具存於往牒。至於靖難從亡，傳言互異，追尊議禮，聚訟紛挐，降及國本之危疑，釀爲要典之決裂。衣冠門戶，黨論相尋，盜賊宦官，禍患斯亟。凡始終興替之可鑒，咸勸懲法戒之攸關。惟是歲月久遠，紀載滋多，蒐討難周，參稽鮮據。稗官野史，大都荒誕而無稽，家乘碑銘，抑復浮夸而失實。一事而是非瞀易，一人而邪正懸殊，自古皆然，前明爲甚。惟實錄編年繫月，時事差有足徵，而傳鈔豕亥魯魚，舛謬無從校正。期信今而傳後，資博考而旁搜。臣等學術久荒，才識有限，先後同事總裁纂修諸臣，屢經遷易，殊少專功，致久歷於歲時，每負慚於夙夜。當初開館時，蒙世宗憲皇帝發下原任尚書臣王鴻緒所纂明史三百一十卷，首尾完備，事實頗詳，蓋出鴻博諸名人之手，用三十餘年之功，以祝（疑視）吾學編列卿紀史料名山藏明書諸家著述爲優。臣等竊思漢書取裁於馬遷，唐書起本於劉昫，苟是非之不謬，詎因襲之爲嫌。用是取爲草本，覆加裁訂，依倣前史體例，整比排次，各綴論贊，增刪分合，具有意義。不敢肆筆詆訶，自附直覺，不敢摹擬牽合，貌爲高古。詞語勿取夫艱深，文筆毋流

於浮艷。以及諧謔之叢談，怪奇之軼事，概從芟略，以合史裁。非敢謂是所是而非所非，協千秋之定論，庶幾夫疑傳疑而著傳著，成一代之全書。務各存公慎之心，以仰副聖訓忠厚之旨。欽惟皇上聰明天亶，聖敬日躋，典學懋修，貫三才之義蘊，右文稽古，綜百代之治功。繫勝國之史編，經三朝之修輯，汗簡適成於今日，折衷仰賴於睿裁。伏惟披覽之餘，賜之鑒定，庶臣等淺陋之識，獲所依據。但事端浩博，卷帙繁重，悉心參校，尚疎漏之可虞，衆手鈔謄，更訛誤之難保。仰祈慈鑒，俯賜寬容，臣等不勝惶悚之至。謹奏。」

十二月二十七日（壬辰），內閣奉上諭：

明史纂修多年，藁本今得告竣，但卷帙繁多，恐其中尚有舛訛之處，著展半年之期，該總裁率同纂修各官，再加校閱，有應改正者即行改正，交與武英殿刊刻，陸續進呈。其在事大臣官員生監等，著交部議敍。欽此。

張氏奏本，據實錄，只錄後面旨意，奏文略。又查王氏東華錄，則更省之又省，但書「壬辰纂修明史成」七字而已。其於明史纂修原委，均無詳細記述，使後世讀者不克明瞭其大概。卽其後乾隆四年張廷玉等所上「進明史表」（見明史）亦非此奏原貌，今幸於檔案中查出張氏奏本鈔件而得轉錄全文如右，是誠纂修明史之一重要文獻也。

再就張奏鈔件，併上引前後諭旨綜合觀之，關于我在前面所說的「疑義」，試略述如次：

（一）第二條康熙二十二年諭旨內載史官之言有曰：「明史……自萬曆以後三朝，事繁而雜，尚無頭緒，方在叅酌。」又第八條康熙四十二年載：「上發出熊賜履呈覽明神宗熹宗以下史書四本。」並有云：「至於本朝興兵聲討之故，書並未記載。」按，所謂「史書四本，」卽指神宗以下各朝之本紀，而這類本紀，當康熙二十二年，我們知道史官所說的「尚無頭緒，方在叅酌」之一情節，自是事實。可是沒想到這一叅酌，竟是考慮了二十年之久，及乎康熙四十二年才寫成了「四本」進呈御覽，卽平均每歷五年始能成書一本，自古作史之難，未有若斯之甚者。考其原因，當與淸人先世叛明之史事有關，史實具見明實錄，這是無可諱言的。然而康熙看法則以爲作史不能如是書之，必須要另行叅酌，所以一拖便是二十年。直至初稿進呈之後，大約由于史官未能謹遵依他的暗示，或者只不過輕描淡寫地而略述明人當初招致外釁之一大槩而已。

康熙於此，當然不大滿意，於是乃特旨申之曰：「至於本朝興兵聲討之故，書並未記載。」這樣史法，眞所謂「善惡沒矣。」以一個窮兇極惡「負恩叛明」之奴兒哈赤而乃書之曰「興兵聲討，」如此而寫史，誠有難乎其爲歷史矣。

　　（二）第三條康熙二十六年諭有曰：「俟明史修成之日，應將實錄並存，令後世有所考據。」按，此所云「應將實錄並存」之處，自是理之當然，不過存之之道，必須其後世子孫永遠尊重這一遺訓才得使其安全無恙的。無如再傳之後到了乾隆四十八年三月，竟至將其全部付之銷毀了。據檔案移會（原件未開箱，本文所述只記其大略），總計明代實錄寶訓凡四千七百五十七本（當係紅本），此四千餘册，只因其時大學士三寶等嘗奏於乾隆，指爲「係殘缺無用之書」而後才被銷毀的。像這樣地銷毀，而且銷毀的又正是「堂堂大明」歷朝尊藏之「紅本實錄」，說起來眞是一件萬分可惜之事。今者吾人所用的明實錄，據一般學人相傳固嘗有甚麼「七種本」以及甚麼「四種本」之說，其實溯其所自都正是同一個來源，都是當初士夫之間彼此展轉鈔錄之一傳鈔本而已，因之其中錯誤和脫落往往也是不可思議的。即如清初明史館爲了纂修明史便于手邊應用起見曾經特別鈔存之明實錄副本也不例外，正是有如「字經之寫烏焉成馬」之類，也更多有之，即所謂愈傳愈訛而已。這些問題，在今日一般讀明實錄者都無法加以校正，都是給人不少困難的。假如乾隆四十八年不將明紅本實錄檢出銷毀而俾其全帙傳於今日的話，則是上面所述許許多多不易解決的問題都當一掃而空。其在吾人言之，不消說，不知要省多少事。再說明史館所鈔副本，有的合十二卷爲一本，有的合六卷爲一本，每卷即代表一月。紅本實錄則係每卷各自爲一本，以整個明朝除崇禎一朝無實錄外，其餘十五朝所有實錄的總數，看起來是很相當多而且繁的，當初三寶之奏請銷毀，理由即在此，也可看出清代君臣的不學無術了。

　　（三）第四條康熙二十九年諭大學士等：「朕於明代實錄，詳悉披閱，宣德以前，尚覺可觀，至宣德以後，頗多訛謬，不可不察。」按，此一記事，特別指出宣德以後實錄，認爲「頗多訛謬，不可不察」之處，其實這以後正是涉及清人先世史事，即所謂「明朝屬夷建州衞」之史事，讀者於此，也「不可不察。」考「建州衞」一名稱，本爲清人所諱言，而宣德以後實錄則記此甚多，尤其是成化二三年間，建州衞酋長董山、李滿住輩之爲患遼邊，據全遼志藝文下趙輔所撰的「平夷賦」說：「一歲間，寇邊

者九十七次，殺虜人口十餘萬。」同時朝鮮亦受其侵擾，實爲當時遼鮮一大害。於是大明與朝鮮合兵征討之，於成化三年九月深入其巢穴，自李滿住以下悉勦殺殆盡(參平夷賦及朝鮮世祖實錄明實錄可合成一厚册)。此一戰役，憲宗本紀竟隻字未載，僅明史列傳四十三趙輔傳含混其辭地提了一下，如云：「趙輔……封武靖伯……(成化)三年，總兵征(脫遼東二字)遼東，與都御史李秉，從撫順深入，連戰有功，進侯。」以一個堂堂正正的「興兵聲討」之征伐，而史書所載只如此這般地寥寥二十餘字，當詳而不詳，則是作史者之用意可知。再說一句罷，還不是受了康熙諭旨的影響，也就是所說的「不可不察」之一種指示而已。

　　(四)第五條康熙三十一年諭旨，對於宣德政績，頗多溢美之辭，曰「守成賢辟，」曰「前代令主，」又曰「勵精著於一時，謨烈垂諸奕世，」凡此嘉名，都是務在「表揚」和「論贊」而已。然則如朝鮮實錄所說的「不明之君」爲了愛好鷹犬以及「采女」等等不惜專任宦官以擾屬國之一些弊政，不知康熙於此，又將何以爲說耶？總之，「盡信書不如無書，」考康熙用意，但知「君道爲重，」觀彼自稱之言，卽可以證之，如甚麼「朕亦一代之主也」一語，也正是爲了「君君相護」而說的，所以有些史事往往記載之失實，也很可借此一事爲例證。

　　(五)第六條康熙三十一年諭旨有云：「宦官爲害，歷代有之……但謂明之亡於太監，朕殊不以爲然。」又云：「明末朋黨紛爭，在廷諸臣置封疆社稷於度外，惟以門戶勝負爲念，不待智者知其必亡，乃以國祚之顚覆，盡委罪於太監耶？」又第七條卽康熙三十六年諭：「觀明史，洪武永樂所行之事，遠邁前王……但其末季壞於宦官耳。」又第八條卽康熙四十二年諭：「明末之君……諸事皆任太監辦理，所以生殺之權，盡歸此輩也。」由上各則記事，有如所說的明末黨論之禍，其於蠱壞當時之國事，當然也正是推波助浪之一因。總之，康熙諭旨之所云云，始則以爲明之顚覆，在廷諸臣應負其責，豈得盡委其罪於太監？此一義也。其次則爲「但其末季壞於宦官耳，」並「明末之君，諸事皆任太監辦理，所以生殺之權，盡歸此輩也」等語，此二義也。由此二義，我們現在衡情而論，正等於兩端之見，自相矛盾，不足爲訓的。明末國之大政以及生殺之權，並非操於朋黨之手，而實聽命於太監，其最著者，莫如天啓朝之魏忠賢爲最甚，當時至稱九千歲，其毒之所施，卽殘害忠良亦在所不惜，如熊廷弼之傳首九

邊，使遼事坐壞而不可收拾，卽壞於魏忠賢之手。及崇禎繼立，其最初之誅鋤閹黨，可謂善政，然旋卽自亂步驟，不信士流，而信太監與奸臣，於是乎素爲金人所畏之袁崇煥，卽因太監之誣奏崇煥通敵賣國而被磔於市，此又崇禎之自壞長城也。自是之後，明季疆場之事，始不可問。建州日益強，流賊日益熾，而所謂「堂堂大明」也就因此之故而迄於亡了。

以上所論，是爲吾人認爲康熙對于明代史事的批評有失正確性，特借此篇幅略加糾正而已。實則並不止此，容後當更求詳記之。現在另就作者個人對于明史記事之潦亂無據以及其湊合成篇之處，舉例述之如下：

一、陳奇瑜史事

陳奇瑜，崇禎初，嘗任延綏巡撫，七年春，特設山陝 河南 湖廣 四川總督，專辦賊，卽以奇瑜爲之。是年六月，闖賊李自成陷於興安州之車箱峽，實已置之死地，乃奇瑜部下多債帥，垂涎賊賄而縱之。參明史本傳：「賊甫渡棧，卽大噪，盡屠所過七州縣，而略陽賊數萬亦來會，賊勢愈張，奇瑜坐削籍，而自成名始著矣。」又載：「唐王聿鍵自立於閩，召奇瑜爲東閣大學士，道遠未聞命，卒於家。」按，陳奇瑜身爲五省統帥，則其權勢之重可知，疆場之事，當以滅賊爲期，乃以垂涎賊賄之故，竟使等于進入牢籠之賊而縱之，於是賊勢復熾，自此不可復制矣。依大明律，如陳奇瑜之貽悞封疆，當於軍前立正典刑，然後才能申明賞罰振肅士心的。終以明季軍紀廢弛，賞罰失人心，該殺而不殺，反得善終「卒於家，」則在其時之失政，孰有大於此者。按明史一書，據前引康熙諭旨，曾經說「遠過宋元諸史，」又說「務宜考覈精詳，不可疏漏，」凡此云云，讀者不可不注意。其實當初參加纂修明史之諸公，貽誤實多，卽如檔案罷，本爲內閣所藏，其與明史館又近在咫尺，他們都未嘗注意到甚麼「考覈」二字的。他不具論，單言陳奇瑜之死，並非如明史所說的「卒於家，」據順治五年二月初二日山西巡撫祝世昌題本，而乃是由於「蓄髮」之罪，於順治五年正月二十七日將陳奇瑜綁縛押赴市曹正法的。今將題本錄之如左，亦治明史者所當注意之一史料也。

爲廢紳違旨蓄髮，特疏糾紏，懇乞立賜正法事：順治五年正月二十七日，准刑部咨：廣西清吏司案呈，奉本部送刑科抄出宣大總督申朝紀題前事，奉聖旨：陳奇瑜着就彼正法，鄉鄰人等，該督撫按提究擬罪。劉邦弼、錢維新都着從重

議處，賀熊飛也着議奏。凡地方有這等的，該管官不卽拏奏，定行重究。該部知道。欽此欽遵，案呈到部，移咨到院，隨行按察司正法去後。正月二十九日，據按察使董天機呈稱：會同巡寧道副使王昌齡、左營遊擊李好賢，督同太原府知府朱永旺、陽曲縣知縣劉光漢，于正月二十七日將陳奇瑜綁縛押赴市曹正法訖，擬合呈報，等因到臣。除鄉鄰人等究擬明確另奏外，今將陳奇瑜處斬日期，臣會同督臣申朝紀、按臣劉漪回奏，伏乞聖鑒施行。

肴此一題本，可爲定論，卽陳奇瑜是順治五年正月二十七日爲清人處斬而死的，比之明史本傳所載甚麼「唐王事鍵自立於閩，召奇瑜爲東閣大學士，道遠未聞命，卒於家」之說，當然後者正是所謂「潦亂無據」之一類，也就完全失去了「信史」二字的價值。按，唐王之自立於閩，約當於順治二年六七月間事。及兵敗見害，則係順治三年八月事。至陳奇瑜之被殺，則爲後此年餘才死的。據此，可見明史於陳奇瑜，不但死的情景是一大錯，卽就日期言之，也是相差得太遠了。又按，生死之於人，本爲一大事，乃此一大事，錯誤亦如是之甚，則是其餘之「疎漏」和「訛謬」，更可想像而知。

二、流賊史事

流賊史事，其情甚長，而本文現在所說的，但就清人與流賊有關史事舉其最大最秘者述之如下：

（一）清人之勾結流賊　　清人勾賊的實事，僅殘餘檔案中有之，爲了說明這一實事，我們必須先從明之亡國說起。明之亡國，據朝鮮肅宗實錄卷三十九葉四曾載清人宣傳之言有曰：「聞渠嘗謂大明亡於流賊，渠之入燕，爲大明報仇，至上先帝之謚云。」這一宣傳，是爲清人最得意之作，嘗見內閣大庫檔案有康熙六十一年十一月遺詔更堂堂正正言之：

> 自古得天下之正，莫如我朝。太祖太宗初無取天下之心，……後流賊李自成攻破京城，崇禎自縊，臣民相率來迎，乃剪滅闖寇，入承大統，稽查典禮，安葬崇禎。……以此見亂臣賊子，無非爲眞主驅除也。

清人纂修明史時，卽係因襲此種官樣文章以入明史流賊傳，書：「盜賊之禍，歷代恒有，至明末李自成張獻忠極矣，史冊所載，未有若斯之酷者也。」又書：「亡天下者，李自成張獻忠也。」今再據檔案考之，究其所以成其亡者，李張之外，更大有人在，

明史於此，則又不能言之。茲檢明清史料丙編第一本載順治元年正月二十七日關于多爾袞致西據明地諸帥一書稿，並別紙所錄遲起龍同書稿一紙，足以證明官書所載，完全爲飾辭。因爲多爾袞書稿內的諸帥，卽謂李自成之一股。此時清人，因聞自成得勢，亦欲乘機奪取中原，故遣使致書，備極勾結的醜態。又因自成稱帝西安，故於自成之名，毫不涉及，但企圖因諸帥之介，間接而達於自成。此種企圖，觀之遲起龍稟內所云「又有與他主上意思」一言可知。至於書中所有「欲與諸公協謀同力，併取中原，倘混一區宇，富貴共之」等語，揆之同年四月多爾袞答吳三桂書「予聞明主慘亡，不勝髮指，用率仁義之師，破釜沉舟，誓必滅賊，出民水火」之言，詞語全異，而用意則同，卽以不同之說說兩面，而祈求入據中原之心則一也。順治元年卽崇禎之十七年，其年正月，自成之兵業已由陝渡河，山西府縣，望風送款。二月內，自成又親入山西，督兵前進。清之使者，由瀋陽賷書，因蒙古奸細嚮導，以三月三日達榆林。而是時據守榆林之諸帥，據明清史料丙編第五本四六九葉，當爲自成部下高一功李錦輩。關于勾結之書，其時果能達闖賊否？雖不無可疑，然自有此一書稿，而清人所謂爲明復讎「得天下之正」一言，可斷斷明瞭其妄矣。又，勾結流賊，並非多爾袞所發明，當天聰年間已多有之，其實遠溯奴兒哈赤時代之招亡納叛，說起來前後都是一同事，拙著「清人與流賊」一文，記之甚悉，見反攻雜誌第一八七期。

　　(二)多爾袞山海關之戰　　多爾袞與李自成山海關之戰，據明史流賊傳，乃四月二十二日事，一戰摧之。其後乾隆爲世祖實錄作序，措辭更多誇張失實，如談及世祖嗣位之初有云：「當是時，流賊已入京師，明祚已成板蕩，遂因明將吳三桂之請，命將士入關，定燕京，殄羣寇，挈斯民於水火之中，而登之衽席之上。爰主郊禋，式頒正朔。自古得天下之正，未之有比也。」這一段序文，尤其是「自古得天下之正，未之有比也」的大話，在清代的歷朝實錄中都是常見的文章，也不必多舉。總而言之，不外是清家三百年來一個未有的大謊罷了。按，所謂吳三桂之請兵，請兵自是事實，然如當初的吳三桂究竟爲甚麼原因而請兵，是不是由于因畏流賊勢大自己不可敵而請兵，抑或爲了顧慮多爾袞的掣尾不得不聯絡清人以寬後顧之憂而請兵？這一問題，是必須要有分別和說明的。有如拙著「多爾袞山海關戰役的真相」(大陸雜誌第七卷第三期)嘗擬一條意見說及這一戰役，有「多爾袞卽不出一兵，似亦不足爲輕重」語。此下則更

作**請兵**的結論曰：

> 特是其時的大勢，**關**內外實同時並急，而**多爾袞**之「乘虛直擣」更是勢所必至，真所謂「東呼西應」，「請亦來，不請亦來。」(參王錄順治元年三月甲辰大舉進討條) **吳三桂**於此，自然也很大傷腦筋，「顧東不能顧西，禦賊不能禦虜，」於是乎世所稱之「吳三桂請淸兵」也就在這種委曲求全情形之下而實現了。

此外更有一證，百分之百的可以看出有了**吳三桂**所擁**關寧**的精兵便可以制賊而有餘的，如**弘光實錄**「長安道上謄出闖賊謀逆詐僞罪狀以醒民迷正訛復仇說」條有云：

> 賊卒嘗語人曰：我等本無大志，不過來此游戲耳。詎料許大京師，三日而突入，總因將相不能冲敵，倘有一隊擁來，我等盡散而去耳，安能飽吾所欲哉？

所以**山海關**的戰役，當四月二十一日的辰時，卽**淸兵**尚未參加戰爭之日，**吳三桂**的部隊卽已與**李自成**鏖戰終日，凡連殺數十餘陣。是日戰，有「斬獲賊級無數」之報，又有「大獲奇捷」之報。凡此「奇捷」與「斬級無數」，俱**吳三桂**獨力血戰之功，初與**多爾袞**無關的，因爲多爾袞所率的**淸兵**於四月二十二日才趕至**關**上參加戰爭的。是日戰役，卽無淸兵的參加，而**李自成**之必敗，已成必然之勢了。所以這一戰爭的眞相，我在前面所提的拙著內也記之甚多，這裏也毋庸多說。總而言之，**山海關**之戰，正是我平時所常說的，並非如**淸**人所云「滿兵之强，天下無敵，」而只是由于**吳三桂**無端的成就了一個多爾袞而已。

三、援韓史事

當一五九二年(明萬曆二十年壬辰) 第十六世紀之末，**朝鮮**突遭「倭禍」幾致亡國，**明**朝仗義出師，再造東國，實爲當時東方震耀古今之第一大事。此段大事，據**朝鮮**史籍，其記**明**朝援韓經過，大抵以爲是役，不外「天朝不忘**朝鮮**，朝鮮誠常藉天兵，」以及所謂「兩國一家，休戚是同」之故。於是請兵請餉，無求不應，七年對壘，兩次出兵，凡十六萬六千七百餘人，費餉銀八百八十三萬，自與「倭兵」接觸以來，有**平壤**之戰 (是戰爲陸軍的大捷)，碧蹄之戰，曾經退出王京，曾經送還王子陪臣，曾經講貢講封觀望不決四五年，曾經再度動兵而有**南原**之戰，稷山之戰，島山之戰，泗川之戰，**南海**之戰 (是戰爲水軍的壯捷)。凡此情形，前後亘達七年之久，結局「倭兵」只有退出**朝鮮**，歸還本土。此退出之事，據**明史**朝鮮傳和日本傳的妄斷，則曰：

　　　自倭亂朝鮮七載，喪師數十萬，糜餉數百萬，中國與屬國迄無勝算，至關白死
　　而禍始息。
此說當係本于明人的浮議，如董其昌容臺集六筆斷記萬曆二十七年二月十九日吏科給
事中陳維春一本有云：
　　　臣按倭以平秀吉之死，因而惰歸，非戰之功也。
明人浮議，究其用意，不外歪曲事實，以逐其互相攻訐的伎倆，而如前文所說的「明
末黨論之禍，」也正是這類情事而已。及清人纂修明史，對于有明武功，尤其是批評
明末之世，有「文的無謀，武的無勇」語。而其自誇，則爲「每戰必勝，每攻必克。」
兩者相較，無非形容明末兵勢實已喪失了作戰的能力而已。所以吾人研究明清史事，
第一必須特別注意清人的立場，必須把握了這一點，然後才能了解清人關于纂修明史
多少總似具有若干作用的。比如明人陳維春之言，原係一種浪說，乃修明史者竟認爲
是眞情實事，「湊合成篇」以入所謂朝鮮傳和日本傳，以見明季兵力不但於「滿兵之
強」不能敵，卽在援韓禦倭之役，差不多便早已精疲力盡了。這種妄斷，沒想到三百
年後之日人也嘗有同樣的謬論，如市村瓚次郎於其所著「明代之滿洲」（見王桐齡譯：滿洲
先世與清室淵源）一文內，則以「朝鮮之役」與「建州奴兒哈赤」相提並論，而其結論更
有曰：「明援朝鮮無功，於是奴兒哈赤乃乘機而起。」這種論調也就是說，明季的國
力，不僅對于日本無辦法，結果更招致了一個建州之禍，再總括一句罷，還不是在那
裏說由于力量不夠罷了。
　　　又，日人的謬論，尚不止此，據青木正兒所著的「中國戲曲小說中的豐臣秀吉」，
其立論也是與明史的妄斷有關，全係利用明史記事的錯誤而更誇張地加以發揮的，此
文於民國三十六年十一月三日，由隋樹森君從日本黑潮雜誌中爲之譯出，載中央日報
南京版文史周刊第六十六期。如譯文有曰：
　　　這一役，前後亘七年之久，明朝喪師數十萬，仍然不能達到得勝的目的。正在
　　　衰弱不堪的時候，恰巧秀吉死去，日本軍完全撤退，因此明人始免於難，略得
　　　享高枕無憂的日子。
還有青木正兒另一意見，則又爲描寫明人好像有些應付不了朝鮮倭寇的樣子：
　　　是役，在日本是極端的壯舉，但是對于明朝，不消說，實在是萬分煩累的頭痛

的。

按，日人的言論，自來都是以「顧全國體」爲重，其述及明人援韓之無功，本不足異。不過日人研究史事也嘗提倡考據之學的，而他們所考據的乃竟抓住了明史那種失于正確之一記錄，以爲這正是一個好題目，因而也就振振有詞地大做其文章，希圖粉飾日本於東方遠在三百年前便是一個拖垮中國者。其實明史所記，全屬誤人之談，至日本學人之著書立說，亦等於將錯就錯之類。考明朝戡定朝鮮「倭禍」，朝鮮史籍記載甚多，吾人研究此期的歷史，最好能依據東國朝鮮的史料，因爲他利害切身，見聞自確，不似明之廟堂隔岸觀火，愛憎各異，因而爲說悠謬顛倒，很難憑信。卽如明史所記平壤大捷，寥寥數百字，遠不如東國人士談起來的有聲有色，至今凜凜有生氣。又如日本之撤兵，據明人言以爲是「惰歸，」茲檢朝鮮宣廟中興誌，則又適相反。如戊戌（萬曆二十六年）五月倭將木下金吾撤兵還去條：

> 金吾與平秀嘉等二十餘將撤兵歸國，惟淸正行長義弘義智甲斐守等十餘壁留屯沿海（光濤按，這留屯沿海之軍，只因船隻問題不能一次同時撤回，勢必分作數運才能運還的）。平秀吉盡屬其營將而告之曰：「朝鮮之事，迄未結束，何也？」源家康等皆曰：「朝鮮大國也，衝東則守西，擊左則聚右，縱使十年爲期，了事無期。」秀吉泣曰：「公等以我爲老矣，我之少也，以天下爲無難事，今老矣，死亡無幾，與朝鮮休兵議和，如何？」其下皆曰：「幸甚。」（卷二葉五五）

日本之撤兵，是活秀吉之事，與死秀吉無關，且出於活秀吉哭泣之所爲。此種哭聲，當然也就是日本豐臣秀吉侵韓失敗日暮途窮的結局，與明史所云「至關白死而禍始息」的話完全不是那回事。所以明史一書，尤其是東征一役之記事，明人既有許多浮議於前，而明史又不得不因之於後，以致將一椿可以昭示百代的奇功寫得非常的黯淡無光了。

四、袁崇煥史事

袁崇煥史事，據其自稱，有「拚身殉命，以與東夷作對」語，如寧遠兩次大捷擊敗奴兒哈赤父子，其時都下聞之曾「空巷相慶，」卽爲明證。而寧遠之致捷，尤其是天啓六年正月擊潰奴兒哈赤之役，據徐光啓於崇禎二年十一月初四日面奏明帝關于守城全賴火器有云：「袁崇煥守寧遠，不出一兵，殲敵萬衆。」（見徐文定公集）按，火器之

用於明季，原係由于徐氏之獻議，而袁崇煥之憑藉火器制敵，自實際言之，徐公亦貢獻甚大。其云寧遠一戰卽「殲敵萬衆」之處，自然也是一實事，所以才稱之曰「大捷」，所以關內人民才「空巷相慶」的。至空巷相慶之另一含義，當又與奴兒哈赤之因傷斃命有關，這是值得大書而特書的。可是明史本傳記袁氏之功並不明顯，但云：「明日（二十四日）大軍（奴兒哈赤）進攻，戴楯穴城，矢石不能退，崇煥令閩卒羅立發西洋巨礮，傷城外軍。明日再攻，復被却，圍遂解。」這一記事，對于明季自有奴禍以來未有的奇蹟，只輕描淡寫地說「圍解，」而不提及城外的敵人死傷之數究竟有多少，以及所謂「殲厥渠魁，」可謂完全埋沒了袁崇煥當時大捷之狀。由此一事，則所謂明史也者，更百分之百的可以看出他的書例究竟是怎樣地一個體例了。

再觀清實錄罷，其記進攻寧遠之失利，是固載有損傷之數的，然所記者又正是微乎其微而不足道，如云：「計二日攻城，傷我遊擊二人，備禦官二人，兵五百人。」此寥寥「五百」之數，比之徐光啓所說的「殲敵萬衆」僅只二十分之一，而如奴兒哈赤本身之因傷斃命，當然又更諱而不言了。再，奴兒哈赤旣死，翌年夏間，其子皇太極欲謀報仇，復又悉衆圍寧遠，亦遭挫敗而退。據明史：「士卒多損傷，六月五日引還。」是役，明人稱「寧遠再捷。」自此寧遠再捷之後，彼等再也不敢走近寧遠一步，直至明朝未亡之前，而此寧遠一城，始終爲明據守，可見袁崇煥所予建州的打擊，實不在小。還有明史所云「士卒多損傷，」原係由清太宗實錄轉錄而來，是實錄旣亦爲「多損傷」之言，可能比奴兒哈赤的損傷更大？一敗再敗，於是金國人心乃至發生了極大的動搖。據天聰元年實錄稿，有「我國之人，非散卽逃」語。又如王氏東華錄天聰三年八月戊辰，更記大臣亦謀倡逃，可見搖動之大。

考袁崇煥之制建州，本已勝算在握，於是乎乃更銳意圖敵，於是乎又嘗自任「五年平遼。」而此「五年平遼」云云，由崇煥言之，自然也是實情實話，並非虛語，因彼曾云：「揣摸夷情三十年，」所以認敵獨眞，知敵獨切，制敵亦獨力。崇煥的英勇孤忠，我無詞足以形容，崇煥的「五年平遼」之說，依金人「非散卽逃」的記事，我們自然可以相信的。乃明史本傳，於崇煥五年平遼一說，反謬採明人從來造作之浮言，以誣袁崇煥，謂五年平遼一語爲「漫對。」如云：

　　給事中許譽卿，叩以五年之略，崇煥言聖心焦勞，聊以是相慰耳。譽卿曰：上

　　英明，安可漫對？異日按期責效，奈何？崇煥憮然自失。

此種囈言，亦收入明史，正見明史取材之漫無「考覈」而只希圖「湊合成篇」以誤後世而已。不知當天聰二年八月卽有人曾將其時大明所處的優勢特別奏於金汗曰：

　　南朝雖師老財匱，然以天下之全力，畢注於一隅之間，蓋猶裕如也。(明清史料甲編第一本葉四八)

曰全力，曰裕如，皆制敵有餘之證。據此，再參前面所說金國人心那種動搖的情形，如使明朝崇禎帝，假崇煥以便宜，予崇煥以時日，則是五年平遼之工作，不但袁崇煥容易辦得到，卽在後來之洪承疇，亦可以成功，何至爲「漫對」？何至「憮然自失」？考清人之特採此說，以入明史，揆其用意，不外爲自己留餘地，不外爲證明「我兵之强天下無敵」之大言。此等筆法，猶曰大清之應運而興，天意人心皆歸之，卽袁崇煥之能戰能守，亦豈能如之何？此固非傳信之筆也。

朝鮮實錄中所見之中韓文化關係

李　光　濤

　　朝鮮文化，如就整個的東國言之，自箕子以迄於淸代，凡數千年，其立國的精神前後原無二致，守綱常之道，仰文物之化，史有「東方君子國」之稱。這一名稱，與東國史籍所記的「小中華」三字正是同一意義。茲作者於此，對於明代以前的朝鮮，也不必爲泛泛之談，姑就近古以來的李氏朝鮮一言其大槪。比如李氏朝鮮的實錄一書，記的旣然全都是中國的漢字，當然也可以說全部朝鮮實錄正是中國整個的文化，這都是根據傳統性的記錄而無可懷疑的。所以不言朝鮮文化則已，言朝鮮文化，只須舉一部實錄爲證，便可以看出朝鮮的漢化眞是所謂「應有盡有」和「亦步亦趨」而無所不包的了。話雖如此，其在一般的讀者未必人人都會了解的。何況討論史事，最重要的，還是着重在舉出一些直接有關的史料以爲佐證，庶幾讀者心目中多少有一印象，則其有助於史事的認識更爲有力。因此作者不敢憚煩，特就朝鮮實錄內錄出一批足資證明所謂「東方君子國」近古五六百年來對于吸收漢化的工作究竟是怎樣地在那裏認眞和努力。同時還有這類的史料都是值得大書而特書的，今爲分類具載於後，俾中韓兄弟之邦兩方的讀者看了之後，我想，這在中韓文化史上多少是會可以引起一些「撫今思昔」之感的。又，本篇所記，凡分六章，先誌如下，俾便讀者：(一)著作，(二)鑄字，(三)經筵，(四)求書，(五)華制，(六)尊崇。

第一章　著作

　　李氏朝鮮著作，據實錄，歷代多有之。然考其學術之盛，當以前者的世宗 (西一四一九至一四五〇，卽明永樂十七年至景泰元年) 及後來的正宗 (西一七七七至一八〇〇，卽淸乾隆四十三年至嘉慶五年) 爲重心。本篇所錄各書，凡三十六種，而其中所採取的亦以前者兩朝爲最多。姑總其分量計之，雖曰不是一個完完整整的記錄，但，有了這若干的著作，讀者

如加以仔細的注意，則是關于所謂「朝鮮文化」正是「中華文化」之一支流的看法總當是不容置疑的。今爲便於檢查起見，先將三十六種著作書目錄如下：（1）三綱行實，（2）鄉藥集成方，（3）編應製詩，（4）歷代世年歌，（5）綱目通鑑博義，（6）將鑑博義，（7）韓柳文註釋，（8）國語音義，（9）明皇誡鑑，（10）絲綸全集，（11）治平要覽，（12）諸家潛象集，（13）龍飛御天歌，（14）醫方類聚，（15）訓民正音，（16）東國正韻，（17）銃筒謄錄，（18）皇華集，（19）奇正圖譜，（20）兵將說，（21）武經，（22）經說，（23）千字序文，（24）大明集禮序文，（25）皇明全史，（26）朝天錄，（27）東國文獻備考，（28）宋史筌，（29）南明書及陪臣傳，（30）綱目講義，（31）朱書百選，（32）五倫行實，（33）新印春秋，（34）四部手圈，（35）濟衆新編，（36）御製繕寫本。以上三十六種，原書雖不可見，然如後文所錄的史文，大抵不外都是說明每一著作的原委，其性質也就和所謂「提要」是一樣，不難由「提要」而得窺見某一著述內容的大旨。有如皇明全史、南明史、以及宋史筌之類，其撰述動機，都因爲東國君臣在看到了中原史籍之後引起了很多很大的「疑義」，於是乎卽本着這種「疑義」而別立新說，以糾正舊史許許多多的錯謬。由史學言之，像這些書籍都當以「善本書」視之，最是值得國人加以訪求的。「禮失而求諸野」，實際有許多重要的史籍在中原已稱絕跡，假如求之於東國則又往往比較是很容易見面的，因爲朝鮮這一古老的國家，自昔以來對于中華的書籍，都是隨時隨地注意搜集，甚至於千方百計重金以求之都是在所不惜的，以此朝鮮藏書之富，是固不難想像而知的。再說所謂「朝天錄」罷，這更是明清五六百年來每一奉命入朝使臣所應有之作，參實錄，如「燕聞錄」並「聞見錄」等等，揆之「朝天錄」正是同一性質，都是每一使臣記述使行在中原境內耳聞目見之一般時事。這些時事，在後來有多少竟成了「秘史」性惟一珍貴難得的史料，如太宗世宗等實錄所記「求請」和「采女」行爲卽其實例。凡此所述，僅言其大端而已，至於東國人士之勤奮好學以及「脚踏實地」許許多多的著作，參後錄史文可以備悉其情節，甚望讀者勿吝賜閱爲幸。

一、世宗實錄：

（1）三綱行實：

十四年壬子（宣德七年）六月丙申，集賢殿新撰三綱行實以進。序曰：天下之達道

五，而三綱居其首，實經綸之大法，而萬化之本源也。若稽古帝舜，愼徽五典，成湯肇修人紀，周家重民五敎，而賓興三物，帝王爲治之先務可知也已。宣德辛亥夏，我主上殿下命近臣，若曰：三代之治，皆所以明人倫也，後世敎化陵夷，百姓不親，君臣父子夫婦之大倫，率皆昧於所性，而常失於薄，間有卓行高節，不爲習俗所移而聳人觀聽者亦多。予欲使取其特異者，作爲圖讚，頒諸中外，庶幾愚夫愚婦，皆得易以觀感而興起，則亦化民成俗之一道也。乃命集賢殿副提學臣偰掌編摩之事，於是自中國以至我東方，古今書所載，靡不蒐閱，得孝子忠臣烈女之卓然可述者，各百有十人，圖形於前，紀實於後，而并系以詩。孝子，則謹錄太宗文皇帝所賜孝順事實之詩，兼取臣高祖臣溥所撰孝行錄中名儒李齊賢之贊，其餘則令輔臣分撰。忠臣烈女之詩，亦令文臣分製。編訖，賜名三綱行實圖，令鑄字所鋟梓永傳，爰命臣撰序其卷端。臣撰竊惟君親夫婦之倫，忠孝節義之道，是乃降衷秉彝，人人所同，窮天地之始而俱生，極天地之終而罔墜，不以堯舜之仁而有餘，不以桀紂之暴而不足。然先王之時，五典克從，民用和睦，而比屋可封，三代以後，治日常少，而亂賊之徒接跡於世者，良由君上導養之如何耳。今我主上殿下，以神聖之資，盡君師之道，功成治定，萬目畢張，而以扶植綱常維持世道爲本，凡有關于名敎者，無不講究商確，著爲彝典。所以化民於躬行心得之餘者，旣極其至，猶慮興起之方有所未盡，乃爲此書，廣布民間，使無賢愚貴賤，孩童婦女，皆有以樂觀而習聞。披玩其圖以想形容，諷詠其詩以體情性，莫不歆羨嘆慕，勸勉激勵，以感發其同然之善心，而盡其職分之當爲者矣，蓋與帝王敦典敷敎之義同一揆，而條理有加密焉。由是民風丕變，治道益隆，家盡孝順之子，國皆忠藎之臣，南陔白華之什，漢廣汝墳之詩，將繼作於委巷之間。王化之美，當無讓於二南，而王業之固，實永傳於萬世。後之君子，益體宸衷，服膺敬守於無窮，豈不韙歟。箋曰：人倫之道，固無出於三綱，天性之眞，實有同於萬世，宜集前人之行實，以爲今日之規模。竊觀作之君，作之父，作之夫，則本乎天；爲之臣，爲之子，爲之妻，則原於地，惟天經地義之定理，無古往今來之或殊。百世可知，仰宣尼之示訓，蒸民有則，思吉甫之作詩。孝爲百行之源，仁是五常之

首。慈祥惻怛，根於秉彝之良能，愛敬順承，由乎至情之不已。豈惟在家而盡
道，亦可許國而移忠。義莫大於事君，忠必期於委質。在平時而陳力就列，猶
可行焉，居亂世而捨命持危，是難能也。歷觀古人之說，莫如王蠋之言，人無
信則事無成，女必貞而行必篤，父母不能奪其志，昭然天地之照臨，刀鋸安
敢攛其心，凛乎冰霜之皎潔，在丈夫而未易，爲列 (烈) 婦者頗多。乃何世道漸
微，人心稍薄，綱常幾乎淪斁，習俗靡然崩頹。子或悖逆於家，臣或姦訧於國，
罕見江沱汝漢之美，或有桑濮鄭衛之風。然而天理未有泯滅之時，人情豈無感
悟之日。恭惟德敦仁厚，學就緝熙，燕翼貽謀，纘丕基於列聖，勵精圖治，敷
文敎於四方，尙慮風俗之汚，喚起宸衷之斷。命臣循稽諸歷代，及乎本朝，上
自帝王后妃，下至公卿民庶，屬三綱而可述，謹類聚而成編。令文士著贊詩，
善摹寫其義烈；俾畫工成圖像，眞髣髴其形容。將欲頒於國都，而遂及於閭
巷。凡諸寓目，孰不竦心，庶見感激而薰陶，終臻鼓舞而於變。揭民彝，扶世
敎，幸親覩於明時，遵王道，致時雍，期可傳於永世。(卷五六葉三三)

(2)鄉藥集成方：

十五年癸丑(宣德八年)六月壬辰，鄉藥集成方成。命權採序之曰：自農黃而下，
代有醫官，以掌萬民之疾，而名醫師之診病用藥，皆隨氣施巧，初非拘以一
法。蓋百里不同俗，千里不同風，草木之生，各有所宜，人之食飲嗜欲，亦有
所習，此自古聖人嘗百草之味，順四方之性而治之者也。惟我國天作一區，據
有大東，山海寶藏之與，草木藥材之產，凡可以養民生而療民疾者，蓋亦無不
備焉。但自古醫學疎廢，採取不時，忽其近而求之遠，人病則必索中國難得之
藥，是奚嘗如七年之病，求三年之艾而已哉？於是藥不能得，而疾已不可爲也。
唯民間故老，能以一草療一病，其效甚神者，豈非宜土之性，藥與病值而然
也。夫不遠千里求伸無名之指者，人之常情也，況不出國中而可以療疾者乎？
人患不知耳。昔判門下臣權仲和嘗加採輯，著鄉藥簡易方，其後又與平壤伯趙
浚等，命官藥局更考諸方，又取東人修驗者，分門類編，鋟梓以行，自是藥易
求而病易治，人皆便之。然方書之出於中國者尙少，藥名之異於中國者頗多，
故棄其術者，未免有不備之嘆。恭惟我主上殿下特留宸慮，命揀醫官，每隨使

如京廣求方書，且因申奏，就大 (太) 醫院考正藥名之謬。宣德辛亥秋，乃命集賢殿直提學兪孝通、典醫正盧重禮、副正朴允德等，更取鄉藥方編會諸書，搜檢無遺，分類增添，歲餘而訖。於是舊證三百三十八，而今爲九百五十九，舊方二千八百三，而今爲一萬七百六，且附以灸法一千四百七十六條，鄉藥本草及炮製法，合爲八十五卷以進，名曰鄉藥集成方，刊行廣傳，命臣採序之。臣採竊念君上之道，莫大於仁，而仁道至大，亦有幾多般乎？今我主上殿下以盛德興，至治守位，發政全體，此道之大，至如藥醫濟民之事拳拳若此，可見仁政本末巨細兼盡而無遺矣。且古之人主，有或躬自調藥，或剪鬚和藥，惠及一人者，後世猶稱之，豈若一修醫書，廣示方論，加惠兆民，施澤萬世哉？其規模設施，實相萬也。自今伊始，因此方書，飮餌得效，起呻吟，變札瘥，以致登壽城，召和氣於無窮者，寧不知聖朝仁心仁政之所自歟？(卷六〇葉三九)

（３）編應製詩：

十七年乙卯(宣德十年) 六月戊申，尹淮等遂編應製詩爲軸，令承旨權採序之。序曰：上卽位之三年庚子，始置集賢殿于禁中，妙選一時文學之士，備顧問，掌讎校，日引經幄，講論經史。歲甲寅七月，以司馬公資治通鑑史學之淵源，而諸家訓註詳略不同，難於編考，乃於是殿召會文臣，取諸家之註，兼廣閱書卷，參而校之，附於通鑑本文，名曰訓義。每成藁以進，悉皆賜覽裁決，至期事將就緒，上親御慶會樓，賜宴以慰之。于時晝日方中，薰風自南，禁溝滌其煩熱，御柳送其微涼。覩龍顏之穆穆，聆天語之溫溫，怳然如夢登雲霄之上，而聽鈞天之樂。酒止七行，旣醉旣飽，有旨各給筆札賦詩，俾盡歡洽之情，於是卽席上應製，書五七言以進，凡四十有七人，宴畢拜謝而出。咸曰今日之事，不可不傳於後，乃編詩於軸，因囑臣序之。臣竊惟聖上以盛德，撫熙運，勵精圖治，躬致太平，凡厥制度，極備大成，若枚舉而歷陳，則何異模天地之大，譽日月之明。姑以右文興學一事言之，自卽位以來，日御經筵，緝熙之學，終始不厭，深慮東方書籍鮮少，人不能學，乃自出宸衷，命有司新鑄字之規，無書不印，無人不學。又慮遺文新集之未盡得也，因使价旁求於上國，遣文臣廣購於國中，於是書典之至，日益月增，建藏書閣，籍而藏之，充溢棟

字，自東國以來，文籍之多，未有如今日之盛也。由是進講之書，有所疑謬，則遍考諸書，皆得其眞而正之。以至禮樂鍾律，天文儀像，陰陽曆算，醫藥卜筮之書，皆修而整之，印而頒之。今又撰修訓義，便於考閱，極其精博，而編緝之臣，優其給使，厚其供億，至於親賜宴以勞之，命賦詩以娛之。使螢窗鉛槧之輩，皆得與鹿苹魚藻之歡，與漢朝白虎石渠之事同規，而寵渥過之，其斯文之榮幸，而儒苑之美談，誠千載一時也。臣文拙不能稱揚盛美，唯述聖上軫慮文籍之一端，使後之人知我后之政，無所不用其極，皆類此云。(卷六八葉二四)

（4）歷代世年歌：

十八年丙辰(正統元年) 四月庚子，先是，上念學者昧於史籍，既令修資治通鑑訓義，且慮初學未能遍覩表章，曾先之歷代世年歌，命尹淮註釋，獨元朝闕焉，補以臨江張美和之詩。至於東國年代，亦不可不知也，命吏曹判書權蹈撰次，仍爲註解。篇帙雖簡，開闢以來，運祚長短，國勢離合，本末大略，一覽瞭然。至是，令鑄字所印之，頒賜于大小臣僚。(卷七二葉一)

（5）綱目通鑑訓義：

十八年七月壬戌，命李季甸金汶撰綱目通鑑訓義，令柳義孫序之。序曰：朱文公綱目，祖春秋之筆，其文則史，而義則經也。上命集賢殿副校理李季甸金汶等曰：凡爲學之道，經學爲本，固所當先，然只治經學而不通乎史，則其學未博。欲治史學，無若綱目一書。頃既撰資治通鑑訓義，又欲因此書併註綱目，以惠後學，爾等其勉之。於是季甸等參酌增損，撮其要語，逐節分附，凡所去取，悉稟睿斷。繼而命集賢殿副校理李思哲修撰崔恒等讎校，三閱歲而書成。第其舊註字樣稍密，上慮春秋高，則難於觀覽，令晉陽大君㼁書大字，新鑄之，以新字爲綱，舊字爲目。又以卷帙重大，或釐爲上中下，或爲上下，總一百四十有九卷，將使模印，以廣其傳，遂命臣序之。臣竊謂史籍之行于世者多矣，莫詳於通鑑，而莫要於綱目，實天下萬世之龜鑑也。然其諸儒註釋，頗有詳略，且相牴牾，固未易遍觀而折衷。恭惟我主上殿下，天縱聖學，潛心經史，萬機之暇，繙閱二書，參究諸註之異同，俾歸于一，毫分縷析，粲然可考，誠史書之大全也。讀者苟能仰體聖訓，先明經學，然後博之於通鑑，約之

以綱目，則本末兼該，內外融貫，而庶不謬乎明體適用之學矣。儻或躐等而徒務於涉獵，則豈吾聖上倡明道學垂世立敎之美意哉？後之觀是書者，當自警省云。(卷七四葉一〇)

（6）將鑑博義：

十九年丁巳 (正統二年) 七月丁未，命集賢殿參考史傳撰集將鑑博義所載諸將事實，令集賢殿應敎南秀文跋其卷尾。其跋曰：兵家之書多矣，然論歷代名將行事得失而折衷以理者，未有若博義一書，實將帥之龜鑑也。國家故令武士莫不講習，而勸課有方，其敎鍊之規，可謂至矣。然其爲書只著論議，而不載事蹟，如無按之斷，讀者恨之。訓鍊觀提調備曹衡邊處厚等具辭以聞，上命集賢殿參考史傳，剟收其事，分入論右，務要簡易，仍令鑄字所印成廣布。臣伏覩是書，所載總九十四人，權謀如孫吳，殺降若白起，雖幸而成功，固無足取，至若武侯汾陽之忠義正大，爲將帥者誠不可不知。而我殿下垂精將略，特修此編，以敎武士，蓋欲得武侯汾陽之輩而用之也。讀者苟能據其事以知成敗，參諸論以下是非，則所見必高，所趨必正，蔚然爲仁義詩書之帥，可以副殿下敎育作成之至意，其勉之哉。(卷七八葉一三)

（7）韓柳文註釋：

二十年戊午(正統三年) 十一月庚戌，上命集賢殿撰集韓柳文註釋，書成，命應敎南秀文跋之。其辭曰：唐韓柳氏所著文章，雄偉雅健，傑立宇宙，實萬世作者之軌範也。是以朱文公嘗語後生曰：若將韓柳文熟讀，不到不會做文章。然二書皆文深字奇，注解無慮數百家，而盛行于世者，韓有二本，朱子校本，字正而註略，五百家注本，注詳而字訛。柳亦有二本，其增廣注釋音辨，又不如五百家之詳也。讀者就此較彼，未易領會。正統戊午夏，殿下命集賢殿副提學臣崔萬理直提學臣金鑌博士臣李永瑞成均司藝臣趙須等會稡爲一，以便批閱。韓主朱本，逐節先書考異，其元註入句未斷者移入句斷，五百家註及韓醇詁 (諸疑詁) 訓，更采詳備者節附考異之下，白書附註以別之。柳主增註音辯，亦取五百家註，韓醇詁訓詳備者增補，句暢其旨，字究其訓，開卷一覽，昭若發矇。既徹編以進，令鑄字所印布中外，爰命臣秀文跋其卷後。臣伏覩殿下以緝熙聖

學，丕闡文教，凡諸經史，悉印悉頒。又慮詞體之不古，發揮二書，嘉惠儒士，使之研經史以咀其實，追韓柳以擷其華，其所以右文育材者，可謂無所不用其極矣。將見文風益振，英才輩出，煥然黼黻大 (太) 平之業，而我國家文物之盛炳耀千古也無疑矣（卷八三葉二〇）

（8）國語音義：

二十二年庚申(正統五年) 六月丙申，經筵所藏國語與音義一本，頗有脫落，求之中國得別本，闕逸尚多，註解亦略。購求日本，又得詳略二本，兼補音三卷以來，亦且不完。於是命集賢殿以經筵所藏舊本爲主，參考諸本，正其訛謬，補其脫落，仍將音義補音芟夷煩亂，分入逐節之下，其不完者以韻書補之，遂命鑄字所模印廣布。（卷八九葉三五）

（9）明皇誠鑑：

二十三年辛酉(正統六年) 十月壬戌，上命戶曹叅判李宣集賢殿副修撰朴彭年著作郎李塏等曰：古人圖唐明皇楊妃之事者頗多，然不過以爲戲玩之資耳，予欲探開元天寶成敗之跡，圖畫以觀。昔漢時乘輿幄，坐屏風，畫紂醉踞妲己，作長夜之樂，豈非令世主鑑前轍以自戒耶？明皇號稱英主，而晚年沉於女色，以至於敗，終始之異，未有如此者也。至若遊月宮，見龍女，楊通幽等事，極爲誕妄，似不足書也。然朱子於綱目亦書帝聞空中神語，以見明皇好怪之實，凡此等語，亦有國家者之所宜深戒也，爾等其纂之。宣等承命撰集，先圖其形，後紀其實，或附以先儒之論，或係以古今之詩，書既成，賜名曰明皇誠鑑。（卷九三葉三九）

（10）絲綸全集：

二十四年壬戌(正統七年) 九月丁亥，上命集賢殿集錄秦漢以降，迄于皇明，凡制誥詔勅，編訖，賜名絲綸全集。又命藝文大提學鄭麟趾就加抄選，別爲絲綸要集。（卷九七葉四四）

（11）治平要覽：

二十七年乙丑(正統十年) 三月癸卯，是月治平要覽成。右參贊鄭麟趾等上箋曰：治者興，亂者亡，得失俱載於往牒；善可法，惡可戒，勸懲宜示於後人。肆輯

羣書，昭揭萬世，竊惟罷結繩之政，而書契作，置載筆之官，而史籍興。唐虞
典謨，可稽時雍之盛，文武方策，亦觀泰和之隆。東周衰遲，七國爭戰，秦用
詐力，纔及二世之傳，漢尚寬仁，以致歷年之永。炎祚微而三國稱帝，晉籙
窮而五胡亂華，六朝割據而宇內分，孤隋幷吞而天下沸。唐興二十代，五季相
承，宋傳三百年，北虜迭起。惟元氏之失馭，偉大明之誕興。或合或離，國勢
强弱之有異，一治一亂，運祚長短之不同。既善惡之俱存，斯法戒之悉備，第
簡帙之甚夥，而繙閱之未周。臣麟趾誠惶誠恐，頓首頓首，恭惟主上殿下，日
就緝熙，天縱聖智，研窮經籍，澄帝王出治之源，討論史編，鑑古今行事之
跡。謂難徧於諸史，當會稡於一書，不鄙愚庸，俾任纂述。命宗英而掌其事，
聚文士而責其成，義例悉稟於睿裁，紀次不拘於史體。稽諸往古，起周家而訖
國朝，至于東方，始箕子而終麗代，徧掇舊史之錄，旁採小說之文。國家興
衰，與君臣之邪正，政敎臧否，及風俗之汚隆，下至匹夫之微，外而四夷之
遠。若關彝倫，則雖小而悉記，有補治體者，必錄而不遺。間以諸家之釋音，
附以先儒之論議。廣博該備，誠君上爲治之大經，明白謹嚴，實史外傳心之要
典。臣麟趾叨承隆委，俯竭微勞，載宣日月之華，願效涓埃之補。提其綱，挈
其領，雖未盡於鋪張，接乎目，警乎心，庶有資於治化。所撰治平要覽一百五
十卷，謹繕寫裝績成帙隨箋以聞。(卷一〇七葉二一)

(12)諸家曆象集：

諸家曆象集成，凡四卷。同副承旨李純之跋曰：帝王之政，莫大於曆象授時
也，而吾東國日官之疎於其術久矣。宣德癸丑秋，我殿下發於宸衷，凡諸儀象
晷漏之器，天文曆法之書，靡不講究，皆極精致。在儀象，則曰大小簡儀、日
星定時儀、渾儀、及渾象也。在晷漏，則曰天平日晷、懸珠日晷、定南日晷、
大小圭表、及欽敬閣漏、報漏閣漏、行漏也。天文，則於七政列舍，中外官入
宿去極度分，皆測之。又將古今天文圖，參別同異，測定取正。而其二十八宿
度分，及十二次宿度，一依授時曆修改，以刊石本矣。曆法，則於大明曆、授
時曆、回回曆、通軌通徑諸書，並加讎校，且撰七政算內外篇矣。然猶未也，
又命臣搜索其天文曆法儀象晷漏書之雜出於傳記者，删其重複，取其切要，分

門類聚，作爲一峽，以便觀覽。苟因是書而究其理，則思過半矣，尤以見殿下敬天勤民之政，無所不用其極也。(卷一〇七葉二一)

(13)龍飛御天歌：

二十七年四月戊申，議政府右贊成權踶、右參贊鄭麟趾、工曹參判安止等進龍飛御天歌十卷。箋曰：積惡累仁，蔚啓洪祚，撰功記實，宜播歌章，肆纂燕詞，庸徹睿鑒。竊惟根深者未必茂，源遠則流盆長，周詠縣瓜，推本其所自出，商歌玄鳥，追述其所由生，是知王者之作興，必賴先世之締造。惟我本朝，司空始顯於羅代，奕業 (葉) 相承，穆王初起於朔方，景命已兆。於聯鑒度而毓慶，(疑脫)及聖桓而發祥，恩信素孚，人之歸附者非一二世，禎符屢見，天之眷顧者殆數百年。太祖康獻大王挺上聖之資，應千齡之運，揮神戈而奮威武，迅掃夷戎，受寶籙而布寬仁，輯綏黎庶。太宗恭定大王英明邁古，勇智絕倫，炳幾先而建邦家，功高億載，戡禍亂而定社稷，德冠百王。偉累世之鴻休，與前聖而駢美，蓋形歌詠，昭示來今。恭惟主上殿下，惟一惟精，善繼善述，道洽政治，霈然德澤之旁霈，禮備樂和，煥乎人物之極著。念惟歌詩之作，屬茲隆泰之期，臣等俱以雕篆之才，濫叨文翰之任，謹採民俗之稱頌，敢擬朝廟之樂歌。爰自穆祖肇基之時，逮至太宗潛邸之日，凡諸事蹟之奇偉，搜撫無遺，與夫王業之艱難，敷陳悉備。證諸古事，歌用國言，仍繫之詩，以解其語。畫天地，摹日月，雖未極其於客(疑誤)，勒金石，被管絃，小(少)有揚於光烈。儻加省納，遂許頒行，傳諸子，傳諸孫，知大業之不易，用之卿，用之國，至永世而難忘。所撰歌詩總一百二十五章，謹繕寫裝潢隨箋以聞。命刊板以行。(卷一〇八葉五)

(14)醫方類聚：

二十七年十一月戊辰，命集賢殿副校理金禮蒙、著作郎柳誠源、司直閔普和等，裒集諸方，分門類聚，合爲一書。後又命集賢殿直提學金汶、辛碩祖、副校理李芮、承文院校理金守溫，聚醫官金循義、崔閏、金有智等編集之。令安平大君瑢、都承旨李思哲、右副承旨李師純、僉知中樞院事盧仲禮監之。歷三歲而成，凡三百六十五卷，賜名曰醫方類聚。(卷一一〇葉八)

(15)訓民正音：

二十八年丙寅 (正統十一年) 九月甲午，是月訓民正音成。御製曰：國之語音異乎中國，與文字不相流通，故愚民有所欲言而終不得伸其情者多矣。予爲此憫然，新製二十八字，欲使人易習，便於日用耳。(下文從略)

禮曹判書鄭麟趾序曰：有天地自然之聲，則必有天地自然之文，所以古人因聲制字，以通萬物之情，以載三才之道，而後世不能易也。然四方風土區別，聲氣亦隨而異焉，蓋外國之語，有其聲而無其字，假中國之字以通其用，是猶柄(柄)鑿之鉏鋙也，豈能達而無礙乎？要皆各隨所處而安、不可强之使同也。吾東方禮樂文物，侔擬華夏，但方言俚語不與之同，學書者患其旨趣之難曉，治獄者病其曲折之難通。昔新羅薛聰始作吏讀，官府民間，至今行之，然皆假字而用，或澀或窒，非但鄙陋無稽而已，至於言語之間，則不能達其萬一焉。癸亥冬，我殿下創制正音二十八字，略揭義例以示之，名曰訓民正音。象形而字倣古篆，同聲而音叶七調，三極之義，二氣之妙，莫不該括，以二十八字而轉換無窮，簡而要，精而通，故智者不崇朝而會，愚者可浹旬而學。以是解書，可以知其義，以是聽訟，可以得其情。字韻則清濁之能下，樂歌則律呂之克諧，無所用而不備，無所往而不達，雖風聲鶴唳雞鳴狗吠，皆可得而書矣。遂命詳加解釋，以喩諸人。於是臣與集賢殿應教崔恒、副校理朴彭年、申叔舟、修撰成三問、敦寧注簿姜希顏、行集賢殿副修撰李塏、李善老等，謹作諸解及例，以敍其梗槩，庶使觀者不師而自悟，若其淵源精義之妙，則非臣等之所能發揮也。恭惟我殿下天縱之聖，制度施爲，超越百王，正音之作，無所祖述，而成於自然，豈以其至理之無所不在而非人爲之私也。夫東方有國，不爲不久，而開物成務之大智，蓋有待於今日也歟？(卷一一三葉二六)

(16)東國正韻：

二十九年丁卯 (正統十二年) 九月戊午，是月，東國正韻成，凡六卷，命刊行。集賢殿應教申叔舟奉教，序曰：天地絪縕，大化流行，而人生焉，陰陽相軋，氣機交激，而聲生焉。聲既生焉，而七音自具，七音具，而四聲亦備，七音四聲，經緯相交，而清濁輕重，深淺疾徐，生於自然矣。是故庖犧畫卦，蒼頡制

字，亦皆因其自然之理，以通萬物之情。及至沈陸諸子，彙分類集，諧聲協韻，而聲韻之說始興。作者相繼，各出機杼，論議既衆，舛誤亦多。於是溫公著之於圖，康節明之於數，探賾鉤深，以一諸說，然其五方之音各異，邪正之辨紛紜。夫音非有異同，人有異同，人非有異同，方有異同，蓋以地勢別而風氣殊，風氣殊而呼吸異，東南之齒唇，西北之頰喉是已，遂使文軌雖通，聲音不同焉。吾東方表裏山河，自爲一區，風氣已殊於中國，呼吸豈與華音相合歟？然則語音之所以與中國異者，理之然也。至於文字之音，則宜若與華音相合矣，然其呼吸旋轉之間，輕重翕闢之機，亦必有自牽於語音者，此其字音之所以亦隨而變也。其音雖變，清濁四聲則猶古也，而曾無著書以傳其正，庸師俗儒，不知切字之法，昧於細躇之要，或因字體相似而爲一音，或因前代避諱而假他音，或合二字爲一，或分一音爲二，或借用他字，或加減點畫，或依漢音，或從俚語，而字母七音，清濁四聲，皆有變焉。若以牙音言之，溪母之字，太半入於見母，此字母之變也。溪母之字，或入於曉母，此七音之變也。我國語音，其清濁之辨，與中國無異，而於字音獨無濁聲，豈有此理，此清濁之辨也。語音則四聲甚明，字音則上去無別，質勿諸韻，宜以端母爲終聲，而俗用來母，其聲徐緩，不宜入聲，此四聲之變也。端之爲來，不唯終聲，如次第之第，牧丹之丹之類，初聲之變者亦衆，國語多用溪母，而字音則獨夫之一音而已，此尤可笑者也。由是字畫訛而魚魯亂眞，聲音亂而涇渭同流，橫失四聲之經，縱亂七音之緯，經緯不交，輕重易序，而聲韻之變極矣。世之爲儒師者，往往或知其失，私自改之，以敎子弟，然重於擅改，因循舊習者多矣，若不大正之，則愈久愈甚，將有不可救之弊矣。蓋古之爲詩也，協其音而已，自三百篇而降，漢魏晉唐諸家，亦未嘗拘於一律，如東之與冬，江之與陽之類，豈可以韻別而不相通協哉？且字母之作，諧於聲耳，如舌頭舌上，唇重唇輕，齒頭正齒之類，於我國字音未可分辨，亦當因其自然，何必泥於三十六字乎？恭惟我主上殿下崇儒重道，右文興化，無所不用其極，萬機之暇，慨念及此，爰命臣叔舟及守集賢殿直提學臣崔恒、守直集賢殿臣成三問、臣朴彭年、守集賢殿校理李塏、守吏曹正郎臣姜希顏、守兵曹正郎臣李賢老、守承文校理臣曹

變安、承文院副校理臣金曾，旁探俗習，博考傳籍，本諸廣用之音，協之古韻之切，字母七音，清濁四聲，靡不究其源委以復乎正。臣等才識淺短，學問孤陋，奉承未達，每煩指顧。乃因古人編韻定母，可併者併之，可分者分之，一併一分，一聲一韻，皆稟宸斷，而亦各有考據。於是調以四聲，定爲九十一韻，二十三母，以御製訓民正音定其音，又於質勿諸韻以影補來，因俗歸正，舊習謬誤至是而悉革矣。書成，賜名曰東國正韻，仍命臣叔舟爲序。臣叔舟竊惟人之生也，莫不受天地之氣，而聲音生於氣者也。清濁者，陰陽之類，而天地之道也，四聲者，造化之端，而四時之運也。天地之道亂，而陰陽易其位，四時之運紊，而造化失其序，至哉聲韻之妙也，其陰陽之闔奧，造化之機緘乎？況乎書契未作，聖人之道寓於天地，書契既作，聖人之道載諸方策，欲究聖人之道，當先文義，欲知文義之要，當自聲韻，聲韻乃學道之權輿也，而亦豈易能哉？此我聖上所以留心聲韻，斟酌古今，作爲指南，以開億載之羣蒙者也。古人著書作圖，音和類隔，正切回切，其法甚詳，而學者尚不免含糊囁嚅，昧於調協。自正音作，而萬古一聲，毫釐不差，實傳音之樞紐也。清濁分而天地之道定，四聲正而四時之運順，苟非彌綸造化，參贊宇宙，妙義契於玄關，神機通于天籟，安能至此乎？清濁旋轉，字母相推，七均而十二律，而八十四調，可與聲樂之正同其大和矣。吁，審聲以知音，審音以知樂，審樂以知政，後之觀者，其必有所得矣。(卷一一七葉二二)

(17)銃筒謄錄：

三十年戊辰 (正統十三年) 九月丙申，賜銃筒謄錄于諸道節制使處置使。諭曰：今送謄錄一冊，鑄造之方，用藥之術，備悉載錄。軍國秘器，所係甚重，宜常秘密以藏，每於考閱，卿獨開見，勿委吏手，日加謹慎，及其遞代，交相授受。又命藏于春秋館。前此軍器監所藏銃筒，制造匪精，鐵重藥多，雖放之乏力，而矢之所及，遠不過五百步，近不過二百步。乙丑春，命臨瀛大君璆監錬改治，於是量其厚薄，較其長短，而參諸矢之輕重，定其藥之多寡。既成試之，藥少鐵輕，而矢之所及，遠至於千五百步，近不下四百步。輸運既便，而放不費力，眞軍國之重寶，而可爲後來制作之程式。故圖其形體，書其尺寸，

以傳永世。(卷一二一葉四四)

二、世祖實錄：

(18)皇華集：

四年戊寅(天順二年)閏二月乙丑，先是，明使陳鑑、高閏來頒正統皇帝復位詔，陳高等凡所見雜興，一寓於詩，合若干首，并本國所和，印而贈之，名曰皇華集。其後中朝人，因本國人赴燕京，求之者頗多，輒印送之。(卷一一葉二二)

(19)奇正圖譜：

五年己卯(天順三年)十月乙卯，上召判漢城府事李純之，出示潛邸時所撰奇正圖譜與外篇，曰：篇中課命之法，引而不發，爾與崔灝元撰集，令初學易知也。於是純之等纂集以進。上親筆削定之，名曰奇正圖譜續篇。今三篇行于世。(卷一八葉二)

(20)兵將說：

八年壬午(天順六年)二月癸未，先是上親製兵將說 (原注：初名兵鏡，後改兵將說)。兵說曰：兵者以智運用，以用應智。智者本仁義，度我人，審地利也；用者明形數，一節制，利器械也。不本仁義，則無敵自破；不度我人，則如蛾赴蠋(燭)；不審地利，則盲者去杖；不明形數，則多還爲少；不一節制，則臨陣棄將；不利器械，則肆上肥腴。本仁義則如之何？明學校，嚴君臣，崇文武，守典章，是也。度我人則如之何？觀天運，校將士，計曲直，參勞逸，是也。審地利則如之何？乘風水，達道里，因高下，據險易，是也。明形數則如之何？修軍籍，預作隊，定人心，一耳目，是也。一節制則如之何？勤敎閱，恒賞罰，比臨敵，無少貸，是也。利器械則如之何？人各造，禁常用，勸牧馬，考黜陟，是也。苟知此，大概思過半矣。人爲人計，豚爲豚計，有將骨者，不假予言，夫何勞諭。將說曰：凡爲將之咎，智能傲人，才足陵人，未與接人，已志蔑人，獨身行事，上下無交，此眞匹夫耳。狃於順心，窘於逆心，瞋目所恃，逢不如意，不及盛壯，功名不遂，可惜也哉。聞譽而不喜，受辱而不怒，周問下資，以柔濟事，上也。積智而求智，蘊才而求才，果斷任能，以强立事，中也。仰天而不俯，見賢而不敬，專擅獨辦，以妄敗事，下也。常事弓馬，兼治

儒術，上也。謗儒尙武，心愼狂妄，中也。恃力挾勢，逢人則慢，下也。見利
思義，上也。執杯思醉，中也。分外思得，下也。是故得其上，則致君堯舜，
得其中，則安民制敵，得其下，則亡家敗國，可不重歟？命左議政申叔舟、中
樞院使崔恒、藝文提學李承召、刑曹叅判徐居正等撰註。至是，叔舟等註訖，
隨箋以進。箋曰：天之眷命用懋，誕撫文運之隆，國之大事在戎，昭揭兵家之
要，豈惟纘武之略，實是保邦之規。臣等竊觀黃帝著握機之文，蒼姬制司馬之
法，蓋非兵則難以禦侮，而無律則莫能行師。恭惟聖敬日躋，勇智天錫，功高
湯武之撥亂，德協堯舜之重華，應乎天，順乎人，曆數歸于一德，繼之志，述
之事，禮樂興於百年。然而聖不自居，猶謂治之未給，益務內修之政，兼舉外
禦之方。敎閱勤於四時，兵精卒鍊，威靈振於八表，大畏小懷。尙慮爲將之
道，未悉用武之道，乃賜御札，以示指南。宸翰昭回，與誓誥同其灝噩，王猷
允塞，以仁義爲之本源。條貫盡其詳明，規模極其宏遠。然聖訓之微密，而睿
藻之簡嚴，苟非發揮，孰究蘊奧。臣等謀慚借筯，學昧止戈，不揆僭踰，妄著
註解。採歷代征戰之事，以驗成敗之機，引前人論斷之言，以明得失之効。敢
竭千慮，用贊一辭，雖未能潤色乎聖謨，亦庶幾開諭於將士。戰必勝，攻必
取，奉成算於一朝，制未亂，保未危，繫苞桑於億載。賜叔舟、恒、承召、居
正內廏馬各一匹。(卷二七葉二二)

(21)武經：

八年壬午 (天順六年) 十月壬午，御思政殿，召諸將設酌，示御製武經序。其辭
曰：古之論兵者多，而今所宗七書而已，皆先傑更事所知，積思所發，制治保
邦，無要於此。求之益深，用之不窮，譬如對峯望山，陟之彌高，能入其門
者，方乃可窺。夫天之生物，脚之齒之，翼之爪之，求其食，備其侮，安其
性，理一事通，家國皆然。故求其食者農也，備其侮者兵也，安其性者學也，
非此三者，世道不竪。庸蠢迷碎之徒，誦九流之說，不知一致之道，未嘗經
目，而指爲武人之學，何笑如之。世宗嘗曰兵不可不知，乃親授予孫子。予承
聖訓，弓馬之閒，究精兵家，蓋有所得，未必無暗合處，亦非語言之所能喩人
也。文宗以予知兵，命予口訣幷解，予與權擥、洪允成不遑於靖難，莫得而致

詳焉。今更與申叔舟、權擘、崔恒、宋處寬、洪應等定口訣，命校註，庶育英

才，收功四方云爾。（卷二九葉二一）

三、肅宗實錄：

(22)經說：

三年丁巳 (康熙十六年) 正月丁亥，右議政許穆上箚曰：臣作經說二十，言易春秋

詩書洪範九疇禮樂刑政時令鬼神，追述虞夏殷周古經，齊魯語月令，夏小正，

左國語諸書，其言皆古聖人賢人之言，其法術皆古聖人賢人之法術，臣年八

十，篤信勤學者也。當今進言，皆以功利爲急，臣之此書，固知迂闊，然殿下

深思而試用之，此三代之治也。………（卷六葉二）

(23)千字序文

十七年辛未 (康熙三十年) 閏七月戊寅，上親製千字序文下春坊，春坊請刊出弁

卷，待東宮開筵，以此文進講。許之。其文曰：予惟千字一書，卽梁朝周興嗣

之所撰也。昔武帝敎諸王書，令殷鐵石于鍾王書中，搨一千字不重者，每字片

紙，雜碎無序，令興嗣韻之。興嗣編綴於一日之內，鬢髮爲之盡白，可見用力

之勤，而其所以排比者，亦可謂精且切矣。仍又思惟春宮，方講習是書，而性

旣聰明，心智日長，加意學問，仍在匪遠，每當誦讀之際，不惟只識字訓而

已，必須反覆細釋，觸類而長之。如讀孝當竭力之句，則思文王之日三朝，而

必也愉愉怡怡，洞洞屬屬。讀尺璧寸陰之句，則如舜投珠璧，禹惜寸陰，而必

也賤寶貴德，學如不及。讀尅念作聖之句，則念聖狂之判，在乎理欲，而必也

遏爾人欲，擴爾天理。讀知過必改之句，則體羲易之風雷益，而必也遷善如風

之速，改過如雷之猛。讀務茲稼穡之句，則知盤中粒米皆出辛苦，而必也尙

儉節用，爲國惜福。日夕孜孜，體念于身，則未必不爲開發成就之一助云爾。

（卷二三葉二七）

(24)大明集禮序文：

十八年壬申 (康熙三十一年) 正月辛未，上親製大明集禮序文，下政院，使之一體

繡梓。序文曰：禮也者，寓於至理日用事物之所當然，而體用備具，小大由

之，此所謂天理之節文，人事之儀則，而不可斯須去身者也。予於萬機之暇，

繙閱方册，得集禮一部，廼大明太祖高皇帝之所撰定也。編帙總四十卷，而上自祀天祭地宗廟社稷之禮，以至朝會冠昏朝貢親征吊贈之儀，莫不昭載，纖悉該博。夫以予小子之昧於禮學者，尚且一覽瞭然，多所裨益，然後知是書實禮家之指南，而與我朝五禮儀相表裏，爲萬世不刊之典也。惜乎其御府所藏，頗有脫落，不克成帙，爰命玉署搜取禮部，俾補其缺。又允可儒臣李允修之奏，精寫一通，詳加校讎，仍付二南爲之剞劂，廣布臣隣，而壽其傳，以申予有庸五禮之意，庶乎有補於治化之萬一云。(卷二四葉三)

(25)皇明全史：

二十三年丁丑 (康熙三十六年) 十二月癸亥，都承旨李玄錫上疏曰……妄謂皇明史記，雜亂無統，所謂昭代典則等書，不過朝報謄箚者也，或一事而散出，或微事而錯擬，律以綱目之義，大有逕庭。若裒取諸書，鱗括成書，則庶可以表揭不忘皇明之至意。矧今冠帶之國，遵用明制者，只我東耳，宏綱大猷，瞭然修整，則可以有辭於天下。逐乃不自忖量，思欲編摩，塗抹點列，幾乎五分之四，而身縻職事，何暇紬繹？由是而燕沒隤廢，不得卒業，則臣實有死不瞑目者矣。倘蒙曲加矜憐，賜臣以六七載屏退，俾得專治筆硯，以底成書，或供乙夜之涉覽，或備震宮之繙閱。……答曰……所陳志固可尚，古人有十年用功者，縱不解任，磨以歲月，從容卒業，不亦宜哉？(卷三一葉六七)

二十九年癸未 (康熙四十六年) 十月壬辰，知事李玄錫卒。玄錫恬靜自守，上褒以不喜黨論，且有文名。嘗修皇明全史，書未成而卒。(卷三八下葉三四)

四十年甲午 (康熙五十三年) 九月癸卯，前叅奉李漢謙進其父故叅贊玄錫所撰明史三十二册，詣闕陳疏，略陳纂史之指意，屬藁之顚末曰：大復讎重討賊，嚴尊王黜夷之法，而素律無施，籍 (藉) 空文以見志，槩聖賢編史之意，勤苦可悲也。臣父研思積年，編選明史者，蓋其區區素畜，傷皇朝遺澤之旣泯，痛今日大義之莫伸，而及伏覩我聖上御製隆堂詩，益感聖意之激烈，包括鎖錄，裒成明史一書，庶乎表揚聖意，仰贊宏猷，此其平素之積志也。不幸庚寅之春，草本纔成，而先臣遽罹劇疾，綿歲沉痼，癸未泣謂家人曰：來歲干支復續沍灘，此實崇禎後一周甲也，仰惟睿念，亦必增感於此歲，而志士之痛柰深矣。吾雖

疾篤，必欲磨勵精神，整完此書，趁來甲申三月前上進，則死可瞑目矣。遂發箱篋，力疾考證，刪整未訖，凶禍遽迫，先臣積勤之苦志，無以顯著於聖世矣。何幸今日聖眷猶記，收進遺書，先臣平素之積志，庶可仰暴於天鑑，則十年齎志之冥魂，亦將感泣於泉下矣。上答以省爾疏辭，繼覽冊子，可見先卿用功之勤也。(卷五五葉二〇)

四、英宗實錄：

(26)朝天錄：

十年甲寅 (雍正十二年) 三月乙丑，上御召對，講訖。檢討官兪宬基奏曰：文烈公趙憲，昔在萬曆甲戌，充質正官朝天時，手寫日記一冊，其下以朝天錄附之，採錄中朝典禮，及沿途聞見頗詳，經壬丙之亂，兩冊猶在于其家，誠可貴也。今若刊行，可以寓匪風之思。上命道臣刊進。(卷三八葉二九)

(27)東國文獻備考：

四十五年己丑 (乾隆三十四年) 十二月壬申，命刊東國文獻備考。其書凡例，悉倣文獻通考，而只蒐輯我朝事，選文學之臣以領之，晝夜董役。(卷一一三葉二九)

五、正宗實錄：

(28)宋史筌：

四年庚子(乾隆四十五年)十月乙卯，奎章閣進御定宋史筌。上在春邸，日御典籍，以國朝治法政謨，稽之歷代，有宋宬近之。而自脫脫宋史以後，罕見善本，就舊史晰夕繹覽，手加句乙，漸具編帙。猶以芟繁汰冗，有省無添為書例，踵加筆削，凡易幾藁。及御極，命曾任賓僚諸臣分管編摩，仍復撫事授義，緣義起例，規橅浸廣，裁酌轉多，奄成不刊之編。辛亥分授館學諸生繕寫校對，藏之秘府，蓋聖意以作史之難，鄭重不卽印行。

(原附小字) 奉朝賀徐命膺進箋文，箋曰：伏以奎躔應運，闡麟轍之洪猷，玉局收功，繕朱墨之舊史，記載大備，文獻足徵。竊稽史途有三，書法不一，傳紀表志十九代，撫實則同，取舍存刪廿三家，立例或異。凡厥纂輯得失，寘係學識淺深，自班馬猶有譏焉，醇疵互見，矧漢魏以後作者，體裁多乖。貞觀之親撰晉書，歷詆前謬，嘉祐之命改唐紀，頗省舊文，若無前代述作之工，曷若斯編

義例之正。恭惟主上殿下睿智天縱，緝熙日新，大本立而達道行，一哉心法，
和順積而英華發，煥乎文章。典學則終始九經，資治則淹貫諸史，洞見天人性
命，已冰釋於微言，歷稽帝伯皇王，悉燭照於往跡。綜括事理，是非善惡之
莫能逃，斟酌時宜，禮樂刑政之無不究。顧聖心獨契有宋，蓋治規爲近我東。
世敎休明，刑賞則忠厚之至，家法嚴謹，修齊爲治平之原。濂洛關閩之性理淵
源，幸我諸先正闡發，韓范馬呂之事功名節，爲我士大夫楷模。陰陽迭消長之
幾，在今日所當戒者，宇宙撐覆攘之義，又此事不幸近之。奚但化理之略同，
抑亦習俗之相似。是以曠世之感，非比他朝，久矣潛心之工，自在貳極。第緣
良史之不作，尙恨舊本之多疵。記言之傷觚龐，已失國乘之體，敍事之病潦
率，第謄公移之文。原編旣成於胡元，初非信筆，改撰未遑於洪武，迄無完
書。續紀續鑑之幷行，而體段自異，史補史質之繼作，而詳略失當。肆以天地
經緯之文，特寓春秋與奪之法。較權衡於存削，日月合明，審衮鉞於貶褒，造
化同妙。蒐諸家而間補逸事，集衆史而廣取良規。或秉燭而忘疲，問寢侍膳之
暇，或對床而忘飯，朝筵夜講之餘。庸費十載工夫，爰定一部序例。尊二帝而
抑三虜，立萬世之大經，躋羣輔而表五賢，備前史之闕典。配后妃於本紀，義
取乾坤，列宗英於世家，系分潢派。闡遺民靖獻之義，志士矜襟，嚴奸佞黨與
之誅，亂賊知懼。編歸化而次併九氏，摽不臣而序別三忠。辨五行之祲祥，備
厥占候，分七曜之凌犯，略其步推。禮補節文，粲闕儀之咸秩，樂定條理，取
舊律之克諧。該載地形，遂及兩京之宮殿，歷敍水利，最詳九河之漑漕。尊經
籍則改藝文之名，統異端則變方技之目。錄銓注於選舉，在所恭看，序爵階於
職官，且多仍舊。儀衛輿服，總巨細而不遺，食貨兵刑，務繁冗之是袪，是謂
海涵而地負，奚獨綱擧而目張。體正例嚴，炳若日星數十義，理該辭簡，減却
文字六七分。始有一代全書，殆若周禮之盡在魯，必爲後王取法，奚但夏世之
不遠殷。編摩之積費斟量，實仰大聖人制作，校讎之或慮疎謬，更許舊宮僚
與聞。幸從三晝之討論，獲窺列朝之治忽，論世知政，非無往牒之可稽，因
時制宜，莫如是書之最切。惟聖念亦出鑑戒，伊往躅嘗試指陳。汴都百餘年，
幾回平陂之運，江左七八世，可究存亡之原。盃酒釋諸將之權，去五季節鎭之

弊，風雪訪太原之策，紓一榻鼾睡之憂。啓後來之人文，太學揭孔顏贊，弛近世之法網，虞典得堯舜心，既制定而治成，所源長而流遠。金匱之署墨未沫，易元有議，玉清之祥符頻迎，欺天何益。猗慶曆昌明之化，際重熙累洽之期，露坐拈香，應捷枹鼓，天章給札，頌騰茅茹。輅後弊則燒羊不供，藹乎仁聞，念民疾則焚犀不惜，純是實心。奈何瑤華一瑕，永播金枝數閼，肩輿就闕，蕭然數厨之圖書，鸞司撤簾，偉哉兩宮之調護。竊恨裕陵大有爲之主，見誤安石不曉事之人，慨欲挽三代雍熙，顧志業豈不誠美，未免墮一切功利，嗟君相均負初心。仰屋發嘆，富弼之手疏無賴，進途忘恥，鄧綰之笑罵由他。自此賢邪之勢互乘，而元氣暗削，譬諸心腹之疾轉痼，而敗兆疊形。化敷東朝，縱有數君子快活條貫，讒入左腹，爭奈一番人調戲官家。報復之計始行，中外布奸黨籍，豐豫之論繼起，東南開小朝廷。黑海通舟，誰畫夾北攻之策，青城易服，虛拋擊半渡之謀，遂令南渡之晉轅，竟遇中興之夏旅。此殆天意，大元帥在外，孟太后在中，事乃日非，黃潛善作左，汪伯彥作右。東窗之獄，鍊三字是可忍乎？直閣之疏，却萬師差強意耳。雖付托之無憾，已匡恢之失機。鐵杖木馬之志在中原，國讐寧忘，布衫素帶之陋洗千古，廟號是宜。張魏公之倚若長城，賴風聲之遠暨，朱晦翁之讀至三奏，惜天語之不聞。時值憂疑，安用逃位之丞相，功在社稷，幸有達變之宗臣。何巨慝駕馭之疎，而善類網打而盡。兵端遽起，一壞于秦，再壞于韓，君綱漸頹，三凶居路，四木當道。尊朱周於兩廡，尚推闡斯道之功，失眞魏於同時，未究崇正學之意。因人成滅蔡之績，何處可稱，敗盟促及虞之師，失計轉甚。笙歌供汗馬之費，勢判安危，玉牒埋幽燕之庭，地無乾淨。嗟二后崖海之變，激異代忠義之悲，畫蘭丹心，凛乎如生之氣，扶桑赤日，猶有不忘者存。試看邦籙之永綿，基在仁厚，若論國步之終蹶，弊由委靡。澤已深於涵濡，所以無揭竿之戍卒，刑或失於容忍，所以多秉軸之權凶。王章蔡一條共貫，恨隄防之未嚴，朔洛蜀三黨各分，詎調停之無術。士氣之非不培，而浮議轉盛，文治之非不美，而武力隨衰。元昊小豎子之跳踉，反錫誥而姑息，契丹一泛使之恐喝，亟增幣而彌縫。故邊釁暗啓而潛滋，終致猾夏，倘時君內修而外攘，猶可祈天。斯皆已跡之可觀，誠願隨事而反

省。懲前毖後，須看否泰之幾，酌古叅今，可知損益之義。憲章文物之粲然備具，念創垂之艱難，財幣征傜之失其權宜，慨昏庸之覆墜。要在天德王道之務其本，然後良法美制之舉而行。軫三農之惟艱，每思寶歧殿觀麥，慮萬幾之或曠，宜體無逸篇揭屏。懲貪尚嚴，在貴近而罔赦，折獄惟恤，覆大辟而致詳。分十科而蒐才，一善必錄，許六察之言事，四聰宜張。講役法，而差助之利害可商，考軍制，而義勇之當否須審。勵朝紳之名檢，求宦官宮妾之不知，納宵衣之箴規，想水旱盜賊之日奏。老閣浮關節不到，戒倖門之或開，今韓愈何處得來，屬文體之丕變。朱仙宿州之古無此捷，每飯不忘，方西風采之各有其人，惟材是用。至若一世之陶鑄，尤係斯文之表章，鹿院湖庠，寧敦斯道之在下，龍圖寶閣，亦有祖訓之光前。四子作六經之階，繼開有責，一心為萬化之本，理亂所幾。戒北宋之紛更，懲南宋之偏安，此其大者，以仁宗之鎮靜，兼神宗之奮勵，豈不休哉。伏念臣等一斑未窺，三長俱乏，忝離筵之侍講，幾承緒餘，異石室之抽書，徒效編次。筆則筆，削則削，仰聖學之彌章，信傳信，疑傳疑，愧謏見之無補。光增竹素，工豈止於博稽，事竣汗青，誠更切於贊治。茲當繡梓，竊附獻序，臣等謹將所校御定宋史筌，本紀四卷，志三十四卷，世家四卷，列傳五十六卷，義例一卷，目錄一卷，合一百卷，裝成四十冊，謹奉箋隨進以聞。

教曰：校勘諸臣，原任賓客奉朝賀徐命膺、右叅贊黃景源、原任桂坊承旨沈念祖，各熟馬一匹，面給。原任春坊監司李鎮衡、叅判徐有隣、徐浩修、義州府尹李在學、大司諫柳義養、原任桂坊叅議鄭志儉，內下表裏各一襲，賜給。原任春坊叅判鄭民始、李崇祜、各中鹿皮一令，賜給。行副司直李秉模，兒馬一匹，賜給。後十二年辛亥，上諭內閣曰：國家治教政法，忠厚寬仁，列聖相承，化理郅隆，綏猷垂謨，至善盡美，重熙累洽，悠久無疆，有非歷古之所能克媲。若有宋矩矱之正，文物之盛，與夫儒術之該性理，士習之重名節，卽我朝之所尤尚者。有其尚也，則宜急所徵，苟欲徵也，則莫良於史。獨宋史之簒於元臣阿魯圖脫脫者，潦率無據，體裁則乖謬，輯敍則秕雜，計本紀志表列傳世家四百六卷，最羨於諸史，而為最無可徵。洪武中，命翰林學士宋濂等改

修，中撤未果。其後周公敍建請改纂，亦未就。又如王惟儉之宋史記，柯維騏
之宋史新編，雖皆佚傳，原其率多斷斷於改之爲貴者，良亦惡其無可徵也。矧
伊我朝之尙之也，而任其無徵，豈可乎哉？惟是予於春宮日講之餘，卽已究心
釐纂，仍卽原史再四繹覽，手自勾乙，略具編裒，命曰宋史筌。筌，所以漉水
取魚也，踵加筆削，凡易十藁，而其不刊者纔二三，誠如魚不得漏而水不得
留也。暨乎御極以來，祇愼萬機，有未可親自輯次，是命曾任賓僚諸臣分管編
摩，因復撫事授義，緣義傳例，始克勘定成書。越於四年庚子，繕寫進呈，嗣
欲刊梓頒行，以竟夙業，猶慮裁酌或差，當須詳證，旋藏秘府，閱今又十有二
年矣。蓋作史至難，刪史亦不易，史筌有刪有作，刪之未允，尙屬舊疵，作而
失當，祇彰新謬。且史有四體，闕一不可，事所以實之也，貴乎不誣，詞所以
華之也，貴乎不陋，義所以通之也，貴乎夷適，法所以檢之也，貴乎謹嚴。舊
史固未達此，而新纂閒亦矯枉太過，起例頗繁。近復披覽，溯考討論，乃晰由
來，有不得不重定者。若其揭二帝之年號，尊正統也，傳三虜之僭僞，黜夷狄
也，配后妃於本紀，壹名位也，次宗室於世家，重敦親也，補遺民於列傳，與
忠節也，外三忠於原史，摽不臣也。他如右學術，則陞儒林之序，統異端，則
變方技之目。律曆之不爲合敍，藝文之只述本朝，輿服志之補遺，高麗傳之改
撰。凡如此類，井然有據，義整法齊，事詞俱得。爲能一袪舊史之非，則今之
所必可以重定者，特其過者適之而已，繁者簡之而已。其折衷叅定，一應釐
改，條貫臚序于左。其舊進義例，及補八十餘段，今所仍取者尙居六七，可並
仍載卷首。大率是書，積數十年，經數十臣，再三確例而始成，可謂難矣。
成之難者念之深，念之深者推之久，以我朝之尙於宋者而久而靡已，其不可尙
者則戒之亦久而靡已，則斯其可喜者，豈但宋史之始足可徵而已哉？義例不立
杜太后本紀，移編事實于太祖本紀，雖以宣祖之不立紀爲據，然公主傳則仍舊
史，首載秦國長公主。公主，太祖之妹也，既傳帝妹，不紀母后，殊爲巡庭，
今刪杜后事實之載於太祖本紀者，編于后本紀之首(原注：本紀一則)。義例改藝文
志爲經籍志，藝文昉於班史，經籍叔於隋書，而其名義不甚異也，則不如仍舊
之爲愈，故今正之 (原注：志一則)。義例以北宋之趙普、曹彬、李沆、韓琦、司

馬光、南宋之張浚、李綱、韓世忠、岳飛、文天祥，凡十人，爲宰輔世家。蓋
南北宋名臣碩輔，地醜德齊，磊落相望，實難取捨，各陞五人，近于硬定，今
並還次列傳。義例陞周、張、程、朱五賢于世家，蓋從遷史孔子世家之例。然
五賢之德之功，揭日月而亘宇宙，則不以世家而始尊，不以列傳而或損。故今
另立五賢列傳，特次于諸臣之首，以寓表章之書法（原注：世家二則）。義例公主
傳，降置外戚之上，以避婦人而居廷臣之右，此則不然。公主雖曰婦人，亦係
懿親，宜次宗室之下，仍作列傳之首，今復陞之。義例移編穆脩于儒林傳，以
其傳易學也，然陳摶爲宋初易學之首，而置之隱逸，則脩之爲儒林，無乃不可
乎？且脩與柳開倡國初之古文，爲詞林之權輿，今還次于文苑傳柳開之下。義
例葉適移編文苑傳，以其古文名世也，然有薦賢衛道之功，不可以一文人蔽
之，今仍舊史還于儒林傳。義例又以曾鞏、洪邁移編文苑傳，鞏以文詞，邁以
博洽也，然二人俱位躋宰列，蔚然有望，今亦還次諸臣之傳。義例刪卓行傳，
以劉廷式、巢谷、徐積、曾叔卿、劉永一等編于孝義傳之末，積與永一允合孝
義，其餘三人，不足强附。舊史之別立卓行雖甚無謂，然與其移附之胥爲未
安，無如仍舊之猶有所據，故今因之。義例以丁謂、夏竦、王欽若、湯思退、
史彌遠、史嵩之，移編于姦臣傳，又以林特等三十餘人一一類附，雖嚴修史之
斷例然，然疑者不必强論，庸瑣者不足深誅，其不原列姦臣者，並皆還之舊
次。義例叛逆傳，合唐書叛臣逆臣傳而名之，然若曰叛臣云爾，則固已爲逆
也，不必苟然挹合，亟遵舊史而不改。義例九氏列于外國之上，蓋以俘降擯之
也，然九氏以中國之人乘亂割據，已先於有宋開國之初，則後雖以次爲宋所
幷，固不可比例於外國，今移次于周三臣之上，稍與之也。歷代年號之頻頻更
改，莫宋朝若也，一號之間，年數久近不齊，故本紀以外，年數之久者稱幾
年，年數之近者稱初中末，若大事則不拘初中末，輒書幾年。列傳諸人，或有
有字而無貫者，或有無字而有貫者，或有字貫俱無者，只從舊史書之，不必强
究他書而塡補，蓋以存舊爲務，而其減其移，出于不得已也。論斷之文，每就
舊史，或用全篇，或刪改字句，亦或別撰，而務從平易公正，若涉慘覈苛刻之
論，一切革正，亟祛吹覓毛疵之習，勉恢含藏垢瑕之風。御定書不必別立標

記，而此書敍述，爰自潛德春宮之日，竣功雖在今時，原始宜題識，且倣思政殿綱目義訓，崇政殿備考校正故事，卷下一一書尊賢閣編，垂示永久（原注：列傳十一則）。（卷一○葉三○—三三）

(29)南明書及陪臣傳：

十一年丁未（乾隆五十二年）二月癸未，判中樞府事黃景源卒……景源字大卿，號江漢……常以春秋大義自任，見張廷玉明史，不與弘光以下三帝統，乃撰南明書，三本紀，四十列傳，起弘光元年，訖永曆十六年。又以崇禎以來，本朝諸臣之爲皇朝立節者，作陪臣傳。世謂其平生文章盡在此。（卷二三葉二七）

(30)綱目講義：

十五年辛亥（乾隆五十六年）五月丁丑，上於萬幾之暇，覽朱子資治通鑑綱目，采其書法論斷事實名物之有疑者，著爲問目，凡六百九十五則，分授館學生人各一則，使之條對。復命抄啓文臣沈晉賢等刪節對語，附之條問之下，裒集成帙，名之曰綱目講義。（卷三二葉五一）

(31)朱書百選：

十八年甲寅（乾隆五十九年）十二月戊寅，朱書百選成。上自春邸，喜讀朱子書，就大全語類，手加彙選，爲選統會選會英諸書。至是取其書牘，約之爲百選，首之以上李延平書，尾之以與黃直卿書，以际道統之受授。凡四編，命閣臣李晚秀、前承旨韓晚裕抄啓，文臣崔光泰、戶曹佐郎李松源校勘人名地名，訓詁出處，綴釋于篇頭，用丁酉字開印于昌慶宮舊弘文館，遂名其地曰監印所，後爲鑄字所，凡編書印書皆於是。乙卯以後，以便近於所御迎春軒，諸臣引接，多由監印所出入。書成，頒諸臣。又命湖南嶺南關西營翻刻藏板。（卷四一葉六一）

(32)五倫行實：

二十一年丁巳（嘉慶二年）七月丁亥，鑄字所印進五倫行實。世宗朝，命集賢諸臣蒐閱古今傳記，得孝子忠臣烈女之卓然者百有餘人，圖形於前，紀實於後，刋頒中外，俾補風敎，今所傳三綱行實是也。中廟朝，金安國復取歷代諸賢處長幼交朋友可爲師法者四十七人，紀事圖讚，以補三綱行實之所未備，今所傳二倫行實是也。上既頒鄉里合編，又命閣臣沈象奎等取三綱二倫而合釐之，證訂

諺解，名曰五倫行實。命鑄字所活印廣頒，俾作鄉里之羽翼。其孝子類郭巨一

條之特命刊刪，蓋有倣於朱子戒門人勿詳鄧攸事於小學之遺意云。(卷四七葉八)

(33)新印春秋：

二十一年十二月乙卯，鑄字所進新印春秋，上御便殿親受，總裁官以下入庭行

四拜禮，進書如儀。教曰：春秋，聖人大一統之書也，三王之心法，待孔夫子

而明，夫子之筆法，待朱夫子而著。特以見行之書，經與傳無別，我聖祖分命

儒臣釐例正義，經爲綱而傳爲目，俾寓大一統之義，而未竟于成，何幸修述于

二百年未遑之餘，今始完印，進書禮成。況值歲暮，益喜陽復之漸，所進春秋

書一本，藏于春秋館，監董諸臣各頒一件。遂賞賜總裁官蔡濟恭、李秉模以下

有差，行護軍李書九以編校勞，特賜熟馬一匹，同知敦寧府事曾允亨、仁川府

使黃運祚俱以經文繕寫勞加資。(卷四七葉五〇)

(34)四部手圈：

二十二年戊午(嘉慶三年) 十一月己丑，四部手圈成。上取三禮、史記、漢書、宋

五子書、唐陸贄、唐宋八大家文，課日輪讀，遇契意手加圈批，命內閣諸臣分

膽，彙三十卷，命名四部手圈。(卷五〇葉三五)

(35)濟衆新編：

二十三年己未(嘉慶四年) 十二月甲午，濟衆新編成。上在春邸，十載侍湯，所朝

夕尋繹者，脉訣藥論也，因以旁究醫理，上自素問難經，訖于歷代諸方，閱覽

殆遍。本朝醫書，惟許浚寶鑑最稱詳核，然文煩意疊，疎漏亦多， 上就加釐

括，發凡起例，撰成壽民妙詮九卷，復命內醫院博採諸方，芟繁取要，間附經

驗之方，另編一部可行之書，屢易藁不輟。至御極後二十四年，書始成，原編

八卷，目錄一卷，自風寒暑濕至藥性歌，凡七十目，每一目先敍脉訣形症，次

附合用方藥， 使遐鄉窮蔀之民， 一開卷瞭然， 名曰濟衆新編，付鑄字侵板印

頒，仍命內醫院都提調李秉模爲序。(卷五二葉五九)

(36)御製繕寫本：

二十三年十二月甲辰，奎章閣進御製繕寫本。御製自春邸時至己未年，分爲四

集，其目爲三十，詩五編，書一編，序引四編，記三編，碑三編，誌一編，行

　　錄一編，行狀一編，祭文八編，綸音四編，敎七編，敦諭三編，諭書三編，封
　　書三編，批五編，判三編，策問五編，說一編，論一編，贊三編，箋一編，銘
　　四編，頌一編，雜著七編，講義五十六編，類義評例二編，故實六編，審理錄
　　二十五編，日得錄十九編，羣書標記五編，凡一百九十一編。自設閣初定諸閣
　　臣御製會稡之法，而徐浩修實圭之，立義例，分編次。戊午秋，命浩修與李晚
　　秀、金祖淳、李存秀監繕寫，甫數十編，而浩修卒。是歲命徐榮輔續編校寫，
　　鄭大容、沈象奎、金近淳等分校。至是寫完二本，閣臣奉呈閣外以進，一本藏
　　于大內，一本藏于摛文院。論賞閣臣，浩修賜祭，榮輔錫馬，餘皆錫賚有差。

　　（卷五二葉五七）

總上所記，約共二萬多字，可謂繁矣，特是讀者要知道，像這類史料在全部朝鮮實錄
內所佔的分量計之，仍只是採取其少數而已。雖曰少數，其於講述朝鮮文化的史事，
以對證中華文化之一般典籍，眞是「亦步亦趨」可謂同爲「一窰」的出品。而且出品
又是那麼多，現在更不須再一一加以解釋，正如研究一個案件，有了一件又一件的證
件，羅列於讀者之前，這，當然不待煩說，讀者自然一見便會有所剖斷的，就是說，
朝鮮也罷，中華也罷，反正這兩者的文化都是一事，這是絕無疑義的。

　　此外，作者對於右錄史文內容尙有部分的意見，姑亦附記如下：

<h3 style="text-align:center">一</h3>

　　第十五條所記的「訓民正音」，譯言之，又有「諺文」二字之稱，此書之作，與當初
東國士夫之崇重漢化並不相悖似乎還是相輔而行的。這一含義，總因朝鮮的所謂「文
盲」太多了，而「訓民正音」的作用，旨在推廣一般敎育的普及，同時更爲着要打算
鼓舞民間之忠孝節義起見，頗擬卽「以諺文譯三綱行實，頒諸民間，使愚夫愚婦皆得
易曉，忠臣孝子烈女必輩出矣。」這一舉措，由敎育言之，正是應該推行的，與近來
中國之推行注音符號以求敎育的普及並無二義。比如「正音」記事所揭要義有云：「以
二十八字而轉換無窮，簡而要，精而通，故智者不崇朝而會，愚者可浹旬而學。」像
這樣地一學就會的文字，揆之我在上面所說的注音符號當然也正是一理，這是不消再
用甚麼解釋的。然此「正音」一文字，在崇重漢化數千年根深蒂固之東國，最少在推
行之初期是很難如意普徧通行，如民國四十四年七月四日董作賓先生於訪韓歸來後，

所撰「中韓學界交驩經過」一文，據其身親體察所得的實錄，曾經說到諺文通行不易的問題：

> 諺文的創作和提倡：諺文的二十八個拼音字母，在韓國是具有歷史性的。明英宗的正統八年(西元一四四三)，韓國李朝世宗的二十五年，他創造了諺文，經過君臣們三年的研討，到了二十八年，頒有訓民正音一書，原來打算作爲通俗教育之用的，但以後並未通行，所以李朝歷代的書籍，仍是全用漢文，並不多見諺文書籍。(大陸雜誌十一卷三期)

按，所謂「以後並未通行」，說起來這又與東國的士夫大有關係。因爲當創作諺文研討之始，就有些士夫力持異議的。據世宗實錄二十六年(正統九年)二月庚子集賢殿副提學崔萬理等疏言，以爲「我國……文物禮樂，比擬中華，今別作諺文，捨中國而自同於夷狄……豈非文明之大累哉？」此疏的價值，等於代表當時一羣士夫意見之作，爰將其全文照錄於後，亦朝鮮創造諺文過程中之一重要史料也。

> 臣等伏覩諺文制作，至爲神妙，創物運智，夐出千古。然以臣等區區管見尙有可疑者，敢布危懇，謹疏于後，伏惟聖裁。一、我朝自祖宗以來，至誠事大，一遵華制，今當同文同軌之時創作諺文，有駭觀聽。儻曰諺文皆本古字，非新字也，則字形雖倣古之篆文，用音合字，盡反於古，實無所據，若流中國，或有非議之者，豈不有愧於事大慕華。一、自古九州之內，風土雖異，未有因方言而別爲文字者，唯蒙古西夏女眞日本西蕃之類，各有其字，是皆夷狄事耳，無足道者。傳曰用夏變夷，未聞變於夷者也，歷代中國，皆以我國有箕子遺風，文物禮樂，比擬中華，今別作諺文，捨中國而自同於夷狄，是所謂棄蘇合之香而取螗螂之丸也，豈非文明之大累哉？一、新羅薛聰吏讀，雖爲鄙俚，然皆借中國通行之字施於語助，與文字元不相離，故雖至胥吏僕隸之徒，必欲習之，先讀數書，粗知文字，然後乃用吏讀。用吏讀者，須憑文字，乃能達意，故因吏讀而知文字者頗多，亦興學之一助也。若我國元不知文字，如結繩之世，則姑借諺文以資一時之用猶可，而執正議者必曰與其行諺文以姑息，不若寧遲緩而習中國通行之文字，以爲久長之計也。而況吏讀行之數千年，而簿書期會等事無有妨礙者，何用改舊行無弊之文，別創鄙諺無益之字乎？若行諺

文，則爲吏者專習諺文，不顧學問，文字吏員，岐而爲二。苟爲吏者以諺文而
宦達，則後進皆見其如此也，以爲二十七(八字之誤) 字諺文足以立身於世，何須
苦心勞思窮性理之學哉？如此則數十年之後，知文字者必少，雖能以諺文而施
於吏事，不知聖賢之文字，則不學墻面昧於事理之是非，徒工於諺文將何用哉
？我國家積累右文之化，恐漸至掃地矣。前此吏讀，雖不外於文字，有識者尙
且鄙之，思欲以吏文易之，而況諺文與文字暫不干涉，專用委巷俚語者乎？借
使諺文自前朝有之，以今日文明之治，變魯至道之意，尙肯因循而襲之乎？必
有更張之議者，此灼然可知之理也。厭舊喜新，古今通患，今此諺文不過新
奇一藝耳，於學有損，於治無益，反覆籌之，未見其可也。一、若曰如刑殺獄
辭，以吏讀文字書之，則不知文理之愚民，一字之差，容或致寃，今以諺文直
書其言，讀使聽之，則雖至愚之人悉皆易曉，而無抱屈者。然自古中國，言與
文同，獄訟之間，寃枉甚多。借以我國言之，獄囚之解吏讀者，親讀招辭知其
誣，而不勝捶楚多有枉服者，是非不知招辭之文意而被寃也明矣。若然，則雖
用諺文，何異於此？是知刑獄之平不平，在於獄吏之如何，而不在於言與文之
同不同也。欲以諺文而平獄辭，臣等未見其可也。一、凡立事功，不貴近速，
國家比來措置，皆務速成，恐非爲治之體。儻曰諺文不得已而爲之，此變易風
俗之大者，當謀及宰相，下至百僚，國人皆曰可，猶先甲先庚更加三思，質諸
帝王而不悖，考諸中國而無愧，百世以俟聖人而不惑，然後乃可行也。今不博
採羣議，驟令吏輩十餘人訓習，又輕改古人已成之韻書，附會無稽之諺文，聚
工匠數十人刻之，劇欲廣布，其於天下後世公議，何如？且今淸州椒水之幸，
特慮年歉，扈從諸事，務從簡約，比之前日十減八九，至於啓達公務亦委政
府，若夫諺文，非國家緩急不得已及期之事，何獨於行在而汲汲爲之，以煩聖
躬調燮之時乎？臣等尤未見其可也。一、先儒云，凡百玩好皆奪志，至於書
札，於儒者事最近，然一向好著亦自喪志，今東宮雖德性成就，猶當潛心聖學
益求其未至也。諺文縱曰有益，特文士六藝之一耳，況萬萬無一利於治道，而
乃研精費思，竟日移時，實有損於時敏之學也。臣等俱以文墨末技，待罪侍
從，心有所懷，不敢含默，謹罄肺腑，仰瀆聖聰。

上覽疏，謂萬理等曰：汝等云用音合字，盡反於古，薛聰吏讀，亦非異音乎？且吏讀制作之本意，無乃爲其便民乎？如其便民也，則今之諺文，亦不爲便民乎？汝等以薛聰爲是，而非其君上之事何哉？且汝知韻書乎，四聲七音字母有幾乎，若非予正其韻書則伊誰正之乎？且疏云新奇一藝，予老來難以消日，以書籍爲友耳，豈厭舊好新而爲之，且非田獵放鷹之例也，汝等之言，頗有過越。且予年老，國家庶務世子專掌，雖細事固當參决，況諺文乎？若使世子常在東宮，則宦官任事乎？汝等以侍從之臣，灼知予意，而有是言可乎？萬理等對曰：薛聰吏讀，雖曰異音，然依音依釋，語助文字，元不相離，今此諺文，合諸字而並書，變其音釋而非字形也。且新奇一藝云者，特因文勢而爲此辭耳，非有意而然也。東宮於公事，則雖細事不可不參决，若於不急之事，何竟日致慮乎？上曰：前此金汶啓曰：制作諺文，未爲不可。今反以爲不可。又鄭昌孫曰：頒布三綱行實之後，未見有忠臣孝子烈女輩出，人之行不行只在人之資質如何耳？何必以諺文譯之，而後人皆效之。此等之言，豈儒者識理之言乎？甚無用之俗儒也。前此上敎昌孫曰：予若以諺文譯三綱行實，頒諸民間，則愚夫愚婦皆得易曉，忠臣孝子烈女必輩出矣。昌孫乃以此啓達，故今有是敎。上又敎曰：予召汝等，初非罪之也，但問疏內一二語耳，汝等不顧事理，變辭以對，汝等之罪，難以脫矣。遂下副提學崔萬理、直提學金碩祖、直殿金汶、應敎鄭昌孫、副校理河緯地、副修撰宋處儉、著作郎趙瑾于義禁府。翌日，命釋之，唯罷昌孫職。仍傳旨義禁府，金汶前後變辭啓達事由，其鞫以聞。（卷一〇三葉一九）

按，所謂「諺文」，自世宗二十八年傳布之後，當時是否卽已通行於東國的全境？還有通行之後，其在東國的上上下下果否又皆一致地認眞奉行？實録因無明文，似可不必注意。可注意的，莫如國王自己所云：「予老來難以消日，以書籍爲友耳。」由此足證國王之好學，可謂「至老不倦」，毋怪乎世宗之世著作乃至那麼多，而李朝文風之盛，卽此可知其槪。至於諺文之作，如依世宗的口氣推之，那也就是說：「今之諺文，不外只爲便民之用耳。」據此，則可見我在前面關于引用董作賓先生所有談及諺文「以後並未通行」的話，當係事實，當係總括自有「諺文」以來一般知識分子不屑注意這

項「諺文」文字的事實。而爲東國人士朝夕所最樂於從事的，當然又不外世宗那句話「以書籍爲友」，與同甚麼「苦心勞思，窮性理之學」之類而已。凡此云云，亦有現證爲憑：(一)瓛齋先生集五本，凡十一卷，朴珪壽字桓卿所撰。(二)通文館志，編至光緒十四年戊子，朝鮮總督府景印，原刻本六冊，凡十二卷。這兩種書因爲正是我手邊所常用之書，故不必遠舉他書，而特拈出兩書記之，都是有淸光緒二十一年乙未卽西元一八九五年朝鮮未遭受日本脅制以前的作品。這類作品，史語所藏之甚多，揆之董作賓先生所說的「李朝歷代書籍，仍是全用漢文，並不多見諺文書籍」之一情節，又全是眞實之事。最奇怪的。朝鮮自有諺文之後，最大的用途，應該爲兒童啓蒙之用，實際並不這麼辦，而東國所用的根本也不是甚麼「諺文」而乃是「論語」一書，參瓛齋集，如朴珪壽關于「七歲讀論語」的記事，便可以明乎其然的了。那麼，諺文之不易普徧通行，說句實話，還不是受了數千年來一般漢化的影響才致如此的。又，諺文之用，最多也只是用於注音而已，參英宗實錄卷八十八葉十一釋諺文所寫「尙書司印」四字有曰：「諺與眞音雖似，而義多不同，書之爲瑞爲書，司之爲事爲司，俱未可辨。」此一說明，如所謂音似而義多不同之處，正爲說明諺文只用於注音之一確證也。

二

　　第十七條關于「銃筒謄錄」一書冊述及國王諭有曰：「今送謄錄一冊，鑄造之方，用藥之術，備悉載錄，軍國秘器，所係甚重，宜常秘密以藏。」按，銃筒卽火砲，火砲之法，本係得自中國，而火砲之用，則爲專以備倭，其云「秘密以藏」，其意亦只在隄防該國奸民輩有「賣與賊倭」的行爲而已（見成宗實錄卷九十七葉五及卷二〇六葉二）。實際火砲之傳與「賊倭」，自有中國的奸人爲之，而朝鮮之所慮根本就是多餘的。參朝鮮實錄記明朝奸人交通「賊倭」之狀，不僅貽害於中國，抑更常常肆毒於朝鮮，有如拙著「明季朝鮮倭禍與中原奸人」（史語所集刊第二十六本）一文，卽係備述中國奸民之附倭，自來就是不知其數。此因明承宋元之後，海運與火砲皆極進步，而沿海奸民以之授倭，彼此勾結既久，於是遂爲海上之大害。如明代沿海一帶尤其是江浙的倭患，以及後來萬曆二十年又更釀成朝鮮之「壬辰倭禍」，說起來都與中國奸人的淵源有關。所幸大明萬曆帝看淸了「朝鮮倭禍」也正是中國的「倭禍」，決計出兵援韓，擊敗倭寇，再造東

邦，自是之後，日人不敢爲患於朝鮮者凡三百年，而朝鮮之得享太平安定無事者亦三百年。在同一時期內，直至一千八百九十四年清朝（光緒二十年甲午戰爭之前）沿海之無倭患，亦係明人東征之賜。此段史事，由中韓兩國言之，可以說「倭患平，天下寧」，而如「銃筒謄錄」所說「備倭」的火砲，當然三百年來也都備而不用了。

三

第十八條所記的「皇華集」，檢內閣大庫檔案中現存「皇華集上」第二十三葉一葉，係大字本，且間有偏斜，似用活字印的。這一殘葉的欵式：每半葉十行，平行十五字，連抬頭三字共十八字一行。殘葉前半葉載有當初東國人士所和中朝（明朝）詔使詩，姑錄其一首爲證：

鼇禁仙客下丹極，飛向東方傳玉勒。霞裾霓佩風冷然，握手一笑如舊識。恨無瀛州九斛塵，此情烱烱何日申。相逢未幾又相送，林鶯啼斷能愁人。

詩不在多，只要可以看出東國的文化，雖殘篇斷簡都是可貴的。而今所錄這首詩，正是代表「皇華集」一部書的大題目，故特爲揭出，亦東國儒林紀事之作也。又，這一「皇華集」，考朝鮮凡有兩種本，如檔案中所見者，當爲「活字本」，這是該國早期印行的。其後此本因「歲久散逸」，於是乎又有一種所謂「重刊」本，據英宗實錄卷一百二十葉二十載：「四十九年癸巳（乾隆三十八年）六月癸巳，上命重刊皇華集。在昔皇明，詔使之出來也，其唱和詩文，每錄爲一峽，名曰皇華集。歲久散逸，上以爲皇朝史蹟，不可湮沒，遂命搜輯，合峽重刊云。」此一記事，因與考訂「皇華集」板本有關，特附於此。同時更能看出朝鮮之重刊是書，其最大用意，無非爲了紀念昔日的大明，俾所謂「皇朝史蹟」傳諸久遠而已。

四

第二十五條所記的「皇明全史」，又簡稱「明史」，凡三十二冊，據作者李玄錫自述，當康熙三十六年，其已完成者，「幾已五分之四」，參此一言，也就是說還有五分之一正在繼續撰述中，而如所謂「五分之四」所已經過的歲月究竟有多少，可不必細算，現在姑就未完成部分「五分之一」言之，參康熙四十二年記事，計又歷時六載，作者竟致「未成書而卒」，可謂「死不瞑目」，厥後乃由其子李漢謙續成之，於康熙五十三年始以全峽進呈於國王。據此，可見皇明全史一書，原係李氏父子兩代之作，前

後通計數十年而後始克完成，則是這部史書之傳世，我想，比之班固之續成其父西漢書，正可兩相媲美的。

　　再，還有皇明全史作者關于其初所有撰述的動機，亦當拈出一談，如其言有曰：「妄謂皇明史記，雜亂無統，所謂昭代典則等書，不過朝報謄箚者也，或一事而散出，或微事而錯擬，律以綱目之義，大有逕庭。」按，所謂皇明史記，與清人所修之明史並非一事，因清人之纂修明史，雖曰於順治二年五月開館，然由於或作或止，兼之又有一些有關「建州」的史例，必須久而後定，所以一直延至乾隆四年才奉旨准予頒行的。同時還有這部明史之通行，由其時的朝鮮言之，一時也不易見到，因清人對于凡關史書之類一向都是禁止出境的。至若李玄錫所據之皇明史記，參王氏東華錄，當係明人所撰之書，如康熙四年十月己巳御史顧如華奏，有「查明史舊有刊本」之說。而這一「明史舊刊本」，考之朝鮮實錄亦有明白之記錄，如英宗實錄卷四十八葉十一載：「初康熙時，有買來皇明十六朝紀者。」此書本爲朝鮮使臣赴燕之行潛貿而來，卽明萬曆中陳建所撰之「皇明通紀」，明亡之後，董其昌更有「皇明通紀續編」之作 (此亦朝鮮實錄之言。檢明史董其昌傳：崇禎四年……掌詹事府事，居三年……致仕，又二年卒，年八十有三。然否？待考。)，其實此二者合而言之或許正形成一書，也就是不外像英宗實錄所說的甚麼「皇明十六朝紀」一書而已。不意此書自傳到東國之後，乃致引起了該國儒臣李玄錫氏之注意，以爲是編旣成於明人之手，「律以孔子作春秋在魯則諱」之義，當然史之眞實性也就不免有了問題的，因而他才說出了一些「雜亂無統」以及「律以綱目之義，大有逕庭」的話，認爲就「史以傳信」四字而論，實有重寫之必要，於是乎所謂「皇明全史」也就因此之故而見於東國了。

　　又，李玄錫氏尚撰有「明史綱目」一書，見英宗實錄卷五十四葉十六。是書與「皇明全史是否爲一事，吾人似無注意之必要，總因我們現在的取義，只在尋求書之內容不失爲信史而正是所謂「眞情實事」之記錄足資吾人之研究而已。有如「明史綱目」卽係採取這種意義而乃是「據實直書」的，姑據英宗實錄取例如下：

　　十七年辛酉(乾隆五年) 九月乙丑，掌令宋時涵上疏言……本朝之事皇明，無異內服，爲尊者諱，春秋之書法。臣伏見李玄錫所編明史綱目，則其立綱之文，任意褒貶，當諱而不諱者，至於入梓進御，其將流傳於百代，玄錫固不足責，而

我殿下尊周之誠，恐有竊議者矣，臣謂亟命儒臣改正焉。上下嚴批不從。初，玄錫編明史綱目，至靖難事，特書曰：燕王某舉兵。上以其事問領議政金在魯，在魯對曰：明朝雖爲父母之邦，不爲綱目則已，爲之，則成祖御諱，亦何可不書。左議政宋寅明曰：孔子作春秋，在魯則諱，在周則不甚諱，作史者豈可無褒貶乎？上以爲然，置之。

由「作史者豈可無褒貶」一言，見東國儒者治史之公。而如明人所寫的「皇明十六朝紀」，則係以明人言明事，尤其是關于朝廷之措施，當然有很多失政的行爲，還不是本着甚麼「爲尊者諱」的那一套都是略而不載的。大抵言之，有善則揚，有惡則隱，所以歷代的一些聖帝賢王都在這種情形之下才能够「永有辭於天下後世」的。今者吾人由於讀朝鮮實錄所見之史料，其性質正是所謂一堆「生材料」，姑就宣德一朝言之，其侵擾朝鮮之處眞是書不勝書，有如鷹犬等物之頻頻求索，便是其時朝鮮一大害。同時還有奉命而至東國者都是些無知的太監，此輩平日多視朝鮮爲奇貨，一至該國，大都恣意地貪求無所不用其極。於是乎國王因不勝其擾而乃至常常發爲嘅歎之言曰：「不明之君在上，宦官用事，則雖中朝之人尙且畏縮，況在海外之國，豈可守正而不事之哉？」又有曰：「自古天下國家之亂，由于宦寺，奉使而來者，皆此輩也，則上國之政可知矣。」凡此之類，使「皇明全史」的作者李玄錫父子如亦注意及之，則其收入「皇明全史」之處，說起來又都是「有貶而無褒」的。作者爲此另撰有「記朝鮮實錄中之皇明全史」一文，共計二萬六千餘字(集刊第三十二本)，現在這裏似可不必贅論了。

五

第二十六條所記的趙憲朝天錄，說起來其類甚多，爲朝鮮每一赴燕使行常有之作。如天啓六年冬至使金尙憲朝京之行，其紀事手冊，亦取「朝天錄」三字以名其書，見池北偶談卷十五及朝鮮陪臣考金尙憲傳。又如有所謂前校理崔溥，亦嘗撰進中朝聞見日記矣，載成宗實錄卷二一七葉十六。考朝鮮於明代，自洪武二十五年壬申 (西一三九二) 建國起，迄崇禎九年丙子(西一六三六) 爲淸人所屈而與明朝斷絕關係止，其往來大明，凡二百四十五年。這種往來，參朝鮮成宗實錄卷一九九葉五，有時其往來之勤竟多至「前者未還，而後者繼，循環絡繹，無有休息」之一情形的。由此約略計之，假如那些所謂「朝天」的使臣都有甚麼「朝天錄」或「燕行錄」的話，則其數量之多，

我們現在是很無法加以估計的。姑舍此不談，再另就淸國言之，朝鮮與淸人，其關係自非昔日大明之比。由名義而論，朝鮮雖曰「服屬」於淸人，實則「丙子虜禍」關于南漢下城之耻，該國君臣上下一直都在「含冤忍痛」之中。據實錄，其仇視淸人之極甚至往往發爲咒詛之言，不曰「胡人何所知」，便曰「胡無百年之運」，像這樣情形，當然根本也談不上是甚麼「相交以誠」的。因而當有淸初期，關于該國前前後後一些奉使之臣，其視淸國的一切，似乎都是漠不關心的，如顯宗實錄卷十五葉三十一載，有「我國之事，彼人無細不聞，彼之事情，我無一聞知」語。此云「無一事聞知」，卽指使臣等赴燕之行都是不屑有所著錄的。但是延及雍乾之世，去當初「丙子虜禍」幾已百年之久，其觀感所得自然也可隨時漸漸改變的，而如前者所說的「胡人何所知」一種蔑視淸人的口氣，後來不再如是，而乃曰：「淸人雖是胡種，凡事極爲文明，典章文翰，皆如皇明時」(英宗實錄卷四十七葉五)。由於淸國文明「皆如皇明時」，於是乎東國赴燕的使行也都感到了一個極大的興趣，於是乎像「燕行錄」那一類的著作也就前後相繼地以傳於世了。據北平圖書館館刊第三卷第三號所載「朝鮮支那文化之研究」一文，其中第五項有「李朝學人與乾隆文化」一則，係藤塚鄰撰。藤氏此篇，記鮮人燕行諸錄，有：(一)金昌集之老稼齋燕行錄，(二)黃梓甲寅(雍正十二年)燕行錄，並庚午(乾隆十五年)燕行錄，(三)洪大容湛軒日記(三十年)，(四)李德懋入燕記(三十四年)，(五)朴趾源熱河日記(四十五年)，(六)嚴璿燕行錄(四十九年)，(七)徐浩修燕行紀(五十五年)，(八)柳得恭熱河紀行詩註。總上著錄，作者凡八人，書冊共九種，而這九種書，吾人多未見，所見者僅朴趾源熱河日記一種，於民國四十五年三月由中華叢書委員會列入「中華叢書」影印傳世，並有提要記其大槪云：

> 朝鮮朴趾源氏，於淸乾隆四十五年六月(朝鮮李朝正宗四年)隨朝鮮祝賀淸高宗七十壽誕使臣來華，遊盛京北平及熱河各地，撰熱河日記二十六卷。熱河日記亦名燕行錄，爲朴燕巖集一部分，內容包羅甚廣，舉凡歷史、考據、風俗、習尙、山川、人物、與夫詩賦書畫等無不涉及，對當時淸朝政治及人物，多有客觀之評論，足供史家考證。本會是就中央圖書館所藏最初鈔藁，付諸景印，藉爲增强中韓兩國文化交流之一助。

熱河日記影印本凡六冊，約共二十餘萬字，字數如是之多，也許正是東國士夫燕行錄

中之一部巨著。而是書原鈔本，據提要，是爲中央圖書館所藏，然作者當民國三十六
年四月在南京時嘗於張溥泉先生處見其爲「朝鮮宣廟中興誌」所作的序文，序文首段
也曾特別談到這部熱河日記的，不知與中央圖書館所藏者是否爲一事？我想，可能是
一事。其序文有曰：

> 中國同盟會初創之時，韓志士申鯢觀、濮精一諸君，慨然加盟，冀中國革命成
> 功，將必援韓驅倭。余與韓人勤交遊，惜未留意韓之文獻。民國十五六年居
> 滬，申獻民君贈以朴燕巖熱河日記，當清酋乾隆六(七字之誤)十歲稱壽熱河，燕
> 巖隨韓使入華，名爲清賀，實爲中國吊也。渡鴨綠江，經遼東，入山海關，凡
> 三閱月，風物政俗，靡不畢載，詞藻高華，出入漢唐，凡上國之淪亡，衣冠之
> 左袵，虜廷之驕奢，生民之凋弊，直筆特書，反復慨歎，雖擺倫之哀希臘，無
> 以過之。中國士大夫呻吟於清初三酋淫威之下，不知自哀，而鄰國人哀之，余
> 寶其書，傳示友好，皆引爲獲見之晚，於是知東國文獻可貴，然海內殊尠。

張先生序文，最後記有「中華民國三十三年國父誕辰，張繼識於革命史蹟展覽會」二
十三字，此二十三字，易言之，卽作於抗戰時之首都重慶，今得轉錄之，其於熱河日
記傳入中華的淵源，亦讀者不可不知之一文獻也。此外還有序文內關于「東國文獻可
貴」一言，其中含義，演來又更有一樁極端動人的故事。比如當一五九二年(明萬曆
二十年壬辰)朝鮮突遭倭禍幾致亡國，大明兵部尚書石星力主援韓，擊敗倭寇，再造東
國，是爲東方震耀古今之第一大事。可是我們要知道石星之力主出兵，當中尚有一段
隱情，原來還是受了他的夫人之影響。至于這位夫人之所以出此，則專爲報答東國名
臣於彼有過一段高義而已。茲特由熱河日記卷二十一將其故事附錄於後，以見一個女
性之奇眞是奇在意想之外，而如一個歷史上最有名的戰爭像明朝援韓之役，正是由這
一女性所創造的。

> 有言唐城君洪純彥，明萬曆時名譯也。入皇城，嘗遊娼館，女隨色第價，有千
> 金者。洪以千金求薦枕，女方二八，有殊色，對君泣曰：奴所以索高價者，誠
> 謂天下皆慳男，無肯捐千金者，祈以免斯須之辱，一日再日，本欲以愚館主，
> 一以望天下有義氣人贖奴作箕帚妾。奴入娼館五日，無敢以千金來者，今日幸
> 逢天下義氣人，然公外國人，法不當將奴還，此身一染，不可復浣。洪憐之，

問其所以入娼館者？奴南京戶部侍郎某女也，家被籍，追贓，自賣身娼館，以
贖父死。洪大驚曰：吾實不識如此，今當贖妹，價價幾何？女曰：二千金。洪
立輸之，與訣別，女百拜稱恩父而去。其後洪復絕不置意，嘗又入中國，沿道
數訪洪純彥來否？洪恠之。及近皇城，路左盛設供帳，迎謂洪曰：本兵石老爺
奉邀。及至石第，石尙書迎拜曰：恩丈也，公女待翁久。遂握手入內室，夫人
盛粧拜堂下，洪惶恐，不知所爲。尙書笑曰：丈人久忘乃女耶？洪始方知夫人
乃娼館所贖女也，出娼館卽歸石星爲繼室。比石貴，夫人猶手自織錦，皆刺報
恩字，及洪歸裝，送報恩緞及他錦綺金銀不可勝數。及壬辰倭寇，石在本兵力
主出兵者，以石本義朝鮮人故也。

六

第二十八條所記的「宋史筌」，作者於後文所謂「求書」一章中曾附有說明，特借
此一提，請讀者注意之。

七

第二十九條所記的「陪臣傳」，又稱「明陪臣考」，凡上下二冊，其下冊並有「江漢
集卷之二十七目錄」字樣。據此，則關于江漢集一書的內容和種類想必包括甚多，而
「陪臣傳」一項當僅係其中之一種。已故張溥泉先生曾藏有此書，卽抄本二冊，三十六
年四月我在南京時，因王獻唐先生介紹，嘗承張先生出以見示，故得借錄之。是書
所收陪臣，上冊凡十四人：崔孝一、林慶業、金尙憲、李敬輿、曹漢英、蔡以恒、宋
時烈、宋浚吉、金慶餘、金益熙、李厚源、兪棨、閔鼎重、李浣，下冊凡十人：洪翼
漢、尹集、吳達濟、李士龍、黃一皓、鄭雷卿、車禮亮、張厚健、安克誠、車元轍，
共二十四人。這二十四人俱爲「抗淸到底」而是忠於明朝的，他們視死如歸的精神都
是本着「春秋大義」不與敵人「共戴一天」。有如其中的崔孝一，說起來眞是動人，初
孝一以志在復遼，嘗在吳三桂軍中爲謀士。甲申之役，孝一隨三桂軍至京師，因淸人
稱帝，令天下薙髮，孝一知大勢已去，獨不薙髮。參本傳：「侍先帝殯，晝夜臨，十
日不食，死於先帝之旁，三桂爲收而葬之。」據此，則可見崔孝一死事之烈，眞可謂
「從容就義」矣，由明史言之應入明史忠烈傳。實則其他二十餘人，揆之孝一之烈正是
一榜一樣並無二致，因爲他們嘗視明人爲同胞，謂中國爲一家，以金人爲「別種」，而

稱曰「雛奴」，諸如此類甚多，都是東國人士的特點。而這一特點的結論，自然又應歸重於中華的文化，總由他們對於四書五經之類讀得太熟之故，因爲東國儒者在其「大作」上一向的稱述都是如此這般的，我們只須參看陪臣傳序文，便可知他們平時之致力中國聖人之敎是有相當很深的修養：

魯定公問君使臣、臣事君如之何？孔子對曰 ：「君使臣以禮，臣事君以忠。」言上盡其禮，則下盡其忠也。自古尊貴之臣上之所禮，而不能盡其忠者有矣，卑賤之臣上之所不禮，而能盡其忠者亦有矣，豈於尊貴無忠臣而於卑賤有忠臣歟？抑位已足者難爲勇名未立者易爲忠歟？抑下之忠與不忠在於其人而不在於上之禮不禮歟？余讀明史，見毅宗皇帝封吳三桂爲平西伯、左良玉爲寧南伯、唐通爲定西伯、劉澤清爲東平伯 ，下詔勤王，而無一人入衞者 ，未嘗不悲憤泣下也。夫爵之以伯，其禮甚厚，而四人不肯進兵救天子，京師已陷，而晏然不爲之戚，何其不忠也。明興以來，屬國之士不得仕於天子之國，奉使來覲，天子召見皇極殿， 其禮甚薄。 然屬國疎遠之士， 視天子如其父母，恐不得自盡其節，非天性之篤於忠者，豈如是乎？

此記事內所謂「視天子如其父母，恐不得自盡其節」云者，殆指二十四烈士願爲大明效死而言，同時也正是表彰東國人士的正氣。而且像這一類的文章，參朝鮮史籍，記之多矣，姑再據朝鮮通文館志卷一葉十一關于肅宗朝丁酉年 (康熙五十六年) 漢學敎誨高時彥爲通文館「冽泉樓」所撰之序文，錄其頭辭於後，以見東國儒者所有講求「夫子春秋大義」之一般。

昔夫子作春秋，尊中國，攘夷狄， 而大一統之義， 昭如日星， 垂之於天下萬世。我東方文化，慕擬中華，上自學士大夫，下至委巷之賤，莫不知尊周之爲重，以血誠服事皇明數百年。至龍蛇之變，受神皇再造之恩，浹人骨髓。一自滄桑變易，陵谷貿遷之後，華夏文明之地，變爲腥穢之區，數千里箕封山河，亦帶牛後之耻。義人志士，掩抑悲傷，低回慷慨，常抱朱夫子所謂含冤忍痛四個字于胸中者多矣。

第二章 鑄字

　　朝鮮鑄字之法，據實錄，係範銅爲之，始於太宗三年癸未，即明永樂元年 (西元一四〇三) ，降及正宗二十年丙辰，即清嘉慶元年 (西元一七九二) ，中間凡共經過多次的改善，由是而所謂「廣印羣書」的事業也跟着一直都在不斷的發展，這在朝鮮文化史上可謂乃是一個極端重要的階段。至關于歷次所有字型的改造，其說如下：(一)太宗朝癸未，以經筵古注詩書左傳爲本，命李稷等鑄十萬字，是爲癸未字。(二)世宗朝庚子，命李藏等改鑄，是爲庚子字。(三)甲寅(世宗十六年，明宣德九年)，以庚子字纖密，出經筵所藏孝順事實爲善陰隲等書爲字本，命金墩等鑄三十餘萬字，是爲甲寅字。(四)英宗壬辰 (四十八年，清乾隆三十七年)，正宗在東宮時，嘗以甲寅字所印心經萬病回春二書爲字本，鑄五萬字藏之，是爲壬辰字。(五)正宗元年丁酉(乾隆四十二年)，命關西伯以本朝人韓構書爲字本，鑄八萬字，是爲丁酉字。(六)正宗十六年壬子 (乾隆五十七年) 命倣中國四庫書聚珍板式，取字典字本，用黃楊木刻成大小三十二萬餘字，名曰生生字。(七)正宗十九年乙卯 (乾隆六十年)，整理儀軌及園幸定例等書，將編次而行，命以生生字爲本，範銅鑄字，大小並三十餘萬，名之曰整理字。以上是爲李朝鑄字史事的大概。鑄字之外，參史文，就東國的朝家言，尙有若干採用中土的雕板，然並非大舉，乃只是少數而已。還有印書方法之研究，與鑄字之改進正是一事，也值得在這裏先提出一說。大抵草創之初，技術欠精，每當印書，必先鎔化黃蠟於板底(銅板)，而後植字於其上。這一辦法，不僅費黃蠟甚多，兼之蠟性本柔，植字不能堅固，纔印數紙，字即遷動多致偏斜，勢須隨時爲之移正，像這樣地印書，眞是不勝其麻煩，所以印書者苦之。後來則因經驗所得，「改鑄銅板與字樣相准，不假鎔蠟，而字不移。」這一情形，大約不外改鑄的銅板有了若干規定的長條「溝道」，而這「溝道」的寬窄又當是以字樣爲標準，故能排字其中，「並皆平正牢固」，不致再蹈前弊，有左傾右斜或前移後動之事。再說鑄字之役，其調用的人才都是一時的俊傑，就是貴如王子罷，也要盡其所長，如晉陽大君琢即後來稱爲世祖的，當世宗時亦嘗奉命參與書寫「字本」之事，見後引世宗實錄卷六五葉三。據此，殆又不外我平時所常云：「朝鮮立國之道，其全副精力，實着重於中華的文化。」所以自是之後，李氏的朝鮮，眞可謂「無書不印，無人不學。」眞可謂「文教之興當日進，而世道之隆當日盛。」凡此情形，如鑄字，如印書，都是專指發揚漢化而言，甚至於到了很晚的正宗之世，也就是一七九六年第十八世紀之末，

東國的漢化，更盛極一時，有如後錄史文二十三條，便是一個理由最充足的證明。再檢前篇所謂「諺文並未通行」的話　當然又更是一個自然而然之勢不足爲異的。

一、世宗實錄：

（１）三年辛丑 (永樂十七年) 三月丙戌，賜鑄字所酒百二十瓶。前此印冊，列字於銅板，鎔寫黃蠟墜凝，然後印之，故費蠟甚多，而一日所印，不過數紙。至是，上親自指畫，命工曹叅判李蕆、前小尹南汲，改鑄銅板與字樣相准，不暇(假)鎔蠟，而字不移，卻甚楷正，一日可印數十百紙。上念其功役之勞，屢賜酒肉，命印資治通鑑綱目，令集賢殿正其謬誤，自庚子冬至壬寅冬乃訖。 (卷一一葉一五)

（２）四年壬寅 (永樂十八年) 十月癸丑，上命鑄字所改鑄字樣印書，命卞季良跋之曰：鑄字之設，可印羣書以傳永世，誠爲無窮之利矣。然其始鑄字樣有未盡善者，印書者病其功未易就，永樂庚子冬十有一月，我殿下發於宸衷，命工曹叅判李蕆新鑄字樣，極爲精緻，命知申事金益精、左代言鄭招監掌其事，七閱月而功訖，印者便之，而一日所印，多至二十餘紙矣。恭惟我光孝大王作之於前，我主上殿下述之於後，而條理之密又有加焉者，由是而無書不印，無人不學，文教之興當日進，而世道之隆當日盛矣。視彼漢唐人主規規於財利兵革，以爲國家之先務者，不啻霄壤矣，實我朝鮮萬世無疆之利也。(卷一八葉一〇)

（３）十三年辛亥(宣德六年) 五月甲戌，禮曹據典醫監牒呈啓：本監生徒，專爲習讀醫方，今在本監直指方、傷寒類書、醫方集成、補註銅人經等書，只有唐本各一件，習讀人多，難以共看，令鑄字印頒。今詳補註銅人經有圖形，難用鑄字印之，請就有材木慶尙道刊板，其餘三書，令鑄字所各印五十件，分給本監及惠局濟生院。從之。(卷五二葉一八)

（４）十六年甲寅(宣德九年) 六月丙寅，頒鑄字所印老乞大朴通事于承文院司譯院，此二書譯中國語之書也。(卷六四葉四三)

（５）七月丁丑，召知中樞院李蕆議曰：太宗肇造鑄字所，鑄大字時，廷臣皆曰難成，太宗強令鑄之，以印羣書，廣布中外，不亦韙歟？但因草創，制造未精，每當印書，必先以蠟布於板底，而後植字於其上。然蠟性本柔，植字未固，纔

印數紙，字有遷動，多致偏倚，隨卽均正，印者病之。予念此弊，曾命卿改
造，卿亦以爲難，予強之，卿乃運智造板鑄字，並皆平正牢固，不待用蠟，印
出雖多，字不偏倚，予甚嘉之。今者大君等，請改鑄大字印書以觀，予念近因
北征，頗失兵器，銅鐵所用亦多，矧今工匠分役各處，務甚繁夥，然此亦不可
不爲也。乃命藏監其事，集賢殿直提學金墩、直殿金鑌、護軍蔣英實、僉知司
譯院事李世衡、舍人鄭陟、注簿李純之等掌之，出經筵所藏孝順事實、爲善陰
騭、論語等書爲字本，其所不足，命晉陽大君珫書之，鑄至二十餘萬字。一日
所印，可至四十餘紙，字體之明正，功課之易就，比舊爲倍。(卷六五葉三)

（6）辛卯，上曰：今鑄大字，爲寶重矣，予欲印資治通鑑，頒諸中外，使老人易於
　　觀覽，若備紙三十萬卷，則可印五六百件矣。其紙墨備辦之策，承政院布置。
　　(卷六五葉八)

（7）壬辰，命造印資治通鑑紙五萬卷于造紙所，十萬五千卷于慶尚道，七萬八千卷
　　于全羅道，三萬三千五百卷于忠淸道，三萬三千五百卷于江原道，共三十萬
　　卷。仍傳旨：楮以國庫米換易，役境內僧人，給與衣糧。如蒿節、麰麥節，竹
　　皮、麻骨等物，因其易備，每五分交楮一分造之，非惟紙力稍強合於印冊，用
　　楮亦不多矣。(卷六五葉八)

（8）二十二年庚申(正統五年) 四月丙申，傳旨開城府留守：本府刊板東國文鑑、銀臺
　　集、儀禮、御製大(太)平集、新千集、三禮疏、孟子疏、論語等，各模印一二
　　件以進。(卷八九葉六)

（9）八月己卯，傳旨承政院：鑄字所模印書籍，頒賜各品，其受賜者，不用心粧繢
　　以致損毀，自今令限以三月粧繢呈本院，受宣賜之記，永以爲式。(卷九〇葉二六)

(10)二十六年甲子(正統九年) 七月戊申朔，禮曹啓：令鑄字所模印兵書六十件，分送
　　平安咸吉兩道。從之。(卷一〇四葉一五)

　二、文宗實錄：

(11)庚午(景泰元年) 十二月丁亥，上謂承政院曰：正音廳畢音小學，其鑄字當下鑄字
　　所，然聞本所窄狹，無可藏之處，仍置正音廳，令鑄字所官吏往來監掌，何如
　　？都承旨李季甸對曰：宜合置一處，不可分兩所往來掌之。右承旨鄭昌孫往審

便否，竟盡還鑄字所。(卷五葉一三)

(12)元年辛未(景泰二年) 六月己丑，傳敎集賢殿曰：自今鑄字所所印書冊，宜卽讎校以進。(卷八葉二四)

　三、端宗實錄：

(13)癸酉 (景泰四年) 九月戊寅，承政院啓：近日校書館閱興天寺所藏冊板，移置本館，其中崔致遠桂苑筆耕，脫五十餘板，請出經筵所藏本補刻。 卽令議于政府。議政府啓：致遠名播中原，爲東方儒宗，其文章可見者只有此耳，須命補刻。從之。(卷七葉二九)

　四、世祖實錄：

(14)元年乙亥(景泰六年) 十月癸亥，傳于鑄字所曰：校書館所藏集古帖、趙孟頫證道謌、眞草千字、東西銘、王羲之東方朔傳、蘭亭記、雪菴頭陀帖，永膺大君琰家藏趙孟頫赤壁賦等本，印送成均館，令學生用爲楷模。(卷二葉三二)

(15)三年丁丑(天順元年) 六月丁巳，諭慶尙道觀察使李克培曰：大藏經五十件，始自來春二月，摹印于海印寺，須及六月前畢功，今遣敬差官尹贊鄭垠布置，卿其用意施行。(卷八葉一〇)

(16)諭忠淸全羅慶尙江原黃海道觀察使曰：大藏經五十件印出，所入忠淸道紙五萬一千一百二十六卷，墨八百七十五丁，黃蠟六十觔。全羅道紙九萬九千四卷，墨一千七百五十丁，黃臘一百二十五觔。慶尙道紙九萬九千四卷，墨一千七百五十丁，黃臘七十觔，胡麻油一百斗。江原道紙四萬五千一百二十六卷，墨八百七十五丁，黃臘一百二十五觔。黃海道紙五萬一千一百二十六卷，墨八百七十五丁，黃臘六十觔。皆官自准備，送于海印寺。若收民楮，雖一兩，卿等當受大罪。(卷八葉一〇)

(17)五年己卯(天順三年) 六月甲戌，傳旨禮曹曰：予欲多印法帖，廣布國中，如進趙學士眞筆眞草千字等書者，從願厚賞。又如書屛簇法帖，摹刻後還主，以此曉諭中外。(卷一六葉三二)

　五、中宗實錄：

(18)三十七年壬寅 (嘉靖二十一年) 五月丁亥，禮曹判書金安國書啓可印書冊曰：春秋

集解，皇朝遺民陳喆所著，銓擇精於經傳，大有發明，學者講習甚爲要切。大明律讀法，明律直引，有釋義解明，新增補註條例，引載附考新例集解等類，用律時參考甚要。呂氏讀書記，東萊先生呂祖謙所記詩經註解，兼總衆說，首尾該貫，實朱傳之羽翼，於經筵進講及學者講習，參考有益。古文關鍵，東萊先生呂祖謙批註前賢所選集古今文字，以爲學者模範，與古文眞寶、文章軌範同。皇極經世書說，乃皇朝朱隱老所著，發明邵書，考究有據，議論亦暢，實邵書之羽翼。易經集說，所載諸公論議明暢，多所發明義旨，講讀易經之際，參考乎此，則不無資益。止齋集，宋朝巨儒陳傅良所著，議論文章，有裨後學。象山集，宋朝巨儒陸九淵所著，先生與朱子一時專心於尊德性，往復辨論，雖與朱子異趣，心性之學，因得以講明，學者崇尚程朱之敎，參考此集，則不無有益。赤城論諫錄，乃皇朝謝先生鐸與黃先生世顯，裒集台州名賢論諫奏疏，有益治道，且可爲人臣諫諍納忠之法。古文苑，唐人所偏(編)，史傳文選所無，詩文文翰所關之書。焦氏易林，西漢焦貢所著，用於周易筮占，類古繇辭，雖不切於學者，而關于易占，故中國人尙之。山海關志，距我國不遠，且朝貢往來之地，如關隘形勢，山川道里，豈無可考之事。顏氏家訓，北齊顏之推所著，以訓戒子孫之書，多格言雅訓，中間雖有疵語，略疵取醇，宜爲化俗之一助。諸冊訛字甚多，令弘文館詳加校正，付校書館印出，何如？傳曰：依啓。且賜酒。(卷九八葉二〇)

六、顯宗實錄：

(19)六年乙巳(康熙四年)十月丁巳，咸鏡監司閔鼎重馳啓：請以龍飛御天歌五禮儀大明律大典等書，及四書三經朱子大全性理大全通鑑先儒文集，多數印送，頒布本道，使本道士子，習知國朝故實及典禮，且知誦法經傳，以爲興起之地。從之。(卷一葉一三)

七、正宗實錄：

(20)元年丁酉(乾隆四十二年)八月丙申，鑄字成。世宗甲寅，命金墩等以孝順事實、爲善陰隲字，範銅爲字，凡二十餘萬字，俗稱衞夫人字是也。至宣廟重修其字，上在春邸，命宮僚校正甲寅字，鑄十五萬字，藏于芸閣，印行經書正文啓

蒙集箋，是爲壬辰字。是年命前平安監司徐命膺開鑄箕營，以甲寅字爲本，加
鑄十五萬字以進，是爲丁酉字。至是敎曰：重臣前後勤勞甚著，從此可以壽傳
我英廟之志事於幾千百載，豈是等閒勞役之比，況有已例者乎？且此重臣卽予
春宮舊賓，今又爲同休戚之人，而至於要地，予不勉强，其宜置之閒局。前監
司徐命膺特陞判中樞階，仍復除奎章閣提學。(卷四葉一七)

(21)十八年甲寅 (乾隆五十九年) 正月壬子，校書館進活印三經四書，是書始印於癸丑
初夏，至是工訖。敎曰：此本活印，卽國朝三有之舉也，命監董閣臣徐榮輔錫
馬，內外閣臣等施賞有差。仍命分藏於京外閣館史庫、太學、陶山石潭兩書
院，及大老祠。太宗朝癸未，以經筵古註詩書左傳爲本，命李稷等鑄十萬字，
是爲癸未字。世宗朝庚子，命蒇改鑄，是爲庚子字。甲寅，以庚子字纖密，出
經筵所藏孝順事實、爲善陰騭等書爲字本，命金墩等鑄二十餘萬字，是爲甲寅
字。集其大成，行三百有餘年，歲久寢刓，英宗朝，上在春邸，以甲寅字爲
本，使芸閣鑄十五萬字藏之，是爲壬辰字，卽經書正文等書印本也。卽位之元
年，復以甲寅字本鑄十五萬字于關西，藏于內閣，是爲丁酉字，卽八子百選等
書印本，而今又印經書。(卷三九葉一二)

(22)二十年丙辰 (嘉慶元年，西一七九六年) 三月癸未，整理鑄字成。敎曰：我東活字印
書之法，始自國初，太宗朝癸未，以經筵古註詩書左傳爲本，命李稷等鑄十萬
字，是爲癸未字。世宗朝庚子，命李蒇等改鑄，是爲庚子字。甲寅以庚子字纖
密，出經筵所藏孝順事實、爲善陰騭等書爲字本，命金墩等鑄二十餘萬字，是
爲甲寅字，行之者三百年。予於壬辰在東宮，仰請大朝以內下甲寅字所印心
經、萬病回春二書爲字本，鑄五萬字藏之，是爲壬辰字。臨御之元年丁酉，命
關西伯以本朝人韓構書爲字本，鑄八萬字，亦儲之內閣。大抵前後所鑄鑄字銅
體不一，其擺用也，率用濕紙均黏，每刷一板，另立數人以朱墨逐勢句抹，猶
患欹斜，動費時日，監印諸臣屢以是爲言。壬子，命倣中國四庫書聚珍板式，
取字典字本，用黃楊木刻成大小三十二萬餘字，名曰生生字。乙卯，整理儀軌
及園幸定例等書，將編次而行，命以生生字爲本，範銅鑄字，大小並三十餘
萬，名之曰整理字，藏于奎瀛新府。(卷四四葉二九)

(23)十二月丙戌，敎曰：我東之印行經籍，自國初因勝國舊例，置校書館以掌之，
　　　而勝國時謂之秘書省，弓裔時謂之禁書省，則其最初建置之在於禁中可知也。
　　　太宗三年，別置鑄字所於宮中，用古註詩書左氏傳爲本，範銅爲字，廣印典
　　　籍，此又鑄字之所由始。而世宗朝有庚子字甲寅字，文宗朝有壬申字，世祖朝
　　　有乙亥字，成宗朝有辛卯字癸酉字，如龍飛御天歌治平要覽朱子大全等書，皆
　　　卽宮中印校，謂以秘府本。國初板本之類，皆精好便觀，蓋有以也。予以春邸
　　　令校書館以世宗朝甲寅字爲本，鑄十五萬字，卽經書正文印本也。卽阼元年丁
　　　酉，命關西伯復以甲寅字爲本，加鑄十五萬字，藏于內閣，卽八子百選及新印
　　　經書大全印本也。甲寅親撰朱子書百篇，將以內閣所藏鑄字印頒，命葺昌慶宮
　　　之舊弘文館移儲鑄字。乙卯春，陪慈駕還自奉壽之筵，將編整理儀軌，以設印
　　　役，鑄銅字三十萬，謂之整理字，先印志喜賡載軸，及前後賡載之詩，又下御
　　　定奎章全韻雕印，藏其板。又以丁酉字印頒御定史記英選，凡有御定書刊印活
　　　印之役，必於此爲之，蓋予所以仰述國初成憲之意。而若其名號，則予未嘗肇
　　　錫，故閣臣等姑且以監印所稱之。至是，命仍用國初建置時舊號，稱之曰鑄字
　　　所。(卷四五葉五一)
右記史文，就我所知，似有應加申明者，茲爲申明如次：

一

　　銅人經 (參第三條)：太宗實錄十五年乙未(永樂十三年)十月丁亥：「帝賜我銅人圖。千
秋使吳眞回自京師，禮部咨曰：准國王咨：該本國針灸方書鮮少，移咨奏請給降銅
人，取法便益。本部官欽奉聖旨：着太醫院畫兩箇與他去。欽此。行移太醫院綵畫針
灸銅人仰伏二軸，就付吳眞領回。」(卷三〇葉二八)又順天府志載太醫院銅人有云：「古銅
人在太醫院……虛中注水，關竅畢通，用以考驗針灸。古色蒼碧，瑩然射目。」按，
銅人實物，當民國二十年我住在午門時，嘗於午門城上東雁翅樓歷史博物館陳列室得
見之，不知是否卽此古銅人？姑記於此，待考。

二

　　爲善陰騭 (參第五條)：世宗實錄元年己亥(永樂十七年)六月己卯：「聖節使李之崇回自
北京，皇帝就賜上爲善陰騭書六百本。」(卷四葉一三)按，賜書記事，尚有仁孝皇后勸善

書一百五十本，孝慈皇后傳一百五十本，通鑑綱目大學衍義各一部，法帖三部，並筆一百五十枝，墨二十五丁，這是賜給入朝世子之書物，見太宗實錄卷十五葉十四及葉十五。 又有新修性理大全四書五經大全，御製序，這是特賜入朝之王子卽敬寧大君裪，見世宗實錄卷六葉十。

三

大藏經(參第十五條)：成宗實錄五年十月戊申記大藏經史事有云：「御夜對，講高麗史，至洪慶自唐開府航載大藏經一部，至禮成江，王親迎之。左副承旨李克基啓曰：此前朝所以亡也。創業之君，雖以正訓子孫，子孫鮮不失者，況如此垂統乎？自茲以往，崇信益篤，寺社半於閭閻，田藏過於官府，世家大族，以至於宗室子孫，亦多髡首爲僧。至于末季，妖僧辛旽，卒亡其國，此可戒也。」(卷四八葉一八) 觀此，則東國之有大藏經，似始於唐代之航載而來，而其初高麗之重視大藏經，考之日本正同一心理，不外以爲「鎭護之奇瑞」。及乎李氏之有朝鮮，其情又大異，一反高麗之政「不崇釋教」，而號稱重儒之國，致力於「窮性理之學」。至于摹印大藏經五十部(參第十五條史文) 之處，察其所爲，非爲弘揚佛教而摹印，實是應付日本不斷之求索而出此。如成宗實錄十八年七月丙子條：「日本國王使僧等堅等辭。其答書曰：來諭大藏經，諸處求索非一，所存無幾，重違雅教，轅成一件，就付回使。」(卷二〇五葉五) 又同年八月庚午條：「源政弘使鐵牛辭。其答書曰：所索大藏經，曾因諸州求之，殆無餘儲，然廣搜私藏，謹塞雅教。幷照悉。」(卷二〇六葉二) 似此之類，實錄記載甚多，不能悉擧。總而言之，朝鮮答書大意，雖經常以「所存無幾」或「殆無餘儲」一類的口氣爲言，然在日本處之，則視爲「老生常談」之不足爲輕重，關于求索之使，也是經常地照例遣送如故。據我看法，實錄所記日本之求索大藏經如果尙有若干遺漏的話，則所謂摹印的五十部，我恐怕全數都將爲日本「求索」而去了。

又，日本於朝鮮，除求索大藏經外，據實錄，尙更有其他一般書籍，亦多有求索之事，擧例如下：(一)孝宗實錄卷十三葉二十二，八年甲午，卽順治十一年十一月癸巳載：「日本遣差倭平成政求儀禮經傳通解中庸衍義曁巫閭集性理羣書張南軒集資治通鑑朱子語類二程全書易學啓蒙要解小學四書大全五經大全退溪集。命禮官議之。禮曹啓曰：倭差所求十四件書冊，經亂之後，或有未及刊行者，請隨其所有者賜之。從

之。」(二)顯宗實錄卷七葉十八，四年癸卯，卽康熙二年八月丙辰載：「對馬島主稱江戶執政之求，請貿四書五經大全史記評林朱子語類。朝廷不許，只語類評林兩冊許貿。」(三)純宗實錄卷十二葉五十四，九年己巳，卽嘉慶十四年十二月丁亥，渡海譯官玄義洵崔昔等，以聞見別單啓曰：「日本國……各州太守莫不欽歎我國書畫，視若金玉，得之便珍藏。」據此，則可見當明清兩代關於中華書籍之傳於日本，就事實而論，朝鮮固有相當貢獻的，這正是讀者所應特別注意之事也。

第三章　經筵

「經筵」一門，由朝鮮「李氏王朝」而言，乃每一國王所朝夕孜孜從事研讀之一課程，與明清兩代所謂「經筵講官」經常進講的甚麼「帝王之學」(指一般經史可法可師之事)正是一回事。然而後者尤其是清代，關于講官進講原有一定之規，參清史稿禮志八經筵條，其述及進講之儀有云：「豫設御案，講官案，列講章及進講副本，左書右經。」這一儀式，本係沿明舊制，而所謂講章和副本，無非只爲虛應故事談不上甚麼「箴規之道」，最多其字裏行間還不是專在頌美當時的皇帝而已，這在乾隆五年有一諭旨曾如此言之。此外還有檔案內發現之「講章」亦有多件(原件存北平圖書館)，作者嘗檢其內容，揆之乾隆諭旨之所云云也是一回事。由于這一原因，於是乎吾人才注意到朝鮮實錄內所記之「經筵」究竟是怎樣？記得我在中韓文化論集所撰「記李氏朝鮮實錄」一文內關于記「經筵」史文有云：「此一部實錄給予我們的啓發太多了，比如有許許多多讀經讀史的意見，說起來都是些有裨經史之學，都是記不勝記的。」茲爲證明朝鮮「李氏王朝」之「經筵」故事起見，特就成宗朝實錄內選出史料一批，這些史料，既無進講之儀式可言，又更無甚麼「講章」之虛套，而乃是君臣之間臨文發揮隨事討論古今得失之所在。這樣的討論，與其時臨朝聽政之狀實大異。聽政之時，參史文，則爲：「人臣晝思夜度……及至御榻之下，則天威嚴重，口燥心喪，什遺七八矣。」至於講官進講，等於自由討論一般，卽或高聲爭辨於國王之前，也是例所不禁的。其情如此，當然一些講論之臣也就「知無不言，言無不盡」的了。有如史文記云：「至於經筵，則其所欲言者，畢達無遺，非如秦漢庸主，深居間出，以致壅蔽之禍也。」又記一日四御經筵之事有云：「朝講進一言，晝講進一言，夕講進一言，又有夜對，上下之

間，情志交孚，而忠直之門開矣。」此寥寥數語，描寫當時經筵之精神可謂形容盡致。而朝鮮自開國以來其情便已如此，就實際而論，直是等於「家法」一般。所以李氏王朝凡二十六君，享國五六百年之久（一八九四年朝鮮之遭受日本侵略，是爲朝鮮之外患，其事當作別論），其前後相承都是奉行這一「家法」的。以勤學爲「家法」，而且晝夜不輟，無論貴爲「國王之尊」所當如此，卽在古今中外和一般後生青年都當視爲惟一的之最好示範也。後面所錄史文，凡九十四條，條條都有意見的，同時也可說條條都與讀經讀史的方法有關，姑先就其書目分類如下：（1）孟子：第一至第六條凡六條，又第八條一條，又第二十二條一條，又第五十一條一條，又第六十二條一條，又第八十五條一條，共十一條。（2）論語：第四十五條一條，又第四十八條一條，又第五十條一條，又第五十二條一條，又第五十六條一條，又第八十至第八十三條凡四條，又第八十六條一條，又第八十九條一條，又第九十至第九十三條凡四條，共十五條。（3）大學：第三十條一條，第六十四條一條，共二條。（4）中庸：第九條一條，又第七十九條一條，共二條。（5）詩經：第十四條一條。（6）書經：第十至第十二條凡三條，又第五十九條一條，又第六十九條一條，共五條。（7）春秋：第十三條一條，又第十五條一條，又第八十條一條，共三條。（8）禮記：第四十條一條。（9）左傳第四十七條一條。（10）綱目：第十六至第二十一條凡六條，又第二十三至第二十八條凡六條，又第三十二至第三十四條凡三條，又第三十七至第四十三條凡七條。又第五十四條一條，共二十三條。（11）綱目續編：第六十至第六十一條凡二條。（12）資治通鑑：第六十三條一條，又第六十五至第六十六條凡二條，又第七十至第七十八條凡九條，共十二條。（13）大學衍義：第三十一條一條，又第三十六條一條，又第四十九條一條，又第五十三條一條，又第五十五條一條，又第五十七條一條，又第九十四條一條，共七條。（14）貞觀政要：第五十八條一條。（15）文翰類選：第六十七條一條。（16）其他：第七條一條，又第二十九條一條，又第三十五條一條，又第四十六條一條，又第六十八條一條，又第八十七、第八十八凡二條，共七條。以上開列每類所計的數目，最多者凡二十三條，其少者只僅僅一條而已，總共才只九十四條，這在成宗實錄中由當初的記錄言之，當然也並不是「每講必錄」而有很多地都是略而不載的。比如成宗在位凡二十五年，就算每天只「進講」一次罷，以一年計之，也當有三百多條，若再合二十

五年總計之，則其數更多。然而這是無關宏旨的，因爲我們第一意義，只在姑舉成宗一朝爲例，俾獲了解這位國王之「稽古證今」以及他所有「期裨政學」之處，無非都在中國古書裏尋求這一所謂「王者之跡」而已。一「成宗」如此，則其他各朝亦可以類推。總之，參下面史文，關于東國朝鮮之漢化，單就其「一日四御經筵」的情形觀之，其與中國所說的一些「好學之士」，不消說，正可彼此大相比美的。

二年辛卯(成化七年)

(1)正月戊午，御經筵，讀孟子，前授至故曰或勞心，或勞力，天下之通義也。領事尹子雲金國光等，以爲自故曰至通義也，皆是古語。同知事鄭自英以爲自故曰至治於人，便是古語，堅執不變，至於高聲爭辨不已。子雲國光退于政院以啓曰：進講時，自英執己見，乃至高聲，臣等不勝惶恐。傳曰：不如是論難，不得辨是非。(卷九葉二二)

(2)四月丙辰，御畫講，講孟子，至孰不爲守，守身守之本也。同知事李承召啓曰：此孟子汎言人之守身也。至於人君一身，上以守宗社，下以臨兆民，所係至重，尤不可不謹守其身也。然而內有宦官宮妾，外有車馬僕從，以至畋獵遊觀之娛，惟意所適，故罕有能守之者。是以歷代賢君不多，三代以下，漢文景唐太宗數君而已。且始勤終怠，人之常情，有始有終，斯亦難矣。(卷一〇葉七)

(3)五月癸未，御畫講，講至由君子觀之，則今之求富貴利達者，其妻妾不羞也而不相泣者幾希矣。同知事李承召啓曰：此孟子極形容小人情狀處也。大凡小人之求宦達者，必趨附權勢，乞哀媒進，宰相亦以其附己也，譽而薦之，人主亦信而任之，故小人之進也常易。若君子直己自守，不趨附權門，故其進也難。人主幸而得一君子，其事君也必以正，故君有過舉輒進規諫，終必見斥，此君子所以常不達也。(卷一〇葉一四)

(4)六月辛亥，御畫講，上讀孟子，至王公之尊賢也。同知事李承召啓曰：自古人君孰不悅賢，雖或能養，未能用之，唯堯舜爲能盡之。若魯繆公之於子思，晉平公之於亥唐，雖或能養，終不能用，何補於治。上又讀至孔子有見行可之仕。承召又啓曰：孔子嘗爲魯司寇，三月國大治，齊雖大，猶不能無畏，歸女樂以沮之。季桓子受之，三日不朝，孔子行，魯竟不振。當是時，魯之君臣非

不知其聖也，特蔽於私而不能用，爲可惜也。女樂徒爲一時之樂，若用孔子之
聖，不唯一世受其樂，萬世蒙其澤矣。(卷一〇葉四一)

（5）癸丑，御夕講，上讀孟子，至嫂溺援之以手者權也。問曰：所謂權者何歟？贅
　　紊(參贊之誤)官金之慶對曰：經者常也，權者變也，變而得中之謂權，如湯武
　　之於桀紂，以君臣之分則固不可伐，若奉天救民，則不得不爾。人之於嫂也，
　　在平時授受不可親，至於溺，不可不手援，是變而得中也。(卷一〇葉四二)

（6）七月朔壬申，御晝講，講孟子，至有放心而不知求。知事李克培曰：古之論致
　　治者莫不以存心爲重，故董子曰：人君正心以正朝廷，正朝廷以正百官，正百
　　官以正萬民。然正心之要，惟在於敬，敬者聖學之所以成始而成終者也。(卷十
　　一葉一)

（7）癸酉，御晝講，至范浚心箴。同知事李承召啓曰：此泛言人心受病耳。若人君
　　心有好惡之偏，則自左右至百執事，各因偏處而中之，好如土功則以土功中
　　之，好田獵則以田獵中之，好佛老則以佛老中之，人君尤當操存此心，不可少
　　有好惡之偏也。(卷十一葉一)

（8）己亥，御晝講，講孟子，至有大人者正己而物正者也。同知事李承召曰：自古
　　人君孰不願得賢人而用之，然漢唐以下，用非其人而危亡者多矣。其始用也，
　　多以爲比肩周召，而終至於誤國者有之，是人主蔽於私欲而不能察也。是以欲
　　得其人，人主必先正心，而志氣清明，然後能知人而能用之矣。(卷十一葉八)

（9）閏九月甲子，御晝講，講中庸三十章。同知事李承召啓曰：中庸之理無窮，而
　　此三十章最爲微妙，殿下考之於書而得之於心可也。小臣之學，本非心得，未
　　能以蘊奧之旨上達宸聰。上曰：然。……承召對曰：中庸之爲書，始言一理，
　　中散爲萬事，末復合爲一理，因極陳三十三章之義。上嘉納。(卷十二葉七)

　　三年壬辰(成化八年)

(10)六月辛未，御經筵，講書至無逸疇(誇字之誤)張爲幻。同知事鄭自英啓曰：漢元
　　帝時，石顯因稱詔開門事，眩惑元帝，此所謂疇張爲幻者也。

(11)御晝講，上讀至疇張爲幻。侍講官任士洪啓曰：疇張爲幻，自古患之，朝講，
　　自英之言良是也。秦趙高指鹿爲馬，以惑二世；漢張禹言新學小生亂道誤人，

宜無信用，以欺成帝；李林甫以立仗馬斥去之說，杜絕言路，以蔽明皇；皆是
也。若使數君明目達聰，不爲姦臣所誤，何有亂亡之禍？無逸之書，實萬世人
主之龜鑑。宋璟以此爲圖，勸明皇出入觀省，以成開元之治。璟死圖廢，怠於
政務，以致天寶之亂。無逸之書，聖上所當留意也。（卷十九葉四）

(12)丁亥，御晝講，講書立政，至國則罔有立政用憸人，注呂氏曰：君子陽類，小
人陰類。上問曰：以君子爲陽類，小人爲陰類，何也？知事盧思愼對曰：善主
於陽，惡主於陰，君子明善修德，故謂之陽類，小人陰險不善，故謂之陰類。
上曰：何以辨君子小人？思愼曰：在人君正心如何爾，苟能正心，是非善惡瞭
然方寸，如鑑之照物，妍蚩自生，其於君子小人，何難辨之。苟不正心，則是
非顚倒，以君子爲小人，以小人爲君子者多矣，人主不可不戒也。（卷十九葉十二）

(13)十一月甲辰，御經筵，講訖。大司憲成俊啓曰：臣等聞夜對講左氏春秋，然論
古今治亂興亡之迹，君子小人進退之機，纖悉備具，可法可師者，無如宋元節
要，願殿下先講焉。上顧問領事韓明澮等，啓曰：讀胡傳春秋，則不可不知左
傳，故請講耳。知事盧思愼曰：左傳亦具載治道，何必先講宋史？……（卷二四
葉四）

四年癸巳（成化九年）

(14)三月丙午，御晝講，講至詩抑篇。同知事李承召啓曰：凡人年老則志氣衰，而
傲戒怠。武公年九十有五，而猶求箴儆，在輿俟宁，居寢倚几，無處不箴，存
養省察之功，無時而息，此所以稱睿聖也。且憂勤宜若損壽，而武公享壽如
此，蓋人君逸樂，則沈於酒色，遊畋荒亡，無所不爲，伐性損壽，職此之由。
傲戒無逸，則可以涵養德性，堅定血脉，故享年長久。周公於無逸篇以三宗文
王，寅畏迪哲爲享年之本者，亦此意也，請留心焉。（卷二八葉五）

(15)十月甲申，御晝講，講春秋，至宋司城來奔。上問曰：樂豫何如人也？克培對
曰：樂豫知昭公不可與有爲而去之，是良臣也。上曰：君無道，不能匡救而去
之，可乎？克培曰：子哀來奔，春秋美之，君無道不可諫，則固有委而去之者
矣。叅贊官李克基啓曰……貴戚之卿，與國同休戚，義不可去。異姓之卿，道
不合則必去。昔百里奚知虞公之不可諫而去之秦，孟子以爲賢也，若樂豫貴戚

之卿也，而先去之，雖有保身之智，其義則未之得也。上曰：盡言極諫，而君
不聽，則去之可也，樂豫則以爲不可而直去，可乎？(卷三五葉一三)

六年甲午(成化十年)

(16)六月己巳，御經筵，講綱目，至帝如緱氏祭中嶽，東巡海上求神僊。上曰：漢
武求僊，如是之勤，何也？同知事李承召對曰：大抵人主富貴之極，心志蕩
逸，求仙事佛，慕長生，邀冥福，如武帝乘文景富庶，海內無事，乃溺方士之
說，封禪禱祠，無所不爲。武帝英主也，非不知其誕妄，猶僥倖萬一，爲無益
之事，遂致海內虛耗。及其晚年悔之曰：天下豈有神僊，盡妖妄耳，節食服
藥，差可少病而已。蓋親驗之而知也。領事鄭麟趾曰：此見理不明而然也，見
理明則自無此耳。(卷四三葉六)

(17)辛未，御經筵，先是朝講綱目，晝又講朝授，夕講前日授，至是停晝講。領事
申叔舟啓曰：朝講不可不溫習，請於夕講除前授，而講朝授。同副承旨金永堅
啓曰：時方炎熱，講書太多，恐勞聖體，臣聞世宗嘗曰：予讀書無不百遍。大
抵讀書之法，要在精熟，若徒務多，則必不精也。上曰：然。(卷四三葉六)

(18)閏六月庚寅，御夕講，講綱目，至黃龍見。上問曰：黃龍見，果實乎？侍講官
李孟賢啓曰：如指鶹雀爲神雀，妄也，黃龍則實見也。史臣曰：宣帝之時，鳳
凰、甘露、黃龍、神雀史不絕書，至因是改元肆赦，先儒胡寅以爲宣帝自喜其
政，臣下窺見微意，爭言祥瑞以侈耀之，宣帝亦以此自欺，此論正中其失。今
孟賢以爲黃龍實見，甚失對矣。(卷四四葉二)

(19)辛卯，御經筵，講綱目，至以貢禹爲諫大夫。領事申叔舟啓曰：觀事不可徒見
其敍事，如君臣之間，規警聽納處，不可不留意。宣帝信賞必罰，綜核名實，
漢之賢君，然過於苛察，傷於治體。元帝雖優游不斷，然寬厚恭儉，苛政以
除，貢禹首陳節儉，亦見元帝素尙而言之。大抵人君好尙，不可不愼也。且進
講者，不可講音釋而已，必須講論政治得失，人主優劣也。(卷四四葉二)

(20)壬辰，御經筵，講綱目，至顯爲人巧慧習事，能探得人主微指，內深賊，持詭
辨，以中傷人。知事姜希孟啓曰：此善狀小人之心術，人主所當審察也，西漢
所以不振者，皆由此輩用事也。左司諫鄭佸啓曰：恭顯之事，眞後世人主之鑑

戒也。大抵宦官之害甚慘，其浸潤之譖，自非明主皆不能辨，恭顯譖周堪蕭望之劉更生，而得售奸計，由元帝不明也。(卷四四葉二)

(21)御夕講，講至望之自殺，天子聞之曰：果然殺吾賢傅。却食涕泣，哀動左右，召顯等責問，以議不詳，皆免冠謝。上曰：於此當誅顯等矣。侍讀官盧公弼啓曰：恭顯之奸謀詭計，雖若難辨，至此則其奸已著，而終不之罪，此元帝之懦弱不明也。且望之之自殺，先儒謂不如疏廣受見幾而作，望之亦暗於保身之智也。(卷四四葉二)

(22)七月己巳，上御宣政殿，召藝文館應敎李孟賢等六人，講孟子，至爲富不仁，爲仁不富。孟賢啓曰：日者憲府所啓請罷長利是已，凡殖貨者，專事侵刻，非仁者所爲。講至民事不可緩也。校理崔淑精啓曰：四民之中，唯農最苦，沾體塗足，終歲勤苦，年豐則困於徭賦，凶歲亦困於徵債，盡賣家產，流離失所，寄食於人者多矣。……講至距楊墨。孟賢啓曰：佛氏之徒，以天堂地獄之說誣人，誠以身死之後，無得以徵驗，故爲是誕妄之語以惑衆也。愚民惑於禍福，傾財奉佛，所謂佛亦不知何等物也。且有夫婦然後有父子，人道之常，佛者以蓮葉化生爲言，自開闢以來，臣未聞蓮葉化生者也。上曰：謂孟子功不在禹下，何也？修撰李命崇對曰：禹當洪水滔天之時，隨山刊木，而拯民於昏墊之中。孟子之時，楊朱墨翟之徒盈天下，充塞仁義，孟子辭而闢之，廓如也。禹拯人之身，孟子拯人之心，以此觀之，先儒謂孟子功不在禹下宜矣。(卷四五葉六)

(23)八月壬辰，御夕講，講至綱目漢高帝五年天授，非人力也。上曰：當時漢高有天命，然使韓信用蒯徹之計，三分天下，則終必無成乎？侍講官李孟賢啓曰：漢高得天下，皆信之力，若使信聽用蒯徹之謀，據齊之强，鼎足而立，則高祖雖有天命，其勢甚難，亦必困而後得也。且信本無反心，專由高祖畏惡其能，必欲殺之，激成反謀。雖然，信之功不可不祀，而使家無噍類，高祖誠有負於信也。(卷四六葉五)

(24)癸卯，御晝講，講綱目至明帝遣使求佛，楚王英最先好之。知事徐居正曰：英最先好之，而不免誅戮，佛氏之說，虛誕可知。西漢以前，佛氏之敎無聞焉，三代之君，歷年長久，天下至治，西京賢君迭興，業祚綿長。明帝時，佛始入

中國，歷年非惟不及三代，反不如西漢。大抵人死，魂氣歸于天，體魄歸于地，佛氏言人死精神不散，隨復受形，生時所行，皆有報應，其說誕妄，不足信也，人君不能無惑於禍福之說耳。上曰：佛氏之事，胡致堂論之詳矣。侍讀官崔淑精啓曰：佛氏不言目前之事，以人所不見而誘之，故臣子雖知其虛誕，或因君父之事徼福萬一，故其道得行於世，安有眞佛也哉？(卷四六葉十一)

(25)九月丁卯，鄭麟趾啓曰：世宗眞聖人也，經筵好讀綱目，一日幸慕華館，日已晏，還宮，卽御經筵，由是讀綱目百遍。今殿下方講綱目，須以世宗爲法，且綱目畢講後，宋鑑亦可講也。太宗嘗語朴訔柳廷顯李原等曰：宋鑑乃近代史，不可不讀。韓明澮啓曰：如進講宋鑑，則君子小人之是非，瞭然可知。洪允成啓曰：周易，四聖之書，不可不講。麟趾啓曰：先講綱目，知歷代成敗之迹，次講周易，知陰陽消長之理，亦可也。(卷四七葉五)

七年丙申(成化十二年)

(26)五月甲寅，御夕講，講綱目，至梁武帝三捨身。叅贊官孫比長啓曰：崇信佛法，非徒害於治道，傷財害民莫甚。上曰：梁武崇信如此，而餓死臺城，奉佛邀福，豈有理也。(卷六七葉六)

(27)八月朔辛未，御夕講，講綱目，至臺城之閉也，梁主蔬茹皆絕，乃食雞子。上曰：佛之無驗，於此益可知矣。叅贊官孫比長啓曰：好佛莫如梁武帝，受禍尤慘，後之人主，可以鑑矣。然猶信之者，以其言近理，而禍福之說，易以惑人也。(卷七〇葉一)

(28)壬辰，御經筵，講綱目，至唐德宗紀大稔，詔糶粟麥。同知事李承召啓曰：人皆曰歲豐則民樂，然於貧民無豐歉，皆不免愁苦。古云：歲凶則陷於飢寒，歲豐則傷於穀賤。所以然者，歲登則多土木之役，今築城亦猶是也。蓋人人不能自達於君，君莫之知，以爲歲豐民樂，人主當念而不忘也。(卷七〇葉十三)

(29)九月戊申，命畫工畫神農堯舜禹湯高宗文武漢文帝唐太宗可勸事跡于屛風。(卷七一葉二)

(30)十月戊寅，夕講，將講大學。都承旨玄碩圭啓曰：凡文學之士，有長於經學者，有長於史學者，藝文儒士，才非不優，然庸學性理之書非素所沉潛者，不

可備顧問，宜令經筵堂上進講於晝講。傳曰：學問何分於堂上堂下。同副承旨
洪貴達啓曰：在世宗朝，專以講經取人，故時以明經爲業，如李克培之輩長於
經書。自後專務製述，不務經學，如臣等一時輩皆是。傳曰：然則當於晝講令
堂上進講，其節次議啓。碩圭等曰：幷或問進講，而大文則釋之，何如？傳
曰：輯釋緊關處，幷進講。且史學篇帙簡，而便於進講者何書耶？碩圭等曰：
如近思錄，祖宗所嘗留意者也。傳曰：如此等書，抄啓。（卷七二葉三）

(31) 十二月辛卯，御夜對，饋經筵官酒……玄碩圭啓曰：二典三謨，治天下國家之
大經大法也，願殿下存心立政，常以此爲法。侍讀官李命崇啓曰：殿下既讀四
書三經宋元節要，今方進講綱目大學或問名臣言行錄高麗史，臣嘗謂大學者，
治天下國家之律令格例也，先儒眞西山撰衍義，書皆經史至言，此經筵要切之
書也，願速進講。上曰：予亦嘗覽此書，將於經筵講之。（卷七四葉十一）

八年丁酉（成化十三年）

(32) 閏二月壬寅，御夕講，講綱目，至党仁弘坐贓當死，太宗欲宥之，曰：朕私仁
弘，而欲赦之，是自亂其法，欲席藁於南郊三日，日一進蔬食以謝罪。上曰：
太宗此事善乎？都承旨玄碩圭對曰：律有議賢議能議功，而又爲之謝過，可謂
善矣。檢討官趙文瑠曰：如席藁於南郊，日一進蔬食，似乎好名，此則非也。
又讀至告太子謀叛，太宗謂羣臣曰：何以處承乾？通事舍人來濟進曰：陛下不
失爲慈父，太子得盡天年，則善矣。太宗從之。上曰：來濟所言，太宗所爲，
善乎？碩圭曰：以法言之，則宜使自斷。文瑠曰：子雖不孝，父不可以不慈，
父子之間，如是亦可也。（卷七七葉一）

(33) 癸卯，御夕講，講綱目，至房玄齡等上高祖實錄。上曰：太宗之取見，何如？
右承旨孫舜孝曰：非也。如是，則史不直書，而善惡沒矣。上曰：史官若守
正，則當直書不諱，然人主取見，誠非也。（卷七七葉二）

(34) 丁卯，御夕講，至周制宰相撰時政記。上曰：今之時政記，何以爲之？左承旨
李克基對曰：今之政記，只撰集諸司文書耳，唐時則不然，宰相畏其物議，故
撰之，飾美掩過耳。大抵史官畏大臣害己，故不直書其事，我睿宗朝，康致誠
元叔康書大臣過失，畏而尋改之，睿宗誅之。檢討官成聃年曰：古有野史，且

位卑者爲史官，以其仕宦之初，不變所守而直書故也。上曰：武氏之惡貫盈，雖飾虛美，後世豈不知之。克基曰：有諸中者形諸外，事雖隱微而善惡以著，匹夫尙然，況於有天下國家者乎？人君固宜愼於微也。上曰：武氏聽譖害子，譖訴尙行於母子間，則其他可知矣。克基曰：武后猜忌聽讒，無足恠焉，雖明君猶然，晉獻公不能明驪姬之譖是也。聃年曰：人君宜先正心，心旣正，則讒言無由入矣。(卷七七葉二三)

(35)三月乙亥，傳曰：夜對，高麗史已講畢，繼講小學，何如？左承旨李克基等對曰：小學之書，雖終身行之可也。然是書云收放心，養德性，以爲大學之基，則乃初學之書也。今殿下聖學高明，不必講焉。傳曰：小學予嘗讀之，然當更講。(卷七八葉五)

(36)四月癸丑，御夕講，講大學衍義，至唐玄宗以楊愼矜知大府出納，愼矜奏諸州所納布帛，有漬汚破者還本州，徵折估錢輸市，徵調始繁矣。都承旨玄碩圭啓曰：此玄宗不克終之漸也。大抵昇平之後，必有亂焉，所以然者，恃其久安，而怠荒之志生於一念之差。當是時，玄宗在位日久，國家昇平，人物富庶，朝野無事，設金錢之會，相與娛樂，時謂之太平盛事。然未知恃其富庶，而人心解弛，亂亡之機，兆於此矣。至於天寶之末，姦臣扇禍，祿山反于漁陽，天下遂大亂。玄宗親平韋氏之亂，然猶未知爲戒，狃於昇平，驕心便生，馴致禍亂。宋眞宗繼累朝昇平之業，不能持守其心，卒信天書，虧損至德，是皆恃其久安驕溢而然也。(卷七九葉八)

(37)丙辰，御夕講，講綱目，至唐玄宗改天寶年號，羣臣稱賀。上曰：當時賢臣張九齡而已乎？玄宗之誕荒如此，而何無一人言之？侍講官盧公弼曰：下至廣忠直之士，何代無之，時李林甫爲相，直言者一皆斥去，故無由進言。侍讀官金訢曰：賢者爲相，則所進皆賢人，小人爲相，則取進皆小人也，當是時，林甫爲相，小人道長，賢者皆見機而退，誰有正言者。上曰：然。(卷七九葉十二)

(38)七月癸未，御夕講，講綱目，至李泌固請歸山。上問曰：當是時，肅宗何以處之，則李泌不去乎？左承旨李克基對曰：泌之所言，肅宗多不聽行，又不去讒遠色，此泌之所以不能自存而去也。且古云，臣罔以寵利居成功，周召亦皆求

退，明哲見機者當如是也。(卷八二葉二〇)

(39)十一月丁卯，御夕講，講綱目，至憲宗與李絳論朋黨。上曰：朋黨甚可惡也。左副承旨孫比長啓曰：君子小人之不相容，猶冰炭之不可同器也。君子以君子爲朋，小人以小人爲朋，君子進則衆君子以類而進，小人進則衆小人以類而進，然君子不可謂之朋黨，而小人之欲害君子者以朋黨目之也。君若不明，則邪正顚倒，是非混淆，君子日退，小人日進，此國家之所以多亂也，人君辨之之道，在於誠意正心以修其身而已。檢討官李昌臣曰：堯之時，有八元八凱登揚於朝，舜之時，九官四岳濟濟相讓，武王有亂臣十人，當是時，未聞有朋黨也。大抵君子揚于王庭，則小人不得肆矣，小人進則欲害君子，而以朋黨目之也。憲宗下詔絕進奉，尋卽密諭進獻，本心可謂不正矣，以李絳裴度爲朋黨，而信程异皇甫鎛，無足怪矣。比長曰：君子周而不比，小人比而不周，君子所與友者皆公平正直之人，小人所與友者皆朋比阿私之人，書所謂朋家作仇是也。人君患不知小人耳，旣知之，則當速去之。上曰：然。

比長啓曰：昨日司僕寺請作土宇以畜猿，又請給衣以衣之，臣謂猿乃不祥之獸也，不可以人之衣衣不祥之獸也，況一衣可使一民無凍。臣固知殿下不爲翫好也，然太史書于策，則安知後世不謂殿下爲翫好乎？上曰：詩云麀鹿濯濯，白鳥皜皜，是言萬物各得其所也，予非翫好也，外國所獻，使寒凍而死，則不可也。司僕寺之請，非衣也，請給鹿皮以被之耳，卿誤聽矣。(卷八六葉三)

(40)辛巳，御夕講，講綱目，至穆宗紀，自上有疾，守澄專制國事，勢傾中外。上曰：宦官用事如此，時事可知。侍讀官李祐甫對曰：穆宗誠昏暗之主，於其服喪之時，見太后幸華清宮而不能止，又自畋于驪山，以是觀之，其失政不特宦官驕橫而已。上曰……宦官之驕橫，至於不可制，何也？侍讀官金訢曰：履霜堅冰，可不能謹之於始，遂至於不可制也，漢唐之衰亡以此耳。今中朝罷任宦官，使主兵柄，聞有一宦人出使南京，擅殺官人還奏，帝不罪，以此觀之，中朝宦人之驕恣可知也。上曰：狎之則必至無禮，顧予未知稼穡之事，唯此輩生長田里，熟知其苦，故時呼問之耳，若有所犯，固當據抵罪，不少貸也。(卷八六葉九)

(41)甲申，御夕講，講綱目，至劉克明弑常(帝字之誤)於室內。上曰：宦官之盛，未
有甚於此時也。左副承旨孫比長對曰：唐室人主無正心誠意之功，故陷於宦官
官(疑衍)之術，使之威權日盛，爵命皆出其于(手字之誤)，馴致以至於此也。侍
講官柳洵曰：人主當謹其漸，宦官之盛始於玄宗，玄宗蠱惑楊妃，厭於機務，
宦官與聞國政，其後程元振魚朝恩相繼用事，廢置天子，至稱爲門生，由是藩
鎮叛亂，朱全忠擧兵誅宦官無遺類，而唐遂以亡，豈非永鑑哉？人主欲謹其
漸，當於始防之也。(卷八六葉十三)

(42)十二月丙辰，御夕講，上曰：唐宣宗可謂明矣，然先儒非之，聰察果非人君之
美德也。左副承旨孫比長曰：稱舜之德，曰御衆以寬，稱湯之德，曰克寬克
仁，蓋上煩察則下無所容，御者急促則衆擾亂，人君之道，唯在於寬以居之，
聰察非美事也。(卷八七葉十四)

　九年戊戌(成化十四年)

(43)十一月乙亥，御夕講，講綱目，至晉主賞賜優伶無度，桑維翰諫之。檢討官李
昌臣啓曰：維翰此言甚是，晉主不納，非矣。先儒議之曰：使晉主納桑維翰之
諫，則晉國必不速亡矣。(卷九八葉十二)

(44)十二月戊戌，御畫講，讀禮記，至士三月而葬，是非卒哭，大夫三月而葬，五
月而卒哭。上曰：我國亦然乎？知事姜希孟對曰：我國亦然。(卷九九葉七)

　十年己亥(成化十五年)

(45)三月甲申，御夕講，講論語，至丘也幸，苟有過，人必知之。叅贊官成俔啓
曰：此孔子之所以爲聖人，而萬世之所當法也。常人之情，惡聞其過，外似容
之，內實不悅，焉能以知過爲幸也。人主尤當喜聞其過，若外受諫諍而不能用
其言，讜論何由至乎？讀至丘之禱久矣。俔又啓曰：孔子嘗曰敬鬼神而遠之，
凡淫祀所當斥之。日者城中巫覡皆令黜外，然旋黜旋入，城中淫祀不絕，甚不
可。上曰：已有禁令，何有此事？……講至君子坦蕩蕩，小人長戚戚。俔啓
曰：如宋司馬光謝事居洛，優游自樂，所謂蕩蕩也，丁謂躐取高位，猶恐失
之，所謂戚戚也。謙恭退托者必進而用之，爭功競進者務皆黜遠，則君子進小
人退矣。俔又啓曰……當昇平之時，留意閱武，誠爲美事，然以此廢經筵不

可。上曰：然。自今雖觀射日，亦當受朝講矣。俔又啓曰：近日宗親觀射，近
臣史官不得入侍，諸臣觀射，臺諫亦不得入。臣恐勳戚之臣，或恃功倨傲，或
縱酒悖禮，因循成風，漸失君臣之禮，願令臺諫史官入侍，隨事糾察。祖宗
朝，內苑觀射，固無臺諫入侍之例。是日將入講，講官會於隆禮門前。洪貴達
謂成俔曰：昔程伊川每於經筵隨講諷諭，至顏子居陋巷，左右以謂伊川必不能
言。乃曰：顏子以王佐之才，居陋巷之中，而魯君不能用，此魯之所以不治
也。經筵進講，當以此爲法。及入經筵，俔多有陳論，蓋亦貴達之言激之也。

（卷一〇二葉九）

(46)四月丁未，御經筵，講訖。大司憲成俔啓曰：伏聞停罷晝講，臣意以謂學問之
道，必繼續光明，無少間斷，然後德日造矣。殿下聖學高明，雖不御經筵可
也，但恐接賢士大夫之時少，視宦官宮妾之時多，安知其漸不至於怠忽乎？上
顧問左右，領事洪應對曰：前日會議時，臣意聖學今已高明，朝授不必更覽，
雖在宮中，亦可讀書，故請罷晝講。今言官以爲接賢士大夫之時少，臣意晝講
雖廢，亦有朝夕講，士大夫接見之時不爲不多。且上意以爲賢士而見之，則一
日一被接見足矣，以爲不賢而見之，則雖日百接有何裨焉。

侍讀官李昌臣啓曰：臣等以無狀備員經筵，猶恐獲戾，日慎一日。宰相臺諫雖
有欲言，常時則大內深邃，未得親啓，至於經筵，則其所欲言者畢達無遺，非
如秦漢庸主，深居間出，以致壅蔽之禍也。人臣晝思夜度，雖萬萬欲自盡於殿
下，及至御榻之下，則天威嚴重，口燥心喪，什遺七八矣。若一日四御經筵，
則朝講進一言，晝講進一言，夕講進一言，又有夜對，上下之間，情志交孚，
而忠直之門開矣。臣爲注書時，每見殿下一日之內，四御經筵，心自賀曰：殿
下之於學如此其勤也。且古之人君，朝視其羣臣，晝聽其政事，夕省其典刑，
夜考其國政，兢兢業業，不自滿暇。愛君莫如周公，其進戒必曰所其無逸，是
亦慮其漸至於怠荒也。大抵治不如唐虞，則不可謂雍熙，學不如孔子，則不可
謂高明矣。殿下若以爲吾治已足，吾學已明，安於少成，遽廢晝講，則怠忽之
念萌矣。今洪應所啓，殊非大臣之言也。欲令人主常居禁中，不坐朝廷，勿使
讀書近儒生，此乃趙高仇士良之志也。昔宋哲宗會夏暑，權罷講筵，范祖禹上

言：今陛下之學與不學，係他日治亂。臣正爲此懼。上曰：然則無廢晝講。(卷
一〇三葉十三)

(47)戊申，御晝講，講左傳，至石碏使其宰獳羊肩涖殺石厚于陳。曹偉啓曰：石碏
國爾忘私，故君子曰：石碏純臣也。不特此也，元時脫脫叔父泊顏，多有叛逆
之事，脫脫問其師吳徵，徵曰：大義滅親，何顧其私。脫脫卽黜泊顏。石碏等
事，固非凡人所能及也。同知事李承史啓曰：非但此也，周公之於管叔，公子
季友之於季牙，亦若是也。然非聖賢，莫能爲也。(卷一〇三葉十五)

(48)御夕講，講論語，至君子多乎哉，不多也。曹偉啓曰：大抵德行本也，文藝末
也，德行難見而才藝易著，故有才藝者，人皆謂之賢，然無德行，則雖有才
藝，無足觀也。非特凡人，以帝王之事言之，宋徽宗才藝實多，德行絕無，故
終以亡國。至於前朝恭愍王，書畫箅曆無不精妙，然無德故亡。帝王專尙德
行，文藝乃其餘事也。侍讀官成聃年啓曰：才德兼全聖人也，德勝才君子也，
才勝德小人也。無德行而多才藝，則驕心必生。匹夫而如是，則足以亡其身，
大夫而如是，則足以喪其家，國君而如是，則足以亡其國也。(卷一〇三葉十五)

(49)五月己亥，御經筵，講大學衍義，至用舍之間，鮮不易位者。檢討官鄭誠謹啓
曰：用人之道，必先正其心，苟不正心，則心無定主，而不能進君子，退小
人，所謂易位也。講至克宅厥心，然後可施之有政。又啓曰：人君旣治身心，
然後施之政事，故帝王之學，以定心爲先。知事李克培啓曰：讀書是紙上工
夫，須用功於心上，故古之帝王，以正心爲學之源，今誠謹所啓，誠是也。(卷
一〇四葉二)

(50)癸酉，御夕講，講論語，至子曰論篤是與，君子者乎，色莊者乎？上曰：君
子小人何以別乎？侍讀官李世匡對曰：並與其行事而觀之，則可知矣。曹偉啓
曰：子曰：視其所以，觀其所由，察其所安，人焉瘦哉？又曰：始吾於人也，
聽其言而信其行，今吾於人也，聽其言而觀其行。此數言，足以別君子小人
矣。上曰：然。(卷一〇四葉十三)

(51)辛巳，御經筵，講至孟子曰人皆有不忍人之心。侍講官李昌臣啓曰：人性本
善，皆有不忍之心，乍見孺子入井，便有怵惕之心，於此可見性之本善。至於

人君，尤當推廣此心，若堯之光四表，格上下，於變時雍，無非此心之推也。至於舜之好生之德，湯之子惠困窮，文王之視民如傷，皆是心也。若不忍之心，止於一物，如齊宣王不忍一牛之死，則不可謂之仁也。願事事皆推不忍之心，而不忍之政，洽于生民，則民皆囿於化育，而自不犯於有司矣。同知事李承召啓曰：此言然矣。性善之說，至孟子發之，孔子亦曰性相近也，習相遠也，蓋以氣質之性而然也。韓子亦大儒也，而曰性有三品，固為不可，而楊子亦言善惡混，非矣。若徒有不忍之心，而無所裁斷，則仁或流於姑息矣。（卷一〇四葉十四）

(52) 六月甲午，御夕講，講論語，至民無信不立。侍讀官李昌臣啓曰：古人云，信者，人之大寶也，又曰，與國人交，止於信，信之為義大哉。都承旨洪貴達啓曰：號令無信，則民無所措手足，賞罰無信，則民無所勸懲，願殿下酌之如權衡之稱物，守之如四時之必信。上曰：事之是者，則固當與金石而不變，如其非也，則何拘於必信，歷代君人雖知其非，強曰業已為之，而不可改也，其可乎？信之於事事，如土之寄旺於四時，吾當亦知其大也。又講至百姓足，君孰與不足。昌臣啓曰：觀此，則聚斂之徒，其為聖人之罪人歟？臣為注書，戶曹請加京畿賦稅等第，御書曰：百姓足，君誰與不足。其視二猶不足者，相去不啻萬萬。古人云：富陛下者，誤陛下耳。然古之論理財者，必以劉晏為稱者，以其先富民而後富國也，願殿下察之。（卷一〇五葉十三）

(53) 七月壬戌，御經筵，諫（疑講）大學衍義，至自昔危亂之世，未嘗無忠言。侍講官李祐甫啓曰：此章之意，欲人君樂聞直諫也，衰亂之世，未嘗無忠臣，但言之而不用，以至於亡。故西伯戡黎，祖伊奔告，紂不念其言，終至於亡。厲王監謗，召公以為防民之口，甚於防川，厲王不聽，出居于彘。田千秋言巫蠱之禍及仙神之事，武帝感悟，故漢不至於亂。陸贄盡言極諫，德宗雖不盡用，或時勉從其言，故唐不至於亡。是故天子有爭臣七人，雖無道不失其天下，諸侯有爭臣五人，雖無道不失其國。苟愎諫自用，未或不亂亡其國。且在治平之世，不諱危亡之言，若賈誼痛哭流涕長太息者是也。忠臣至比其君於桀紂者，乃愛君之至言，雖狂悖所當優容也。領事盧思慎啓曰：自古人臣奏議之精切，

無如陸贄。德宗見圍於奉天，能甲其言，以復其國，旋卽疏遠。今其書猶在，名曰陸宣公奏議，昔蘇軾乞於經筵進講。若燕閑之時，或賜觀覽，必有所裨益。（卷一〇六葉四）

(54)庚午，御經筵，講訖。侍讀官成聃年啓曰：求仙無益，漢武可以鑑矣，而憲宗猶惑焉。事佛無益，梁武可以鑑矣，而代宗猶惑焉。彼皆以富貴之極，冀延其壽耳。眞德秀衍義，載歷代佛仙之事，以著虛誕之非。書籍非一，而有補於聖學者無如此書。若存心於此，時加省察，不爲外物所累，則自不爲佛仙所惑矣。（卷一〇六葉十一）

(55)己卯，御經筵，講大學衍義，至孟子曰：觀遠臣以其所主，觀近臣以其所爲主。侍講官李祐甫啓曰：孟子以主客言，眞西山以擧主言，是不同也。上曰：豈無誤擧者乎？領事盧思愼對曰：果如上敎，昔堯時擧鯀治水，此豈非誤擧耶？（卷一〇六葉十五）

(56)八月甲辰，御夕講，講論語，至子張問達。上曰：務名之事，其在上下俱爲不可。侍講官李祐甫啓曰：子張遊於聖門，親炙觀感，以好尙威儀，不免務外之名，況後世之人，務名者豈小（疑少）哉？人主用人，所宜精察。左承旨金升卿啓曰：務名之人，豈能久哉？終必敗露。（卷一〇七葉十二）

(57)十月丙午，御經筵，講大學衍義，至后廢處昭臺宮。司經閔師騫啓曰：漢宣之廢后，后誠有罪，高宗之廢王皇后蕭淑妃，爲武氏也。始者太宗納巢刺王妃，閨門之法不正，故乃爾，先儒以爲太宗不免首惡之名者以是也。方高宗廢后之時，無忌遂良韓瑗來濟固爭，遂良且曰：武后經事先帝，天下所共知，不可爲后。帝亦爲之猶豫，李義府許敬宗逢迎以成之。小人之務悅而遂非，良可畏也。（卷一〇九葉八）

(58)十一月己酉，御夜對，講貞觀政要，至長孫順德受人餽絹，事覺，太宗復賜之絹。上問太宗賜絹順德，如何？都承旨金升卿侍講官李祐甫對曰：此權術，非示人以正之道也。臣若有罪，則廢之可也，罪之可也，何必賜絹以厚餽乎？至嘗謂公卿曰：如虞世基等諂事煬帝以保富貴，宜用此爲戒，事有得失，無惜盡言。祐甫啓曰：大抵臣之盡言於君，雖晝思夜度，不能自盡者什常八九，況雷

霆之下，其能盡言無隱乎？(卷一一一葉三)

(59)丙申，御經筵，講訖。同知事李坡啓曰：書云：欽若昊天，敬授人時。我世宗設簡儀臺，渾天儀，日影臺，欽敬閣，自擊漏，其制度極備。臣近聞漏聲，夜前則疎，夜後則數，一夜之間，豈天時有異，是必掌漏之人失其職也。不然，恐歲久而有差，請召觀象監官員詳問其由。上曰：可。(卷一一一葉十二)

十一年庚子(成化十六年)

(60)五月庚子，御經筵，講綱目續編，至神宗覽蘇軾文章曰：奇哉奇哉。檢討官曹偉啓曰：神宗知蘇軾之才而不能用，知司馬光之賢而使老於洛中，此無他，爲王安石所誤也。昔郭公善善而不能用，惡惡而不能去，以底於亡，故人主苟知其賢也，則當速用之，知其邪也，則當速去之。(卷一一七葉十三)

(61)七月丁未，御經筵，講綱目續編，至李綱罷。上曰：宋之不復興不亦宜乎？同知事李承召對曰：大抵君子難親，小人易悅。當是時，李綱岳飛可與謀國者也，高宗惑於黃潛善汪伯彥，斥罷正士，國事日非，卒至秦檜誤國。夫君子小人之進退，治亂興亡係焉。上曰：觀李綱所論，正合時宜。承召對曰：高宗初以綱爲賢，位在汪黃之右，然終不大用，此臣所謂君子難親者也。(卷一一九葉十六)

(62)九月壬午，御夕講，講孟子，至子路人告之以有過則喜。侍講官安琛啓曰：上下交而德業成者，猶天地交而萬物成，君之於臣，固當大包容之量，而絕驕吝之心，臣之於君，亦當盡忠告之誠，而無諂諛之失，然後可以成其治功矣。帝舜之樂取人，大禹之拜昌言，子路之喜聞過者，皆能勇於自修而絕驕吝也。(卷一二一葉三)

十二年辛丑(成化十七年)

(63)正月庚辰，御經筵，講至資治通鑑晁錯徙邊之策。同知事李坡啓曰：此上策也，卽我國入居之法也，今平安道彫敝，宜漸行入居之法。又至漢文帝紀告訐之風息。坡又啓曰：先儒釋訐字曰：以下告上。此非美風也。今也部民雖非自己之冤，亦皆告訴，甚未便。……大司憲鄭佸……又啓曰：李季全之罪甚大，而但配外，未便。上曰：臺諫以爲輕，故配于遠方，醉中之失，不可深治也。

佸等又啓曰：季仝果醉也，宜不省人事，而敢于上前投柑弄妓，至于再三，其
非泥醉明矣。鄧通戲慢殿上，申屠嘉論以大不敬，當斬，今季仝之事何異焉？
上曰：文帝亦不罪通，此何足論。(卷一二五葉四)

十三年壬寅(成化十八年)

(64)十一月戊午，傳于承政院曰：其書知理學宰臣以啓，予將依前日論難。承政院
書左議政尹弼商、右議政洪應、宣城府院君盧思愼、領中樞李克培、領敦寧尹
壕、達城君徐居正、陽川君許琮、禮曹判書李坡、工曹判書孫舜孝、咸從君魚
世謙、成均館同知事李克基以啓。上御宣政殿，弼商等入侍，命設酌。上曰：
前日論難，予聽之甚喜，今亦如前論難可也。弼商等啓曰：請令李坡、孫舜
孝、魚世謙、李克基對之，臣等問之。上曰：可。遂講大學明德新民，止至
善，又講心性情，克基對之甚辯，舜孝亦從而對。上曰：禮判咸從君無所對，當
問之。坡卽對曰：四端之發，只有是理，而無是氣，自然而出耳。左右皆曰：
坡之對妄也，四端之發，豈無是氣乎？無是氣則四端何自而發乎？坡猶不屈。
上曰：歸一爲可。左右同辯折之，坡稍(稍下疑缺「服」字)。上曰：諸儒所見，有同
於判書者乎？承旨注書史官皆言之。都承旨盧公弼對曰：天下豈有無氣之物乎
？四端之發，必有氣焉，坡言妄也。上微哂。

講至盤銘日新之語。舜孝進而飏言曰：殿下日新又新，純亦不已，聖德，臣無
聞然矣，然願日新厥德，終始如一。居正曰：治國之道，莫如大學，願留意
焉。弼商等曰：講大學已了，又講何書？舜孝進曰：大學有未盡講論處，末章
若有一介臣斷斷兮，無他技，其心休休焉，其如有容焉，爲大臣者進君子，而
布列庶位，則此有容者也，援引私黨，布列中外，則此不能容者也。舜孝又
曰：書云，惟聖罔(罔字之誤)念作狂，惟狂克念作聖，願殿下敬以直內，義以方
外，而克念焉。尹壕曰：前者誕日，命製詩，詩不成者獨舜孝。上令佋傳促
之，舜孝書忠恕二字以呈。上笑曰：判書前爲都承旨時，每勸我以行堯舜之
道，今日雖醉，所言皆中心所懷耳。講大學畢，上命講周易。許琮問乾卦初九
至九二九三，克基等對不如初。上曰：當問河圖洛書。許琮問河圖洛書數，克
基等對之。上曰：問中庸。克培許琮逐章問之。講至九經。舜孝啓曰：賤貨而

貴德，所以勸賢也，願殿下留意焉。舜孝又誦易泰卦九二爻辭而釋其意。仍啓曰：泰之爲卦，天尊而居下，地卑而居上，乃上下相交之象也，今殿下進臣等而卑謙下問，使臣等得盡言於上，此正泰之時也。舜孝又啓曰：忠恕二字，願殿下留意焉。上皆嘉納。(卷一四八葉十一)

十四年癸卯(成化十九年)

(65)正月庚申，御經筵，講資治通鑑，至梁武帝臺城之敗。同知事李克基曰：梁武所以致亡者，專以不知用人之過也。帝之姿質過人，非昏庸之主也，然及其垂亡，宗族皆叛，無腹心之臣，此無他，知小人而不能去，反任以事，國事日非，何得不亡。侍讀官閔師騫啓曰：人主不知小人則已，知而不之罪，則無所忌憚，而亦無所不爲矣。梁武之敗，專以用朱异，帝非不知异之爲人而用之，及其死也，帝爲之痛惜而無悔，其亡何足恠哉？上曰：梁武之亡，專以用朱异也。(卷一五〇葉十五)

十五年甲辰(成化二十年)

(66)六月甲戌，御經筵，講資治通鑑，至唐紀太宗曰：朕有過，卿亦當諫其漸。侍講官曹偉曰：太宗雖大綱不正，然從諫納言，自三代以下，未之有也。上曰：大綱不正，雖其餘何足取乎？知事李坡曰：太宗誠賢君也，我世祖嘗稱太宗過於漢高。偉曰：太宗學問廣博，而前世之事，無不知之，故聞諫則改，訏謨遠慮，前世無比。如魏王泰有寵，而與太子承乾有爭立之志，故即令皆廢。上曰：氣量有餘，故如此，然大綱不正，則如此之事，安知非強作耶？又講至太子承乾喜聲色畋獵，所爲奢靡。上曰：承乾豈其不知乎？何至此極也。坡對曰：承乾以魏王泰有寵於太宗，故所爲如此耳。上曰：予觀宋鑑，以越職言事爲非，予以爲雖非言官，若有懷不達，則是亦非矣。偉曰：唐虞之時，雖工商亦諫，安可以越職言事爲非乎？上曰：古云工執藝事以諫，胡安國賢士也，亦以越職言事劾人何也？坡曰：宋朝大抵以君子攻君子矣。(卷一六七葉七)

(67)十月癸亥，傳曰：今觀文翰類選，多有未解處，先儒云，人主之於詞章雖不可好著，亦不可不知。且詩之國風，淫奔之詩也，先儒或言不可進講，或言可進講。且云國史亦多恠誕之說，然於夜對亦進講。予欲文翰類選除小詩四韻之

類，於三國史進講後幷講，於政院意何？承旨等啓曰：雖夜對，進講詞章恐未便。左承旨權健又啓曰：昔太宗欲進講杜詩，杜詩詩史，都是忠君愛國之辭，而臣祖權近猶以爲不可進講，況此文翰類選乎？傳曰：太宗欲觀杜詩者，豈不以忠君愛國之義也，先儒有言曰：人君治國，當無所不知。予於詞章非好善也，欲知之而止耳，今承旨等以爲不可進講，與古之謂不可進講國風者何異。承旨等啓曰：謂國風不可進講者，此王安石之失言也。國風聖經也，雖載淫奔之詞，亦可因此爲戒，人主不可不知。若文翰類選，則直是編集詞藻，何敢比於國風，不可令經筵進講。傳曰：卿等之言是矣。(卷一七一葉六)

十六年乙巳(成化二十一年)

(68)七月辛亥，傳于承政院曰：富弼在青州，活人甚多，其法可行於今日乎？承旨等啓曰：富弼勸民出粟得五十餘萬石，以官穀雜蓄賙飢民，使就食，故活民甚多，此則蓄積多故也，我國蓄積不敷，不可以此行之。(卷一八一葉二)

(69)九月丙子，御晝講，講尚書無逸，至大(太字誤)王王季克自抑畏。上問曰：憂勤者壽，逸豫者夭，此周公做戒成王開其所欲而禁其爲非耳，不必憂勤者壽而逸豫者夭也。侍讀官閔師騫對曰：古人云，生於憂患，死於安樂，不可謂無是理也。讀至秦始皇衡石程書，隋文帝衛士傳餐。師騫曰：人君勞於求賢而逸於任人，始皇不當勤而勤者也。如宣帝之綜核名實，元帝之優遊不斷，皆非中道所貴，人君之道，當總攬大綱而已。上曰：元首叢脞哉，股肱墮哉，人君當攬大綱，不可下行臣下之事也。檢討官李琚曰：煩瑣之事，人君若皆總治，則日亦不足矣。讀至無逸曰今日耽樂。師騫曰：此誠藥石之言，大抵謹於微而後王道成，周公之戒，人主之所當體念而勿失也。(卷一八三葉十)

(70)十一月壬戌，御經筵，講至資治通鑑唐憲宗紀，上與宰相論自古帝王或勤勞庶政，或端拱無爲，互有得失，何爲而可。侍讀官李均啓曰：人君固不可遺棄庶事，亦不可下行臣職，秦始隋文不當勤而勤，所務非其道也。書曰文王罔敢知于茲，又曰不遑暇食，先儒有言，不讀立政，則無以知文王之逸，不讀無逸，則無以知文王之勤。合二書觀之，則文王之所從事可知。人君之道，務其得人責成可矣。又講至元稹上疏論諫職。上曰：元稹之論是乎？同知事蔡壽對曰：

元稹慷慨之士，但於敷水驛見辱於內侍二人，俱白於憲宗，憲宗信內侍之言而貶元稹，由是志氣摧挫，其後因緣中使以求爵。若守道堅確者，雖遇患難必不如此，不然，鮮不移易其素志。人臣之行，在人主待遇如何耳。(卷一八五葉十三)

(71)戊辰，御經筵，講至唐憲宗紀，宰相恐上體倦，求退。上留之曰：朕入禁中所與處者，獨宮人宦官耳，故樂與卿等共談爲理之要，殊不知倦也。侍讀官李均曰：憲宗此言，可謂善矣，然先儒有言：見賢而不能舉，慢也，見不賢而不能退，過也。李絳抗直敢言，李吉甫專事諂諛，憲宗既知邪正，而使之並進於朝，此則憲宗之失也。上曰：進賢退不肖，爲政之急務，憲宗知吐突承璀吉甫之媚悅而不能去，若知諂諛而不去，則不若不知之爲愈也。憲宗言雖善，其實不然，人君之道，躬行爲貴。知事李克增曰：共工方鳩屛功，鯀曰靜言庸違象恭，四凶至舜而後流放竄殛，辨別邪正，自古爲難，而杜絕小人尤難也。大司憲韓堰曰：若使憲宗黜吐突承璀吉甫，而信李絳杜黃裳，則治不止此。克增曰：憲宗虛懷納諫，故唐之末年獨稱憲宗。(卷一八五葉十八)

(72)己未，御經筵，講資治通鑑，至王叔文之黨譖張正一等，皆坐遠貶。上曰：何以不分辨而貶之乎？侍讀官閔師騫啓曰：德宗爲小人所惑，故如是耳。輔養太子，當以正士，王伾王叔文或善書，或善碁，皆以才藝進，非輔養太子之道也。王叔文之黨，以伊周相比，終見貶黜，人君孰不欲用正士而退小人乎？然小人皆多才能，故人主惑而用之耳。(卷一八五葉十二)

(73)十二月壬辰，御經筵，講資治通鑑，至韓愈上佛骨表，貶爲潮州刺史。侍讀官閔師騫啓曰：韓愈之言，出於忠誠，而憲宗黜之，自古人君善終者少，憲宗亦惑於佛法耳。上曰：韓愈之言似當矣，漢武求神仙不得，梁武事佛無效，皆不足信也。領事盧思愼曰：佛說空虛幽妙，高明之人亦且易惑，憲宗發怒於韓愈年代尤促之語而罪之也。上曰：此言非指當時，乃指先代也。同知事金宗直曰：程子云，佛說如淫聲美色，駸駸然入於其中，司馬光云，下者畏慕罪福，高者論難空有，此言然也。人君富貴已極，於當世之事無所希冀，佛說皆來世之事，故人君欲求福應而崇信之耳。(卷一八六葉八)

(74)壬寅，御經筵，講資治通鑑，至唐文宗太和元年，以大 (太字誤) 僕寺卿高瑀爲

忠武節度使。自大曆以來，節度使多出禁軍大將，資高者皆以倍稱之息貸於富
室，以賂中尉，動踰萬億，然後得之，以珮代之，中外相賀曰：自今債帥鮮
矣。……(卷一八六葉十一)

十七年丙午(成化二十二年)

(75)正月乙卯，御經筵，講資治通鑑，至王涯初聞上欲用仲言，草諫疏極憤激，既
而見上意堅，且畏其黨盛，遂中變，尋以仲言爲四門助教給事中，鄭肅韓佽奉
還勅書。同知事蔡壽啓曰：王涯初極憤激，既而中變，文宗知仲言奸邪而卒用
之，君臣胥失之也。且王涯畏其黨盛，欲爲自全之計，竟死於李訓之亂，大抵
人臣執心不固，謀爲自全而反速禍患者多矣。侍讀官金訢啓曰：唐之給事中，
乃虞之納言，周之內史，漢之尙書，魏晉之中書門下也，今之承政院亦其職
也。承旨等處喉舌之地，出納王命，但爲承順而無獻替之風，當聖明之時，固
無可慮，臣恐末流之弊，徒爲嬖幸之地也。(卷一八七葉二)

(76)戊午，御經筵，講資治通鑑，至李石用韓益判度支，而益坐臟繫獄。石按之
曰：臣始以益頗曉錢穀，故用之，不知其貪乃如是。文宗曰：宰相但知人則
用，有過則懲，如此則人易得。上曰：文宗此言然矣，若宰相於其所薦用者曲
蔽其過，則非也，舉非其人則罪舉主者，使不得狥私也。然知人爲難，奸詐之
人欲見用於世，掩其不善而著其善，爲舉主者但以一時所見而薦之，安能保後
日之不善也，坐之謬舉之罪不可也。領事洪應啓曰：知人則哲，自古所難，宰
相之薦人也，初雖謂善人而舉之，豈料終變其所守也。如陰邪之人爲宰相，薦
引羣小以爲黨援，則不可不罪也。(卷一八七葉五)

(77)丙寅，御經筵，講資治通鑑，至上雖外尊寵仇士良，內實忌惡，士良頗覺之，
遂以老病求散秩。知事李坡曰：士良致仕而歸，其黨送于私第，士良告以固權
寵之術曰：天子不可令閑，宜以奢靡娛其耳目，愼勿使讀書，親近儒生，彼見
前代興亡，心知憂懼，則吾輩疏斥矣。小人之誤人主如是，此後世人主之所當
戒也。(卷一八七葉十)

(78)十一月辛亥，御經筵，講資治通鑑後唐明宗紀，至馮道曰：臣奉使中山，歷井
陘之險，臣憂馬蹶，攬轡甚謹而無失，逮之平路，放轡自逸，俄至顛隕。領事

洪應啓曰：此言至論也，國雖已治，少有自滿之志，治道必虧矣。又至上謂道曰：今年民間瞻足否？道曰：歲凶則死於流殍，歲豐則傷於穀賤，臣嘗記進士聶夷中詩曰：二月賣新絲，五月糶新穀，醫得眼前(脫瘡字)，剜却心頭肉。(卷一九七葉五)

(79)癸丑，上御宣政殿，鄭昌孫尹弼商李克培徐居正李克增……分東西入侍，上曰：欲聽卿等論古今安危之事，東西迭相問答可也。昌孫問中庸天命之謂性，克增對之。講論至卒章，上曰：其止之，論歷代治亂可也。尹弼商等論歷代君臣得失人物出處，徐居正對之，止唐中宗武后之事。上曰：此甚難斷處也。互相論難，日暮乃罷。(卷一九七葉七)

十八年丁未(成化二十三年)

(80)三月甲寅，御經筵，講論語，至道千乘之國。侍讀官李承健啓曰：此非特諸侯之所當法，雖堯舜之治不越乎此，昔趙普言以半部論語佐太宗致太平，此書人君所當體念也。上曰：然。講至君子務本。同知事李瓊仝啓曰：所謂本者心也，人君以敬存心，而一正其心，正百官，正朝廷，則致治無難矣。若敬大臣，而敬或不至，則小人間之，敬賢而敬或不至，則不肖者間之。大抵道德本，文藝末，宋徽宗於技藝無所不能，而時人以為所短者治天下耳。人君當存心於敬，以道德為念也。(卷二〇一葉五)

(81)四月甲申，御經筵，講論語，至子謂公冶長。同知事李瓊仝啓曰：先儒以公冶長與匡章之事並論之，公冶長非孔子之言，則未免為罪人，匡章非孟子之辨，則終陷於不孝，人君不可以人之毀譽遽為用舍。講至南容三復白圭。瓊仝又啓曰：孔子許南容者，以其謹於言行而可以免於刑戮也，匹夫而謹言尚且如此，況人君乎？又至子謂子賤。瓊仝又啓曰：子賤為單父宰，得所父事者二人，兄事者六人，友事者十一人，而問其治民之事，日以苾之，至今稱為善治，其在小邑得人尚且如此，況治國家者乎？(卷二〇二葉八)

(82)八月癸未，御經筵，講論語，至子適衛，冉有僕。特進官許琮啓曰：學校教養人材之地，臣少時赴學，其時四學教官以司藝直講老成之人為之，為教官者，訓誨不倦。今四學教授，皆以成均典籍兼差，在職未久，或為監察，或為六曹

佐郎，竝不致意於訓誨，學校疎虞以此也，請擇年德俱邵(邵字誤)可任師表者爲
教授。上曰：可。(卷二〇六葉十一)

二十年己酉(弘治二年)

(83)八月壬子，御經筵，講訖……檢閱李冑啓曰：臣等職在記事，凡臣僚啓事之
時，伏地不舉頭，但聞其音，不視其貌，豈能辨其人哉？以此不能無疑。史貴
直筆，疑而敢記，臣所未安。且以古史考之，有曰勃然變色，有曰容貌自若，
有曰聲色俱厲，有曰有慚色，有曰王顧左右而言他，古之史臣並記其容色言貌
以傳于後，伏而記事，恐未可也。上曰：然則欲立而記事乎？冑曰：臣非欲立
也，伏而記事有疑於心，且古者左史記言，右史記事，古之史官必分左右明
矣。臣又聞中朝史官秉紙筆立帝之左右，中朝之制旣如是，則伏而記事，臣竊
以爲不可。上曰：史官誤錄，豈曰直筆，此言果是……自今史官坐而記事。(卷
二三一葉十二)

二十三年壬子(弘治五年)

(84)正月庚子，御晝講，講訖。權景禧啓曰：世子專讀經書，故今年已十七歲，未
解文理。況古今治亂之跡，世子尤不可不知，須先讀史，然則文理亦易通。上
曰：然。領議政嘗云可讀春秋，予亦以謂春秋褒貶善惡之書，治亂得失存焉，
是亦史也，故竢世子畢讀詩，使之讀春秋耳。景禧曰：胡傳多有微辭，而左傳
則詰曲難讀，若讀十九史略，則易解文理。侍讀官姜謙曰：古人云爲人君父，
而不通春秋之義，則必蒙首惡之名，春秋不可不讀也。上曰：承旨言是。景禧
曰：學者雖受業於師，必與朋友講論辨釋，而後得以通理，今書筵官但進句
讀，不復講論辨釋，請朝晝講進經書，夕講進十九史略，賓客及書筵官與世子
講問論難，世子有難解處，更相講論，微辭奧旨，無不精釋，使世子解通。上
曰：然。其以所啓傳于書筵官。(卷二六一葉二四)

(85)八月己酉，司諫院大司諫安瑚等來啓曰：臣等箚啓朴元宗不合承旨……疏曰：
孟子曰：左右皆曰賢，未可也，諸大夫皆曰賢，未可也，國人皆曰賢，未可
也，察之，見賢然後用之。蓋國君用賢如不得已者，難之之辭也。……傳曰：
國人皆曰不可，見不可然後去之，予將見元宗之不可，然後去之耳。(卷二六八葉

十一）

(86)八月戊申，司憲府大司憲金悌臣等上箚子曰：昔子路欲使子羔爲費宰，子曰賊
　　夫人之子。釋之者曰：子羔質美而未學，遽使治民，適以害之。夫費小邑也，
　　宰小官也，而孔子云然，況居近君之位，處機密之地，以喉舌爲任者乎？……

　(卷二六八葉十)

二十四年癸丑(弘治六年)

(87)三月庚辰，御宣政殿講，儒生柳仁貴等十人書略通者一人，粗通者三人，餘皆
　　不通。左副承旨鄭誠謹啓曰：今觀儒生講書，專不讀書者也，臣問諸館員生員
　　進士，無一人聽講者，甚可慮也。領議政尹弼商啓曰：今國家給學田，廩養有
　　加，勸課之方，不爲不備，而儒生不讀書至此，良可歎也。(卷二七五葉九)

(88)傳于承政院曰：儒生不讀書乃爾，無乃勸課之道未盡乎？今後一月內三次殿講
　　皆通者賞之，否者罰之，以爲勸懲，若何？承旨等啓曰：一月內三次殿講，似
　　爲煩數，但朔望殿講，連三次通者，直赴殿試爲便。傳曰：卽召成均館員議
　　之。(卷二七五葉十)

(89)十一月癸卯，傳于經筵廳曰：今朝講鄕黨，孔子衣服制度，予未知其詳，其令
　　講官依其制，監製一小衣以進。(卷二八四葉十五)

　二十五年甲寅(弘治七年)

(90)正月乙未，御經筵，講至論語子畏於匡，顏淵後。上曰：當是時，顏子之力，
　　可以上告天子，下告方伯，必能復讎乎？侍講官權柱啓曰：是時天子方伯，未
　　能行號令，顏子之力，不能爲也。領事尹弼商同知事蔡壽曰：此以大義言之，
　　非謂必能如是也。都承旨金應箕曰：田恒弒其君，孔子沐浴而請討於哀公曰：
　　以吾從大夫之後，不可不告也。弒君之賊，孔子猶不得請討，況孔子之事，顏
　　淵敢請之乎？然顏子之心，豈可以不從而不告乎？上曰：果以大義言之也。(卷
　　二八六葉四)

(91)己亥，御經筵，講至論語顏淵問仁，子曰克己復禮爲仁。上曰：何以謂仁，包
　　義禮智也。侍講官表沿沫對曰：仁者心之德，愛之理，猶元亨利貞而元者善之
　　長也。上又問曰：克己復禮爲乾道，而主敬行恕爲坤道，何也？沿沫曰：乾道

奮發而有爲，坤道靜重而持守，以君道言之，克己復禮，創業之主也，主敬行恕，守成之主也。以行師言之，克己復禮，克敵制勝也，主敬行恕，堅壁固守也。孔子弟子問仁者多矣，因其才質而告之，故其言不同，顏子資質剛明，仲弓資質溫粹，故告之如此耳。(卷二八六葉九)

(92)御晝講，講訖。表沿沫啓曰：朝講下問仁之所以包義禮智，臣對之而未盡其意。天地以生物爲心，所生之物，得天地生物之心以爲心，所謂仁也。在天爲元亨利貞，在人爲仁義禮智，元者生物之始，亨者生物之長，利者生物之收，貞者生物之藏，元包亨利貞，仁亦然。昔上蔡謝氏見程明道舉史文成誦，不差一字，程子謂玩物喪志，謝氏汗出沾背。程子曰：此惻隱之心也。後朱子門人問於朱子曰：謝氏慚汗，自是羞惡之心，程子謂惻隱，何也？朱子曰：有惻隱之心方有動，先動方始有羞惡。恭敬是非，動處便是惻隱。以此觀之，四端之發，皆先自惻隱始，此所謂仁包義禮智也。(卷二八六葉十)

(93)二月壬申，御經筵，講論語，至憲問恥，進於有爲也。上問曰：所謂有爲者，何也？邦有道，則似無有爲之事。侍講官朱軾對曰：雖有道之時，必有可爲之事，爲人臣者，當經營建白處之得宜，亦是有爲也。領事尹弼商曰：國家固非自然而有道也，人臣必建明國事，無曠庶官，然後可底有道也。知事盧公弼曰：一日二日萬幾，則豈無有爲之事乎？至克伐怨欲。軾曰：此亦人君所當體念也，人君有務勝之心，則其漸必至於拒諫，有自矜之心，則雖有善治，亦無足觀也，有忿恨之心，則於其不可怒而怒之，人君之欲，不過聲色，此亦所當愼也。(卷二八七葉八)

(94)八月壬午，傳曰：大學衍義帙多而意好，人君之所當觀也，故令於夜對講之，但夜對則或講或否，頗有間斷，其以衍義進夕講。(卷二九三葉二三)

根據成宗實錄的記錄，關于二十五年來所有「經筵」的史事，眞是可以說「朝於斯，夕於斯」，幾視中國書冊爲生涯，試觀他們君臣之間那樣地「如切如瑳，如琢如磨」日夜不息的精神，如果這部實錄不將「朝鮮」和「某某王朝」等字樣特別標明的話，則在中土一般讀者言之，實在沒有人以爲這部實錄還認爲是東國的史籍呢？卽如上錄史文罷，在我們今日選錄之下，其數本不爲少凡共九十四條，但就李朝全部實錄計之，

則此九十四條，直當於小小的一撮而已。因爲李朝之好文，可說是「家學淵源」由來久矣，據英宗實錄載，當他們的太祖太宗仕於高麗之世便已如此：

　　九年癸丑（雍正十一年）十月丙寅，行召對，講國朝寶鑑。上謂諸臣曰：家世業武之教，誠好矣。侍讀官兪最基曰：下教雖稱業武，而好文實無如我太宗，故克啓我世宗文明之治，此亦聖人自謙之意也。承旨韓德全曰：太宗登第之日，太祖謝恩闕庭（光濤按，所謂闕庭二字，係指王氏高麗而言），感激流涕。太宗爲前朝提學，太祖喜甚，至令傍人讀官教三四回。太祖之愛文如此，故終闢三百年休明之治矣。（卷三十六葉五）

「愛文」卽「慕華」，而太祖父子之「慕華」，由東國言之，原係一種普遍之風，參褚稼軒堅瓠集「外國人進士」條，無論「高麗王國」和「李氏王朝」關于士夫之「慕華」，正是一脈相傳前後都是一模一樣的：

　　明初，文敎罩及海外，外國英才學於中國而登進士第者，洪武辛亥（四年）金濤，乙丑（十八年）崔致遠，皆高麗延安人，赴闕會試成進士，濤授安丘縣丞，致遠以不習華語，歸還其國爲官。……萬曆中，高麗許篈、許筠皆擧本國狀元，而筠慨慕中華，以不得試天子廷爲辱。文道化成，於斯可見。

凡此之類，在中韓兩國著錄中眞是記不勝記，上引一則，只在借此擧例以見其凡而已。卽就「經筵」而言，如所錄的成宗實錄罷，根本也並未全數錄出，因爲我的用意，也只在錄出若干歸類記之以見「經筵」一門之一大概而已。此因經筵史料，在李朝實錄中，爲一比較相當多而且煩的之一類，例如有些進講之臣往往因經筵之便乃至大講而特講甚至於又更進陳甚麼萬言書的，像這些情形，現在這裏自然不便轉錄，所以只有置之而已。不過這類史料，在實錄中都是些大書而特書，說起來都是極有價值的，爲一般讀經讀史者所必須參考之資料，我想，他在實錄中也不會長此永被埋沒，總有一天會被所謂豪傑之士看準他的重要性不惜精力而輯爲專書以行於世的。這一期望，謹借此先爲提明一下，甚願當代君子特別注意之。

　　此下再就前面所記實錄史文，依據我的看法說明若干意見於後：

　　　　　　　　　　　　　　　一

　　第一條記云：「正月戊午，御經筵，讀孟子，前授至故曰……」。此所謂「前授」，

當指正月丁巳所授的功課而言，也就是正月戊午之前一日。爲此一問題，我也曾特別注意到丁巳日所授的孟子究竟是怎樣地講法？可是丁巳日並未記錄這一「前授」之事。由此一端，再合我在上文所述「萬言書」之一情形，可見實錄之記載經筵史事，其記法本來也是沒有一定的，就是說，有詳有略，也有根本一字不載的，假如當初每講一次都須記錄的話，那，由史官言之，也是不勝其煩的。有如我們現在抄錄史文，還不是因爲不勝其煩，所以才略去了很多的部分而只隨便地選取其若干以爲例證之處，也正是同一原因而已。

二

第六十二條所記「講孟子」，乃十一年庚子九月，卽大明憲宗皇帝之成化十六年。此與首條關于二年辛卯(成化七年)正月所錄「讀孟子」之一記事，以其間年月計之，差不多已相距十年之久。歲月如是之多，而一部孟子仍在不斷地攻讀中，比之一般常人的讀法也許就根本不同，因爲常人對于四書五經 (包括史籍羣書) 之全部，最多只須「十年寒窗苦」便可完全讀畢的。茲者這位「成宗大王」於孟子一書，大約所習者乃「帝王之學」，非其他尋章摘句之比，正如第十九條所云：「且進講者，不可講音釋而已，必須講論政治得失人主優劣也。」據此，當更就第八十五條再轉引一下，以見其時他們君臣之間好像大家都學會了利用孟子「成語」藉資「講論當時政治得失」之狀：「司諫院大司諫安瑚等來啓曰：臣等箚啓朴元宗不合承旨……疏曰：孟子曰：左右皆曰賢，未可也，諸大夫皆曰賢，未可也，國人皆曰賢，未可也，察之，見賢然後用之。蓋國君用賢如不得已，難之之辭也。……傳曰：國人皆曰不可，見不可然後去之。予將見元宗之不可，然後去之耳。」此處引用孟子之言，宛如「信手拈來」，正見言事之妙。以臣下言之，旣無「犯顏直諫」之嫌，而在國王亦原無「拒諫飾過」之非，由此看李朝政治，眞可謂「思過半矣」。沒想到「孟子」於朝鮮，其作用竟如是之大，這是值得我們注意的。

三

第八十九條記云：「傳于經筵廳曰：今朝講鄕黨，孔子衣服制度，予未知其詳，其令講官依其制，監制一小衣以進。」按，本篇所錄進講的「論語」凡十五條，今只拈出此條記事者，特爲證明朝鮮這一國家之「慕華」，關于在經筵上所得的興趣，不但

取法乎中國古聖人之言以爲齊家治國之惟一金針，卽在衣冠方面也是奉行聖人的遺敎
——從華制，而東國史籍之自稱「小中華」，其義卽在此。又所謂「華制」，檢成宗實錄尙
有兩則：（一）「癸丑五月乙亥，賜唐體紗帽于都承旨曹偉曰：衣冠當從華制，予觀中
朝人紗帽甚好，今特賜爾，爾著此，則人皆觀法矣。」（二）「戊戌十一月庚午，同知事
李承召啓曰：昨日享久邊國使時，本曹問國王派系？答云：我非其國人也，但受書契
而來，故不知也。臣問冠服之制？答曰：與中國同。臣問汝見中國乎？答曰：不見。
臣問汝不見中國，何以知冠服之制？答曰：我聞中國冠服與朝鮮同。故云爾。」上引
兩條，前者載卷二七七葉十一，後者載卷九八葉七。兩條相較，最該注意的當爲後
者，如云「我聞中國冠服與朝鮮同」，其實這一措辭意思完全說反了，就朝鮮處處之
「慕華」而論，當改曰「我聞朝鮮冠服與中國同」，這樣說法才是切於事實的。不過我
們現在所要說明的並不爲此，而只在朝鮮之「華化」包括禮樂文物及衣冠等等，使「朝
鮮之名聞於天下」，卽遠在蠻荒之所謂「久邊國」亦知之甚諗，這在當時的朝鮮言之，
不消說，最是「于國有光」之一實事而已。

四

　　關于中國歷代宦官之害尤其是唐代，其禍之烈至於亡人之國，史文所錄，如第四
十、第四十一、第七十七凡三條，茲不必備述，姑取成宗實錄內若干章疏之言附錄於
此，以爲討論之資：（一）卷二八七葉二五載：「昔唐太宗詔內侍省不立三品，官階第
四，而不任以事，惟守門闥備掃除而已，然其漸至於後世有定策國老門生天子之禍。」
（二）卷九六葉八載：「司諫院大司諫安寬厚等……上疏曰……昔太宗知前世之弊，深
抑宦官，無得過四品，而玄宗始隳舊章，馴至僖昭以至於亂亡。我朝深戒于此，至于
傳命，皆以秩卑者爲之，其貽謀可謂深且遠矣。」（三）卷九六葉九載：「檢討官李昌
臣曰：唐玄宗用高力士，以後宦官得志，肅宗以魚朝恩爲觀軍容使，宦官典兵自此而
始，卒以亡唐。」據此，再合第四十條史文觀之，如云：「守澄專制國事，勢傾中外。」
又第七十七條有云：「仇士良致仕而歸，其黨送于私第，士良告以固權寵之術曰：天
子不可令閑，宜以奢靡娛其耳目，愼勿使讀書，親近儒生，彼見前代興亡，心知憂
懼，則吾輩疎斥矣。」又第四十一條有云：「劉克明弒帝於室內。」又云：「宦官與聞國
政……廢置天子，至稱爲門生，由是藩鎭叛亂，朱全忠舉兵誅宦官無遺類，而唐遂以

亡。」總上所記，其結論則爲：「唐代之禍，內則宦官，外則藩鎭，而宦官之爲害更是心腹之疾，卽皇帝之尊，生命亦在其掌握之中，弒之廢之，直視爲當然，則是其時政治得失之機孰有大於此者。其後朱全忠擧兵之直入帝都，誅宦官無遺類，當此之時，宦官之害雖除，然而『以暴易暴』，唐室命運又更係於全忠之手，於是乎堂堂大唐遂迄於亡矣。」這一結論，是爲朝鮮成宗王朝讀史所得的意見，按之史實，其情固亦如是而已。但如史學前輩陳寅恪先生所撰「唐代政治史述論稿」記唐代之亡，又係另一種看法，如上篇葉十五載：「唐代自安史亂後，長安政權之得以繼續維持，除文化勢力外，僅恃東南八道財賦之供給。至黃巢之亂旣將此東南區域之經濟幾全加破壞，復斷絕汴洛運河之交通，而奉長安文化爲中心仰東南財賦以存立之政治集團，遂不得不土崩瓦解，大唐帝國之形式實質，均於是告終矣。」又下篇結語有曰：「夫黃巢旣破壞東南諸道財賦之區，時溥復斷絕南北運輸之汴洛，藉東南經濟力量及科擧文化以維持之李唐皇室，遂不得不傾覆矣。」此項意見，不外以爲唐室之土崩瓦解，完全由於東南經濟之斷絕，就是說，東南交通如無破壞而財賦能够源源輸給長安的話，則李氏之帝業也不至於傾覆的。這在經濟立場而論，似乎也是理之可通。討論至此，我們再看看朱全忠罷，假使唐之朝廷沒有朱全忠之篡奪，則唐室何至於亡，蓋曰只要長安中心有個唐朝皇帝在，則號令遠近還是具有相當力量的。比如晉王李克用之一軍，自始至終便是擁護唐室的，而這一枝兵力後來還不是連朱全忠父子都被他消滅了。由此類推再談汴洛交通，還不是一樣可以漸圖恢復的，因爲軍機之轉變往往也只在于呼吸之間而並不是永久沒有改變的 (試觀明季流賊李自成之攻陷燕都，其聲勢之大，遠近震動，及至後來山海關一戰只須於俄頃之間而便僵屍滿野一敗塗地，這正是一例)。所以關于這段史事，據我觀察所得，我是同情前者之說法，卽朝鮮成宗實錄之記錄，也正是所謂唐亡于宦官而已。雖曰成其亡者實亡于朱全忠之篡奪，然而其初朱全忠之由藩鎭而入居京師本爲掃除宦官而來的，那，又該這樣說，苟無宦官之肆毒，則朱全忠不來，全忠不來，則唐室不亡，其時大勢定義是如此，不可不辨，這都是由于讀朝鮮實錄所得的瞭解而已。

五

第四十條又記明朝宦官有云：「今中朝罷 (疑寵) 任宦官，使主兵柄，聞有一宦人出使南京，擅殺官人還奏，帝不罪。以此觀之，中朝宦人之驕恣可知也。」按，明

代之寵任宦官，就實際觀之，也正是步武李唐之覆轍，因爲明太祖亦深知宦官之害，

嘗立鐵碑於內庭以戒宦侍用事，不幸其子燕王後稱太宗文皇帝的以靖難奪位之役，太

監輩之任事於建文朝者於彼有密傳軍情之功，故於卽位後，不惜自毀祖訓而視太監爲

心腹之臣。此猶不算，其最奇者，莫如明初關于一些用事的太監，都是以朝鮮籍而被

寵任的。太監又稱「火者」，自是之後，於是乎求索朝鮮「火者」之聖旨更爲當時一大

事，此在李朝初期各朝實錄中記之多矣，今姑據太宗實錄取其一則於後，以見中朝於

朝鮮所有求索火者之狀：

　　七年丁亥(永樂五年)八月丁亥，欽差內史韓帖木兒、尹鳳、李達、金得南等(光濤

　　按，所謂內史尹鳳，卽係以朝鮮籍的太監而任事於明朝者，再由尹鳳推之，其李達、金得南二人，旣與

　　尹鳳爲同伴又同至朝鮮，則是其籍貫當然也是朝鮮人) 賷禮部咨來。街巷結綵，百官出迎于

　　盤松亭，上出于昌德宮之仁政門，迎入正殿。咨曰：本部尙書趙羾欽奉聖旨：

　　您部裏便行文書與朝鮮國王知道：取火者來這裏使用。韓帖木兒口宣聖旨：朕

　　取安南火者三千，皆昏愚無用，惟朝鮮火者明敏，可備任使，是用求索。但咨

　　文內不限其數者，若朕有定數，而國王不能充額，則恐傷國王至誠事朕之意。

　　上私謂韓帖木兒曰：帝意如何？帖木兒曰：不下三四百。上曰：此物無種，豈

　　可多得。(卷十四葉十四)

此條史料所說的三四百，可能爲明朝向朝鮮求索太監之處也許正是數量最多的一次，

據我推想是如此？其實朝鮮實錄像這類記事，根本有好多都是略而不載的，此可置而

不論。總之，韓籍太監之被中朝皇帝寵任者，不僅永樂一朝而已，由永樂迄于嘉靖之

世凡一百五十六年，其勢並未稍衰。如嘉靖十三年有所謂太監張欽之居家極富，便是

一位韓籍鼎鼎大名的大太監，見朝鮮中宗實錄卷七十七葉二十六。據此，則前面史文

所說的「有一宦人出使南京擅殺官人」之一記事，說的原是大明早年成化朝之時事，

是否與韓籍太監有關？當然也有理由加以懷疑的。

　　此外，還有關于「中朝宦人之驕恣」一語，說起來又更與明之亡國有關。驕恣卽

肆毒，而毒之所極，於是乎「堂堂大明」也就由于寵任此輩而迄於亡了。如朝鮮孝宗

實錄載：

　　八年丁酉(順治十四年)十月乙亥，上御晝講……上又(謂贊善宋浚吉)曰：大明之亡，

皆由於宦侍也。天下州郡，悉分遣宦官以總理之，蓋以爲親信不欺，且利其私
獻也。曾見大明內帑所藏之扇，皆以奴婢名書之，蓋宦官不得稱臣而稱奴婢，
乃太祖之法也（光濤按，太監稱奴婢，明初固如此，其後則一反祖訓，不但稱臣，而且魏忠賢更嘗
誕稱九千歲，卽此一端，則時事可知）。浚吉曰：亡國之主，前後何殊……上曰：自太宗
設東廠，其後又設西廠，皆令奸細人密探外間事以告。雖是朝士，若不正者，
難保其勿欺，況雜類乎？（卷十九葉三十一）

又行狀載：

乙未春，晝講，言及大明事，王曰……予觀大明之制，使人執兵而侍，羣臣奏
事，不合於意，則撻殺之。且設東西廠，以宦官主之，天下事皆由此出，跡其
所爲，亡國已晚矣。（卷二十一葉五）

又英宗實錄：

四年戊申（雍正六年）二月乙巳，行召對，講明紀編年……上曰：崇禎皇帝若以秉
燭獨坐時秉心，終始行政，則宦官何能專政，生民何以離散，而至於亡國乎？
此實鑑戒處也。（卷十五葉二三）

六年庚戌（雍正八年）十一月辛未，特進官李廷濟曰……崇禎皇帝若在平世，則足
爲守成之主，而如袁崇煥輩任之不終，終以此亡也。（卷三十葉四三）

又純宗實錄：

二十七年丁亥（道光七年）三月辛丑，持平睦台錫上書陳勉，仍言：昔皇明毅宗皇
帝……不信士流，而信內臣，馴致禍亂，爲千古炯戒，其失在於不知人，而非
士流之罪也。（卷二八葉四一）

以上各條，俱與明亡有關，而且都是由于信任宦官之故爲之厲階，不說別的，卽如崇
禎二年「己巳虜變」金人之突逼京畿，其時坐鎭關外之袁崇煥聞警，星夜馳援，與金人
戰于都城外，連戰連捷，崇煥且身帶箭傷以挫敵。當此之時，明帝只因誤信太監之誣
奏，以爲崇煥私通金人召敵賣國，忽逮崇煥下獄而磔之於市。不知太監之誣奏，其間
接原因又係受了金人的愚弄而以遂其所謂反間之計也。此因袁崇煥之忠勇無雙本爲金
人之所畏，如丙寅丁卯寧遠之兩次大捷殺得金人自此之後不敢再近寧城一步，迄于明
亡之前，而此寧遠堅城始終爲明據守。據此，可見袁崇煥之才實制敵有餘，實爲明

季關外之萬里長城。所以明史袁崇煥傳亦有曰：「明朝自有遼事以來，無敢議戰守，議戰守者，自袁崇煥始。」又曰：「自崇煥死，而明亡決矣。」此所謂「明亡決矣」，歸根論之，可說正是明帝之自食其果，再復一句罷，也就是朝鮮所云由于「不信士流，而任內臣」而已。

六

第四十六條史文有所謂「學與不學，係他日治亂」之說，此說眞有關係，比如漢唐宦官之害，史冊所載，等於千秋金鏡，最足垂戒後世的。此一垂戒，知之非難，問題只在於「學與不學」而已。茲者李朝則以勤學爲家法，前後相承，歷久而不變，故能懲于漢唐宦官之弊，而曰：「我朝深戒于此，至于傳命，皆以秩卑者爲之，其貽謀可謂深且遠矣。」此爲朝鮮安寬厚啓于國王之言，見前引成宗實錄卷九十六葉八。其後國王更撰有內班院明鑑一書，係述歷代宦官得失善惡，以示勸戒：「甲辰十一月丙午，傳于承政曰：予嘗以待漏院記內班院記，警戒諸臣及內官，因此欲撰內班院明鑑，卿等其製明鑑序以進。左承旨成健啓曰：詳知明鑑命題之意，然後可以作序。傳曰：明鑑載歷代宦官得失善惡，垂勸戒耳，其以此意製之。」(卷一七二葉十三)朝鮮於宦官，防之如是之嚴，所以一部李朝實錄自始至終，俱未有關于太監貽弊之記事，其故卽在于每一國王大抵都是中國書卷不離手而於一般興亡成敗之跡都能了然於胸中而已。使明之列帝亦一如朝鮮而以勤學爲家法的話，何至以堂堂皇帝之尊而乃與無知的太監爲一類呢？惜乎明朝皇帝昧于此道，遠者不必說，單就啓禎二帝言之，如天啓在宮中，日夕所務惟知斧斤不離手，而委國事於太監魏忠賢，及崇禎繼立，則又剛愎自用，只信太監和奸臣而不信忠直之士，君道如是，當然也就談不到甚麼讀書之事了。

七

第五十四條記云：「眞德秀衍義，載歷代仙佛之事，以著虛誕之非，書籍非一，而有補於聖學，無如此書。」又第三十一條記云：「先儒眞西山撰衍義，書皆經史之言，此經筵要切之書也，願速進講。」按，朝鮮於大學衍義一書之如此重視者，亦有其故，因爲當成宗三年壬辰卽大明成化八年四月壬午，判中樞府事李石亨、行副司正洪敬孫、行副護軍趙祉、司成閔貞，於進呈所撰「大學衍義輯略」時，卽嘗總括其中之要義，有「觀鑑尤切於我國之事」語。不意西山之學，在朝鮮竟如是之需要？特據

實錄卷十七葉四錄其箋辭於後：

其箋曰：因丘陵以爲高，功易就於九仞，閱方策之所載，道可稽於百王，肆紬陳編，庸澈睿鑑。念眞儒德秀，生當趙宋隆朝，謂茲大學之編，實是聖人之敎，推演其義，作爲一書。撫史據經，詮次詳於本末，因事附說，論議嚴於勸懲。義理因而益明，規模得以愈大，斯乃經邦之典，良由格君之誠。臣石亨服膺有年，釋卷無日，竊意前修補袞之懇，或契微臣獻曝之衷。常欲竭其卑懷，少贊萬機之政，顧未承於清問，莫效一得之愚。恭惟主上殿下，聖德日新，英猷天啓，惟精惟一，俾堯舜授受之心，丕顯丕承，繼文武謨烈之統。克盡緝熙之敬，益求齊治之方，庶投衍義於講筵，少補遜志之睿學。然或傷浩穰，考閱實難於庶政之餘，且有所傳聞，觀鑑尤切於我國之事。故臣與行副司正臣洪敬孫、行副護軍臣趙祉、行成均館司成閔貞，廢食忘倦，極意覃思，删西山四十卷之煩文、粗嘗游刃，添麗史五百年之遺跡，不嫌續貂。極知去取之妄加，深知僭踰之難避，不可以愚而廢智，道之所存卽師之所存，安敢掠美而爲功，人之有技若己之有技。今臣等所撰書名，曰大學衍義輯略，敢謂平生之精力，盡在一部之編摩。儻於燕閒時賜乙覽，善惡之跡暸然可考，惟至善者爲師，治亂之由炳然足徵，要與治而同道。臣等撰到大學衍義輯略二十一卷，共成十帙，謹具草隨箋以聞。上覽之，卽令典校署開刊以進。賜李石亨鞍具馬一匹，洪敬孫、趙祉、閔貞各兒馬一匹。

再，所謂「觀鑑尤切於我國之事」，尚有一證，如朝鮮朴趾源所撰熱河日記（朴氏於乾隆四十五年隨其從兄朴明源慶賀清帝七十萬壽之行觀光所記，凡二十六卷），其中「太學留館錄」一則，據本書作者自述與舉人王民皥談話有云：「敝邦專尚儒敎，禮樂文物，皆效中華，古有小中華之號，立國規模，士大夫立身行己，全似趙宋。」由此一段，更見朝鮮立國之道，旣曰「全似趙宋」，則可見凡關宋人之書當無一不讀，不僅只大學衍義，而大學衍義也不過祇是其中之一罷了。

八

關于朝鮮之無書不讀，我們再參成宗實錄卷一二七葉七另一記事，則前引史文所分的十六類並非包括羣書而言，其實尚有更多遺漏的，如下面所錄的性理大全、前漢

書之類俱爲前文所未見。

　　十二年辛丑（成化十七年）三月丁酉，傳于弘文館曰：朝講資治通鑑，講畢後，講
　　性理大全。晝講前漢書，講畢後，講近思錄。夕講孟子，講畢後，講高麗史。

此一批書籍有經有史，都是有裨治國之學，但，讀完這些書，也非短短時間所能了
事，卽如一部資治通鑑罷，據國王傳于政院便有曰：「資治通鑑簡帙雖多，不過三年
之學。」(卷二〇一葉五) 按，三年時期本來也很悠久的，而乃曰「不過三年」，似乎以爲很
快便可讀畢的。由此一端，則是國王所有用功之勤以及其「樂而忘倦」的情形亦不難
想像而知。又，這位「成宗」國王不但於經史諸書是其所好，據實錄卷二二一葉十，
卽在中國的醫書亦皆極端重視之，有「凡爲人子者，要解醫方」語：

　　十九年戊申（弘治元年）十月辛丑，同知中樞府事成健，嘗赴京購求醫方，得東垣
　　拾書來獻。仍啓曰：臣多疾病，入朝購得此書，今聞內醫院亦有此方而不帙，
　　故敢獻。傳曰：古云：凡爲人子者，要解醫方。予每念斯語，而萬機之間，力
　　未能及。近因大妃違豫，方欲涉獵，而卿進良方，予心乃嘉，其賜馬裝一部。
　　仍下其書于內醫院曰：考帙以啓，具帙則當刊行。

「人而無恒不可以作巫醫」，本出于孔子之言，然究其意義，也並不是在那裏說醫道不
可學，而只是專在說明凡爲一個人要是沒有恒心的，不但讀書不成不能爲聖人之徒，
就是學個醫師罷也是一樣不行的。現在這位朝鮮大王也就是「成宗」，由其對于中國一
般經史之書差不多已無一不通，實際也就等于聖人之徒，可謂「人而有恒」了。由此
用其餘力再「涉獵」醫方一書，當然也正如常言所說的甚麼「游刃有餘」之一成語了。
此外成宗實錄還有一則記事，說來更有意思，因爲卽在當初所謂「業武」的「武士」，
國王亦嘗特別諭之曰：「勿廢讀書」。謹附錄於後，俾供今之青年從軍者正可作爲借鏡
之資。

　　十五年甲辰（成化二十年）七月丁酉，上御宣政殿，兼司僕黃衡將掌隷院奴婢分揀
　　啓目啓訖。上問衡曰：汝年幾何？對曰：二十六也。又問所讀書？對曰：臣少
　　時讀四書二經，自業武後已遺忘矣。上曰：國家方擇用武才，雖武士，豈可不
　　讀書乎？聞爾善於射藝，勿廢讀書。(卷一六八葉八)

再，同書另又一條，記忠州有一孝子而以「慶延」二字稱名者，按其孝行，不但「求

之古人亦不易得」，即如「學而優則仕」罷，本爲一般士子的常情，而此孝子則又志不在此，其畢生事業惟知以所謂「四書五經」爲務，其面拒國王不肯出仕之言，至有「如用之，則以死爲期」語。是眞東國之一奇男子。亦歸類引之如次，以見東國人士無論「業武」或「業文」，總而言之，都是「不忘讀書」而已。

> 七年丙申（成化十二年）二月癸未：忠清道忠州人孝子慶延承召而來。上御宣政殿引見曰：爾無求仕之志，何也？對曰：臣信聖賢之訓，聞上有求於下，下無求於上，自進爲難耳。上曰：爾之誠孝，求之古人亦不易得。古云雙鯉躍出，今於爾身有之，可驗天道不爽，予甚嘉焉。仍謂都承旨玄碩圭曰：延曾仕者乎？碩圭對曰：本不求聞達者也，歲癸巳，以孝聞，特除南部叅事，丁母憂未就。上曰：忠孝兩全實難，予今用爾，爾將何以哉？延曰：如用之，則以死爲期。上曰：所讀幾書？碩圭啓曰：此人中庚午年生員，今朝臣問之，自言讀四書五經。延曰：臣讀四書及詩書易禮，自謂不以堯舜君民爲心則非人臣，不以大舜曾子所以養親者養親則非人子，臣雖有志於斯，其能行之乎？（卷六十八葉八）

九

最後還有一事所當特別加以說明的，莫如關于第十四條「武公年九十有五無時而息」之所云云，蓋曰像武公那樣的高齡，以堂堂諸侯之尊，也就是一國之長，乃猶不圖講求安逸還在那裏皓首苦幹勵志不休，這在歷史上眞是一件極爲動人的可敬可法之事。還有如「武公」其人距今固已二三千年，但我們現在所論的並不在此，而乃是他那種「無時而息」的精神，這是沒有甚麼古今之分的，我想，只要事之相類，正可提出一談。所以我特就內閣大庫殘餘檔案內查出一批所謂「年老舉人」和「年老諸生」借此錄出，俾與「武公」九十有五之年作一比較。同時我更須先行申明一下，就是說，檔案內這些年老舉人或諸生，他們的高齡有的竟高至一百四歲，說來眞是今古奇事。而在他們的心理並不自以爲老，每屆考期，還要捨去家庭的安逸不憚遠途奔波以及手提考籃趕進考場裏與一班年青士子爭取功名，每科必試，一試便是三場，也就是在考場裏至少要住下三天之久，其于功名前途大有不得不休之勢，其志如此，則其平日之努力乃至「無時而息」之狀更可推而知。於是當時朝廷亦受其感動，以爲此實「聖朝盛事」，至有「欽賜舉人」的，也有「欽賜翰林」的，俾獲達成他們之一志願而已。可是

像這類的「欽賜」，其時也有一個規定，即「係在十科以前曾經應試，方許奏請」也。易言之，也就是說到了很老的年紀，一連又奔走了十科的考試，而猶榜上無名的才有這一優待而已。今者下面所錄，俱係年在九十以上的，而如八十以上者在檔案中已為常見之事，比之「武公」之年也不是一類，故不錄，讀者幸注意之：

一、嘉慶七年四月吏部移會：

嘉慶七年四月十二日抄出臣瑚圖靈阿、臣劉鐶之跪奏，爲查明年老舉人名數，恭摺奏聞，仰祈聖鑒事……嘉慶七年四月初十日奉旨：據知貢舉瑚圖靈阿、劉鐶之奏：本年會試各省年老舉人，自七十上至九十以上者共一百八十名，俱三場完竣，未經中式，等語。此次會試，各省年老舉子龐眉皓首，踴躍觀光，洵爲盛世嘉祥，允宜特沛恩施。所有九十五歲之李東耀一名，前已賞翰林院檢討銜，着加恩賞國子監司業銜。其九十以上之劉珩玉、王鷹揚、廖賓王、汪瀾、向舒五名，俱着賞給編修銜。

二、嘉慶九年十一月初一日禮部移會：

嘉慶九年十月二十七日內閣抄出福建巡撫李殿圖、福建學政恩普爲查明本年鄉試未中年老諸生奏摺，內開……九十以上者三名：何繼芳，年九十八歲，惠安縣學附生。趙金波，年九十三歲，侯官縣學廩生。鄭步高，年九十一歲，莆田縣學附生。

三、道光二年福建鄉試未中年老諸生：

李步雲，年九十三歲，泉州府學附生。按，失名奏有云：查該生等耄年赴試，猶勵志于風簷，皓首窮經，冀成名于雪鬢，洵屬聖朝盛事，實爲藝苑休徵。

四、道光三年癸未科會試年老舉人三場完竣奏請恩賞職銜一殘摺：

謹將九十以上之李步雲一名，擬請賞給翰林院檢討銜……計開……李步雲，年九十四歲，福建人。

五、禮部移會：

道光十四年十一月初八日內閣抄出江蘇巡撫林奏年老諸生……謹將江蘇安徽兩省甲午科鄉試，八十九十以上，三場完竣諸生，開列名單，敬呈御覽。計開：

江蘇省九十以上老生一名：張金鑣，沛縣副貢生，實年九十歲，道光五年欽賜

副榜。

安徽省九十以上老生二名：周兆熊，六安州附生，實年九十五歲。胡俊升，涇縣
副貢生，實年九十一歲。

六、道光十五年四月二十一日禮部移會：

本科會試年老舉人，九十以上者十三名：周兆熊，年九十六歲，安徽六安州
人，道光十四年欽賜舉人。胡俊升，年九十二歲，安徽涇縣人，道光十四年欽
賜舉人。阮順章，年九十三歲，江蘇溧陽縣人，道光十二年欽賜舉人。石繡
文，年九十二歲，山東長山縣人，道光十四年欽賜舉人。任俊峰，年九十五
歲，河南溫縣人，道光十四年欽賜舉人。崔南鑫，年九十五歲，河南鄭州人，
道光十二年欽賜舉人。王海儒，年九十二歲，河南獲嘉縣人，道光十四年欽賜
舉人。王道國，年九十一歲，河南彰德府人，道光十四年欽賜舉人。侯思讓，
年九十一歲，河南獲嘉縣人，道光十四年欽賜舉人。鄧立年，年九十一歲，河
南濟源縣人，道光十四年欽賜舉人。黎由樞，年九十一歲，湖北通城縣人，道
光十四年欽賜舉人。王緒，年九十一歲，直隸南樂縣人，道光十四年欽賜舉
人。

七、道光二十年十二月禮部移會：

道光二十年十一月二十八日內閣抄出本部彙奏順天、湖南、山東、貴州、廣
西、四川、山西、廣東、雲南等省年老諸生奏請恩賞一摺，于十一月二十六日
奉上諭：本年庚子恩科鄉試，據各省監臨陸續將年老諸生開單具奏，均交禮部
查核。茲據禮部將順天等省年老諸生查明覆奏，該生等年躋耄耋，踴躍觀光，
榜發未經中試，宜沛恩施，以酬其皓首窮經之志……欽此。臣等查定例……各
省鄉試，有由俊秀捐監之老生，查明捐監係在十科以前曾經應試者，方准奏
請。……謹將順天等省九十……以上合例老生，分別開單，恭呈御覽（九十以上
凡十四人）

余會來，湖南長沙縣監生，現年一百四歲。……

八、道光二十六年禮部奏：

今道光二十六年丙午科鄉試，前據順天等六省奏到年老諸生（九十以上二十三人）：

楊深源，汶上縣監生，九十七歲。劉瑋，昌樂縣附生，年九十四歲。……

以上所錄，就我現在所據的檔案言之也並非一一按名而記的，因爲本文取義，只不過酌錄其若干以見其他還有更多的年老書生大抵都是如此這般而已。總之，當長治久安之世，國家太平無事，一般人民不見干戈，惟以耕讀爲務，故能獲享高齡，各盡天年，像甚麼年登耄耋，壽逾期頤，這在有清檔案中更是習見之事。比如嘉慶十三年十二月二十一日江寧巡撫汪日章題本載：「江都縣翰林院檢討許以恭，生於康熙四十七年，屆今嘉慶十三年，見年一百一歲。」又如嘉慶二十四年十二月十七日禮部題本云：「內閣抄出前任雲南巡撫李堯棟奏：新興州欽賜翰林院檢討魏宗曾，現年一百四歲。又白塩井欽賜國子監司業夏勳，現年一百歲。」此外還有乾隆元年十月四日署理江蘇巡撫顧琮題本所報的桃源縣壽婦周馮氏現年一百一十二歲，生於前明天啟五年四月十九日，適夫周有德爲妻。又豫省新鄉縣更有一百十五歲之壽婦劉氏，見乾隆二年七月十四日廣西巡撫楊超曾題本所引乾隆元年七月二十一日上諭。諸如此類，不能盡記，要而言之，關于其時壽民壽婦之多總是一確證。由此，再看「武公」所謂九十有五之年，比較起來，當然「武公」又正是年輕之一輩，其「無時而息」之處似乎也是理之自然。此因人之一生，只要有個強健的身體，那管老到二百歲，都當「無時而息」勵志爲善，而且只須「一息尙存」的話都當臨事不苟克盡其責任，像這樣的人生，說來才是合乎人生意義的。這一段議論，也是完全由于我讀到朝鮮實錄之特別提供意見才能得來的，所以我平時所常常談論「這一古老東國的文化，他不具論，只朝鮮實錄一書，便光芒萬丈照耀了中韓兄弟之邦」的話，卽此之類也。

第四章　求書

所謂「求書」，如詳細言之，尙有藏書與刊印書冊二事亦兼收在內。特是後者由本文論之，正與前者爲一事，故姑拈出「求書」二字以概其餘而已。此一理由，不外說明東國的文化反正都是受了中華的影響，因爲必須先有了中國的書籍然後才能談到藏書以及繼之則又多印書冊俾廣其傳的，而中國書冊之流入東國，當然又完全與「求書」有關，卽包括向中朝不是具奏請求便是貿易於私家或市場而已。有如大明景泰五年之勅賜宋史，卽因東國之一請再請而後奉旨頒給的。宋史之外，還有元史以上各史併凡

關經史子集之類，其來源也不必細論，參實錄所載，差不多又無一不備，例如東國每一國王之日御「經筵」，其於進講之書，說來眞是名目繁多，不能盡舉，一言以括之，無非證明東國的上下正是大家一致地都以接受「華化」爲榮罷了。今就一部實錄中，據我所見者，取其若干條轉錄於後，以見東國所有「華化」的淵源更多具一種實證而已。此外，作者更有一個看法，就是說，如後面史文第九條關于說到東國君臣好學之處，有時往往爲了一個字的問題，乃致「書其所思一字於掌上，到家盡考諸書以觀之。」此種作風，凡在學人都當如是，然而眞正說起也很大費時間和精力的。由于此一原因，所以本文所錄，作者卽本着：凡人於學不爲則已，爲則必須有見卽錄，毋致有一條一字之遺，以獻於讀者之前，俾可節省讀者許多時間和精力而可取信於中韓讀者。這一微意，計吾人自讀朝鮮實錄以來卽具此志願，但恐百密不無一疏，惟請讀者諒之。

　　一、世宗實錄：

（1）十七年乙卯(宣德十年)八月癸亥，遣刑曹叅判南智如京師，賀聖節，上率王世子及羣臣拜表於景福宮如儀。仍奏請胡三省音註資治通鑑，趙完璧源委，及金履祥通鑑前編，陳桱歷代筆記，丞相脫脫撰進宋史等書。其從事官賚去事目：一、太宗皇帝朝撰集四書五經大全等書久矣，本國初不得聞，逮至庚子，敬寧君赴京受賜，其後累蒙欽賜，披閱觀覽，詳悉精微，實無餘蘊，乃知朝廷所撰書史，類此者應多，但未到本國耳，須細問以來，可買則買。一、今奏請胡三省音註資治通鑑，趙完璧源委，金履祥通鑑前編，陳桱歷代筆記等書，若蒙欽賜，則不可私買，禮部如云御府所無，則亦不可顯求。一、理學，則五經四書性理大全，無餘蘊矣。史學，則後人所撰，考之該博，故必過前人，如有本國所無有益學者，則買。綱目書法，國語，亦可買來。凡買書必買兩件，以備脫落。一、北京若有大全板本，則措辦紙墨，可私印與否，幷問之。一、曩者傳云已撰永樂大傳，簡帙甚多，未卽刊行，今已刊行與否，及書中所該，亦幷細問。一、本國鑄字用蠟，功頗多，後改鑄字四隅平正，其鑄字體制二樣矣。中朝鑄字字體，印出施爲，備細訪問。(卷六〇葉一八)

　　二、文宗實錄：

（2）元年辛未(景泰二年)七月庚申，傳教集賢殿曰：欲令赴京使臣買書籍之切於觀

者，磨勘以啓。乃以東巖周禮、儀禮、經傳通解、續儀禮集傳、集註、通志、中庸輯略、資治通鑑總類、通鑑本末、宋史、朱文公集、宋朝名臣五百家播芳大全、文粹、續文章正宗、備舉文言、宋朝名臣奏議等書以聞。命付今去使臣之行，貿易以來。(卷八葉四〇)

三、端宗實錄：

（3）癸酉(景泰四年)十一月甲戌，孝寧大君補語朴彭年曰：世宗朝，請宋史於上國，已蒙俞矣，今賀千秋使之行再請，何如？彭年亦言於世祖及右議政韓確曰：上聲音稍塞，遣醫中原問諸良醫，旁求藥餌，何如？確曰‥是吾志也。向者言於皇甫仁，仁不答，故未遂。世祖曰：得見御醫爲難，然實人情求之，則必得見矣。是日，彭年啓之。皆從之。(卷九葉一九)

（4）甲戌(景泰五年)九月己未，百官賀勅賜宋史。蓋我國書籍欠宋史，世宗每令赴京者購而未得。又嘗奏請朝廷，亦以爲翰林院所無，將刊印而賜。至是更請，乃賜。(卷一二葉一〇)

（5）乙亥，聖節使黃致身賷勅書來復命，賜鞍具馬一匹。其勅曰：得王奏稱，王國僻在海隅，書籍鮮少，欲得故元所修宋史，宣德十月(年字之誤)，王祖已嘗奏請，因待補完殘闕，未蒙頒給。茲王復以爲言，且見考古好文之意，特從所請，降賜宋史一部，付王貢使陪臣中樞院使黃致身領賷去，至可領之。(卷一二葉一三)

（6）冬十月己卯朔，以賜宋史告于文昭殿世宗文宗兩室。(卷一二葉一三)

（7）戊子，遣坡平尉尹巖奉表如大明謝恩……其謝恩表曰：綸音遠播，昭示懷綏，睿澤覃施，曷勝感激，兢惶罔措，麋粉難酬。竊念敝邦，邈處荒域，茲紀籍之蓋寡，無以參研，豈見聞之能周，未免孤陋。幸蒙列聖之累賜，粗具前代之遺編，唯宋史之無傳，自祖父而敢瀆。何圖賤介之返，特頒秘府之藏，上下三百年，實該治亂之迹，終始十八帝，備觀勸懲之機。況又聖訓之溫淳，曲加恩私之優渥，隆眷若此，前昔所稀。茲蓋伏遇皇帝陛下度擴包容，仁敦涵育，記先人敷奏之懇，恕微臣冒陳之煩，遂令屢賷，獲紆寵錫。臣謹當朝披夕閱，鑑往轍而祗勤，月恒日升，蘄退算於悠久。

方物表曰：天眷悉深，特頒書籍，土宜雖薄，聊效芹暄。謹備：黃細苧布貳拾

四，白細苧布叁拾四，黑細麻布叁拾四，黃花席貳拾張，滿花席貳拾張，滿花

方席貳拾張，雜彩花席貳拾張，人蔘貳百勛，五味子壹百勛，松子貳百勛。右

件物等，製造匪精，名般甚寡，冀諒由中之懇，俯察享上之儀。(卷一二葉一五)

四、世祖實錄：

（8）六年庚辰(天順四年) 三月辛卯，御札下承政院曰：國家最貴者書冊，故命梁誠之

錄一件書冊，將欲成二件，以備遺失。然國家多事，未得措置，今誠之赴京，

藝文書冊，必因文臣披閱或破或失，政院速擇可任者設局收拾。一國諸書，先

錄總目，堅藏一件，考脫簡落字而修正之，又考板本在處。(卷一九葉四一)

（9）九年癸未(天順七年) 八年戊午……上問(判書雲觀事梁)誠之曰：書冊考校幾何？誠之

曰：已畢。上曰：在世宗朝，書籍散亂，今雖整齊，藏之以備考問。誠之遂進

書，其書曰：竊觀歷代書籍，或藏於名山，或藏於秘閣，所以備遺失而傳永久

也。前朝肅宗始藏經籍，其圖書之文，一曰高麗國十四葉辛巳歲御藏書大宋建

中靖國元年大遼乾統九年，一曰高麗國御藏書，自肅宗朝至今六百六十三年，

印文如昨，文獻可考。今內藏萬卷書，多其時所藏而傳之者，乞今藏書後面圖

書，稱朝鮮國第六代癸未歲御藏書本朝九年大明天順七年，以眞字書之，前面

圖書，稱朝鮮國御藏書，以篆字書之，遍著諸冊，昭示萬世，或依新羅及前朝

盛時例，別建年號以爲標識。臣又竊觀君上御筆，與雲漢同其昭回，與奎璧同

其粲爛，萬世臣子所當尊閣而寶藏者也。宋朝聖製，例皆建閣而藏之，設官以

掌之，太宗曰龍圖閣，眞宗曰天章閣，仁宗曰寶文閣，神宗曰顯謨閣，哲宗曰

徽猷閣，高宗曰煥章閣，孝宗曰華文閣，皆置學士待制直閣等官。乞今臣等勘

進御製詩文，奉安于麟趾堂東別室，名曰奎章閣。又諸書所藏內閣，名曰秘書

閣，皆置大提學提學直閣應敎等官，堂上以他官帶之，郎廳以藝文祿官兼差，

俾掌出納。上命出本國地圖示(申) 叔舟及誠之，令議於政府修撰，仍命誠之進

酒。叔舟啓：誠之自少强記地理，其在集賢殿當仕罷時，書其舊所思一字於掌

上，到家盡考諸書以觀之。古云無求備於一人，若使羣臣各進所長，則國家庶

事焉有不濟。上曰：諸宰樞皆聽予言，誠之之事良是，凡人於學不爲則已，爲

則必須如是。予亦嘗書一字，而推類行之者頗多，<u>誠之</u>書掌刻盧，非偶然也。
上召王世子隆御榻，謂世子曰：心之初發最爲切處，決諸東方則東流，決諸西
方則西流，不可不謹其功夫，<u>實在爾躬</u>。(卷三〇葉二九)

(10) 十二年丙戌(<u>成化二年</u>) 十一月乙酉，大司憲<u>梁誠之</u>上書：一、祖宗實錄，一國萬
世之史也，<u>太祖太宗恭靖王</u>實錄皆書四件，<u>春秋館</u>及外三史庫各藏一件，<u>世宗
文宗</u>兩朝實錄只書一件，藏于春秋館，甚爲未備。然欲書之，則事功難成，幸
今新鑄小字，乞命<u>典校署</u>印出三件，藏外三庫。一、本國書冊，敬重如實錄，
緊關如軍案，例以鐵錫鎭其背，或以綾段粧其衣，非徒海盜，猝有急遽不得措
其手，然又不可不曲爲之盧也。須一件重大以備小盜之偷，須一件輕便以備倉
卒。今兩朝實錄，一件既已重大書藏，今以小字印出三件，除鐵錫之飾綾段之
衣而藏之，則大小之變無所不可，而事功亦易以成矣。且<u>太祖太宗恭靖大王</u>實
錄，亦一件小字印出藏之，一時政記，不可不急也。若歲月差久，則文籍散
失，國家大典，諸臣擬議，泯沒無傳，誠爲可盧。乞自壬申五月至今丙戌年
十一月，<u>議政府六曹臺諫承政院</u>文書聚于<u>春秋館</u>，以<u>藝文館</u>祿官五人，兼官五
人，二人爲一廳，各分三年而編摩之，仍令春秋館堂上考察，以爲日課，以成
重事。一、外三史庫，藏書之處也，皆寄置官舍，甚不嚴密，非徒火災可盧，
且有他日外寇之盧，乞遣官審視，擇人烟相隔處移之。或以<u>全州</u>史庫移于<u>南原
之智異山</u>，<u>星州</u>史庫移于<u>善山之金鰲山</u>、<u>忠州</u>史庫移于<u>清風之月岳山</u>，並依寺
刹，仍給位田，又令近村民戶守之，是誠藏之名山之義也。一、書籍之自<u>中國</u>
來者雖或散逸，猶復可求，惟本國之書苟一失之，得之無由。乞<u>東國</u>所撰之
書，一皆磨勘其件數，不足者，或印出，或傳寫，或購求，以成十件，<u>弘文春
秋館</u>及外三史庫各藏二件，右春秋館及外三史庫文武樓內不緊書冊，並皆刷
出，分置<u>藝文成均館典校署</u>，以革混雜難考之弊。一、<u>弘文館春秋館</u>所藏如元
史宋史等一件書冊，一皆抄名，以入直忠義忠贊衛及書房色諸司吏典，就<u>弘文
春秋</u>兩館謄寫，或以本文分送于下三道，令界首官監掌傳寫，或於中外購求，
以備三件藏之。一、書冊板本，京中則<u>典校署</u>掌之，外方別無所掌，既不知某
書可印，又不能檢舉而修補之，甚爲不可。乞令政院下書八道，如某郡某某書

板凡幾張，又板之刓朽與否，一一開寫，仍以常楷各印一件上送，其刓朽不用者外，使守令載之解由，以爲傳授，使典校署爲之考察。……一、東國文籍，自檀君至本朝，歷歷可考，非他蕃國遼金西夏之比也。而近因還紙之利，紙匠男女，或偷承政院日記，或偷寺社經文，於是嚴立法制，擬定徙邊，或行大辟，然猶未已，本國文史公私文卷將至無遺，至可慮也。然不立重法，終不能禁制也，乞限風俗歸正，其作還紙者，依棄毀制書律施行，其窩主勿論曾赦勿問貴賤杖一百，全家徙邊，以財產給告者。市裏買賣者，民家行用者，官府行用吏典並杖一百，身充水軍官員亦杖一百，永不敍用。一、今典校署印出書冊內，出於一時之事不必傳久者外，例將十件，弘文館藏二件，春秋館外三庫典校署文武樓藝文館成均館各藏一件。傳曰：予知之。(卷四〇葉一六—八)

五、中宗實錄：

(11)十年乙亥(正德十年)十一月甲申，弘文館副提學金謹思等上箚略曰：書籍之藏，其來尙矣，有志政治者，莫不以斯爲重，蓋聖人之立言垂敎，歷代之治亂興亡，俱在於斯。世宗大王覃思文敎，極意書籍，藏無闕書，書無不布，範銅爲字，極其精緻，紙潔印精，前古所罕，節目之詳且盡如是，而其文治煥然高出百王者，亦可因是而想見矣。第以世遠年久，全編整秩所存無幾，加之廢朝散亡殆盡，誠可痛惜。殿下卽祚以來，銳意文治，殆將十年，購求遺書，不遠上國。使臣之行，年再往返，而帑須物貨，嚴科督納，至於書籍視爲餘事，求之不勤，此豈非貴物貨而賤書籍耶？校讎失職，邇來尤甚，先朝銅字，藏守不謹，或偷或失，木補幾半，字體訛鄙，至不可用，紙麤墨浣，入本模糊，字多欹斜，或舛或落，徒務其成，不復校考。印出之際，甚至於換私紙而亦未致察，書籍之事，慢忽至此，豈不痛心。古者廩稱事，所以勸百工，今者印冊之工，年荒省費，稍廩不給，課功督事責其盡力，亦已難矣。伏願殿下上述聖祖之事，下起今日之廢，下敎求書，傍及僻遠，我國雖偏，文獻舊家，豈無所蓄，且馳奏天朝以請秘籍，誠心購求，不惜兼價，則遺經逸書庶幾有得。且別立都監以董其事，優廩其工，俾速就功，校書廢職，嚴加申糾，一切追復世宗朝故事，豈非斯文之一大幸耶？又以館意啓曰：我國書籍稀貴，秘藏所無者亦

多，如朱文公集、資治通鑑胡三省註、朱子語類、三國誌、國語、戰國策、南北史、隋書、梁書、遼史、金史、伊洛淵源、歐陽公集、眞西山讀書記、五代史、元史等冊，皆於本館只存一件，而如二程全書，則私處所有而本館全無者也。此等書冊，視實學雖有間，然若遺亡散失，則後難得之，請皆印出，廣布中外。且凡稀貴書冊，令各道量其大小之力而刻木本，使人人得皆印之，何如？傳曰：今見箚子至當，近日刊印書冊，皆不如世宗朝，予所常慨恨者也。求遺書實關於治道，其令求貿可也。校書官員不精監印，推治亦可。所啓書冊宜多數印出，私藏書冊亦可搜求印出。然使校書館監印，則又必如前別設都監，精印頒布，且凡稀貴書冊，亦令外方酌定刊板印布。仍傳于政院曰：其草求遺書傳旨，并及予常恨書籍不如世宗朝之意。(卷二三葉二八)

(12)丙戌，下傳旨于禮曹曰：書籍治道所寓，歷代攸重，漢之天祿石渠，唐之秘書四庫，無非裒集書籍，以爲一代之寶藏，雖不可以此而槩論，其好尚文雅之美，亦可因是想見矣。我朝自祖宗以來，代尚儒術，聖經賢傳，諸史子集，以至遺經逸書，無不鳩聚，非但爲內府之秘藏，亦且廣布於閭巷。頃因國運中否，典守不謹，御府書籍多致散落，秘閣所藏完書蓋寡，言念及此，深切痛惜。昔河間王德以金帛招求善書，其多與漢朝等，書之史冊，以爲美談。我邦雖邈在海外，求之若誠，致書之多，不患不及於古。予欲秘府之內，無書不藏，士庶之家，無書不布，茲令使价之往返中朝者，廣求書籍以來。至於我國，壤地雖褊，文獻世家，亦豈無所蓄？如有遺經逸書可以資博問裨治道者，不惜來獻，予當厚賞，其以此意曉諭中外。又下旨曰：大抵書冊務要精緻，不當麤惡，我世宗朝印出書籍，非但紙品甚佳，打印亦極其精，近古書冊之美，無踰於此。其後浸不如古，校書失職，近來尤甚，紙淆墨涴，校讎亦慢，以致書籍拙惡，予竊痛恨。其令別設都監，量擇勤謹人爲堂上郎官，弘文館所藏朱文公集、眞西山讀書記、朱子語類、資治通鑑胡三省註、歐陽文忠公集、三國誌、南北史、國語、梁書、隋書、五代史、遼史、金史、元史、戰國策、伊洛淵源錄、及私藏二程全書等冊，監掌印出。而八道中鉅道則卷秩多數書籍，小道則卷帙不多書籍，分定開刊節目，及都監名號，幷磨鍊資治通鑑唐本字樣細

大適中，以此改鑄銅字，且甲辰甲寅等字訛刊者，悉令改鑄。(卷二三葉三〇)

(13)十四年己卯 (正德十四年) 六月己亥，禮曹判書南袞、參判崔命昌、參議朴壕稟……袞曰：書肆設立，其意則至矣，然我國家與中國有異，我國之民本貧，故書板及紙私備甚難。然廣布書冊，使民間可易得見事，出自天夷，此甚美也，故臣等更欲磨鍊以啓。上曰：鑄字民果難自備，昭格署鍮器及外方寺剎鍮器，皆已屬公而多在，以此爲鑄字則甚可，此事亦磨鍊可也……(卷三六葉三七)

(14)二十三年戊子(嘉靖七年)三月丁酉，政院以正朝使洪景霖賞來縉紳一覽一部，及書狀官全舜仁書來中原人上疏草入啓。(卷六〇葉七五)

(15)十月庚申，下中朝奇別單字曰：皇帝所製書文共二百餘道，大學士楊一淸張璁等編纂，以年月日爲先後集，做貞觀政要，或以爲宜名嘉靖政要，或以爲宜名嘉靖聖政記云。若此書只留禁中，則諸國人不得見之，前者如是書冊，亦令印出而典賣云。若如此，則皇帝之所作，所當欲見者也。今去赴京行次，雖不得貿來，今後行次貿來事，其言于禮曹。(卷六三葉五九)

(16)二十七年壬辰 (嘉靖十一年) 六月甲申，傳于政院曰：中原則有書肆，故凡書冊易得貿之，而我國則無書肆，故欲貿者不得易貿，前以此議之，而皆以爲不當爲也，其議于三公。(卷七五葉九)

(17)三十一年丙申 (嘉靖十五年) 五月甲子，政院以禮曹意啓曰：天下輿地圖事問於事知通事，則前者出來地圖，乃閭閻間所有也，其爲區別未詳。但自癸巳甲午年間，提督主事張鼇有志於此，如我國道路遠近並皆探問，而爲圖詳盡，乃於常坐處掛置如屛，釘之以金，勢不可取觀，而欲令善書者摸之，則亦不可一二日而畢也。是又以在官之物，亦或禁之，而使不得見也，幸閭閻間如有此圖，則可以貿來矣。圖乃一紙幅所印之物，其價必不甚重，今姑下諭聖節使之行，可貿則貿來，不可，則待後行貿之，何如？傳曰：天下地圖，中原閭閻間豈無有之者乎？今若不送價布而私自貿來，則或托以不貿矣。卽令該曹價布磨鍊，爲書狀給馬下諭，此雖禁物，多般廣求貿來事，幷下諭可也。(卷八一葉五三)

(18)十一月甲寅，聖節使宋璟回自北京。上引見，璟退政院啓曰：臣赴京時，凡中朝彈章疏箚覓來事有敎，而未有所得，只記所聞見之事而啓之。皇帝天壽山巡

幸時，羣臣所製扈蹕錄一件，御製詩一件覔來。文苑英華欲貿之，而問其直，則銀五十兩，更折以二十五兩，以通事等所賣雜物計給而貿來。但印本貴而難得，傳書一峽貿來。傳曰：知道。

仍傳于政院曰：文苑英華，今若已來，入內而御覽後，下校書館開刊可也。

（卷八二葉五五）

(19)三十六年辛丑 (嘉靖二十年) 六月壬申，同知中樞府事崔世珍，以京城圖志女孝經各一冊及地圖一軸進上。仍啓曰：此京城圖志，乃南京官闕都城山川之圖（原注：官制防曲之名亦附焉）。女孝經，古有一女（原注：朝散郎陳邈妻鄭氏所撰，依孝經章數而撰集，有圖有傳，如本國三綱行實）倣孝經章句而纂之，關於女行。地圖，乃遼東地形，而中原人爲之。皆我國所無，意可御覽，故進上也。傳曰：所進皆可覽者也，賜熟馬一匹，勿謝恩。仍傳于政院曰：賜酒。（卷九五葉四八）

(20)丁丑，領議政尹殷輔議：近來譯官等求購書冊，例稱難得，持價而還，必因中朝禁令不得隨意貿來也。書冊求貿，實是美事，而中朝待我國視同內服，若呈文禮部以示求購之切，則必不阻，當千秋使之行似迫也，於冬至使之往，委遣解事譯官一人求貿似當，但可貿書冊，令弘文館抄啓付送，何如？左議政洪彥弼議：歷代書籍，資以爲治，自漢以來，列國諸侯暨外國，咸請中朝，使不絕書，我國亦請于朝廷者多矣，講求前例陳請于朝，皇帝必嘉聽之。且弘文館舊儲書籍，經廢朝之亂，散失爲半，好本雖間有之，不峽者亦多，抄其急要可貿書冊，別定解文譯官一人，須得善本以來，藏諸秘閣，此是國家大事，聖意至當，今行已迫，後行可及。右議政尹仁鏡議：書冊乃重寶，若呈文禮部，則難得之冊似可得貿。但上國九廟災，則此是莫大之變，朝廷憂懼，至罪己頒詔中外，今則恐非其時，待洪春卿回還，詳聞上國之事後更議，何如？以議意下于政院曰：書冊求貿事，領左相議皆同，故落點領相之議也。且書冊請令弘文館抄出書啓求貿云，此言至當，但我國所有書冊，雖未廣布之冊，猶可漸次印出也，我國所無書冊，自冬至使之行別貿可也。（卷九五葉五八）

六、顯宗實錄：

(21)五年甲辰 (康熙三年) 八月甲申，兵曹判書金佐明進紀效新書。紀效新書者，皇朝

名將戚繼光之所著也。繼光於嘉靖年間，起自行伍，募浙閩鄉兵，屢殄倭寇，以其練兵制敵之方，常所歷試而取勝者，著爲一篇。壬辰之難，故相臣李德馨從李提督如松平壤之戰，觀浙兵之布陣用技攻城鏖戰之狀，因詢其敎練訓習之方，遂得是書，以獻于朝。癸巳之役，首設訓局軍兵，其制置之法，實遵乎此。且以印頒于國中。今垂七十年，屢經變亂，散逸殆盡。佐明以爲是書，眞是今日練兵制敵之要法，而中外大小將領之人所不可一日無者也。於是印出若干件，分送于三南各營鎭，而以粧續五件上疏投進，以備睿覽。（卷九葉一一）

七、肅宗實錄：

(22)三十年辛未（康熙十七年）五月丁卯，輔德李彦經上疏，進養正圖解冊，卽皇明太史焦竑所纂，取古昔賢君名臣言行之可爲師法者，繪素而註解之，彦經使燕，得之以獻。答以予當留意。（卷三七葉四四）

(23)三十一年壬申（康熙十八年）四月癸酉，知事李頤命上疏，以爲臣在燕時，購得皇明末年所纂籌勝必覽四冊，備記遼薊關防。又得山東海防地圖，係是禁物，不敢買取，令行中畫師移寫于紙。蓋我國陸連遼薊，海接山東，關防地勢，在所當審，誠欲一塵睿覽，謹此投進。而地圖倉卒疾寫，不甚精楷，請命備局移作他本，更爲進御，幸甚。答曰：令備局依施。（卷四一葉三八）

八、英宗實錄：

(24)三年丁未（雍正五年）三月癸丑，行召對，講明紀。叅贊官金致垕曰：經書及性理大全，皆皇明太宗時所纂也，太宗尊斯文之功大矣。上曰：解縉等奉勅修古今烈女傳，書成，太宗親製序文云。我國有內訓，乃皇明太祖高皇后所作也，予欲刊行。判府使閔鎭遠請使嶺南刊行。上曰：當須下於玉堂矣。（卷一一葉二四）

(25)十七年辛酉（乾隆六年）四月戊戌，命弘文館集皇明遺書藏之。時檢討官李成中閱舊弘文館所藏書，得燕本歷代纂要以進。上出示筵臣曰：卷上所安廣運之寶，何代寶也？記事官齊景源曰：廣運之寶，皇朝之寶也，臣等見皇朝故兵部尙書田應暘制書摹本，亦印此寶矣。上曰：昔先王以皇朝馬牌命藏于尙瑞院，今此書，皇朝璽跡之所存也。篆書尙明，寶朱如新，甚可異也。令弘文館其輯遺卷而寶藏之，以寓予下泉之思。（卷五三葉一九）

(26)二十二年丙寅（乾隆十一年）八月乙酉……右叅贊元景夏……又奏曰：榮川故叅判金玏家有神宗皇帝御賜大學衍義一部，而卷首安二寶，一曰廣運之寶，一曰欽文之寶，而紫泥尙新。宣廟時，神宗皇帝頒賜幞頭襴衫二襲，一在太學，一在安東鄉校，而其在太學者，已燬於壬辰，其在安東者，至今完善。嘉靖庚子，中廟設賞花宴於慶會樓下，故贊成權撥沉醉退出之際，袖中墜近思錄一卷，中廟取覽，此在兵曹佐郎權萬家矣。上命嶺營進大學衍義襴衫幞頭，而令權萬進近思錄。（卷六四葉七）

(27)四十五年己丑（乾隆三十四年）十二月壬子，上詣承文院。上曰：大明勅文在乎？入直官洪龜瑞對曰：有風泉錄矣。命入之。上謂左右曰：卿等議改冊名可也。領議政洪鳳漢曰：改以延恩錄好矣。上曰：以追感皇恩錄名之可也。仍欽書冊名。又改欽奉閣，親書敬奉閣，使揭板。（卷一一三葉二五）

(28)己未，上幸承文院，奉安皇恩編於敬奉閣。初上詣院中，問舊傳皇朝詔勅渾藏於虜勅櫃中，召龜瑞院官問皇朝馬牌，其數幾何？對曰：七百餘。命改櫃，藏于本院樓上。且召本院入直官，問皇朝勅文在乎？入直官以風泉錄爲對。且聞渾藏于虜勅櫃中，愀然興感。謂侍臣曰：神州之陸沉今過百年，而若其尊周之心，未嘗一日忘也，今以堂堂天子之詔，混置虜勅中可乎？遂命別爲一冊，名之以追感皇恩編，令芸館校正印出，命提調元仁孫、蔡濟恭監董。至是功訖，一本命藏下闕欽奉閣，一本上親藏于敬奉閣。（卷一一三葉二六）

九、正宗實錄：

(29)三年己亥（乾隆四十四年）七月庚申，上在南漢……上曰：嘗聞皇明副總管程龍畫蘭數叢，又畫龍於壁上，天欲雨，則雲風常出其間，或禱雨有應云，至今有舊跡之可見者乎？（徐）命膺曰：以鄭斗卿畫蘭觀之，可知程使之畫壁，而年久壁頹，筆跡無徵矣。（卷八葉一四）

(30)五年辛丑（乾隆四十六年）正月丙辰，奎章閣始建於丙申初元，而規模草創，閱歲未備。及國榮屏黜，朝著清明，上益勵爲治，百度畢張，申命諸閣臣酌古叅今，次第修舉，閣規始煥然大備。教曰：內閣之名，始於光廟丙子而中廢矣，奎章閣之號，始於肅廟甲戌，而御書扁額，至今在宗正寺。予小子嗣服後，追

述建閣，誠非偶然。仍命宗正寺所奉閣扁，移揭內閣。(卷一一葉一七)

(31)教曰：光廟朝，儒臣梁誠之建言，乞令內藏書籍後面圖書，稱朝鮮國某歲御藏書，大明年號以楷字書之，前面圖書，稱朝鮮國御藏書，以篆字書編，印諸冊昭示萬世。此亦追述之一端，內閣知悉。(卷一一葉一七)

(32)五月戊子，召見承旨，上曰：列聖朝世傳書籍，不啻累千萬卷，仁宗朝太半見災，其後景福宮災，幾乎盡焚，其餘編帙移儲樂善堂，又見灰燼，只餘四萬卷矣。甲申年儲承殿災又見焚，今則舊帙書籍，殆無完書，是可悶也。直提學沈念祖曰：聞沈留言，自內世傳冊子多出外云，依先朝李淑蕃家推納之事，趁今收還似好，而鄭妻家多有御筆冊子云。發遣戶部檢書官，即爲搜入宜矣。(卷一一葉七三)

(33)六月庚子，奎章閣總目成。上雅尙經籍，自在春邸，購求遺編，拓尊賢閣之傍而儲之，取孔子繫易之辭，名其堂曰貞頤。及夫御極，規模寢(寖)廣，丙申初載，首先購求圖書集成五千餘卷于燕肆，又移舊弘文館藏本，及江華府行宮所藏皇明賜書諸種以益之。又倣唐宋故事，撰訪書錄二卷，使內閣諸臣按而購貿，凡山經海志私牒移種之昔無今有者，無慮數千百種，乃建閱古觀于昌慶宮內苑奎閣之西南以峙華本，又建西序于閱古觀之北以藏東本，總三萬餘卷，經用紅籤，史用靑籤，子用黃籤，集用白籤，彙分類別，各整位置。凡其曝晒出納，皆令閣臣主之，在直閣臣或有考覽，則許令牙牌請出。至是，命閣臣徐浩修撰著書目，凡經筵之類九，史之類八，子之類十五，集之類二，閱古觀書目六卷，西序書目二卷，總名之曰奎章閣總目。(卷一一葉九五)

(34)六年壬寅(乾隆四十七年)二月辛巳，江華留守金煜以奎章閣成啓。教曰：外奎章閣工役，今已就訖，所奉金寶玉寶銀印教命竹冊玉冊皇明欽賜書籍列朝奉安書籍，流來藏置之書籍，及自史庫移奉御製御筆等書籍，錄成冊子，分藏于內閣外閣及西庫。(卷一二葉一二)

(35)十六年壬子(乾隆五十七年)八月辛未，平安道觀察使洪良浩狀啓曰：竊伏念我東方再造家邦，莫非皇朝之恩，而抑由東援諸將仗義奮武之功也。東援之功，莫大於平壤一捷……臣赴任之初……謹稽當時事蹟……叅將駱尙志奮身先登，諸

軍鼓噪從之……乘勝勦殺……經略宋應昌奏捷曰：倭兵死者二萬餘……且臣嘗
聞前輩之言，駱將勇冠三軍，號稱駱千斤，當時討倭之役，每多摧陷之功。贊
畫使李時發與周旋行陣，服其壯勇，氣義相契，結爲兄弟，駱將載唐書數千卷
以贈之，李氏之家遂以多藏書稱。以此觀之，其於郤縠之詩書，關公之春秋，
庶幾近之，可謂稀世之奇男子也。……(卷三五葉三七)

(36)十八年甲寅 (乾隆五十九年) 八月甲申，先是，承旨李益運奉使嶺南，承命採訪故
　　家文蹟以進，白于上曰：仁宗大王在春邸時，所賜先正臣文元公李彥廸御札一
　　本，奉藏于玉山溪亭，溪亭即先正講學之所，而今其庶孫主之。大學衍義，即
　　故埶判金玏奉使皇朝也，神宗皇帝宣賜，而首卷安欽文之寶，其餘各卷安廣運
　　之寶，紫泥至今宛然，已極稀貴。而粵在先朝丙寅，因筵臣陳奏，使其子孫賫
　　來取覽，宣賜常本大學衍義一部，而卷首書下特旨各卷安御寶，又安春宮二
　　字。近思錄，即故贊成忠定公權撥袖藏，而嘉靖庚子，中廟御慶會樓，宰樞賞
　　花，使各盡歡而罷，掖庭署拾得近思錄小本。中廟教曰：落自權撥袖中矣。命
　　還之。先朝丙寅並與金玏家所藏大學衍義而取覽之，宣賜常本近思錄一本，而
　　卷首書下特旨各卷安御寶，又安春宮二字，一如大學衍義，事甚稀貴。且伏聞
　　宣廟朝，自中朝宣賜襴衫二、幞頭二於本朝，其一襲命留太學，一襲賜送安東
　　鄉校。太學所藏，火於壬辰，惟安東所藏之件，尙今無恙。先朝丙寅命校儒賫
　　來御覽，至賜御詩，誠是稀世之寶，而與書籍有異，故臣未敢取來。中朝提督
　　李如松及東征諸人，與文忠公柳成龍往復書牘，及便面書畫三帖之在文忠後孫
　　柳宗春家者，高麗祭酒禹倬紅牌之在安東易東書院者，並爲持來。而向時趙儼
　　之奉使日本也，嶺人之姓趙而隨往者，得來日本太學士陶國興書牘一本而歸，
　　其書即國之秘史，而言文忠公金誠一奉使時事甚詳，與我國傳來文蹟若合符
　　契，事屬奇異，亦爲携來矣。上曰：諸件文蹟並籤記，其緣起來歷入送內閣，
　　則當製下升卷文矣。(卷四〇葉六三)

茲再就實錄史文，提出若干應當說明者，試列述如次：

一

　　第十一條記求書有云：「且馳奏天朝以請秘籍，誠心購求，不惜兼價，則遺經逸

書，庶幾有得。」又第十二條記云：「我朝自祖宗以來，代尙儒術，聖經賢傳，諸史子集，以至遺經逸書，無不鳩聚。」又第二十條記云：「書冊求貿，實是美事，而中朝待我國視同內服，若呈文禮部，以示求購之切，則必不阻。」又云：「歷代書籍，資以爲治，自漢以來，列國諸侯及外國，咸請中朝，史不絕書。我國亦請于中朝者多矣，講求前例，陳請于朝，皇帝必嘉聽之。」由上記錄，尤其是後者所說的關于外國之請求書籍于中國，原來遠自漢代以來，卽已史不絕書了。至于這裏之特別拈出「外國」二字，我想，由東國而言，當然「王氏高麗」以前之各朝也是其中之一，也是自漢以來凡關東國的一些「聖經賢傳，諸史子集，以至遺經逸書」都正是來自中國的。據此，我們再看看高麗當唐宋之世究竟又是一個怎樣地關係？參孝宗實錄卷十九葉三十七載贊善宋浚吉啓于國王之言有曰：「臣伏見麗史，唐明皇幸蜀，高麗遣使貢問，辛勤於陸海數萬里之外，明皇喜甚，作詩以送。宋之南渡，麗方受制於金，而亦遣使貢問以通虜情，至今爲史家美譚。」高麗於唐宋乃有此一段動人的至情，眞可謂痛癢相關。其實歸根一句話，又正見高麗之「慕華」而已。所以後來高麗藏書之多，還不是由于這些「貢問」使臣一次次地自中國順帶携歸的。比如第九條所記：「前朝肅宗始藏經籍，其圖書之文，一曰高麗國十四葉辛巳歲御藏書，大宋建中靖國元年，大遼乾統九年。」卽爲高麗收藏中國歷代書籍之證。洎乎李氏朝鮮，由于「代尙儒術」之故，其於中國書籍，更隨在收買之，除上引史文已見一般外，今再據成宗實錄卷八葉一轉引一則如下，俾資補遺之用：

> 元年庚寅（成化六年）十一月丙午，院相申叔舟啓曰：前此令赴京書狀官收買我國
> 所無書籍，近年停廢，甚未便。且中朝必有新撰書行世者，請令正朝使行次書
> 狀官買來，弘文藝文兩館書籍帙未具者，亦令收買，何如？傳曰：可。

由此一條，可見朝鮮於明朝，關于收買書籍之處，已視爲固然之事。不但此也，卽如新出之書，亦且汲汲求之，總之，凡關書籍都在收買之列。由此之道，又最足證明這一古老東國所常常稱道他們書籍之多而乃至於說出了甚麼「無不鳩聚」的話，也是一個眞正的事實。

二

第十二條記印出書籍有云：「弘文館所藏朱文公集、眞西山讀書記、朱子語類、

資治通鑑胡三省注、歐陽文忠集、三國誌、南北史、國語、梁書、隋書、五代史、遼
史、金史、元史、戰國策、伊洛淵源錄，及私藏二程全書等冊，監掌印出。」按，此
類印書之事，在實錄中也並不是每次必錄，是以吾人所見無多。今因檢成宗實錄，特
再查出數則附錄於後，以見朝鮮之於中國書正是「無書不印」的：

　　五年甲午(成化十年)十一月癸酉，御畫講，講訖。同知事李承召啓曰：嘗聞世宗
欲盡印諸史，而史記、前漢書則印之，其餘史則未畢而罷。故史記、前漢書，
則今士大夫之家稍有之，其他諸史，則僅藏於秘閣，而民間絕無，故學者不得
覽焉，請印頒後漢書等諸史。　上謂右副承旨金永堅曰：今用何鑄字印書？對
曰：甲寅、乙亥兩年所鑄字也。然印書莫善於庚午字，而以璿之所寫已毀之，
命姜希顏寫之，而鑄成乙亥字是也。上命金永堅印頒諸史。(卷四九葉十)

　　十五年甲辰 (成化二十年) 八月乙亥，傳曰：予見唐本歐陽修集，字體小大適中，
以此字樣鑄字，何如？承旨僉啓曰：允當。命行護軍李有仁監鑄，左承旨權健
掌之。(卷一六九葉十六)

　　十六年乙巳 (成化二十一年) 正月己酉，傳于承政院曰：今以甲辰字將印唐書，然
先可印王荊公集。承旨等對曰：王荊公集有二，一有註，一無註，若印有註
冊，則甲辰鑄字時未及鑄，印出爲難。傳曰：雖無註，其印之。承旨等啓曰：
王荊公集，姑俟畢鑄字，幷註印之，何如？且事文類聚，文士皆欲見之，然卷
帙至多，中國亦未多有，買來少，國藏亦不過一帙，請先印之。傳曰：予欲印
王荊公集者，以諸史字畫頑(刓字誤)缺，不可不印，而今新鑄字未知體樣，欲印
此冊而後及諸史耳，爾等以己所好之書請先印出，然則當初何必取稟乎？承旨
等對曰：事文類聚，非獨臣等好之，人皆欲焉。　國藏只有一件，外間亦不多
有，因此曩者李瓊仝、李世匡等皆請印出，而其時雖無成命，然有兪音，故臣
等未知上意，敢啓，請待罪。傳曰：若關係國家事，則爾等言之可也，今予之
所欲印王荊公集有何不可，敢爾言之乎？事文類聚卷帙固多，未易印出，王荊
公集則卷帙少，印出簡易，予以故欲先印，而後及諸史耳。大抵政院出納王命
而已，何其言之若是乎？其勿待罪。(卷一七四葉三四)

　　二十三年壬子(弘治五年)六月壬戌，遠接使盧公弼來復命……進天使董越所撰朝

　　　鮮賦。啓曰：上使贈臣云，此董大人所寄許吏部也。傳曰：此賦詳載我國之

　　　事，其速印進。(卷二六六葉十九)

凡上史事，其於證明朝鮮除却注意「求書」與「藏書」之外，更有「印書」一項，由

整個「李朝」而言，也正是該國之第一要務。似此之類，其例也不必求多，要之，關

于「李朝」印書之多而且廣，總是事實。卽如朝鮮當年之印書，他且不論，單就成宗

實錄有一條有些書冊之傳於日本以及日本之遣使乞求書冊，便足證明朝鮮正是一個多

書之國：

　　　二十年己酉(弘治二年)八月辛亥，禮曹啓：日本國使臣求書冊，只與論語孟子，

　　　何如？傳曰：醫方所以活人也，今客人所索多，而只許此書，無乃不可乎？如

　　　得效方東坡杜詩黃山谷詩學大成等許之，無乃可乎？(卷二三一葉十一)

此只舉例而已，其實日本之請求書冊，參朝鮮歷朝實錄，正是經常恒有之事，如本編

「鑄字」章所記日本關于請求大藏經之類，竟至源源地請之不已，所以漢學在日本之

習以成風，尤其是當明朝之一時期，大抵不外由于朝鮮之居間傳布而已。而朝鮮之自

稱「禮義之邦」，又稱「東方君子國」，使「朝鮮之名聞於天下」，也正是一個不易之

論。由是而更引起了其時金人之注意，也嘗聞風而來，致書國王，以乞求書冊爲請，

如仁祖實錄卷十九葉六十一記金國汗來書曰：

　　　聞貴國有金元所譯書詩春秋等經及四書，敬求一覽，惟冀慨然。

同書又載國王答書曰：

　　　見索詩書四書等書籍，此意甚善，深嘉貴國尊信聖賢慕悅禮義之盛意。至國中

　　　所有只是天下通行印本，而金元所譯，則曾未得見，茲未能奉副，無任愧歉。

　　　(卷十九葉六十二)

此爲崇禎元年十二月事。其後崇禎二年十月甲戌朝鮮國王又因金汗之求，於是有賜書

之事：

　　　金汗求書冊，以春秋周易禮記通鑑史略等書賜之。(仁祖實錄卷二十葉三十八)

此所賜之書，卽朝鮮所云「天下通行印本」也。凡此贈書記事，如日本、如金國、只

須遣使請求，輒卽有求必應，則其經常印書之多，卽此可知。又按，朝鮮於金人固嘗

以「醜虜」二字視之，有時又更斥之曰「禽獸不如」，及其致書請求書冊，則又欣然許

之曰「深嘉貴國尊信聖賢慕悅禮義之盛意」。此一鼓勵，益足證明朝鮮之「慕華」更
見其無所不用其極了。

三

　　第七條記宋史有云：「上下三百年，實該治亂之迹，終始十八帝，備觀勸懲之
機。」按，當初朝鮮之請求宋史，亦有深意，因爲他們有一恒言曰：「……立國規模，
士大夫立身行己，全似趙宋。」（見朴趾源熱河日記：太學留館錄條）所以東國自從得到宋史之
後，差不多一直都在研讀之中，及至第二十二世國王所謂「正宗」之世，在李朝中最
爲好學之君，其讀宋史所感，亦以爲：「國朝治法政謨，稽之歷代，有宋最近之。」
於是乎這位國王特撰成「宋史筌」一書，計本紀四卷，志三十四卷，世家四卷，列傳
五十六卷，義例一卷，目錄一卷，合一百卷，裝成四十冊。其序文有曰：「宋史之篡
於元臣阿魯圖脫脫者，潦草無據，體裁則乖謬，輯敘則瓻雜，計本紀、志、表、列
傳、世家四百六卷，最羨於諸史，而爲最無可徵。」又曰：「作史至難，刪史亦不易，
史筌有刪有作，刪之未允，尚屬舊疵，作而失當，秖彰新謬。大率是書積數十年，經
數十臣，再三確例而始成，可謂難矣。」作史之事，大抵都是後來居上，而此宋史筌
一書，說來更不平凡，有如所云「是書積數十年，經數十臣，再三確例而始成」等
語，直是總挈作者之全副精神，絕無絲毫苟且遷就之嫌。而其指出脫脫宋史「潦草無
據」以及「最無可徵」之處，等於「開藥舖的便知平毒識甘苦」，說出病根所在，更
可對症下藥。由此而論，則所謂「宋史筌」這一善本，其發明之多而且大，自不待
言。所可惜者，只是現在吾人無緣一見此書不免引以爲恨耳。

　　此下姑就實錄內有涉及有宋史事者錄出若干於後，俾可藉以引申這些意見之於宋
史筌多少總當採用的：

　　（1）成宗六年乙未（成化十一年）正月己巳，禮曹啓：謹按文獻通考，宋仁宗二年，大
　　　　禮使言：籍田禮稀曠已久，比聞修舉，內外翹屬。況親屈萬乘，勸農力本，伏
　　　　請下有司令遍諭附近村聚，候御耕日，特許父老鄉民觀望盛禮，勿令呵止。今
　　　　躬耕籍田，實爲稀世盛禮，請依宋制，令漢城府遍諭近村居民觀望盛禮，知聖
　　　　上躬率之意。從之。（卷五十一葉十一）

　　（2）成宗十一年庚子（成化十六年）二月己巳，傳曰：宋朝皇帝與皇太后同幸時，有議

太后先後行者，其考以啓。禮曹判書李承召對曰：宋時皇帝與皇太后同幸佛
寺，太后欲先行，當時諫者曰：夫死從子，皇帝當先。事載名臣言行錄。傳
曰：大妃命予先行，予當先還。(卷一一四葉五)

（3）成宗二十五年甲寅(弘治七年)三月甲午，司諫院大司諫尹愲等……上疏曰……昔
程珦言於欽宗曰：朝廷之上，事無過舉，則臺諫何所復言，及其有言，必與朝
廷違異，惟朝廷不以異己爲嫌，而事求其當，則天下幸甚。……(卷二八八葉六)

（4）仁祖十九年壬午(崇禎十五年)二月丁巳，大提學李植上箚曰：史者一代之典章，
萬世之龜鑑也，是天敍天秩之所寓，人心士論之攸繫，國而無史非國也，史而
不公非史也。昔宋高宗之南渡，行都未定，和戰未決，搶攘甚矣，而元祐太后
首請改修國史，以辨宣仁之誣，高宗卽命史官范冲因舊改修，謂之朱墨史。當
時大儒張栻以爲此撥亂反正之大本，非第二件事明矣。(卷四十二葉四)

（5）孝宗八年丁酉(順治十四年)九月丁卯，應教閔鼎重進宋儒眞德秀所進二條事，其
一卽越王勾踐行成謀吳事，其一卽宋孝宗淳熙十三年射鐵簾事也。鼎重跋其尾
曰：當眞德秀之時，天下大義，有在乎復讐雪耻，故其所進二事，皆有意於忠
臣義士之志。至今思之，良可於悒，不覺其爲古今之異時也。仍請每於停筵之
日，令本館書進古事二條，以備睿覽。(卷十九葉三十)

（6）孝宗行狀……戊戌……四月，講心經……王謂侍臣曰：宋高宗多懷驚懼之慮，
故其所成就，無足可觀。其時或勸住金陵，或勸住汴京，汴京則猶可畏也，金
陵終不得進一步。惟是驚懼之心如此，故有若宗澤李綱岳飛韓世忠而不用。若
使孝宗生此世，用此人，則復河北似不難矣。

又曰：秦檜之心最不可知，既得相之後，何不背金而專意南方耶？韓世宗(疑忠)
騎驢西湖之事，岳飛莫須有之語，爲宋高宗未嘗不發一嘅也。

十一月召對，王謂吏判宋時烈曰：宋神宗對明道而歎無人才，明道曰：今亦豈
無人才乎？神宗竟不知明道之可任，甚可嘅也。時烈曰：明道以三代之事陳
之，則神宗曰：予何敢當焉。明道愀然曰：此非社稷之福也。明道之心如此其
大，而神宗之志如彼其小，雖知其可任，而豈能任之乎？

（7）肅宗二十一年乙亥(康熙三十四年)三月辛卯，下備忘記曰：予讀宋史至岳武穆事，

不覺曠世相感，千載起敬也。噫，當夷虜昌(猖)獗，乘輿北徙之日，慨然以一雪國恥恢復帝業爲己任，力排和議，奮忠破賊，兩宮之還，指日可期。而凶賊誤國，忠臣陷於毒手，五國空照寒月，此千秋烈士之扼腕慷慨處。而況其四字之分明湼背，婦人之抱瓶投井，莫非天性之自然，忠孝之所感，可謂凜凜若白秋霜也。予意欲以此人特爲合享於永柔諸葛武侯之廟，以樹百代之風聲，仍令禮官稟旨舉行。(卷二八葉一四)

(8)英宗十七年辛酉(乾隆六年)五月甲申……上又曰：北道五國城，有徽欽塚云，然否？遂采曰：百姓相傳爲皇帝塚矣。上曰：其時欲借道於高麗，則五國城之在北道者無疑。既云帝塚，亦有墳形云，令道臣禁其樵採。(卷五三葉三十)

(9)英宗二十六年庚午(乾隆十五年)二月丙子，命以宋丞相文天祥畫像建祠配享當否問議于大臣儒臣。是時謝恩正使趙顯命，得天祥遺像于燕中，歸獻于上。教曰：文丞相精忠義烈，令人起敬，曾聞六鎭有皇帝塚五國城，今以文陸二人建祠配享，欲使二帝無臣而有臣。仍命禮官問議。(卷七一葉七)

(10)丁丑，上問承旨南泰耆曰：爾自北道還，見所謂皇帝塚乎？對曰：臣以北評事見其塚，塚在行營西三十里，墳形高大，傍有許多衆塚，謂之陪葬。所謂五國城，在今豊下鎭，而城四面皆千仞絕壁，只有東西一路，金人生擒中原天子來囚此處云。聞居民得宋時錢，錢號至和，至和，宋仁宗紀年也。洪皓囚之冷山，即今三水地也。上曰：岳武穆以恢復爲心，故先朝特配永柔臥龍祠，今以文丞相配之亦宜矣。(卷七一葉七)

(11)三月已未，以宋信國公文天祥配享于永柔臥龍祠。先是，上命禮官問議于大臣，至是，教曰：臥龍祠，即宣廟御龍灣時興感而命建者，岳武穆追配，亦昔年曠感之聖意也，今欲以信國公追配，亦繼述之意也。噫，臥龍欲復漢室，武穆欲迎二帝，信國欲存宋祚，三賢，忠則一也。當年問議中舉陸秀夫者，欲建祠於五國城故也，不於五國而於永柔，則陸相追配事近張大，以信國公追配於臥龍祠，而親致文遣近侍致祭。其後命豎碑，使大提學南有容記其事。(卷七一葉十二)

參右錄記事，朝鮮於趙宋，尤其是高宗南渡後之屈於金人，其精神主意全在於「復仇

雪恥」四字之屢屢提出，頗有不勝其感慨之狀，如曰「不覺其爲古今之異時也」。至于其對於岳武穆之「奮忠破賊」，則又申其同情之言曰：「不覺曠世相感，千載起敬。」凡此語氣，實爲朝鮮研讀宋史之一種微言大義，不可不知。又按武穆史事，其在東國人士心目中，當爲人人所熟知之事，如正宗實錄卷四十五葉十四載右議政尹蓍東啓言：「故統制使柳珩，故訓鍊都監柳炳然，祖孫皆背涅四字，如宋臣岳飛事。」而其結語更爲表章之言曰：「中州千古一武穆，我東一家二武穆。」這一名言，自然又正是所謂「起敬」之一例，自然還不是完全受了宋史的影響。考朝鮮之所以如此云云者，言之亦有其故。例如當一六三六年（明崇禎九年，清崇德元年）朝鮮境內所遭之「丙子虜禍」，由于國小力弱，致有南漢下城之恥而屈於清人，其情正與南宋同，都是一樣稱臣納貢於所謂「夷虜之邦」的。所以南漢下城之役，朝鮮有等志士不禁爲之慟哭賦詩曰：「君臣忍屈崇禎膝，父老爭含萬曆恩。」（英宗實錄卷四十葉二二）其情如此，其恨可知。及明亡之後，由朝鮮言之，更如失却「父母之邦」，爲之「含冤忍痛」者凡二三百年。以此朝鮮雖曰久屈於清人，但其爲明爲本國圖謀「復仇雪恥」的志念，則二三百年來未嘗一日或忘，甚至往往咒詛清人，有「胡無百年之運」語。又如肅宗實錄記痛恨清人之言有曰：「凡官文書外，雖下賤無書清國年號者。」（卷三葉二六）又曰：「請擇能胡語漢語者，間行深入，以覘賊奴虛實。」（卷三葉四九）又曰：「爲天下請命，爲帝室桓文。」（卷二葉八）如此之類，朝鮮仁祖以後各朝的實錄書之甚多，不能備記。總之，關于朝鮮之同情漢族以及其始終痛恨清人之處，眞可謂「昭昭在人耳目」了。所以明清之際明之亡國不必論，單言朝鮮與清人，由歷史觀點而論，正如宋金故事之重演而已。而所謂「宋史筌」之作，我想，其撰述動機，多少也當採取了這一含義的。

再，前引史文，曾經特別談到「五國城」一名詞，而又言之甚多，且更的指其地點之所在，如記事有云：「上問承旨南泰耆曰：爾自北道還，見所謂皇帝塚乎？對曰：臣以北評事見其塚，塚在行營西三十里，墳形高大，傍有許多衆塚，謂之陪葬。所謂五國城，在今赳下鎭，而城四面皆千仞絕壁，只有東西一路，金人生擒中原天子來囚此處云。」然檢褚稼軒堅瓠集「五國城」條之記述，則與實錄異：

> 宋徽宗崩於五國城，向不知在何處？考之，城在三萬衞北一千里，自此而東，分爲五國，故名。北至燕京三千三十里。三萬衞在開原城內，在遼陽城北三百

三十里，古肅愼地，隋曰黑水靺鞨，唐初置黑水府，元和以後，服屬渤海，金初都此，後遷於燕京。又全遼志云：五國頭城有宋徽宗墓在焉。則和議成而梓宮還者，蓋以空櫬給宋爾。

此云「空櫬給宋」，自是事實。可是五國城的遺址，其說又該如何？似乎有待商榷的。按，朝鮮北道，一稱咸鏡道，又或稱永安道，據燕山君日記卷二五葉七：「永安道本野人界，世宗以豆滿江爲界。」又中宗實錄卷八十葉三五：「咸鏡道本非我國地也。」又太宗實錄卷三五葉十五：「我國咸州迤北，本爲遼金之地。」凡上云云，包括後來之所謂「六鎭」在內，與英宗實錄卷七一葉七所說的甚麽「曾聞六鎭有皇帝塚五國城」正是一事。此一區域，大明永樂十六年由于朝鮮之遣使乞請，奉旨許屬該國的，證據亦見上引太宗實錄。考朝鮮北道，其初既爲金人之疆域，則所謂「五國城」以及「皇帝塚」也正是屬在金國的境內，迨易代之後迄于大明，其地自許屬朝鮮之後，當然，這一五國城遺址也就永遠歸於該國所有。於是乎如所謂南泰耆其人(見前)才得親歷其境與夫目擊遺塚之所在，尤其是關于「城四面皆千仞絕壁，只有東西一路」的報導，這一情景，說來如在目前，可謂「文獻足徵」之言。由此，我們再以校勘堅瓠集所有「城在三萬衛(卽開原)北一千里」之一記述，不消說，自然後者不外全憑書上之訛傳而非信史之言也。這一辨誤，假使沒有朝鮮實錄記錄的話，那，我們對于堅瓠集這一考證也會相信的。無如實錄所載，眞眞實實，才使我們爲宋史作了一條有益的證明，同時也爲了證明卽在「宋史筌」罷或許也採取了這類史料，這是值得讀者加以注意的。

<h3 style="text-align:center">四</h3>

第三十三條記云：「上雅尙經籍，自在春邸，購求遺編，及夫御極，規模寖廣，丙申初載，購求圖書集成五千餘卷于燕肆。」按，所謂「丙申」，卽清乾隆四十一年，是年朝鮮由清國購得之圖書集成五千餘卷，原係康熙時官修之書，不在禁書之列，故朝鮮使者乃得隨意收買之。至若其他非關清人官修之書，尤其是涉及史書之類，卽「有裨治道」之一些史籍，由整個清代對于朝鮮而言，自始至終都是懸爲屬禁的，參朝鮮通文館志，其事甚多：

顯宗十一年庚戌(康熙九年)：准禮部咨：節該：賀至陪臣閔鼎重下役梁廷燦，私帶通鑑，勅下朝鮮國王審奏……(卷九葉三三)

肅宗十七年辛未(康熙三十年)：准禮部咨：年貢員役張燦帶回一統志云云。卽將張燦究問，供稱：俺豈昧法而犯禁，一統志只論山水詞賦，中途偶買，欲爲留館時消遣，到栅被捉，若以爲禁物，實深冤抑，等情，專差行護軍金鑑信咨報。(卷九葉四四)

准禮部咨：謝恩員役張炫帶去火砲二十五個，雖與軍器不同，亦係硝磺所做，酌量治罪。卽將張炫降二級調用緣由咨覆。(卷九葉四四)

又二十五年己卯(康熙三十八年)：禮部咨：據鳳凰城守禦章京：年貢陪臣李彥綱等包內搜得書四包，將書目送部。看得雖非史書，內有關係史書之言，送部儲庫。相應行文該國，將買書之人查明禁止云云。卽將查得買書人趙存璧、李之翰等革職，陪臣俱降二級調用等由咨復。(卷九葉五○)

又三十二年丙戌(康熙四十五年)：禮部咨：貢使夥內許遠帶春秋，爲鳳城搜獲，雖非禁史，有關史書處，應將書送部，知會該國，將許遠加以責罰，嗣後申禁緣由咨報。(卷九葉五三)

純宗八年戊辰 (嘉慶十三年)：禮部咨：節該：鳳凰城城守尉搜出朝鮮賚咨官携帶史記銅鍋等物，開單呈報。今物件內周易一書，例所不禁，應仍給還。至史記銅鐵，俱屬違禁之物，惟是史記非全史可比，銅鐵爲數無多，將史記交盛京禮部存貯，銅鐵交盛京刑部貯庫。仍行知該國，嚴飭進京使臣及賚咨官毋得私帶違禁之物，致干罪戾。奉旨：依議。欽此，知照云云。

回咨略曰：賚咨官之回，乃有史記被搜之事，雖蒙寬恩不行重究，在小邦自訟之心，不勝驚懍，該賚咨官金成采革職嚴勘。自今益伸飭勵於赴京人役等，凡係違禁之物，毋得潛買，致干昭憲云云。(卷十一葉九)

由上所錄，在清人眼裏之所謂「禁書」，其範圍實包括甚多，如通鑑、史記、春秋、一統志、並連同一些「雖非史書內有關係史書之言」之類，都是不准携帶出境的。而最普通的莫如春秋、一統志等，亦爲禁止，則清人之於朝鮮，其防之之道，可謂別有用心。與往者大明之勅賜宋史，以及其時朝鮮之無書不備，無非由于明朝自來卽視四方諸國爲一家，然後朝鮮之「求書」才能如願以償的。試以火器言之，在昔洪武年間且嘗以火砲賜給朝鮮矣，而後來萬曆時之朝鮮「倭禍」，關于火器之輸送朝鮮者爲數更

多，不但火器，卽如煮硝方法，本爲國防之秘，然亦當秘而不秘，且令朝鮮使臣亦得傳習之俾廣其用。這一記事，見朝鮮仁祖實錄崇禎六年十月丁卯。凡此舉動，都是不外視朝鮮「如同一家」而已。由這些史事，我們再觀清人於朝鮮，其情則又絕相反，比如甚麼「火砲二十五箇」(見前)也就是通常所說的「花砲」，只因其「亦係硝磺所做」，乃至輕重不分也都指爲違禁之物，且於携此「花砲」者更科以應得之罪。據此，則可見明清之所謂對待屬國的朝鮮，兩者相較，眞有天壤之別了。因其如此，所以朝鮮當有清之世雖曰「服屬」於清人，其實兩者之間都各知之有素，參肅宗實錄卷一葉二十八，有「彼之不信我，亦如我之不信彼也」語。像這樣的情形，很可以看出朝鮮和清人根本就談不上是甚麼「與國」的。有如吳三桂之役，朝鮮便常欲舉兵深入瀋陽，以報丁丑之仇。由此類推，則可知朝鮮之與清國究竟是怎樣地一段關係了。

五

第十九條所記的「京城圖志」，卽「洪武京城圖志」，其在朝鮮，又一稱「南京官闕都城山川之圖」，而且小註更云「官制防(疑坊)曲之名亦附焉」，實爲研究有明南京官(疑宮)闕制度之第一等原料。此書凡一冊，刊於洪武末年，書首序文，有「洪武二十八年冬十有二月二十二日承直郎詹事府丞臣杜澤謹序。」是編傳世未百年，當時幾已絕跡於海內。弘治五年壬子，南京戶部主事王鴻儒於杭人陳有功處獲見之，商諸江寧縣知縣朱正宗爲之重刊行世。民國十八年戊辰，江蘇圖書館由「八千卷樓舊藏」中得見此重刊本，爰付影印，俾廣其傳。茲作者所見本，卽爲此一影印本，藏中央研究院歷史語言研究所。而朝鮮崔世珍氏進上之本，由大明紀年之嘉靖二十年觀之，則其所得者當爲弘治五年重刊本，與「八千卷樓舊藏」本同爲一種本。據此，再考朝鮮實錄關于中國書籍的記事，說來都是些「文獻可徵」的，更由此類推，則朝鮮實錄一書，其在吾人之研究又正是一部最爲可貴的資料。

六

第三十一條關于「敎曰：光廟朝，儒臣梁誠之建言，乞令內藏書籍，後面圖書稱朝鮮國某歲御藏，書大明年號……」之所云云，再稽之第九條(前者)，卽世祖九年癸未(天順七年)，實備載其事，讀者查閱至易，可省翻檢之勞。而我在前面所述：「凡人於學不爲則已，爲則必須有見卽錄，毋致有一條一字之遺，以獻於讀者。」也正是爲了

這一需要而已。

七

　　第三十五條記云：「皇朝討倭之役，叅將駱尙志載唐書數千卷，以贈贊畫使李時發，李氏之家，遂以多藏書稱。」按，駱尙志之贈書，亦有其故，據宣祖實錄記萬曆二十年壬辰十月庚寅禮曹判書尹根壽面啓國王有曰：「駱叅將待我國人甚厚，常曰：箕子汴梁人也，汝等同是中國人也。」(卷三十一葉三)此爲明人直視東國同胞也「同是中國人」，則其贈書之處也正是該贈的。不過以一個叅將的資格一次贈書便如是之多乃竟多至數千卷？以此爲例，可見明朝的中國關于私家藏書之富，由我們現在的眼光觀之，眞是無法加以估計的。同時我們又更可由此看出朝鮮當明代之世，其在中國境內所有「求書」之便利以及其收買之多，當然，這也是一個比較最爲重要的原因，特拈出說明，不可不知。

第五章　華制

　　「華制」一名詞，包羅甚廣，當然，禮樂文物和衣冠制度之類，據實錄所載，都是「一遵華制」這是毋庸贅述的。現在我們所要特別注意地乃是實錄中又嘗有一種異乎尋常的說法，如其辭有曰：「我東方遠在海外，凡所施爲，一遵華制。」此所云「凡所施爲」，易言之，也正是說明了凡關東國一切的一切甚至於一些食用之所需無非都是取法於中國而已。而這些食用的類別，大者如火藥木棉稻米，次者如燔磚造紙以及水車之制，再次還有醫藥所需如甘草生蝎之微末，也是中國種傳至該國的。凡此記事，在全部朝鮮實錄中的記錄綜合起來究竟應該有多少？這一問題，姑且放下不談，總因像這些食用記事當我過去讀這部實錄時並未有見卽錄，而只是取其於我覺得有關興趣地才隨手錄出之。比如生蝎罷，本爲一毒蟲，其毒與蛇同，在中國境內嘗以此並稱，避之如不及，然在東國視之，乃竟當作寶貝一般而亦爲尋覓以歸，作爲滋生蕃育之計。此一舉動，由東國之動慕中華言之，當然正是一件極有意味之事，卽如現在歸倂後面所引一堆史文內，其於爲了說明朝鮮「凡所施爲一遵華制」之處，似乎也更是一種極爲有趣的佐證。

　　一、世祖實錄：

（1）二年丙子(景泰七年)三月丁酉，集賢殿直提學梁誠之上疏曰……一，文崔立祠：
蓋臣聞聖人之制祭禮也，法施於民則祀之，能禦大患則祀之，吾東方舊無木棉
種，前朝文益漸奉使留元，始得而種之，遂流遍一國，至今無貴賤男女，皆衣
綿布。又自新羅只有砲石之制，而歷代無火藥之法，前朝末，崔茂宣始學火砲
之法於元，東還而傳其術，至今軍鎮之用，利不可言。茂宣之功，萬世除民害
也，益漸之功，萬世興民利也，其澤被生民，豈曰小哉。乞於二人鄉貫，官立
祠宇，春秋令本官行祭。(卷三葉二八)

二、成宗實錄：

（2）六年乙未(成化十一年)正月己巳，紙匠朴非曾從謝恩使如京學造紙法。其一、北
京哈大門外二十五里地有造紙處，皆常用麻紙也。其造法，用生麻細截漬水，
和石灰爛蒸，盛於帒翻攪，洗淨去灰，以石磑細磨後，盛於比竹木筐子，更洗
淨撈出，置於木柄(桶)，和清水造之，不用膠。問造奏本紙法，答曰：南方人
待竹筍如牛角刈取，連皮寸寸截之，洒水和石灰，納桶中，經五六日後煮熟，
盛於筐子，洗淨去灰爛搗，盛細布帒復洗後，和滑條水造之。滑條草名，用根
幹椎碎沉水，以其水爲膠。問造冊紙法，答曰：亦如右，但雜稻稭造之，其熟
正如常。一、正陽門外二十里許有造紙處，用生麻細截，洒水和石灰熟蒸，盛
於竹筐子，洗淨去皮，以石磑細磨，復盛於密比竹筐子，洗淨撈出造之。問造
冊紙，則竹筍如牛角時刈取，連皮寸寸截之，稻稭亦如右截之，相雜洒水和石
灰，置水桶，經五六日熟蒸，盛布帒，洗淨淘去灰爛搗，復盛布帒，更洗淨撈
出，和清水造之。問造奏本紙，則稻稭少許雜之，約一千丈用粉一斤和造，則
色白而好。一、遼東東門外太子河邊有造紙處，用生麻及桑皮眞木灰水石灰交
雜，熟蒸晒乾，以木椎打去麤支及石灰，細截盛竹筐子，洗淨細磨，又洗淨和
滑條水造之，此則常用冊紙也。(卷五一葉一二)

（3）九年戊戌(成化十四年)十月辛丑，工曹判書梁誠之上書曰……臣又念火砲，軍國
秘寶也，高麗末，崔茂宣始入元朝學之。大明初，高皇帝以防倭而賜之。及我
世宗朝，銃筒謄錄散在私家者，盡收入內府，其後軍器監外東門藏二十件，春
秋館藏一件，盧亦周矣。然近日伏見五禮儀，火砲造作之式，尺寸分釐，悉書

無隱，即頒中外，遍于一國，萬一奸細以爲奇貨，賣與賊倭，則其爲東南之禍，可勝言哉？(卷九七葉五)

（4）十六年乙巳 (成化二十一年) 閏四月己酉，下書全羅永安慶尙平安道觀察使曰：甘草不產我國，世宗朝求之中原，種于上林園，逐分種諸道，欲其蕃盛。種之已久，而今觀諸道所啓，逐年生植不蕃盛，是必守令不用意培養，或因地瘠，或因雜草，使不暢茂。其瘠土所種，漸次移種，芟去雜草，務令蕃盛。且今欲試用羅州所種三兩，珍島四兩，咸平一兩，靈巖一兩，寶城一兩，吉城四兩，慶源四兩，穩城二兩，會寧三兩，鍾城三兩，蔚山一兩，平壤一兩，依月令二月八月除日採取，暴乾上送。(卷一一七八葉十八)

（5）十八年丁未 (成化二十三年) 八月庚午，禦侮將軍崔湜上書曰：臣曾祖崔茂宣，入中朝學得火砲法，逐傳布我國，至今試用。去庚寅年間，倭寇深入內地，屠殘邊邑，茂 (宣) 用火砲摧折賊鋒，其功信不細矣。仍進家藏用火砲殲賊圖一軸，火砲法一冊，皆古畫古書也。且啓曰：木綿子取來人，子孫今皆錄用，吾曾祖之功若此，而未蒙錄用，臣竊憫之。命饋送。仍進角弓一張。(卷二〇六葉二)

（6）十九年庚申 (弘治元年) 六月乙卯，下書全羅道觀察使李諿曰：聞崔溥到中國，得見水車制度而來，其令巧性木工聽溥指揮造作上送。(卷二一七葉一八)

（7）二十年己酉 (弘治二年) 九月乙丑，聖節使醫員李孟孫獻生蝎百枚。孟孫在燕京獲蝎、納之槽中，以泥土塗其外，土乾則洒以水，又投食於其中，以鐵網籠其外，以防逸出，故得生全而來。傳曰：全蝎入藥劑，幸中原路梗，則不可得矣，其以四十枚分養于內醫院，六十枚置大內孳養。(卷二三二葉四)

（8）二十一年庚戌 (弘治三年) 四月乙未，特進官尹孝孫啓曰：臣頃以聖節使赴京……臣見中原人燒草燔磚，用以築城，以石灰塗其隙，所謂長城，皆用磚築之。臣意義州抵遼東不甚遠，土性亦豈頓殊，若如中原人燔磚築之，則功用省而事易成矣。況石灰產於本州，亦易辦也。上曰：其以此意問於築城使以啓。(卷二三九葉五)

三、宣祖實錄：

（9）二十六年癸巳 (萬曆二十一年) 十月丙戌，訓鍊都監啓曰……嘗聞高麗時，有宋商

李元者，來寓於宰相崔茂先家，茂先待之甚厚，因學熖焇火藥煮取之法。我國之有火藥，自茂先始。(卷四十三葉七)

四、孝宗實錄：

(10)元年庚寅(順治七年)五月丁卯，上自內召匠造水車一具，出付備局。下教曰：昔於燕瀋之路，謾觀治水田之具，灌漑之用，莫如水車，而我國則全昧此制，咫尺雖有衰衰之流，地勢暫高，則立視其枯涸，而末如之何，良可歎也。……今令工匠造出其制，廟堂審其便否。……回啓曰……水車制度甚巧，轉幹如神，誠能家置戶設，則有益於備旱，必不淺淺，亟令有司依樣造十箇，分送八道及開城江都。從之。(卷四葉八)

五、憲宗實錄：

(11)四年戊戌(道光十八年)六月己卯，大司憲徐有榘疏，略曰……臣聞中原通州等地，有六十日稻，初秋下種，初冬收穫；上海靑蒲(浦)等地，有深水紅稻，六月播種，九月成熟；德安府有香秈晚稻，耕田下子，五六十日可以食實，此皆晚蒔而可食者也。臣謂每歲節使之行，多方訪求購來，頒之八方傳殖，則不過一二年，人享其利，其於廣嘉種而救災荒，豈云小補哉。昔宋眞宗聞占城稻耐寒，西天中印土菉豆子多而粒多，遣使求其種，散諸民間，仍以種法下轉運司。時儒丘濬曰：宋帝此舉，有合於大易輔相左右之義。……(卷五葉六)

第六章　尊崇

「尊崇」在朝鮮，考其所有一些被尊崇的人物，揆之中國歷代尊崇之典，正係如出一轍，都是「一遵華制」的。茲爲證明起見，先舉例如下：

肅宗實錄：

二十七年辛巳(康熙四十年)四月己未，上親定海州首陽山夷齊廟之號，曰淸聖廟，以御筆書之，下于政院。政院請依文會書院賜額例，自本院摸寫以刻，遣近侍揭之。上又以御筆書跋文，使之添刻於板末。其辭曰：頃因海儒生崔沆等上章，特允夷齊廟宣額之請，仍以御筆頒下額號，聊寓想像淸風千載起敬之意焉。(卷三五上葉一七)

乙亥，御晝講，檢討官李觀命曰：海州夷齊廟位版，士子輩以孤竹伯子叔子書之，故宣額致祭文，亦用此號。然孤竹是國名，非其姓，大明一統志有曰：宋時封伯夷爲淸惠侯，叔齊爲仁惠侯。今於位版祭文，宜以此致書。上下其議於禮曹覆啓施行。(卷三五上葉一八)

英宗實錄：

十七年辛酉(乾隆六年)五月甲申……叅贊官吳遂采論田橫嗚呼島之事。上曰：我國夷齊廟諸葛廟，皆因山名親書廟號者，所以曠感忠義之意也。今聞嗚呼島，乃我國洪州地名云，其令道官審問舊跡。(卷五三葉三〇)

二十一年乙丑(乾隆十年)正月辛卯，遣承旨致祭于永柔縣臥龍祠。上講資治通鑑，掩卷歎曰：武侯爲漢丹忠，昭垂史乘。仍命儒臣致祭于南陽府龍柏祠。其後筵臣奏曰：龍柏祠卽鄉儒所建，臥龍祠卽宣廟朝特命建祠者，輕重懸異。故改以是命。(卷六一葉五)

三十三年丁丑(乾隆二十二年)二月甲子，命致祭至德祠。至德祠，卽讓寧大君廟也……我東泰伯也，所以得至德之名。(卷八九葉四)

三十七年辛巳(乾隆二十六年)六月戊寅，上命致祭淸聖廟，祭文製下。海州有首陽山兄弟洞，海州儒生曾上疏請建祠，以爲夷齊俎豆之所，肅廟親書淸聖廟以賜者也，而今年是建祠回甲也。(卷九七葉二六)

由上尊崇記事，其在朝鮮實錄中僅爲一種零零碎碎的記錄，卽以東國的祀典而言，是否曾經列入甚麼歲以爲常的祀典？可以不論。要而言之，像這類膽錄，關于朝鮮之尊崇中華人物，總是有部分實證可以查考的。卽如「至德祠」，其所祀者雖曰爲該國之「讓寧大君」，然既以「我東泰伯」四字爲言，究其意義，實際也正是等於尊崇中國的「泰伯」，故亦特別拈出記之。此外再就實錄內取其若干比較更爲重大的「尊崇」記之如次，以明朝鮮和中華是怎樣地在那裏動輒號稱「兩國一家」的。

第一節　大報壇

當一五九二年(明萬曆二十年壬辰)第十六世紀之末，關于朝鮮之突遭「倭禍」(朝鮮史籍稱：壬辰倭禍)，幾致亡國，明朝仗義出師，擊敗「倭寇」，再造東國，實爲當時東方震耀古今之第一大事。其後朝鮮感萬曆復國之德，特於王京之漢城設立「大報壇」，以

紀念明帝再造之恩。這段史事，考之日本學人的論著，則多爲反常之言，如所謂「征韓偉略」一書，是其最著者。他如還有甚麼「明援朝鮮無功」(王桐齡譯：市瓊村次郎著明代之滿洲)之論，以及一些「是役，在日本是極端的壯舉，但是對于明朝，不消說，實在是萬分煩累的頭痛的」(隋樹森譯：青木正兒著中國戲曲小說中的豐臣秀吉)之所云云，揆其立場，都是些爲說悠謬顚倒不足憑信。此猶不足，另外日本更有好事者，嘗將秀吉侵韓行爲譯爲英文本之所謂「藍皮書」，傳之西方諸國，以爲宣傳之用，而其中內容，無非誇張日本於東方遠在三百年前便是一個戰勝中國者。有如清人蔡爾康卽爲其所愚，於其所著「中東和戰端委考」中談到明朝援韓之役便是根據「藍皮書」的意見而敍述日本當初所獲的勝利。凡此種種，可見日人之作史尤其是明朝援韓史事，是固有其內在(卽侵略陰謀)的作用，故乃不惜抹却事實，以爲欺世之談。卽如明史朝鮮傳和日本傳，述及援韓之役，其結論也是大錯而特錯的，如云：「自倭亂朝鮮七載，喪師數十萬，糜餉數百萬，中國與屬國迄無勝算，至關白死而禍始息。」此說當係本于明人的浮議，見董其昌容臺集六筆斷記萬曆二十七年二月十九日吏科給事中陳維春奏本。沒想到這一浮議，更爲青木正兒所利用，比如我在前面所提的他那篇大作內又有云：「這一役，亘七年之久，明朝喪師數十萬，仍然不能達到得勝的目的。正在衰弱不堪的時候，恰巧秀吉死去，日本軍完全撤退，因此明人始免於難，略得享高枕無憂的日子。」實則研究明人援韓戰功，當以朝鮮史籍爲正宗，茲檢朝鮮宣廟中興誌，考之明史則又絕相反，如戊戌(萬曆二十六年)五月倭將木下金吾撤兵還去條：「金吾與平秀嘉等二十餘將撤兵歸國，惟淸正與行長義弘義智甲斐守等十餘壁留屯沿海(光濤按，這韶屯沿海之軍，只因船隻問題不能一次同時撤囘，勢必分作數運才能運還的)。平秀吉盡屬其營將而告之曰：朝鮮之事，迄未結束，何也？源家康等皆曰：朝鮮大國也，衝東則守西，擊左則聚右，縱使十年爲期，了事無期。秀吉泣曰：公等以我爲老矣，我之少也，以天下爲無難事，今老矣，死亡無幾，與朝鮮休兵議和，如何？其下皆曰：幸甚。」日本之撤兵，是活秀吉之事，與死秀吉無關，且出於活秀吉哭泣之所爲。此種哭聲，當然也就是日本豐臣秀吉侵韓失敗日暮途窮的結局，與明史所云「至關白死而禍始息」的話完全不是那回事。所以明史一書，關于東征一役之記事，明人既有許多浮議於前，而明史又不得不因之於後，以致將一樁可以昭示百代的奇功寫得非常的黯淡無光了。

　　所幸李朝實錄自日本影印傳世之後，於是乎明人援韓之功始彰彰在人耳目。據宣祖實錄記明人戰功有曰：「賊退專倚天兵。」又曰：「自開闢以來所未有之大功也。」考朝鮮一役，僅就宣祖一朝實錄的記錄，便可纂成一長編，約當一百五六十萬字以上。宣祖實錄凡一百十六本，又宣祖修正實錄凡八本，共一百二十四本，其中記「倭禍」便有八十餘本之多（每本至少約二萬餘字）。又宣祖自隆慶元年卽位，至萬曆三十六年薨，凡四十一年，而「壬辰倭禍」僅七年，七年間之記事，便佔去其全部實錄三分之二，可見是書實爲研究朝鮮「壬辰倭禍」者之基本史料。此書之外，尚有前面所引「宣廟中興誌」一書，乃是專記「壬辰倭禍」的，凡十萬多字，與宣祖實錄合而觀之，益足證明朝鮮的文獻不但實錄是一寶，就是其他一般的史籍（包括中興誌）同樣具有重要性，可以說同是天地間第一善本。

　　總上所述，作者更有一種意見，就是說，像研究明人援韓史事，假使近來沒有朝鮮那些史籍的出現，那，除却明史外，大家還不是都在那裏拼命地搜求日人的論著以爲可徵可信，實際那裏又曉得這類的論著原來都是些反面的文章呢？因此作者爲了證明宣祖實錄所說的「賊退專倚天兵」以及「自開闢以來所未有之大功也」等語起見，嘗撰有「記朝鮮實錄中之大報壇」一文，將所謂「大報壇」史事，特由肅宗英宗兩朝實錄內將其全部錄出以介于讀者，以存三百六十餘年前關于明人在朝鮮境內所建輝煌戰績之一正面的史實（見集刊外編第四種）。茲爲節省篇幅計其史料可不必再錄，但總括史料的大槪現在可以這樣說，只因明朝援兵打垮了日本豐臣秀吉侵韓之衆「再造藩邦」，然後東國才會「以德報德」才有「皇壇之設」的。至於「皇壇」其名曰「大報」，亦有其意義，據朝鮮尊周彙編引大提學宋相琦之言有曰：「壇號曰大報，以寓郊天報德之義。」而英宗實錄所載，則爲：「皇壇之設，乃所以大報再造之盛念也。」又，「大報壇」當設立之初，本爲「神宗」而起，厥後乃併及「高帝」和「毅宗」，實共祀三皇，因爲高帝於朝鮮，曾經「特許封典，錫以國號」，而後者毅宗之崇禎九年，當朝鮮之遭逢「丙子虜禍」，曾有「命將東援之事」。總而言之，三皇並祀，其大義所在，正是東國「以德報德」不忘大明而已。

第二節　文廟

　　文廟史事，據實錄，歷朝多有記載，倘能將其全部提出分類編輯，可以纂成所謂

「文廟志」一巨冊。當初作者於此，原亦注意之，總因這部實錄內問題甚多，如每一問題，都想收入計劃之列，那，工作未免過於煩重，「貪多則不專」，而且更將影響到一些先決的史題，使其一切研究都不易達到完成的目的。於是乎有些很多寶貴的史料也就因爲在這種情形之下而都被放過，像所謂文廟記事，也只是其中之一而已。有如文廟碑，在實錄中說起來總算是一篇洋洋大文，可是作者在看到之後還不是一樣輕輕地將他放過而並未想到鈔錄之一打算的。現在這裏既以「文廟」爲題，說到碑文正是最爲有用的史料，但，這一碑文已不能記憶究竟載於那一朝實錄之中，如若從頭再細查一遍罷，不免又要花費很多的時間？自然也只有置而不談了。今爲取證東國文廟史事之一意義起見，特就成宗一朝實錄中拈出若干有關的史文，彙列於後，庶乎一般讀者不難藉此可以瞭解李朝所有對于尊崇中國孔聖之一斑。

（1）八年丁酉（成化十三年）八月庚子，南原君梁誠之獻親祀文廟頌幷序……頌曰：於皇先聖，性稟生知，經天緯地，文不在茲。金聲玉振，集厥大成，損益四代，表章六經。賢於堯舜，日月共明，麟出於郊，鳳不鳴歧。吾其東周，欲居九夷，四海同仰，百王攸師。皇聖一章八句。皇降生民，聖作君師，不有素王，孰開我知。茫茫九土，無人不學，萬世南面，終天血食。漢以大（太）牢，風俗四方，唐被龍袞，文明爲國。顧惟大東，仁賢所化（附記一），春秋不懈，庶幾夙夜。廟食一章八句。於皇太祖，應運開國，首創文廟，享祀不忒。太宗承緒，惟勤繼述，世廟踐阼，有光制作。逮我世祖，升堂酌獻，一邦咸喜，萬世垂憲。文未喪天，道未墮地，聖子神孫，益闡文治。垂憲一章八句。明明我后，奄有東方，祇見廟社，以享以將。廼親田籩，重民衣食，飽暖無教，禽獸奚擇。導以禮義，學校爲盛，茲詣澤宮，親祀先聖。酒醴既哉，粢盛亦潔，諒余昭事，庶幾來格。親祀一章八句。廼御明堂，乃服袞衣，濟濟青衿，肅肅丹墀。廼命相臣，廼試諸儒，臣拜稽首，實稟睿謨。擇焉惟精，何不作人，人爭聚首，願爲忠臣。臨軒放榜，日下五色，賜花與蓋，自天呵喝。作人一章八句。廼出東門，乃御射壇，熊候既張，龍旗安安。廼御彤弓，四矢如破，聖人乃中，侍臣攸賀。將相陪射，衆稱其爭，或受上賞，或飲巨觥。匪怒伊教，載欣載悅，一人有慶，四方來服。大射一章八句。日表穆穆，天語洋洋，轎（橋）

門萬計，咸仰耿光。于以肆筵，于以賜設，仙樂交奏，武功文德。旨酒又多，嘉殽肥腯，拜獻萬壽，萬壽無極。乾坤清寧，禮儀闠缺，旣醉太平，於倫於樂。賜宴一章八句。惟我聖上，身致大平，尊師重道，大禮以成。于以取士(附記二)，于以觀德，一張一弛，能事乃畢。在泮射侯，文武爲一，臨雍燕賜，君臣相悅。愼終如始，千載一日，於萬斯年，永保東國。永保一章八句。上賜豹皮坐子一事。(卷八三葉六)

（２）十一年庚子(成化十六年) 八月丙子，傳于承政院曰：中朝國子監及我國平壤府、開城之學，皆用塑像以祀先聖先師，予欲於成均館(附記三)大成殿用塑像，於卿等意何？對曰：先儒云：土木肖像，無異浮屠。塑像不可。傳曰：儒者以別嫌異端，故有是論也。然元朝高麗，豈無所見而爲之歟？都承旨金季昌曰：自祖宗朝用位版，莫如仍舊。左承旨蔡壽曰：文廟用塑像，自元朝始，意謂塑像出於胡俗，而高麗又從而效之也。傳曰：予意以謂用塑像，則望之尊嚴，元朝之法如不可法也，則高麗奚爲效尤也。(卷一百二十葉十三)

（３）二十三年壬子(弘治五年) 八月己未，上幸成均館，親享文宣王。御下輦臺，大饗百官，儒生皆插賜花，工歌新樂章以侑之。命都承旨鄭敬祖語儒生曰：今日之事，非爲宴樂也，乃所以崇儒重道也，其各醉飲。與宴儒生摠三千餘人，觀聽之人塡溢橋門，吾東方一盛事也。

新撰登歌樂章：

第一爵文敎曲(小字：與民樂調)：大哉宣聖，文敎之宗，烝哉我后，是欽是崇。儀形萬古，宗師百王，爰舉明禋，率由舊章。載涓吉辰，祀事維明，嘉牲清酤，王薦厥誠。廟廷孔碩，尊俎旣盈，威儀卒度，福祿來并。禮成樂備，人和神懌，樂我臣工，于泮之側。方壇如削，陛(疑陞)級而登，萬目咸覩，堯雲之升。鍾皷喤喤，歌管嗷嗷，式燕以敖，載色載笑。羣工醉止，和樂且融，青青衿佩，亦觀其同。於昭斯文，振茲大東，登我至治，億載彌隆。

第二爵宣化曲(小字：步虛子調)：宣尼神化萬方同，無地不尊崇，海東開國千年，益振文風。住翠華，泮宮中，精禋式奠蘋蘩，饗學生，饋臣工。橋門觀聽駢闐競，祝吾君彌億載，啓羣蒙。

第三爵在伴(疑泮)曲(小字：鳳凰吟調)：海東文獻邦，泮水(附記四)黌堂奉素王，禮樂百年人易化，詩書千載道彌昌。洋洋弦誦春秋敎，濟濟衣冠上下庠，依仁據德共升堂，釋采精禋薦芯芳。鹿萍嘉宴會明良，金聲玉振儼鏗鏘，休有光，橋門鼓篋盡趨蹌。德與乾坤合，恩隨百露滂，英才涵敎育，庶士共懷康。奎璧麗空瑞彩彰，運逢千一協休祥，藹藹文風暢四方，夔龍接武佐虞唐。鳧鷖既醉迻稱觴，爭歌雅頌上篇章，聖筭長，岡陵齊壽永無强。

第四爵河清曲(小字：滿殿春調)：何(疑河)清千載運，積德百年期，鳳曆瑤圖恢舊業，龍旗繡黻禮先師。峩峩髦士奉璋日，濟濟靑衿(疑衿)采藻時，煥赫文章軼漢唐，擬看鳴鳳下朝陽。圜橋門，縉紳冠帶鬧如雲，聖德存神化，斯文振古風，弦歌千古地，魚水一堂同。恩深湛露沾濡處，敎洽菁莪樂育中，鼉鼓逢逢白日長，從容色笑樂無强，命維新，共祝吾王萬萬春。

第五爵闡文曲(小字：隆化調)：明明我王，丕闡文風，翠華戾止，于頖之宮。既奠素王，以誐廷紳，橋門億萬，衿佩莘莘。既醉既飽，頌聲洋洋，於萬斯年，弗祿以康。

第六爵景運曲(小字：翰林歌調)：景運方開始道隆，陶甄一世驅仁風，已撫舜琴南薰殿，更稱殷禮素王宮。泮水天光近，橋門日色紅，媲周王在鎬，邁漢帝臨雍，儒林千載一奇逢。日吉辰良屬仲秋，芹宮淸曉祀事修，冲融仙樂奏韶濩，燦爛卿雲凝晷旄。講殿儀文盛，琴壇雨露稠，師生齊鼓舞，菁莪協歌謳，儒林千載頌鴻休。

第七爵配天曲(小字：五倫歌調)：維我后，履大東，克配彼天斂五福，錫庶民，建其有極，勑我五典，式敍彝倫，化行俗美，至治蚓興，景幾何如。壽域春臺，一世民物，(小字：再唱)熙熙皞皞，景幾何如。天縱聖，日就學，緝熙光明尊先師，重斯道，稽古彌文，釋奠素王，以洽百禮，既多受祉，崇敎隆化，景幾何如。橋門觀聽，蓋億萬計，(小字：再唱)臨雍盛舉，景幾何如。思樂泮宮采芹，我后戾止，住翠華，御帳殿，冉冉需雲，簪纓百僚，衿佩諸生，濟濟蹌蹌，同宴以飲，景幾何如。以酒以德，既醉既飽，(小字，再唱)載賡周雅，景幾何如。

第八爵臨雍曲(小字：納氏歌調)：展也吾夫子，巍乎百世師，尊崇嚴廟貌，肅肅大

(太)　牢祠。臨雍新禮樂，在泮舊威儀，聖德超三代，儒風振一時。衣冠周百

辟，衿佩魯諸生，共被需雲澤，欣欣歌鹿鳴。

第九爵明后曲(小字：天春曲調)：宣明后，撫大東，敷文教，聖化隆，于胥樂兮大

(太)　平治，化軼虞唐。戾泮水，享素王，皇多士，肅蹌蹌，于胥樂兮大平治，

化軼虞唐。既醉酒，又飽德，何以報，錫汝極，于胥樂兮大平治，化軼虞唐。

（4）庚申，上御仁政殿，議政府率百官進賀。其箋曰：道德莫踰於先聖，歷代共

尊，禮樂有待於明時，縟儀畢舉，瞻(疑瞻)聆所暨，蹈舞惟均。竊觀臨政願治之

君，率皆右文興化爲重，魯有在泮之頌，漢著臨雍之儀。然飲酒而不遑明禋，

或執爵而未及大餉，備稱殷禮，允屬昌期。恭惟精一執中，終始典學，我將我

享，丕薦黍稷之馨，以燕以敖，共霑雨露之澤。君臣作相悅之樂，上下慶交泰

之辰，鼓篋醉飽者三千，環橋聽觀者億萬，吾道之幸，斯文之光。臣等俱以庸

資，獲覩盛事，於論於樂，聽載歌於周雅，曰壽曰康，祝恒伸於箕疇。(卷二六

八葉二二)

(附記一)按，「仁賢所化」一言，考成宗實錄卷二百十葉六，殆與平日的「教育有其道」

有關：「我朝崇學校，以爲養育之地，大而成均館，小而四學，常養有其數，教育有

其道，故多士雲集，執經問難，十百爲羣。」於是同書卷二〇四葉九又載士夫知恥之

事例有云：「十八年六月戊寅，對馬島宣慰使鄭誠謹來復命。上引見，誠謹啓曰……

島主遣人遺小封曰：此藥甚良，海上之行，尤佳，故贈之。受而不開見。翌日，平國

忠、平茂續來見，臣問島主所貽藥何物？國忠密語曰：此實黃金也，欲表厚意，故託

以良藥贈之耳。臣卽加封還，且以小簡書之曰：昔王密夜中懷金以遺楊震，楊震不

受。王密曰：暮夜無知。震曰：天知神知，子知我知，何謂無知？今島主所贈，雖是

衞身之藥，然乘夜以贈，茲用不受。再三請之，而臣固拒不受。」此却金之事，是爲

東國士夫讀書明恥之一例，特表而出之，其與楊震之却金正是「其善一也」，都足以

稱美史册和「垂範後世」的。此外，還有中宗實錄卷一百三所載「不撤薑食」一則，

揆之「仁賢所化」更是堂堂正正之一實證：「三十九年五月壬子，世子賜生薑于僚屬，

仍賜手書曰：予觀論語記夫子飲食之節有曰：不撤薑食。此非爲口腹，但爲通神明去

穢惡故然也。諸君子動慕夫子者，雖於飲食之末，必有所法焉。今以是榮送于院中一

嘗，何如？」此一記事，特以「諸君子動慕夫子者」爲言，由此一言，盆足看出東國關於「仁賢所化」之風，可以說，「自國君以至於臣工一是以力行爲本」的。

(附記二)按，所謂「于以取士」，其取士之制正是「一從華制」，有鄉試，有會試，有殿試，考之明淸檔案也都是一模一樣並無二致。茲據成宗實錄取其殿試試題二則錄如下，同時我還要附以說明，就是說，看了這兩則試題，實際也就等於包括明淸兩代取士制度之一例，彼此相較，正是同一制度而已。

七年丙申 (成化十二年) 三月辛未，上御仁政殿，更發策問曰：天下之理，會在吾心，苟求其理，理無不通。蓋日月之行有常度，而日月之蝕亦有數，先儒以爲精曆筭者，雖百世可知也，然孔子於春秋必書日蝕，何耶？先儒又以爲人君修行政，則當食不食。既有常數，則爲此說者何歟？且日者陽之精，月者陰之精，大陽大陰，一而已矣，堯時十日並出，宋之兩日相盪，抑又何理耶？潮汐之說，先儒之論不同，其消息之理，可得聞歟？東海之無潮，錢塘之三日不至，抑又何理耶？火者陽之精，水者陰之精，各有其性，有溫泉而無寒火何歟？氷有蠶而火有鼠，抑有是理乎？橘渡淮爲枳，貉踰汶而死，又何理耶？洪範曰：王省惟歲，卿士惟月，庶民惟星 (此四字疑師尹惟日之誤)。又言雨暘燠(疑煥)寒，風以爲肅，乂哲謀聖之應。曰雨，曰暘，曰燠，曰寒，曰風，一一果爲五事之應乎？天下之理無窮，理無不通，然後可以言儒者矣。將欲觀子大夫窮理之學，其著于篇。(卷六五葉十九)

二十五年甲寅 (弘治二年) 四月庚午，上御仁政殿，親策士。其策曰：有天之文，有地之文，有人之文，人文與天地之文有異同歟？結繩之前，亦有文耶？河圖洛書之中，有可言天地人之文歟？唐虞三代之時，君臣吁咈之言，師弟答問之語，街巷鄙野之辭，皆載經籍而爲文，後世荀、董、揚、王有意於爲文，而不得與六經比並何耶？文章與世陞降，宋元不及漢唐，漢唐不及三代，所以不及者何耶？韓文起八代之衰，歐文著仁義禮樂之說，後世之人果皆不能爲古文歟？濂洛關閩諸子發言爲文，表裏六經，其文何所祖歟？可得聞其詳歟？子大夫講之有素，其各悉心以對。(卷二八九葉八)

(附記三)按，所謂「成均館」，由中國言之，曰國子監，曰太學。據第二條記大明國子

監之制有云：「中朝國子監及我國平壤開城之學，皆用塑像以祀先聖先師。」再參英宗實錄二十五年己巳 (乾隆十四年) 四月乙未關于冬至副使鄭亨復書狀官李彝章復命條談及清國太學有云：「上問太學制度如何？彝章曰：廣九間 ，長六間 ，與我國規模無異。位版漆以朱，以金書曰：至聖先師孔子神位。十哲亦諱名稱子，陞配朱子於殿內矣。」(卷六九葉三四) 由上兩條，可知明清兩代之祀至聖先師 ，原亦不一其制 ，前者用「塑像」，而後者則爲「位版」以祀之。這一分別，尤其是明朝之「用塑像以祀先聖」之處，這在明代祀典上說來也有其因襲和甚麼沿革的，如谷應泰明史紀事本末卷五十一「更定祀典」載嘉靖九年(西元一五三○)十月大學士張璁奏：「洪武間，創南京太學，止用神主，不設像，今國子監有設像者，仍元之舊也。」同條又載：「璁復爲孔子祀典或問上之，上嘉焉，於是改大成至聖文宣王爲至聖先師孔子——撤像，題主祀之。」按，明朝原有南北二京，而朝鮮成宗實錄十一年 (成化十六年，西元一四八○) 所記「中朝國子監之用塑像以祀先聖」之一史事，正指北京太學所謂「仍元之舊」而言，比之下距嘉靖九年之改制業已整整相去五十年 ， 及至後來清人之入中國 ， 關于「位版」之祀孔，當然又正是清人「仍明之舊」，即嘉靖九年「更定祀典」後之舊制而已。現在再說關于朝鮮之祀孔，其平壤開城之學，雖曰有用「塑像」之事，然如王京之漢城，則與此制異，據前面第二條史文，而係「自祖宗朝用位版」以祀先聖的。這一「位版」之制，直至今日仍照舊無改，如一九五五年五月十四日據董作賓先生參觀漢城孔廟之報導有云：「大成館門開處，正中有先師的神主。」見大陸雜誌十一卷三期「中韓學界交驩的經過」。 除此，再將東國爲了尊崇中國先儒「從祀」的記事，亦由成宗實錄內舉例於後，以存李氏朝鮮所常常說的「凡所施爲一從華制」之又一史實。

九年戊戌 (成化十四年) 四月壬寅，都承旨任士洪啓曰：聞中朝以蔡沈胡安國眞德秀從祀文廟。但從祀者，或有去其舊而入者，或有增其數而入者，故揚雄出而董仲舒從祀。蔡沈胡安國眞德秀追崇事，在成化十二年間，其必有詔旨，令千秋使金永堅問諸中朝國子監以來。從之。(卷九一葉十四)

十二年辛丑 (成化十七年) 二月丁未，禮曹啓：請依中朝之制，以先儒吳澂眞德秀胡安國從祀孔子廟廷。從之。(卷一二六葉三)

(附記四)按「泮水」之制，原與「學宮」爲一事，有學宮即有泮水，本是文廟制度之當

然。茲檢成宗實錄，當其嗣位之初，嘗有上章言事者，特以「復泮水」三字請之於朝，其後「泮水」得復與否，以及是不是立允其請？可以不論。要之，此一疏章，由東國「國學」的文獻而論，當然也正是有裨參考之用，特附錄如次：

> 元年庚寅(成化六年)三月丙寅，成均館生員權子厚等上疏曰：臣等伏蒙聖澤，游息泮宮，今聞求言之敎，謹以學宮闕典三事，仰瀆天聽。其一曰復泮水：恭惟我國家定都之初，首建國學，泮宮制度，一依於古，雖周官之制，魯侯之修，無以過也，頃緣增廣宮墻，泮水缺焉。于時臣等封章陳請，世祖御書曰：學宮無泮水，正是闕典。臣等聞命以來，延頸拭目以待古制之復，不幸臣民無祿，奄爾賓天，主上殿下恪遵先憲，修舉闕典，在今我初服。況此一水，在宮墻之內，則不過爲靈囿之小渠，在宮墻之外，則泮水之制備矣。……(卷四葉二七)

第三節　關王廟

朝鮮之有關王廟，始於明人東征之役：(1) 在漢城南門的，萬曆二十五年四月己卯東征將士所建，曰南關王廟。(2) 其後朝鮮又因東征將士之意，更於東城外建一關王廟，比南關王廟規模爲大，見朝鮮宣祖實錄卷九九葉三十及卷一三八葉十四。茲再據同書將所謂「東關王廟」始役記事錄如下：

> 萬曆二十七年六月戊戌，經理都監堂上尹根壽啓曰：關王廟已定於東大門外永渡輄(疑橋)傍，請令兵曹多定軍人及期赴役，何如？傳曰：依啓。(卷一一四葉二一)
>
> 九月癸亥，政院啓曰：經理都監郎廳來言：經理明日關王廟欲爲水陸齋，芙蓉香六柄入之云，敢啓。傳曰：送之。(卷一一七葉十八)

又同書更記載關王史事一條，如東征遊擊許國威與國王問答之辭有曰：

> 國威曰：關王廟甚多靈異，國王須加尊敬。上曰：關王某時有神助之功？某時封協天大帝乎？國威曰：太祖朝，有陰助之力，故封武安王，萬曆十三年，封協天大帝也。(卷一一葉十四)

考朝鮮之尊崇關王，其動機，雖曰由于受了明人的影響，其實這一影響並非只影響一時，而乃是世世傳之無窮的。比如宣祖之後，所有關王在東國之深入人心，說來也正如在中國一般，由祀典觀之，也是最受東國崇敬的。而其崇敬之至，更有該國肅宗大王之詩句爲證，如曰：「生平我慕壽亭公，節義精忠萬古崇。」又曰：「今辰致祭思愈

切，願佑東方萬世寧。」由此詩句，尤其是最後一句「願佑東方萬世寧」，頗足證明朝鮮之敬祀關王固亦極致其虔誠。今爲徵信起見，特據蕭宗英宗正宗三朝實錄，將所有凡涉關王史事，悉借此轉錄一次，以見朝鮮之敬祀關王說來也是最富中華意義的。

蕭宗實錄：

十七年辛未 (康熙三十年) 二月壬午，上詣貞陵展謁後，行酌獻禮，還至沙河里，登壇閱武，仍命牽來太僕馬三匹，分賜三大將。上引宋太祖歷謁武成王故事，將於回鑾之路，駐駕武安王廟，入瞻遺像，令諸大臣講定節目。左議政睦來善，以爲宜倣周王式商容之閭行式禮。右議政閔黯，則以爲不宜拜，且不宜式，當舉手揖。上從黯議。三司請對，以無國朝前例，請停歷入之舉。上曰：武安王萬古忠義，素所嘉歎，旣過其門，油然興感，入瞻何妨。不從。(卷二三葉九)

癸未，上下備忘記曰：噫，武安王之忠義，實千古所罕，今茲一瞻遺像，實出於曠世相感之意，亦所以激勸武士，本非取快一時之遊觀。咨爾諸將士，須體此意，益勵忠義，捍衛王室，是所望也。且東南關王廟宇破傷處，令該曹一體修改，遣官致祭，祭文中，備述予退想愛歎之意。(卷二三葉一〇)

三月庚寅，上下備忘記曰：頃日瞻觀武安王遺像，美髥顯有剪短之形，事甚未安，此等處一新修補。仍令祖宗朝建祠崇奉，實出景仰忠節之盛意，而不禁雜人，致有此事。其他傷污處亦多，使蕭淸之廟宇，作一行人褻玩之所，若不別樣禁斷，則今日修改，明日傷破，殊無致敬之本意。今後若又有如此之患見發於摘奸之時，則當該守直官從重論罪之意，各別嚴飭。(卷二三葉一〇)

十八年壬申 (康熙三十一年) 九月辛酉，上自製二首詩，以御筆鏤板以下曰：一卽曾題武安王廟者，一卽歷入武安王廟有感而作者也，其令分揭於東南關王廟，以表予敬慕之意。詩曰：生平我慕壽亭公，節義精忠萬古崇，志勞匡復身先逝，烈士千秋涕滿胷。有事東郊歷古廟，入瞻遺像蕭然淸，今辰致祭思愈切，願佑東方萬世寧。(卷二四葉二二)

三十六年庚寅 (康熙四十九年) 三月丁卯，議拜祭關王儀節……上命後日實錄曝曬時，宣廟親祭儀節考出以來。(卷四八葉九)

三十七年辛卯 (康熙五十年) 六月癸未，上頃年幸關王拜揖當否，未及考據，以行

揖禮，命考出宣廟朝舊禮於實錄曝曬時。史官書啓，以爲宣廟行再拜。上命今
後依此行拜禮。(卷五〇上葉三六)

英宗實錄：

二十二年丙寅 (乾隆十一年) 八月乙酉，上親書顯靈明德王廟六字，揭于東南關王
廟(指王京東城南城)。兩廟乃壬辰倭亂關王顯聖後所建，而皇明亦賜額，上思念其
功，故有是命。(卷六四葉六)

正宗實錄：

三年已亥(乾隆四十四年)七月甲寅……上至仁政門外，乘馬至興仁門，至關王廟，
上曰：以宋朝軍行必拜之禮，我朝肅祖英考亦行展拜，予小子敢不遵行？仍詣
廟行再拜禮。(卷八葉四)

五年辛丑(乾隆四十六年)正月庚子，歷臨東關王廟，教曰：展禮後行祭，卽是應行
之事，東南兩廟，遣將臣行祭，俄於行禮時，已有提說，一依宋武成王廟祭。
旣有肅廟受教載實鑑，先朝亦以此有御製文，而迄未遵行，可謂欠事。(卷一一
葉九)

閏五月癸亥，釐正關王廟祭品儀式。教曰：取考先朝丙申謄錄，予小子承命攝
行，而正位配位皆有祭品，且五禮儀有饌實櫎罍與先農壇同之文，而今日告由
祭祭品，無配位之祭，而其他祭品亦多不齊處，不可不及時釐正。且本廟享
祀，皆倣宣武祠與纛所，而宣武祠則有門間挾室祭官軍，本廟門神之祭，亦當
倣此矣。纛所則有樂舞，而此則更合商量，以此令儀曹知意，與太常提調祭品
釐正以聞。(卷一一葉八〇)

六年壬寅(乾隆四十七年)正月庚申，禮曹啓言：東關王祭享後，司憲府吏隷輩偷取
祭器，事極驚駭，請守直官及監祭監察並拿處，憲府吏隷，照法勘處。允之。
(卷一三葉九)

九年乙巳 (乾隆五十年) 十一月辛酉，建四朝御製武安王廟碑于東南兩廟。教曰：
兩廟將各立二碑，肅廟朝御製，先朝御製，合刻一碑，景慕宮睿製及予所撰，
合刻一碑。蓋肅廟御製，乃是圖像銘，而御製簇子，奉安于東廟，故奉來摸
刻。先朝御製廟記，則以御筆集字。景慕宮睿製，次肅廟朝圖像銘韻，亦以睿

筆集字。小子敬次原韻爲廟碑銘，並令內閣摸寫陪進，仍付太常爲迎送神奠獻樂歌。(卷二〇葉三五)

十年丙午 (乾隆五十一年) 二月丙子，上嘗親製關廟樂章，至是始用之，樂以三成爲式。(卷二一葉一一)

　　作者白：本文在寫作時(1960)曾承美國洛氏基金會資助，謹此致謝。

出自第三十三本(一九六二年二月)

近代四川合江縣物價與工資的變動趨勢

全 漢 昇　　王 業 鍵

一

　　這篇短文是根據四川合江縣縣志中的材料寫成的。合江縣位於川南，南接貴州。境內除長江水路以外，還有源出貴州的赤、綰二水貫穿其間，因而成為川、黔互市要地。本地物產除稻穀外，盛產棉、竹，清末造紙業很盛。此外，湖北棉紡織品銷黔，黔省鴉片外銷長江中下游各省，以及川鹽銷黔，合江都是重要的轉運中心。因此清季合江的商業相當繁盛。當地物價與工資的變動情況，也許多少能代表四川這一地區的一般現象。

　　合江縣志（民國十四年刊本）關於物價的記載，除了銀價（以錢計）、米價、鹽價以外，計分食品、燃燒品、服用品、建築用品、工資等五類。每一類中包含的項目，自九種以至數十種不等。當地所有交易的重要物品與勞務，大致都包括在內。這些物品的價格，或以錢計，或以銀計，計從光緒元年（1875）開始，每隔十年記載一次，至民國十四年（1925）為止，前後亙半個世紀之久。

　　我們利用這些資料，編成兩種指數：一般物價指數和工資指數。物價指數中包含十種商品，除米、鹽之外，分別從食品、燃燒品、服用品、建築用品中各選二種。其實米、鹽兩種貨物都是食物，燃燒品類中的菜油也大部分當作食用品，所以食物在這一指數中，要佔最大的比重。我們所以要這樣做，是鑒於工業化以前的社會，人民所得低微，而食物支出佔所得中很大比例的緣故。例如，根據東方雜誌二十四卷十六號（民國十六年八月）黃主一川北農民現況之一斑統計，四川中等人家每人每年消費五十五元，食物支出佔二十五元；下等每人每年消費三十五元，食物佔二十二元。食物支出既然在人民消費中佔着這樣大的比例，食物在市場交易中自然要佔有很大的比重

了。至於工資指數的構成，則將書中所載五類工資全部列入。此外，由於有銀錢比價的資料，我們可以分別算出以銀計及以錢計的各種物品與勞務的價格，進而分別編爲以銀計和以錢計的指數，以便分別觀察物價與工資的變動狀況。

二

現在把合江物價、工資、以及指數列表計算，並繪圖表示於後：

表一　近代四川合江商品價格

單位：銀～兩　錢～文

商品名稱	銀價或錢價	光緒元年 (1875)	光緒十一年 (1885)	光緒二十一年 (1895)	光緒三十一年 (1905)	民國四年 (1915)	民國十四年 (1925)
銀錢比價 (銀一兩値錢若干文)		1,500	1,400	1,300	1,200	2,200	6,500
米（市升）	銀價	0.031	0.034	0.054	0.058	0.109	0.277
	錢價	46	48	70	70	240	1,800
鹽（斤）	銀價	0.019	0.027	0.032	0.048	0.064	0.062
	錢價	28	38	42	58	140	400
豬肉（斤）	銀價	0.032	0.043	0.055	0.067	0.072	0.135
	錢價	48	60	72	80	160	880、
黃豆（升）	銀價	0.028	0.036	0.043	0.053	0.427	0.246
	錢價	42	50	56	64	940	1,600
茶油（斤）	銀價	0.027	0.036	0.042	0.067	0.155	0.123
	錢價	40	50	54	80	340	800
薪（百斤）	銀價	0.027	0.043	0.062	0.083	0.136	0.200
	錢價	40	60	80	100	300	1,300
棉布（尺）	銀價	0.014	0.016	0.018	0.020	0.028	0.042
	錢價	21	22	23	24	62	273
緞（尺）	銀價	0.42	0.49	0.51	0.53	0.55	1.20
	錢價	630	686	663	636	1,210	7,800
柱料（株）	銀價	0.6	0.9	1.2	2.0	2.6	3.6
	錢價	900	1,260	1,560	2,400	5,720	23,400
磚（千塊）	銀價	1.35	1.57	1.59	2.98	2.98	5.00
	錢價	2,025	2,198	2,067	3,576	6,556	32,500

資料來源：王玉璋等纂合江縣志（民國十四年刊本）卷二食貨篇。

表二　近代四川合江每日工資

單位：銀～兩
　　　錢～文

類　　　　別	銀價或錢價	光緒元年 (1875)	光緒十一年 (1885)	光緒二十一年 (1895)	光緒三十一年 (1905)	民國四年 (1915)	民國十四年 (1925)
銀　錢　比　價 (銀一兩值錢若干文)		1,500	1,400	1,300	1,200	2,200	6,500
木、石、泥、篾工	銀　價	0.027	0.032	0.042	0.053	0.082	0.123
	錢　價	40	45	55	64	180	800
縫　工、織　工	銀　價	0.040	0.043	0.069	0.083	0.091	0.154
	錢　價	60	60	90	100	200	1,000
農　　　　傭	銀　價	0.013	0.017	0.023	0.033	0.055	0.046
	錢　價	20	24	30	40	120	300
店　　　　傭	銀　價	0.060	0.080	0.173	0.192	0.191	0.277
	錢　價	90	112	225	230	420	1,800
力　　　　役	銀　價	0.033	0.043	0.062	0.083	0.182	0.308
	錢　價	50	60	80	100	400	2,000

資料來源：王玉璋等纂合江縣志（民國十四年刊本）卷二食貨篇。

表三　近代四川合江商品價格指數

基期～1915
計算公式～簡單算術式

商　品　名　稱	銀價價比或錢價價比	光緒先年 (1875)	光緒十一年 (1885)	光緒二十一年 (1895)	光緒三十一年 (1905)	民國四年 (1915)	民國十四年 (1925)
米	銀價價比	28	31	50	53	100	254
	錢價價比	19	20	29	29	100	750
鹽	銀價價比	30	42	50	75	100	97
	錢價價比	20	27	30	41	100	286
豬　　　肉	銀價價比	44	60	76	93	100	188
	錢價價比	30	38	45	50	100	550
黃　　　豆	銀價價比	7	8	10	12	100	58
	錢價價比	4	5	6	7	100	170
菜　　　油	銀價價比	17	23	27	43	100	79
	錢價價比	12	15	16	24	100	235
薪	銀價價比	20	32	46	61	100	147
	錢價價比	13	20	27	33	100	433
棉　　　布	銀價價比	50	57	64	71	100	150
	錢價價比	34	35	37	39	100	440

緞	銀價價比	76	89	93	96	100	218
	錢價價比	52	57	55	53	100	645
柱　　　料	銀價價比	23	35	46	77	100	138
	錢價價比	16	22	27	42	100	409
磚	銀價價比	45	53	53	100	100	168
	錢價價比	31	34	32	55	100	496
銀　價　指　數		34	43	52	68	100	150
錢　價　指　數		23	27	30	37	100	441

表四　近代四川合江工資指數　　基期～1915
計算公式～簡單算術式

類　　別	銀價價比或錢價價比	光緒元年(1875)	光緒十一年(1885)	光緒二十一年(1895)	光緒三十一年(1905)	民國四年(1915)	民國十四年(1925)
木、石、泥、篾工	銀價價比	33	39	51	65	100	150
	錢價價比	22	25	31	36	100	444
縫工、織工	銀價價比	44	47	76	91	100	169
	錢價價比	30	30	45	50	100	500
農　傭	銀價價比	24	31	42	60	100	84
	錢價價比	17	20	25	33	100	250
店　傭	銀價價比	31	42	91	100	100	145
	錢價價比	21	27	54	55	100	429
力　役	銀價價比	18	24	34	46	100	169
	錢價價比	13	15	20	25	100	500
銀　價　指　數		30	37	59	72	100	143
錢　價　指　數		21	23	35	40	100	425

近代四川合江物價工資指數圖

1915 = 100

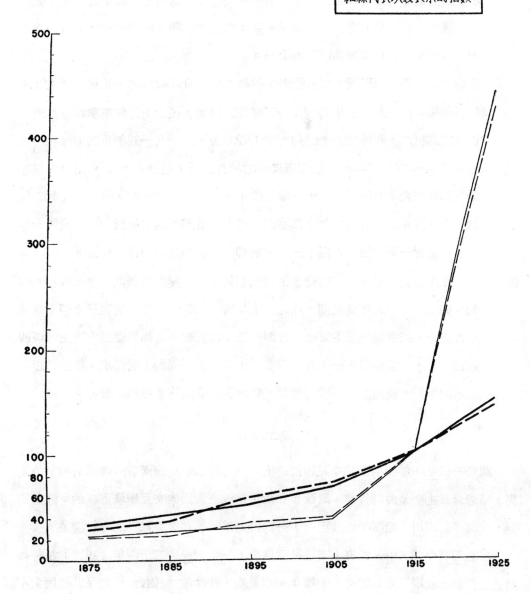

實線代表物價指數
虛線代表工資指數
粗線代表以銀表示的指數
細線代表以錢表示的指數

由此觀察，我們至少可以發現以下三點顯著的現象：

第一、物價與工資，無論以銀或以錢表示，在這個半世紀期間，都在上升。不過前三
　　　十年上升的程度比較溫和，在一九〇五年到一九一五年期間內開始加速上升，
　　　以錢表示的指數，尤爲劇烈。例如，就物價來說如以一九一五年作爲基期，在
　　　一八七五年到一九〇五年間，以銀表示的指數從三十四上升至六十八，以錢表
　　　示的指數從二十三上升至三十七。但是一九〇五年到一九一五年間，前者從六
　　　十八增至一百，後者從三十七增至一百。最後十年間，前者從一百增至一百五
　　　十，後者更從一百增加到四百四十一。

第二、以銀表示的物價與工資，和以錢表示的物價與工資比較起來，起初前者上升比
　　　後者稍快。從一九〇五年到一九一五年期間開始，後者上升的速率超越前者，
　　　而且愈到後來，超越愈大。例如，就工資來說，以一九一五年爲基期，在一八
　　　七五年到一九〇五年間，以銀價表示的指數從三十增至七十二，上升一倍有
　　　餘，以錢價表示的指數從二十一增至四十，上升還不到一倍。但是一九〇五年
　　　到一九一五年間，前者從七十二增至一百，後者卻從四十增至一百。最後十年
　　　間，前者從一百增至一百四十三，後者卻從一百增加到四百二十五。

第三、物價和工資比較起來，二者變動的方向相同，而且變動的程度，參差很小。例
　　　如，同以一九一五年爲基期，在此五十年間，以銀表示的物價從三十四上升至
　　　一百五十，工資從三十上升至一百四十三；以錢表示的物價從二十三上升至四
　　　百四十一，工資從二十一上升至四百二十五。所以從圖上看起來，無論是以銀
　　　表示的指數，或是以錢表示的指數，物價和工資兩條曲線都很接近。

三

　　關於合江縣在這個半世紀期間物價的上升，以及銀、錢兩者所表示的物價的差
異，筆者以爲主要是由於貨幣、財政、和政治情況三大因素交互影響而成的。這些因
素，一部份爲四川一地區的特殊現象，一部份是全國，甚至全世界的一般現象。

　　自從明朝中葉，中、西海上交通發達以後，一直到民國二十四年（1935）法幣政
策實施以前，我國民間日常交易的媒介，都是銀、錢兩種。因此，如果其他因素不

變，而這兩種東西的價值發生變動的話，物價自然要隨着變動。現在讓我們先看看銀價的變動情形。就整個世界來說，從十九世紀七十年代開始，一直到二十世紀三十年代初期止，由於各國相繼放棄銀本位以及銀產量的增加等原因，銀價幾乎一直在下落。只有在一九一六年到一九二〇年短短的五年，因受第一次世界大戰的影響，銀價上漲。茲將當時作爲世界金融中心的倫敦銀價列表於下：

表五　一八七一年至一九三〇年倫敦的銀價　（每盎斯值便士若干）

年　　　　別	平　均　銀　價	年　　　　別	平　均　銀　價
1871	60.5000	1911	24.552
1875	56.8750	1915	23.675
1880	52.2500	1916	31.315
1885	48.6250	1920	61.590
1890	47.6875	1921	36.886
1895	29.8750	1925	32.088
1900	28.2500	1930	17.666

資料來源：見趙蘭坪現代中國貨幣制度（民國四十四年，臺北），頁十一至三八。

觀察上表，倫敦銀價從一八七一年每盎斯六〇‧五便士，跌落至一九一五年的二三‧六七五便士，一九一六年起銀價上揚，但到一九二一年，又從前一年的六一‧五九便士跌落至三六‧八八六便士，此後日趨下落，到一九三〇年跌至一七‧六六六便士。世界銀價的下跌趨勢，可見一斑。而中國自從近代海洋交通發展以來，已成爲世界經濟的一環，因此國內銀價，也隨着世界銀價的變動而變動。試觀表一，合江銀價曾經從一八七五年每兩值錢一五〇〇文，跌至一九〇五年的一二〇〇文。民國以後，四川陷於軍閥割據的局面，銅幣大量貶值，以錢表示的銀價，迅速上升，但實際上，除前述受第一次世界大戰影響的期間外，銀在國內的購買力仍在下降。所以，民國以後，以銀表示的物價和工資指數，都仍然繼續上升。

政府課稅的加重，自然也影響物價。滿清政府自從嘉慶朝開始，內憂外患，相踵而來。前者如白蓮教之亂、太平天國革命、捻匪之亂、回亂，後者如鴉片戰爭，英、法聯軍、甲午戰爭、八國聯軍等，一方面使全國經濟遭受嚴重破壞，他方面使政府財政也陷入困境。中央及各省政府因爲支應戰費、籌辦防務、攤還賠欵等，無不需要鉅

額支出。可是當日國庫已虛，捐納不機，結果便只有採用增加賦稅的辦法。其中最會影響物價的，便是釐金。因為釐金是貨物稅，商人易於將賦稅負擔加到物價上轉嫁於消費者。咸豐三年(1853)，太平軍聲勢正盛，清廷調集大軍防堵，兵多餉絀。當時刑部侍郎雷以諴在揚州幫辦軍務，從幕賓錢江的建議，在揚州城附近的仙女廟等鎮，創辦釐金，每米一石，捐(其實是徵)錢五十文，行有成效。次年奏請於蘇州各地仿行。隨後全國各省也相繼仿行。於是釐金便成為中央與地方政府的一大財政收入。最初對於征課的貨物，大約值百抽一，後來釐卡日密，征課日重，至光緒年間，稅率已多在百分之五以上，甚至有高達百分之二十左右的。而且由於制度的不健全，法定稅率之外，又多額外征求，如浮收折價、掛號錢、查貨規費等等，不一而足，這種負擔，可能比正稅還要大。(註1)貨物稅既然要日益加重，物價自然要隨着上升。光緒二十五年(1899)光祿寺卿袁昶在籌議整頓釐金疏中便說：「(此)法行之太久，則百貨昂貴，物重銀輕。」(註2)四川自不能例外。四川於咸豐五年(1855)末開始創辦釐金，到了光緒初葉以後，各種貨物的釐金，都有增加。例如光緒十六年（1890）增收川東貨釐，二十年（1894）加抽糖釐二成，二十一年（1895）因籌償欵加抽菸酒釐金各三成，二十五年（1899）加抽菸酒釐金各一倍，二十七年(1901)又籌償欵，再加菸酒糖釐三成，均按以往章程加入累計。(註3)在四川釐金不斷增加的情形下，合江物價也就難免要逐漸上升。

　　物價上漲，等於生活費用增加，在一般情形下，工資也要上漲。四川過去號稱天府之國，物產豐富。清初因遭流寇張獻忠屠戮之後，地曠人稀，勞動邊際生產力高，再加上政府的積極鼓勵，所以外省許多人民都移民入川。川省人口便從一七六一年的二、七八二、九七六人增加到一八五○年的四四、一六四、○○○人，同時期人口密度從每方英里一二・七四人增至二○二・一四人。(註4)移民的大量增加，表示當地的

(註1)　羅玉東中國釐金史(中央研究院社會科學研究所叢刊第六種，民國二十五年，上海)第一章，第三章，第四章。

(註2)　皇朝掌故彙編內編卷十五，釐金。

(註3)　羅玉東，前引書，頁四一五至四一六。

(註4)　全漢昇、王業鍵清代的人口變動，中央研究院歷史語言研究所集刊第三十二本，民國五十年，臺北。

真實工資水準較其他地區爲高。但是到十九世紀中葉，四川已有四千多萬的人口。太平天國大亂之後，長江下游人口銳減，那裏的水利及土地生產力，能提供人民更優的謀生機會，因此移民入川的趨勢大致已經停止。(註1)這就是說，勞力的供給不致增加太多，另一方面，十九世紀中葉以後，四川也沒有龐大的工商事業興起，社會生產的發展仍局限於傳統的形式，因此對於勞力的需要也沒有特別增加。勞力的需要與供給既然都沒有特別增加，工資水準自然不會有特別的波動。在這種情形下，工資便很可能隨着物價作相似甚至相同的變動。合江縣在二十世紀前後各二十五年間工資與物價水準幾乎亦步亦趨的狀況，可能是這樣形成的。

民國以後，四川軍閥紛爭，和平秩序破壞，物價便開始發生劇烈的變動。合江縣志卷二食貨篇說：「建元以來，川禍獨烈。十年九戰，兵驕匪橫，羣盜滿山，刧掠如洗。加以戰事頻仍，兵多餉絀，暴征苛歛，有加無已，預徵多至數年，厘卡密如棋布。圓法竂壞，銀幣複雜，二百銅元，充斥閭閻，銀貴銅賤，影響百物，物價日踊，……。」由這一段話，我們可以看出四川由於政治的不安定，對於民生、物價所產生的影響。其中最可注意的是「暴征苛歛」和「圓法竂壞。」

清末課稅增加及其影響物價的情形，我們已經在前面說過。民國以後的四川，課稅更是增加無已。例如，就合江縣肉稅來說，光緒二十一年（1895）創辦時，屠猪一隻，徵錢一百文，以後遞次加增，至宣統元年（1909），每猪徵錢共六百文。民國四年（1915）以後改徵銀，每猪由三角而四角、五角，至民國十四年（1925）時，計屠猪一隻需納銀七角一仙及錢九百文（見合江縣志卷二，財賦篇）。由此可見，清末的肉稅由每猪徵錢一百文增加到六百文，固然所增甚多，但民國成立以後直到十四年爲止，却由每猪徵錢六百文，增至銀七角一仙及錢九百文，所增更多。肉稅增加得這樣厲害，其他貨物稅也免不了同樣的增加。因此，物價自然要比以前上升得快。如果貨幣更因其他原因而貶值，物價當然更要扶搖直上了。

民國以後，四川錢幣大量貶值。當日割據的軍閥爲滿足其財政上的需要，大量鑄造面值大的銅元，最初將清末所鑄當十、當二十的銅元，改鑄爲當百、當五十，以後

(註1) Ping-ti Ho, Studies on the Population of China, 1368-1953, Harvard University Press, Cambridge, Massachusetts, 1959, pp. 141-142.

更改鑄爲當百、當二百、甚至當五百。銅幣面值越來越大，實值便越來越小。這樣一來，再加上奸商大賈，私鑄圖利，推波助瀾。於是銀價日昂，「儲值物價，……交互增長。」以銅幣表示的物價更急劇上升，一日千里。（合江縣志卷二，食貨篇；又見前引黄圭一川北農民現況之一斑一文）。

四

基於以上的觀察和分析，我們可以將二十世紀前後各二十五年間的合江——可能四川全境——物價與工資的變動情況簡單綜述如下：

第一、物價與工資都在不斷上升。這主要由于貨幣（銀及錢）的貶值、稅課的增加，以及政治的不安定三種因素。這三種因素又交互影響，結果更促使物價上升。

第二、我們可以拿民國的成立爲分界點，將這半個世紀的物價與工資的變動情況區分爲前後兩期。民國以前物價與工資上升的速率慢，民國以後上升的速率快。這是由於民國以後的四川，政治很不穩定、課稅增加更多、貨幣（錢）大量貶值的緣故。民國以前，錢價比銀價穩定，民國以後，情形相反。因此，民國以前，以銀表示的物價和工資指數，上升得比較快；民國以後，以錢表示的指數幾乎直線上升，以銀表示的指數卻望塵莫及。

第三、工資的變動幾乎和物價亦步亦趨。這種現象，可能是由於四川在這半個世紀的勞動供求關係相當穩定的緣故。

「老滿文史料」序

李 光 濤

民國四十八年六月本所刊印的明清檔案存真選輯初集，其第二類「瀋陽舊檔」第
二十六目之「天命丙寅年老滿文誥命」，當初作者有一意見記云：

> 天命丙寅年，即天命十一年。此道誥命，前段當尙有漢文，已被撕去，今所存
> 者，只後段所謂「無圈點」之老滿文。這種老滿文，與後來天聰六年所改「有
> 圈點」的新滿文已非一式。民國四十七年春，臺大滿文教授廣祿氏曾經參觀這
> 一誥命，廣氏原籍滿洲，其對於後來新滿文之研究，極有根底，乃其看到這一
> 老滿文，亦不能瞭解。記得民國二十年，當檔案在北平午門整理時，故宮鮑奉
> 寬氏，亦旗籍，能操一口滿洲話，但是研究這道誥命的老滿文，也是認爲不易
> 辨識，當時只含糊其辭的說「好像是給與一個備禦的誥命」？姑存此一說，以
> 資中外學人共同之研究。

這條意見發表後，關于中外學人對于這一老滿文究竟有多少人去注意，今不可
知。但就我所知，其最感興趣的，當以臺灣大學的李學智先生爲第一。李氏曾下過一
番苦工夫，將誥命內的老滿文(圖版壹)，譯成了漢文一紙(圖版貳)。此一譯文，由研究老
滿文言之，可謂有裨史學了。

由於李氏對于老滿文有了極大的興趣，於是本所所長李濟之先生認爲檔案內尙藏
有若干老滿文，亦當檢出影印，以公於世，而其應須漢文說明之處，即請李學智先生
爲之。此一舉措，其於滿文之研究，尤其是老滿文，自然是一件極有意義之事。

這次所印的老滿文，凡四種：一爲大本摺叠式，凡三十面，用高麗紙寫。二爲小
本(比大本稍小)書冊式，凡五十二面，用明朝嘉靖年公文紙寫。三爲天聰五年記事檔，
凡七面，也就是三葉半，用桑皮紙寫(內襯有格紙，可能爲後來膳錄)。四爲「內閣無圈點檔
子」，凡十九葉，用奏本紙寫(可能爲乾隆年整理時之膳錄本)。以上四種，共一百零八版。

　　此外，尚有乾隆十三年禮部文冊一本，計十四葉，其中有「篆寫」滿文印璽凡十方，據上諭，乃係「新定滿文篆體」，因與滿文演變有關，而且為外面所不見，亦歸類印之，俾資當代學人研究之用。按，此一移文冊，內載大學士傅恒奏，曾經特別提到朝鮮國王之金印，而此金印的滿文，檢檔案現證，書體凡三種，也就是清國於朝鮮所有前後三次的賜印，像這類的滿文印信是很值得拈出研究的：(一)當明季崇禎九年丙子(清崇德元年，西一六三六)朝鮮突遭「虜禍」而屈於清人，其時情景，據明清史料甲編第七本第十一葉載崇德二年正月二十八日詔諭朝鮮國云：「爾……將明朝所與之誥命冊印，獻納請罪，絕其交往，去其年號，一應文移，奉我正朔。」這一行動，是為清人用暴力征服朝鮮之役，同時又奪去了朝鮮「傳國之寶」也就是大明欽賜的金印。又清人除一面奪去前項金印外，一面便即由清人自己鑄給朝鮮滿文印篆一顆 (圖版叁)。此為清人第一次賜印朝鮮之事。(二)順治十年三月辛卯，據實錄，又特著禮部改鑄兼清漢字的，如諭內三院有云：「朕覽朝鮮國王所進表奏，印篆止有清字無漢字，著禮部即行改鑄兼清漢篆文 (光濤按，清字非篆文，稱「本字」，只漢字是篆文)，給賜該國王，並令王國臣民咸與知之 (圖版肆)。」此殆為清人第二次改頒朝鮮國王印信之事。(三)乾隆十三年因大學士傅恒等所奏：「中外印信，俱以清書篆字(兼清漢字) 改鑄改頒。」於是朝鮮國王的寶章乃又有過第三次的改給。不過這一次改頒的時間並非就是乾隆十三年，延至乾隆四十一年才照例辦理的。如朝鮮正宗實錄丙申，即乾隆四十一年八月丁巳，陳奏正使金致仁等，馳啓關于改頒印信之成例有云：「外藩則留俟該國承襲之時改鑄，頒發於封勅之行，所有舊印，該勅同時使之收還事，已定成例。故今番勅行，新鑄金印(圖版五)當為賷往云。」(卷二葉十二)而這裏所說的「新鑄金印」，其在朝鮮，也正是清國頒給該國最後之一次。

　　現在再就老滿文的緣起，以及後來天聰年所謂改定的「新滿文」，據清史稿列傳十五，錄其二則於後。

　　(一)額爾德尼傳

　　額爾德尼，納喇氏，世居都英額。少明敏，並通蒙古漢文，太祖時來歸。……滿洲初起時，猶用蒙古文字，兩國語言異，必越譯而成文，國人以為不便。太祖起兵之十六年，歲己亥(萬曆二十七年，西一五九九) 二月辛亥朔，召巴克什額爾德

尼、扎爾固齊噶蓋，使製國書。額爾德尼噶蓋辭以夙習蒙古文字，未易更製。
上曰：漢人誦漢文，未習漢文者皆知之。蒙古人誦蒙古文，未習蒙古語者皆知
之。我國語必譯爲蒙古語，始成文可誦，則未習蒙古語者不能知也，奈何以我
國語製字爲難，而以習他國語爲易耶？額爾德尼噶蓋請更製之法，上曰：是不
難也，但以蒙古字譯我國語音，聯屬爲句，因文以見義可矣。於是製國書行於
國中，滿洲有文字自此始。

(二)達海傳

達海，先世居覺爾察，以地爲氏。祖博洛，太祖時來歸。父艾密禪，旗制定，
隷滿洲正藍。達海幼慧，九歲卽通滿漢文義。弱冠，太祖召直左右。與明通使
命，若蒙古朝鮮聘問往還，皆使屬草。令於國中，有當兼用漢文者，皆使承命
傳宣，悉稱太祖旨。旋命譯明會典及素書三略。太宗始置文館，命分兩直，達
海及剛林、蘇開、顧爾馬渾、託爾戚多，譯漢字書籍……天聰……五年（崇禎四
年，西一六三一）……十二月……達海治國書，補額爾德尼噶蓋所未備，增爲十二
字頭。六年三月，太宗語達海曰：十二字頭無識別，上下字相同。幼學習之，
尋常言語猶易通曉，若人姓名及山川土地，無文義可尋，必且舛誤。爾其審度
字旁，加圈點，使音義分明，俾讀者易曉。達海承命，尋繹字旁加圈點，又以
國書與漢字對音，補所未備。謂舊有十二字頭爲正字，新補爲外字，猶不能盡
協，則以兩字合音爲一字，較漢字翻切尤精當，國書始大備。是年六月，達海
病逾月。病亟，上聞垂涕，遣侍臣往視，賜蟒緞，並諭當優卹其子。達海聞命
感愴，已不能言，數日遂卒，年三十八。……其後國子監祭酒阿里瑚請以達海
從祀孔子廟，禮部尙書韓葵議不可，乃罷。達海以增定國書，滿洲羣推爲聖
人。

　　由上二傳，合而觀之，如前者老滿文的創始，以西元紀之，則爲西元一千五百九
十九年，而後者之改定新滿文，則爲一千六百三十一年，兩者相較，中間凡距三十二
年之久。在這長久時間內，我想，老滿文的記事檔，數量一定相當多。往者我在北平
時，在檔案中曾經看到過乾隆年的諭旨，其大意好像是說要大舉整理歷年久遠的老滿
文。而其時大臣，則以爲老滿文與後來的新滿文已非一式，翻譯比較困難(意思是如此，

說法當不如是），其結果，所謂整理，恐怕也只是加以裝裱或謄錄罷了。又，前項諭旨，當民國二十五年史語所奉命南遷時，因裝箱情形匆卒，今檔案中未能查出，可能這類文件仍留在北平？有如天聰元年貝勒阿敏侵入朝鮮時，與朝鮮國王所定盟誓的老滿文一件，也是仍留在北平午門的。而我記得最清楚的，還有康熙年武殿試的大金榜一件，其時預備裝箱而竟未裝箱，後來才想起仍放在午門西雁翅樓第一間，也就是所謂「闕樓亭子間」的架子上，因光線黑暗，臨時未看見而被遺留的。諸如此類的檔案，說起來都是些重要的文獻，姑記之於此，以備日後查考。

　　另外，關於額爾德尼和達海的身份，亦當有一交代，試為探討如下：

　　(一)額爾德尼——據本傳，一則曰「納喇氏」，又曰「兼通蒙古漢文」。按納喇氏本為蒙古的姓氏，如清史稿后妃傳孝慈高皇后納喇氏，葉赫部長女。「葉赫始祖本蒙古」，孟森氏在其所著「清太祖所聘葉赫老女事詳考」中曾有此說。據此，則額爾德尼亦為蒙古種而為蒙古人之後裔。其云「通蒙古文」，由蒙古人言之，自為當然之事。至於所說的「並通漢文」之處，則情節比較曲折。假如額爾德尼早年如不跟漢人生活在一起，如何又會知道漢文呢？這段歷史，尤其是蒙古人(一稱達人)的漢化，說起來也就有其來源了。如皇明經世文編卷三十六李文達(賢)公文集「達官支俸疏」內載：

> 切見京師達人不下萬餘，較之畿民，三分之一。其月支俸米，較之在朝官員，亦三分之一。

又載：

> 切見達人來降，絡繹不絕，朝廷授以官職，足其俸祿，使之久處不去。腥羶畿內，無益之費，尚不足惜，又有甚者焉。夫夷狄人面獸心，貪而好利，乍臣乍叛，荒忽無常，彼來降者，非心悅而誠服也，實慕中國之利也。且達人在胡，未必不自種而食，自致(疑織之誤)而衣，今在中國則不勞其力，而坐享其有，是故其來之不絕者，中國誘之也。誘之不衰，則來之愈廣，一旦邊備有警，其勢必不自安矣，前世五胡之亂，可不鑒哉！

　　達人即蒙古。蒙古之在明季見用者，其數甚多，如萬曆援韓之役關于提督總兵官麻貴，以及崇禎末之恭順侯吳惟華，是其最著者，皆以蒙古種而官至極品。而後來的吳惟華，也正應了李賢所說「一旦邊備有警，其勢必不自安矣」的話而投降了清人。

其實，還有崇禎十四年錦州城內守軍之蒙古兵，其數衆多，也是乘機投降淸人的。以此爲例，則額爾德尼初年的經歷，至少亦當係久處京畿有了相當的漢化，後來也許常往來遼地，隨着許多「遼人叛將」而投奔奴爾哈赤的。這一討論，雖無直接史料爲據，然由其漢化的程度觀之，我們是有充份的理由加以懷疑的。

　　(二)達海——據本傳，「幼慧，九歲卽通滿漢文義。」然檢天聰實錄稿與此說稍異，又「達海」作「大海」，如六年七月十四日載：

　　遊擊大海榜什病卒。先六月初一日得病，四十四日，至七月十四日未時歿，乙未年生(光濤按，卽萬曆二十三年)，三十八歲。九歲(光濤按，相當明朝的萬曆三十一年)始通漢書，及長，滿州書(光濤按，同本中有時作番書)漢書皆通。自太祖時至天聰六年，凡往來明朝及朝鮮書皆其所作。

又云：

　　番譯過的漢書萬寶全書刑部會典素書三略，未譯畢的通鑑六韜孟子三國志，又大乘經將譯而終。滿州 (光濤按，滿州二字，同本中有時作金國) 原不知古，揣摩而行。大海榜什將歷代史書番譯，頒行國中，古制未及聞見者，今始知之。太祖天生聰明，揣摩行事，合於古之聖人。國家將興，是以厄爾得密榜什大海榜什相繼而出，二人文翰，一國稱最云。

　　讀天聰實錄稿，我們應該先談談朝鮮實錄，看看金國早期文化的程度是怎樣，然後再論大海所謂「九歲通漢書」，究竟是由何人敎他的？此一問題，先揀比較重要而又與奴兒哈赤關係最親最密的歪乃，介紹給大家，必使大家都能够曉得當日奴兒哈赤寨內的文書，原是漢人掌管的。朝鮮宣祖實錄丙申 (萬曆二十四年) 正月丁酉(三十日)記南部主簿申忠一書啓訪問建州奴兒哈赤的經過，有云：

　　(十二月)二十八日未時，行抵老酋家，直到木柵內所謂客廳。……歪乃等來見……歪乃本上國人，來于奴酋處掌文書云。而文理不通，此外之人，更無解文者。(卷七十一葉四十二)

　　此歪乃之外，又有個會稽龔正陸，也在建州用事。不但用事，其在奴兒哈赤且更有師傅之稱，見同書卷七十葉五，及卷一二七葉七。由于「文理不通」之歪乃，而竟爲奴兒哈赤所倚重，乃至令其掌管文書之職，則奴兒哈赤寨內文化之低落，可以想見。

其龔正陸生平，當時雖有師傅之稱，「師傅」二字說起來固親密，要之，其人才亦未必高明，我想，恐怕也只是憑着「紹興師爺」的資格，不時地向奴兒哈赤作些「談兵說劍」的故事罷了。

此下再就朝鮮仁祖實錄所記金人向該國求書之事，以見金國無書之狀。如卷十九葉六十一記金國汗來書曰：

> 聞貴國有金元所譯書、詩、春秋等經及四書，敬求一覽，惟冀慨然。

同書又載國王答書曰：

> 見索詩書四書等書籍，此意甚善，深嘉貴國尊信聖賢，慕悅禮義之盛意。至國中所有，只是天下通行印本，而金元所譯，則曾未得見，茲未能奉副，無任愧歉。（卷十九葉六十二）

此為崇禎元年十二月事。其後崇禎二年十月甲戌，朝鮮國王又因金汗之求，於是有賜書之事：

> 金汗求書冊。以春秋、周易、禮記、通鑑、史略等書賜之。（卷二十葉三十八）

此所賜之書，即朝鮮所云「天下通行印本」也。於是金人王文奎有請講解翻寫之奏，見羅振玉所編史料叢刊（簡稱羅刊）天聰奏疏冊六年九月。按天聰六年即崇禎七年，至是始請講解翻寫朝鮮所賜之書，去崇禎二年記事，又五年之久，則金人對于學問之道，當然也就談不到有怎樣的興趣了。比如清太宗實錄載：

> 天聰五年閏十一月，始令八旗子弟讀書。

按，其實八旗子弟都以此事為極苦，依然不願讀書（羅刊奏上葉十二）。如後來順治十六年任閩浙總督之趙國祚便是不曾讀書的，即其一例。最不像樣的，考取狀元，則以蒙古塞賣（羅刊奏中葉四十三）。最可笑的，莫如太宗之讀書，其情景直等於談平話小說而已，如順治失年刑部殘題本：

> 石漢供稱……我於太宗皇帝陛下說書六年，管匠役十二年，管毛皮二年，初定烏金超哈莊頭，又管三年，又管晒鹽六年。

按，此說書之事，自與學士之講書不同，而莊頭石漢亦似非當初書房相公之比，再證以檔案中「劉關張」（太宗致祖大壽書），以及羅刊內所有「弟飛」、「孔明」等記事，則石漢所說之書，似乎即係專指三國演義而言的。以此為例，則實錄稿內關于「滿州

原不知古，揣摩而行」(見前)之說，也正是揣摩平話的三國演義而已，拙著「清太宗與
三國演義」一文記之甚悉，茲不贅論。現在我所要說的，就是說，像金人那樣不成規
模的文化，壓根兒卽無文敎可言，而如大海之「九歲通漢書」，漢書卽指中國書，正
不知這中國書，是何人授與大海的？而此大海之求學，又不知求學在何所？此都成問
題。依我的懷疑，大海是否亦漢人，是否幼年時被擄，是否上學囘家時在途中被擄？
此皆不易辨。然如建州之擄掠學童，則是事實，朝鮮世宗實錄卷三十六葉五：

> 漢人徐士英來言：士英原住開原城外五里之地，與從兄張顯讀書鄉學，還家
> 時，同被童猛哥帖木兒擄掠。

所不同的，「徐士英」三字，仍是漢人之名，「大海」二字則番名之稱。然如前面所
記之漢人歪乃，何以亦用番人名色？又檢明清史料乙編葉四五二，其例更多，如張守
印番名痳喇赤，林學番名哈喇眞，趙敏德番名亦力科之類，而此都是極平常之事，不
必多舉。總之，我之懷疑大海卽在此。又大海在金國，獨與劉興祚善，興祚本漢人，
十二歲時被擄，在金國多年。據天聰實錄稿，興祚嘗僞死，謀脫歸明朝，大海哭之極
痛。興祚在「奴寨」，又名劉愛塔。愛塔二字，亦番人名色，只未去漢姓。興祚與大海
不同，僅此一點。所以大海之來歷可疑，亦只此一點。實際大海身份問題，更有一
證。例如前引實錄稿記大海，先則曰「九歲始通漢書」，繼又曰：「及長，滿州書漢書
皆通。」此一記述，等於爲大海作了一個證明，尤其是所謂「及長」二字，言之特別
有力，其解釋則爲：「大海是先讀漢書的，長大了以後，才讀滿州書的。」大海果眞
非漢人的話，其讀書的先後，應當先讀滿州書，後讀漢書才對，才是合乎自然之理。
今大海並不如是，則其眞正的來歷，不消說，百分之百是有問題的。姑略記於此，俟
考。

最後還有嘉靖年的公文紙，今旣因老滿文之故而與讀者見面，其中有二三問題，
亦爲討論如次：

一、所謂公文紙，乃嘉靖年遼東巡按衙門保存的案卷，大約係後來奴兒哈赤於搶
得遼陽時，悉被捆載以去而被「廢物利用」的。奴兒哈赤搶紙之外，還有遼地人民的盆
盎之類，亦盡挈以去。挈卽搶走之意，盆子和字紙都一見卽搶，則金人之貧乏可知。
奴兒哈赤搶盆之類，見天啓實錄元年八月乙未遼東巡撫王化貞揭。

二、公文紙上面所用若干印信，其印文大都俱模糊不清，僅「巡按山東監察御史印」所謂「半用印信」可以辨認。而此「巡按」一官，由公文紙計之，自嘉靖二十二年至二十五年，凡三易其官，曰「賈」、曰「劉」、曰「張」。據嘉靖實錄 (梁鴻志本)，即賈大亨、劉廷儀、張鐸等三人。茲將三人史事分記如下：

甲　賈大亨

（1）二十二年八月丁丑條，有：「……先是巡按遼東御史賈大亨言遼東夷患……」

（2）二十三年五月丙午條，有：「……巡按賈大亨(亨字之誤)劾(遼東巡撫孫)檜……」

（3）五月庚戌，有：「建州衞夷李哈哈尙，頻年朝貢不絕，且偵報虜情，號爲忠順。副總兵李景良謂其入境市易，潛畜異謀，擒之下獄。巡按御史賈大亨言：順夷不宜無故禁錮，茲將治之慮激他變，釋之恐貽後憂。……」

（4）十一月庚申，有：「改東州馬單根二堡隸遼陽副總兵，其鳳凰城、泗 (公文紙作酒) 馬吉、新安、湯站 (明史館本站下有「鎮東」二字)、鎮夷、草河、淸河、鹽場等十堡 (以上只九堡，疑脫)，分隸靉陽守備兼管。以二堡近遼陽，而守備專制十堡便於統馭，從巡按御史賈大亨議也。」

乙　劉廷儀

（5）二十四年二月戊戌，有：「革遼東遊擊將軍武鎧、靉陽守備韓承慶職。……爲巡按御史劉廷儀論劾，故有是命。」

（6）六月乙卯，有：「巡按山東御史劉廷儀，勘上二十三年四月遼東淸河等堡官軍失事罪狀。……」

（7）八月戊午，有：「建州右衞夷酋李撒赤哈糾衆爲亂，屢犯城堡，邊人患之。至是就擒，巡按山東御史劉廷儀勘上功罪。……」

（8）九月戊辰，有：「初遼東長勝堡近邊夷百五十人，竊朶顏馬畜逃匿指揮王勳、孟儒所，勳等縱之住牧墻內。會虜入寇，勳等不能禦，懼得罪，乃詒執諸逃夷，盡殺之，詐爲與虜戰，劾首級上功。總兵趙國忠、原任巡撫董珊信、副總兵郝承恩，妄以捷聞。至是，巡按御史劉廷儀具言其狀。……」

（9）十一月壬申，有：「先是，八月二十日，虜以千餘騎夜襲遼東松子嶺，殺

卤甚衆，靉陽守備張文瀚死焉。至是，巡按御史劉廷儀言，……」

丙　張鐸

(10)二十五年六月丙戌，有：「初，遼東東寧衞指揮胡孝臣等，爲虜盜其馬，懼得罪，乃潛兵出塞，掩殺住牧熟夷三十六人，詐稱對陣斬獲以自飾。副總兵种繼誤以捷報之撫按。巡按御史張鐸驗首虜多老弱婦女，疑而詰之，具得其情，列上孝臣等罪狀。……得旨：孝臣等撲殺熟夷，貪功啓釁，下巡按御史逮治之。……」

(11)七月戊辰，有：「巡按御史張鐸勘上(原空一字)陽淸河等堡功罪……」

(12)九月辛未，有：「巡按遼東御史張鐸，勘上長勝堡指揮孟儒、長勇堡指揮王勳，虜入不能禦，迺殺降夷守邊者以掩罪，當斬；副總兵郝承恩、指揮孫棟等，各相隱爲奸，亦宜併治。詔繫儒、勳獄待決，承恩發戍，棟等逮問。」

(13)十月丁酉，有：「巡按山東御史張鐸進十眼銅砲，大彈可七百步，小彈可八百步，四眼鐵槍，彈可四百步，皆足以陷陣摧鋒。詔工部如式製。」

(14)戊戌，御史張鐸奏：七月十二日，遼東總兵張鳳巡撫於赦，令其中軍都指揮陳守節轄馬市諸夷，尅減鹽物，諸夷不服，守節以白鳳，鳳令筆之，死者七人。夷遂以三千餘騎攻鎭虜臺，殺十三人，焚六人，備禦指揮李鉞、李自暘不能禦；其夕又攻克歧山東空臺，縱其殺掠而去。罪宜重治。

實錄所記的「巡按山東御史」(參第六條)，有時亦作「巡按遼東御史」(參第一條)，其可注意的，莫如第十二和第十三兩條關于張鐸之記事，前者書「巡按遼東」是嘉靖二十五年九月，而後者書「巡按山東」是嘉靖二十五年十月，日期這樣的接近，而這二者的名稱是否爲一事？姑不論。最重要的，還當以現證爲據，有如公文紙上蓋着許多「巡按山東監察御史印」的「半用印信」，以及用藍色印刷像甚麼「巡按山東監察御史張批」的木刻字樣，都足證「巡按遼東御史」爲可疑。而所謂「巡按山東御史」，當然爲事實，當係更兼「巡按遼東」的。此一說法，參公文紙第三十五葉第三行內有關于「南巡再(疑在)邐」四字，可爲旁證。蓋曰「南巡」的含義，可能卽指「察院」於北巡遼東之後，卽將南巡山東境內之事。而明代公文中往往常以「二東」二字並稱者，也正是包括遼東山東而說的。比如鳳凰城之所在，原是屬於遼東的，而公文紙第四十五

葉第一行則有「山東布政司鳳凰城倉」之一記錄，這又不外乎以山東布政司而兼司遼東的。所以遼東不設布、按(按察司) 二司，其故即在此。據此一例，當嘉靖中 (包括嘉靖以前)，關于「巡按御史」(即巡按山東者兼按遼東)，是否亦採此制，待考。不過，洎乎萬曆晚年，由于遼東正是多事之區，於是乎「巡按遼東御史」一官，自此以後，都是特遣的，而與山東根本無關。

三、公文紙第十三葉第二行有所謂「自在州頭目」一名稱，這一名稱，記得拙著「記朝鮮實錄中之中韓民族」上編「野人與朝鮮」曾經特別談到「自在州」三字，並且說：「遼陽的自在州與安樂州，都是歸化野人聚居的地方。」今因有了新材料，可與此說相配合，如皇明經世文編卷三十三于忠肅公(謙)集「剿賊納順疏」有云：

> 看照野人女直各種夷虜之人，俱附近遼東地方，近來相率投降者多。朝廷推曠蕩之恩，宥其反側，許以改過自新，授以官職，加以賞勞。而遼東總兵等官，逞逞定議，就於遼東自在州，並東寧等處城堡安插者，動以千數。此等之人，狼子野心，不可測度。即今彼處犯邊賊寇，未必不係野人女直，並兀良哈(按兀良哈與建州為同類，據朝鮮實錄，有「婆豬兀良哈」之說。)三衛殘寇。誠恐此等安插男婦，因見犯邊賊寇得志，我軍失利，遂起奸謀，透漏消息，結連內應，其貽後患，決非細故。」

曰「遂起奸謀」，曰「結連內應」，此俱指歸化的野人而言。按，于公一疏，乃景泰中所上，其情即已如此。洎後來奴兒哈赤事起，而所謂「奸謀」，所謂「內應」，更變本加厲。如奴兒哈赤陷遼瀋、陷廣寧，所有失陷的情節，大概都因為與奸細的內應有關。奸細即女真遺民，也就是我在前引拙著內所說的「真滿洲」。此段史事很重要，不可不注意。

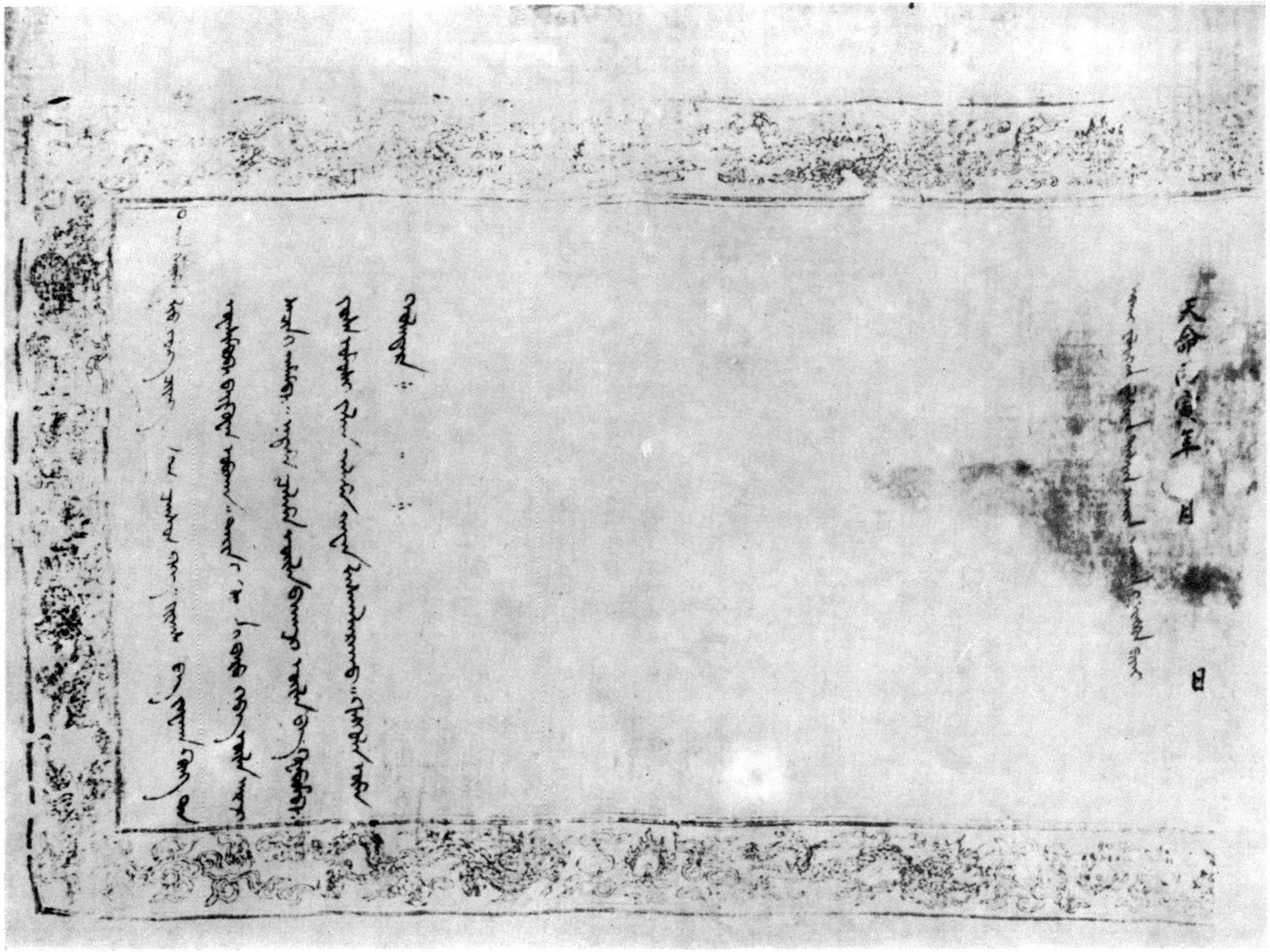

圖版壹

han   hendume   lio   fung   ciyeng   (da)- de
汗   說   劉   鳳   清   原   為

cansun   bihe,   (jiyansi)   be   jafaha   gung
千總   原有   奸細   將   拿   功

de   uwesimbubi   beiguwan   obuha,   dain   (gurun)
陞   使   備禦官   令做   敵   國

i   baru   hebe   uile   araci   sacin   gamambi,
向   通謀   非   由   依(殺)   舉   去

endeme   calame   uile   bahāci   uile be   guwabumbi
差   錯   非   得   非將   寬宥

juse   omosi   jalan   halame   hafan   lashalaraku,
子子   係係   世代   更換   官   不斷

ginggule   ume   heoledere,
敬謹   不   怠

abkai   fulingga   fulgiyan   tasha   aniya   anagan
天   命   丙   寅   年   閏

i   minggun   biyai
大   月

貳 版 圖

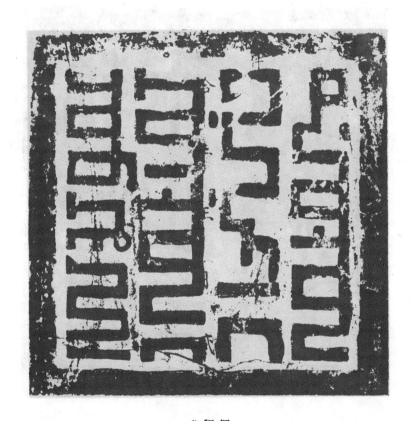

圖 版 叁

圖 版 肆

圖 版 伍

清人入關前的手工業

陳　文　石

壹、引言　　貳、鐵器　　叁、銀器　　肆、鑄錢
伍、紡織　　陸、磁器　　柒、造船　　捌、手工業組織

壹、引　　言

　　本文原分爲農業、手工業、商業三項，農業部分，已陸續發表，故文中凡涉及與農業有關問題，只約略提及。

　　女眞族因其分布的地區很廣，自然環境不同，歷史發展條件不一，所以各部間的經濟發展，也很不平衡。明朝初年，有的已進入較爲進步的農業生產，有的尚完全停留在低級的採集漁獵生活。明人記女眞人的生活狀況者雖多，惜皆零星籠統，語焉不詳。遼東志：「夫遼阻山帶海，諸夷環徼而居。……自湯站抵開原，曰建州、毛憐、海西、野人、兀者，皆有室廬，而建州爲最。開原北近松花江者曰山寨夷，亦海西種類。又北抵黑龍江曰江夷，俱有室廬，而江夷爲最。……建州、毛憐則渤海大氏遺孽，樂住種，善緝紡，飲食服用，皆如華人。……海西山寨之夷曰熟女直，完顏後金之遺也。俗種耕稼，婦女以金珠爲飾，倚山作寨。居黑龍江者曰生女直，其俗略同山寨。數與山寨讐殺，百十戰不休。」(註一)皇明九邊考；「自乞里迷去奴兒干三千餘里，一種曰女直野人，又一種曰北山野人，不事耕稼，唯以捕獵爲生。」(註二)皇明四夷考：「諸夷皆善射馳獵，好盜。建州尤善治生，其左右二衞最無賴。」(註三)其他各書

(註一)　遼東志卷七藝文，引盧瓊東戍見聞錄。

(註二)　魏煥：皇明九邊考卷六，遼東鎭邊夷考。

(註三)　鄭曉：皇明四夷考卷上。女眞三部最早的分布大致爲：野人女眞約在今松花江與黑龍江合流處同江、樺川一帶。建州女眞在野人女眞以南，長白山北部，自牡丹江與松花江合流處到綏芬河流域，烏蘇里江支流穆凌河地方的毛憐衞也屬建州。海西女眞在今吉林扶餘縣北，松花江大曲折後的南岸及哈爾濱一帶地。但這也只是一個大致的活動範圍，很難指出明確的疆界。關于其遷徙移動情形，從略。

所記，皆大體相同，且多輾轉抄襲，上列諸書凡文句或意義相同者未錄(註一)。這是自明興至中葉女眞人生活的概括記述，不但時間上有相當大的差異，地理環境上也造成相當大的區別。

明人分女眞人爲三部，建州、海西皆以地名，野人女眞，蓋以其文化程度粗野稱之。三部中以建州最爲進步，海西次之。建州女眞於元末明初以野人女眞侵暴，自原住地遷入朝鮮北部慶源、鏡城一帶後，朝鮮政府爲防彼等再南下劫掠騷擾，安定邊陲，乃以都萬戶、萬戶、護軍、司直等榮譽職衛官諸酋豪，給予田地、家舍、奴婢、種籽、耕牛、農具、衣物、食糧等，使各自耕種爲生而羈縻之(註二)。部族中並有與朝鮮人竝耕而食及彼此通婚者(註三)。後彼等入明朝貢受撫，明廷亦令於遼東沿邊住牧耕種(註四)。這對於建州女眞生活習慣的感染，生產技術的促進，文化水平的提高，經濟形態的轉變，都起着決定性的影響力量。野人女眞仍居故地，以地理環境關係，所以仍保指着原來的生活方式(註五)。

建州女眞之「飲食服用，皆如華人」，不但是爲盧瓊於嘉靖初年所見的情形(註六)，且亦非他們的文化水平已發展至如此的階段。這只是在接受明朝羈縻安撫的封貢貿易邊防政策下所造成的一時表面突出現象。「樂住種，善緝紡」亦非盡然，尚有時空因素，須加分別說明。

建州女眞居於朝鮮時雖已進入較爲進步的農耕生產，成爲採集漁獵農耕的混合經

(註一)　明會典，名山藏，無夢園集，潛確類書，遼夷略，東夷考略，建州私志，建州考，全遼志等書，所記女眞生活狀況，皆類似。

(註二)　朝鮮李朝世宗實錄卷八〇，二十年正月癸丑條。此例頗多，散見朝鮮李朝實錄。本文所用朝鮮實錄爲日本東京大學出版明代滿蒙史料李朝實錄抄本，以下皆同。

(註三)　同上。又卷八一，二十年六月辛巳，卷八二，二十年七月己丑等條。

(註四)　東北諸胡入朝者多有留京師給予房屋食用等物，後於開原置快活、自在二城令居之，明太宗實錄卷五六，永樂六年四月乙酉條及散見太宗、宣宗、英宗實錄各條。

(註五)　元史卷五五地理志：「合蘭府水達達等路，土地廣濶，人民散居。元初，設軍民萬戶府五，鎭撫北邊。……各有司存，分領混同江南北之地。其居民皆水達達女眞之人，各仍舊俗，無市井城郭，逐水草爲居，以射獵爲業。故設官牧民，隨俗而治。」

(註六)　盧瓊於明嘉靖六年謫戍撫順。見前引遼東志卷六人物、流寓條，明史卷二〇六馬錄傳下附盧瓊傳。鄭曉、魏煥俱嘉靖時人。

濟形態。但他們的農耕生產活動，沒並有卽此順利的發展下去。有時且成逆轉，又回復到原來完全採集漁獵的生產活動上。這牽涉到許多因素，建州女眞之遷入朝鮮北部，本以野人女眞南侵，被迫不得不南下尋覓新的生存空間。其遷入朝鮮之後，朝鮮政府雖不能以强大武力驅逐彼等出境，但尚有可以阻抑其南下的力量。他們與朝鮮軍隊作戰的經驗，當會瞭解這一情勢。他們不但沒有統一的組織（當時最大的也不過三、五千人的集團），而且本身之間，也不時發生爭鬭，互相殺伐。所以當他們失去了已往豐富的狩獵採集場地，遷入這個新的適於耕種的土地上時，朝鮮政府又給予種種耕作上的便利，客觀環境的作用，使他們暫時定居下來從事農業生活。

促使他們走向農業生產活動的另外一個大的因素，是農耕奴隸勞動力的可以大量使用。奴隸在女眞人間很早已經存在(註一)，俘掠的奴隸，大牛是朝鮮和中國的農民。這些人旣不善漁獵，從事家庭雜役，在他們簡陋的生活上也用不了這許多，最有利的用途，當然是用在農業生產上(註二)。他們有可耕的土地，有農具農牛，又有爲其操作的勞力，這是他們願意接受農耕生活方式的一大原因。但在另一方面，也阻抑了他們自身在農業生產上的固根生長，及生產技術的發展前進，他們只是掠取奴隸生產的成果。

建州女眞雖已進入農業生產，但仍不肯長久的固定在一定的土地上，時時遷徙於朝鮮北部與明遼東地區之間。他們雖接受中國或朝鮮的羈縻，也不肯安分的聽命受撫，看邊住種。當他們覺得自己的力量已够强大，或認爲受到不平的待遇，不能滿足其奢想的慾望，而又適逢防衞者的力量鬆懈薄弱時，便遊動犯邊，四處刼掠，以此進

(註一)　明太祖實錄卷一七五，洪武十八年九月甲申：「女眞高日那、捌禿、禿魯不花三人詣遼東都指揮使司來歸，自言高日那乃故元奚關總管水銀千戶所百戶。捌禿、禿魯不花乃失憐千戶之部人也。皆爲野人所獲而奴之，不勝困苦。遼東樂土也，願居之，乞聖朝垂恩，得以琉璃珠弓紘錫鐵遺野人，則可贖八百餘家，俱入遼東。事聞，賜高日那等衣人一襲，琉璃珠五百索，錫五斤，弓紘十條」。可贖者八百餘家，可見其奴隸之多。建州女眞在朝鮮用奴隸耕種情形，見拙著清人入關前的農業生活——太祖時代一文。大陸雜誌第二二卷九、十期。建州女眞大量對外俘掠人口，約始於明憲宗成化年間，見朝鮮實錄及明實錄。

(註二)　用奴隸耕作，非獨建州，海西亦如此。明英宗實錄卷一〇三，正統八年四月庚戌：「錦衣衞指揮僉事吳良奏：臣奉命使海西，見女眞野人家多中國人驅使耕作」。

行更大的要脅勒索。假如防衛者的力量足以鎮壓，給以沉重打擊，便又回到故地，或遷到一個新的地方，受撫朝貢，暫時安定下來。這種經常遊離於中國與朝鮮之間叛服不常的行動，完全是爲了擇肥而噬。有時是爲了尋找新的生活天地，當他們發現更有利於目前的生活環境，如漁獵牧場，掠奪對象，便棄此就彼，族遷而去。始終不能像一顆種子落地就此固根生長。這樣，便阻碍了他們在農業上進一步的發展。

這種情形和他們的傳統生活習慣也有莫大關係。採集漁獵的生活，雖然不免有時相當艱苦，但如有豐富的可資採集漁獵的環境，生活資料是很容易取得的。而且在明朝和朝鮮的封貢貿易政策下，也很容易的可以換得生活上必要的物資。農耕生產，不但需要長期的勞動投資，收成也不一定完全可靠。天災蟲害，都可能使一年的辛勤化爲烏有。這在過慣了採集漁獵生活，初期向農業生產轉變的人，一旦遭遇這種情形，是不可想像也無法忍受的。同時採集漁獵，結隊而行，成羣而出，呼嘯叫鬧的動態生活，較之長期沉悶的農耕生產，不但生動活潑，也正是他們生活的本色天性。尤其是掠奪與戰爭，既可以滿足物資要求的慾望，更爲他們發洩雄風蠻氣的機會。所以如有新的狩獵環境或掠奪對象，常引誘他們回到原來的生活上去。

農耕生產工具的缺乏，也是使他們不願從事長期艱苦的農耕生產工作的一個原因。明朝與朝鮮安撫邊境上女眞人的辦法，是相當矛盾的。一方面給予農具犁鏵等鐵器（農牛農具都可以有限制的換取），希望其能安定生產，不爲邊患；一方面又恐其生活自足之後，無須依賴資助，不聽約束。及鐵器出口過多，彼等熔爲兵器，增强叛亂力量。以此對鐵器輸出，懸爲厲禁，卽是農具，也限制極嚴（註一）。而事實上他們之所以聽命羈縻，接受約束，也不是眞心向化，只是一時某種程度下的妥協，念念不忘發展自己的武力，常將得來的鍋鏵等熔爲兵器。成化年間明廷禁市鐵器，建州、海西以「男無鏵鍫，女無針剪」而掀起一場大規模的叛亂（註二），可見其鐵器農具的缺乏，與殷切需要。鐵器農具的缺乏，當然會影響到生產技術的提高與收穫量的擴大，進而影響到他們不願完全依靠農業生產的心理。

另外一個重要的因素，是他們可以藉入貢通市之名，用採集狩獵得來的獸皮、人

（註一）　明孝宗實錄卷六四，弘治五年六月丙午，卷一九五，弘治十六年正月甲午條。

（註二）　明憲宗實錄卷一七二，成化十三年十一月己丑條。

參、松子等土產，輕而易舉的換取更多的生活資料。博物典彙：「九邊虜俱不毛，唯
建夷產珠及參與貂，最下赤松子。界鴨綠江而居，珠江出也。……取山澤魚鹽之產，
易我中國之財，故酋日富。酋歲貢蜜，乘開蜜市。」(註一) 上述種種因素，都是使建州
採集漁獵生產長期佔着重要地位，農業生產不能長足發展的重要原因。而這些影響農
業生產不能進一步發展的因素，又轉而直接間接影響到建州女眞內部手工業與商業的
發展。一直到清太祖努爾哈赤興起之後，情形方始改變，表現着飛躍的進步。但此時
建州社會的內外條件，亦已大異於往昔。箇中因素，錯綜複雜，文中當相機分別敍述。

　　上文所說採集漁獵經濟在建州女眞社會長期佔着重要的地位，他們可以用獸皮、
人參、松子、馬匹等，通過對外交換，換取農器傢俱鹽布等日常用品，而影響到建州
手工業的充分發展，但這並不意味着他們沒有手工業的存在。製作鞍轡、盔甲、弓
箭、刀槍及木類器具，毛皮加工等簡單手工業，都與他們的生活需要密切結合在一
起，當然是會有的。「善緝紡」也說明了製衣手工業的發展情形。不過諸如冶煉鑄造，
棉絲紡織，陶瓷製作，需要一定高度技術的手工業，都是努爾哈赤興起以後的事。

貳、鐵器：加工、開礦、鑄造

　　關于金屬類器物的製造，在努爾哈赤興起之前，只是加工改造，尙沒有發展到自
行採礦冶煉的技術 (註二)。他們所用的鐵器，是靠對明朝及朝鮮貿易得來，或以成品
應用，或加工改造，朝鮮實錄：「野人以唐牛角或以本土牛角自造弓，但其體視我國
弓差大。大弦用皮，箭鏃貿大明鐵自造，其制與我國西甫子箭同。」(註三)「舊例，野

(註一)　黃道周：博物典彙卷二。四夷，奴酋。
(註二)　女眞人鐵器加工早已存在，金史卷一本紀一，世紀：「生女直舊無鐵，鄰國有以甲冑來售者，傾貲厚
　　　　買以與貿易。亦令昆弟族人皆售之。得鐵旣多，因之以修弓矢，備器械，兵勢稍振」。朝鮮成宗實錄
　　　　卷五〇，五年十二月乙巳：「野人之地亦產鐵，非盡無鐵鏃也」。又卷一五九，十四年十月戊寅：
　　　　「野人趙伊時哈等八人辭，命都承旨李世佐賜酒，仍問……『汝備甲冑，以何物爲之突。』答曰：「以鐵
　　　　爲之。』又問曰：『鐵產於何地？』答曰：『產於火刺溫地面。』又問曰：『有冶工乎！答曰：『多有之』。
　　　　火刺溫卽忽刺溫一名之異譯。火刺溫地面係指朝鮮以北，烏蘇里江以東，松花江黑龍江下游一帶。亦
　　　　卽朝鮮實錄中兀狄哈野人。唯僅此一見，不知是否可靠，或爲故意誇張之詞。朝鮮實錄中多言女眞人
　　　　未曾產鐵。成宗十四年爲明成化十九年。女眞人用鐵，參閱經略紀略，吉林通志卷三一。
(註三)　朝鮮睿宗實錄卷二，零年 (成化四年) 十一月癸亥條。

人賜給不以器具，如鞍子粧飾，亦用豆錫，蓋不欲以兵器資敵，祖宗慮患之意深矣。
大典內潛賣禁物如鐵物牛馬軍器之類，犯者罪死，法非不嚴也。近者邊郡守令慢不奉
法，換易毛物，必於彼人，而惟鐵物是售，以衣服不緊之具，換軍國有用之器，固為
不可，況以兵刃輸敵乎！傳聞野人舊無鐵箭，今則至有以鐵為甲者，其為害豈不明
甚。」（註一）

　　鐵器的應用，最早是用在武器上，此為一般通例。「野人」是當時朝鮮對其北部
女眞各部落的泛稱，起初他們的箭鏃用骨製成，謂之骨箭，「以熊脚骨久沉於血，則
其堅如鐵，故用以為鏃。」（註二）「往時野人屈木為鐙，削鹿角為鏃，今聞鐙鏃皆用
鐵。」（註三）明宣德年間朝鮮發兵討伐建州李滿住，除俘獲人口牛馬外，已有大量腰
刀、環刀、槍刃等，這些都是他們加工自造的（註四）。由於鐵器的流出，女眞人熔為
兵器，朝鮮政府嚴禁鐵器出境，「兵曹啓：平安、咸吉道地連彼境，故鐵物買賣，已
曾立法防禁。然無識之徒，竟謂防禁疏濶，如前買賣者間或有之。自今以後，兩道居
民如炊飯鐵器、農器、兵器等鐵物與彼人買賣者，及知情故放者，以違禁下海律科
罪。有能捕告者依此律文充賞。野人京中往來所經各官各驛，及京中入接館中，皆定
禁亂，嚴加糾察，從之。」（註五）後歷朝亦屢申禁令，嚴防鐵器外流。

　　鐵禁雖嚴，然透過走私貿易，仍有大量鐵器流出。「國家責貢貂皮於五鎮，守令
托以進上，誅求於民，而貂皮產於野人之地，故或以農器或以農牛換之，實是資敵，
請除五鎮貂皮之貢。」（註六）由於當時朝鮮朝野上下重視貂皮，相互誇耀，以女眞人最
感需要最為缺乏的鐵器換取，所以鐵器流出甚多，「臣聞諸（魚）有沼，與利人貿易貂

（註一）　朝鮮成宗實錄卷四八，五年（成化十年）八月兩午條。
（註二）　同上卷五〇，同年十二月己巳條。
（註三）　同上卷五二，六年（成化十一年）二月庚辰條。
（註四）　同上世宗實錄卷六〇，十五年（明宣德八年）五月乙未條。又世祖實錄卷四四，十三年（成化三年）
　　　　　十一月庚辰條。
（註五）　同上世宗實錄卷五九，十五年（宣德八年）三月乙亥條。朝鮮於太宗年間，許以水鐵售於女眞。太宗
　　　　　實錄卷一一，六年（明成祖四年）五月己亥：「命置貿易所於鏡城、慶源東北面。都巡問使朴信上
　　　　　言：鏡城，慶源地面，不禁出入，則有闌出之患；一於禁絕，則野人以不得鹽鐵，或生邊隙。乞於二
　　　　　郡置貿易所，令彼人得來互市，從之。唯鐵則只通水鐵」。
（註六）　朝鮮成宗實錄卷五二，六年（成化十一年）二月庚辰條。

鼠皮，北方鉅弊。國家雖減貂鼠皮之貢，而弊猶不祛者，俗尙奢侈，服飾必貂鼠皮，朝士階陞四品，則與三品相混，故必着貂皮耳掩。且毛裘宜於老者，而年少婦女，皆服貂裘，無此則羞與爲會。數十婦女之會，無一不服者。貂皮價高，謀利者雲集北道，市索無已，至以牛馬鐵物買之。野人箭鏃昔皆用骨，今則皆以鐵爲之。良有我國人用鐵換皮之故也。上問有沼果有以鐵換皮者乎！有沼曰：「往者穩城人有以二鋤易鼠皮二張者。」……上曰：「中國人亦以鐵貿於野人否？」有沼曰：「法嚴全未矣。」(註一) 鐵物私自外流日多，所以女眞人的箭鏃已多爲鐵製，「野人之地本無鐵，以骨爲箭鏃，今所虜野人之矢，鐵鏃居半。臣訝而問之，則云六鎮所貢貂鼠皮，率皆貿於彼人，故以牛馬鐵易之。邊將亦受彼人毛皮而不以爲恠，請須嚴立法以禁之。」(註二)

鐵器出境，在明朝止許犁鏵鍋剪等有限度的出口，或由會同舘開市時購買，或於馬市上交易(註三)。二者都有官方嚴密監視，出境並經詳細檢查。此卽明朝封貢貿易下所謂「建州女直，叛服不常，朝廷或開市以羈其黨，或許買鐵器以結其心，皆羈縻之義」的邊防政策(註四)。國人以鐵器私與交易或私運出境者，以通敵論罪。明廷對朶顏、福餘、泰寧三衞，以其較爲恭順，會同舘交易時每人許收買犁鏵一幅，鍋一口(註五)，建州則僅許五人十人共買一鍋(註六)。不過禁令雖嚴，但以高價厚利之故，彼等仍可於入貢歸去時沿途私貿易買得鐵器，「(買)恭又奏，韃子海西野人女眞歸自京師，道過邊境，輒以所得綵幣或駔馬市耕牛及銅鐵器皿。臣以耕牛邊人恃以爲生，而銅鐵器外夷所資以爲用，乞禁勿與市，上可其奏。」(註七)成化十二年馬文升以鐵器流

(註一)　朝鮮成宗實錄卷五七，六年七月辛酉條。

(註二)　同上卷五〇，五年十二月乙巳條。以鑄鐵軍器弓劍鐵甲走私貿易，如成宗實錄卷一三五，十二年（成化十七年）十一月癸巳，卷一七三，十五年（成化二〇年）十二月庚申，卷一九二，十七年（成化二二年）六月癸卯等條。

(註三)　明會典卷一一一，禮部六九，給賜二，外夷上。禮部志稿卷三五、三六、三八，主客司職掌各條。全遼志卷二，賦役，馬市抽分。

(註四)　明憲宗實錄卷一九五，成化十五年十月丁亥條。

(註五)　見註二，又明孝宗實錄卷一五九，弘治十三年二月乙亥，卷二〇〇，弘治十六年六月甲辰等條。

(註六)　明孝宗實錄卷一九五，弘治十六年正月甲午條。

(註七)　明英宗實錄卷五二，正統四年閏二月己丑條。

出過多，申請嚴禁，「比年朝鮮陪臣及建州、海西、朶顏三衞夷人入貢，軍民人等，輒以射弓材箭鏃與凡鐵器私相貿易，誠非中國之利，乞下所司禁約。且以行人帶領通事伴送，沿途防禁之事下禮部，請定行人，著爲例。兵部請榜諭京師並諸邊軍民，違者謫戍邊遠。會同館及沿邊伴送官吏人等有縱之者，繫治其罪。若夷人挾帶出關，事覺拘入官，給還原直，仍追究所屬之人，從之。」（註一）馬文升所奏防範鐵器出境辦法，對東北各部實爲嚴重打擊，所以在次年十一月卽稱兵入犯，以武力抗議，「時海西虜酋糾建州三衞入寇靉陽，言往年受朝廷厚遇，今無故添一官人伴送我行，飲食之如犬豕，禁制我市買，使男無鏵鏈，女無針剪，因是入寇。」（註二）

鐵器出境的嚴厲限制，不僅是影響到其農業生產，更重要的是斷絕了他們得以熔造用具及武器的來源，所以才藉口入寇。弘治年間，又重定鐵器換買辦法，「吏科給事中鄒文盛言……遼東先年因三衞內附，東夷效順，故於廣寧、開原奏立馬市交易。當時虜酋輸欵，時以馬易鹽米。彼得食用之物，我得攻戰之具。近賊虜狡黠，不以堪用馬匹貨賣，持以入市者惟榛松貂鼠，瘦弱牛馬而已。又有假此窺覘虛實者，中國圖利之徒，與之交結，甚至竊賣兵器，洩漏軍情，雖有監市分守等官，勢不能禁。竊聞虜所易鍋鏵，出關後盡毀碎融液，所得豆料，專以飼馬，其志可知。又聞犯邊之後，以所掠銅鐃等物，貨賣東夷諸酋。……當嚴飭監市等官，於夷人入關，止許易鹽米，不得私買鐵器豆料。舊例許五人十人共買一鍋，今立年限，或二年或三年許買鍋鏵一次。其進貢夷人間有買鍋鏵者，亦照此例」（註三）。

鐵器銅器（註四）的輸入後熔煉加工，這說明了他們已有一定程度的金屬手工業技術。雖然還不能直接開礦冶煉，使他們在銅鐵器的使用上受到相當大的限制，但初步的加工製造技術已在逐步成長。有了加工技術，日後一旦發現鐵礦，冶煉製造，自易順利進展。前引朝鮮實錄：「洪允成以爲野人處亦有鑢冶匠，克培曰：野人不解煉鐵，但得正鐵改造耳」（註四）。「唐人阿家化供言曰：俺年十四歲時，爲建州賊松古老

（註一）　明憲宗實錄卷一五九，成化十二年十一月癸亥，卷一六九，同年八月戊午條。
（註二）　同上卷一七二，成化十三年十一月已丑條。
（註三）　註見上頁註五。
（註四）　朝鮮成宗實錄卷五二，六年二月庚辰條。

等所搶，隨住其家。……同里而居者六家，而有冶匠弓人焉。」(註一)「弓矢皆強勁，設風爐造箭鏃皆淬之。」(註二)已經有了鼓風爐。又「成憲府大司憲李恕長等上疏曰：平安道以鴨綠江爲界，野人之境，置鎭列戍，隄防有備。中朝之界，漫無障塞。……傳聞中朝一路，舊無鍮器，盥洗率用木造。今則所過站驛，多有鍮器。問之舘人，答云鍮工見居近地爲此器。臣等竊恐本國迯賦之民潛徙而有此事也。」(註三)鍮卽黃銅，此時的手工業尚分散在各家之中，並未分業獨立發展。而且這些工匠，也大都是中國人或朝鮮人，這是明成化年間所見到的情形。

發展至努爾哈赤興起之時，情形已大不相同。不但分工生產，且已有專業之胡人工匠。萬曆二十三年朝鮮人河世國出使建州歸來報告謂：「老乙可赤（努爾哈赤）城周回八十餘里許，城門七處，無弓家石築胡家五百餘戶，城外六百餘戶。內城周回十里許，石築弓家樓閣五處則已造。……畫員二名，瓦匠三名，則天朝命送之人云。而時方燔瓦。……甲匠十六名，箭匠五十餘名，弓匠三十餘名，冶匠十五名，皆是胡人，無日不措矣。」(註四)申忠一建州紀程所記（申忠一於萬曆二十三年十二月出使建州，二十四年正月歸），「小酋農幕，山端陡起處設木柵，上排造弓家十餘處」，「奴酋農幕，王致掌之云，峰上設木柵，上排弓家十餘處，柵內造家三座。」(註五)此爲努爾哈赤居於舊老城時的手工業發展情形。

建州在入關前開礦冶煉最早的記載是明萬曆二十七年（努爾哈赤起兵後十六年，建元天命前十七年），滿洲實錄卷三：「(己亥年)三月，始炒鐵開金銀礦。」這是初步接觸到開礦冶煉的技術，當然還相當幼稚，談不到什麼大規模的有計劃的生產製造。這首次發現開採冶煉的人，是中國人，朝鮮人，或女眞人，及如何發現，如何開始，都沒有記載。發現地點，冶煉技術，也沒有說明。不過儘管數量上微不足道，技術上粗陋不堪，但這在建州社會發展史上，確是一件大事。以前，鐵的來源，必須仰仗自外輸入，在向明朝及朝鮮恭順聽命的羈縻下，或經過非法的走私貿易，得到極有

(註一)　朝鮮成宗實錄卷五二，六年二月戊申條。

(註二)　同上卷二五五，二二年（明弘治四年）七月丁亥條。

(註三)　同上成宗實錄卷四八，五年（成化十年）十月庚午條。

(註四)　同上宣祖實錄卷六九，二八年（萬曆二三年）十一月丙午條。

(註五)　舊老城：申忠一書啓及圖錄，爲滿建國大學刊本。

限度的數量。而今可以自行冶煉，總算有了一定的來源。雖然一時不會有多大的影響，但這是一個轉變的開始。當時在建州統治者的心裏，一定是相當振奮愉快的，此後所需的只是技術工匠問題。所以當萬曆二十九年得到朝鮮的鐵匠時，對待俘虜的態度便完全不同了。以前俘獲的人多用爲奴隸，視如牛馬。此次則欣然接待，厚加給賜，遇之如賓，朝鮮實錄：「往年北道總兵與老土相戰時，北道人物被虜善手鐵匠，今在老酋城中。而昔則胡地素無鐵丸兵器斧鎌等物，以水鐵反鑄得用，極貴。一自鐵人入去之後，鐵物興產。以此老酋欣然接待，厚給雜物，牛馬亦給云。」(註一)可見其心中是如何高興了。依時間及所記情形推測，萬曆二十七年「開始炒鐵開金銀礦」的人，也許就是這些被俘的朝鮮人。

「鐵物興產」，說明了自行開礦冶煉，及得到善手鐵匠後鐵器生產擴大及提高的情形，也刺激了努爾哈赤更進一步羅得鐵匠增加生產的要求，滿文志檔：「Lenggeri, Yecen, Detde 你們三人率一百人駐柴洒馬西，Yeodehe, Abutai 你們二人率一百人駐在白塔河。駐屯的地方嚴密探索。聽說有精煉鐵的人在新境外三十里的地方居住，爲了要把他們捕來，Lenggeri 你率五十人去捕，堅牢的縛了送來。」(註二)

這些開礦冶煉的工匠，似乎大多是中國人或朝鮮人，並設有百總管理，有組織的生產，「石城煉精鐵百總 Jang Bing i 把毛文龍投送割付書的人捕了送來，陞百總 Jang Bing i 爲千總，參加捕獲的鐵匠賞銀十兩。」(註三)「石城精煉鐵參將 Wong Dz Deng……」(註四)石城大概是當時的生產中心(註五)。

努爾哈赤時代所見冶鐵史料很少，發展至太宗，規模始漸擴大，徐大禎奏云：「管窅鐵炸牛彔章京徐大禎奉皇上勅諭，管窅鐵炸，初時八固山止撥窮丁四十名到洞，經今八載，並無泆竄，內尙多增。臣教習窅運，甫能得會，裝運者無有停積，打造者盡足國用，毫無惧事。後加老幼和尙四十名，不過背水背土，充數而已。開洞使鑪，茫然無知。彼時止八固山使用鐵炸，近日天佑我國，蠻子蒙古投來者，搶來者，並新

(註一)　朝鮮宣祖實錄卷一三四，三十四年二月乙丑條。

(註二)　滿文老檔太祖四六，天命八年二月二十九日。東洋文庫本，以下均同。

(註三)　滿文老檔太祖四六，天命八年二月三十日。

(註四)　同上太祖五六，天命八年六月二十九日，又三〇，天命六年十二月十日。

(註五)　石城卽今安東之鳳凰城一帶。現仍產鐵，惟鐵質不佳，今銅甚多。

立營伍，一切鑄造，比往時勝十倍。又兼每年每名送鐵炸八百斤到工部，又夥種蘇子地四十日(晌)，打油照洞，夫丁苦累難捱，屢向工部告差重苦，討添人夫。工部貝勒差大人看過數次，苦情盡知。奏過皇上加派人夫九十六名，俱是生意袖手之人，不惟不能赴工，且十人不及舊人之一，故因人少告添。今又遇換甲用炸之際，不意被戶部將舊人四十名調回赴堡，新人與和尚晝夜窗出，不足裝運，牛車人夫擁積無數。況鐵炸係我國第一緊要之事，一旦遲滯，不曰有惧國用，倘且就延大事。在戶部不知窗運苦楚，在小民不能痛伸貽累，臣管理窗運人夫，禁受不過。……伏乞□□舊人討回赴工，庶上足國用，下安小民。」(註一)

這是專指窗鐵炸採砂情形說的。冶煉鑄造，另有專局。關于鐵器鑄造，努爾哈赤時雖僅見鑄造農具犁叉、犂耳的記載(註二)，其他用具如斧、鐮、鋤、鍬、鑷等都會有的。滿洲實錄中記載凡來歸附者皆給以田地、農具、耕牛、奴僕、使自理生計。鐵製農具數量，一定不少。製造技術，也大爲進步，建州聞見錄：「銀鐵革木，皆有其工，而惟鐵匠極巧。」(註三)分工亦更爲明顯，籌遼碩畫：「奴兒哈赤……寨在窖宮塔，內城高七丈……內城居其親戚，外城居其精悍卒伍。內外見居人家約三萬戶，北門外則鐵匠居之，專治鎧甲。南門外則弓人箭人居之，專治弧矢。東門外則有倉廠一區，共計一十八照，每照各七、八間，乃是貯穀之所。」(註四)

銀鐵革木諸手工業中，惟「鐵匠極巧」，突出進步，這是受戰爭需要的影響。手工業與軍需工業結合在一起，所以雖行分工，但並不是獨立自由發展。在建州當時的社會組織下，是屬於汗或各旗下的，滿文老擋：「諸王直屬工匠，領催弓的主管人委任了。旗的工匠，領催牛彔甲的章京委任了。」(註五)天命九年六月評定戰功：「汗城居住的甲士、哨探、門(衞)、工匠各二人分，鐵、瓦(匠)各三人分。」(註六)鐵匠瓦匠

(註一) 明清史料丙編第一本葉三九，徐大禎奏本。鐵的生產量不詳，崇德四年二月攻松山，用紅衣大礮轟擊一晝夜後，又令瀋陽運礮子一萬枚。一枚重約七八斤，見明清史料乙編第四本葉三一〇，洪承疇揭帖。此可見其鐵的消耗量與儲藏量。當然也有從戰場拾回再生產的。

(註二) 滿文老檔太祖三九，天命七年三月十四日。

(註三) 李民寏：建州聞見錄。

(註四) 籌遼碩畫卷首，東夷奴兒哈赤考。

(註五) 滿文老檔太祖二七，天命六年九月十八日。

(註六) 同上太祖六二，天命九年六月 (頁915—917)。

的賞賜優於甲士及其他工匠，是受到相當重視的。

　　建州女眞製鐵手工業自努爾哈赤起表現着飛躍的進步，雖然是長期歷史發展的結果，但自其起兵之後，鐵器來源日少，尤其是明朝關閉市場，自明朝輸入鐵器，已完全斷絕。爲了對抗明朝，贏得戰爭，迫使建州不得不另謀出路。開礦炒鐵，不管是偶然的發現，或有意識的探測，但羅致工匠，分工製造，提高及擴大生產，確是有計劃的，有着强烈的推動的意識的。爲了戰爭，所以太宗年間鐵器製造的發展，也仍然是在軍器上。

　　太宗時代軍需工業最突出的發展是造礮，在對抗明朝的戰爭中，建州以驍勇善馳射，最利於野戰衝殺。然圍城攻堅，明軍有紅夷大礮，密集轟擊，爲建州嚴重弱點。天命十一年（明天啓六年）努爾哈赤圍寧遠，揮軍進薄，載盾穴城，矢石雨下不退。袁崇煥令閩兵發西洋巨礮，一發，傷數百人，翌日再攻再却。時朝鮮使臣適在崇煥營中；記當時情形云：「我國譯官韓瑗隨命入朝，適見袁崇煥，崇煥悅之，請入其鎭。崇煥戰事節制雖不可知，而軍中甚靜。崇煥與三數幕僚閒談，及報賊至，崇煥乘轎至戰樓，又與瑗等談古論文，略無憂色。俄傾放一礮，聲動天地，瑗懼不能仰視。崇煥笑曰：賊至矣。乃開窗，見賊兵蔽野而進，城中了無人聲。是夜賊入外城，崇煥預空外城，爲誘入之地。賊併力攻城，又放大礮，城上一時舉火，明燭天地，矢石俱下……須臾地礮大發，土石飛揚，火光之中，見胡人與胡馬無數，騰空亂墮，賊大挫而退。翌朝，見賊隊擁聚於大野之一邊，狀如一葉。崇煥遣一使備物謝曰：「老將久橫行天下，今日敗於小子，豈非數耶！」奴兒哈赤先已負傷，及是供禮物及名馬回謝，而約再戰之期，因懣恚而斃。」(註一)淸人自己記載亦謂：「帝自二十五歲征伐以來，戰無不勝，攻無不克，惟寧遠一城不下，遂大懷忿恨而回。」(註二)

　　寧遠之戰，努爾哈赤以百戰老將，敗於崇煥，負傷忿愧而歸，旋卽殂落。此一戰役，崇煥以逸待勞，指揮有方，將士用命，奮勇殺敵，固爲致勝因素。然主要關鍵，

(註一)　但燾譯，稻葉君山著，淸朝全史第一本頁一三八。朝鮮仁祖實錄卷一四，四年九月庚寅條。

(註二)　淸太祖武皇帝弩兒哈奇實錄卷四。明熹宗實錄卷六八，天啓六年二月甲戌：「兵部尙書王永光奏。……（正月）二十四、五兩日，虜家五、六萬人，力攻寧遠，城中紅衣大砲及一應火器諸物，奮勇焚擊，傷虜數千，內有頭目數人，酋子一人。」

乃決於明軍擁有紅夷大礮，對密集薄城之摧擊，發揮最大效力。崇煥於大敵當前，猶談古論文，略無懼色，實以握此利器，知必操勝算，而好整以暇待之。

太宗卽位後，於天聰元年五月，率八旗兵再攻錦州、寧遠，明軍又以紅夷大砲摧之，失利敗歸。

寧錦之役，給予建州沉重打擊，也帶來嚴厲教訓。雖在此以前，亦已使用大礮，但都是得自明軍的土礮，滿文老檔：「管四千漢人的官人出二百兵，一百兵準備大砲十門，長砲八十門，其他一百兵隨意照樣私用。管三千的出徵兵一百五十，準備大砲八門，長砲五十四門，內七十五人隨意私用使喚。管二千人的徵一百人，準備大砲五門，長砲四十門，內五十人隨意私用。女眞管二千七百人的徵兵一百三十五人，其中六十七人使帶大砲六門，長砲四十五門，餘六十七人照樣私意使用。管一千七百人的徵兵八十五人，其中四十四人帶大砲四門，長砲三十六門，餘四十一人，照樣隨意私用。管一千人的徵兵五十人，其中二十五人準備大砲二門，長砲二十五門，餘二十五人照樣隨意私用。管五百人的徵兵二十五人，其中十人準備大砲一門，長砲八門，餘十五人照樣隨意私用。」(註一)其他散見者尚有數處，此種土礮與紅夷大礮性能，自是難以比擬，所以太宗卽位之後，卽亟謀仿製此種新式大礮，以對抗明軍。紅夷大礮（清諱夷字，後官書改夷爲衣）本由葡萄牙人輸入於明。先是於澳門向葡人定購，天啓二年二月，明廷命孫元化仿製。翌年三月成，封巨礮爲「安國全軍平遼靖虜將軍」，並遣官致祭(註二)，自後明卽用之守城攻敵。太宗常思有以抵禦之，乃命工製造（紅衣大礮流入建州不知何時，此當爲依樣品仿製，技術工匠，爲俘虜之漢人），天聰五年（明崇禎四年）五月鑄成，太宗實錄：「造紅衣大將軍礮成，鐫曰「天佑助威大將軍，天聰五年孟春吉旦造。督造官：總兵官額駙佟養性。監造官：遊擊丁啓明、備禦祝世

（註一）　滿文老檔太祖三二，天命七年正月六日。此外如二六，天命六年九月一日。天聰三年入犯燕京及四年遼化、永平之戰，皆曾使用火礮。徐文定公集卷三西洋神器旣見其益宜盡其用疏：「博詢土人，言滿桂之敗，敵亦用火攻、每一騾負二砲，如田單火牛之法，疾趨我營，以致敗覆。今又陷永平，建昌等處，所得砲位更多。惟用西術，乃能勝之。」淸太宗實錄卷六，天聰四年正月戊子：「乃命八旗礮手兵，同赴村莊居住。」辛酉：「上諭八旗士卒，齊列礮衝擊，俟礮將盡，八旗蒙古兵進攻。」壬寅：「上以馬蘭峪旣降復叛，自遵化令八旗列礮及藥箭攻城南北面。」這些大槪都是土礮，與後來西洋大礮不同。

（註二）　學術季刊二卷一期，方豪：明淸間西洋機械工程學物理學與火器入華考略。

蔭。鑄匠：王天相、竇守位。鐵匠：劉計平」。先是，我國未備火器，造礮自此始。」
(註一)

　　是年十一月，即首用此礮破遼西于子章臺：「己酉，遣官八員，率兵五百人及舊
漢兵全軍，載紅衣礮六位，將軍礮五十四位，往攻于子章臺。……是台峙立邊界，垣
牆堅固，我軍攻三日，發紅衣大將軍礮擊壞台垛，中礮死者五十七人，台內明兵惶擾
不能支，乃出降。是台既下，其餘各台聞風惴恐，近者歸降，遠者棄走。所遺糗糧充
積，足供我士馬一月之餉。至紅衣大礮我國創造後，攜載攻城自此始。若非用紅衣大
礮擊攻，則于子章台必不易克。此台不克，則其餘各台不逃不降，必且固守。各台固
守，則糧無由得，即欲運自瀋陽，又路遠不易致。今因攻克于子章台，而周圍百餘台
聞之，或逃或降，得以資我糧糗，士馬飽騰，以是久圍大凌河克成厥功者，皆因上創
造紅衣大將軍礮故也。自此凡遇行軍，必攜紅衣大將軍礮云。」(註二)此雖不免有歸美
頌聖之意，然建州自紅衣大礮造成之後，其所發揮之威力，及對整個戰局之影響，關
係是相當重大的。所云「先是我國未備火器」，蓋指未自造此等新式武器而言。

　　建州命虜獲漢人仿製紅衣大礮，與明朝命孫元化仿製，相距不過八年，而此等摧
陣攻堅於戰局上起着決定性作用的新式武器，明朝所恃以爲制虜長技者，建州已與共
之，平分春色。次年，佟養性即請擴大製造，並擴充砲兵，成立火器營。疏云：「一
曰增兵威：往時漢兵不用，因不用火器。夫火器南朝仗之以固守，我國火器既備，是
我奪彼長技。彼之兵既不能與我相敵抗，我火器又可以破彼之固守，何不增添兵力，
多挐火器，以握全勝之勢。目今新編漢兵，馬步僅三千餘，兵力似少，火器不能多
挐。況攻城火器，必須大號將軍等砲，方可有用。然大號火器挐少，又無濟于事。再
思我國中各項漢人尚多，人人俱是皇上赤子，個個俱當出力報效，若果從公查出，照
例編兵，派定火器，演成一股，有事出門，全挐火器，大張軍威。……如此一行，敵
國聲聞，自然膽落，無壘不破，無城不取也。」『一曰練火器：軍中長技，攻打城池，
必須紅夷大將軍，緊要必用，其別號將軍砲次之。至於三眼鎗、佛朗機、鳥鎗等項，

(註一)　清太宗實錄卷八，天聰五年正月壬午條。清太宗實錄稿：天聰七年十月初十日：「丁啓明陞爲二等參
　　　　將，原係明朝卑官，被我兵擒而養之。因善鑄紅夷砲，故授是職。」
(註二)　同上卷十，天聰五年十月壬子條。朝鮮仁祖實錄卷四三，三十年四月壬戌條。

特城守之具耳。在兵丁喜其輕便好舉，攻城實不濟事。目今火器雖有大號將軍，然尙少，宜諭令金漢官員，各管地方有遺下各號大將軍砲，盡數查出送來，仍再多方鑄造，酌議收拾，方可有用。大砲百位不多，火藥數十萬猶少。我國如將火器練成一營，眞無敵雄兵，以之威服天下有餘矣。」(註一)

天聰七年（崇禎六年），以「王天相創鑄紅衣礮功，及金世昌繼造，不用蠟輒鑄成，俱陞備禦，授董成功千總。」(註二)崇德七年（崇禎十五年），又鑄成神威大將軍礮，這些鑄造工匠，都是漢人，實錄：「命梅勒章京馬光輝、孟喬芳率劉之源旗下楊名高，祖澤潤旗下李茂，佟圖賴旗下佟圖蔭，石廷柱旗下金玉和，吳守進旗下孫德盛，金礪旗下柯永盛，巴顏旗下高拱極，墨爾根侍衛李國翰旗下楊文魁，及鑄礮牛彔章京金世昌、王天相等，往錦州鑄神威大將軍礮。」(註三)且有鑄礮牛彔章京專董其事。

當時製造此種新式大礮，所費甚貴，鮑承先曾奏說：「今聞又造大砲，汙連年鑄造大炮，並所得紅夷炮，儘可足用，又何必添造，不惟費民財力，亦且載運艱難。」(註四)然「紅衣大礮乃萬人之敵」，「攻打城池，必須紅夷大將軍」，所費雖昂，故仍連年鑄造不已。

建州造礮技術的進展，礮火武力之增强，與孔有德、耿仲明的投降，實有重大關係。孔、耿二人本爲毛文龍部曲，崇禎二年（天聰三年）文龍爲袁崇煥所殺，以陳繼盛代領其衆，有德不服，與耿仲明、李九成等走登州，依登萊巡撫孫元化，四年大凌河城告急，元化遣有德等赴援，兵至吳橋譁變，陷登州據之，有德自稱都元帥。明發兵討之，遂於六年夏泛海降清。降前，孔、耿等致清太宗書云：「甲兵數萬，輕舟百餘，大礮火器俱全。有此武備，更與明汗同心協力，水陸並進，勢如破竹，天下又誰敢與汗爲敵乎！」(註五)此固不免有誇張要降之意，但孫元化曾爲明朝製造西洋大礮之

(註一)　史料叢刊初編：天聰朝臣工奏議卷上，佟養性疏陳末議奏（天聰二年正月二十二日）下簡稱臣工奏議。

(註二)　清太宗實錄卷一三，天聰七年三月庚寅條。清太宗實錄稿：天聰六年三月十九日「是日，上以王天相初鑄紅夷砲成，陞爲備禦。嗣後金世昌不掘土爲模而能鑄之，亦陞備禦，董成功擢爲千總。」

(註三)　同上卷六二，崇德七年八月乙亥條。

(註四)　臣工奏議卷中，鮑承先請安置船隻奏（天聰七年五月二十一日）。

(註五)　前引清朝全史第一本頁五一。孔、耿投降事見清太宗實錄卷一四，天聰七年五月壬子、乙卯條。

人，營中不但有此新式武器，也有不少製造工匠及熟練礮手，清朝全史：「孔有德圍萊州時，用孫元化所製之西洋大礮，此大礮在明國爲最新式軍器，孫元化奉命鑄造西洋礮，始於天啓二年。彼素奉西教，嘗於澳門招致西人，如登州、萊州兩役，葡萄牙人公沙的西勞（Consoles Texeira）等陣亡者數名，受明廷諭祭。耶穌會之教士陸若漢（Joannes Rodrigues）負傷，得優獎。彼等西人，實在孫元化之下製造大礮者也。孔有德載此種新式大礮來歸，關係頗大。金國前此鑄造之紅衣礮，多爲捕虜漢人等所製作，比此固有精粗之殊。」(註一)

先是，崇禎四年，公沙的西勞與陸若漢等曾率領在北京的葡軍礮隊入登州孫元化營助戰。登州淪陷，公沙的西勞以下死者十二人，受傷而幸逃脫者陸若漢以下十五人(註二)。葡兵礮隊所携火器與中國工匠礮手，俱被孔、耿脅之投降。明清史料：「四王子（清太宗皇太極）說叫孔、耿二賊剃頭后來。……叫孔賊帶賊兵二三百名，見在遼陽。耿賊帶賊兵二三百名，在瀋陽造火藥。」(註三)崇禎十四年（崇德六年）洪承疇所睹建州大礮及礮子謂：「惟虜賊見馬步官兵拒戰甚猛，遂用牛車推運紅夷大砲三十餘位，東西兩面向馬步營對打數百炮，各營拾有封口大砲子，重七、八斤上下，銅鐵皆有，赴職面驗，貯在松山庫者肆百餘顆。其未及拾驗者，不知凡幾。」(註四)湯若望亦謂：「近來購來西洋大銃，其精工堅利，命中致遠，猛烈無敵，更勝諸器百千萬倍，若可恃爲天下後世鎮國之奇技矣。孰意我之奇技，悉爲彼有。」「今之大敵，莫患於彼之人壯馬潑，箭利弓强，旣已勝我多矣；且近來火器又與我相當。……如目前火器所貴西洋大銃，則敵不但有，而今且廣有之矣。我雖先得是銃，奈素未多備，且如許要地竟無備焉。」(註五)孔、耿之降，皇太極不但賞賜優渥，且力排衆議，堅以最親愛禮

(註一)　清朝全史第一本頁五五。徐文定公集卷三，西洋神器既見其益宜盡其用疏「臣竊見東事以來，可以克敵制勝者，獨有神威大砲一器而已。一見於寧遠之殲夷，再見於京都之固守，三見於涿州之阻截，所以然者，爲其及遠命中也。所以及遠命中者，爲其物料眞，製作巧，藥性猛，法度精也。

(註二)　前引明清間西洋機械工程學物理學與火器入華考略。參閱楊丙辰譯湯若望傳頁140—141。崇禎長編卷五四、五五、五八、六六。

(註三)　明清史料甲編第八本，監視登島太監魏相題本（崇禎六年十二月）。

(註四)　同上乙編第四本，薊遼督師洪承疇揭帖（崇禎十四年五月十七日）。

(註五)　湯若望著：火攻挈要卷上，槪論火攻總原，審量敵情斟酌製器。

節「抱見禮」迎見，可見此降關係之重要，與太宗內心之興奮了(註一)。

　　當時所造大礮究有多少，沒法找出確切的數字，天聰五年七月命佟養性總管運輸之事時，「其隨營紅衣礮、大將軍礮四十位。」(註二)是年攻于子章臺，「紅衣礮六位，將軍礮五十四位。」(註三)共六十位。天聰七年七月祝世昌奏稱：「今算我國紅衣砲，新舊並船上旅順所得者三十多位。」(註四)紅衣砲三十餘位中，孔、耿攜降者約六、七位(註五)，其餘紅衣礮也未必都是自造，有的是得自明軍的戰利品。如「以大凌河所獲大小火礮三千五百位，竝鳥鎗火藥鉛子，命總兵官額駙佟養性管理。」(註六)不過並沒有指出礮的名稱。建州當時所用的大礮，除紅衣大礮、神威大將軍礮外，有大將軍、二將軍、三將軍、法煩礮（法亦作發）等(註七)。鑄礮中心，有瀋陽、歸化、錦州等地(註八)。

　　砲子的鑄造，已能大量生產，如松山之役，「癸丑四鼓、孔有德、耿仲明、尙可喜、馬光遠、石廷柱兵各移礮前進，五鼓舉礮……於是用紅衣礮攻至未時，城堞盡毀，止餘城垣……我軍是夜亦鳴礮達旦。……甲寅……上集諸將，復議攻城之策，皆謂必能攻克，但紅衣礮子及藥已用大半，宜遣人速取（此次用紅衣礮共二十九位）。……乙卯，上遣官八員，各率牛彔兵一名，齎勅往取礮子火藥，勅云……其漢軍所需礮子一萬，火藥萬勛，可作速運至。」(註九)攻城已用礮子若干，瀋陽所貯礮子若干，數皆不詳。一次可動運一萬顆，其數已甚可觀。不過礮子製造，似尙不十分理想。「……數固山額眞石廷柱、馬光遠等罪，責之曰：爾等所鑄礮子，雜以惡鐵，中外鏪

(註一)　清太宗實錄卷一四，天聰七年六月癸亥條。

(註二)　同上卷九，天聰五年七月庚寅條。

(註三)　同上卷十，天聰五年十月己酉，參閱卷一，天聰八年五月甲辰條。

(註四)　臣工奏議卷中，祝世昌請及時大舉奏（天聰七年七月二十二日）。又太宗實錄卷四五，崇德四年二月壬子條，記圍攻松山共用紅衣礮二十七位。

(註五)　臣工奏議卷中，寧完我諸收撫孔、耿辦法奏（天聰七年四月八日）。

(註六)　清太宗實錄卷十，天聰五年十一月癸巳條。

(註七)　清太宗實錄卷五六，崇德六年七月酉條。

(註八)　同上卷四五，崇德四年三月壬申，卷五六，崇德六七月丁酉，卷六二：崇德七年八月乙亥等條。

(註九)　同上卷四五，崇德四年二月乙卯條。

鍊不勻；以致方出礦口，輒卽迸碎，玩誤軍機，莫此爲甚。」（註一）

　　與造礦相伴的製造火藥，亦急速發展，此爲必然的結果。天命年間，已開始製造，滿文老檔：「八旗中的燒煤的 Yan Mandz, Sige Mandz. 把精煉放炮的黃色火藥送來了，給予二人千總的職位，並賞給衣服靴煖帽各一，銀各十兩。」（註二）「漢人 Ji Dase 精煉的硫黃送來了，因此陞爲千總，並賞給緞子三匹，毛靑布，翠藍布五疋，銀十兩，蟒緞衣服、煖帽、靴子等。」（註三） Mandz （蠻子）是建州對明人的稱呼。俘虜的人本是做奴隸用的，以煉得硫黃火藥，陞官賞銀，並給予當時最爲缺乏的衣服布匹，及免除各項官差與兵役（註四），可見其對火藥的重視及鼓勵作用。這也正是天啓元年（天命六年）攻取瀋陽受到明朝礦火沉重打擊以後不久的事。

　　太宗時期，運送前方的火藥，動以萬觔計（註五）。其造礦製藥，有專設的砲局、藥局，天聰七年三月馬光遠奏稱：「砲局、藥局，雖有地方，而無房屋，凡遇暴日寒天，匠役無處遮蓋，苦楚難當。合無每局造厰房十數間，以蔽風雨。庶匠役不致偷安，造作可得長便矣。」「火藥硝黃造作，雖有派就人夫，收藏務要得法，給散務要分明，造作不堪，罪在匠役，分發不明，罪在將官。計人計藥，多多備辦；或出或入，俱要節省。如硝黃交收，火藥分發，俱要本管將官呈報兵部衙門，記下數目，候年終必一類算，庶無費也。」（註六）祝世昌亦奏稱：「查運新得硝黃，預辦火藥。夫大砲所用旣多，火藥亦得多備。見今兩藥局一箭局，加緊製造矣。第遼陽舊城淋硝硝丁有數，一年所淋硝斤有數，勢不能多得。我國用這許多大砲，則火藥當多多預辦。查得船上硝有三、四千斤，礦有四、五千斤，當速行兵部，計處運來，發局合造。新得旅順，量硝礦火藥亦多，再寫筆帖與貝勒，查其硝礦火藥有多少，量留一半本處備用，其餘盡數裝運前來製造。」（註七）

（註一）　清太宗實錄卷四七，崇德四年六月庚寅條。

（註二）　滿文志檔太祖五三，天命八年六月五日。

（註三）　同上太祖五五，天命八年六月十八日。

（註四）　同上太祖四五，天命八年二月十一日。滿洲老檔秘錄上編：太祖賞織工條。以下簡稱老檔秘錄。

（註五）　清太宗實錄卷九，天聰五年八月乙未，九月甲午等條及上頁註九。

（註六）　臣工奏議卷中，馬光遠請整飭總要奏（天聰七年三月二十一日）。

（註七）　同上祝世昌請及時大舉奏（天聰七年七月二十二日）。

　　鑄礮與製造礮子火藥雖然設有專局，但並未建造廠房。雖有專人負責，統轄於兵部、工部，但技術工匠，是由各家下分派的。除前引明清史料徐大禎奏疏外，又馬光遠奏疏：「造砲鐵匠，並造藥匠役，有各貝勒家下之人，有各官下新來之人，本身雖有田地，隻身無人耕種，時刻不離，顧此失彼，其苦楚與兵役大不相同。既要令他打造，必須厚加喫穿，此人方得安心効力矣。伏乞速議養贍之典。」(註一)工匠夫役須自理生計，與農業尙未獨立分離，此與建州經濟組織，八旗制度，都有莫大關係，於本文結束時再爲說明。

　　建州鐵器手工業在努爾哈赤興起後劃時代的進展，一開始便是在戰爭的需要下激動起來的，所以與軍需工業結合在一起，最突出發展的是火器。其他非軍事性的用具製造，無形中都受到阻抑限制。太宗對農業生產頗爲重視，但農具如犂口鏵子，仍須由朝鮮輸入(註二)。自紅衣大礮鑄成之後，以投降漢人編成直屬礮隊，並向朝鮮征索礮手(註三)，每行軍作戰，必携之而往。攻城奪堡，先以礮火猛烈轟擊，而後甲兵攀登以進。隨着建州軍需工業的進展，雙方戰鬥力的轉變，也正是一個顯明的指標。紅衣大礮在幾次激烈的戰役中，都發生了勝負決定性的作用。

　　鑄砲之外，並曾鑄鐘，太宗實錄：「實勝寺工成，……鑄鐘重千觔，懸於寺內。」(註四)鋼鐵亦已出現，滿文老檔：「牛莊的人甲二百領，弓矢二百，火箭一千，砲彈三千個，小的五斗，鋼鐵五十斤送來了。」(註五)太宗實錄：「和碩墨爾根戴靑貝勒多爾袞參奏達爾漢侍衞扈爾漢之子渾塔，前往旅順時云，我擱鋼鐵，祇送貝勒阿濟格，不送我本貝勒。」(註六)鋼鐵似是很稀有之物，不知是否爲自鍊而成。

叄、銀器：冶煉、鑄造

　　建州自行冶銀淘金，亦始於努爾哈赤時代，滿文老檔：「以三兩銀計算，淘金者

(註一)　見上頁註六。
(註二)　清太宗實錄卷五一，崇德五年五月壬辰條。
(註三)　清太宗實錄卷四六，崇德四年五月庚申。朝鮮仁祖實錄卷三五，十五年七月庚午，卷四二，十九年九月甲午，卷四五，二二年五月甲午等條。
(註四)　清太宗實錄卷四三，崇德三年八月壬寅條。
(註五)　滿文老檔太祖二四，天命六年七月十三日。
(註六)　清太宗實錄卷二一，天聰八年十二月丙申條。

六百人，一年收取金子三百兩，精煉銀子的一萬人，收取銀子三萬兩。」(註一)「挖銀子的差役，送來了銀子九百三十兩，金子六兩七錢，曾兩次給糧食與這些挖銀的人，是不是都曾給過了？金子已經送來，給那些挖銀子以後才回來的人好了。給督促工作的石國柱六十兩，給八家監督的八人各五兩，問問差役們的糧食若是沒有給，要將革職問罪！」(註二)銀匠：「處罰掌管 Sŏto Beile 財貨的 Yamburu 兄弟四人和銀匠二人合夥隱匿銀子的罪，Yamburu 以其兄有功釋放，償還銀一半，其他五人各鞭二十三，並刺耳鼻。」(註三)金銀器製造情形不詳，「如果有知道銲接金銀藥方法的人，要上奏呵！」(註四)太宗時曾鑄塔及印信，清鑑易知錄：「上命備陳諸祭物，祀嘛哈噶喇佛，先是，孟庫地方送嘛哈噶喇佛至，命造銀塔一座，重五百兩，塗以金，藏其骸骨于塔中，置殿側禮祀之。」(註五)鑄印，實錄：「凡各衙門通行文書，亦用印行，於是頒六部銀印各一。」(註六)崇德三年十二月「鑄給理藩院印信」，大概也是銀印(註七)。

肆、貨幣鑄造

建州於太祖、太宗時均曾鑄造制錢，清文獻通考錢幣考：「太祖、太宗龍興東土，創制顯庸，即已鑄有錢文，以資民用。」「天命元年（萬曆四十四年）鑄天命通寶錢；丙辰(天命元年)春正月，諸貝勒等具表上太祖尊號曰「覆育列國英明皇帝」，建元天命。尋開局鑄錢二品，依古九府圜法制之。輪郭外周，錢面作字陽起。一為國書滿文，一漢字曰「天命通寶」。其滿文一品錢質較大。」又云「太祖己亥年（萬曆二十七年）二月，始命以滿洲語製為國書，嗣後議開金銀礦及鐵冶。蓋五金之利，已由此肇興。逮建元天命以後，即以滿、漢字分鑄制錢。」天聰元年（天啓七年）鑄天聰通

(註一)　滿文老檔太祖四五，天命八年二月十日。遼東金銀礦，見明世宗實錄卷一三三，嘉靖十年十二月辛丑條。

(註二)　同上太祖四八，天命八年四月三日。

(註三)　同上太祖五二，天命八年五月三日。

(註四)　同上太祖五〇，天命八年四月二十七日。

(註五)　清鑑易知錄太宗卷五，天聰十年正月壬子條。

(註六)　清太宗實錄卷一二，天聰六年八月癸酉條。

(註七)　同上卷四五，崇德三年十二月丁酉條。清太宗實錄稿：天聰六年五月二十四日條。

寶錢。時太宗文皇帝御極，改元天聰，亦鑄錢二品，一爲滿文，一漢字曰「天聰通寶」，大小各如舊制。」(註一)此爲清太祖、太宗年間鑄錢之最詳細記載，其他如大淸會典，淸史稿食貨志等，皆語焉不詳。

李學智先生曾於大陸雜誌發表淸太宗無圈點滿文大錢考一文，搜集各家圖錄記載並以己所藏清太宗大錢，參詳考證，謂古今錢略所收天命滿文錢面文字，爲「天命汗錢」，「日本奧平昌洪氏所輯東亞錢志一書，所收錄清太祖之滿文制錢，却有二品。……錢背無文，而另一錢背於穿上有一圖星，頗爲特出，且未見他書著錄。」又論古今錢略及東亞錢志所收天聰滿文大錢，即所謂「天聰通寶當十大錢，天聰年間所鑄，面背俱用滿文，面文譯曰「天聰通寶」，背文譯曰「十一兩」者云：從錢面之文字釋之，祇能讀謂「天聰之錢」，實無法釋爲「天聰通寶」四字。所自藏太宗滿文大錢一枚，「重二十五公分(25g.)直徑寬四、三公分 (4.3 cm,)，中穿徑寬一、二公分 (1.2 cm,)，錢邊厚○、二公分 (0.2 cm,)，錢色蒼然，質大而純，錢面有陽起之老滿文四字，錢背三字，」「蓋從此枚滿文大錢正反面之文字含義觀之；正面爲「汗的四錢」，而反面却又爲「十一兩」(註二)。正反面值不同，一錢雙值原因，於文中亦曾論述。此爲太祖、太宗年間所鑄制錢情形。

太祖、太宗年間鑄錢均不多，故稍後即不多見。除通行地域僅限於遼東，使用範圍不廣外，其主要原因，受明遼東幣制以銀爲本位的影響。建州因襲明制，亦以銀爲主要交換媒介。天命十年五月停鑄制錢時云：「以有司奏銀子豐富，不必使銅，遂禁上鑄造。」(註三)是太祖時鑄銅錢，以起兵之後，明朝銀子來源日少，貨幣缺乏，鑄錢僅爲輔幣權宜救濟之用。上文所言淘金煉銀，以六百人淘金，萬人煉銀，實亦由於此。雖然未必完全可靠，亦足見其規模之大。以銀子豐富而停止鑄錢，銀的出產量也一定不少。太宗時代鑄錢亦不多，或與當時製造火器及礮子有關。當時內部交換並不十分發達，且以銀爲本位，對外交易如朝鮮、蒙古，皆以銀爲準。銅的使用價值，在他

(註一)　清文獻通考卷一三錢幣考一。山中閒見錄卷四：(天啓三年十月) 戊申，「……諜者往遼三日，拾天命大錢以歸。」

(註二)　大陸雜誌二三卷四期。

(註三)　老檔秘錄上編：禁鑄銅錢。滿文老檔太祖六五，天命十年五月二日。

們當時的經濟組織及生活狀況上，用爲交換媒介，或不如用爲製造火器及礮子更爲重要。時戰爭方酣，雙方皆以製造火器爲要務。尤以建州一般士兵生活所需資料，靠戰爭掠奪爲主要來源，贏得戰爭，即贏得生活物資。所以當時紅衣大礮的礮子，許多是用銅製的（清人入關前的史料中，淘金煉銀，開礦冶鐵，始終未見採銅冶煉的記載，所用的銅大概都是由明朝或朝鮮流入的 ，其數量當亦不多）。而太祖、太宗兩次鑄錢，都是始於建元即位之年，此亦不免有模仿中國新君即位，鑄貨紀元誌盛之意。然就此亦可窺知當時內外交換情形，及自然經濟崩潰，貨幣經濟發展之趨勢。

伍、紡　織

　　大金國志記女眞人男女冠服云：「金俗好衣白，辮髮垂肩，與契丹異。垂金環，留顱後髮，繫以色絲。富人用珠金飾，婦人辮髮盤髻，亦無冠。自滅遼侵宋，漸有文飾。婦人或裹逍遙巾，或裹頭巾，隨其所好。至于衣服，尙如舊俗。土產無桑蠶，惟多織布，貴賤以布之粗細爲別。又以化外不毛之地，非皮不可禦寒，所以無貧富皆服之。富人春夏多以紵絲綿紬爲衫裳，亦閒用細布。秋冬以貂鼠、青鼠、狐貉皮或作紵絲四袖。貧者春夏竝用布爲衫裳，秋冬亦用牛、馬、猪、羊、貓、犬、魚、蛇之皮、或獐、鹿皮爲衫袴。襪皆以皮。至婦人衣白大褃子，下如男子道服裳曰錦裙，去左右各闕二尺許，以鐵條爲圈，裹以繡帛，上以單裙籠之。」(註一)朝鮮人於萬曆二十四年所見努爾哈赤的冬季服飾亦類是，「奴酋頭戴貂皮，上防耳掩 ，防上釘象毛 ，如拳許。又以銀造蓮花臺，臺上作人形，亦飾于象毛前。諸將所戴亦一樣矣。身穿五彩龍文天益，上長至膝，下長至足，皆裁剪貂皮，以爲緣飾。諸將亦有穿龍文衣，緣飾則或以貂，或以豹，或以水獺，或以山鼠皮 。 護項以貂皮八九令造作。 腰繫銀入絲金帶，佩帨巾、刀子、礪石、獐角一條等物。足納鹿皮兀剌鞋（實錄作靴），或黃色，或黑色。」(註二)這是當時建州統治階級最華貴的服裝，一般部族員大約即是大金國志所記的情形。

　　衣服質料，冬則毛皮，夏爲麻布，這是受自然地理環境的影響。麻布一直佔着重

(註一)　大金國志卷三九，男女冠服。

(註二)　舊老城：申忠一書啓及圖錄。朝鮮宣祖實錄卷七一，二十九年正月丁酉條。

要的地位。建州聞見錄：「女工所織，只有麻布。」柳邊紀略：「陳敬伊謂余言：我于順治十二年流寧古塔，尚無漢人，滿人富者緝麻爲寒衣，擣麻爲絮，貧者衣麕鹿皮，不知布帛，有之，自予始。予曾以疋布易稗子穀三石五斗。有撥什庫某得予一白布縫衣，元旦服之，人皆羨焉。」(註一)前引皇明四夷考等書記建州「善緝紡」，當亦指緝麻紡織而言。

建州於努爾哈赤興起之後，曾養蠶植棉，紡織緞布。起初以毛皮、人參、松子等向明朝易換布緞及其他日常用品，後貢市停止，衣料來源斷絕，天命元年，開始種棉養蠶，滿文老檔：「這年，布告國中，開始養蠶繰絲，織綢緞，種棉織布。」(註二)天命六年實行計丁授田，規定每丁給地六晌，以五晌種糧，一晌種棉(註三)。其棉紡織情形不詳。紡織綢緞者，不但優予獎賞，並免除各項官差及兵役，以爲鼓勵，老檔秘錄：「派七十三人織蟒緞補子。其所織之蟒緞補子，上覽畢嘉獎曰：織蟒緞補子於不產之處，乃至寶也。遂令無妻之人盡給妻奴衣食，免其各項官差及當兵之役，就近養之一年。織蟒緞若干，多織則多賞，少織則少賞，視其所織而賞之。若有做金線火藥之人，亦至寶也，卽賞其人與織蟒緞者同等。今卽將織蟒緞之人派出，免其各項官差。」(註四)又滿文老檔：「都堂說：G'ao Giya Jung 等因爲織蟒緞作金絲登用了，妻子奴隸衣服吃的東西都給了。又敎給了田穀，燒的草木也都給了，又給了餘丁，第一等的各給五人，第二等的各給四人，第三等的各給三人。今後凡有能織蟒緞、緞子、作金絲、抄紙、細緻的好閃緞、碗皿，能做各種有用的東西，做出後經檢察若是眞實，也像 G'ao Giya Jung 一樣登用養育。」(註五)

這些紡織綢緞棉布的工匠，都是漢人，建州聞見錄：「織綿刺繡，則唐人所爲也。」(註六)女眞人則「女工所織，只有麻布。」織工外又有專製涼帽的工匠，「給

(註一) 柳邊紀略卷三。

(註二) 滿文老檔太祖五，天命元年正月（頁66）

(註三) 同上太祖二四，天命六年七月十四日。老檔秘錄上編：太祖諭計口授田條。

(註四) 老檔秘錄上編：太祖賞織工。滿文老檔太祖四五，天命八年二月十一日。

(註五) 滿文老檔太祖四八，天命八年三月二十五日。天命五年，自稱衣料無缺，除毛皮外，有棉，價棉，葛布等。滿文老檔太祖一五 頁(227)。

(註六) 同上太祖一七，天命六年閏二月十六日。

Sajin, Muggatu 的書，你們二人調查集合八旗諸王作涼帽的朝鮮工匠在一起，一旗各派一人爲主管，多多的製作涼帽。」（註一）老檔秘錄：「因匠役舒魯呼製涼帽式樣甚佳，着賞給牛一。」（註二）

太宗時代紡織情形，天聰七年九月遣英俄爾岱、伊孫齎書往朝鮮互市，併以扎爾達庫地方所獲朝鮮盜參二人，令之携往，書曰：「貴國斷市，不過以我國無衣，因欲困我，我與貴國未市之前，豈曾赤身裸體耶？卽飛禽走獸，亦各自有羽毛，遼雖產棉，我國每仗天庇，順理行兵，常以有獲爲固然，故不以紡織介意。亦每謂外國之物，豈可擬必，逐逼令紡織，經今五年餘矣。絹帛雖粗，勉强亦能織就。但因有妨織布之工，是以停止。我國紡織之事，向年與同麗官，皆所明知者。滿洲、蒙古因以搶掠爲生……」（註三）崇德七年八月：「賞織造匠役三十二人緞布有差。」（註四）

「下令督織，已經五載」，是於天聰二年始正式有計劃的紡織。太祖時雖曾每丁授田六晌，規定一晌種棉，養蠶繰絲，鼓勵生產。但由於紡織工匠缺乏，及受戰爭的影響，所以並沒有繼續發展起來。太宗時情形亦復如此。同時在太宗時已經征服朝鮮，可以由朝鮮取得，自己生產，不但品質數量都不會理想，而且所費亦高。既能得之於朝鮮，當然會避難就易了。另外，也可以說是他們衣料的重要來源之一，是戰爭時搶掠及剝取敵人的衣服，建州聞見錄：「胡中衣服極貴，部落男女，殆無以掩體。近日則連有搶掠，是以服著頗鮮好云。戰場僵屍，無不赤脫，其貴衣服可知。」（註五）太宗時代的軍事行動，有時完全是爲了「皇上軫念軍士貧乏，令其分往略地，並欲使之寬裕也。」的「放搶南朝」意念下發動的（註六），所以其「不以織布爲意耳」。

由於上述種種原因，所以建州紡織手工業，不能順利的發展起來，衣料始終是相當嚴重的問題。太宗訓誡多鐸時曾說：「昔太祖時，以人參與明人互市，明人不以貴

（註一）　滿文老檔太祖三四，天命七年正月三十日。

（註二）　老檔秘錄上編：賞新製涼帽。滿文老檔太祖五，天命八年四月二十七日。

（註三）　清太宗實錄稿：天聰七年九月十四日。參閱太宗實錄卷一五，天聰七年九月癸卯條。

（註四）　同上卷六二，崇德七年八月丙午條。

（註五）　戰場上無論活人死人衣服，一律剝裸，東華錄天聰五，天聰四年正月壬午；天聰六，天聰五年七月戊戌等條。

（註六）　清太宗實錄卷六二，崇德七年九月壬申條。

美之物出售於我，止得粗惡片金紬綾緞疋。其時貝子大臣家人，有得明國私市好緞一
疋者，阿敏阿格奏請將其人處死。所以華整之服，亦不可得，爾等豈不知之。今朕嗣
位以來，勵精圖治，國勢日昌，地廣糧裕。又以價令各處互市，文繡錦綺無不具備，
爾諸王貝子大臣所被服者非歟！往時亦嘗有此否也？朕之為衆開市，豈屬無益，爾英
俄爾岱、索尼等，不見昔日庫中餘布，尚無十疋之貯乎。……又太祖欲分給諸子紬緞
各三櫃，恐致妄費，命貯於朕庫。」（註一）天聰六年孫得功奏稱：「臣又思買布一節，各
官叩蒙隆恩，易買段布，已霑皇恩，各官足用。昨蒙聖意准給各兵並壯丁，每丁買布
止算銀五錢六分，買布不過幾尺，不足一衣，懇望汗恩准每丁買布一二疋，以足一衣
之用。」（註二）而就史料觀之，紡織工匠，也多是供貴族生產用的，是以平民用的「布疋
武貴」（註三）。八旗通志：「順治元年題准，盛京地方今照舊織布，仍留養蠶屯十處。
又定莊屯棉花發民間紡績，入八分宗室，各派匠役令官員領催，督課官屯人織布。」
（註四）順治以前當亦如此。

陸、磁　　　器

　建州飲食器皿如盆盉椀盞之類，都是用木做的，此亦正適合他們生活上的需要。
柳邊紀略：「自昔器皿如盆盉椀盞之類，皆刻木爲之，數年來多易以磁，惟水缸槽盆
猶以木。」（註五）扈從東巡附錄：「摩母羅，木椀也，如盂如鉢，釿痕鱗備，薦食陳
嘗，無貴賤咸需之。」「差非，木匙也，長四寸，銳上豐下，削木爲之，燎以火使曲，
雜佩帶上，以代箸。」「服寺黑，木甑也，狀如盆，口廣二尺許，底差斂於口，稜其
孔以引氣，置粟於中，蒸而始舂，非炊器也。」「石杭，木桶也，截大木空其中，以
釀酒，以腊韲。」（註五）偶然得一粗劣陶器，甚爲珍貴，「猛姑截，瓦罇也，高六、七

（註一）　清太宗實錄卷四六，崇德三年五月辛巳條。
（註二）　臣工奏議卷上，孫得功請修補城垣姑待來春奏（天聰六年十月十三日）。
（註三）　明清史料乙編第二本葉一一〇，「達子所住，皆高堂大厦，所衣皆裝花飾綉，且日逐男女二班扮戲，
　　　　　只是布武貴，且參貂積之無用。」
（註四）　八旗通志卷七六，土田志一五。
（註五）　柳邊紀略四。
（註六）　扈從東巡日錄附錄。

寸，腹大如缶，口小如錢，短項而鱉足，其質土，其聲木，產自高麗，此方珍之，以貯蘆酒。」（註一）萬曆二十四年朝鮮人申忠一使建州，以所攜途中炊具送努爾哈赤兄弟，頗得其歡心，「臣以賚去盤纏銅爐口二，匙二十枚，箸二十雙，紙束魚物等言于馬臣曰：俺慮途中或有缺乏之事，將此等物賚來，今別無所用，欲奉于都督，此意如何？馬臣曰：不妨事。臣卽令馬臣送于奴酋兄弟，奴酋兄弟皆受之，而多謝云。」（註二）在送者認爲微末不成體統，在受者正視爲難得之物。炊食用的金屬器磁器，是他們最缺乏的。所以當入明朝貢賜宴於光祿寺，監視稍疏，卽趁機盜竊椀楪，「禮科都給事中胡淸等奏；邇者累賜海西野人女直人等宴，光祿寺官員厨役人等怠惰偷閑，不行親督監視，以致夷人乘隙盜去椀楪等器五百八十三件。」（註三）太宗年間建州派赴朝鮮的貿易人員，依約由朝鮮政府設舘招待食宿，當他們臨去時，「羣胡盡取舖陳及釜鼎等物以去，灣舘蕭然一空。」（註四）

太祖時曾製造陶磁器，滿文老檔：「海州城屬下析木城材民所作的三千五百十個綠色椀、小瓶送來了。那日說：所說的眞珠金銀爲寶，此有何可寶貴？寒冷時不能穿，饑餓時不能食。然而國家養賢，國人不能理解的事可以理解，不能做的事可以做，此等工匠，才眞是可寶貴的。今析木城地方製作的有綠釉的椀、盆、瓶送來了，這對國人都是有用的工作。那些製作瓷器的工匠，應如何賞與職務財貨，你們都堂、總兵官、道員、副將、遊擊，商量好了辦法來奏。」（註五）「析木城地方作綠色椀、小瓶、盆送來的人，做出了國人有用的東西，給予守備官職賞了銀二十兩。」（註六）這些工匠，也都是漢人。其後的發展情形如何，已無記載，不過雖已是受到相當的重視。惟仍惟限於工匠、原料，品質數量，都不會理想，所以直到康熙年間，遼東一帶的女眞人，仍多用木器。

（註一）　同上頁註六。
（註二）　朝鮮宣祖實錄卷七一，二十九年正月丁酉條。
（註三）　明英宗實錄卷一一二，正統九年正月丁卯條。此雖非努爾哈赤時事，但可知其早期情形。
（註四）　朝鮮仁祖實錄卷四一，十八年十二月丙寅條。
（註五）　滿文老檔太祖二三，天命六年六月七日。老蠻秘錄上編，太祖賞鄕人燒綠瓷。
（註六）　滿文老檔太祖二三，天命六年六月八日。又三一，天命六年十二月二十六日。

柒、造　　船

　　建州本不善造船，太祖時最初所用的是獨木船（滿文曰 Weihu），滿文老檔：
「命每牛彔剗獨木船的各三人送來，六百人送到 Ulgiyan 河（兀爾簡河）源的密林，
使造獨木船二百艘。」(註一)後俘獲明軍及朝鮮的「刀船」（滿文曰 Jaha），依式仿造
(註二)，但多不理想。太宗時以水上用兵之故，曾向朝鮮借船及水手云：「我軍尙未諳
舟楫，爾國人操舟之善，更勝於明。如念兄弟之好，宜與堅大戰船，每船各撥給善操
舟之人，如此，則前釁可釋。儻以敗舟拙工，苟且充數，我兵萬一有失，則結怨豈淺
鮮哉。爾助明人，奚啻百次，已皆瀝血輸誠矣。今止助我一次，亦不可不輸誠，而致
有疎玩也。」(註三)朝鮮以「今征伐我父之國，豈可相助以船」，「卒不與」。此天聰五
年五月間事，此時建州造船技術，尙甚落後。原因是無此工匠，黃昌等於天聰七年奏
說：「我皇上當急急查漢官，用會水者操練金人，分船隻演隊伍，水兵水□□□□一
時不可稍緩，若延緩多日，船隻風雨損壞，我國無此匠作。……」(註四)天聰九年沈佩
瑞於屯田造船疏中亦謂：「蓋渡船運船，各有式樣不同，臣觀一向打造船隻，俱不得
法，且不穩當，有悞大事。……我汗旣欲圖成大事，不可惜小費，當照南船樣式打
造，堅固牢實，以便運渡。其造船之法，臣雖不能盡知，大槩規矩，臣所素知，願效
犬馬之勞，以報國家於萬一。況毛、耿二總兵營中，有慣使船之人，萬無一失者。此
亦我國之急務，水陸兩便之權宜也。」(註五)

　　先是，佟克申曾創造所謂「佟克申式」船，實錄：「佟克申隨阿巴泰出征時，於
庫勒訥林中造船八艘，即以所造船往征虎爾哈，克之而歸。又隨喀愷、鍾果對往海濱
造船四艘，取瓦爾喀海中九島。因造船有功，賞人口四、馬一、牛一。征朝鮮時於渾
河造船十六艘。於東京造船四艘，於牛莊造船十六艘。壬申年，又造船十艘……以創
始造船於東京，賞銀二十兩。」(註六)

(註一)　滿文老檔太祖五，天命元年六月，七月十九日（頁72）。
(註二)　同上太祖二四，天命六年七月七日。二六，九月十日。三五，七年二月七日。
(註三)　清太宗實錄卷九，天聰五年五月辛丑條。
(註四)　臣工奏議卷中。黃昌等陳順天應人奏（天聰七年四月十二日）。
(註五)　同上卷下：沈佩瑞屯田造船奏（天聰九年二月三日）。
(註六)　清太宗實錄卷一五，天聰七年九月乙巳條。

　　佟克申式與沈佩瑞所說的南船（明朝船樣式）不同，佟式以輕便見長，所謂「飛船輕利」者，故不穩當，然頗利於攻擊衝陣。建州所用船隻，有佟克申式，明式和朝鮮式三種，實錄：「朕意欲造船先攻此島（朝鮮江華島）……使到之日，即揀選謹愼官二員，帶領每甲喇騎騎校一員，每牛彔甲士一名。每牛彔採取木植白身人一名，及八家各首領一名，再選造船工匠各五名，前來靉陽河邊，依佟克申式樣，造船十艘，依朝鮮式樣，造馬船十艘。可令和碩豫親王多鐸家人托木布路，察有向日曾與佟克申造船及知造朝鮮馬船之工匠，遣之前來，其監造官員，須於靉陽河邊，擇地方堅固，可達義州江者，令其駐彼營造。至於造船所需鐵匠，亦按數發來。」(註一)此次共造佟克申式八十艘。

　　佟克申成了製造此種輕便小船專家。建州仿造明式及朝鮮式的技術，亦相當進步，實錄：「我軍圍南漢時，朝鮮人遣兵將來援，其將士盡爲我軍所殺。朕又令於黑龍江海濱諸處，備飛船八十隻攻江華島，朝鮮以遼船百餘隻與我軍戰。我軍飛船輕利，旋轉便捷，朝鮮莫能敵，悉皆奔潰。並書告朝鮮國王云：爾國所恃者，不過舟與島耳，造舟行舟皆人也，人所能至，我軍豈不能至乎！」(註二)頗有自得之意。建州造船技術的提高，當然與冶鐵工業的發展，也有密切的關係。

捌、建州手工業組織

　　建州的手工業，當然不止上述幾項，然此爲自努爾哈赤興起後，或原已存在而表現着飛躍的進步，或方始萌芽成長者。其各色匠役，計有鐵匠、鑄匠、銀匠、矢匠、弓匠、鞍匠、船匠、磁匠、瓦匠、車匠、紡織工匠、火藥匠役等。本文開始時曾述及建州手工業所以受到影響而不能順利發展的原因，於拙作清太宗時代的農業生活一文中論太宗卽位後建州歷史發展的內外因素云：「在外來說，建州自統一附近各部後，勢力急遽增長，對明要求的和平條歉，隨軍事行動的有利進展，也逐漸提高。雖然罷兵言和的局面，雙方都存有希望，但事實上已很難出現。明罷互市，以切斷建州的生活物資來源，爲打擊威脅。這固然使建州在經濟上受到嚴重的打擊；遭遇到相當的困

　　(註一)　清太宗實錄卷三三，崇德二年正月丙辰、甲子，卷三四，同年二月乙酉等條。

　　(註二)　同上卷三七，崇德二年七月壬辰條。

苦；但在另一方面，也刺激了建州社會生產的加速進步。農業生產方面，太祖初則令各牛彔出丁出牛，墾種荒地；繼則於下瀋遼後計丁授田，派官督耕，糧食上謀自給的出路。手工業生產，以前所需物品，靠互市換取（部分得自入貢賞賜），以得之甚易而受到忽視，影響到自身正常的發展成長。今則種棉養蠶，繰絲紡織，煉銀冶鐵，獎勵陶作，在明朝關閉市場，不得不自力為生的衝激力量下發展起來。當然，這一突然的急速發展，如只靠了建州本身當時的文化水平，雖有明朝關閉市場的嚴厲挑戰，仍不能如此突發前進的。俘擄或投降的漢人（部分朝鮮人）所帶來的生產知識和技術，實起着決定性的推動力量。」這是就外因通過內因彼此凝聚起來，所形成的建州自努爾哈赤興起後社會發展的衝刺力量說的。沒有內部已具備的潛在條件，外部的衝激不會起如此大的作用；沒有外部的衝激，內部已具備的潛在條件，也不會突然表現飛躍的前進。二者相依相成，交互為用。不過就某一角度說，建州自控制遼瀋廣大地區後，尤其是太宗時代，那些手工業工匠，雖然大多數為漢人，但他們有的本來世居在遼瀋地區，入於建州統治後，二者已結合一起。王鍾翰先生所說漢人的推動作用，已不能說是外來影響，而轉變成為內在因素的話，是不錯的。

建州手工業，一般說來，雖已分工，但仍是農業副業，如前引馬光遠奏疏，造礮鐵匠造藥匠役，「雖有田地，隻身無人耕種，時刻不離，顧此失彼。請議速贍養之典。」太宗實錄：「凡行軍所獲人口，各披甲士均分，其從者不與。每旗執事匠役人等，合編為五十戶，每戶給以牛一。」(註一)每個人皆須自己耕種維持自己的生活，「軍士出則為兵，入則為農」，亦復如此。不過有的工匠，賞賜奴僕助其耕種生產。也有的特免其官差及兵役，已得專心從事生產的，但此例甚少。在建州旗制組織下，各色匠役大部分分散在各旗及貝勒貴族家下(註二)。籌遼碩畫及朝鮮實錄所記工匠分區居住製作，此為努爾哈赤未進入遼瀋地區以前情形，此時旗制尚未有具體規制，一切由其本人指揮統治，是以集中在一起。後旗制建立，各旗為一獨立自足單位，故俟後俘來工匠，多分予各旗。然終太祖之世，旗雖為部勒國中軍民最大單位，但彼此界限尙

(註一)　清太宗實錄卷一二，天聰六年六月戊辰條。

(註二)　爭奪俘獲工匠，清太宗實錄卷六，天聰四年四月戊午，卷三六，崇德二年六月甲子等條。

不十分明顯。太宗卽位後，所謂「旗分」「八家」者，始明顯劃分 。 一切權利義務，分享共攤，八家均等。如天聰八年行軍時，規定「每甲喇出工匠二名，每牛彔出鐵匠一名，鑹五、鍬五、鏟五、鑿二，每人隨帶鐮刀。」（註一）崇德六年規定 ，「八家所屬每牛彔舊取辦事人四名，銀匠五名，今宜各退辦事人二名，銀匠四名。每牛彔止許留銀匠一名，鐵匠一名，辦事人二名。王貝勒等各令家下漢人學習匠役，待三年後，再將各牛彔匠役停止。每牛彔原鐵匠六名 ， 王貝勒取一名，退去一名 ， 止許四名。」（註二）這些工匠除分配在各旗分中外，又有許多分散在建州貴族家中 ，「先是，正藍旗貝勒德格類奏言……根舒首告瓦克達與色勒阿格子額爾得妻及鑲黃旗俄莫克圖牛彔下吳巴泰妻通姦。……應奪瓦克達僕從滿洲一百五十八人，蒙古二十人，並漢僕人一百九十六人，……各色匠役人等三百四人 ， 竝其家口 ， 俱付戶部承政英俄爾岱、馬福塔、吳守進。內還其匠役人等一百八十六人。」（註三）瓦克達爲大貝勒代善第四子，並非管旗貝勒，尙如此之多，各貝勒家中，當更多過此數。所以造礮鐵匠造藥匠役，多貝勒家下之人。

但也有一部分工匠，旣不屬各家各旗，且於農業中分離出來，專門從事手工業生產而再不是副業性質的，如「賞織造匠役三十二人緞布有差。」（註四）「賞工部各色匠役四十五人奴僕牛隻。」（註五）不過匠役屬於工部， 雖從事專門生產 ， 仍不是獨立性質。又實錄有「今後漢人匠役，不許造弓箭貨賣，違禁造賣者治罪。各牛彔人有造弓者，該管牛彔章京親驗，給角筋製造。令鞍匠造鞍，有造弓鞍不如式，及擅索工價，推諉不造者，送法司治罪。」（註六）是已有出賣勞動力爲生的手工業者出現。此已是崇德六年太宗晚年的事。

就建州手工業生產情形而言，各種工匠一方面是分隸在各旗各家；一方面又多集

（註一）　清太宗實錄卷一八，天聰八年五月丙申條。

（註二）　同上卷五五，崇德六年四月甲子條。參閱卷七，天聰四年五月乙丑，卷三三，崇德二年正月丙辰等條。

（註三）　同上卷二五，天聰九年九月壬申，參閱卷五七，崇德六年九月壬寅條。

（註四）　同上卷六二，崇德七年八月丙午條。

（註五）　同上卷三九，崇德二年九月己未條。

（註六）　同上卷五五，崇德六年四月甲子條。

中在軍需手工業，附屬在軍事之下。既不能獨立生產，也不能自由製造。無論是屬於私家或工部，都不是自由手工業者，而是爲國家或貴族服役的。這就阻礙了民生手工業的發展，如炊食用的鍋子，一直就感到缺乏。當然，集中在軍需工業生產也有其特定的歷史因素的。

　　附註：崇德八年爲鑄紅夷砲並向朝鮮購鐵三萬斤，瀋陽狀啓癸未年十二月十二日條 ：「衙門出給銀子，使之貿納銅鐵事段，前日狀啓良中，大概馳啓爲白有如乎。貿納譯官段，必以李馨長差定之意，來言已仍于。以此入達于世子前，依所言定送爲白乎矣。馨長一人獨當，爲難白乎等以，亦依鄭譯所言，馨長一時入來爲在譯官鄭忠一加定出送爲白乎旀。衙門所送銀子二千四百兩，鄭譯親自領來以給曰：「以此貿得銅鐵三萬斤爲乎矣。豆錫則價重云，不必專貿豆錫，或銅鐵、鍮鐵、紅銅、鐵、豆錫中，隨所得貿得，務滿三萬斤之數爲乎矣。此是紅夷砲所鑄之鐵，入送之後，一一擡破，若不合用，則當還出送。」須以精錬之鐵，貿送之意，鄭譯再三說道爲白有去乙。臣等以銀子八分良中，銅鐵一斤難貿之意，縷縷爭卞爲白乎旀。且言此鐵非本國所產之物，當貿於釜山，決難如是多得云。鄭曰：「此鐵之貿於釜山，俺亦知之，而衙門所定之價，不敢任意低昂是如爲白遣。同處稱量，李馨長、鄭忠一處逢授後，先許出送爲白乎旀，同銅鐵從速貿得 ，正月內令李馨長親自領來入納衙門爲乎矣 。若不及此期，則必生大事云云爲白齊。」

讀明刊毓慶勳懿集所載明太祖
與武定侯郭英敕書

黃　彰　健

　　明太祖實錄修成於建文時(註一)，永樂中凡二次改修，今存者爲永樂時第二次改修本，而建文初修本及永樂第一次改修本已不可得見。讀者多知永樂時改修，於舊本所記史實，必有忌諱改竄，然苟無原始可信史料以證，則史家於今本實錄所記，固仍可或信或疑，迄無定論也。

　　北平圖書館藏毓慶勳懿集一書，係武定侯郭良編，正德中其子勛增輯刊行。其書之作，蓋欲表彰其先人功德及慶流後嗣，故錄其先世及勛本人所奉明帝敕書。所錄太祖與武定侯郭英敕書凡八，內洪武二十年七月九月，二十一年正月二月，及三十年正月三月六敕，與今存太祖實錄合(註二)，而洪武三十一年四月及五月十三日二敕，持與實錄校，則可證永樂改修本實錄確曾僞造史實，而其時史實眞相，或可據此二敕推測論定也。

　　太祖實錄卷二百五十七書：

　　洪武三十一年四月乙酉敕今上曰：（毓慶勳懿集此句作敕武定侯郭英等）。邇聞塞上烽火數警，此胡虜之詐，彼欲誘我師出境，縱伏兵以邀我也。不可墮其計中。烽起之處，人莫宜近。雖望遠者，亦須去彼三二十里(註三)。今秋或有虜騎南行，不寇大寧，卽襲開平。度其人馬不下數萬，豈可不爲之慮？可西涼召

（註一）　周應賓舊京詞林志云：建文元年二月詔修太祖實錄，以學士董倫爲總裁。三年十一月書成。

（註二）　三十年三月與郭英敕書，實錄繫於是年四月辛卯。恐當以實錄爲正。毓慶勳懿集所載此敕有訛字，如「應有機務，係列以聞」，列字卽誤作例。

（註三）　此據北平圖書館本。本所藏廣方言館本太祖實錄作二三十里。日本學人所編明代滿蒙史料明實錄抄與廣本同，與毓慶勳懿集所載原敕不合，當以原敕爲正。

都指揮莊德張文傑，開平召劉眞宋晟二都督，遼東召武定侯郭英等，（等上八字，毓慶勳懿集作爾。）會兵一處。遼王以（毓慶集以作幷）都司及護衛馬軍悉數而出，北平山西亦然。步軍須十五萬，布陣而待。令武定侯劉都督宋都督翼於左；莊德張文傑都指揮陳用翼於右；爾與代遼寧谷五王居其中（毓慶勳懿集無爾與二字，五王作等王）。彼此相護，首尾相救，使彼胡虜莫知端倪，則無不勝矣。兵法示饑而實飽，內精而外鈍，爾其察之！（毓慶勳懿集之下有「故諭，洪武三十一年四月」十字，年月兩側刻「廣運之寶」四字。）

毓慶勳懿集所載太祖與武定侯郭英敕書，與實錄敕燕王者文句多同。毓慶勳懿集所載蓋據家藏原敕，所記自眞實可信。太祖與郭英敕書僅言「代遼寧谷等王居中」，未言燕王，是燕王未受命出師。實錄之作「敕今上」，命率諸王防秋，明係據太祖與郭英敕書改竄，並僞造史實也。

實錄同卷書：

洪武三十一年五月戊午，敕左軍都督楊文曰：兵法有言，貳心不可以事上，疑志不可以應敵，爲將者不可不知是也。朕子燕王在北平，北平中國之門戶。今以爾爲總兵，往北平參贊燕王。以北平都司行都司並燕谷寧三府護衛選揀精銳馬步軍士，隨燕王往開平隄備。一切號令，皆出自王，爾奉而行之。大小官軍悉聽節制，愼毋貳心而有疑志也。

敕武定侯郭英曰：朕有天下，胡虜遠遁久矣。然萌蘖未殄，不可不防。今命爾爲總兵，都督劉眞宋晟爲之副。啓遼王知之。以遼東都司幷護衛各衛所步軍，除守城馬軍及原留一百守斥候（註一），餘皆選揀精銳統領，隨遼王至開平迤北，擇險要屯駐隄備。一切號令，悉聽燕王節制。

按毓慶勳懿集（卷二）載太祖與郭英敕書云：

皇帝制諭武定侯郭英：命爾掛靖海將軍印，充總兵官，都督宋晟劉眞充副總兵。啓遼王知道，將遼東都司並護衛各衛所步軍，除守城官軍，除開原留一百望高外，其餘選揀精壯統領，跟隨遼王，前往開平迤北二三程地，擇險要去處駐扎隄備。一切發號施令，皆爾等爲之，仍聽王節制。如制奉行。

（註一）　以毓慶勳懿集所載原敕校之，今存各本此句「原」上皆脫「開」字。

洪武三十一年五月十三日。(年月兩側刻制誥之寶四字)。

毓慶勳懿集所載明係原敕，而實錄則據宮中所藏敕底刪潤。原敕言：「仍聽王節制」，王謂遼王，實錄改作「悉聽燕王節制」，此則永樂史臣僞造史實矣。

其所以僞造史實，當由實錄同卷下文予以推測。實錄書：

> 洪武三十一年五月乙亥，勅今上曰：朕觀成周之時，天下治矣，周公猶告成王曰：詰爾戎兵，安不忘危之道也。今雖海內無事，然天象示戒，夷狄之患，豈可不防？朕之諸子，汝獨才智，克堪其任。秦晉已薨，汝實爲長。攘外安內，非汝而誰？已命楊文總北平都司行都司等軍，郭英總遼東都司並遼府護衛，悉聽爾節制。爾其總率諸王，相機度勢，用防邊患，又安黎民，以答上天之心，以副朕付託之意。

此五月乙亥敕所載，郭英總遼東都司并遼府護衛軍，聽燕王節制，旣係僞造不實，則敕內所言：「秦晉已薨，汝實爲長。攘外安內，非汝而誰」，似太祖有傳位燕王之意者，自亦不可輕信。然則其所以僞造史實，謂燕王率代遼寧谷等王防秋，謂遼王及郭英俱聽節制，由實錄五月乙亥敕觀之，不過欲舉具體事實，以證太祖極寵任燕王，有傳位燕王之意，以減輕其篡位之罪名而已。

實錄同卷書：

> 洪武三十一年五月乙酉，上崩於西宮。上素少疾，及疾作日，臨朝決事，不倦如平時。漸劇，乃焚香祝天曰：「壽年久近，國祚短長，子孫賢否，惟簡在帝心，爲生民福」。卽遣中使持符召今上還京。至淮安，用事者矯詔却還。上不之知也。疾亟，問左右曰：「第四子來未」？言不及他。聞雨降，喜形於色，遂崩，壽七十一。

其謂太祖疾亟，召燕王來京，蓋亦謂太祖有傳位燕王之意。永樂史臣於此節前，改竄太祖與郭英二敕，並僞造五月乙亥與燕王敕，均欲烘托證成此事。今幸毓慶勳懿集具存，可以證改修本實錄之誣矣。

前引三十一年五月戊午與都督楊文敕，由毓慶勳懿集證之，亦有竄改僞造嫌疑。由毓慶勳懿集三十一年四月與郭英原敕觀之，則燕王未受命出塞；由三十一年五月戊午與郭英原敕觀之，則燕王亦未受命出師。於洪武三十一年時，秦晉二王已薨，燕王

於在世諸王中年最長。燕王知兵，有威名，苟奉命出師，自當以燕王爲主帥，而遼王及郭英等當俱聽節制。今原敕不言，可證燕王未受命出師，而實錄所載太祖與楊文敕書，令隨燕王於開平隄備者，亦當屬僞造不實矣。

與楊文敕書言：「愼毋二心而有疑志」，此蓋勉其盡忠於燕王。在僞造者觀之，此可使讀者知太祖極寵信燕王。然由另一角度觀之，則又無異謂其時羣臣有疑燕王者。此則可謂欲蓋彌彰，其僞造之技亦極拙劣，適足以彰燕王之醜耳。

以情理言，命將出師，當設主帥，而主帥亦未有命二人爲之之理。與郭英原敕僅言聽遼王節制，則遼王當卽是行主帥。實錄所載與郭英敕，係據宮中所存敕底改竄，則命楊文敕書蓋亦如是。竊疑楊文蓋受命以北平都司行都司幷燕谷寧三府護衛揀選馬步軍士，隨遼王往開平隄備，而實錄則改遼王作燕王耳。

明史遼王植本傳：

> 遼簡王植，太祖第十五子。洪武十一年封衛王。二十五年改封遼。明年就藩廣寧。以宮室未成，暫駐大凌河北，樹栅爲營。帝命武定侯郭英爲築城郭宮室。英，王妃父也，督工峻急。會高麗自國中至鴨綠江皆積粟，帝慮有陰謀，…令輟役。至三十年，始命都督楊文督遼東諸衛士繕治之，增其雉堞，以嚴邊衛。…植在邊習軍旅，屢樹軍功。建文中靖難兵起，召植及寧王權還京。植渡海歸朝，改封荆州。永樂元年入朝，帝以植初貳於己，嫌之。十年，削其護衛，留軍校廝役三百人，備使令。

此謂成祖怨遼王貳於己。憶明人野史有謂，建文召遼王還京，成祖貽書止其行，遼王不聽，故成祖遂怨遼王。今由上所分析觀之，則遼王素忠於朝廷，故洪武三十一年五月牽師至開平主帥，朝廷以命遼王。郭英係遼王妃父，而楊文則朝廷曾遣以鎭遼東者。燕王以兵反，遼王郭英楊文均忠於朝廷，遼王不與燕王一黨，故成祖卽位後，修舊怨・遂削其護衛耳。

太祖諸子，除懿文太子外，僅秦晉二王較燕王年長。秦王樉於洪武十一年就藩西安；二十四年，以多過失，召還京師。次年歸藩，卽未給護衛，僅給兵五百以爲護從，見實錄二十五年九月戊申條。二十八年三月薨，帝以其不德殞身，遂賜諡曰愍，愍非佳諡也。晉王棡薨於洪武三十年二月，帝賜諡曰恭。實錄本傳言其聰明英銳，未

言其有過舉。成祖與晉王有隙，此可參成祖時所修奉天靖難記及宣德時所修太宗實錄卷一。苟晉王棡所行不法，則永樂時所修實錄當不致爲之諱也。明史晉王棡本傳言：晉王棡「在國多不法。或告棡有異謀，太祖大怒，欲罪之，太子力救得免。二十四年太子巡陝西歸，棡隨來朝，敕歸藩，自是折節，待官屬皆有禮，更以恭愼聞」。檢實錄，懿文太子由陝西抵京，係洪武二十四年十一月庚戌事。實錄同日書：「晉王來朝」。其隨太子來朝，由明史本傳觀之，當與密告有涉也。奉天靖難記書：

> 時晉王聞太子失太祖意，私有儲位之望。間語人曰：「異日大位，次當及我」。
> 逐僭乘輿法物，藏於五台山。……太祖聞之怒，召晉王譴責之。晉王見太子，
> 乞爲解釋。太子曰：「爾所爲者，父皇焉得知，此自燕王發之也」。晉王信其
> 言，由是漸生嫌隙。……（晉王）又極詆上（成祖）於太子前，太子怒不解。……
> 由是太子與晉王深相結，日夜推求上（成祖）國中細故，專欲傾上，然卒無所
> 得。

奉天靖難記係永樂時官書。宣德時修太宗實錄，記燕王起兵靖難事，即據此書刪潤，而於晉王不法事則省略不書，故王氏崇武逐謂奉天靖難記書晉王不法事係屬誣罔，其說良是。奉天靖難記所記晉王有異謀，雖事屬子虛，然其謂晉王與燕王不睦，當係實事，故實錄仍記之，而成祖告晉王不法事，則事疑有之，以本係誣告，且係燕王失德，故實錄逐刪之耳。

　　晉王儒雅英明，行本恭愼，且年長於燕王，故太祖派晉王燕王率師出塞，燕王即受晉王節制。實錄書：

> 洪武二十三年正月丁卯，命潁國公傅友德爲征虜前將軍，南雄侯趙庸爲左副將
> 軍，懷遠侯曹興爲右副將軍，定遠侯王弼爲左參將，全寧侯孫恪爲右參將，赴
> 北平訓練軍馬，聽今上（燕王）節制。時先已遣定遠侯王弼往山西練兵，因敕
> 弼以山西兵聽晉王節制。

實錄不言燕王受晉王節制。王崇武先生見奉天靖難記書此年事，末謂：「晉王遣人報太子，謂燕王不聽己約束」，逐謂燕王係聽晉王節制，此誠可謂讀書得間也。

　　王氏崇武謂：燕晉二王失和，晉王黨比太子，晉王節制沿邊軍馬，或對燕有監視意。然則晉王歿後，朝廷命遼王出師開平，並揀選燕府護衞精銳以行，或亦有防範燕

王之意也。

以情理言，晉王既歿，燕王於諸王中年最長，苟命諸王出師，似當命燕王統率。於時太祖春秋高，太孫參預朝政，卽心不樂燕王，亦似不宜見之行事，而使燕王難堪。奉天靖難記言：「燕王沉靜深遠，莫測其端倪」，是燕王早已蓄有異謀。意者燕王於晉王歿後，懼太孫疑忌，遂稱病韜光養晦，亦未可知也。

實錄稱，太祖歿，「燕王居憂守制，憂悒成疾」。其以居喪致疾，自不可信。明史成祖紀謂：「時諸王以尊屬擁重兵，多不法。建文納齊泰黃子澄謀，欲因事以次削除之，憚燕王强，未發，乃先廢周王橚，欲以牽引燕，於是告訐四起，湘代齊岷皆以罪廢。燕王內自危，佯狂稱疾。泰子澄勸帝除王，帝未決。建文元年夏六月，燕山百戶倪諒告變，逮官校於諒周鐸等伏誅。下詔讓王，並遣中官逮王府僚，王遂稱疾篤」。明史謂，先廢周王橚，欲以牽引燕王，此本諸實錄。實錄本意謂燕王本無逆謀，故惠帝欲他人誣攀之。今由上所分析觀之，無寧謂燕王於時韜光養晦，其逆謀極隱密，而周齊湘代諸王則寡謀，仍驕恣不法，故先爲建文執法以懲耳。明史惠帝紀書：「洪武三十一年十一月工部侍郎張昺爲北平布政使，謝貴張信掌北平都指揮使司，察燕陰事」，此亦可證燕王逆謀蓋極隱密矣。

明制，帝位承襲，係以嫡長。燕王欲圖謀帝位，自犯天下之大不韙。於時諸王多不法，然於惠帝爲尊屬，苟朝廷待諸王苛刻少恩，則亦引人非議。然則燕王之所以韜光養晦，佯狂稱疾者，正欲朝廷先制裁他王，苛刻少恩，然後師出有名，可引起一部份人之同情，而其逆謀庶或可成功也。

太祖實錄洪武三十一年卷所載燕王史事，已多曲筆改竄，不盡可信；成祖實錄所書亦多文過飾非之辭，故今據毓慶勳懿集所載太祖與郭英原勅，並參以奉天靖難記無意中所透露當日之真實情事，以論洪武三十一年四月以後，建文元年七月燕王舉兵反以前之燕王行事。此或可備一說。所論燕王心事，或非深文周納，故入人罪也。

昔人治明代史事，於實錄所書洪武三十一年與燕王楊文郭英諸勅，有深信不疑者。此有何喬遠名山藏、黃光昇昭代典則、談遷國榷、谷應泰明史紀事本末。今由毓慶勳懿集所記，可以證諸書之誤矣。

明人治當代史事，作編年體史書，似以陳建皇明啓運錄爲最早。啓運錄僅紀洪武

朝史事，其後陳氏遂續撰皇明通紀，紀永樂至正德八朝史事，而於啓運錄亦冠以通紀之名。陳氏通紀盛行於時，然以止於正德，故明人遂多續補，紀正德以後史事，幷於陳氏原書亦間有刪訂，而陳氏原書遂反罕見。余所見皇明通紀，係北京人文科學研究所舊藏本，卷內書名作「皇明二祖十四宗增補標題評斷通紀」，撰人仍題陳建，而所紀事則至熹宗。陳氏卒於隆慶元年，則此書非陳氏原本，自無疑義。此本紀太祖朝事，卽未錄洪武三十一年與燕王楊文郭英諸勅，未知此是否原本如是。苟原本如是，則陳氏或於此諸敕均不之信，故省略不書也。

　本所所藏明刊皇明通紀從信錄，題東莞陳建輯，秀水沈國元訂。此本記事迄於萬曆四十八年，自亦非陳書原本。此本紀洪武朝事，書：「洪武三十一年四月勅邊將分道率兵從燕王代遼寧谷王出兵北平禦虜。五月，命都督楊文總兵北平，參贊燕王；總兵武定侯郭英副總兵宋晟從遼王出開平備虜」，其文與嘉靖時鄭曉所撰吾學編皇明大政記卷一同，或卽據吾學編增訂。吾學編不信郭英從燕王節制，由今觀之，當據毓慶勳懿集；其信楊文參贊燕王，及勅邊將率兵從燕王備虜，則仍從實錄，蓋未據毓慶勳懿集深考也。

　明楊愼謂，皇明通紀係梁億撰。其說可信否，待考。梁億陳建均係粵人，而毓慶勳懿集增輯刊行人郭勛，正德中曾鎭兩廣。其所刊毓慶集，梁陳二氏當見之。所著皇明通紀苟不書太祖與燕王郭英諸勅，其根據當亦在毓慶勳懿集。余所見皇明通紀從信錄、皇明二祖十四宗增補標題評斷通紀，均未附考異。蓋事涉帝室隱私，不敢昌言著論，而後人於其去取之故，亦遂可忽略不知耳。

　淸乾隆朝所修明史、明鑑綱目三編、御批通鑑輯覽，卽仍因襲實錄之誤。通鑑輯覽書「洪武三十一年郭英從遼王植備邊開平，聽燕王節制」，下附考證云：

　　考明太祖實錄是年五月命燕王棣遼王植備邊開平，成祖實錄則書是年五月太祖不豫，遣中官召王，已至淮，敕令歸藩。二書一言令王北行，一言召王南來，俱在是年五月，矛盾殊甚。蓋成祖實錄所載皆舉兵後之飾辭，其後史官逐筆而書之，不足爲據。今依太祖實錄特書此條，以證成祖實錄之妄皆類此。

今按，命燕王備邊開平，太祖實錄繫於洪武三十一年五月；遣中使召燕王，太祖實錄成祖實錄均繫於是年閏五月，此二者並不牴觸，不得據此以證成祖實錄之妄。惟據毓慶

勛懿集證燕王節制郭英敕係僞造，然後可證太祖實錄成祖實錄所書「遣中使召燕王」係屬僞造也。

夏燮明通鑑據谷應泰明史記事本末書：「洪武三十一年四月敕燕王棣率諸王防邊」；於三十一年五月戊午則書：「詔都督楊文從燕王棣，武定侯郭英從遼王植，備禦開平，均命聽二王節制」。夏氏並以實錄洪武二十三年命晉燕二王防邊，令傅友德從燕王，王弼從晉王，俱聽晉燕二王節制爲證。不悟實錄二十三年卷僅言傅友德從燕王節制，王弼從晉王節制，未言傅友德亦從晉王節制，夏氏未見太祖實錄，故有此誤；且實錄此卷已有曲筆，說已見前，不得據以爲證也。夏氏謂郭英聽燕王節制，此顯與毓慶勛懿集所載原敕迕。蓋毓慶勛懿集一書，夏氏亦未之見也。

王崇武先生奉天靖難記注卷一第九頁云：

> 實錄洪武三十一年五月乙亥，有命燕節制北平遼東及遼府諸軍敕，疑爲館臣所僞造。且縱使是眞，其管轄沿邊軍馬，當在洪武三十一年五月後，時秦晉二王已先後物故矣。

王氏疑節制沿邊軍馬敕係僞造，誠爲有見。惟以未見毓慶勛懿集，故仍作疑辭耳。

孟心史先生明代史講義記此事仍從實錄及明史。孟氏謂諸書不信燕王節制諸軍，蓋由嫌惡燕王。「其實卽節制沿邊諸軍，豈遂爲太祖許其篡立，此等事不足深辨」。孟氏亦未見毓慶勛懿集，故有此論耳。余昔年論皇明祖訓錄所記明初封建諸王制度，亦以諸書所疑，未有確證，故論燕王節制諸軍事，仍據實錄爲說，今謹訂正於此。

今存太祖實錄，多忌諱曲筆。其諱太祖失德，此可參錢牧齋潘力田二公所論。其諱燕王失德，則史家議論紛紜，迄無定論。今校太祖實錄，謹據毓慶勛懿集考論之於此，或亦治明史諸君子所樂聞者歟？　　　　一九六二年九月三十日於南港舊莊

後　　記

陳建所著皇明通紀，中央圖書館藏有陳氏原刊本。頃借得檢對，則陳氏原書未錄洪武三十一年太祖與燕王楊文郭英諸敕。余文中謂，皇明通紀從信錢所書係據吾學編增訂，非陳書之舊，所臆測良是。由中央圖書館本陳書末卷所記觀之，通紀一書仍係陳氏所撰，非出梁億手筆也。　　　　　　　　　一九六三年三月二日

明史卷一五五宋晟傳云：「洪武三十一年出鎮開平，從燕王出塞，還城萬全衞。建文改元，仍鎮甘肅」。檢實錄永樂七年五月宋晟本傳及楊士奇東里集卷十二宋晟神道碑，均未言是年從燕王出塞。神道碑言：「三十一年率師城萬全諸衞」，此當為明史宋晟傳所本。明史書從燕王出塞，仍原本太祖實錄，非另有確鑿可信之史料以為其依據，不得據之以難本文所論也。

　　　　　　　　　　　　　　　　　　一九六三年三月十五日

明 初 東 勝 的 設 防 與 棄 防

吳　緝　華

一、引　　言

現在，巍然矗立於北方邊疆上的長城，給觀覽勝蹟者，增添無限思古之幽情。如追溯這條長城（現在所能看到的長城）修築的時代和原因，乃由於明代河套以北的棄防，以致蒙古人『踰山牧馬』，進入水草肥美的河套遊牧，勢力逐漸浩大，侵犯掠奪，成了明代北方邊疆上的大患；明代爲了應付這個大挑戰，曾費過不少的苦心，又不能澈底剷除所謂『套寇』的侵犯，因此採取長久防守政策，而促成這條長城的修築。

但考證歷史事實，明代初年在河套以北，卽黃河北岸，並非沒有設防。當明太祖驅逐元朝北竄後，曾在黃河以外設有東勝衞，以防蒙古人的復侵。然而到明成祖永樂時代，將東勝衞內移，棄黃河不守；河套以北失去屛障，蒙古人才能駐牧河套中，造成兩百年來明代與蒙古人戰亂的局面，於是留下中國現代的長城遺蹟。今就史籍中片段的記載，將明初東勝設防與棄防的歷史，加以論證。

二、從歷史上看東勝的軍事地位

明代初年，明太祖曾在河套以北設東勝衞；我們認爲河套以北的設防，乃是防禦蒙古人入駐河套南下侵犯的上策。如果先看一下河套以北的東勝在中國史上的軍事地位，更可證明東勝的設防與棄防，對明代北方邊防有重大的影響。

河套以北的設防，其重要意義，在保障河套的安全。所以古代對河套的經營，也有相當的苦心。清乾隆黃氏（名字未詳）撰李培輯刊秦邊紀略卷下云：

> 河套……戰國屬於趙。秦爲河南新秦上郡九原地，沿河築城，扶蘇蒙恬所經營爲縣三十有奇。漢置五原郡，主父偃所謂河南地肥饒。外阻河，蒙恬城之，內省輸運戍漕，廣中國邊備也。晉因漢領縣十，後屬苻秦，晉末始據於赫連氏，其後宇文泰據有其地。隋置勝州楡林郡，更築長城。唐初破突厥……置六州，而以唐人爲刺史……張仁愿北踰黃河，因趙武靈王故址築三受降城……唐末，拓拔思恭思忠以討黃巢功，賜姓拜爵，奄有寧夏綏豐勝宥麟五州地。延五代及宋，遂建國爲夏……蓋土地廣大，根固盤結非一朝一夕，終宋之世，而莫之何矣。元滅夏，置中書省，亦謂之中興路。

此乃古代經營河套的概述。河套以北的設防，才能保障河套的安全。案清胡林翼纂王兆涵校讀史兵略續編卷九云：

> 今河套卽周朔方，漢定襄，赫連勃勃統萬城也。唐張仁愿築三受降城，置烽堠千八百所，突厥不敢踰山牧馬。古之舉大事者，未嘗不勞於先逸於後。夫受降據三面險，當千里之蔽。

由此可以看出在黃河以北設防，來保衛河套之安全，而外族不敢『踰山牧馬』，這是非常重要的邊防政策。

東勝在中國史上的沿革，案歐陽修新唐書卷三七地理志云：

> 勝州楡林郡，下，都督府，武德中，沒梁師都，師都平，復置。土貢胡布、靑秕、鹿角、芎藥、徐長卿。戶四千一百八十七，口二萬九百五十二。縣二，〔有義勇軍。〕楡林〔中下，有隋故楡林宮，東有楡林關，貞觀十三年置〕。河賓〔中下，貞觀三年置，以縣置雲州。四年曰威州。八年州廢來屬。東北有河濱關，貞觀七年置〕。

唐代勝州已爲邊疆要地，所屬有楡林河濱二縣。案遼史卷四一地理志五又云：

> 東勝州，武興軍，下，刺史。隋開皇七年置勝州，大業五年改楡林郡，唐貞觀五年於南河地置決勝州，故謂此爲東勝州。天寶七年又爲楡林郡，乾元元年復爲勝州。太祖神冊元年，破振武軍，勝州之民皆趣河東，州廢。晉割代北來

獻，復置。兵事屬西南面招討司，統縣二：楡林縣，河濱縣。

由此可知，隋文帝開皇七年(五八七)曾置勝州；到唐代太宗貞觀五年(六三一)，又在南河地置決勝州，因此稱勝州為東勝州，這是東勝命名之由來。東勝的名稱在隋唐時代雖有改變，但由此可知，遠在隋唐時代東勝已有設施，在中國史上已藉東勝為要塞來防禦邊疆。遼金元時代，東勝仍為軍事重地。案金史卷二四地理志上云：

> 東勝州，下，邊刺史，國初置武興軍，有古東勝城。戶三千五百三十一。縣一
> 鎮一，東勝，鎮一寧化。

元史卷五八地理志一云：

> 東勝州，下，唐勝州，又改楡林郡，又復為勝州。張仁愿三受降城，東城南直
> 楡林，後以東城濱河徙置綏遠峯南郡，今東勝州是也。金初屬西夏，後復取
> 之。元至元二年省寧邊州之半入焉，舊有東勝縣及錄事司，四年省入州。

元史卷五世祖本紀二又云：

> 至元元年……十二月……戊辰，命選善水者一人，沿黃河計水程，達東勝，可
> 通漕運，馳驛以聞……四年……秋七月丙戌朔，敕自中興路至西京之東勝立水
> 驛十。

沿黃河計水程而達東勝，以通漕運；並且又自中興路至西京之東勝立水驛。當然設驛站及通漕運以達東勝，這是控制東勝之重要條件。

由以上的論證，無可疑義的，東勝在中國歷史上，已為防守邊疆的要塞，並且由此可以證明在黃河以北的設防，外族不敢『踰山牧馬』。這一片土地沃饒及水草肥美的河套，不能落於蒙古人手中，確賴河套以北的設防，因此邊疆得到安寧，這在歷史上對中國境內的長治久安，有重要的影響。

三、明初東勝的設防

河套以北的設防，蒙古人不敢南下侵犯，確是中國史上不可抹滅的有利邊防政策。當明代開國推翻元朝，明太祖對西北地區，曾加緊其軍事行動，在遙遠的邊疆上置東勝衛，以保障西北邊疆的安全。

如明初太祖對西北邊防的經營，案明萬曆時代創修清康熙時代重修本延綏鎮志卷

五云：

> 太祖洪武二年夏四月，大將軍徐達出蕭關下平涼，指揮朱明克延安，以明守
> 之。三年二月，大同將金朝興取東勝，秋七月偏將軍李文忠與元脫烈百孔興戰
> 於白楊門，擒之，孔興走綏德。四年，大將軍湯和攻察汗腦兒，獲猛將虎陳，
> 定東勝置延安綏德三衞。七年文忠敗元兵於豐州。九年三月，湯和傅友德屯延
> 安；四月伯顏帖木兒犯邊，敗降之。二十七年三月城東勝。

這是一段太祖定西北地區的概述。洪武三年（一三七○）取東勝州，明實錄太祖洪武實
錄卷四九亦云：

> 洪武三年二月……乙酉，指揮金朝興取東勝州，獲元平章荆麟等十八人。

這時明代雖然取東勝，似乎對東勝並無有力的控制。到洪武四年（一三七一）正月，
元朝的樞密都連帖木兒等自東勝州來降，明太祖曾在該地置軍事上的千戶所百戶所，
而利用招懷政策，以蒙古人統治這個遼遠的地域。明實錄太祖洪武實錄卷六○云：

> 洪武四年春正月……癸卯……故元樞密都連帖木兒等自東勝來降，詔置失寶赤
> 千戶所一，百戶所十一。五花千戶所一，百戶所五。斡魯忽奴千戶所一，百戶
> 所十。燕只千戶所一，百戶所十。甕吉利千戶所一，百戶所六。以都連帖木兒
> 劉朶兒只丑的爲千戶，給三所印，大賜文綺帛一十疋，金繡盤襲衣及文綺錦衣
> 銀碗靴襪有差。復遣侍儀司通事舍人馬哈蔴齎燕只甕吉剌千戶所印二，往東勝
> 州命伯顏帖木兒答海馬里卜蘭歹也里沙朶列圖濶濶歹爲千戶，賜文綺帛人十二
> 疋，銀碗一。官屬卜顏帖木兒等四十三人，賜文綺帛人八疋。特賜都連帖木兒
> 之父濶濶帖木兒銀碗一，文綺帛十疋。

東勝一帶在洪武初年置有千戶所與百戶所，所以當洪武四年在東勝的地區內，已有軍
事設施了。

洪武四年，東勝既正式設有軍事防禦，並且明太祖對該地曾加以關懷，東勝州和
山西澧州太原府與縣同樣的以旱災詔免其田租。明實錄太祖洪武實錄卷六○云：

> 洪武四年正月……戊辰，山西澧州東勝太原府與縣以去年旱災詔免其田租。

由此可知，這時東勝不但有軍事的設施，並且已有稅收了。

據明實錄的記載在洪武四年（一三七一），東勝已有稅收，並且已置千戶所百戶

所。但前文引延綏鎭志已云洪武四年定東勝置延安綏德三衞，明史卷四一地理志二二山西亦云：

> 東勝衞，元東勝州，屬大同路。洪武四年正月，州廢置衞。二十五年八月，分置東勝左右中前後五衞，屬行都司。二十六年二月罷中前後三衞。

又明實錄太祖洪武實錄卷六〇云：

> 洪武四年正月……辛亥……陞東勝衞指揮僉事程暹爲鞏昌衞指揮使。

這些資料，都說明了在洪武四年東勝衞已經設置，而實際上則頗爲可疑。

譬如在前文所引明實錄洪武四年春正月癸卯，卽此處所引明實錄洪武四年正月辛亥的前八天。而在前文所引明實錄中，只說東勝州一帶置千戶所百戶所，並未言及置衞。雖然衞與所都是明代地方上的軍事設施，（案明史兵志云：『大率五千六百人爲衞，千一百二十人爲千戶所，百十有二人爲百戶所。』）而衞比所要大，衞與所是不同的。而且明實錄載洪武二十五年八月，明太祖曾下詔書致仕武官，自指揮以下者往東勝大同等處置衞。明實錄太祖洪武實錄卷二〇二云：

> 洪武二十五年八月……丁丑……詔致仕武官，自指揮而下俱往東勝大同等處置衞，人賜鈔百五十錠。

明太祖在洪武二十五年八月下詔於東勝大同等處置衞後，過了六個月，到洪武二十六年二月，明實錄又正式記載置大同後衞及東勝左右二衞。明實錄太祖洪武實錄卷二二五云：

> 洪武二十六年二月……辛巳，置大同後衞及東勝左右陽和天城懷安萬全左右宣府左右十衞。于大同之東高山鎮朔定邊玉林雲川鎮虜宣德七衞；于大同之西皆築城置兵屯守。

由此可知，在洪武二十六年，東勝才同樣的和大同宣府等地正式置衞，而成爲明初定制。

東勝置衞後，於洪武二十七年（一三九四）築東勝城。明實錄太祖洪武實錄卷二三二云：

> 洪武二十七年三月……甲辰……發山西軍士築東勝城，北平軍士築宣府城。

實錄亦云東勝城與北平以北的宣府城，同時築於洪武二十七年。但明史兵志則云東勝

城築於二十五年。明史卷九一兵志三邊防云：

> 二十五年，又築東勝城於河州，東受降城之東設十六衛，與大同相望。自遼以
> 西數千里，聲勢聯絡。

雖然東勝城修築的年代，在記載上有兩年之差，但東勝在明初已設衛並又築城，毫無
疑義的，東勝已和大同宣府等地成爲北方邊防要塞。

上文已論證東勝在明初有軍事設施，爲防守邊疆的要塞。我們再看東勝地域在何
處。案讀史兵略續編卷九云：

> 東勝卽東勝州，歸化城西，黃河東岸。

東勝卽古代的東勝州，在今綏遠省歸化城西方。近人馬福祥的朔方道志卷二輿地志上
邊界又云：

> 黃河自寧夏東北流，經楡林西舊豐州西，折而東經三受降城南，折而南經舊東
> 勝衛，又東入山西平虜衛，地界可二千里，大河三面環之，所謂河套也。

若以黃河河流所經的地區來看，黃河自寧夏東北，向北流去，再經一個小的曲折，向
東流去，經五原地區，過東勝，再南流又東入山西省。也可以說黃河流經綏遠省，形
成一個箕形的河套地域，而東勝卽在河套以外的東北角上。案清嘉慶重修大清一統志
歸化城六廳云：

> 東勝州故城，在托克托城地，黃河東岸。……明洪武初，改建左右二衛，兵民
> 皆耕牧於河套中。

東勝是在今綏遠省托克托城地帶，所謂黃河的東北岸。東勝乃防衛河套的門戶，所以
河套與東勝的關係非常密切。

明代開國，驅逐元朝北竄後，在西北邊疆上的河套以外，明太祖認爲設東勝衛，
可以阻止蒙古人的復侵，河套才有平靜，西北邊疆才有安寧，這是明太祖的卓越看
法。清顧祖禹讀史方輿紀要卷六一陝西十云：

> 是時，自東勝迤西路通寧夏，皆有墩臺牆塹。

明刊本張天復輯皇輿考卷九九邊圖紋云：

> 遼東宣府大同勢相連屬，自偏頭關逾河跨西北，大虜之警，守在東勝。在今河
> 套之北，近受降城，卽其地。

以明代整個北方邊疆橫的方面來看，從東勝以東，有大同宣府遼東聲勢相連；自東勝往西，通寧夏，都有墩臺牆塹相望。所以自偏頭關逾河跨西北，所謂『大虜之警，守在東勝』，東勝在邊防上極爲重要。

我們再看縱的方面，設東勝衞後，東勝以北不必說，當然是蒙古人所在地；而在東勝以南，即在河套南邊，又有明代所設九邊之一的延綏鎮相爲犄角。案曹學佺大明一統名勝志陝西名勝志卷十二：

> 國初設東勝衞於套北，又設延綏鎮於套南，藉如帶之河相爲犄角，與雲川玉林衞所聲援聯絡，以故關陝晉雲之間，晏無虜警。

在明代初年，河套以外有東勝的防衞，河套以南又設延綏鎮守禦（參見拙著明代延綏鎮的地域及其軍事地位，載第二屆亞洲史學家會議論文集，1962，臺北）河套得到平靜，西北一帶得到安寧。可知東勝却是明初邊防上縱橫兩方面的要隘。

四、東勝衞的內移與河套的放棄

東勝的防禦，從洪武經過建文到永樂時代，已有改變。就在明成祖永樂元年（一四〇三），北方的邊防又重新部署，而將東勝左右二衞及燕山遵化通州薊州等六十一衞，皆隸北京留守行後軍都督府。明實錄太宗永樂實錄卷一六云：

> 永樂元年二月……辛亥……以燕山左、燕山右、燕山前、大興左、濟州、濟陽、眞安、遵化、通州、薊州、密雲中、密雲後、永平、山海、萬全左、馬全右、宣府前、懷安、開平、開平中、興州左屯、興州中屯、興州前屯、興州後屯、隆慶、東勝左、東勝右、鎮朔、涿鹿、定邊、玉林、雲川、高山、義勇左右中前後、神武左右中前後、武成左右中前後、忠義左右中前後、武功中、虎賁、鎮虜、武清、撫寧、天津右、寧山六十一衞，梁成興和常山三守禦千戶所，俱隸北京留守行後軍都督府。

北方邊疆上的防禦有了調動，到永樂元年三月並且又設東勝中前後三千戶所於懷仁等處守禦。明實錄太宗永樂實錄卷一七云：

> 永樂元年三月……壬午，改北平行都指揮使司爲大寧都指揮使司，隸後軍都督府。設保定左右中前後五衞，俱隸大寧都司，調營州左屯衞于順義，右屯衞于

薊州，中屯衞于平峪，前屯衞於香河，後屯衞於三河。衞設左右中前後五所，
仍隸大寧都司。復設東勝中前後三千戶所于懷仁等處守禦。

在永樂元年東勝衞的軍事設施已內移。

上文云永樂元年二月移東勝左右二衞隸北京留守行後軍都督府，卽所謂移東勝衞
於畿輔之地。案嘉慶重修大淸一統志歸化六廳云：

東勝州故城……明洪武初改建左右二衞，兵民皆耕牧河套中。永樂初移入畿
輔，其他逐墟。

當時將東勝衞移畿輔之地，乃東勝左衞移於北直隸盧龍縣的永平，右衞移於遵化。明
史卷九一兵志三邊防云：

又以東勝孤遠難守，調左衞於永平，右衞於遵化，而墟其他。

明史卷四一地理志二山西云：

永樂元年二月，徙左衞於北直盧龍縣，右衞於北直遵化縣，直隸後軍都督府。

三月置東勝中前後三千戶所於懷仁等處守禦，而衞城逐墟。

永樂元年二月移東勝衞於永平及遵化，同時於永樂元年三月移東勝中前後三千戶所於
山西省大同西南方的懷仁，東勝衞及城而虛，放棄了這一個軍事要地。

明成祖於永樂元年將東勝衞內移的原因何在？上文引明史兵志云『又以東勝孤遠
難守』而內移，這固然可以算着東勝內移的一個原因。但是我們據當時的歷史事實來
分析，明成祖於永樂元年將東勝衞內移，棄黃河不守以後的時代，是明代武功盛大而
向外發展的時期，在軍事上並不是一個懦弱而怕艱苦不敢前進的時代。譬如在北方，
明成祖曾將政治重心由江南的金陵遷到軍事邊緣的北平去，以鎮守北邊的安寧；明成
祖並且又率大軍五次親征漠北，輾轉有數千里的路途深入蒙古，曾至斡難河等地；
每次親征都費去半年的時間，（參閱拙著明代海運及運河的研究，第三章第一節明成
祖向北方的發展與南北轉運的建立，中央研究院歷史語言研究所專刊之四十三。）這
是明成祖永樂時代不可抹滅的事實，最後明成祖就死在第五次北征的途中揄木川。明
成祖的北征深入漠北，其艱難困苦的情況，早已超過防守邊疆上的東勝衞以及其他軍
事據點的困難。恐怕在明成祖的心目中認爲，防禦蒙古人侵入的安邊善策，明代必
須時常要遣大軍深入蒙古征討，而使蒙古人遠遁不敢南下侵犯。據當時五次親征蒙古

的歷史事實來看，頗有此現象。所以明成祖屢次深入蒙古親征，有更積極的安邊政策，而忽略了東勝衛在邊防上的地位，這是明代邊防上一個大損失。

後來成化時代的兵部尚書王復又云，在永樂初年，蒙古人遠遁，邊疆平安無事，將守備軍馬移入延綏。延綏在河套以南，與黃河以北的東勝，成爲河套內外南北對立形勢。東勝放棄後，當然與河套防禦有密切關係的地區，要算延綏鎭；東勝放棄，而移守備軍馬於延綏，增强其防衛力量，也是必然的事。案明刊本陳仁錫皇明世法錄卷六七云：

> 王復言……洪武間，東勝迤西路通寧夏墩基址尙存。永樂初，殘胡遠遁，始將守備軍馬移入延綏，棄河不守。

又讀史方輿紀要卷六一陝西十云：

> 是時自東勝迤西路通寧夏，皆有墩臺牆塹。永樂初見亡元遠遁，始移治延綏，棄河不守。

明成祖將東勝衛及其軍馬內移，棄黃河而不守，我們認爲這是明成祖在邊防上的失策，兵部尚書王復曾替明成祖放棄東勝洗刷責任，說是永樂時棄河不守，誠然使兵强糧足，仍舊準明太祖之制來據守黃河。明史卷一七七王復傳云：

> 洪武間，建東勝衛，其西路直達寧夏，皆列烽堠。自永樂初，北寇遠遁，因移軍延綏，棄河不守，誠使兵强糧足，仍準祖制據守黃河萬全計也。

儘管王復如何替明成祖找理由，但我們認爲，明成祖棄東勝，在西北邊防上已鑄成了大錯。

據明史地理志，在英宗正統三年(一四三八)九月復置東勝衛而又廢除。明史卷四一地理志二山西云：

> 東勝衛……正統三年九月復置，後仍廢。

案明實錄英宗正統實錄卷三四，正統三年九月未有復置東勝衛的記載。或是由於正統時雖復置東勝衛，因時間短暫，明實錄沒提到這件事。

繼明成祖之後，爲仁宗宣宗昇平時期，北方邊疆依然安寧，但後來的皇帝，不能像明成祖的氣魄，時常深入蒙古征討。於是到宣宗末年，邊患漸起。至英宗正統時代，宦官王振專政，開始明代官宦僭越相權之患，政治腐敗，邊防也敗壞下來。(參

閱拙作明仁宣時內閣制度之變與宦官僭越相權之禍，中央研究院歷史語言研究所集刊第三十一本）最後在正統十四年(己巳年)(一四四九)也先大舉入寇，宦官王振促英宗率大軍親征也先，在『土木之役』全軍覆沒，英宗被俘。明代自開國以來，遭到空前的浩劫。從此以後，明代北方的邊疆，在蒙古人大規模的侵犯下，少有安定的日子了。先前明成祖曾將東勝衞內移而虛其地，到正統十四年明代在邊疆上遭遇慘敗後，東勝乃眞的失去了。明刊本魏煥皇明九邊考卷一云：

　　　　國初追逐之築東勝城，屯兵戍守。正統間失東勝城，退守黃河。

圖書編卷四七云：

　　　　己巳之變，東勝失守。

己巳之變，卽正統十四年土木之役，在這時東勝眞的失去。東勝失去後，河套的保障消失，蒙古人便可以進入河套遊牧和南下侵犯了。

五、附　　　論

　　河套以北的設防，是中國歷史上保障河套安全的寶貴經驗。明代初年，太祖在河套以北也設有東勝衞，防禦蒙古人的南侵。但成祖卽位，却忽略在河套以北設防的地位，將東勝內移；又至正統十四年東勝失去，可以說明代在河套以北地區的防務完全失去了。我們認爲自此以後，橫在明代面前的是，如何應付外族的『踰山牧馬』？河套的安全如何才有保障？這將給明代一個嚴重的考驗。

　　事情發生的非常明顯，自正統時代失去東勝，河套失去屏障後，蒙古人隨時都可以渡黃河入駐河套遊牧而南侵。皇輿考卷九九邊圖考敍云：『正統以來，有司失東勝，大虜乃得逾河。而偏頭關迤西，遂有河套之虞。』當正統末年東勝失去以後，接着是景泰時代，這時蒙古人雖侵犯延綏和慶陽，尚不敢深入。然而到天順時代以後，蒙古人如孛來毛里孩阿羅出孛羅忽等相繼遊牧於水草肥美的河套中，蔓延滋長，勢力逐漸強大，形成蒙古一股堅強的力量，遂深入爲寇，成了明代北方邊疆上的大患。這是明代歷史上所稱的『套寇』。蒙古人的侵犯到成化時代，愈演越熾。在河套以南，面對蒙古人侵犯的防禦重鎮，卽爲九邊之一的延綏鎮。自東勝失去後，延綏鎮的軍事地位異常重要。但又因延綏鎮的地域在河套以南，而遠離河套，延綏鎮防守的營堡反在

外，秦邊紀略卷下云：『河套之與延寧，無名山大川以關隔，又非有高壘深溝，無地不可入寇』。所以明代以河套以南的延綏鎮來防守蒙古人的南侵，是失利的。（參閱拙著明代延綏鎮的地域及其軍事地位）邊將的征討又無進展，大量的人力物力也隨着蒙古人侵犯的戰爭消耗了。

成化時代，巡撫延綏都御史余子俊見明代不能阻止蒙古人的侵犯，便主張採取長久防守之策，沿邊築牆置堡，加以防禦。這是明代所稱的『邊牆』，也是中國現代史上所見到的萬里長城。明代最初防禦『套寇』侵犯所修的長城，乃於成化十年（一四七三）自清水營往西經榆林至花馬池一千七百餘里的長城，這是明代修築萬里長城的開始。如果要問中國現代史上的萬里長城修築的原因，我們認爲乃明代放棄東勝，河套以北失去防守，蒙古人始能入駐河套南侵，明代以延綏鎮防守佔地理上的劣勢，而邊將征討又無功效，在無可如何的情況下，而促成了長城的修築。同時余子俊又將延綏鎮由綏德徙於榆林，明代採取據牆爲守的邊防政策，（參閱拙著明代延綏鎮的地域及其軍事地位）成爲明代邊防政策的定制。雖如此，明代以延綏鎮據牆而守，因該地不產五穀，芻糧供應又要依賴內地。如大明會典卷一三〇職方司鎮戍五各鎮分例二云：『延綏，國初築東勝等城，戍守河外。正統間失東勝退守黃河，後以虜入套內，又棄河守牆。鎮城舊在綏德，捐米脂魚河等地于外，幾三百里，成化中徙鎮榆林堡。東起黃甫川西至定邊營，千二百餘里，聯墩句堡，橫截河套之口，遂稱雄鎮。但鎮城不產五穀，芻糧皆仰給腹裏。餉不足，而連年調遣入衛，兵力少弱矣。』芻糧不足，造成守備官軍勢力弱小。但河套則利種植，却棄於長城以外。秦邊紀略卷下又云：『河套……自古迄今皆利種植，非無委積也。不鼓勇前行，而但守一牆以爲固，則塞垣內地之兵民歲供殺戮，可謂據全勝而取敗，反逸爲勞矣』。這說明了明代在這一帶修長城，以延綏鎮爲防守陣地，在邊防上佔不利的地位。

同時我們認爲，這段長城修成後，並不是摧毀蒙古人在河套內本身的力量；相反的，自這段長城修成後，却把整個河套棄於長城之外，而明代則明確的劃出一條永久的防線，那一大片水草肥美的河套，可以永久讓蒙古人大膽的遊牧其間，做爲蒙古人南侵明代良好的根據地。蒙古人據有利的地位，進可向明代的邊疆侵犯，退可以駐牧河套中，這又是明代邊防的失利。

　　所以自東勝失去後，蒙古人入駐河套間，勢力只有日漸增強，寇邊掠奪的事實絕不會停止，明代依然要付出大的力量應付蒙古人的侵犯。到明神宗萬曆初年，內閣大學士張居正當政的時代，邊疆的軍事稍有進展，但其邊防政策的重點，仍因循過去的政策，築長城以禦敵。如萬曆元年（一五七三）三月築宣府北路長城；萬曆二年（一五七三）二月築遼東西臺牆，三月築大同一帶的長城；萬曆四年（一五七五）三月修築薊州昌平一帶長城；萬曆十年（一五八一）三月又築山西一帶長城。到萬曆時代明代北方邊疆上的長城整個修成。但我們認為，明代以億萬的庫藏雖將萬里長城修成，還需要雄厚的兵力，才能做有效的防守；並不是修一道長城就可以阻止蒙古人的侵犯。並且我們覺得長城雖然修成，而蒙古人的勢力仍舊存在；他們騎着快馬，攻擊力量薄弱的守軍，崩牆而入，縱橫掠奪，這是經常發生的事。長城並沒有阻止蒙古人的侵犯，所以蒙古人據河套南侵之患，與明代相始終。

　　明代放棄東勝，河套以北失去防守，蒙古人始能入居河套南侵。兩百年來，明代北方的邊疆，大部份時間都在戰事的狀態下，明代的物力與軍力，以及邊疆上百姓的生命財產，隨着蒙古人侵犯而有大量的消耗與喪失，這也是造成明代衰亡的原因之一。由此可以看出，明代沒有因循漢唐時代在河套以北設防，以黃河為防禦的舊規，而棄去黃河以北的東勝，對明代的影響非常重大。所以明代一時忽略東勝在邊防上的地位，實在是明代歷史上一件慘痛可惜的事！

出自第三十四本下（一九六三年十二月）

論洪承疇的「流賊敗遯」題本

兼論共匪印行的「明末農民起義史料」

李　光　濤

　　一九五四年共匪印行的「明末農民起義史料」(簡稱明農) 一厚冊，以史料計之，凡五百一十五葉，共三十七萬零八百字。其史料來源，據「凡例」說：「本書所選史料，共計二百二十篇，都是清內閣大庫檔案。」而其輯錄的處所，約言之：(一)北大文科研究所所藏的明題行稿之類凡一百五十四篇，(二)東北圖書館印行的「明清內閣大庫史料」凡二十六篇，(三) 中央研究院歷史語言研究所(簡稱史語所)印行的「明清史料」凡四十篇。像這堆史料，其本身的眞實性，由史學價值而言，自無異說。不過，問題在「明農」的編者有一成見，其成見則爲同情明季流賊之煽亂，以煽亂而稱曰「農民起義」，於是乎本書的序文更多歪曲之見(後面有說明)，這都是讀者應該特別注意的。有如史語所印行的「明清史料」，參「凡例」，既在收錄之列，爲甚麼乙編九、十兩本的流賊史料，凡二十餘萬字，「明農」竟全未採用？我想，關于這一點，可能正是受了「明農」「編者的話」之影響。如其言有曰，「我們……必須對所有的史料加以精密的審查比較」，這一意見，說來也是應該的，不過，「審查」和「比較」，首先必須注意每一史料本身的分量，不能操之過度，其有些重要的史料，總不能隨隨便便地而被放棄了。比如乙編第九本八六二葉所載，崇禎十一年六月陝督洪承疇的「流賊敗遯」題本，這一文件，是報告李自成敗得比較最慘之一記錄，幾幾乎在洪承疇追剿之下而被生擒活捉的，其性質這樣的重要，而「明農」編者竟因爲由于「審查」和「比較」而斷然地加以棄置，這樣說來，等於是要替李自成多少做點掩護的工作，這在史學言之，是很失當的。因此才引起了我們特別的關心，不得不加以研究以介紹於一般的讀者。題本長凡六千餘字，字字都具有眞實性，在全部流賊史料中(包括北大和東北圖書舘所有的明檔)，

也正是「獨一無二」的可珍可貴的史料。由此一文件，可以看出洪承疇制賊之「擅長」，而如李自成之「遇強則遜」，似乎又有些不堪洪承疇一擊的樣子。再參此文件，總觀明季剿賊之事，如洪承疇其人者，倘得久於其事（不必多久，只須再延長一二年），則是李自成之必滅也是勢所必然的。無如彼萬惡的建州(清人)竟爲流賊造時勢，採取了「東呼西應」(參羅振玉史料叢編天聰年奏疏冊九年二月三日儒學生員沈佩瑞欲成大事奏本)的戰略，乃有崇禎十一年之「戊寅虜變」以牽制明人，使不得專力討賊。當此之時，明帝遍察內外臣工，惟獨陝督洪承疇可任以禦虜，於是洪氏奉命率軍入援，以致秦中空虛，「制賊無人」，其後李自成之復起，卽以此故。茲將題本摘要錄之於後，同時爲徵信起見，並製版公之於世(圖版一)，是亦傳布明季流賊重要文獻之一微意也。

（1）　闖將等賊，屢剿潰敗，已經節次具疏報聞。臣以闖賊拼命越渡，勢已零落，急催總兵左光先於四月初七日自景古城起行，率領副將馬科等官兵，由北路臨洮鞏昌疾趨剿殺。又催總兵曹變蛟，亦於初七日自新洮州起行，率副將賀人龍等，由南路岷州入山追剿。臣督總兵祖大弼官兵由臨洮趨秦州以東馳延慶合剿。十四日行至鞏昌府，據探丁報，闖將一過洮河，卽另領賊男婦三百餘名，各騎馬騾先行逃走，晝夜兼程，由寧遠馬塢山中，奔西禮去訖。總兵左光先官兵，隨後急追，其餘流賊，四散奔竄，倚山避兵。總兵曹變蛟分發賀人龍及參將白廣恩等，另爲一路，曹變蛟自爲一路，各設法入山搜剿。

（2）　節據總兵左光先屢次具稟內稱，職于四月初八初九兩日，冒雨統兵至渭源鞏昌，意謂賊阻陰不走，我兵可抄其前，不期兵行疾而賊走更疾。職初十日至寧遠，未時，據營撥回報，從漳縣出來賊，連老小約有三四百，奔馬塢去。職卽同副將馬科，酉時出兵，挑選精騎，盡走一夜，十一日黎明至馬塢。賊未敢在馬塢住歇，又行四十里，亦未敢奔村莊，在野地略息，三更起身，不走正路，踏荒沿山徑而去，苗頭似向桃坪一帶。據馬塢鄉民獲四賊婦，內一婦極知闖將來歷，謂所剩者是精賊，尚有騎捧馬騾，其婦女幼小不及百十，要去尋合過(天星)混(天王)之賊。此職等所追，正是闖將。其二虎掌家殘孽，從過洮河時，卽分路另走，口風要招安。

闖將素極狡猾，今值挫殺之極，蹤跡益加詭秘，且避走山中，掩藏行徑，非大夥賊勢，極難偵探。職等兵馬晝夜馳趨，大半困乏，十一日夜起行，至十二日到縣(寧遠，今改武山)。據營撥回報，賊于十一日三鼓時到黎林橋，一刻時候，卽起身往東南，苗頭向成徽。職同馬副將計議，挑選精兵合近一千，騎捧馬騾，期于十二日夜半，由晒經寺一路直截徽州，或可抄出賊前。十三日疾走一百六十里，至黃渚關，十四日早至宜陽川，離成縣二十里。據報，賊往板橋路上行十數里，折轉太石山、西高山，沿西牛江下，出關溝，入略陽地方去。本日午後，又據撥丁傳報，賊走拔谷峪、剪子埡、大三岔，苗頭向略陽　離職等二百里之遠，追之不及，徒為疲苦，只得收兵紅川徽州上下休息。續據營撥回報，哨探賊奔陽平關去訖。職等暫住紅川，聽示遵行。

（3）　臣看得……闖將原稱大股賊衆，節次剿殺投降，其逃走惟闖將領男婦三百名口。……總兵左光先統副將馬科追剿闖將，機會可乘，心力未竭，致有違誤。臣入馬塢山中，親查最確，謹據實糾參。

當四月初八、初九兩日，光先統各官兵，從臨洮渭源冒大雨直走鞏昌，抵寧遠，未及進城，徑入馬塢追剿，其行甚速，其志甚銳。及臣入山，在馬塢地方查問堡民趙明節、張希庫、李國寧等，皆稱闖將所領精賊男婦，實止三百，內婦女幼小有五六十，所騎馬騾甚為疲弱，更無騎捧。初十日近晚，過馬塢，本夜在馬塢南二十里村莊住歇。左光先等統兵，初十日酉時自寧遠入山，行一夜，十一日黎明至馬塢，卽各賊於本日早四五更起行，相離不過四五十里。若能挑選精兵壯馬，暫歇半日，十一日午後，緊襲闖將之尾，跟蹤窮追，不過一兩日內，可以追及剿殺。乃光先已知闖賊遠近向往，尚不能疾行趨利，十一日在馬塢歇兵一日，已為延遲，本日夜二更起行，又不襲賊跟蹤，十二日辰時，官兵轉到縣(寧遠)，然後挑選精兵，騎捧馬贏，于十二日夜(有脫)更起行，復由晒經寺、黃渚關山路，走成徽，意欲抄賊前截殺。不知闖賊原不走成徽，官兵行愈疾而路愈差。迨十四日早，兵至成縣之宜陽川，據報闖賊已由西高山順西牛江，苗頭要奔略陽。若此時官兵卽由宜陽川入成縣之南十里鷄頭山，走關溝，以及金竹二郎壩，係賊必走之路，猶

可望追及勦殺。乃徑謂賊已走遠，卽收兵紅川、徽州，具稟請示，臣不勝駭異。

（4）夫闖將爲諸賊中元兇，僅領三百喪敗之衆，抱頭鼠竄，誠數年未有之機會。卽窮日夜之力，身先士卒，不顧性命，以擒斬此賊，亦是應得責任。無奈計算不到，追趕不緊，使元兇脫然遠逝，目前旣不能成一股完功，將來尤必費兵力殄滅，光先何所辭責。

（5）臣計各官兵自三月十九、二十連捷之後，又自四月初四日羊撒追賊，卽由景古城、臨洮、鞏昌入山，奔禮縣，轉至成徽，十日之內奔馳一千二三百里，非不知兵馬疲困已極，但論其時則一刻千金，論其地則毫釐千里，臣按追賊之時日地里，以正光先之違誤，則光先當自無辭。

（6）崇禎十一年六月初八日奉聖旨：知道了，曹變蛟左光先等功罪……著該部看議具奏。漢賊旣分兵搜勦，洪承疇仍卽星馳，與(陝西巡撫)孫傳庭併力合殲，共收全捷。

由上摘要，試討論如次：

一

第一條所云「闖將等賊屢勦潰敗」，參懷陵流寇始終錄(簡稱懷錄)十一年四月戊寅及丙辰記載，卽「一敗之於番地，再破之於洮河。」番地卽「西羌」。先是，「承疇自階、文還兵，知闖賊由松潘走臨洮、鞏昌，乃西向窮追之。賊出長城入西羌，曹變蛟、張天祿、賈呈芳等大戰羌中。羌人見兵入境，官兵與賊，遇者卽鬭。諸將旣擊賊，又禦羌，左右搏鬭，不解甲者二十七晝夜。賊還入塞，變蛟又大戰于洮河，敗之。」此一戰役，當承疇捷書未至之前，兵部尚書楊嗣昌嘗譖承疇於明帝，「言承疇避賊。」及承疇「具疏報聞」之後，明帝欣然曰：「吾固知承疇不避賊。」按，楊嗣昌之言承疇避賊，參明清史料辛編第九本八九四葉載工科給事中彭琯題本，原由「忌刻」而出此。蓋嗣昌生平，「本於忌刻，行事則是己非人，事敗則參人庇己，甚且功罪混淆，胡以克濟？」所以懷錄編者對于流賊之禍而論嗣昌有曰：「禍根在嗣昌，不殺之，必至亡國。」(卷十一葉十一)其實禍根仍在明帝自己，使明帝不信任嗣昌(嗣昌之進

用，由于田貴妃的關係），則嗣昌亦無得禍國。(嗣昌嘗勾結太監高起潛共同陷害盧象昇，亦其禍國之一端。)由此一端，可見明季之事，其君其臣都同是禍源而已。所幸當洪承疇任陝督時，崇禎帝又深知承疇之能，故不爲嗣昌之浮言所惑；而其時承疇之剿賊有功，當亦與明帝之信任有關。

二

　　第二第三兩條，茲光濤爲了一般讀者增加更深的瞭解起見，特製「李自成敗遯山中形勢圖」(參圖版貳)，圖中空心線指官兵，實心線卽流賊，其旁俱加註說明。由此說明，姑專就左光先之追賊再總合言之，大抵流賊於一敗再敗之後，爲官兵所追擊，可能事前賊中有一默契，故於過洮河之後，卽分別逃竄，也正是化整爲零的辦法，以分官兵之力。於是有逃入岷縣一帶的，有散走西固階州等處的，總之，還不是爲了「倚山避兵」罷了。諸賊之中，祇李自成之逃走人數較多，也僅三百敗殘之衆，爲了生命要緊，一過洮河，便卽拼命奔逃，曰漳縣，曰馬塢，曰桃坪，曰西牛江，都是自成所經之地；接着又走略陽，走陽平關，厥後更竄入四川。其間當自成經過馬塢時，是四月初十日夜。由於連日奔逃，人困馬乏，更加饑餓難支，逃到馬塢南二十里地方，意謂去官兵稍遠，於是不得不「住歇」。然其時自成逃命第一，可說「一刻千金」，我想，雖曰「住歇」，不過爲果腹之計；果腹之後，當又乘月奔逃的。而自成此時情景，看來眞同「喪家之犬」。其實這些苦頭都是白吃，其結果還不是爲淸人造時勢，以及爲淸人作「驅除」罷了。

　　再，關于左光先追賊之狀，大概言之，其自臨洮起，所經地方，曰渭源，曰鞏昌，曰寧遠(今名武山)，到寧遠是四月初十日。因聞自成奔馬塢，隨於是日酉時自寧遠起行，走了一夜，於十一日黎明到馬塢。由於未能眞知賊情，認爲自成「苗頭向成徽」，於是光先在馬塢歇兵一日，十一日夜又自馬塢起行，至十二日回到寧遠，挑選了一些精兵，「期于十二日夜半，由晒經寺一路直截徽州，或可抄出賊前。十三日疾走一百六十里，至黃渚關，十四日早至宜陽川，離成縣二十里。」其實光先這樣地追賊簡直是越追越遠，不知自成早已沿西牛江直奔略陽而趨陽平關，彼李自成也就是在這種追剿之下而被脫逃的。同時還有四月初八初九之連日陰雨，光先俱冒雨統軍，由

官兵的精神和行路言之，正是不利的。反之，其在流賊，不逃則死，管他陰雨不陰雨，或更利用陰雨以加緊其逃走之計的。總而言之，此次左光先之追李自成，只因一着之差，而便失去擒渠之機。比如四月十一日黎明光先至馬塢，據洪承疇後來親至馬塢勘查，其時自成實逃去未遠，不過四五十里之距離，此際光先如能把握機會，跟蹤追擊，則李自成之被擒，正是意中之事。無奈光先計算不到，大寇竟至脫逃，諺所云「差之毫釐，失之千里」云者，即此之類也。

三

摘要之外，還有「圖版壹之九」最後一行，亦應加以研究，以見洪承疇前者所建輝煌之功，有如所云：「自前中斗星等一股投降，而闖王所遺賊孽業已淨盡。」按，此處之「闖王」，係指九年伏誅之高迎祥。而高迎祥之被擒，據明史流賊傳（包括懷錄）書：「九年，孫傳庭新除陝西巡撫，銳意滅賊，秋七月，擒迎祥於盩厔，獻俘闕下，磔死，於是賊黨乃共推自成為闖王矣。」今檢檔案中關于崇禎年奏疏冊（係殘冊，所錄俱為中外奏疏，姑以「崇禎年奏疏冊」名之）所載援剿總兵祖寬塘報，則擒迎祥者乃洪承疇，與孫傳庭無關，如塘報云：

> 援剿總兵祖寬塘報，為奉調合勦生擒賊首事：職一點血心，矢志滅賊，于本年五月內，蒙督理二老爺（光濤按，所謂督理二老爺，一即陝督洪承疇，一即河南總理盧象昇，疆場之事，二人同心，可謂國之干城。）會調入秦，與監紀袁同知，自七月初一日自河南發兵，初九日進潼關。十三日至渭南，過蒙洪老爺面諭職等云：首賊闖王驍雄，屢被遼兵殺敗，由湖廣越漢中焚掠，秦中必須汝等秉力合勦，方可蕩平。職隨傳諭各官兵，無不踴躍前往。十六日兵次臨潼，又蒙洪老爺犒賞兵丁，示以方向，臨陣不許割級，不許掠財，□獲闖王者，重授上賞。官兵愈加鼓舞。于十七日抵西安，接到撤兵札付，職遵依回師。不意盩厔縣警塘報，賊眾盤踞本縣黑水峪山中，殺掠異常，相距省城不過百五之外，請兵速赴救援，到職。本日又蒙督臣洪（原空二字）密札，朝廷費多少金錢，調兵費若干苦心，大賊在前，可因奉撤而卸責乎？必滅此朝食，始見戮力。職與袁同知諭令各兵，人人勇往，于二十日冒雨馳至盩厔縣，正遇闖賊在馬朝地方，與督理主兵厮殺，未分

勝敗。職奉標下中軍遊擊李應科、內司遊擊祖進忠、參將高桂、參謀遊擊孫光
先、總督大旂遊擊雪實(雪疑誤)、旂鼓都司李廷隆、副將楊倫、李輔明、祖克
勇、劉仲文、參將劉正傑、火攻遊擊劉一偉、金斌、關寧監視參謀未(疑朱之誤)
贊元，各(原空一字)上召督陣□旂守備白似玉、陳其美、王玉、吳景秀、李茂
盛、張弼良，及各營中千守備材勇張志羔，耀(疑躍之誤)馬揮戈，一齊撲砍賊
營，則主客官兵喊殺震天，將闖王生擒下馬，殺得各賊抱頭鼠竄，奔入山內。
除殺過賊數，奪過馬騾，並傷損士馬等件，確查另報外，職統各營官兵札營峪
口，務期一鼓成功，以紓宵旰，于二十三四日遵卽(疑誤)憲札班師，防護陵京。
爲此，理合先行塘報。

塘報內記闖王之被擒，有曰：「蒙洪老爺犒賞兵丁，示以方向，臨陣不許割級，不許
掠財，□獲闖王，重授上賞，官兵愈加鼓舞。」由于此一鼓舞，於是各營官兵「躍馬
揮戈，一齊撲砍賊營。」當是時也，「主客官兵，喊殺震天」，於是乎「將闖王生擒
下馬」，於是乎又更「殺得各賊抱頭鼠竄，奔入山內。」這一捷功，可謂「壯捷」，
而洪承疇之指揮若定，有戰必勝，卽此亦可概見矣。所以承疇威名，當時震於賊中，
參明季北略，賊中且有「洪兵」之稱。據此，則李自成之屢戰屢敗，以及「遇強則
遁」，也正是勢所必然了。

四

再讀圖版壹之九，其中關于述及追勦戰中所有斬獲與同前後收降之功，亦當拈出
記之：「共斬獲賊級九十九顆，生擒二十五名，投降收獲男婦三百六十六名口。」這
一功次，尤其是後者之「投降賊衆」，經承疇驗收之下，認爲太半都是精壯，准其編
收入伍，「俾其臨陣對敵，以賊攻賊。」而所謂「以賊攻賊」，易言之，也就是所謂
「以敵制敵」的辦法，其在承疇言之，最是擅長。例如後來承疇爲淸人用兵江南以及
雲貴之役，都是採取了這種辦法而制勝的。這是後話，不必再提，現在只說題本中投
降的賊衆。大概這些賊衆，每一賊人都有「妖號混名」(據題本)的。妖號卽綽號，參懷
錄卷一葉三一記道臣曹應秋之言有曰：「大抵賊多邊軍，有良家子及武弁世職，故隱
其姓名，而稱綽號。」又卷一葉三另有一則云：「一時賊首，多邊軍之豪，及良家世

職，不欲以姓名聞，恐爲親族累，故相率立諱名。」不過，今此題本內對於許多之「妖號混名」，是不便一一「臚列」的，而其有名的，其在賊中說來，都是些「猙獰慣戰」比較著名的賊目，而且稽之「賊籍」，有些都是可以查考的，姑表之於後，俾便檢查之用。

妖　號	的　名	籍貫	妖　號	的　名	籍貫	妖　號	的　名	籍貫
金龍	趙雲飛	宜川縣	就地飛	張應華	延川縣	飛虎	劉孟敬	綏德州
一頂盔	王南芳	延川縣	四龍	王加伏	綏德州	黑煞神	李茂春	綏德州
飛龍	王進卷	延川縣	跟虎	黑九霄	清潤縣	新天枉	王可興	宜川縣
慢虎	王艾	宜川縣		黑九成	清潤縣	搜山虎	郝九松	宜川縣
四虎	李成相	葭州		王弘宇	清潤縣	闖時枉	王汝貴	宜川縣
小黃鶯	于滿川	清潤縣		曹啓德	清潤縣	翅飛	郝自衞	延長縣
黃巢	王金錢	延川縣		馬二	延安靖邊	勇將	白惠喜	宜川縣
存孝	李自法	吳堡縣		蔣明宇	延衞	寅鶯子	高自見	宜川縣
三跳澗	張與	宜川縣	薛仁貴	焦得名	郎州	三隻手	蘇四	山西隰州
巡山虎	華成光	清潤縣	周三	周汝敬	綏德州	伶俐蟲	高文與	延川縣
穿山虎	高順	清潤縣	掏槽	覺維宣	米脂縣	蠆三	蠆希才	寧塞
黑鷹	程光先	宜川縣	九條龍	劉進福	山西臨縣	騎山虎	古自存	保安縣
五虎	蔚守珩	綏德州	亢金龍	康榮	宜川縣	高四	高應雙	清潤縣
奎木狼	劉應封	清潤縣	上天龍	任月才	定邊	獨行狼	胡守祿	安定

據上表，另參懷錄，姑略說如次：

　（甲）　表內之四虎、薛仁貴、九條龍、上天龍、勇將、三隻手等，凡六人，當六年十一月十七日乙巳關于「在武安乞降(註一)賊目」一名單(註二)，此輩大名俱載其上，

（註一）　六年十一月甲辰(十六日)，時賊屢敗，不得掠食，困甚。系涼（疑誤）屯武安，王樸家丁多關中人，與賊親知，得賂，謬爲甘言以惑樸，楊進朝、盧九德皆信之，而驕健樂亂者多。乙巳(十七日)，賊乞降，自稱饑民，頭目張妙手、闖塌天、滿天飛、邢紅狼、闖將等叩首言：我等皆良民，因陝西荒旱，致犯大罪，今誓歸降，押遣放土復業。樸等待監軍爲奧援，欲取大功，許之。賊乘間以重貨與兵民貿易裹靴，爲渡河計；其在林縣、武涉者尚刼掠。樸等邀撫按同受降，皆不從，畏監軍勢，亦不敢阻其事。丁未，賀雙全、張妙手等十二人親至武安，見帥監及道臣常道立，環跪泣請，唯命生死，進朝等以疏於朝。張妙手善射，試之，百步中錢孔。(卷六葉二十二)

（註二）　在武安乞降賊目名數載之，使知渡河後分合之勢云：賀雙全、新虎、九條龍、闖王高迎祥、領兵山、勇將、滿天飛、一條龍、一丈青、哄天星、三隻手、一字王、闖將李自成、蝎子塊、滿天星、七條龍、關鎖、八大王、息鶯、張妙手、西營八大王張獻忠、老張飛、詐手、邢紅狼、闖塌天劉國能、馬鷂子、南營八大王、胡瓜、哄世王、一塊雲、亂世王、大將軍、過天星惠登相、二將、哄天王、猛虎、獨虎、老回回馬光玉、高小溪、掃地王、整齊王、五條龍、五閻王、曹操羅汝才、稻黍桿、逼上路、四虎、黃龍、大天王、皮裏針、張飛、石塌天、薛仁貴、金翅鵬、八金龍、鞋底光、瓦背兒、劉備、鑽天鷂、上天龍。舊云六十一名。(卷六葉二十二)

則其非等閒之賊，卽此可知。而如「薛仁貴」其人者，題本中更特別加重言之，有
「掌盤賊頭觜家」之說。據此，則其地位，初期當自爲一隊，也是大賊，後來，也許
由於部隊損失多才與自成合夥的。總之，凡見「乞降賊目名單」的，依我的看法，可
能當初都是大賊，其與「薛仁貴」恐怕都是同一情節而已。

（乙）　表內之飛虎、黃鶯子、五虎等，在當時之用此妖號者恐不止一人。如：其
一，六年十月，是月故關把總朱道淳有「擒賊渠五虎於井陘」之報，並云：「卽宜川
賊王良謨。」其二，六年十一月戊戌，京營兵擊賊於武安之猛虎村，有「黃鶯子等皆
死」之報。其三，七年正月戊子朔，河南巡按劉令譽有「京軍破賊於泌陽之牛蹄村，
殺渠飛虎，斬千餘級」之報。由上三則，試再引道臣曹應秋之言作一解釋，如卷十一
葉十一記應秋論及賊中之綽號有曰：「殺一人又立一人，以應其號。如一字王劉小
山，左帥擒之，予所監斬，後有新立一字王。惟紫金梁死，其黨歸闖將，無復稱其
號，此賊似能統領諸賊也。此賊死後，衆賊各自爲隊，時分時合。」

（丙）　表內之金龍，題本中說他是「蝎子塊原遺領哨賊頭小闖將，首稱驍雄。」
此一說又引起了我們的注意，卽所謂「蝎子塊原遺」；尤其是「原遺」二字。今細思
之，可能蝎子塊此時（崇禎十一年四月）已前死，或者正如闖王高迎祥一樣，也是被承疇擒
斬的，所以關于其少數餘黨才能稱之爲「原遺」，也就是遺孽的意思。此一解釋，可
以說，是很合理的。今檢懷錄，與此說有出入。懷錄記蝎子塊，四年六月癸卯條始見
之，有云：「蝎子塊姓張，淸澗人，馬步七百。」然否，姑不論？特是關于蝎子塊之
死，懷錄說錯了，於崇禎十三年十二月最末一條書：「蝎子塊死」，去承疇題本已二
三年之久。以此爲例，則所謂明史，所謂懷錄，其眞實性都是大有問題的。比如闖王
罷（見前），其被擒經過，檔案中所記的，明明是出於洪承疇之指揮，而如明史諸書竟張
冠李戴，認爲是孫傳庭之事。（光濤按，明史之張冠李戴說來亦有其故，可能當迎祥被擒之日，傳庭卽
立時具疏報捷，以此中外相傳，便成爲傳庭之事。兼之承疇降淸之後，明史列傳已無其地位，以此有些事蹟都是
分別寫入別人名下了。不過，本文的研究，看法與此不同，其凡有檔案可稽的，自應以檔案之紀錄爲正宗，俾成
爲眞正信史之言。）實際明史的錯誤，比之懷錄更多更大。試再擧一例，有如懷錄九年正
月辛亥書：「闖王、闖塌天……疾攻滁州。」明史流賊傳於此則爲：「九年春，迎祥、
自成攻廬州……又攻滁州。」以上兩條，合而觀之，其第一條所說的「闖王」，當然

是說(高)迎祥；而如所謂「闖塌天」，其的名則爲「劉國能」而並非所謂「李自成」。此一問題，我想，明史作者也許以爲「闖塌天」也嘗簡稱「闖賊」，由「闖賊」再演變爲「自成」二字，於是乎「迎祥」和「自成」也就是這樣地連在一起了。又懷錄九年正月末條記自成當時實在秦中，其言有曰：「是月洪承疇……專力勦闖將，遂有海喇都、乾鹽池等追戰。」由此一條，更足證明明史之錯誤。凡此之類，今不必多舉，總而言之，還不是貽誤後人罷了。所以本文採用史料，檔案最上，懷錄次之，（懷錄記事，大都亦有可據，其錯誤當有別故。如明清史料甲編第二十五葉所記濮州之戰殺賊七千，其骸爲饑民所食。懷錄卷十三葉二十一亦記之，但斬級之數爲五千而已。）明史最下，幸祈讀者注意之。

（丁）　表內之獨行狼，懷錄亦有其記事，如五年六月丁未書：「混天猴、獨行狼、一字王，以萬餘賊攻合水。」據此，則可見獨行狼當初也是一個大賊，其附於自成，揆之前面所說的「薛仁貴」，可能都是一回事，也是屢戰屢敗之後實力無多，才與自成合夥的。

五

研究賊情，最重要的是日期。比如題本內之四月初七日是追勦李自成開始的日期，五月十四日是承疇暫駐秦州(天水)布署一切的日期，六月初八日則爲題本到達北京後奉旨的日期。這三個日期，自追勦至奉旨，中間距離歷時凡兩月零一天。此姑不算，還有聖旨下達承疇軍前，其經過時日至少也要十多天之久。而如聖旨末段所云：「漢賊既分兵搜勦，洪承疇仍卽星馳，與孫傳庭併力合勦，共收全捷。」這道聖旨，其在洪承疇言之，實以討賊爲己任，卽無聖旨之責令「併力合勦」，其對于流賊（尤其是李自成）亦是不肯絲毫放鬆的，有「除滅務盡」的決心。有如四月內追勦之戰，據懷錄卷十一葉七，則有「此月中，闖賊爲洪所逐，足不得停」之記錄。此一情形，可見「洪兵」之討賊，可以說，是佔盡了優勢。所以後來陝西巡撫孫傳庭有一題本（題本封面註：「崇禎十一年六月十三日到司」）曰：「各股大寇，次第俱東，其在西者，惟闖將一股，節據各鎮塘報，擒斬已不啻數千。」（明清史料辛編第四本三八五葉第二面）孫傳庭所言，亦爲四月事，其云擒斬數千，由勦賊言之，可謂勦賊第一功。乃承疇題本未及詳言，茲孫傳庭言之，益足看出洪承疇之勦李自成，等於是自成的「尅星」。以此平賊，則賊之

平也，並非難事。據懷錄十一年四月載：

> 是月，兵科李焴奏曰……秦賊自闖將西敗，過混東奔，黃龍一戰，賊勢披靡，餘寇雖逼岷州，而督臣洪承疇駐徽州，鎮臣祖大弼與曹左二帥先後入鞏昌，又有臨洮階州諸部合力夾剿，自無難撲滅矣。(卷十一葉六)

曰「秦賊」，曰「闖將」，曰「無難撲滅」，此科臣李焴深信承疇力足勝任之言也。茲爲證明洪承疇其在(十一年)五月以後所有東西夾擊乃至潼關原之又一次大捷，特據懷錄彙列於後，以見承疇戰無不勝之一實狀。

（1）　五月辛巳(十九)，左光先以兵二千，擊賊於固原大寨，進至秦州，遇六隊兩哨，混天王、四天王、仁義王等千餘賊，走禮縣 ，擊斬二十餘級 ，降混天王、仁義王、四天王及其黨五百。(卷十一葉七)

（2）　六月庚子(初九)，過天星等敗于三水邠州，勢窮奔竄，總兵曹變蛟、副將賀人龍、馬科等分路剿之。壬寅，賊從寶雞出山降。(卷十一葉八)

（3）　闖賊匿于洮河，止有六隊祁總管兵及爭世王殘衆隨之。馬科守河州，祖大弼守沙羊堡。丙午，總兵曹變蛟率岷洮副將賈呈芳等以兵至西和成縣，合遊擊卜從善等馬步兵，進至階州山中，冒暑深入，十日三戰，擒斬二百五十，降九梁星、飛虎等賊將三十餘人。爭管王、祁總管，皆闖賊掌盤子兇悍，變蛟遣降人說飛矢 (疑天之誤) 龍、混肘虎、混海龍等，使密圖之。庚戌，飛天龍斬爭管王首，至徽州降；邢家、常(疑堂)家餘賊八虎、草上飛等，至階州降。丙辰，承疇遣監軍道張兆曾、副將趙光遠、遊擊孫守法等，至陽平關；又發副將賀人龍以兵千餘，副將馬科、遊擊崔重亨等統兵三千，至關協剿。闖賊由陽平關白水江再入四川，巡撫傅宗龍以雲南兵三千人與總兵羅尙文禦之。飛天龍姓名折增修，混肘虎姓名張成善，混海龍姓名張成福。(卷十一葉八)

（4）　七月癸亥(初二)，陝西監軍道樊一蘅，督副將馬科、賀人龍等，自陽平至白水，蜀將羅尙文、副將孔全斌等亦至，同擊闖賊，斬百餘級，賊奔大坝。(卷十一葉十)

（5）　八月辛卯朔，陝西總督奏關中賊盡，命出關征豫楚賊。傳庭約(總理熊)文燦、(河南巡撫常) 道立(光燾按，熊常二人俱樞臣楊嗣昌所用)合力，卒無應者。待久，將

士疲，乃遣總兵曹變蛟、原任總兵王洪往西鄉，令遊擊孫守法防南山口，自以兵還西安。(卷十一葉十一)

（6）　闖賊在南鄭縣南江外之南河大山，樊一蘅、左光先兵至南鄭，久雨，山谷成溪，半月不能進。甲午出兵，乙未，賊望見，逃入深山，追斬三百級，擒其老管隊黃鸚兒、陳虎山。賊入南山，暑雨奔馳，病者眾。出王郎口渡江，左光先擊敗之，追六十里，斬二百級，擒三十餘人。王郎口去城固十五里。一蘅遣兵截巴州通江之路，督馬科、賀人龍等合川兵入險追擊。賊疲甚，不得四流，遂盡出川北，向階州、文縣、成縣、徽州及西鄉，皆有官兵。曹變蛟以兵扼思渡河要路，左光先在漢中，夜渡江，斬二百級。闖賊初有黨男婦三千人，至是存半，遂東奔昇仙口及朱陽關，皆有兵，不得過，張妙年、祁總管等皆降。(卷十一葉十一)

（7）　九月壬申(十二)，命洪承疇、傅宗龍協剿蜀寇。(卷十一葉十二)

（8）　十月戊申(十九)，洪承疇謂孫傳庭曰：我曾與闖賊戰羌中，知其伎倆，已令曹變蛟、馬科逐之階文，將由岷逃舊路入陝，且至矣。賊至必走潼關原，公當設伏以待，可使匹馬無脫者。傳庭從之，每五十里伏一軍。變蛟自奮長刀斫賊，賊戰敗，走至潼關原，伏發，亟走。欲休息炊食，伏兵又起。如是累日，困甚，大亂，自相蹈藉。變蛟等以官兵跳盪馳擊，死者蔽地。賊棄馬上山，山中人遮險盡擊殺之。闖賊棄妻女，與劉宗敏等十八騎逃赴崤函山中。是時曹家兵最強，諸將皆倚為重，賊聞曹將軍喪魄。變蛟每戰，輒數日不食，與士卒同甘苦，能用降人，得其死力。收得闖賊親近周山，厚遇之。每臨陣，山必挺身叱賊曰：吾在此矣，爾欲何為？莫不駭愕退散。(卷十一葉十三)

參上錄史料，凡「洪兵」所至，賊眾竟一無抵抗，非逃即降，直如「摧枯拉朽」一般。沒想到，討賊乃如是之易，毋怪乎明史孫傳庭傳記傳庭之言曰：「秦軍妻子俱在秦，兵日殺賊以為利。」以殺賊為利，則賊之畏兵可知。所以承疇亦嘗親語傳庭曰：「我曾與闖賊戰羌中，知其伎倆。」(見前引史料)此所謂「知其伎倆」云者，易言之，也就是指自成之易與而已。於是十月內乃更有潼關原之大捷，而自成僅以身免，只率十八騎逃赴崤函山中。此一戰役，就實際言之，陝撫孫傳庭亦厥功不小，因傳庭亦認真

討賊，故能與承疇通力合作，設伏擊賊，才有這一奇功的。反之，若易傳庭而爲熊常輩不肯擊賊 (見前引史料第六條)，不知又當如何了。茲自成旣逃入山中，看情形，其勢已不能復張。當此之時，秦中只須有承疇，則自成之除滅，只且夕之事。可惜「天不佑明」，而如檔案內所說的「戊寅虜變」竟乘時而至，入犯京畿，於是朝議調承疇率陝兵入衞，並令巡撫孫傳庭亦與承疇俱來。關于此事，明史孫傳庭傳有云：

(十一年)十月，京師戒嚴，召傳庭及承疇入衞，擢兵部右侍郎兼右僉都御史，代總督盧象昇督諸鎭援軍，賜劍。當是時，傳庭提兵抵近郊，與楊嗣昌不協，又與中官起潛忤，降旨切責，不得朝京師。承疇至，郊勞，且命陛見，傳庭不能無觖望。無何，嗣昌用承疇以爲薊督，欲盡留秦兵之入援者守薊遼。傳庭曰：秦軍不可留也，留則賊勢張，無益於邊，是代賊撤兵也。秦軍妻子俱在秦，兵日殺賊以爲利，久留於邊，非譁則逃，不復爲吾用，必爲賊用，是驅民使從賊也。安危之機，不可不察也。嗣昌不聽，傳庭爭之不能得，不勝鬱鬱，耳遂聾。

當承疇等率大軍離陝，路過潼關之際，參懷錄，豫中諸賊聞之大恐，咸認爲入豫剿己。於是諸賊爲了生存之計，紛紛向太監李繼政乞降。流賊之伎倆大都如是，要之，無非懾於「洪兵」之聲威而已。乞降記事如下：

(十一年)十一月己未朔，曹操羅汝才在均州，知闖賊已破，聞孫洪兩公以兵出關，謂爲剿己，大恐。率其黨八營──一丈靑、小秦王、一條龍、過天星、王國寧、常國安、楊友賢、王光恩，告武當山太和宮太監李繼政乞降。繼政爲移咨文燦，許之。汝才猶豫未決，房令郝景春身往諭之，以劉國能 (光濤按，即闖塌天，十一年正月四日就撫於隨州，署爲守備，隸左良玉。十四年九月以副總兵守襄城，城陷，爲自成所執，不屈死。) 爲徵，乃以其衆詣軍門降。文燦會諸將，大宴汝才等及所部于迎恩官署，供費不貲。奏授汝才遊擊，分駐於上庸、房、竹溪、保康。(小字) 唐汝被賊久，閒田甚多，宜以駐之，使遠于獻賊。自言不願受官領糧，願爲山農，耕稼自贍，而潛與獻賊相應。(小字)初降自必反側，在處置得宜。獻賊據穀城，屯聚盜于四郊，文燦束手無策。鄖撫戴東旻曰：賊有野心，不可不早爲計。文燦不聽。(卷十一葉十四)

曰「文燦束手無策」，曰「文燦不聽」，則其人之無能可知。後來諸賊之降而復叛，

一言以括之，也正是由于文燦之無能而已。若在洪承疇，則承疇之剿賊有一恒言曰：
「不眞剿必不能成眞撫，不招撫必不能平賊。」據此，再以事實爲證：（一）「流賊敗遯」一題本以及潼關原之戰，卽所謂眞剿也。（二）投降之賊，編收入伍，「俾其臨陣對敵，以賊攻賊」(見前)，卽所謂眞撫也。（三）以降人周山爲例(見前)，「每臨陣，必挺身叱賊曰：吾在此矣，爾欲何爲？莫不錯愕退散。」卽所謂用招撫然後才能平賊也。凡此諸端，實爲洪承疇生平用兵惟一不二之決策。而如清人(太宗)稱其爲「善用兵」以及甚麼「制賊有餘」之說，理由卽在此。實際明人更知其然矣，因明人亦嘗言：「不有邊兵之調，則流賊無自生。」其後自成再起，卽因秦兵之勁說，皆隨承疇東行之故。

　　旣而自成衆至數十萬，杞縣諸生李巖爲之謀主，賊一時改變策略，每以剿掠所獲，散濟饑民，故所至歸附，其勢益盛。十四年正月，陷河南府，殺福王。是時羣盜輻輳，自成自稱闖王。二月，張獻忠陷襄陽，殺襄王，發銀十五萬，以賑饑民。三月朔，督師楊嗣昌，以連失二郡，喪兩親藩，度不能免，遂自盡。自是中原流賊，不可復制。以上見明史流賊傳。

　　讀明史流賊傳，應再讀洪承疇的「流賊敗遯」題本，則是自成的「伎倆」不難全部明瞭。卽在「明農」的編者，其覩斯篇，或亦有所感歟？

　　　　　　×　　　　×　　　　×　　　　×　　　　×　　　　×

　　由於「明農」的編者本着他們的立場，因而他的那篇序文在說到流賊時，也就寫了許多歪曲的意見；這些意見，說來眞是笑話之至。我想，可能作者言不由衷，只是不幸在那種場合之下，不得不如此說說罷了。其意見試轉述如次。

　　　　　　　　　　　　　　　　一

　　第一個意見，關于「農民起義」的謬論，序文說：
　　　　明末農民起義，參加的很多，一般記載全說是「脅從」，或者說是「奸民」、
　　　「饑民」，「明史」卷三〇九「李自成傳」更說，崇禎十三年（一六四〇年）以前，

農民起義軍「所過，民皆保塢堡不下」，「張獻忠傳」說，「入黃州，黃民盡逃」，但是我們在本書這些文件裏却看到不同的記載。崇禎六年(一六三三年)農民軍進入山西和順縣，當時的報告說：

「探至金上村，有和順縣逃出鄉民畢希然言說，縣內有句連，奸細預先粧（裝扮）鋤田的人，白天鋤田，夜晚守城上宿，因此裏應外合，偶於本（六）月十三日三更舉火吶喊，將城被賊搶掠(奪取)」。（一六四頁）

所說「裏應外合」，「舉火吶喊」，就將縣城奪下，一定響應的人很多，既然裝扮鋤田的人，一定是和農民連結在一起，可見和順縣是在農民協助下佔領的，「明史」所說「民皆保塢堡不下」「民皆逃」是不確的。

上錄凡三則，中間一則是檔案的記錄，前後二則是「明農」編者的意見。茲合而觀之，中間一條自然無問題，可是前後兩條的意見，就史學常識言之，未免扯得太歪了，看來不是那囘事。有如檔案內所說的「奸細」，實際正是流賊所遣的「間諜」，其云「白天鋤田」，更是「間諜」的僞裝。以僞裝而附會曰「農民」，曰「起義」，同時也就是爲流賊作了一個證明，說他們都是來自田間的，都是善良的，再說一句罷，卽如現在的共匪，也都是先後媲美的，這樣看來，眞是不值識者一笑了。

現在我們不妨爲「明農」編者在史籍(懷錄)中錄出若干有力的證據，以見流賊當初是怎樣地利用奸細往往以爲陷城之用，比之所謂「和順」之陷城正是一囘事：

（1）　五年正月己亥朔，延綏賊惡虎、邢紅狼、一丈青、混天猴，先以千餘人攻三水，不克，乃詐爲米商入宜君，壬寅，城陷。(卷五葉一)

（2）　六年七月丁酉(初七日)，五更，賊至樂平，城中伏賊應，開東門，賊入城。(卷六葉十五)

（3）　六年十二月庚辰(二十二日)，賊僞爲燒香者，陷郿西。(卷六葉二十六)

（4）　七年正月戊戌(十一日)，賊僞爲官役，入竹溪城，執縣令兪某。其子伯麟請代死，賊殺其一家。(卷七葉二)

（5）　八年六月乙酉(初七日)，秦賊搖天動，遣其黨二十餘人傭于西和，門者雇之刈麥，夜代守更，搖天動夜至，守者汲之上，城陷，知縣耿桂芳逃。(卷八葉二十三)

（6）　十年正月辛丑朔，曹操等遣其黨入麻城爲內應，捕得斬之。(卷十葉一)

以上凡六條，就全部懷錄計之，當不止此。不過，今據此六條，以說流賊之僞裝，尤其是第五條所說「刈麥」的農人，其僞裝情形，揆之「和順」陷城情節，百分之百的足以悉其大槩了。除此，再參以明清史料所記姦細之陷城，亦錄其一二。如崇禎十年二月十一日隨州之陷賊，則爲：「狡賊內通姦細，於十一日五鼓，以六賊入城內亂，放火開門，使二百餘年城守一旦殘破；士民居室，多成灰燼。」(乙編第九本葉八四三)隨州之外，又如崇禎十四年二月初五日襄陽之陷賊，也與姦細之內變有關。(乙編第十本葉九二四)他如崇禎十年九月初十日則有「永城縣劉總兵捉獲奸細四名」之報。(乙編第九本葉八五四)同年九月二十六日都司沈廻瀾有「李家集(去碭山三十里)鄉民捉獲放火姦細一名」之報，並云：「縣官審出口稱：十五日差出死賊十五名各處放火。」這些姦細，在明清史料中記之甚多，因太零碎了，姑略記於此，以爲例證而已。總之，凡上情節，當時河北道臣曹應秋有一概括之論曰：「其(賊)攻城，則先伏數人於城中，外賊夜至城下，城內賊殺人，城民自亂，遂得入之。多行金錢以布姦細，有信先知。」(懷錄卷六葉二十八) 有此一條，則所謂流賊，所謂姦細，也就不難明瞭了。

二

第二個意見，參序文，則爲

「明史」所說「民皆保塢堡不下」「民皆逃」是不確的。(見前)

這條意見，我們現在惟一的說明是「拿證據來」。比如所謂「民皆逃」，參懷錄，其證據則爲：

九年正月乙丑(十九日)，郎襄賊焚穀城，士民空城走。(卷九葉四)

九年三月庚戌(初五日)，九條龍等自清溪陷竹溪房縣，知保康城虛，不入。(卷九葉十一)

九年三月甲寅(初九日)，九條龍入竹溪，知縣魏鎮安已逃，城中無人。(卷九葉十二)

至於所謂「民皆保塢堡不下」，參懷錄，「民」即「鄉兵」，易言之，也就是鄉村的農人，他們之抵抗流賊，都是「人自爲戰，家自爲守」的，大有與賊「勢不兩立」之狀。這種精神，與「明農」編者關于甚麼「農民起義」的謬論，竟完全相反。其證據

如下：

（1）　四年六月癸卯朔，降賊滿天星、一丈靑又叛，掠宜川、洛川。戊申（初六日），榆林道張福臻、總兵王承恩以騎兵四千擊破，賊奔韓城，官兵追之，糧匱，士民鳩貲犒之，又起鄉兵助陣。楊鶴下檄止兵止糧，潼關道胡其俊，以鶴意護賊，託名追捕，自潼川來，見鄉勇王大壯擒賊首飛虎，釋去，下令殺一賊以二人償命。（卷四葉十二）

（2）　四年八月癸丑（十二日），沁水縣城東有竇莊，張忠烈公銓之父尙書五典，知天下將有事，於此築堡居之。至是，賊來犯，銓子道濬、道澤官京師，家人欲避賊，銓妻霍氏曰：避賊而出，家不保，出而遇賊，身亦不保，等死，死于此耳。且我堅守，官兵必救，賊必不得志。歛鄉勇，率僮僕設守。賊環攻之，堡上矢雨注，賊傷者衆，乃退。他避賊者皆不免，惟張氏宗族完善。冀南兵備道王肇先，表其堡曰夫人城。（卷四葉十四）

（3）　五年八月庚辰（十五日），山西賊紫金梁等以三萬賊圍竇莊，張道濬以其徒禦之，賊多死。聞陝西兵將至，懼，呼於壁下。道濬登陣見之，紫金梁免冑曰：我王自用也，爲王嘉胤所誤至此，今來乞降。（卷五葉十一）

（4）　六年正月辛酉（二十九日），沁水地廣，東距高平，東南抵澤州，北至岳陽，東北至長子，西至翼城，西南至垣曲，西北至浮山，皆百餘里，賊凡五犯沁水，去來無時。張道濬倡率鄉人，築堡五十有四，擇長爲長，給以旗，遇警飛馳，頃刻而徧，各堅壁清野，剪賊遊騎，賊無所掠，數月不敢犯。（卷六葉二）

（5）　六年二月丙戌（二十四日），賊屯輝縣之百泉書院，知縣張克儉有謀略，虛心咨訪，事得窾要，縣以富名，在深山中，賊依太行行刼，來去必繇，克儉增城濬池，使賊不能攻。鄉民釀金賽神者，克儉每月節其餘貲，以造兵仗，籍壯丁，立約束，平日無相凌役，聞警則至，計日計餉。遠設報馬，探賊苗頭，報馬旗歛，則安心力作，旗展，則上寨設備。賊在河北年餘，輝無失事，東作不廢。

臨漳知縣張爾忠，有才，實心任事。城卑敝，築外城裹之。以什伍之法，部署邑民，使鄉丁自爲守，聲息相通，互爲應援。鼓舞富民，市鞍馬，造甲仗，堅

利愈於官兵。賊在磁州、安陽，臨漳平壤，縱轉可至，懼鄉兵協力，不敢入境。河北用兵時，凡徵取於臨漳者，時日不後，解戶三日不歸，則代者續至，民不苦久役。凡解軍前驟馬菽麥羊酒，所費萬兩，不加派，不移借，撙節不急之費，及縣官入橐者爲之。兩臺知其賢，而時尚搜括，恐爲他縣累，不敢以聞。其獻討賊之策甚工，亦不盡用。使河南諸縣皆然，賊不得肆，可爲後世法，故詳記之。(卷六葉四)

（６）　六年八月甲戌 (十五日) 夜，(湯)九州破賊於九龍山，乘月追及百里。寨上民拍手歡呼，賊妻子號泣奔潰……奪賊所掠水冶婦女百人，鎖之一室，召其家引去。(卷六葉十七)

（７）　七年四月癸未 (二十八日)，漢中賊欲走四川，不能過漢江，乃入終南。五月丙戌朔，出黑水峪，至藍屋，敗于鄉兵，還終南。(卷七葉十一)

（８）　八年二月壬午朔、張大受、掃地王、破天王等賊十餘萬，分掠潛山、太湖、霍山、宿松諸縣。山民習獵，藥弩窩弓甚設，所在結寨，賊入山屢敗。(卷八葉十一)

（９）　八年二月丁亥(初六日)，時……山西之賊在垣曲、岳陽、翼城、臨汾、沁源，士寇助之刼掠。黃梅鄉官梅之煥，牽鄉勇集毒矢火炮，分列要害，又濬築別墅沈莊，以爲犄角。賊繞城南去，不敢攻。(卷八葉十二)

（10）　八年三月庚申，蘄黃大盜爬天王，擁衆八百人，村民擒之，身長七尺，倡亂十二年，破十州縣，新姻九十有七，其子日啖人心，髮目皆赤。(卷八葉十五)

（11）　十一年六月丙辰 (二十五日)，南陽知縣何騰蛟練鄉勇二十四營，賊至卽殺，又收用左帥叛兵，邑人賴焉。遷兵部主事，御史李雲鴻以爲靖中州亂，非騰蛟不能，疏留之。不許。(卷十一葉十)

參上錄史料，其記鄉兵之禦賊，可謂形容盡致。如：第一條之「鄉兵助陣……鄉勇擒賊首飛虎。」第二條之「堡上矢雨注，賊傷者衆，乃退。」第三條之「賊圍寶莊，張道濬以其徒禦之，賊多死。」第四條之「築堡五十有四……堅壁清野……賊無所掠，不敢犯。」第五條之「上寨設備……東作不廢。」及「(賊)懼鄉兵協力，不敢入境。」第六條之「(官兵)破賊……寨上民拍手歡呼。」第七條之「(賊)至藍屋，敗于鄉兵。」第八

條之「所在結寨，賊入山屢敗。」第九條之「率鄉勇集毒矢火炮，分列要害……賊…
…不敢攻。」第十條之「大盜爬天王……村民擒之。」第十一條之「練鄉勇二十四營，
賊至卽殺。」凡上云云，俱爲明季農人眞正抵禦流賊之實事。除此，再以檔案爲證，
有如第四條所記之張道濬，其事並不完全，據明淸史料辛編第十本第九五九葉，尚有
其弟「山西澤州沁水縣貢生張道澄奏本」，曾經道及是年(六年)禦賊之事，如云：「自
崇禎六年流寇禍晉，臣集勇敢二百人，自備馬匹器械，保護桑梓，上下百里，幸得無
恙。數年來，恐賊西渡，臣仍散養於田野之間。」有此一條，尤其是「田野之間」四
字說來特別有力。當然，說的是農民，揆之上錄史文，彼此都是可以互相印證的。再
說「明史」罷，關于「民皆保塢堡不下」之所云云，不消說，也正是一事。那麼，則
前引序文「是不確的」一說，適足以看出作者之偏見，其價值等於是一種「浪說」而
已。

　　再，由上錄史文，我們又更可以看出崇禎之世，以人才言之，中國並非無人，有
人而朝廷不能重用，實際乃等於無人，厥後崇禎自殺前夕關於「有君無臣」之恨，其
故卽在此。比如史文所記的張克儉、張爾忠、何騰蛟(騰蛟，明史有傳)等，以其禦賊的措
施觀之，可說都是些「犖犖大才」。使當時朝廷以其所厚待楊鶴(見第一條)者而以優擢
張克儉等，責以封疆重寄，則是洪承疇(專就制賊而言)之外，將有更多的洪承疇以制賊，
疆場之事，何至糜爛而不可收拾？無如朝廷不明，使畏懦無能之楊鶴高高在上，也就
是堂堂總督大臣，而賢才輩反多屈居下游，國事焉得不壞？姑以張爾忠爲例，參明淸
史料乙編第五本四八五葉及「全濰紀略」，當崇禎十五年「壬午虜變」，濰縣以彈丸之
邑，虜衆萬餘凡三番圍城，番番均吃虧甚大，自正月初九日被圍，至二十五日圍解。
總計此次殲虜之數，約五六百人，斬級三十餘顆，結果只有棄甲曳兵而走。最奇的，
莫如淸兵的伎倆，說起來眞洩氣，如其言有曰：「若都像這一個小城，於我們如何了
得？」此次戰役，張爾忠則以在籍的「原任巡撫」(其任巡撫時，可能因小人攻擊而去職的) 資
格，協同縣令周亮工合力固守。據塘報，「原任巡撫張爾忠，以病骨支床，原夥派守
信地，乃臥當矢石，凡城頭三十餘戰，無不以呻吟爲叱咤，則人思死敵，或有感而然
耶？」按，淸人之困濰，勢在必取，時城內全恃民兵，並無援師，只因張爾忠決心要
守，其意以爲「虜亦人也，我亦人也，吾何畏彼哉？」有此精神，所以當時也就能守

了。而同時明人所說「有民不患無兵，能守卽不爲弱」的話，還不是有感於濰縣之事
而說的。由張爾忠之却虜全城，再讀史文第五條關于「其獻討賊之策甚工，亦不盡
用。使河南諸縣皆然，賊不得肆，可爲後世法」之記錄，我們百分之百的是很相信
的。總因張爾忠守濰之策略表現太好了，是不朽的，也是「可爲後世法」的。如以此
制賊，則賊原無虜之强，制之當更易。使爾忠果盡用其才，豈僅河南之賊不得肆，卽
各處之賊亦皆聞風而却步，所可惜的，只是朝廷不肯重用罷了。

　　再就楊鶴之縱賊言之，參第一條，其於鄉兵擒獲賊渠不但立時釋放，且更「下令
殺一賊以二人償命」，似此情景，不法之徒自無所顧忌，於是乎「養成賊勢」終至滔
天，論其根因，楊鶴之負罪實大，卽其後來所受之處治，亦僅僅奪職而已。可是崇禎
由於護短，旋更重用其子楊嗣昌，由巡撫而總督而樞部而督師輔臣，當此之時，言無
不聽，計無不從，其得君之專，可以想見。然就崇禎之利害言之，直是以「堂堂天朝」
的命運委託於匪人而已，於是乎明之亡國，才至不可救藥了。所以懷錄編者有一論斷
曰：「壞寇事者，鶴始之，嗣昌終之。」(卷四葉三) 則楊氏父子之於明，其有關興亡得
失之數亦大矣。

三

　　第三個意見，則爲「脅從」和「饑民」。此一問題，說起來都是與流賊來源有關
的，然在序文中其立場並不如是。如序文說：

　　　　明季農民起義，參加的很多，一般記載全說「脅從」，或者說是「奸民」「饑民」
　　　　……但是我們在本書這些文件裏却看到不同的記載……

這條意見，其結末的一句，曰「但是」，曰「不同」，其用意極爲顯然。譯言之，也
就是說：「起義的都是些堂堂正正的農民，都是志願的，那裏有甚麼脅從和饑民？」
由我們思之，這種看法，才眞正「是不確的」。過去我爲討論流賊史事，曾經寫過一
篇「明季流賊的來源」(大陸雜誌七卷十二期)，其內容約略言之，一曰邊兵，二曰逃丁，三
曰礦徒，四曰驛卒，五曰白蓮教，六曰饑民，共計六大段，記之甚悉，俱與流賊的來
源有關。只是其資料看來尚不够充實，今特據懷錄及檔案，再補錄若干於後，俾供
「明農」序文的作者質證之用。

一、懷錄

（１）　元年五月……陝西兵於萬曆己未四路出師，敗後西歸，河南巡撫張我續截之孟津，斬三十餘級，餘不敢歸，爲劂於山西、陝西邊境。其後調援頻仍，逃潰相次，邊兵爲賊由此而始。

天啓辛酉，延安、慶陽、平涼旱，歲大饑。東事孔棘，有司惟顧軍興，徵督如故，民不能供，道殣相望，或羣取富者粟，懼捕誅，始聚爲盜。盜起饑益甚，連年赤地，斗米千錢不能得，人相食，從亂如歸，饑民爲賊由此而始。……(卷一葉一)

（２）　元年七月，定邊營逃卒王嘉胤，聚饑民反於府谷，王左掛合騎賊萬人，反於宜川之龍耳嘴，與其徒苗美等所至焚廬舍，殺老弱，脅精壯以自隨。左掛名子爵，非子順。(卷一葉二)

（３）　元年十月戊子朔，詔賑陝西饑民。是時亂者有叛兵、亂民、饑民、難民，當事者不能分別剿撫，以致日熾。(卷一葉二)

（４）　元年十二月庚戌(二十日)，固原卒數百人刼縣庫，武之望劾總兵錢中選鈐束不嚴。又言饑寨勢極，法無所施。(卷一葉三)

（５）　二年正月己巳(十三日)，固原逃兵千人，掠涇陽、三原。(卷二葉一)

（６）　二年五月乙酉朔，陝西巡撫吳煥奏，邊兵脫伍爲盜。(卷二葉三)

（７）　二年十月戊寅(二十七日)，京師戒嚴，山西巡撫耿如杞，總兵張鴻功以兵入衞，皆沿邊勁卒。纔至，兵部令往通州。纔至，調之昌平。纔至，又調之良鄉。舊制，兵至信地三日開糧。旣連調不給糧，奔走饑乏，掠食，如杞、鴻功逮問，五千壯士，哄然而散，山西之賊遂熾。(卷二葉三)

（８）　二年十二月辛亥朔，是月，延安大雪，凍餒死者無數，壯者爲盜。(卷二葉四)

（９）　三年二月辛亥朔，時朝臣專籌東事，裁各邊餉，陝西又荒，甘肅兵譁，脫伍爲盜。(卷三葉一)

（10）　六年四月乙亥(十四日)，永寧饑民，盧氏礦徒，及太康、鄢陵等爲亂者羣起。舞陽、葉縣有母食其女者。(卷六葉八)

（11）　六年四月壬午（二十一日），保定巡撫丁魁楚奏，遼兵騷擾畿內，由總兵王威昏耄侵漁所致，甚至全營八百人俱逃，招回二百人，餘皆投賊。（卷六葉九）

（12）　六年六月戊寅（十八日），延綏降盜金翅雕，乘旱饑，有邊警，糾衆二、三百，復叛于西川。（卷六葉十四）

（13）　七年正月甲辰（十七日），賊至麗陽驛，掠鄉村，其渠皆昔年布商也。（卷七葉三）

（14）　七年二月甲申（二十七日），樂平、興縣、臨縣、岢嵐賊王川子等，合饑民數萬剽掠。（卷七葉六）

（15）　七年二月乙酉（二十八日），山西賊渡河，合降丁饑民，蔓延于澄城、郃陽間。（卷七葉七）

（16）　七年五月戊子（初三日），議賑山西饑民，時永寧民蘇倚哥食其父母。（卷七葉十）

（17）　七年五月辛卯（初六日），初……陝撫練國事奏云：今日有五難，曰缺兵，曰缺餉，曰缺官，曰宗祿，勢窮理極，曰驛卒，人人思遁。（卷七葉十一）

（18）　八年正月己巳（十八日），掃地王攻亳州……賊走歸德，分掠永城、虞城、商丘。……賊不入城郭，散屯郊原，占地百里，不可得圍。日殺民，民愈少；日掠民，賊愈多。去年賊由豫、楚入鄖，此年賊由鄖入豫、楚，七十二營，二三十萬，不避官兵。諸將所駐名都大邑，徧爲走集，鄖竹僻陋，殊不屑意。相去浹旬，賊勢大異。（卷八葉六）

（19）　九年三月丁未（初二日），山西大饑，聞喜、沁源人相食，靈石、霍州有人肉市，巡撫吳甡以聞，發銀三萬五千兩賑之。（卷九葉十一）

（20）　九年五月辛亥（初八日）……高一功以萬賊從固原……復犯邠州，羣盜並起，陷延川、綏德、米脂。賊多延安人，錦衣晝游，其親故從亂如歸。（卷九葉二○）

二、檔案（即明清史料）

（21）　崇禎七年四月初一日戶科外抄陝西巡按范復粹殘題本：三秦屢載兵荒之後，凋敝已極……外而流寇突入，內而饑饉薦臻，二麥枯槁，民皆饑斃……且各處土豪蓮妖，煽惑嘯聚，如渭北水寨關山李應龍等，聚至數百，謀爲不軌，

如與平妖首史從開等，陰合數千，包藏禍心。蒲城之普濟川，朝邑之安定凹，幸漸次發露，渠魁就擒，餘黨解散，而伏莽觀釁者實繁有徒，其隱憂尙叵測也。(辛編第二本一三〇葉)

(22) 崇禎十二年八月初四日到鄖陽巡撫王鰲永題本：續接鄖陽道府催臣赴鄖情詞酸楚，不可竟讀，兵缺餉者三月，民絕食者四月矣。蓋鄖鎭命脈繫於漢江一水，穀城遠河(疑誤)，其必經之路，一絕於張獻忠，再絕於常國安，一線咽喉，竟爲二賊所斷。昨鄖屬一帶麥秋，賊復十而取九，民食久絕，枕籍而斃者不可勝計，聞鄖縣典史亦饑斃矣。嗟乎，認賊作子之害 (光濤按，所謂認賊作子，係指河南總理熊文燦之招撫張獻忠等，任賊自由行動而束手無策) ，一至於此，將來不驅子(疑誤) 而盡爲賊不已也。(乙編第九本八七五葉)

(23) 山東巡撫王國賓題本：據曹州知州韓祥申稱……(十三年十月)十九日戌時，准署曹營都司張成福手本……報稱：十月十七日辰時，據兵丁張石報稱：有賊營逃出一人李順供係東明縣人，十五日趕東明杜勝集賣牛皮，被流賊裹去(光濤按，此卽脅民爲賊之類)，隨剪左半邊頭髮 ，跟前哨李魁 ，正頭目姓袁，綽名仁義王，聽賊有三四千餘。

又據把總韓國章報稱：十六日巳時，賊到小宋集，將合集房屋燒燬，殺本集人一百七十餘人。至十七日寅時，起營往西，上堌陽集去。賊有三營，中營汪營(疑有脫誤)，中營頭目姓袁不知名，在小宋集裏得一人李文科(光濤按，此亦脅從之類)，至堌陽集逃囘，說賊有三千餘，賊俱包紅頭，等情。(乙編第九本八九七葉)

(24) 崇禎十三年十一月十六日兵部行「兵科抄出山西巡撫宋賢題」稿：本年十一月初五日，據河內縣申稱：察得本縣地方頻年奇荒，斗粟二千錢，盜賊竊發，雖重懲不能禁。今偵得塔兒岡在洪、汲、輝、林之間，與晉接壤、嘯聚三萬餘人，胙城、長垣一帶，嘯聚二萬人，陽武現有賊夥圍縣攻城，號稱四萬，城下安灶，相從漸衆。……(乙編第十本九〇六葉)

(25) 兵科抄出山東巡按李近古題本：崇禎十三年十二月初四日，據東昌道副使王公弼報稱：據冠縣申稱……本縣地方東南半壁，與朝城縣連壤，本年十一月十九日，據探馬沙玉奇並朝城縣難民李三明等報稱，賊首辛小齋等，在朝城

縣地方王鳳集、南庵、上井、爐寺、邢瞳村、水固村、武家莊、史固集、達昌
集、宋村、丈八村連營一十二處，各豎幟招聚，有殺富救貧之號，饑民相從者
將及數萬餘。……(辛編第六本五六〇葉)

(26)　崇禎十四年二月初八日戶科抄出保定總兵楊德政題本：竊臣奉旨巡勦，
歷過三府二十七縣，盤旋道路二千數百里，所見莊村鄉堡，十室九空，惟見老
弱啼饑之慘，未聞雞犬之音。千門絕跡，萬姓烟寒，樹皮喫盡，寸草皆無，甚
至父食其子，兄食其弟，以肉當餐，以骨為炊，饑民隨死隨食，骸骨無存。可
憐畿南百萬生靈，老弱填壑，少壯奔亡，十分之中，死者三而逃者三，煽而為
盜者三，僅餘一分之民，惟餘皮骨而已。(辛編第六本五七三葉)

(27)　崇禎十四年八月初十日兵部行「兵科抄出山西巡撫宋賢題」稿：據守東
道副使李政脩呈，據河南府陝州署印偃師縣縣丞譙絃稟稱：切照陝為秦晉咽
喉，唇齒相依之地，卑職承乏，代署於茲，時值異災，無不為窮民慮及周耳。
豈意青衿如崔維雨者，父子過惡相濟，募養家丁劉自務等，初為守寨，繼而截
路殺人，刦奪本章，已蒙按院高御史題奏候旨。不意崔維雨乘機河雒失陷，謀
叛作亂，督率崔維一、崔雲碧、崔維三、崔增、焦法、趙朗、王來慶、楊三進
等，扯旗稱為順天王，號召千餘眾，先將各村寨堡尅之殆盡，虜掠人民，於二
月三十日夜四更時分，直至州城周圍環攻，吶喊震地。……(乙編第十本九一三葉)

(28)　崇禎十四年五月二十六日兵部行「兵科抄出山東巡撫王公弼題」稿：…
…崇禎十四年四月二十日據克西道僉事李脩呈……竊炤歲荒民饑，在在盜起，
大河南北俱屬大盜結聚，而河南賊勢猶稱更劇。本道自履任以來，即以河防為
重務，無日不申嚴飭備，不啻三令五申，其防兵缺餉，亦經屢差催提，但各州
縣以年荒愆期，致兵多餓死逃亡……饑民乘機行刦……焚燬梓橋、黃堽、曹馬
……等集……單縣南鄉併豐縣土賊糾合數萬，結聚龍王廟、東新揚廟、石村等
處，于三月十二日焚燒單縣東南西三關，燒燬房屋，殺死人丁無數……(辛編第
七本六〇五葉)

(29)　崇禎十五年六月十四日兵部行「御前發下山東巡按陳昌言題」稿：崇禎
十五年五月二十八日據章丘縣……又稟：賊合營俱在董家莊，時刻往南山運

糧，四橫搶掠，毫無顧忌，專虜精壯男子，一日可得百十餘人，剪髮爲記，使不得逃。卑職看得大兵剿洗，刻不容緩，緩一日賊數有一日之增加矣。且各村莊搶掠馬匹，日有增加，勦洗將愈費力，似不若蚤蚤大勦，庶可計日奏功。

(辛編第八本七三三葉)

（30）　兵部題行「山東巡撫王永吉塘報」稿：崇禎十六年正月二十八日准山東巡撫王永吉塘報內稱：據兗州府申前事內稱：據鄆城縣人箚付都司王經濟禀稱：梁山賊首吳漢華等，原因去歲饑荒，結聚夥黨，橫行刼掠，實爲渠魁，已蒙院道施法外解網之仁，招撫給箚安戢。不料賊心不改，乘茲虜變，復起不軌之謀，勾連大盜，自范縣大豬潭至濮州二百餘里，蜂屯蟻聚，公行刼掠，爲數近萬，若不急爲解散，釀禍不小，等情。(辛編第九本八五〇葉)

上錄史料凡三十條，此三十條，俱前引拙著「明季流賊的來源」所未收者。今細讀之，其史料性質，歸結言之，彼此仍是一事。現在我們也不必逐條加以說明，總而言之，關于邊兵、逃丁、礦徒、驛卒、白蓮教(即第十一條所說的蓮妖)、饑民，種種之類，可謂無一不備。其所不同的，只是記錄有詳略之異而已。比如饑民罷，在記錄中比較爲最多，其數字亦最大，一旦煽而爲盜，其勢眞如洪水一般泛濫而不可收拾。所以淸人於此有云：「彼流寇內訌，土賊蜂起，或百萬或三四十萬，攻城掠地，莫可止遏。」(王氏東華錄崇德八年三月丙申條)此云莫可止遏，參乙編第九本八五三葉兵科抄出山東巡按洪啓遵題本可以爲證：（1）「據兗東道副使許國翰報稱：(崇禎十年)八月二十九日卯時，准工部王郎中手本：照得本司職司河務，秋水漲發，修防戒嚴，每日奔走徐邳之間，往來巡守河堤，忽於八月十四日，報有流寇侵犯靈壁之雙溝鎭，十五日直入徐州之雙溝集，放火殺人，十六七日，馬步流寇徧地，約濶數十里，俱在黃河南岸刼掠……幸未渡河。」（2）「據兗東道副使許國翰塘報……又據參將馬永泰……(九月)初三日從靑華來，聞逃難人說：蕭縣南還有烟火，恐數十萬流寇，十數日尙未走盡。」由題本觀之，一則曰「馬步流寇約濶數十里」，再則曰「恐數十萬流寇十數日尙未走盡」，是其聲勢之浩大，看來眞是有些吓壞人，眞如蝗蟲蔽天而至。而這些蝗蟲所至，當然地，到一村吃盡一村，到一鄕吃盡一鄕，那，則鄕村的人民，不死於流賊之燒殺，亦必相繼而死於饑餓了。此參前錄史文第一條關于「鄆縣典史亦饑斃矣」可以見之。典

史亦饑饉，則人民之饑饉當更爲普徧之事。由是而饑民而土賊而流寇，因因果果都是一回事，有如乙編第十本九〇一葉兵科都給中張縉彥題：

> 自天雄、河北、曹、濮一帶，饑民作難，漸而化爲土賊，又漸而化爲流寇，今直勢衆至數萬，禍烈至破城，其所謂蘇大陽、袁時中者，行將化而爲革、左，爲曹、獻矣。

曰「土賊」，又曰「漸化而爲流寇」，此一情形，在賊中言之，可說正是一體。如崇禎十五年七月十七日兵部題行「兵科抄出湖廣巡按汪承詔題」稿：

> ……據逃出難民口稱：紅旗賊首沈萬登，原係招降土賊，統有萬餘，圍困汝寧甚急，比城守堅守未破，竟上汴梁與闖賊合營，將汴梁圍七十里，丁督師仍住在省城。

又云：

> 大河以南，僅存汴汝二城，而賊之兇鋒甚熾，大兵援剿無期，塘傳又有土賊沈萬登者，以衆數萬往合曹、闖，其氣焰爲益烈矣。(乙編第十本九五三葉)

按，土賊在檔案中見之甚多，如崇禎十四年三月二十八日山東土賊史東明嘗以二十萬衆窮力攻圍泰安州，便是一例。(乙編第十本九一六葉) 此一枝土賊卽如是之衆，就實際言之，還不是由于「饑民蠢動，逆賊乘機句連」罷了。

　　再參第二十六條關于所云：「可憐畿南百萬生靈，老弱塡塞，少壯奔亡，十分之中，死者三而逃者三，煽而爲盜者三，僅存一分之民，惟餘皮骨而已。」此畿南一處，百萬人當中，便有十分之三去而爲盜，以此爲例，則饑民之爲賊，其數字之大，說來眞有些驚人了。實際其在饑民，尤其是比較精壯的，卽不爲賊，亦不可能，參史文第二十三條及第二十九條所記流寇逼民爲賊之事，可以知之。而且其逼脅行爲，更爲徹底，有所謂「剪髮爲記，使不得逃」之一情節。這樣一來，則流賊的來源更屬無窮，或百萬或三四十萬，集合起來，「不費吹灰之力」，反正都是裹脅而來。所以第十八條史文有曰：「日殺民，民愈少，日掠民，賊愈多。」因此其時章奏中，雖日上首功，或殺賊逾萬，或殺賊數千，而賊勢反日熾者，其故正在於此而已。又，像這些「脅從」記事，在「明季流賊的來源」一文中，未曾述及，今特補述於此。要而言之，無非爲「明農」的序文作一個有憑有據的證明罷了。

　　再，關于饑民，還有一說，卽饑民原來的身份，當有很多本是鄉村的農民，其後化而爲盜，則因變了質，不應再以農民稱之，其說法應該是「由農民而饑民而土賊而流寇」，這種說法，則農民實爲受害者，也就是爲了流賊之禍然後才會挨餓而化爲盜賊的。當然，天災多少亦有關係，如年荒歲饑之類。但，這一情形，只須政府賑濟及時，不難一撫而定。苟無流賊，饑民(指農民)何至失業而長期挨餓呢？及其以饑民身份一旦脅入賊籍，「有苦向誰說」，何況「剪髮爲記，使不得逃」，則又成爲終身之恨了。由于這些原因，於是乎「明農」序文的作者也就不敢再談到甚麼饑民了。

四

　　第四個意見，說起來與表揚三兇有關，序文說：

　　崇禎十年(一六三七年)山東有三個農民軍被俘遇害，其中一個是知識份子，全是農民軍起義後自動參加的。在山東報告全案的公文裏說：

　　「當面質之時，猶敢爲賊張威，藐我(明)兵之寡弱。……如被虜之民，死生懸於賊手，有所呼而不敢不應，有所脅而不敢不從，猶曰勢出無奈；如陳斗魁之願投跟隨，崔文舉之刺釋投入，傅一春之投爲步卒，夫誰呼之而誰脅之乎？此三犯者……不畏朝廷，不惜性命，喜爲賊用，甘爲賊死，刀鋸在前，略無恐怖……至如傅一春者，口供爲秀才之子，曾從父讀書，胸中了了，矢口成章，非不識一丁者比，自以雙親皆爲賊所手刃，不以爲怨，反以爲德，所述在賊營甘食美衣，□□角，且感且頌……」(二〇九頁)

　　這樣的忠烈慷慨，充份證明了起義軍的自發自願，始終不渝，使明朝的官吏也不能不感歎於「夫誰呼之而誰脅之乎？」

讀序文，特別是中間所引的明題本，我們再檢其全文讀之，則所謂「三個農民軍」正是三個窮兇極惡的奸細，以殺人爲壯舉，都是死有餘辜的。所以題本頭辭有曰：「山東巡撫右僉都御史臣顏繼祖謹題，爲兗西連擒□□□□□，特表文武伐謀之功，邀恩紀績，酬勞勸後事。」題本長凡二千五百九十字，茲不憚煩，將三個奸細的罪案，據題本全文，分段轉錄於後，以見本案整個的原委，幸祈當代君子一字一字的細讀之。

　　其一，陳斗魁。

崇禎十年□□□□據兗州府單縣知縣郭內俊詳，爲捉獲眞正流賊奸細事：本年
十二月初二日辰時，據防守范家口東灣千總李中美呈稱：本月二十九日，卑職
率兵巡防，見一人倉忙□□行態可疑，令人捉獲，色變聲顫，未審先招。口供
係單縣人，名陳斗魁，於八月上旬在河南小喬家集北刈豆，因流賊殺擄，願投
跟隨。至十三日，在虞城縣東北角黃河南岸於汛灣對過殺人四箇，被北岸職汛
放砲，打死二百餘人，又見職過河極力堵剿，殺死多賊，活捉流賊二名，當時
與職對敵，魁卽在內。魁又說衆賊畏懼砲火，哨馬催向西逃，十五日到汴梁，
與范武舉打仗，把一千兵殺了，止剩四人同營。十六日到睢州，殺人二箇。十
(疑脫)日到寧陵縣，殺人三箇，二十八日到杞縣，殺人二箇。聽說官兵到，囘武
當山老營。總頭目爲老君，說山內無糧米，你們且搶了吃，過冬再囘山來。頭
目王義吾說魁是河北人，差來過河打探兵馬虛實，十一月二十日，候往蕭縣囘
話，如河上得便，卽從青華觀、榮花樹兩路過河。魁探得河北郭知縣奉院道明
文，修蓋防兵營房，與各兵官防守最嚴，難以過渡，於十一月初八日從榮花樹
過河北來，沿岸打探，因被捉獲。等情到縣，據此，理合連賊呈解。同時又據
兗西防官買應魁申同前事，內稱：該卑職審得陳斗魁原係山東單縣人氏，傭工
虞城，因八月間流寇披猖，乘勢隨賊，是立意爲寇也。且自招范家東灣河灘及
汴梁、睢州、寧、杞等處親殺十餘人；又招頭目王義吾以其係河北之人，令伊
過河打探，得有功效，與數十人管束，與馬一匹。斗魁貪有管人賞馬之餌，遂
於十一月初八日從榮花樹過河，期以的探蕭縣囘報。豈知軍門賞罰嚴明，河防
至嚴，官兵莫不思緝奸討賞，故斗魁於二十九日至東灣遭獲。審係眞正奸細，
爲此備由連人呈解。等情到臣，該臣審確，批云：陳斗魁以單民甘心從賊，與
迫脅被擄者不同，據口供手殺十一命，談笑自如，毫無畏懼，人心已死久矣。
細詢斗魁受賊一百五十文之賞爲過河打探，非鄉兵用命盤詰就擒，爲害可勝言
哉？立斬之，仍懸示於范家東灣。緝兵張德等五名，共賞銀三兩，各掛紅一
疋；該縣與買守備、李千總候題敍，繳。

　其二、崔文舉。

　　至十二月十一日，據總統兗西河防遊擊孫光耀詳，爲捉獲眞正奸細，內地可憂

事：本年十二月初五日，據防守范劉口千總陳應都呈稱：據撥兵吳道臣等，奉本院憲批過河偵探，本月初三日捉獲奸細一名崔文舉，口稱係虞城人，九年八月內，盜不知名人家驢一頭，至范家口盤住，送寧陵刺字釋放。十年八月內，投入賊營掃地王帳下，賞驢一頭，刀一口。至歸德府西殺一老頭，至王家莊又殺男婦四口。九月內差來河北打探，復囘賊營。十月內流賊遠遁，不能入營，復囘河北，與張二官商議同過河南囘話。張二官有病，不能過河，崔文舉卽囘河南。於本月初三日在河南趕集，盤詰捉獲到職。隨審得奸細崔文舉，口供張二官住於河北曹縣溫家樓地方，素與崔文舉相厚；及文舉投入賊營，張二官先在賊營已二年矣。張二官見在溫爾印家住。隨夜差家丁王遜澤等，卽獲主家溫爾印，幷爾印壻劉可孝，與張二官隔房墻一堵同住，止張二官未獲。到職，幷審得溫爾印與壻劉可孝口稱，張二官去歲在此收麥，自去後至今未來，在崔文舉死稱十一月初八日我在你家與張二官說話。各等情到職，該卑職看得流賊奸細探聽沿河虛實，蜂蠆之勢亦已狠(疑狼之誤)矣，至於張二官盤踞內地，在賊營日久，或結黨接引，或暗地勾引，事所必然。幸賴本院謀算，給批過河，獲此巨奸，從此流氛當聞風遠遁矣。溫爾印、劉可孝緣係曹縣人氏，理合連人呈解，伏乞詳審施行。等情到臣，該臣審確，批云：崔文舉以盜驢為寧陵縣黥臂，尚不悔過，甘心從賊，口供並無分文所得，與張二官過河打探兵馬情形者至再，皆粧乞人求食以糊(疑餬之誤)口，二官已先囘賊營，文舉偶而被擒，亦天不容奸也。據口供手殺六命，卽一斬尚有餘辜，立梟之，仍將首級懸示范家口。有功兵丁崔得勝、張可大，各賞銀一兩，掛紅一疋，該將陳應都候題敍。溫爾印、劉可孝，細詢係文舉曾索飯錢不與，挾忿誣扳，速釋之。仍具邊依囘報，繳。

三、傅一春。

又於十二月二十一日，據兗州府單縣知縣郭內俊詳，為捉獲死賊奸細事：本年十二月初一日，據捕壯安淮等捉獲真正死賊奸細傅一春到縣。審得傅一春供：年二十歲，係山西平陽府絳州人，於崇禎八年投入死賊頭目劉洪宇營內為步卒，隨帶搶刼殺掳，至三原縣、蒲州、靑華鎭、彰德府等處。又至眞定府，撞

遇大兵打仗，因賊少兵多，不敵敗走，上山住二日，復下山。又往懷慶府桑筏過河，隨到澠池縣，又往河南府汴城迤東南，撞遇劉總兵打仗，賊多兵少，賊得全勝。又搶至亳州地方，劉洪宇吩咐眾賊，著一春過河北打探官兵多寡消息回報，與一春盤費一百二十兩。一春卽於崇禎十年四月十五日，從劉家口過河，偶於途中遇姑夫賈官兒，與銀二十兩，各分別不知去向。一春向在河北扮作行客，隨處遊走，盤費化盡，已成乞丐，尋便過河，回報賊首。不期卑職於本年十二月初一日正在河干上下巡查，見一春沿河往返不定，及觀一春身軀胖大，髮方眉齊，蹤跡甚異，卑職卽密遣慣捕安淮等捉獲，審出眞情，擬合連人解審，伏乞照詳施行。等情到臣，該臣覆審明確，批云：傅一春口供父母二命爲賊所殺，甘於從賊，且經手双百餘人，猶以爲少，受賊一百二十金之賞，潛渡河北，粧丐求食，密探情形，陽（疑陰之誤）圖回報。當面質之時，猶敢爲賊張威，藐我兵之寡弱，此大逆不赦者，立斬轅門之下，仍將首級梟示小劉口，另具遵依回報。有功捕役閻維等，共賞銀三兩五錢，各掛紅一疋，該縣仍候題敍，繳。

題本結語：

切惟死賊擄我良民，爲之打細，或倖得狡脫，卽得我內地之情形，倘不免就擒，仍陷我無知之赤子，事最可恨而可憐者也。流賊作孽，十載於茲，雞鳴狗吠之奸，分布旁伺，從前防禦疎虞，如入無人之境，未經懲創，有何畏憚？至微臣撫東以來，申明賞罰，著實盤詰，而奸細之就縛者，至以二十七犯計，獲之此口，卽梟之此口，三尺亦毫無假貸矣。前車旣覆而不戒，窖阱驅納而莫避，甚矣諸奸之愚也。畫餅可以結心腹，麾金可以效奔走，甚矣死賊之狡也。然不盡關賊之狡與吾民之愚也，如被擄之民，死生懸於賊手，有所呼而不敢不應，有所脅而不得不從，猶曰勢出無奈；如陳斗魁之願投跟隨，崔文舉之刺釋投入，傅一春之投爲步卒，夫誰呼之而誰脅之乎？此三犯者，或殺十一命，或殺六命，或殺百餘命，彼供之昂首掀脣，臣聞之皺眉酸鼻。是何含齒戴髮之屬，有兇暴殘忍，不畏朝廷，不惜性命，喜爲賊用，甘爲賊死，刀鋸在前，略無恐怖，如此輩者乎？至如傅一春者，口供爲秀才之子，曾從父讀書，胸中了

了，矢口成章，非不識一丁者比，自以雙親皆爲賊所手刄，不以爲怨，反以爲德，所述在賊營甘食美衣，□□角，且感且頌，令人不堪聽，卽其父母有知，當作厲鬼而磔其肉，何可多存一日於人間乎？卽□□經梟示，念及猶有餘憤焉。在傅一春之獲，全屬單令郭內俊慧眼覰破，發縱擒捕之功，而諸捕壯特供指使者。若擒陳斗魁，則千總李中美巡河覺察之力，而信地屬守備買應魁之管轄，鄉兵屬知縣郭內俊之訓練，中美亦內俊所委用，則內俊與應魁似當作平等觀者。崔文舉雖爲千總陳應都遣兵吳道臣等過河偵探所獲，而遊擊孫光耀實奉憲批以遣發，未可沒其善也。除各捕役兵丁，臣各登時捐犒外，其郭內俊、孫光耀、買應魁、李中美、陳應都五員，乞勅該部分別紀錄，以示鼓勵。從此人人用命，賊細莫逃，而賊謀或可寢矣。緣係云云，謹題請旨。崇禎十一年正月十六日奉聖旨：該部知道。

讀題本，姑就第三段傅一春言之，他是崇禎十年十二月初一日被捕的，年方二十歲，可是他在崇禎八年便當了流賊頭目劉洪宇的步卒，年僅十八歲。前後不過二年多的光景，而他所殺的人數，據題本，「手刄百餘人」，並云「猶以爲少」，其兇惡至於如此，我想，一個賊也不過一把刀，一把刀之下，殺人竟如是之多，說來眞是亙古未有之惡了。記得抗戰時，日寇在南京殺人，嘗作殺人比賽，以個人單位計之，最多者亦殺百餘人，比賽得第一，沒想到今茲流賊「傅一春」之殺人也是百餘人，比之日寇之殺人，可以說，正在伯仲之間。像這樣的兇惡之徒，他們當初做賊的動機，據題本觀之，還不是貪圖「在賊營甘食美衣」以及甚麼「鏖金可以效奔走」之類。比如第三節第二十條所記：「賊多延安人，錦衣晝游，其親故從亂如歸。」也是一證。而這裏所說的「錦衣晝游」，在流賊言之，他們都是些「不耕而食，不織而衣，」而乃是假借「殺富濟貧之號」（見第三節第二十五條），不用本錢和勞力，且更不要勞心，而是專用一殺二搶的手段得來的。以此遠近不法之徒也都相率效尤起而爲賊了，於是乎有以「昔年布商」而爲賊渠矣（見第三節十三條），有以「舉人」資格而爲賊渠矣（見懷錄卷八葉七），似此之類，可發一嘆。現在再說明史流賊傳，其記李自成的所謂「天佑閣大學士牛金星」的來歷有云：「盧氏舉人牛金星，磨勘被斥，私入自成軍爲主謀，潛歸，事洩坐斬，已得未減，往投自成，自成大喜。」而此牛金星，在賊中僅次於李自成一級，當時是

名聞遐邇的。其結果由於後來做賊失敗，但仍貪圖著「錦衣晝游」的往事，於是乎又更搖身一變由流賊而漢奸，成爲清人的走狗(圖版叁)。又，牛金星之外，更有一個了不起的大賊孫可望，也是同樣出賣了國家，出賣了民族，貪圖著清人給予所謂「義王」的封號而也做了一個高高在上的大漢奸(圖版肆)。以牛孫之徒爲例，則如「傅一春」者，其事更不足數。卽如賊殺其父母不但有仇不報，且更反顏事賊以取「甘食美衣」的享受，這在失了靈性的賊人言之，根本不算一回事。比如明清史料辛編第七本六一七葉關于崇禎十四年二月二十五日(北京)朝天宮內住人內相劉玉僕婦崔氏，爲逆子馬秋來約同匪徒張三、董奎、靳國良、小破嘴李五等縹死一案，這是一件逆倫重案，而其被弒原因，也只是爲了「白絹三疋，藍布褂二件，白布襪一雙，藍布褲一件，氈帽一頂」，以及另外還有「醃腿一肘」而已。由這一個逆倫案，我們再看看傅一春之事，當然也不值得大驚小怪了。再以此爲例，還有與傅一春同案的二兇，曰陳斗魁，曰崔文舉，他們彼此都是根據同一理由而做賊的；也就是說，他們都是早已沒有了做人的靈魂，早已毒迷心竅了。而序文中還在那裏極盡其能事似的表揚三兇，說甚麼

　　　這樣的忠烈慷慨，充份證明了起義軍的自發自願，始終不渝，使明朝的官吏也
　　　不能不感歎於「夫誰呼之而誰脅之乎？」

由這條看來，曰「自發自願」，曰「始終不渝」，又曰「夫誰呼之而誰脅之」，凡此種種，我想，彼牛金星孫可望二人做賊時期是始終一致的，足以當之而無愧，不過，後來他們的下場又是怎麼樣？總之，像牛孫等同樣的事，檔案中見之多矣，眞是記不勝記，今因討論三兇罪案，姑就便舉出一二，以見明季好亂成性而又反覆無常的流賊，說來才眞正的都是歷史的罪人啊！

五

　　第五個意見，則爲關于「士大夫」迎降一問題。序文說：
　　「明史」「李自成傳」又說，李自成在崇禎十六年（一六四三年）入陝後，「以士
　　大夫必不附已，悉索諸薦紳搒掠徵其金」，但是我們看見崇禎十七年（一六四四
　　年）正月的文件說：
　　「邇來降賊紳士，實繁有徒，負聖朝三百年作養之恩，甘心爲賊運籌……地方

二三姦徒，賊尙未薄城下，輒先倡說遠迎，深可恨者不肯怯死守令及幾倖苟免
紳衿，往往相率出城，望風伏迎。」(四二九頁)

可見當時的迎接農民軍的也有所謂「士大夫」在內。

爲了研究流賊歷史，我曾翻遍了檔案中的明稿，根本就沒有看見過有一個眞正的農民
在內，反之，倒是看到了許多涉及流賊殺害農民的記事。不意序文作者抹去了當日眞
正的名稱，儘管在那裏接二連三的稱述甚麼「農民軍」，而替三百多年前的流賊加上
這一個大帽子，其實這「農民軍」三個字，拆穿着說，更足看出流賊的罪惡。此一
點，我在第六節自有很多的「證據」爲憑，這裏也不用細表。現在我所要說的，第一
是流賊，第二還是流賊。比如像前錄序文末尾的一句，是說：

可見當時的迎接「流賊」的也有所謂「士大夫」在內。

不知這種「士大夫」，其在流賊言之更是可羞，其價值比之第四節所說的牛金星等也
正是一類，我們只須參看下面所引「順治元年十二月十一日福建道御史李之奇題本」
(內編第三本二五三葉)便明乎其然了：

臣竊惟逆賊蹂躪晉地，蒙天兵掃蕩，救民水火，乃播虐渠魁僥倖漏網，如賊委
直指使李若星大可駭者。若星原爲介休令，迎賊納欵，遂如心腹，優用直指，
巡按山西。數月之內，搜全晉之物力，半充之私囊，半輦之賊營，拷全晉之縉
紳，登之鬼籙，其未死與潛匿者，票催盡解西安，其鐵骨剛腸，死不從賊得脫
者，止知原任行人朱充鰲、原任蠡縣知縣連元，餘盡未知下落也，慘矣若星忍
至此極。幸仗皇上神武，攻復太原，若星未戮，已荷再生之仁。今更可異者，
結駟連騎，遣牌馳驛，至眞定僞牌始格，語人則動稱本院，來赴都門，猶云官
不臺省未已也。臣一聞之，心膽俱裂。夫若星之罪，萬死莫贖，而馳驛營官，
豺心狗面，褻玩天日，一至於此。伏乞聖上鑒炤，敕下刑部究擬，以瀝全晉冤
魂之憤，庶彰癉大著，倉生受福。其若星處死縉紳，縳解西安下落，容臣查
悉，另疏奏聞。

旨：李若星旣已歸順，不必追論。該部知道。

讀題本，再讀旨意，則可見本內所說的李若星，我們很可這樣說，像李若星之爲人，
是無骨頭的，所以他的身分也就成爲「由士大夫而流賊而漢奸」的，這和牛金星孫可

望等又有甚麼差別呢？再，以明季武臣爲例，如大同總兵姜瓖以及定西侯唐通等，數
起來更是一大串，大概都是「由堂堂大帥而流賊而後又更化爲漢奸」的。實際當時有
很多的文武官吏，說起來也都是彼此彼此，這裏也不必多說，總之，他們不外都是些
早已喪失着做人的資格了。

　　又，講到寡廉鮮恥的「士大夫」，其在當時，不但對於流賊是那樣，卽如他們那
時對於「建虜」也有同樣的行爲。有如崇禎二年之「己巳虜變」，關於永平一郡七邑
之附虜，則係由於郡人布政白養粹行人崔及等之甘心事敵才致失陷的。白崔輩猶以獻
城爲未足，且更盛飾其女以獻。明季之養士，不想一至於此！特是，他們有他們的看
法，就是說，無論降賊或降虜，反正目的是一樣，還不是爲着想做他們的甚麼「富貴
夢」罷了。

　　至於題本中所說的：「其鐵骨剛腸，死不從賊得脫者，止知原任行人朱充鰱原任
蠡縣知縣連元，餘盡未知下著也。」像這些「鐵骨剛腸」以及「死不從賊」之所云
云，可謂「氣節之士矣」，其在當時言之，可以說比比皆是。茲更舉一例如下：

　　　山東巡按李士奇啓本：爲循例表揚節孝以扶風紀事……原任大名兵備道、進
　　　士、副使朱廷煥，山東單縣人，性生忠義，氣作山河，闖賊陷□執降，罵不絕
　　　口，眼同眷屬俱甘殉難，軍民痛哭，天地感憤，留取丹心照汗青，廷煥有焉。
　　　……(丙編第三本二七六葉)

此罵賊而死之朱廷煥，也是所謂「士大夫」，其「留取丹心照汗青」之處，自是理之
當然，是值得旌表的。凡此死節之士，參明史及懷錄，記之甚多，讀者實不難知之，
茲姑從略。

　　現在再說序文所引的明史，我們也須加以研究，如序文云：

　　　「明史」「李自成傳」又說，李自成在崇禎十六年入陝後，「以士大夫必不附己，
　　　悉索諸薦紳榜掠徵其金」，但是……

這一條可說的地方，就在「榜掠」二字，此說很重要，其在序文作者看法究竟如何，
可以不論。但，據我所見的史料，不妨在此一說。就是說，關于李自成之榜掠士大夫
徵其金，豈僅入陝時是如此，卽如崇禎十七年三月十九日入居北京後，依然「本性難
移」，根據其做賊的老辦法仍照樣榜掠，姑據明清史料轉錄若干如次：

錦衣衞陳大猷啓本：……不意三月十九日，流寇破都，遍覓勳戚大小諸臣，鎖拿挾拷，將臣獲住，苦遭慘毒，身無完膚。後於四月二十七日賊敗西逃，殺掠慘甚，臣携眷屬逃鄉遯跡，苟存殘喘。……(甲編第一本七五葉)

錦衣衞副千戶宋運臣揭帖：……流寇叛逆，糾黨弑君，幽拘職身，拷掠瀕死，家產抄盡，性命懸絲。……(甲編第一本六六葉)

衣後所等衙門職名殘冊 (按，此係順治元年五月多爾袞入京後逐日編造之在京官吏名冊)：

　　南鎮撫司僉書指揮使浙福贊畫吳國輔，被流賊刑傷。

　　堂上僉書管事仍帶管北鎮撫司理刑事指揮同知吳邦輔，被流賊刑傷。

　　南鎮撫司僉書管事指揮使朱壽宜，被流賊刑傷。

　　右侍郎被拷重傷金之俊。

　　職方清吏司郎中抗志被拷重□□□□。

　　武庫清吏司主事孫肇與推太僕寺寺丞，被流賊拷銀一百九十五兩，衣物盡刼，兩足夾傷。

　　京衞武學教授沈浣，先被賊炙，詐銀五百兩，夾折兩足，重傷臨命。

　　右軍都督府帶俸右都督李誠鎰，被流賊毒害，鎖捉兩次，敲打五十餘下，筋斷骨碎，不能行走。

　　中軍都督府都督僉事加一級都督同知王肇，母宗氏、妻馬氏、妹、女、皆於三月十九日投井死節，家資盡被搶去，房焚毀。(丙編第三本二〇一葉)

上林苑監蕃育署署丞郭永泰揭帖：……職由丙辰進士，歷任戶部郎中，崇禎十七年二月初二日降補今職。旋遭流賊破城，嚴刑比拷，幾不有生。……(丙編第三本二〇九葉)

鴻臚寺卿培士鳳奏本：……竊臣草茅微賤，忝居禮職，自流寇入城，將臣夾拷三次，幽禁月餘，同難二百餘人死傷殆盡，僅存者禮臣彭三益與臣兩人而已。(丙編第三本二四九葉)

上錄史文，全是些拷掠敲骨之事，沒想到李自成於得到都城後，其情猶如此，則是從前之搒掠縉紳徵其金，當然更是真實之事。在一般起碼常識言之，大凡前古朝代創業期中，每於取得一城特別是皇城，必以出榜安民爲先務，今者李自成卽此起碼常識亦

無之，可見「盜賊到底是盜賊，那能成大事」？結果「徒爲淸人造時勢」，反使淸人

坐收漁人之利，而流賊之擾亂一場，破壞中國二十年，無非爲淸人作「驅除」而已。

所以流賊之可恨在此，而其最大的罪惡亦在此，良可嘅已。

六

第六個意見，序文說：

至於農民軍的「殺紳衿富民」(四三〇葉)「焚燒宦舍富室」，是爲了「爲民除害」。

此一條，我們也有說明，姑待下文再議。現在我可以先談談一件關於流賊在那裏說謊

的文件。這一文件，「明農」編者特製爲「圖版」印在封面和內封面，此一舉措，只

以原件供給讀者，可謂至當。茲據「釋文」依式寫在下面：

釋文

大西驍騎營都督府劉禁約

(上缺)矗本府秉公奉法號令森嚴務期兵民守分相安斷不虛假仰各驛舖 (缺) 約法數

章如有犯者照約正法特示

　一　不許未奉府部明文擅自招兵擾害地方者許彼地士民鎖解軍前正法如容

　　　隱不舉一體連坐

　一　不許往來差圄並閒散員役擅動舖遞馬匹兵夫查出綑打

　一　不許坐守地方武職擅受民詞違者參處

　一　不許假借天兵名色擾害地方該管地方官查實申報以憑梟示

　一　不許無賴棍徒投入營中擅報具詞詐告妄害良民違者綑打

　一　不許守□文武官員擅娶本土婦女爲妻妾如違參處

大順貳年叁月　　　　　　日

按，這一「禁約」，所謂「都督府劉」，參懷錄，其的名可能即爲「劉進忠」，駐於

廣元，後來張獻忠之爲淸人所殺，說起來也與劉進忠有關，因劉進忠嘗爲豪格做鄉導

而後張獻忠才致被殺的。據此，則是劉進忠身分的問題，也是「由流賊而漢奸」，這

個漢奸，如果有良心的話，他應該學「李定國」之「誓扶明室」以抗淸人，可是他不

這樣做，偏偏要學牛金星孫可望輩而投降淸人以「反噬宗國」，這樣看來，則劉進忠

之爲人，其與牛孫輩合而言之，也是同樣早已失却了靈魂的。那，則禁約內之所云云，其價值實等於一張廢紙，如何可信？我們現在爲了證明流賊殺人的罪惡，特就檔案和懷錄錄其若干條列之於後：

一、檔案（卽明清史料）

（1）崇禎七年正月二十一日兵部題行「兵科抄出湖廣太監馬應辰題」稿……賊突均州，焚掠最慘……自（六年十二月）十五日至二十等日，州境百里地方，將民殺死無數，屍積遍野，民房焚燒殆盡，皆係赤土瓦礫，奸擄婦女，宰殺牛隻雞犬，民間種粒俱歸一炬。間有逃避山村之民，有一等遊賊，搜殺無遺。嗟嗟均民，遭此焚殺之慘。尤可恨者，斬人取血飲馬，煮肉和料飼之。卽今路斷行人，村無犬吠。（辛編第二本一一八葉）

（2）崇禎九年九月三十日兵部行「兵科抄出惠王常潤奏」稿……慨自死賊發（難）以來，蔓延數省，攻城破邑，殺官戮民，遂至震驚我鳳陵，然皆得之耳聞而未目擊也。今且掠我荊南矣，大營未動，分隊南下，計六月初二日薄城，不過數千騎耳，哀哉城以外之生民，無老弱無男女，應弦而折，迎刃而死者，不可勝數，至近城沙草二市，商買畢集，誠荊南富庶之區也，初二初四兩番馳入，且殺且掠且縱火，民之赴河死者十之三，赴鬭死者亦十之三，玉帛子女刼擄殆盡，今且罷市矣。嗚呼，以不知兵之民，一旦遇此，耳目爲之無主，卽間有忠勇可鼓者，非不能殺賊一二，而一人喪首，全軍俱沒。初五日飽慾而去，所過原野都市，父哭其子，兄哭其弟，妻哭其夫，慘聲動地，聞者寒心。……（乙編第九本八三三葉）

（3）兵科抄出山東巡按洪啓遵題本……又據兗東道副使許國翰報稱：（十年）九年初一日卯時，據中軍阮文相報稱：死賊在呂梁南岸，燒燬民房殆盡，殺人甚慘。（乙編第九本八五三葉）

（4）山西巡撫宋賢題本……據分巡冀南道右參議劉正藩塘報：（十三年）十月二十六日，據澤州申稱：卑職於本月初十日隨本道督兵會剿陽城地方河南土寇間，突聞塘報，本州石城里賊首閻汝智，統夥八百餘名，分爲五營，白晝行兵，酷虐各鄉鎮砦，所至刼殺一空。……（乙編第十本九〇六葉）

（5）　崇禎十四年七月二十五日兵部題行「定州兵備道謝上選塘報」稿……本年七月初七日，據青州申稱：二月二十九日，據本州河南離城三十五里東賈村莊生員王獻章呈稱：本月二十七日午後，被羣賊四五百人，自西南而來，蜂擁入村，剿搶一空，房屋燒燬，殺死鄉民無數。……(辛編第七本六二三葉)

（6）　崇禎十四年十一月十四日兵部題行「兵科抄出鄖陽撫治王永祚題」稿……察得鄖西縣自崇禎六年十二月十二日被賊殘破，城垣拆毀，官房民舍，倉庫監獄，盡被灰燼，一望丘墟。嗣後節年被賊蹂躪，不計其數，小民屠擄殆盡。……(乙編第十本九三一葉)

（7）　崇禎十五年四月初九日山東總兵劉澤清塘報……本月初四日據滕縣塘報內稱：卑職於十七日據鄉民王之炳口稱：賊有千餘，從東北小宮大宮時市一帶，擄掠婦女，席捲牲畜，人民驚竄。等語。……十八日又據千總丘民範報稱：十里王村凹裏望塚，賊有千餘，擄掠如前，卑職又見婦女赤體，哭聲震天，城門擁擠。(辛編第七本六九四葉第一面)

（8）　崇禎十五年四月初九日山東總兵劉澤清塘報……本年四月初四日據滕縣塘報內稱：本(三月)月二十六日據朱生員家人報稱：有賊一股，約有千餘，在大山口一帶搶掠，殺傷鄉民不知其數。……(辛編第七本六九四葉第二面)

（9）　崇禎十五年七月十七日兵部題行「湖廣巡按汪承詔題」稿……有陳州差人齎塘報投下河南撫院報稱：闖曹二賊，(十五年)三月初十日到本州周圍箚營，於十六日將本州攻破，止留西門一條路，睢陳道關僉事俱無下落，將本州知州併本衛指揮軍民人等殺死無數。……(乙編第十本九五二葉)

二、懷錄

(10)　五年二月庚午(初二日)，降賊雲交月叛。淳化庠生高起鳳，家甚貧，賊掠其繼母秦、妹荆娟去，索二馬以贖。起鳳求得一馬，賊予母留妹。起鳳與妹訣曰：我去，汝卽死，遂持母歸。賊遣騎遮留，欲以爲書記，起鳳罵曰：吾讀聖賢書，作盜蹠事乎？賊怒，截其四指，衆刃殺之。荆娟年十六，賊陳金貝曰：惟汝用之。娟不語。擁之上馬，倒地。賊怒，割髮裂衣，不動，砍喉而死。(卷五葉三)

(11)　六年十月丁卯(初八日)，賊犯趙州及寧晉，欲東行，阻清水河，不得渡，殺掠南宮村落，後從栢鄉西去。總兵梁甫不敢擊，革職。舉人李讓禦賊死，姊弟亦死。(卷六葉二○)

(12)　七年二月甲申(二十七日)，賊破開縣、雲陽，賊殺蜀人，藏宿者窒殺之，伏林者焚燒之。割孩童之手足，曰「瓠奴」，鎗其背于空中，曰「雪裏鰍」；置火繩馳嬰兒數百，觀其呼號而死，則快飲，曰「看戲」。剖孕婦之腹，斮善走之脛，碎人肝以飼馬，張人皮以懸市。(卷七葉六)

(13)　七年四月乙丑(初十日)，房縣賊婦倍于男。(光濤按，此類婦女，原多係民間婦女，賊之所至，第一步卽先搶婦女，其一般壯丁老弱，不是為賊所殺，卽被脅入營為賊。)丙寅，張全昌擊之，斬百六十級。(卷七葉九)

(14)　八年正月丙寅(十五日)，掃地王、太平王乘霧趨鳳陵……賊焚享殿，釋罪宗……軍民紳士死者四千人。剖孕婦以賭勝負，棚標嬰兒以為笑樂。(卷八葉四)

(15)　八年正月己巳(十八日)，張獻忠南攻廬州，裸婦女數千詈城下，少愧沮，卽鏦以矛，盡銳仰攻。……(卷八葉六)

(16)　八年正月甲戌(二十三日)，鳳陽賊……又掠霍山、合肥、臨淮，圍六安，裸民間婦女數千，裸之，詈于城下，少愧沮卽碌之。聚焚嬰兒，以哀號為喜笑。剖孕婦男女，出所斷婦人足大小以較勝負。食人心以示勇，生刳人腹，實米豆以飼馬。(卷八葉七)

(17)　八年正月戊寅(二十七日)，山西土賊顯道神高加討，焚巢穴，掠于靜樂、忻州、定襄間。巡撫吳甡遣參將猛如虎與援剿總兵討之，辛巳(三十日)，賊方掠，射擒之。長七尺，馬上運梧，重三十斤。斬于市，人食其肉至盡。(卷八葉九)

(18)　八年二月壬午朔，賊攻歸德，城外殺人數萬，城中死守，賊破土堤，不能入。(卷八葉十一)

(19)　八年二月乙酉(初四日)，賊至宿松，官逃民迎，賊仍殺掠。(卷八葉十二)

(20)　八年二月己丑(初八日)，陝西賊掠慶陽，四百里內村堡無遺。(卷八葉十三)

(21)　八年四月甲申(初五日)，賊圍黃陂、孝感，叛民迎之入蘄州……(卷八葉十七)

(22)　八年十月己卯(初二日)，黃梅賊由宿松犯潛山、小池，殺人五千……(卷八

葉三十四）

(23)　八年十二月癸未(初七日)，闖王曹操等賊數十萬，自羅山息縣圍光州。乙
酉，賊舁大礮二十攻城，燃二礮，城崩，城中火作，賊乘之入，屠戮無遺。(卷
八葉四十一)

(24)　九年正月壬申 (二十三日)，有賊自舒城至廬江，邑人以金幣求免，許之。
去二十里，乘夜還襲，城破，殺典史。(卷九葉五)

(25)　九年二月己卯(初四日)，賊至太湖，姦民餉賊羊酒，乘間渡濠，陷城，知
縣被執，不屈自殺，賊大殺掠。(卷九葉七)

(26)　九年二月庚辰(初五日)，太湖賊犯宿松，署縣官先遁，吏民出迎，殺人千
餘。(卷九葉七)

(27)　九年四月乙未 (二十一日)，陝按錢守廉奏曰：賊復入秦，據西安州縣，攻
殺寨堡，延安南北屍積原野，血泛荒河。賊本起于延安，官兵多其親屬，每對
陣時，拱手寒溫，贈人事，寄家信，委以財物牲畜人口，斬級報功。故賊困于
他省，必還陝西，為禍無已。(卷九葉十七)

(28)　九年五月庚申(十七日)，河南賊得陳留貢生石鳳均，欲以為軍師，拒之。
賊將死于穀熟集者，其妻愛鳳均儀表，媚誘百方，鳳均怒罵益厲，割舌碎身
死。事聞，邮之。(卷九葉二〇)

(29)　九年九月己酉(初八日)，蝎子塊敗于河南……羣盜擾河南三年，汝、穎、
光、固、開、歸關厢村落，皆為丘墟，無雞犬聲。遺民伏谷窒中，採食野穗。
田壟間亂木杈枒拱把，虎狼成羣，非人世矣。(卷九葉二十七)

(30)　十年正月己酉(初九日)，黃岡鄉官晏清等奏：黃岡為賊殺掠，對父斫子，
面夫淫妻，戲嬰孩於鋒双，刳孕婦為馬槽，流血盈溝，積屍成壠……(卷十葉二)

(31)　十一年三月辛未(初八日)，羅山、光山塢堡數十，民入堡者累十萬，過天
星、混十萬、曹操等五家賊，破之無遺，盤踞息縣光州殺人，汝水為赤。老回
回于黃梅之大霧山張旗鼓噪，聲震原野。麻城、蘄州、隨州、信陽間，僵屍相
屬。總理、巡撫不以聞，兵部侍郎李若星入朝，言於上，嗣昌猶以久近為文燦
解釋。(卷十一葉十三)

上錄史文凡三十一條，其在史籍中計之，是不完全的，而僅爲若干零碎的記錄。讀了這些紀錄，我們再來一次扼要的敍述，以見流賊之殺人，眞是一字一血。如第一條之「州境百里地方，將民殺死無數」。第二條之「城以外之生民，無老弱無男女，死者不可勝數」。第三條之「燒燬民房殆盡，殺人甚慘」。第四條之「酷刖各鄉鎭砦，所至刖殺一空」。第五條之「勦搶一空，殺死鄉民無數」。第六條之「鄖西縣……小民屠擄殆盡」。第七條之「婦女赤體，哭聲震天」。第八條之「殺死鄉民無數」。第十條之「庠生高起鳳，家甚貧，賊欲以爲書記，(不從)，衆刖殺之」。第十二條之「碎人肝以飼馬，張人皮以懸市」。第十四條之「剖孕婦以賭勝負，棚標嬰兒以爲笑樂」。第十五條之「裸婦女數千曇城下，少愧沮，卽鏦以矛」。第十六條之「食人心以示勇，生剉人腹，實米豆以飼馬」。第十八條之「城外殺人數萬」。第十九條之「官逃民迎，賊仍殺掠」。第二十條之「四百里內村堡無遺」。第二十二條之「殺人五千」。第二十三條之「(賊入光州)，屠戮無遺」。第二十六條之「吏民出迎，殺人千餘」。第二十七條之「延安南北，屍積原野，血泛荒河」。第二十八條之「貢生石鳳均(拒賊婦媚誘)，割舌碎身死」。第二十九條之「關廂村落，皆爲丘墟」。第三十條之「對父斫子，面夫淫妻」，以及「戲嬰孩於鋒刄，剉孕婦爲馬槽」。第三十一條之「盤踞息縣光州殺人，汝水爲赤」，以及「隨州信陽間，僵屍相屬」。總觀流賊之屠殺，槪括言之，殺富人，殺貧民，殺不從賊者，殺迎降者，殺鄉民，殺婦女，殺嬰兒，殺老弱，凡此種種，尤以殺害鄉民爲最多。鄉民卽農民，蓋農民其在當時，實爲流賊之勁敵，往往本其「人自爲戰，家自爲守」之精神以禦賊，豈僅禦之而已，且更多乘機擊賊之事，參第二節第七條，如「賊至鹽屋，敗于鄉兵」之類，因此賊之仇恨農民者亦愈甚，有如「四百里內村堡無遺」，便是一例。由此觀之，則在三百多年後之標榜甚麽「農民起義」的名詞以誣古人者，又將何以爲說耶？

　　最後，仍須證明一事，卽前引序文曾經說：

　　至於農民的「殺紳衿富民」(四三〇頁)「焚燒官舍富室」，是爲了「爲民除害」。實際此等名詞特別是「爲民除害」四字，姑檢四三〇頁就其全文讀之，則爲「……(死賊)借口爲民除害，屠殺紳衿富民……」與序文意思頗有出入，而且此爲流賊殺人一大事，不可不認眞爲之證明，爰將全文公佈於後，以便讀者檢查之用。

兵部爲死賊假仁假義，衆心如醉如痴，仰懇聖明嚴勅地方官吏急剪倡迎之姦，以維節義，以固封疆事。職方清吏司案呈，奉本部送兵科抄出刑部四川司員外郎王鳳翼奏前事，內開：臣刑曹末吏，山右迂儒，不宜言及軍國大事，目擊時變，義憤塡胸，遂不顧倨侮妄言之誅，謹剖肝瀝血上陳：竊惟流氛發難，數年以前，其勢非不披猖，間有殘壞城邑，多係牆垣矮薄，居民寥落，儲備空虛，苦于力不能支，以至巨郡大邑，高城深池，人煙輳集之地，儘可與賊相持，從未有隨攻隨破，如近日者也。邇來降賊紳士，實繁有徒，負聖朝三百年作養之恩，甘心爲賊運籌，簧惑無知百姓曰：開城歇迎者，兵不血双也，嬰(疑誤)城拒守者，盡數屠戮也。 地方二三姦徒，賊尙未薄城下，輒先倡說遠迎，深可恨者，不肖怯死守令，及幾倖苟免紳衿，往往相率出城，望風伏迎。嗟乎，昔則不可守者，尙勉強以守，今則儘可守者，槩委置不守；昔則不能守者，猶是棄城而逃，今則儘可守者，不免開門而揖；事勢至此，可爲痛哭流涕者也。夫迎賊者，不過懼一死耳，此在愚民，無足怪也，至于地方官吏紳士，讀聖賢之書，受君父之恩，忠義良心，未便盡死，儻肯協力堅守，濟則朝廷封疆自己身家，可以兩全，卽萬一不濟，勢窮力屈之餘，轟轟烈烈而死，不猶愈俛首屈膝于死賊之前，以丐餘生耶？況乎苟且求生者之未必得生耶？每聞死賊入城，免(疑誤)市德色於一二衰黎病老以踐僞約，餘則借口爲民除害，屠殺紳衿富民猶故也，擄掠子女財物猶故也，焚燒宦舍富屋猶故也。嗟乎，旣遭陷沒者已矣，彼城郭猶幸無恙，防禦尙堪勉圖者紳衿富民，獨不鑒前車而醒寤乎哉？伏乞皇上嚴勅各該撫按申飭所轄監司守令，凡有寇警地方，亟須預戢姦萌，動紳士以大義，諭愚民以利害，相與盟神誓衆，戮力固守。如有前項倡迎之姦，搖煽人心者，許守土之官卽會同本地紳士人等便宜正法，梟首示衆，庶可破亂民附賊之膽，堅良民守死之心， 封疆之事， 其猶可爲乎？等因， 崇禎十七年正月十三日奉聖旨：奏內有司紳衿倡迎逆寇的，是何姓名，通著該撫按確察具奏，該部知道。欽此欽遵，鈔出到部送司，案呈到部，擬合就行，爲此一咨　都察院轉行各巡按御史　通行省直各巡撫　合咨前去，煩炤明旨內事理，卽將各郡邑有倡迎逆寇各紳衿有司姓名，火速察明具奏施行。崇禎十七年正月十八日，署司事員外郎趙開心

由此題本，他不具論，單說流賊殺富民的一段，題本的說法是這樣：「每聞死賊入城，兔市德色於一二衰黎病老，以踐僞約，其餘則借口爲民除害，屠殺紳衿富民猶故也，擄掠子女財物猶故也，焚燒宮舍富室猶故也。」而序文所錄，則顛倒其辭，斷章取義，其於流賊殺人的罪惡，好像有些在那裏爲他們洗刷的意思，認爲流賊之殺人，是「爲民除害」，等於是說那些被殺的，都是些紳衿富民，是該殺的。今讀題本原來的措辭，不是那回事，而只是說「每聞死賊入城……借口爲民除害」，曰「死賊」，曰「借口」，則流賊殺人的罪惡，更躍然紙上。比如前面所引史文，我們知道流賊除殺紳衿富民之外，其於貧民、貧農（鄉村農民貧的佔多數，故曰貧農）、以及孕婦嬰兒之屬，都是同樣的以殺爲快事，那麼，則是關于「借口爲民除害」之說，無非形容流賊之殺人正在那裏越殺越瘋狂罷了。據此，可見引用史文，最好的辦法是錄其全文，如只**斷章取義**，摘其一二語以附會「一己之見」，則是有失學者公正之道了。

　　附記：流賊之禍明，是鐵的事實，是蠢蠢無知地在那裏專事破壞和殺人放火，是
　　　利用虜變以煽亂，而清人則又利用寇禍以毒害中國，於是明稿內嘗有「虜因寇
　　　禍以蹈瑕，寇因虜變而張焰」之說。結果流賊的收穫在那裏？還不是替清人做
　　　了開路先鋒。所以明季中國之亡，是流賊和清人相互合力而亡明的。凡此之
　　　類，則流賊之罪惡，說起來眞是如在目前，雖有人在那裏欲圖翻案，亦絕不可
　　　能。別的不說，卽流賊自己，如李過（李自成親姪，後南明賜名赤心）、李定國等，當
　　　時亦固「自怨自艾」，深悔做錯了，深悔不該做賊，於是乎相率翻然改圖，效
　　　忠南明以共圖恢復，以洗刷賊名。此其犖犖大者，其餘不能悉數，然而晚矣，
　　　其於國家又何補哉？

　　　　此外，參圖版叁和圖版肆，也就是流賊渠魁出賣國家出賣民族的「現證」，
　　由此現證，凡爲流賊幫腔說話的，可以杜其口矣。

比兵部呈於

兵科抄出　陝西三邊總督洪承疇謹　題為流賊敗遁山中官兵入

山遇賊殺傷臣謹據實奏振仰祈　聖明勅部覆議事照得關將等職屢勅潰敗已經卽次具

疏報　聞臣汛關賊情命令趙渡勢已寒落急催總兵左光先於四月初七日自景古城起行幸領

副將馬科等官兵由兆陽逃挑崋昌　慶趙截殺又催總兵曹變蛟亦六日初七日自新洮州起行

率副將賀人龍等由南諸岷州入山定勅臣督總兵祖大弼官兵由焻逃逸秦州汉果馳延慶

合勤十四日行至鞏昌府拠探丁振闊將一过洮河卽另頜賊眾三百餘名各騎馬驟先行逃走晝

夜兼程田宗遽達馬塢山中奔西礼去訖總兵五光先官兵隨後急追且餘流賊四散奔寧

倚山遊兵總兵曹變蛟分袋賀人龍又泰將自廣恩華另為一路曹變蛟自為一路各設法入山

按勒臣思官兵將追及賊正當合力勦戮未便撤退東馳即搞撥總兵相大猶官兵相迎朝

探祖大明鼎州等鎮西兵三百隨總兵曹變蛟官兵合勦居於十八日自寧遠趕同陝西臨軍

道樊鬺原在總兵王洪親行入山往馬力坡新寺指兵按勦及到楊家河地方見曹變蛟

統兵已殺有賊處山虎黑鷹等畏懼官兵勦殺直奔至當前先降在奏指安旗示

差標下千越文騰把總李雀龍前去招安臣自馬塢山路二十三日勦至札縣慶札龍催總

兵左克先必期晝一夜急追沿嵠閣將健而總兵曹變蛟與賀人龍筌按勦各賊俱已零星逃

入階州地方相離官兵三四日之遠山大踏陰棗賊藏伏大兵雅江久滯誅總兵等於四月二十五

月收兵到札縣隨拠陝西道監軍通奧一衛墙肇嵠與監軍道張兆圓冒增振四月初九日

准臨兆總兵曹變蛟拠墙州等備張圓貿塘報罩戰蒙本鎮安於岷州北路交界元山見

守把渡口閒本月初六日拠哨丁孫守志張和寺報稱殺散无賊約有百餘騎離元山二十里等倍

罩戰帶領官兵包孔雲壽孫守志等迎至岷州北路卓兒坪馬連灘遇賊官兵三面圍殺當陣斬

覆賊三十顆生擒男婦四名口奪覆馬騾一十六匹親徐賊投河淹死等因轉振到道本月十三日

又准誅鎮塘振拠副將貿人龍塘報本月十二日本戰同泰將白廣恩張天禄遊都孫守法馬

寬王團窩等賊家本鎮分布追賊至門井拕橋丁扳稱殺散亮賊百餘分走鹽川子地方戦等于
日扎遣精銳張如牛二日早至鹽川賊正号歿陌夯走我兵撲前研殺各營夹斬獲橋拕賊級三十一
顆生擒活賊七名等因到道本月二十日又准談鎮塘報本月十八日拕本鎮中軍都司王存仁報稱
蒙本鎮分布各官兵追賊於岷州地方有嘹子現原遺鎮哨瞰頭小閩将改檢金龍的名起
雲飛宜川縣人因見官兵追剿至急捨顧将本哨彩賊赴牟前投降蒙本鎮即善等倦曾
希東孫天福梁英等同作王家河大小寨前採賊情虛寔以便進兵有金龍一見希東等即束
身同本哨賊眾先降當日曹希東孫天福即将金龍併老管隊一頂盔的名王南芳延川人裝
龍的名王進庵延川人慢虎的名王艾宜川人四虎的名李成相与段州人小黄鷹的名于滿川人清
澗人黄榮的名王黄鎮延川人存孝的名李自法吴堡人三桃澗的名張興宜川人等一齣男婦至審
議查黯安擇等周到道本月二十一日准談頴塘報拕中軍都司王存仁扳稱豪本鎮親眷官
兵追賊内金龍等一股已投降詭餘賊尚多逃奔拕掴賊橋丁扳稱殺賊党多奔走楊豪
河等处豪本鎮统釣標下遊都葛如芝王周忠折鳴鳳馬應龍列永祿王存仁州先
先俘狙又縱兵下泰進莊朝採祖大明嵒洲等於十九日追至楊家河七族等处就陣斬獲賊

首三九顆生擒活賊十四名搶獲婦女十口餘賊奔竄林谷難以窮追當晚賊中老弱零隊逃竄

的名董成先清澗縣人寧山虎的名高順清澗縣人黑虎的名程先先宜川縣人赤蔚

守珩綾德州人于山上城呌投降本鎮審其情真各投降託計壯丁三十六名婦女十三口馬

縣五十五匹頭俱解軍門委管安排弁同到宜文雅諒鎮塘報拟副將賀人龍振稱賊目自全

龍等提投降後賊等仍分兵追賊於本月二十一日至漩永地方有嘅子塊原還鎮哨查本鎮

的名刘應封清澗縣人就地歇的名張應童延川人四龍的名王加伏綾德人同夥十一名

情願投降各帶妻口小子共二十四名口馬九匹騾九頭同至營前俱解軍門家委官收

捧等因各轉振到道本月二十三日雅陝西總兵左先先塘報本月二十日本鎮追賊至徽州

据郭家壩寨民李青太振稱十八日有賊一股哨頭跟處俱關將貼身男婦三十二名馬騾三

十七匹頭拟堡寨經迺口稱投降討示招拟到鎮本鎮即差材官煙自行將朝山莆去招拟隨

拟宜口都司李崑之略陽縣署印查簿楊文先塘報拟西路探丁如孝振稱有賊二四十騎自

置口實至本縣城下眼等審問各賊俱稱係八隊闖將下頭目因大兵敗敗情頭投

隆為頭領哨晝隊六名內一名眼虎的

名里九威一名王弘字一名曹啓德俱清澗縣人八名馬二延安靖功八名蔣明字庶

衙人各帶男婦小子共三十六名口馬騾三十四匹頭俱於城下束身投降有本鎮差官驗目行

蔣朝山逼至城下審知名賊投降情真即將黑九霄等男婦馬騾同解自行前赴徽州

營前投降本鎮審其情真且多係批丁隨即分撥入營隨征訖確報到道理合親推孝周

工臣先即挑揀兵丁老先屢次其黨內稱戰于四月初八初九兩晚兵至渭渾漁營擦回報從

謂賊阻隘不走我兵可甚其前不期兵於疾而至更疾戰初十日至寧連未時抵營擦面報

漳縣出東嶽連老山約有三四百屏馬鳩侯戰即同副將馬科圖時出兵能逢精騎盡去走

十七日黎明呈馬鳩嘯來散在馬鳩住去一宿十一日黎明呈馬鳩驟拔散在馬鳩住散之兵四

里窝未敢屠村莊在野地略奧三更起身不走此沿逄紫沿山徑而去苗頭從向桃坪一帶

趙馬鳩鄉民擒回賊婦內一婦盡如闖將未歷剖前剃者是精賊尚有騎捽馬騾其婦勁

米及百十婆妻聚合迁混之賊此驚害所追正旦闖將其三虎黨盡殘尊從迁挑河時即

分洛另走口凰要犯妄闖將素極後稍今值擦之盡婚蔭盜加詭秘且避走山中挖藏行

徑悲夹曉賊勢盡難偵探我兵五馬盡奧祖馳馬題大半圍之十一百祖延行至十二月初到縣撥密盜擦

回投賊于十日三散時到黎林橋一剖時候即迎身在東南蒼頭回成徽戰同馬付將言議挑

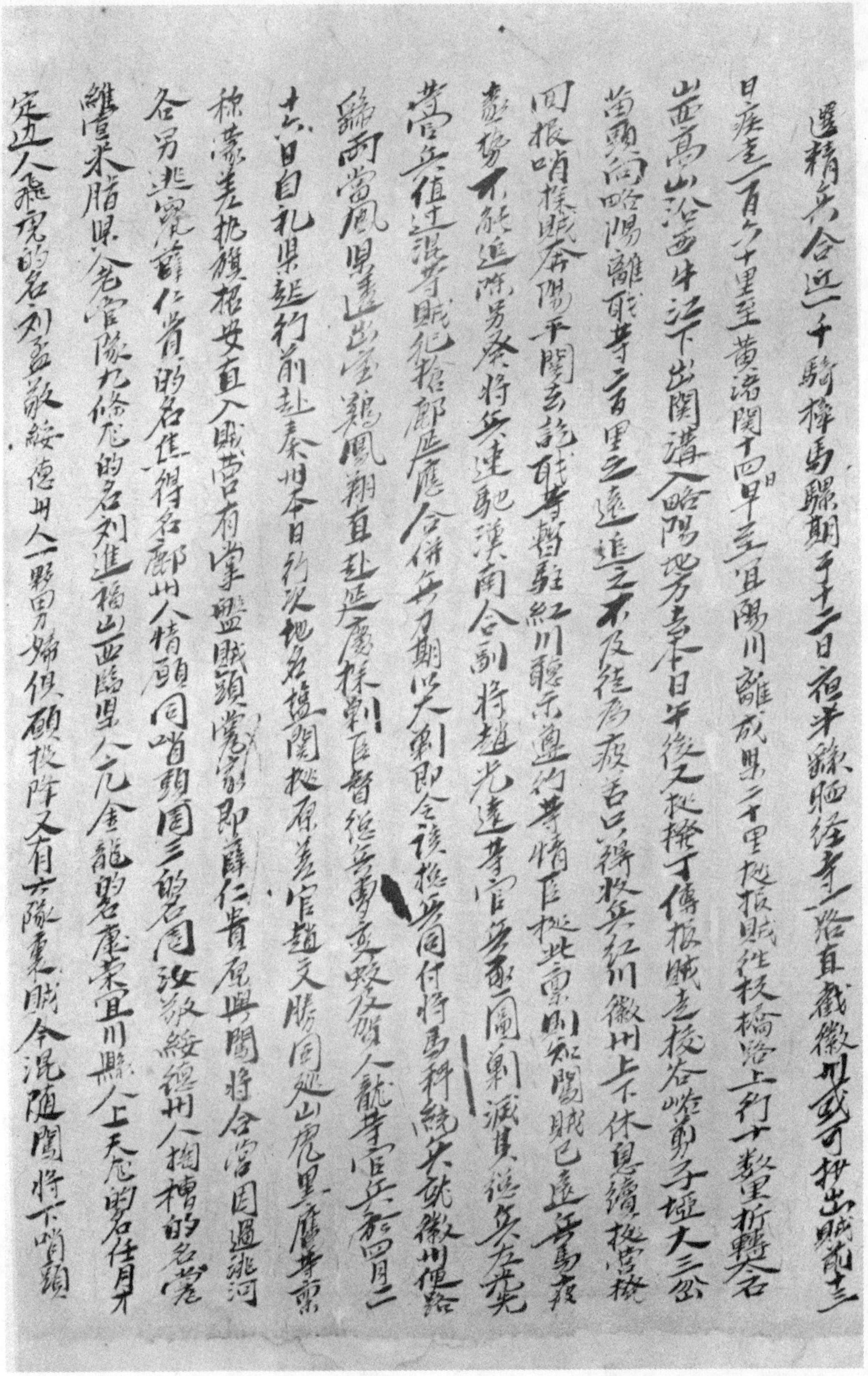

選精兵合近一千騎隨馬騾期于十二日在羊鎮驛經孝一路直截徽州或可抄出賊前十三
日疾走一百六十里至黃渚關十四日早至宜陽川離成縣二十里地報賊往杖橋路上行十數里折轉谷
山並高山沿西牛江下出關溝入略陽地方臺本日午後之抵撥才傳報賊走梭谷峪剪子埡大三岔
道與向略陽離賊尚二百里之遠進之不及徒為疲苦只得收兵紅川徽州上下休息續撥營撥
回報哨探賊奔陽平關去訖職等暫駐紅川聽示遵約等情臣據此票則知陽賊已遠止兵馬疲
盡勢不能追隨另委將兵速馳漢南合副將趙光遠等官兵盡圖剿滅其總兵左光先
營兵值過張等賊犯鄜延應合併兵力剿以大剿即令該總兵同付將馬科統兵就徽州便路
歸兩當鳳縣盡出寶雞鳳翔直赴延慶夾剿臣督總兵曹變蛟等官兵於四月二
十六日自禮縣起行前赴秦州本日行次地名鹽關據原差官趙文勝同延山虎里應等稟
稱遣差把旗楊安直入賊營有掌盤賊頭驚世王即薛仁貴原與闖將合營因過洮河
各另逃竄薛仁貴的名焦得名鄜州人精頭同哨頭周三的名周汝敬綏德州人攔槽的名崔
繼宣米脂縣人老管隊九條龍的名劉進福山西臨縣人几金龍的名康泰宜川縣人上天龍的名任月才
安邊人飛虎的名劉孟敬綏德州人一夥男婦俱願投降又有六隊裏賊今混隨闖將下哨頭

黑熊神的名冬茂春綏德州人新天社的名王，同與官陞，隆接山寨的名都兒松

宜川縣令會圖事狂的名王澄賣宜川縣人趙飛都的名都自衛延辰縣人會力持的名白雲慧

宜川縣人黃當子的名馬自見宜川縣人金隆李的名蘇四山西隆州人一夥男婦俱顧投降

有閒將下老寶陵倫倜出的名高之典延川縣人寬三的名寬希下寧寨人騎山寨的名都自存

保安縣人會四的名高應友清澗縣人批行狼的名胡守禄安定人一夥男婦俱顧投三夥並計

鎮蕭劉到秦州軍前臣郎委監軍道與一蘭會同從陝右道會事李新逐一直明女柿二七日

擬買徽州事茂縣知縣謝籍塘報四月十五日奉昌府理刑推官題應桂飛票到縣其餘

於十六日從徽州至見伺候查點盤十七日巳時本官前往徽州直盤畢二十一日從徽州至成縣隨

張之韓前往階文提承直盤冊卷九日本官前往階文界山川鎮蒙本官阻圓兩階州道並

接階州差人楊厨子接到室文一角並無開卷本官另發者盤階州飛票即令階州美

引道同於二十三日當時自成見起馬畢戰親送至階州文界山川鎮蒙本官阻圓兩階州道

無迎接人役畢眼随令署捕經歷韓永祥帶領兵壯五十餘名雖送一民性的至重年江次界又無階

州人役接醫本官責令韓經歷牵各役越站行階州平蔭駐越过成見美界七里柜宿平蔭

馳甲戰於本日即面徽州不料二十四日戌時據本縣護送机兵姓王冒文秀報稱二十三日祖初更

時候有死賊一股不知從何突出圍闖入馳喊喜四起眼見死賊將本官備護送歸徑歷拆縛

併跟送人從存亡未審玉李勢急逃生李情本月二十九日又從徽州壙扳拶廿月二十七日申時拶成哭

探後備柴蘇往道旁拯稱柴孝眾羡栟有趙推官下落探至平路馳遇見捉賊拶去逃面

輪失去郡元日稱元送趙推官在宿平各馳忽被賊圍將圍將韓話歷俘八兵行稱死在馳用驢

捨梳特起推官將呈賊曾問話復得四馳中威肖起推官降你本官將賊叫馬遂被賊逃

𥄂國内電陰一些油我富邦九年𨾴守蟠手乖讓我官把官掌去階州𢘤數十匹馬驢瞻

他愛不是好你們何故亂我孝詼將邦元辭至階世長埔地方又問賊言我們係闖將下人隊目

河州兼教令我字盤子二虎從岷世火堆一唇祖即至階期平西朔行地好生意𥨊間谷賊瞻鑒

元得選四宗時即同那九不爭鎗推官耳骸反到馳中見有階州男子馳元省茶同獎千戸傋

相投徐其辭發歷屍嚴被大燒殘柴孝即行屠理其饒看盤書秋併我昌護連人我屍

歷督月首與庚柴孝不能細認掩埋孝情到州拶地看詳趙推官査證徽栽孝單日得

階州同者蜂窩元往階之魚字侯二日元素階冊不至連激推官之往復養階州投文楊所

不禁相踞靜元賊逮連推官之行以致不先早我之堅留堂一料往階而遭此不測之患雖其賊

督不降為賊攻陷等思義憤填膺聞者無不墮淚等因各到臣發

……官兵……得聞行捍死逃河自知罪大惡盡為官兵所久進剿即先頭擊賊男三百名口撤山

……中日祖存逃不敢時刻停……官兵加緊馳剿臣蘇臨逃軍昌竹於寧遠仍督同頭道起入山中相機

剿捕隨於總立南之變蚊等處進剿共斬賊級九十九顆生擒二十五名俱經查驗明確又前後共

招降收獲男婦三百三十五口馬騾三百七十二匹頭臣俱飭遵……屢諭教誨宣揚曉示各推

免死招安即委員軍道築一碉會曹周三像……黨家頭最為獷悍異然神係六隊一裹第一哨

像另駐掌轡賊頭閏督……加查驗內黨豕即……許仁貴原

馴自認頭桎杭六隊……賊……降新天枉……然神下頭哨金龍雀木狠督蟻子塊下鎮哨向俱

分隨閏行金无尤彪瞅子塊賊……內苗教驍雄倜儞出一馬四條閏將貼閏管隊低獨獲憤

戰所頭陞降賊眾太半……北苗多妖貌混名臣不敢……背脹別煩層……屢聽各降民排情

……隨征教效正……人伍……其臨敵對陣心賊併防在隨當用以示信招授降馀皆從老劭

就令監掌道同陪右道事新……竹州刷散……蛭已安且前中……举一……授降而閏……王新造賊

圖版壹之十

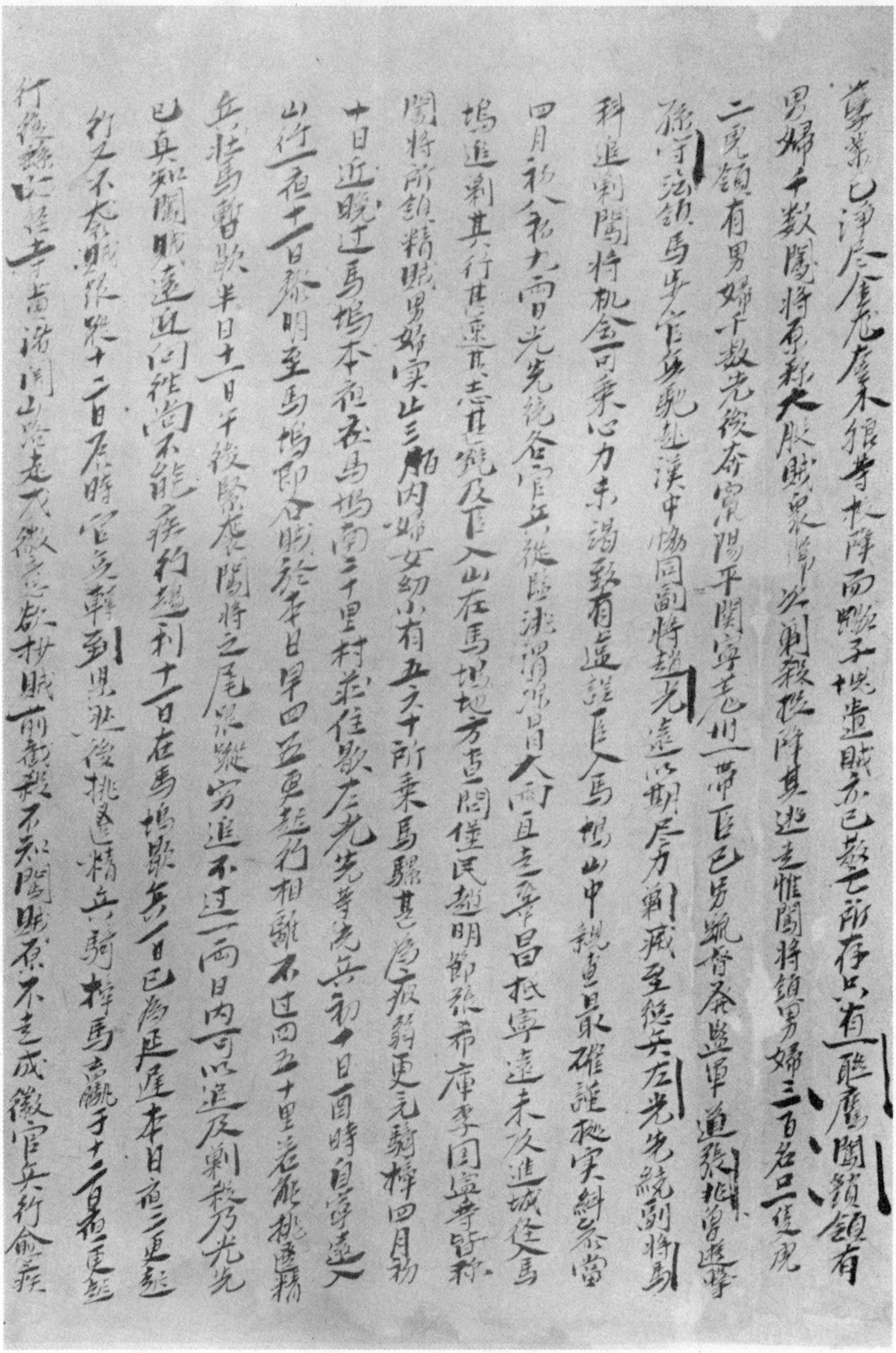
黨類已淨盡僅老虎木狼等先降而賊子快遣賊亦已散亡所存只有逆應闖領領有
男婦千數闖將原稱大股賊眾節次剿殺招降其逃去惟闖將領男婦三百名口一隻虎
二虎領有男婦千數先後奔竄漢陽平關寧羌州一帶臣已另疏會參監軍道張兆曾遣擊
孫守法領馬步官兵馳赴漢中協同副將趙光遠以期盡力剿滅至總兵左光先統副將馬
科進剿闖將執念可乘心力未竭致有遠遁臣人馬塢山中親見最確誰秘實料不當
四月初八初九兩日光先統各官兵從臨洮渭源大雨且未晴抵寧遠未及進城從馬
塢進剿其行甚速其志甚銳及下入山在馬塢地方查問住民趙明節張希庫李國寧等皆稱
闖將所領精賊男婦實止三四百內婦女幼小有五六十所乘馬騾甚為疲弱更無騎將四月初
十日近晚過馬塢本夜在馬塢南二十里村莊住歇左光先等親兵初十日酉時自寧遠入
山行迄夜十一日黎明至馬塢即知賊於本日早四五更起行相離不過四五十里若能挑選精
兵壯馬暫歇半日十一日午後聞老闖將之尾影蹤窮追不過一兩日內可以追及剿殺乃光先
已真知闖賊遠近何難尚不能疾約趨利十一日在馬塢歇兵一日已為延遲本日夜二更起
行又不奈賊從縱十二日辰時官兵纔到逸跡後挑選精兵騎獐馬責令于十二日夜二更起
行緩緩已遲十三日諸闖山谷走成微意欲拒賊前截殺不知闖賊原不走成微官兵行愈疾

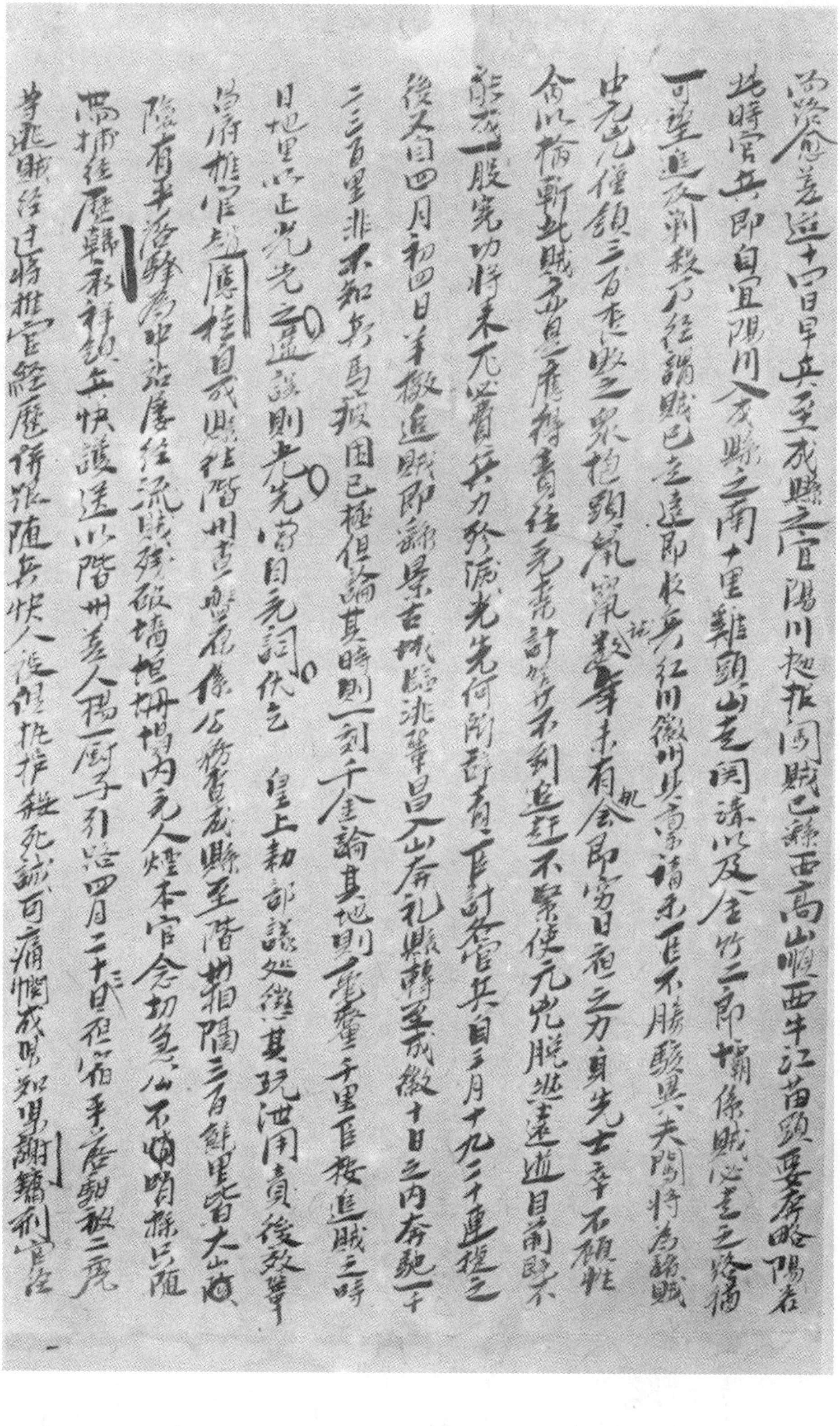

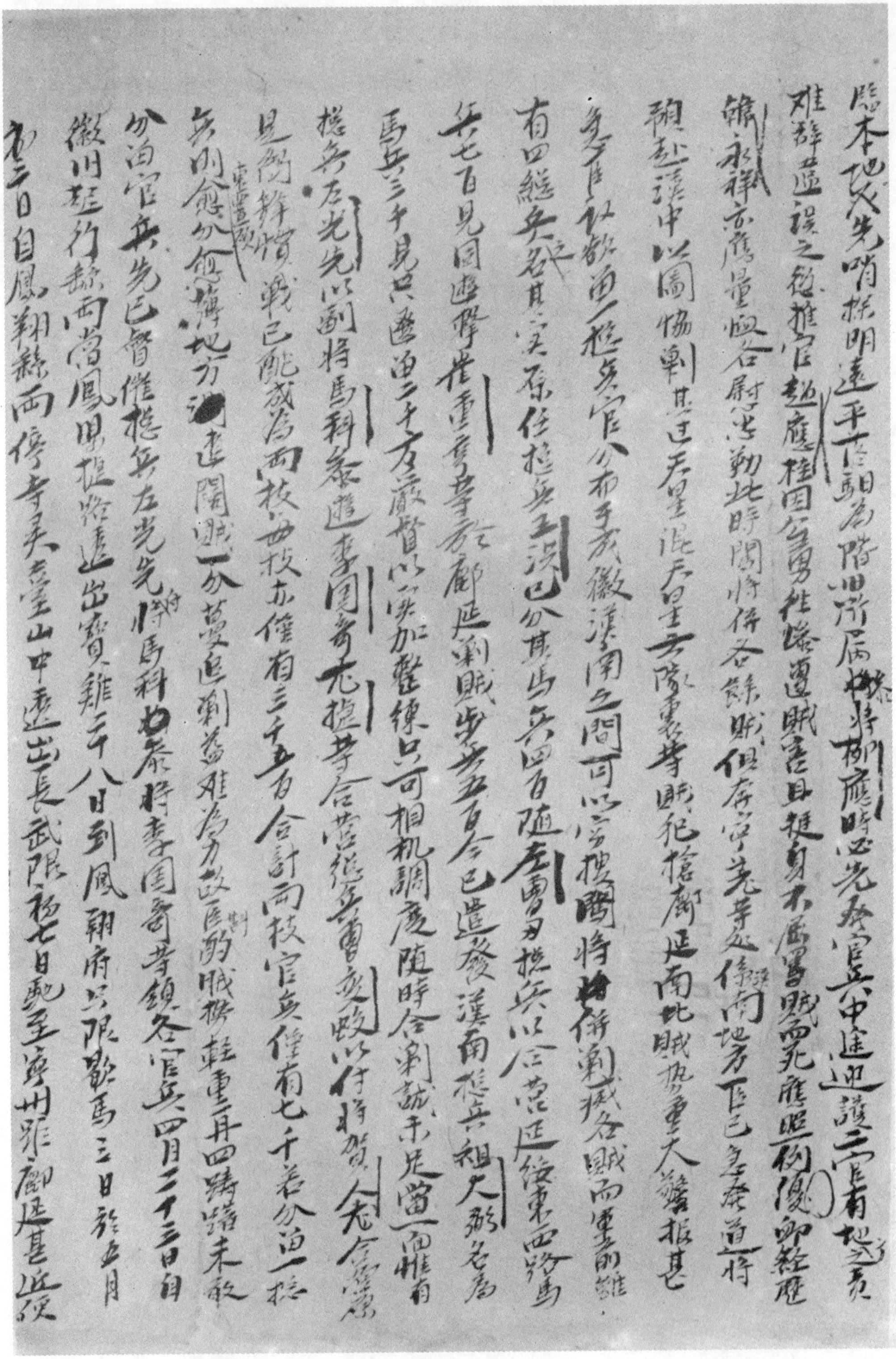

…追混大隊孝賊向維臣之預約正慶平鳳監軍道張京將廊延賊情不時見會截賊

左光先司㑹馳赴各賊五聚玄處大加剿殺又督發後兵再變蚊剿悍頓入龍頷各官兵

完於者月初二日自秦州起行緣秦安靜寧初八日可到固原只限歇馬兩日十七日歸清

平凉鎮兩縣蒲初十四日馳至慶陽即相度廊早延珧慶賊情力圖進剿總兵祖大

弼統本票宣立兩二百自秦州延行緣□薪寧隆德平凉轉至邠州通中志處用照相

机揺鄧屋曹莊秦州督發赴漢官兵併將新擢降此范於黑懋神金龍孝㓜副叅隨征

偹安桂焦口眾聖臣立兩十程前赴邠州慶陽大㕔督催以憲剿迁混各明仍撤調署臨洮興兵

李富將賈宋芳鎭精壯馬安二百名馳赴禮縣併有進兵曹變蛟卜逃善

領歩兵四百名從兵左光先下屯曹字偹馬中駱鎭歩兵四百名俱听西賈宋芳

調度心投劉西礼秦徵潛伏之地臣日尾彪嚴緩將佐東撃剿但使迁混大隊等賊㊀

大剿摧敗臣即先督叅一經兵官兵預赴秦徽之間以圖東�剿漢南伏㊁

皇上勅下兵部覆議施行　崇禎十一年月初八日奉

屋書知道逗曹變蚊孝左光先罪併魏應挺等新籍步道着該部首議其奏

漢賊陵各兵檄劉漢津時仍即㊀馳赴孫傳庭併力合織共㊀全提

李自成敗遁山中形勢圖

題

史科給事中臣杭齊蘇謹

題為偽學煽亂不容溷詩名器不宜乂括仰乞

勑部查明偽學立正

典刑以淸亂萌以彰

天討事臣切中

龍飛兩榜科名家

欽政庶常作養甫及澄覈察陛言路一介整傷靈沐

聖恩臣即捐此痼瘧何惜天報爲一也謹以萬姓所

共讎憤不辭悠毒恋

皇上陳之痛自閒澆燬禍安現神笑獨畋糾其散亂

矢奇山海大逆不道辜何

皇上天威

皇叔父攝政王聖謨服救民此乾坤馮濁一大界

限也乃有天下元光炉僑丞相手全皇及其學

子僑府尹今黃州府知府手詮僑為書今潭南

潭兵僑泛哭然是也肇畫氣人物盡一例斬新

以洩神人之憤

皇上允竟允仁

王師初臨誅以兵不血刃僑主佑待汉不死僑手詮

者不能改賊父之惡安能改賊父之籍而父籍

諸員量子目鄴縣不認金星僑父包藏禍心欺詐

朝廷大罪壹也詮僑襄陽府尹襄陽上流從來有

天下者必爭之土關政侍僑腹心今郢寨告陷

迷賊王光泰等未即就擒詮子黃州總通而北

阮僑賊孽必多餘孽畫萬一夫洩軍機禍主不測

大罪貳也詮以亂臣賊子稿貳千石之位起兵蜀

姓之怨心汗

朝廷之名器大罪參也至於張喋然為僑刑政府尚

書株殺天下百萬生靈與手賊同玫燕鄴又同嗟然

斧山海較之不及僑命旋即晚逃者不同嗟然

朕得一信，明係滿網之魚，況塔學所以明倫

内者惡偽，江右宗匠已至

朝廷而辱當世之士矣。今又以資俸准陸導闢兵備

八闈新披，海底未靖，假以兵權，設官防寇及至

防官此應立

賜罷斥，行設撫按大臬，其罪以正

國法者也。臣目擊此貳臣，原為

國字鑴藏四海，元惡釋此不誅，恐哉儻得吾曰積

日眾種類蔓延，將來殆

廟堂之籌畫非小也，伏乞

皇上天鑒

皇叔父攝政王睿勸

敕下部臣查議，庶行緣係某等查不合滿誅，名器不宜

父玷，仰乞

敕部查明僑匿，立正

典刑以消亂萌以彰

天討事理未敢徇德謹隨諭

告

順治肆年柒月　　日吏科給事中臣杭胥祿謹

吏科給事中臣杭胥祿謹
題為據報偽藩等事

旨該臣等看得

敕部查議具奏事宜
議施行之

謹題請

旨

圖版叁之五

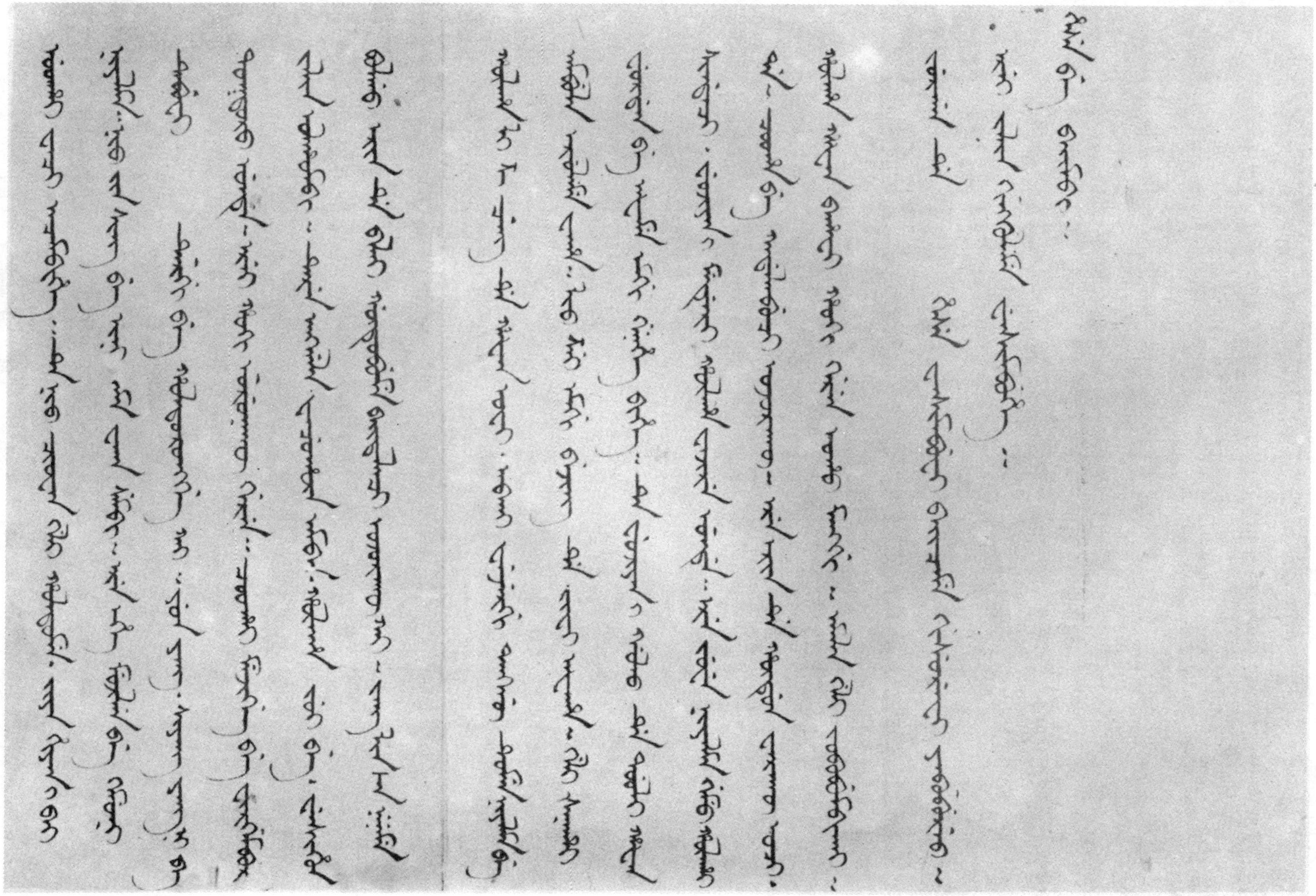

秦　王　徐　可　聖　藏
楊　寧　添　摹

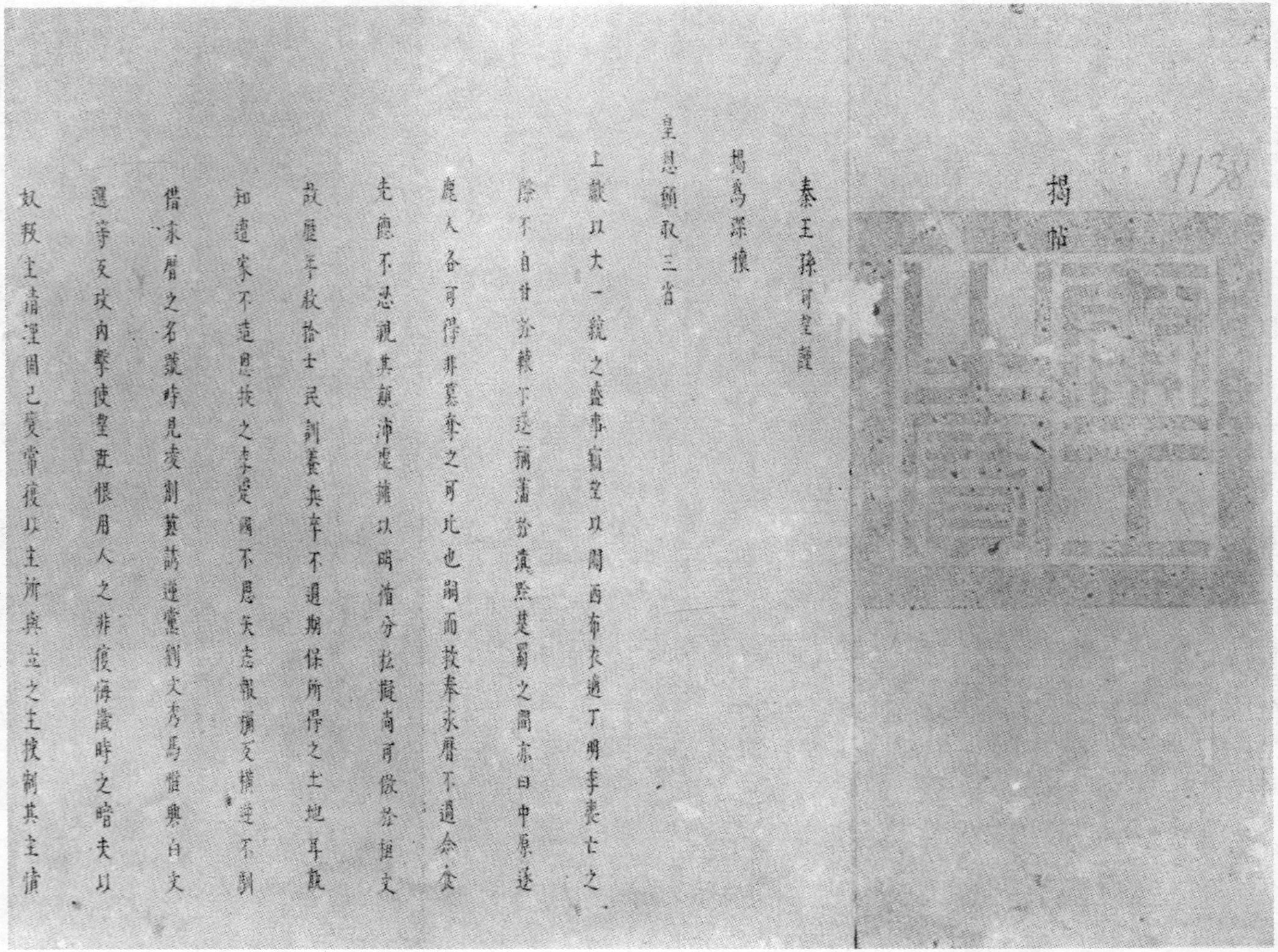

皇上之聖明燭照無之摧羣盜曰辭以固存于是將用兵於

皇上只雪羣逆使醜虜也尚生

鑒此真誠公念

思準發兵而情惑使便則豪整句地願畫人於

皇上之版圖共馬許士郡咸辜

皇上之厚恩望得烏太于器探實前爭年尚救命異半如

皇上熱烈不盡望醴集論夫忽李送救駕望其居伯皇上則鍪

　　期配文勤從立繫他曰

皇上兩顧之憂正未寧文是非不能慢慮以待賞慮大律之夫

　　洗嚮患隱爰玖給于人惜此志之為尚芬用是佛爭畚于致連

　　所膳仰前

重臺勸之發行則

皇上一號之奉求問歲臣不迓之懌薦供事烏何間彼不宜連

　　伏乙建議以便連行登於治臺曰治匡曰己入賞度中右西路

物奇　　忽兵結也防空崋嚴罷也能望於足今也龍望書問此參

皇上泣壓所祇民服

從徐潤的房地產經營看光緒
九年的經濟恐慌

全　漢　昇

一

　　隨着江寧條約的簽訂，上海于清道光二十三年(1843)正式開關爲通商口岸。在開關以前，上海原來只是東部沿海貿易的城市，同時棉紡織手工業也在那裏從事生產。自開關以後，由于地理位置的優越，上海逐漸自沿海貿易擴展爲對外貿易，自手工業生產改爲機械化的工業製造，結果發展成爲全國最大的對外貿易港，及最重要的工業製造中心。在另外一方面，因爲英國及其他國家在上海相繼建立租界，各該國的領事對租界居民掌有最高管轄權，故在清季每當國內社會秩序紊亂或發生戰爭的時候，上海成爲全國最安全的地方，許多人都遷移到那裏去居住謀生。結果上海人口激增，在開關時地只有二十七萬左右的人口，及一九一〇年却成爲百餘萬人口的城市。(註一)

　　在清季經濟發展的過程中，由于需要的特別增大，上海房租地價都不斷上漲。這種上漲的趨勢，因爲利之所在，自然而然的使上海的房地產業吸收到大量的投資，故在清季已經有不少人士在那裏從事房地產的經營，而且多半都發了大財。在這些人士中，徐潤（1838—1911）更是在上海大規模的經營房地產的一個人物，可是到了光緒九年（1883）他却因爲金融恐慌的襲擊而遭遇到失敗的命運。

　　本文打算根據徐潤本人的著作，徐愚齋自敍年譜(民國十六年，香山徐氏校印)，再加上其他有關資料，來研究他在上海從事房地產投資的經過，並探討在中、法戰爭時期的經濟恐慌中他所受到的影響。

（註一）　拙著「上海在近代中國工業化中的地位」，中央研究院歷史語言研究所集刊第二十九本（民國四十七
　　　年，臺北市），頁四六一至四九七。

二

　　徐潤，字雨生，道光十八年（1838）生于廣東香山縣（今中山縣）澳門內鄉。咸豐二年（1852），年十五歲，他跟着他的叔父自香港乘船到上海去，再轉往蘇州書院讀書。他在那裏讀了幾個月的書，苦無所得，于是囘到上海，向他的伯父請敎。他的伯父徐鈺亭，那時在寶順洋行（Dent and Company）當買辦，叫他不要讀書，改學生意，讓他在這個洋行裏跟洋人當學徒，月得薪俸本洋十元。他在洋行裏留意學習，努力工作，洋人很看重他。以後步步陞遷，到了咸豐六年（1856），他年十九歲，已經陞任爲該洋行的幫賬；到了咸豐十一年（1861），更陞任爲買辦。該洋行大班韋伯（E. Webb）對他說，「以後行中之事，由君一手做去。惟老買辦（他的伯父徐鈺亭）在行，必須一一禀告。……今君乃總行中華人頭目，……」他在該洋行任職至一八六七年該行股東拆股收束爲止。(註一)

　　寶順洋行是上海開關以後在那裏設立的一家英國商行。洋行大班韋伯，以上海爲貿易基地，曾經先後派人赴烟台、天津、牛莊等港口設立分行，以便開拓北洋的貿易。在上海以南，牠擁有兩艘輪船，經常往來于上海、香港之間。在長江方面，牠派遣幾艘輪船往來行駛，開往漢口等地去做買賣。此外，在對外貿易方面，寶順洋行又派船前往日本長崎、橫濱、神戶、相館等埠貿易。關于這一家洋行的買賣，徐潤說，「至寶順行生意，進口貨如大小洋藥，裝公司船來者，各有數千箱。又夾板船裝來洋貨，約有三四十船，每船千餘噸。另有南洋暹羅、新加坡各埠運來檀香、蘇木、沙藤樹皮、胡椒、點銅四五船。至于出口貨，如湖絲、棉花、紅綠茶各等，約值千萬。連東洋、北三口、長江一帶、香港、福州進出併計，總在數千萬，實一時之盛，洋行中可首屈一指者也。」(註二)

<hr>

(註一)　徐潤徐愚齋自敍年譜（以下簡稱年譜；民國十六年，香山徐氏校印），度，及頁二至五，八，一四，二七至二八。

(註二)　年譜，頁八至九，咸豐十一年（1861）項下。又同書頁二七至二八自記行述（光緒七年辛巳）也說寶順洋行「進口之貨，以大小洋藥、雜貨、布疋爲大宗。每年另有大夾板洋貨船數十號。出口之貨，以湖絲、棉花、紅茶、綠茶等類（此處疑有錯漏）。統計該行進出口生意，年有數千萬。彼時該行在中國可首屈一指。」

　　寶順洋行每年既然要做數千萬兩銀子的進出口生意，在那裏充當買辦的徐潤，他
每年得到的佣金收入一定是非常之大的。在徐氏的著作中，我們雖然沒有找到他曾經
拿到多少佣金的記載，可是和他差不多同時在上海的黃槐庭，自從滙豐銀行于一八六
六年開辦後卽在那裏擔任買辦職務，過了幾年便「積貲至數十萬。」(註一)由此我們可
以推知，徐潤因充任寶順洋行買辦而領取的佣金收入，一定是很有可觀的。

　　徐潤的收入並不以買辦佣金爲限。他在洋行裏學會了怎麼樣做茶的買賣以後，
又自己開設寶源祥茶棧，以及經營各種工、商、礦和保險業。(註二) 到了同治十二年
（1873），他又奉北洋大臣李鴻章之命，與總辦唐廷樞（字景星）會同辦理剛成立不
久的輪船招商局，在該局充任會辦。他在那裏一直工作至光緒十年（1884）才離職。
在他負責的期間內，招商局的輪船在一八七四年只有四艘（2,435噸），到一八七六年
增加到十七艘（11,706噸），及一八七七年更增加到三十三艘（23,967噸）。同時，招商
局在各商埠的碼頭、棧房等設備也大爲增加。(註三)當他爲招商局增加設備，擴展業務
的時候，他「承衆商見信，凡有往來如取如携，毫無難色。十餘年來，統計每年年終
結欠莊（錢莊）欵及紳商存欵，常有百餘萬兩之多。」(註四)

　　徐潤初時在寶順洋行做學徒的時候，雖然最初每月只有十元的收入，可是在此後
二十多三十年內，他曾經在該洋行充當買辦，而且經營各種工商業，却賺到不少的
錢。不特如此，他在工商界中既然站穩了脚，在上海金融業中自然較有信用，故能够
得到各錢莊的金融上的幫助。因爲本身具備了這樣優越的條件，在淸季上海房租地價
不斷上漲的情況下，他便大規模的收購土地、建造房屋來賺取鉅額的利潤。

　　上海自開關爲通商口岸後，因爲在國內外交通線上佔有非常便利的形勢，對外貿易
突飛猛進。曾經在上海長期經營進出口貿易的寶順洋行大班韋伯，親眼看見這種飛躍
發展的趨勢，于同治二年(1863)任職期滿，離滬返國的時候，因爲過去很賞識徐潤，

(註一)　姚公鶴上海閒話(上海商務，民國六年)卷上。又蕭一山淸代通史(臺北市商務，民國五十二年)第四册頁
　　　　一六○六也說買辦「所取于買賣主之佣金，每年恒有數萬元之收入。……次等買辦每年收入萬元，……」
(註二)　年譜，序，及頁二七至二八。
(註三)　年譜，頁一八至一九，八六至八九；Kwang-ching Liu, "Steamship Enterprise in Nineteenth-
　　　　Century China," *Journal of Asian Studies,* Vol. XVIII (1959), pp. 435-455.
(註四)　年譜，頁八六至八九。

對他臨別贈言，勸他在上海從事大規模的房地產經營。這位卸任的洋行大班，與新大班希厘甸同一宗旨，特別對徐潤說，「上海市面，此後必大。汝于地產上頗有大志。再貢數語。如揚子江路至十六鋪，地場最妙。此外則南京、河南、福州、四川等路，可以接通新老北門，直北至美租界各段地基，爾儻可有一文置一文。」(註一)那時上海的「黃浦灘不過一平坦泥地而已，絕無美麗房屋，船可隨意直駛至門前上岸。」(註二)地價當然是比較便宜的。徐潤依照韋伯的話，在上海陸續收購地產，建築房屋。到了光緒九年(1883)，他在那裏「所購之地，未建築者僅二千九百餘畝，已建築者計三百二十餘畝。共造洋房五十一所，又二百二十二間，住宅二所，當房三所，樓、平房、街房一千八百九十餘間。每年可收租金十二萬二千九百八十餘兩。地畝房產名下，共合成本二百二十三萬六千九百四十兩……」(註三)

　　徐潤的資產並不以上海的房地產爲限，他在上海及其他地方的各種企業中也擁有不少的股分。到了光緒九年，他「買存各項股票，除沽外，實存四十二萬六千九百十二兩，八折作三十四萬一千五百三十兩；又合業典當架本（卽當鋪股本）三十四萬八千五百七十一兩三錢，七折作二十四萬四千兩；股票抵押各欠三十九萬七千兩。」連上述的房地產價值包括在內，他「共計實有銀三百四十萬九千四百二十三兩三錢；股票八折，典本七折，作銀三百二十一萬九千四百七十兩。」(註四)

(註一)　年譜，頁一二、二七至二八、一一五。

(註二)　年譜，頁一一五。又同書頁九三也說，「光緒丙子丁丑(1876-1877)間，美租界地曰虹橋，榛莽未開，廛市蕭索。」

(註三)　年譜，頁三四。又同書頁八二說，「所置之業，造房收租，中外市房五千八百八十八間，月收二萬餘金。另置地三千餘畝。」又頁一一五說，「後遂置地三千餘畝，有在租界者，有近租界者。建造房屋三千餘間。計每日可得租金四百二十兩。」按頁八二說的房屋間數及租金收入，與頁三四及頁一一五略有不同，待考。

(註四)　年譜，頁三四。又同書頁八二在建平金礦寄故鄉父老信（光緒二十一年春）說他于光緒九年，「和字號當鋪附股者八家；商局（輪船招商局）股四十八萬；開平（煤礦）股十五萬；仁和（水險公司）十萬；濟和（水火保險公司）五萬；貴池（煤鐵礦局）十萬；（承平）三山銀礦六萬；平泉銅礦六萬；金州（銅礦）五萬；繅絲（烟臺繅絲局）二萬五千；織布（上海織布局）五萬；塘沽耕局三萬；造紙局（虹口倫章造紙公司）二萬；玻璃公司三萬；香港利遠糖局三萬；牛奶公司三萬；宜昌鶴峯州銅礦一萬。統計不下百二三十萬。另搭錢莊股本，並外國股分不計數。」把這些股本加起來，合共1,275,000兩，與文中所說百二三十萬兩相符合。可是這個數字要比頁三四所載爲大，這可能由于後者記載徐潤買存的各項股票，有些已經轉手出賣的原故。

第一表　光緒九年（1883）徐潤資產統計

項　目	數額（兩）
上海房地產	2,236,940
各項股票	341,530（實值）
合業典當架本	244,000（實值）
股票抵押各欠	397,000
合　共	3,219,470

資料來源：徐愚齋自敍年譜，頁三四。

在咸豐二年（1852）開始充當寶順洋行學徒的時候，每月只有十元收入的徐潤，因爲充當洋行買辦及做其他買賣，再過三十年左右，他的資產居然累積到三百二十餘萬兩銀子那麼多。這一筆資產究竟有多麼大呢？根據北華捷報（*North China Herald*）在一八八三年八月三日的報導，當日中國大多數農民每人一年平均的收入約只有十五元左右。(註一)由此推算，徐潤一個人所控制的資產總值，大約將近等于三十萬個農民的一年的收入。這在當時着實是一宗很大的財富。

徐潤對于上海房地產的經營，曾經擬有一種投資的計畫。他說，「地畝房產，初意招股合辦，每股本銀十兩，集四百萬兩之大公司，先收股本二百萬，後繳二百萬，以成公益之舉。」(註二)這裏說要招股合辦的大公司，名叫寶源祥房產公司。(註三)他過去在上海收購好的地產，已經建築房屋的只有三百二十餘畝，還沒有利用來建築的多

(註一)　一八八三年八月三日北華捷報（*North China Herald*），頁一三六至一三七說，「大多數的農民每戶耕種的土地不超過三十畝。以每戶平均五口人，每畝平均收入三元計算，那末普通農民的總收入，甚至在年成好的年頭，每人也只有十八元。但這絕不是淨收入，還必須繳納政府的田賦。不同的省份，田賦大不相同；就是同一省份，按土地的好壞，田賦也有差別。山東省上等田每畝納田賦二角，而直隸省普通土地的田賦每畝只要五分錢。此外有地方攤派，例如修理廟宇之類，這種費用每畝至少要五分錢，或者更多些。除上項負擔外，還要飼養一頭牛或一頭驢，修理房舍，購買農具、肥料。以上諸項開支，每畝至少需銀洋五角。按此估計，種三十畝地的農戶，在收成相當好的年頭，田場收入大約七十五元。按五口之家計算，每人平均爲十五元。一家擁有三十畝土地，已被認爲上等農戶；佔極大數目的農戶只有十畝至二十畝土地，靠這一點土地生活，是相當艱苦的，總免不了饑餓的威脅。」(見李文治中國近代農業史資料，第一輯，頁六六七)

(註二)　年譜，頁三四。

(註三)　年譜，頁八二。

達二千九百餘畝。如果要利用這廣大面積的土地來建築房屋，他必須先籌集一大筆建築費用纔成。所以他計畫招股合辦一個資本多至四百萬兩銀子的房地產公司。

可是，徐潤雖然要為寶源祥房產公司招股，事實上並沒有人跟他合辦。因此，嚴格說來，寶源祥房產公司並不是一個股份有限公司，因為徐潤是這個公司唯一的股東，他不僅對于公司要負擔出資的義務，而且對于公司的債權人也要負責任。為着要推進公司的業務，他大約依賴他個人在上海金融界中的信用，和利用資產做抵押，曾經先後借到不少的債。到了光緒九年，「計公司往來錢莊二十二家，共銀一百零五萬二千五百兩；又股票抵欵四十一萬九千九百二十兩；又洋行房屋找頭抵欵七十二萬一百十八兩；又各存戶三十二萬九千七百零九兩。共計該欵二百五十二萬二千二百四十七兩。」(註一)

第二表　光緒九年（1883）徐潤負債統計

項　　　　目	數額（兩）
欠廿二家錢莊欵	1,052,500
股票抵押借欵	419,920
洋行房屋找頭抵欵	720,118
各存戶存欵	329,709
合　　　共	2,522,247

資料來源：年譜，頁三四。

在另外一方面，為着要籌措鉅額的建築費用，徐潤又「派和記洋人回英國辦借欵。」(註二)關于這個派遣英國人到英國去借債的計畫，他說，「旋有英國友名顧林，本運動家，與余商定，擬至英京，將所有房產，按銀二百萬，四五厘息，二十年期，助余興築。啓程赴英時，余因贈以程儀萬兩。其時余所置地產，祇值一百五十萬，因復添購六十餘萬。」可是，這個借欵計畫並沒有進行成功，因為「顧林回國後，初聞患腦病，繼聞成癲癇，竟致去同黃鶴。」(註三)

(註一)　年譜，頁三四。

(註二)　年譜，頁八二。

(註三)　年譜，頁三四。

　　由此可見，徐潤本人事實上並沒有多少資本來經營房地產事業，他經營房地產的
資金主要是靠借貸得來的。原來分散于各錢莊、各存戶及其他債權人手中的零星欵
項，他把牠們集合起來，利用來購置地產，建築房屋，和購買各種股票；換句話說，
把牠們的大部分變爲鉅額的固定資本設備。他這種經營方法，只要房地產價格繼續上
漲，自然可以獲利；可是，如果不幸遇到金融危機，週轉不靈，風險却非常之大。何
況他自倫敦借債二百萬兩作週轉金來營運的計畫又遭遇到失敗呢？果然，到了光緒九
年，中、法兩國雖然還沒有正式宣戰，但雙方在越南早已發生軍事衝突，上海情勢非
常緊張。「法兵輪駛抵吳淞，查進出口之船，並揚言攻（江南）製造局。以致人聲鼎
沸，紛紛遷避，一民船賃價至二三百金，舉市所存現銀不到百萬，恐慌不堪言狀。巨
家如胡雪岩、劉雲記、金蘊靑，皆相繼壞事。其餘號商店鋪，接踵傾倒，不知凡幾，
誠屬非常之禍。」(註一)上海旣然有受到戰爭威脅的危險，人心自然恐慌，故資金逃
避，銀根緊縮，造成金融恐慌的局面。這時大家對寶源祥房產公司的投資前途失去信
心，各錢莊紛紛向公司索還欠債，各存戶亦要向公司提取存欵。可是，在當日上海存
銀銳減的情況下，公司一時不能把大批房地產變賣，換成現欵來償還債務，故週轉不
靈，信用崩潰，終于被擠倒閉。(註二)

　　寶源祥房產公司旣然被擠倒閉，作爲該公司的唯一的老闆的徐潤，因爲對公司的
債權人要負責任，不得不把他的資產拿出來淸償債務。關于此事，他記載光緒九年上
海發生金融恐慌時，「各錢莊草木皆兵。于是與公司往來之二十二莊，公舉在事六
人：乾通莊馮澤夫，延生莊張子循，安滋莊周味蓮，咸吉莊李墨君，義裕莊洪晉卿。
公司亦舉六友：黃煥煙、屠雲峯、謝綏之、嚴芝楣，及本公司友周楡齋、穆奮。經公
司商權，議將余所有欵三百四十餘萬，全盤推出，以鎭定二百餘萬之欵。……議定以
兩年爲限，售現分攤，不能不以賤價脫手。以三百數十萬成本之產業，祇攤作二百餘
萬之欵，淸償完結，受虧至八九十萬，豈不痛哉！」(註三)他被迫推出償債的房地產，
在當日「申地現銀極少，……房屋十空二三。……居民遷徙過半」(註四)的情況下，價格

(註一)　年譜，頁三五。
(註二)　年譜，頁八一至八二。
(註三)　年譜，頁三五。按原文說各錢莊「公舉在事六人」，但只寫出五個人的姓名，疑漏列一人。
(註四)　年譜，頁八一至八二。

自然是比較低下的。可是，在此後的二十餘年內，上海又繼續向前發展，房租地價仍
然不斷上漲。故到了宣統元年（1909）徐潤撰寫年譜的時候，他囘憶起過去被迫賤價
脫手的房地產，其後價格又不斷上漲的情況，不禁感覺到大吃其虧。他說，「查當時
所推出之房產，共計三十二處。如青雲里祇作二十七萬餘兩，今值一百二十萬兩。靖
遠街作十二萬餘兩，今值三十八萬兩。元芳路三處作十九萬兩，今值七十四萬餘兩。
以三十二處統計，共推作一百二十二萬九千八百兩，照今分類估價，實值五百二十九
萬四千兩。此外抵與德和洋商者人和當基，卽今之杏花樓等處，推作四萬八千兩，今
值四十二萬兩。又售與盛杏蓀二馬路住宅房地三萬餘兩，現開客利西飯舘，聞每年得
地租二萬餘兩。期滿之後，克利（當卽客利）所造之屋，歸于業主，利難勝算矣！又
所推之地畝，共計二千九百二十一畝四厘五毫。如珊家園地，每畝作四百，今值四五
千兩。怡和碼頭裏地，每畝作五百，今值九千兩。盆湯衖橋北地，每畝作五百，今值
一萬兩。吳淞路地，每畝作五百，今值六千兩。以二千九百餘畝統計，共推作一百萬
七千一百四十兩，照今分類估價，實值九百九十一萬四千五百九十一兩。此數項已共
值一千五六百萬；加之股票、典本，不下一千七八百萬兩。豈非成一大富家乎？乃廢
之半途，毀于一旦，反致大虧，命耶運耶！撫今追昔，能不憮然！所謂有幸有不幸者
夫！」(註一)

第三表　　徐潤在滬原有房地產之價格的變動（1883—1909）

項　　　目	數　　　量	1883		1909	
		價格（兩）	指　數	價格（兩）	指　數
房　　　產	32處	1,229,800	100	5,294,000	435
地　　　產	2,921.045畝	1,007,140	100	9,914,591	984

資料來源：年譜，頁三五至三六。

第四表　　徐潤在滬原有房產之價格的變動（1883—1909）

所　在　地	1883		1909	
	價　格（兩）	指　數	價　格（兩）	指　數
青雲里	270,000(+)	100	1,200,000	444

（註一）　年譜，頁三五至三六。

靖遠街	120,000(+)	100	380,000	316
元芳路	190,000	100	740,000(+)	390
杏花樓等處	48,000	100	420,000	875

資料來源：年譜，頁三五至三六。

第五表　徐潤在滬原有地產之價格的變動（1883—1909）

所 在 地	1883		1909	
	每畝價（兩）	指　數	每畝價（兩）	指　數
珊家園	400	100	4,000—5,000	1,125
怡和碼頭裏	500	100	9,000	1,800
盆湯衖橋北	500	100	10,000	2,000
吳淞路	500	100	6,000	1,200

資料來源：年譜，頁三五至三六。

在上海經營房地產失敗以後，有一年徐潤曾經同鄉，與母舅會于港、澳輪船。他的母舅問他，「你到底有飯吃否？」他回答說，「除還債外，剩地千餘畝，可望藉此轉機。」他的母舅說，「那年因你之事，累我三天不能合眼。各人論你脾氣太大，非服藥，卽投河。今得如此，卽算罷了。」他的母舅又常常說，「雨之（徐潤字）之敗，乃係天數。計數十年來，均係買地造房收租，開設錢莊、當舖，以及股分，均是實業，尙稱穩固。唯犯于過大過貪，以致失敗。此亦後人無福，是以至此。」(註一)

三

對于徐潤在上海的房地產經營，他的母舅批評他「犯于過大過貪，以致失敗。」他自己也承認「不免過貪。」(註二)可是，徐潤光是因爲過大過貪，便要陷于失敗的命運嗎？依照現在所能搜集到的資料來觀察，我們認爲他過大過貪的投資于上海的房地產，固足以導致失敗，但當日因中國和法國軍事衝突而引起的金融恐慌，更是他經營失敗的一個根本原因。他不過是當日在中國發生的經濟恐慌的一個犧牲者而已。談到

(註一)年譜，頁四七至四八。

(註二)年譜，頁一二，二八。

金融恐慌，因爲錢莊是當日中國一種重要的金融機構，我們現在先要把牠在金融業上的活動情況大略敍述一下。

　　在開關以前，中國的金融機構，以山西票號爲最重要。可是，票號的業務以國內滙兌爲主，自開關以後，由于對外貿易而繁榮起來的通商口岸的商業，票號不能滿足需要，故錢莊乘機發展起來。關于錢莊在開關以後中國金融業中所處的地位，日人飯島幡司說，「鴉片戰爭結果，一八四二年江寧條約，上海、廣州、廈門、福州、寧波五口通商，錢莊繼興盛起來。由于對外貿易以致通商口岸的商業忽然繁榮，金融機關乃有設立的必要。原來的山西票號只以國內滙兌業爲主，不必能適用。以貿易金融爲目的在中國設立外國銀行，一八五七年，英國系的麥加利銀行在上海設立分行，但對中國商民不易發生直接的金融關係。最早的新式華商銀行，中國通商銀行的出現，只是一八九七年的事。在此五十年間，爲塡補空隙，在中國金融市場擔任買辦性質的開路工作的就是錢莊。由此，錢莊是從山西票號末期到新式華商銀行隆盛期之間，龔斷中國商民的金融。」(註一)關于錢莊在通商口岸與內地市場間所擔任的連絡任務，魏胥之說，「在昔洋商與公行往來，彼此都有信用，故洋商敢將貨物先交公行，日後收欵。至五口通商後，華洋商人，隨便貿易，情形與從前大異，洋商（大抵爲英商）對華商不甚有信用，從前之方法殊不適用。且內地商人，多不諳英語，購買洋貨，不得不靠掮客。所謂掮客者，係指專代人買賣貨物之人。譬如四川人，託掮客代辦洋貨，掮客可先將貨運往四川，收得貨價，然後交還洋商（卽洋行），其事固甚便利。但洋行往往不信任掮客，不敢先交貨而後收欵，至此交易便不得不停頓。于是錢莊出而任調停之責。調停之法爲何？卽錢莊出一莊票（native order），交掮客行使。此項莊票期限不一，有自五日至二十日不等，亦有至多不得過七日者。掮客向洋行辦貨之時，以莊票交付洋行，待票到期，向發票莊取欵。四川之欵，如可寄到，卽以之還付錢莊。如四川之欵不到，則由錢莊先行墊付。如是掮客對錢莊負責，而錢莊則對洋行負責。」(註二)在各通商口岸中，「太平天國以後，上海人口漸多，商務日盛，錢莊亦日趨發達。因時勢之需，乃進而兼營存放欵，並出莊票矣。」(註三)由此可知，錢莊是中

(註一)　飯島幡司支那貨幣論，頁九五。原書未見，茲引自楊端六清代貨幣金融史稿(一九五九)，頁一五九。

(註二)　魏胥之英國在中國的經濟侵略史(北平，民國三十四年)，頁一七八至一七九。

(註三)　上海銀行周報社編上海金融市場論，頁一九。原書未見，茲引自楊端六，前引書，頁一五六。

國在開關以後十九世紀末葉新式華商銀行成立以前的一種重要金融機構，對于通商口岸與國內各地貿易的資金週轉曾經扮演一個重要的角色。而在各通商口岸中，上海既然成爲全國最大的對外貿易港，那裏錢莊的業務當然更爲發達，在全國金融業中佔有重要的地位。

上海的錢莊，在開關以後，由于業務上的需要，自然與廣大的國內市場發生密切的關係。可是，在國內許多地方，雖然經歷過同治（1862—1874）中興的局面，到了光緒（1875—1908）初葉，經濟景況並不太好。尤其在光緒三年（1877），山西、陝西、甘肅苦旱爲災，河南、直隸飛蝗爲患，江蘇、安徽蝗蝻爲患，江蘇、浙江鬧風災，湖南、廣西水旱爲災，福建、廣東也鬧水災。(註一)這一年山西、陝西、河南的旱災，「歷時既久，爲地尤寬，死亡遍野，誠爲二百年之所無。」(註二)其中山西一省，「到處災黎，哀鴻遍野。始則賣兒鬻女以延活，繼則挖草根剝樹皮以度餐。樹皮既盡，亢久野草亦不復生，甚至硏石成粉，和土爲丸。饑餓至此，何以成活？是以道旁倒斃，無日無之。」(註三)根據當日在天津的一個外國賑災團體的估計，光緒三年山西全部，直隸、河南及陝西的大部分，都因旱災而農產失收，因此而餓死、病死的人口約共九百萬至一千三百萬左右。(註四)在這廣大地區中發生的災荒，當然要導致經濟惡化，市場購買力下降。這樣一來，和國內各地市場有密切關係的上海錢莊，自然要受到嚴重影響，因此種下了數年後金融恐慌的種子。其後到了光緒九年，黃河泛濫，災區甚廣，更降低內地市場的購買力，(註五)從而削弱了上海錢莊的基礎。

(註一)　光緒朝東華錄(文海出版社印行)，頁四二九，光緒三年六月丙午諭。

(註二)　同書，頁七三九，光緒五年五月壬寅，閻敬銘奏。

(註三)　同書，頁三九一，光緒三年四月丙午，鮑源深奏。又同書，頁四九六，載光緒三年十二月丙戌，閻敬銘、曾國荃奏，「晉省成災州縣已有八十餘邑之多，待賑饑民計逾五六百萬之衆。……臣敬銘奉命周歷災區，往來二三千里，目之所見皆係鵠面鳩形，耳之所聞無非男啼女哭。多令北風怒號，林谷冰凍，一日再食，尙不能以度寒。徹且久饑，更復何以度活？甚至枯骸塞途，繞車而過；殘喘呼救，望地而僵。統計一省之內，每日餓斃何止千人！……」

(註四)　Walter H. Mallory, *China: Land of Famine*, New York, 1928, pp. 29-30. 原書未見，茲引自 Ping-ti Ho, *Studies on the Population of China, 1368-1953*, Cambridge, Mass., 1959, p. 232.

(註五)　光緒朝東華錄，頁一五三九，光緒九年六月壬申諭；頁一五七五，同年九月丙午諭，丁未諭；頁一五八八，同年十一月壬申諭。又參考 C. John Stanley, *Late Ch'ing Finance: Hu Kuang-yung As An Innovator*, Cambridge, Mass., 1961, p. 76.

　　因旱災而嚴重影響到上海錢莊的業務，可說是光緒九年金融恐慌的遠因。是年的黃河水災，使上海與內地的貿易銳減，影響到錢莊的業務與放欸能力，可以說是近因。除此以外，這一年金融恐慌的發生，又由于中、法戰爭及人們對房地產、蠶絲以及各種企業股票的投機。

　　上文說過，在光緒九年，中、法兩國雖然還沒有正式宣戰，可是雙方在越南已經發生軍事衝突，靠近海口的上海隨時有受到戰爭破壞的危險。由于情勢緊張，人心恐慌，資金逃避，以致銀根緊縮。這樣一來，過去因內地市場購買力低落而基礎不甚穩固的錢莊，自然要「草木皆兵」，以致整個上海市面都「恐慌不堪言狀」，從而徐潤的寶源祥房產公司也因週轉不靈而倒閉了。關于此事，徐潤于事件過後的光緒二十一年（1895）春寫信給故鄉父老說，「憶自癸未年（光緒九年）敗事，負累至二百餘萬，家業因此蕩盡。……在昔遭事時，旁觀咸以為不了之局。……斯時申地現銀極少，各莊十停八九，不能周轉。房屋十空二三。百兩輪（船招商局）股，跌至三十四兩。五十兩保險（仁和水險公司及濟和水火保險公司的股票），跌至二十七八。百兩之開平（煤礦公司的股票），跌至二十九。其餘銅礦等各種股票，更不可問。江、浙兩省當鋪，十停二三；地基更無論矣。舉市百貨俱跌，無人問鼎。……溯敗事之由，實因時勢所迫。適值法人構釁，始以爭奪越南，……延擾及吳淞口，搜查出入各商船。因之（招）商局（輪船）盡歸旗昌（洋行），全換美國旗幟。常有一日三警，攻取（江南）製造局之傳言。是以市面忽敗，居民遷徙過半。內地民船竟有每和英洋三百番，人心虛至如此！上海百貨，無不跌價三五成。統市存銀照常不過十分一二，祇有三十八萬。此二十天之難過也。斯時兼有胡姓等大戶，以受擠，周轉不及，而潤遂繼之。」(註一)對于徐潤這段文字的記載，我們可以補充數點如下：

　　第一，文中只說恐慌發生于光緒九年，並沒有說明發生于那一月那一日；在年譜的其他地方，徐潤也沒有提及。但文中曾說，「胡姓等大戶，以受擠，周轉不及。」這位姓胡的大戶指的是胡光墉，字雪岩，在年譜頁三五也提到他的名字。根據下引李慈銘越縵堂日記的記載，我們可知胡光墉開設的阜康錢鋪于光緒九年十一月初六日（公元一八八三年十二月五日）被擠倒閉。因為胡氏的錢鋪倒閉後，徐潤的房產公司也跟

（註一）　年譜，頁八一至八二。

着倒閉，故我們可以推知此事發生于十一月上旬左右。

第二，文中說上海的錢莊「十停八九」。關于此事，我們可從英國方面的記載得到證明。根據一八八四年五月八日上海英國領事給英國政府的報告，上海于一八八三年年初，共有錢莊七十八家，到了年底只剩下十家繼續營業，其餘都已經停業或倒閉。(註一)

第三，文中說光緒九年恐慌發生時，上海存銀銳減，只有三十八萬兩，約等于平時存量的十分之一二。在同一信中，徐潤把當日上海存銀數量和後來中、日甲午戰爭時的數量作一比較，更顯出當日上海銀根緊縮的嚴重情況。他說，「卽如今中、日構釁，高麗全失，平壤敗後金、復、海、蓋四邑已失，延及瀋陽，其敗勢更過于越南，旅順之戰尤過于馬江。遼東一帶商船不能往來，（招）商局之船又易爲德國旗色。而目下申、浦市面較盛于往昔，閤市存銀一千三百餘萬。同是構釁，而一衰一盛如此懸殊，豈非數乎？」(註二)

第四，文中曾提及馬江之役。按中、法兩國海軍在福建馬江的戰爭，發生于一八八四年（光緒十年）八月二十三日，(註三)時間在上海金融恐慌爆發之後。不過在光緒九年十一月初旬，中、法兩國早已在越南發生軍事衝突，戰事有擴大的趨勢，靠近海邊的上海，情勢自然是要緊張起來的。

第五，關于因中、法軍事衝突而引起上海金融恐慌的情況，徐潤在年譜中其他地方也常常提到。如頁八九說，「光緒九年夏秋之間，法、越一役，滬市中變，錢莊紛紛歇業，十有八九。職道運掉不靈，各帳擠軋，憂憤致病。」又頁一〇一說，「迨癸未（光緒九年）秋，法、越肇釁，上海爲中外總樞，風聲鶴唳，一日數驚。商市奇緊，周轉不靈，致敗壞幾不可收拾。艱難創就，盡付東流。」又頁一一五說，「祇因中、法失和，產業跌價，銀根緊縮，不得不將昔置地產及股票棄去，以抵欠項，勉爲妥理。然已損失不支矣。」

(註一)　British Parliamentary Papers, *China*, No. 5 (1884) (Trade Reports), "Report of Shanghae," pp. 232-233. 原書未見，茲引自 C. John Stanley, 前引書，p. 77.

(註二)　年譜，頁八二。

(註三)　H. B. Morse, *The International Relations of the Chinese Empire*, Taipei, 1961, Vol. II, p. 359.

　　以上我們討論中、法戰爭與光緒九年上海金融恐慌的關係。復次，當日恐慌之所以發生，又由于人們對房地產、蠶絲及各種企業股票的狂熱投機。在光緒九年恐慌發生以前的上海，有不少人，包括外國人在內，都從事房地產、商品及股票的投機。(註一)我們在上文屢次提到，徐潤過大過貪的投資于上海的房地產，當然是一種投機行為。同時，他又利用錢莊及其他債權人的欵項來「收買各項股票。」(註二)至于蠶絲的投機，我們可拿胡光墉的收購囤積來作例子。

　　胡光墉，字雪岩，浙江杭州人，大約生于一八二五年。他「初以無業游民，在某錢鋪供雜役。候補道王某，有銀十萬兩，存此鋪生息。無事輒至，與主人閒談，見胡殷勤沈實，數年如一日，陰志之。值賊（太平天國軍隊）將犯臨安，滿城逃空，店主還王銀。王謂胡可倚托，使代安放，約亂平還。胡念干戈滿地，懷此重貲適爲殺身之媒，探知衢州一府穀價甚賤，盡數買穀二十萬石，各存其地。省垣既破，左（宗棠）侯進大軍圖收復，至衢州乏糧，兵士欲譁。胡聞之，罄所買穀以獻。營中歡聲如雷，軍威大振。左侯嘆胡爲一時豪傑，重用之，糧臺歸其總理。」(註三)根據這項記載，我們可以推知，約自同治元年(1862)左右開始，胡光墉已經在左宗棠底下工作。當左宗棠奉命統兵西征的時候，胡光墉留駐上海，從事後方勤務工作。他替左氏收解各省協欵，舉借洋債，及自外國購買軍火和機器（例如爲甘肅織呢總局購買德國機器）。左氏西征的成功，固然有種種的原因，但軍械配備的優良當是其中一個重要的因素。

　　一方面因爲曾經在杭州的錢鋪工作過，他方面由于與左宗棠的密切關係，胡光墉在太平天國革命平定以後的中國金融業中漸漸扮演重要的角色。在上海、寧波、溫州、福州、廈門及漢口，他負責主持海關銀號（又稱關銀號），爲海關徵收稅欵。他自己又投資開設阜康銀號（一作阜康錢鋪）及胡通裕票號。阜康銀號以杭州爲中心，在上海及其他重要城市都有分枝機構。(註四)大約因爲胡氏在當日社會上、政治上的地位，阜康銀號信用很好，能夠吸收大量的存欵。例如協辦大學士文煜，「由道員升至

(註一)　C. John Stanley, 前引書，pp. 75-76, 105.

(註二)　年譜，頁一一五。

(註三)　歐陽昱見聞瑣錄卷一，頁五，胡雪岩。原書未見，茲引自李文治中國近代農業史資料，第一輯，頁五三六。

(註四)　C. John Stanley, 前引書，pp. 33-43.

督撫，屢管稅務，所得廉俸歷年積至三十六萬兩，陸續交阜康號存放。」(註一)

蠶絲的出口貿易，在開關以後曾作飛躍的進展。胡光墉的家鄉附近，尤其是浙江杭（州）、嘉（興）、湖（州）一帶，是中國蠶絲的重要產區。胡氏在金融業方面既然能夠籌集到大量的資金，便大規模的做起絲的投機買賣來。根據一八八三年十月二十四日北華捷報（North China Herald）的報導，他在一八八一年已經從事絲的投機買賣。又據一八八二年十月二日杜魯（E. B. Drew, 在上海海關任統計秘書）的報告，在一八八一年六月胡氏購存了三千包的絲，到了一八八二年五月底他購存的絲增加至八千包，及同年十月初更增加至一萬四千包。由于他的大量收購，上海絲價上漲，在一八八二年九月底每包要賣英金十七先令四便士，可是同一等級的絲每包在倫敦只賣十六先令三便士而已。雖然如此，此後胡氏還是繼續搜購，約共囤積了一萬五千包的絲，價值約共一百二十五萬鎊。可是，到了一八八三年，意大利絲的產量增加，同時歐洲買絲的商人認為胡氏囤積了這許多絲，遲早總是要出賣的，故不肯出高價來購買。當上海絲市陷于停頓狀態的時候，市場上銀根突告緊縮，故絲價激劇下降。胡氏因此而虧損了一百五十萬兩的銀子（三十五萬鎊左右）。(註二)

關于胡光墉因做絲的投機買賣而蒙受虧損一事，在中國方面也有記載，不過其中說到投資與虧損的數額略有不同。例如歐陽昱說，「胡（光墉）深知夷商技倆，欲舉一人之力，與之旗鼓相當。某年新絲將出，遣人徧天下收買，無一漏脫者，約本銀二千萬兩。夷人欲買一斤一兩而莫得，無可奈何。向胡說願加利一千萬，買轉此絲。胡謂非一千二百萬不可。夷人不肯，相持數月，復托人伸前說。胡言仍不二。夷人遂謂此次倘為胡所挾，則一人操中外利柄，將來交易，惟其所命，從何獲利？遂共誓今年不販絲出口。至次年，新絲復出，胡邀人集資同買，謂再收盡，則夷人必降服，必獲厚利。使此時富商巨買，能如夷商一心，助成其事，則可挽轉大局，而中國利柄，不至為外洋所握。然無一人應者。于是新絲盡為夷買，不復問舊絲矣。胡急甚，反托人向夷人說，願依初議賣。夷人笑而不應。再言僅求歸本銀。仍笑而不應。復婉轉言

(註一)　光緒朝東華錄，頁一六〇五，光緒九年十一月癸卯諭。又參考同書，頁一六〇〇，光緒九年十一月丙申諭；頁一六〇四，同年同月壬寅諭。

(註二)　C. John Stanley, 前引書，pp. 73-78.

之。夷人曰，『必欲賣，非捐本銀八百萬不可。』移念絲存二三年，便變壞無用，不得已賣之。……」(註一)

胡光墉收購這許多絲所用的資金，顯然大部分或甚至全部來自阜康銀號。如今他做的這種投機買賣失敗了，阜康銀號的信用基礎自然要動搖起來。故在當日普遍的經濟恐慌襲擊之下，阜康銀號也支持不住而被迫倒閉。關于此事，李慈銘在光緒九年十一月初七日（公元一八八三年十二月六日）的日記中說，「昨日杭人胡光墉所設阜康錢鋪忽閉。光墉者東南大俠，與西洋諸夷交。國家所借夷銀曰洋欸，其息甚重，皆光墉主之。左湘陰西征軍餉，皆倚光墉以辦。凡江、浙諸行省有大役、有大賑事，非屬光墉，若弗克舉者。……阜康之號，杭州、上海、寧波皆有之，其出入皆千萬計。都中富者，自王公以下，爭寄重貲爲奇贏。前日之晡，忽天津電報言南中有虧折。都人聞之，競往取所寄者。一時無以應，夜半遂潰，赾攘一空。聞恭邸（恭親王）、文協揆（文煜）等皆折閱百餘萬。亦有寒士得數百金，託權子母，爲生命者，同歸于盡。今日聞內城錢鋪四大『恒』者，京師貨殖之總會也，以阜康故，亦被擠，危甚。此亦都市之變故矣。」(註二) 因爲胡光墉的阜康銀號過去和各地商業發生密切關係，故「胡敗，江、浙諸省之商務，因之大減。論者謂不下于咸豐庚申（1860）之刼。」(註三)

四

綜括上文，我們認爲，對于光緒九年徐潤在上海從事房地產經營的失敗，絕不能當作一件孤立的事件來看，因爲這是當日經濟恐慌發生的一種表示，徐潤不過是其中一個犧牲者而已。

這次恐慌，並不限于房地產一業，也不限于上海一地，而在各方面各地區都普遍表現出來。說到發生的原因，遠的可以追溯到光緒三年的大災荒，因爲牠曾經令到國內許多地方經濟惡化，購買力降低，從而與內地市場發生密切關係的錢莊，基礎漸被削弱。至于發生的近因，主要由于中、法兩國在越南的軍事衝突，影響到上海情况緊

(註一)　歐陽昱，前引書，頁五至十，胡雪岩。(李文治，前引書，第一輯，頁五五五至五五六。)

(註二)　李慈銘越縵堂日記(北平，民國十一年)，第四一册，頁三九至四○。

(註三)　徐珂清稗類鈔(上海商務)，第二四册，頁三五三六，胡雪岩之豪。

張，人心恐慌，資金逃避，銀根緊縮，以致造成金融恐慌的局面。此外，過去人們對于房地產、蠶絲及各種股票的過分投機，自然也足以促使經濟恐慌的爆發。

說到這次經濟恐慌，下列幾種現象都曾經很明顯的表現出來：

第一種現象是金融機構的倒閉。上文曾說當日上海各錢莊「草木皆兵」，「十停八九，不能週轉。」阜康銀號的倒閉，更是明顯的例子。不過上引年譜頁三五說，「巨家如胡雪岩、劉雲記、金蘊青，皆相繼壞事。」直到現在我們還只知道胡光墉（字雪岩）經營阜康銀號的事蹟，其餘兩巨家的事蹟還要待考。

第二種現象是物價的下跌。上文曾說「上海百貨無不跌價三五成，」又說「舉市百貨俱跌，無人問鼎。」上海物價的下跌，波及國內各地，因為跌到比生產成本還要低，以致生產者蒙受鉅大的損失。關于此事，我們可以舉出光緒九年十二月十五日益聞錄的報導來作證明：「（江蘇）昭文白岩橋某婦，遣其夫以線紗入市換錢。適紗正無銷，强售于人，僅得青蚨二百八十翼，持以歸。妻謂，『此紗棉花且值三百文，今乃僅得若干數，非酒家傭賺去，卽銷于盧雉場中●當此年歲饑荒，尚復不知儉約耶？』夫受此奇寃，憤不能雪，與妻口角。妻負氣入房自縊。夫知之，已不及救，亦自經死。其子方入門，見父母皆死，大呼鄰人，然後入井。比救，已無效。」(註一)

第三種現象是股票的跌價。上文說過，「百兩輪股，跌至三十四兩。五十兩保險，跌至二十七八。百兩之開平，跌至二十九。其餘銅礦等各種股票，更不可問。」

第四種現象是企業的倒閉。上文說上海「號商店鋪，接踵傾倒，不知凡幾。誠屬非常之禍。」又說，「江、浙兩省當鋪，十停二三。」而寶源祥房產公司的倒閉，更是明顯的例子。

由于經濟恐慌的發生，當日國計民生大受影響。在民生方面，許多人的所得要大為減少。從事投資的人，例如徐潤，上文說他「負累數至二百餘萬，家業因此蕩盡。」當阜康銀號倒閉的時候，「聞恭邸（恭親王）、文協揆（文煜）等皆折閱百餘萬。亦有寒士得數百金，託權子母，為生命者，同歸于盡。」該銀號在倒閉後要清償債務的時候，「惟官欵及諸勢要之存欵，尚能勒收其居室、市肆、古玩為抵。此外若各善

(註一)　益聞錄，第三二四號（光緒九年十二月十五日）。原文未見，茲引自李文治，前引書，第一輯，頁五三三。

堂、各行號、各官民之存欵，則皆無可追索，相率飲恨吞聲而已。」(註一)自恐慌發生後，作爲當日全國經濟中心的上海，便步入經濟蕭條的階段，在那裏的人對于新興的工商企業的投資因此銳減。例如光緒十年（1884）岑毓英說，「竊雲南本產銅之區，……前經督撫臣會籌整頓，遵旨奏請仿照公司于上海總滙地方招商集股，剋期舉行，實變通之良法。乃甫經委員設局，粗有端倪，適值上年（光緒九年）秋間滬商倒閉，生意蕭條。其已經入股之人，又以雲南邊隅窵遠，法、越兵端未息，羣情疑沮，觀望不前，久無成效。」(註二)又光緒十二年（1886），當漠河金礦正要籌集股本來開採的時候，馬建忠說，「比年滬市蕭條，殷實之商，半遭折閱。且憚于數年前股分之虧。語以招股醵資，百無一應。就令展轉勸諭，以利歆之，亦恐徒曠歲時，難以湊成鉅欵。」(註三)由于國民所得及投資的減少，國家的財政收入也受影響。例如光緒十年七月曾國荃說，「去冬（光緒九年冬）各路錢莊紛紛倒閉，銀源枯窘。兼之鹽課、關稅、厘金，收數無一不絀。閭閻既無可勸之捐，庫儲均有立涸之勢。」(註四)

　　在中、法戰爭時期，中國朝野上下很明顯的分爲主戰及主和兩派，初時旗鼓相當。其後主和派得勢，終于簽約構和。當日主和派之所以得勢，原因固然有種種的不同，但在有形無形中，這一派人的主張是否和經濟恐慌的發生有關，似乎是值得我們研究的問題。

(註一)　徐珂，前引書，第二四册，頁三五至三六，胡雪巖之豪。
(註二)　岑毓英撫滇奏疏卷一，頁三，覆礦務摺。又參考同書同卷，頁八，奏開礦事宜摺。
(註三)　清朝續文獻通考卷四四馬建忠論漠河開礦事宜稟（光緒十二年）。
(註四)　光緒朝東華錄，頁一七六〇，光緒十年七月辛酉曾國荃奏。

出自第三十五本（一九六四年九月）

明嘉靖年間浙福沿海寇亂與
私販貿易的關係

陳　文　石

明嘉靖中葉之後，東南沿海地方，私商、海盜、倭寇結合爲亂，攻城略邑，刼庫縱囚，殺擄居民，焚蕩廬舍。負海數千里，所在告警。加以當時政治、經濟、社會上種種問題，於是「小民迫於貪酷，苦於徭賦，困於饑寒，相率入海從之。兇徒、逸囚、罷吏、黠僧，及衣冠失職書生，不得志羣不逞者，皆爲之奸細，爲之嚮導。人情忿恨不堪忍，弱者圖飽煖旦夕，強者奮臂欲洩其怒。」(註一)內外結合，乘機相與爲亂，東南數省爲之漁爛者二十餘年。明廷轉兵輸餉，朝野俱困，直至萬曆初年，始大體平定。明人對此皆歸之倭寇。倭寇之罪，固永不可恕，然「大抵賊中皆華人，倭奴直十之一二。」其召禍因素，相當複雜。本文擬僅就國人私販貿易與禍亂關係部分，作一簡單敍述。

一、明代的禁海政策貢舶貿易制度與私販貿易的關係

禍亂的最初起因，由於私販猖獗；私販發生，由於禁海政策與貢舶貿易制度。中外海上貿易，自唐宋以來，已很活潑。明朝初年，由於濱海地區海盜橫行，並勾引倭人，肆爲刼掠。「初，方國珍據溫、臺、處，張士誠據寧、紹、杭、嘉、蘇、松、通、泰諸郡，皆在海上。方、張既降滅，諸賊強豪者悉航海，糾島倭入寇。」「焚民居，掠貨財，北自遼東、山東，南抵閩、浙、東粵，濱海之區，無歲不被其害。」(註二)內奸外寇，海警頻傳。先是，明廷擬先由剪除海盜羽翼着手，欲令日本禁戢國人，阻其

(註一)　吾學編，四夷考上卷，日本條。

(註二)　同上。明史紀事本末卷五五，沿海倭亂。明初海盜，方、張餘黨之外，有的本爲海商，元末天下大亂，商路被阻，逐結綜行刼。有的本爲海賊，與易統變亂之際邊失生理的沿海居民糾合刼掠，新朝建立後，仍流竄島嶼間。終洪武之世，沿海盜亂不絕。大股衆至數萬，舟以千計，僭假名號，焚掠官府，刼殺守令。此雖不至動搖新政權的穩定基礎，然已構成地方安全的嚴重威脅。

與海盜結合。海盜失去外援，然後徐而圖之，自易殄滅。故明太祖於卽位之初，卽遣使赴日，循外交途徑交涉。然不幸幾次往返，皆歸失敗。且寇掠之勢，更爲昌熾。當時以政權新立，社會經濟，亟待恢復，國內統治，尙未完全鞏固。尤其對北方蒙古，連年用兵，國家正集中力量，清除殘餘抗逆勢力。一時未能建立强大水師，跨海遠征，肅靖海疆。所以只有採取消極防禦政策，以期減少禍患。於是除沿海各地廣置衞所城寨，增戍造船，並「招蛋戶、島人、漁丁、賈豎，自淮、浙至閩、廣，庶幾萬人，盡籍之爲兵。」及將沿海易生盜亂地區居民遷之內地外，並頒令禁海，嚴禁國人在海上活動，縱民船漁舟亦不得擅行下海。違禁者以私越邊關走泄事情私通外國律，治以重罪(註一)。

　　然嚴令禁海，只能阻止國人出海興販。自唐、宋以來長期歷史發展起來的中外貿易，在「有無相遷，邦國之常」的供求關係下，外舶至者日多。明廷爲統制外舶貿易，並防止私商海盜乘機混入，保障海防安全，因此有管制外舶的貢舶貿易制度。凡海外諸國欲至中國通商貿易者，須先在政治上接受中國封敕，建立宗藩從屬關係，由中國頒給勘合憑信，規定修貢期限，貢使人員船隻數目(註二)，然後可以持此在修貢通好的名義下，進行有限度的貿易。所帶貨物，除表示誠敬上貢者外，其餘經政府抽分收買後，方許在港口市舶司內或京師會同館由官員嚴密監視下與中國商民開市互易(註三)。上貢物品，中國以同賜方式，酬以相當貨值。此外任何私人貿易，概行禁止。江南經略云：「凡外裔入貢者，我朝皆設市舶司以領之。在廣東者專爲占城、暹羅諸番而設。在福建者專爲琉球而設。在浙江者專爲日本而設。其來也，許帶方物，設牙行與民貿易，謂之互市。是有貢舶卽有互市，非入貢卽不許其互市，明矣。」「貢舶者，王法之所許，市舶之所司，

(註一)　洪武大明律卷一五兵律三，私出外境條。皇明世法錄卷七五，違禁下海。

(註二)　各國貢期，太祖時屢令遵守三年一聘古禮，不必煩數。東南各國，大抵一舟，百人。日本貢約始於永樂年間，船二艘，人二百。宣德時改爲人毋過三百，舶毋過三艘。琉球二年一至，止許百人，後增至一百五十人。

(註三)　禮部志稿卷三五、三六、三八、九○所記各國朝貢事項。大明會典卷一○八，朝通貢例。卷一六四，市廛。會同館互市，一度曾僅限於宛平、大興兩縣舖戶。命縣官選送入館，後以雙方所欲買賣兩不相投，弘治十四年四月廢止。此等舖戶蓋爲江南遷此者。成祖遷都北京時，曾徙江南、直隸富民三千戶以實京師，令充宛平、大興兩縣廂長。或因此特令貿易番貨以撫慰之。

乃貿易之公也；海商者，王法之所不許，市舶之所不經，乃貿易之私也。」(註一)

　以商業行爲與外交關係結合一起的貢舶貿易制度，這是明代以「封貢貿易」對外馭邊政策中的一環(註二)。因此明代市舶司的任務，亦與宋、元時代有所不同。大學衍義補：「本朝市舶司之名，雖仍其舊，而無抽分之法。惟於浙、閩、廣三處置司，以待海外諸蕃之進貢者。蓋用以懷柔遠人，實無所利其入也。」(註三)明史：「市舶提舉司掌海外諸番朝貢之事，辨其表文勘合之眞僞，禁通番，征私貨，平交易，閑其出入，而愼館穀之。」「所以通夷情，抑姦商，俾法禁有所施，因消其釁隙也。」(註四)因之貢舶貿易、對外關係(海上諸國)、海禁政策三者是密相關聯的。明代市舶司不僅止設寧波、泉州、廣州三處，而且各國必須依指定港口出入，至者皆以使臣儀注優禮接待，館穀甚厚。其非會典所載不列於王會者，槪不許往來通市。因之「朝貢」之際，對禮節儀度，非常重視。如違犯貢市禁令，不遵約束，則人船阻回，甚且閉市絕貢，以爲懲誡。皇明名臣經濟錄：「且如番舶一節，東南地控夷邦，」「我祖宗一統無外，萬邦來庭，不過因而羈縻而已，非利其有也。故來有定期，舟有定數，比對符驗相同，乃爲伴送。附搭貨物，官給鈔買。其載在祖訓，謂自占城以下諸國來朝貢者，多帶行商，陰行詭詐，故阻之。自洪武八年阻至十二年方且得止。諄諄然垂戒也。」(註五)

　明代之所以禁止國人出海興販，堅持維護貢舶貿易制度，除前述政治上、國防上的理由外，亦爲「禁海買、抑姦商、使利權在上」以壟斷海外貿易利益。東南各國所至貨物，其關係民生日用最大輸入最多者爲蘇木、胡椒。一次所至，往往多達數萬或十數萬斤。明廷對此管制甚嚴，最初用爲特別賞賜(註六)，後則用以折發兩京文武官常俸。明史：「成化二年……舊例，兩京文武官折色俸，上半年給鈔，下半年給蘇木、胡椒。」(註七)前引大學衍義補：「矧今朝廷每歲恒以蕃夷所貢椒、木，折支京

　(註一)　卷八上，開互市辨。
　(註二)　明廷對待自西南至東北邊疆各部族，皆以官爵封敕，恩賞貿易，從中羈縻駕馭。東有馬市，西有茶市，通交易，給鹽米布賑諸酋豪，使各相峙而不相結，保塞不爲邊寇盜。
　(註三)　卷二五，市糴之令。
　(註四)　卷七五，職官四，市舶提舉司。卷八一，食貨五，市舶。
　(註五)　卷四三，汪鋐：題爲重邊防以蘇民命事疏。
　(註六)　用蘇木、胡椒作爲特殊賞賜物品，洪武、永樂時此例甚多。見太祖、太宗實錄，不舉例。
　(註七)　明史卷八二，食貨六，俸餉。後廣東地方剏以市舶司抽分所得，支付地方軍費。

官常俸。夫然不擾中國之民，而得外邦之助，是亦足國用之一端也。其視前代算間架經總制錢之類，濫取於民者，豈不猶賢乎哉！」所以成祖時爲開拓財源，耀兵異域，命中官鄭和率領龐大艦隊，遠出經營，廣事招徠，外番願入中國者皆以禮接納。一時番舶至者甚盛，並許商民於市舶司承令博買，且有以此致富者（註一）。但對於國人海上興販，仍嚴行禁止。民間所有海船，令一律改爲平頭使不得下海（註二）。明代常以中官提舉市舶司事，實亦爲便於壟斷之故。

嚴令禁海，國人既不得自由販海貿遷。在貢舶貿易制度下，雖然持有勘合國家可享有貿易上的種種特殊權益（註三），但究爲貢約所限，不能隨其所欲自由往還。同時此僅爲貢舶國家王室或官方支持下的貿易，一般番商以不能取得勘合，便無法進口。而貢舶輸入貨物，又爲政府所壟斷。雖然市舶司或會同館（會同館開市僅限三天或五天）開市時，中國商人，可承令買賣，但僅爲官方所不肯收買的殘餘物品，貨色粗劣，數量亦微，品類價格，又都有限制。而且往往供求兩不相投，雙方俱不能滿足所欲。於是貢使、中外商人，遂互相勾結，窩藏接引，進行秘密私販活動。尤其中國海商，在政府禁海壟斷，外舶特權獨佔的雙重刺激下，既不能取得公平合法的貿易，便只有越關冒禁，挑戰下海，從事非法貿易了。

二、國人私販貿易與沿海地理經濟條件

明代寸板不許下海的禁海措施，不但違反自唐、宋以來中外海上貿易發展的歷史潮流，阻抑了國人向南洋開發活動的趨勢；同時更嚴重的漠視了邊海區域的自然地理因素與人民生活條件。冒禁下海者，以福建沿海最爲昌盛。就福建沿海地理經濟環境而言，此實有不得不然者。皇明世法錄：「八閩多山少田，又無水港，民本艱食。自非肩排步擔，踰山度嶺，則雖斗石之儲，亦不可得。福、興、漳、泉四郡，皆濱於海，海船運米，可以仰給。在南則資於廣，而惠、潮之米爲多。在北則資於浙，而溫

(註一)　殊域周咨錄卷九佛郎機條下按語。西洋朝貢典錄序。

(註二)　太宗實錄卷二七，永樂二年二月辛酉條。

(註三)　貢舶至者，皆以使臣身份接待，賞賜宴勞，往返送迎，禮數甚厚。所帶貨物，往往優免關稅。自入港至出海，一切費用，皆由中國支付。船隻損壞，或代爲修理，或責給遣還。

州之米爲多。玄鍾向爲運船販米，至福行糶，利常三倍。每至輒幾十艘、或百艘、或二三百艘，福民便之，廣、浙人亦大利焉。」(註一)生產不足自給，必須依賴外部輸入，此種情形，漳、泉地方尤爲嚴重。泉州府志：「泉封疆逼陿，物產磽瘠，桑麻不登于筐繭，田畝不足于耕耘。稻米菽麥絲縷棉絮，縣由皆仰資吳、浙。惟魚蝦蠃蛤之利，稍稍稱饒。民飯稻羹爲甘，於肉食不敢羨也。山藪居民樹藝葛苧，機杼所就，與他郡相灌輸。而貿魚鹽，不過饔飧是賴。」「資食於海外，資衣於吳越，資器用於交廣。物力所出，蓋甚微矣。充方物者唯有荔枝，備珍羞者莫如海錯。然而山澤之產，多寡難知，有無不時。按籍而求，多不可得也。」(註二)漳州府志：「閩田素稱下下，而漳以海隅，介居閩、粵，依山陟阜，林麓荒焉。雜以海壖斥鹵，澗溪流潦，決塞靡常。稱平野可田者，十之二三而已。」(註三)

　　土瘠物薄，所出已不足以食其民。益以官府培剋，胥役騷擾，勢家兼併，寺院侵奪，民生因之益艱。陳之清上巡按一利十害文云：「地陿民稠，耕畝於山，堅蠣於海，姑舂婦擔，女市男田，坐賈工作，其細已甚。」「夫皂隸胥役，古有名數也，而今何額哉！一邑之庭，有輿隸也，附之以白役。一人在庭，十人在門，在庭者趨，在門者縛。一有差遣，一人化而爲十矣。夫十人也，其家之父母妻子何財之贍而身之資也。」「土出不豐，百貨皆自外至，舟裝驟馱數十里，不能置一石，而官復稅之。」「沮儈復從而噲喭之。」(註四)蔡清民情四條答當路云：「福建屬郡人民，自永樂、宣德以後，多有田已盡，丁已絕，而其糧額猶在者。名爲無徵，灑派小民。夫何時事推移，田產潛入豪右，上下欺蔽，有司莫爲之分明。歲復一歲，遂不可奈何。」「富家則厚享無名之利，貧民則受不根之害。」(註五)勢家兼併勒索之外，又有寺院侵奪，「天下僧田之多，福建爲最，舉福建又以漳州爲甚。多者數千畝，少者不下數百畝。」「有至萬畝者，僧人多以田投獻勢豪之家，謀爲住持。而當差良民，或無寸土。」(註六)「寡

(註一)　卷七五，閩海。
(註二)　同治九年重刊本(以下同)卷二〇，風俗，引萬曆府志。
(註三)　光緒刊本卷十四，賦役上。
(註四)　同治七年刊本福建通志（以下同）卷五五，風俗。
(註五)　同上。
(註六)　天下郡國利病書卷九三，福建三。憲宗實錄卷二一，成化十六年十二月己未，巡按福建監察御史徐鏞奏疏。

弱之良民，而夾强大之隣敵，乘機窺伺，呑田索貨，連綿其劵。不陷之以人命，則誣之以軍丁。吏緣而羅織，不竭其產以賠償之不止也。兼以郡隸搆差，百色誅求，凡有催科，抬一作十。小民一年之勤動，不足供一月之費。而典田宅鬻子女，纍纍相繼。」(註一)

濱海地區，以自然地理條件限制，田地可耕者少，故多從事養蠶、製茶、植蔗煮糖，栽培果木等生產，向外交換。泉州府志：「泉地枕山負海，有荔枝龍眼之利，魚蝦螺蛤，多於糞稻。懸島絕嶼，以網罟爲耕耘。附山之民，墾闢磽确，植蔗煮糖。地狹人稠，仰給於外。百工技藝，敏而善倣。北土緹縑，西番毳罽，莫不能成。鄉邨婦人，芒屩負擔與男子雜作。」(註二)閩部疏：「凡福之紬絲，漳之紗絹，泉之藍，福延之鐵，福漳之橘；福興之荔枝，泉漳之糖，順昌之紙，無日不走分水嶺及浦城小關，下吳越如流水。其航大海而去者，尤不可計。」生活主要物品旣須仰賴對外交換，除海道外，陸路貨販，不但峭壁峻嶺，經越奇險。而且脚費昻貴，成本過高。「福建多山路，山路多險隘。如今浦城仙霞嶺，及福淸縣常思嶺，上官常所經行，猶或詫爲險峻，抑不知此猶通衢大路也。其險甚處，上有懸崖峭壁百十仞，下則有不測之坑谷，泉瀉其中，聲如震雷，而僅以盈尺之板，或半腐木枝駕其上以度，甚可危也。又或林木蒙翳，披一罅而入，數十百步不見天日，與探虎穴無異。其出也，木葉草刺，黏帶滿襟裳。」(註三)「漳、泉人運貨至省城，海行者每百斤脚價銀不過三分，陸行者價增二十倍，覓利甚難。其地所產魚鹽，比浙又賤。蓋肩挑度嶺，無從變賣故也。故漳、泉强梁狡猾之徒，貨貲通番，逾遏愈熾，不可勝防，不可勝殺。」(註四)

由於自然地理條件及政治上的種種因素，福建邊海地區的經濟社會，形成尖銳的對照。少數富豪掌握大量可耕的田地，廣大農民貧無立錐之產。彼等除淪爲佃戶或離開鄉土遠出傭工外，只有「以船爲家，以海爲田，以販番爲命。」客觀環境如此，執政者不顧其生活條件，漠視自唐、宋以來的歷史發展情形，嚴禁下海，實無異扼斷了其

(註一) 福建通志卷五五，風俗，引明鄭紀送萬廷器之仙遊序。

(註二) 卷二〇，風俗，引何喬遠閩書。

(註三) 福建通志卷五六，風俗。

(註四) 武備志卷二一四，海防六。

生命線，武備志云：「福建邊海，貧民倚海爲生，捕魚販鹽，乃其業也。然其利甚微，愚孱之人，方恃乎此。其奸巧强梁者，自上番舶以收外國之利，利重十倍故耳。今既不許通番，復並魚鹽之生理而欲絕之，此輩肯坐而待斃乎！」(註一)「不下海挾徒黨爲姦利，則俟命於天耳！」而下海者官府又繫其家屬，不敢生還，故愈禁愈熾，終至內奸外寇，勾結爲患，譚襄敏公奏議：「閩人濱海而居者，不知其幾也。大抵非爲生於海，則不得食，海上之國，方千里者不知凡幾也。無中國綾綿絲枲之物，則不可以爲國。禁之愈嚴，則其值愈厚，而趨之者愈衆。私通不得，卽攘奪隨之。昔人謂弊源如鼠穴也，須留一個。若要都塞了，好處俱穿破，意正如此。今非惟外夷，卽本處魚蝦之利與廣東販米之商，漳州白糖諸貨皆一切禁罷，則有無何所於通，衣食何所從出？如之何不相率而勾引爲盜也。」(註二)沿海盜亂，福建最盛，終年海警不絕，實由於此。「語云：海者閩人之田，海濱民衆，生理無路，兼以饑饉薦臻，窮民往往入海從盜，嘯聚亡命。海禁一嚴，無所得食，則轉掠海濱，男女束手受刃，子女銀物，盡爲所有，爲害尤酷。」(註三)

三、嘉靖前期的私販活動

私販貿易活動，自明初以來，雖屢申禁令，然迄不能絕。成、宣以後，由於政府向南洋經營的刺激，因之下海與番者益多。成、宣時代近三十年轟轟烈烈的南洋經營活動中，對國際文化的交流，政治經濟的影響，及國內製造遠洋航舶工業技術的發展，姑且不論。試思在此三十年的活動中，該訓練出多少航海人才？他們對於海上航行的技術、海圖的繪製、羅盤的使用、風候潮汐的測定、及海洋生活條件等，都有了純熟的訓練。對海外諸國的風土習俗、物產經濟、政教組織，也有了更爲深入的瞭解。當他們回國之後，將沿途所遇到的風險怪異，奇譚趣事，國人見所未見，聞所未聞的異國事物，動人情調，如神話般的講給鄉人親友，傳聞朝野。加以珍寶重利的誘惑，對本爲生計所迫時思越禁出海及樂於逐波行險爲生者，不但無形中提供了「興番指南」，也

(註一)　卷二一四，海防六。

(註二)　卷二，海寇旦寧比例陳情疏。皇明經世文編卷二〇七，錢薇：承啓棠集卷一，海上事宜議，與當道處倭議。

(註三)　天下郡國利病書卷九六，福建六，引鄭澇鄉防閩山寇議。四夷考上卷，日本條。

更刺激了彼等從事海上冒險的衝動。吾學編：云「永樂初西洋之役，雖伸威海表。而華人習知海夷金寶之饒，夷人來貢亦知我海道。奸闌出入，華夷相糾，以故寇盜復起。」成祖遣使遠出，「威德退被，四方賓服，受朝命而入貢者殆三十國。」（註一）雙方貨物禮品的交流，及鄭和等平定海上通航的阻難，一方面啓誘中外商人往來逐利的心理，同時亦予航行上的安全與方便。而永樂時倭寇遭受嚴厲懲創，明、日間亦已訂立貢約，允許日本通貢在市，倭患漸少。沿海警備，又以承平日久，漸次鬆弛。故成、宣之後，商民或結黨下海，接引轉賣。或官商勾結，賣港分肥。或交通貢使，窩藏取利。或假朝廷幹辦為名，挾商出番。或僞稱行人正使，內外蒙騙。走私之風，日盛一日。濱海豪門勢家，亦有染指海上者。東西洋考：「成、弘之際，豪門巨室，間有乘巨艦貿易海外者，奸人陰開其利竇，而官人不得顯收其利權。初亦漸享奇贏，久乃勾引為亂，至嘉靖而弊極矣。」（註二）

此外，海防官軍，由於待遇菲薄，且不得按時支給，往往有拖延數月或經年不發，故常賣闌取賄，放縱出入。而提督市舶太監包庇主使，尤足刺激私販活動。如憲宗時的韋眘，實錄「廣東布政使陳選奏，據番禺縣呈鞫犯入黃肆招稱：縣民王凱父子招集各處客商，交結太監韋眘，私出海洋通番交易，謀財殺人，警擾鄉村。」（註三）雙槐歲抄：「廣東市舶太監韋眘，招集無賴阻儈數百十人，分布郡邑，專漁鹽之利。又私與海外諸番貿易，金繒寶石犀象珍玩之積，鄖塢不如也。」（註四）又如世宗時的牛榮，殊域周咨錄：「嘉靖元年，暹羅及占城等夷各海船番貨至廣東，未行報稅，市舶太監牛榮與家人蔣義山、黃麟等私收買蘇木、胡椒並乳香、白臘等貨，裝至南京。又匿稅，盤出送官。南京刑部尚書趙鑑等擬問蔣義山等違禁私販番貨例，該入官蘇木共三十九萬九千五百八十九斤，胡椒一萬一千七百四十五斤，可值銀三萬餘兩。」（註五）市舶太監通番，朝廷實有意縱容。明代君主於生利機構，常令中官提督其事。市舶太監除提督貢舶外，並負有代王室沿海採辦任務，是以彼等得乘機弄權，挾制有司，瀆法為弊。此輩不但

（註一）　明史卷七，成祖本紀。

（註二）　卷七，餉稅考。

（註三）　憲宗實錄二七二，成化二十一年十一月辛酉條。治世餘聞下編卷一。

（註四）　卷九，獎賢文。明史卷三〇四，梁芳傳。卷一六一，陳選傳。

（註五）　卷八，暹羅條。

破壞國家法令，且常啓禍肇事，嘉靖二年日本貢使讎殺事件，卽因此輩受賄偏陂，顚倒舊例所引起。

明代海禁，一般說來，廣東較寬，浙江、福建以接近日本，倭寇常由此等地方登岸刼掠，故禁令特嚴。然亦往往日久弊生，非如禁令所定，始終如此。常時如水上無寇，海波不警，海防官員且得納賄要利，則漫不之禁，採取半放任態度。一旦生事起釁，事態擴大，爲逃避罪譴，遂張皇禁治。如此張弛反覆，欺蔽蒙騙，及至積重難返而不能制，於是朝廷簡派重臣銜命禁海，窮根推排，嚴急進捕。私販者生路乏絕，轉而爲盜，內地民久失生理及羣不逞者又起而從之，相率入海，於是推演激盪，遂釀禍亂。

嘉靖二十年前後，浙、福沿海，已是所在通番。此時私販活動，與以往不同。嘉靖以前，多爲海商及濱海民爲生計所迫者，冒禁下海。豪門巨室參加者旣少，亦尙不敢公然出入。此期私販，分爲兩種；一是由閩、浙大姓貴家操持主使，私梟舶主與勢要士豪結合的上層勢力，挾制官府，包庇窩藏，公然進出海上。明史：「祖制，浙江設市舶提舉司，以中官主之，駐寧波。海舶至，則平其直，制馭之權在上。及世宗盡撤天下鎭守中官，並撤市舶，而濱海奸人，遂操其利。初市猶商主之，及嚴通番之禁，遂移之貴官家。」(註一)籌海圖編：「閩縣知縣仇俊卿云：沿海地方，人趨重利，接濟之人，在處皆有，但漳、泉爲甚。餘多小民勾引番徒，窩匿異貨，其事易露，而法亦可加。漳、泉多倚著姓宦族主之。方其番船之泊近郊也，張掛旗號，人亦不可誰何。其異貨之行乎他境也，甚至有藉其關文，明貼封條，役官夫以送出境至京者。及其海船囘番，而刼掠于遠近地方，則又佯爲辭曰：此非此夥也，乃彼一綜也。訛言以惑人聽。比及上司比責水寨巡司人等，間有一二官軍捕送寇盜，人船解送到官。彼爲巨盜大䑸屯住外洋者，反役智用倖，致使著姓宦族之人出官明認之曰：是某月日某使家人某姓某處糴稻也，或買杉也，或治裝買疋帛也。家人有銀若干在身，捕者利之，今雖送官報贓，尙有未盡，法合追給。或者有司懼禍，而誤行追懲。但據贓證與所言之相對，不料所言與原情實不同。其官軍之斃于獄而破其家者，不知其幾也。彼巧于讒而計行，此屈于威而難辨，奈之何哉！以致出海官軍，不敢捕獲。不若得貨縱賊無

後患也。」(註一)屠仲律禦倭五事疏亦云：「臣聞海上豪勢，爲賊腹心，標立旗幟，勾引深入，陰相窩藏，輾轉貿易。」(註二)豪門巨室，或爲窩家內主，或傭人出番，轉販中外，以羅重利。海澄縣志：「富家以貲，貧人以傭，輸中華之產，騁彼遠國，易其方物以歸，博利可十倍，故民樂之。」(註三)一種是沿海貧民與桀驁者結粽行販的下層勢力，周之夔海寇策云：「生長海濱，衽席波濤，一二桀驁，智力自雄。既不能耕耘作苦，粗衣惡食長貧賤而老子孫。而洋船違禁，以暹羅、占城、琉球、大西洋、咬嚼吧爲名，以日本爲實者，絲寶盈衍而出，金錢捆載而歸，艷目薰心，啓戎誨盜。始通倭者有主萃，既而掠通倭者又有主萃，則奸富徧國中也。始而掠番船以圖厚實者無已時，既而掠商船、掠漁船、掠兵船以壯聲勢者亦無已時，則鯨鯢徧海上也。閑入焉，武夫力而拘諸水，貴人牘而釋諸庭矣。要挾焉，衣冠未赭，更突弁以殊榮。桑樞厭殄，復挈鏃而颺去矣。」(註四)馮養虛集：「又有奸猾商人，將中土絲綿段布磁鐵貴物，到彼番國，不換貨物，止換金銀。回還之時，將船燒燬，潛地逃歸。」(註五)「又有一種奸徒，凡本處禁嚴，勾引外省。在福建者則于廣東之高、潮等處造船，浙江之寧、紹等處置貨，糾黨入番。在浙江、廣東者則于福建之漳、泉等處造船置貨，糾黨入番。此三省之通弊也。」(註六)後者於急迫時亦往往賄投勢家爲之掩護。甚且有以童男幼女，抵當番貨，或委身爲番商贅婿者，「漳、泉惡俗，童男幼女，抵當番貨，或受其直而徑與其人，而賺得其貨。或委身而甘爲贅婿，或連姻而藉以富家。」(註七)

　　不但貴家巨姓參與其間，組織規模，亦與前大異。初下海者各自行動，後以海道不靖，遭受刦掠，及彼此利益衝突，强弱相凌，於是各結粽依附一雄强者，以爲船頭。備有武裝，指揮保護，成羣分黨，連檣往來。海寇議：「寧波自來海上無寇，每年止有漁船出近洋打漁樵柴，並不敢過通番者。後有一二家止在廣東、福建地方買

(註一)　卷四，福建事宜。

(註二)　世宗實錄卷四二二、嘉靖三十四年五月壬寅條。玄覽堂叢書續集，倭奴遺事。

(註三)　崇禎海澄縣志卷一一，風俗。

(註四)　福建通志卷八六，海防，歷代守禦條。

(註五)　皇明經世文編卷二八〇，馮養虛集卷一，通番舶議。

(註六)　同上卷二六七、胡少保海防論卷三。

(註七)　同註五。

賣，陸往船囘。潛泊關外，賄求把關官以小船早夜進貨，或投託鄉宦說關。我祖宗之法，尙未壞也，二十年來始漸有之。近年海禁漸弛，貪利之徒，勾引番船，紛然往來，而寇盜亦紛然矣。然各船各認所主，承攬貨物，裝載而還，各自買賣，未嘗爲羣。後因海上强弱相凌，互相侵奪。因各結綜依附一雄强者，以爲船頭。或五十隻，或一百隻，成羣分黨，分泊各港。又用三板草撤船不可計數，在於沿海。」資力雄厚者，並役屬貧窮亡命倭人，借其强悍，以爲羽翼，「太守嚴中云：海商初不爲盜，然盜由商起，何也？許二、王直輩通番渡海，常防刼奪，募島夷之驍悍而善戰者，蓄於舟中。」(註一)貪州史料：「中國之亡命者，多跳海聚衆爲舶主，往來行賈閩、浙之間。又以財物役屬勇悍倭奴自衞。而閩、浙間奸商猾民，覬其利厚，私互市違禁器物，咸託官豪庇引，有司莫敢誰何。」(註二)

　　貨物轉易，以福建之海澄月港及浙江之定海雙嶼爲主要聚散中心。福建通志：「海澄有番舶之饒，行者入海，居者附貨。或得篡子棄兒，撫如己出，長使通夷，其存亡無所患苦。」「海澄舊月港也。爲龍溪八都九都之境，一水中斬，囘環如偃月。萬寶羅攢，列隧百重，自昔爲巨鎭。其地濱海，潮汐吐納，夷艘鱗集。遊業奇民，捐生競利，滅沒波濤。」(註三)而雙嶼尤爲中外海商薈萃之處，朱中丞甓餘集：「定海雙嶼，乃海洋天險，叛賊糾引外夷，深結巢穴。名爲市販，實則刼虜。有等嗜利無恥之徒，交通接濟。有力者自出貨本，無力者轉展貿易。有謀者詭領官銀，無謀者質當人口。有勢者揭旗出入，無勢者投託假借。雙桅三桅，連檣往來。愚下之民，一葉之艇，送一瓜，運一罈，率得厚利。馴至三尺童子，亦知雙嶼之爲衣食父母。遠近同風，不知華俗之變于夷矣。」(註四)

　　時出海興販者除遠走南洋各地外，以經營中、日間貿易爲最盛。原因自嘉靖二年

(註一)　籌海圖編卷十一，敍寇原。

(註二)　卷十八，倭志。

(註三)　卷五六，風俗。卷十七，城池。又卷八六，各縣衝要，「月港在縣西，南接南溪，北通海潮，形如月，故名。明嘉靖間於縣東北置安邊舘，後議設縣治於月港，增建靖海舘，以通判往來巡緝。隆慶五年，濱港爲縣城，而安邊舘仍爲守禦處。」以私販巢穴，而發展成爲商業、政治中心。縣治設此，非獨爲便於巡緝鎭壓，亦見其對政治、經濟影響之大。

(註四)　皇明經世文編卷二〇五，朱中丞甓餘集卷一，雙嶼塡港工完事疏。

四月日本大內、細川兩氏爲爭奪中國貿易，大內氏遣宗設謙導，細川氏遣瑞佐、宋素
卿各率船先後至寧波，因互爭眞僞，引起儺殺事件後，中、日通貢互市的正常貿易中
斷。「故事，凡番貨至，閱貨宴席，並以先後爲序。時瑞佐後至，素卿奸狡，通市舶
太監，餽寶賄萬計。太監令先閱瑞佐貨，宴又令坐宗設上。宗設席間與瑞佐忿爭，相
儺殺。太監又以素卿故，陰助佐，授之兵器，殺總督備倭都指揮劉錦，大掠寧波旁海
鄉鎭。」並搏指揮袁璡及濱海民以去（註一）。給事中夏言上言禍起於市舶，禮部遂請罷
之（註二）。後明廷屢令日本擒獻宗設（宋素卿已於事發後被捕下獄論死）並送還袁璡及
所掠人口，日本迄未履行。此後日本幾次擬通貢互市，明廷皆拒未接納（註三）。貢市不
通，正常貿易斷絕，私販者常獲重利，因之多勾引日商或走日本興販，見只編：「重
華蘭谿人，以鉅貲爲番商。會海寇起，胡制府令華與汪、葉貿易，藉緩其兵。」「余
因問其商海情狀。大抵日本所須，皆產自中國。如室必布席，杭之長安織也。婦女須
脂粉，扇漆諸工須金銀箔，悉武林造也。他如饒之磁器，湖之絲綿，漳之紗絹・松之
綿布，尤爲彼國所重。海商至彼，則必以貨投島主，島主猶中國郡縣官。先以少物爲
贄，島主必爲具食，其烹煮雖與中國殊，然醃醬椒薑種種可口靑果，亦有數十器。」
「其貨悉島主議之，低昂既定，然後發市，信價更不易也。」（註四）世宗實錄：嘉靖二十
五年二月壬寅：「朝鮮國署國事李垞遣使臣南洸健、朴菁等解送下海通番人犯顧容等
六百十三人。」「容等悉漳、泉人。」（註五）又二十六年三月壬子：遣「人解送福建下海
通番奸民三百四十一人。咨稱福建人民故無泛海至本國者，頃自李王乞等始以往日本
市易，爲風所漂，今又獲馮淑等前後共千人以上，皆夾帶軍器貨物。前此倭奴未有火
炮，今頗有之，蓋此輩闌出之故。」（註六）濱海商民願與日本貿易，亦以日商以現銀交

（註一）　吾學編四夷考上卷，日本條。明史紀事本末卷五五，沿海倭亂。
（註二）　明人紀載，皆謂是時給事中夏言奏倭亂起於市舶，禮部遂請罷之。然與史實不合。實錄嘉靖八年三
　　　　月，兵部議覆裁革浙江提舉市舶太監一員，市舶事務併於鎭守太監兼理。是當時此議並未立即實行。
　　　　國榷卷五三，言六年十月壬子裁革浙江市舶提舉，不知何所據。惟明廷堅持必待日本擒獻宗設及送還
　　　　所掠人口後，方見通貢互市，否則絕不與通，故亦形同關閉。
（註三）　明史卷三二二，日本傳。
（註四）　姚叔祥：見只編卷上。皇明經世文編卷四○八，張洪陽文集卷一，論東倭事情揭帖。
（註五）　卷三〇八。
（註六）　卷三二一。

易，籌海圖編：「漳、潮乃濱海之地，廣、福人以四方客貨預藏於民家，倭至售之。倭人但銀置買，不似西洋人載貨而來，換貨而去也。」(註一)同書卷二倭國事略記輸出日本物品及其價格云：

絲：所以爲織絹紵之用也。蓋彼國自有成式花樣，朝會宴享，必自織而後用之。中國絹紵，但充裏衣而已。若番舶不通，則無絲可織，每百斤直銀五、十兩，取去者其價十倍。

絲綿：髡首裸裎，非此不能耐寒，冬月非此不煖，常因匱乏，每百斤價銀至二百兩。

布：用爲常服，無綿花故也。

綿紬：染彼國花樣，作正服之用。

錦銹：優人劇戲用，衣服不用。

紅線：編之以綴盔甲，以束腰腹，以爲刀帶、書帶、畫帶之用。常因匱乏，每百斤價銀七十兩。

水銀：鍍銅器之用，其價十倍中國，常因匱乏，每百斤賣銀三百兩。

針：女工之用，若不通番舶而止通貢道，每一針價銀七分。

鐵鍋：彼國雖自有而不大，大者至爲難得，每一鍋價銀一兩。

磁器：擇花樣而用之。

古文錢：倭不自鑄，但用中國古錢而已。每一千文價銀四兩，若福建私新錢，每千文價銀一兩二錢。

藥材：諸味俱有，惟無川芎，常價一百斤價銀六十七兩。其次則甘草，每百斤二十金以爲常。

絲蓋爲湖絲，明末徐光啓言閩、浙商人販運湖絲至呂宋者，市價頗高，每斤銀五六兩，與運販日本「取去者其價十倍」亦相同。(註二)

四、私販轉爲海盜與朱紈禁海失敗原因

私販活動，雖成公開狀態，但畢竟爲違法犯禁行爲，故黠狡者每以此欺之。朱紈

(註一)　卷四，福建事宜。王圻續文獻通考卷三一，市糴及市舶互市。

(註二)　皇明經世文編卷四九一，徐文定公集卷四，海防迂說。

議處夷賊以明典刑以消禍患事疏云：「又據上虞知縣陳大賓申抄黑鬼番三名……一名嘛哩丁牛，年三十歲，咖哾哩人，被佛郎機番自幼買來。同口稱佛郎機十人與伊一十三人。共漳州、寧波大小七十餘人，駕船在海，將胡椒銀子換米布紬段買賣，往來日本、漳州、寧波之間。今失記的日，在雙嶼被不知名客人撐小南船，載藜一石，送入番船，說有綿布綿紬湖絲，騙去銀三百兩，坐等不來。又寧波客人林老魁，先與番人將銀二百兩買段子綿布綿紬，後將伊男留在番船，騙去銀一十八兩，又有不知名寧波客人，哄稱有湖絲十擔，欲賣與番人，騙去銀七百兩。六擔欲賣與日本人，騙去銀三百兩。」（註一）日本一鑑：「許二、許三先年下海通番，贅於大宜、滿剌加，自後許四與兄許一嘗往通之。嘉靖庚子（十九年），始誘佛郎機夷往來浙海，泊雙嶼港，私通交易。每與番夷賒出番貨於寧、紹人易貨抵償。濱海游民視以禁物，輒捕獲之。於是游民得志，乃駕小船沿海邀刦，致殺傷人。被害之家，乃以許一、許二賺騙下海，鳴於海道。」官軍剿捕，因而引起寇掠報復，「副使張一厚親自統兵以捕之，敗績。自是番船竟泊雙嶼。未幾，許一被獲，許三喪亡。許二、許四向與番人賒出貨物，十無一償，番人歸怨，許二、許四無以為解計，令夥伴於直隸蘇、松等處地方誘人置貨往市雙嶼，既至其間，許二、許四陰嗾番人搶奪，陽則寬慰誘來之人，認還貨價。久無所償，自本者舍而去之，借本者不敢歸去，乃從許四泛日本，圖償貨價以歸。」「許四自思初失番人貨物，又失番人商賈，是故不敢向雙嶼，即與沈門、林剪等刦掠閩、浙地方。乃以林剪往彭亨邀賊入寇。於時許二以許一、許三喪亡，許四不歸，番人折本，自己乏食，遂與朱獠等誘同番人刦掠閩、浙海隅。」（註二）此種以私市交易糾葛而引起盜害，許氏兄弟事件，決非偶然例子。禍亂發生，守土官以職責所在，緝捕接濟勾引生事之人，勢家染指其間者，則又為之拯拔，「嘉靖壬寅（二十一年），寧波知府曹誥以通番船招致海寇，故每廣捕接濟通番之人。鄞鄉士大夫嘗為之拯拔。知府曹誥曰：今日也說通番，明日也說通番，通得血流滿地方止。」（註三）如此交相激盪，又值浙直歲凶大饑，小民下海刦掠者益衆，海波逐動，籌海圖編：「自甲申（辰）二十三

（註一）　藤田豐八：東西交涉史の研究：「葡萄牙人澳門占據に至るまで諸問題」引文。

（註二）　籌河話海卷六，流通。

（註三）　同上，海市。

年歲凶，雙嶼貨壅，而日本貢使適至，海商遂販貨以隨售，倩倭以自防，官司禁之不得。西洋舶原圓私澳，東洋船遍布海洋。而向之商舶變爲寇舶矣。」(註一)

　　盜亂旣起，海禁轉嚴。初私販者與貴家結託，以求庇護。貴家初爲說關拯拔，坐索重賄。後則爲歇家窩主，勾通私販。旣而陰持兩端，要脅騙勒，玩弄其間。私販者憤其陰狠狡詐，遂結合報復。明史紀事本末：「自罷市舶後，凡番貨至，輒主商家，商率爲奸利負其責，多者萬金，少不下數千金。索急，則避去。已而主貴官家，而貴官家之負甚於商。番人近島坐索其負，久之不得，乏食，乃出沒海上爲盜。輒搆難，有所殺傷。貴官家患之，欲其急去，乃出危言撼當事者，謂番人泊近島，殺掠人，而不出一兵驅之，備倭固當如是耶？當事者果出師，而先陰洩之，以爲得利。他日貨至，且復然。倭大恨，言挾國王資而來，不得直，曷歸報，必償取爾金寶以歸。因盤据島中不去。並海民生計困迫者糾引之，失職衣冠士及不得志生儒亦皆與通，爲之嚮導，時時寇沿海諸郡縣。」(註二)

　　其實並非皆係倭人索債寇掠，多中國海商嗾使或假倭爲名以洩憤。二十六年夏，乃焚刼餘姚謝氏宅，實錄：「按海上之事，初起於內地奸商王直、徐海等，常闌出中國財貨與番客市易，皆主於餘姚謝氏。謝氏頗抑其值，諸奸索之急，謝氏度負多不能償，則以言恐之曰：吾將首汝於官。諸奸旣恨且懼，乃糾合徒黨番客，夜刼謝氏，火其居，殺男女數人，大掠而去。」(註三)謝氏宅卽謝遷（弘治、正德年間大學士）第。此蓋許氏兄弟所爲，而非王直（王直事蹟見後）。日本一鑑：「丁未（二十六年）林剪自彭亨誘引賊衆駕船七十餘艘至浙海，合許二、許四爲一踪，刼掠沿海地方，而謝文正公遷宅爲之一空。備倭把總指揮白濬、千戶周聚、巡檢楊英出哨昌國海上，却被許二、朱獠擄去。指揮吳璋乃以總旗王雷齎千二百金往購之，於是得志。故每擄掠海隅富民以索重贖，地方多事。」(註四)

　　謝氏宅被焚刼，此爲海商轉爲海盜的主要關鍵。事發，浙海騷動。六月，巡按浙

（註一）　卷十二，經略，開互市條。
（註二）　卷五五，沿海倭亂。吾學編四夷考上卷，日本條。
（註三）　世宗實錄卷三五〇，嘉靖二十八年七月壬申條。
（註四）　籌河話海卷六。

江監察御史楊九澤以貴家積年通番，搆事召禍，守臣不能制。且浙江寧、紹、臺、溫皆濱海，界連福建。海寇出沒無常，兩地官軍不能通攝，制禦為難。宜特遣巡視重臣，盡統海濱諸郡，開軍門治兵捕盜，請之於朝。七月，乃命巡撫南贛、汀、漳提督軍務右副都御史朱紈改巡浙江，兼攝福、興、漳、泉、建寧五府軍事（註一），嚴加禁治。時朱紈未至，「而泊寧波、臺州諸近島者已登岸，攻掠諸郡邑無算。官民廬舍焚燬至數百千區。」巡按御史裴紳復請勑紈嚴禁泛海通番勾連主藏之徒，許以軍法從事，朝議從之（註二）。

　　朱紈字子純，長洲人，正德十六年進士。有文武才，清彊峭深，惡墨吏大猾如仇讎。巡撫南贛時，前後所操切黃墨以下多望風解印綬去（註三）。紈受命之後，首至福建，閱視海防，諸多廢弛。僉事項喬及地方士民上言，不革渡船，則海道不可清；不嚴保甲，則海防不可復。紈知革渡船，嚴保甲，必與濱海勢家利益發生衝突，因上疏云：「臣自贛南交待，據福建都按二司署都指揮僉事等官路正等合議呈稱：今日通番接濟之姦豪，在溫州尚少，在漳、泉為多。漳、泉之姦豪絕，則番夷不來，而溫、寧一帶亦可稍息。等因到臣。因思海濱遐遠，難以遙制。乃入漳州，一面候勑，一面閱視海防。大壞極弊，可駭可憂。臣今日不為陛下言之，則臣今日所行，皆乖方違衆之事。市虎傳信，薏苡損眞。臣將來之罪，亦自不知所終矣。蓋福建多賢之鄉，廷論素所倚重。而濱海不理之口，流言亦能動人。故官斯士者率以因循遷就為自全計。」「蓋威福之柄，移于鄉評；是非之公，亂于野史久矣。」「如總督備倭官黎秀，奉有專勑，以都指揮體統行事，海防其職守也。乃相見之初，問其軍數不知，問其船數不知。及令開報，則五水寨把總五員，尚差職名二員，餘謄舊冊而已。稍加較對，通不相合。總督如此，其他可知。」「賊船番船，則兵利甲堅，乘虛馭風，如擁鐵船而來。土著之民，公然放船出海，名為接濟，內外合為一家。其不攻刼水寨衛所巡司者亦幸矣。官軍竄首不暇，姦狡者因而交通媒利，亦勢也。如今年正月賊虜湡州良家之女，聲言成親，就于十里外高搭戲臺，公然宴樂。又四月間佛郎機夷通艘深入，發貨將盡，就將船二隻起水于斷嶼洲，公然修理。此賊此夷，目中豈復有官府耶？夷賊不足

（註一）　世宗實錄卷三二四，嘉靖二十六年六月癸卯。卷三二五，同年七月丁巳條。

（註二）　明史紀事本末五五，沿海倭亂。

（註三）　弇州史料後集卷二五，象贊三，朱中丞（紈）贊。

怪也，又如同安縣養親進士許福，先被海賊虜去一妹，因與聯姻往來，家遂大富。又
如考察閒住僉事林希元，負才放誕，凡事風生。每遇上官行部，則將平素所撰詆毀前
官傳記等文一二冊寄覽。自謂獨持清論，實則明示挾制。守土之官，畏而惡之，無如
之何。以此樹威，門揭林府二字，或擅受民詞，私行拷訊。或擅出告示，侵奪有司。
專造違式大船，假以渡海為名，專運賊贓並違禁貨物。夫所謂鄉官者，一鄉之望也。
今乃肆志猖藉如此，目中亦豈知有官府耶？蓋漳、泉地方本盜賊之淵藪，而鄉官渡
船，又盜賊之羽翼。臣反覆思維，不禁鄉官之渡船，則海道不可清也。」「而夷船賊
船，乘風往來，瞬息千里，又非倉促所能捍禦。」「不嚴海濱之保甲，則海防不可復
也。」疏上，不待報復，遂督率有司雷厲屬行之(註一)。

　　又以行事之際，巡按御史掣肘，上疏請明職掌一事權，以便措置。凡事關軍務者，
如用兵錢穀，操練調度。整台堡寨，廢置增損。衙門官員，更移去收。貨物貿遷，有無
化居。事關軍機者，如警報之遲速，防守之勤惰，刻期之先後，臨陣之勇怯，禁示之從
違。事關軍法者，自梟示以至決杖。凡此御史皆不得干預。疏上，皆報可(註二)。於是嚴
令禁海，凡雙橋餘艎悉毀之。日夜練兵，尋舶盜淵藪，獲卽誅之。又令竝海民素與番
人通者，皆得自首及相告言，「人心洶洶，轉相告引，或誣良善。而諸奸畏官兵搜捕，
亦遂勾島夷及海中巨賊，所在刼掠，乘汛登岸。動以倭寇為名，其實眞倭無幾。」(註三)
　　朱紈之革渡船，嚴保甲，言出法隨，令行嚴急。衣食於海者失其憑依，士大夫家亦驟
失重利，是故皆甚惡之。而朱紈又公開揭發貴家通番勾連情事，閩、浙貴家染指海上
者遂共謀沮壞。二十七年春，適日本貢使周良等違舊約以六百人舟百餘艘先期至寧波，
朱紈奉命便宜處分。度不可却，乃要良等具狀自請後不為例，錄其船，延入寧波賓館
待命。通番者遂投匿名書館中，擬激變生事。有巡撫欲殺使者，可先發殺巡撫蜚語(註四)。
一時人心騷動，走相告言。朱紈防範嚴密，堅臥定海以鎮之，計不得行。四月，朱紈

(註一)　皇明經世文編卷二〇五，朱中丞甓餘集卷一，閩視海防事疏。
(註二)　同上，請明職掌以便遵行事疏。
(註三)　世宗實錄卷三五〇，嘉靖二十八年七月壬申條。
(註四)　同上卷三四六，嘉靖二十八年三月壬申，朱紈奏：「有為匿名書投館中，稱天子命都御史起兵誅使
　　　　臣，可先發府兵殺都御史。署府事推官張德熹知之，乃不以告臣。臣嘗斬賊張珠，珠，德熹叔也。凡
　　　　執福賊死者，德熹皆殮之。」

督盧鏜進攻雙嶼，「生擒日本倭夷稽天、新四郎二名。」「將雙嶼賊建天妃宮十餘間，寮屋二十餘間，遺棄大的船隻二十七隻，俱各焚燒盡絕。」「追至海闡門湖泥頭外洋及橫水洋二處，打破大賊船二隻沉水，賊徒死者不計其數。」「得草撤船一隻，銅佛郎機一架，鐵佛郎機一架。」「斬賊封姚大總首級一顆，」「生擒哈眉須國黑番一，名法理須。滿剌加國黑番一，名沙哩。馬喇咖國極黑番一，名嘛哩丁牛。喇噠許六，賊封直庫一名陳四，千戶一名楊文輝，香公一名李陸，押綱一名蘇鵬，賊夥四。」「回至鄞衞所，審據賊犯陳四等，報獲賊犯張八、祝八瞎、陳仁三、曹保、陳十一。」「又據（副使）魏一恭呈稱，賊首許六，報獲積年（通番）造意分贓大窩主倪良貴、奚通世、劉奇、十四、顧良玉，並通賊分贓龔十五等。」「推官張德熹報獲通番蔣虎、余通世、章養陸、蔣十一、陳天貴、王萬里、王延玉、王順夫、邵湖貴與許六、陳四面認眞的。」(註一)雙嶼久爲中外海商據爲私販轉運中心，先有金子老、李光頭，後有許氏兄弟、王直等盤據其地，國榷：「嘉靖十七年，閩人金子老爲舶主，據寧波之雙嶼港。後有閩人李□□（李光頭），歙人許棟繼起。」(註二)弇州史料：「蓋舶主許棟、王直輩挾萬衆泊雙嶼諸港，郡縉紳利互市陰通之。」(註三)雙嶼破後，許棟逸去，王直收其餘黨遁入海。朱紈至雙嶼，議屯田駐守，衆難其險絕，而「平時以海爲家之徒，邪議蠭起。」於是逐築塞港口而還，「二十年盜賊淵藪之區，至是始空矣。」(註四)

　　雙嶼既塞，「番舶後至者不得入，分泊南麂、礁門、靑山、下八諸島，勢家既失利，則宣言被禽者皆良民，非賊黨，用搖惑人心。又挾有司以脅從被擄予輕比，重者引强盜拒捕律。」(註五)時「朱紈又督分巡副使柯喬出海搗靈官澳，大破之，擒渠三，眞夷六十。漳人大恐，往聚觀，偶語藉藉，紈益窮根排治，豪右惡之於朝。」(註六)朱紈上疏抗辯云：「今照各犯，潛從他國，朝見國王，皆犯謀叛之律。潛通海賊，嚮導叛掠，背違下海之例。」「擒斬各賊，皆在海島之外，戰陣之中。其交通諸姦，副使

(註一)　朱中丞甓餘集卷二，捷報擒斬元兇蕩平巢穴以靖海道事疏。
(註二)　國榷卷五九，嘉靖二十七年四月癸酉條。
(註三)　後集卷三，湖廣按察副使沈公傳。
(註四)　朱中丞甓餘集卷一，雙嶼塡港工完事疏。
(註五)　明史卷二〇五，朱紈傳。
(註六)　見註二。

魏一恭亦稱憑賊當時口報，次日報者一切不准。至于所獲黑番，其面如漆，見者皆驚怖，往往能爲中國人語。而失悕之徒，背公死黨，藉口脅從被虜之說。問官執持不堅，泛引強盜罪人之律，不究謀叛嚮導之由。衆證無詞者則從比附，以爲他日之地。稍能展轉者則擬徒杖，供明遷欲釋放。參詳脅從被虜，皆指良民。今禁海界限分明，不知何由被虜？何由脅從？若謂登岸脅虜，不知何人知證？何人保勘？若以入番導寇爲強盜，海洋敵對爲拒捕，不知強盜者何失主？拒捕者何罪人？」疏上，遂立決之(註一)。

朱紈執法既堅，勢家皆憂惶不安，時日本貢使安插已定，閩人林懋和爲主客司，遂宣言宜發遣囘國，圖激變肇釁，轉移朝野注意。朱紈以「中國制馭諸番，宜守大信。今撫慰既定，乃欲執詞發囘，則衆夷必以臣爲不足信。其後不援例之詞，亦將反覆。而奸人扇惑之計遂行，教誘之言遂動。」疏爭之強。「且曰去外國盜易，去中國盜難；去中國瀕海之盜猶易，去中國衣冠之盜尤難。閩、浙人益恨之，竟勒周良還泊海嶼，以俟貢期。」(註二)紈憤甚，遂公開向閩、浙勢家攻擊，鏑暴貴官通番姓名二三渠魁於朝，請誡諭之。於是聲勢相倚者大譁，乃諷御史周亮、給事中葉鏜(皆閩人)奏紈以一人兼轄二省，每事遙制諸司，往來奔命，大爲民擾，且亦無此先例。今閩、浙既有海道專官，自不必用都御史，宜改紈巡視。若不得已，不如兩省各設一員。以殺其權，而爲逐步去之之計。閩、浙人在朝者復從而合之，於是朝命遂改紈巡視(註三)。勢家計得售，紈益憤，疏言：「臣整頓海防，稍有次第。亮欲侵削臣權，致屬吏不肯用命。」「通盜勢家，往往竊發文移，預泄事機。及有捕獲，又巧眩眞膺。」「凡遇臣者，率多裁抑侮弄，肯于有無中求無過，設以身處其地而察其心邪？但以海爲家之徒，安居城郭，既無剗刈之災；棹出海洋，又有同舟之濟。三尺童子，亦視海賊爲衣食父母，視軍門如世代仇讎。」(註四)既又疏請明國是、正憲體、定紀綱、扼要害、除禍本、重斷決六事，語多憤激。中朝士大夫先入浙、閩人言，因是亦有不悅紈者(註五)。

(註一)　朱中丞甓餘集卷一，議處夷賊以明典刑以消禍患事疏。

(註二)　同上，哨報夷船事疏。

(註三)　世宗實錄卷三五〇，嘉靖二十八年七月壬申條。明史紀事本末卷五五，沿海倭亂。

(註四)　實錄卷三三八，嘉靖二十七年七月甲戌條。朱中丞甓餘集卷一，海洋賊船出沒事疏。

(註五)　世宗實錄卷三四七、嘉靖二十八年四月庚戌條。明史朱紈傳。

　　二十八年三月，葡船擾詔安，官軍擊之於走馬溪，擒通番渠魁李光頭等九十六人，紈不待覆奏，遂以便宜戮之。事後具狀聞，復謂侵諸勢家，御史陳九德、周亮等乃劾紈專擅刑戮，濫及無辜，請治其罪。疏上，詔兵部會三法司雜議，與紈相仇者復乘機攻之，紈逮落職，命還籍聽理，並遣官往勘（註一）。

　　二十九年七月，給事中杜汝楨及御史陳宗夔勘上回報，言「前賊乃滿剌加國番人，每歲私招沿海無賴之徒，往來海中販鬻番貨，未嘗有僭號流劫之事。二十七年復至漳州月港、浯嶼等處，各地方官當其入境，既不能覊留人貨，疏聞廟堂，反受其私略，縱容停泊，內地奸徒，交通無忌。及事機彰露，乃始狠狠追逐。以致各番拒捕殺人，有傷國體。其後諸賊已擒，又不分番民首從，擅自行誅，使無辜並為魚肉，誠有如九德所言者。紈既身負大罪，反騰疏告捷。而（盧）鏜（柯）喬復相與佐成之，法當首論其冒功坐視。」「拒捕番人方叔擺等四名，當處死，餘佛南波二者五十一名，當安置。見存通番奸徒，當如律發配發遣。」兵部三法司議處，一如汝楨等言，遂詔逮紈至京鞫訊，鏜、喬繫福建按察司獄待決（註二）。紈聞命至，慷慨流涕曰：吾貧無賄不任獄，病痔不任獄，負氣不忍訴不任獄。縱天子不死我，大臣且死我；即大臣不死我，閩、浙人必死我。我死自決之，不以授人。乃製壙志作絕命詞曰：糾邪定亂，不負天子。功成身退，不負君子。吉凶禍福，命而已矣。命如之何，丹心青史。一家非之，一國非之。人孰無死，惟誠吾是。遂仰藥死（註三）。

　　走馬溪之役，明人記載有兩說，如名山藏云：「此時有佛郎機夷者，來商漳州之月港，漳民畏紈屬禁，不敢與通，捕逐之。夷人憤起格鬥，漳人擒焉。紈語鏜及海道副使柯喬，無論夷首從，若我民，悉殺之。殲其九十六人。謬言夷行劫至漳界，官軍追擊走馬溪上擒得者。」（註四）孰非孰是，主張禁海派與主張開禁派頗多爭論。戰役經過，藤田豐八氏述之已詳（註五）。朱紈之敗，乃明代海禁政策下所釀成的悲劇。杜汝楨

（註一）　世宗實錄卷三四七，嘉靖二十八年四月庚戌條。野獲編，香山澳條。明史卷三二五，佛郎機傳。

（註二）　同上卷三六三，嘉靖二十九年七月壬子條。國榷卷五九，同日。

（註三）　國榷卷五九，嘉靖二十九年七月壬子條下引馮時可、林之盛、王世貞等評語。

（註四）　王享記東南夷三。明史考證攟逸卷四十引識大錄。

（註五）　東西交涉史の研究，南海編：葡萄牙人澳門占據に至るまでの諸問題。代表開洋派者如林希元，見皇明經世文編卷一六五，林次崖文集卷四，計處機夷。卷五，復次歐東屯道書。卷六，上巡按三司防倭揭帖。

等所上報告，於貴家通番勾藏事一字未提，而以縱容受賄，坐視肯功上聞，固深文巧詆，務入其罪(註一)。蓋東南禍起之時，諸貴家以包庇奧主，侵欺貨值，而致寇亂。彼等既失通番之利，地方又遭焚劫，故急思驅逐，使事體不致擴大。彼所要求於朱紈者，為驅寇定亂，以官府力量，制其就範，適可而止，仍得保持其海上利益。乃朱紈窮根排治，不稍假貸。且暴其姓名，憤語相侵。諸貴家為自身計，遂給合相詆。國榷云：「自舶難起，當事者以重屬公，朝報可而恨夕不得致之。迨朱公稍欲為所欲為，諸惡公者，朝報聞而恨夕不得去之。」(註二)而朱紈之操切偏激，張皇過甚，亦有不得自解者。以個人而論，朱紈為人精廉，勇於任事，「說及政事有蠹蝕，若饑寒著其股腹，不更不已，即豪右眈眈不奪。」「十年中丞，田不畝闢，家無斗儲。」洵為官僚政治下之良吏。然令行嚴急，有犯必戮，罔顧貧民生理。又令轉相告引，致人心洶洶，或誣良善。諸畏官軍搜捕者遂轉而為盜，舉措亦多失當。海寇議云：「夫以朱中丞搗穴焚舟，除海巨寇，鑿山築海，功非不偉，而人未有懷之者。蓋以其高而不下，粗而不察，惟專攻其末，而反遺其本。臨下雖過嚴，地方之通番紛然如故。除一許二，增一五峰，其勞宜不足稱。」朱紈徒以嚴急執法，不能就海禁政策與廣大沿海貧民生計根本問題上檢討議處，實為失策。而濱海勢家，僅知就個人利益，挾制玩弄其間，恩怨相傾，意氣相鬪，尤足令人歎息。

五、嘉靖後期的私販與盜亂

　　朱紈死後，任事者一反紈所經劃，「罷巡視大臣不設，中外搖手不敢言海禁事。浙中衛所四十一，戰船四百三十九，尺籍盡耗。紈招福清捕盜船四十餘，分布海道，在臺州海門衛者十有四，為黃巖外障，副使丁湛盡散遣之，撤備弛禁。」舶主豪右，睡手四起。(註三)江南經略：「近日多盜之由，實出本土窩主，招納為奸，一有敗露，挈家投匿，殊難追躡。縱獲真盜，亦無真臟。或巧為蜚語，動搖官司。或誣訴虛情，陷累原捕。或分賄糧塘里長，投遞保結。如近日沈墨、沈堅等，一方巨盜，屢犯不

(註一)　世宗實錄卷三六三，嘉靖二十九年七月壬子條。
(註二)　見上頁註三。
(註三)　明史卷二〇五，朱紈傳。朱紈招福清捕盜船，以海上奢民充捕盜，頗引起地方怨謗。見廈門志卷四，歷代建置。

悵。皆向日糧塘里長保結而出脫者，他可知矣。」(註一)是時王直、陳四盼、李大用、彭老生等大小不數十股，大羣千人，小羣數百，乘巨艦爲水寨，分列近島。出入紛錯於蘇、杭間，近地人有自饋時鮮，獻子女者，官司視以目而莫敢禁(註二)。三十年四月，科道董威、宿應參等以私販日熾，徒令勢宗擅權，利歸私門。先後上疏請寬海禁，盡許廣東、福建、浙江三省通市，榷貨征稅，事下三省地方官詳議可否以聞。兵部尙書趙錦覆奏以寬禁爲便，從之(註三)，於是舶主豪右益自喜。然行未一年，遂起「壬子之變」。

　　嘉靖後期盜亂，以壬子（三十一年）爲轉變關頭。先是，朱紈嚴急禁海，私販者不得近岸，資給乏絕，又無以自歸，已有轉而爲盜者。海禁放寬後，勢家仍襲故技，操持玩弄，壬子之前，而亂形已具。禍亂發生的直接原因，乃由於處理福淸捕盜船不當所觸發。日本一鑑：「浙江海道副使丁湛，傳示備倭各總官，凡福兵船勿復支給，任其歸去。福兵旣歸，於路乏糧，刦掠到家。福建海道副使馮璋得聞前情，已到福兵，遂獲於獄。其未到者，聞風遁去之日本，此又益增賊寇也。」(註四)三十一年四月，「漳、泉海賊勾引倭奴萬餘人，駕船千艘，自浙江舟山、象山等處登陸，流刦台、溫、寧、紹間，攻陷城寨，殺擄居民無數。」五月，攻破黃巖縣治，留城中縱掠七日始去(註五)。

　　漳、泉海賊，蓋卽所遣散福淸捕盜船之逃去日本者所勾林碧川等（見後表）。福淸捕盜船曾駐守此地，熟知利便險要。朱紈去後，海防一切罷廢，「其原設官船壞缺，又漫不料理。乃仍雇募漁船，以資哨守。兵非慣戰，船非專業，聞警輒逃，全不足恃。以致羣盜鼓行而入，攻燬縣治，若蹈無人之境。」(註六)故導之由此登陸。黃巖破，朝野大震。七月，復命都御史王忬巡視浙江兼轄福、興、漳、泉提督軍務，銜命往治。

(註一)　卷七下，弭盜事宜，嘉靖壬寅答任復菴兵憲書。

(註二)　嘉靖東南平倭通錄。海寇議。

(註三)　皇明經世文編卷二八〇，馮養虛集卷一，通番舶議。明史紀事本末卷五五，沿海倭亂。日本一鑑謂嘉靖二十九年，巡按廣東監察御史王紹元以鄉官族通倭構訟，建議海利獨歸於官豪，莫若屬於官府。議亦未行。

(註四)　日本一鑑窮河話海卷六，流通。

(註五)　世宗實錄卷三八四，嘉靖三十一年四月丙子。五月戊戌條。

(註六)　同上卷三八八，嘉靖三十一年七月己亥條。

而倭人搶敚旣得利，遂亦結合寇掠。「數年之前，在倭奴之情，止知交易；在中國興販之徒，止於私通。邇來搶掠之利，大於交易，則倭奴之心已壞；勾引之利，勝於私通，則興販之奸益神。」(註一)三十二年閏三月，王直以宿憾挾倭大舉入寇，大亂遂如火燎原，不可收拾。實錄：「王直糾漳、廣羣盜勾集各島倭夷大舉入寇，連檣百餘艘，蔽海而至，南自臺、寧、嘉、湖以及蘇、松至于淮北，沿海數千里，同時告警。」(註二)於是沿海「小民迫於貪酷，苦於徭賦，困於饑寒，相率入海從之。兇徒、逸囚、罷吏、黠僧及衣冠失職書生，不得志羣不逞者，皆爲之奸細，爲之嚮導。人情忿恨不堪忍，弱者圖飽煖旦夕，强者奮臂欲洩其怒。於是王忤瘋、徐必欺、毛醢瘋之徒，皆我華人，金冠龍袍，稱王海島，攻城略邑，刼庫縱囚，遇文武官發憤斫殺，卽伏地叩頭乞餘生不聽。而其妻子宗族田廬金縠公然富厚，莫敢誰何，浙東大壞。」(註三)

王忤瘋卽王五峰（王直），徐必欺卽徐碧溪，毛醢瘋卽毛海峰，當時擁衆寇掠及挾倭爲亂者，大者不下十餘股，茲將籌海圖編卷八寇掠分合始末圖譜所列系統摘其大者錄之於下：

```
金子老─────屯雙嶼港─────合踪─────子老歸福建
        （嘉靖十八年勾引  （十九年   （二十一年後不復來）
李光頭    番人交易）      四月）     許棟合踪─────分掠┌福建┐─────就擒
                                （二十二年）      └浙江┘（二十七年四月都御史朱紈遣都
                                                        指揮盧鏜破雙嶼港擒之）
```

雙嶼之寇，金子老倡之，李光頭以梟勇雄海上。子老引爲羽翼，迨子老去，光頭獨留，而許棟、王直相繼而興者也。

```
許　棟─────巢雙嶼港─────分掠┌福建┐─────敗走─────就擒
      （二十二年與  （坐遣其徒）  │浙江│（二十七年 （六月與弟柱武俱爲
      李光頭合踪）             └（不常）┘四月）   指揮吳川所擒）
```

此浙直倡禍之始，王直之故主也，初亦止勾引西番人交易，二十三年始通日本，而夷夏之釁門開矣。許棟滅，王直始盛。

```
王　直─────入雙嶼港─────往日本─────改屯列表─────併陳思盼─────分踪入寇─────走泊馬蹟潭─
      （二十三年入許棟踪（爲許棟領哨馬（二十七年，  許棟爲（三十一年）（因求開市不（三十二年閏三
      爲司出納）      船隨貢使至日  都御史朱紈所破直       得掠浙東  月列表爲兪大
                    本交易）      收其黨自爲船主）        沿海）   猷所破）
```

（註一）　皇明經世文編卷三〇八，劉帶川集卷五，答總督胡梅林剿撫倭夷書。

（註二）　世宗實錄卷三九六，嘉靖三十二年閏三月甲戌條。

（註三）　吾學編四夷考上卷，日本條。

分掠——
　陷昌國—犯定海
　攻海鹽—破乍浦—敗走白馬廟—往日本—屯松浦—就擒—伏誅
　犯杭州—入南滙（馬蹟軍復爲參將　（自此以後惟　（三十七年八月欵定　（三十八年十二
　犯嘉定—據吳淞　湯克寬所破）　坐遣徒黨入　海要市總督胡公遣　月奉詔斬于浙
　　　　　　　　　　　　　　　　寇而不自來）　人誘入見而執之）　江省城市曹）

先是，日本非入貢不來互市，私市自二十三年始。許棟時亦止載貨往日本，未嘗引其人來也。許棟敗後，直始用倭人爲羽翼。破昌國而倭人貪心大熾，入寇者遂絡繹矣。東南之亂，皆直致之也。自胡公誘至直，而海氛頓息，縱有來者，勦之亦易易矣。

陳思盼——屯長塗——尋爲王直所滅
鄧文俊
林碧川——屯日本楊哥——入寇——攻仙遊寨——攻瑞安——入黃巖——鄞鷂——出洋——巢柘林
沈南山　　　　　　　　　（三十一年四月）　（五月）　（五月）　　　（十一月）（三十二年四月）

歸日本——復巢柘林——分掠——〔松江、上海、金山、青村、嘉定／太倉、常熟、崑山、蘇州〕—復分掠——〔蘇州／杭州〕—敗于平望—
（十月）（三十三年正月）　　　　　　　　　　　　　　　　　　　　　　（五月）　　　（六月浙直兵破之）

回柘林——分掠——〔蕭山、臨山／瀝海、上虞〕——出海—林碧川就擒
（九月）　　　　　　　　　　　　　　　　　　　沈南山就戮（三十三年）（鄧文俊已於三十二年四月前就擒于下馬洋）

林碧川、鄧文俊、沈南山皆海上互寇也。三十一年浙直之禍林碧川實爲之首，破黃巖得利，遂啓羣盜貪心，三十三年蕭顯繼出。碧川與顯以次敗亡，而徐海、陳東又繼之，爲浙直大患。

蕭　顯——寇太倉——陷上海——巢柘林——破南滙——據南沙——攻嘉定——攻上海——敗走海鹽——
（三十三年四月）　　　（分屯川沙）　　　　（八月）（三十三年正月）　　　　（三月爲盧鏜所敗）
就擒于慈谿。

直隸之禍，顯實首之，善戰多謀，王直亦憚而讓者也。

徐　海　率——〔和泉、薩摩、肥前／肥後、津州、對島〕——諸倭入寇屯柘林——〔攻乍浦／犯平湖〕——破崇德—犯湖州——〔攻金山／嘉興〕——分掠——
　　　　　　　　　　　　　　　　　　　　　　　　　（三十四年正月）　　　　　　　　　　　　　　　（二月）　（四月）

蘇州—掠太湖、敗于陸涇壩（五月）
常熟—屯三丈浦、攻無錫——合于三丈浦——出海——滅亡
崇明—江北——敗沒
湖州—遁歸柘林——分掠——〔乍浦／平湖〕——杭州——敗于平望—改屯南陶—出海—復巢柘林——合踪
嘉興—敗于王江涇（五月）　　　　　　　　　　　　　　　（七月）　　（三十五年三月）
　　　　　　　　　　　　　　　　　　　　　　　　　　陳東自川沙—
　　　　　　　　　　　　　　　　　　　　　　　　　　葉明自老鸛嘴—

分掠——
淮陽
常州—鎮江——合攻乍浦
松江
浙東—入定海——闔桐鄉—分屯——〔新場(陳東、葉明)／李巷(徐海)〕——合屯乍浦——滅于沈庄
　　　　　陷慈谿—攻餘姚—攻龍山所—周乙就擒，徐黨遁去。

乙卯（三十四年）丙辰（三十五年）之亂，海爲之首，陳東、葉明爲之輔，衆至數萬。總督胡公計珍滅之，自此海氛漸息。餘黨去，皆沒于海。

陳東率一 ［肥前、筑前、豐後 和泉、博多、紀伊］ ──諸倭入寇─攻南匯─攻金山─入崇明─攻青林─圍上海─遁歸日本─
（三十四年正月）　　　　　　　　　　　　　（二月）（三月）
　　　復屯川沙──併入柘林──攻乍浦──圍桐鄕──分屯新場──合屯乍浦──滅于乍浦城南
（三十五年正月）（與徐海合）　　　　　（與徐海、葉明合）（復與徐海爲援）

此薩摩州君之弟掌書記酋也，其部下多薩摩人。

這些有的原爲海盜，純以刼掠爲事。有的原爲海商，轉而爲盜。三十三年前後，諸股渠帥多被誅服，惟王直、徐海等仍爲亂不已。而王直事蹟，尤爲突出。後僭號稱王，獨步海上。王直之挾倭爲亂，與徐海等不同。海等僅以刼掠爲利，仇殺洩憤。王直之爲亂，固亦憤恨所激，其最後目的，則在要脅官府，開港通市。王直自跳海行商，爲舶主稱霸海上，到公開叛亂，爲由私商轉變爲海盜鋌而走險的典型例子。其活動情形，轉變經過，不但代表着大多數海商蛻變爲海盜的態度，也說明了嘉靖年間寇亂的基本原因。茲特述王直事蹟於後。

海寇議後：「王直歙人，少落魄，有任俠氣，及壯多智略，善施與。以故人宗信之。一時惡少若葉宗滿、徐惟學、謝和、方廷助等皆樂與之遊。間嘗相謀曰：中國法度森嚴，動輒觸禁，盍與海外乎逍遙哉！」「嘉靖十九年，時海禁尙弛，直與葉宗滿等之廣東造巨艦，將帶硝黃絲綿等違禁物抵日本、暹羅、西洋等國，往來互市者五六年，致富不貲，夷人大信服之，稱爲五峰船主。」(註一)日本志稱其不侵然諾，鄉中有絲役訟事，常爲主辦，諸惡少因倚爲囊蠹(註二)。是王直乃一任俠惡少，落魄遊民。嘉靖十九年前後，東南沿海，所在通番，王直等受此引誘，遂結合下海。日本一鑑：「王直的名鋥，卽五鋒，以游方下海。於歲庚子（十九年），乃與許一、許二、許三、許四等誘引番夷來市浙海。」(註三)初隨許氏兄弟，後乃獨立經營。其最初赴日時間不

(註一)　立覽堂叢書續集。世宗實錄卷四五三，嘉靖三十六年十一月己卯：「直本徽州大賈，狃于販海爲商，夷所信服，號汪五峰。」嘉靖寧波府志卷二二，海防：「徽歙姦民王直(卽王五峰)徐惟學卽(徐碧溪)先以鹽商折閱沒入賊夥，繼而竄身倭國，招集夷商，聯舟而來，棲泊島嶼，與內地姦民交通貿易。」所記與諸家不同。明人記述王直事蹟者頗多，有爲作傳或述其初生時異兆者，可見當時人對王直之注意及對其看法態度。
(註二)　玄覽堂叢書續集。
(註三)　籌河話海卷六，流通。

詳，木宮泰彥中日交通史云：「王直爲明之密商。」「輸出違禁貨物於呂宋、安南、暹羅、麻六甲等處，遂成巨富。後至日本平戶，在勝尾山東麓之印山寺故址，構中國式之房屋居之，其來日本年代不明。新豐寺年代記謂天文十一年（西曆一五四二、明嘉靖二十二年）明舶入平戶。時松浦郡雖富裕，而男女人數日減，欲雇人使用，頗感不便云。因女爲妓女，男則不畏死而入明爲盜賊也，蓋卽王直來日時之事。此種推測若不誤，則彼來平戶時，爲天文十一年，其時日本商人頗倚信之，每齎貨物抵明，必以彼爲牙儈。」「南浦文集鐵砲記云：天文十二年（西曆一五四三）八月，葡萄牙人三人漂至種子島時，船中有明儒生五峰云，亦卽王直。」(註一)

　　上引圖譜所記二十三年入許棟踪，爲司出納，蓋爲臨時合夥。時王直雖已爲船主，但勢力尙未如何突出壯大。二十七年夏，直與許棟再合泊雙嶼，朱紈破雙嶼，許棟逸去，王直遂收領其衆。時海上勢力以陳思盼爲最盛，三十年，陳思盼與另一船主王丹發生爭奪，直遂乘機併陳思盼部，於是突成獨霸之勢。海寇議：「有一王船主，領番船二十隻，陳思盼往迎之，約爲一夥，因起謀心，竟將王船主殺害，奪領其船。其黨不平，陽附思盼，將各船分布港口，以爲外護，而潛通五峰。五峰正疾思盼之壓己，而瀝港往來，又必經橫港，屢被邀賊，乃潛約慈谿積年通番柴德美發家丁數百人，又爲報之寧波府，白之海道，差官兵但爲之遙援。詢知其從船出掠未同，又俟其生日飲酒不備，內外合併殺之，盡奪其財，德美所得亦以萬計，擒其姪陳四並餘賊數十人送官。及各船餘黨同還，因無所依，悉歸五峰。後雖有一二新發番船，俱請五峰旗號，方敢海上行駛。朱都堂所收福淸船義官吳美幹所領者，不盡還本省，一半亦從五峰，五峰之勢，於此益張，海上遂無二賊矣。此因其有隙而用賊攻賊，亦兵家之常，未爲失策。五峰以所部船多，乃令毛海峰、徐碧溪、徐元亮等分領之。因而往來海上，四散刼掠，番船出入，關無盤阻。而興販之徒，紛錯於蘇杭，公然無忌。近地人民，或餉時鮮，或餉酒米，或獻子女，絡繹不絕。近衞之官，有獻紅袍玉帶者。如把總張四維，因與柴德美交厚，而往來五峰數熟，近則拜伏叩頭，甘爲臣僕。爲其送貨，一呼卽往，自以爲榮，矜挾上下，順逆不分，良惡莫辨，法禁之壞，至此極矣。」

　　王直之併合陳思盼，爲浙、廣海商爭奪貿易地盤（陳思盼有記爲福建人，有記爲

廣東人者），利益衝突。一方面亦爲立功要市，壟斷海上貿易。海上爭霸，亦如陸上逐鹿，故聯合官軍除之(註一)。王直之興販本部，設於日本，利用貧苦倭人爲護衞，經營中國、日本、南洋間國際貿易。前引中日交通史同節：「大曲記云：松浦隆信，厚待外商，故有名五峰者，由中國至平戶津，在印山故址，營造唐式之屋居之。自是中國商船，往來不絕。且有南蠻黑船，亦來平戶津，故唐與南蠻之珍物，年年輸入不少。」朝鮮李朝實錄：「禮曹啓與倭人調久對馬島主所送來報賊變者也問答之辭……曰……有中原人稱五峰者，將領賊倭入寇大明矣。問曰：汝見五峰乎？曰：於平戶島見之，率三百餘人，乘一大船，常着段衣，大槩其類二千餘人。又問曰：彼因見擄而在彼手？抑自投賊中乎？曰：始以買賣來日本，仍結賊倭來往作賊。」(註二)

　　王直公然挾倭叛亂，蓋始於三十二年。初王直未得勢之前，海盜與倭寇勾結，已連年寇掠。王直在日本建立相當基礎後，一方面想清除競爭力量，獨佔海上貿易；一方面自思違禁私販外國，雖致富不貲，然流亡海外，不得歸還，終非長策。故擬以除盜立功，希望朝廷能寬宥其罪，允許公開通市，轉私販爲合法貿易。但幾次嘗試，皆歸失敗。海防官員利用王直剿除海盜之後，背信食言，且欲乘機襲之。王直察知官府「以賊滅賊」之計後，由失望而轉恨，遂鋌而與官兵公然相敵，決裂報復。倭變事略附王直於三十六年受撫後所上自明疏一篇，雖出於個人供白，不免自我辯護，掩飾誇張，然參證其他史料，所言尚大體可信。疏云：「帶罪犯人王直，卽汪五峰，直隸徽州府歙縣民。奏爲陳悃報國以靖邊疆以弭羣兇事。竊臣直覓利商海，賣貨浙、福，與人同利，爲國捍邊，絕無勾引黨賊侵擾事情，此天地神人所共知者。夫何屢立微功，矇蔽不能上達，反罹籍沒家產，舉家竟坐無辜，臣心實有不甘。前此嘉靖二十九年，海賊盧七搶擄戰船，直犯杭州江頭西興壩堰，刦掠婦女財貨，復出馬蹟山港停泊。臣卽搶拿賊船一十三隻，殺賊千餘，生擒賊黨七名，被擄婦女二口，解送定海衞掌印指揮李壽，送巡按衙門。三十年，大夥賊首陳四在海，官兵不能拒敵，海道衙門委寧波府唐通判、張把總托臣剿獲。得陳四等一百六十名，被擄婦女一十二口，燒毀大船七隻，小船二十隻，解丁海道。三十一年，倭賊攻圍舟山所城，軍民告急，李海

（註一）　道光刊本寧波府志卷二三，劉隆傳。

（註二）　明宗實錄卷二十，十一年（明嘉靖三十五年）四月乙丑條。

道差把總指揮張四維會臣救解，殺追倭船二隻。此皆赤心補報，諸司俱許錄功申奏。何反誣引罪臣，及於一家。不惟湮沒臣功，亦昧微忠多矣。連年倭賊犯邊，爲浙、直等處患，皆賊衆所擄奸民，反爲嚮導，刦掠滿載，致使來賊聞風傚效沓來，遂成中國大患。舊年四月，賊船大小千餘，盟誓復行深入，分途搶擄。幸我朝福德格天，海神默佑，反風阻滯，遂刦本國五島地方，縱燒廬舍，自相吞噬。但其間先得渡海者，已至中國地方。餘黨乘風順流海上，南侵琉球，北掠高麗，後歸聚本國菩藶州者尚衆。此臣拊心刻骨，欲插翅上達愚衷，請爲使客遊說各國，自相禁治。適督察軍務侍郎趙、巡撫浙福都御史胡，差官蔣洲前來，賫文日本各諭，偶遇臣松浦，備道天恩至意。臣不勝感激，願得涓埃補報，即欲歸國效勞，暴白心事。但日本雖統於一君，近來君弱臣強，不過徒存名號而已。其國尚有六十六國，互相雄長。往年山口主君強力覊服諸夷，凡事猶得專主。舊年四月，內與隣國爭奪境界，墮計自刎。以沿海九州十有二島俱用遍歷曉諭，方得杜絕諸夷。使臣到日至今，已行五島松浦及肥前島博多等處十禁三四，今年夷船殆少至矣。仍恐菩藶未散之賊，復返浙、直，急令養子毛海峰船送副使陳可願回國通報，使得預防。其馬蹟山前港兵船，更番巡哨截來，今春不容懈也。臣同正使蔣洲撫諭各國事畢方回。我浙直尚有餘賊，臣撫諭各島，必不敢仍前故犯。萬一不從，即當徵兵剿滅。以夷攻夷，此臣之素志，事猶反掌也。如皇上仁慈恩宥，赦臣之罪，得效犬馬微勞馳驅，浙江定海外長塗等港，仍如廣中事例，通關納稅，又使不失貢期。宣諭諸島，其主各爲禁制，倭奴不得復爲跋扈，所謂不戰而屈人之兵者也，敢不捐軀報效，贖萬死之罪。」（註一）

　　疏中所言督察軍務侍郎趙文華及都御史胡宗憲遣蔣洲赴日宣諭以後事，詳見下節。所云二十九年拿獲賊船事，日本一鑑：「比有盧七、沈九誘倭入寇，突犯錢塘，浙江海道副使丁湛檄王直等挐賊投獻，姑容互市。王直脅倭即挐盧七等以獻。」（註二）三十年拿獲陳四事，實錄：「（兵部尚書聶豹奏）臣聞王直本徽人，故與浙人徐惟學、李大用輩通番入海，既而悔之。嘉靖二十九年八月中，嘗爲官軍捕斬海寇陳峨主等及

（註一）　勝朝遺事本，卷四。
（註二）　籌河話海卷六，洗遍。

餘黨二三百人，欲以自贖。而是時有司不急收之，遂貽今日大害。」(註一)唐樞復胡梅林
議處王直書：「王直行商海上，結合內地居民，始最親信，其於海上各商伴，亦各推
服。嘉靖三十年，申白官府，自願除賊，陳思泮（陳思盼）被其擒殺有功。」「及當
防禁愈嚴，內地人因生騙賴，其數不下幾萬。茲于舊恩新怨，不肯忘情，相搆相傷。」
(註二)實錄所記卽指此，並見日本一鑑。疏中所云唐通判，卽唐時雍(註三)。所云舊年四
月，賊船大小千餘，盟誓復引深入，過風阻滯，歸劫本國五島，及已渡海者乘風順
流海上，侵掠琉球、朝鮮事，蓋卽朝鮮實錄所記載：「十年（嘉靖三十四年）十二
月丁酉：日本國西海路上松浦唐津太守源勝頓首……近歲我邦之盜賊到大明冒罪，誅
衆人，奪珍產，其賊船不知員數。就中二十餘州之中，別有四州，此四州之賊黨於我
邦亦往來之。商舟冒罪，自往古之事也。我大上亦難防焉，諒方外之徒也。然茲年春
欲至大明賊船逮百艘，著到西海之五島，」「窺其强弱冒罪。其外之賊船，都合一千
餘艘也。然無順風，如我州我島歸矣。其中四州之賊，七十餘船赴朝鮮，乃五島太守
奏我王，我王大有忿怒，下鈞命曰：至海西之浦邊，一島一縣，及至一歧對馬調兵，
議自朝鮮之歸帆，不遺一船，誅人民燒却船者，爲大忠矣。近歲許大明之賊船有故。」
「然冒朝鮮之罪過，是又似□王命廼誅戮彼賊黨者，爲大忠臣矣。兵軍承詔命，待歸
帆如雲如霞好箇之時節。去七月下旬歸國船逢大風之難，或沉淪大洋海，或漂流諸島
嶼，饑水僅糧。臣所守之唐津一船漂水七十餘人有之。三十餘人誅焉，三十餘人沒
海，船乃燒破。臣軍士拔尤者十有餘之戰矣，惜哉！惜哉！」「臣唐津或於平戶島
一船，或於大島一船，或於對馬島一船，都合一百餘人誅伐，其餘沉海中。」(註四)

　　三十一年助官軍解舟山之圍所云之李海道，卽李文進(註五)，又日本一鑑，「歲壬
子（三十一年）日本之種島士官古市長門守閒島倭夷脅從唐人犯華者，誅首凡五人，
惟王直等拏七倭賊以獻。」「（徐海）壬子誘稱市於列港，時（徐）銓與王直奉海道
檄出港拏賊送官。而海船倭每潛出港劫掠接濟貨船，遭劫掠者到列港，復遇劫掠倭

(註一)　世宗實錄卷四一〇，嘉靖三十三年五月乙丑條。
(註二)　皇明經世文編卷二七〇，禦倭雜著。七修續稿卷二，國事類，浙省倭寇始末略。
(註三)　嘉靖寧波府志卷二，職官表。
(註四)　明宗實錄卷十九。
(註五)　見註三。

賊，陽若不之覺，陰則尾之，識爲海船之倭也，乃告王直。直曰：我等出港拏賊，豈知賊在港中耶？隨戒海。海怒，欲殺王直，而銓亦復戒，海乃止。(註一)當時倭人入寇者，亦非全爲中國人所驅使。時正值日本戰國時代，國內連年混戰，農村破產，社會解體，失志失業之徒，無以爲生，遂結合從事海盜生涯，向中國及朝鮮寇掠。朝鮮實錄：「對馬州太守平朝臣宗盛長書契：又傳日本國西戎從去十月到今春，賊于大明，競渡者數萬艘也。委聞西戎等竊議曰：從貴海赴于大明，則海路太近，先于貴海，可賊于大明云云。」「今春正月二十日，從日本傳來夷東西戎欲犯大明，蟻浮于西海者大小船數百隻也。密議曰：頃年賊于大明不敗，而去年初赴于朝鮮，敗軍對馬。」「今出奇計，先攻馬島，聚東夷西戎之勇者，日夜賊于朝鮮，那無勝理云。」(註二)文中云東夷西戎，又云大明賊船，東夷西戎，蓋指純爲倭人。大明賊船，爲中國人所操縱驅使者。

　王直既有悔罪自贖之意，官府亦有姑容互市諾言，故屢爲官軍拿賊獻報。不幸幾次事成之後，官府背信食言，皆受愚被欺。而王直與官府通謀行動，必引起同類所怨恨，其居於日本，又勢必與日人利益衝突鬪爭，所以在失望憤恨之餘，又益以海堧民負債賺騙，遂寇掠洩憤報復，汪直傳：「會五島夷爲亂，直有宿憾于夷，欲藉手以報，及以威攝諸夷，乃請于海防將官而剿之。」「而聲言宣力本朝，以要重賞。將官餽米百石，直以爲薄，大詬，投之海中。從此怨中國，頻入內地侵盜。」(註三)實錄：「先貨賄貿易，直多司其質契，會海禁驟嚴，海堧民乘機局賺倭人貨數多，倭責價於直，直計無所出，且憤恨海堧民，因敎使入寇。」(註四)三十二年春，王十六、沈門、謝獠、曾堅等誘倭焚刼黃巖，參將俞大猷、湯克寬又欲令直拏賊投獻，而賊已去，乃議王直爲東南禍本，統兵擊之於列港。直突圍去，怨中國益深，且渺官軍易與(註五)。三十二年

(註一)　籌河話海卷六，流通。

(註二)　明宗實錄卷二〇，十一年二月己未條。卷十八，十年三月乙卯條。

(註三)　汪直傳。借月山房本。嘉靖浙江通志經武志謂田汝成所作。

(註四)　世宗實錄卷四五三，嘉靖三十六年十一月乙卯條。

(註五)　見註三，又日本一鑑籌河話海卷六，海市、流通。籌海圖編卷六，直隸倭變記。雙十八之由私商轉而爲寇，亦由於此，江南經略卷三下：嘉靖三十一年七月，時有倭船飄至崇明沙，既且困，劇掠海濱，有巡檢詰之曰：棄爾兵則與爾船，賊投刀海中，擒獲三十餘人。自言船主雙十八，與倭通販，飄入朝鮮界，朝鮮人襲之，死戰脫，風便七日至此，本非爲寇。已而知官兵易走，乃有輕中國之意。

閏三月，遂糾合倭人大舉入犯。

王直既決裂報復，僭號稱王，「緋袍玉帶，金頂五簷黃傘，頭目人等俱大帽袍帶，銀頂青傘，侍衞五十人，俱金甲銀盔，出鞘明刀，坐於定海操江亭數日，先稱淨海王，」「乃更造巨艦，聯舫方一百二十步，容二千人，木爲城，爲樓櫓四門，其上可馳馬往來。據居薩摩洲之松浦津，僭號曰京，自稱徽王，部署官屬，咸有名號。控制要害，而三十六島之夷，皆其指使，時時遣夷漢兵十餘道，流劫濱海郡縣，延袤數千里咸遭荼毒。」(註一)

大亂既起，地方官以「用賊攻賊」而召大禍，不敢以實上聞，混言倭寇，以爲蒙騙卸責之計。而王直亦以日後得要脅脫罪之故，「每處殘破，必詭云某島夷所爲也。」於是上下掩飾，禍亂愈演愈熾。海寇議：「昔年太倉秦璠、王良之亂，未嘗見於攻一城，殺一官，而撫按衙門卽以奏聞，請將出師，通行各省，緝捕親黨，剪其羽翼，而其勢始窮，束手就擒，地方遂寧。今此賊屠城掠邑，殺官戕吏，一至於此。而見今四散劫掠，不於餘姚，則於觀海。不於樂清，則於瑞安。往來塗毒生靈，無有虛日。而猶混言倭寇，不實上聞，果何待也？今既曰倭奴，酋長爲誰，是烏可隱也！其所劫掠地方，凡通番之家，皆不相犯，蓋以立信，故人皆競趨。而賊黨之在省者，紛紛不可復言。奸細如王五峰之眷屬，徐碧溪之子弟，亦且安住出入，眞若無人，況其他乎？而杭州秀才監生，俱往來厚爲內交。近日碧溪之子弟見爲人首告，拿獲在官，而又故縱。毛海峰鄞縣人，其父毛相乃黜退秀才，先因長子毛子明通番，逋欠貨物，以父往贄（質），而後以弟代之，頗有勇力，善使佛狼機，又善彈射，五峰因育爲子，托爲腹心，就稱海峰。父去子來，交馳番國。其兄縣學秀才，亦嘗看其弟銀兩財貨，不時差搬送至家。而其父母尙在，兄以科舉入場。且徐碧溪、毛海峰皆五峰部下賊首也，黃巖縣實徐碧溪同姪明山率領攻掠，又屠鄠霤，其惡不在五峰之下，族誅猶有餘辜，而待之若此，是爲無法。杭城歇客之家，明知海賊，貪其厚利，任其堆貨，爲之打點護送。如銅錢用以鑄銃，鉛以爲彈，硝以爲火藥，鐵以製刀鎗，皮以製甲，及布帛絲綿紬麻等物，大船裝送，關津略不譏盤。明送資賊，繼以酒米，非所謂授刃於敵，資糧於盜乎？此自古所未有也。」

(註一)　海寇議。汪直傳。

六、王直受撫經過及被誅後餘黨寇亂情形

王直擾掠經過，不擬細述。先是，以王忬提軍剿辦，忬不能有所爲，乃代以李天寵。又命兵部尚書張經總督軍務，乃大徵兵四方，協力進剿。而官軍素懦怯，望風潰奔，朝野俱困。三十三年五月，兵部議上招撫辦法，「有能擒斬首惡王直者，授世襲指揮僉事。如直等悔罪率衆來降，亦如之。其部下量授世襲千百戶等官，俱塡注備倭職事。」議上，從之(註一)。而兵部都給事中王國楨等力爭不可，於是中旨又變。國楨等疏云：「比本兵議上禦倭方略，欲以重賞招降賊首王直等，臣竊疑之。臣聞勝國末海濱多警，東南巨寇有秩至漕運萬戶及行省參政者，且叛服不常，迄終無救。何者？其心不服，而爵祿不足以歆之也，故至今議者以招撫最爲誤國。殷鑒俱存，奈何復欲效之？四方羣盜，所在蠭起，皆幸朝廷不誅，無所創艾，就使部議得行，降一王直，未必不生一王直。」「使渠魁來歸，既宥之，復賞以爵，是賞以勸惡，人誰不爲？」上以國楨言爲是，令總督張經一意剿賊，脅從願降者待以不死，賊首不赦(註二)。時朝臣剿撫意見紛紜不一，是年六月，鄭曉復以「倭寇類多中國人，間有膂力膽氣謀略可用者，往往爲賊曬路踏白，設伏張疑，陸營水塞，據我險要。聲東擊西，知我虛實。以故數年之內，地方被其殘破，至今未得殄滅。緣此輩皆麤豪勇悍之徒，本無致身之階，又乏資身之策。苟無恆心，豈其啄息。欲求快意，必至鴟張。是忍棄故鄉，番從異類。倭奴藉華人爲耳目，華人依倭奴爲瓜牙，彼此依附，出沒海島，倏忽千里，莫可蹤跡。」請「許令歸降，送還故士。有能擒斬賊從者，如例給賞，才力可用願報效者，用之別地立功贖罪，亦與敍遷。不然，恐數年後或有如盧循、孫恩、黃巢、王仙芝者，益至蔓延，難以撲滅矣。」(註三)然對處置王直問題，仍無具體決策。

三十四年二月，工部侍郎趙文華奉命以祭海神察賊情出視江南。文華恃嚴嵩爲內援，所至顚倒功罪，恣睢黷貨。總督張經、浙江巡撫李天寵與文華忤，不相附。時胡宗憲巡按浙江，宗憲爲人多權術，喜功名，獨深結納，因相與力排經、天寵去，以而宗憲爲浙江巡撫。既而官軍屢敗，浙東西諸州縣悉遭踩躪，殺文武吏甚衆，二人始知事未易平。懼禍及己，又不得要領，遂廣詢已亂之策，密議招撫。日本一鑑：「歲

（註一）　世宗實錄卷四一〇，三十三年五月丁巳條。
（註二）　世宗實錄卷四一〇，嘉靖三十三年五月丁巳、乙丑條。
（註三）　同上卷四一一，嘉靖三十三年六月庚辰條。鄭端簡公奏議卷二，乞收武勇亟議招撫以消賊黨疏。

巳卯(三十四年)，工部侍郎趙文華奏奉欽勑祭告東海神，切惟巳禍，不得要領，故開通番之人，而通番輩告以必得王直，主通互市，則禍可息，故遣使招之。」(註一)徐海本末：「公（胡宗憲）爲提督時，嘗與總督佝書趙公（文華）謀曰：國家因海上之寇數年於茲矣，諸倭乘潮出沒，將士所不得斥堠而戍者，人言王直以威信雄海上，無他罪狀，苟得誘而使之，或可陰携其黨也。按部題亦嘗有用間爲策者，於是乃遣辯士蔣洲、陳可願及故嘗與王直友善者數輩入海諭直。」(註二)

議既定未上，適御史金湅、陶承學等又請立擒斬王直賞格。生擒而至者封伯爵，賞銀萬兩，授坐營坐府職銜管事，朝廷已報可(註三)。故二人不敢明言以遣人招撫，乃以疏請有司以移諭日本詰以島人入寇之狀爲題，試探朝廷動向。疏入，亦報可。其「疏請以移諭日本禁戢部夷爲名，其實乃伺察直也。」先是，刑部主事郭仁，曾請依洪武傳諭三佛齊故事，勅令朝鮮轉諭日本，兵部以宣諭乃國體最宜愼重，倭寇方得志恣肆，非言語所能悔罪懷服。且狡夏之罪未懲，而綏以招服，非所以蓄威；糾引之黨未得，而責以歇戰，非所以崇體。議駁不允(註四)。今得旨報可，知上意已有轉變。於是密相規劃，物色人選，得蔣洲、陳可願等，遂令衘命出海。

蔣洲、陳可願二人行狀事略，諸家記述甚多：倭變事略：「軍門以海寇居島，出沒無常，莫得虛實。有生員蔣洲者，犯法拘獄，釋而遣之。又以陳可願、蔡時宜、藩一儒等爲輔行。」江南經略：「時（三十二年四月）有蔡時宜、陳可願者，善談兵，通政司參議張公寰托、檢校袁本立荐之於公（操江都御史蔡克廉，時駐節太倉城中），公與語悅之。然二人無奇識，惟主堅守之議耳。士民疑爲奸細，謂鄞人通番，二人皆鄞人也，而操院用之，殆不可測。適王直之黨潛入城爲內應，爲有司所執，衆益疑二人爲賊黨。二人懼，隨公出城，州人共毆之，幾斃。拘囚拷鞫，坐獄三年後白。可願後歸鄞，立功之志愈銳。捧有司檄，充副使，與蔣洲同使日本。王直之就擒，實可願等游說之所致云。」(註五)蔣陳二生傳：「自舉士重明經，而豪賢之士不能以他才見，或稍稍幸有見者，輒遭擯而不揚，人才不盡於世用，乃余于蔣、陳二生益慨云。蓋二

(註一)　籌海話海卷六，海市。明史卷二〇五，胡宗憲傳。

(註二)　借月山房本。

(註三)　世宗實錄卷四三五，嘉靖三十四年八月乙亥條。

(註四)　同上卷四一三，嘉靖三十三年八月乙未條。

(註五)　卷三下。

生嘗使日本，立奇功海上。聞其名心念其人，當偉奇雄博，有口舌者。乃今所見二生，顧恂恂不解亂說，貌謙而誠。傳有之：言忠信而行篤敬，行之蠻貊。豈謂蔣陳輩耶！然二生又衣褐游風塵也。蔣生名洲，字信之。陳生名可願，字敬修，皆鄞人也。弱冠同游學爲郡庠弟子員，舉明經，博觀天下書，有用世心。今天子二十九年，倭寇東南騷動，軍連摧敗，創罷日甚，公私益累，歲不得休息，重臣往往得罪。」「于時都御史胡宗憲又請得上命，命有日，人難之莫敢行者，則蔣生請行，又荐陳生行也。」(註一)

　　蔣陳二生傳作者謂「余一日解后（邂逅）二生酒市中，從醉所見其紀行稿，稍爲次第其事。」行文着意，頗慨嘆不平。二人繫獄事，不知爲傳聞有誤，抑皆曾繫獄，而令立功自贖。二生傳又謂行至馬蹟匯遇颶風，失壞廳使等物，及小衢山遇寇，火藥大半消耗，蔣生念綏急惟己，同舟舟山，移書家人貰田產備具，官爲給劵記之。國榷言陳可願歸來，巡按御史周斯盛以其辱命言妄，逮之入獄(註二)，蓋二人皆爲戴罪出使。

　　實錄言宗憲與直同鄉，習知其爲人，欲招致之(註三)。此蓋卽諸家所記王直「任俠尙氣」，「不侵然諾」，豪放豁達，非桀驁無賴輩。且曾數度擬立功自贖，知可以大義親情利害說之。故洲等未行之先，首運用心理攻勢。先是，直母及妻子已收入金華獄中，宗憲俱迎之入杭。豐衣食，潔宅第，資給甚厚。至是乃令直母作書諭直，謂悉宥其前罪，寬海禁，許東夷互市，遣洲等持書往說之(註四)。同時並命積年通番海商與之貿易，從旁透露軍門意向，以緩其兵(註五)。

　　三十四年八月，陳可願、蔣洲爲正副使，充市舶司員，携與直素善者並率日人若干自定海出發。十一月抵五島，遇王直。三十五年四月，直令養子毛海峰送可願歸國，探試虛實。實錄：「及是，可願還，言初自定海開洋，爲颶風飄至日本國五島，遇王直、毛海峰等。言日本國亂，王與其相俱死，諸島夷不相統攝，須徧曉諭之，乃可杜其入犯。有薩摩州賊未奉諭先已過洋入寇矣。我輩昔坐通番禁嚴，以窮自絕，實非本

(註一)　玄覽堂叢書續集。
(註二)　國榷卷六二，嘉靖三十六年十一月乙卯條。
(註三)　世宗實錄卷四五三，嘉靖三十六年十一月乙卯條。
(註四)　同上。明史卷二〇五，胡宗憲傳。
(註五)　見只編卷上。日本一鑑窮河話海卷六，海市。

心。誠令中國貰其前罪，通貢互市，願殺賊自效。遂留蔣洲傳諭各島，而以兵船護可願先還。」(註一)

蔣、陳等五島見王直，直椎髻左衽，左右簇擁，旌旗服色擬王者。雙方問答情形，明人記載，頗為生動。謂洲等首致宗憲慰勞之意，偉其為人，徐言何以為盜，曉以大義，動以親情，說以利害。知直前此立功自贖被欺，心懷怨恨，力言宗憲為直鄉人，推心置腹，任人不疑。拔直母妻獄中，餽穀甚厚，誠能乘時立功，當悉宥前罪，保全骨肉，優予官爵，通市謀利。且夷情貪狡，一旦勢衰，或起而圖之，身死亦且累及老母妻子，不詳莫甚，委婉以探其意。初直欲犯金華，纂取母妻獄中。及聞洲等言，意遂動(註二)。時前總督楊宜曾遣鄭舜功使日，請其王禁戢島人，准通貢互市，事如咸功，予王直今後行動，將發生極其不利影響。而當時中國剿防軍備，經歷年整頓，亦頗有起色。「倭雖橫，往往遭損傷，有全島無一人歸者，其死者親屬，亦復咎直。」「外夷隨其頤指者，頗少變，而叛賈倚直為淵藪者，多有離心。」中國沿海居民以焚掠慘酷，亦恨直甚深。王直既早有效順自歸之意，經蔣、陳等詳為剖析，衡度內外情勢，今後歸趨，於是遂計議乘機內附(註三)。

直意雖動，然鑒於前此官軍反覆賺騙，對蔣洲等所述宗憲態度，仍信疑參半。部下亦以未可冒昧前往，宜遣親信先往宣力，窺伺真偽。於是直遂托言宣諭別國為名，留蔣洲，而令毛海峰、葉宗滿、王汝賢等與陳可願同至寧波報命，觀望中國反應。

蔣洲留日，其行動皆為王直所控制，恐自由活動，與己不利。續善鄰國寶記明副將蔣洲咨對洲(對馬)文云：「大明副將蔣承奉欽差督察總制提督浙江等處軍務各衙門，為近年以來，日本各島小民，假以買賣為名，屢犯中國邊境，劫掠居民，奉旨議行浙江等處承宣布政使司轉行本職，親詣貴國面議。等因奉此，帶同義士蔣海、胡節志、李御、陳柱，自去年十一月十一日來至五島，由松浦、博多，已往豐後大友氏會議，即蒙遍行禁制各島賊徒，備有國文，撥船遣德陽首座等進表貢物，所有發行爾島禁賊

(註一)　世宗實錄卷四三四，嘉靖三十五年四月甲午條。
(註二)　名山藏，王享記，日本條；國榷卷六一，三十五年三月辛巳、四月甲午條。
(註三)　明史卷三二二，日本傳；世宗實錄卷四五〇，嘉靖三十六年八月甲辰。卷四五三，嘉靖三十六年十一月乙卯條。日本一鑑窮河話海卷六，流通。汪直傳。

御書見在，特行備記，就差通事吳四郎前往投遞。卽當體貴國之政條，憤部民之橫
行，分投遣人嚴加禁制，不許小民私出海洋，侵擾中國，俾邊境寧靜，釁隙不生，共
享和平之福。」「否則奸商島民，扇構不已，黨類益繁，據海島窺隙竊發，恐非貴國
之利。」「今特移文併知，非特爲中國也，惟深體而速行之。」(註一)咨文爲嘉靖三十
五年十一月初三日，停留已一年，所行者僅初到時二三處而已。

　　初洲與可願奉命以宣諭日本爲名出使密招王直事，惟宗憲與文華知之。及可願還
報接洽經過，知事已可成，然猶不敢自決，故以「奉命出疆，法當抵日本宣諭其王爲
正，今偶直、海峰等于五島地方，卽爲所說阻而旋。就中隱情，未可逆觀。」繼婉言
「以臣憶度，大約有二：或懼傳諭國王與若輩不便，設難邀阻。或由懷戀故土，擬乘
機立功。乞令本兵議其制馭所宜，俾臣等奉以行事。」要求朝廷表示明確態度。旋兵
部議覆：「今使者未及見王，乃爲王直等所說而返，其云禁諭各夷不來入犯，似乎難
保。且直等本爲我編氓，旣稱效順立功，自當釋兵歸正。乃絕不言及，而第求開市通
貢，隱若夷酋然，此其姦未易量也。宜令宗憲第揚威武，嚴加提備。仍移文曉諭直
等，俾剿除舟山等處賊巢，以明其誠信。果海壖淸蕩，朝廷自有非常恩賚。其互市通
貢，始俟蔣洲同日，夷情保無他變，然後議之。」疏入，報可(註二)。

　　陳可願帶同王直條件，爲王直保證倭寇不來入犯，明廷開市通貢。故毛海峰等至
後，宗憲遇之甚厚，諷令立功自明。海峰遂破倭舟山，再破之於瀝表。實錄：「倭寇
自慈谿入海，泊魚山洋聽撫，賊毛海峰等助官軍追擊之，擒斬八十人。」宗憲「奏賊
毛海峰自陳可願歸後，嘗一敗倭寇於舟山，再敗之於瀝表。又遣其黨說諭各島相率效
順。中國方賴其力，乞加重賞。兵部議覆：兵法用間用餌，或招或撫，要在隨宜濟
變，不從中制。今宗憲所請，當假以便宜，使之自擇利害而行，事寧奏請。詔可。」
(註三)斯時徐海勢力正盛，與陳東、葉麻等方連兵松江、瓜洲、上海、慈谿等地，宗憲
令毛海峰除海，以察其歸順誠意。海峰以攻擊徐海，勢必引赴一場惡戰，萬一兩敗俱
傷，軍門態度轉變，將進退失據，不敢自決。托言須其父至方可濟事，乃留王汝賢等

（註一）　蔣洲留日，見前引王直自明疏，及前頁　註三引實錄。
（註二）　世宗實錄卷四三四，嘉靖三十五年四月甲午條。
（註三）　同上卷四三五，三十五年五月乙亥。卷四三七，三十五年七月戊午條。

在軍門，自以招直爲名，與葉宗滿開洋去。宗憲亦思王直能親身出現，始得用謀，故卽縱之使歸。海峯至日後，備述所見情形，直度以事機已熟，除此巨患，所請當能如願。三十六年八月，遂先以蔣洲還。時山口都督源義長具咨送回所擄人口，豐後太守源義鎭亦遣僧德陽等具方物奉表謝罪，請頒勘合修貢（註一）。十月，「王直、毛烈、葉宗滿同夷商千餘人泊岑港。毛烈自詣軍門乞降求市，宗憲令還俟後命。」（註二）

「是時浙東西傷於倭暴，聞直等以倭船大至，則甚懼，競言其不便。巡按浙江御史王本固奏直意未可測，納之恐招侮。于是朝議闃然，謂宗憲且釀東南大禍。而浙中文武將吏，亦陰持不可。」（註三）剿撫之議，相持不一。牽涉問題，亦相當複雜。唐樞復胡宗憲論處王直書，以順其情五利五慮，却其請四利四慮。歷敍盜寇前因後果，分析成敗得失，甚爲詳悉，書云：「順其請有五利：一曰方今海寇熾虐，殘害地方，財費靡極，公私俱困。久經四五年來，算無長策，賊未盡滅。王直自願招諭島倭，以夷攻夷，立功報效，坐令地方安堵，東南稅賦之場，復舊生理，似亦便宜良計，實爲利之大者。二曰切念華夷同體，有無相通，實理勢之所必然。中國與夷，各擅生產，故貿易難絕。利之所在，人必趨之。本朝立法，許其貢而禁其爲市。夫貢必持貨，與市兼行，蓋非所以絕之。律欸通番之禁，下海之禁，止以自治吾民，恐其遠出以生釁端。至其公同驗實，則延禮有銀，頓貯有庫，交貿有時，督主有提舉有市舶，歷歷可考。」「若其私相商販，又自來不絕。守臣不敢問，戍哨不能阻。蓋因浩蕩之區，勢難力抑，一向蒙蔽公法，相延百數十年。然人情安于睹記之便，內外傳襲，以爲生理之常。嘉靖六七年後，守臣奉公嚴禁，商道不通，商人失其生理，于是轉而爲寇。嘉靖二十年後，海禁愈嚴，賊夥愈盛。許棟、李光頭輩然後聲勢蔓延，禍與歲積。今日之事，造端命意，實係于此。夫商之事順而易舉，寇之事逆而難爲。惟順易之路不容，故逆難之圖乃作。訪之公私輿論，轉移之智，實藏全活之仁。」「三曰開市必有常稅，向來海上市貨暗通，而利歸私室。若立收料，倍于廣福多甚。況今海上戍

（註一）　世宗實錄卷四五〇，三十五年八月甲辰。日本一鑑窮河話海卷六，海市。

（註二）　國榷卷六二，嘉靖三十六年九月丁丑條。

（註三）

額，卽令事平，必欲如九邊故事，定立年例，以充軍餉。舊時兩浙北起乍浦，南迄蒲門，縈紆二千里，衞所巡司各衙門兵卒，約有二十萬有奇，歲費五十萬有奇。各縣徵發，舊額已定，況今客兵大增，何以處給？且兵荒之餘，百姓貧苦，不忍加賦，若得海上□□□濟海上年例之用，則一舉兩得，戰守有賴，公私不困矣。四曰凡海上逐臭之夫，無處無之。惡少易動之情，亦無處無之。樵薪捕魚，逞俠射利者，原無定守。不得安于其業，則隨人碌碌，乃常情之所必至。使有力者旣已從商，而無異心，則瑣瑣之輩，自能各安本業，而無效尤，以爲適從。故各年寇情，歷歷可指。壬子之寇，海商之爲寇也。癸丑之寇，各業益之而爲寇也。甲寅之寇，沙上之黠夫雲間之良戶復益而爲寇也。乙卯之寇，則重有異方之集矣。迹是而觀，能無治其始乎！五曰東南鄉兵孱弱，未易練成，所謂各處驍悍之卒，前事有鑒，恐爲地方不測之變。」「又居民久疲，思息便宜一節，縱非經久可行，亦姑爲目前紓急計。」

　　「順其請有五慮：一曰今日之請，料其情實不虛。彼之才力，亦料其足以制撫諸島。何也？彼有妻子繫獄，乃其至情。又于開市，可以得利，規利而免禍，何不爲之？彼稱倭王權弱，勢分島主。誠有是聞，誠不虛語。」「王直所交易者，不過數島人耳」，「但慮別島聞風而至，雖有原與王直所定規約，不肯聽依揮諭，則謙導、宋素卿之事，不能必其無也。但市之有訟，雖周禮亦有之。苟無大禍患，庸何泥耶！三曰古今異宜，從衞必同時多寡。」「其商在海，重貨所挾，必有堅銳之隨。洪武十五年備倭指揮林賢，令陳得中邀虜入貢歸廷用資裝，致生大釁。人心滋僞，此事不能料其必無。」「三曰海中貨市，各有行商地面。浙中開市，廣省方物或皆利其徑便，相湧而至。或彼此不相容，或龐雜不善處，致有門庭之擾。但世無無事之地，又開集列港，不爲我民害可矣。」「四曰自來下海船造于廣福陽山梅林港等處，事無泛出，」「居有定所。舊時通倭商有林同泉、王萬山、陳大公、曾老、陳思汴六七起，夥有定數。行之旣久，射利日增，居流不一，致添地方警備，不追咎始事乎？」「五曰王直行商海上，結合內地居民，始最親信，其於海上諸商伴，亦各推服。嘉靖三十年申白官府，自願除賊，陳思汴被其擒殺有功。然是時不肯身親出現，其身藏三窟，實非籠中之鳥。及當防禁愈嚴，內地人因生驅賴，其數不下幾萬，茲于舊恩新怨不肯忘情，相搆相傷，慮亦有之。但情眞難昧，法在有歸，亦無不可處者。」

「却其請有四利：一曰不軌者殺無赦。王直之爲首惡，情迹未明，必待勘議的
當。雖難卽定，但遙據鳴寃，不行投縛，似亦有要。以國家全盛之力行擒可也，棄置
可也，是爲國體之正。但事無定局，聖人無棄人，得失相較，不識孰多孰少？二曰海
溟浩蕩，自古不能常靖。前代孫恩、裘甫、楊震龍、輔公祐、袁晁、方國珍、張郁、
邵清等，氣餂昌斥，亦皆內地人自爲。」「今則內外通連，公私擾甚。處以窮詰，以
示將來，深爲本法。只事機未值，姑徐圖之，或亦施行之序耳！三曰自賊起事至今，
前後共得首級四千，現今松江等處巢穴所留，總不止一千之數。諸司奮厲，比前精神
益倍。」「但思事機不究，雖一時暫安，而嗜利之徒，復生後日之患。此非集衆思，
一人聰明有限，不能獨決耳！四曰：今日賊勢猖獗，凡敵王所愾，各知所奮。」「今
爲不得已之計，恐混亂見聞，致多議論，功未成而責已先歸，反不若一意絕之，且據
中策。」

「却其請有四慮：一曰海上商情安肯自已。今浙市有禁，姑且迂道廣福。舍近易
而從遠且難，日懷不便。如其絕望，必大肆奸猾，鼓動數島，增益松江等諸巢。二曰
王直妻子在繫，又內陰外飾，驅其立功，許其自全，以至仁待之，其肯自效，乃理勢
所必有。失此機會或直惡貫而斃，則在繫者不爲奇貨，承應者無此才力，雖欲爲此，
又不可得。三曰天順之後，市舶權重，市者私行，雖公法蕩然，而海上安然百年，此
乃通商明驗。今之議者，若謂王直不當宥則可，若以市法永不當開，則恐非細思而詳
考也。四曰去年賊勢猖獗，進兵不收全效，督察趙侍郎延訪羣情，故有蔣洲、陳可願
之行，二人遂遠涉紆謀，略有次第。却之是棄二人而罔小醜，非示信矣。」(註一)

時所以相持不決者，王直首惡當赦與否外，主要關鍵在「通貢互市」問題。自洪武
初年起，以倭患騷擾，沿海佈防，成、宣年間，限定日本貢舶來往期限，船隻人員數
目。然日本貢舶並不嚴守此一約定，常與私商混雜而入。閉市停貢，本爲明廷用以羈
縻控馭外國的主要策略。開禁閉市事，關今後海防安全至鉅。再者沿海良善居民無端橫
遭荼毒，創痛恨甚，今招撫通市，意固難平，而歸降之後如何處置，亦一嚴重問題。俞
大猷論王直不可招云：「至於招撫之說，尤非今日之良謀，是何也？蓋必大兵當前，
賊力不支，輸誠示降。帝王仁義之師，志在平亂安民，從而哀憫生全之計。其自新改

（註一）　皇明經世文編卷二七〇，禦倭雜著。

過，或令各復舊居，或令聽吾散置，使其決不能再聚爲患。間有兇性不移者，官府卽
聲其罪擒而誅之。彼皆無所逃於此者，則吾力能制其死命，而操縱之權在我耳！今欲
招之，是彼之力屈而求我乎？抑吾威不能伸而姑用恩以息之乎？」「往時亦有招賊來
降者，彼其議招之際，許多非理之請，官府欲求事濟，只得屈法以從。既招之後，出
入城郭街市，皆十五爲羣，佩刀自衞，以防人謀己。或强買民間貨物，或淫污人家妻
兒。官府之力不能禁之，卽欲設法禁之，又恐釀成大患，自取激變招撫之罪，姑隱忍
以聽之。路傍之民嗟怨嗷嗷，皆曰賊在海上，其禍猶未甚。今某官受金若干，某官受
金若干，而使賊在城郭之中，毒害我無辜之民。一時議招之官受謗既深，遂同陷罪
戾，而不能自白，此卑職所目擊者也。且賊之所以願招，亦只一二爲首之人，在海日
久，財本已厚，希圖招撫寧家，保其所有耳！賊從之所以信服其魁者，以其在海指揮
劫掠得利也。今計每人所蓄，多不過三二十金，少不過二三金而已。使無事而坐食，
不過數月而盡，豈有實心願同就撫乎？其中或係倭夷，或係浙、閩、廣散處之人，豈
能舍所乘之舟，以從陸乎？或令娶妻作家於寧波乎？或令各囘原籍乎？或既招之後，
仍准照舊在船，能必其不復背去爲亂乎？」(註一)

　　時王直泊岑港待命，宗憲以時不可失，力持招撫，然議者洶洶，亦恐王直萬一中
變爲亂，將罹巨禍，乃盛陳兵備，邀王直入見，實錄：「直既至，覺情狀有異，乃先
遣漖見宗憲，問曰：吾等奉招而來，將以息兵安邦，謂宜信使遠迓，而宴犒交至也。
今兵陳儼然，卽販蔬小舟無一近島者，公其詒我乎！宗憲委曲諭以國禁固爾，誓心示
無他，漖以爲信。已而夷目善妙等見總兵盧鏜於舟山，鏜誘使縛直等，直大疑畏。宗
憲凡百說之，直終不信，曰：果不欺，可遣漖出，吾當入見耳！宗憲卽遣之。直黨仍
要中國一官爲質，于是以指揮夏正往。」直佈署形勢既定，諭衆當謹備愈大猷，宗憲
乃調大猷金山，易以盧鏜。直乃慷慨登舟，偕葉宗滿等入見宗憲。宗憲大喜，禮遇甚
厚，直亦指誓自效(註二)。

　　明人記王直受撫經過，場面之壯大，聲勢之宣赫，變化波折，高潮疊起。生動緊
張局面，爲歷代受降所罕見。倭變事略謂直就撫後，「設供帳，供使令，命兩司更相

　　(註一)　正氣堂集卷五，議王直不可招。
　　(註二)　世宗實錄卷四五三，嘉靖三十六年十一月乙卯條。國榷卷六二，同日。

宴之。直每出入，乘碧輿，居諸司首，無少遜避，自以爲榮。日縱飲靑樓，軍門閒移之觀兵，因盛陳軍容，以陰懾其心。」後雖入獄，「其衣食臥具，擬於職官。凡玩好之物，歌詠之什，罔不置之左右，以娛其心。少有不懌，醫進湯藥，以調護焉。」事雖不盡可信，但由其不憚筆墨，津津描述，可知當時人情轟動情況。

　　直旣就撫，反對者仍洶洶不休，有謂宗憲受金銀數千萬，爲求通市貸死者，宗憲大懼。初宗憲以巡按御史結附趙文華得起而用事，而時又適趙文華得罪削籍（三十六年九月辛亥），驟失內援，故遂不敢堅持前議。一面令王直謁巡按御史王本固於杭州，本固遂以直屬吏(註一)。一面具狀請旨，「請顯戮直等，正國法。姑准義長等貢市，永銷海患。或曲貸直死，充沿海戍卒，用繫番夷心，俾經營自贖。」「御史（王）本固闇（闇）於事機，力以爲未可。而江南人洶洶，言宗憲入直、善妙等金銀數十萬，爲求通市貸死。宗憲聞而大懼，疏旣發，追還之，盡易其詞。言直等實海氛禍首，罪在不赦。今幸自來送死，實藉玄庇。臣當督率兵將殄滅餘黨，直等惟廟堂處分之。時直等三人來，留王滶、謝和在舟，本固復言諸奸逆意叵測，請嚴敕宗憲相機審處。務令罪人盡得，夷不爲變。于是嚴旨責宗憲擒剿。」(註二)

　　「宗憲乃大集兵艦，環夷舟守之。夷挾貨無所售，旣索直等不出，見兵船逼之益急，乃揚言責中國渝約，數出怨懟語，移舟據舟山爲固。」直入獄後，其黨知已違誓負約，大恨，遂支解夏正，入據岑港堅守。官軍屢攻之不能克，御史王本固、李瑚等復劾宗憲私誘王直，召侮啓釁，老師縱寇(註三)。三十八年七月，再劾其養寇溫、台，掩敗飾功，詔下查勘。科道官羅嘉賓、龐尚鵬勘覆，中有「擁勁兵以自衞，惡聞警報之宵傳。罪將領以文奸，專冀本兵之內召。廉恥掃地，沉湎喪心。捧觴拜壽于軍前，而伏地歡呼，讚文華爲島夷之帝。携妓酣飲于堂上，而迎春宴客，視督府爲雜劇之場。萬金投欵權門，而醉發狂言，畢露其彌縫之巧。千里追同章奏，而旋更其情節，曲致其欺罔之私。納賄弄權，出狂獄之巨奸。」「喜通透夷情爲得策，啓軍門倭主之謠。

（註一）　倭變事略謂嘉靖三十七年正月二十五日。
（註二）　世宗實錄卷四五三，嘉靖三十六年十一月乙卯條。嘉靖東南平倭通錄。有謂宗憲、王直、羅龍文皆徽人，宗憲令直以銀十萬兩托龍文餽嚴嵩父子，實得指揮職銜。見皇明從信錄卷三一。世宗實錄卷五四四，嘉靖四十四年三月辛酉條。
（註三）　世宗實錄卷四六五，嘉靖三十七年十月辛亥條。羅龍文曾參與胡宗憲誘降徐海事，見倭變事略引胡宗憲奏報蕩平徐海疏。

指扣侵邊餉爲常規，有總督銀山之號。招藝流而厚加豢養，盈庭皆狗鼠之雄。假贊畫而陰爲利謀，入幕悉衣寇之盜。」等語（註一）。宗憲甚恐，是年十一月遂亟讞上王直、葉宗滿等罪狀，乞明正典刑，以懲于後（註二）。旋兵部會三法司議覆：王直背華勾夷，罪逆深重，着就彼處決梟示。葉宗滿、王汝賢旣稱歸順報效，饒死，發邊衞永遠充軍。各犯妻子等七名押解赴京，給功臣家爲奴，財產入官（註三）。是年冬十二月二十五日，誅王直於杭州官巷口。

「直臨刑，嘆曰：不意典刑茲土，死吾一人，恐苦兩浙百姓。遂伸頸受戮，若不勝其怨恨者。」直死，其黨果以恨爲所欺，且痛悔罪無途，結倭瘋狂報復。正氣堂集：「胡公自松江召盧帥入海佯誘之，而令兪帥盛陳兵備。直舟入，公（兪大猷）欲出擊之，胡公檄公曰：敢與盧帥爭功，兪帥論死。盧公竟誘直入見，則天子必欲殺直矣。不殺則違明詔，殺直則失信倭人。胡公恚曰：吾爲兪師所笑矣。有旨必欲盡殲來者，倭人怒曰：吾非若，若爲賊者招我來，許我互市，又以我貢也。竟不許我，而又殺我耶？天朝詔令何以信遠人哉！遂焚舟走柯梅，人殊死戰。」（註四）先是，直下獄後，直黨已開始肆憤報復。至此遂結合新至倭人出走刼掠，明史：「逾年（三十八年）新倭大至，屢寇浙東三郡。其在岑港者徐移之柯梅，造新舟出海，宗憲不之追。十一月，賊揚帆南去，泊泉州之浯嶼，掠同安、惠安、南安諸縣。攻福寧州，破福安、寧德。明年四月，遂圍福州，經月不解。福淸、永福諸城，皆被攻燬。蔓延於興化，奔突於漳州，其患盡移於福建。而潮、廣間亦紛紛以倭警聞矣。四十年，浙東、江北諸寇以次平，宗憲尋坐罪被逮。明年十一月，陷興化府，大殺掠，移據平海衞不去。初倭之犯浙江也，破州縣衞所城以百數，然未有破府城者，至是遠近震動。」（註五）

直餘黨寇掠情形，不再細述。宗憲背約殺降及其影響，談遷論之云：「胡宗憲許王直以不死，其後異論洶洶，遂不敢堅請。假宥王直，便宜制海上，則岑港、柯梅之

（註一）　世宗實錄卷四七四，嘉靖三十八年七月戊子條。

（註二）　同上卷四七八，嘉靖三十八年十一月丙申條。

（註三）　鄭端簡公奏議卷三四，會題詳議賊犯王直等疏。

（註四）　功行錄。

（註五）　卷三二二，日本傳。

師可無經歲，而閩、廣、江北亦不至頓甲苦戰也。文吏持刀筆輕擬人後，曠能以度外行事，自蹈不測哉！王直以母故就死，無惑乎丘富、趙全輩之怙叛也。」(註一)日本志：「彼（王直、徐海）皆豪舉困于州邑之跆藉，而跅弛邑鬱，無以耗其雄心。獨怪當事者奈何不令之爪牙邊鄙，而驅之耳目外夷也。宋臣鄭剛中議欲錄用瀕海諸豪，以資捍守。而高帝盡籍海上惡少為伍長，嗟乎，深慮哉！」(註二)明史記事本末：「胡宗憲曲意主撫，因剿成功。賄斬徐海，誘擒汪直。武安誘殺，李廣誅降，長致恨於封侯，空悲冤於賜劍。憲雖引刃，應無顏見二賊於地下也。」(註三)宗憲態度之轉變，與世宗之御下策略，朝廷之政治鬥爭，嚴嵩父子權勢之消長，宗憲個人之性行操守，都有關係，牽涉問題，相當複離。而宗憲日後之得罪亦由於此。其中原委，非短文所能畢事，故不論述。但由於個人政治鬥爭，恩怨相伐，而敗壞招撫之計，致令禍亂轉劇，復連綿十餘年始得稍定，實令人歎息。

　　敍述嘉靖年間私商、海盜、倭寇結合為亂情形，至此而止。王直死後，其餘黨失敗逃亡日本者，走頭無路，逐參加豐臣秀吉侵掠朝鮮隊伍。明廷援助朝鮮，「前後七載，喪師數十萬，糜餉數百萬，中朝與朝鮮迄無勝算。至關白死，兵禍始休。」(註四)東事平，建州努爾哈赤已乘機坐大，北疆從此多事，無安枕之日矣。而自直死後，任海事上不敢輕議招撫，諸跳海亡命者亦不敢輕信歸順自贖。凡違禁私販出入海上者，官府皆以海盜視之，嚴予剿除。彼等既不能存身立足，自新復業，則只有往來行劫，或奔命他邦，開闢生路。而尤令人抱恨者，日後當他們在南洋為保衛含辛茹苦血淚所換得的利益，與西方侵入勢力生死存亡抗爭之時，中國不但願意與西人合力夾擊，對其三次屠殺中國僑民，亦以法外流逋，置而不問。十六世紀西方國家正支助私人海上活動，積極向外拓展，而國人在南洋斬棘被荊所開闢的成果，以得不到國家任何支援保護，遂遭人逐步掠奪以去。明代的海禁政策，不但召致嘉靖年間的大禍，「一夫作難，財用俱困。官廨廬舍，鞠為煨燼。千隊貔貅，空填溝壑。既傷無辜之軀命，復捐

（註一）　國榷卷六二，三十八年十一月丙申條。
（註二）　玄覽堂叢書續集。
（註三）　明史卷三二二，日本傳。
（註四）　同上。

有生之脂膏。」東南爲之魚爛者二十餘年。不獨關係於朱明王朝自身的興衰，對於國人海外經營的開拓，民族海上活動的發展，中外文化的交流，國際關係的瞭解，中國歷史的進展路程，都有極深遠的影響。

出自第三十六本上（一九六五年十二月）

跋明季的東征紀略

李　光　濤

　　東征紀略（簡稱紀略），乃萬曆四十七年東征建州奴兒哈赤之一紀錄，宋幼清懋澄撰，入九籥集，見崇禎十一年戊寅刊行的皇明經世文編（簡稱文編）卷五○二。其後康熙十年辛亥計六奇編輯「明季北略」（簡稱北略）時亦有轉載，但「東征紀略」四字，作「劉杜二將軍敗績」，未注出處，當係採自「文編」（是書乾隆年列爲禁書）。又，「北略」所載，間有刪改，已非原貌，如「酋素畏杜，稱曰太師，而不知綖威名，自將精銳三萬人應杜，而使別將將弱虜萬餘禦劉。」改爲「時大兵精銳三萬人應杜，而使別將將弱兵萬餘禦劉」。又如「一軍與北關合，擣奴酋之北」，改爲「一軍與北關會擣之」。又如「先是劉總兵從西北渡，破賊二寨，斬虜三千餘人，酋始怖劉節制，旣破杜帥」，改爲「先是劉總戎從西北渡，破二寨，斬三千餘人，大兵旣破杜師」。此一刪改，其最失眞相者，莫如「酋素畏杜」以及「酋始怖劉節制」等字樣之完全抹去，使奴兒哈赤當年怯戰之狀，幾乎也就無從查考了。所以研究歷史必以原料爲貴者，其故卽在此而已。「紀略」原文如下：

　　己未（萬曆四十七年）仲春二十有二日，出師。先一日，京師大風，黃沙帶雨沾人衣，赤雲翳天。天文家云，色如屠血，其國兵大敗，他占不載。朝議欲改師期，而已無及。經略公用古行師法，刻日編陣，一軍出西方，一軍出西北，一軍與北關會，擣奴酋之北，一軍將海師合高麗攻其東。西師大帥杜總戎松，而劉總戎綖將西北軍，李如柏、馬林等爲後援，師號十萬，不滿十萬人。杜將軍爲西陲名將，勇且廉。戊午，師出潞河，潞河人聚觀之，揮汗濕郵亭。將軍裸形示與人曰：杜松不識字武夫，惟不學讀書人貪財愛死耳。衆見其刀箭瘢如疹豆兒十朝時，間有紅處，乃良肉也，相與揮涕咨嗟而去。劉將軍少年立功黔中，先叔參知巡金滄，見劉列駿馬五十餘，跳躍其間，來往輕于舞蝶。當征關酋時，

於大營斬三大帥，頭隨刀落，刀三提而已。征東後，平播酋，功最上，議者擬
匹寧遠。會獻俘，所上惟象床三十六，他物率不稱。聖天子心疑經略已下有
私，遂停賞格。最後官川中，茂著成績；挂簡東歸，子不識其面。時有楚行，
劉泊舟九江，赴司道宴。酒半，將家丁五百習戰藝場。家居日費私財五十金養
死士，蓋一日不忘報國者。酋素畏杜，稱曰太師，而不知綎威名，自將精銳三
萬人應杜，而使別將將弱虜萬餘禦劉。杜先戰，期三日抵渾河，渾河虜險窮處，
從坦地橫絕其中，以分東西者也。日已昃矣，諸將請安壘休息，明晨東渡，杜
將軍怒曰：義旗東指，孰抗顏行，乘勝而前，何期之有？遣人視河，河水不遮
馬腹，而河中浮小舟數十此誘我也，明白如此，何乃輕渡。將軍大喜，謂天人俱助。
且恥乘舟，將裸形策馬。諸裨將披甲，將軍大笑，罵曰：入陣披堅，豈壯夫事
？老夫束髮從軍，不知甲重幾許，今日汝曹乃以此相苦耶？不顧，躍馬而渡，
諸軍競進。渡十之七，酋使人決上流，師衝爲兩，沒於河者幾千人，渡河將士
反顧生寒。陣甫成而暮，黑霧障天，虜萬炬忽明，火光下斫暗中人，我師不及
張弓銬（疑「弩」）刄，而將士成泥矣。虜光中識杜總戎，爭射之，臠其肉，立盡。並
獲杜號矢。號矢者，軍中稱令箭，乃經略授之總戎，以驅策偏裨者。先是，劉
總戎從西北渡，破賊二寨，斬虜三千餘，酋始怖劉節制。既破杜帥，乃復將其
精銳，北應劉將軍。使浙降人之黠者，詐爲杜將軍材官，持號矢晨馳至劉將軍
營，告急曰：杜將軍邀將軍威靈，幸抵酋城，深入敵疆，虞攻之不繼，敬遣材
官某，請將軍會師夾攻。劉遲回良久曰：予與爾總戎鴈行，安得傳矢？是裨我
也。僞官曰：矢雖以令裨將，而令裨將實不俟矢；此矢之發，爲事急取信計
耳。劉不反思，詫曰：出師時相約傳砲爲號，今師抵城下，何不聞砲聲？官隨
應曰：虜地素無烽火，晨始列騎代斥堠，此去虜城五十里，馳三里傳一砲，不
若一騎之驅較速。劉方首肯，而僞官已叩首馳出交和矣。還報奴酋曰：劉將軍
俟砲乃行。於是酋下令傳砲。而砲未傳前，劉心已動，恐杜將軍獨有其功，令
諸將拔營而東。老弱各人持鹿角枝繞營如城，遇敵，則置鹿角于地，轉睫成營，
虜騎不能衝突，我兵得以暇列置火具，虜前隊斃於火攻，則不能進，我乘間出
勁騎格鬬，肆出肆入。疲則還營少休，而令息者賈勇。且劉之火器，妙絕諸

軍，生平所恃以無衡者，此也。始聞炮聲，猶敦陣而行。行未二十里，炮聲益喧，心搖搖惟恐足之不前，設杜先入城，則宿名頓墮，乃下令棄鹿角而趨。行里許而伏兵四起，劉旅不復整矣。長技不及一施，衆遂殲焉。（光濤按，下文所記特別是「金後」之說，因與清人淵源有關，「北略」由于忌諱，悉刪去）劉之輜重公私悉爲酋有，喪大將軍七十有九。 大將軍火攻之最重者， 嘗聞之鄭大司馬郎君云，大將軍器，非虜抵城下不發， 一發決血衢三里，草枯數年， 舉火人官百長，費數百金不成一具，而它物可知已。杜之餘師暨軍資阻河西者，尋被掩擊，歸不萬人。是役也，喪藩臬一，四大總戎，卒九萬人。軍興以來，貲三百萬，虜生獲我馬四萬餘，虜乏惟馬耳。西虜遂請增賞，朝議久之不決，然所請甚微，入夏始增賞萬金。而虜債賽、抄化、火慈兎、慈煖兎諸部落也，皆元遺種，而金人雜其中。南北關與奴酋皆金後，北關號太師，以金故官稱，祖宗朝裂其地，分長之，蓋有深意。自奴酋併南關， 國家不救，而酋始强。 無故界之地七百里，封以龍虎將軍， 復與之盟，而虜驕益溢。 北關控弦僅八千騎，然超距敢戰。抄化壻於奴酋，化婦歸寧，從七百騎道出北關，北關踵其尾，斬從虜數百級，以捷聞，天子嘉其功，犒若干緡。後知所斬非建夷，而功不絲擊刺，因寢斬馘功，故我師有救北關之恩，而北關不德。至是我師戒期，北關初許會師，而卒無一應。如柏等又望風金（疑「全」）師，杜劉竟以無援敗。噫，安南之役，無是峽久矣，議者謂總戎衆而無元帥，似唐九節度之師。

右錄史文，由清實錄言之，卽所謂「薩爾滸之戰爭」。當民國三十四年抗戰末期，我在四川南溪李莊時，嘗撰有「記奴兒哈赤之倡亂與薩爾滸之戰」（集刊第十二本），凡一萬九千字，記之甚悉。由于當時看不到「文編」，故於「紀略」未能引用，而「北略」一書，以其係清初所編，文字多失實，因亦未採用。茲「文編」已由中央圖書館影印行世，其「紀略」一篇正可取而用之，以見杜松之敗，更有一因，比如杜松渾河之戰，據「紀略」，可謂敗於有勇無謀。觀其「遣人視河，而河中浮小舟數十，將軍大喜，謂天人俱助」之一情節，則其知識之幼稚，可以想見。而奴兒哈赤之誘敵，直如小兒行事，談不上有甚麼方略的。至於劉綎之敗績，則又以貪功輕進而取敗，也是不能料敵的，也是有勇無謀的。不過，劉綎之致敗，實由于經略楊鎬之催促進兵，所以關于

劉綎之覆沒，就實際言之，應由楊鎬負責，事詳前記拙著中，茲從略。

　　再，關于奴兒哈赤父子開國的方略，說來甚爲有趣，亦可借此一談，以見奴兒哈赤父子當初之獲勝是用甚麽方略獲勝？其方略，據天聰實錄稿殘葉，當與三國演義有關，有如其致朝鮮國王書有曰：「王勿謂我不知書，然小傳未嘗不讀。」此所謂「小傳」卽指三國演義而說的，拙著「清太宗與三國演義」曾詳述之，見集刊第十二本。茲爲證明奴兒哈赤父子所受三國演義的影響起見，特再就諸書中若干零碎的記錄歸類言之，以見他們是怎樣地在那裏善于應用三國演義。比如當薩爾滸戰役（爲清人得志之始）奴兒哈赤用計誘劉綎行爲，則有：「用杜松陣亡衣甲旗幟，詭稱我兵，乘勝督戰，綎始開營，遂爲所敗。」（參萬曆實錄四十七年四月十五日御史楊鶴奏）此類的計策，本三國演義中的常套，彼乃從而學之，以敗劉綎。又如他們又嘗使用美人計，出名姝，捐重粧，以悅遼人，前之撫順額駙李永芳，西烏里額駙佟養性等，後來大凌河許多遼人叛將都因此之故，爲他們所惑，而爲清人出死力。有如順治五年爲清人死守贛州以拒廣東提督李成棟數十萬衆反正軍之總兵胡有陞，其左右卽有滿洲名姝二人。而所謂美人計，大家當然都知道出於演義中東吳飾孫夫人以悅劉備的故事，他們亦學得很澈底。還有所謂曹操五日一大宴以厚待關公的把戲，他們亦曾依樣畫葫蘆，以厚待遼人。有如王氏東華錄天聰五年十月戊戌載：「上謂諸貝勒曰：大凌河官員，可八家更番，每五日一大宴，宴與今日同。」此外又如釋總兵祖大壽之俘，則又學孔明之擒縱，曰：「可擒則擒，可縱則縱。」又檢天啓實錄六年九月戊戌遼撫袁崇煥奏，有「奴屢死詐我」之言，此詐死之事，在三國演義中更多有之，例如周瑜詐死敗曹仁，皆是。現在我們再就「紀略」觀之，更可知道奴兒哈赤當初之戰勝杜松，也是得力於三國演義的，也正是採取了關公所謂水淹七軍以敗曹軍于禁的故事。像這些故事，說來眞是一大串，不由人不信，而他們當初之揣摸行計，直如是之巧，所以又常常爲得意之言，據天聰實錄稿說：「我國本不知古，凡事揣摸而行。」其實所謂揣摸，自然也只是揣摸三國演義而已。

　　最笑話的，莫如他們揣摸此小說，因爲揣摸太弎眞，所以也很有些上當的趣事。例如關公的顯聖，以及諸葛亮的空城計，他們也都疑神疑鬼的，以爲眞有其事，以爲諸葛復生，所以一見就跑。據明清史料乙編葉四七九：「敵至張秋鎮，羣奴見城上有

紅面大漢，身披金甲，手執大刀，奴賊未敢進城。」又同書葉五五二，關于內黃縣的城守，有空城待敵，敵過空城而不入一類的記事。像這一些笑話，大家都應該注意的。

由于以上許多的趣事，我們不難暸解奴兒哈赤父子的知識是相當低落的，然而「堂堂天朝」尤其是薩爾滸之戰覺敗於他們之手，豈非出於千萬意外乎？反之，若易杜松（包括楊鎬在內）而爲後來足智多謀之袁崇煥，則奴兒哈赤父子之存亡正未可知也。

明　史　纂　誤　續

黄　彰　健

　　余昔年曾撰明史纂誤一文，刊佈於史語所集刊第三十一本，發正明史訛誤約百餘事。頃因太祖太宗實錄人名索引已編就，並已取敝所校印之明太祖太宗實錄剪貼分類訖，逐再賡續前作，以實錄及其他原始可信之材料校正明史，又續得明史訛誤及可商榷者若干則，謹錄存於此。

　　昔楊椿上明鑑綱目館總裁書謂，明史「每一志傳成，總裁必命書某事出某朝實錄第幾年，某事見某人傳記第幾卷」，是其時總裁亦知明史所記需據實錄及他書複核。其未能免於訛誤，當以實錄諸書卷帙浩繁，不易檢索故。今之所作，僅可彌補前修一部份之缺憾。雖不實識小，或不爲異日校注明史者所棄也。

　　　　　　　　　　一九六四年六月二十一日謹識於南港舊莊。

明史卷三　太祖本紀

洪武十六年九月癸亥，申國公鄧鎮爲征南將軍，討龍泉山冠平之。

　　按實錄書：「洪武十六年九月癸亥，命申國公鄧鎮爲征南副將軍，臨江侯陳鏞濟寧侯顧敬爲左右副將軍，率兵討江西龍泉等縣山寇」，「十七年三月庚子征南副將軍申國公鄧鎮等平龍泉永新諸縣山寇還」。明史鄧愈傳言鎮任征南副將軍，蓋本實錄；而本紀作征南將軍者，蓋見陳鏞顧敬爲左右副將軍，逐以爲鄧鎮任「征南副將軍」之副字爲衍文耳。

　　今按此副字非衍。於時傅友德平雲南，傅爲征南將軍，沐英藍玉爲左右副將軍。鄧鎮諸人資望不足與傅比，故任之爲征南副將軍，而陳鏞顧敬則係副將軍之左右副將軍。明初鄧愈曾任左副副將軍，湯和爲右副副將軍，見實錄洪武六年三月壬子條，卽其旁證。明通鑑考異以憲章錄無副字，逐從本紀，而謂明史鄧愈傳征南

本文撰述期間，承國家長期發展科學委員會補助研究費，謹志謝於此。

副將軍之副字係衍文，不悟憲章錄所記亦當原出實錄；憲章錄作者刪一副字，蓋亦不明其時官制；改正實錄，需據原始可信史料，不得據憲章錄此類著作也。

明史卷九　宣宗本紀

五年五月癸亥，擢郎中況鍾何文淵九人為知府。

按實錄，何文淵係以御史任知府，明史何上應增御史二字。明史卷七十一第十頁云：「宣德三年況鍾趙豫等以薦擢守蘇杭知府」，三年應改作五年。

明史卷四十　地理志

南北一萬零九百四里（P.2）(註一)

實錄洪武二十七年八月庚申條作一萬零九百里。「四」字疑衍。

懷柔，洪武元年十一月省入檀州，十二月復分密雲昌平二縣地置（P.6）

按實錄書：「洪武元年十一月壬子併懷柔密雲二縣地入檀州」；「十二月丙戌仍改檀州為密雲懷柔二縣」；「十三年十一月庚戌復置北平府香河平谷懷柔保定四縣」，則似懷柔縣於元年十二月復置尋能，至十三年十一月又復置。

大明一統志卷一：「懷柔縣，元廢入順州，本朝洪武中分密雲昌平地復置懷柔縣」。此所記分密雲昌平地置懷柔縣，亦可能係洪武十三年十一月事，未見其必為洪武元年十二月事也。謹誌於此以俟考。

洪武元年從今治（P.7）

從應為徙字之誤。

青，元青州，洪武八年四月降為縣，尋改清為青。（P.8）

按：「元青州」應改為「元清州」。

滄州，舊治在東南，洪武二年五月徙於長蘆。（P.9）

按實錄，係洪武二年六月戊子徙治。五當改作六。

曲周。（P.12）

按實錄書：「洪武四年十一月己巳置廣平府曲周縣。」大明一統志卷四：「曲周縣，本漢舊縣。……元仍舊，本朝因之」。由實錄觀之，似元末縣廢，洪武四年

(註一)　p.2指百衲本明史卷四十第二頁，後倣此。

始復置也。

永平府。（P.13）

按實錄書：「洪武六年十二月癸卯，胡兵寇永平之撫寧縣及瑞州，大肆剽掠而去。詔以瑞州逼近虜境，宜罷州治，遷其民於灤州。……民之近邊者，皆徙內地」；「洪武七年七月辛卯，革永平府之瑞州」。瑞州之革，史志失書。

鳳陽府，……正南門曰午門，北曰元城。（P.24）

按實錄洪武六年六月辛巳條元城作玄武，是也。

泗州，……（洪武）四年二月還屬府。（P.25）

按實錄，還屬臨濠，係洪武四年三月乙酉事。史志作二月，誤也。

高郵州，元高郵府，屬淮東道宣慰司，洪武元年閏七月降爲州。（P.28）

按實錄：「洪武元年閏七月丙辰，以高郵府爲州，隸揚州府」。史志「降爲州」下應增「來屬」二字。

望江，……西南有楊灣鎭巡檢司（P.34）

按太祖實錄 P.2164 及萬曆會典卷一三八第十二頁作楊灣口巡檢司。

懷寧，東有長風沙鎭巡檢司（P.33）

太祖實錄 P.2164 作長風夾巡檢司；萬曆會典卷一三八第十一頁作長楓夾鎭巡檢司。

洪武四年九月曰廣德州。（P.38）

按實錄，改廣興府爲廣德州，係洪武四年十月乙未事。實錄卷六十八記洪武四年九月十月事，史志作者據實錄摘錄，遂誤書爲九月耳。

明史卷四十一　地理志二

禹城，元屬曹州，洪武二十年來屬（濟南府）。（P.2）

按大明清類天文分野之書係洪武十七年修成，其書卷八第八頁已言禹城屬濟南府。檢史志，長山、新城、淄州等地俱以洪武二年七月屬濟南府；史志曹縣條言：「曹、元曹州，洪武元年省濟陰縣入州；二年，州治自北徙於盤石鎭；四年，降爲縣，屬濟寧府」。洪武四年時曹州已爲縣，則禹城於洪武二十年時不得屬曹。

其改隸濟南或亦在洪武二年。史志「二十年來屬」或二年之誤也。

德州，元屬河間陵州路，洪武元年降爲陵縣，屬濟寧府；二年七月改屬德州。(P.2)

按實錄書：「洪武二年七月戊戌，復以濟寧之樂陵縣隸樂安州，陵縣隸德州」，此
爲史志所本。實錄此條惟北平圖書館本作濟寧，抱經樓本廣方言館本則作濟南。
德州在濟南之北，而濟寧府則在濟南府之南；德州隸濟南較便於監督統治，故實
錄此條當以作濟南爲是。史志此條蓋據實錄誤本，逐作濟寧耳。史志次頁言：
「樂陵，洪武元年改屬濟寧府」，此寧字亦應改作南。

六年六月復置州，改名樂安（P.3）

按樂安州之置，據實錄，係洪武六年七月乙卯事。史志作六月，誤也。

史志同頁記海豐縣建置年月，卷四十第九頁記河間府慶雲縣建置年月，亦有此
誤。

沂州，元屬益都路，後省州治臨沂縣入州。洪武元年屬濟寧府，五年屬濟南府，七年
十二月屬青州府，十八年來屬（兗州府）。（P.5）

按大明清類天文分野之書卷十：「臨沂縣，元爲倚郭縣，本朝併入沂州」。史志
不言本朝併入，蓋據景泰時所修寰宇通志。

清類天文分野書卷八言，濟南府支郡有沂州；卷十言：「沂州，洪武元年屬濟寧
府，五年屬濟南府」。天文分野書係洪武十七年表進，而七年十二月沂州屬青州
府，此又明見於實錄。豈七年十二月之後，沂州復改隸濟南？抑是時郡縣分隸，
清類天文分野書作者仍有不明瞭者歟？俟考。

寰宇通志卷七十三云：「沂州，……國朝洪武元年改屬濟寧府，五年改屬濟南府，
十八年改屬兗州府」。未言七年十二月改隸青州府，與實錄不合。

臨清州（P.6）

按實錄：「洪武七年八月乙巳，分東昌府堂邑縣之忠厚等鄉屬臨清縣」，史志失
書。

遼東都指揮使司，元置遼陽等處行中書省，治遼陽路。洪武四年七月置定遼都衞，六
年六月置遼陽府縣，八年十月改都衞爲遼東都指揮使司，治定遼中衞。領衞二十五，
州二。十年，府縣俱罷。（P.10）

按寰宇通志卷七十七云：「國朝洪武四年置定遼都衞。八年改爲遼東都指揮使司。十年革所屬州縣，置衞。永樂七年，復置安樂自在二州。凡領衞二十五，州二」。則史志所謂「領衞二十五，州二」，此州二係指安樂自在二州，係永樂年事。史志敍此事於洪武十年之前，誤也。

海州衞，本海州，洪武初置於舊澄州城，九年置衞，二十八年四月州廢。

按史志記衞及府州縣建置，其年月均具者係本實錄。今檢實錄此條原文係：「洪武二十八年四月乙亥，改遼東金復海蓋四州儒學爲衞儒學，各設敎授一員，訓導一員」。於時改州儒學爲衞儒學，係改儒學之名，非其時尙設有金復海蓋四州也。洪武十年已革遼東州縣，已見前節所引。（實錄：「洪武六年六月戊戌，定遼都衞請設遼陽府縣治，從之。尋罷置遼陽府縣。」）

史志記蓋州衞復州衞金州衞建置沿革，言蓋州復州金州均係二十八年四月州廢，亦係誤解實錄此節文義。

義州衞，洪武二十年八月置衞。（P.12）

按實錄，係洪武二十一年八月戊申置衞。史志作二十年，脫「一」字。

天城衞，元天成縣，屬興和路。洪武四年五月改屬大同府，縣尋廢。二十六年二月置衞。

按實錄書：「洪武四年五月丙子以北平興和府天城懷安二縣隸山西大同府」。興和府，明初曾屬北平行中書省，此史志所未言者。

天成於洪武二十六年二月置衞，而懷安入明以後，其建置沿革無考。

明史卷四十二　地理三

羅山，十年五月直隸汝寧府（P.7）

按實錄，羅山直隸汝寧，係洪武七年八月庚申事。史志作十年五月，誤也。

磁州，元治滏陽縣，屬廣平路，後州縣俱廢（P.10）

按實錄書：「洪武二年四月甲戌倂滏陽縣於磁州」。滏陽縣之廢，當在此時。

涉縣，元屬眞定路，後廢，洪武元年十一月復置。（P.10）

按實錄，係洪武二年二月壬辰復置。史志作元年十一月，誤也。

汅、元汅州、洪武七年七月降爲縣（P.15）

　　按實錄，係洪武八年二月乙卯降爲縣。史志作七年七月，誤也。

文，十年六月改屬（階）州，二十三年三月省（P.20）

　　按實錄書：「洪武十年六月庚申以鞏昌府階、文二縣爲階州」，則此時文縣係省入階州，而非改屬階州。實錄書：「洪武二十三年四月丁巳省階州文縣」，則文縣十年六月後又復置。檢洪武十七年修大明清類天文分野書，其卷十三亦言：「本朝爲文縣，屬階州」，則二十三年四月丁巳條所記不誤。史志作者蓋以實錄未書文縣復置，遂以爲實錄十年六月條紀事有誤耳。史志言，二十三年三月省文縣，三月當據實錄改爲四月。

洵陽，元末省，洪武三年復置，五年二月來屬（金州）。（P.22）

　　按實錄書：「洪武五年二月甲辰，以四川大寧州之平利洵陽石泉三縣隸陝西漢中府」。金州於時雖屬漢中府，然未言此三縣隸漢中府金州，則仍可能直隸漢中府，而不隸州。史志所書俟查其所本。

　　史志於平利石泉二縣，已言其「元末省，洪武三年置，屬四川大寧州。」史志洵陽條「洪武三年復置」下似亦應補「屬四川大寧州」六字。史志言三年復置，亦未知其所本。其所記亦疑有誤，俟考。

明史卷四十三　地理四

劍州，九年省（P.5）

　　按實錄，係洪武九年四月省。史志記府縣建置，多本實錄。史志此條，疑謄錄時，誤落「四月」二字。

廣安州，元廣安府，洪武四年降爲州，來屬。（P.6）

　　按廣安降爲州，隸順慶府，據實錄，係洪武九年四月甲午事。史志作四年，誤也。

蓬州，元屬順慶路，洪武中以州治相如縣省入。（P.6）

　　按元史地理志，相如係蓬州所領縣，未言其係倚郭。史志「州治」二字，未知其所本。

　　大明清類天文分野書云：

　　　　南充縣，至元二十年併漢初相如地入焉。

　　　元史地理志僅言至元二十年以漢初併入南充，而相如則係蓬州屬縣。清類天文分
　　野書記元朝地理況革，多本大元一統志。此條所記與元史地理志異，未知孰是。

大寧州，洪武九年降爲縣。（P.7）

　　　按實錄，大寧降爲縣係洪武九年四月事。史志謄錄時，疑落四月二字。

新寧，元屬達州，洪武三年改屬重慶府。（P.7）

　　　按大明清類天文分野書云：

　　　達縣，元達州，隸夔州路。本朝洪武九年改爲縣，隸夔州府。

　　　新寧縣，……仍以新寧爲達州屬邑。洪武九年改達州爲縣，與本縣並屬夔州府。
　　考實錄，「洪武九年四月降夔州府爲州，屬重慶府」，則清類天文分野書謂「九
　　年隸夔州府」者，當係重慶府之誤。夔州府復設，據實錄在洪武十三年十一月，
　　而達縣新寧之復隸夔州，亦當在是時也。

　　　分野所記雖有誤，然由其言「九年改屬」，竊疑史志此處洪武三年改屬重慶府，
　　此「三」字乃九字之訛。且洪武三年時，四川仍屬明昇，於時固無所謂重慶府
　　也。

黔江，元屬紹慶府，洪武五年十二月省入彭水縣，十一年九月置黔江守禦千戶所，十
四年九月復置縣，來屬。（P.8）

　　　按實錄書：「洪武五年十二月庚辰，罷重慶府之黔江縣，併入彭水縣」。史志亦
　　言，彭水，元紹慶府治此，洪武四年府廢，改屬重慶府，則明初黔江地已由紹慶
　　改屬重慶府，不待洪武十四年九月矣。

　　　實錄書：「洪武十三年十一月庚戌復置重慶府南川黔江二縣」；又書：「洪武十
　　四年六月癸未置黔江縣。初黔江之地，元季陷入蠻夷。國朝立千戶所，招諭其
　　民，至是漸復故業，遂置縣以安撫之」。實錄此二節紀事有牴牾，未知以何者爲
　　是。史志謂十四年九月復置，「九」當據實錄改爲「六」。

開，元開州，洪武六年八月置，九月降爲縣。（P.7）

　　　「元開州」下應增「後廢」二字。

二十二年九月，改龍州軍民千戶所。（P.11）

按實錄書：「洪武二十四年九月辛未改四川龍州爲軍民千戶所」；又書：「洪武二十四年正月甲午，置四川龍州軍民千戶所」。實錄此二節所記必有一誤。史志書二十二年九月改，不取二十四年正月甲午條所記，未知何據。

二十二年九月改龍州軍民千戶所；二十八年十月升龍州軍民指揮使司。（P.11）

按實錄書：「洪武二十八年十月戊申，詔總兵官左都督楊文置龍州軍民指揮使司，調剔象衞官軍築城守禦」，此當爲史志所本。然考是時楊文奉命征龍州土官趙貼堅，故知此龍州係廣西布政司所轄，非指四川所轄之龍州。以同名，故史志遂誤以爲指四川所轄之龍州矣。明史地理志記廣西布政司所轄龍州，未言其廢州，改置軍民指揮使司，當據實錄此條補正。

鎮雄府，領長官司五，……白水江簸酬長官司，正德十六年十一月置。（P.12）

按萬曆會典卷十六第十八頁記鎮雄府所轄有懷德威信歸化官安靜四長司，而無白水江簸酬長官司。北平圖書館藏萬曆四川總志與會典同。考明史四川土司傳云：「嘉靖五年，兵部奏，芒部隴氏釁起蕭墻，騷動兩省，王師大舉，始克蕩平。今其本屬親支已盡，無人承襲，請改爲鎮雄府，設流官知府統之，分屬夷良母嚮落角利之地爲懷德歸化威信安靜四長官司，使隴氏疏屬阿濟白壽祖保阿萬四人統之」(註一)。是嘉靖五年時，白水江簸酬長官司已廢。史志此處僅言其正德時置，未注明已廢，並謂鎮雄所領長官司有五，誤也。

以州治棲縣省入。（P.13）

太祖實錄 P.1758 作妻陬縣。元史地理志亦作郪。史志作棲，誤也。

永寧宣撫司，……領長官司二：九姓長官司(洪武六年十二月改置)；太平長官司（成化四年四月改置）。（P.16）

太平長官司之置，見實錄成化四年四月癸丑條。檢萬曆會典卷十六第十九頁及北平圖書館藏萬曆四川總志，均未言永寧轄有太平長官司，則此長官司或萬曆時已廢矣。俟考。

(註一)　皇明經世文編卷一百李承勛陳芒部事宜疏云「存四司以事責任。查得該府原無屬司，近因改流于郤佐立懷德長官司，見任阿濟；母嚮立威信長官司，見任祖保；夷良立歸化長官司，見任白壽；落角立安靜長官司，見任阿萬」。明史土司傳「分屬夷良母嚮落角利之地」，當改作「分郤佐夷良母嚮落角之地」。

松潘衞，元松州，屬雲南行省，洪武初因之。十二年四月棄置松州衞。十三年八月罷衞。未幾復置衞。二十年正月罷州，改衞爲松潘等處軍民指揮使司，屬四川都司。

按洪武十七年所修大明淸類天文分野之書云：「松州，本朝改屬四川布政司」。

史志云：「洪武因之」，因之二字應改作「屬四川布政司」。

平茶洞長官司，元溶江芝子平茶等處長官司，洪武八年正月置，屬酉陽宣撫司。十七年直隸布政司。

溶溪芝蔴子坪長官司，元溶江芝子平茶等處長官司，洪武八年改置，屬湖廣思南宣慰司，十七年五月直隸四川布政司。（P.18）

按實錄書：「洪武六年四月戊寅，思南宣慰司溶溪芝子坪蠻民叛，逐其長官楊世榮，遣兵討平之」；「十七年五月辛酉，割湖廣思南宣慰使司所屬溶溪芝蔴子坪長官司，隸四川布政司」。檢元史地理志，思州軍民宣撫司轄有「溶江芝子平等處」，則實錄作「溶溪芝子坪」者是，而史志及實錄十七年五月辛酉條作溶溪芝蔴子坪者疑衍一蔴字。由實錄觀之，溶溪芝子坪長官司，洪武六年已設，史志作八年，誤也。史志言，平茶洞長官司及溶溪芝子坪長官司本元溶江芝子平茶等處長官司，亦當改作「本元溶江芝子坪等處」，始與元史地理志合也。

余檢寰宇通志、大明一統志、萬曆會典、及萬曆四川總志，俱僅言四川布政司轄有平茶洞長官司，無所謂溶溪芝子坪長官司，則溶溪芝子坪長官司後來必已廢罷。寰宇通志卷七十記平茶洞長官司建置沿革云：

宋政和閒，分其地置平茶洞。元初，改溶溪芝子平茶長官司。國朝洪武八年改爲平茶洞長官司，隸酉陽宣撫司。十七年改直隸四川布政使司。

實錄洪武八年正月丙子條：

改酉陽宣慰司爲宣撫司，以士酋冉如彪爲宣撫使。置平茶邑梅蔴兎石耶四洞長官司，以楊底綱爲平茶洞長官。

石耶洞邑梅洞二長官司，明萬曆會典卷一百二十四第十一頁及明史地理志均言其屬酉陽宣撫司，則平茶洪武八年時亦如是。史志記平茶洞長官司建置沿革，由今觀之，僅八年「正月」之正月二字係本實錄，餘均因襲寰宇通志。寰宇通志言，平茶隸四川布政司，係洪武十七年事，而平茶原本溶溪芝子平茶長官司，此尤可

注意。竊疑溶溪芝子坪長官司卽以是年併入平茶，亦未可知也。

馬剌長官司。（P.21）

　　萬曆會典卷一二四第十三頁作馬剌長官司，疑是也。

又有黎漢州。（P.22）

　　元史地理志作黎溪州。漢當改作溪。

守禦迷易千戶所。（P.22）

　　實錄會典迷作迷，是也。

餘干，元饒干州。（P.25）

　　饒當改爲餘。

安寧宣撫司，成化十三年二月置。領長官司二：懷遠長官司，宣化長官司，俱成化十
三年二月與宣撫司同置。（P.18）

　　按實錄「成化十三年二月戊戌，設四川安寧宣撫司，並懷遠宣化二長官司，以二
　　司隸安寧，屬播州宣慰使司管轄」，志未言屬播州宣慰使司，誤也。

　　萬曆會典言，播州宣慰使司領播州、餘慶、白泥、容山、眞州、重安六長官司，
　　草塘黃平二安撫司，未言其領懷遠宣化。史志言，萬曆二十九年四月以播州眞州
　　二長官司地改爲遵義軍民府，餘慶白泥容山重安黃平草塘等地益平越府，亦未言
　　播州宣慰使司於萬曆時轄有安寧宣撫司，則在萬曆前當已廢罷。

　　檢萬曆四川總志亦未有安寧宣撫司，此亦可爲一證。

明史卷四十四　地理五

漢陽府……尋屬河南，二十四年六月還湖廣（P.2）

黃州府……尋改屬河南，二十四年六月還屬湖廣（P.3）

沔陽府……尋直隸河南，二十四年還直隸湖廣（P.5）

荊州府……尋改屬河南，二十四年還屬。

隨州……省入應山縣，洪武二十三年五月後升爲州（P.6）

　　按實錄書：「洪武二十四年六月丙子，詔以襄陽德安安陸三府及隨州隸河南，沔
　　陽漢陽黃州荊州四府蘄歸峽三州仍隸湖廣。時禮部參酌河南湖廣所屬州郡道里遠

近，給事中荊德言，襄陽等府至湖廣爲遠，故命分隸之；未幾，後以襄陽等四府州順流下武昌爲便，復隸湖廣」。襄陽德安安陸三府既洪武二十四年六月始屬河南，則在此以前蘄歸峽三州斷不可能屬河南。史志書沔陽漢陽黃州荊州四府於二十四年六月以前曾隸河南，係誤解實錄此處文義。

據實錄二十四年六月丙子條，似隨州其時不隸德安府，俟考。

歸州，洪武九年四月廢州入秭歸縣，屬夷陵州，十年二月改縣名長寧，十三年五月復改縣爲歸州。（P.9）

按實錄書：「洪武九年四月甲午改峽州爲夷陵州，歸州爲秭歸縣，隸荊州府」，則歸州降縣後係直隸荊州府。史志言改屬夷陵州，而下文未交待何時由夷陵改隸荊州府，則史志所記「屬夷陵州」或係「屬荊州府」之誤也。

歸州改名長寧，據實錄係洪武十年三月乙未事。史志作二月，亦誤也。

光化，……洪武十年省入穀城縣。

按實錄，省入穀城縣係十年五月事。史志當原有五月二字，於鈔寫刊刻時脫漏。

上津，十年五月省入郧陽。（P.11）

陽當爲縣。

南門保

按實錄成化十二年十二月卷作南門堡，當是也。

靖州，……三年升爲府，四月後降爲州。

按實錄書：「洪武九年四月改靖州府爲靖州」。史志「四月」上脫九年二字。史志記州郡建置，凡注明月份者均本實錄，此處疑鈔胥謄正時漏書。「後」字疑衍。

施州衛軍民指揮使司，元施州，……洪武初省，十四年五月復置，屬夔州府；六月兼置施州衛軍民指揮使司，屬四川都司；十二月，屬湖廣都司。後州廢存衛。（P.17）

按明制，未見有州與軍民指揮使司並置者。施州之廢，疑卽在十四年六月。史志不言其時州廢者，殆以大明清類天文分野之書係洪武十七年表進，其中仍書施州隸夔州府故。清類天文分野書雖成於洪武十七年，然所著重係分野，於其時郡縣分合，所記實有疏略，不可據其書謂洪武十七年時州郡僅止此。此舉二證：如其書卷九第十三頁，謂大名縣本朝未立，今據實錄及史志，則大名縣洪武十年五

月省入魏縣，十五年二月復置。分野書謂本朝未立，係指洪武十年五月至十五年二月此一時期，而十五年二月復置以後，此縣終明世仍未廢也。又如遼東書金州復州海州諸衞之建置，而於肅州寧夏永昌諸衞之置則不書，亦其疏略。其書記明初府縣建置沿革，極多訛誤，此當別爲文論之。

盤順長官司（P.19）

萬曆湖廣總志作盤順安撫司，俟考。

施南宣撫司，洪武十六年十二月復置。（P.17）

按實錄，係洪武十六年十一月乙卯復置。史志作十二月，誤。實錄書：「洪武十七年十一月己卯以恩南宣撫司隸施州衞」。檢史志未見恩南宣撫司，恩或施字之訛。乙卯與己卯亦形近。實錄此二條記事必有一誤，俟考。

容美宣撫司，……永樂四年復置，施州衞。（P.7）

按史志施上脫「屬」字。

太祖戊戌年十二月置中書分省，治寧越府；癸卯年二月移治嚴州府；丙午年十二月置浙江等處行中書省。（P.20）

按實錄書：「壬寅二月丙申改中書分省爲浙東等處行中書省，仍開省金華」；「癸卯二月移置浙江（東）行省於嚴州」；「丙午年十二月乙未，罷浙東行省，開浙江等處行中書省於杭州」。明史地理志失書置浙東行省。

平陽，元平陽州，洪武三年降爲縣。（P.30）

平陽降爲縣，據大明清類天文分野書，係洪武二年事。史志記洪武朝州縣建置，未注明月份者，多本大明清類天文分野之書。史志此條作三年，或鈔胥謄錄有誤也。

長興……元長興州。太祖丁酉年三月改名長安州。壬寅年復曰長興。洪武二年降爲縣。（P.24）

按史志所言，壬寅年復曰長興，洪武二年降爲縣，此本之大明清類天文分野之書，見該書卷三第八頁；而實錄則書，「甲辰九月甲申，改長安州爲長興州」。當以實錄所記爲正。

明史卷四十五　　地理六

福淸，元福淸州，洪武二年二月降爲縣。（P.2）

按實錄，係洪武二年三月庚子降爲縣。史志作二月，誤也。

陽江，……西南有雙魚守禦千戶所，俱洪武二十七年置。（P.11）

按實錄書：「洪武三十年正月壬申，遷肇慶府雙魚千戶所治於陽春縣。初置雙魚
千戶所於陽江縣地，至是陽春知縣趙淸言，縣境接連蠻洞，乞移千戶所屯守，故
有是命」。史志未言雙魚千戶所徙陽春，當據實錄補。

檢寰宇通志卷一百二公廨門，則陽江縣仍有雙魚千戶所，而守禦陽春千戶所則係
洪武三十一年建，或雙魚千戶所後來又移返故地矣。

潮州府，元潮州路，洪武二年爲府。（P.14）

按廣東各府俱係洪武元年置。史志言，潮州路洪武二年改府，與史實不合。檢大
明淸類天文分野書亦作二年，則分野字誤，史志沿襲其誤耳。

元靜江路，洪武元年爲府。（P.19）

按實錄書：「洪武五年六月改靖江府爲桂林府」。實錄於元靜江路均書作靖，不
作靜，俟考。

以州治臨賀縣省入。（P.20）

按實錄，係洪武二年九月戊申省併。據史志體例，當書省併年月。

富川，……洪武二十九年十一月移治靄石下。（P.20）

按實錄，富川移治係洪武二十九年十月兪允。實錄靄作矮。

容，元容州，直隸廣西兩江道，洪武二年十月來屬，十年五月降爲縣，省州治普寧縣
入焉。（P.21）

按實錄書：「洪武二年九月戊申併普寧縣於容州」；「十月戊寅以容州隸梧州府」；
「十年五月戊寅改容州爲縣」。史志此處應改爲：「元容州，直隸廣西兩江道，
洪武二年九月省州治普寧縣入焉，十月改隸梧州府，十年五月降爲縣。」

白牛洞巡檢司。（P.24）

太祖實錄 P.2164 作白牛鎭巡檢司。

三年六月復曰慶遠府。（P.24）

　　按實錄書：「洪武二十九年二月丙申置慶遠衞軍民指揮使司左千戶所。」慶遠府
　　之改爲慶遠衞軍民指揮使司，史志失書。

　　慶遠府轄南丹州。史志云：「洪武二十八年廢，尋復置」。南丹慶遠置衞，據實
　　錄，係洪武二十八年八月事。南丹州廢，尋復置，慶遠府亦當同之也。

象州，元直隸廣西兩江道，洪武二年十月來屬，以州治陽奉縣入焉。（P.24）

　　按陽奉縣，實錄及元史地理志作陽壽，是也。以陽壽併入象州，據實錄，係洪武
　　二年九月戊申事。史志作十月，誤也。

南丹州，洪武二十八年廢，尋復置。（P.25）

　　按實錄，洪武二十八年八月癸未詔置南丹奉議慶遠三衞指揮使司；二十九年十二
　　月置南丹衞軍民指揮使司，復增中左中右中三千戶所。南丹州，史志僅言其廢，
　　未言其改軍民指揮使司。

荔波，……東有窮來，南有蒙石，又有方村三土巡檢司，後廢。

　　按實錄，洪武十七年九月丁酉，置巡檢司，慶遠府所置曰蒙村、窮來、方村。蒙
　　村疑卽蒙石。未知作村作石孰是，俟考。

向武州，洪武二十八年廢，建文二年復置，直隸布政司。（P.30）

　　按實錄，洪武三十年三月甲戌改廣西向武守禦千戶所爲向武軍民千戶所。軍民千
　　戶所之設，必以州廢之故，史志失書。

田州府。（P.29）

　　實錄書：「洪武六年十月丁酉，江夏侯周德興言：田州府總管黃志威招撫奉議等
　　州一百十七處，人民皆來歸附。上嘉志威招撫之功，命以安州侯州陽縣屬之」；
　　「十一月丁巳田州府知府岑伯顏奏，安州順龍州侯州陽縣羅博州龍威寨人民率無
　　牛可耕。……詔有司各給牛米，仍蠲其稅二年」。安州侯州順龍州陽縣建置沿
　　革，史志失書。檢元史地理志亦未見。新元史卷五十一引王圻續通考謂元來安路
　　轄程縣、上村長官司、安隆長官司、羅博州、侯州、龍川州、安德州、歸仁州…
　　…順隆州。此侯州疑卽實錄所記之侯州，順隆州疑卽順龍州，安州陽縣則無考。

明史卷四十六　　地理七

洪武十五年二月癸丑平雲南，……乙卯、置雲南等處承宣布政使司，領府五十八，州七十五，縣五十五，蠻部六。

由「蠻部六」三字，知史志此處言「領府五十八，州七十五」，應本實錄洪武十五年三月己未條。實錄此條書：

更置雲南布政司所屬府州縣。為府五十有二：大理、永昌、姚安、楚雄、武定、臨安、騰衝、普安、仁德、澂江、廣西、元江、和泥、柔遠、茫施、鎮康、南甸、麓川、鎮西、平緬、麗江、北勝、曲靖、烏撒、芒部、烏蒙、東川、建昌、德昌、會川、栢興、普定、雲遠、徹里、孟傑、木按、蒙憐、蒙萊、木孕（朵？）、孟愛、通西、木來、木連、木邦、孟定、謀粘、蒙光、孟隆、孟絹、太公、蒙慶、木蘭。

此正五十二府。然實錄同條書，「嵩明晉寧昆陽安寧屬雲南府」，「劍川屬鶴慶府」，雲南鶴慶二府即不在上述五十二府內。故實錄「為府五十有二」當作五十四。史志作五十八，恐誤也。

實錄言：

更置雲南布政司所屬府州縣：……為州六十有三：嵩明、晉寧、昆陽、安寧屬雲南府；鎮南、南安、威遠、景東、開南、遠幹屬楚雄府；姚州屬姚安府；鄧川、蒙化、趙喜、順寧屬大理府；和曲、祿勸屬武定府；新興、路南屬澂江府；建水、石平、寧川（川應作州）屬臨安府；師宗、彌勒、維摩屬廣西府；巨津、通安、蘭、寶山屬麗江府；永寧、浪渠、順州屬北勝府；陸涼、越、羅雄、馬龍、霑益屬曲靖府；歸化屬烏蒙府；會理、麻龍、通安（疑應作會通）、姜州屬東川府；建安、永寧、瀘、禮、里、闊、卭部、隆、蘇屬建昌府；昌德、威龍、普濟屬德昌府；武安、黎溪、永昌屬會川府；習安、永寧、鎮寧、安順屬普定府。

實錄所記僅六十一州。實錄書：建水石平寧川（州）屬臨安府。檢大明清類天文分野書云：

臨安府，支郡五：

建水州、石平州、寧州、阿迷州、寧遠州。

明史地理志云：

　　阿迷州，元阿寧萬戶，洪武十五年三月來屬。（屬臨安府）

　　寧遠州，元至治三年二月置，直隸雲南行省，洪武十五年來屬。（屬臨安府）
較實錄所書多阿迷寧遠二州。實錄既言州六十有三，則實錄言「建水石平寧州屬
臨安府」，州下當脫「阿迷寧遠」四字。

史志記元時某年某月置某府某縣，此均非本之元史地理志，而係本之元史本紀，
其記明時某年某月置某府州縣，則本之實錄。由其書洪武十五年三月阿迷州來
屬，可證其所見實錄「建水石平寧州屬臨安府」州下當有阿迷二字。實錄此條州
下苟當補阿迷寧遠四字，則史志書，「寧遠州，洪武十五年來屬」，年下亦當脫
三月二字也。

實錄此條言：「蠻部六：伴溪、七溪、烏撒、阿頭、易溪、易娘屬和泥芒部府」。
和泥芒部係二府，實錄不言某部屬某府，其敍事實不清晰。明史地理志云：

　　恩佗甸長官司，元和泥路，洪武十五年三月爲府，領納樓千戶所，伴溪七溪阿
　　撒三蠻部。

考納樓千戶所，洪武十七年四月改爲納樓茶甸長官司，屬臨安府。實錄十五年三
月己未條言，「納樓千戶所屬和泥府」，則和泥在臨安府境，史志所書不誤。惟
史志記所領蠻部有阿撒，而實錄作烏撒，此其異耳。

元史地理志云：

　　烏撒烏蒙宣慰司，在本部巴的甸。烏撒者，蠻名也。其部在中慶東北七百五十
　　里。……今所轄部六：曰烏撒部、阿頭部、易溪部、易娘部、烏蒙部、閟畔
　　部。其東西又有芒布阿晟二部。後烏蠻之裔折怒始强大，盡得其地，因取遠祖
　　烏撒爲部名。至元十年始附。十三年立烏撒路。二十四年升烏撒烏蠻（蒙？）宣
　　慰司。

則實錄作烏撒部，烏字未必誤。明史地理志作者所見實錄作阿撒，又見阿頭易溪
易娘皆在烏撒烏蒙宣慰司境內，其隣有芒布部，而芒布卽芒部，故遂謂明洪武十
五年三月所置蠻部六，芒部府領阿頭易溪易娘三部，而和泥所領則係伴溪七溪阿
撒三部也。

明史地理志言，「元和泥路，洪武十五年三月爲府」，似元末有和泥路。檢寰宇通志卷一百十二：

> 思陀甸長官司，元爲和泥路總管府，隷雲南行省，後廢，屬沅（元？）江路，國朝改爲長官司。

天順修大明一統志所記同。檢元史地理志新元史地理志，均未言元時有和泥路，其記元江路建置沿革亦未言以和泥省入。明史地理志及寰宇通志所記，今已不易定其孰是孰非矣。

後領府十九，禦夷府二，州四十，禦夷州三，縣三十，宣慰司八，宣撫司四，安撫司五，長官司三十三，禦夷長官司二。（P.1）

府十九，據史志所記數之，係雲南、曲靖、尋甸、臨安、澂江、廣西、廣南、元江、楚雄、姚安、武定、景東、鎭沅、大理、鶴慶、麗江、永寧、永昌、蒙化、順寧，凡二十。

州四十，據志數之，係晉寧、安寧、昆陽、嵩明、霑益、陸涼、馬龍、羅平、建水、石屛、阿迷、寧州、新化、寧遠、新興、路南、師宗、維摩、彌勒、富州、奉化、恭順、南安、鎭南、姚州、和曲、祿勸、趙州、鄧川、賓川、雲龍、劍川、順州、通安、寶山、蘭州、巨津、北勝、騰越、雲州、廣邑，計四十一州。其中寧遠後與安南，故只四十州。

禦夷府二，據志數之，係孟定、孟艮。

禦夷州三，據志數之，係威遠、灣甸、鎭康。

縣三十，據志數之，係昆明、富民、宜良、羅次、歸化、呈貢、祿豐、三泊、易門、南寧、亦佐、通海、河西、嶍峨、蒙自、新平、河陽、江川、陽宗、楚雄、廣通、定遠、定邊、磠嘉、大姚、元謀、太和、雲南、浪穹、保山、永平、計三十一縣。史志云：

> 臨安府，領州六，縣四。

按應云領縣五，卽通海、河西、嶍峨、蒙自、新平。臨安府領縣既遺漏新平一縣未計，故其總計雲南領縣遂誤作縣三十。

宣慰司八，據志數之，係車里、緬甸、木邦、八百大甸、孟養、老撾、大古剌、

底兀剌、底馬撒，凡九。

宣撫司四，係南甸、千崖、隴川、孟密。

安撫司五，據志數之，係潞江、鎮道、楊塘、瓦甸、耿馬、蠻莫，凡六。

長官司三十三，據志數之，係納樓茶甸、敎化三部、王弄山、虧容甸、溪處甸、田佗甸、左能寨、落恐甸、安南、祿谷寨、十二關、剌次和、革甸、香羅甸、瓦魯之、鳳溪、施甸、茶山、孟緬、東澌、者樂甸、孟璉、小古剌、茶山、底板、孟倫、八家塔、剌和莊、促瓦、散金、麻里、八寨、僅三十二。

志云，「州四十」，內有廣邑。史志云，正統三年徙廣邑於順寧府之右甸，而順寧府下則未言順寧府領有廣邑。景泰雲南志李元陽修雲南通志及萬曆會典均未言雲南布政司領有廣邑州，則此州正統三年後當又廢也。

大古剌，底馬撒、底兀剌三宣慰司，亦不見於上引三書，則後來亦廢。史志於此似亦應注明。

自孟璉長官司以下志所錄長官司，亦不見於上引三書，此亦當注明。其中孟璉長官司，係萬曆十三年置，見明史土司傳。會典不書，蓋其疏也。

萬曆會典卷一一四言，茶山長官司，潞江鎮道楊塘三安撫司，俱屬永昌衞；會典景泰雲南志、李元陽修雲南通志亦未言雲南轄瓦甸安撫司，俟考。

曲靖府，元曲靖路，洪武十五年三月爲府，二十七年四月爲軍民府。（P.2）

史志言，十五年三月爲府，此本實錄。其言二十七年四月爲府，以其紀有年月，知亦本實錄。實錄洪武二十七年四月庚辰條云。

　更定蕃國朝貢儀。……其西南夷……隸雲南者，軍民府一，曰姚安……；隸湖廣者宣慰司四，軍民府一，曲靖。

按曲靖不隸湖廣，實錄敍於湖廣後，必有字誤。且實錄此條亦非言曲靖改爲軍民府，不得據此條謂改軍民府在此時也。

大明清類天文分野之書言，本朝十五年改爲曲靖軍民府。

霑益州。……其西南有南盤江，卽南寧縣之東山河，南有交水縣，東南有羅山縣，東北有石梁縣，元皆屬州，武洪十五年皆廢。（P.3）

按實錄，洪武十五年三月己未更置雲南府縣，內言，南寧屬曲靖府，交水羅山石

梁屬霑益州，是洪武十五年時羅山交水石梁皆曾置縣。洪武十七年所表進之大明清類天文分野書言，交水石梁羅山，本朝未立。蓋十五年三月以後又廢。志僅言十五年廢，未言其初曾置縣，蓋其疏也。

嶍峨，元屬寧州，洪武十五年二月改屬府。（P.4）

按二月應改爲三月。

元江軍民府，領州二：奉化州，本因遠羅必甸長官司，洪武十八年四月置，嘉靖中改州；恭順州，本他郎寨長官司，嘉靖中改州。（P.7）

萬曆會典記元江軍民府領長官司一，即因遠羅必甸，未言其改州；又未言轄他郎寨長官司及其改州。

明隆慶時李元陽所修　雲南通志　亦僅言元江軍民府轄因遠羅必甸長官司。史志所據，俟考。

楚雄，元曰威楚，洪武十五年二月更名。（P.7）

按威楚路，洪武十五年三月改爲楚雄府，則威楚縣之改名爲楚雄縣，當亦同時事。史志作十五年二月，二當改爲三。

武定府，元武定路，洪武十五年三月改爲府，尋升軍民府。

按大明清類天文分野書言，武定軍民府，洪武十六年置。實錄書洪武十五年三月己未更定雲南布政司州縣，內有武定府。其改軍民府，或在十六年也。

鶴慶軍民府，……有木按州，又有副州，元俱屬府，洪武十五年俱廢。（P.10）

按洪武十七年表進之大明清類天文分野書云：

元副州，木按州，屬鶴慶府，本朝未立。

實錄記洪武十五年三月己未更定雲南布政司府州縣，中有木按府，則木按府當係由木按州改設。史志未言洪武十五年三月木按設府，當據實錄補。

巨津州，西北有臨江縣。（P.11）

按實錄洪武十五年三月己未條作臨西，元史地理志及大明清類天文分野書同。史志作臨江，誤也。

永寧府，元屬麗江永寧州路。（P.11）

按當改作：「永寧府，元永寧州，屬麗江路」。

順寧府，元泰定四年十月置。

　　按順寧府，元史地理志不載。元史本紀言：

　　　泰定四年十一月辛卯，雲南蒲蠻來附，置順寧府寶通州慶甸縣。

　　蓋即史志所本。

　　大明清類天文分野之書卷十六云：

　　　順寧府，乃蒲蠻所居之地，泰定三年歸附，天曆元年設立府事，在中慶西南一

　　　十七程，親領慶甸縣。

　　元史本紀所記或較可信，故史志從元史本紀。

　　明史卷三百十三雲南土司順寧傳云：

　　　順寧府，本蒲蠻地，名慶甸。宋以前不通中國，雖蒙氏段氏不能制。元泰定間

　　　始內附。天曆初，置順寧府並慶甸縣，後省入府。

　　土司傳所記，蓋據大明清類天文分野書及景泰間所修寰宇通志。其所書與明史地

　　理志異，蓋非一人手筆。

緬甸軍民宣慰使司，領長官司一，東倘長官司，宣德八年九月置。

　　史志所記本宣宗實錄。然景泰寰宇通志、景泰雲南志，天順大明一統志、萬曆會

　　典，及明李元陽所修雲南通志，俱未記有此長官司。疑已廢罷，俟考。

木邦軍民宣慰使司。……又北有蒙來路。（P.15）

　　按實錄洪武十五年三月己未條來作萊。元史地理志及大明清類天文分野之書亦作

　　萊。

洪武十五年閏三月，置平緬宣慰使司。（P.17）

　　按實錄，是年閏二月，三當改爲二。

洪武十五年三月仍爲威遠州，屬楚雄府，十七年升爲府。

　　大明清類天文分野之書卷十五第十六頁云：「本朝十五年改爲府」。與史志異，

　　俟考。

孟密宣撫司，……東北有孟廣等部。（P.18）

　　按實錄記洪武十五年三月更置雲南府州縣，中有蒙光府。元史地理志有蒙光路軍

　　民府，則蒙光府蓋即其所改，字作蒙不誤。檢洪武十七年所表進之大明清類天文

分野之書，內無蒙光府，僅有孟光府。孟光府蓋卽蒙光府。明史地理志記雲南府縣建置沿革，未提蒙光府，亦未言孟光府。竊疑此孟廣部蓋卽蒙光府所在。謹誌於此以俟考。

實錄洪武十五年三月己未條記所設雲南府縣，內有木蘭府。此地名不見於元史地理志及明史地理志，其地望俟考。

元芒施路。（P.19）

元史地理志、太祖實錄及大明清類天文分野之書作茫施。

麻里長官司，永樂六年七月析孟養地置。（P.19）

按太宗實錄永樂六年七月丙辰條麻里作里麻，P.1342亦作里麻。明史卷三百十五雲南土司傳所記與實錄同。大明一統名勝志卷二十二第五頁作麻里，云「近其地爲野人所奪，奔入赤石坪棲住」。

孟定禦夷府，洪武十五年三月爲府。（P.17）

按太宗實錄，「洪武三十五年十二月丙辰，設雲南孟養木邦孟定三府，威遠鎮沅二州」。孟養木邦威遠鎮沅，於三十五年十二月復置，史志已據實錄書之，則孟定之復置，當亦不誤。史志失書孟定廢後復置，當據補。明史雲南土司孟定傳所書不誤。

領安撫司一、耿馬安撫司，萬曆十三年析孟定地置。

明史卷三百十三雲南土司孟定傳作萬曆十二年置，互異。

永樂十一年置貴州等處承宣布政使司，領府八、州一、縣一、宣慰司一、長官司三十九。

按實錄書：「永樂十一年二月辛亥，設貴州等處承宣布政使司。……諭戶部尚書夏原吉等曰：……其思州思南三十九長官司，宜加意撫綏，可更置府州縣而立布政司總轄之。其原設長官司及差稅悉仍舊。所當行之事，卿等詳議以聞。原吉等議，以思州二十二長官司分設思州新化黎平石阡四府；思南十七長官司分設思南鎮遠銅仁烏羅四府；其鎮遠州婺川縣亦各隨地分隸，而於貴州設貴州等處承宣布政使司以總八府，仍與貴州都司同管貴州宣慰司。其布政司官屬俱用流官，府以下參用土官。從之」。此卽史志所云：「領府八、州一、縣一、宣慰司一、長官

司三十九」所本。此長官司三十九，實思州思南二宣慰司所轄，後改隸思州等
八府，而貴州宣慰司所轄長官司，則不在數內。實錄敍其時貴州布政司與貴州都
司同轄貴州宣慰司，則貴州宣慰司所轄長官司，亦當計入；而史志下文謂，貴州
布政司復領長官司七十六，貴州宣慰司所轄長官司，卽在其數內也。

此七十六長官司，內龍里衞轄長官司一，新添衞領長官司五。此二衞俱屬貴州都
司，不屬布政司，不當計入。

明史卷一百　諸王表

秦府

初封渭南王。（P.3）

　　按太宗實錄 P.543，係永樂二年四月庚辰封。

保安王尙煜，永樂七年薨。（P.4）

　　按實錄書：「永樂八年一月己丑王薨，訃聞，遣官賜祭」。此一月己丑，據實錄
　　體例係王薨之日，非訃聞之日。

保安悼順王志坰。（P.4）

　　太宗實錄P.2282作志坰。

康王志㙻，初封富平王。（P.3）

　　按實錄，係永樂二十年二月乙未封。

興平王尙炌，永壽王尙灴，安定王尙炌。

　　表僅云永樂初封。按實錄係成祖洪武三十五年九月甲申封。

永興王尙烈，永樂十五年薨。

　　按實錄書，「永樂十六年正月癸亥永興王尙烈薨」。此癸亥亦係王薨之日，非訃聞
　　之日。

安定王尙炌，……永樂十六年削爲庶人，……發守懿王墳園。

　　按實錄書：「永樂十七年正月癸丑，安定王尙炌至京。……上面詰之，尙炌皆引
　　伏。……廷臣交章劾奏，請誅之。上以秦愍王之故，……但免爲庶人，令往泗州
　　守祖陵」。史志「十六年」三字當改爲十七年，而愍王墳恐亦不在泗州也。

晉府

憲王美圭，……永樂三年封世子。（P.8）

　　按實錄，係永樂二年四月初四封。表作三年，誤。

高平王濟熇，永樂初封。（P.9）

　　按太宗實錄洪武三十五年十月卷已稱之爲高平王。太祖實錄書：「洪武三十一年
　　二月丙午，冊曹國公李景隆女爲平陽王濟熿妃」。濟熿係濟熇之弟，太祖時已封
　　王，則濟熿之封，當亦在太祖時也。

　　太宗實錄書：洪武三十五年九月甲申改封晉恭王第三子昭德王濟熿爲平陽王。其
　　改封昭德王，當在建文時。成祖復太祖舊制，故仍改封爲平陽王耳。

　　明史諸王表於平陽王濟熿，僅言永樂初封，失書其前曾封昭德王。實錄書，永樂
　　二十一年七月丁酉封濟熿子美塓爲聞喜王，美增爲和順王，表亦失書。

慶成王濟炫，永樂六年封。（P.9）

　　按太宗實錄洪武三十五年十月戊寅條已稱之爲慶成王，則其封王，非在太祖時，
　　卽在建文時也。

永和王濟烺，永樂九年封。（P.10）

　　按太宗實錄，係永樂元年十一月乙亥封。

廣昌王濟熇，永樂初封。

　　按實錄，係洪武三十五年八月己未封。

新安王有熺

永寧王有光

汝陽王有煽

鎮平王有燐

宜陽王有㳆

　　此五王，表僅云永樂初封。按實錄，係洪武三十五年八月己未封。

明史卷一百一　　諸王世表

齊府。（P.6）

按太宗實錄，洪武三十五年八月己未封齊王榑第二子賢烶爲樂安王，第三子賢焌爲長山王，第四子賢塞爲平原王。齊王榑及其子後雖廢爲庶人，然曾封王，表仍當書也。

實錄此條言，賢焌爲齊王榑第三子。太宗實錄 P. 1654 則云係第二子。考太祖實錄，齊王諸子之生，賢烶居長，賢焌居次，則 P. 1654 所書是也。

明制，重嫡輕庶。賢烶雖居長，當係庶出，故不封以世子，而封爲郡王。

趙王杞，洪武三年封，四年薨。無子，封除。(P.7)

明史諸王傳同。按太祖實錄洪武三年十二月卷書：「是歲趙王杞薨」，則趙王之薨乃三年事，非四年事也。

魯惠王泰堪，靖嫡第一子。(P.7)

太宗實錄 P. 1550 作第二子，俟考。

樂陵王泰壆，靖庶五子。

太宗實錄 P. 1794 作第三子，俟考。

蜀和王悅爠，獻庶五子。

太宗實錄 P.541 謂其係蜀獻王第五子。蜀獻王長房絕，由悅爠繼立，則悅爠當係嫡出。苟係庶出，則華陽王一支當襲蜀王位矣。

悅爌，獻嫡一子。

明史諸王傳同。太宗實錄 PP. 341, 503, 709, 713, 719, 1230, 1370 俱作悅爌。太祖實錄 P. 2901 亦作爌，則作爌疑是也。

遼王貴烚，簡庶二子，初封長陽王。(P.33)

按實錄，係永樂二年四月封。

巴東王貴煌，建文二年封。

按實錄，係永樂二年四月封。

遼簡王植，永樂二年遷荊州府。

按實錄，洪武三十五年九月己丑，勅遼王植曰：「賢弟固請改國荊州。……今勉從所請」。「九月丙申，修荊州護衛爲遼王府」。「十一月乙未，復荊州中護衛隸遼王府」。明史所記蓋據大明一統志。

湘陰王貴燏，簡庶第十一子。

太宗實錄 P. 1671 作貴煬，係簡王第十子。俟考。

衡陽王貴煐，簡庶十二子。

按太宗實錄 P. 1726 作第十一子。

應山王貴爆，簡庶十三子。

太宗實錄 P. 1762 作十二子。

宜城王貴㷌，簡庶十五子。

太宗實錄 P. 1784 作十三子。

枝江王貴熠，簡庶十六子。

太宗實錄 P. 1832 作十四子。

沅陵王貴燏，簡庶十七子。

太宗實錄 P. 1917 作十五子。

麻陽王貴燠，簡庶十八子。

太宗實錄 P. 1999 作十六子。

明史卷一百二　諸王世表

慶府

靖寧王秩𤇯，封，後薨。（P.1）

按太宗實錄，係永樂十九年四月封，十一月薨。

眞寧王秩榮，庶三子，景泰六年封。（P.2）

太宗實錄書：「永樂十九年四月封慶王第三子秩炵爲安化王，第四子秩榮爲眞寧王」，表言秩榮景泰六年封，誤也。秩榮，實錄 P. 1692 作秩熒，作熒是也。實錄十九年四月卷謂秩炵係慶王第三子，秩榮（熒）爲第四子。按實錄，秩熒係永樂十一年七月癸未生，係慶王第三子，秩炵以永樂十三年八月癸酉生，係慶王第四子，則實錄十九年四月卷謂秩炵係第三子；秩榮（熒）係第四子者，誤也。

明史謂秩榮（熒）係庶三子，秩炵謂庶四子，不誤。

實錄 P. 2297 謂，秩𤇯係慶王第二子，其生年無考。

岷府

恭王徽㶇，初封鎮南王。

　　按實錄，係永樂二年四月封。

谷府

　　按實錄書，永樂二年四月封谷王長子賦灼爲谷世子，第二子賦爌爲醴陵王。谷王
　　橞及其子，後雖廢爲庶人，然其子之曾封郡王，表仍當書也。

明史卷一百三　　諸王世表

吳悼王允熥，永樂十三年卒。（P.1）

衡愍王允熞。

　　按允熞以永樂十五年卒，見實錄永樂十五年九月己巳條。表作十三年，誤也。吳
　　王衡王俱廢爲庶人，其歿不得予諡。此悼愍二字，未知何時追諡，俟考。英宗實
　　錄記建庶人吳庶人事。吳庶人當爲允熥後裔。

明史卷一百十三　　后妃

成穆貴妃孫氏

從仲兄蕃避兵揚州。

　　宋濂翰苑續集成穆貴妃壙志蕃作範。明史作蕃，蓋本實錄成穆貴妃本傳。

昭獻貴妃王氏，蘇州人，永樂七年封貴妃。

　　按太宗實錄書：「永樂七年二月己卯，冊張氏爲貴妃，……命王氏爲昭容。張氏，
　　故追封河間忠武王之女；王氏，蘇州人」。「十八年七月丙子貴妃王氏薨，……諡
　　昭獻」。實錄未書昭容王氏進封貴妃年月，明史謂係七年封，不知何據，俟考。

明史卷一百十五

興宗孝康皇帝傳

太祖爲吳王，立爲王世子，從宋濂受經。

　　按太祖實錄P.106書：「庚子五月丁卯，置儒學提舉司，以宋濂爲提舉，遣世子
　　受經學」。於時太祖尚未稱吳王也。

於是左丞相李善長兼太子少師，右丞相徐達兼太子太傅，中書平章錄軍國重事常遇春所記兼太子少保。

實錄洪武元年正月辛巳條謂徐達兼太子少傅。此作太子太傅，誤也。明史徐達傳所記與實錄同。

楊憲兼詹事丞，傅瓛兼詹事。

按實錄洪武元年正月辛巳條謂楊憲傅瓛兼詹事丞，是也。

僉大都督府事吳楨。

實錄洪武元年正月辛巳條作吳禎，是也。

因謂殿中侍御史郭淵友等。

按實錄洪武元年三月庚午條作「因謂殿中侍御史安慶儒士郭友淵等」。安慶乃人名，非地名。安慶官殿中侍御史見太祖實錄 P.386，而郭友淵於時未有官職，故稱之爲儒士。明史據實錄爲文，誤刪安慶儒士四字。淵友亦疑應改作友淵。

秦庸盧德明張昌爲太子諭德

按太祖實錄洪武元年九月乙未條庸作鏞，昌作易。廣方言館本實錄及國榷作昌。

明史卷一百十六　諸王傳

·昭信王。（P.2）

按實錄洪武元年正月卷及萬曆會典卷九十頁二十一作招信王。太祖實錄P.1082作昭。

檢地名辭典，「招信軍，宋置，元省，故治在今安徽盱眙縣東北」，「戎昭軍，唐置，治金州，今陝西安康縣治。……大順初，改爲昭信軍防禦使」。太祖爲淮人，既追封其兄爲盱眙王臨淮王，則其姪亦可能追封於淮地，作「招」疑是也。

周王橚

以汴梁有河患，將改封洛陽。橚言，汴堤固，無重勞民力，乃止。（P.10）

實錄書：「洪武三十五年十月戊寅，改建周王府於洛陽，蓋王以汴梁城爲河水所圮，奏乞徙洛陽，上許之，命都督馬溥工部侍郎劉仲廉相度規畫」；「永樂元年

正月辛卯以復周王舊封詔告中外」；「正月癸卯，周王之國」。實錄所書與明史異，俟考。

齊王榑

羣臣請罪教授葉垣等

太宗實錄 P. 809 作葉坦。

明史卷一一七　諸王傳

華陽王悅燿。(P.2)

按太祖實錄P. 3222，太宗實錄PP. 546, 651, 1608, 仁宗實錄PP. 154, 255, 285, 300, 宣宗實錄PP. 1106, 1902, 俱作悅爤，作爤當是也。明史諸王表作爤，不誤。

代王桂

永樂六年正月還舊封。十一月賜璽書曰：聞弟縱戮取財……(P.2)

按太宗實錄書：「洪武三十五年七月壬辰遣書召代王桂」；「八月壬戌代王桂來朝」；「壬申辭歸」；「永樂元年二月乙卯賜璽書，命其毋縱戮取財」。實錄所書與明史異。實錄所記疑是也。

慶王㮵

就延安綏寧租賦。(P.10)

太宗實錄P. 3276綏寧作綏德，是也。

明史卷一一八　諸王傳

岷王

帝怒奪冊寶，念王建文中久幽繫，復與之。

此本實錄永樂元年五月丁丑條。實錄書：「永樂元年九月庚子改雲南左中前三護衛為雲南中前後三衛。以岷王楩有罪，革之」。是冊寶雖仍與，而護衛仍革也。實錄書：「永樂六年正月丁巳，以岷王楩慢侮無禮，屢訓不悛，削其護衛官軍，悉調防邊，存軍士校尉各百人隨之，罷其長史審理等官」，其護衛何時復與，實錄未書。

谷王橞

增歲祿二千石

太宗實錄 P. 164 作三千石。

長史虞廷綱數諫

太宗實錄 PP. 1944, 1962 廷作庭。

韓憲王

十年，子恭王冲𤊻嗣。（P. 4）

按實錄，永樂九年十月癸卯嗣。傳作十年，誤。

靖江王守謙

父文正，太祖爲吳王，命爲大都督，節制中外諸軍事。

按實錄書：「辛丑三月丁丑，改樞密院爲大都督府。命樞密院同僉朱文正爲太都督，節制中外諸軍事」。太祖之爲吳王，事在甲辰正月，爲時在後。明史此處「太祖爲吳王」，應改作「太祖爲吳國公」。

統元帥趙得勝等鎮其地。

實錄作趙德勝。明史卷一三三有德勝本傳。

友諒掠糧都昌，文正遣方亮焚其舟。

太祖實錄 P. 164 云：「文正使舍人陳方亮潛往燔其舟」，陳方亮姓陳方，後官至都督僉事，見實錄及宋濂集。明史作方亮，脫陳字。

按察使李飲氷奏其驕侈觖望。太祖遣使詰責，文正懼，飲氷益言其有異志。太祖卽日登舟，至城下，遣人召之，……逐載與俱歸，免官，安置桐城。

文正以功賞稍遲，不能無少望。飲氷言其有異志，此見太祖實錄 P. 217 文正本傳。

王世貞弇山堂別集卷八十六載太祖與李文忠家書云：

老舅家書付保兒，教你知道：駙馬做的人，當自從守住江西，好生的行事，不依法度。近來我的令旨，爲開按察司衙門，他三日不接我言，教在江上打着船，便似教化的一般。他又差人往江西城子裏官賣物事，及至開我令旨，不許軍目頭目來聽，密行號令。但有按察司裏告狀的，割了舌頭，全家處死。在那

裏奸人妻女，多端不仁。我禁人休去張家那裏買鹽，他從江西自立批文，直至
張家鹽場買鹽。江上把截的不敢當，儘他往來。南臺城裏倉與庫四處俱各有
物。其餘多等不仁不孝的勾當。我心裏悶，說不的許多。保兒且知道這幾件。
你父親到時，自有話與他說也。保兒守城子，休學驢馬。你想你母親，你便休
惱我。凡事依首領官行。……

此所謂驢馬卽指朱文正。此書亦僅言文正驕蹇，不依法度。實錄謂其有異志，或
後來爲太祖諱，故有此誣辭也。

明史卷一百二十一　公主

曹國長公主，……嫁李貞。

　　史語所藏民國八年影印本明太祖世宗御筆，內有太祖與駙馬李楨書。字作楨，不
　　作貞。明史作貞，蓋本實錄。

臨安公主

　　明史未言公生母。太宗實錄 P. 2283 言，母成穆貴妃孫氏，此可補史闕。

崇寧公主，洪武十七年下嫁牛城。

　　按實錄北平圖書館本洪武十七年十一月壬申條作牛城，廣方言館本抱經樓本嘉業
　　堂本作牛諴。北平圖書館本洪武十八年二月己酉條作牛諴，則作諴當是也。

汝寧公主，……下嫁陸賈。

　　太祖實錄 PP. 2271, 2552, 均作陸賢，當是也。

壽春公主，歲給紵絲紗絹布線。

　　太祖實錄 P. 1741 記其事作綿二百兩。其上下文記賞賜他公主均作綿，則明史此
　　處作線誤也。

永嘉公主，……下嫁郭鎮，武定侯英子也。英卒，鎮不得嗣。

　　按郭英卒於永樂時，見實錄；郭鎮卒於建文時，見毓慶勳懿集所載方孝孺所撰墓
　　誌。鎮黨建文，故武定侯郭英卒，其爵終永樂世無人承襲。及仁宗立，始以貴妃
　　弟郭玹承襲。

永安公主。

明史未言公主生母。按太宗實錄 PP. 1978, 973 均言，母太宗文皇后。

永平公主，下嫁李讓。

明史亦未言公主生母。按太宗實錄 P. 973 言，母仁孝文皇后。

其父申官留守左衞指揮同知。

按李讓父達，官指揮僉事，見太祖實錄 P.3524。太宗實錄 P. 592 亦作達。

常寧公主，……正統六年薨，年二十二。

按太宗實錄，常寧公主永樂六年三月戊午薨，年二十三。實錄所記當是也。

明史卷一百二十三

陳友諒傳

自稱宣慰司，尋稱平章政事。（ P.1 ）

太祖實錄 P. 166 司作使，是也。

友仁號五王。（ P.3 ）

明史此言蓋本太祖實錄癸卯七月丙戌條。 明史此傳下文云：「普才五子，長友
富，次友直，又次友諒，又次友仁友貴」，友仁友貴，或係友貴友仁之誤也。

實錄言友諒弟友仁友貴於鄱陽之役焚死；又言友仁係五王，友才係二王。（見太
祖實錄 P. 179。）明史友才作友直，與實錄異。

平漢錄云，太祖下武昌，封友諒父普才承恩侯，理歸德侯，友諒弟友富歸仁伯，
友直懷恩伯，友仁追封康山王。此為實錄所不載。其謂友富友直為友諒弟，與明
史異。明史所據，俟考。

朱濂蠻坡集卷八張中傳云：「僞吳王陳友仁及將士溺死者無算」。以友才稱二王
證之，吳王疑係五王之訛。

張士誠傳

又戰於七里橋（ P.9 ）

太祖實錄 P. 299 作三里橋。明史常遇春傳與實錄同。

其將徐志堅敗於東遷。

太祖實錄 P. 301 作束阡。朱濂撰常遇春神道碑與實錄同。

張士誠附李伯昇傳

又爲征南右副將軍，討靖州蠻。（P.11）

　　太祖實錄P.1322書：「上以古州田州澧州等處洞蠻常梗化作亂，命衞國公鄧愈爲
　　征南將軍，江夏侯周德興江陰侯吳良爲副，將兵討之。愈率營陽侯楊璟宜春侯黃
　　彬出澧州，德興率南雄侯趙庸指揮僉事左君弼出南寧，良率平章李伯昇出靖州，
　　三道並進」；「五年十二月丁丑，……師還，……賞……平章李伯昇等綺帛各八
　　匹」。於時副將軍爲周德興及吳良，非李伯昇也。明史謂其爲右副將軍，疑誤。

方國珍傳

歲輸白金三萬兩。

　　太祖實錄P.204記其事作二萬兩。實錄P.283亦言，「遣經歷劉庸等來貢白金二
　　萬兩」，作二當是也。

郎中張仁本左丞劉庸等，皆言不可從。

　　太祖實錄P.352記此事作張本仁，明史方國珍傳下文亦作張本仁，則此作張本仁
　　者誤也。

　　太祖實錄P.352記劉庸事，未書其官銜。實錄P.431言，「吳元年十二月丁巳，
　　徙方國珍所署僞官左右丞元帥劉庸等居於濠州」，此當爲明史所本。然實錄P.283
　　書，「丙午四月戊辰，方國珍遣經歷劉庸等來貢白金二萬兩」，丙午猶爲經歷，
　　吳元年丁未卽已爲左丞，陞遷恐太速，實錄吳元年十二月丁巳條所書疑有誤。

朱亮祖之下溫州也，獲仁本。（P.15）

　　按太祖實錄P.405云：「獲其員外郎劉本」，蓋脫仁字。實錄謂其官爲員外郎，
　　而明史謂其官郎中，俟考明史所本。

有張子善者，好縱橫術。（P.12）

　　宋濓翰苑別集卷十方國珍神道碑作章子善。錢謙益國初羣雄事略引宋濓撰神道碑
　　作張子善。俟考神道碑拓本。

明玉珍傳

右丞哈麻禿

　　太祖實錄P.265云：「時元四川行省右丞完者都左丞哈林禿募兵重慶」。元制尙

右，則哈林禿之官爲左丞，當不誤。哈林禿，嘉業堂舊藏明紅絲閣鈔本作麻。

遣御史蔡哲報之。（P.18）

太祖實錄P.322作參政蔡哲，是也。哲改官侍御史，在此後，參實錄P.1120蔡哲本傳。

帝以其寇漢中，首造兵端，令明氏失國，僇於市。（P.21）

明史此言本之實錄。然漢中卽與元，本爲明玉珍所佔。太祖實錄書：「三年，從大將軍達敗王保保於定西，乘勝下巴蜀，友德爲前鋒，奪略陽關，擒夏平章蔡乙，克漢中。既而以餉運不繼，退守長安，夏將吳友仁圍漢中，友德率精銳救之，友仁宵遁」。是首造兵端者仍明太祖。實錄歸罪於吳友仁，純係强詞奪理，非當日情實也。

明史卷一百二十四

擴廓帖木兒傳

大將軍至嶺北，與擴廓遇，大敗。……至是，帝思其言，謂晉王曰：（P.4）

按諭晉王，係洪武三十年六月事，見實錄。此作洪武五年事，誤也。

遄得公一臂，思齊知不免，遂斷與之，還未幾死。（P.5）

按此本俞本紀事錄，見中央圖書館藏明與野記。

實錄李思齊本傳云：「公復從大將軍征大同，至代縣，得疾還京師」。宋濂撰李思齊權厝志同，蓋卽實錄本傳所本。

國初羣雄事略引太祖祭李思齊文謂：「握兵一世，又得善終，亦人之所難。卿能如是，豈不美哉」？由祭文觀之，似無斷臂之事。宋濂翰苑續集卷九贈惠民局提領仁齋張君序云：

> 中書平章政事李思齊疾，上遣使者召張君療之。張君脈已，曰：「色天不澤，尺脈已絕，然能食飲，主踰月而死」。後亦然。

此卽其遘疾事也。

明史卷一二七

李善長傳

法有連坐三條

　　太祖實錄 P. 362 記此事作「法有連坐之條」，三乃之字之誤。

四年以疾致仕。……踰年病愈，命董建臨濠宮殿。

　　按實錄，善長於洪武四年正月丙戌致仕；四年正月辛酉，遣使賜韓國公李善長米
物，時善長董建臨濠宮殿，上念其久役於外，故遣使以米酒茗往勞之。是善長致
仕後不久卽董建臨濠宮殿，不待踰年也。

九年，以臨安公主歸其子祺。……祺尚主後一月，御史大夫汪廣洋陳寧疏言，善長狃
寵自恣，陛下病不視朝，幾及旬，不問候；駙馬都尉祺六日不朝，宣至殿前，又不引
罪，大不敬。坐削歲祿千八百石。

　　按太祖實錄書：「洪武九年九月丙寅，御史大夫汪廣洋陳寧劾奏太師韓國公李善
　長曰：……陛下以疾不視朝者將旬日，亦無問候之敬，孤恩失禮，古昔所無。駙
　馬都尉李祺六日不朝，宣至前殿，又不施禮，此可知善長家法之不修。……請付
　法司，以正其罪。疏奏，善長父子免冠待罪。上曰：大罪不治，則法無以立；小
　過不赦，則人無所容。善長國之大臣，不能律身教子，劾之誠是。但念相從之
　久，宥之勿問。」是善長未因此坐罪削祿千八百石。

善長坐罪削祿一千四百石，明太祖集曾記其事，今錄於下：

　　諭太師李善長勅（高皇帝御製集卷七）

　　爾太師韓國公李善長，昔當擾攘，挈家草莽，倉皇奔走，顧命之不暇。時朕率
　師東入滁陽，爾迎道以從事，待以心腹，用如手足。朕無上智於爾，爾或小
　疵，置之不問，遂成名世之英才。無乃朕忘相從之久乎？非也。朕報功之誠，
　惟人神共知。今卿年邁，故精力之爲可期，不審爲何符同小吏而枉功臣，而乃
　貪昏定擬，詭語符同朝奏，此非臣下之當爲。傳不云乎？人臣無將。況國有定
　律，奏對不實者杖，以心欺誑者斬。卿謀欺誑，法當斬首。然行賞有誓，爾嘗
　三免極刑。今無患矣。止削祿一千四百石。爾其聽之，克謹後誠，庶有嘉貞，
　故茲勅諭。

　　又

昔者人臣修身潔己，靜性存公，確言行之相孚，端表裏之如一，然後匡君未

善，以治生民。未聞符同小吏，搆詞飾非，惟以欺詒，及至事覺，意在捨身受

責，恃頑强巧而面對無知。此豈智人之所爲。朕若懷猜篤疑，思古姦頑之不

善，務要防微杜漸，爾何生焉？前本降勑釋爾所犯，爲爾冥頑復加若是。今聞

認已之非爲，朕憫相從之久，思姻親之重，枉法以恕。爾其懷之，故茲勑諭。

太祖此勑所云，符同小吏而枉功臣，今已不知其係指何事。勑云，「念姻親之

重，枉法以恕」，則其事固在九年善長子祺連姻帝室後也。

太祖實錄書：

洪武十年五月庚子，命太師韓國公李善長曹國公李文忠共議軍國重事。凡中書

省都督府御史臺悉總之。議事允當，然後奏聞行之。

則符同小吏，枉功臣以罪，事或在十年五月後。本削祿一千四百石，以舊功及姻

親，遂宥其罪，而野史遂誤合九年九月帝有疾善長不請安爲一事耳。

野史謂削祿一千八百石，文集作一千四百石，此恐亦不如文集所載可信。太祖

集所載二勑，實錄不載，蓋亦爲太祖諱。由此二勑觀之，善長洪武四年致仕

後，與太祖卽已有隔膜；自有此勑，恐更不愉快。明內府寫本太祖集載帝賜善長

詩云：

蒼天不詔李家翁，又賜綱維社稷洪。假使悠悠如逝水，攀高姦黨滿朝中。

此詩疑洪武二十三年作。實錄書，帝撫遣善長歸第，善長遂自經。由此詩觀之，

共用「撫遣」二字恐亦係曲筆而非事實也。

明史卷一二九

馮勝傳

從戰鄱陽。

按此本太祖實錄馮勝本傳。然實錄 P.157書：「癸卯七月癸酉，上自將救洪都，

……壬午，風覆馮國勝舟，上以其不利，遣還建康」，此馮國勝卽馮勝舊名，是

馮氏未參加鄱陽一役也。實錄所記自相牴牾，疑本傳所記誤。

傅友德傳

下保定眞定，守定州。

　　按實錄書：「洪武元年九月甲子，大將軍徐達遣副將軍常遇春參政傅友德等率兵
　　發北平，取未下州郡。乙丑，遇春等下保定府，留指揮李傑守之。丁卯，下中山
　　府，遂率師趨眞定。十月己巳，副將軍常遇春克眞定。癸巳，參政傅友德徇下平
　　定州，遂守之」。定州，實錄作「平定州」，是也。

從攻山西，克太原，擴廓自保安來援，萬騎突至，友德以五十騎衝却之。因夜襲其
營，擴廓倉猝逃去。追至土門關，獲其士馬萬計。

　　實錄本傳敍此役在克太原之前，與實錄洪武六年十二月丁卯條所記合，則明史此
　　處「從攻山西，克太原」，此克字宜刪去，始與史實相合也。

　　土門關，實錄作天門關，未知孰是，俟考。

敗脫列伯於宣府

　　實錄本傳作宣德府，是也。於時尚未設宣府衞，記此事仍以用元時地名爲妥。

別將克彝陵。

　　太祖實錄 P. 2611 作夷陵，是也。清人刻書，始改夷作彝。

禽乃兒不花。

　　太祖實錄 P. 3004 記此事作降乃兒不花，當是也。

楊璟傳

駐兵東鄉

　　按太祖實錄 P. 945 記此事作東鄉橋。此橋字似不可省。

遣千戶土廷收寶慶

　　太祖實錄 P. 526 作王廷。實錄嘉業堂本及國榷作王廷相。

踰二年而夏亡，遷湖廣行省平章。

　　按璟以招討功，由湖廣行省參政進湖廣行省平章，此係吳元年十月事，明史楊璟
　　傳已據實錄記其事。實錄記楊璟北征及喻蜀，書楊氏官銜仍爲湖廣行省平章，則
　　明史此處言「夏亡，遷湖廣行省平章」，此「遷湖廣行省平章」七字應刪。

明年，充副將軍，從鄧愈討定辰沅蠻寇。

　　按實錄書：

洪武五年正月甲戌，上以古州田州澧州等處洞蠻，常梗化作亂，命衛國公鄧愈
爲征南將軍，江夏侯周德㒜江陰侯吳良爲副，率兵討之。愈率營陽侯楊璟宜春
侯黃彬出澧州，德與率南雄侯趙庸指揮僉事左君弼出南寧，良率平章李伯昇出
靖州，三道並進。五年四月庚子，衛國公鄧愈兵至澧州，遣營陽侯楊璟等討散
毛棉溪赤溪安福等三十九洞，平之。

則副鄧愈者乃周德與吳良。明初副將軍，須有朝廷勅諭，始得稱之，不可亂稱。
太祖實錄 P. 2328 楊璟本傳書：「五年，散毛柿溪洞蠻民作亂，詔璟爲右副將軍，
率兵討平之」，實與上引五年正月甲戌條牴觸。凡此類牴牾，本傳所記多本墓碑
行狀，不盡可信。明史此傳「充副將軍」四字宜刪。

降普定衛指揮使

太祖實錄 P. 2328 作普安。皇明開國功臣錄楊璟傳與實錄同。

明史卷一二九　　廖永忠傳

以永忠襲兄職，爲樞密僉院。

按永忠兄永安，由樞密院同僉陞同知樞密院事，見太祖實錄P.68。明史此處應改
爲同知樞密院事。

進中書右丞。

按太祖實錄書：

癸卯七月癸酉，上自將救洪都。右丞徐達，……同知樞密院事廖永忠等皆從。
（P.157）

丙午八月乙巳，左丞廖永忠……將遊軍至湖州之德淸。（P.303）

吳元年九月辛丑，……召右相國李善長，左相國徐達……右丞廖永忠。(P.376)
廖之任右丞，在丙午八月乙巳以後。於時仍從元制尙右，故其任右丞在任左丞之
後，實錄書法不誤。明史廖永忠傳謂廖任右丞，在壬寅年下南昌以前，非是。
明史此處蓋本太祖實錄P.1676廖永忠本傳，未以實錄前卷所記覆核，故有此誤。

明史一百三十

克江陰，卽命爲指揮使守之。……以敗敵功，進樞密院判官。（P.1）

　　按於時尚未罷翼設衞，不得官指揮使。以其時制度言，當由鎭撫陞元帥，再陞樞

　　密院判。

　　實錄吳良本傳言，「遂爲指揮使，鎭江陰」。此蓋爲明史所本。

元帥王子明

　　太祖實錄 P. 80 作王子名。俟考。

吳良附吳高傳

八年，帝北征班師，高稱疾不從。被劾，廢爲庶人。（P.3）

　　按實錄書：「永樂十二年九月甲子，召鎭守大同江陰侯吳高還」；「十月丙申，

　　江陰侯吳高以罪免。初，江陰侯吳高領兵守大同，多不法。及上北征班師，還興

　　和，高稱疾不朝，被召囘京。縱家人給驛，……爲御史成務等所劾，遂免爲民」，

　　是八年蓋十二年之誤也。

耿炳文傳

吳平，進大都督府僉事。……從大將軍徐達征陝西，……卽鎭其地。尋拜秦王左相都

督僉事。

　　按太祖實錄書：

　　洪武元年正月辛巳，詔以鎭國上將軍僉大都督府事耿炳文兼右率府副使。

　　二年三月辛亥，大將軍徐達……以都督耿炳文守陝西。

　　三年六月庚辰，命秦王府武相耿炳文兼陝西行省右丞，都督僉事郭子興爲秦王

　　府武傅，仍兼陝西行都督府僉事。……壬午，命秦王府武相陝西行省右丞耿炳

　　文署行都督府事。

　　十一月丙申，資善大夫秦王相府左相兼陝西行中書省右丞耿炳文，授開國輔運

　　推誠宣力武臣榮祿大夫柱國秦王相府左相，仍兼陝西行省右丞，封長興侯。

　　五年十二月戊子，以秦府左相兼陝西行省右丞耿炳文署行都督府事。

　　則炳文拜秦府左相後，卽未兼都督僉事一官。明史本傳謂拜秦府左相都督僉事，

　　此都督僉事四字應改爲「陝西行省右丞，署陝西行都督府事」。

都指揮應改爲都督。

郭英傳

十三年，召還，進前軍都督府事。

按太祖實錄，進前軍都督僉事係十二年十一月己亥事。

華雲龍傳

尋攻嘉興，降吳將宋興。圍平江，軍于胥門。

按太祖實錄 P.308 書：「丙午十一月庚子，左丞華雲龍率兵攻嘉興，張士誠將宋興以城降」；P.309 書：「華雲龍軍胥門」，此爲明史所本。

考實錄 P.276 書：「丙午四月壬子，左相國徐達兵至淮安，其右丞……梅思祖……出降。命指揮蔡僊華雲龍守其城」；P.350 書：「吳元年七月庚辰，命指揮華雲龍取海州，兵既至，復召還」，則在丙午十一月前後，華雲龍官銜均係指揮。丙午十一月庚子條作左丞，其官銜不合。且其時華氏守淮安，由淮安進取海州，則其時恐亦未參加攻蘇州之役。實錄 P.1587 雲龍本傳及宋濂翰苑續集卷六雲龍神道碑亦未言之，則此處實錄記事必有誤也。

考實錄 P.377 書：「平吳師還，論功行賞，召右相國李善長、左相國徐達、及左丞華高等，賜華高綵段表裡各七匹」；宋濂鑾坡前集卷三華高神道碑云，「公復在行，摧敵於舊館，陷城於姑蘇」，則華高正參與斯役。然則實錄 P.308 丙午十一月庚子條所記，「左丞華雲龍率兵攻嘉興」；P.309 所記「華雲龍軍胥門」，此華雲龍三字均係華高之誤也。

明史華雲龍傳記此事，不言華雲龍曾官左丞，蓋以爲實錄左丞二字有誤。今據實錄詳考，則左丞二字不誤，乃雲龍二字有誤耳。

自永平薊州，西至灰嶺下隘口。

太祖實錄 P.1466 灰嶺作五灰嶺，俟考。

韓政傳

移守彰德

按太祖實錄 PP.753, 780, 858 作順德，俟考。

洪武三年，調守鳳翔，改鳳翔衞指揮。賀宗哲圍城，龍固守。

按賀宗哲攻鳳翔，係洪武二年八月甲子事，見太祖實錄 P. 858 及 P. 8690。於時守鳳翔者，金興旺爲主將，而張龍則協同多方守禦，見實錄 P. 1135。明史張龍傳記此役在洪武三年，誤也。

十一年，副李文忠征西番洮州。（P.15）

副字應改爲從。

吳復傳

征土番，克和州。

和應作河。土應作吐。

建文中，帥師援眞定，戰白溝河，失律，謫南寧衞指揮使。

戰白溝，敗績，據實錄係建文二年四月己未事。實錄書，（建文）三年閏三月丙申吳傑軍滹沱河；己亥，吳傑平安結方陣於西南，與成祖戰，大敗，斬首六萬餘級；五月己丑又記，吳傑平安盛庸發兵擾成祖餉道，則吳傑之貶當因滹沱河之役，未必以白溝之役也。實錄未記其貶南寧衞指揮。實錄書，「永樂元年三月守禦寧夏總兵官左都督何福奏請調守寧夏都指揮吳傑往守綏德，從之」。此吳傑未知卽安陸侯吳傑，抑係同名。俟考。

明史本傳書：「永樂元年，吳傑子環乞嗣，不許」。此事不見實錄。以舊禮言，其乞嗣亦當俟服除始可。三年之喪，二十七月而畢。苟明史所記永樂元年乞嗣可信，則吳傑之卒亦當在建文三年也。

胡海傳

爲左參將。

據太祖實錄P.2721，於時趙庸王弼爲左參將，胡海郭英爲右參將。明史謂胡海爲左參將，誤也。

實錄本傳誤作左參將，明史遂沿其誤。

（二十二年），以征南將軍討平澧州九溪諸蠻寇。師還，乞歸鄉里，厚賚金帛以行。（P.19）

按此本實錄本傳。考實錄書：

洪武二十二年二月癸亥，湖廣安福千戶所千戶夏德忠誘九溪洞蠻爲亂，詔東川侯胡海……率師討之。……靖寧侯葉昇禽德忠送京師斬之。

三月庚午朔，命征南將軍潁國公傅友德還駐湖廣四川衞所操練。友德駐沅州，……東川侯胡海駐寶慶。

四月癸丑，遣使勑魏國公徐允恭……東川侯胡海，於湖廣各衞簡閱軍士，練習備邊。

十月辛酉，東川侯胡海等還京。

二十三年正月乙酉，贛州府山賊夏三等連結湖廣諸洞蠻爲亂，命東川侯胡海充總兵官，普定侯陳桓爲左副將，靖寧侯葉昇爲右副將，率湖廣各衞軍士三萬三千五百人討之。

十月乙亥，東川侯胡海等討贛州賊夏三等平之，斬首二千七百級，生獲蠻人萬三千四百人，追擒夏三，並俘其黨又三千五百餘人，遂班師還京。

甲申，東川侯胡海普定侯陳桓靖寧侯葉昇景川侯曹震征南還，各賜鈔五百錠，……還鄉。

此均未書其爲征南將軍。二十二年三月時，傅友德爲征南將軍，則胡海恐不得授以此職。傅友德於二十三年正月授征虜前將軍，則胡海受命討贛州賊夏三，可能爲征南將軍。實錄本傳殆混討夏德忠夏三爲一事，遂以爲二十二年二月卽已授征南將軍也。

次觀，尚南康公主，爲駙馬都尉，未嗣，卒。

明史卷一百二十一南康公主傳云：

觀從李景隆北征，爲燕兵所執。永樂初，奉使晉府還，科道官劾觀僭乘晉王所賜樓輿，詔姑宥之。已都御史陳瑛等劾觀强取民間子女，……預知李景隆逆謀，遂罷觀朝請。尋自經死。

按罷觀朝請，係永樂三年五月癸卯事，見實錄。實錄書，五年三月，都察院言，駙馬都尉胡觀黨比李景隆，怨望朝廷，潛蓄異志，當誅，命下獄。實錄此條後卽未記胡觀事。成祖起兵，胡觀與之抗，故不爲成祖所喜，陳瑛等特希旨劾之耳。

何眞傳

尋擢右丞。

　　太祖實錄P.2833及宋濂朝京稿卷一惠州何氏先祠碑均作江西福建行中書省左丞，
　　仍治廣州。作左是也。

進資德大夫，行省左丞。

　　宋濂撰何氏先祠碑云：「明年，制授公榮祿大夫，自左丞陞右丞。未拜，而皇明
　　兵平江西。詔至諭公，公舉廣東之籍以降」。元制尙右，碑所記不誤。明史先言
　　擢右丞，次言進資德大夫行省左丞，誤也。

尙寶司丞宏

　　按宏由尙寶司丞陞尙寶司少卿，在洪武二十三年十月，見實錄。依正史體例，宏
　　官銜應書其最高者。

遷山西右布政使

　　按太祖實錄 PP. 2227, 2581 及 2832 何眞本傳均作左布政使。實錄本傳一本左作
　　右。明史作右，蓋據實錄誤本。

明史　卷一百三十一

郭子興傳

伐蜀，克漢川成都。

　　川應改爲州。

陳德傳

至秦州，元守將呂國公遁，追擒之。

　　按太祖實錄P.817記其事作呂德，明史紀其事應書其名。

金朝興傳

七年，帥師至黑城，獲元太尉盧伯顏平章帖木兒，並省院等官二十五人，遂從李文忠
分領東道兵取和林，語具文忠傳。（P.10）

　　按太祖實錄書：「洪武七年四月戊午都督僉事金朝興胡海等率兵至黑城子等處，
　　獲故元太尉盧伯顏不花，大司徒平章帖木兒不花等，並省院官二十五人……」。

明史作盧伯顏及帖木兒，與實錄異。

李文忠領東道兵取和林，據實錄及明史李文忠傳，係洪武五年事。此敍於七年後，疑誤。

唐勝宗傳

從征池州，力戰，敗陳友諒兵，擢龍驤衞指揮僉事。從征友諒，至安慶，敵固守，勝宗爲陸兵疑之，出其不意，擣克其水寨。

> 按實錄，陳友諒寇池州，係庚子五月事；罷翼設衞，係甲辰年事；攻安慶，以陸兵疑之，敵兵動，乃命廖永忠擊其水寨，遂克安慶，係辛丑八月事。此敍擢龍驤衞指揮僉事于辛丑八月事之前，誤也。

進擊涇江口，皆有功，擢驍騎衞指揮同知，從定武昌。

> 按邀擊涇江口，係癸卯八月事；定武昌，係甲辰二月事；罷翼設衞，係甲辰三月事。明史此處敍次有誤。

> 甲辰三月罷翼設衞，凡置十七衞，有驍騎，無驃騎。驃疑驍字之誤。

分兵平安福賊。

> 按實錄書：「洪武十四年十一月庚戌，福安縣民作亂，福州中衞指揮僉事李惠等率兵討之。賊聚衆八千餘人拒敵，時福州右衞指揮張春以兵來會，賊懼，遁入山谷。適延安侯唐勝宗總兵征處州平陽等寇，聞賊近，乃分遣將士追捕，獲賊衆二千五百餘人，餘黨分散潛近，惠等尋討平之」。實錄作福安，不作安福。檢明史地理志，福寧州轄福安縣，洪武時屬福州府，則作福安是也。

十四年，浙東山寇葉丁香等作亂，命總兵討之。禽賊首併其黨三千餘人。分兵平安福賊。至臨安，降元右丞兀卜台等。

> 安福應改爲福安，說見前。實錄書：

> > 洪武十四年十二月丙子，延安侯唐勝宗率兵討衢處溫山寇，擒首賊吳達三葉丁香及其黨三千三百餘人，家屬一千五百餘人，斬首二百八十餘級，寇遂平。征南左副將軍永昌侯藍玉遣景川侯曹震定遠侯王弼宣德侯金朝興率兵二萬三千，分道進攻臨安諸路。戊寅，宣德侯金朝興兵至江川，故元右丞五補台降。

> 是唐氏於洪武十四年率兵平浙東山寇，未征雲南。明史勝宗傳以降臨安事，歸

之勝宗，殆所據實錄此處有殘缺，故有此誤耳。

實錄書：

> 洪武十五年正月。……是月，宣德侯金朝興兵駐臨安，元右丞兀卜台元帥完者
> 都士酋楊政等降。

五補台當卽兀卜台。實錄此處記事誤複。

在鎭七年，威信大著。召還，帥師討平貴州蠻。

> 傳失書任左副將軍北征沙漠事。在鎭七年，所書年數有誤，參健所撰明史卷一百
> 三十四葉旺傳纂誤。

陸聚傳

鳳山城山鐵山諸寨

> 太祖實錄 P. 743 城作成，鐵作帖，俟考。

黃彬傳

以彬爲江西行省參政，……江西悉定，進江淮行中書省左丞，洪武三年封宜春侯。

> 按實錄書：「洪武三年十一月丙申，中奉大夫江西行中書省參知政事黃彬授開國
> 輔運推誠宣力武臣，榮祿大夫，柱國，封宜春侯，食祿九百石」。是黃氏封侯時
> 仍官江西參政。明史所記疑誤。

葉昇傳

洪武三年，論功僉大都督府事。明年，從征西將軍湯和以舟師取蜀。越二年，出爲都
指揮使，鎭守西安。

> 按實錄書：

> 洪武三年十二月戊午，上聞指揮有笞虐軍士者，乃召羽林衞指揮使葉昇等諭之
> 曰，……若復爾，罪必不宥。

> 洪武四年正月丁亥，命中山侯湯和爲征西將軍，曁營陽侯楊璟都督僉事葉昇率
> 京衞荊湘舟師由瞿塘趨重慶。

> 洪武八年十一月丁亥，召西安都指揮使濮英王銘還京，以都督僉事葉昇林濟峯
> 代之。

> 明史謂葉昇以三年任都督僉事，此仍屬可信。惟其授都指揮使已在洪武八年，傳

作越二年，誤也。

討平慶陽叛寇，十二年復僉大都督府事。西番叛，與都督王弼征之，降乞失迦，平其部落，復討平延安伯顏帖木兒，禽洮州番酋，論功封靖寧侯。

按實錄，伯顏帖木兒寇邊，爲傅友德所敗，伯顏帖木兒爲其部將縛獻，係洪武九年七月事；慶陽靈州屯田百戶山丹叛，葉昇討平之，係洪武十一年四月事；太祖命沐英王弼討西番，係洪武十一年十一月事；命移兵討洮州番酋三副使，係十二年正月事；召任大都督府僉事，係十二年七月事；沐英禽斬三副使係是年九月事。明史葉昇傳敍次有誤，應據實錄改正。

明史卷一百三十二

周德興傳

道州寧州藍山皆下。（P.3）

按太祖實錄P.539記其事云：「道州萬戶吳友孫、寧遠州土官李文卿、守藍山縣元帥黎茂陵等俱遣人請降」。寧州，實錄作寧遠州。檢元史地理志，寧遠爲道州屬縣，則實錄寧遠州之州字係衍文。本所所藏嘉業堂舊藏明紅絲闌寫本太祖實錄作寧遠，是也。

皇明開國功臣錄周德興傳作寧州，明史蓋襲其誤。

是歲（洪武三年）慈利土酋覃垕連茅岡諸寨爲亂，長沙洞苗俱煽動，太祖命德興爲征蠻將軍討平之。

太祖實錄 P.1117 記此事作征南將軍。明史卷三百十第二頁亦作南。

還鄉，賜黃金二百兩，白金二千兩，文綺百匹。居無何，帝謂德興福建功未竟，卿雖老，尚勉爲朕行。德興至閩，按籍僉練，得民兵十萬餘人，築城十六，置巡司四十有五。

按實錄，周德興還鄉係洪武二十一年七月辛巳事，其受命至閩，係二十年四月戊子事。明史敍事顛倒。

賜文綺百匹，實錄作三十匹。得民兵十萬餘人，實錄作「以福興漳泉四府民戶，三丁取一，凡選丁壯萬五千餘人」。明史卷九十一兵志海防所記與實錄同。

逾三年歸第，復令節制鳳陽留守司，並訓練屬衞軍士。

　　周德興節制鳳陽留守司，據實錄係洪武二十二年二月己未事。此所謂逾三年歸

　　第，卽二十一年七月辛巳還鄉。明史記事誤複。

王弼傳

二十年，以副將軍從馮勝北伐。

　　實錄洪武二十年正月癸丑條作左參將，是也。

明年，復以副將軍從藍玉出塞。

　　據太祖實錄 P.2784，於時係以唐勝宗爲左副將軍，郭英爲右副將軍，耿忠爲左參

　　將，孫恪爲右參將。此謂王弼爲副將軍，誤也。

藍玉傳

食祿二千五百石，予世券。

　　實錄洪武十二年十一月甲午條作二千石，「予世券」作「世襲指揮使」，是也。

　　明史功臣表所記與實錄同。

十四年，以征南右副將軍從潁川侯傅友德征雲南。

　　實錄洪武十四年九月壬午條作左副將軍，是也。明史本紀與實錄同。實錄本傳誤

　　作右，蓋明史藍玉傳所本。

益祿五百石。

　　據太祖實錄 P.2490，石下應增「予世券」三字。

二十年，以征虜左副將軍從大將軍馮勝征納哈出。

　　實錄洪武二十年正月癸丑條作右副將軍，是也。明史馮勝傳與實錄同。

擒其子不蘭溪。

　　太祖實錄 P. 2726 溪作奚。

二十四年，命玉理蘭州莊浪等七衞兵。

　　據實錄，此係洪武二十五年三月癸未事。四應改作五。

以追逃寇祁者孫，遂略西番罕東之地。

　　按實錄書：「洪武二十五年四月壬子，涼國公藍玉率蘭州諸衞將士，追逃寇祁者

　　孫，遂征西番罕東之地」，此卽明史所本。春秋之義，大夫無遂事。實錄此處用

一遂字，卽言其專擅。明史藍玉傳言，玉在軍擅黜陟將校，進止自專。其進止自

專，蓋卽指此。

士酋哈咎。

　　按太祖實錄　PP. 3196, 3557 作哈呇。明史卷三三〇第十三頁所記與實錄同。

曹震傳

從太祖起兵，累官指揮使。洪武十二年以征西番功，封景川侯。

　　按征西番前，震已官都督僉事。傳言「累官指揮使」，應改爲「累官都督僉事」。

踰年，復奏四事。

　　按所奏計五事，見太祖實錄P. 3245。明史本傳省一事不書，故只四事。

請於雲南大寧境，就井煮鹽。

　　太祖實錄　P. 3245 載原奏云：「四川所屬地方鹽井，……歲額四萬五千一百七十

　　五引，以給各衛軍士月鹽不敷。夔州雲陽有上溫下溫東西等五井，大寧縣鹽井泉

　　湧，易爲煎辦，已有竈丁九百六十人，歲辦一萬六百二十三引，請依普安例，召

　　商輸粟，以備軍儲，而給鹽償之」。大寧屬四川夔州府，非屬雲南也。

以參將從傅友德伐蜀。

　　按於時官制無參將一級，此「以參將」三字應刪。

以副將會王弼等討西羌。

　　以副將三字亦宜刪。

陳桓傳

自赤河進師。

　　赤河應改爲赤水河。

略定汝寧靖寧諸州邑。

　　檢元史地理志，雲南行省所轄州縣無汝寧靖寧，傳所述恐誤。汝寧靖寧，或係安

　　寧晉寧之訛，俟考。

曹興傳

進都督僉事，兼太原衛指揮，進山西行省參政，領衛事，爲晉王相。

　　按此所敍官歷有誤。實錄書：

洪武元年閏七月庚子，指揮使曹興才率兵攻曹九疇寨，……九疇走死。

三年二月己巳，以指揮曹興才爲山西行省參政，兼領太原衞事。

十一月丙申，大封功臣，……賜文綺及帛，……參政戴德曹興才各二十四疋。

四年二月戊午，晉王相曹興上言三事。……

六年十二月庚申，降大同衞都指揮使曹興爲指揮僉事，以奏大同左衞指揮使薛壽不法事，無狀，罪當坐。上念興勳舊，不忍加罰，降其職，使備禦岢嵐。

七年二月癸卯，召大同衞都指揮僉事曹興入朝。（都字疑衍）。丁巳，陞大同衞指揮僉事曹興爲福州都衞都指揮使。

十一月癸酉，以福州衞都指揮使曹興爲燕山衞都指揮使。

八年正月戊辰，……以燕山衞都指揮使曹興爲大督都府僉事。

八年三月甲子，中書省臣奏，大都督府僉事……例應給公田千石。……上以曹興居大同時多不循軌度，調福建又受王駙馬賂賄，……不給。

謝成傳

二十七年，坐事死，沒其田宅。

　　按明史功臣表書，二十六年坐累卒，互異。

李新傳

二十二年，命改建帝王廟於雞鳴山。

　　據實錄，此係洪武二十年九月事。明史作二十二年，誤也。

明年，遣還鄉。

　　上文二十二年應改爲二十年，故此「明年」當改作二十三年。

新首建言，公侯家人及儀從戶，各有常數，餘者宜歸有司，帝是之，悉發鳳陽隸籍爲民。命禮部纂稽制錄，嚴公侯奢侈踰越之禁。

　　按實錄書：「洪武二十六年三月，頒示稽制錄于諸功臣」。「五月甲子，魏國公徐輝祖崇山侯李新奏考稽制錄所載公侯家人及儀從戶，存留如制，餘請給付有司。上命發鳳陽，隸籍爲民」。明史書稽制錄之修在新建言之後，與實錄不合，俟考。

請以瀘州至建昌驛馬，移置峨嵋新驛。

按太祖實錄 P. 3245 瀘州作溫江，俟考。

明史卷一百三十三

孫興祖傳

破瑞昌八陣營，擢天策衞指揮使。

按宋濂撰孫興祖墳記言：

繼搗八陣指揮營於瑞昌，敗之，進伐南昌，遷天策衞指揮使。僞吳圍安豐，復

赴援，立功，轉飛熊衞指揮使。

僞吳圍安豐，此在鄱陽湖役之前；於時亦未罷翼設衞，墳記所記有誤。

命守海陵。海陵，士誠兵入淮要地也。

太祖實錄P.1019興祖本傳云：「鎮守海陵，敵不敢犯其境」，此當爲明史所本。

考太祖實錄 P. 263 書：「遣指揮孫興祖守海安」。以兵要地理言，恐作海安是也。

既定關陝，旋師北向，檄興祖會東昌，從克元都。

按關陝之定，在克元都以後，明史此傳關陝二字應改爲潼關。

明史卷一三四

何文輝傳

因命爲河南衞指揮使。

此本太祖實錄 P. 562 洪武元年五月丁酉條。然 P. 761 洪武二年正月乙巳條言：

「大將軍徐達檄河南左丞何文輝以兵從征」，則其官銜當係河南行省左丞兼河南

衞指揮使，而此河南衞指揮使亦當轄其時河南諸衞也。

以參將從傅友德平蜀。

實錄（P.1167）洪武四年正月丁亥條僅記其從征，未言其係參將。其時官制亦無

參將一官。

何文輝附徐司馬傳

及取婺州，除總制，命助元帥常遇春守婺。

按太祖實錄書：「癸卯春正月壬寅，以徐司馬爲總制，守金華」；「二月戊寅，

命移置浙江（應作東）行省於嚴州。時張士誠屢寇嚴及諸全，行省發兵應援，往
往以道遠不能卽達，於是徙省治於嚴，分金華軍戍之，仍留徐司馬守金華」，是
徐司馬之任金華總制在癸卯年。而共時常遇春官職，據實錄書，「辛丑三月丁
丑，以樞密院同僉常遇春爲參知政事」，係參政，非元帥也。

　實錄書：「僉院常遇春守金華」，是常氏曾守婺。其由同僉行樞密院事陞僉樞密
院事，據實錄，在己亥十月壬申。實錄書：「己亥三月戊寅，立樞密分院於寧
越府，以常遇春爲鎭國上將軍同僉樞密分院事守之」；同日，「僉院胡大海攻紹
興」，「五月辛亥，召胡大海於紹興。上諭之曰：寧越爲浙東重地，以爾爲才，
故特命爾守，爾宜與同僉常遇春同心協力」；「辛丑三月丁丑，以樞密院同僉常
遇春爲參知政事」；「五月甲戌，以樞密僉院胡大海爲中書分省參知政事，鎭金
華」，則於時常遇春已內召，而守婺僅責之胡大海一人矣。實錄書：「壬寅二月
癸未金華苗軍元帥蔣英劉震叛，殺守臣參政胡大海」；同月「丙申，改中書分省
爲浙東等處行中書省，陞同僉朱文忠爲左丞，開省於金華」，則壬寅二月以後守
金華者爲朱文忠，亦非常遇春。明史徐司馬傳此處所書，以實錄徵之，其敍事訛
舛明矣。

洪武元年，從副將軍李文忠北征，擒元宗王慶生。

　按太祖實錄 P. 2477 李文忠本傳：「洪武二年春，以文忠爲偏將軍副常遇春北征
迤北，俘其宗王慶生。三年正月，授征虜左副將軍，總兵北伐」。實錄洪武二年正
月庚申條云，上遣使……諭諸將曰：……尤賴大將軍副將軍及諸偏將軍協力。今
定右副將軍馮宗異居遇春之下，偏將軍湯和居宗異之下，偏將軍楊璟居和之下」，
則二年正月庚申時，李文忠猶未任偏將軍也。實錄（P.816）書：「洪武二年四月
丙寅，……命副將軍常遇春率師赴北平，取迤北餘寇」；「以平章李文忠輔之」
（見實錄 P. 846）；「六月己卯克開平，……俘宗王慶生」，則李文忠授偏將軍當
在二年四月丙寅前後。明史徐司馬傳稱李文忠爲副將軍，蓋未明其時官制。其言
洪武元年北征，亦宜據實錄改作二年。

　實錄 P. 3274 徐司馬本傳：「洪武元年從曹國公李文忠北征，獲故元宗王慶生」。
明史改曹國公爲副將軍，蓋以其時李猶未封公；其作元年則因仍襲實錄本傳。

葉旺傳

元主北走，其遼陽行省參政劉益屯蓋州，與平章高家奴爲聲援，保金復等州。

> 按太祖實錄 P. 1099 洪武三年九月卷言：「初元主北走，遼陽行省平章高家奴聞
> 之，集兵老鴉山，而平章劉益亦集兵屯蓋州之得利贏城，二兵相爲聲援，以保金
> 復等州」。實錄 PP. 1099, 1192, 1241, 1396 俱作平章劉益，明史太祖本紀同。明
> 史葉旺傳作參政，當誤也。

乃立遼陽指揮使司，以益爲指揮同知。

> 按實錄（ P. 191 ）洪武四年二月壬午條作遼東衞指揮使司，P. 1242 同。明史地理
> 志云：「定遼後衞，本遼東衞，洪武四年二月置，八年二月改」。地理志所記卽
> 本之實錄。明史葉旺傳作遼陽指揮使司，誤也。

右丞也先不花

> 實錄（ P.1242 ）洪武四年六月壬寅條右丞作丞相

乞留斷事吳立鎭撫軍民

> 按實錄（ P.1242 ）言，劉益來歸，太祖遣斷事官吳立往宣詔，置遼東衞於得利贏
> 城。吳立至未久，元平章洪保保馬彥翬合謀殺益，右丞張良佐等擒殺彥翬。以吳
> 立係明廷所遣，故張良佐奏留吳立鎭撫其地。吳立之遣，明史葉旺傳略而不書，
> 則令人不知其奏留之故矣。

知院僧孺。（ P.4 ）

> 按太祖實錄 PP. 1241, 1243 俱作知院僧兒，當是也。

帝命立良佐嵒俱爲蓋州衞指揮僉事。（ P.4 ）

> 按太祖實錄 P. 1243 作遼東衞指揮僉事，是也。遼東衞，治蓋州之得利贏城。實
> 錄 P. 1727 言，都指揮使馬雲等探知納哈出將至，命蓋州衞指揮吳立張良佐房嵒
> 等嚴兵城守。蓋洪武四年七月設定遼都衞，遂改吳立等人爲蓋州衞指揮僉事耳。
> 實錄作房嵒，明史作商嵒，實錄是也。房嵒事迹見太祖實錄 PP. 1241, 1243,
> 1543, 1727, 1751；商嵒事迹見太祖實錄 PP. 871, 1092, 1152, 1204, 1448, 1455,
> 1490, 1666, 1508, 1830, 1856，非一人。

旣念遼陽重地，復設都指揮使司。（ P.4 ）

都下應增衞字。

保保挾儔走納哈出營。

　　太祖實錄洪武四年六月卷書：

　　　　是月，遼東衞遣人奏言，元將納哈出據金山擾邊，爲遼陽患，乞益兵以備。乃

　　　　遣黃儔齎書諭納哈出曰：前者萬戶黃儔回，聞將軍威震遼左。……然胡無百年

　　　　之運，惟將軍自思之。儔至金山，納哈出拘不遣。

　　劉益爲保保所殺，此在洪武四年五月，是年六月帝遣黃儔招諭納哈出，則黃儔未

　　被保保挾至所哈出營，明史所書誤也。

　　黃儔後爲納哈出所殺，見實錄洪武十一年八月帝與納哈出書。太祖克太平，獲納

　　哈出，遣黃儔察其去就，釋其北歸，黃儔於納哈出有恩，故帝遣其出使，初不意

　　納哈出之不念舊恩也。

已知儔被殺，納哈出將內犯，救旺等預爲備。

　　太祖實錄 P. 1360 書：

　　　　洪武五年六月辛卯，遣使齎救至遼東，諭都督僉事仇成曰：……昨晚忽聞納哈

　　　　出欲整兵來哨，爲指揮葉旺中途阻歸，因此而料彼，前數年凡時值暑天，胡人

　　　　必不策馬南向。今將盛暑，彼有此舉，情狀見矣。糧運既至，宜嚴爲備禦，庶

　　　　可無虞。

　　則所謂救旺預爲備，實係救都督僉事仇成，蓋其時仇成爲遼東主將。實錄P.1407

　　洪武五年十一月壬申條云：「納哈出寇遼東，刼掠牛家莊，燒倉糧十萬餘石，軍

　　士陷沒者五千餘人，都督僉事仇成失備禦，降爲永平衞指揮使」。蓋此役以後，

　　明遼東主將始爲馬雲葉旺也。

論功，進旺雲俱都督僉事。

　　按太祖實錄書：「洪武九年正月，遣使往勞遼東都指揮馬雲葉旺」；「三月丁丑，

　　賜遼東蓋州守禦有功將士文綺布帛。勅曰：納哈出……犯金州，指揮韋富王勝保

　　城却敵，宜膺上賞。指揮吳立張良佐房暠，從都指揮葉旺追擊，俘斬甚衆，較之

　　金州將士，功蓋次之，宜膺次賞。遼東都指揮馬雲葉旺，能同心協力，深思熟

　　慮，一出一守，皆爲得宜。葉旺雖居佐貳，躬率將士，躬險難，應變出奇，使敵

人失勢，追奔逐北，可謂智勇兼濟者矣，宜膺上賞。馬雲雖居首職，選精銳，拔勇敢，助旺成功，亦其能也。然坐守堅城，稍可安閒，宜膺次賞。……」於是賞馬雲葉旺以下將士文綺布帛各有差。「十一年五月己亥，以遼東都指揮馬雲爲鳳陽行大都督府僉事，賜公田一千畝」，則雲之離遼東赴京，當在是年也。實錄書：「洪武十二年四月庚申，遼東守將潘敬葉旺奏言，高麗遣人致書遺禮物」。檢實錄洪武十三年七月甲午及十六年二月辛巳條，知潘敬葉旺其時俱任遼東都指揮使，則明史謂論功葉旺亦進都督僉事者，實與實錄不合，此恐當以實錄所記爲正也。

實錄書：「洪武十六年二月辛巳，遣鎭撫桑昭齎勑往諭遼東都指揮使潘敬葉旺曰：……太陰有象，主胡兵入寇。今遣使諭爾知之。當嚴加號令。……」「十七年五月，諭遼東守將唐勝宗等絕高麗」。唐氏之鎭遼東，不得早於十六年二月，而十七年五月時唐當爲遼東首將，而葉旺潘敬諸人當俱聽其節制也。

實錄書，洪武十七年七月己未，勅諭延安侯唐勝宗靖寧侯葉昇，敕書讚其比美田豫，能却烏桓賂。葉昇之鎭遼東亦不得早於十六年二月。由實錄文例證之，唐仍係主將，而葉昇則係副之也。

實錄書：「洪武十八年三月辛巳，遣使諭靖寧侯葉昇等曰：邇者上天垂象，沿邊城池，宜加愼守」；「十八年四月，勅靖寧侯葉昇等修治海蓋復三州城池」。此二勅俱不提唐勝宗，則唐氏於時必已離遼。實錄書：「洪武十九年八月甲戌，命營陽侯楊通靖寧侯葉昇領兵捕象於廣西左江之十萬大山」，則葉是時必已罷鎭守遼東之任。明史卷一百三十郭英傳言：「十八年，加靖海將軍，鎭守遼東」。郭英傳所言蓋本楊榮所撰神道碑。其事雖不見實錄，然於時唐勝宗葉昇俱已離任，則郭氏當爲鎭守遼東主將，其事仍當可信也。

實錄 P. 2832 書：「洪武二十一年三月戊寅，鎭守遼東後軍都督僉事葉旺卒。……旺在遼東，功績甚著。十九年召拜後軍都督僉事，甫三月，遼東有警，復命旺領都司事，總制遼東軍馬，至是卒」。考郭英於洪武二十年正月受命爲左參將，從大將軍馮勝征納哈出，則葉氏正式爲遼東首將，亦當在此時也。

唐勝宗之鎭遼東，係十六年至十八年間事；葉昇之鎭遼東，亦在此數年內。明史

唐勝宗傳謂唐氏鎭遼東七年，葉昇鎭遼東六年，以實錄觀之，其說殆誤也。

繆大亨傳

總兵取揚州，克之。時靑軍元帥張明鑑聚衆淮西，以靑布爲號，稱靑軍；又以善長
槍，號長槍軍。

張鑑又名明鑑，……官至江淮行樞密院副使。

　考太祖實錄書：

　　「丁酉十年甲申，命元帥繆大亨率師取揚州，克之。靑軍元帥張明鑑以其衆
　　降。初，乙未歲，明鑑聚衆淮西，以靑布爲號，名靑軍，人呼爲一片瓦。其黨
　　張鑑驍勇善用槍，又號長槍軍」。

　此旣言張鑑爲其黨，則張鑑與張明鑑斷非一人也。

　實錄書：「丁酉五月己卯，江淮分樞密院副使張鑑僉院何文政率兵攻泰興」。明
　史謂張鑑官至江淮行樞密院副使，蓋亦本此。然丁酉五月乙卯時，揚州猶未爲繆
　大亨所克，張明鑑猶未以其衆降明，則張鑑與張明鑑斷非一人，又從可知矣。

繆大亨附武德傳

賀仁德再戰再敗走，遂爲其下所殺。

　明史武德傳蓋據蘇平仲撰傳潤色。太祖實錄P.140書：「平章邵榮及元帥王祐胡
　深等兵攻處州，……賀仁得走縉雲，耕者縛之，檻送建康，伏誅」，與此所記異。

蔡遷傳（遷應作僊）。

從徐達取廣德寧國，進攻常州。

　太祖實錄書：「丙申六月乙卯，元帥鄧愈邵成總管湯昌率兵攻廣德路，克之，改
　爲廣興府。置廣興行軍元帥府，以鄧愈邵成爲元帥，湯昌爲行軍總管」，是取廣
　德乃鄧愈之功，而於時達則任鎭江領軍元帥，經略常州也。實錄 P. 1094 蔡僊本傳
　云：「從徐達取奔牛呂城。克廣德宣城諸處，遷萬戶」，此據太祖祭遷文潤色。
　其謂從徐達取奔牛呂城，以實錄 P. 45 所記證之，自不誤，其謂克廣德宣城諸
　處，則祭文行文不甚嚴謹，不盡可據也。

　寧國之克，亦在常州攻克之後，此述於前，蓋亦本實錄本傳，而實錄本傳則據太
　祖祭文潤色也。

從征馬馱沙。

　　按實錄書：丁酉三月己丑，徐達常遇春桑世傑率兵取馬馱沙，克之。此亦在取寧
　　國之前。實錄本傳敍次顛倒，明史遂亦因襲其誤。

攻樅陽，從征衢婺二州。

　　據實錄，克婺州爲時在前，攻樅陽次之，克衢州在後。實錄本傳敍次顛倒，明史
　　遂亦因襲其誤。

王銘傳

歷右軍都督僉事，二十六年，坐藍玉黨死。

　　明史王銘傳前半係據蘇平仲撰傳潤色（蘇文見蘇平仲文集卷三頁二十六），蘇文撰
　　於洪武十六七年，自未記其後來坐藍黨。朱國禎皇明大事記卷二第二十六頁記王
　　氏事迹，謂「括蒼盜起，從延安侯討平之，告老歸卒」，不言其坐黨死。蘇文云：
　　　　洪武十六年春，公得告往和州，改葬先公先夫人。且行，郡之耆庶，塡道
　　　　留行，揚言曰，吾士民賴公而老者得其養，少者得其長，傷殘疲憊者得其作
　　　　息，奈何舍我而去焉。不得前，公慰遣之。
　　由「奈何舍我而去」語氣觀之，則王銘確係告老。既告老歸，則恐無由陞指揮使
　　及都督僉事矣。
　　明史謂王銘歷都督僉事，坐藍玉黨死，此必據逆臣錄。惟此坐藍黨之王銘，恐當
　　係實錄 P. 1709 所記之王銘。實錄書：「洪武八年十月丁亥召西安都指揮使濮英王
　　銘還京，以都督僉事葉昇林濟峯代之」。明史所立傳之王銘，據蘇文，其官僅指
　　揮僉事，與任都指揮之王銘明非一人也。

籌正附袁義傳

敗元平章俺普達等於通州。

　　太祖實錄 P. 595 作俺普達，P. 2610 徐達本傳作俺普。檢元史卷一百十三宰相年表
　　作俺普，則作俺普是也。

取興元，進本衛同知。

　　按實錄，取興元乃洪武三年五月事，而袁義之官指揮同知已見實錄洪武二年三月
　　戊戌條。

調羽林衞，移鎭遼東

　　按實錄書：

　　　　洪武五年六月己丑，命羽林衞指揮使毛驤於顯指揮同知袁義等領兵捕逐蘇松溫

　　　　台瀕海諸郡倭寇。

　　　　九年十月乙亥，金吾右衞指揮同知袁義等進大駕出入侍衞部列圖。

　　　　十五年閏二月甲午，置楚雄衞指揮使司，以羽林右衞指揮同知袁義爲指揮使。

　　　　義官歷，實錄所書可補傳所未備。義官低，傳文言，移鎭遼東，此鎭字似不妥，

　　　　且其事可信否，亦待考。

歷二十年。

　　　　義以洪武十五年二月甲午任楚雄衞指揮使，建文元年調還爲右軍都督僉事。其官

　　　　楚雄衞指揮使，未有二十年。

建文元年，徵還爲右軍都督僉事，進同知，卒官。

　　　　按太宗實錄書：「洪武三十五年十月庚午，以右軍都督僉事袁義次子興襲父原職

　　　　府軍左衞指揮使。初、義卒，長子旺襲職，坐誹謗，流嶺南。上兵至靈壁，興以

　　　　錦衣衞散騎舍人來朝，至是特命襲職」。據此，則義卒僉事任，未陞同知也。

王溥傳

尋遣取撫州及江西未附郡縣，從克武昌。

　　　　按太祖實錄，甲辰二月克武昌，三月丁卯命金大旺守撫州，七月戊寅命平章常遇

　　　　春會鄧愈及金大旺兵討江西上流未附郡縣。傳所書次序與實錄不合。

明史卷一三五

陳遇傳

三授翰林學士

　　　　此事實錄不載。楊士奇東里集陳靜誠先生墓表三作再，俟考。

除中書左丞。

　　　　楊士奇所撰墓表未記此事，俟考。

授禮部侍郎兼弘文館大學士。

按實錄，其時<u>弘文館</u>只設學士，未有大學士。禮部侍郎係正四品，而<u>弘文館</u>學士品級則史未有記載。是否可用一兼字，亦俟考。

<u>陳遇</u>附<u>秦從龍</u>傳

卒年七十。

> <u>明史</u><u>秦從龍</u>傳係據<u>太祖</u>實錄乙巳十二月卷<u>從龍</u>本傳潤色。實錄本傳作七十餘，<u>明史</u>疑脫餘字。

> <u>宋濂</u>撰時習齋銘，謂<u>秦從龍</u>年蹤八十，與實錄所記異。

<u>宋思顏</u>附<u>夏煜</u>傳。

<u>夏煜</u>字<u>允中</u>。……<u>洪武</u>元年使總制<u>浙東</u>，以後俱以不良死。

> <u>錢謙益</u>列朝詩集小傳云：

>> <u>煜</u>字<u>允中</u>。……國初事蹟云：「<u>夏煜</u>犯法，取到<u>湖廣</u>，投於<u>江</u>」。<u>兪</u>本紀事錄云：「<u>至正</u>二十三年十二月，<u>夏允中</u>家人販鹽敵境，提到軍前，置<u>黃鶴樓</u>下大浪中，三日而死」。余考<u>陶主敬</u>集有<u>洪武</u>元年送<u>夏允中</u>總制<u>浙東</u>兼巡撫之詩，<u>允中</u>讀<u>宋</u>太史<u>潛溪</u>集詩云：「<u>景濂</u>其字大夫爵」。<u>宋</u>以<u>洪武</u>二年六月總修元史，始得階亞中大夫，則<u>洪武</u>元二，<u>允中</u>尚在，安得云癸卯歲沈於<u>楚江</u>也。姑闕疑以俟博考。

<u>潘力田</u>國史考異說略同。<u>明史</u>謂<u>夏</u>氏<u>洪武</u>元年總制<u>浙東</u>，蓋卽據<u>錢</u>說。

今按，<u>宋濂</u>芝園前集卷五孫伯融詩集序云：「<u>伯融</u>死，後三年，<u>允中</u>亦歿」。<u>伯融</u>名<u>炎</u>，其死在壬寅二月丁亥，見<u>太祖</u>實錄及<u>明史</u>忠義傳。壬寅係<u>至正</u>二十二年，後三年，<u>允中</u>亦歿，則<u>允中</u>之死當在<u>至正</u>二十四五年。<u>洪武</u>元年時，<u>允中</u>已前卒矣。

<u>宋濂</u>撰孫伯融詩集序云：「每念<u>允中</u>之名泯泯，訪其遺稿三十餘首，錄藏青蘿山房」。<u>允中</u>以詩名，死後竟泯泯不爲人所知，則野史謂其以不良死，蓋可信。

野史云，<u>至正</u>二十三年十二月，提到軍前，投於<u>江</u>。考實錄，<u>太祖</u>於<u>至正</u>二十三年九月親征<u>陳理</u>於<u>武昌</u>；十二月丙申朔，上發<u>武昌</u>還<u>建康</u>。二十四年二月乙未朔以諸將圍<u>武昌</u>久不下，復親往視師；癸丑，<u>陳理</u>降；丙辰，上發<u>武昌</u>；三月乙丑朔至<u>建康</u>，則<u>允中</u>之歿當在二十四年二月，於時去<u>孫炎</u>之歿亦正二年有零，以虛

歲計之，亦可謂之三年也。

錢氏引陶主敬集送夏允中總制浙東兼巡撫詩，今按其詩云：

　　九五龍飛始建都，廷臣領命出分符。要參將相施韜略，直使山林盡免狐。鐵氣

　　曉騰霜氣肅，玉笳夜奏月輪孤。皇仁遍佈東南境，綏恤羣黎萃版圖。

原題下注云：「洪武元年」，蓋謂此詩係洪武元年作。此詩在陶學士集卷五末，

下注云，以上俱辟達集。今按費宏撰陶集序云，（學士）在元則有辟達類鈔，在中

書則有知新近稿，赴武昌有江行雜詠，守黃州有黃州寓稿，在桐城有鶴沙小紀。

陶集蓋取諸稿分體按年彙編。今此詩既列入辟達集，則恐非洪武元年作。此洪武

元年四字殆必淺人妄加，蓋見詩首句「九五龍飛始建都」，遂以爲洪武元年作耳。

陶集此詩前有四詩，今錄於下：

　　重至金陵，喜熙朝建都

　　聖王開極坐金鑾，整頓乾坤始得安。景運河清並海晏，江山虎踞更龍蟠。四方

　　寶貨梯航至，百辟衣冠雨露寬。從此昇平千萬載，黎民擊壤盡交懽。

　　送孫伯融總制赴括蒼

　　遠携行伍定安危，況子才高邁等夷。勇息烟塵今日計，道經邦國古人爲。撫綏

　　黎庶通恩澤，捫閶風雲刷羽儀。文武功臣頭尚黑，熙朝重見太平時。

　　寄劉伯溫宋景濂二公

　　水溢中原又旱乾，風塵從此浩漫漫。東山好慰蒼生望，南國那容皓髮安。要整

　　綱常崇黼黻，還成文物萃衣冠。聖賢事業平生志，幽樂何須戀考槃。

　　喜伯溫景濂輩至新京

　　車帛徵賢出巘阿，來從明主定山河。攄才要濟邦家用，爲治當調鼎鼐和。定見

　　百年興禮樂，先從四海戢干戈。熙朝輔佐倅伊呂，汗簡芳名耿不磨。

孫炎任浙東分省處州總制，據實錄係至正十九年事；劉基宋濂之徵至金陵，係至

正二十年事。陶氏其時所作詩卽言「新京」、「熙朝」，卽以帝王視太祖。其「

重至金陵喜熙朝建都」詩，當亦至正十六年丙申太祖下金陵時所作也。

史稱，太祖渡江，陶安首率父老奉迎，敷陳大業。由上引四詩，卽可見太祖之得

人望。於時太祖雖仍用龍鳳年號，而有志之士固不以龍鳳之臣視之也。明史劉基

傳言，中書省設小明王御座，劉基不拜，曰：此牧豎耳，奉之何爲？陶安之稱金陵爲新京，蓋亦此意而其事則在前矣。

錢謙益列朝詩複夏煜小傳謂：

　　丙申，太祖下金陵，辟爲行省博士。戊戌，調浙東分省。

上引陶安送夏允中總制浙東兼巡撫詩云：「九五龍飛始建都，廷臣領命出分符」。浙東於戊戌年設中書分省，則其詩當係戊至正十八年戊戌所作矣。

陶學士集此詩題「洪武元年」，旣與辭達集之著作時代牴觸，則今本陶學士集已經後人竄亂。陶集卷六所收七言律，其第一首係「戊戌新春同遊蔣山卽席賦」，而卷五所錄七言律則有哭孫伯融詩，孫卒在壬寅二月，其事卽在戊戌前四年也。錢氏引夏允中讀宋太史潛溪集詩，「景濂其字大夫僑」。余檢本所藏北平圖書館潛溪集明嘉靖刻本顯微影捲，末有至正十六年十月門人鄭某刻書跋。蓋收景濂仕明以前所作，未見有夏氏題詩。金華叢書本宋學士集附錄收有此詩，然謂係江乘夏炕撰。錢氏謂係夏煜撰，恐亦係記憶有誤。論夏煜死年，恐不如宋濂孫伯融詩集序之可據矣。

郭景祥附王濂傳

濂字習古，定遠人，李善長婦兄也。……洪武三年卒。

　　按明史記王濂事，至「洪武三年卒」止，蓋源出宋濂翰苑別集卷二故奉訓大夫僉提刑按察司事王府君墓誌銘。誌銘作王謙，明史作王濂，未知孰是。

善長爲言，得召見，除執法官，讞獄平允，遷中書省員外郎，出爲浙江按察僉事。

　　實錄未記王濂王謙事。宋濂撰王謙墓誌銘謂：

　　　會新設執法議理司，……遂詔爲執法官。……升中書員外郎，轉僉提刑按察司事。

　　此僅言僉提刑按察司事，未言官浙江僉事。

　　實錄書：

　　　丙申七月，置提刑按察使司，以王習古王德芳爲僉事。

　　此王習古當卽王謙，且當係以字行。丙申七月，太祖下金陵，立江南行中書省，並從秦元之請，立提刑按察使司。此提刑按察使司，係江南行中書省之提刑按察

使司。於時浙江未入版圖，自不得有浙江二字也。

明史卷一三六

崔亮附答祿與權傳

爲河南北道廉訪使僉事

　　太祖實錄 P. 1443，及 P. 1916 使作司，是也。

出爲廣西按察僉事，未行，復爲御史，上書請祀三皇。

　　按實錄：其請祀三皇係洪武六年八月乙亥事。其改按察僉事係七年五月壬辰事。
　　明史本傳所書次序顛倒。

改翰林修撰。

　　按太祖實錄 P. 1916 答祿與權本傳云：「七年除廣西按察僉事，未之任，復爲監
　　察御史，擢翰林修撰」。考實錄書其官歷云：

　　　洪武七年五月壬辰，以監察御史答祿與權爲廣西按察司僉事。

　　　八月辛酉，監察御史答祿與權言，……禘祭宜舉。……事下禮部太常司翰林院
　　　議，以爲……禘祭之禮，似難舉行。上是其議。

　　　八年三月，以廣西按察司僉事答祿與權爲翰林院修撰。

　　由實錄所記觀之，似其言禘祭宜舉，蓋在七年五月辛酉以前；至八月辛酉，上始
　　從禮部議耳。實錄本傳多抄撮實錄前此所記，實錄本傳作者見八月辛酉條書其官
　　爲監察御史，遂以爲復由僉事改御史，而不悟其與八年三月卷所書「廣西僉事」
　　牴觸也。

坐事降典籍。

　　按實錄書：「洪武八年八月丁巳降翰林修撰答祿與權爲典籍，以不修職也」。考
　　宋濂翰苑續集卷二洪武正韻序記其時纂修諸臣有典籍答祿與權。宋文之作在洪武
　　八年三月十八日，實錄卽記是月洪武正韻書成，宋文所書年月不誤。苟宋文所書
　　典籍二字不誤，則答祿與權之降典籍當不在是年八月丁巳矣。

　　周應賓舊京詞林志卷五云：

　　　答祿與權，七年以御史出爲廣西僉事，未行，改任修撰。

七年八月由修撰降任典籍。

洪武九年由典籍陞應奉，十一年致仕，十四年復任應奉，八月卒。

周書所記，出爲僉事，未行，改任修撰，與上條健所考訂合。其謂答祿與權七年八月由修撰降任典籍，亦與宋文所記不牴觸。周書記洪武永樂事，多本南京翰林院所藏故牘，則其謂七年八月任典籍，當可信。意者實錄作者撰稿時或誤將七年八月書作八年八月，遂誤編入實錄八年八月卷耳。實錄書，八年三月，以廣西按察司僉書答祿與權爲翰林院修撰，其所記年月亦疑有誤。

明史卷一三七

劉三吾傳

降國子助敎。

太祖實錄 P. 2984 書：「降三吾爲國子博士，侍講學士葛鈞爲國子助敎」。明史此傳作者據實錄潤色，誤以葛官爲劉官。

三十年，偕紀善白信蹈等主考會試，……信蹈等論死，三吾以老戍邊。……建文初，三吾召還，久之卒。

錢謙益列朝詩集小傳云：

三十年，主考會試，以多中南人獲罪。鄭曉名臣記云：「三十年六月，學士劉三吾暴卒」。雷禮、王世貞年表皆云，是年典刑。所謂暴卒者，曉之史例也。考劉學士文集，嘗以三十年冬十月奉勅撰黔國公吳復碑，安得死於六月？集載勅下御製大明一統賦，奪稱我聖祖聖后，「儲君有象賢之器，羣胤皆屏翰之英」，乃建文初奉勅撰者；學士之不死於洪武明矣。按丁丑會試，北士多被黜落、諸生上言，三吾等南人，私其鄉，上命官再考。或言考官劉三吾白信蹈囑侍讀張信以陋卷呈進，上大怒，親賜策問覆閱，取六十人，白信蹈張信等皆磔死，三吾以老戍邊。世傳春榜夏榜，又傳南北榜進士，黃瑜雙槐歲鈔記載最核，而世貞科試考亦因之，已自訂其年表之訛矣。周藩宗正睦㮮作春秋指疑序云，永樂中命學士劉三吾修春秋大全。睦㮮於宗老中，最爲博洽，其言必有所據，俟詳考之可也。

按明史謂三吾以老戍邊，於建文中召還，此全本錢氏所論。今按錢氏所舉證據多

有誤。如謂三吾三十年十月奉勅撰吳復神道碑，今考碑文云：

> 上之洪武二十六年冬十月二十九日，安陸吳公薨於雲南軍中。……既襄事三
> 年，……洪武三十年冬十月己亥皇上御奉天門，以碑已具，惟文未有，勅詞臣
> 三吾等文之。

此固錢氏所本。然碑下文云：

> 十六年春正月克墨定苗寨；秋八月，克比納寨；而舊疾金瘡復作。驛聞，亟遣
> 尚醫醫之，已無及，竟薨於水西矣。

則吳復卒於洪武十六年。碑上文所言卒於二十六年冬十月二十九日，此二十六年
明係十六年之誤也。三十年十月奉勅撰文，由「既襄事三年」下推，亦當係二十
年十月奉勅，特「二十年」誤爲三十年耳。

吳復卒於洪武十六年十月；洪武二十年十一月辛丑，命禮部立故鞏昌侯郭子興安
陸侯吳復墓碑，仍命翰林院製文刻石，此均見於實錄，此可證拙所校改不誤。劉
氏此碑既作於洪武二十年，則錢氏不得據此以證劉氏之非凶終矣。

錢氏所舉第二證據爲勅下御製大明一統賦，文中稱太祖爲聖祖，當係建文時奉勅
撰。今按，劉三吾集傳世有成化萬曆二本，此文惟萬曆本有之，二本出入頗大。
萬曆本書首有三吾象贊，中言「此縉紳之耆英，乃玉堂翰林之大老」，末題翰林
學士臣宋濂奉勅贊。今按劉氏官翰林係洪武十八年事，於時宋濂墓木已拱，此象
贊當係僞作。此「勅下御製大明一統賦」，其題目亦不知作何解，是否劉氏所作
亦待考。

朱睦㮮所作春秋指疑序，其原文未見。苟如錢氏所記，亦與實錄牴觸。潘力田國
史考異謂，睦㮮之序殆因三吾書傳會選之編而誤記，其說是也。

桂彥良附李希顏。

爲左春坊右贊善

按左春坊設左贊善，右春坊設右贊善。此作左春坊右贊善，誤。

附董子莊傳

洪武中，以學官遷知茂名縣。

> 周應賓舊京詞林志卷五云：「子莊，洪武二十六年以明經舉，因父極刑，授雲南

訓導。建文二年薦爲廣東茂名知縣」。周書多本翰林院故牘，其所記可信。明史
此處洪武二字應改爲建文。

太宗實錄董子莊本傳云：「洪武壬子舉鄉貢，免會試，除雲南學官。後用薦，擢
廣東茂名知縣」，此當爲明史所本。當時修實錄，不欲書建文年號，故僅含糊用
一「後」字；而據此潤色爲文者，則可誤解以爲此亦係洪武時事也。

附趙季通傳

亦由敎官歷知永豐龍溪。

宣宗實錄 P. 765 永豐作安豐。

趙俶附錢宰傳

洪武二年，徵爲國子助敎

按錢氏與趙俶俱洪武六年徵，見實錄。此作二年，誤也。

明史卷一三八

陳修附滕毅傳

吳元年，出爲湖廣按察使

按實錄，係乙巳十二月癸亥事。

陳修附趙好德傳

入爲戶部侍郎，進尙書。改吏部，帝嘉其典詮平。嘗召與四輔官入內殿，坐論治道，
命畫史圖像禁中。終陝西參政。

按實錄，趙氏於洪武六年七月由安慶知府任戶侍，八年三月進尙書，六月丁未由
戶部尙書出爲陝西行省參加政事。以後實錄卽未記其事。

太祖之任王本諸人爲四輔，係洪武十三四年事，於時任吏部尙書者係阮畯，非趙
氏。明史所述，蓋本野史，未以實錄審核，故有此誤。

陳修附翟善傳

歷官吏部文選司主事。二十六年，尙書詹徽侍郎傅友文誅，命善署部事。

按實錄書：「洪武二十六年四月甲辰命吏部司封主事翟善署部事」，則非以文選
司主事署也。實錄洪武二十六年七月癸亥條亦作司封主事。

楊思義附滕德懋傳

　　太祖實錄 PP. 959, 957 作滕德，俟考。

單安仁傳

遷浙江副使，悍帥橫歛民，名曰寨糧，安仁實於法。

　　宋濂翰苑別集卷九鳳陽單氏先塋碑銘云：

　　　會朝廷始立提刑按察司，以廉糾不虔，上選公爲副使，巡行浙水東，悍將獷卒
　　　橫賦民糧曰寨糧，……公一實於法。

　　明史作浙江副使。蓋本此。

　　太祖實錄 P. 63 書：「戊戌二月乙亥，以單安仁爲提刑按察司副使」。提刑按察
　　司之設，據實錄在丙申七月。戊戌二月時，婺州猶未爲明有，則於時單安仁所任
　　提刑按察司副使乃江南行中書省提刑按察司副使，其官銜上不得加浙江二字也。

　　太祖實錄 P. 124 書：「是歲（辛丑年），陞按察副使單安仁爲提刑按察使」，其官
　　銜上亦無浙江二字。浙江行中書省之設，此已在克杭州之後，亦非辛丑年事也。
　　浙江行中書省，係由浙東行中書省改稱。浙東行中書省之設係壬寅二月辛卯事，
　　見太祖實錄 P. 135。

再授兵部尚書致仕。初尚書階正三品，十三年，中書省罷，始進爲正二，而安仁致仕
在前，帝念安仁勳舊，二十年特授資善大夫。

　　太祖實錄 P. 2802 安仁本傳云：

　　　二年，調兵部，辭歸；六年，召爲山東行省參政，辭不受；八年再授兵部尚書
　　　致仕。

　　明史安仁傳言，再授兵部尚書致仕，卽本此。

　　考宋濂撰鳳陽單氏先塋碑銘云：

　　　六年夏，詔中書起公爲山東行省參加政事，公詣闕力辭而止。八年，復頒致仕
　　　誥，加公通議大夫，蓋異數云。

　　蓋尚書於明初係正三品，其階官初授嘉議大夫，陞授通議大夫。安仁以兵部尚書
　　告老歸，其時階官當爲嘉議大夫。及詣闕力辭參政，八年，帝復頒致仕誥，並陞
　　授通議大夫，此遂爲異數矣。單仁後來之陞授資善大夫，亦係異數，其理亦同

此。宋文佾清晰，實錄本傳略加公通議大夫不書，遂令人不明其意矣。

明史卷一三八

開濟傳

十五年七月，御史大夫安然薦濟有吏治才，召試刑部尙書。

> 按安然卒於洪武十四年，見實錄及明史安然傳。「十五年七月」五字應移於「吏
> 治才」下，始與史實合。又安然於洪武十四年時官四輔，非官御史大夫，亦宜改
> 正。

都御史趙仁

> 按太祖實錄 P. 2321 記此事作御史趙仁，實錄 PP. 2280, 2290 稱趙仁爲御史，至
> P. 2354 始稱其官爲都御史。明史此處應刪一「都」字。

王叔徵

> 太祖實錄 P. 2448 作王叔微，俟考。

周禎傳

定律令，少卿劉惟謙，丞周禎與焉。

劉惟謙傳

不詳何許人，吳元年以才學舉。洪武初歷官刑部尙書，六年，命詳定新律。

> 少卿劉惟謙。太祖實錄 P. 389 記其事作劉惟敬。惟敬於洪武元年十二月丁卯任中
> 書參政，二年三月出爲廣西參政，而惟謙則洪武四年二月由刑部郎中陞尙書。雷
> 禮國朝列卿紀謂劉惟敬與劉惟謙係一人，其根據俟考。
> 明史卷一百九宰輔表仍據實錄書劉惟敬爲中書參政，則此處恐仍據實錄書作劉惟
> 敬較妥。

明史卷一三九

韓宜可附周觀政傳

帝之建御史台也，諸御史以敢言著者，自宜可外，則稱周觀政。……嘗監奉天門，有
中使將女樂入，觀政止之。……

太祖實錄未記周觀政事，明史此傳蓋本諸野史。太宗實錄記有周觀政事，今錄之於下：

（太宗）洪武三十五年七月丁酉，以山東撫民主簿周觀政爲江西按察僉事，前海鹽典史國用爲山東按察僉事。建文中二人並爲御史，被黜，至是曹國公李景隆薦之，遂有是命。

十月壬子，陞江西按察僉事周觀政爲本司按察使。

永樂二年二月乙亥，江西按察使周觀政有罪，謫爲河間府驛夫。

四年十月己亥，前江西按察使周觀政上書言事，且乞不以示近臣。上曰：言果可用，當施諸天下；果不可用，不宜陳於朕。何獨不示之近臣。觀政惶恐退。

上顧侍臣曰：此人言爲治，不必盡法祖宗，意欲紛更，眞妄人也。若聽其言，卽如妄人療病，本證未除，他證又作矣，豈可用也。

五年六月癸未，立交阯都指揮使司，……布政司按察司以尚書黃福兼掌之，……前江西按察使周觀政安南歸附人裴伯耆爲左右參議。

實錄所記可補明史之闕。

茹太素傳

六年擢四川按察使

按實錄，洪武六年四月戊子以監察御史茹太素戴信何文鄭思先爲四川按察司僉事；七年正月戊辰召四川按察司僉事茹太素鄭思先入朝；五月癸酉，以四川按察司僉事茹太素爲刑部侍郎，鄭思先爲刑部郎中，則茹官乃四川按察司僉事，非按察使也。

太祖令中書郎王敏誦而聽之。

明史考證攟逸云：

中書郎，明代無此官，惟職官志，明初承前制設中書省，置屬官左右司郎中員外郎，或當時統名中書郎歟？

按實錄洪武九年十二月庚戌條，記此事作中書郎中王敏。實錄北平圖書館本郎下脫中字，遂爲明史所本。考證謂明初中書郎中員外郎，統名中書郎，其說不誤。

葉伯巨傳

秦晉燕齊梁楚吳蜀諸國，無不連邑數十。

　　按伯巨此疏上於洪武九年，而蜀王之封則在洪武十一年，葉氏原疏當不致言蜀地

　　亦封有王國。

明史卷一四〇

陶垕仲附王佑傳

蜀平，徙知重慶州。

　　按明史地理志，四川行中書省轄有重慶府及崇慶州，無重慶州。明史此傳疑係崇

　　慶州之誤，俟考。

明史卷一五二

董倫附王景傳

建文初，召入翰林，修太祖實錄。用張紞薦，除禮部侍郎兼翰林院侍講。

　　按景由侍講升學士，見太宗實錄。實錄本傳云：

　　　建文中，以知縣召，修高廟實錄。丁母憂去。服闋，吏部尚書張紞前在雲南雅

　　　知之，奏陞翰林侍講。上卽位，陞學士。

　　陳璉琴軒集卷八王景墓誌所記與實錄略同，均未言其除禮部侍郎。明史所記蓋本

　　遜國忠紀，（參看明史考證攟逸卷八第四頁），未據實錄墓碑深考耳。（禮部侍

　　郎官品較侍講爲高，苟除此官，墓誌無不書之理）

明史卷一六一

周新傳

卽擢雲南按察使，未赴，改浙江。

　　按實錄，授雲南按察使係永樂三年九月事。改雲南按察使周新於浙江，係永樂六

　　年三月庚申事。時間相去二年有餘，不容未赴任，疑未赴二字係未幾之訛，俟

　　考。

帝愈怒，命戮之。……後紀綱以罪誅，事益白。

按實錄，紀綱係以永樂十四年七月誅，而實錄十五年八月戊申條記有周新事，其
文云：

> 嘉興府賊倪弘三等伏誅。弘三等糾集無賴作亂，刼掠鄉村，三年衆至數千，往
> 來蘇湖常鎭諸郡，殺害官民商賈，不可勝計。發兵二千，合浙江都司兵討之，
> 又爲所敗。官軍多被殺傷，其勢益橫。浙江按察使周新一志討賊，立賞格，躬
> 督兵搜捕，列木柵小江港汊，斷其走路，賊無所容，乃趨北河，新遣壯勇躡至
> 桃源縣，生縶其首數人，送京師，至是皆磔於市，蘇湖諸郡之民始安。

按倪弘三等叛逆，其罪係決不待時，其伏誅在永樂十五年八月，必去其被捕不
久，然則周新於永樂十五年初恐仍在按察使任，而未死於紀綱之譖也。

明史卷二百八十一葉宗人傳云：

> （永樂）十五年，督工匠往營北京，卒於塗，（周）新哭之累日。

葉宗人以十五年三月丙申卒，見實錄本傳。宗人死於十五年三月，於時周新尚
在，而紀綱卒於十四年七月，則周新之被誅已在紀綱死後。明史周新傳所謂，
「紀綱誅，其事益白」，全與史實不合，且與葉宗人傳所書自相牴觸也。明史卷
三百七紀綱傳亦書周新被紀綱誣逮，其所記亦與葉宗人傳牴觸。

周新死後，已有神話產生，則其爲寃死，自係實事。實錄永樂十五年八月戊申條
以後，卽未書周新事。周新之死，實錄不書，殆有所諱。周新之死疑係受錦衣衞
官陷害，惟已在紀綱死後，而紀綱惡名昭著，故後世遂謂此亦係紀綱害之耳。
明史本紀原本補本異同錄謂，本紀原本「永樂十年鄭和復使西洋」下，補本增
「十二月，錦衣衞紀綱誣奏浙江按察使周新，殺之」。健按，補本所書與實錄永
樂十五年八月戊申條牴觸，其說不可信。

明史考證攈逸卷十第三頁及卷三十七第一頁謂，周新被害在永樂十年十二月，見
明實錄。今查實錄並未記此事，考證攈逸此二條均宜刪。

再記「箕子朝鮮」

李　光　濤

　　一九五八年夏，作者因整理往日所輯朝鮮實錄史料，清出箕子史料一批，特撰「箕子朝鮮」一文，編入史語所集刊第二十九本刊行。茲者爲便于敍述起見，姑將其結論轉錄如下：

　　　　總之，關于朝鮮之「慕華」，據該國史籍所載，當是一個百分之百的眞情實事。如東國通鑑嘗記新羅自以爲少昊金天氏之後，故姓金氏。而高勾麗亦自稱高辛氏之後，姓高氏。又引古史曰：「百濟與高勾麗同出扶餘……秦漢亂離之時，中國人多竄海東，則三國祖先，豈其古聖人之苗裔耶？」此又直以三國的祖先，亦擬爲中國古聖人之苗裔。然此猶爲想像之辭，現在不妨置而不論，我們再據成宗實錄卷二十葉四談談當初東國所受箕子的影響：「吾東方自箕子以來，敎化大行，男有烈士之風，女有貞正之俗，史稱小中華。」此一史文，是爲「箕子朝鮮」之一定論，同時也很可意味着所謂「史稱小中華」云者，最足證明東國一般民族性的華化究竟是怎樣地一個淵源了。

本文發表之後，邇來復又查出與箕子有關之史蹟、傳說若干事，而且與前者性質不同，故爲「再記」一文，以獻於讀者。

　　考箕子史事，不僅東國史籍記之甚詳，即如地理上有關箕子的古蹟，以及其流行的錢物，亦比比皆是，其說如下：

其一，全羅道地理志（世宗實錄）

（1）益山郡，本馬韓國。（小字）後朝鮮箕準避衞滿之亂，浮海而南，至韓地開國，號馬韓。（卷一五一葉五）

（2）彌勒山石城。（小字）諺傳箕準始築，謂之箕準城。周回六百八十三步有奇，內有泉十四，多夏不竭，有軍倉。（卷一五一葉五）

(3) 後朝鮮武康王及妃雙陵。(小字)在郡西北五里許，俗呼武康王爲末通大王。(卷一五一葉九)

其二，平壤道地理志 (世宗實錄)

(1) 平壤府……本三韓舊都。唐堯戊辰歲，神人降於檀木之下，國人立爲君，都平壤，號檀君，是爲前朝鮮。周武王克商，封箕子於此地，是爲後朝鮮。逮四十一代孫準時，有燕人衞滿亡命，聚黨千人，來奪準地，都于王險城 (小字) 即平壤府。是爲衞滿朝鮮。其孫右渠，不肯奉詔，漢武帝元封二年，遣將討之，定爲眞番、臨屯、樂浪、玄菟四郡，隸于幽州。班固前漢書曰：玄菟、樂浪，本箕子所封。昭帝始元元年，以臨屯、樂浪，置東府都護。唐書云：卞朝在樂浪之地。(卷一五四葉二)

(2) 邑石城 (小字) 周回四千八十八步，本朝太宗己丑九年修築。古城基有二：一，箕子時所築，周回六千七百六十七步，城內畫區八家同井。一，高麗成宗時所築，徑九百四十四步。(卷一五四葉三)

(3) 箕子廟。 在府城北 ，兎子山上亭子閣，石人石羊皆南向。祠堂在城內義理坊。(小字)春秋傳香祝致祭。今上 (世宗) 十二年庚戌，傳旨于有司曰 ：昔武王克殷，封殷太師于我邦，遂其不臣之志也。吾東方文物禮樂，伴擬中國，惟箕子之敎是賴，於是立石于祠堂。(卷一五四葉三)

其三，正宗實錄：

十六年壬子 (乾隆五十七年) 十二月丙戌，召見備堂及冬至正副使書狀官。上謂正使朴宗岳曰……唐錢事，曾有所敎，依此觀勢善處。而彼人若問我國行錢之事，則不必隱諱，以自箕子時行錢，至今仍用，據實直言可也。(卷三六葉十九)

其四，箕田考。(別下齋叢書第八册)

此書來源，據道光十七年丁酉春三月海昌蔣光煦跋，有云：「富陽董文恭家藏有朝鮮箕田考槧本，因假得影鈔而重梓之。」其目錄如次：(1) 箕田圖 (參圖版)，(2) 箕田說，(3) 箕田圖說後語，(4) 書箕田圖說後，(5) 箕田續說。以上記述凡四篇，共三千一百餘字，因與研究箕子遺蹟有關，特借此一一照錄于後，其在東國言之，是亦箕子之一重要載籍也。

(1) 箕田說久菴韓百謙

井田之制，先儒論之詳矣，然其說皆以孟子爲宗，故特詳於周室之制，而於夏

殷則有未徵焉。朱子之論助法 ，亦出於推測臆料，而未有參互考證之說，則其果悉合於當時制作之意，有不可得以知者，好古之士，蓋竊病焉。丁未秋（註一），余到平壤，始見箕田遺制，阡陌皆存，整然不亂，古聖人經理區畫之意，猶可想見於千載之下。就其地諦審之，其田形畝法，與孟子所論井字之制，有不同者焉。其中含毬正陽兩門之閒，區畫最為分明。其制皆為田字形，田有四區，區皆七十畝。大路之內 ，橫計之有四田八區 ，豎計之亦有四田八區，八八六十四，井井方方，此蓋殷制也。孟子曰：「殷人七十而助」，七十畝本殷人分田之制也。箕子殷人，其畫野分田，宜倣宗國，其與周制不同，蓋無疑矣。惟茲阡陌，數千年來，凡幾經變易，雖難保其不差尺寸，其大略界區以一畝之路，界田以三畝之路也。其三旁九畝大路，由城門達之詠歸亭下，似是往來通衢，非專為田間阡陌而設。然其必以十六田六十四區畫為一甸，則亦不無界限之意。自此以外，田界之路，或有侵耕失古處，則後人未知制作本意，必以三畝為準而正之，頗失經界之舊。若其以七十畝為一區，四區為一田，兩兩相幷，則盡一野皆同矣。按班史刑法志曰：「四井為邑，四邑為邱，四邱為甸，甸有六十四井。」其井邑邱甸之名雖用周制，而以四起數，四四成方，與此脗合，是必有所沿襲，而惜其典籍不完，未能盡得其制也。其尖斜畝側不能成方處，或一二田或二三區，隨其地勢而為之，則鄉人傳為餘田。雖周家井田之制，其地難得如繩直準平，而其不成井處又不可棄而不用，恐其制不得不如此也。其公田廬舍之制雖不可考，制田既非井字之形，則與孟子所謂「中有公田，八家皆私百畝」之制，已逕庭矣。意者，殷之時雖受田於野，而其廬舍未必在田旁，或皆聚居城邑之中，其公田亦都在一隅，未必界於私田之中，糞壅耘耔之際，遠近不同，民有病者，且人文漸備，吉凶禮緛，七十畝有不足於養生送死之資。故姬周之有天下也，順天因人，增為百畝，且制井田之法，八家同井，中置公田，春則出在田廬，冬則入聚邑宅，其制始大備，自質而文，其因革損益，勢有不容已也。或以朱子「改治溝洫，多費人力」之說，有疑於孟子之言，此則恐未然。孟子曰：「佚道使民，雖勞無怨。」朱子亦嘗論「革命易

代，大而建正用數，小而書文車軌，並皆改作，以新一代耳目」云。則況此制民常產，實發政施仁之大者，豈可計其少費不與俱變乎？以此推之，吾知朱子此說，或出於一時門人問答，而非平生之定論也。嗚呼！關閩諸賢，俱以王佐之才，生丁叔季之時，慨然以挽同三代為己任，收拾殘經，討論遺制，殆無所不用其至，而猶有懸空之歎，未得歸一之論。倘使當時足此地，目此制，則其說先王制作之意，想必如指諸掌矣。而惜乎其未見也，因記其所見，以求正於知者云。

(2) 箕田圖說後語 西坰柳根（註一）

箕田在於含毯正陽兩門之外者，區畫最分明。其為制皆田字形，分為四區，區皆七十畝。界區之路，其廣一畝；界田之路，其廣三畝。凡十六田，總六十四區。六十四區之三旁，又有九畝之路，由城門達之江上。其尖斜敧側不能成方處，或一二田，或二三區，隨其地勢而為之，鄉人至今傳之為餘田，亦皆七十畝。噫，古今人歷茲地，見斯田者何限，獨公生晚好古，欲求古聖人分田制產之意於千百載後，作為圖說，使人人曉然知箕田一區為七十畝，卽與孟子所稱「殷人七十」之說若合符節，豈非幸歟？孟子曰：「方里而井，井九百畝，其中為公田。」蓋井字為形，便成九區，八家皆私八區之百畝，就公田百畝之區，以二十畝為廬舍，八夫居之，其所耕公田皆十畝，此周制然也。孟子曰：「殷人七十而助，周人百畝而徹，其實皆什一也。徹者徹也，助者藉也。」孟子論周人百畝之制固為纖悉，至於殷人，但稱「七十而助」。當時諸侯，皆去周時之籍，況殷制安保其猶有存者乎？朱夫子之生，去孟子之時又遠矣，不得不因周制而推明之，釋之曰：「商人始為井田之制，以六百三十畝之地畫為九區，區七十畝。中為公田，其外八家各受一區，但借其力以助耕公田，而不復稅其私田。」又曰：「竊料商制，亦當似此，而以十四畝為廬舍，一夫實耕公田七畝，是亦不過什一也。」朱夫子旣未得考殷制，則以此度彼，其為制自當

（註一）　此柳根，參朝鮮宣祖實錄，其出處如下：（一）二十六年癸巳（萬曆二十一年）正月丁卯，上引見……都承旨柳根。（卷三十四葉十七）（二）三十四年辛丑（萬曆二十九年）二月庚寅，多至使柳根馳啓……（卷一四四葉十八）

如此。昔韓退之賦石鼓，蓋歎孔子不到秦，不得見其文；若使朱夫子見此圖，當復以爲何如？以今觀之，公田廬舍之制，未敢臆度，卽此田形而見之，四區，四夫所受之田也。或以爲箕城之田，稱之以井蓋久矣，井卽九區也，今不可輕言爲四區。是則不然。若論殷周田制之同，則八區，八家所受之田也，推此以往，雖千百區皆然。就七十畝之中，以七畝爲公田，如朱夫子之說，則亦不失爲什一也。至於廬舍，則周時制度大備，猶就公田二十畝爲八夫廬舍，是一夫之居，不過二畝半也。若就一夫所受之區，以七畝爲公田而出力助耕之，不復稅其六十三畝，則雖以一二畝爲廬舍而居之，恐亦不害於什一之制也。其一夫所居，在於七十畝之內邪？或宅於邑而受田於野，來往耕治邪？皆不可得而知也。若論殷周田制之不同，則七十畝、百畝，已不同矣，何必致疑於四區九區之同異哉？所貴乎同者，什一之制耳。孔子曰：「周因於殷禮，所損益可知也；其或繼周而王者，雖百世可知也。」百世可知者，其不在於什一之制邪？去年曾隨詔使朱學士梁給事中 (註一) 共觀箕田，恨未及知一區爲七十畝，未得求正，遂書此以待後之覽者。

(3) 書箕田圖說後岳麓許筬(註二)

西京之南有田，相傳爲箕子井田。丁未秋，西原韓次蕃周覽故國形勝，遂及於

(註一) 光燾按，所謂朱學士等，參朝鮮宣祖實錄，記其史事凡兩則。(一)三十八年乙巳（萬曆三十三年）十二月戊辰，冬至使李尚信馳協啓皇太子第一子誕生，頒詔天下，而天使翰林修撰朱之蕃禮科左給事中梁有年已爲欽差，當於明年二月初起身云事。（卷一九四葉八）(二)三十九年丙午(萬曆三十四年)正月壬辰，上御別殿引見領議政柳永慶、左議政奇自獻、右議政沈喜壽、館伴李好閔、遠接使柳根、都承旨尹昉、記事官徐景、兩天使假注書郭天豪、記事官吳翊命學曾入侍。上曰：天使出來，想必不遠，凡事措置幾何？李好閔曰：館中諸事，時方措置，而凡器具之事，亦令各該司方爲措置…上曰：天使不知何時當到？李好閔曰：未能的知，但此天使正月差除云。凡天使辭朝後到通州留四十日治裝，例也；此例倘存，則三月晦四月初間似當來到矣。……上曰：今此天使，有名之人乎？未知何如人也？李好閔曰：朱之蕃乃乙未年狀元也。天朝科舉不如我國，狀元必擇而爲之，非有名則不得爲之，以此見之，亦知其非尋常之人也。且中朝之人，有新作書册者，使此人爲之序云。臣頃見李德馨，則德馨云：中原之人，數學士文章，只稱焦竑黃輝朱之蕃三人。蓋有名之人也。上曰：天使所製詩，於卿等所見如何？李好閔曰：氣力格律未知如何，而大槩用功於詩之人也。（卷一九五葉一四）

(註二) 許筬出處，參朝鮮宣祖修正實錄二十三年（萬曆十八年）庚寅三月載：以僉知黃允吉爲通信使，司成金誠一爲副使，典籍許筬爲從事官，使日本。（卷二四葉三）

所謂井田者。仍其經界，遂其阡陌，以畝法概之，乃七十畝之田也。夫七十而助，殷人之遺法也。是時周法未遽徧及於天下，箕子以殷人行殷法，乃其所以也。然則七十畝之田，豈非箕子之親傳，法於我東者邪？其田之制，韓公作圖以記之。但其所謂公私田者，必有其制，而未有文字可考。就圖而推之，蓋九畝大路之內，爲七十畝者六十有四區，而方列焉如易之先天方圖。八區爲一行者八，就其一行八區之中，出其一區爲公田，其餘七區，七家各受一區而私之。其公田之中，七家各受三畝爲廬舍，計除三七二十一，則所餘公田四十九畝，七家分之，則所助耕亦各七畝。通私田七十畝爲什之一，雖無明文，其制豈不然乎？且以周制言之，公田百畝，計除廬舍二十畝，其餘八十畝，八家分之，則各得十畝，通私田百畝亦爲什之一。雖有多寡之不同，其爲什一，若合符節。噫，今之去箕子，凡幾千年，遺制之相傳不泯，已幸矣，而其發明爲殷之制，則得吾友而始焉，亦一幸也。

（4）箕田續說　星湖李瀷

井地之法，朱子亦有未盡究者。故嘗言：「田制既定，溝涂畛域一定而不可易，今乃易代更制，則其勞民擾衆，廢壞成法，煩擾甚矣。孟子未親見，只是傳聞，恐難信。」此實朱子灼見王政之大體，而推知溝洫之必不可改也。若以孟子集註言之，「徹法不除廬舍二十畝而通計，則爲九而取一，除廬舍二十畝，則爲什一而取一。助法亦然。」若然，則孟子何以謂「其實皆什一也」？朱子什一之解，僅合於未有井之時。自有井以來，皆不成此數。今若不悖於「皆什一」之制，而又無廢壞成法之疑，則斯足信矣，即平壤府箕子井田是也。竊疑田字象形，古田必似之。今其田四區同溝，皆如田字樣，是必古制，而惜乎朱子未及見也。蓋九百畝畫爲一井，井有九田，田方百步，一田爲四區，區方五十步，夏時一夫受此一區，以什一爲貢，乃四夫同田，而井爲三十六夫也。殷時田寖多，用寖廣，則不可不加授；故不易經界而以一田爲二夫之受，一夫所受，乃長百步廣五十步。雖或長廣不齊，古人皆折補爲方，未嘗言長幾廣幾。王制亦曰斷長補短，滕之五十里，湯之七十里，文王之百里，亦其例也。今以長百步廣五十步開方，則得七十步零若干尺，大約不過七十畝。而以什一爲公

田，乃二夫同田爲十八夫也。周時田又寖多，用又寖廣，則又不可不加授；故又不易經界而以一田爲一夫之受，是則所謂百畝而井爲九夫也。然則何以謂三代皆什一？蓋一井九百畝，而九十畝入於公家，則三代未嘗不同。夏時一夫五十畝，畝長五十步，乃周人之二十五畝。以五畝爲貢，乃周人之二畝半。是合四夫之貢，當周人之十畝也。殷人一夫七十畝有奇，畝長七十步，乃周人之五十畝，以七畝有奇爲公田，乃周人之五畝，是合二夫之公田當周人之十畝也。周人一夫百畝，畝長百步，以十畝入於公家則未嘗易，故曰「其實皆什一也」。或謂六尺爲步，步百爲畝，三代同然，而所不同者只在數畝耳，不可以長百廣五十爲七十，此大不然。孟子於夏之五十，殷之七十，皆不下畝字，至周始曰百畝者，畝之長短不同，故恐人以夏殷之田錯認以百步，故但以五十七十言其方而已，不加畝字以別之。且五十七十云者，未必夏殷時成文，或者孟子推言其數而以周制比類爲說，故只道其方爲幾何也。上焉夏后氏五十而貢，下焉周人方百而徹，獨殷其將曰廣五十長百而助乎？宜亦只下「七十」字而其義自明矣。殷人欲以七十之數爲授，則因夏之制合二夫爲一夫，正合七十之數，如是則經界無不定矣，井地無不均矣。而聖人乃反嫌其不方，不計勞民傷財，必欲改溝洫而方其田，無或近於膠柱而不通邪？余故曰：平壤之田，乃箕子因殷之舊而特略變其制焉耳。

附記：檀君史事。

考朝鮮與中國，其淵源不僅始于箕子，而實始于檀君得國之始。參平安道地理志，有如「禹會塗山，遣太子夫婁朝焉」，便是一例證。其全文如下：「靈異檀君。記云：上帝桓，因有庶子名雄，意欲下化人間，受天之印，降太白山神檀樹下，是爲檀雄天王，令孫女飲藥成人身，與檀樹神婚而生男，名檀君，立國號曰朝鮮。朝鮮、尸羅、高禮、南北沃沮、東北扶餘、濊、與貊，皆檀君之理。檀君與唐堯同日而立，至禹會塗山，遣太子夫婁朝焉。享國一千三十八年，至殷武丁八年乙未，入阿斯達爲神，今文化縣九月山。」（卷一五四葉四）光濤按，由于檀君太子曾有入朝夏禹之事，其

－165－

在民族史言之，可謂彼此正是一家。而厥後周武王封箕子於朝鮮，一言以括之，也正是區處一家之事而已。據此，則所謂「三國祖先」（見前）亦擬爲中國古聖人苗裔之處，當係言之有據，而並非完全出於臆說了。

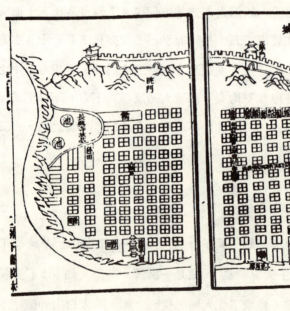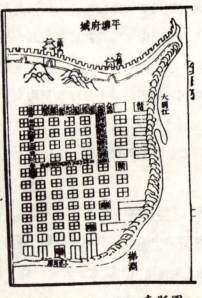

壹版圖

出自第三十七本上（一九六七年三月）

「朝鮮壬辰倭禍史料」序

李 光 濤

當一五九二年 (明萬曆二十年壬辰) 第十六世紀之末，關于朝鮮之突遭「倭禍」(朝鮮史籍稱「壬辰倭禍」)，幾致亡國，明朝仗義出師，擊敗倭寇，再造東國，實爲當時東方震耀古今之第一大事。其後朝鮮感萬曆復國之德，特于王京漢城設立「大報壇」，又稱「報恩壇」，以紀念明帝再造之恩。這段史事，考之日本學人的論著，則多爲反常之言，如所謂「征韓偉略」一書，是其最著者。他如還有市瀆村次郎的甚麼「明援朝鮮無功」，以及「日本外史」許多顛倒事實之敍述，說來眞是不勝枚舉。最可笑的，莫如日本更有好事者，嘗將秀吉侵韓行爲譯爲英文本的所謂「藍皮書」傳之西方諸國，以爲宣傳之用。而其中內容，無非誇張日本於東方遠在三百年前便是一個戰勝中國者。有如淸人蔡爾康卽爲其所愚，於其所著「中東和戰端委考」中談到明朝援韓之役，便是根據「藍皮書」的意見而敍述日本當初所獲的勝利。此外，還有民國廿二年九月武昌亞新地學社出版的「中國歷代疆域戰爭合圖」，其中「明代四裔圖說明」關於談到萬曆援韓戰役，揆其大旨，不外因襲了蔡氏的舊說。諸如此類，可說誤人不淺。實則研究明人援韓戰功，當以朝鮮史籍爲正宗。此因「壬辰倭禍」朝鮮利害切身，見聞自確。有如「宣祖實錄」一書，其記明朝援救經過，大抵以爲是役不外「天朝不忘朝鮮，朝鮮誠常藉天兵」，以及所謂「兩國一家，休戚是同」之故。於是請兵請餉，無求不應，七年對壘，兩次出兵，凡十六萬六千七百餘人，費餉銀一千七百餘萬(註一)，至於彼此接觸經過，現在不必細舉，但就正宗實錄卷四九記壬辰戰役有一結論曰：「竊稽我穆陵 (宣祖) 朝重恢之業，始基於平壤之捷，終成於南海之戰。」此卽言明人東征之役，陸戰勝，水戰亦勝之事。陸戰勝，不外「中國制倭長技，惟在火器。」如平壤攻城，

(註一) 皇明經世文編卷四二五李中丞(植)奏疏，請龕遼東開採疏內有「費帑藏一千七百萬金，始驅倭渡海」語，明史誤八百萬。

只須兩小時而便拔之。據宣祖實錄卷四九葉十八，即「辰時接戰，巳初陷城。」陷城如此之易，無非全恃火器而已。又，水戰勝，同書卷一百十葉十七作：「東洋之捷，萬世大功。」是役尤以倭將義弘一枝敗得最慘，有「賊船五百餘艘，義弘等僅以餘船五十艘脫走」語。則是義弘之敗，可謂「僅以身免」。而正宗實錄所記的「終成於南海之戰」，即此。還有，倭寇自朝鮮境內敗遁，參宣祖實錄卷九九葉四戊戌四月辛酉「倭將平秀佳入歸本地」條，並拙著「記朝鮮宣廟中興誌」(集刊第二十二本)，合而觀之，原係豐臣秀吉生前之事，且出於哭泣而撤兵，乃明史朝鮮傳與日本傳敍及援韓之役，其結論也是大錯特錯的。如云：「自倭亂朝鮮七載，喪師數十萬，糜餉數百萬，中國與屬國迄無勝算，至關白死而禍始息。」這一記錄，其於史事之遺誤，可謂關係太大。所幸朝鮮實錄自經日本影印傳世之後，於是乎明人援韓戰功始彰彰在人耳目。據宣祖實錄記明人戰功有曰：「賊退專倚天兵」。又曰：「自開闢以來所未有之大功也。」考朝鮮一役僅就宣祖實錄一朝的紀錄，便可纂成百萬字以上的長編(註一)，另外還有宣祖以下各朝實錄，其涉及「壬辰倭禍」亦多有之。凡此史事，參中日兩國史籍，都是不見著錄的。即如朝鮮實錄，原係日本所影印，然考日本學人一般論著，尤其是明人援韓史事，其於實錄所載，又皆置而不論。這本不是學者「小心求證」的態度。現在我們為欲明瞭當初明人援韓史事的眞實性起見，特就朝鮮實錄內編輯「朝鮮壬辰倭禍史料」。此類史料，以價值言之，等於當日的檔案，記日確，記名詳，也正是一種直接的史料。倘能以其全部公之於世，其有裨於明史之研究，當是一件極有意義的事。又，實錄之外，更有小華外史續編所刊「王人姓名記」，凡二百四十餘人，因與援韓有關，亦全部附編於後。又，「王人姓名記」，其性質等於每一東征人士的傳記，其中如兵部尙書石星及經略宋應昌，在援韓戰役中都是些重要人物，考之明史，俱未爲立傳。如爲之編輯行世，可補明史之闕略。

（註一）　實際宣錄亦尙多疏漏，如卷一一九葉一，已亥十一月朔丙午，左副承旨宋淳啓曰：事變以後，別出假注書，專爲撰錄事變日記，固非偶然，臣所考數卷，似不繡悉，仍遍丁酉重亂後諸册，則都不用意，極爲疏漏，一月所記或不過七八日，一日所記或僅六七行，或不書日月而事不繫目，或終無年辭而只挾空紙，或有以日子橫書於紙頭者，或疊書一日至於七八者。戊戌九月，設而不記，自今年五月以後，則只記三日，其餘則全不修正，有同戲處，不成模樣，極爲寒心。

　　再，講到朝鮮「倭禍」，自昔即有之。當三國新羅和高麗的末期，都曾受過他的
擾害，延至李氏開國的初年，仍然爲患不已，「得志則圖，不得志則搶掠以去。」那時
候的朝鮮第一世國王李成桂父子，以爲：「天生一代人才，自足供一代之用，作成之
功，全在人爲。」因而整軍經武，水陸齊備，將欲進勦三島，以雪本國之恥。己卯(建
文元年)五月乙酉致書日本國大將軍有云：「三島倭寇爲我國患，幾五十年矣，……我
中外軍官士卒每請海備戰艦，大舉以討三島，則寇賊無遺類，而我國家無復後患矣。」
武士國之爪牙，致書這樣的强硬，亦只恃有爪牙而已。於是日本國大將軍懾於朝鮮的
威勢，欣然奉命曰：「我能制之。」(恭靖王實錄卷一葉十三) 可謂遜順之至。自是三島「倭
賊」不敢爲朝鮮邊患者，凡百餘年。後來昇平日久，武備漸弛，因而勉從日人之請，
釜山始有倭市之事(註一)。然猶約條甚嚴，力足圖存，宣錄卷一百九十葉三十七：「凡
釜山一路外，漂到他道者，自祖宗朝一以賊倭論斷。」及乎壬辰之役，則因無兵之國，
專尙文學，武備全無，而通國三百多郡縣又皆十九無城，平日的自恃，但曰「倭賊未
必來」。有人以養兵爲請者，則曰「養兵何用」？極衰極弱，於此可見。又因自稱爲
「箕封之國」，「禮義之邦」，而禮義之弊，乃又不明强弱的大勢，其於待倭之道，
則曰「宜以待夷之道待之，不宜以待人之道待之。」當時待倭之道既如此，而極衰極
弱又如彼，於是日人一朝猝至，自然只有土崩瓦解而已。朝鮮文弱之狀，有詩爲證：

　　　詩賦晉人遺，兵書舉國迷。高冠爲武弁，大袖作戎衣。鈍戰薪同腐，堆城肩與
　　　齊。傳聞倭寇至，六道片雲飛。(宣錄卷三五葉三九)

此詩乃中原士人呂應周所作，以示知中樞府事李德馨者。當時應周嘗把德馨之袖曰：
「以此濶袖而用於戰場乎？」又指其笠子曰：「以此裹頭而用於戰場乎？」同時應周
又指朝鮮都元帥金命元及平安道監司李元翼等之冠袖而笑曰：「如此而可以制倭乎？」
除這些情形之外，據宣錄更有關于積弊的記事，姑引若干如次：

（註一）　宣錄卷一百五葉十九，國王上明帝奏文有云：「謹査日本，高麗之季以至小邦之初，跳梁侵掠，歲爲
　　　　邊患，東南沿海數千里之地，廢爲榛莽，先臣康獻王力戰殲討，僅能戡定，而猶未能防其竊發。對馬
　　　　一島，最近于我，其人利我互市，來歙南邊，因其納歙，許其往來。其後日本諸島之倭，亦有貪繆求
　　　　好，小邦視之如窓獸，待之如蛇虺，爲生靈計，遂許以關市以中其欲，或賜以米穀以悅其心，於是有
　　　　館待倭奴之例，伊勢守之歸賜以紬米，壽藺僧之還付諸諭書，即此也。」

癸巳十月壬寅，上御便殿，謂大臣等曰：……聞慶尙道風俗，人有子兄弟，一子能文則坐於堂上，一子習武則坐於庭中，如視奴隸。國家之有今日，慶尙道誤之也。(卷四三葉十七)

閏十一月壬午，上御便殿，引見領議政柳成龍……上曰：我國不習水戰……非但當身，生來不識干戈，雖於父兄處亦不得聞，雖或聞之，有若古語然。……大概習俗只知讀書不知兵(註一)，若識天字則以爲貴人，持弓矢者例爲賤之，故如此矣。(卷四六葉八)

十二月戊辰，上御行宮便殿，引見大臣……上曰：我國營壘，以枯枝爲之，如籬狀，令人見之未滿一笑……故古人見營壘而固知其成敗矣。……(柳)成龍曰：我國無堅守之計，故有險固之形而不能守也。(卷四六葉三二)

甲午二月庚申，兵曹判書李德馨曰：近來人議紛紛，皆云敎兵何爲？都是無用之技。(卷四八葉十三)

丙子，上御便殿引見大臣，……成龍曰：前朝高麗時，權臣持兵，而我朝則革去此弊，故無內患而有外虞。(卷四八葉三二)

八月乙卯，上引見大臣……上曰：我國將帥，不過兒戲耳。頃者龍津陣，使人觀之，則軍士甚精，而器具不備，只有三枝槍一柄，而用於炊爨者。有一壯兵張弓試之，則以着皮之臂彎弓矣，將安用哉？(卷五四葉十)

乙未十二月己未，司瞻寺正黃愼馳啓曰：臣使李彥瑞往玄蘇談話間……玄蘇曰……日本人雖不識一字，而或有智慮深遠能通事理者。朝鮮人每以能文學通古今自誇，而其實不能曉事者亦多矣。(卷七十葉二十)

戊戌三月壬辰，備忘記曰：聞天朝則諸閣老日日入閣辦事，我國大臣在平時只爲江湖之人然，今則不可如是也。近日大臣有累日不仕，備邊司雖未知其有故，而似不如是也，唯堂上數人來司，不過資空談而已罷，則恐不足以資時事

(註一)　光濤按，關于只知讀書之說，試以狀元崔岦之事爲證。光海君日記卷五五葉四九……岦沉潛易學，自以爲深得本旨。宣廟朝授周易校正之任，不肯拜，上疏乞便邑以卒其業，遂得杆城郡。至官，專意成書，不恤官務，詞訟至前，輒曰：「借汝郡成我書耳」，揮之不顧。又云：爲晉州牧使六年，只賦一律而歸。

也。(卷九八葉五)

庚子三月丁巳，有朝講……成泳進曰：我國本是無兵之國，而養兵之事，全廢
不舉，脫有緩急，何以禦之？孟子曰：「未聞以千里畏人者」，豈可以數千里
封疆不能自強，每恃天兵而已哉？訓鍊(練)都監，有名無實，禦敵之道，當以
得人死力爲本，養一人必得一人之死力，養十人必得十人之死力，至於千人萬
人亦當如此。不於平時預養，小有風塵之警，必致瓦解之患，此前日自上所洞
燭也。所謂得人死力，豈可以言語勸之曰：爲我效死，爲我力戰云乎？必須結
其歡心，使之臨難赴敵，如子弟之衛父兄，手足之捍頭目，然後方可謂之得人
死力也。都監入屬之人，視同投諸牢狴。待之若是，何事可濟？中原之人樂於
進戰，我國之人臨敵潰散，豈其性情不同，所以養之之道異也。……(特進官尹)
承勳曰：成泳之言，第一等說話，小臣在本職日淺矣，兵曹之事，漫無頭緒。
……中原則天下兵務皆屬於兵部，我國則備邊司主之，兵曹如客，本兵之地，
不知何人爲防禦助防，眞可笑也。(卷一三五葉二四)

乙巳七月丁丑，備忘記曰：軍無重賞，無以激戰士之心，故曰，香餌之下必有
芳魚。天朝則軍門總督受許多銀兩，士之有戰功者，卽於眼前賞之，故人皆爭
奮以進死爲榮。我則元帥只有兩空拳，以何物而賞之乎？兵死地也，必有以重
賞之，又有以重刑之，然後其庶幾矣。……昔在壬辰，朴泓以慶尙左水使來在
浿江，古今之所未聞也，予欲依軍法誅之，再三傳敎，終未得施，老死牖下，
至今猶憤，此由當時權臣當道之致。(原注：「上意蓋指尹斗壽也。」)而慶尙水使退
於浿江，於事何如？而不卽置諸軍法，能爲國乎？(卷一八九葉四)

戊寅，備邊司啓曰……我國本無兵之國也，雖有數百之如人形者，自外貌見之
已爲寒心，天將譏之曰：「朝鮮之兵手持柳杖，望若縞羊。」我國之不武甚矣。
(卷一八九葉六)

九月乙亥卯時，上引見體察使韓孝純……孝純曰：壬辰年，大賊出來，其勢滔
天，一未交鋒，軍皆潰散，其時以爲誅之則不可勝誅，務欲鎭定人心，不用軍
律。其後仍爲前規，徵而不至者無罰，逃走者無罰，潰散者無罰，漸成偸惰之
習，終無一戰之功。雖兵不得敎，將不得人，豈不能一戰哉？只以軍律解弛，

人無效死之心，故未戰而先潰也。……丁酉年，臣爲體察副使，倭賊自湖南踰
入湖西，李時言爲忠清兵使，率道內兵陣于報恩之境，內浦之軍亦皆從之。臣
在內浦，聞從軍之士皆寄家書要與同避，未幾，果皆逃來矣。其時軍官輩，言
出身等皆還其家，臣卽使人招之曰：不來當斬，且諭以朝廷繩以重律之意。不
久，有女人呈訴于臣曰：吾子亦在潰軍之中，今聞朝廷將盡誅潰卒，吾子亦當
誅矣，願以米太五百石納官贖罪。臣乃許啓稟，成貼以付。則後八日還持狀啓
而來訴曰：上京聞之，則潰卒只以二石米贖罪云，他人以二石而我獨五百石，
豈不冤哉？以此冒死還來矣。夫兵死地也，若以二石米換得死命，則人孰肯畏
軍律而赴死地哉？無紀律則雖一二人不可用，況千萬之軍，其可以言語誘之乎
？……上曰……大槪我國武略，不及高麗遠焉……當麗季紅巾賊之亂，鄭世雲
以二十萬兵結陣於天壽門前，圍而攻之，乃不能大捷，我國何處得兵二十萬哉
？此非人數不足於前朝，公私之賤日以繁，軍卒之額日以縮，是號令軍政，不
及於前朝矣。(卷一九一葉十五至十八)

丙午二月辛亥辰時，上御別殿……沈喜壽曰：北道內奴最爲充實，若抄其壯者
而爲兵，則可以防守矣。國家危急，則借兵於天朝，而況此我國之民乎？……
洪慶臣曰：有北道然後有內奴，則勿論公私內奴，並爲添防可也。我國遊手甚
多，而納粟軍功者亦衆，士大夫之子爲文業儒者外，其餘以充定，則軍額漸
實，自然爲強國矣。……沈喜壽曰：祖宗朝，朝官亦皆赴戰，今則壯健者盡爲
閑遊之人，專由於私意大勝故也。(卷一九六葉八至九)(註一)

十一月甲戌……(備忘記條列倭使問目)……一，吾儕壬辰年從軍，往觀貴國形勢，
以言其城子也，則築以拳石於平地，狀如燕壘，濶大無制，殆不可形容，老

(註一)　光壽按，朝鮮之弱，實弱於貴世官賤世役，而擧以遊食爲高致，此弊世世相因，終未能革除。正宗實
　　　錄卷十七葉三四，八年甲辰，卽乾隆四十九年，三月丙午，副修撰徐瀅上疏曰……五曰理財用。臣嘗
　　　伏見皇朝萬曆中兵部所陳本國事宜，槪以長衫大袖譏其風俗，且曰朝鮮貴世官賤世役，宜令破格授
　　　采，懋用人才。大抵長衫大袖，實爲耗財之大端，而長衫大袖之弊，又本於貴世官賤世役，一國之風
　　　靡靡然，恥言農夫，其勢不得不生者漸寡食者漸衆，爲之不疾用之不舒。試使秉詮之臣，擢一畎
　　　畝之茂才，措諸峻選，屈一閭閻之庸品，擯諸名塗，俾人人相率樂赴於耕作之本業，而不復以遊食爲
　　　高致，則此平天下之要道，而用人所以爲理財之本者也。

脚病足一超而登。以言其器械也，則軍無紀律，望若羔羊，聞吾礮聲而走，未知是何故也。無乃貴國不解兵書，其所尙者陳腐之文，有以致此也。（卷二百五葉六）

最不可解的，莫如當初朝鮮的國防，只備西北（女眞），不備東南，宣錄卷一九六葉八有云：「南方第一健兒入北道，則皆作殘弱之兵矣。」是卽不備東南之證。東南卽指日本，所以同卷葉七又有曰：「賊卽張樂而來，誰能知之。」因此，壬辰之變，有不忍言。仁祖實錄卷三葉三八，元年癸亥，卽天啓三年十一月戊辰：

> 領議政李元翼曰……曾在壬辰之變，欲避亂則恐撓人心，欲守城則亦非善策，未能預定，倉卒去邠，當時之事，有不忍言。

同年十月丁亥：

> （鄭）經世曰……曾在壬辰之變，上初欲守城，而一朝棄去，萬姓憤怨。（卷三葉三十）

可見朝鮮於「倭禍」當時不能敵，並非由于日人之極强，而只是由於朝鮮之極衰極弱而已。

雖然，朝鮮開國數千年，其立國之精神亦自有在，守綱常之道，仰文物之化，有「東方君子國」之稱。朝鮮於明朝，曰「父母之邦」，曰「同胞」，曰「一家」，自稱則曰「小中華」。其視日本人，則又斥之曰「天下閒毒種」，或「天下閒別種」。（註一）分別如此之嚴，所以這「東方君子國」對於抵抗日本人，不是說「百敗心猶鐵」，就是說「百敗不下萬死必拒」，且更有極堅極決之辭曰：「此賊苟可討，君臣雖只咬得菜根討賊，翌日枯死，尙有餘榮矣。」（宣錄卷七四葉三九）恢復之基，卽在於此。嗣而更遣鄭崐壽赴明請援，作申包胥之哭，於是明朝的大兵東出，卒乃轉敗爲功。肅宗實錄卷四十葉三四，三十年十月戊子：

> 知事閔鎭厚進曰：……西川府院君鄭崐壽，請兵天朝，晝夜哭不輟聲，石星之興師救我，蓋由於崐壽之所感動，人比之申包胥。

又仁祖實錄卷四三葉四，二十二年壬午，卽崇禎十五年二月壬寅條記事有曰：

（註一）　日本寬文丙午，弘文學士院林叟作東國通鑑序，誣稱朝鮮與日本爲一祖所出。寬文丙午，卽淸康熙六年。

惟我列聖際會皇明，明德恤小，地育天涵，數千里封域，如赤子之在慈母懷中，恃以無恐。……往在壬辰，海寇豕突，而一隅龍灣，父母孔邇，故卒乃轉敗爲功。

　　現在再說日本與中國，特別是明朝，其過去之淵源，究竟如何？考明朝的日本，當洪武年間，其國王懷良曾遣僧朝貢，以無印文，却之。繼而其臣遣僧貢馬及茶，以其私貢，却之。又以頻年爲寇，令中書省移文責之，安置所遣僧于川陝番寺（註一）。先是，胡惟庸謀反，潛遣使招倭與期會，未發而敗，日本猶不知，復遣僧來，且獻巨燭，中藏火藥刀劍，久而事發，太祖命錮之雲南。由是痛惡日本特甚，著祖訓，列不庭之國十五，而日本爲首。永樂宣德之際，因日本奉表稱臣，定厥貢期貢船，有不如制者皆以寇論，而海寇之警不敢作于東南者且百年。終於狙詐反覆，嘉靖間，爲禍東南最烈，幸而戚繼光的異軍特起，將其一鼓殲滅，據明人記事，片帆沒有過海。自是永爲明朝所棄，絕不許其相通了。這些情形，與壬辰之變，前後都是一事，所以也舉數例於下，以見其大概。明神宗實錄萬曆二十四年正月甲申，吏科給事中張正學題：

　　日本居東海，中國初因其狡詐，絕其朝貢，截在祖訓可考。永樂間，復求封貢，矢以盟約，嗣復漸爲邊患。嘉靖中，奸徒舶主爲鄕導，遺害邊海諸郡者十數年，至今彼中士民，談之猶爲扼腕，以故絕貢者五十餘年。

又二月己酉，兵科署科事刑科右給事中徐成楚題：

　　倭情叵測……事變無常……且永樂中固常予封矣，卒所以制倭者在望海堝之捷（註二），嘉靖中嘗予貢矣，卒所以定亂者在廟灣沿海之戰。

又宣錄乙未二月辛未，記嘉靖中定亂之狀云：

　　戶曹判書金睟秘密書啓：昨夕陳遊擊（雲鴻）……謂臣等曰：天朝嘉靖某年間，四十八個倭來犯浙江，其時不得防守，與你國一般，任他廝殺，乘勝長驅，直至福建南京等處，殺傷人民不知幾萬，於中國不共戴天之讎。厥後倭賊謂中朝

（註一）　神宗實錄萬曆二十一年八月己未，兵部言……祖宗朝，每得島夷，悉置川陝遠方，閒關險阻，意自深長。

（註二）　滿洲金石志卷六，重修得勝廟碑記望海堝之捷有云：「永樂時，倭寇駕船捌百艘，擄掠沿海，居民乘航奔望海堝焉。都督劉江……壹鼓而攻，砲發奔敗裹膽，盡剿無遺，船艘焚滅，厥功偉哉。」

不足畏，更率四萬兵入寇，朝廷遣吳(註一)經略禦之。經略豈不知不共戴天之
讐，而知其力不能剿滅，故姑爲羈縻之計，題本奏請除授高爵，厚贈金帛以誘
其心，賊甘心信服，散處安居，吳公密謀圖之，殲滅無遺，賊雖兇狡，亦可謂
愚也。(卷六〇葉四八)

及乎壬辰的日人，其起兵的動機，據光海君日記卷六六葉三八：「當倭酋秀吉之初發
難也，伊賊先以進貢天朝爲言，繼要假道入遼。」所謂「進貢天朝」的話，檢宣錄卷
三六葉四三的記事，却又不外以附庸的口氣爲理由，如云：

倭賊言：日本貢於天朝久矣，自嘉靖十二年絕不相通，更欲朝貢，但朝鮮阻入
貢之路，是以來之。

既曰朝貢，則朝貢自有當初寧波的舊路，何以要向朝鮮呢？「師直爲壯」，日本之不
直如此，於是朝鮮國王便抓住了這個理由而數日本之罪曰：

設使以外國言之，中國父母也，我國與日本同是外國也，如子也，以言其父母
之於子，則我國孝子也，日本賊子也。(宣錄卷三七葉七)

此一條，姑舍之不論，現在且說說日本的先王當初對於明朝所有事大以誠的情形。善
鄰國寶記卷中葉三載：

皇帝勅諭日本國王源道義：朕惟天生萬物，覆育無不周，君統萬方，仁恩無不
被，古之帝王，體天之德順物之情以爲治，而天下之民咸得其所者，率由是
道。朕荷上天眷命，皇考聖靈，福延朕躬，君主天下，凡海內海外皆朕赤子，
咸欲其安寧以遂其生。卽位之初，遣詔諭王明示朕意，王克欽承效順，識達朕
心，報使之來，懇欵誠至。朕念王禀資淳愨，賦性聰明，德行超乎國人之上，
信義著乎遠邇之間，非惟朕心所悅，實乃天心所鑑，庸賜印章，申之以誥命，
重之以褒錫，比歲及今，屢遣朝貢，誠意益至，敬謹愈加，實能恭順上天，下
福爾土，眞可謂賢達矣。近者使臣由王國囘，言王嘗夢見朕皇考，蓋以皇考神
靈在天，鑑觀四方，無遠弗屆，王心寢寐不忘恭敬，精神感格，故形爲禎夢。
朕皇考示夢於王，卽所以臨於王也，皇考監臨，卽天之監臨也，豈惟王一身之

(註一)　光濤按，吳乃胡之誤，當指胡宗憲。

慶，將見王之子孫國人，皆有無窮之慶。且以王感格於朕皇考之心，與上天之心者言之，若對馬壹歧等遠島，海寇出沒刼掠海濱，朕命王除之，王卽出師殲其黨類，破其舟檝，擒其渠魁，悉送京師。王之尊敬朕命，雖身在海外而心實在朝廷，海東之國，從古賢達未有如王者，朕心喜慰，深用褒嘉。自今海上居民無刼掠之虞者，王之功也，如此豈不可以上合天心與朕皇考之心乎？王之令名，自茲永著，光昭青史，傳於不磨，豈惟王一身有無窮之譽，雖王之子孫世濟其美，亦永有無窮之譽矣。今遣使諭朕茲意，加以寵錫，王其益懋厥德，以副朕懷。故諭。永樂四年正月十六日

讀此一勅諭，百分之百的可以證明了當初日本的先王對於敬奉大明的行爲，確是一個比較最爲忠誠的國家，忠誠而至於說出關於明祖示夢一類的情節，這情節之美，我無辭可以形容，而勅諭所說「王之令名光昭青史」的話，自然是史實。所可惜的，只是後來他們的子孫，不能「世濟其美」，不能「永有無窮之譽」，因而朝鮮於此又指摘日本，說他們「恭順之節不篤」，如宣錄卷五七葉六，記修答「賊將平調信等書」有云：

> 天朝於四方萬國，無不含容遍覆，而獨於日本不然者，實由於日本從前恭順之節不篤，而悖慢之習滋多也。

據此，所以當倭將平調信玄蘇等投書國王，因爲藉口假道朝貢的關係，而以「開吾向遼之路」爲言的時候，其臣李德馨當卽答之曰：

> 何不向浙江而向此乎？是實欲滅吾國之計也……死不聽從。(宣錄卷二七葉三)

日人欲滅朝鮮，自是眞情，但得鮮之後，必又入遼，得遼之後，必又入中原，蓋其吞噬之漸，本來如是。神宗實錄萬曆二十四年五月甲戌，工部都水司郎中岳元聲題本有云：

> 有如倭奴長驅朝鮮，朝鮮自度不支，且暮稱降，則藩籬危。有如倭奴稱兵鴨綠，窺伺遼左，攻我無備，則屛翰危。有如倭奴席指直沽，飄泊天津，震動畿輔，則肘腋危。有如倭奴東寇登萊，扼塞要害，伺我糧道，則咽喉危。有如倭奴□舉城下，所向螫毒，束手無策，則社稷危。

光濤按，岳元聲的題本，可謂最是明白當時的大勢。此一看法，宣錄亦多有之，如曰「朝鮮不保則中國不保」，又曰「天朝不忘朝鮮，朝鮮誠常藉天兵」，都是些最爲透

澈之言。所以朝鮮於日本「萬死必拒」者，即爲「天朝不忘朝鮮」以及可以「常藉天兵」之故。至於大明萬曆帝，對於朝鮮的「倭禍」，則更不肯絲毫放鬆，其常言有曰：「惟知奠安屬國，他非所知。」又曰：「濟弱扶傾，必盡掃倭奴而後已。」又曰：「抑強扶弱，倭去乃已。」決心如此，要皆臨事獨斷之言，浮議雖多(註一)，都不足以動搖明帝自信的決心，凡涉東征之事，俱令不時入奏(註二)。朝鮮右承旨南以信曰：「中朝之人，有指皇上爲高麗皇帝者矣。」(宣錄卷一○九葉四○)(註三) 由此「高麗皇帝」之稱，可見明帝實視朝鮮爲一家。雖曰一家，但對于朝鮮之尺地寸土，則又疆域截然，其在平日的關係，也只是禮文往來而已。壬辰之事，徒以除暴安良，責無旁貸，七年戰鬪，結果日本只有退出朝鮮，歸還本土。退出之名，雖曰由于秀吉之死，然秀吉即不死，「亦無可爲矣」。因秀吉亦自倦，而置軍事于度外，日本外史卷二十：

> 秀家等再伐朝鮮，與明人戰不決，自外興師至此，前後七年，丁壯苦軍旅，老弱罷轉漕，秀吉亦自倦，乃置軍事于度外。獨與秀賴及諸姬侍日爲宴樂，窮極奢侈，媮取快一時。

光濤按，平秀吉無故興無名之師，動衆數十萬，趕到海外作戰，及至打到沒有辦法的時候，自己則偷安取快，軍事則不管而置之度外，此一舉措，不知日本在外許多的生

(註一) 神宗實錄萬曆二十年七月庚申，兵科都給事中許弘綱題：「……朝鮮……望風逃竄，棄國授人，渠自土崩，我欲一葦障之乎？」同月壬戌，直隸巡按御史劉士忠言：「……天下事定於鎭靜，擾於張皇，今倭限天塹，飛渡爲難，入秋海颶大作，且久戰高麗，物力亦匱，豈能航海與我爭衡，未見倭形，先受其敝。」二十四年五月庚午，大學士趙志皋陳于陛洲一實題：「……未有以堂堂天朝，臨區區一島夷，遠迄未臨，輒爾張皇失措，如今日諸臣所扼腕爭談者。」

(註二) 平日出入萬機，則一月之內以三六九四爲期。

(註三) 廟宗實錄卷三六葉四，二十八年正月辛丑：「……上曰……神宗皇帝，再造藩邦，生死肉骨之恩，痞寐何可忘也。聞其時以朝鮮事入奏，則雖中夜必起而行之。其至誠救血之事，至今傳說。」光濤按，關于明帝之至誠血小，考之同時國王之至誠事大，可說是兩得。宣錄一九六葉十二，丙申二月壬子：「傳曰……昔在壬辰，變出蒼黃，西遷之時，宮中之物悉棄之，惟皇上所賜蟒龍衣，手嘗提出隨駕，謂人曰：死時必着此衣而死。其賜衣至今在側，時或披見，不覺弟下。史臣曰：我聖上怙謹侯度，終始匪懈，雖當顚沛之際，不忘君臣之義，事大之誠，溢于言辭之表，其得皇朝再造之力，不亦宜乎？」又朴珪壽瓛齋集卷二亦有賜衣的記事，並引列聖誌狀云：「宣廟朝，尙方以欽賜冕服不適於玉體，請改造。上曰：此是皇上所賜，當服之無斁，何敢改也。」朴氏有詩云：「玉尺金刀織錦箱，內人頒下出尙方。留中一領蟒龍衰，分付女官仔細藏。」

命心中作何感想？依「倭情」的常態推之，圖外的事勢不成，則必移之而及內，觀後來家康之盡滅秀吉一族，便是證明(註一)。而秀吉只因死得早，否則恐怕也要及禍的。弄兵者如此收場，皆因秀吉以弄兵爲消遣之所致。日本外史卷二十：

> 秀吉汰侈喜事，諸輕銳小人承旨進說，會其愛兒死，欲用兵朝鮮以自遣，浮田秀家，首慫恿之。

以弄兵爲消遣之方，可謂殘忍已極。於是其臣彈正少弼有一驚人的奇語，以爲秀吉爲野狐所憑，日本外史卷十六：

> 彈正少弼進曰……臣視殿下近狀……爲野狐所憑爾。秀吉怫然扣刀而跪曰：吾爲狐憑有說乎？無說則死。少弼對曰：有說也，饒使無說，臣固不辭死，且如臣等頭雖到千百，何足惜乎？顧天下纔定，瘡痍未愈，人人希休息無爲，而殿下乃興無故之師以殘異域。

此云「人人希休息無爲」，當然也就是人人厭戰的意思，以厭戰之人而迫令赴戰，則勝敗之形已決於未出兵之前。至于所說「乃興無故之師以殘異域」的話，則爲斷定秀吉罪案，更不可逭。還有一段，更索性痛罵：

> 使我父子兄弟暴骨於海外，哭泣之聲四聞，加之轉漕賦役之相因，所在盡爲荒野，當是之時，殿下一舉趾，則六十六州之寇賊，風動雷起……臣恐殿下舟師未達釜山，而根本之地，已爲他人所據，是勢之最易覩者。使殿下有平昔之心，豈有不察於此，故謂之狐憑耳。鄙語曰：鼈欲啖人反啖於人，殿下之謂也。秀吉益怒曰：狐乎？鼈乎？吾其舍諸，以臣罵君，不可舍也。

曰「狐乎」？曰「鼈乎」？此毋須問人，只當自擇之。而朝鮮之不以人道待之，自然亦此之類。

又按前面所論厭戰之人，我還有一點意見，卽厭戰之人，尚有很多畏戰的情節。

(註一)　光海君日記卷一一五葉七七記家康送使通情之事有曰：「秀吉之侵犯貴國，我在關東，我兵無一人渡海者。且曰：吾則盡反秀吉所爲。」孝宗實錄卷十四葉三，乙未，卽順治十二年正月庚戌，上召見前東萊府使任義伯問曰：爾久在東萊，日本事情，以見聞達之可矣。義伯曰：臣在東萊聞日本……源家之代秀吉也，首數弑君之罪，次數濫殺鮮人之罪，其子孫豈反其祖訓。源家之於其國，實我國之利也。

姑先就宣錄舉例言之，如「賊所畏者天兵耳」(卷四一葉二九)，如「賊知天兵來到，舉陣驚駭奔散」(卷四一葉九)，如「賊蹂躪屠戮所向無前，獨其所畏者天兵耳」(卷四一葉二九)，如「賊不敢西向，天朝之力」(卷三六葉五一)，如「倭賊龜縮入城」(卷四〇葉九)，如「一敗之後，縮頭不出」，如「奔走不暇」(卷三五葉五一)，如「走且不贍」(卷一八八葉五)。凡此，考其原因，亦自有故。宣錄癸巳七月庚辰：

> 備邊司啓曰……禦敵之用，莫過於砲手，劉員外 (黃裳) 亦言天朝鳥銃長鎗，倭賊之所畏，你國亦可學也。近日我國莫當於賊鋒者，皆是物也。(卷四〇葉六一)

又壬子上敎政院曰：

> 賊之全勝，只在於大砲，天兵之震疊，亦在於大砲，我國之所短，亦在於此。
>
> (卷三九葉四二)

據此，其第一條所說的鳥銃，日人也很多，但明人的鳥銃比他射得遠，所以為日人所畏。其第二條所說的全勝，係指日人的破壞朝鮮，所以當明兵未出來之前，日人於朝鮮，自然是全勝。但如「天兵」到了朝鮮之後，則又因明兵之大砲比他的更兇，所以日人纔從平壤一直退到海濱，故曰「天兵之震疊」。此一情形，自有平壤大捷為證。平壤大捷，除前面說過外，再參宣錄卷四九葉十八所記李德馨面啓國王之言有曰：「平壤陷城時見之，則雖金城湯池亦無奈。」然宋應昌於此，好像尚有幾分遺憾，據復國要編卷五葉二三：「大將軍砲亦有至者，以此擊之，必為齏粉。廼倉皇之際，遺此一着。」至於明朝大砲更兇的比較，則應將忝將戚金的話記出來，如曰：

> 大砲勝小砲，多砲勝少砲。(卷四八葉四二)

戰陣之間，全在相敵，這一談話，似乎是說日本人以「小砲敵大砲」，以「少砲敵多砲」，這樣的敵法，自然是「賊知天兵來到，舉陣驚駭奔散」了。(註一)

(註一)　還有火箭，亦最利害。宣錄卷四五葉五二：「中國火箭一發，則千萬人不能當。」又葉七五，癸巳閏十一月戊申，備邊司啓曰：「傳聞往日慶州之戰，天兵一人偶持火箭，放中一賊，滿身火起，衆賊來救，亦為火焰所燒，欲赴水不得，仆死中道云。此等利器，於野戰攻城，無所不宜，亦令多數造作，以備戰用為當。」又卷六五葉十五，記李德馨之言曰：「大槪禦倭之道，不可以鳥銃當之，以大砲與火箭用之。」

然如明兵有時也吃虧，而且相當大(註一)，此乃「當時應付之失策而已」。但此一失策，救正也很快，因日人曾經說「大明國大」，既曰「國大」，自然「人衆」，自然又兵源無窮，徵調起來，也不是難事(註二)。例如萬曆二十八年平播之役，尙八路出師，每路三萬，共二十四萬，比之東征，又更多得多了。所以明朝對于援韓之事，頗有些不罷不休之勢，當其撤兵之日，猶有曰：「盡撤之後，此軍兵留住遼東，用於城遼之役，後日如有倭變，則此兵又用於征東。」顧護朝鮮如此的徹底，也只是因爲「國大人衆」之故。此「國大人衆」四字，如加以注解，則應是「以大國制小國，以人多制人少」，這種制敵的辦法，縱使征東再延長若干年，在明朝視之，也並不稀奇，然在哭聲遍野的日本國（見前），他還能受得了嗎？所以日本之侵略朝鮮七年無成，無論關白死不死，總而言之，他們也終歸一走而已。不過關白走死運，只因他一死，適以造成日本撤兵之名耳。乃明人於此，則反自爲浮說，如董其昌容臺集六，筆斷記萬曆二十七年二月十九日吏科給事中陳維春一本有云：

　　　職按倭以平秀吉之死，因而惰歸，非戰之功也。

此眞是浮說。據前面所述中興志的記事，大槪以爲秀吉由於侵韓的戰禍「了事無期」，於是乎盡召其營將而哭泣一堂，這哭泣，與哭聲遍野之哭正是一同事，因此，秀吉又不得不爲撤兵之計，而圖與朝鮮議和了。

　　除此判別之外，我還要更進而討論中興志一下，參拙著「記朝鮮宣廟中興誌」，其中所說秀吉撤兵之事，當時並沒有全撤，尙有十餘壁仍留屯朝鮮的沿海，此又何以爲說呢？這問題說起來則日本的內情更糟，大槪已撤的各將，如平秀嘉輩，不是秀吉

(註一)　如總兵董一元泗川之敗，或云死傷七八千，或云三四千，日本外史則更云斬首三萬級。考一元之敗，由于輕敵，由於屢戰屢勝之後而敗，由於軍中藥櫃失火，赤焰漫空，馬兵先驚，在陣中亂衝亂闖，步兵因而站不住，一軍大亂，人馬自相踐踏，致爲日人所乘而敗，同時更因一元自信自用不從人言而敗。

(註二)　光濤按，壬辰之亂，可惜不在明初，否則大明的舟師早已深入日本本土，直搗日本的心臟，這一節，因明祖遺日本的詔書嘗有這樣說，見史學雜誌第八編第十號。詔書有云：「詔書到日，臣則奉表來庭，不則修兵自固，如必爲寇，朕當命舟師揚帆，捕絕島倭，直抵王都，生縛而歸。」至萬曆之時，雖不能比明初的强盛，雖日不能全國皆兵，然比後來的崇禎朝則爲過之。崇禎之末，關於其時的兵額，據明清史料乙編葉四二二所載崇禎十五年的統計，也尙有兵一百二十三萬零。由此推之，則在萬曆年間的兵數，至少亦當在百萬以上。

的腹心，便是秀吉的嫡系，所以先爲撤歸。至於其他仍爲留屯的十餘壁，說起來原因
更多，這參日本外史卷十七有一條記事說得最清楚，好像說他們都是些「鷙鷹俊狗」
之類，好像說他們在外旣無所獲，則入歸之後，必生兇謀於國內而爲「反噬」之擧。
好像又在那裏說平秀吉對于這「鷙鷹俊狗」的行爲似乎有些能發不能收。凡此種種，
都是當初平秀吉最難處之事，同時也就是日本國最糟糕的情節，如其言有曰：

> 譬之鷙鷹俊狗，其噬嚙搏擊之力，用而有餘，則必至逼人，故朝鮮之役，是令
> 天下羣雄肆其噬嚙搏擊以殺其力者也，然徒殺其力，而使其無所獲，則彼將不
> 復我之馴服而反施其噬嚙搏擊於我。嗚呼，養之而不得其術，安往而可也。

再考宣錄丙申十二月癸未，關于通信使黃愼回自日本國書啓的一則，比之日本外史所
說的則更覺得透澈些，且又係出於日人要時羅的親口所談，他曾說秀吉「決無善終之
理」，他曾說秀吉自已亦以爲「我固知擧國大小之人皆欲害我，我與其坐而受禍，寧
肆其逞威而死也。」書啓云：

> 要時羅曰……關白非生長深宮，不知民間疾苦，渠亦曾自下賤崛起，知徒步之
> 苦，知負薪負米之苦，知喫人打罵之爲可慍，知受人獎賚之爲可喜，而今渠遇
> 下如此不恤勞苦，日本大小之人皆怨入骨髓，決無善終之理。渠亦自知之，常
> 曰：我以親侄爲子，富之貴之，而反欲害我，我固知擧國大小之人皆欲害我，
> 我與其坐而受禍，寧肆其逞威而死也云云。

據此，可見平秀吉對于「朝鮮之役」也只是無聊的妄動而已，結果不意明朝大兵東出，
朝鮮戰爭打不通，因而他本人也覺得下不了臺，所以日本外史才說「秀吉亦自倦，乃
置軍事於度外」（見前）。所謂「度外」，就是說在外的許多生命，平秀吉都是置之於
度外，使他們不得生還日本，使他們都淪爲「海外鬼」而已。

及至平秀吉身死之後，關于這些「海外鬼」，有的果然如願以償，有的則倖脫鬼
錄而狠狽逃歸，其中的十餘壁，參宣廟中興誌卷二葉一九七，如義弘的慘敗，便是一
例。然考這義弘先也曾在泗川地方贏了總兵董一元一陣，其獲勝，乃是由于一時的僥
倖而已。當此之時，明人因爲此一失事，當然要調整應付的方法，當然戰略上也需要
變通一下，一面又因這義弘與秀吉本來一向都是對立的，以爲不妨姑與議和以間之，
此一擧措，並非是力量不夠而求和，不過只爲軍中一時的策略而已。義弘當時聽了此

議和之說，便因此放出許多的大話，不但不肯離開朝鮮，好像更有入遼的口氣，據中興誌卷二葉一九二，戊戌十月癸丑條有云：

> 一元……收軍簫營……卽馳入星州……茅國器曰：義弘素怨秀吉，可間也。二元乃使國器參謀史世用詣義弘議和。義弘大言曰：我今大捷，當先破星州，次取王京，鼓行而西，爾可見我於遼東也。

時平秀吉已死了幾個月，而義弘猶爲此狂言，可見日本人不撻之流血，決不肯走，於是同條又記云：

> 世用報于軍門，邢玠大怒曰：勿復言和，我先斬汝矣。今宜速去，語賊曰：提督今方再整兵來也。世用震怖而退，復入義弘營，如其語語之。義弘色沮不能答。遂棄糧馬，撤兵入海。

光濤按，邢玠大怒是眞怒，並非虛嚇，「大怒」的動機，是「威力有餘」的表現，是必要「除倭務盡」的決心，此一怒，可以奠安朝鮮，與前面所記平秀吉的哭泣，絕對大不相同的。因爲如此，所以邢玠才又咬牙切齒似的說出一句「提督今方再整兵來也」。此一語氣，當與明帝的聖旨爲一事，因明帝嘗有旨意諭玠曰：「朕以東事專付于卿，決不中制，亦不爲浮言所惑，中外各該衙門都要協心共濟，以圖成功。」又曰：「合志用心，期於平賊，利鈍久速，皆所不拘。」又曰：「倭賊逆天悖德，當以盡剿爲期，前旨朕所獨斷。」皆斬釘截鐵之言。而這斬釘截鐵的內情，自然又不外由于自恃「國大」和「人衆」而已。此在秀吉亦最明白，所以秀吉於此也曾常常地發爲自思自嘆之辭曰：

> 吾不幸生於小國，兵力不足，使我不克遂耀武八表之志，奈何！奈何！恨然久之。（日本國志五）

這一段自思自嘆之辭，可以算爲本文的結論。其實關于結論，還有兩條，有如宣祖修正實錄卷二五葉十一小注：

> 丁酉之變，我國有一士人擄入日本，丐食民間，遇一老僧，言秀吉於朝鮮爲一時之賊也，於日本爲萬世之賊也。

肅宗實錄卷六五葉四，四十六年庚子，卽康熙五十九年正月辛卯：

> 通信使洪致中副使黃璿從事官李明彥等還自日本，世子召見……致中曰……壬

辰事則日本至今悔之，至呼秀吉爲平賊，人心如此。……明彥曰：平秀吉之構亂也，渠既桀驚，一時諸將亦多應時而出者，故能蹂踐我國，而渠輩傷亡亦多，故至今懲創云。

凡此情節，當時的明人如何會知道？而後來纂修明史的又從何處去質證？所以明人既爲許多浮說於前，而明史又不得不因之於後，一誤再誤至於誤到底，可謂其誤實不在小，所以我才常常說明史一書對于當初的倭情反多隔閡而不大明瞭的。(註一)

又按日本外史記事，雖然有些說謊，但記秀吉的罪惡，因爲與對內的「殷鑒」有關，所以必要說實話，例如哭泣之人亦迫令赴戰，以及不顧軍士的生命，皆是。至於對外的記事，大概又因爲與他們的「國體」有關，所以不妨多說謊，例如我在前面所記秀吉殘忍行爲，至於許多人命亦置之不顧而使之淪爲「海外鬼」，可謂極無人道，及檢同書卷十六記秀吉臨終之言，則又與此絕相反，如曰：

勿使我十萬兵爲海外鬼。

又記命石田三成曰：

汝赴朝鮮收我兵，不能收，則遣家康，家康有不可往，則遣利家，二人遣一，雖有百萬敵不能尾也。

這段記事，似以秀吉爲至仁，而日本則又爲最強，於是乃更誇張整軍而還之狀曰：

明軍不敢復追躡，我軍盡達對馬。十一月，諸軍整軍至那古邪，兩奉行迎之，宣秀吉遺命……論征韓功。

然則宣錄卷一百九葉七所記海上的壯捷以及賊屍之蔽海而下，不知說的又是那一邊？日本外史的論者，往往對外都是忌諱多，戚繼光平倭，「倭賊片帆不返」，婦孺皆知，而日本外史則一字不提，以此類推，其記事之體也就可知了。

(註一) 光濤按，不明瞭之事，還有當初許許多多降倭的記事，說起來又當與厭戰有關，參集刊第二十本拙著「朝鮮壬辰倭禍中之平壤戰役與南海戰役」可以知之。

清代中央政權形態的演變

李　宗　侗

第一編　太祖時代八旗共權制度的建立

據太祖武皇帝實錄：

「辛丑年（公元一六○一年）是年，太祖將所聚之衆，每三百人立一牛祿厄眞（後作牛彔額眞）管屬，前此凡遇行師出獵，不論人之多寡，照依族寨而行。滿洲人出臘開圍之際，各出箭一枝，十人中立一總領，屬九人而行，各照方向，不許錯亂，此總呼爲牛祿（原注，華言大箭）厄眞（原注，厄眞，華言主也）。於是以牛祿厄眞爲官名。」（武皇帝實錄卷二頁一下至二上。）

又武皇帝實錄說：

「乙卯年（公元一六一五年）太祖削平各處，于是每三百人立一牛祿厄眞，五牛彔立一扎攔厄眞（後作甲喇額眞）、五扎攔立一固山厄眞（後作固山額眞），固山厄眞左右立美凌厄眞（後作梅勒額眞），原旗有黃、白、藍、紅四色，將此四色鑲之爲八色，成八固山。」（同上，卷二頁九上。）

孟心史先生在他的八旗制度考實裏說：『最初一個牛彔恐怕就是一旗。』我很贊成他此一說。因爲最初太祖軍隊並不多；並且我很疑心在四旗以前的組織只是二旗，這兩旗就是由太祖及他的弟弟舒爾哈齊所分領。這裏的證據是：第一，一直到最後，八旗中除太祖的後人以外，永遠保留着舒爾哈齊的後人，最前是阿敏，較後是濟爾哈朗。第二，自從景祖被殺以後，太祖以父親的遺甲十三副起兵，各書中也常提到舒爾哈齊，所以我疑心四旗是由二旗轉變而來，而八旗是更由四旗擴充的。所以皇明從信錄說：「萬曆四十年十一月，奴兒哈赤殺其弟速兒哈赤，並其兵，復侵兀喇諸部。」又據武皇帝實錄說：「辛亥年，八月十九日，太祖同胞弟打喇漢把土魯薨，年四十

八。」按皇明從信錄與武皇帝實錄所說舒爾哈齊之事，相差一年，鄙意當以武皇帝實錄爲準。這件事的發生是在擴充爲八旗前一年，可見四旗擴充爲八旗，是從太祖殺舒爾哈齊並其兵以後，在這時，不祇建州內部統一了，並且外面已經並併了很多部落。

清代最初的制度是八旗制，就是八旗並立，而且分權，武皇帝實錄上說得甚爲明顯：

> 「壬戌，天命七年（原注天啓二年）三月初三日（高皇帝實錄作二月癸未）八固山王等問曰：『上天所予之規模，何以底定？所賜之福祉，何以永承？』帝曰：『繼我而爲君者，毋令強勢之人爲之，此等人一爲國君，恐倚強恃勢，獲罪於天也，且一人之識見能及衆人之智慮耶？爾八人可爲八固山之王，如是同心幹國，可無失矣。八固山王，爾等中有才德能受諫者，可繼我之位，若不納諫，不遵道，可更擇有德者立之。儻易位之時，如不心悅誠服而有難色者，似此不善之人難任彼意也，至于八王理國政時，或一王有得於心，所言有益於國家者，七王當會其意而發明之，如己無能，又不能贊他人之能，但默默無言，當選子弟中賢者易之，更置時如有難色，亦不可任彼意也，八王或有故而他適，當告知於衆，不可私往。若面君時，當聚衆共議國政、商國事、舉賢良、退讒佞，不可一二人至君前。」（太祖武皇帝實錄卷四頁二上至頁二下）

由這篇上諭看起來，每旗不只有他的獨立權，並且有選舉汗及罷免他的權，另外對全國政治汗並不能獨裁執行，必須由八旗旗主，及議政大臣們共同討論，多數的意見必須採用。這亦是一種封建制度，只是與人民而不與土地發生關連的封建制度，有人說，這是太祖幻想的制度，我對此並不能同意。因爲說者大概是昧於初民社會制度。我們若細考初民制度，在繼承權固定之前，常常先有選舉首領的制度，滿洲本來是近於初民社會，所以孝莊文皇后有下嫁多爾袞的傳說，明朝張煌言賦詩譏笑他，說：『春官昨進新儀注，大禮恭逢太后婚』。當然以明朝人的眼光看起來，這是一件可笑的事情。但我們要知道，這只是初民社會常行叔烝嫂的制度，因此太祖所說的選舉制度，也仍舊是相類的事情，可以說是滿洲的習慣制度，並不只是太祖的幻想。我們若將周代的封建制度與之比較，滿洲的八旗等於周代的諸侯，不同的只是諸侯有土地，

及居住在土地上的人民，而旗只有他所屬的人民，而與土地不發生關連。因爲滿洲尚在遊牧社會時期，人民可以跟着旗走，而土地不能遷徙。至於「汗」則等於周天王。周天王有土地亦有人民，而「汗」有他直屬的一旗，我們可以拿太宗的黃旗並太祖的白旗作爲證明，太祖最初管理有白旗，見清太宗實錄：

「昔太祖分撥牛彔與諸子時，給武英郡王十五牛彔，睿親王十五牛彔，給爾十五牛彔，太祖亦有留十五牛彔。及太祖升遐，武英郡王、睿親王言，太祖十五牛彔，我三人宜各分其五，朕以爲太祖雖無遺命，理宜分與幼子，故不允其請，悉以與爾。」（按上文之「爾」乃指多鐸）（太宗文皇帝實錄卷四十六頁二十四上下）。

由此，我們知道多爾袞和多鐸全管的是白旗，可以證明太祖所分配的全是白旗的牛彔。

因爲八旗是由掠奪爲生，汗若沒有直轄的旗，不只在作戰的時間他沒有武力，就是在平常的時候，他的經濟也大大發生問題，因爲掠奪來的東西，要歸到旗主，旗主同旗的人皆是以此爲生的，所以「汗」必須兼轄旗權的理由也在此。並且我們知道，諸侯在周初的時間，常參預中央政權，如周文王就常諮詢其弟虢仲、虢叔，（見國語），武王時，周公爲太宰，康叔爲司寇，聃季爲司空。（左傳定公四年）皆是諸侯而爲王朝的卿士。這亦與四大貝勒四小貝勒的議政情形相等，這在地域不太廣的時候是容易實行的。並且周初兼爲王朝卿士的諸侯，皆距離王都不遠，到了春秋初期，王朝的卿士多半以王畿內的諸侯，或畿外相近的諸侯兼任（如鄭武公，虢公，曾兼爲王朝卿士。）我在這裏有一個大膽的假設：我們知道八旗是由四旗蛻變而來，我已經在前面講過，在四旗以前還有一段二旗的時期，這二旗就是白旗同藍旗，我們知道在太祖以十三副甲起兵的時候，人數不會太多，大約只有太祖與他的弟弟舒爾哈齊所率領的二旗。一直到太祖晚年，始終是率領白旗的，而舒爾哈齊被殺之後，藍旗始終由舒爾哈齊的兒子阿敏及濟爾哈朗率領。因此，我的假設去眞相可能尙不甚遠。

清史稿將八旗列入兵志，好像八旗只是一種軍事組織，另外史稿又將八旗戶籍列入食貨志，又好像是一種經濟組織，其實八旗包括的意思比以上兩種更廣，在作戰時間，八旗不錯是一種軍事組織，但在平時它又是一種民政與經濟的組織，所以各種說

法只能得其一端，並不能概括全貌，當然這也是初民社會的一種現象，不能與進化的社會相提並論，因爲進化的社會始有分類組織。

武皇帝實錄說：

「丙寅天命十一年，六月二十四日，帝訓諸王曰：『昔我祖六人，及東郭、王佳、哈達、夜黑、兀喇、輝發、蒙古、俱貪財貨，尙私曲，不尙公直，昆弟中自相爭奪殺害，乃至於敗亡。不待我言，汝等豈無耳言，亦嘗見聞之矣，吾以彼爲前鑒，預定八家但得一物，八家均分公用，毋得分外私取，若聘民間美女，及用良馬、須破格償之，凡軍中所獲之物，毋隱匿而不明分于衆，當重義輕財可也，此言每常曾訓誡，愼毋遺忘，而行貪曲之事，諸王昆弟中有過，不可不極力進諫而存姑息心。若能力諫其過，誠爲同心共事人也……。昔金大定帝，自汴京幸故都會寧府（原注，在白山之東，）謂太子曰：『汝勿憂也。國家當以賞示信，以罰示威，商賈積貨，農夫積粟。』爾八固山（原注四大王四小王。）繼我之後，亦如是，嚴法度以效信賞必罰，使我不與國事，得坐觀爾等作爲，以舒其懷可也。』言畢，書訓詞與諸王。」（卷四頁十一上下）。

這一篇上諭的意義，不過是重申八家平權的意思，最重要的是我們在時間的比較上，看出它的意義來。這一篇上諭的時期比前一個上諭（見頁二所引）爲晚，在太祖崩逝以前不久，可以說是太祖的末命，可見太祖一貫是主張八家平等共權的。

太宗的繼位，是由貝勒們選出來的，太宗文皇帝實錄卷一天命十一年八月庚戌條：

「太祖高皇帝崩，大貝勒代善子貝勒岳託，薩哈廉兄弟共議，至其父代善所，告曰：『國不可一日無君，宜早定大計，四大貝勒才德冠世，深契先帝聖心，衆皆悅服，當速繼大位。』代善曰：『此吾夙心也，汝等之言，天人允協，其誰不從？』遂與岳託，薩哈廉定議。翼日，諸貝勒大臣聚於朝，代善以其議，告大貝勒阿敏，莽古爾泰、及諸貝勒阿巴泰，德格類，濟爾哈朗，阿濟格，多爾袞，多鐸，杜度，碩託，豪格等，皆喜曰：『善。』議遂定，乃合詞請上卽位，上辭曰：『皇考無立我爲君之命，我寧不畏皇考乎？且舍諸兄而嗣位，我又畏上天。況嗣大位爲君，則上敬諸兄，下愛子弟，國政必勤理，賞罰必悉

當，愛養百姓，舉行善政，其事誠難，吾涼德，懼不克負荷也。』辭至再三。三
大貝勒及諸貝勒曰：『國豈可無君，衆議已定，請勿固辭。』上又不允，自卯
至申，衆堅請不已，然後從之。遂擇九月朔庚午吉日，三大貝勒，諸貝勒，大
臣，及文武各官聚於朝，具法駕，設鹵簿，上率諸貝勒羣臣，焚香告天，行九
拜禮畢，上卽皇帝位，諸貝勒大臣文武官員，行朝賀禮，時上年三十有五。』
（卷一頁四上至五下。）

　　由以上所引的記載，可知太宗之繼位，完全由於選舉，而出力最多的，是大貝勒
代善，及他的兒子們貝勒岳託，薩哈廉。因爲他是選舉的，這完全是遵照太祖的定
例，就是上面所引的太祖天命七年的話：『爾八和碩貝勒內，擇其能受諫而有德者，
嗣朕登大位。』他並且更於辛未日連同諸貝勒，皆祝誓天地，這是滿洲的舊風俗，太
宗實錄卷一天命十一年八月辛未。

　　「上欲諸貝勒共循禮義，行正道，君臣交儆，因率諸貝勒等，祝誓天地。祝曰
『皇天后土，旣佑相我皇考肇立丕基，恢弘大業，今皇考龍馭上賓，凡統理庶
務，臨莅兆民，厥任綦重焉，諸兄弟子姪，僉議皇太極纘承皇考鴻緒，嗣登大
位，唯當勵志繼述，夙夜匪皇，以迓天庥。皇天后土，其垂佑之，俾皇太極永
膺純嘏，國祚熾昌。』祝畢，焚之。上自誓曰：『皇太極謹告於皇天后土，今
我諸兄弟子姪，以家國人民之重，推我爲君，敬紹皇考之業，欽承皇考之心，
我若不敬兄長，不愛子弟，不行正道，明知非義之事而故爲之，兄弟子姪，微
有過愆，遂削奪皇考所予戶口，或貶或誅，天地鑒譴，奪其壽算。若敬兄長，
愛子弟，行正道，天地眷佑，俾永膺純嘏，或有無心過誤，亦祈天地鑒之。』
三大貝勒與諸貝勒等誓曰：『代善，阿敏，莽古爾泰，阿巴泰，德格類，濟爾
哈朗，阿濟格，多爾袞，多鐸，杜度，碩託，薩哈廉，豪格，謹誓告天地，我
等兄弟子姪，詢謀僉同，奉皇帝，纘承皇考基業，嗣登大位，宗社式憑，臣民
倚賴，如有僉壬，心懷嫉妒，將不利於上者，天地譴責之，奪其壽算，上覺其
姦，身被顯戮，若我等兄弟子姪，忠心事上，宣力國家，亦祈天地鑒佑，世世
守之。代善，阿敏，莽古爾泰，我三人，若不各敎養子弟，或加誣害，我三
人，當罹凶孽而死，若我三人，善待子弟，而子弟不聽其父兄之訓，不殫忠於

　　　　　　　　　　　　　　　　　　　　　　　　　　　　　　　　　　　－ 83 －

君上，不力行其善道者，天地鑒譴，奪其壽算，如能守盟誓，盡忠良，天地保佑，身及子孫，弗祿爾康。阿巴泰，德格類，濟爾哈朗，阿濟格，多爾袞，多鐸，杜度，岳託，碩託，薩哈廉，豪格，吾等若背父兄之訓，而不盡忠於上，搖亂國是，或懷邪慝，或行讒間，天地譴責，奪其壽算，若一心爲國，不懷偏邪，克盡忠藎，天地皆眷佑焉。』誓畢。」（文皇帝實錄卷一頁六下至頁九上）

因爲太宗的繼位，是由三大貝勒選舉，所以他就率領諸貝勒對三大貝勒行三拜禮；又賞賜他們雕鞍馬匹，這證明太宗剛卽位時，尚不敢實行集權的制度。（皆見太宗文皇帝實錄卷一頁九）。

第二編　太宗卽位後的新措施

太宗又設立八大臣，及十六大臣，分駐八旗，據太宗實錄卷一說：

「上以經理國務，與諸貝勒定議，設八大臣：正黃旗以納穆泰；鑲黃旗以額駙達爾哈；正紅旗以額駙和碩圖；鑲紅旗以侍衛博爾晉；鑲藍旗以顧三台；正藍旗以扼博輝；鑲白旗以車爾格；正白旗以喀克篤禮；爲八固山額眞，總理一切事務。凡議政處，與諸貝勒偕坐，共議之。出獵行師，各領本旗兵行，凡事皆聽稽察。又設十六大臣：正黃旗以拜尹圖，楞額禮；鑲黃旗以伊孫，達朱戶；正紅旗以布爾吉，葉克書；鑲紅旗以吳善，綽和諾；鑲藍旗以舒賽，康喀賴；正藍旗以屯布祿，薩璧翰；鑲白旗以吳拜，薩穆什喀；正白旗以孟阿圖，阿山爲之；佐理國政，審斷獄訟，不令出兵駐防。又設十六大臣：正黃旗以巴布泰，霸奇蘭；鑲黃旗以多內，楊善；正紅旗以湯古代，蔡哈喇；鑲紅旗以哈哈納，葉臣；鑲藍旗以孟坦，額孟格；正藍旗以晨阿喇，色勒；鑲白旗以圖爾格，伊爾登；正白旗以康古禮，阿達海爲之，出兵駐防，以時調遣，所屬詞訟，乃令審理。」（卷一頁十一上至十二上）

八大臣議政的時候與諸貝勒同議，在有軍事情況的時候，各領本旗的士兵，可以說他們已分去了各旗貝勒一部分政權，也可以說這是太宗削減八旗貝勒權力的一種方法。

天聰三年正月丁丑條：

「先是，天命六年二月，太祖命四大貝勒，按月分直，國中一切機務，俱令直

月貝勒掌理，及上卽位，仍令三大貝勒分月掌理。至是，上集諸貝勒八大臣共
議，因令八大臣，傳諭三大貝勒，向因直月之故，一切機務，輒煩諸兄經理，
多有未便，嗣後可令以下諸貝勒代之，儻有疎失。罪坐諸貝勒。三大貝勒皆稱
善。遂以諸貝勒，代理直月之事。」（文皇帝實錄卷五卷三上、下）

以諸貝勒代直月之事，亦是削減三大貝勒權力的方法，不過在表面上，太宗對三
大貝勒在天聰四年以前，尙保持相當的恭敬，這在實錄上我們可以找到很多證據，如
天聰元年，大貝勒代善，征扎魯特凱旋的時候，太宗實錄上說：（十一月癸酉條）

「凱旋諸貝勒，列八旗兵來見，上率諸貝勒大臣出迎，立八纛，拜天畢，上御
黃幄，凱旋諸貝勒大臣，跪見，上以大貝勒代善，阿敏，二兄跪拜，不欲坐
受，率大貝勒莽古爾泰，及諸大臣答禮。上命巴克什達海，傳旨問曰：『二兄
及諸貝勒在行間安否？』巴克什庫爾纏，前跪，代奏曰：『荷蒙上天福佑，皇
上威靈，所向克敵，幸不辱命。』代善，阿敏，及諸貝勒羣臣，以次跪見上，
行抱見禮，上以仰承太祖鴻業，兵威素著，今茲遠征，尅期制勝，因追憶太祖
功德，念諸兄弟勤勞，愴然淚下。代善及諸貝勒羣臣，無不感泣。見畢，以次
列坐；嗣明使李喇嘛等見上，又見三大貝勒，於是以凱旋，行飲至禮。』（卷
一頁十六下至十七下）

又天聰元年正月己巳條：

「黎明、上率諸貝勒大臣，詣堂子，拜天，行三跪九叩頭禮，還，上御殿，諸
貝勒大臣，文武羣臣，朝賀，各按旗序，行三跪九叩頭禮。大貝勒代善、阿
敏、莽古爾泰，以兄行，命列坐左右，不令下坐，凡朝會之處，悉如之。」
（卷二頁一下至頁二上）

又同年秋七月己巳條：

「來歸蒙古諸貝勒至，上率諸貝勒，出營迎之，隨率來歸蒙古諸貝勒拜天，
畢，上陞御座，大貝勒代善，莽古爾泰，坐於右，大貝勒阿敏，坐於左，諸貝
勒及羣臣，分旗序列。來歸蒙古衆貝勒入御營，奏曰：『吾等因察哈爾汗不
道，來歸皇上，叩求皇上福庇。』上曰：『諸貝勒因察哈爾汗不道，遠來歸附，
跋涉勞苦，可弗拜，但互相抱見可也。』蒙古貝勒等，復奏曰：『異國之人，

遠來歸命，蒙皇上鴻慈容納，卽係編氓，焉敢不拜！』於是趨前將拜，上爲之
起。叩拜畢，上令近前抱見。次三大貝勒，及諸貝勒，皆序齒互相抱見。」
（卷三頁二十八上至二十九上）

「是日，上率大貝勒代善，阿敏，莽古爾泰，貝勒阿巴泰，德格類，阿濟格，
杜度，岳託，碩託，薩哈廉，豪格，及蒙古來歸諸貝勒，告天盟誓曰：『臣皇
太極敢昭告於皇天上帝，察哈爾汗敗棄典常，罔恤兄弟，無故殘害喀爾喀五部
落，以故赦漢奈曼部落諸貝勒，與察哈爾汗交惡，來歸於我，我若不加軫念，
視若編氓，勒遷內地者，上天鑒譴，奪其紀算；若加之愛養，仍令各安疆土，
而瑣諾木杜稜，袞出斯巴圖魯，塞臣卓禮克圖，土謝圖，戴青達爾漢，桑噶爾
寨俄齊爾，杜爾弼諸貝勒，聽察哈爾離間之言，背我而懷貳心者，天亦鑒譴，
奪其紀算。若各遵誓辭，無相違棄，天佑我等，福祚延長，子孫繁盛，千秋萬
世，永享安樂。」（太宗實錄卷三頁二十九上至三十上）

我們要注意的是，平常對外國盟誓，汗同各貝勒一齊參加，而這一次只用皇太極
的名字，而各貝勒並不具名參加，也可以說太宗逐漸集權了。這以後，天聰三年太宗
決定進攻明朝，先攻下宣化一直到了北京的邊緣地帶，袁崇煥等由錦州來救，太宗逐
以太監作間諜，思宗中計，（思宗是福王時的追諡，名從主人，我們應當用明朝人諡
號。）上了當而殺害袁崇煥。到天聰四年原鎮守永平的濟爾哈朗，薩哈廉這些人，回
到瀋陽，改派大貝勒阿敏駐守永平，這年三月太宗回到瀋陽的時候，諸貝勒羣臣皆
跪，只有留守在瀋陽的阿敏跪拜時，太宗起立答拜，又由阿敏與大貝勒代善同坐，這
次是對阿敏最後的敬禮，後來，阿敏未能守住永平，班師，至六月逐命諸貝勒大臣，
議大貝勒阿敏十六罪狀，這是他削減大貝勒頭一個，實錄中對此記載甚詳，天聰四年
六月乙卯條：

「命諸貝勒大臣，及文武各官軍士等，集闕下，上御殿，諸貝勒大臣等，議大
貝勒阿敏十六罪狀具奏。上命貝勒岳託，宣示於衆，其議曰：『阿敏怙惡不
悛，由來久矣。阿敏之父，上之叔父行也，當太祖在時，情敦友愛，乃阿敏嗾
其父，欲離太祖，移居黑扯木地，令人伐木，備造房屋，太祖聞之，以擅自移
居坐罪。既而欲宥其父而戮其子，諸貝勒奏請，謂既宥其父，祈並宥其子，彼

雖無狀，不是深較，太祖於是仍加收養。及其父既歿，太祖愛養阿敏，同於
己出，俾得與聞國政，並名爲四和碩大貝勒。曾見太祖之待阿敏，因其爲弟所
生之子，而愛養有殊乎？及太祖升遐，上嗣大位，仰體太祖遺愛，仍以三大貝
勒之禮待之。曾見上之待阿敏，因其爲叔父之子，而愛養有殊乎？而阿敏忘恩
背德，其罪一也。昔朝鮮與我國相好，後助明圖我，又容留我遼東逃民，因昭
告天地，往征其國，時命阿敏，濟爾哈朗，阿濟格，杜度，岳託，碩託等，及
八大臣，率重兵前往，蒙天眷佑，克彼義州，其郭山、安州，亦相繼攻拔，所
克城池，留兵屯守，大軍直趨王京、朝鮮國王聞之，棄城竄入海島、遣使來懇
撤兵，卽當歸降，歲貢方物。時諸貝勒大臣議，欲其國王與執政大臣，俱設
盟誓，並令其親信大臣，前來面定，旣申信義，卽可歸報於上，於是遣官與其
國王執政大臣等，共相約誓，復攜其王弟來爲質。岳託言：朝鮮旣已定盟，我
等統朝廷重兵，不可久留於外，且蒙古與明，偪近我國，皆敵人也，宜急歸防
禦。阿敏獨言，朝鮮王業已棄城，遁入島中，汝等不往，我將與杜度往住王
京。杜度不從。岳託謂阿敏之弟濟爾哈朗曰：『汝兄所行逆理，汝盍諫止之。
朝鮮王京阻江爲險，江岸置木柵鎗礮，兵馬環列，且聞冰已解，亦恐難渡，汝
欲去則去，我自率我二旗兵還，若兩紅旗兵還，兩黃旗兩白旗兵，亦隨我還
矣。』濟爾哈朗以此言力諫，阿敏方回。是阿敏心懷異志，已於彼時見之，其
罪二也。及師還至東京，有俘獲之女，阿敏擅欲納之。岳託諫曰：『俘獲婦女，
當籍以聞於上，何可私取。』阿敏謂岳託曰：『汝父往征扎魯特部落時，不嘗
取婦人耶？我取之何爲不可。』岳託曰：『吾父之所以取者，因出征所得，上
以分賜出征諸貝勒，我父得一人，汝亦得一人。今汝欲擅納，則不可。』後朝
鮮之女，旣入內廷，阿敏復令副將納穆泰求之。納穆泰於次日入奏，上曰：
『未入宮之先，何不言之？今已入宮中，如何可與？』阿敏因不遂其請，常在
外觖望，於坐次有不樂之色，復退有後言，上聞之曰：『爲一婦人，乃致乖兄
弟之好耶！』遂賜總兵官楞額禮，是阿敏悖行無忌，其罪三也。阿敏又於衆中
言曰：『我何故生而爲人，不若爲山木，否則生高阜處而爲石，山木之屬，雖
供人伐取爲薪，大石之上，雖不免禽獸之溲渤，比之於我，猶爲愈也。』其語

言乖謬如此！初土謝圖額駙奧巴，爲察哈爾所侵，赴愬於我，言我等既通好爲
一國，當爲我復仇，上因是往征察哈爾。乃奧巴背所約之地，從他道入，復不
待我兵先回。上怒，因下諭曰：『土謝圖既議同征，不至所約之地，使我與察
哈爾搆怨，而彼實與察哈爾通好，是欺我也。』因諭諸貝勒，永勿遣使往彼，
彼使至，勿容進見，且屬詞切責之。乃阿敏未抵家之前，卽遣人遺以甲冑鞍
轡，且以上責備之語，屬使者盡告之。奧巴聞之大驚，遂以書遺阿敏曰：『此
事惟貝勒周旋之。』又奏上書一通，及使至，上不容進見，阿敏私留其使於
家，又匿其書，不呈上覽，違背上旨，其罪四也。又上曾降旨諸貝勒，凡諸貝
勒大臣，子女婚嫁，必奏聞於上。乃阿敏竟不奏聞，惟貪牲畜，私以女與蒙古
貝勒塞特爾，塞特爾辭以已娶二婦，阿敏復強與之，及宴會，始奏請上幸其
第。上曰：『初許嫁時，未嘗具奏，此時何遽請幸其第耶？』遂不往。後又擅
娶塞特爾女爲妻，阿敏又奏於上云：『吾女嫁塞特爾甚苦，祈向塞特爾言之。』
上曰：『吾國之女，下嫁於他國者，何嘗失所，汝女方許嫁時，不奏於我，今女
不得所，何必來奏，汝自向彼言之可也。』阿敏因此常懷怨憤，違背上命，其
罪五也。太祖時，守邊駐防，原有定界，後因邊內地瘠，糧不足用，遂展邊開
墾，移兩黃旗於鐵領，兩白旗於安平，兩紅旗於石城，其阿敏所管藍旗，分住
張義，靖遠堡，因地土瘠薄，與以大城之地，彼乃越所分地界，擅過黑扯木地
開墾，彼時曾定阿敏一旗罪，將所獲之糧入官，後又棄靖遠堡，移住黑扯木
地。上見其所棄，皆膏腴良田，諭阿敏曰：『防敵汎地，不可輕棄，靖遠堡
地，若不堪種，移於黑扯木地猶可。今皆附近良田，何故棄之？』大貝勒代善、
莽古爾泰，責之曰：『汝違法制，擅棄防敵汎地，移居別所，得無有異志耶？』
阿敏不能答。若此舉動，殆欲乘間移居黑扯木，以遂其異志，其罪六也。阿敏
曾告叔父貝和齊曰：『吾夢被皇考箠楚，有黃蛇護身，此卽護我之神也。』心懷
不軌，形之寤寐，其罪七也。上出征，令阿敏留守，大軍行後，阿敏於牛庄，
張義站，屢次出獵，及私自造箭，復欲行獵，不思急公，不守城池，惟躭逸
樂，其罪八也。岳託，豪格，兩貝勒出師先還，阿敏迎至御馬館，略無欵曲之
言，乃令留守大臣，坐於兩側，彼坐居中儼若國君，令兩貝勒遙拜一次，近前

復拜一次，方行抱見禮。至上統率諸貝勒在途，及班師之後，皆無一言，恭請聖安。凡諸貝勒大臣，出師還時，上亦乘馬出迎，及御座，方受跪叩。阿敏自視如君，而欺陵在下諸貝勒，其罪九也。初永平既下，留濟爾哈朗，阿巴泰，薩哈廉三貝勒，暨八大臣，率兵鎮守，上還瀋陽，因修理軍器，勸督農業，及有外國蒙古來朝諸事，期整頓就緒，以秋後復往，乃命阿敏，碩託，率兵六千，往代鎮守永平之三貝勒，阿敏請與其弟濟爾哈朗同駐，上曰：『彼駐守日久，勞苦可念，宜令之還。』瀕行，貝和齊，薩哈爾察，往送之。阿敏言：『皇考在時，嘗命吾弟與我同行，今上即位，乃不令與我同行，吾至永平，必留彼同駐，若彼不從，當以箭射之。』貝和齊等曰：『爾謬矣，何為出此言？』阿敏攘臂言曰：『吾自殺吾弟，將奈我何？』滅倫狂悖，其罪十也。阿敏入永平時，鎮守諸貝勒，率滿、漢官來迎，張一蓋。阿敏怒云：『漢官參遊，尚用兩蓋，我乃大貝勒，何為止張一蓋？』遂麾之，策馬入城。不思御駕行時，止張一蓋，且有不張蓋，不警蹕之時，阿敏乃妄自尊大，其罪十一也。及至永平，深恨城中漢人，因上撫恤降民，心甚不悅，言：『吾往征朝鮮時，克安州城，城中人民，釋而不殺者，不過令其國人聞之，為攻取王京之先聲耳。今汝等攻明燕京，既不克而還，及攻克永平，何故亦不殺其人民？』時時怨謗，以己所行為是，以人所行為非。又向眾兵言：『我既來此，豈令爾等，不飽欲而歸乎？』譽己訕上，其罪十二也。彼前略地時，有榛子鎮歸降、阿敏令眾兵盡掠降民牲畜財物，又驅漢人至永平，分給八家為奴，我國之法，不惟歸順者不擾，即攻取之永平，何常有犯秋毫？此皆眾所共見者，今故意擾害漢人，隳壞基業，使不仁之名，揚於天下，其罪十三也。鎮守永平諸貝勒還時，永平官員，俱有憂色，言諸貝勒既去，我等皆願同往，恐去後，新來鎮守貝勒，不能撫我，我等身家難保，及額駙達爾哈還，阿敏竟無一義理之言相告，但出怨言云：『聞上欲議我罪，我思阿濟格，殺傷別旗人，尚未坐罪，莽古爾泰，屢有罪，亦未曾坐，我若有過，止可密諭，況我乃為上盡力之人，有何罪乎？』怙非文過，懟怨君上，其罪十四也。阿敏鎮守永平時，遣人往喀喇沁部落求婚，喀喇沁以無女為辭，復遣人往云：『前爾進上與諸貝勒，何以有女，今於我獨

無，何也？』遂強脅喀喇沁，取其二女，恃强逼娶，其罪十五也。五月初十日，明兵圍攻灤州，閱三晝夜，阿敏擁五旗行營兵，及八旗護軍，坐守觀望，聽其城陷兵敗，既不親援，又不發重兵，止遣一二百人往，徒令單弱之兵，死於敵人之手，是其心直欲城破兵盡，堅不肯救，若係彼鑲藍旗兵，必出力以援之矣，彼以三旗精兵，非其所屬，可委敵人而不顧，止率本旗兵回。故當灤州失守，我兵敗歸，彼既不往迎，復不待後軍之至，遂於灤州失守之十三日，旋令還兵。又其時欲盡屠永平遷安官民，碩託，衆大臣諫曰：『何故因失一城，而驟棄天所與之三城。並以上所撫養之人民，殺之而去乎？』彼不從其言，竟盡屠永平遷安官民，以俘獲人口，財帛牲畜爲重，悉載以歸。以我兵爲輕，竟置不顧，且彼不聽正言，止與其子洪科退，及部下阿爾代，扈什布，席林，額孟格，德爾得赫等，私相定議，遽然而返。不思太祖在時，凡有所謀，必與執政諸貝勒大臣共議，今彼止與猥鄙之子洪科退私議。彼洪科退，當太祖時，使果有智略，太祖必早舉而任之矣，豈至今始成人乎？又何曾得與會議之列，彼乃偏聽其子，及部下人之言而歸。若果明兵攻永平，不能禦敵，以致失城而歸，抑或平原交戰，以致敗北而歸，其情猶有可原，今未見敵人之旌旗，未發一矢以加敵，不以上所留戍精兵遣之往援，不以天所與四城疆土，悉心防守，不以上所撫養之官民，加恩安撫，心懷嫉妒，故欲毀壞基業，傷殘軍士，喪失城池，其罪十六也。阿敏罪狀昭著，於是衆貝勒大臣等，合詞請誅，以彰國法。上不忍加誅，從寬免死，幽禁之，奪所屬人口奴僕財物牲畜，及洪科退所屬人口奴僕牲畜，俱給貝勒濟爾哈朗，止給阿敏莊六所，園二所，併其子之乳母等二十人，羊五百，乳牛及食用牛二十，給洪科退莊二所，園一所，滿洲、蒙古、漢人共二十名，馬二十匹。又定鎮守灤州，及鎮守永平貝勒諸臣罪，以碩託當阿敏執意還軍時，不能力行勸止，如岳託之在朝鮮，力阻阿敏，乃徒以流涕相勸爲辭，遂革碩託貝勒爵，奪所屬人口，給其兄岳託，止給碩託在外一牛彔人，及食口糧牛彔下奴僕，其餘器物，俱免籍沒，令隨其兄行。（太宗實錄卷七頁十下至頁二十二下）

至是，三大貝勒中已去其一，剩下的就是對付莽古爾泰，見太宗實錄卷九，癸丑

「是日，上出營，登城西之山岡，坐觀形勢，與貝勒岳託營相近，岳託具筵以
獻，大貝勒莽古爾泰奏於上曰：『昨日之戰，我屬下將領被傷者多，我旗護
軍，有隨阿山出哨者，有附額駙達爾哈營者，可取還否？』上曰：『朕聞爾所
部兵，凡有差遣，每致違誤。』莽古爾泰曰：『我部衆凡有差遣，每倍於人，
何嘗違誤？』上曰：『果爾，是告者誣矣。朕當爲爾究之，若告者誣，則置告者
於法。告者實，則不聽差遣者，亦置於法。』言畢，上不懌而起，將乘馬。莽
古爾泰曰：『皇上宜從公開諭，奈何獨與我爲難，我止以推崇皇上，是以一切
承順，乃意猶未釋，而欲殺我耶？』遂舉佩刀之柄前向，頻摩視之，其同母弟
貝勒德格類曰：『爾舉動大悖，誰能容汝。』舉毆之，莽古爾泰怒曰：
『爾何爲毆我？』手出佩刀五寸許，德格類推之出，時大貝勒代善見之，恚甚
曰：『如此悖亂，殆不如死。』上嘿然，遂不乘馬，復坐，區處事務畢，還營。
上諭衆曰：『莽古爾泰幼時，皇考曾與朕一體撫育乎。因其一無所授，故朕每
推食食之，解衣衣之，得倚朕爲生，後彼潛弒其生母，幸事未彰聞，彼復希寵
於皇考，皇考因令附養於貝勒德格類家，爾等豈不知耶？今莽古爾泰，何得犯
朕，朕思人君雖甚英勇，無自誇詡之理，故惟留心治道，撫綏百姓，如乘駑
馬，謹身自持，何期莽古爾泰遂輕視朕至此耶？』隨責衆侍衞曰：『朕恩養
爾等何用，彼露刃欲犯朕，爾等奈何不拔刀趨立朕前耶？昔人有云：操刀必
割，執斧必伐，彼引佩刀，其意何爲，爾等竟皆坐視耶？』言畢，入帳未坐，
卽出，又曰：『朕今罄所欲言，以示爾等，爾等曾憶皇考升遐時，共謂若見有
作祟如鬼蜮者，必奮力除之，以雪仇恨，此言豈頓忘耶？今目視人之犯朕，而
竟默默旁觀，朕恩養爾等，殊無益矣。』怒責未已，時已薄暮，莽古爾泰率四
人止於營外里許，遣人奏曰：『臣以枵腹，飲酒四巵，因對上狂言，言出於
口，竟不自知，今來叩首請罪於上。』上遣額駙楊古利達爾哈傳諭曰：『爾於
白晝拔刃欲犯朕，昏夜復來何爲？』時色勒，晨阿喇，與俱來，因並責之曰：
『爾等與爾貝勒偕來，必欲朕兄弟相仇害耶？爾等如强來，獲罪愈重矣！』拒
不納。」（太宗實錄卷九頁二十八上至三十下）

天聰五年冬十月

「癸亥，大貝勒代善，及諸貝勒等，以大貝勒莽古爾泰，在御前露刃，議革去
大貝勒，降居諸貝勒之列，奪五牛彔屬員，罰獻甲冑雕鞍馬十，進上，獻甲冑
雕鞍馬一，與代善，素鞍馬各一，與諸貝勒，又罰銀一萬兩入官，定議時，
上諭曰：『此以朕之故治罪，朕不預議，』於是代善與諸貝勒等，公同定擬具
奏。』（太宗實錄卷十頁八上至頁八下）

這是太宗及莽古爾泰交惡的開始。

同年十二月

「丙申，上以元旦朝賀屆期，諭八旗諸貝勒大臣曰：『禮部叄政李伯龍疏奏，
我國朝賀行禮時，不辨官職大小，常有隨意排列，踰越班次者，應請酌定儀制
等語。』此言誠是，今元旦朝賀，應令八旗諸貝勒，獨列一班行禮，外國來歸
蒙古諸貝勒大臣次之，八旗文武官員次之，各照旗序行禮，至貝勒莽古爾泰，
因其悖逆，定議治罪，革大貝勒稱號，自朕即位以來，國中行禮時，曾與朕並
坐，今不與坐，恐他國聞之，不知彼過，反疑前後互異，彼年長於朕，可否仍
令並坐，著巴克什達海，庫爾纒，覺羅龍什，索尼，與大貝勒代善，及諸貝勒
會議具奏。尋會議時，諸貝勒執不可並坐者半，代善曰：『上諭誠是，彼之
過，不足介懷，即仍令並坐亦可。』頃之，又曰：『我等既戴皇上為君，又與
上並坐，恐滋國人之議，謂我等奉上居大位，又與上並列而坐，甚非禮也。禮
本人情，人心所安，即天心所佑，各遵禮而行，自求多福，斯神佑之矣。自今
以後，上南面中坐，以昭至尊之體，我與莽古爾泰，侍坐上側，外國蒙古諸貝
勒，坐於我等之下，如此，方為允協。』諸貝勒皆曰：『善。』於是以其議奏
聞，上從之。」（太宗實錄卷十頁三十六下至三十八上）

「天聰六年，壬申，春正月，己亥朔，上率諸貝勒拜天，謁神畢，御殿，上兩
旁設二楊，命大貝勒代善，貝勒莽古爾泰坐，諸貝勒先朝賀畢，命議政諸貝勒
入殿內左右列坐，次歸附察哈爾，喀爾喀諸貝勒朝賀，次總兵官額駙佟養性率
漢官，次八固山額眞各率本旗官，次大凌河新降各官，次阿祿部落貝勒塔賴楚
虎爾率部衆，次敎職雜職等官，各行朝賀禮，次朝鮮國使臣總兵鄭義，行朝賀
禮，陳貢物於庭，朝罷。上以兄禮，詣代善第拜之。上即位以來，歷五年所，

凡國人朝見，上與三大貝勒，俱南面坐受，自是年更定，上始南面獨坐。初八旗諸貝勒，率大臣朝見，不論旗分，惟以年齒爲序，自是年始照旗分，以次朝見。」（太宗實錄卷十一頁一下至頁二下）

以前是太宗與兩大貝勒南面並坐，這就是朝鮮人書中所說的三尊佛，至此改作只有太宗南面坐，這與八旗共議的原則已經大有變化，這亦是太宗邁向集權的另一步驟。

到了天聰六年二月太宗又將所罰的莽古爾泰的五牛彔人口也還給他，並所屬漢人得供應漢人的莊屯也一齊還他，因爲實錄上沒有說出理由，可能是因爲太宗新納蒙古人爲妃，所以由此暫時還給他，到了十二月，

「先是二日，上第三兄和碩貝勒莽古爾泰，偶得微疾，是日辰刻，疾篤，上率諸貝勒往親，未刻，上與大貝勒代善還，留貝勒大臣守視，至申刻，貝勒薨，年四十有六，上與諸貝勒，及衆妃等，往哭之。夜二鼓，莽古爾泰大福金欲殉，請於上曰：『相隨貝勒已久，義不獨存。』上勸止之曰：『爾子尙幼，旣失父，又失母，子將誰撫？』福金對曰：『吾雖生，豈別有撫養吾子之法？上爲叔父，大貝勒爲伯父，自能鞠育也』。不剪髮脫珥，固欲殉，上力勸之，令董鄂公主爲福金剪髮脫珥，命撫遺孤，乃止。又烏喇福金亦欲殉，上曰：『兄在日，與爾不甚睦，何爲欲殉？』福金對曰：『始固和好，因失禮於先帝，方見疎，今安可背貝勒而獨存。』遂入別室自盡。又侍妾一人亦從死焉。上同諸貝勒，福金，宗室，及本旗大臣以下，皆縗，婦女皆易喪服。三鼓，上與代善始還，上不入宮，坐於正中側門下，達旦。是夜，上顧貝勒岳託，墨爾根戴靑貝勒多爾袞，貝勒豪格，嘆曰：『有生有死，理數之常，但凡人死時，必俟殯殮，諸事料理完備，衆人舉哀，方合於禮，如未及殯殮，衆卽入室，不亦紊亂乎！』丙寅，巳刻，送貝勒莽古爾泰，及福金靈轝。至寢園，儀仗全設。」（太宗實錄卷十二頁三十九上至頁四十下）

莽古爾泰在天聰六年已去世，但是莽古爾泰的定罪是遠在他死之後，也是在德格類死後，據太宗實錄卷二十六記載天聰九年十一月

「辛巳，先是，莽古爾泰，與其女弟莽古濟，及莽古濟之夫敖漢部落瑣諾木杜

稷，與貝勒德格類，屯布祿，愛巴禮，冷僧機等，對佛跪焚誓詞：『言我莽古爾泰，已結怨於皇上，爾等助我，事濟之後，如視爾等不如我身者，天其鑒之！』瑣諾木及其妻莽古濟誓云：『我等陽事皇上而陰助爾，如不踐言，天其鑒之！』未幾，莽古爾泰中暴疾，不能言而死，德格類亦如其病死，冷僧機，具狀於刑部和碩貝勒濟爾哈朗，時上方出獵，未奏，瑣若木亦首告於達雅齊，國舅阿什達爾漢，隨以奏聞。比上獵還，和碩貝勒濟爾哈朗，亦以冷僧機所訐奏聞。上遣人告諸貝勒，禮部貝勒薩哈廉聞之，怒曰：『莽古爾泰，德格類所行若此，宜其並遭天譴，相繼而死也。伊等於皇上，敢圖不軌，忍於悖亂，不知視我輩，又當何如？皇上視濟爾哈朗，岳託，德格類三人，過於己子，恩養之厚。迥異衆人，伊等成立，皆皇上之賜，是三人自宜感戴皇恩，不惜身命，以圖報效，況皇上自嗣位以來，國勢日隆，曾何所虧損於伊等，而作此悖逆事耶！』貝勒阿巴泰，阿濟格，和碩額爾克楚虎爾貝勒多鐸聞之，皆怒，及告和碩貝勒岳託，岳託變色曰：『貝勒德格類，焉有此事，必妄言也，或者詞連我耶？絕無忿意。』於是諸貝勒大臣等，研審得實，會議莽古濟，瑣若木，陰蓄異謀，大逆無道，應寸磔，莽古爾泰，德格類，已伏冥誅。其妻子，與同謀之屯布祿，愛巴禮，應闔門論死。冷僧機，以自首免坐，亦無功。其莽古爾泰等之人口財產，俱入官。奏入，上曰：『莽古濟謀危社稷，可告於皇考兩宮母妃，暨諸姑公主前，共訊之。至莽古爾泰等之人口財產入官之議，殊覺未當，設若兇逆狡計得成，則朕之所有，將盡歸於彼，今彼逆謀敗露，國有常刑，人口家產，自應歸朕，但念諸貝勒同心佐理，似應與諸貝勒均分。至於冷僧機，若不首告，其謀何由而知，今以冷僧機爲無功，何以勸後，且瑣諾木若不再首，則我等亦必不信冷僧機之言，似不應概予重刑，漫無分別也。』遂召文館羅碩，剛林，詹霸等至，上具以其言告之，諭令集文館滿漢諸儒臣，此事應如何處分，可議定奏朕。諸儒臣隨議奏曰：『莽古爾泰等，負恩懷逆，傾危宗社、罪無可貸，莽古濟，雖婦人，聞此亂謀，理應爲國憂憤，從中力阻，乃反從逆同謀，犯上危國，不可逭誅，按律，兩貝勒妻子，皆應論斬，若皇上必欲寬宥，亦當幽禁終身，否則何以懲叛逆而昭國法，至首告者予賞，庶使效尤者不得逞

志，今若以冷僧機爲無功，則人皆容隱，遇此等事，誰復首告，爲後日計，則冷僧機宜敍其功。臣等又按瑣諾木曾佯醉痛哭而言曰：皇上何故惟兄弟是信，皇上在，則我蒙古得其生，不則我蒙古不知作何狀矣！皇上亦微喩其意，彼時皇上於莽古爾泰，莽古濟，寵眷方隆，德格類亦被恩遇，瑣諾木雖欲直言，豈容輕出諸口，今瑣諾木先行舉首，其心亦似有可原，應否免罪，伏候上裁。至屯布祿，愛巴禮，罪應族誅，法無可貸，若莽古爾泰等人口財產，分給七旗，雖屬推恩臣下之意，臣等以爲必宜全歸皇上。蓋古人云：都城過百雉，國之患也。都邑者，貝勒也，邦國者，朝廷也。國寡都衆，患之階也，伏惟皇上，國之至尊，上下之間，自有差等，如今二貝勒之屬人戶口，宜歸皇上，欲賜何人，惟皇上命之。』疏上，上曰：『爾等所言，朕已悉知，俟再思之。』及諸貝勒大臣覆審，以莽古濟等，逆迹彰著，應早正國典，奏聞於上。於是莽古濟伏誅，屯布祿，愛巴禮，並其親交兄弟子姪俱磔於市。先是莽古爾泰子額必倫曾言：『我父在大凌河露刄時，我若在，必刄加皇上，我亦與我父同矣。』其先光袞首告，上隱其事，不告於衆貝勒，至是發覺，乃誅額必倫。莽古濟長女爲貝勒岳託妻，次女爲貝勒豪格妻，豪格曰：『吾乃皇上所生子，妻之母既欲害吾父，吾豈可與謀害我父之女同處乎?!』遂殺其妻，岳託亦奏曰：『豪格既殺其妻，臣妻亦難姑容。』上遣人阻之，乃止，昂阿喇，以知情處死，莽古爾泰六子邁達里、光袞、薩哈聯、阿克達、舒孫、噶納海，德格類子鄧什庫等，俱降爲庶人，屬下人口財產入官，上賜豪格八牛彔屬人，阿巴泰三牛彔屬人，其餘莊田貲財牲畜等物，量給衆人，以正藍旗附入皇上旗分，編爲二旗，以一等公額駙楊古利弟譚泰爲正黃旗固山額眞，宗室拜尹圖爲鑲黃旗固山額眞，降正藍旗固山額眞覺羅巴勒爲拜尹圖下梅勒章京，後籍莽古爾泰家，復獲所造木牌印十六枚，視其文，皆曰：『金國皇帝之印。』於是攜至大廷，召諸貝勒大臣及庶民俱至，以其叛逆實狀曉諭之，遂授冷僧機爲世襲三等梅勒章京，以屯布祿、愛巴禮之家產給之，免其徭役，並給以敕書曰：『爾冷僧機，原係莽古濟家僕，因莽古爾泰，德格類，莽古濟，潛圖叛逆，焚書告天，爾密行舉首，遂坐莽古濟等罪，爾當元兇未殁，卽行陳奏，則效忠除逆，厥功

誠大，今兩貝勒雖死，而爾主莽古濟尚在，終能舉首，亦不為無功，是用給屯
布祿，愛巴禮家產，授爾為三等梅勒章京，永免徭役，世襲不替。』」（太宗實
錄卷二十六頁五上至頁十一下）

同年十二月二十一日

「孝子嗣皇帝皇太極敢昭告於太祖皇帝神位前曰，臣自纘承丕緒以來，夙夜兢
兢，恒恐不能仰副前命，不幸有莽古爾泰、德格類，及莽古濟等，包藏禍心，
謀為不軌，荷蒙上天眷顧，皇考英靈，已將莽古爾泰，德格類，陰殛於未發之
先，其同謀之莽古濟，被瑣諾木及冷僧機訐發，舉國諸貝勒大臣，會勘得實，
莽古濟及同謀諸犯，俱已正法，伏祈皇考神靈昭鑒，默相丕基，敢告。上出享
殿曰：前此作亂者，已伏法矣，嗣後有若此者，上天降威，皇考默鑒，必不容
此包藏禍心之人也。諭畢，還宮。」（太宗實錄卷二十六頁二十下至二十一上）

太宗之立與代善，莽古爾泰，阿敏共稱四大貝勒，至是莽古爾泰，及阿敏皆已消
失大貝勒稱號，剩下的只有大貝勒代善。我們前面講述，太宗明是由推選，而發動人
實在是代善的兩個兒子，岳託及薩哈廉，而由代善以兩紅旗之力而實現。所以太宗對
代善不能說不感激，但是不能不加以申飭，這些事情在天聰九年九月在處分莽古爾泰
後，德格類事以前，據實錄說同年九月：

辛未，是日，移營將還，大貝勒代善，以子尼堪，祐塞病，遂率本旗人員，
自行出獵，離遠駐營。時哈達公主怨上，欲先還家，經大貝勒營前，大貝勒命
其福金等，往邀哈達公主。比至、大貝勒親迎入帳，大宴之，贈以財帛。上聞
之，大怒，貝勒阿巴泰、娶察哈爾俄爾哲圖福金，設大宴，獻雕鞍馬，不納。
上自貝勒阿巴泰宴畢，還營，遣人詣大貝勒代善，及其子貝勒薩哈廉，詰之
曰：『爾自率本旗人，任意行止，又將怨朕之哈達公主，邀至營中，設宴餽
物，復以馬送之歸，是誠何心？爾薩哈廉身任禮部，爾父妄行，又邀請怨朕之
人，爾既知之，何竟無一言諫阻耶。』時上怒甚，遂不諭知衆貝勒，先還盛
京，謁堂子，入宮，閉大內門，不許諸貝勒大臣進見。壬申，上御內殿，召集
諸貝勒大臣侍衛等，諭之曰：『朕欲爾諸人知朕心事，故召爾等面諭，如朕言
或有未當，爾諸貝勒大臣，卽直陳其非，勿面從也。朕之心事，首則欲天知

之，再則欲爾諸貝勒大臣，及在廷諸臣共知之 。爾等謂貝勒中有能體國愛民者，亦有不能者，安能一一指名言之。夫各國人民，俱戴我爲君，呼籲來歸，朕已將此歸順之人，分給爾貝勒等愛養之矣。爾諸貝勒果能愛養天賜人民，勤圖治理， 庶幾得邀上天眷佑之恩 ； 若爾諸貝勒不留心撫育人民， 致彼不能聊生，窮困呼天，咎不歸朕而誰歸耶？今汝等所行如此，朕將何以爲治乎！自古以來，有力强而爲君者，有幼冲而爲君者，有爲衆所擁戴而爲君者，皆君也，既已爲君，則制令統於所尊，豈可輕重其間乎？今正紅旗固山貝勒等，輕肆之處甚多，大貝勒昔從征明燕京時，違衆欲返，及征察哈爾時，又堅執欲囘，朕方銳志前進，而彼輒欲退歸， 所俘人民，令彼加意恩養， 彼既不從， 反以爲怨。夫勇略者不進，不肖者不黜，則人無復肯向前盡力，今正紅旗貝勒，於賞功罰罪時，輒偏護本旗，朕所愛者而彼惡之，朕所惡者而彼愛之，豈非有意離間乎！朕今歲託言巡遊，欲探諸貝勒出師音耗，方以勝敗爲憂，而大貝勒乃借名捕蟬，大肆漁獵，以致戰馬疲瘦，及遣兵助額爾克楚虎爾貝勒時，正紅旗馬匹，獨以出獵之故，瘦弱不堪，儻出師諸貝勒，一有緩急，將不往應援，竟晏然而已乎？誠心爲國者，固如是乎？且大貝勒諸子，借名放鷹，輒擅殺民間牲畜，所行如此，貧民何以聊生？又伊子瓦克達，彈射濟爾哈之姊，又和碩貝勒濟爾哈朗，因其妻亡，以察哈爾汗妻蘇泰太后，乃其妻之妹，心欲娶之，與諸貝勒商議，諸貝勒以其言奏朕，朕卽以問諸貝勒，諸貝勒皆言當允其請，朕方許濟爾哈朗，乃大貝勒獨違衆論， 而欲自娶，以問於朕，朕謂諸貝勒先已定議，許濟爾哈朗矣。兄知之而言乎？抑不知而言乎？彼諉以不知而止，後復屢言，欲强娶之，有是禮乎？朕曾遣滿達爾漢，祁充格，往諭大貝勒，令娶囊囊太后，彼以其貧而不娶，遂拒朕命，凡人娶妻，當以財聘，豈有冀其財物而娶之之理乎？往時貝勒阿濟格部下大臣車爾格有女，額駙楊古利欲爲其子行聘，大貝勒脅之，且唆正藍旗貝勒莽古爾泰曰：『 爾子邁達禮，先欲聘之矣，爾若不言，我當爲我子馬瞻娶之。 』夫阿濟格，誼屬親弟，豈可欺弟而脅其臣乎？昔征大同，攻克得勝堡時，我國一新降蒙古，奪門而入，彼遂執而殺之，如此殺降，人將何以爲生！爾薩哈廉，乃統攝禮部貝勒，知其事而匿不奏聞於朕，

理當如是耶？額駙畢喇習者，分給大貝勒贍養之人也，每以衣食不足，不能聊生，來告於朕，朕潛給衣食而遣之。其餘屬下，以不贍養而訴者，何可勝數！朕見其虐害愛塔，奪其乘馬，取其財物，蚤料愛塔不能自存，必至逃亡，未幾而愛塔果逃。誠心愛國者，當虐人如是乎？！凡此特舉其重者言之耳，其餘小事爲悖者，言不能盡。至哈達公主，自皇考在時，專以暴戾讒譖爲事，大貝勒與彼，原不相睦，但因其怨朕，遂邀至營中宴之，先時何嘗如此欵賄耶？又瑣諾木杜稜濟農屢在朕前佯醉，言皇上不當惟兄弟是倚，行將害上，宜愼防之。上在，則我北邊蒙古，得安其生，不則我蒙古人，不知作何狀矣。朕若聽其言，疑我兄弟之將害朕也，而遽加誅戮，則喪亂之端，卽由此而起，豈非誤國之言乎？如爾德格類，岳託，豪格三貝勒，偏聽哈達公主，濟農之言，欲殺託古，有是理耶？夫託古何敢勸濟農殺哈達公主，不過因濟農先娶託古之妹，公主惡其妹以及其兄，因成隙而欲殺託古耳，語云：避強陵弱，是爲小人。若朕不能敎訓爾等，又何以子萬民，理國政乎？且朕非自圖富貴，而菲薄兄弟也，蓋欲纘承皇考遺業，與隆國祚，貽令名於後世耳。爾等悖亂如此，朕將杜門而居，爾等別舉一強有力者爲君，朕引分自守足矣。』寫辭諭畢，遂入宮，復閉朝門。時召至諸臣聞上諭，無不欽服，於是諸貝勒大臣，八固山額眞，及六部承政，審擬此案，定罪畢，諸貝勒大臣至朝門外，詭請曰：『惟皇上寬仁盛德，故退逼歸服，邦國奠寧，人民安樂，今皇上爲一國之主，百官萬民，莫不仰賴，大綱小紀，俱待睿裁，伏祈皇上臨朝，親決萬幾。』上許之，乃出朝聽政。於是諸貝勒大臣，以會議大貝勒代善等罪狀，奏曰：『皇上命諸貝勒出師，必先議定，遵諭而行，大貝勒違背定議，征察哈爾國時，上遣孟阿圖還，伊奏請於上，亦欲先還，自歸化城還至張家口，滿壕駐守時，又以欲還，令貝勒岳託，薩哈廉，奏請於上。試思太祖在日，大貝勒敢如此三次請還乎？如不宜進取卽當勸皇上率大軍同還，而乃三次欲獨還者何意，豈非輕慢皇上，故違法紀耶！罪一。貝勒多爾袞等，征取孔果爾額哲，久無音耗，適有遣兵牧馬之便，皇上躬巡邊界，因以偵探，大貝勒故借捕鼪爲名，奏請於上，往清河肆行漁獵，以致馬匹疲頓，及令額爾克楚虎爾貝勒出兵錦州，偵探出師諸貝勒消息，

大貝勒一旗，馬獨羸瘦，僅充數而行，大貝勒身爲皇兄，皇上篤於友愛，凡所陳請，必勉强兪允，伊乃於軍旅倥傯之際，奏請捕鱧，豈非不欲偵探貝勒多爾袞等消息，不欲隨皇上同行，心懷異志，以致離衆前行乎？罪二。諸貝勒收服察哈爾國，攜察哈爾汗之妻子以來，報至，皇上遣人問大貝勒，及諸貝勒，當親出迎與否，大貝勒奏言：『皇考在時，遣征瓦爾喀者，還時，曾迎至鷹兒河，薩木唐阿地方，今亦應以禮迎之，此若不以禮迎，更無可禮迎者。』既而以禮出迎，大貝勒乃自違其言，不隨皇上，獨前行三日。又賜貝勒豪格成婚時，哈達公主怨望囘家，乃大貝勒遣福金等往邀哈達公主，又復親至出邀，迎入其營，宰牛羊，設筵宴，贈以財物而後遣之。大貝勒與哈達公主，原不相睦，聞哈達公主怨望皇上，乃反留飲饋贈，罪三。濟農在開原，先於哈達葉赫山上圍獵，大貝勒云：『此奴因另給地方居住，所以得肆行圍獵，若以濟農從人付我，我必射穿其脊也。』及議濟農，第二次在哈達葉赫山圍獵之罪，大貝勒復庇濟農，忽變前言，謂彼未嘗上山，實獵於野耳，輾轉回護，反覆不常。罪四。有此四罪，擬革大貝勒名號，並削和碩貝勒職，奪十牛彔屬人，罰雕鞍馬十四、甲冑十副、銀萬兩，仍罰九馬以與九貝勒。伊子貝勒薩哈廉，從征歸化城時，遣瓦克達先還情節，先已啓奏皇上，伊復私留，奏皇上曰：『已留瓦克達矣。』又伊父自歸化城還至張家口，濬壕駐守時，三次欲還，伊竟代爲奏請。又往迎孔果爾額哲時，一切輜重，悉付伊父前行三日，止以本身隨駕。且伊父從征，則三次欲還，出迎，則前行三日，其意何在，伊豈有不知之理？臣等公議，應罰貝勒薩哈廉雕鞍馬五四，空馬五四，銀二千兩，奪二牛彔屬人。至哈達公主及濟農，原與大貝勒素不相睦，故往迎孔果爾時，皇上召哈達公主，與代噶爾公主同至，哈達公主於代噶爾公主前謂皇上曰：『大貝勒與小貝勒，待我甚薄。』及賜貝勒豪格成婚時，公主怨望而還，大貝勒與皇上相左，另在前行，兩人俱懷怨望，結黨宴會，伊與大貝勒原不相和，因大貝勒與皇上不睦，遂爾反仇爲好，兩惡相濟，同毀皇上，罪一。託古無辜，公主誣以謀害而欲殺之，且向皇上詛曰：『不從吾言殺託古，天必鑒之！』及審託古，毫無罪狀，罪二。公主下嫁濟農時，賜以開原地方，又編給滿洲牛彔，皇上之

加恩於彼者，可謂至深且厚，乃濟農夫婦，於皇上幸獵之葉赫哈達山上，擅自二次行獵，罪三。有此三罪，應革去濟農之號，公主之名，爲民，仍罰濟農夫婦銀各百兩，奪其滿洲牛彔，及開原地方，其濟農所帶蒙古，皆沒入官。至徇庇公主之貝勒德格類，岳託，豪格，當哈達公主在開原時，曾謀於濟農云，爾當誣託古常勸爾害我，若不從我謀，吾卽死矣，及公主自開原來，遂以此事告貝勒德格類，岳託，豪格，三貝勒召濟農問之，濟農實其言，遂論託古死，奏聞，會上以公主自開原來，親往視之，公主曰：『何不殺害我之託古耶？』皇上曰：『凡人有罪，不可以一人之言而遂殺之也，當集衆審定是非，然後誅之耳。』上遂還宮，召集察哈爾，喀爾喀諸蒙古貝子會勘。濟農跪奏上前曰：『不殺託古，公主必殺我，若殺託古，則託古之父，與吾父同居，託古與我，又親如昆弟，託古死，我何以獨生？』時諸蒙古貝子皆在，上爲不懌曰：『朕若聽爾三貝勒之言，卽殺託古，是彼無辜而置之死也，爾三貝勒，奈何以親戚之故，庇護公主乃爾耶！』臣等公議，貝勒德格類，豪格，各應罰銀五百兩。貝勒岳託，徇公主情，欲殺託古，罪一，審託古時，召之不至，罪二，往征察哈爾，還至張家口，濬壕駐守時，在上前代其父奏請先還，罪三，議應罰銀千兩，雕鞍馬五匹。奏入，上命從寬免革代善貝勒職，並還代善十牛彔屬人，薩哈廉二牛彔屬人，及濟農所攜蒙古。遂集八家章京諭之曰：『嗣後一應親戚之家，不許哈達公主往來，親戚有私相來者，被旁人舉首，照哈達公主之罪罪之。』（太宗文皇帝實錄卷二十五頁11下——21上）

「己卯，是夜，二鼓，統攝戶部和碩貝勒德格類以疾薨，年四十歲。德格類，上之弟也，上聞之痛悼，欲親臨其喪，諸貝勒勸止，不從，往哭之慟。諸貝勒大臣皆力勸，漏盡三鼓，上方還，於樓前設幄而居，撤饌三日，哀甚。諸貝勒大臣復進勸曰：『修短皆係天數，彼考終而逝，不必過傷！』懇切勸慰，上乃允其請，還宮。」（太宗文皇帝實錄卷二十五頁二十五上下）

後來，在莽古爾泰繼德格類死後，又發生莽古爾泰之女弟莽古濟的案子發生，於是又牽涉到莽古爾泰同德格類，以致牽涉正藍旗的問題，這一點我們已經在前面說過了。

　　總上所論，在太宗時代已開始趨向於中央政權的集中。以政權而論，由分權而至集權，這本是在社會上發展的正常趨勢，清代當然也不能外於此。考太宗之集權，大約可分爲下列五種：

(1) 小貝勒代大貝勒值月，用意在減少大貝勒的權力。

(2) 消減大貝勒權力，這種辦法由阿敏開始以十六大罪狀，遂將他監禁，以至於死。（崇德五年十一月病故，見太宗實錄53卷14頁。）

(3) 恰遇見莾古爾泰病故，但在以後又追論他以前的罪狀，遂將他的大貝勒名號取消。

(4) 對代善因爲他比較忠厚，而太宗之立推舉有大功。所以對他異常的客氣，雖然將他責備，但仍保存着大貝勒的名號，一直到崇德元年改成爲禮親王，方同其他的小貝勒居在同等的地位。

(5) 以文館的意見代替以前八旗的主張，關於這段尤其在對於正藍旗一事至爲明顯。

太宗雖未能廢除八旗制度，但是已經趨向於集權，由以上各點皆可以看出。

第三編　太宗卽帝位後實行加速政權的集中

天聰九年十一月據太宗文皇帝實錄說：

「先是，諸貝勒大臣以遠人歸附，國勢日隆，孔耿尙諸人，率衆來降，察哈爾之衆，又全歸附，邊外諸國，俱奉聲敎。定議，令文館儒臣希福，剛林，羅碩，禮部啓心郎祁充格，奏上言：『上功隆德懋，克當天心，四方慕義之衆，延頸舉踵，喁然嚮風。前者臣等廣集衆謀，合辭陳奏，請上進稱尊號，乃上謙德彌尊。虛懷若谷，辭以未知天意，不允衆請，必待上天眷佑，式廓疆圉，大業克成之時，然後郊禋踐阼，躬受鴻名，臣等伏思衆望不可以久虛，大命不可以謙讓。今察哈爾汗太子，舉國來降，又得歷代相傳玉璽，是天心默佑，大可見矣。所當仰承天意，早正大號，以慰輿情。』上曰：『今雖諸國來附，兼得璽瑞，然大業尙未底定也。大業未定，豫建大號，恐非所以奉天意，譬有一賢者於此，我將振拔之，彼則不待朕命而輒自尊大，亦朕所不許也。』固辭不允。

諸貝勒復遣希福等奏曰：『臣等思之，不待上命而妄自尊大者，固不爲上所
許；儻皇上欲振拔一人，而其人輾轉遷延，未肯受事，上寧不以爲非乎？儻不
仰承天心，膺受尊號，恐天心亦以爲非也。』再三陳請，上仍不允。管禮部事
貝勒薩哈廉，復令希福，剛林，羅碩，祁充格等奏言：『臣等屢次再訴，未蒙
皇上俯鑒下忱，夙夜悚惶，罔知所措。伏思皇上不受尊號，其咎實在諸貝勒，
諸貝勒不能自修其身，殫忠信以事上，展布嘉猷，爲久大之圖，徒勸皇上早正
大號，是以皇上不肯輕受耳！如諸貝勒皆克殫忠藎，彼莽古爾泰，德格類輩，
又何以犯上而作亂耶！今諸貝勒宜誓圖改行，竭忠輔國，以開太平之基，皇上
始受尊號可也。』上稱善，曰：『貝勒薩哈廉開陳及此，實獲我心。一則爲朕
深謀；一則欲善承皇考開創之業，其應誓與否，爾身任禮部，當自主之。諸貝
勒果誓圖改行，彼時尊號之受與不受，朕當再思之。』至晚，滿漢蒙古諸文臣
畢集。上命希福，剛林，羅碩等，傳諭漢儒臣曰：『諸貝勒皆勸朕早正尊號，
朕以土宇尚未統一，未審天意所屬，大號不宜輕受，爾等以爲何如?』鮑承先，
寗完我，范文程，羅繡錦，梁正大，齊國儒，楊方興等，對曰：『人當順天而
行，天之欲皇上受此尊號也，豈必諄諄然命之乎！玉璽既得，諸國皆附，人心
效順，是即天意所在也。今上宜順天應人，早正尊號，以承大統』。翼日，薩
哈廉復集諸貝勒於朝曰：『吾等各宜誓圖改行，以慰上意。』衆皆從之，各書
誓詞奏上，上覽之曰：『大貝勒年已邁，其免誓，薩哈廉誓詞暫存之，待其病
愈，然後立誓可也。其餘諸貝勒，不必書從前並無悖逆事等語，但書自今以
後，存心忠信，勉圖職業，遇有大政大議，勿謀於閹官員，及微賤小人，並其
妻妾等，即以此言爲誓，若謀及此輩，彼言不及義，必將私爲身謀，不顧國
家，所失多矣，至若莽古爾泰，德格類之邪逆者，天已誅之，可爲明鑑矣。諸
貝勒即不似彼之逆狀顯然，而陰懷異志者，亦必遭譴，迨遭譴之時，朕豈不痛
惜乎？』遂命誓詞內，不必載入已經悖逆事。大貝勒代善奏曰：『上念臣年
老，恐犯誓詞，自今以後，若不與諸貝勒同誓，臣且食不下咽，坐不安席矣。
儻皇上不令臣與議事之列，臣亦何敢違背上命，即不與盟誓可也。若皇上憐臣
而仍令居議事之列，臣性頑鈍善忘，必出誓詞，庶臣心不忘警惕，或可免於皇

上之譴責耳！』上曰：『國有大事，當共議者，寧獨不令與聞。但念爾年老，是以勸止，若必欲與諸貝勒同誓，聽爾可也。』於是諸貝勒各遵上諭，更定誓詞，焚香跪讀畢，遂焚書，代善誓詞曰：『代善誓告天地，自今以後，若不克守忠貞，殫心竭力，而言與行違，又或如莽古爾泰，德格類，謀逆作亂者，天地譴之，俾代善不得令終。若國中子弟，或如莽古爾泰，德格類，謀爲不軌，代善聞知，不告於皇上，亦俾代善不得令終。凡與皇上謀議機密重事，出告於妻妾旁人者，天地譴之，亦俾代善不得令終。若愚昧不知，以致或有愆尤者，亦惟天地鑑之，代善若能竭盡其力，效忠於上，則天地庇我壽命延長。』諸貝勒亦誓告天地曰：『自今以後，若有二心於上，及己身雖不作亂，而兄弟輩有悖逆之事，明知隱匿，或以在上前所議國事，歸告於妻妾，及不與議之閒員僕從，並云我意原欲如此，因而謗訕者，天地譴責，奪其紀算。若能竭力盡忠，當荷皇上洪慈，天地庇佑，壽命延長。』時外藩諸貝勒總集京師，請於我國諸貝勒曰：『我等思上功績隆盛，宜早定尊號，以統馭臣民。』諸貝勒曰：『爾等未至，我國諸臣，已先奏請於上矣，未蒙見允。爾有同心，可復偕入告。』遂定議奏上。上曰：『內外諸貝勒大臣，合辭勸進，似難固讓，朝鮮乃兄弟之國，應與共議，且外藩貝勒，尙有未至者，當遣使往朝鮮國，以此事聞之。』諸貝勒皆懍怵曰：『誠如聖諭。』衆皆退。薩哈廉奏曰：『上諭遣使朝鮮，誠然，蓋兄弟通好之國，禮宜告知，臣等內而八旗和碩諸貝勒，外而各藩諸貝勒，皆遣人與朝鮮王同議。一則使聞內外諸貝勒勸進尊號之意；一則使知各國來附，兵力强盛之實也。』上曰：『善，爾內外諸貝勒，共遣人偕朕使臣同往。』」（太宗文皇帝實錄卷二十六頁二十五下至三十二下）

天聰十年夏四月：

「戊寅，上御內殿，召外藩蒙古諸貝勒，設大宴，宴之。己卯，大貝勒代善，和碩貝勒濟爾哈朗，和碩墨爾根戴靑貝勒多爾袞，和碩額爾克楚虎爾貝勒多鐸，和碩貝勒岳託，豪格，貝勒阿巴泰，阿濟格，杜度，超品公額駙楊古利，固山額眞譚泰，宗室拜尹圖，葉克書，葉臣，阿山，伊爾登，達爾漢，宗室篇古阿格，蒙古八固山額眞，六部大臣，都元帥孔有德，總兵官耿仲明，尙可

喜，石廷柱，馬光遠，外藩蒙古貝勒科爾沁國土謝圖濟農巴達禮，扎薩克圖杜稜布塔齊，卓禮克圖台吉吳克善，喇嘛斯希，木寨，杜爾伯特部落塞冷，扎賴特部落蒙兮，郭爾羅斯部落布木巴，古木，杜稜濟農，奈曼部落袞出斯巴圖魯，巴林部落阿玉石，滿珠習禮，扎魯特部內齊，車根，吳喇忒部落土門，杜巴，塞冷，喀喇沁部落古魯思轄布，塞冷，土默特部落塔布囊，耿格爾，單把，及滿洲蒙古漢人文武各官，恭請上稱尊號。管吏部和碩墨爾根戴青貝勒多爾袞，捧滿字表文一道。科爾沁國土謝圖濟農巴達禮，捧蒙古字表文一道。都元帥孔有德，捧漢字表文一道。率諸貝勒大臣文武各官詣闕跪進。時上御內樓，御前待衛轉聞。上命滿洲蒙古漢人三儒臣捧表入。諸貝勒大臣，行三跪九叩頭禮，左右列班候旨。儒臣捧表至御前，跪讀表文，表曰：『諸貝勒大臣文武各官及外藩諸貝勒上言，恭惟我皇上承天眷佑，應運而興，輯寧諸國，愛育羣黎，當天下昏亂之時，體天心，行天討。逆者以兵威之，順者以德撫之，寬溫之譽，施及萬方。征服朝鮮，混一蒙古，更獲玉璽，受命之符，昭然可見。上合天意，下協輿情，臣等遇景運之丕隆，信大統之攸屬，敬上尊號，一切儀物，俱已完備，伏願俯賜俞允，勿虛衆望。』讀畢，上諭曰：『數年來，爾諸貝勒大臣，勸朕受尊號，已經屢奏，但朕若受尊號，恐上不協天心，下未孚民志，故未允從。今內外諸貝勒大臣，復以勸進尊號，再三固請，朕重違爾等之意，弗獲堅辭，勉從衆議。朕思既受尊號，豈不倍加乾惕，憂國勤政。唯恐有志未逮，容有錯誤，唯天佑啓之，爾諸貝勒大臣，既固請朕受尊號，若不各恪共乃職，贊襄國政，於爾心安乎？』於是命儒臣遍諭諸貝勒大臣畢，衆皆踴躍歡欣，行三跪九叩頭禮而出。」（太宗文皇帝實錄卷二十八頁十二下至十五上）

後來他就受尊號，「祭告天地，受寬溫仁聖皇帝尊號，建國號曰大清，改元爲崇德元年」。

祭告天地畢，乃行受尊號禮。

「左班和碩墨爾根戴青貝勒多爾袞，科爾沁貝勒土謝圖濟農巴達禮，捧寶一。和碩額爾克楚虎爾貝勒多鐸，和碩貝勒豪格，捧寶一。右班和碩貝勒岳託，察哈爾汗之子額駙額爾克孔果爾額哲，捧寶一。貝勒杜度，都元帥孔有德，捧寶

一。各以次跪獻於上，上受寶，授內院官，置寶盒內。」（太宗文皇帝實錄卷
二十八頁二十一上下）

後又祭告太廟，始立世代祖考神位，關於禮節之祭文，此地從略。

崇德元年四月：

「丁酉，分敍諸兄弟子姪軍功。册封大貝勒代善爲和碩禮親王；貝勒濟爾哈朗
爲和碩鄭親王；墨爾根戴靑貝勒多爾袞爲和碩睿親王；額爾克楚虎爾貝勒多鐸
爲和碩豫親王；貝勒豪格爲和碩肅親王；岳託爲和碩成親王；阿濟格爲多羅武
英郡王；杜度爲多羅安平貝勒；阿巴泰爲多羅饒餘貝勒；各賜銀兩有差。」
（太宗文皇帝實錄卷二十八頁五十下至五十一上）

按薩哈廉對於太宗之繼汗位出力很大。到了勸他稱皇帝時，恰好掌管禮部事務，
也最努力。而在封爵上，並沒有發表他，就是因爲他正在患病。

崇德元年五月壬子：

「貝勒薩哈廉薨。薩哈廉，和碩禮親王代善第三子也，通曉滿漢蒙古之義，明
達聰敏，掌理禮部事務，一切皇猷，多所贊助，至是薨，年三十有三」。（太
宗文皇帝實錄卷二十九頁三下）

太宗想到他的舊勳勞，非常悲痛，並輟朝三日，以致仍須追封薩哈廉爲穎親王。
從此，再沒有大貝勒小貝勒之分，大貝勒代善，卽改爲禮親王。於是同其他封親王的
相等，皆在皇帝下面。

至崇德元年六月，辛己：

「上命禮親王代善，鄭親王濟爾哈朗，豫親王多鐸，睿親王多爾袞，安平貝勒
杜度，及諸大臣，議和碩成親王岳託，和碩肅親王豪格罪。諸王大臣等議：『岳
託曾遣蘇達喇奏上云：『我父怨我，乞以黃馬與我，仍還我父，又在大凌河
時，莽古爾泰於御前露刃，情罪重大。岳託奏曰，藍旗貝勒，獨坐而哭，殊可
憫，不知皇上與彼有何怨恨耶？又欲市恩於哨卒，先許其有賞，後乃於上前奏
請云，可賞哨卒否？是欲妄冀上恩，邀爲己有也。又鄭親王屬下綽邇，馳馬致
斃。岳託問之曰，殆被創而死耶？鄭親王證以爲是則是矣，岳託卽以被創而
死，奏聞於上。是欲皇上疑鄭親王，偏護私人，致鄭親王見惡於上也。又碩託

阿格，向年自灤州逃回獲罪，奪其奴僕戶口，後岳託瞻徇碩託情面，奏上，請還之。又碩託殺家中婦人以滅口，法司審擬，奪其在外牛彔二戶人，及三牛彔人，岳託乃令本部啓心郎穆成格，奏請於上，乞還其子女之乳母，是徇庇有罪之碩託，而枉法瀆奏也。岳託又嘗語固山額眞納穆泰曰：肅親王曾向我云，我凡有所言，宜成格爲姦細，爾凡有所言，穆成格爲姦細，往往探聽我二人之言，卽行陳奏，其述豪格之言於納穆泰如此。又囑納穆泰勿復奏聞，既而岳託又以其言復告貝勒德格類，及鄭親王云，肅親王誠有是言也。及德格類、鄭親王，問豪格，對云我所言不如是也。宜成格向伊妻言，我與索渾妻有姦，其妻遂告根舒，根舒復告與我，我彼時疑宜成格夫婦心變，恐是宜成格夫妻造言揑誣，故有此語，豪格之言又如此，岳託不行責讓，又不奏聞於上，是欲離間父子，增長事端也。又復向鄭親王，及德格類言之者，是欲推求其惡事也，豪格果以此言告之，岳託乃不卽奏上，是怨上欲外求黨與也。岳託坐此數罪，應論死，或免死監禁，籍其家』。又議：『豪格先曾奏上云，成親王岳託，必多取瑣諾木之馬，故瑣諾木形容俱瘁。又向岳託言，上曾言爾多索瑣諾木良馬，以致瑣諾木形容俱瘁。又上曾諭豪格曰，爾爲妻所惑，恐被酖毒。爾外家人，不可輕信，宜謹防之。後上出獵，瑣諾木妻從開原遣人送米肉至。奏上曰，乞皇上令庖人造用。觀此言，若豪格不向外家人言，瑣諾木妻何由知之？又曾與岳託言，宜成格爲姦細，每以其所言奏聞於上，豪格既疑宜成格揑謗誣陷，何故不卽奏聞於上？而惟私與岳託言之，是有怨上之心，而與岳託同謀也。額駙佟養性女，適岳託之子，欲以男子六十人隨嫁，以豪格係統攝部務之王，使丹坦，圖賴，二次至部問之，豪格知事例不合，卽當諭止之，乃又引之奏上，豈非以奏之而許，則可市恩於岳託。不許，令彼歸怨於皇上耶。豪格坐此數罪應論死；或免死，並其妻收禁，統候上裁。奏聞：上曰。彼等雖懷異心以事朕，若朕卽加誅戮，朕亦將被惡名。一爲朕之子，一爲我母后從幼撫養之弟，子庸愚而弟嫉忌，朕以大度待之，適足以召福祥耳！彼等若負朕寬宥之恩，仍行背逆，天地豈不鑒之。於是岳託，豪格，俱免死，並免幽禁，革去親王爵，降爲多羅貝勒。』諸王大臣等，復議『罰岳託雕鞍馬二十四，甲冑二十副，馬二十

匹，銀一萬五千兩。罰豪格鞍馬十匹，甲胄十副，馬十匹，銀一萬兩。』奏聞，上諭曰：『岳託，豪格，各罰銀一千兩；餘著寬免。碩託緣兩事獲罪，曾奪其滿洲奴僕以與岳託，彼欲市恩，奏乞還之。彼既欲市恩，朕亦姑為原情，可將碩託自灤州以來獲罪所奪滿洲奴僕，俱復還之。』復遣審事大臣，諭岳託，豪格曰：『爾等罪惡，衆議以擬死罪，想爾等亦自分必死矣，若朕果有意誅戮，何難執法不宥，但仰觀天象，顯有眷佑我國之意，朕晝夜憂勞，修政養民，儻邀帝眷，撫有疆域，得膺大統，欲與兄弟子姪，以及羣臣萬姓，共享太平，朕若傷殘爾等，將誰與共之乎？爾等自今以後，當心懷忠信，竭力圖報，其效力與否，朕自知之，衆亦豈有不共見者耶？』岳託，豪格對曰：『臣等自罹法網，不惟不敢望仍享爵位，撫有戶口，卽性命亦不敢保，乃蒙皇上仁德優容，俾臣等死而復生，高厚之恩，銜結莫報，臣等尚有何辭以對！』豪格復奏言：『臣非欲辨釋已罪，但穆成格，宜成格，以臣言奏上之語，臣實未有，今願與岳託誓，以白臣心。』上許之，岳託，豪格，遂焚詞誓告。」（太宗文皇帝實錄卷三十頁二十五下至三十下）

崇德二年六月甲子：

「上以征朝鮮及皮島時，王以下，諸將以上，多違法妄行，命法司分別議罪。議得和碩禮親王代善，違制於二十護衛外，多選十二員，罪一；既多選護衛，復與所屬巴布賴同謀，誣部臣車爾格，令之多選，罪二；明知十二護衛冒充丁衙，詐云不知，罪三；以戴翎之護衛，詐稱使令下役，罪四；違制秣馬於朝鮮王京，罪五；在王京城時，令八家家丁，各收回本旗，王乃妄遣家丁，私往造船之處，罪六；代善，應革親王爵，罰銀一千兩，所多選衛十二名，係專管牛彔所屬者，並牛彔撥出；係內牛彔所屬者，止將本族撥出；其在王京所養馬匹，及發往造船處人等，俱入官。上命集親王，郡王，貝勒，貝子羣臣於篤恭殿會審，復如前議奏聞。上御崇政殿，以代善罪狀，宣諭親王郡王貝勒貝子羣臣，悉宥之。又議鄭親王濟爾哈朗……和碩睿親王多爾袞……多羅武英郡王阿濟格……多羅貝勒岳託……多羅貝勒豪格……固山貝子碩託……固山貝子篇古……固山貝子博和託……上諭，濟爾哈朗，罰銀二百兩，多爾袞罰銀一百兩，

岳託，罰銀五百七十五兩，豪格，罰銀七十五兩，碩託，免三牛彔入官，仍罰

銀二千兩……」（太宗文皇帝實錄卷三十六頁二十上至四十一下）

足見太宗的威權，自卽帝位後，愈來愈增加，以逐漸將八旗並立制度破壞。

崇德二年八月癸丑：

「時上命兩翼較射，岳託奏曰：『臣不能執弓。』上曰：『爾徐引射之，爾不

射，恐他翼諸王貝勒貝子等不從。』諭之者三，岳託始起射，及引弓，墮地五

次，岳託遂以所執弓，向諸蒙古擲之。於是諸王，貝勒，貝子，固山額眞，議

政大臣，刑部承政會審，以岳託素志驕傲，妄自尊大，今敗露於衆人之前。如

此罪惡，難以姑容，應論死，奏聞，上不聽。又議幽禁別室，籍沒家產，上仍

不聽。又議奪所屬人員，罰銀五千兩，解兵部任，削貝勒爵。上命免奪所屬人

員，解兵部任，降貝勒爲貝子，罰銀五千兩，暫令不得出門。」（太宗文皇帝

實錄卷三十八頁十上下）

崇德三年五月乙亥：

「先是，上征喀爾喀旋師，至博落爾濟，以馬匹疲乏，命右翼大臣雍舜，左翼

大臣伊孫，率將士攜疲馬徐歸，至宜扎爾地方，因草惡，諸將議曰：『衆馬疲

乏，御馬二匹亦乏，當遣人前往相視草地，如草惡可還至克本地方，歇馬一二

日方行』。覺善曰：『如此，何不將御馬用轎擡去。』兩翼大臣伊孫，雍舜

等，以其言狂慢，送刑部鞫訊，覺善所言是實，刑部鄭親王濟爾哈朗奏：『先

征朝鮮時，宜希達來獻所得馬，時上已安寢，詭云有急事，強請上起，及次

早，令選良馬與新歸附人，又曰不拘何馬取去，何必選擇，又恩克爲其王選護

衛，多取十名，希圖貼丁免差，至審訊時，恩克又言不獨我旗多選，兩黃旗亦

有之，及查案，兩黃旗並未多選。今覺善又出此狂慢之言，是和碩禮親王一旗

中有此三大事，此非一部所能獨審。』於是集諸王貝勒固山額眞以下，議政大

臣，及梅勒章京以上，於篤恭殿會議，諸臣議：『和碩禮親王代善，中懷悖

亂，有慢上之心，故所屬之官，屢行無狀如此，應削王爵，籍沒所屬人員。覺

善應論死，籍沒家產。』奏聞，上曰：『何可以此罪及禮親王耶？爾等所議，

無乃謂王不悅朕所行政令，故其屬下人員中，常有此等傲慢事乎？覺善與安嶺

外得罪，豈可累及在家之親王，其免議，覺善無知狂言，亦從寬免罪。』」（太宗文皇帝實錄卷四十一頁二十五上至二十七上）

崇德三年八月：

「辛丑，先是，阿哈廉牛彔下逃去新滿洲時，吏部遣官追緝，因鑲藍旗鑲黃旗該直，遂僉派鑲藍旗海塞，又以鑲黃旗無官，僉派鑲白旗滿都戶代之，後以海塞，滿都戶懦弱，別選次班正紅旗伊希達，鑲白旗伊喇尼往追，有吏部筆帖式莫樂弘，與伊希達同旗，私告之曰：『此非我旗班次，仍代讓藍旗官差遣耳。』伊希達遂以其言告禮親王，王遣人謂阿拜阿格曰：『別旗班次，何故遣我旗伊希達，伊希達為有罪之人，宜令之從軍攻城，不應別有差遣。』後至郡王阿達禮府第宴會，禮親王親謂睿親王曰：『遣我旗之人，代別旗班次，不亦誤乎？』睿親王聞言，遂於會議處，告於諸親王，郡王，貝勒，貝子，固山額真，議政大臣共議之，尋議曰：『凡差遣官員，材力可否，原聽該部酌量舉用，今違該部僉派，豈將另立一部耶？禮親王代善，應罰銀五千兩，奪其五牛彔屬員。伊希達在王前讒間，應論死。筆帖式莫樂弘，以本部事私告於伊希達，亦應論死。奏聞，上以禮親王年邁妄言，姑宥其罪；伊希達處死，莫樂弘革職，鞭一百，貫耳鼻。』」（太宗實錄卷四十三頁六下至七下）

崇德四年三月：

「丙寅，征明左翼奉命大將軍和碩睿親王多爾袞，右翼多羅貝勒杜度等，自軍營遣兵部啓心郎詹霸，俄莫克圖巴圖魯，碩爾兌等，奏報，上覽右翼杜度疏，無揚威大將軍多羅貝勒岳託名，大驚，問詹霸等，詹霸等奏曰：『岳託，及公馬瞻，俱病卒。』上慟哭久之，令且勿使禮親王知，因輟飲食者三日。」

崇德四年夏四月：

「辛丑，留守和碩鄭親王濟爾哈朗，同凱旋和碩睿親王多爾袞，多羅貝勒豪格，多羅饒餘貝勒阿巴泰等，聞車駕將至，迎候於城外四十里之沙嶺堡，上至沙嶺舊邊外五里，凱旋王貝勒等，先令都察院承政國舅阿什達爾漢，兵部承政伊孫，吏部參政覺羅薩璧翰等，跪奏道旁，言右翼揚武大將軍多羅貝勒岳託，輔國公馬瞻，病卒於軍中。上哭之，下馬，席地坐，和碩禮親王代善痛哭，下

馬仆地。上哭良久，復上馬，謂代善曰：『此非可久駐之所也，觸目傷心，無往非慟，姑且還家哭之。』因命左右扶代善上馬，上且哭且行，代善復哭，仆於馬下，上立馬以待，令二人扶掖乘馬而行，駕至沙嶺堡，諸王貝勒，道旁跪迎，上下馬，入御幄中，坐而痛哭，以茶酒遙奠岳託，畢。濟爾哈朗等，行三跪九叩頭禮，多爾袞，阿巴泰，豪格，復跪奏：『臣等往征明國，仰荷皇上威福，毀其邊墻，破其城堡，所至之地，縱橫無敵，今已奏凱還朝。』奏畢，以次至上前，行抱見禮畢，車駕至盛京，不入宮，御崇政殿，遣親王以下，及諸大臣等，詣岳託喪次奠酒，王貝勒等還，薄暮，上乃入宮，輟朝三日。」（太宗文皇帝實錄卷四十六頁二下至頁四上）

崇德四年五月：

「辛己，上御崇政殿，召諸王貝勒大臣等近前，命和碩像親王多鐸，跪受戒諭，上諭曰：『爾等當聽朕言，爾諸王貝勒貝子大臣等，恪勤乃職，匡輔國家，仰體上心，乃義所當然也。昔巴都禮阿格存日，曾奏言臣自幼侍諸貝勒，歷有年所，近見我本貝勒所行悖謬，且與行事悖謬之阿濟格阿格，兩相親暱，皇上宜早諭之，不則必陷於罪戾矣。朕思爾乃朕之季弟也，倘不預為教誠，必至罪大難容，故不時召爾，屢屢密加訓諭，且飭爾在下之人，爾乃不聽朕言，罔知儆悔，所行猶自悖謬，豈非自罹於咎乎！昔攻克扎魯特部落，擒獲戴青時，武英郡王欲納戴青之媳，善都之妻，朕以其夫現在，奪娶其妻，於理不合，是以不許。爾乃同武英郡王，往告科爾沁國土謝圖額駙曰，若不以善都妻見與，我必不生。夫以阿濟格所行不義，汝為弟者，不思諫諍，反附和以成其過乎？勝為君長，法紀所自出，爾自幼受朕撫育，乃附惡妄行，顯違朕命，其故何也？土謝圖額駙知此意，因面奏言，昔皇考視我猶子，恩養有加，故意所欲言，不敢隱諱，阿濟格阿格，欲娶善都妻，意甚勤懇，豈可因一婦人而壞大事，與之可也。若不與時，或逃或死，寧不貽耻於朝廷乎？朕聞其奏，尤覺駭異，遂令土謝圖額駙，告於禮親王，力阻之，此事眞否，爾其面言之。戊寅年，聞喀爾喀兵犯我歸化城，出師往禦，還至張家口，與明人議互市事，兼索察哈爾舊例。正當議時，爾乃大言於衆曰，明之所與者，多不過銀三千兩，緞三百疋

而已，豈可爲此微物而駐兵乎！就使得之，我所應分得之數，亦必不取，固山額眞阿山，可代取之。夫隨時察理，各有其宜，朕爲一國之主，卽所行果違於理，爾當明白奏聞，不宜出怨言於外。他人若有怨言，爲爾所聞，亦當忿怒不平，入告於朕，始爲合理。爾爲朕之親弟，乃竟如此，朕將曷賴乎？朕以爾爲皇考幼子，惟親愛養育之而已，何嘗薄待於爾，推爾急欲還家之意，非以妓女爲戀乎？何邪縱之甚也！昔太祖時，以人參與明人互市，明人不以貴美之物，出售於我，止得粗惡片金紬綾緞疋，其時貝子大臣家人 ，有得明國私市好緞一疋者，阿敦阿格奏請將其人處死 ，所以華整之服，亦不可得，爾等豈不知之。今朕嗣位以來，勵精圖治，國勢日昌，地廣糧裕，又以價令各處互市，文繡錦綺，無不備具，爾諸王貝子大臣，所被服者非歟？往時亦嘗有此否也，朕之爲衆開市 ，豈屬無益 ，爾英俄爾岱，索尼等不見昔日庫中餘布，尙無十疋之貯乎？朕嘗以爲人君苟修政行義，則天必垂佑，而財用自充，故雖當國計不足，而中外賞賚，未嘗示人以匱乏，且常顧諸王貝勒貝子大臣，俱仰荷天庥，長享富貴，今爾等不已臻富貴乎？爾豫親王何所不足，而猶懷怨望也。從來臨陣退怯，及悖謬姦詐者，衆當共議其罪而懲創之，忠勇正直者，亦當鼓舞而陞賞之。今朕所親愛有功之人，而爾反生厭惡，朕所深惡背叛之喀克篤禮，及其親戚怯懦之洪科，而爾反加矜惜，此何意耶？宗室中，遇有一賢者，不啻朕之弟也，更遇有一賢者，不啻朕之子也。使不因其賢而舉用之，豈理也乎？乃若雖具才能，而心懷離異，亦復何益。雖甚朴魯，而爲國效力，與朕一心，卽爲賢矣。爾等衆大臣家中，皆各有一二奴僕，其與爾一心，及不與爾一心者，爾等以爲何如？此其理之一也。 昔太祖分撥牛彔與諸子時 ，給武英郡王十五牛彔，睿親王十五牛彔，給爾十五牛彔，太祖亦自留十五牛彔，及太祖升遐，武英郡王、睿親王言，太祖十五牛彔 ，我三人宜各分其五 ，朕以爲太祖雖無遺命，理宜分與幼子，故不允其請，悉以與爾。又太祖欲分給諸子紬緞各三櫝，恐致妄費，命貯於朕庫，迨太祖升遐，藍旗貝勒奏曰：我等紬緞，今當取用。朕以皇考在時，未有成命，今悉出之，於理未協，故不允所請，而特以畀爾。由此言之，則武英郡王，睿親王，或宜怨朕，爾獨何心，而亦懷怨耶？朕所時

加懲治者，惟臨陣敗走，及行獵不能約束整齊，與酗酒妄行三事耳。其餘諸
事，悉從寬宥，曷嘗多加嚴責耶？朕日望爾早自成立，故俾爾獨領一軍，庶幾
贊成大業，無負朕撫育之恩。今爾所行不義，而反怨朕之正己律下，誠不解其
何心也？況爾非以親王掌理禮部者乎？曩者時當無事，第見持書往明互市之
人，猶相抱而泣送之，今有事征伐，爾兄睿親王，與諸貝子大臣，及出征將
士，皆有遠行，朕雖避痘，猶出送之，爾乃假托避痘爲詞，竟不一送。私攜妓
女，絃管歡歌，披優人之衣，學傅粉之態，以爲戲樂。掌禮秩宗，固當如是乎
？爾既不一送，儻其人或有事故，尚得復見之耶，諸王貝勒，以爾爲獲罪之
人，皆欲留爾，不令出征，朕念爾雖有過愆，實爲幼弟，欲令立功自贖，故率
爾前往，爾非惟不能制勝贖罪，所率五百精銳護軍，遇八百敵兵，未發一矢，
未衝一陣，遽爾敗走，以致人十名，馬三十四，俱遭陷沒。夫以我國之兵，千
能當萬，百能當千，十能當百，未有不勝，爾領精兵五百，猝敗於敵兵八百
人，可恥孰甚焉！』諭畢，又召陣獲副將祖克勇前跪，指示豫親王，及護軍統
領阿爾津，哈寧噶，甲喇章京俄羅塞臣，哈爾塔喇，塞赫，翁克等曰：『爾等
獲罪之處，難以枚舉，但舉其最大者，公言於衆，以愧爾心，有如此。』於是
衆議和碩豫親王罪狀，當和碩睿親王出師遠征，聖駕親送，豫親王獨不隨行，
罪一。征錦州時，各旗兵由錦州界入，豫親王率本管正藍旗護軍，由寧錦中間
入，和碩鄭親王，率本管鑲紅旗護軍，由中後所前屯衞入，迨令豫親王，從錦
州往助鄭親王，會明中後所兵，出犯我軍，豫親王知之，止留兵二隊，竟率衆
遠去，罪二。敵兵來犯時，阿爾津，哈寧噶，三次遣人留王，不聽，反遣人速
招之還，意在俟衆敗走，已可乘機遠遁，罪三。敵人來追我兵，貝子博洛迎
敵，王竟不前，但率執纛之衆以立，罪四。原未臨敵，乃稱執纛率衆，與貝子
博洛同進，誣言欺上，罪五。敵兵已近，不合力攻擊，復不收取陣亡骸骨，棄
之而逃，罪六。元旦慶賀，以疲馬進上，罪七。豫親王多鐸，應削和碩親王
爵，除本身及妻外，其餘僕從，及所屬人員，並一切家產，悉入官。奏聞。上
命宥其餘罪，第以不送睿親王故，罰銀萬兩，又以中後所遁走時，被殺九人，
失馬三十三匹故，分其奴僕牲畜財物，及本旗所屬滿、漢、蒙古牛彔爲三分，

留二分給豫親王，其一分奴僕牲畜，全給和碩睿親王，其滿洲蒙古漢人牛彔，及庫中財物，和碩睿親王，與武英郡王均分，降和碩親王爲多羅貝勒」。（太宗文皇帝實錄卷四十六頁二十下至二十七下）

崇德四年六月戊子：

「先是，上命岳託爲右翼揚武大將軍，西征明國，還至濟南府，病痘卒，卒後，其部下蒙古阿蘭柴、桑噶爾寨，發岳託陰事，以告固山額眞譚泰，護軍統領圖賴，及內國史院學士羅碩等，阿蘭柴言：『岳託以我曾將其家一切言語，奏聞於上，每深惡於我。』桑噶爾寨言：『岳託在時，曾與瑣諾木刀一口，弓二張。囑之曰，爾其用此弓善射之，勿忘前約，瑣諾木送岳託馬一匹，岳託受之，令我收養，又召瑣諾木入內室密語，其言我未得聞，瑣諾本私語時，有布賽，和託，車爾布，三人在側。』等語，譚泰，圖賴，羅碩等，以此事所關甚大，當速聞於上，遂具疏齎奏，上覽畢，遣內院大學士希福，剛林，啓心郎索尼等，往問和碩禮親王代善，鄭親王濟爾哈朗，睿親王多爾袞曰：『此事當究問乎？抑當止乎？』代善等奏曰：『當按律懲治，拋其骨，戮其子。』上曰：『岳託自幼爲皇妣太后所恩養，朕亦愛而撫之，以致成立，縱彼萌不軌之心，朕豈忍以法處之乎，朕方慈愛有加，而彼肯懷姦慝，上天昭鑒，亦旣中道奪其算矣，夫朕以恩遇彼，彼以仇視朕，此天之所以垂佑於朕，而降罰於彼也。雖然，朕終不忍以其惡，而輙圖報復，爾等其勿復言。於是籌度良久，乃集和碩親王以下，及諸大臣於篤恭殿，訊其事。』瑣諾木對曰：『岳託與我弓刀，有之，至家見公主哭泣，亦有之，所言總屬閒語，並無用心射之之說，我以馬送岳託，轉付桑噶爾寨，亦有之。』上曰：『此事非虛，前者瑣諾木夫婦，與莽古爾泰，德格類，盟誓佛前，陰圖不軌，朕已免瑣諾木死，瑣諾木妻乃岳託妻母也，彼時姦謀，岳託亦必知之，但阿蘭柴，桑噶爾寨等，若於岳託在時，首告乃爲有功，向使不軌之徒，徼倖得志，伊等且將附和之矣，今事不成，恐他人先發，故來告耳，有何益哉！阿蘭柴，桑噶爾寨，功罪俱不足議，岳託雖有不軌之心，朕旣自幼撫養，必不忍加以身後之刑，而仇視其子也，至瑣諾木有何德能，猥鄙之人，其如誰何，安用誅之，姑行宥免。』諭畢，遂集衆數其

罪而赦之。」(太宗文皇帝實錄卷四十七頁二上至頁四下)

對於各王管理部務事，仍如前，比如「甲午，命多羅貝勒豪格管理部事，多羅安平貝勒杜度管禮部事，多羅貝勒多鐸管兵部事」。(太宗實錄卷四十八頁四下)

崇德五年十二月己酉條：

「多羅安平貝勒杜度下䩄泰，傅喇塔，葉什，石賴，尼滿等五人首告：『貝勒杜度，口出怨言，每問我等云，往征遵化，我獨敗敵兵，定朝鮮時，留兵甚少，我將許多紅衣礮，盡行曳至，又協同睿親王，攻克江華島，又大兵征濟南府時，助克勤郡王，攻克牆子嶺城，斬總督一員，總兵一員，又與克勤郡王，同克濟南府，擊敗盧總督兵，時克勤郡王兵未動，我親率衆兵擊敵，及克勤郡王薨，駐營於運糧河時，敵兵夜襲鑲藍旗前鋒營，我次早追及，敗之，睿親王率左翼兵先出邊，敵兵步騎，隨兩翼未追，直至邊口，我獨殿後，不爲敵擾，安然出邊，如此勤勞，置而不論，羅洛宏之父岳託，雖被阿蘭柴首告獲罪，猶封郡王，羅洛宏猶襲貝勒爵，譚泰，圖賴，尙各陞職，似我無罪有功之人，止因不敬希爾艮，遂不論功，而反加罪，無非爲我在紅旗故耳。又賜諸王衣服時，貝子尼堪，羅託，俱受賜，我獨見遺，後方補給，今雖效力，何用之有。鄭親王敍功冊所載，不過以常常念君之故，遂得封鄭親王，我且待時，惟天公斷，或鑒之耳。爾等係我至親，故以心事相告。杜度此等言語，不論在家在外，常出諸口，又曾以東珠五顆，粧緞二疋，倭緞一疋，緞六疋，送與固倫公主，乃言曰，此與征賦稅何異，公主卻還未受，及希爾艮免罪後，又云。先因餽送希爾艮，已坐罪矣，今後若不餽送，異日必又以不餽送獲罪也，又謂胡球曰，我爲貝勒，亦足貴否？胡球曰，旣有儀仗，可謂貴矣。貝勒杜度曰，若云尊貴，我頂上東珠，如何又少？又曰，命我在部，豈榮貴之乎，止不許我安閒耳。又過朝鮮國王諸子門時，忽大言曰，謂天無知，何爲祭天，謂神無知，何爲祀神。種種怨言如此。我等五人，雖在安平貝勒杜度下，沾其恩被，但其從前憤懣之詞，關係甚大，諫止之。不聽，我等若欲聲言，恐以無證據，坐罪而死。不言，又恐他人聞而言之，將謂我等係姑舅之戚，又日在左右，知而不首，亦當死，均之獲罪，計惟奏上，或蒙鑒察。』於是王，貝勒，貝子，議政

大臣，訊之皆實。尋議，安平貝勒杜度，及其福金，應具監禁，奪奴僕財物，並所屬人員，入官。其子公杜爾祜，穆爾祜，特爾祜等，聞伊父怨上，出此妄言，不行諫止，應降爲庶人，奪奴僕，及所屬人員，入官，止與莊一所居之，貝勒杜度送公主禮時，有如納賦稅之言，阿本諸實聞之，審問時，徇庇其主，推諉不知，應論死。又頂上東珠何少之語，訊胡球得實，胡球既係內院學士，此等言語，隱而不言，亦應論死，出首之人。斷出，令隨便居住。奏聞，上命安平貝勒，及其福金，俱免監禁，並免奪奴僕財物，及所屬人員，止罰銀一萬兩，公杜爾祜，穆爾祜，特爾祜，俱免議，其下概從寬宥。阿本諸，胡球，俱免罪，原告肫泰，傅喇塔，葉什，石賴，尼滿等斷出，帶一牛彔滿洲人丁，又加五十人，往隨和碩肅親王。」（太宗文皇帝實錄卷五十三頁十六下至十九下）

崇德六年三月乙未：

「於是多爾袞等，既至遼河，遣伊成格，羅碩來奏，上命出征諸王，貝勒，貝子，公，固山額眞，梅勒章京，護軍統領，及議政大臣以上等官，俱駐塔傍，不令入城，其甲喇章京，牛彔章京等，聽其率衆軍還家，隨遣內大臣昂邦章京圖爾格，固山額眞英俄爾岱，內院大學士范文程，希福，剛林，學士羅碩，額色黑等，往訊睿親王等，遣兵歸家，及離城遠駐之故，諭曰：『朕先遣阿喇善，伊爾德時，曾諭通察各旗將領，如有缺員，具本來奏，何乃輕視朕命，並未遣一人，並未具隻字回報。』又諭睿親王曰：『朕之加愛於爾，過於諸子弟，良馬鮮衣美饌，賚予獨厚，所以如此加恩者，蓋以爾勤勞國政，恪遵朕命故也。今於圍敵緊要之時，離城遠駐，遣兵歸家，違命如此，朕豈能復加信任哉？』又諭肅親王豪格曰：『爾同在軍營，明知睿親王失計，何得緘默靜聽，竟從其言？』諭饒餘貝勒阿巴泰，安平貝杜度，公碩託曰：『爾等何爲漠不相關，任睿親王所爲，是亦曰是，非亦曰是，遇之如路人，視之爲秦越乎？軍國重事，無論爾等義同一體，即將新附蒙古，尚知出力報效，爾等乃不盡心憂國，以爲事不關己，上而皇天，暨我皇考太祖神靈，豈不照鑒乎！』又諭碩託曰：『爾曾獲罪，朕屢寬宥，以至今日，可惜虛有其表，不思竭力效忠，報朕屢次宥罪之恩，反若事不關己，今後再罹於罪，任法司治之，必不爾宥也。』又諭

各固山額眞諸大臣曰：『不論諸王貝勒大臣，凡倡言遣五人還家者，卽指名舉出，若係睿親王下護衞屬員，倡爲此言，睿親王卽行執送，不得含糊自認，此罪非可輕任者，至爾等應得何罪，自行定議具奏。』圖爾格等，至多爾袞等處宣諭畢，多爾袞奏曰：『臣集衆議，每旗先遣能員一人，率每牛彔兵五人還家，修治盔甲器械，牧養馬匹，伊等抵家時，奏聞皇上更換衣服，可速來軍營。今聞錦州敵兵馬匹皆在他處牧養，內援之兵，皆亦退同養馬我等兵力有餘，何畏錦州松杏三城之兵，卽使敵兵合侵，我國更番之卒，必相遇而抵之，又何慮乎？衆皆以爲然，亦無阻者，是倡議者臣也，遣歸者亦臣也。至離城遠駐，因舊駐之處，青草食盡，所以遠移以就芻牧耳。前阿喇善，伊爾德等來，曾傳上諭云。當遍察各旗，如有缺額，卽具疏奏，及行查驗，並無缺額，臣以爲額旣無所缺，何必同奏，遂與肅親王議止之，未行同奏，今旣違命，罪實應死，復有何辯！又從前誓詞內，凡機密事宜，不惟不與護衞等共議，並未向我國一人言之，至皇上愛臣，過於愛子，豈待上諭，舉國臣民，以及外藩，無不知悉，每思效死竭力，黽勉爲國，以報聖恩，但臣識庸慮短，遣兵歸家，離城遠駐，背違上命，尚復何言，有死而已。』及問肅親王，與二貝勒，對亦如之，又遍問公等，固山額眞，梅勒章京，議政大臣，及兵部等官，皆如多爾袞所對……遂各議罪……隨以所議奏聞，上命降和碩睿親王多爾袞爲郡王，罰銀一萬兩，奪兩牛彔戶口，降和碩肅親王豪格爲郡王，罰銀八千兩，奪一牛彔戶口…」（太宗文皇帝實錄卷五十五頁七上至頁十二上）

崇德八年夏四月丙申：

「先是貝勒羅洛宏，以罪降斥，追奪冊文，至是，上復命羅洛宏爲多羅貝勒，仍管旗事，還給冊文，命和碩鄭親王濟爾哈朗，和碩睿親王多爾袞，召羅洛宏諭之曰：『爾父屢獲罪愆，因皇考太祖，皇妣太后，撫養爲子，朕亦視之如弟，雖有罪犯，及歿後，猶追封克勤郡王，並加恩於爾，命爾爲多羅貝勒，兼管旗務，爾乃不思率由善道，以輔國政，嗜酒作慝，致干國法，諸王貝勒，皆議革去多羅貝勒，人口籍沒入官，朕又追念爾父，特行寬宥，復爾多羅貝勒，給還冊命，仍令管旗事，自此以後，爾當敬愼修身，切戒飲酒，勤思善行，以

裨益國政。若仍前嗜酒，行事妄亂，不第爾祿位人口不保，卽置爾於法，亦所
不赦。至本旗所屬諸臣，俱宜戒酒，仍勸勉貝勒效力贖罪，若不勸勉貝勒，而
嗜酒不止，定誅爾諸臣，將貝勒夫婦，禁錮不宥。』諭畢，羅洛宏，及本旗諸
臣，無辭可對，皆叩首謝罪。」(太宗文皇帝實錄卷六十四頁十八上至十九上)

　　所有的以上各條都是說明清太宗在稱帝位以後，崇德年間，削減大小貝勒的權力
情形，雖然使用的手段間或有不同，但其目的是一致的。這樣做法的結果，君主的權
力作了相對的增加，顯然走上集權的途徑，不但如此，清太宗還增加政府機關的實際
權力，下面我們再來看一看，在這一段時期內他如何解決他國家內部的政治問題。以
便說明他如何繼續加強中央政府的權力。

　　崇德元年五月丁巳：

　　　「上諭都察院諸臣曰：『爾等身任憲臣，職司諫諍，朕躬有過，或奢侈無度；
　　　或誤讟功臣；或逸樂遊畋，不理政務；或荒昵酒色，不勤國事；或廢棄忠良，
　　　信任姦佞；及陟有罪，黜有功，俱當直諫無隱。至於諸王貝勒大臣，如有荒廢
　　　職業，貪酒色，好逸樂，取民財物，奪民婦女，或朝會不敬，冠服違式，及欲
　　　適己意，託病偷安，而不朝參入署者，該禮部稽察。若禮部徇情容隱，爾等卽
　　　應察奏。或六部，斷事偏謬，及事未審結，詿奏已結者，爾等亦稽察奏聞。凡
　　　人在部控告，該部王，及承政，未經審結，又赴告於爾衙門者，爾等公議，當
　　　奏者奏，不當奏者公議逐之。明國陋規，都察院衙門，亦通行賄賂之所，爾等
　　　當互相防檢，有卽據實奏聞，若以私讐誣劾，朕察出，定加以罪。其餘章奏，
　　　所言是，朕卽從之；所言非，亦不加罪，必不令被劾者，與爾面質也。爾等亦
　　　何憚而不直陳乎？至於無職庶人，禮節錯誤，不必指奏。我國初興，制度多未
　　　嫻習，爾等教誡而寬釋之，可也。」(太宗文皇帝實錄卷二十九頁六上至七上)

　　另有兩件記載雖與削減貝勒政權無干，但與整理滿洲政治頗有關係。一就是，崇
德二年二月癸己，上諭戶部曰：

　　　「朕聞巨家富室，有積儲者，多期望穀價騰貴，以便乘時射利，此非憂國之善
　　　類，實貪吝之匪人也。此等匪人，自謂人莫己知，殊不知衆誰汝掩，必至敗
　　　露。向者因國賦不充，已令八家各輪藏穀，或散賑，或糶賣。今八家有糧者，

無論多寡，盡令發賣，伊等何不念及於此，今後固倫公主，和碩公主，和碩格格，及官民富饒者，凡有藏穀，俱著發賣，若强伊等輸助，或不樂從，今令伊等得價貿易，而或不聽從，具顯違國家之令，可乎？」

「又諭戶部曰：昨歲春寒，耕種失時，以致乏穀，今歲雖復春寒，然三陽伊始，農時不可失也，宜早勤播種，而加耘治焉。夫耕耘及時，則稼無災傷，可望有秋，若播種後時，耘治無及，或被蟲災，或逢水潦，穀何由登乎？凡播穀必相其土宜，土燥則種黍穀，土濕則種秔稗，各屯堡撥什庫，無論遠近，皆宜勤督耕耘，若不時加督率，致廢農事者，罪之。」（太宗文皇帝實錄卷三十四頁十三上至十四上）

崇德二年四月：

「辛卯，命吏部和碩睿親王多爾衮，兵部多羅貝勒岳託，工部多羅饒餘貝勒阿巴泰，多羅安平貝勒杜度，集羣臣於篤恭殿，宣諭曰：『固山額眞者，乃該旗之主也。汝等豈非以齋戒故，不至大淸門歟？但不集篤恭殿理事，乃託言勞苦，各在家安居，何爲也？士卒之馬匹，當茲靑草亦盛之時，並不委人專管收放，俾其隨處成羣，餒養肥壯，乃各於本屯拴繫者何故？若云已出牧放，何不領取兵部勘合乎？至於朝鮮婦女，軍士以力戰得之，今聞我國之婦女，沃以熱水，拷以酷刑，旣不容爲妾，又不留爲婢，妬忌殘虐，莫此爲甚。此等婦人，朕必懲以從夫殉死之例。法無可宥，急宜悛改，寬厚待下，俾各得所，則旣往之愆，庶可免於國法也。今歲偶値年饑，凡積穀之家，宜存任恤之心，遇本牛彔內有困乏者，將穀糶賣，可以取値，聽人借貸，可以取息，若不賣不借，埋置地中，以致朽爛，暴殄天物，漠視民生，豈可容於我國乎？此等情事，該管牛彔章京，宜時加稽察，其貧人田土，無力耕種者，宜令有力者助之。」（太宗文皇帝實錄卷三十四頁二十二上至二十三上）

「丁酉，上御翊鳳樓，集和碩親王，多羅郡王，多羅貝勒，固山貝子，固山額眞，都察院承政，及新設議政大臣，諭之曰：『向未議政大臣，或出兵，或在家，有事諮商，人員甚少，倘遇各處差遣，則朕之左右，及王貝勒之前，竟無議事之人矣。議政雖云乏人，而朕不輕令妄與會議者，以卑微之人，參議國家

大政，勢必逢迎取悅，夫諂佞之輩，最悞國事，豈可輕用。今特加選擇，以爾等爲賢，置於議事之列，殫心事主，乃見忠誠，爲國宣勞，方稱職業。爾等大要有三，啓廸主心，辦理事務，當以民生休戚爲念；過貧乏窮迫之人，有懷必使上達；及各國新順之人，應加撫養。此三者，爾等在王貝勒前議事，皆當各爲其主言之，朕時切軫念者，亦惟此三事耳！爾等凡有欲奏之事，不可越爾固山額眞，如某事應施行，某事應入告，當先與固山額眞公議，然後奏聞，彼無知之輩，往往以進言者謂之讒譖，夫善則曰善，惡則曰惡，何所忌諱而不言。使有明知其人，以惡意誤其主，而不入告者，豈人臣乎？若私結黨援，反欲傾害善人，指以爲惡，妄行入奏，所謂讒人，乃此類也。聖經有曰，欲齊其家，先修其身，身修家齊而後國治。爾等若謹好惡之施，審接物之道，御下以義，交友以信，如此則身修矣，孝其親，悌其長，敎訓及其子孫親戚，如此則家齊矣；身修家齊而國不治者，有是理乎？爾等當存忠直之心以爲國，愼毋怠忽，有負朝廷，太公曰，閑居靜處，而誹時俗，非善民也。朕觀蒙古察哈爾林丹汗悖謬不道，至於亡國，未聞其臣有斥言其主所行悖亂者。嗣後朕或有過舉，爾等卽當面諍，試思以諫諍之故，而斥責者爲誰，降革者爲誰，倘諫而不聽，靜以俟之可也。若旣不能諫，而徒於退後，咎其主上之失，議其國事之非，豈人臣之誼乎？或更有將各旗妄分彼此，明知本旗有悖亂之人，隱匿不言，及人言之，反加庇護者，尤朕心之所深惡也。八旗皆朝廷之人，但懾服奸宄，撫恤困窮，使之各安統轄，又何彼此之可分乎？嗣後有將新分給之虎爾哈，瓦爾哈，使之逃亡饑死，致牛彔中缺額者，朕卽以不能養育之王貝勒下食口糧家人，補足其數。夫王貝勒等，聚財積穀，畜養馬匹，豈止爲一身享用，要皆爲子孫計也。不知子孫果賢，縱無所遺，彼寧不能自主；子孫若愚，雖有所遺，豈能常乎？徒自勞苦，爲他人積聚耳。夫積穀，所以備荒而養窮民也；財帛馬匹，所以爲國而賞有功之人也；財物牲畜，固不可妄費，亦不可過於吝惜。朕所以令爾等撫養窮民，新附之人者，蓋先哲有言，賞一人則勸者衆，罰一人則懼者衆。今蒙天睿佑，諸國已平，獨明國尙在，賞罰可不明乎？』又諭諸王貝勒曰：『昔金熙宗及金主亮，廢其祖宗時衣冠儀度，循漢人之俗，遂服漢人衣

冠，盡忘本國言語，迨至世宗，始復舊制衣冠，凡言語，及騎射之事，時諭子孫加學習，如元王馬大郭，遇漢人訟事，則以漢語訊之，有女直人訟事，則以女直語訊之，世宗聞之，以其未忘女直之言，甚為嘉許。此本國衣冠言語，不可輕變也。我國家以騎射為業，今若不時親弓矢，惟就宴樂，則田獵行障之事，必致疏曠，武備何由而得習乎！蓋射獵者，演武之法；服制者，立國之經；朕欲爾等時時不忘騎射，勤練士卒，凡出師田獵，許服便服，其餘俱令遵照國初之制，仍服朝衣，且諄諄訓諭者，非為目前起見也。及朕之身，豈有習於漢俗之理，正欲爾等識之於心，轉相告誡，使後世子孫遵守，毋變棄祖宗之制耳，朕意如此，爾等宜各陳所見。』和碩睿親王多爾袞等皆跪奏曰：『皇上諄諄誡諭，臣等更復何言，惟銘刻在心，竭力奉行而已。』」（大清太宗文皇帝實錄卷三十四頁二十三下至二十七下）

崇德三年六月：

「又諭諸王貝勒貝子等曰：『我國家蒙天睿佑、漢人、蒙古、虎爾哈、瓦爾喀，在在歸附，皆分給與諸王貝勒貝子，令加恩養。因爾等有加恩養者，有不加恩養者，是以朕前此屢經誡諭，乃猶不加撫恤，致降人竊謂曰：我等同來事主，某已富貴，某猶貪困，在外嗟怨者有之，來告於朕者亦有之，夫降附之人，棄其父母之國而來歸，誠宜加意撫綏，使之得所，乃朕諭爾等恩養，爾等反以為煩苦，不遵朕旨，今彼來告，朕心惻然，無言可答，爾等既堅忍如此，諒必有定見，應如何答彼之詞，可即奏朕，以便如爾等之言答之。』」（太宗文皇帝實錄卷四十二頁十四下至十五上）

「又諭國中新舊滿洲，及舊蒙古，新舊漢人曰：『爾等有家貧不能娶妻，及披甲不能買馬者，有勇敢堪充行伍，因貧不能披甲者，俱許自陳，先訴於本牛彔章京，牛彔章京率之告於固山額真，固山額真詳問，即帶本人及牛彔章京啓知本王貝勒貝子，本王貝勒貝子即將無妻者配以妻，無馬者給馬以養之。如本王貝勒貝子，力不能給，許奏明，朕自給與。如此貧苦之人，爾等既不能撫養，豈可復隱而不奏，致下情壅於上聞，膏澤不能下逮耶。若牛彔章京，固山額真，將此等窮苦之人，壅蔽不啓知本主貝勒貝子者，坐以罪。若牛彔章京，固山額

眞，旣已啓知，而本王貝勒貝子，不給與妻室馬匹，復不行陳奏，許無妻之
人，赴戶部陳訴，無馬之人，赴兵部陳訴，新附蒙古，無妻奴馬匹者，許赴理
藩院陳訴。該部大臣，卽詳問本人，察其等第，及從前給過之物，若給物旣已
相稱，而誑稱貧苦者，卽行逐遣，若給與之物不稱，而貧苦是實，則覆啓本王
貝勒貝子，本王貝勒貝子，給與妻室馬匹，收而養之，則已，否則來奏，應與
妻奴者，朕給以妻奴，應與馬匹者，朕給以馬匹，不應與者，亦卽逐遣，不復
加罪，朕今頒此明詔，凡貧苦無告之人，毋復畏本王貝勒貝子，隱而不言，爾
若不自陳，朕安得知耶。特諭。』」（太宗文皇帝實錄卷四十二頁十五上至十
六下）

崇德三年八月：

「癸丑，命和碩睿親王多爾袞爲奉命大將軍，以多羅貝勒豪格，多羅饒餘貝勒
阿巴泰副之，統左翼軍，多羅貝勒岳託爲揚武大將軍，以多羅安平貝勒杜度副
之，統右翼軍，兩路征明。召集出征諸王貝勒大臣，宣示軍律曰：『凡和碩親
王，多羅郡王，多羅貝勒，固山貝子，臨陣，若七旗王貝勒貝子敗走，一旗王
貝勒貝子拒戰，七旗獲全，卽撥敗走七旗之七牛彔人員，給與拒戰者。若七旗
王貝勒貝子拒戰，一旗王貝勒貝子皆敗走，卽革敗走分，以所屬人員，七旗均
分。若一旗內拒戰者半，敗走者半，卽以敗走者所屬人員，給與本旗拒戰者。
有因屯箚他所，未拒戰而無罪者，免革旗分。其拒戰之王貝勒貝子，另行給
賞。若七旗未及整伍，一旗王貝勒貝子拒戰得功者，按功夾大小，俘獲多寡賞
之。野戰時，本旗大臣，率本旗軍下馬立，王貝勒貝子等，率護軍乘馬立於
後。若與敵兵對仗，王貝勒貝子大臣，不按隊伍輕進，或見敵寡，妄自衝突者
奪所乘馬匹，及俘獲人口。凡兩軍相對，必整齊隊伍，各按汛地，從容前進，
如擅離本隊，隨別隊而行，擅離本汛，由他汛而入，及衆軍已進，而獨却立觀
望者，或處死，或籍沒，或鞭責，或革職，或罰銀，酌量治罪。凡整伍前進，
稍有先後，勿得彼此爭論，但以按汛擊敵，不致退縮爲上，若有以此爭論者，
卽爲立心不端之人，如敵人不戰而遁，我軍追擊之，宜用精兵饒騎，合力馳
擊。護軍統領不得前進，止宜領纛，整伍分隊以躡其後，儻追兵遇敵伏，或於

躏這時遇敵旁出，護軍統領乃親擊之。凡大軍起營時，各按牛彔旗纛，整隊而行。若有一二人離隊往來，尋索遺物，及酗酒者，俱貫耳。自出城門，務遵軍律，肅靜行伍，毋得喧譁。固山額眞，梅勒章京，甲喇章京，護軍統領，牛彔章京，以次各有統束。統束嚴明，則該管隊伍豈有喧譁之理，今後有喧譁者，該管章京坐以應得之罪，喧譁者責懲。軍行時，如有一二人離旗行走者，許同行人，卽執送本固山額眞，執人者賞銀三兩。下營時，凡取薪水，務集衆同行，妄致失火者斬。軍士甲冑，俱書號記，冑兩旁皆用圓鐵葉，無甲者，衣帽後亦書記號，一切軍器，自馬絆以上，俱書姓名。馬必繫牌印烙，不印烙者，罰銀二兩，箭無姓名者，罰銀二十兩。如得他人箭隱匿不出者，亦罰銀二十兩。軍行時，若見禽獸馳馬追射者，兵丁射以鳴鏑，貝子大臣坐以應得之罪。夜行時，各牛彔人等，有另吹竹爲號者，執治貫耳，若不執治，議甲喇章京罪，盜鞍韂及彎絡馬絆者，按法治罪。」（太宗文皇帝實錄卷四十三頁十五下至十八上）

若馬上行李偏墜應整理者，本旗人俱跕立待整，乃行。兵入敵境，若有一二人離營私掠被殺者，妻子入官，仍治本管章京罪。勿毀寺廟，勿妄殺平人，抗者戮之，順者養之，俘獲之人，勿褫其私服，勿離散人夫婦，雖不爲俘獲者，亦不許褫衣侵害，其俘獲之人，勿令看守馬匹。如有一二人妄取糧草被殺者，罪與離伍搶掠者同，勿食熟食，勿飲酒。前此我兵飲食不愼，以不敵人置毒於中耳。今特曉諭，宜加謹愼，有不遵者，依律治罪』。」（太宗文皇帝實錄卷四十三頁十八上至十八下）

對於各王管理部務事，仍如前，比「甲午，命多羅貝勒豪格管戶部事，多羅安平貝勒杜度管理部事，多羅貝勒多鐸管兵部事。」（太宗實錄卷四十八頁四下）

又，辛亥：

「是日，召和碩親王，多羅郡王，多羅貝勒，固山貝子及公等，並文武羣臣，集崇政殿，上御殿，命衆近前，復令疏脫逃人之鎭國公扎喀納，輔國公杜爾祜，宗室顧爾瑪洪，梅勒章京多濟里，德爾得赫，甲喇章京博爾丹，牛彔章京巴代，塔海，翁愛，塔思戶里，博羅尼敦，雅薩昂邦，魯木拜，訥爾德，堪泰

益木圖，穆成格，喇巴什希等，入大清門，跪於殿前，上親訊曰：『爾等如何縱放逃人，其地離盛京約行幾日，追至何地而返，爾等試言之。』扎喀納等奏曰：『臣等昏憒已極，並未思及於此，罪實應死。』上曰：『朕嘗有定制，凡追逃人，先衝散其黨，使彼自分竄，我兵稍休，不必急邀，俟其疲乏睡臥，然後追之，不遠卽當就擒。若未見逃人，則分兵一半，循踪追捕，一半從間道出其前，截之，爾諸王貝勒等，豈未聞此言乎？』諸王貝勒等奏曰：『臣等向皆聞之。』上復責扎喀納等曰：『爾等不能窮追，亦必應追至錦州、大凌河、廣寧而復還，卽不然，亦當選捷健少壯者，執弓挾矢，伏於必經之路，爾等前往廣寧一帶山下伺之，如此，則逃人豈能如雁鶩飛翔水際耶！一登陸，則必獲之，無得脫者矣，奈何近繞藩城，卽自哲爾里克地方而還，復不遣人截伺，而任其兔脫乎？夫國君得敵國一人則善，失國中一人則怒，昔毛明安逃已三月，令阿賴庫魯克達爾漢，率外藩蒙古兵四百，追至阿古庫克特勒地方，斬其兵八百，及從人千餘，全獲其妻子牲畜，又征服葉雷部落，收取其人，閱八月始還。爾等縱不如彼之追至七八月，但往追七八日，亦何難乎？』又責穆成格曰：『朕所言追捕逃人事，他人或未知，爾豈不知耶？且用爾於兵部，原爲開導貝勒岳託而設，岳託不待奏聞，而私易本旗參政，且私言本旗閒散人應授以官，吏部以此奏聞，朕曾召爾面諭曰，爾部貝勒行事僭越，爾何不開導之，爾若不言，貝勒有罪，決不爾宥，諭至數四，爾何嘗以一言回奏乎？爾試言之。』穆成格奏曰：『屢次仰蒙聖諭，臣實未嘗回奏一言。』上又曰：『昔取旅順口時，因阿三敗遁，處死，本旗布爾山，時亦敗遁，乃反誣告覇奇蘭，欲奪其先入之功，及訊勘得實，始定其罪，向使竟坐覇奇蘭以罪豈不枉仰乎？爾何故隱匿布爾山罪狀，所謂啓心郎者，固如是耶？前者出獵時，有誤射人馬者，曾鞫之於兵部，爾令內大臣俄齊爾桑坐於炎日中，杜雷和託則製帳房以居，此何意也？豈俄齊爾桑所射者，猿猊奇獸，而杜雷、和託所射者，乃馬匹乎，爾不過諂佞爾部貝勒，故妄爲分別耳，讒諂有甚於爾者乎？』諭畢，諸王貝勒奏曰：『聖諭誠是，不懲此人，無以警衆也。』又召甲喇章京傅爾丹至前曰：『此人於朕前欺慢已多，非止一二。朕欲使爾等共聞之，是以明數

其罪，昔朕之馬匹，皆大臣子弟與護軍牧養，因傅爾丹之馬攙入馬羣，牧馬
者私語曰，御廐馬有失者，理宜不憚勞以求得之，同輩雖失馬，即不爲之尋
覔，亦可也，朕知其事，命歸其馬，傅爾丹乃乘馬至朕門，鞭之曰：與其圈我
馬，不如即圈我。又太祖皇帝晏駕哭臨時，鑲藍旗貝勒阿敏，遣傅爾丹謂朕
曰，我與諸貝勒議立爾爲主，爾即位後，使我出居外藩可也，朕聞之駭異，乃
召饒餘貝勒阿巴泰與超品公額駙楊古利，額駙達爾哈，及楞額禮，納穆泰，索
尼等六人至，諭以貝勒阿敏，遣人告朕，有與諸貝勒議立爾爲主，當使我出居
外藩之語，若令其出居外藩，則兩紅兩白正藍等旗，亦宜出居於外，朕統率何
人何以爲主乎？若從此言，是自弱其國也。皇考所遺基業，不圖恢廓而反壞
之，不祥莫大焉，爾等勿得妄言。朕又召鄭親王問曰，爾兄遣人來與朕言者，
爾知之乎？鄭親王對曰，彼曾告於我，我以其言乖謬，力勸阻之，彼及責我懦
弱，我用是不復與聞，傅爾丹乃對其譏朋輩朕曰，爾等試觀我主迫於無奈。乃
召鄭親王來，誘之以言耳。爾傅爾丹係朕近侍，若朕有所不合於義，自宜面
諍，何得背毀。又超品公額駙楊古利，於太祖時，每臨陣，必奮勇當先，爾傅
爾丹乃面辱之曰，楊古利，爾有何勝我之處，遂致攘臂相爭，爾不嘗有此事
耶？爾何嘗拒一敵，被一創，輒與超品公爭功，是又曷故？且朕亦何嘗偶一鞭
筆於爾，偶一督責於爾，如此恩養，諸貝勒大臣誰不知之耶？』衆貝勒大臣等
奏曰：『皇上責之誠是，彼悖謬已甚，罪宜處死。』上曰：『阿賴，席特庫，
能追獲逃去七八月之人，若輩乃縱逸方出境之人，以彼較此，果何如乎？』衆
同聲奏曰：『皇上所諭皆是，傅爾丹之罪，誠無可逭也。』（太宗文皇帝實錄
卷四十八頁六下至頁十二上）

崇德六年二月己未：

「上集諸王貝勒諸臣於篤恭殿，諭曰：『牛彔下人多有貧乏者，皆因牛彔章
京，及撥什庫等，耽嗜飲酒，不辦理牛彔之事，晨醉則至暮不醒，夜醉則日中
不起，荒惰棄業，職此之由。昔皇考太祖時，太祖素不善飲，因而羣臣庶民，
凜遵教訓，故太祖國勢振興，諸臣迄今殷富。皇叔貝勒嗜酒，其部下臣民俱效
之，故皇叔之政漸衰，而部下之臣民漸貧。自正藍旗莽古爾泰，德格類在時，

耽於麴蘖，其部下之臣，及本旗下人皆相習成風，以致敗亡，鑲紅旗王貝勒公
等，亦惟酒是嗜，其部下本旗人，共相倣效，故互爾喀什之族，年未老而先衰。
鑲藍旗鄭親王先時嗜酒，一旗人皆效之，今鄭親王雖戒飲，而部下之人，積習
已久，不能禁止，似此沉湎廢事，致令牛彔貧窮者，諸王貝勒貝子公等，何不
查明議處。屬下貧窮者，何不加恩贍養，若令徧察舉國之眾，或勢有不能，今
止各查該管之人，實屬至易，儻牛彔章京不職，何不即為更置。且此貧窮牛
彔，豈平時不給爾以俸餉，行兵獨吝爾之功賞，比之眾人，或有同異耶？抑於
眾人之外，過派差徭耶？豈此等牛彔與國人不同，而天偏降之以霜雹旱澇之異
災耶？董率無方，誰職其咎。若將貧窮牛彔之該管章京，及驍騎梭，小撥什
庫，俱解本牛彔任，並離其兄弟，歸他人監管，其牛彔撥什庫員缺，另選才能
者補授。』又諭諸王貝勒大臣等曰：『爾等何不親率人習射耶，子弟輩壯者，
當今以角弓羽箭習射，幼者，當今以木弓柳箭習射，如不執弓習射，好為博
戲，閑遊市肆者，何不執之！我國武功，首重習射，不習射之罪，非用烟之可
比也，用烟之禁，前因爾等私用，故不能治人，至於射藝，切不可荒廢，嗣後
爾等當嚴加督率，互相激勸。』」（太宗文皇帝實錄卷五十四頁二十下至二十
二下）

第四編　多爾袞攝政時代——集權的停頓

　　世祖之得立，大得力于多爾袞之擁護，當時，本來分為三派，有人主張擁護多爾
袞者，如多鐸是；也有人主張擁護立豪格者。但是多爾袞既不肯自立，並且以兩白旗
及兩黃旗四旗之力量，遂使世祖之嗣位能夠實現。

　　世祖的即位，固然由於多爾袞的堅持擁護，但中間也經過若干波折，據世祖實錄
中記載說：

　　「丁丑，多羅郡王阿達禮，往謂和碩睿親王多爾袞曰，王正大位，我當從王。
　　又往謂和碩鄭親王濟爾哈朗曰，和碩禮親王命我常至其府中往來。又固山貝子
　　碩託，遺吳丹至和碩睿親王所，言內大臣圖爾格，及御前侍衛等，皆從我謀
　　矣，王可自立為君。阿達禮，碩託，又往視和碩禮親王代善足疾，借多羅貝勒

羅洛宏同行，阿達禮，碩託登牀，附和碩禮親王耳語曰，衆已定議立和碩睿親
王矣，王何嘿嘿。於是和碩禮親王。和碩睿親王，白其言於衆，質訊俱實，阿
達禮，碩託，攝政亂國，以叛逆論；阿達禮母，碩託妻，結黨助逆，及同謀之
吳丹，俱伏誅，羅洛宏，因同詣和碩禮親王所，收繫，以不知情，免罪；大學
士剛林，亦收繫，因曾白於諸內大臣，往伺伊王阿達禮動靜，又將伊王交與和
碩睿親王，且一一具首於內大臣等，亦免罪；以和碩禮親王卽行舉發，籍阿達
禮家，盡給之，大學士剛林撥入正黃旗；籍碩託家，併其子拉哈，齊蘭布，給
和碩睿親王，大學士范文程，擬入鑲黃旗；以阿達禮弟勒克德渾，杜蘭，給和
碩肅親王。」（世祖實錄卷一頁十上至十一下，崇德八年八月）

又順治元年，甲申，夏四月：

「戊午朔，先是固山額眞何洛會等，訐告和碩肅親王豪格曾向何洛會，及議政
大臣楊善，甲喇章京伊成格，羅碩曰：「固山額眞譚泰，護軍統領圖賴，啓心
郎索尼，向皆附我，今伊等乃率二旗附和碩睿親王，夫睿親王素善病，豈能終
攝政之事，能者彼旣收用，則無能者我當收之。」楊善曰：『此皆圖賴詭計也，
若得親視其寸磔，死亦無恨。』肅親王曰：『爾等受我之恩，當爲我效力，可
善伺其動靜。』楊善對曰：『我等務致之死，以一身抵之，王豈不晏然處乎。』
伊成格亦以此言對。肅親王謂何洛會，及固山額眞俄莫克圖曰：『和碩睿親王
將五牛彔人，給與碩塞阿格，其意何居？』何洛會對曰：『此正爲國效力，以
垂名於萬世也。』王不悅，遂怫然而退。又肅親王以派令從征，曾謂何洛會，
俄莫克圖，楊善曰：『我未經出痘，此番出征，令我同往；豈非特欲致我於死
乎？我欲詣攝政二王言之。』何洛會對曰：『死生，天命也，大兵將發，正宜
爲國報效，不應往問。』亦以爲不可也。又肅親王曾向何洛會，俄莫克圖，楊
善曰：『和碩睿親王、非有福人，乃有疾人也，其壽幾何而能終其事乎？設不
克終事，爾時以異姓之人主國政，可乎？多羅豫郡王曾語我云，和碩鄭親王，
初議立爾爲君，因王性柔，力不能勝衆，議遂寢，其時我亦曾勸令勿立，由今
思之，殆失計矣。今願出力效死於前，其爲我言如此，至於塔膽公，乃我母姨
之子，圖爾格公，素與我善，此輩豈忘我乎？』又肅親王曾向俄莫克圖曰：

『我豈似彼病夫，爾何爲注目視我，我豈不能手裂若輩之頸而殺之乎？』又肅
親王召甲喇章京碩兌謂之曰：『爾與固山額眞譚泰，郎舅也，爾可說令附我，
前曾給侍衛穆成格妻，豈非我之厚愛於彼乎？』於是何洛會，偕碩兌、胡式、
凌圖、喀木圖，開禪、碩格、達古等，因王言詞悖妄，力諫不從，恐眞亂政，
特許告於攝政和碩睿親王，和碩鄭親王，諸王，貝勒，貝子，公，及內大臣，
會鞫俱實，遂幽和碩肅親王，旣而以其罪過多端，豈能悉數，姑置不究，遂釋
之，奪所屬七牛彔屬人員，罰銀五千兩，廢爲庶人。」（世祖實錄卷四頁一下
至三下）

據清史卷一六四，皇子世表，豪格在順治元年因事削爵，旋覆封肅親王。這以上
可見在世祖時對於皇帝位置的爭奪。

順治元年冬十月乙卯朔，已奠都北京告天，這就是清朝建都北京之始。（見世祖
章皇帝實錄卷九）以前遇見李自成攻陷北京，滿淸遂能漁人得利入關，傅孟眞先生
說：「多爾袞對滿淸之功等於周公之對西周。」他也跟周朝滅殷踐奄，將國土增擴數
倍，然周人用土地分封諸侯，而清人用人民分封八旗，其結果遂大相勁庭。周人用土
地分封遂造成無數強國，其勢有駕周王而上之，在周室有力量時，固然可以命令他們
幫助周王作事，服從周室之意旨，但一旦周王的勢力衰弱，遂各不聽王之命令，這就
是東遷以後東周的情勢。但清人則不然，並未將所有的漢人分隸八旗，而採取滿漢分
治的辦法，對於滿人仍用舊八旗制，而對于漢人則仍用明代的省府縣制，也可以說，
漢人是直屬於皇帝的，除少數以外，並不由八旗所共治，因爲漢人一向有尊君的觀
念，所以，這種辦法也樂意遵行，且另有一種理由及形勢，皆無法使漢人分入各旗或
擴大漢軍旗。前面這種方法使在每個旗中，滿人人數少，無法管轄較多數的漢人；後
面這種方法，是在滿洲八旗以外，有人數佔優勢之漢軍旗與八旗對立，兩種全不是滿
洲人所願意，並且納漢人于旗中，語言不通，亦非漢人所願意，因此由皇帝一人分治
兩者，用漢人錢糧，養活滿洲旗人，這是一種很巧妙的政策。按分治兩者不是兩者分
治，是元遼金舊有的辦法，這是滿漢兩種人全部樂意的，所以，清初的政治結果，與
周初的大不相同。

多爾袞攝政的時代是由順治元年到順治七年底的多爾袞死爲止，在西周初年，周

公也是攝政七年然後歸政成王，這兩件事眞是巧合，在這一段時間，多爾袞並沒有像太宗時的集中政權，大約這裏是由於下列理由：

一、多爾袞是八家之一，當然是利於分權而不利於集權。

二、是因爲入關以後，明朝人不服的仍然很多，所以叛亂時期不能不用滿洲的八旗來平定他們，既然想利用八旗，當然也不能削減他們的力量，因此這一旗中，還加封了若干親王，可以說太宗集中政權的政策，至此也稍爲停頓。

三、多爾袞之本心是擁戴世祖，關於多鐸之想擁戴多爾袞爲主，他說寧可自殺也不答應，可見他並沒有卽位的意思，他當時若想卽位，並不是一件很難的事，所以高宗對他的昭雪是很合理。

我們由下列所舉之實錄文中，可以得到證明。

世祖實錄卷二十二順治二年十二月：

「癸卯，攝政王多爾袞、集諸王，貝勒，貝子，公，大臣等，遣人傳語曰：『今觀諸王貝勒大臣，但知諂媚於予，未見有尊崇皇上者，予豈能容此。昔太宗升遐，嗣君未立，諸王貝勒大臣等，率屬意於予，跪請予卽尊位，予曰，爾等若如此言，予當自刎，誓死不從，遂奉皇上纘承大統，似此危疑之時，以予爲君，予尚不可，今乃不敬皇上而媚予，予何能容，自今以後，可悉識之。有盡忠皇上者，予用之愛之，其不盡忠，不敬事皇上者，雖媚予，予不爾宏也。溯茲鴻緒，創自太祖，太宗，二聖所貽之業，予必力圖保護，俟皇上春秋鼎盛，卽行歸政，予之聲名，豈渺小耶。夫太宗恩育予軀，所以特異於諸子弟者，蓋深信諸子之成立，惟予能成立之也，此意予洞知之，爾等亦知之否耶？且前此所以不立肅親王者，非予一人意也，爾諸王大臣皆曰，若立肅親王，我等俱無生理，因此不立，乃彼時不肯議立，而今則復有市恩修好者矣。』時諸王貝勒，皆以爲然，惟和碩德豫親王多鐸不答，所遣大臣問曰：『衆人皆言，惟王不出一語，是何意也？』豫親王以爲未喩其意是以不對。大臣還，以此言啓攝政王，王笑而言曰：『予適與阿濟格、尼堪言，此言一出，豫親王必默然無語，今果如所料，乃有如此之姦人耶？』又令大臣往，悉數其事曰：『昔國家有喪朝時，予在門，坐帳房中，英王，豫王，皆跪予前，請卽尊位，謂兩旗大臣，

屬望我等者多，諸親戚皆來言之，此言豈烏有耶？當爾等長跪時，予端坐不動
曰，爾等若如此，予惟一死而已，曾何時見兄至而不起耶？英王以爲誠然。豫
親王復云：『請卽尊位之言有之，兩旗屬望我等之語，未之有也。』大臣卽以
此言入告攝政王，王又令詰之曰：『汝偽譁言者昔日無此言耶？此言固非出諸
英王，而實出諸汝也，汝不曰固山額眞阿山，阿布泰在外，皆謂伊等親黨，屬
望於予耶？』豫親王語塞，引罪，諸王貝勒大臣，以豫王妄對，於理不協，欲
議罪，攝政王以事在赦前，且予之誠諭，原各令自省，非欲加之罪，免之。」

　　（頁十一上至頁十三下）

順治五年三月己亥：

「貝子吞齊，偽善，吞齊喀，及公扎喀納，富喇塔，努賽等，共訐告鄭親王濟
爾哈朗罪狀，於是令鄭親王，及詞內牽連諸人，齊集質訊狀，貝子吞齊等云：
『得燕京時，鄭王自盛京發銀千兩，令吞齊啓攝政王，求夫役修其府第，我曾
諫止。及鄭王至燕京，遣達爾岱，博博爾岱，莽加，脅我云，我令爾等往啓，
竟遺忘此語，何人當用官夫修房，何人不當修房耶？我因見其援比失當，故不
行啓聞。』鄭王云。『發千金修房是實，並無令其索求夫役，及較量應否修房
等語，況賜銀修房，我曾向巴特瑪，德爾得赫，藍拜言，與其修暫居之房，何
如修久住之房，是實。至於遣達爾岱，博博爾岱，莽加，則忘之矣。』訊莽加，
供云：『王令僧住攜千金來，是實，不曾遣我，何敢妄證。』訊博博爾岱，供
云：『我一時記不在心，日久忘矣。』訊達爾岱，供云：『王使我同博博爾岱，
莽加，往傳令吞齊啓奏，何人房當修，何人房不當修，爾爲何不啓奏，豈非爾
等忘我之語，是實。』訊巴特瑪，供與達爾岱同。又訐告鄭親王，値衍禧王，
饒餘王，貝子和託，薨逝時，皆不令和碩福金往會喪，此非漠視所親而不念
乎。訊鄭王，云：『和碩福金因病未往，曾別遣福金去。』又訐告顧爾瑪洪，
羅託，係有罪之人，而鄭王加以寵愛，過於我等，昵罪人而疎宗族，是屬何心
？』王云：『顧爾瑪洪，原在護衛之列，遇出獵時，令其穿號衣相隨，與之馬
騎，是實。至羅託以時行走，不令常來，來時止令坐於護衛之後，有何寵愛過
人之處。』吞齊等云：『顧爾瑪洪，羅託，乃有罪之人，我等乃貝子公也。儻
非寵愛，何故其房過於我等，往視公努賽之房可證。』又貝子偽善云：『與我

之房甚不堪，曾與鄭親王言之，王遂將所餘閒房與我，而以我之房，與其護
衛，至我往福建出兵後，王以伊子避痘之房無厠，遂將我房院隔斷爲厠。』訊
鄭王云：『汝言房屋不堪，遂將我房與汝，而從前所與房院，因用隔斷是實。』
又訐告鄭王之子濟度娶妻時，呑齊貝子，呑齊喀貝子，尙善貝子，扎喀納公，
富喇塔公，努賽公等妻，俱上坐，王子噶布喇之妻末坐，鄭王怒，訶責衆章京
護衛等，爾等諸貝子公等，令我子婦末坐，豈非侮我年老子幼耶？我聞爾等，
常在彼處往來，毀詆我，今後倘聞其事，我必殺一二人以爲戒。自時厥後，凡
章京護衛等，不但不來我等之家，卽在王之府門，亦無一人與我等親近者，此
嫩對、白爾格、夸代、俄特惠、莽加，所共知也。王云：『並無噶布喇妻爲何
坐於末，不坐於上之語，止言將未成立之子婦，爲何坐於貝子公等妻之列，是
實。至於禁其諂媚往來，必殺一二人之語，併無影響，況凡行獵出兵時，我之
諸護衛，伊等與馬者與馬，與弓者與弓，我並不曾禁阻。』訊嫩對，供云：
『未分家之子婦，爲何不坐於福金之後，否則令坐於貝子公等妻之列等語是
實，並無勿看情面往來之言。』訊白爾格，供云：『分家之子則視其夫之等級
坐，未分家之子則視其父之等級坐，爲何將我子婦坐於末，爾等勿得看情面等
語是實，併無不許往來之言。』訊俄特惠，供云：『將我未分家之子婦，爲何
令末坐，曾向莽加，白爾格言之，又禁止見子公等往來之言是實。』訊夸代，
供云：『未分家之子婦，爲何令坐於末，令陪福金坐，爾等豈非看貝子公等情
面，而令坐於末乎等語，是實。』訊莽加，供云：『王言晚育之子婦，爲何令坐
於末，爾常往貝子公等家，每去，必有賞賜，今後當往來有節等語，俱實。』
富喇塔詰云：『我因無房，向王言之。因將敦對所住之房與我，我住一年後，
王何故將廳房拆去。』王云：『我原說將此廳房拆來蓋房，與富喇塔住時，已
將拆廳之言告之，後拆取是實。』扎喀納詰云：『我與貝勒勒克德渾出兵時，
王言，爾心愛之物，可自言之。我言要鞍，隨令俄特惠送鞍來云，爾諸弟年幼，
全仗於爾。』王云：『要鞍時，將鞍與他，是實，併無諸子年幼，全仗於爾之
言。』訊俄特惠，供云：『與鞍是實，併無別言。』又扎喀納，尙善，富喇塔詰
云：『去年我三人，率本旗章京護衛等，與王行禮時，尙善在左，王子噶布喇
在其上，扎喀納在右，王子濟度，勒度，在其上，稍偏，行禮畢，尙善，扎喀

納，富喇塔，至門上坐時，王令其三子至門上，令本旗章京護衛等行禮，扎喀納言，若令與王子行禮，則當在內，今王令其子至門上，蓋欲誘我等行禮耳，我等可同衆與弟輩行禮乎？尚善答言，如欲行禮，爾等可自行之，我決不行，拂衣而起。莽加言，貝子等不當去，達爾岱言，爾等且留，俟與王子行禮畢，再與爾等行禮。尚善言，爾等免行禮，我病腹脹。言畢，我三人俱出王府而回，衆章京護衛等俱知之。』訊莽加，供云：『拜年時，貝子居中，三子居左，公等居右，行禮，既出，併無與王子等行禮之言。至於謂公，貝子，爾等到此，我等卽行禮，不當去之言是實。』王云：『諸子在內跪於旁，我不知在外與諸子行禮之言。』富喇塔詰云：『我赴叔王宴時，與傅勒赫公，二人同坐，坐於我後者，祁他柰，吳把什，達爾岱也。祁他柰醉而欲睡，我言爾醉耶，祁他柰遂麾拳相向，達爾岱，吳把什，勸止之。傅勒赫公告於英王，及相會時，英王謂鄭王曰：我聞爾之祁他柰，與富喇塔相抵，王默然，問祁他柰，答言，我醉不知，問吳把什言，富喇塔曾向祁他柰云，爾飲酒妄言時，我甚恥之，祁他柰答云，我乃爾父執也，爾如何教誨我，爾乃晚輩，我當教誨爾，並未相抵。』王云：『英王曾言與否，我忘之矣，叔王言，聞祁他柰醉，與富喇塔帶怒相戲，可戒其飲，我問富喇塔，祁他柰於汝前作何狀，伊言與我相戲耳。』吞齊詰云：『我欲娶墨爾根侍衛李國翰之女與我子，使莽加問王，莽加久之始云，我聞王之子勒度阿格要娶，若明知之而必欲往問，則試問之。』王云：『曾將李國翰之女，啓奏以配我子，我子叔也，爾子姪也，欲娶與我子之言是實。』吞齊詰云：『欲將儀仗房拆取蓋房，令我同德爾得赫啓請，因奉諭儀仗房且不能增修，不當拆毀，此房向爲肅王所請，亦不曾與，乃止。』王云：『因伊等言有閒房，我啓知是實。』吞齊貝子又詰云：『王之外房，與其與家人住，我等非子姪乎，不當與我等住乎？』王云：『我之住房無幾，欲拆彼房蓋於此，因時候不宜修蓋，將一所房，暫與家人居住。』又訐告當國憂時，圖爾格，索尼，圖賴，錫翰，鞏阿岱，驁拜，譚泰，塔瞻八人，往肅王家中，言欲立肅王爲君，以上爲太子，私相計議。又圖賴，索尼，鞏阿岱，錫翰，譚泰，驁拜六人，共立盟誓，願生死一處。肅王使何洛會，楊善，謂鄭王云：『兩旗大臣，

已定之我爲君，尚須爾議。』鄭王云：『攝政王尚未知，待我與衆商之。』鄭王初不肯承，既而云，『使楊善，哈寧噶是實。』何洛會亦云：『鄭王前言是實。』又訐告上遷都燕京時，將原定後行之鑲藍旗，令近上立營，同上前行，又將原定在後之正藍旗，令在鑲白旗前行，肅王乃罪廢庶人，如何令其妻在輔政叔德豫親王，和碩英親王之福金前行。鄭王先言無之，既而云：『曾與諸大臣商議而行，是實。』訊錫翰，供云：『鄭王議欲近上行是實。』訊國戚多爾濟供云：『不知其議，曾見其近上立營行走是實。』訊鰲拜巴圖魯，供云：『王並未商議，自盛京至燕京，併不知近上立營行走之語。』於是會議鄭親王濟爾哈朗，當兩旗大臣，謀立肅王爲君，以上爲太子，及議時，乃言我意亦如此，但攝政王尚未知，待我與衆商之，擅謀大事，其罪一也。上遷都燕京時，以上幼冲，將原定後行之鑲藍旗，近上立營，又同上前行，其罪一也。正藍旗原定後行，反令在鑲白旗前行，又曲徇罪廢之肅王，令其妻在輔政叔德豫親王，和碩英親王之福金前行，豈非向與肅王同謀，心生憐憫，顯令僭越乎，其罪一也。鄭王久無爲國宣勞之處，及定大業，又無輔佐之功，而乃援比君上，謂何人房當用官夫修，何人房不當修，言語不倫，其罪一也。寵愛有罪之顧爾瑪洪，羅託，給其美宅，反優於公努賽，厚薄無等，其罪一也。伊和碩福金託病，不令會喪，又往赴宴，漠視所親，其罪一也。鄭親王應論死。莽加，博博爾岱，明知鄭王有援比君上之言，其同事之巴特瑪，達爾岱，已實供，而猶庇護不吐，莽加，博博爾岱，均應論死。祁他奈醉後，輒與公富喇塔角口，應鞭一百。嫩對，明知鄭王因王子噶布喇之事，於宴時，坐於公等妻之末，責讓屬員，其同時之白爾格，俄特惠，夸岱，已實供，而彼猶庇護不吐，應鞭一百。公圖賴，往肅王家，和相計議，欲立肅王爲君，以上爲太子，罪一。又與譚泰，鞏阿岱，索尼，錫翰，鰲拜等，共立盟誓，罪一。索尼奏阿里馬之事，既回，錫翰，鞏阿岱，譚泰，鰲拜四人，至圖賴家，謀執阿里馬以待，圖賴言：所謂執其手者，期執其肘，執其肘者，期執其身，非乎，因掬土而揚之云，與汝將去，於時索尼言，爾爲鍼，我爲線，相依爲生，可也，及上遷都燕京時，原定鑲藍旗，及鄭親王，在後行，而聽信鄭王，任其在上前立營，日間同上前

行，罪一。又將正藍旗，違令在讓白旗前行，又附和鄭王，憐憫罪廢之肅王，多方徇庇，罪一。圖賴應革去公爵，籍沒家產。驁拜巴圖魯，同謀立肅王爲君，以上爲太子，罪一。又與鞏阿岱，索尼，錫翰，譚泰，圖賴等，共立盟誓，罪一。索尼奏阿里馬事，旣同，驁拜與錫翰，鞏阿岱，譚泰，往圖賴家，謀執阿里馬以待，聞圖賴，索尼悖言，欺隱不奏，罪一。上遷都燕京時，聽信鄭王，一任鑲藍旗，正藍旗，違令前行，又曲徇罪廢之肅王，明係與鄭王同謀，而又言與鄭王並未商議，自盛京至燕京，並不知其近上立營行走，驁拜應論死。公塔瞻，公錫翰，私相計議，謀立肅王，又互相徇庇，塔瞻，應革去公爵，錫翰，亦革去公爵，並革內大臣，議政大臣職，籍沒家產。索尼，謀立肅王爲君，又與圖賴，譚泰，鞏阿岱，錫翰，驁拜等，相誓生死一處，及聞圖賴悖言，欺隱不奏，又任憑原定在後之兩旗，違令前行，又顯庇罪廢之肅王，索尼應論死。國戚多爾濟，附和鄭王，令兩旗違令前行，又顯庇罪廢之肅王，而又言不知鄭王之議，國戚多爾濟，應革內大臣，議政大臣任，贖身。公圖爾格，曾向肅王言，欲立爾爲君，又與索尼，圖賴，錫翰，鞏阿岱，驁拜，譚泰，塔瞻，同往肅王家，私相計議。圖爾格，應革公爵，並盡革所有職。阿濟格尼堪，當上遷都燕京時，鄭王欲率本旗近上立營，又欲將正藍旗在鑲白旗前行，曾經與議，欺險不奏，阿濟格尼堪，應罰銀百兩。議上，得旨，鄭王革去親王爵，降爲多羅郡王，罰銀五千兩。」（世祖章皇帝實錄卷三十七頁二上至頁十三上）

順治七年十一月戊子：

「攝政睿親王多爾袞薨於喀喇城，年三十九。」（世實錄卷51，頁十）

「壬辰，攝政王多爾袞訃聞，上震悼，詔臣民易服舉喪。」（同上頁十一）

　　以上是攝政王多爾袞時代的各種事件，在這一時期，因爲戰爭必需用八旗應付，而多爾袞又是八旗之一，因此太宗時代集中政權的行動，至此而成爲停頓，這些情形，我在最初已經詳細的述明，再看以上所舉實錄各端，就可以更加明白，不必我重複敍述。

　　因爲入關之後，各處皆須用兵力，我們看一看下面所列舉的各個戰爭，就可以知道他們倚重八旗的情形了。

一、順治元年十月，以英親王阿濟格靖遠大將軍，討李自成。（十月，實錄卷十）

二、豪格於順治元年已在山東。（見實錄卷十三）

三、順治元年十月己卯，以豫親王多鐸定國大將軍，率兵征江南。

四、順治二年春正月，阿濟格敗李自成於潼關，（於順治二年攻下西安）（卷十四頁十三）

五、順治二年，二月丁丑，多鐸師次河南，五月，多鐸抵南京，明弘光帝來降。

七、阿濟格追李自成由陝西繞道湖北，窮追至九江，十三戰皆將李自成打敗，李自成遂自殺於九宮山。（實錄卷18頁四）

八、順治三年五月己巳，令貝勒博洛爲征南大將軍，統兵往福建、浙中（卷24、頁16）

九、順治三年正月己巳，令豪格爲靖遠大將軍，豪格率師抵西安。這一年五月丁未蒙古叛，又令多鐸爲揚威大將軍，往蘇尼特等部落。（卷26、頁2）

十、順治三年十一月，甲申，豪格定四川。（卷29、頁8）

十一、順治四年正月，命鞏阿岱征宣府，因爲那裏也有人叛亂。

十二、順治四年八月，豪格平定四川。

十三、順治五年八月己巳，命阿濟格及碩塞討伐天津土賊。

十四、順治五年八月壬申，任濟爾哈朗爲靖遠大將軍，統兵攻湖廣。（卷40，頁16）十一月大同總兵姜瓖反清。（卷41，頁15至18）

十五、順治六年正月癸亥，命尼堪率官兵往定太原。（世祖實錄卷42，頁2）

十六、順治六年正月癸未，阿濟格奏攻克代州。（同上卷42，頁13）

十七、順治六年正月癸卯，命多爾袞往征大同。（同上卷42，頁17）

十八、順治六年六月，命博洛爲定西大將軍，率兵征山西汾州，又命尼堪爲帶統。（同上卷43，頁19）

十九、順治六年九月，姜瓖被殺。（同上卷46，頁2）

二十、順治七年正月甲午，瓦克達平定山西等處，李建泰出降（同上卷47，頁13）又命官兵駐防順義、昌平、三河、涿縣、良鄉、固安、采育、東安等處，每城滿洲章京二員，蒙古章京一員，每牛彔兵四名。（同上卷47，卷13）

　　因爲屢次用兵，所以不得不晉封帶兵的貝勒，如這一年三月就晉封碩塞爲多羅端重郡王，博洛爲多羅敬謹郡王，尼堪爲親王，這一年姜瓖投降以後又反對清朝，以致攻陷山西很多地方，四月令博洛爲定西大將軍，討姜瓖黨羽於汾州。又命尼堪派兵往大同，對於姜瓖這一戰，一直鬧到順治七年，方才完畢。可以說各地不服之勢，此起彼落，終多爾袞之世，尙未能完。這種狀況，一直到世祖親政以後，世祖親政是在順治八年正月庚申。

第五編　世祖親政時代及集權仍舊的不進步

　　順治八年正月庚申，世祖親政，（世祖實錄卷52，頁10）「丁丑，封多羅端重郡王博洛，敬謹郡王尼堪，俱爲和碩親王。」（同上卷52，頁24上）又「庚辰，封親王滿達海爲和碩巽親王，多尼爲和碩信親王，郡王羅可鐸爲多羅平郡王，瓦克達爲多羅謙郡王，傑書爲多羅康郡王。」（同上卷53，頁4）「己亥，追論睿王多爾袞罪狀，昭示中外。」（同上卷53，頁21）「乙己，封和碩肅親王豪格子富壽爲和碩顯親王。」（同上卷53，頁26上）

　　順治九年七月癸酉，吏科給事中魏裔介奏言：

　　　「……方今畿輔多失業之民，吳越有水澇之患，山左荒亡不淸，閩楚饋餉未給，兩河重困於畚鍤，三秦奔疲於轉運，川蜀雖下，善後之計未周，滇黔不寧，進取之方宜裕，此皆機務最要，仰賴聖慮焦勞者也。」（同上卷66，頁2）

　　這一條足以證明當時的混亂情形。

　　順治九年八月丁巳，諭定遠大將軍和碩敬親王尼堪等率兵入廣西。（同上卷67，頁4至5）

　　順治九年十一月庚午：

　　　「命固山額眞卓羅爲靖南將軍，同固山額眞藍拜等，統官兵征廣東未定州縣。」
　　　（同上卷70頁1）

　　順治十年六月庚申，胡章奏言：「靖南王耿繼茂，平南王尙可喜，有擄掠鄉紳婦女，及占住藩司公署，濫委署官等事。」（同上卷76，頁10）

　　由這一節足證明當時不止地方混亂，及清朝所派靖南王，平南王等均有擄掠，佔

據藩署等事，這些皆亦足證明當時混亂情形。

順治十年七月，辛酉：

「命多羅安郡王岳樂，爲宣威大將軍，統領官兵，戍防歸化城」。（卷77，頁
12上）

這一節亦足證明當清朝仍同南明作戰時，清朝已往征服的北方地方如歸化城等及
大同姜瓖等皆足以擾動清朝八旗的兵力。

順治十二年三月庚子：

「初吏科副理事官彭長庚，一等精奇尼哈番許爾安，各上疏稱頌睿王元功，請
後爵號，修陵墓，下議政王，貝勒，大臣，會同斟酌密議具奏。至是，王等議
長庚疏言，太宗創業盛京，同事諸王，俱樹勳勞，而睿王之功爲冠，太宗上賓
之後，睿王與諸王貝勒大臣等，堅持盟誓，扶立皇上，鞠躬任事等語。查太宗
創業，遴選諸王，六曹各設一王，分猷以亮庶務，從未曾以睿王功大，推爲冠
首，此其欺誑者也。卽太宗賓天之後，兩旗大臣，叔和碩鄭親王，與睿王及諸
王等，共推皇上御極，原非睿王獨效忠誠，此其欺誑者一也。又言姦人煽惑，
離間骨肉，如郡王阿達禮，貝子碩託，私謀擁戴，睿王乃執持大義，立置典
刑，查阿達禮，碩託之伏法，原非出於睿王之忠誠。當皇上御極，遠邇歸心，
諸王，貝勒，大臣，對天盤誓，各矢報效，不意阿達禮碩託不軌，謀於禮親
王，禮親王差諭睿王，言詞迫切，睿王懼罪及已，是以出首，此其懸揣妄言者
一也。又言睿王奉命統兵，收拾明疆，大權在握，關內關外，咸知有睿王一
人，彼時皇上冲齡遠在盛京，彼若肆然自帝，誰能禁之，而乃先驅綏定，肅整
鑾輿，恭迎皇上，登御大寶。查睿王克取明疆，並非秉權獨往，當我朝有故之
秋，仍行征討，爰命叔和碩鄭親王，率兵攻克山海關外，中後所，前屯衞，中
前所三城，凱旋之後，聞流寇攻陷燕京，乃公議和碩鄭親王居守，以佐理皇上
機務，而遣睿王出師，往取燕京，彼時燕京，不過一空城耳，有何偉績乎？克
城之後，遂目無鄭親王，既坐收金帛，更專擅威權，國家岌岌乎殆矣，夫燕京
一城，卽他王攻取，亦勢在必克，此其妄援欺誑者又一也。又言睿王初薨，尚
無異議，爲時無幾，朝論紛起，論罪削爵，毀滅過甚，查睿王亡後，恩禮甚

渥，伊之近臣蘇克薩哈，詹代，穆濟倫，將伊王私匿御用東珠數珠黃袍等件，併不法等情出首，審實，始行追奪爵號，何謂朝論紛起，毀滅過甚，此其欺誑者又一也，又言詢之故老，聽之傳聞，前後予奪之間，似不相符。查長庚分屬新進，所詢故老何人，所得傳聞者又是何人，又言肅王妃瀆亂一事，懲尤莫掩。然功多罪少，應存議親議故之條，查睿王將肅王無因戕害，收其一妃，又將一妃私與伊兄英王，此罪尚云輕小，何罪為大。睿王議親是矣，肅王又是何人，獨非親乎？明欲變亂國法，巧為引議耳。又言睿王私匿帝服御用等物，必由彼傳諭織造早晚齎送進御，彼時暫貯王府，不可與一切私匿御用者，同例而議，切思進上御衣，暫停王府情或有之，但睿王專製帝服隨身備用，及至死後，伊寵妃吳爾庫尼，將黃袍交與詹代，密囑送至柩內，此並非暫貯之物，詹代等自告搜出，此又其欺誑者一也。又言方今皇上宵旰求寧，而水旱相繼，似同風雷之警，或其中不無冤抑，伏思睿王在日，豈無水旱之虞，即今日亦並無風雷之警，何得以金縢比擬，此又其妄引之罪一也。又言賜之昭雪，復其爵號，一以彰太祖之有子，太宗之有弟，皇上開創之有臣，且以見太宗知人之明，併以勵諸王作忠之氣，幽明交感，災眚可弭，率皆狂惑之心，悖妄之語，起釁倡亂，大干國紀。至於援引成王周公事蹟，以比睿王，尤屬乖謬。夫武王繼商而立，封周公之子伯禽於魯，特命周公攝守國政，而睿王攝政，曾奉有太宗之特命乎？周公誅管叔，放蔡叔於郭鄰，以其同武庚叛也，肅王亦留有叛情乎？且睿王圖肅王之元妃，又將一妃給伊兄英王，周公曾有此行乎？睿王與伊姦黨同謀，離間皇上侍衛，勒幸伊家，周公又有此行乎？睿王以避痘為名，奉皇上遠幸邊外西喇塔喇地方，侍衛不及百人，又乏扈從之兵，時經長夏，勢甚孤危，周公又有此行乎？睿王蓋造伊府，及伊弟豫王，與英王子勞親第宅，糜費帑金數百萬，以致兵餉空虛，給與他物抵充，周公又有此行乎？睿王於海子內，起建避痘處所，私動內帑，擅差部員，苦累官工，夫皇上一切營建，上用內府工匠，而睿王私役官工，周公又有此行乎？尤可異者，睿王欲離皇上，私與所屬黨臣定計，駐箚永平，又擅娶朝鮮國王族女，一女不足其欲，又娶一女，未至而身亡，又太宗時英王被論，因罰出公遏必隆等三牛彔，及甫至燕

京，睿王擅將此三牛彔取還英王下，又將黃旗下，剛林，何洛會，巴爾達齊三族，取入伊旗下，又皇上六近臣，會各盟誓效忠皇上，而睿王逼勒敗盟，又毀壞太祖，太宗定例，於八旗遴選美女，取入伊家，又敗亂國體遣使於新服喀爾喀處，求取有夫之婦，又濫費公帑，將織造江南蘇杭緞疋，不入公家，匿爲己有，充賞比倖，種種不法情狀，衆目共見，其餘瑣細敗檢之事，不可勝計。昔周公敬承王命，上合天心，矢忠攝政，輔佐成王，成王少長，稽首歸政，終身克盡臣道，作周孚先，是以成王追崇功德，永錫爵士。今睿王方入燕京，逆天專政，肆行無忌，至皇上茂齡，仍不歸政，篡迹彰著，天厭其惡，不終其年，似此罪魁，且言功侔周公可乎？此輩陽應求言，陰圖搆亂，違天悖上，案亂朝綱，煽惑國家，情罪甚大，雖當開言路之時，難以宥免。許爾安疏內情辭，與彭長庚無異，請敕該部，將彭長庚，許爾安各革職拏問重擬，議入，得旨，彭長庚，許爾安革職，著議政王貝勒勒大臣，會同從市擬罪具奏。」（世祖實錄卷九十頁十三上至頁十九下）

順治十二年四月丁酉：

「命固山額眞石廷柱，爲鎭海將軍，統領官屬兵丁，駐防京口。」（同上卷91頁十五上）

順治十二年六月丙子：

「兵科都給事中魏裔介劾奏，福建提督總兵官楊名高，所轉漳州郡縣，被賊淪陷，貽誤封疆，請敕處分，以昭國法，下部察議。」（同上卷九十二頁十一上）

順治十二年八月癸亥：

「命固山額眞阿爾津，爲寧南靖寇大將軍，同固山額眞卓羅等，統八旗官屬兵丁駐防荊州，固山額眞祖澤潤分防長沙。」（同上卷九十三頁二下）

順治十二年八月丁丑：

「諭兵部，湖南等處，疆圉未靖，郡邑荒殘，勦寇安民，任寄甚重，太保大學士洪承疇，受命經略，將及三年，朕惓懷彌篤，並念所統各官，或由旗下隨行，或從各處調發，遠離鄉土，戍守嚴疆，執銳披堅，眠霜冒雨，不得休息，朕每念及此，寤寐靡寧，雖致身爲國忠臣之素心，而頒賞酬勞，國家之令典，

宜加錫賚或慰軍心，凡經略所統大小將領各官，爾部通察開列具奏。」（同上
卷九十三頁八上下）

順治十二年十二月甲戌：

「命固山額眞伊爾德，爲寧海大將軍，統率將士，征勦舟山賊寇。」（同上卷
九十六頁十上下）

順治十三年四月辛未：

「都察院左副都御史魏裔介疏言，天下民生所以不安者，以雲貴有孫可望，海
上有鄭成功也。孫寇所藉兵力，洞蠻爲多，今欲招徠遠人，但宜給以新命，不
必追其前朝舊敕，至鄭逆出沒海上，三十餘年，國家欲搗其巢穴，恐水師少而
未練，宜擇知兵大臣，沿海防禦，坐而困之，庶蕩乎有期矣，下所司議。」
（同上卷一○○頁十二上下）

這一篇奏諭很重要，因爲可以說明當時在湖南和海疆方面混亂的情形，不得不用重兵
各處防禦。下一段關於兩湖的情形也可以證明這種說法。

順治十三年六月癸卯：

「初定遠大將軍世子濟度等，遵旨奏言，瀕海漳州等九處，俱宜設兵防守，而
閩省經制，綠旗官兵，甚多缺額，今議補額增設，共加馬兵二千二百五十名，
步兵五千九百名，以資防禦。見駐閩省漢軍兵丁，俱應留駐漳州，然漢軍及綠
旗官兵，未可盡恃，應留固山額眞屠賴，統滿洲兵，駐泉州，爲兩路聲援，詔
下議政王，貝勒，大臣會議。……至是請王大臣又議，於漢軍兵二千名之外，
應再調京城兵一百名，沈永忠下兵九百名，共足三千之額，其應遣固山額眞，
列名以請，上命固山額眞郎賽爲帥，應遣梅勒章京，再議奏聞，餘依議。」（同
上卷一百二頁十八下至二十下）

順治十四年四月壬辰：

「以固山額眞宗室羅託，爲寧南靖寇大將軍，統領官兵駐防荊州，分遣固山額
眞伯修六十，駐防長沙，賜之敕曰：『今因逆賊孫可望等，煽亂湖南，騷擾地
方，率命爾宗室羅託，爲寧南靖寇大將軍，同蒙古固山額眞特津，護軍統領俄
內等統領大兵，前赴南楚，爾統官兵，於湖南湖北地方，與經略輔臣洪承疇，

共議地勢相宜之所駐箚，其軍情事務，與經略輔臣洪承疇相議而行，若賊入犯，須協心戮力，多設方略，相機剿除，凡事與固山額眞，護軍統領，梅勒章京等會議而行。』」(同上卷一百九頁十一上下)

順治十四年十一月孫可望來降，封爲義王。」(卷113，頁12)

順治十五年正月丙午：

「命多羅信郡王多尼，爲安遠靖寇大將軍，同多羅平郡王羅可鐸，多羅貝勒尙善，杜蘭，固山額眞伊爾德，阿爾津，巴思漢，卓羅等統領將士，進取雲南，御前侍衛，及王貝勒貝子公等護衛，皆酌量隨征，賜之敕諭曰：『逆賊煽亂雲貴，騷擾地方已久，今賊李定國，與孫可望互相爭戰，可望來降，乘此賊黨內亂，人心未定之際，先遣寧南靖寇大將軍宗室羅託等，由湖南，平西大將軍平西王吳三桂等，由四川，征南將軍趙布泰等，由廣西分兵三路，進取貴州，旣克貴州之後，卽宜乘機進取雲南。』」(卷114，頁七上下)

順治十五年十二月戊子：

「命固山額眞明安達理，爲安南將軍，同固山額眞俄羅塞臣，賽音達理等，統官兵駐防貴州。」(卷122頁14下)

順治十六年正月庚子：

「初安遠大將軍信郡王多尼，征西大將軍平西王吳三桂，征南將軍固山額眞趙布泰，會於平越府之楊老堡，議分兵進取雲南。多尼自貴陽入，三桂自遵義入，趙布泰自都勻入，訂以十二月會師雲南省城。多尼兵至安壯，斬其僞劉將軍，追至盤江，賊焚鐵鎖橋遁去，我軍作浮橋而濟，至松嶺衞，僞鞏昌王白文選，率兵二萬拒敵，我軍分路進擊，大敗之，遂進抵雲南。三桂兵至七星關，白文選屯兵守險，乃從水西苗猓界，間道度關，以襲賊後，賊聞風遁去，遂直趨烏撒。趙布泰兵至盤江之羅顏渡口，賊扼險沉船，我軍不得渡，投誠土司知府岑繼魯獻策，從下流十里，取所沉船，乘夜潛師而濟，賊倉惶逃潰。梁瑞津，有僞伯李成爵，屯兵萬人於山谷口，我軍環山四面夾擊，大敗賊衆，斬獲無算。時僞晉王李定國，全師據雙河口山頂，趙布泰遣兵登山，奪其形勝，賊列象陣來爭山，我軍合力奮擊，大敗之，獲其象隻。至陸格，定國復率三十營

賊兵，列柵拒守，趙布泰分兵爲三隊，張左右翼擊之，再戰俱捷，追至四十餘里，獲象馬甚衆。時聞賊尙據鐵鎖橋，乃從普安州間道入雲南，三路大師，俱入省城，李定國、白文選，與僞永曆奔永昌，至是捷聞。」（卷123頁2下至4上）

順治十六年八月江南總督郎廷佐奏報鄭成功於六月二十六日進攻江寧，至七月始退。（卷127頁11至12頁）

順治十八年正月丁巳夜世祖崩於養心殿，他是否病死，或者是出家，一直到現在很難有定論，他遺詔中加有一條說：「宗室諸王貝勒等，皆係太祖、太守子孫，爲國藩翰，理宜優遇，以示展親，朕於諸王貝勒等，晉接旣疎，恩惠復鮮，以致情誼暌隔，友愛之道未周，是朕之罪一也。」（卷144，頁3上下），看這一條，在加上他生存的時候，常命議政王大臣，討論國事，足證他對於八旗的重視，並且當時的戰爭頻繁，已見上舉各條，尤不能不重用八旗的軍隊，所以也就不能削減他們，再加以世祖的性格與太宗不相同，並且他入關以後，漢化頗深、性喜文藝、據筆記中說，他常爲大學士傅以漸親自畫像，我在琉璃廠中亦見過世祖畫的佛像，並且他同當時名僧來往很密切，據陳垣先生的考證，他在駕崩以前，曾受過剃髮，這些全證明他的性格不是集中在政權的一條路上，所以在這一段時間，並沒有接續着太宗的集中政權。因此，這件事遂在世祖朝停止，並沒有進展。

第六編　對鄭氏及三藩的繼續用兵

聖祖卽位的時候，因爲年紀只有八歲，據說是世祖的遺詔，命索尼、蘇克薩哈、遏必隆、鰲拜四人輔政，所以康熙六年親政以前，可以說他並沒有管很多的事，並且這時南明並沒有完全覆亡，桂王成爲永曆帝，被迫退到雲南同緬甸的邊境上。到了康熙元年正月吳三桂上奏報說，於去年十二月末永曆帝方才被殺，而其部下李定國尙存在。另一方面，明張煌言，尙在普陀山一帶，與鄭成功互有聯繫。到了康熙三年八月，方將張煌言虜獲，但是鄭氏仍舊存在，所以沿海各地均需要戒備，八旗的軍兵並不能休息。到了康熙六年七月，聖祖始因允親政。可是輔政各大臣們發生內部的爭鬪，蘇克薩哈被鰲拜攻訐處死，而後來聖祖又決斷的將鰲拜處死，於是，那一段爭亂

才算終了。

到了康熙十二年，又發生三藩之亂，據實錄卷四十四說：

「丙辰，差往貴州備辦吳三桂夫船芻糗事務，兵部郎中黨務里，戶部員外郎薩穆哈，馳驛到京，奏稱雲南貴州總督甘文焜，向臣等言，吳三桂，於十一月二十日，殺雲南巡撫朱國治，以所部兵反，前差往搬移吳三桂家口侍郎折爾肯等被留，臣等星夜馳驛來京。上召議政王大臣等面諭曰：今吳三桂已反，荊州乃咽喉要地，關係最重，著前鋒統領碩岱，帶每佐領前鋒一名，兼程前往，保守荊州，以固軍民之心，並進據常德，以遏賊勢，前往官兵，若沿途住歇秣馬，必至遲悞，著派戶部賢能司官，於每日宿處，齊備草豆應付，其陸續遣發大兵征剿之處，著議政王大臣等速議具奏。」（聖祖實錄卷四十四頁十二上至十三上）

同月己未，「命多羅順承郡王勒爾錦，為寧南靖寇大將軍，總統諸將。」（聖祖實錄卷四十四頁十六下）

康熙十三年正月，「先是（戊辰）上遣副都統擴爾坤，駐防太原，尚未行，至是，以西安官兵，既調往四川，因命擴爾坤，移往西安。」（聖祖實錄卷四十五頁二下）

同上十三年正月丁亥：

「侍衛夸塞，自荊州馳還，奏偏沅巡撫盧震，棄長沙，奔岳州、上命都統覺羅朱滿，領兵速赴武昌。」（同上卷四十五頁十一下）

康熙十三年六月，耿精忠叛變。（實錄卷48頁1上）

康熙十三年十一月，叛將已經侵入江西。（實錄卷50頁10）

康熙十三年十二月，王輔臣在平涼叛變。（同上卷51頁9）

關於王輔臣叛變的經過，實錄所記不詳，但廣陽雜記，卷四，記載此事前後經過甚詳，可以參閱。

聖祖因此派重兵駐漢中，他的上諭中說：「漢中重地，宜置重兵。」（實錄卷52頁十一）（十四年正月）

十四年正月：

「命駐防兗州副都統諾敏，復率滿洲兵赴安慶。」（卷五十二頁十五）

十四年二月：

「命急造戰船，駐紮岳州，因與三桂船隻常在長江上下來往。」（卷53，頁12）

十四年三月，察哈爾布爾宜乘吳三桂之反，頗欲擾亂北方。（始見於實錄53頁21）

這時吳三桂與滿洲軍隊在湖南長沙岳州間相持，滿洲軍各統帥常請徵兵，足見他們的力量不太充足。

康熙十五年六月，王輔臣降，後自殺。（實錄卷61，頁17）

康熙十五年十月，康親王傑書率師抵延平，耿精忠投降。（卷63，頁16）

康熙十七年八月，吳三桂病死。（卷76，頁16）

康熙十八年正月，滿洲兵克岳州，吳三桂舊屬勢力大衰。（卷179，頁9）

自此以後，清軍步步進迫，至康熙二十年十二月，清軍迫近雲南省城，吳三桂之子吳世璠自殺，三藩之亂至此平定。

康熙二十二年，鄭克爽投降，至此，清朝方統一中國。

自康熙二十二年以後，大體上是安定的，自此到康熙二十九年七月噶爾丹入犯，令福全為撫遠大將軍（實錄147，頁2），出古北口，常寧為安遠大將軍，出喜峯口。（實錄卷147，頁2）但不久到了八月，噶爾丹請和。（卷148，頁7），到了三十四年十一月，噶爾丹又叛。（卷169，頁8）於是下詔親征，至是叛撫不常，但事實上沒有很大的交戰。

總之，至康熙三十幾年以後，中國比較安定，而聖祖又常與侍從文官在弘德殿開經筵講書，另外還很注意文學，常與翰林們在南書房唱和詩篇，而明史的修成大體也在康熙年間，高宗說聖祖寬仁，所以他並沒有想集中政權而繼續努力，所以清代的集中政權，必須侍到世宗年間，方能真正成功。

第七編 世宗用軍機處成功中央集權

自從太宗時間起，就想集中中央的權力，但是，他用各種方法直直接接只能將八旗的權力削弱，而未能實行真正集權，這些種種的經過，皆見以上各章，我現在不再重加敍述。直正的集權是到了世宗時代，方才能夠成功。世宗的集中權力是很巧妙的，並不是像以前的枝枝節節，他只設了一個軍機處，於是就把以前內閣及八旗的權力，整個拿來，軍機處一直到宣統二年，新式的內閣成立，中間經過一八〇年之久，

清朝繼續用的這種方法，從世宗以後沒有再改變。下面我們分段來述說軍機處的成立
及它的規章。看過它的規章，就可以明白八旗到此直接受了皇帝的指揮，不再能够保
持它的分權力量。

<h2 style="text-align:center">一　軍機處的成立的經過</h2>

　　軍機處之名始於清雍正間，前朝固未嘗有，其始設原以用兵西北爲名，後遂取內
閣職權而替代他，成爲政令所自出之處。由雍正四年左右起至宣統三年之改設新式內
閣止，其間參與清代中央政權者蓋一百八十餘年。雍正四年左右是我的假設，因爲清
代官私各書中無一說及軍機處設立的確實年月，雖然他在中國政治史上若是的重要。
光緒修大清會典只說及他的職掌：「掌書諭旨，綜軍國之要，以贊上治機務。」大清
會典事例內閣條下兼說內閣的建置，以崇德年設內三院爲始。但事例中無軍機處，蓋
軍機大臣只是皇帝的機要秘書，「以贊上治機務」，處處受上命而行，故清代各衙門多
有則例，而軍機處獨無有。記載軍機處的專書，梁章鉅的樞垣記略卷二列命鄂爾泰、
張廷玉辦理軍機事務於雍正十年二月，爲除授之始，而序中則說「軍機處始於雍正庚
戌」，庚戌爲雍正八年，兩條顯然不相合。但清史稿軍機大臣年表則說：「雍正七年
六月，始設軍機房。」表中又云：「怡親王允祥，六月癸未命密辦軍需一應事宜。」
又「張廷玉，六月癸未以太子太保保和殿大學士命密辦軍需一應事宜。」又「蔣廷錫，
六月癸未以文華殿大學士命密辦軍需一應事宜。」表定以雍正七年爲始，即因他們三
人皆受命「密辦軍需一應事宜」始於七年六月。證以葉鳳毛內閣小志軍機房條下所說：
「余以雍正八年春爲舍人，中堂已有內外之分，內則馬公爾賽，張公廷玉，蔣公廷
錫，然蔣公猶隔數日一至（內閣大堂）。」又說：「軍機房，即內中堂辦事處也。」
葉鳳毛自云雍正八年春爲舍人，中堂已有內外之分，則內中堂之始有或更在前。葉氏
所謂內中堂實即大學士中之兼密辦軍需者，所以他說軍機房即內中堂辦事處。不過軍
機處之成立，是機密的而且是逐漸的。最初是「密辦軍需」，因爲機密所以檔冊上並
未寫明成立的年月，大約亦未嘗有過公開的諭旨。趙翼雖在軍機章京供職多年，且去
成立軍機處時不太遠，而他所著的簷曝雜記中亦只得說「雍正年間設軍機處」，更何
能責道光年間爲章京的梁章鉅？葉鳳毛說：

　　　　時西北兩路出師征策妄，（當作「策零」，此據叢書集成本，「妄」字誤。）

戶部設軍需房，司官翁藻主之。於是襲其稱，亦曰軍機房，漸易為軍需房，漸又以房為處。

可見中間屢經變更，且軍需房之設恐亦不只始於雍正七年，如軍機大臣年表所假定者。

亦就因為他是機密的，所以淸史列傳中張廷玉、鄂爾泰兩傳只說他們任大學士而不說及他們辦理軍需事務。碑傳集中所輯袁枚作張文和墓誌及張廷玉所作鄂文端墓誌亦皆無一語及他們辦理軍需的任務，因為彼時只是「密辦」而對外不公開的。並且自聖祖設立南書房，雖然與皇帝討論詩文為入值南書房者主要任務，但聖祖亦已常令南書房人員擬上諭而不由內閣，這大約是世宗令內大學士承旨的遠因，世宗亦許是受聖祖這種辦法而想到的。內閣小志說：「內中堂張文和公則獨在南書房之西坑間（辦公）。」最初他仍用南書房，固然是較內閣大堂嚴密且在乾清門內容易奏對，（彼時世宗始居養心殿而以前聖祖則居於昭仁殿。）但亦未常不與南書房舊擬旨處所暗中有關聯。且張廷玉蔣廷錫皆舊在南書房行走而世宗朝更典軍需機要者。嘯亭續錄卷一足證：

> 本朝自仁廟建立南書房於乾清門右階下，揀擇詞臣才品兼優者充之。康熙中諭旨皆其擬進，故高江村權勢赫（當作「煊赫」，疑木刻本遺一字）一時。仁廟與諸文士賞花釣魚，剖晰經義，無異同堂師友。如張文和、蔣文肅、厲尚書廷儀、魏尚書廷珍等皆出其間，當代榮之。

最初軍機房只是內閣的一部份，內閣小志中尚與漢本房滿本房等並列，葉在閣中前後十年，始於雍正八年，大約終於乾隆四、五年，但所記似尚是雍正年間情形。最初軍機皆由大學士兼，章京皆由中書舍人兼，更足證明他是內閣之一體，「內閣之分局」（簷曝離記語）。內閣小志軍機房條：「凡內外大臣摺奏有不交部即令中堂議覆者，泊廷寄各省諭旨，始皆圓直人為之。有滿舍人舒赫德，雅爾哈善，漢舍人吳元安，蔣炳，願不換班，長侍內中堂。」是章京（當時恐無章京名，較後始有。較晚書中尚有稱為軍機舍人者。）最初皆是中書舍人兼任。

葉鳳毛說「時西北兩路征策零，戶部別立軍需房，司官翁藻主之。於是襲其稱，亦曰軍需房」這可以使我們尋找設軍需房的時代。按世宗實錄卷七十八載雍正七年二

月癸己（十八日）諭諸王內閣九卿八旗大臣等，噶爾丹，策妄阿拉布坦及策妄阿拉布坦之子噶爾丹策零先後背叛的經過，且云欲用兵征討，著諸王議政大臣九卿八旗大臣各抒己見。尋議調命將興師，得旨允行。（頁41——22）此公布出征之始。至雍正七年三月丙辰（十二日）「命領侍衞內大臣三等公傅爾丹爲靖邊大將軍，北路出師；川陝總督三等公岳鍾琪爲寧遠大將軍，西路出師，征討準噶爾噶爾丹策零。」（世宗實錄卷七十九）征策零的出師雖在雍正七年二、三月，其實世宗的計畫與運餉不始於此時。實錄卷八十一，雍正七年五月甲寅（初九日），帝閱兵於南苑時：

　　　　上又謂諸大臣曰：「此次軍務，怡親王同大學士張廷玉蔣廷錫辦理甚爲妥協。

　　　　如蒙上天默祐，卽奏凱歌，伊等之功不小。」

此雖與淸史稿軍機大臣年表之以軍機處始於雍正七年六月相近，但若閱世宗實錄卷八十二，雍正七年六月癸未（初十日）因岳鍾琪疏而下的上諭，則更可恍然大悟：

　　　　準噶爾世濟兇頑，心懷叵測，將來必爲蒙古之巨患，貽國家之隱憂，是用發兵

　　　　聲罪致討，上承先志，下靖邊陲，師出有名，事非得已。兩路軍機，朕籌算者

　　　　久矣！其軍需一應事宜，交與怡親王、張廷玉、蔣廷錫密爲辦理；其西路辦理

　　　　事宜，則專於總督岳鍾琪是任。王大臣等小心愼密，是以經理二年有餘，而各

　　　　省不知有出師運餉之事。今覽岳鍾琪摺奏，備陳十勝之情形。軍務所關重大，

　　　　朕不敢預言其必然，惟有倍加敬謹，仰懇上天皇考鑒照不得已之情，垂慈默

　　　　佑，早奏膚功而已！（頁6）

旣云「經理二年有餘」則內大學士的實存必始自雍正五年以前。又卷百零五，雍正九年四月庚子（初八日）再聲討準噶爾的罪狀反聲明不得不用兵的原由時說：

　　　　卽以西陲用兵之事言之：北路軍需交與怡賢親王等辦理；西路軍需交與大將軍

　　　　岳鍾琪辦理，皆定議於雍正四年。大軍將發，飛芻輓粟，始有動用民力之時，

　　　　朕皆敕令地方有司，照數給與脚價，嚴禁尅扣短發侵蝕等弊；儻有不肖官員借

　　　　稱軍需科派擾民者，著該管大臣卽行題參革職，先動帑金，傳集百姓，如數給

　　　　還。朕所以爲百姓防患除弊者，亦極嚴切矣！（頁10—11）

這諭明說議定於雍正四年，再據雍正七年六月的上諭，所云「經理二年有餘」，則內大學士的實存必始自雍正四年的下半年，這可以說是軍需房成立的最始年月。至七年

六月始改爲軍機房，至十年三月更改爲軍機處。軍機大臣年表的作者看見前一節實錄，遂以雍正七年六月爲設軍機房之始，但未注意到「是以經理二年有餘」這句話，更未注意到後一節的話，遂未能明瞭軍需房的設立當在雍正四年下半年。至於正式改爲軍機處在雍正十年三月，這亦見於世宗實錄卷一百十六，雍正十年三月庚申（初三日）：

> 大學士等遵旨奏議：「辦理軍機處密行事件所需鈐封印信，謹擬用『辦理軍機印信』字樣，移咨禮部鑄造，貯辦理軍機處，派員管理，並行知各省及西北兩路軍營。」從之。（頁2）

在此以前當已有寄信，想必用內閣印信，因爲當時辦事的人皆是內大學士及中書舍人，至是始有公開的軍機處，所以世宗實錄十年以前只有「諭內閣」（常見）及「諭議政大臣」、「諭大學士等」（例如雍正十年三月戊子朔，實錄卷一百十六），自此以後則常有「諭辦理軍機大臣等」（雍正十年三月丁卯〔初十日〕實錄卷一百十六。頁6；戊辰〔十一日〕，同卷頁7）至少不減於「諭內閣」的次數，遂與內閣的權並立。

中間雖於高宗卽位之初，改辦理軍機處爲總理處，但這只是短時間的事，至乾隆二年卽復名辦理軍機處。就是改稱總理處時，事權並未改變，可以說自始成立至宣統二年，皆與內閣並立，且逐漸爲皇帝奪得內閣八旗的實權。我最初的假設，辦理軍機處的成立是逐漸的，而且秘密的，他始自雍正四年的下半年，由以上各史料遂能逐漸證明。

考證原是件困難的事，就以王昶亦曾任軍機章京，而他寫的軍機處題名記（在春融堂集中）對於軍機處的初起就有不少的錯誤：

> 先是雍正七年青海軍興，始設軍機房，領以親王大臣予銀印，印藏內奏事太監處，有事請而用之。後六年，上卽位，改名總理處。乾隆三年，王大臣請罷之，詔復名軍機處。時大學士爲鄂公爾泰、張公廷玉、徐公本、蔣公廷錫；尙書爲海公望。每被旨，各歸舍繕擬，明日授所屬進之。

所謂軍機房原自軍需房而來，始於雍正七年之非，已見前論。予銀印在雍正十年，見前引實錄，當時已改稱辦理軍機處，而王氏誤以銀印卽在七年時。又所謂「時大學士鄂公爾泰……」「時」字不知何所指。若謂指雍正七年，則鄂爾泰至八年始爲軍機大

臣，徐本則始於十三年以協辦大學士入直，海望在同年以戶部尙書入直，雍正七年尙未入軍機處；若謂指乾隆年間，則蔣廷錫已卒於雍正十年。兩種解說皆不相合。可見王氏對此考證的疏忽。

二　軍機處地點的變遷

內閣小志軍機房條下：

當初有軍需房名之時，在京則在隆宗門外養心殿造辦處，而內中堂張文和公則獨在南書房之西坑間。

造辦處據國朝宮史卷十一說：

武英殿北爲內務府公署，爲果房，爲冰窖，爲造辦處。

其實造辦處的旁邊已是慈寧宮花園，距離隆宗門不遠，所以內閣小志稱爲隆宗門外養心殿造辦處，造辦處屬於養心殿，而位置則在隆宗門外，乃有這種稱呼。後和珅、福長安皆曾在此辦公，不在軍機處，爲錢澧所參，其實軍需房與造辦處原有舊的淵源。至於南書房，國朝宮史卷十二謂：

由此(指內奏事房，東向)交出轉而南向北者爲南書房，內廷詞臣直廬也。

按南書房共三間，康熙中命直臣擬諭旨已見上，所以張文和仍常在彼辦公。世宗常在圓明園辦公，內大學士到園的情形內閣小志亦言及：

在園則在宮門外之東朝房，屋甚軒敞而四空不密，乃移於小東門內之南牆下一當和氣中（世廟御書），屋三間，甚卑隘。內中堂坐東頭，諸大臣坐西頭。後有小屋，則舍人等辦事之處。申刻，大小臣皆退。或在廢園，或蹴民屋，或寄僧寺，無定處，亦曰軍機房。蓋以宮門內無夜直之例，一切事皆取辦於寓所也。

這大概是軍機房初成立時的情形。所謂坐西頭的諸大臣想指志中所說「又命兵部侍郎班第，理藩院侍郎那顏奏，戶部侍郎海望，學士侍郎索柱在軍機處行走，若舍人然」的那些人。他們官大於舍人而非內中堂，做的事又等於舍人，所以稱爲諸大臣。

較後又有改變。造辦處距乾清門太遠，所以又在門西建築木板小屋，位置大概就在後來的軍機處。簷曝雜記說：

直廬初僅板屋數間，乾隆初年始改建瓦屋。

又說：

> 余直軍機時，直舍卽在軍機大臣直廬之西，僅屋一間半，又逼近隆宗門之牆，
> 故窄且暗。後遷於對面北向之屋，凡五間，與滿洲官員同直，則余已改官，不
> 復入直矣。

按趙翼官軍機章京時由乾隆廿一年起（見樞垣紀略卷18），中經二十六年辛巳中一甲
三名進士，至卅一年外任鎮南府知府，不復入直軍機章京。（見姚鼐惜抱軒集貴西兵
備道趙先生翼家傳）按國朝宮史卷十二：

> 內左門之東，內右門之西，周廬各十二楹；東爲文武大臣奏事待漏之所；西爲
> 侍衞房及內務府，軍機處直舍，皆南向。其南相對周廬各五；東爲宗室王公奏
> 事待漏之所；西爲滿漢軍機章京直舍，皆乾隆十二年建。今圖如下，凡與本文
> 無關處所皆不註明：

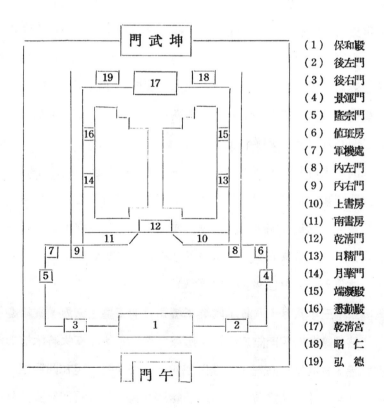

(1) 保和殿
(2) 後左門
(3) 後右門
(4) 景運門
(5) 隆宗門
(6) 値班房
(7) 軍機處
(8) 內左門
(9) 內右門
(10) 上書房
(11) 南書房
(12) 乾清門
(13) 日精門
(14) 月華門
(15) 端凝殿
(16) 懋勤殿
(17) 乾清宮
(18) 昭　仁
(19) 弘　德

至於軍機直廬如下圖：

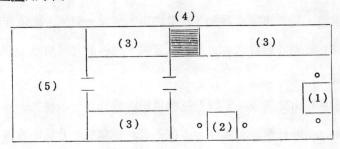

共四間半，東二間相通。東牆及南窗下各有桌一，椅二。(1) 牆上懸有<u>文宗</u>所書「捷報紅旌」木刻匾。(2) 牆上懸有<u>世宗</u>所書「一堂和氣」木刻匾。<u>內閣小志</u>中說內中堂在圓明園辦公處在一堂和氣中，卽因屋中懸有<u>世宗</u>所書「一堂和氣」匾。宮中直廬所懸想卽此匾刻木者。(3) 爲坑，二屋中皆有。(4) 是書櫥，以置檔案及稿件者。(5) 只一間半，<u>趙雲菘</u>所謂「直舍卽在軍機大臣直廬之西，僅屋一間半，又逼近隆宗門之牆，故窄且暗」當卽指此。

　　<u>國朝宮史</u>明言章京直舍亦<u>乾隆</u>十二年建，<u>趙翼</u>於<u>乾隆</u>廿一年入直時，南屋（章京直舍習俗爲南屋，<u>翁文恭日記</u>中屢有此字樣）已建，而<u>趙</u>氏說「在軍機大臣直廬之西」，又說漢司員「後遷於對面北向之屋，凡五間，與滿洲司員同直。」兩書比對來看，似南屋最先只有滿章京辦公，後始於漢章京同屋，滿章京居左二間（東面），<u>漢</u>章京居右二間（西面，見<u>簷曝雜記</u>）。

　　至於在<u>圓明園</u>辦公時，則在「一堂和氣」屋中，見前引<u>內閣小志</u>。<u>光緒欽定大清會典</u>說「圓明園軍機堂在左如意門內」，是否卽<u>小志</u>所說之處，待考。<u>小志</u>又言大臣與舍人退出後，「或在廢園，或倣民屋，或寄僧寺，無定處，亦曰軍機房。蓋以宮門內無夜值之例，一切事俱取辦於寓所也。」這必是軍機處較早的現象。較後卽舍人有「外直廬，所謂七峯別墅也。」<u>樞垣紀略</u>卷十四引：

　　　　<u>乾隆</u>三十三年八月十八日本處奏軍機司員前蒙皇上天恩，賞給<u>慶復</u>入官花園一所，該員等在<u>圓明園</u>該班直宿，迄今已逾多年，除歷次將木植拆卸官用外，所存之屋，日久無人修理，漸致損壞。……查<u>莊親王</u>現在<u>圓明園</u>所置五福書房，窄狹不敷居住，情願將現住房屋換給該司員等。因房間無多，尚不敷用，並願將<u>圓明園高恒</u>入官房屋一所，照<u>內務府</u>估價，按數買交軍機處司員分住。若准

其調換，卽以軍機處司員所住之園，賞給莊親王，聽其自行修理。

記略中又說「圓明園滿漢章京外直廬一在挂甲屯，一在氷窖，均係乾隆年間賞給居住。」當卽上面所說兩所房屋。至於軍機大臣則仍自租民屋居住，至清末仍如此，翁文恭公日記足證。

此外「西苑軍機堂在西苑門內」，熱河避暑山莊及謁陵駐蹕南苑湯山盤山等處，巡幸盛京及各省，有行宮者，軍機大臣入直於宮門外之左偏直廬；如在行營，則於白布城東門夾道內設蒙古包入直；其在看城等城，則皆於黃布城左右設帳房入直。滿漢章京等設帳房隨帶短几坐褥，按資格列坐其中。（見欽定大清會典卷三及樞垣紀略卷十四）

此外附屬於軍機處者，尙有方略館。樞垣紀略卷14：

> 方略館在隆宗門外咸安宮之左，凡本處檔案皆藏庫中。總裁無定員，以軍機大臣領之。每次軍功告藏及遇有政事之大者，皆奏諭旨，紀其始末，纂輯成書，或曰方略，或曰記略，隨時奏請欽定。亦有他書奉旨交輯者，均率在館人員承辦。其提調收掌纂修，皆以滿漢軍機章京兼充。

又說：

> 方略館校對由軍機大臣咨取內閣中書兼充，無定員。

另有譯漢官，亦屬於方略館，專司譯滿文爲漢文的責任。樞垣紀略大體與光緒欽定大清會典卷三相同。梁文想必鈔自嘉慶修大清會典。

方略館遇有修方略等書的時候，方有工作，常時則爲軍機處檔案存儲的處所。總裁由軍機大臣兼領，提調等官亦由軍機章京兼任，足見他自雍正年間以後，只是軍機處的附屬。

奏事處是獨立的機關，不爲辦理軍機處所管轄，但與他有密切的關係。因爲奏摺皆由他經手轉交內奏事房而呈進於皇帝。自設立軍機處以後，除由內閣經手的例行公事外，奏摺皆先由皇帝覽閱，然後方發給軍機大臣看，且引幾點證據。光緒大清會典辦理軍機處條：

> 凡發下各處奏摺，奉硃批另有旨，卽有旨，及未奉硃批者，皆捧入以候旨。

所謂「發下」卽指皇帝閱後給軍機大臣閱看。洪亮吉更生齊文甲集「書畢宮保遺事」：

乾隆庚公會試未揭曉前一日，公與同年諸君重光、童君鳳三皆以中書值軍機。
諸嘗西苑夜值，日未戾，忽語公曰：「今夕須湘衡代值！」公問故，則曰：
「余輩尚善書，倘獲儁，可望前列，須同寓偃息並候榜發耳！湘衡書法中下，
卽中式，詎有一甲望耶？」湘衡者，公字也。語竟，二人者徑出不顧。公不得
已，為代值。日晡，忽陝甘總督黃廷桂奏摺發下，則言新疆屯田事宜。公無
事，熟讀之。時新疆甫開，上方欲與屯田，及殿試，發策試新進士，卽及之。
公經學屯田二策條對獨詳核，逐由擬進第四人改第一。

可見奏摺皇帝閱後隨時發下，庚辰是乾隆廿五年，足證當是已經如此。

　　且嘉慶四年正月初八日仁宗諭：

諭各部院衙門文武大臣，各直省督撫藩臬凡有奏事之責者及軍營帶兵大臣等，
嗣後陳奏事件俱應直達朕前，不許另有副封關會軍機處，各部院文武大臣亦不
得將所奏之事預先告知軍機大臣。卽如各部院衙門奏章呈遞後，朕可卽行召
見，面為商酌，各交該衙門辦理，不關軍機大臣指示也。何得豫行宣露致啓通
同扶飾之聲？卽將此通諭知之。

又同月十九日上諭：

從前和珅意圖專擅。用印文傳知各省，抄送摺稿，因此帶有設遞軍機處另封事
件。業經降旨飭禁，並隨摺批諭。今和珅業經伏法，所有隨帶文書當永遠停
止。儻經此番飭禁之後，尚有仍蹈前轍者，必當重治其罪，決不姑貸！

由此兩諭能看出就因為奏摺原直達皇帝面前，在不發下以前，軍機大臣亦不能知其內
容，所以和珅「擅用印文，傳知各省，抄送摺稿」，使他能先知道奏摺的內容。這種
辦法原非世宗時的現象，亦非和珅當權以前的現象。且仁宗明說「可卽行召見（原奏
事之人），面為商酌，各交該衙門辦理，不關軍機大臣指示也。」軍機大臣原是皇帝
的機要秘書，皇帝欲同他們商量亦可，不與商議卽獨斷亦無不可，這自是合情準理的
現象。

　　光緒大清會典卷82載有奏事處的職掌：

奏事處（以御前大臣兼管）。侍衞一人（於御前侍衞乾淸門侍衞內特簡）。章
京六人，掌接淸字漢字之奏摺。凡接摺於宮門皆以昧爽。（乾淸門啓以寅正，

奏事直班章京豫俟於門外。門啓，乃接摺。……接摺後彙交奏事太監呈覽。）
所謂奏事太監卽內奏事房的太監。國朝宮史卷十二對內奏事房說：

> 每日內外臣工所進奏章由外奏事諸臣接入，於此交內奏事進呈，得旨後仍由此
> 交出。

內奏事房與奏事處實成一體，不過只有外內的分判，內則太監，外則官員，內屬內務
府，外與侍衞處及內務府皆有關。再加內奏事房保管軍機處印匣（見下），皆足證內
奏事房與軍機處的密切關係。

此外屬於例行公事的奏摺，不再交軍機處，只由太監交於奏事處，再退還給原遞
奏摺的人。大淸會典說：

> 每日所遞各摺，除驛遞之摺皆由奏事太監經交軍機處封發不由奏事處發下外，
> 其餘外省各摺，無論有旨無旨，皆由奏事太監封固，於次日交本處（奏事處）
> 發給原遞摺之人祇領；其在京所遞各摺，除留中及由軍機處發下，或飭交是日
> 召見之大臣發下外，其餘各摺，或奉旨「依議」，或奉旨「知道了」，由本處
> 發下者卽由本處傳旨給領。

三　辦理軍機處的規章

軍機處有印始於雍正十年，已見前章。印是銀鑄成的，文曰「辦理軍機印信」。
後至乾隆十四年，改鑄新銀印，文曰「辦理軍機事務印記」，兼有滿漢文；兩旁刻有
年月字號；一曰「乾隆十四年正月日造」九字；一曰「禮部造」三字；一曰「乾字一
百二十九號」八字。印存於內奏事房，而印匣的鑰匙歸領班的軍機大臣佩帶。另有請
用鑰匙的金牌，由直日章京佩帶；但每遇過年封印時，則由領班章京佩帶。牌金質，
廣五分，厚約一分，修長約二寸，上鎸「軍機處」三字。啓用印信的手續如下：（1）
由章京親到內奏事房請印匣；（2）向軍機大臣請印匣鑰匙，皆以金牌作爲證據；（3）
啓匣用印；（4）用後仍鎖印匣，送回內奏事房。手續可以說極爲愼重。皇帝每次出
京，軍機大臣全體或軍機大臣中的幾個人隨行，稱爲「隨扈」。遇隨扈時，則先將印
匣由內奏事房請出交兵部領齎。兵部司員每日送到行宮門外朝房，請軍機大臣啓看並
鈐用，印的鑰匙則由軍機大臣佩帶。

軍機處所擬旨有兩類，一爲明發，一爲寄信。明發是公開普遍的諭旨，以前原由

內閣所擬，現改由軍機大臣草擬，進呈御覽後再發交內閣，然後仍以內閣名義發佈，開始仍舊曰「內閣奉上諭」。寄信外稱爲廷寄，是專對某一人或某數人指導的諭旨而不是公開的。簷曝雜記說：

> 軍機處有廷寄，凡機事慮漏泄不便發抄則軍機大臣面承後撰擬進呈，發出卽封入紙函，用辦理軍機處銀印鈐之，交兵部加封發驛馳遞，其遲速皆由軍機司員判明於函外：曰「馬上飛遞者」，不過日行三百里；有緊急則另判日行里數，或「四五百里」，或「六百里」，並有「六百里加緊」者。卽此一事，已爲前代所未有。機事必須發而後由部行文，則已傳播人口。且驛遞遲緩，探事者可僱捷足先驛遞而到。自有廷寄之例，始密且速矣。此例自雍正間始，其格式乃張文和所奏定也。

所謂「不便發抄」指不發交內閣公布。「機事必須發而後由部行文」，亦指舊辦法常先由內閣下諭旨，容易洩漏機密。廷寄一行，此弊自可免除。此軍機職任最重大的。

> 又按繕寫明發諭旨及軍機處奏片奏單用六行格子，繕寫寄信，傳諭用五行格子，兩種每行皆二十字。

管世銘「扈蹕秋獮記事」詩說：

> 天書脫稿進堯階，加緊郵程計日排。（自每日行四百里以至六百里加緊不等。）
> 欲印紫泥先請鑰，亟緘夾袋出金牌。（機庭印鑰例由大臣中行走最前者佩帶，取用以金牌爲合符。）

亦指此。（詩括中弧字係原註。）

寄信與傳諭的不同只看對方官階的高低。照例給經略大將軍、欽差大臣、將軍、參贊大臣、都統、副都統、辦事領隊大臣、總督、巡撫、學政、督辦軍務大員，「就用軍機大臣字寄」；寄給鹽政、關差、藩、臬、提、鎮，就用「軍機大臣傳諭」。封函的格式略有不同；字寄函右寫「辦理軍機處封寄」，函左書「某處某官開拆」；傳諭者在中間大書「辦理軍機處封」，左邊下半寫「傳諭某處某官開拆」。若是奉旨密諭的事，就寫「軍機大臣密寄」。（以上據樞垣紀略卷12）其實凡寄信皆是密諭，所以接到寄信不許轉與旁人看，寫「密寄」者當是極端秘密的。

對於擬旨，趙翼簷曝雜記說：

雍正年間用兵西北，以內閣在太和門外，曝直者多慮漏洩事機，始設軍需房於
隆宗門內，選內閣中書之謹密者入直繕寫，後名軍機處，便於宣召；為軍機大
臣者皆親臣重臣，於是承旨出政皆在於此矣。

趙氏又說：

> （汪）文端見滿司員如此（按此指滿章京起草諭旨或廷寄），而漢文猶必自己
> 出，嫌于攬持，乃不聽司員代擬。相沿日久，遂為軍機司員之專識，隨上亦知
> 司員所為。其司員亦不必皆由內閣，凡部院之能事者皆得入，而員數且數倍于
> 昔，此軍機前後不同之故事也。

前一節言「選內閣中書之謹密者入直繕書」即內閣小志所說滿舍人舒赫德等願不換班
的故事，足證最初章京皆是中書舍人，如我前所考證者。至汪文端由敦時，已有各部
院司官加入。趙翼明言這時傅文忠恒領揆席，這已是乾隆十四年的事。管世銘所作馮
玉圃鶴半巢詩集序亦說：

> 詔旨有明發有密寄，由大臣面奉指揮，具稿以進。自是內閣票擬特尋常吏事，
> 而政本悉出機庭，彙議政視草而一之。其初節目寬簡，甲日撰稿，許乙丙而進
> 御，一二大臣實自主之，在直章京特分司繕寫、登記、檢查、交發之事。

軍機大臣進見承旨最初只由首席軍機，承旨是接受皇帝諭旨的大意。比如雍正年
間多由張文和廷玉，間或由鄂文端爾泰，乾隆年間由訥親。至傅文忠恒時始共同進
見，後遂為例。簷曝雜記說：

> 軍機大臣同進見，自傅文忠公始。上初年唯訥公親一人承旨。（按此指乾隆初
> 年）訥公能強記而不甚通文義，每傳一旨，令汪文端撰擬，訥公惟恐不得當，輒
> 令再撰，有屢易而仍用初稿者，一稿甫定，又傳一旨，改易亦如之。文端頗苦
> 之，然不敢較也。時傅文忠在旁，竊不平。（按傅文忠與汪文端皆於乾隆十年
> 入直。）迨平金川歸，首揆席，則自陳不能多識，恐有遺忘，乞令軍機諸大臣
> 同進見，於是遂為例。諸臣既感和夷之雅，而文忠實亦稍釋獨記之勞。

承旨以後由軍機大亞退擬旨，初由大臣，後漸由章京，已見前引趙翼所記。最初「擬
定後於次日進呈。自西陲用兵（按指金川），軍報至輒遞入，所述旨亦隨撰隨進。
或巡幸在途，馬上降旨，傅文忠面奉後，使軍機司員歇馬撰繕，馳至頓宿之行營進

奏。」管世銘所作馮玉圃鶴半巢詩集序亦有同前相類的話：

> 近者聖天子文德武功，光昭式廓，理大物博，恐易卽於恬嬉，用益勵精圖治。
> 未辨色，輒問兵部驛報及四方賚奏，有卽取以入，或不待進膳，批閱已竟。隨
> 召大臣諭意，出則分令諸章京撰草，人各一通，或數人共成一通，送大臣詳
> 酌。未竟，中使已絡繹輩催。篇幅較長者，必三四人分行繕正，僅而竣事。又
> 繕畢未進，並進後復有諭改，日或至於再三。

蓋高宗用兵金川時，撰擬最多，且須隨撰隨進，其餘用兵時想必亦如此。

　　上諭交內閣明發後，則記入「上諭檔」；廷寄發後亦記入「寄信檔」。這種皆是
檔冊。及有總理衙門以後，另增有「洋務檔」，專記與外交有關的。設電線以後，廷
寄常用電報發出，就另設「電寄檔」。疆吏亦常用電報代替奏報，就另設「電報檔」。
如有特別事亦常專立一檔，若乾隆年間有「金川檔」，卽專爲征金川而設的。不過這
常與「上諭檔」及「寄信檔」中文件相重複，卽「洋務檔」與上兩檔亦有同樣情形。

　　檔冊中最重要者當推「隨手檔」，每年分爲上下二冊，按月日排此，凡上諭及檔
奏擇由皆載其中，可以說是軍機處檔案索引。管世銘「扈蹕秋獮記事」詩中一首說：

> 舊事分明記阿誰？獨難顚末誦無遺。試繙隨手當年簿（機庭總簿謂之隨手），
> 充棟封預若列眉（機查舊事，必按各年隨手簿索之）。

括弧係管原註。凡明發交內閣後則由值班章京在「隨手檔」中註明「交」，凡廷寄下
亦註明「里數」，如「四百里」以至「六百里加緊」等。

　　檔冊以外有摺包，每月分爲上半月及下半月各爲一包。京官奏摺存原件，外官奏
摺存鈔本。鈔本用竹紙，尺寸與奏摺相同，但字則用行書以取疾速。

　　檔冊及摺包皆有滿文的，與漢文的分類存。兩種文的文件是否皆相同，至今無人
研究，這問題亦待以後的考證。

　　軍機處的重要性當以(1)摺奏除例行公事外，皆能先由皇帝親覽然後發下，使臣
工不能先知道內容；(2)用廷寄的方法使指示的上諭只有一二個人能知道。這兩種相
互爲用而使清代中央公事的收發既秘且速。但至電線設立以後，電報必須先經過翻譯
方能進呈皇帝閱覽，因此外省所寄來的電報大多數先由章京翻譯，他們亦就先獲知其
內容；只有極少數由軍機大臣親譯，如中俄密約往來電報卽是。於是密奏方法遂不能

保存，但這只是清季的現象，而在此以前仍能保持雍正以來的傳統方式。

密摺及廷寄並非雍正時所初創，在以前亦有過，不過數量之多及組織的完密當始自軍機處設立以後。

四

由以上所說，我們可以明白世宗的集權方法甚爲妙而簡單，譬如他用寄信和傳諭的方法，以避免公開發表，凡實錄中所稱諭內閣就是公開的上諭，布告天下，皆使人知道，寄信及傳諭就是對於私人的上諭，直接由軍機處領交本人，其他人員不得偷看，比如拿寄信來說，它是寄給經略大將軍、欽差大臣、將軍、參贊大臣、都統、副都統、辦事領隊大臣，這些多半是與八旗有關的，而都統與副都統兩者，就是以前的固山，可以說用這種方法，他可以直接指揮八旗，不必標明政權的集中，而八旗的政權，也自然歸皇帝任意指揮了，所以我說世宗的方法，集中八旗政權是微妙的，而且是簡單的。自從世宗以後，如是者一直到一百八十年之久，而八旗並有反抗，這是清代中央政權集中的一個大成功。

第八編　總　結　論

清代的中央政權由最初的八旗分權演變到世宗時代的眞正中央集權，不是一朝一夕而成的，是經過了五個皇帝一百二十餘年的時間，一步一步的逐漸成功，已如以上各編中所分別說明。

在第一編中我們已經敍述了是太祖頭一個創立的八旗共權制，但是，這種情形並不能持久，因爲做了一個皇帝的人沒有願意把自己的政權或多或少的分給旁人，這也是政治上自然之趨勢，所以到了太宗時代，他就用種種方法去削奪各大貝勒的勢力，這也在第二編中曾經詳細的說明。第三編中講到崇德年間，太宗眞正的以「汗」爲皇帝，這是他對集權可以說是部分的成功，這也是時勢所造成，三個大貝勒中有二個或死或貶，祇剩下了第一個大貝勒代善，他是本來擁護太宗的人，所以處處的尊崇他，其餘的小貝勒皆年幼，當然也服從他的命令，我所以說他是部分的集權成功。

第四編是多爾袞攝政時代，多爾袞本是八家之一，所以他也不會削奪八旗的政權，這一段時期是相安無事的。到了世祖親政以後，及聖祖的前半段，正趕上最初是

南明未亡，後來是有吳三桂等三藩之亂，皆需要八旗的兵力，所以也不能削減他們，這也是政權集中在順治康熙兩朝停頓的原因，這些已經在四、五、六三編中詳細說明。

　　到了世宗的時代，各處的變亂已經是沒有了，所以世宗用很巧妙的方法，同太宗直接衝突的方法大不相同，他就設立軍機處，一方面把內閣的大權拿到他們手中，以免除公事的遲緩，同時也把指揮各旗都統的權力收歸軍機處，各處來的摺報，先由奏事處呈交皇帝拆開，然後才發交軍機處，由他們再晉呈皇帝請旨，由此看來，軍機處只是皇帝的私人秘書，軍機處所指揮就等於皇帝親自指揮，所以世宗的這種方法，甚為巧妙，不露痕跡的將整個的政權，收在他一個人的手裏，這是世宗的本領，遠超過他的祖先，也是因為這時已經水到渠成，所以才成功的原因。其詳細情形已經見各篇，茲不再重複的敘述。

出自第三十七本上（一九六七年三月）

明 代 前 期 遼 東 的 邊 防

（洪武四年—正統十四年）

陳 文 石

一、前 言

明代遼東的邊防，自其開拓經略至退縮崩潰的經過情形而言，大致可分爲三期。前期自洪武四年故元遼陽行省平章劉益內服，設立遼東衛指揮使司，明代統治力量開始進入遼東時起，至正統十四年「土木之變」，北疆國防情勢整個發生變化爲止，前後約八十年間。此期又可分爲自洪武四年至永樂廿二年開拓經略期與自洪熙元年至正統十四年維繫守成期兩個階段。洪武四年劉益之歸降，可說是自晉大興以後遼東不入職方者數百年復歸中國版圖。明軍自進駐遼東後，一方面招撫勞恤，克平反側；一方面增衛置戍，逐步前進經略。至洪武二十年盤據金山納哈出的勢力被清除後，明太祖復就已建之防務規模，審以當時情勢及未來戍守拓進計劃。將衛所軍備，重加佈署。並封皇子韓王松於開原，瀋王模於瀋陽，遼王植於廣寧，皆處鎖鑰咽喉重地，統率護衛精兵，坐鎮邊陲（韓、瀋二王洪武時並未之國，但可知明太祖的防務構想），與衛所兵交錯相列，以爲屏藩捍衛。在國家整個北疆國防上，並與自此以西之諸王國——大寧寧藩、北平燕藩、宣府谷藩、大同代藩、韋州慶藩、甘州肅藩，及所在各都司、行都司兵，各據形勢，首尾相應，使北防蒙古，東扼諸夷，呼吸連絡，緩急相維，構成完整之防務體系。

成祖卽位，更傾力向外開拓，在位廿二年間，曾五伐蒙古，三次親越大漠。遼東方面，積極招撫女眞各部，並於黑龍江口特林（Tyr）地方設置奴兒干都指揮使司，以招撫庫頁島等地方。凡各族羣之受撫來歸者，皆依其部落大小，勢力强弱，分別置立羈縻衛、所、寨、站、地面等，頒勑給印，以都指揮、指揮、千百戶、鎭撫等職官

諸酋帥，令仍其舊俗，各統所屬，以時朝貢。又置馬市於開原、廣寧，通市互易，給鹽米布贍諸部，官賞羈縻，使保塞不爲邊寇盜。其有願入居中國者，復於開原、遼陽置自在、安樂二州以安置之，亦各量授官職，任其耕獵住牧自便爲生。故其時各族羣皆頗願受約聽命，「有所征調，聞命卽從，無敢違期。」（註一）

　　但這種情形，自成祖去世之後，卽發生轉變。宣宗時雖繼承成祖遺烈，繼續向奴兒干地方遠出活動，然聲威氣勢，已非昔比。招撫使者，且常遭受邀截攻擊。更由於蒙古高原情勢的變化，敵人新起勢力的形成，兀良哈三衞與海西女眞亦受到影響，開始動亂擾邊。不過此時餘威猶在，尙足守成，不致爲大害。及至正統十四年英宗親征瓦剌發生「土木之變」，情形便突然不同了。原來自洪武、永樂年間對蒙古所採取的以攻爲守的主動態勢，至此已完全轉變爲被動的自衞地位。自此以後，不但北疆防線日益多事，遼東方面，亦動亂頻起，邊警日急。

　　自景泰元年至嘉靖末爲中期，約一百一十餘年。這一期由於「土木之變」的影響，使國家防務弱點盡行暴露，經年遭受北方敵人的進犯困擾。而河套地方失陷後，彼等更得自由牧放南侵，成爲明代北疆國防最爲危急嚴重時期。國家大量的財富人命，亦多消耗於此。雖然後來雙方建立和平關係，並開設馬市，通貢貿易，但安危之機，仍甚微妙。遼東西與東蒙古相接，蒙古方面的動靜，直接間接都予遼東局勢帶來甚大影響。尤其自正統以來，軍備廢弛，屯田破壞，士卒大量逃匿，邊伍空虛，亦給予敵人可乘之機。雖然屢經整頓，但牽於人事財力及國家內部種種問題，終不能恢復成祖時代的整嚴規模。而在另一方面，各族由於長期之發展活動，及通貢互市所獲重大經濟利益支助，已漸有勢力強大的集團形成，並發生強弱相凌，大小相併情事。一遇有狡黠強悍具有組織能力的酋豪出現，其能了解牧獵及農業兩種生活在軍事行動上的長短優劣，及中國邊防上的弱點，便乘時而起。不但破壞了原來各族羣間各自雄長，不相統屬的平衡局面，且往往誘脅各部，強行貢市，或驅衆入犯，殺擄劫掠。原來所謂離其黨而分之，護其羣而存之，析其部落以弱之，別其種類以間之，使勢不得統於一，相峙而不相結的分化羈縻政策，已不能自我掌握運用。通貢互市，本用以維護邊疆安

定，約束各部的策略，而今反成爲彼等要脅市賞的手段。得利則朝，失利則寇，不僅邊防遭受無比的困擾，財政上亦成爲重大的負擔。其間固亦曾幾次出兵征討，想改變這種剿撫兩難的局勢，但由於種種因素的牽制（例如對南倭北虜的長年用兵等），都未能使軍事行動收到預期的效果。後之爲邊將者，且轉而利用強酋，以夷制夷，更刺激了諸部間侵伐兼併，擴張勢力的野心。幾至少數強酋雄據一方，便更難加以制馭了。

後期自隆慶元年至崇禎十七年淸兵入關爲止，前後約八十年。這一期又可以萬曆十一年淸太祖努爾哈赤起兵爲界分爲兩個階段。前一階段，先是李成梁於隆慶三年出鎮遼東，時年富氣盛，銳意封拜，軍事經一番整頓後，亦大有起色。故師出多捷，所向有功，邊境一時頗安。已而位望益隆，子弟盡列崇階，僕隸輩亦多榮顯，乃貴極而驕，奢侈無度，軍貲馬價鹽課市賞，歲乾沒不貲。而其功又率在塞外，易爲緣飾，或敵入內地，以堅壁淸野爲詞，擁兵觀望；或掩敗爲功，殺良民冒級。於是邊事乃復日壞，至萬曆二十年，始以被劾解任去。在此期間，努爾哈赤已於萬曆十一年以復仇爲名起兵向尼堪外蘭進攻，侵掠隣境諸部。由成梁處理此事態度觀之，可知其早年心志銳氣，已不復存在，邊上情勢，亦已發生重大變化，遂使努爾哈赤得以乘機崛起其間。

成梁去職後，繼任者更不得人，十年之間，更易八帥。而原隨成梁立功諸將校，亦皆富貴貪逸，暮氣難振，又轉相培克，因是士馬蕭耗，邊備益弛，各部遂相機蠢起。至萬曆二十九年，成梁受命再鎮遼東，時年已七十有六，老耄氣衰，無能所爲。復鎮八年，多以外市恩諸酋，內賄結權貴，委曲彌縫，期無大禍爲事，三十六年，成梁復被劾罷歸。加以是時稅監內官高淮爲虐，毒害地方，招納亡命，搜刮士民，誣陷長吏，笞辱官兵，致軍士譟變，邊民大譁，甚而有走投夷方者。而天子又置萬機不理，邊臣呼籲，漠然不聞。至是努爾哈赤已統一建州，收服鴨綠江部，滅長白山部，克哈達、輝發，數敗烏拉兵，漸成不可制之勢。此後經年攻戰，已無復邊防之可言。

當然，遼東邊防的開拓經略及其退縮崩潰，與國家整個情勢的變化，是內外相關的。尤其蒙古高原上動靜變化的影響，關係更爲密切。有關明代遼東方面的問題，中外學者雖然論述甚多，但對于明代遼東邊防政策及防務經略佈署來說，綜合論述者尚少，(註一)以下就此問題關于明初部分·述之於後。

(註一)　討論明初對遼東的經略情形最詳細者爲日人和田淸氏，見所著東亞史硏究(滿洲篇)，明初の滿洲經略。

二、明太祖時代遼東的經略情形與防務佈署

（一）元末遼東的局勢：

元代於遼東設有遼陽等處行中書省，統轄遼陽、廣寧府、大寧、瀋陽、開元、東寧、合蘭府水達達等七路及咸平一府，及其下所屬十二州、十縣。行中書省設丞相一員，統理所屬錢糧、甲兵、漕屯等一切軍國重事。下有平章、右丞、左丞、參知政事及諸司僚佐。路設總管府，有達魯花赤、總管、同知、治中、判官等。另外於各衝要地區設立元帥府、萬戶府等軍事機構，統之於兵部，以驛道與各路、府相連。主要驛站並設脫脫禾孫，掌司譏察，與諸司共同維持地方治安。七路中合蘭府水達達等路為治理水達達及女眞族羣而設的，其地無市井城郭，各族皆逐水草為居，以射獵為業，元初曾置軍民萬戶府五，令各仍舊俗，隨俗而治。（註一）

元至順帝卽位，由於朝政不綱，諸多廢弛，天下已呈動搖之勢。至正三年二月，遼陽吾者野人以誅求煩苛，乃起而為亂。六年四月，吾者野人及水達達等為捕海東靑煩擾，一時皆叛。（註二）官軍征討，久不能定，由於連年用兵，騷擾侵害，因是遂有乘機僭號作難者。八年三月，水達達路鎖火奴詐稱大金子孫舉兵反，遼陽兀顏撥魯歡亦稱大金子孫受玉帝符文，聚衆作亂。（註三）

僭號作亂者雖很快卽被平定，吾者野人及水達達等到至正十三年亦先後接受招撫，暫時安定下來，但隨之又發生高麗軍隊侵擾事件。高麗對元朝的高壓政策，本甚反感，至正十四年元廷又徵發高麗兵隨元軍討伐淮南紅軍，皆敗績而還。時高麗恭愍王在位，見大亂已起，元室日趨衰頹，遂思乘機脫離元朝控制。至正十六年五月，突將親元之大司徒奇轍（順帝第二后親兄）、太監權謙及慶陽府君盧頙以圖謀不軌罪殺戮，

（註一）　元史卷九一，百官志七。卷九九，兵志二。卷五九，地理志二。元代於遼東所設行政組織及其所轄疆域，詳見箭內亙氏：滿洲に於ける元の疆域。滿洲歷史地理第二卷。

（註二）　元史卷四一，順帝本紀四：至正三年二月丁未，遼陽吾者野人叛。六年四月壬子，遼陽為捕海東靑煩擾，吾者野人及水達達皆叛。丁卯，萬戶賈住等討吾者野人遇害。五月丁亥，遣火兒忽答討吾者野人。七月丙戌，以遼陽吾者野人等未靖，命太保伯撤里爲遼陽行省左丞相鎭之。七年四月辛巳，以通政院使朵郎吉兒爲遼陽行省參知政事，討吾者野人。

（註三）　同上，至正八年三月丁酉、辛酉條。

同時並乘元廷不備，突向遼東發動攻勢。一路攻鴨綠江以西，破義州至遼陽間婆娑府（九連城）、湯站（湯山城）、開州（鳳凰城）等地，一路進攻雙城總管府諸鎮。元廷大怒，聲言欲以大兵征討，乃謝罪修好，並歸還鴨綠江以外地。(註一) 高麗入侵之事甫定，然至正十八年冬原來起自河南地方的紅軍餘黨關先生、破頭潘、沙劉二等又竄入焚掠。先是，自至正四年以後，由於黃河連年決口，大河南北，饑疫遍地，盜賊蠭起，人心惶惶思動。十一年夏，又征發河南及兩淮軍民二十萬治河，工役嚴急，所司肆虐，於是一夫揭竿，羣起應之。劉福通、徐壽輝、李二、彭大、趙均用、郭子興等相繼起於潁、蘄、徐、濠等地，衆各萬數，竝置將帥，殺吏侵略郡縣，其他擁兵據地，紛擾寇掠者甚衆，大亂如野火燎原，一發而不可收拾。關、潘等本劉福通一枝，至正十六年夏攻入汴梁後，分軍北上。十七年六月由河北入山西，十八年九月掠大同、興和塞外諸郡，十二月破上都(開平)，乃東下轉略遼陽。時元軍重兵皆在關內，北方防務空虛，十九年正月，遼陽行省陷落，懿州路總管呂震、廣寧路總管郭嘉皆戰死。四月，復陷金、復、義等州。七月，元廷命國王襄加歹，中書平章政事佛家奴、也先不花、知樞密院事黑驢等統探馬赤軍合力進攻遼陽。關、潘等乃分軍兩枝遁走，一枝西返，二十年正月陷大寧路，八月破永平路，九月復犯上都。一枝南入高麗，連陷西京平壤、王都開城及附近諸州郡。後中計爲高麗軍所破，餘衆復返遼東，爲高家奴等合兵邀擊，破頭潘被擒，殘部西走，二十三年三月再犯上都，後降於元將孛羅帖木兒。(註二)

　　遼東連經幾次「內憂外患」大騷亂後，原有的行政建置，已經解體。更隨着元軍在中原戰事的節節潰敗，中央政府對遼東的情勢，已失去控制力量，於是地方長吏，遂各建軍自衞，漸形成獨立狀態。至正二十七年春，明太祖平定張士誠後，中原腹地，已大體平定，乃命徐達、常遇春等率師二十五萬由淮入河，大舉北伐。洪武元年(至正二十八年)二月，平定山東，進兵河南。四月，克潼關，轉師直擣大都(北平)。七月，入通州，順帝率后妃太子等倉皇夜奔上都。八月，大都陷落，河北之地悉平。

（註一）　見本文頁三註一。及川儀右衞門：滿洲通史第六章，元代の滿洲。

（註二）　新元史卷二五、二六，惠宗本紀三、四。庚申外史。高麗史卷三九、四○，恭愍世家二、三。及註一。

當順帝北走之後，中央政府瓦解，遼東元將劉益、高家奴、也先不花、納哈出等遂成各自爲雄的局面。遼東志卷八雜志：「國初，太祖龍飛，剪除羣雄，掃清六合，大兵方下幽冀。元丞相也速以餘兵遁棲大寧，遼陽行省丞相也先不花駐兵開原，洪保保據遼陽，王哈剌不花圍結民兵於復州，劉益亦以兵屯得利嬴城，高家奴聚平頂山，各置部衆，多至萬餘人，少不下數千，互相雄長，無所統屬。於是也先不花與高家奴、納哈出、劉益等合兵趨遼陽，洪保保拒而不納，諸軍攻破之，虜掠男女畜產，城爲一空。也先不花等遂執洪保保以歸，既而釋之。」

(二)劉益之歸降與初步經營：

自順帝北走之後，元軍在北方的勢力，大致分爲三部。一是中路順帝在上都集結的部隊，亦爲政權所在，精神領導中心；一是西路盤據在甘、陝一帶諸軍，以擴廓帖木兒爲統帥，可說是當時元軍作戰的主力；一是東路遼東諸將。形成三路對明局面。不過遼東諸將由於無共同統帥，行動不一，一時不足爲患。所以明軍自下大都後，乃集中力量以北進追擊元主，剷除其精神歸依中心，及西上攻取擴廓帖木兒消滅其作戰主力，爲作戰主要目標。洪武二年正月，明廷知陝、甘元將彼此列兵據地，皆思擴充個人勢力，內訌相仇，於是乃乘勝向陝西進兵。

當明軍向陝西進兵之時，順帝一面命駐守大寧方面的也速不花乘機進犯通州，一面命孔興、脫列伯等圍攻大同，東西策應，頗有收取北平，南擾中原之勢。明太祖乃急召西征副將軍常遇春自鳳翔回軍禦之。洪武二年六月，常遇春與李文忠統師九萬自北平入熱河，大敗也速不花於大寧、全寧等地。七月，破開平，順帝已先奔應昌，明軍追逐數百里而還。(註一)旋李文忠受命會徐達攻慶陽，師次太原，聞孔興等圍大同甚急，遂急襲破之(註二)上都之攻陷，實爲意想不到之勝利，故當時有進言宜乘機向遼東用兵者，明太祖以「力不施於所緩」，取遼東非當時用兵作戰情勢所急，並未接受。(註三)仍照原定作戰計劃，於洪武三年正月，命大將軍徐達自潼關出西安，直搗

(註一)　明史紀事本末卷八，北伐中原。此役俘其宗王、慶王及平章鼎住等，凡得將士萬餘人，車萬輛，馬牛八萬餘。

(註二)　同上卷九，略定秦晉。皇明詠化類編，開基卷三。脫列伯被俘，孔興敗走綏德，爲其部下斬之來降。

(註三)　明太祖實錄卷七六，洪武五年九月丁未條。

定西，取擴廓帖木兒；李文忠自居庸關東出入沙漠，追擊元主。兩路大軍同時發動攻勢，使彼此自救，不暇應援。四月，徐達大破擴廓帖木兒於定西縣北沈兒峪，擴廓帖木兒與妻子數人奔和林，東路李文忠於五月下開平。先是四月二十八日元順帝已病卒應昌，太子愛猷識里達臘新立，內部多事，文忠諜知之，乃兼程疾進。五月十六日應昌陷落，愛猷識里達臘率數十騎北奔，文忠遣精騎進之 ，不及而還。(註一)此次明軍西、北兩路大舉進攻，戰果皆甚輝煌，雖然沒有完全收到預期的戰果，但給予元軍的打擊是相當沉重的，在北疆國防上可謂亦已奠定了絕對優勢，至是始注意遼東問題。

當時遼東故元諸將中以納哈出的 勢力最 為強盛 。 納哈出本元開國元勳木華黎之後，父祖以來為遼東鎮守重臣。至正十一年紅軍起事後，納哈出以萬戶鎮守太平，十五年六月明軍攻太平，兵敗被俘，明太祖以其為元世臣子孫 ， 待之甚厚 ， 並釋令北歸，(註二)時以父祖久鎮遼東關係 ， 收集地方武力及元殘兵，駐於東遼河以北長春、農安一帶。其地廻山崇嶺，環水疊岡，據險扼要，退則可守，進則易攻。至正二十八年遼陽行省丞相也速不花陞任中書左丞相，乃荐納哈出為遼陽行省丞相。於是養精蓄銳，伺機南下。洪武二年春也速不花犯通州時，明太祖以正用兵陝西，燕、薊一帶防務甚為空虛，恐遼東諸軍結合來犯，乃假遺書元主為名，遣使至納哈出營。除於致元主書中歷述天命去留之機，人事成敗之道，既已退出中國，當修德順天，效宋世南渡之後，保守其方， 毋為輕舉， 自貽禍患之意外，並附書納哈出云：「將軍自江左釋還，不通音問者十有五年矣。近聞戍守遼陽，士馬強盛，可謂有志之士，甚為之喜。茲因使通元君，道經營壘，望令人送達。」(註三) 書詞情意殷殷，不不及其他。明太祖致元主書而託言令其轉達，事實上是說與納哈出聽的。納哈出曾為明軍所俘，今如轉上此書，是必引起君臣間之嫌隙誤會。且無論納哈出是否轉達此書，都將在遼東諸雄間引起猜嫌疑忌，此舉可謂用心至細。納哈出得書後雖無何表示，但是年六月也速不

(註一)　明太祖實錄，洪武三年三月戊午、四月丙寅、五月丁酉、辛丑條。明史紀事本末卷十，故元遺兵。明史卷一二五，徐達傳。卷一二六，李文忠傳。西路徐達軍俘擴廓帖木兒文武僚屬千八百六十五人，將士八萬四千五百餘人，馬一萬五千二百八十餘匹，駝駝驢羊畜者亦稱是。北路李文忠軍獲愛猷識里達臘嫡子買的里八剌並其后妃宮人諸王將相官屬數百人，宋、元玉璽金寶十五，及玉册玉帶玉斧等六件，並駝馬牛羊甚眾。

(註二)　明太祖實錄卷三，乙未年（至正十五年）六月乙卯條。錢謙益：國初羣雄事略卷十一，納哈出傳。

(註三)　明太祖實錄卷四一，洪武二年四月乙亥條。

花二次進犯通州時，亦無何行動。

明太祖以正忙於策劃對故元主力作戰，對遼東問題希望能招之來歸，以解除後側威脅。納哈出既無所表示，於是洪武三年五月再遣納哈出在太平被俘時負責照料其生活之故人斷事官黃儔（亦降明元將）以書招之，中云：「盧龍戍卒，登萊、浙東竝海舟師，咸欲奮迅，一造遼瀋。朕聞爾總其眾，不忍重擾，特命使者告以朕意。使還，略不得其要領，豈以遼海之遠，我師不能至歟？抑人謀不決，故首鼠兩端歟？不然，必以曩時來歸，未盡賓主之歡，謂朕不能虛懷耶？何相忘之深也。昔竇融以河西歸漢，功居諸將之右，朕獨不能爲遼東故人留意乎？茲遣人再往，從違彼此，明白以告。哲人知幾，毋貽後悔。」（註一）納哈出得書仍不報。

此書爲五月廿九日，是月十五日李文忠已破應昌，當時蓋尙未得軍前捷報，故書中未言及俘獲買的里八剌事。是年九月，明太祖以愛猷識里達臘北奔之後，故元政權在漠南已無可立足，遼東諸軍是必軍心徬徨，士氣崩潰，遣使招之來歸，當是適當時機。納哈出既置之不理，於是乃由漢人將校着手。遂遣斷事官黃儔往諭蓋州劉益等，告以應昌之戰經過，並曰：「天運之去，昭然可知。……獨遼霱一隅，故臣遺志，不能見機審勢，高謀遠圖。而乃團結孤兵，盤桓鄉里，因循歲月，上不能輔君於危亡之時，下不能衛民於顚沛之日，進退狼狽，而猶徘徊徊顧望，如此欲何爲耶？……茲特遣人往諭，能審知天道，率眾來歸，官加擢用，民復舊業。」（註二）

順帝之卒，應昌之破，嗣主北奔，嫡子被俘，給予故元軍士心理上的打擊是非常重大的。尤其是漢官將校，正如詔文所說，根本已失去了孤忠自守擁兵觀望的意義。而高麗方面態度之變化，更使其處境狼狽。先是，自至正十六年高麗與元之關係一度惡化後，尋又復好。當紅軍關、潘等騷擾遼東時，元遼東諸將以地方多事，中央政府正困於中原戰爭，支援爲難，故頗思結好高麗，取得援助。故自至正二十一年至二十八年間，高家奴、洪保保、於山帖木兒、王哈剌不花、納哈出等屢屢遣使通好高麗。（註三）但至正二十八年（洪武元年）高麗恭愍王得知順帝已北走上都，情勢轉變，卽集

（註一）　明太祖實錄上卷五二，洪武三年五月丁巳條。
（註二）　同上卷五六，洪武三年九月乙卯條。
（註三）　池內宏：高麗恭愍王朝の東寧府征伐に就ついての考。東洋學報第八卷第二號。

百僚議絕元通明。洪武二年四月，明廷遣符璽郎偰斯齋詔及金印誥文至，遂停止用元
年號，奉明正朔。同時並向遼東元兵進攻。洪武三年正月，高麗軍踰黃草嶺、雪塞
嶺，出江界渡鴨綠江，高麗史誇稱「東至皇城，北至東寧府，西至于海，南至鴨綠，
爲之一空。」聲勢蓋爲不小。十一月，深入遼東，陷遼陽，擄平章金伯顏，並榜示招
諭也先不花、納哈出等。後擬進兵金州、復州，以兵餉不繼而還。(註一)恭愍王之進
兵遼東，當然並不是有意助明收復，乃因其國久受元朝積威壓抑，屢遭凌辱，今見元
朝瓦解，乘機報復洩憤，並思藉以擴張領土。高麗之軍事行動，使遼東故元諸將希求
得到高麗支援的想法，完全破滅。所以洪武四年二月，劉益遂以遼東州郡地圖並籍其
錢糧兵馬之數，遣右丞董遵、僉院楊賢奉表來降。明廷特於得利贏城置遼東衛指揮使
司，以劉益爲同知指揮事，命「固保遼民，以屏衞疆圉。」(註二)

　　劉益、董遵、楊賢皆爲漢人，故詔書到日，首卽內服，但內部隨亦發生變化，劉
益因而被殺。遼東志卷八雜志，「初洪保保旣得釋，復收所部兵，駐得利贏城。至是，
以爵賞不逮，怨益賣己，遂謀殺益，而奔開原。益軍驚亂，其部下前元侍郎房暠、右
丞張良佐誅討洪保保不獲，悉捕其黨馬彥翬等斬之，衆遂定。」劉益死後，衆推張良
佐權衞事。洪武四年六月，良佐遣人械送賊殺劉益逆黨平章八丹、知院僧兒等至京，
並上前遼陽行省、山東行樞密院銀印各一，軍民大小衙門銅印八十五，及各官所授前
元宣勅金牌等。(註三)

　　劉益被殺事件，顯然是主張內服與主張親元及漢人與蒙古人間的衝突所造成的。
先是，洪保保被也先不花等所擒被釋後，寄身於劉益，故劉益營中尚存有忠于元室力
量，因而形成親明親元兩派之鬪爭。洪保保逃入納哈出營後，其他不願降明份子亦多
結集於此。納哈出之勢力，乃更形强大。初劉益之降，僅限於金、復、海、蓋地方，洪
保保遁走後，遼陽始屬遼東衞控制。因此卽在張良佐等械送平章八丹等之同時，納哈
出乃出兵圖謀恢復遼陽。當時明太祖以正準備次年北征軍事，希望能暫維現狀，於是
復遣黃儔往說之，許以「若能遣使通舊日之間，貢獻良馬，姑容就彼順其水草，猶可

(註一)　見上頁註三。又高麗末に於ける明及び北元との關係(一)(二)。史學雜誌第二十九編第一、二號。
(註二)　明太祖實錄卷六一，洪武四年二月壬午條。
(註三)　明太祖實錄卷六六，洪武四年六月壬寅條。

自逞一方。」(註一) 以綏其兵。黃儔至納哈出營後，納哈出拘留不遣。七月，明廷乃開置定遼都衞，遣軍自海道赴遼，修城繕兵，佈署防務。龍飛紀略曰：「權指揮事張良佐、房暠上言，本衞地方遐遠，僻處海隅，肘腋之間，皆爲敵境。元臣平章高家奴固守遼陽山寨，知院哈剌張屯據瀋陽，古開元城則有元相不花之兵，金山則有太尉納哈出之衆，彼此相倚，互爲聲援。保保逃往其營，必有擁兵之釁，乞留斷事吳立鎭撫軍民。遂以良佐、暠俱爲指揮僉事，遣黃儔以書諭納哈出，反覆利害，甚爲切至。納哈出不從，乃置定遼都衞，以（馬）雲（葉）旺爲指揮使，吳泉、馮祥爲同知，王德爲僉事，總轄遼東諸衞軍馬。雲、旺於是由登萊渡海，頓兵金州，招降元參政葉廷秀，攻走高家奴，遂至遼城，繕兵屯田興學。……帝又慮遼東諸衞窺伺者多，乃命吳禎統舟師數萬戍之。」(註二)

　　這是明軍正式進駐遼東之始，以前所置衞所，乃是以所降原有將校，定擬職名，駐守其地。馬雲等至遼東後，以初附之地，又新經變亂，反側者尙多，且防務城池，急需修治，輜重補給，積儲未充，於是乃令以守禦爲主，招撫勞徠，整軍自固。而主要的原因，是準備對擴廓帖木兒作戰。擴廓帖木兒自洪武三年四月大敗於沈兒峪後，逃奔和林，元主復任以事，收集殘部，整軍備戰。明太祖對此甚爲重視，(註三) 故急思於其新建勢力未充實以前，早日殲之。洪武五年正月，集諸臣議征伐方略。中書右丞相徐達願提兵十萬，永淸沙漠，明太祖以不可輕敵，須兵十五萬方可濟事。於是乃命徐達爲征虜大將軍，統中路出雁門關，趨和林。李文忠統東路由居庸關取應昌。馮勝統西路由金蘭進攻甘肅。各率軍五萬，同日進發。是役，擴廓帖木兒以明軍聲勢壓人，難與勁戰，乃誘之深入。初明中路軍先敗敵於野馬川，又勝之於土剌河。至

(註一)　明太祖實錄卷六六，洪武四年六月庚戌條。

(註二)　辛亥年（洪武四年）七月條。明太祖實錄卷六七，洪武四年七月辛亥條。

(註三)　明太祖頗偉擴廓帖木兒善用兵之才，初屢遣書招之，皆置之不答。亟對其在元主退出中國之後，以逋逃棄盡之勢，猶博戰千里，屢挫不屈忠貞不二之精神，心甚敬之，亦甚忌之。明史卷一二四擴廓帖木兒傳云太祖一日大會諸將問曰：「天下奇世男子誰也？」對曰：常遇春將不過萬人，橫行無敵，眞奇男子。太祖笑曰：遇春雖人傑，吾得而臣之。吾不能臣王保保（擴廓帖木兒），其人眞奇男子也。」又皇明通紀卷三：「議征沙漠，上謂諸將曰：今天下一家尙有三事未了。其一、歷代傳國璽在胡未獲。其二、統兵王保保未擒。其三、前元太子不知音問。今遣汝等分道征之。」

嶺北雙方大會戰，明軍敗績，死者數萬人。斷頭山之戰，明軍亦敗。東路軍進攻至克魯倫河及阿爾渾河一帶，雙方搏戰慘烈，殺傷相當。惟西路軍全勝而歸。此次明軍以必勝之勢，大舉進攻，中、東兩路皆失利而還。經此戰後，明軍不敢輕議渡漠遠擊，乃命宿將重臣以歛兵修防守塞爲事。元軍乃轉向西北一帶連年進擾，直至擴廓帖木兒死後，始稍轉變。(註一)

(三)納哈出之侵擾與衞所之建置：

當徐達等三路進兵期間，遼東明軍，一方面由靖海侯吳禎調配舟師積極輸糧遼東，督率各軍完城練兵；一方面令乘機向外活動，配合徐達等軍事行動，牽制遼東元軍，並向鐵嶺、開原地方突擊。洪武五年九月，吳禎遣人送所俘降之高家奴、知樞密院高大方、同僉高希古、張海馬、遼陽路總管高斌等至京。(註二)同時納哈出亦向明軍發動反擊，乃於是年十一月，大舉進攻牛庄明軍糧秣補給基地，燒燬倉糧十餘萬石，明軍陷沒者五千餘人。(註三)

納哈出這一次的攻勢，當不會小。時明軍一切補給，皆靠海上運輸，貯之牛家庄爲補給總站，戍守遼東的軍隊，亦不過三萬餘人。(註四)納哈出之目的，乃在使明軍餉糧不給，遭受困斃。焚糧十餘萬石，軍士陷沒者五千餘人，幾乎使二三年來所經營的基礎發生動搖，因此吳禎亦被黜爲定遼衞指揮使，而以德慶侯廖永忠督運糧儲。(註五)六年春，納哈出又乘勝進犯遼陽，所幸馬雲、葉旺等奮擊敗之，納哈出棄輜重逃奔開原。(註六)

經此犯擾之後，明軍乃積極增置衞所，重新調整防務。洪武六年閏十一月癸酉，置定遼左衞於遼陽城之北，立所屬千戶所五，調山東防衞軍馬屯守。七年正月甲戌，

(註一)　明史卷二，太祖本紀二。卷一二五，徐達傳。一二六，李文忠、湯和等傳。一二九，馮勝傳。王世貞弇州史料前集卷十九，徐中山世家，卷二十，歧陽王世家。

(註二)　遼東志卷五，馬雲、葉旺、徐玉等傳。明太祖實錄卷七四，洪武五年六月癸卯條。卷七六，洪武五年九月丁未條。又卷七八，洪武六年正月乙丑條：「賞太倉衞征進開元，金山等處囘還軍士文綺白金銀未有差。」卷八六，洪武六年十一月乙卯條：「賜太倉等衞征進開元等處戰歿軍校楊春等十八戶麻布各十疋。」海運軍士亦參加進攻。

(註三)　明太祖實錄卷七六，洪武五年十一月壬申條。

(註四)　同上卷八。洪武六年三月甲寅條。

(註五)　同上卷七七，洪武五年十二月壬寅條。

(註六)　遼東志卷五，葉旺傳。

置定遼右衞，以定遼都衞右千戶所青州軍士五千人並本衞軍七百九十四人屬之，並調中、後二所軍兵戍守金州。八年四月乙巳，置金州衞指揮使司。同年十一月癸丑，全國在外各處所設都衞改制爲都指揮使司，定遼都衞改爲遼東都指揮使司。並置定遼前衞指揮使司，以遼東衞爲定遼後衞指揮使司。九年十月辛亥，改定遼後衞爲蓋州衞，復置定遼後衞於遼陽城北。（註一）

　　當明軍增衞置戍積極調整防務之時，納哈出對此步步相逼，當然不會坐視待困的，乃於洪武八年十二月向金州、蓋州大舉進攻。納哈出此次進攻，與高麗方面內部發生政變，當不無關係。（註二）初攻蓋州，都指揮使馬雲探知納哈出將至，乃嚴兵城守，堅壁清野以待。納哈出見城中備禦嚴，乃越蓋州經趨金州，時城工未完，其部將乃剌吾率數百騎直至城下挑戰，受傷被俘，士氣大挫，納哈出親督兵數戰不利，乃引兵退走，路過蓋州城南中伏，遂棄軍北奔。（註三）洪武十年冬，經年餘整頓後，復發動攻勢，亦大敗而歸。羞憤之餘，遂殺前所拘使臣黃儔以洩恨。（註四）

　　當納哈出兩次大敗之後，明軍並沒有乘勝向其老巢進兵，乃續出兵掃蕩附近各地，並東出向鴨綠江、佟家江及輝發河上游一帶經略。一方面爲了切斷納哈出與高麗方面的聯絡；（註五）一方面戒備高麗方面乘機擴張。遼東志卷五周鶚傳：「洪武九年（八年十二月事）納哈出犯金州，葉旺以鶚率精兵逆戰蓋州城南，大敗其衆。……尋又總率諸軍往東寧邀擊達賊，至胡失里吉，轉戰而前，斬獲千九百餘級，生獲渠帥數十，馬牛千三百餘。復與指揮徐玉招東寧安撫司等處，獲其頭目人民千九十餘口。未幾，葉旺招撫春臺等處，得人口孳畜甚衆。又總率諸軍征哨鴨綠江與東寧、黃城等地

（註一）　明太祖實錄卷八六、八七、九九、一〇一、一一〇。
（註二）　高麗恭愍王自接受明朝封勅後，對明頗爲恭順。洪武七年九月，突爲權臣李仁任等所殺，擁立恭愍王螯嗣權臣辛旽之子禑卽位。而當時明廷使臣蔡斌、林密等於是年四月赴高麗取所徵進馬，十一月回至鳳凰城地方，高麗護送使臣金義殺死蔡斌，囚林密，奪所進馬赴納哈出營。親元派勢力大爲抬頭。納哈出本久思與高麗恢復友好關係，乃乘機詰以立嗣事相脅，並請出兵合攻遼東。高麗雖未應，但至少是不會從旁牽制的。見前引高麗末に於ける明及び北元との關係。及川儀右衞門：滿洲通史第七章明代の滿洲。
（註三）　明太祖實錄卷一〇二，洪武八年十二月乙卯條。
（註四）　同上卷一一九，洪武十一年八月己巳條。
（註五）　見上頁註六。

方，所獲人口馬牛無算。繼往東寧、那丹府、嘉州，前後招獲安撫使高澗出、副使劉顯並頭目人民四千五百五十，馬牛二百七十，及金銀牌銅印誥文。」(註一)東寧府約在今輝發河上游以山城子爲中心附近一帶，那丹府亦稱納丹府，約在今輝發河下游那丹佛勒地方。(註二)至洪武十九年七月，並開設東寧衞，實錄：「置東寧衞。初，遼東都指揮使司以遼陽、高麗、女直來歸官民每五丁以一丁編爲軍，立東寧、南京、海洋、草河，女直五千戶所分隸焉。至是，從左軍都督耿忠之請，改置東寧衞，立左、右、中、前、後五所，以漢軍屬中所，命定遼前衞指揮僉事芮恭領之。」(註三)

　　納哈出兩次進攻大敗，及明軍四出掃蕩，對於遼東故元殘軍及女眞各部的影響是很大的。而更重要的，是洪武八年、十一年愛猷識里達臘與擴廓帖木兒兩個領導作戰的主要人物相繼去世後，(註四)漠北王廷內部，又發生變化，更使故元校卒心理徬徨，士氣解體。所以自洪武十一年起，率部來歸者甚多。實錄：二十一年五月戊寅，故元樞密副使史家奴等四十一人來降。六月辛酉，降胡一百六口。十三年六月甲申，故元將士許撒思台等來降。十四年四月壬午，故元將校劉敬祖等三百三十二人來降。七月甲午，故元將校尢忽脫歡等四十四人來降獻馬。癸卯，故元將康孛牙失里等三十一人來降。十一月癸卯，故元遺民六十九人自納兒崖來歸於女直千戶所。十五年二月壬戌，故元鯨海千戶速哥帖木兒、木答千戶完者帖木兒、牙蘭千戶皀化自女直來歸，言遼陽至佛出渾之地三千四百里，自佛山渾至斡朵憐一千里，斡朵憐至託溫萬戶府一百八十里，託溫至佛思木隘口一百八十里，佛思木至胡里改一百九十里，胡里改至樂浪古隘。一百七十里，樂浪古隘口至乞列憐一百九十里，自佛山渾至乞列憐皆舊所部之地，願往諭其民，使之來歸，詔許之。三月乙卯，故元將校金鐵馬等來降。四月辛丑，故元合羅城萬戶府校卒及鴨綠江東遺民凡二千六百八十六人來歸。六月甲午，故元治中李一只丹等三人來歸。八月辛丑，故元遺民一百四十八人自黃城來歸。十一月

(註一)　又陳玉傳：「又克達軍高鐵頭山寨，獲虜酋輜重。尋哨東寧，進攻蒲河，略地閭山、東寧、松山，擒獲僞千戶塔不歹、僉院乃兒卜花。」徐玉傳：「九年正月（八年十二月），納哈出犯金、蓋二州，玉率所部邀擊於三角山，達衆敗走，追至鴨綠江，擒達官忽林不花及獲其軍校百餘，馬牛輜重甚多。」

(註二)　池內宏：高麗辛禑朝に於ける鐵嶺問題。東洋學報第八卷第一號。

(註三)　明太祖實錄卷一七八，洪武十九年七月戊午條。遼東志卷一地理志，遼陽東寧衞條。

(註四)　同上卷一〇〇，洪武八年八月已酉條。卷一一八，洪武十一年四月辛未條。

庚申，故元達魯花赤康徹里帖木兒等八百四十人來歸。丙戌，故元將校金字羅帖木兒等八十七人來歸。十六年四月己亥，故元海西右丞阿魯灰遣人至遼東，願內附。九月戊申，故元將校劉普賢奴來降。十七年正月乙卯，故元將校士卒王脫歡不花等六十一人來降。四月己丑，故元將校王哈歹等來降。六月辛巳，兀者野人酋長王忽顏奇等十五人來歸。十八年九月甲申，故元奚關總管府水銀千戶所百戶女直高那日、失憐千戶女直捌禿、禿魯不花等來降。(註一)

隨着歸附者日多，明軍亦步步向外拓展，在遼東半島完全收復後，於洪武十四年設立復州衛，(註二)十九年八月，置瀋陽中衛與瀋陽左衛，調山東、河南校卒分戍其地。(註三)至此遼東防務力量已增至十一萬二千餘人。先是，遼東軍士所需一切糧餉供給，皆賴海運轉輸。秋冬之時，風烈浪高，漕舟多遭覆溺漂沒，舟卒每聞有航海之行，與家人啼泣訣別，甚患苦之。洪武十五年，乃命各軍積極開置屯田，且耕且守，以減海運覆溺之患。(註四)

(四)納哈出之征服與戰後之經略建置：

初明軍對故元作戰計劃，一意想消滅漠北元廷，永靖沙漠。但自洪武五年大舉進攻失利後，知大軍渡漠窮追，殊非易事。不但輜重補給，相當困難；而軍士所需戰馬，亦相當缺乏。故乃改變戰略，以守為主。遣重臣宿將，練兵修防，沿邊備禦，不輕議開塞出擊，讀明太祖本紀可知自洪武五年以後戰略轉變的情形。同時在另一方面，由於擴廓帖木兒與愛猷識里達臘的先後去世，元廷失去主要領導作戰人物後，內部又正蘊釀着新的變化，所以北方戰爭，此後即趨於沉寂。但明軍在洪武八年及十年兩次大挫納哈出後，並沒有利用此一情勢向納哈出直接進攻的原因，一方面是知納哈出經兩次大敗，一時難再發動攻勢，故令遼東將士向鴨綠江一帶經略，屯田增戍，鞏固所得地區防務，招撫其他故元殘餘勢力及女真各部，使其陷於孤立；一方面亦因忙於其他

(註一)　明太祖實錄卷一一八、一一九、一三二、一三七、一三八、一四〇、一四二、一四三、一四四、一四六、一四七、一四九、一五三、一六五、一五九、一六一、一七〇、一七五、一七八。

(註二)　明史卷四一地理志二。

(註三)　明太祖實錄卷一七九，洪武十九年八月辛丑條。

(註四)　同上卷一三四，洪武十三年十二月戊午條。卷一四五，洪武十五年五月丁丑條。卷二五五，洪武三十年十月戊子條。

各地軍事行動。如洪武十年討吐番，平威茂蠻。十一年討五開蠻，征西番。十二年討洮州十八族番，松州蠻。十三年討亦集乃元將脫火赤，討廣東陽春蠻，十四年討浙東山寇，征雲南元梁王把匝剌瓦爾密。十五年討烏撒蠻，平廣東羣盜。十六年討龍泉山寇，十七年征西番。十八年討思州蠻。(註一)不過在另一方面，也在爲征伐納哈出進行準備工作。當時熱河及遼西地方尙在故元勢力範圍，丞相驢兒駐兵應昌，與納哈出爲聲援，而大寧、全寧地方經雖幾次用兵，皆未平定。所以洪武十一年二月調湖廣都指揮使潘敬爲遼東都指揮使，乃於次年六月命都督僉事馬雲統兵征大寧。(註二)十一月，大寧平，十三年三月，遂命燕王就藩北平。(註三)是年十一月，驢兒部將乃兒不花等入永平大掠，指揮劉廣戰死。(註四)十四年四月，乃命徐達等大舉征討，掃蕩大寧、全寧、西喇木倫河一帶，斬獲甚豐。(註五)這些攻戰佈署，與命葉旺等向鴨綠江一帶經略，可以說都是斷納哈出左右臂的軍事行動。

　　明太祖決定對納哈出大舉作戰，在洪武十八年。時遼東故元將校遺民及女眞部來降者日多，這表示納哈出已陷於孤立狀態。而洪武十六年四月故元海西右丞阿魯灰又遣人內附，明太祖謂阿魯灰所據之地，「東有野人之隘，南有高麗之險，北接曠漠，惟西抵元營，道路險扼，孰不以爲可自固守之地。」(註六)阿魯灰之內服，不但使納哈出西側失去屛障，而且遮斷與北元之聯絡，用兵時機，已經成熟，所以卽在洪武十八年正月，開始作出征準備。是月詔以鈔給北平諸衛，令每軍二人買驢一頭備用。七月，長興侯耿炳文奏上簡閱陝西諸衛軍士戰馬之數。八月，命宋國公馮勝、潁國公傅友德、永昌侯藍玉等率京衛將士赴北平，會諸道兵操練。九月，詔北平都指揮使司發

(註一)　明史卷二二，太祖本紀二、三。

(註二)　明太祖實錄卷一五二，洪武十二年六月丁卯條。

(註三)　同上卷一二七，洪武十二年十一月庚申條。卷一三〇，洪武十三年三月壬寅條。

(註四)　同上卷一三四，洪武十三年十一月丙午條。

(註五)　明史紀事本末卷十，十四年春正月戊子，元平章乃先不花等寇邊，命大將軍徐達、左右副將軍湯和、傅友德率師討之。夏四月，達率諸將出塞，友德爲前鋒，軍至北黃河，敵衆遁，友德選輕騎夜襲灰山，克之，擒其平章別里不花、太史文通等。沐英出古北口，獨當一面，擣高州、嵩州、全寧諸部，近驢駒河，獲知院李宣，幷其部衆而還。

(註六)　明太祖實錄卷一五三，洪武十六年四月己亥條。

步騎五萬，山西、陝西二都司各三萬，從馮勝操練。十月，勑岷州、河州、鞏昌、西寧、臨洮諸衛軍官除已所乘馬外，餘悉送官，以聽調用。（註一）同時以戰馬缺乏，遣人齎銀鈔綺段布疋赴貴州、烏撒、雲南、陝西及高麗等地四出購買。（註二）

　　洪武十九年十一月己卯開始動員，命長興侯耿炳文率陝西都指揮使司延安等二十一衛及西安護衛官軍集結北平待命。（註三）十二月辛亥，詔戶部出內庫鈔一百八十五萬七千五百錠散給北平、山東、山西、河南及迤北府州縣，令發民夫二十餘萬，運米一百二十三萬石，預送松亭關、大寧、會州、富峪四處。（註四）二十年正月癸丑，遂命馮勝為征虜大將軍率潁國公傅友德、永昌侯藍玉、南雄侯趙庸、定遠侯王弼、東川侯胡海、武定侯郭英，前軍都督高嵩及隨征曹國公李景隆、申國公鄧鎮、江陰侯吳良等統大軍二十萬出發。（註五）洪武五年徐達等三路北征時，率軍不過十五萬，此次動員大軍二十萬，可知明太祖對納哈出力量的重視，與一舉殲滅的決心。

　　二月甲申（初三日），馮勝進至通州，三月辛亥（初一日）。大軍出松亭關，築大寧、寬河、會州、富峪四城為前進基地。五月庚午（二十一日），留兵五萬於大寧，乃直趨金山。六月己丑（十一日），一渡河守將高思八帖木兒、洪伯顏帖木兒等以其部降。丁酉（十九日），進駐金山之西，並於軍進前遣使諭之降，納哈出以獻馬為名，遣人覘窺明軍兵勢。癸卯（二十五日），馮勝等師踰金山之北，納哈出部將觀童來降。丁未（二十九日），明軍於東北兩面完成攻擊佈署，納哈出見已無能為力，乃出降。（註六）

　　當納哈出至藍玉營約降之時，藍玉置酒相勞，席間發生齟齬，納哈出欲逃歸，被砍傷臂，其妻子及所部將士凡十餘萬在松花江北，聞納哈出被傷，遂驚潰，餘眾且來犯，馮勝遣觀童往諭之，其眾始降。八月丁丑（三十日），馮勝獻俘京師，並藉上所降官屬將校，計自王、國公、郡王、太尉、行省丞相，司徒、平章、左右丞，參政知

（註一）　明太祖實錄卷一七〇，洪武十八年正月壬辰條。卷一七四，同年七月乙酉條，八月庚戌條。卷一七五，同年九月己巳條。卷一七六，同年十月乙卯條。

（註二）　同上卷一六八、一七〇、一七七、一七八、一七九。

（註三）　同上卷一七九。

（註四）　同上。松亭關（喜峰口）、大寧（黑城）、會州（平泉）、富峪（平泉之北）。

（註五）　同上卷一八〇。

（註六）　同上卷一八二。

院等以下至州縣等官及將校共三千三百餘人，金銀銅印一百顆，金銀虎符及牌面等一百二十五事，所部男女二十餘萬，牛羊馬駝等其數更多，輜重綿亘至百餘里，(註一)可知納哈出勢力之盛。(註二)蓋元主奔往漠北之後，不願降明份子，都爲納哈出所招容，亦可說明明太祖不願輕易對納哈出用兵的原因。納哈出降後，恐其部屬憚於南徙，發生騷亂，乃令就原地住牧。實錄：「大將軍馮勝捷奏至，上遣使勅諭勝等曰：劉鎭撫至，備言軍中事。納哈出入營，大軍既定，惟在處置得宜。其本管將士，省令各照原地方居住，順水草，以便放牧，擇膏腴之地，以便屯種。如北平、潮河川（古北口外）、大寧、金寧（遼河上游）、口南（居庸口南）、口北（宣化地方）舊居之人，立成衛分，與漢軍雜處。若瀋陽、崖頭（瀋陽西南）、閭山（廣寧南方）願居者，亦許與遼東軍參住，從便耕牧。務令人心安樂，不致失所。」(註三)

納哈出降衆既令散處遼西及熱河一帶地方，爲了便於監視制馭，是年八月，乃於熱河地方置大寧衛，九月，改爲都司，治大寧。(註四)

從洪武四年劉益投降後，可以看出看出當時明軍對遼東經略方向，是由山東渡海，自金州、復州、蓋平北上，然後沿遼河東岸向前推進。這當然這是與依靠海上補給及遼河水運有關的。山海關外及遼西地方始終未進兵經略，直至納哈出投降及熱河地方已建立大寧都指揮使司並所屬各衛城後，始於洪武二十一年八月戊申開置義州衛，二十三年五月庚申開置廣寧衛，二十四年九月癸卯置廣寧左屯、中屯二衛，二十六年正月丁巳又置廣寧中、左、右、前、後五衛及右屯、前屯、後屯三衛。(註五)遼西與熱河防務，始構成一氣。

(註一)　明太祖實錄卷一八四。

(註二)　同上卷一九九，洪武二十三年正月辛卯條，遣人招撫故元丞相咬住、太尉乃兒不花時云：「納哈出在遼東，前後殺掠守禦官軍二萬餘人。」

(註三)　明太祖實錄卷一八二，洪武二十年閏六月甲戌條。是年閏六月馮勝等南旋時，師次長春東方飲馬河，因侵虐降俘，撫輯不當，及部降護送調遣失宜，致俘虜驚潰北奔，失數萬人。都督濮英率騎兵三千殿後，皆遇伏陷沒。見是實錄是月庚申條。

(註四)　明太祖實錄卷一八四，洪武二十年八月辛未條。九月癸未條。明史卷四〇，地理志一，北平行都指揮使司條。

(註五)　同上卷一九三、二〇二、二一二、二二四。

納哈出知兵善戰，(註一) 當其雄據東遼河以北之時，西連元主，東通高麗，不獨使遼東明軍不能向遼瀋以北及遼西一帶經略進展，且軍士前後被殺掠者二萬餘人；而其對明軍出塞北伐更構成側面的重大威脅。納哈出之降，故元在遼東影響勢力已澈底崩潰，至是乃得向外推進開拓。洪武二十年十二月，開置三萬衛於松花江與牡丹江會流處的依蘭偏西地方。(註二) 先是，洪武十九年，曾有其地女眞人楊哈剌來朝，明廷授爲三萬衛百戶，(註三) 當時蓋僅爲空名，至納哈出平定後，乃開始經略此地，並置兀者野人、乞列迷、女直軍民府，以司來歸女眞族羣。二十一年二月，因其與當時內地所建衛所之聯擊，過於突出懸遠，糧餉難繼，乃退移開原。實錄：「徙置三萬衛于開元（開原）。先是，詔指揮僉事劉顯等至鐵嶺立站，招撫鴨綠江以東夷民，會指揮僉事侯史家奴領步騎二千抵斡朶里立衛，以糧餉難繼，奏請退師。還至開元，野人劉憐哈等集衆屯於溪塔子口邀擊軍官，顯等督軍奮殺百餘人敗之，撫安其餘衆，遂置衛於開元。」(註四) 鐵嶺衛的開設，亦在三萬衛移置開原的同時。實錄：「置鐵嶺衛指揮使司。先是，元將校拔金完哥率其部屬金千吉等來附，至是遣指揮僉事李文、高顯、鎮撫杜錫置衛於奉集縣，以撫安其衆。」(註五) 又前引周鶚傳：「二十一年，領軍鐵嶺，創立衛站。至黃城，招致江界萬戶金完奇等二千七百餘口。」黃城卽今朝鮮滿浦對岸的洞溝，鐵嶺衛治最初擬設地點，並非奉集。依元代所轄疆域，鐵嶺衛應包括鴨綠江以南至朝鮮咸鏡道地，明太祖實錄：「命戶部咨高麗王，以鐵嶺北東西之地，舊屬開元，其土著軍民女直、韃靼、高麗人等，遼東統之。鐵嶺之南，舊屬高麗，人民悉聽本國管屬。疆境旣正，各安其守，不得復有所侵越。」(註六) 故明太祖主依舊疆立衛。

(註一) 見明太祖實錄卷四一，洪武二年四月乙亥，卷五二，洪武三年五月丁巳，卷六六，洪武四年六月庚戌等條致納哈出書。

(註二) 同上卷一八七。

(註三) 朝鮮李朝太宗實錄卷一三，七年三月己巳條。

(註四) 明太祖實錄上卷一八九，洪武二十一年三月辛丑條。又明史卷四一地理志二：「三萬衛，元開元路，洪武初廢，二十年十二月置三萬衛於故城西，兼置兀者野人乞例迷女直軍民府。二十一年府罷，徙衛於開元城。」地理志所記元開元路頗爲合混，其詳細考證，見金毓黻東北通史上編卷六第十，元代與東北之關係——開元路之設置。

(註五) 同上卷一八九，洪武二十一年三月辛丑條。

(註六) 卷一八七，洪武二十年十二月壬申條。

金毓黻撰東北通史云：「元代曾由開元路分置合蘭府水達達路，其南境至舊鐵嶺，本承金源東夏曷懶路之舊，而所謂舊鐵嶺，實在今朝鮮之東北境內，而非今遼寧省鐵嶺也。」「至鐵嶺尚在文州（今文川）之南，考金始置曷懶路，包今延吉及朝鮮咸興等地，東夏因之，元初改曷懶路爲合蘭府水達達路，以鐵嶺爲境之極，此明統志所以有鐵嶺接高麗界一語也。元末中國多故，棄鐵嶺不能守，高麗因而取之。明太祖究知故事，故依主舊疆，置鐵嶺衞，且命官兵前往，以高麗人爭之甚力，終不得立，且至於內徙。」「元人於朝鮮北境旣以鐵嶺爲界，而於其西境復割分十數州爲東寧路，其疆域之擴張，誠非明代以後可比矣。」(註一)奉集置鐵嶺衞後，至洪武二十六年，復移於今地。(註二)

實錄所說的劉顯，蓋卽周鶚前所招服的東寧地方故元安撫副使，以其熟悉當地情況及女眞族生活習慣，故令前往招撫。三萬衞的開設，爲洪武十一年來歸之故元樞密副使史家奴之功。由三萬衞與鐵嶺衞的開設（原擬衞治所在地），可以看出明太祖的經略規模，乃倣元朝遺制，以遼河爲直轄地區，而以三萬衞爲北向前進基地，經略松花江、牡丹江及迤北地方；以鐵嶺衞東向發展，經略長白山及鴨綠江流域一帶。三萬衞雖徒至開原，洪武二十八年曾遣兵向迤北經略。明太祖實錄卷二三六，洪武二十八年正月甲子條：「勅今上（成祖）發北平二都指揮使司並遼東都指揮司屬衞精銳騎兵七千，步兵一萬，命都指揮使周興爲總兵官，同右軍都督僉事宋晟、劉眞往三萬衞等處剿捕野人。」又卷二三九，洪武二十八年六月辛巳條：「總兵官都指揮周興等率師至開元，聞西陽哈在黑松林（西陽哈爲兀者女直大酋，洪武二十年十二月曾來降），使指揮莊德領舟師順腦溫江下忽刺溫斃盧口時，步軍亦進至忽刺江，分爲三道，宋晟率指揮錢忠、張玉、盧震軍，由西北同河至阿陽哈寨，劉眞率指揮房寬軍由松花江北岸東南斃盧口至蒙古山寨。指揮景誠、朱勝軍由中道忽刺溫江東北出銅佛寨、者迷河、黑松林等處，獲野人詢之，云西陽哈已於二月河凍時過松花江，眞等率兵由斡朶黑追至甫答迷舊城，適天雨晝晦，不及而還。獲女直鎮撫管三並男女六百五十餘人，

(註一)　卷六第十，元代與東北之關係——舊鐵嶺考。

(註二)　明太祖實錄卷二二七，洪武二十六年四月壬午條。鐵嶺衞設置經過，詳見池內宏：高麗辛禑朝に於ける鐵嶺問題。東洋學報第八卷第一號。

馬四百餘四。」(註一) 周興等活動範圍，當在今哈爾濱以北，呼蘭、綏化、巴彥、海倫一帶。

　　洪武三十一年閏五月，又置瀋陽中屯衞及安東中屯衞。(註二) 自洪武四年設置遼東衞（後改爲定遼後衞）起，計共設衞二十八。大明一統志、遼東志、明史地理志等言遼東都指揮使司領衞共二十五，蓋後來有所省廢變動。就廣輿圖所列遼東諸衞建置規模觀之，洪武年間已經奠定，後世雖有屯所臺堡等增建，只是防務汛地的更細密配置，主要佈署，並無何變動。遼海志略論明遼東諸衞建置形勢云：「遼東都指揮使，控馭戎貉，限隔海島。漢劉歆議孝武東伐朝鮮，起元菟樂浪，以斷匈奴之左臂者也。後漢之季，東陲日漸多事，及晉失其綱，慕容氏並有遼東，遂蠶食幽薊，爲中原禍。蓋其地憑恃險遠，鹽鐵之饒，原隰之廣，足以自封，而招徠旁郡，驅率奚羯，乘間抵隙，不能無倒植之勢矣。自晉大興以後，遼東不入職方者幾數百年，隋常圖之，而不能有。唐雖得之，而不能守。五代梁貞明五年，契丹據有其地，漸營京邑，以侵擾中華。金人亦啓疆於此，用以滅遼弱宋。蒙古先取遼東西，而金源根本撥矣。後亦置省會於此，以彈壓東陲。明朝都燕，遼東實爲肘腋重地。建置雄鎭，藩屛攸賴。開原三萬衞，控扼絕徼，翼戴鎭城，居全遼之上游，爲東陲之險塞。鐵嶺衞控扼夷落，保障邊陲，山川環繞，迄爲重地。瀋陽衞控荒徼，撫集邊民，遼陽之頭目，廣寧之脣齒也。海州衞襟帶遼陽，羽翼廣寧，控東西之孔道，當海運之咽喉，遼左重地也。蓋州衞控扼海島，翼帶鎭城，井邑駢列，稱爲殷阜，論者以爲遼東根柢，允矣。復州衞山海環峙，川原沃衍，亦遼左之奧區也。金州衞控臨海島，限隔中外，海中島嶼相望，皆可灣船避風，運道由此可直抵遼陽瀋鐵，以迄開原城西之老米灣，河東十四衞俱可無不給之虞。廣寧衞西控渝關，東翼遼鎭，憑依山海，隔絕戎奚，地大物博，屹然要會之地。義州衞山川環峙，迫處疆索，亦控馭之所也。廣寧前屯衞襟帶燕薊，控扼營平，當戎索之要衝，司雄關之鎖鑰，誠咽喉重地也。」(註三) 雖然這是後世論述，但可知當時諸衞佈列建置的形勢（見文後附圖）。這些衞所的佈置規模，與地理環境的特

(註一)　西陽哈之初次來降，見明太祖實錄卷一八七，洪武二十年十二月癸亥條。

(註二)　明太祖實錄上卷二五七，洪武三十一年閏五月已玔條。

(註三)　遼海志略卷六，遼東總敍。

殊條件，當時東北諸部族的分佈情形，及前代開拓經過，當然都有密切關係的。在廣建諸衞的同時，並開置驛站，以利運輸往來。(註一)

此外，雖不屬遼東範圍，但與遼東防務有唇齒相依之關係者，爲大寧都司的建置。洪武二十年納哈出勢力顛覆後，不但使遼東故元勢力澈底潰滅，使東蒙古的形勢，亦發生重大變化。先是，洪武十一年四月愛猷識里達臘卒後，脫古思帖木兒繼位，洪武二十年前後，游動於興安嶺與貝爾湖之間。當洪武二十年六月馮勝於凱旋途中明太祖以其陣中多不法事，免其大將軍職，卽於軍中拜右副將軍永昌侯藍玉爲征虜大將軍，命轉師北征脫古思帖木兒。(註二) 同時並於是年八月置大寧衞。九月，改爲都指揮使司，實錄，「置大寧都指揮使司及中、左、右三衞，會州、木楡、新城等衞悉隸之。以周興、吳泮爲指揮使，調各衞二萬一千七百八十餘人守其城。」(註三) 二十一年七月更名爲北平行都司，二十四年並封第十六子寧王權藩國於此。於是東和遼陽西和宣大聯依相望，爲國防前線的重要據點。

(五)塞上諸王國之封建與整個國防之構想：

明太祖爲防止中央權臣簒逆，邊臣割據，並鞏固邊防，維護國家安全，乃廣封諸子，分藩建國，形勝之地，匪親勿居，星羅棋布，以爲屏藩翼衞。所謂「衆建藩輔，所以廣磐石之安；大封土疆，所以眷親親之厚。」「諸王但錫以國，班以祿，不屬以封城，不煩以人民，兵衞有防，諸王得監郡國，郡國又統宗人。」(註四) 明太祖曾諭右軍都督府臣曰：「王府置護衞，又設都司，正爲彼此防閑。都司乃朝廷方面，凡奉勅調兵，不啓王知，不得專行。有王令旨而無朝命，亦不許擅發。如有密旨不令王旨，亦須詳審覆而行，國家體統如此。」(註五) 諸王在其封地建立王府，置官屬，冕服車旗邸第下皇帝一等，公侯大臣伏而拜謁，無敢鈞禮。每王府置親王護衞指揮使司，設三護衞，護衞甲士少者三千人，多者至萬九千人。然事實上實不止此數，黃彰健先生云：「明制，親王所統雖僅三護衞，及圍子手二千戶所，然軍衞有舍人餘丁，親王復可私募，復有上賜韃靼降人，故其兵數實不止一萬九千人；且護衞兵又多係精銳撥充，訓

(註一)　明太祖實錄卷一二九，洪武二十一年七月甲午條。卷二三四，洪武二十七年九月庚申條。

(註二)　明史卷一二九，馮勝傳。卷一三二，藍玉傳。

(註三)　明太祖實錄卷一八四，洪武二十年八月辛未條。卷一八五，洪武二十年九月癸未條。

(註四)　皇明經世文編卷八，葉居升奏疏，萬言書。龍飛紀略庚戌年條。

(註五)　明太祖實錄卷二二一，洪武二十五年九月戊申條。

練有素，故其兵力實不可輕視。」(註一)而扼邊諸王，兵力尤厚，如寧王府所部至有帶甲八萬，革車六千，秦、晉、燕三王的護衛特別經中央補充，兵力也特強。祖訓規定：「凡王國有守鎮兵，有護衛兵。其守鎮兵有常選指揮掌之(聽王令旨，凡百征進，若合于理，惟命是聽)。其護衛兵(係本國軍馬)，從王調遣。如本國是險要之地，凡遇有警，不分緩急，本國及常選兵馬，並從王調遣。」「凡朝廷調兵，須有御寶文書與王，並有御寶文書與守鎮官。守鎮官既得御寶文書，又得王令旨，方許發兵。無王令旨，不得發兵。如朝廷止有御寶文書與守鎮官，而無御寶文書與王者，守鎮官急啓王知，王遣使馳赴京師，直至御前聞奏。如有巧言阻擋者，即是姦人，斬之勿惑。」(註二)這規定是使親王成爲地方守軍和中央軍令機關的聯繫人，親王是皇帝在地方的軍權代表，平時以護衛軍監視地方，單獨可以應變，有事時可以指揮兩軍抵抗外來侵襲。而封於邊疆諸王，憑依尤重。不但爲防止中樞權臣篡逆及邊臣割據，且負有巡徼鎮邊，捍禦外敵重任。塞上諸王每年春秋勒兵巡邊，遠出塞外，校獵而還，謂之肅清沙漠。內中如晉、燕兩王屢次受命將兵出塞及築城屯田，大將軍宋國公馮勝、潁國公傅友德等皆受節制。軍中小事專決，大事方奏請中央。

　　明太祖所封諸子二十四王中於北疆國防要地自甘肅至遼東共十二人。計肅王楧，洪武十一年初封漢王，二十五年改封，二十六年就藩甘州。慶王㮵，洪武二十四年封，二十六年就國韋州(建文三年遷寧夏)。安王楹，洪武二十四年封(永樂六年始就藩平涼)。秦王㮒，洪武三年封，十一年就藩西安。晉王棡，洪武三年封，十一年就藩太原。代王桂，洪武十一年初封豫王，二十五年改封後就藩大同。谷王橞，洪武二十四年封，二十八年就藩宣府。燕王棣(成祖)，洪武三年封，十三年就藩北平。寧王權，洪武二十四年封，二十六年就藩大寧。遼王植，洪武十一年初封衛王，二十五年改封，二十六年就藩廣寧。瀋王模，洪武二十四年封，原封國瀋陽，洪武時未就藩，永樂六年始令就藩潞州。韓王松，洪武二十四年封，藩地開原，未就藩而卒。

　　就諸王封國所在地如再與明史地理志、兵志所載沿邊都指揮使司及行都司等衛所

(註一)　黃彰健：論皇明祖訓錄頒行年代並論明初封建諸王制度。中央研究院歷史語言研究所集刊 第三十二本。

(註二)　見註一黃文引皇明祖訓錄。

布列情形合而觀之，可以看出明太祖對整個北疆國防的構想。馬文升撫安東夷記云：
「洪惟我太祖高皇帝應天眷命，奄有萬方，以西北密邇胡戎，乃設陝西行都司於甘
州，山西行都司于大同，萬全行都司于宣府。又于喜峰口古惠州地設大寧都司，遼東
遼陽設遼東都司。陝西寧夏卽趙元昊所居地，設寧夏左等五衞。而遼之廣寧，尤爲北
虜要衝，復設廣寧等五衞，與各都司並寧夏咸號重鎮焉。時則封蕭王于甘州，慶王于
寧夏，代王大同，谷王于宣府，寧王于大寧，遼王于廣寧，以藩屛王室，捍禦胡虜，
凡有不廷，卽命王子討之。」撫安東夷記未列秦、晉、燕、瀋、韓、安六王，秦、晉
二王或以其稍近內地，不在塞上，燕王後繼大統，瀋、韓、安三王太祖時皆未之藩，
而所列六王皆在國防第一線之故。

　　由上述諸王國之封建及就藩時間，與實錄所記自洪武元年起對北方故元勢力用兵
經過情形觀之，可知諸王之分封與軍事進展情況是相配合而行的。北疆十二王中，
封於遼東者三，此三王之封亦是與納哈出之平服及遼東諸衞的建置先後相續封建的。
瀋、韓二王雖未就藩之國，但在受封的次年，已建置王府護衞。(註一)

　　遼東都司諸衞與諸王國的建置，這是明太祖對整個北疆佈署上的主要一環，也是
後來所謂九邊重鎮之一。遼東志云：「夫形勝雖天造地設，而成者人。遼地阻山帶
河，跨據之雄，甲于諸鎮，至我朝經制爲詳。蓋北鄰朔漠，而遼海、三萬、鐵嶺、瀋
陽統於開原，以遏其鋒。南枕滄溟，而金、復、海、蓋、旅順諸軍，聯屬海濱，以嚴
守望。東西依鴨綠江長城爲固，而廣寧、遼陽各屯重兵以鎮，復以錦、義、寧遠、前
屯六衞西翼廣寧，增遼陽東山諸堡以扼東建。烽堠星聯，首發尾應，使西北諸夷不敢
縱牧，東方贅琛聯絡道塗。」(註二)

三、成宣時代的經略活動

　　(一)成祖時代東北各族羣之招撫與奴兒干都司的建立：

　　明太祖於洪武二十八年曾遣兵經略女眞各部，遠至斡朶里地方，但此後並未繼續
行動。洪武三十一年閏五月去世後，皇孫惠帝卽位，因削奪諸王權力，叔父燕王棣遂

────────────────────

(註一)　明太祖實錄卷二一七，洪武二十五年五月丁酉條。

(註二)　卷一，地理志，形勝條。圖書編卷四四所記遼東形勢防務區畫各條。

於次年（建文元年）七月舉兵反，卽所謂「靖難之變」。至洪武三十五年(建文四年)六月，燕王入南京，卽皇帝位，改元永樂，是爲成祖。在此內戰期間，雙方皆傾注全力於皇位之爭奪與保護，自無暇顧及邊防問題，當然更談不到向外經略了。尤其成祖爲了爭取戰爭的勝利，不惜撤取大寧一帶防務的兵力，於是三衛得乘機南下，進出其間。三十五年九月犯開原，並掠三萬衛，十一月又犯盤山，亦大掠人畜以去。是時左都督劉貞鎭守遼東，成祖但命其嚴兵守境，據城自保，愼勿輕舉出擊，以開邊釁。(註一)至永樂元年，內部情勢已經穩定，始命保定侯孟善往代貞，開始向外經略。

　　成祖時代東北的經略活動，與太祖時代不同，太祖時主要成就在清除故元殘餘勢力，建立防務，鞏固統治力量基礎。成祖時則在積極向外經略，招徠女眞各部，羈縻制馭，使保塞而不爲邊患。這一方面是由於歷史條件的不同，一方面是由於個人性行作風的差異。明太祖可以說是一個現實主義者，所採取的是步步開展，穩健前進的策略。從明太祖起兵逐鹿天下及在位三十年間對邊境四隣的外交關係中，可以明顯的看出這種謹愼戒懼的態度。明成祖是一個雄武英略好大功愛遠務的人，在其征伐蒙古每次動員的軍隊數量與太祖時代出征人數比較及其親征途中屢次刻石記功的銘辭中，充分的表現出其喜功務遠的心理意識。明人對成祖五出大漠，三犁虜庭的功業，固多誇耀溢美之詞，而事實上這的確也是漢人天子親將拓邊足以自豪的壯舉。以往如漢武帝、唐太宗雖亦屢破北狄，揚威塞外，造成輝煌的積業，但這都是遣將遠征完成的。以漢人天子親渡大漠，可以說是只有成祖一人。當然，這與明成祖自洪武十三年就藩北平後，久在塞上，並屢次提兵遠出掃蕩，所鍛鍊成的不憚艱險的豪壯氣魄，用兵經驗，及對塞外情勢與東北諸族羣的聚落組織生活行動的深刻認識，都有莫大的關係。所以成祖卽位後，卽運用太祖時代所建下的基礎，配合其構想中的未將對蒙古的用兵計劃，而展開積極招徠羈縻的經略行動。

　　永樂元年，當派遣保定侯孟善代劉貞出鎭遼東的同時，便派遣使臣遠出向東北女眞各族羣進行招撫工作。凡受撫來歸者，皆就其部族所居，審其族羣勢力強弱大小，分別設立衛所城站地面等名目，依國家軍衛官階授其族長酋豪以都指揮、指揮、千戶、

（註一）　明太宗實錄卷一三，洪武三十五年十月甲子條。卷一四，洪武三十五年十一月辛巳、甲申、已丑條。
　　　　　卷一七，永樂元年三月庚辰條。

百戶、鎮撫等職，賜以勅印，賞以財物，令自相統屬，約束所部，以時朝貢而羈縻之。實錄：「上諭翰林學士胡廣等曰：朕非欲併其土地，蓋以此輩貪殘，自昔數爲邊患，勞動中國，至宋歲賂金幣，剝及下人膏血，卒爲大患。今既畏服來朝，則恩遇之，從所欲授一官，量給賜賚，捐小費以彌重患，亦不得不然。」(註一)

最先受撫來歸者，爲泰寧、福餘、朶顏三衞（卽所謂兀良哈三衞）。先是三衞於洪武二十二年來歸後，明太祖於西喇木倫河以北及洮兒河流域一帶，置立三衞，令各酋領其所部，一從本俗，順水草畜牧，俾遂其性而處之。(註二)然尋又叛去，洪武二十四、五年曾兩次遣大軍深入征討。至「靖難師起」，乃乘機出入大寧一帶地。成祖卽位後，復願內服，永樂元年五月，乃遣指揮蕭尙都等前往招迎。是年十一月，頭目哈兒兀歹等遣其部屬二百三十人來朝貢馬，詔依舊制置泰寧、福餘、朶顏三衞以安其衆。(註三) 二年四月，蕭尙都等自兀良哈還，頭目脫兒火察、哈兒兀歹等二百九十四人隨來貢馬，乃命脫兒火察爲左軍都督府都督僉事、哈兒兀歹爲指揮同知，掌朶顏衞事。安出及土不申俱爲都督指揮僉事，掌福餘衞事。忽剌班胡爲指揮僉事，掌泰寧衞事。餘及所舉未至者總三百五十七人，各授指揮、千百戶等官。(註四)

三衞設立後不久，是年（元年）十一月，女眞族巨酋阿哈出亦率部來朝，成祖特於鳳州（或作奉州、房州、坊州，輝發河上游山城子一帶）開設建州衞，以阿哈出爲指揮使，其餘各小酋亦皆授以千戶、百戶、鎮撫等職，使統率所屬，自便住牧。(註五)

阿哈出本爲牡丹江與松花江合流處今依蘭地方的女眞族巨酋之一，元末明初之際，情勢混亂，率族人南向移動。先是，洪武十五年故元鯨海千戶速哥帖木兒與木答

(註一)　明太宗實錄卷一一三，永樂九年二月甲辰條。
(註二)　先是，洪武二十一年四月藍玉率大軍十五萬襲破脫古思帖木兒於貝爾湖，獲其次子地保奴及妃主王公以下數萬人。脫古思帖木兒逃奔和林，行至土剌河，爲其臣也速迭兒所襲，與太子天保奴俱被殺，其衆潰散。脫古思帖木兒死後，在東蒙古的勢力亦因之瓦解，其下多有降於明者。見明太祖實錄卷一八九，洪武二十一年三月壬午條。卷一九〇，二十一年四月癸丑條。卷一九四，二十一年十月丙午條。時遼王阿札失里等亦率衆來歸。乃特立三衞，以阿札失里爲泰寧衞指揮使，海撒男答溪爲福餘衞指揮同知，脫魯忽察兒爲朶顏衞指揮同知。見明太祖實錄卷一九六，洪武二十二年五月辛卯、癸巳條。
(註三)　明太宗實錄卷二四下，永樂元年五月己未條。卷二五，永樂元年十一月丙子、辛卯條。
(註四)　同上卷三〇，永樂二年四月己丑條。
(註五)　同上卷二五，永樂元年十一月辛丑條。

哈千戶完者帖木兒、牙蘭千戶皀化等來歸時，曾言願往其地招諭各族，詔許之，賜織金文綺，使之前往。(註一)自此之後，女眞族雖亦屢有來歸者，然皆非大族酋豪。阿哈出爲女眞巨酋中自動來歸之第一人，故特爲置立建州衞，以安處其部，並命其進行招撫其他女眞各族羣。

　　建州衞的設立，這是明代自洪武以來，首先設立的女眞族羈縻衞。也是日後所謂建州三衞（建州衞、建州左衞、建州右衞）的濫觴。明人對遼東邊地以北以東的各族羣，皆籠統以女眞人稱之，並區分爲建州女眞、海西女眞、野人女眞三大集團。他們早期的活動範圍，建州女眞大約在長白山以北，牡丹江與松花江的合流處到綏芬河流域，及烏蘇里江支流穆稜河地方的毛憐衞，都屬於建州女眞的活動範圍。海西女眞在松花江大曲折後的南北兩岸，自扶餘至哈爾濱以東阿什河，以及呼蘭河流域一帶。野人女眞大約今樺川、同江至黑龍江一帶地方。不過這只是一個大致的活動範圍，並沒有明確的疆界。建州衞自設立以後，其衞地遷徙變動情形，及左右二衞分設經過，中日學者論著已多，不再敍述。建州衞設立後的一個月，又設立兀者諸衞。實錄永樂元年十二月辛巳條：「忽剌溫等處女直野人頭目西陽哈、鎖失哈等來朝貢馬百三十四，置兀者衞，以西陽哈爲指揮使，鎖失哈爲指揮同知，吉里納等六人爲指揮僉事，餘爲衞鎮撫、千戶、百戶、所鎮撫，賜誥印冠帶襲衣鈔幣有差。」

　　忽剌溫在今哈爾濱北方呼蘭河流域一帶，西陽哈本此地有名之豪酋，洪武二十年十二月曾一度來歸，後不復通。洪武二十四年五月明將周興等曾率兵討之，今復受撫，對此等地方各族羣的影響甚大，所以自此之後，陸續來歸者甚多。成祖爲了便於制馭，乃分別設置衞所，使之並立。如永樂二年二月設立兀者左衞，十月設立兀者右衞、兀者後衞、兀者托溫千戶所，三年三月設立兀者穩勉赤千戶所，八月設立兀者撲野千戶所。(註二)此後陸續設立者尚多，不一一列舉。後兀者諸衞由於野人女眞的侵暴騷擾，南下移動入吉林南部至開原以北一帶地方，明人後稱之爲海西女眞。海西本亦爲元代地名，其所指區域，廣狹時有不同。元代廣義的海西，包括以松花江與伊通河

（註一）　明太祖實錄卷一四二，洪武十五年二月壬戌條。

（註二）　明太宗實錄卷二六，永樂二年二月丙戌條。卷三一，永樂二年十月癸未、庚寅、辛未條。卷三四，永樂三年三月丁酉條，卷三七。永樂三年八月丙子條。

合流處爲中心，西到嫩江口，東到瑚爾喀江口之間一帶廣大地區。（註一）明代所指海西大致在今開原以北，吉林松花江以西地方。

兀者諸衛的開設，不但招服了此等地方的諸族羣，更重要的是開拓了由此前進經略的道路，得以此等歸服者爲嚮導，沿松花江繼續前進。永樂七年，招撫軍到達黑龍江下游，並於今亨滾河（Amgun）與黑龍江合流處對岸的特林（Tyr）地方設立奴兒干都司。（註二）

先是，永樂二年二月此地野人頭目來朝時，已設立奴兒干衛，（註三）並於永樂三年、四年兩度朝貢。（註四）至永樂七年四月，奴兒干韃靼頭目忽剌冬奴等六十五人至，又置伏里其、乞勒尼二衛、敷答河千戶所，命忽剌冬奴等爲指揮、千百戶。（註五）旋以其地位居衝要，可作爲招撫附近各部族之中心基地，乃於是年閏四月改爲奴兒干都指揮使司，實錄：「設奴兒干都指揮使司，初頭目忽剌冬奴等來朝，已立衛，至是，復奏其地衝要，宜立元帥府，故置都司，以東寧衛指揮康旺爲都指揮同知，千戶王肇舟等爲都指揮僉事，統屬其衆，歲貢海青等物，仍設狗站遞送。」（註六）同年六月，並置奴兒干都指揮使司經歷司經歷一員。（註七）

東夷考略云：「永樂元年，遣行人邢樞，招諭奴兒干諸部，野人酋長來朝，因悉境附。九年春，遣中使治巨艦，勒水軍江上，召集諸酋豪，麾以官賞。於是康旺、佟答剌哈、王肇州、瑣勝哥四酋率衆降，始設奴兒干都司。」明人記載，多有謂設於永樂九年春者，蓋因是年春特遣中使臨其地，召集各族羣舉行授賜印勅儀式，並頒賞撫慰，宣布德意，勅修奴兒干永寧寺碑記云：「……洪惟我朝統一以來，天下太平五十年矣。九夷八蠻，□山航海，駢肩接踵，稽顙於闕庭之下者，□莫枚舉。惟東北奴兒干國，道在三譯之表，其民曰吉列迷，及諸種野人雜居焉。皆□□慕化未能自至，況

（註一）　箭內亙：滿洲に於ける元の疆域。滿洲歷史地理研究第二卷第五篇。
（註二）　曹廷杰：西伯利東偏紀要。又本文頁三註一。
（註三）　明太宗實錄卷二六，永樂二年二月癸酉條。
（註四）　同上卷三四，永樂三年三月己亥、癸亥條。卷四四，永樂四年二月丙子條。
（註五）　同上卷六二，永樂七年四月癸巳條。閏四月己酉條。
（註六）　同上卷六二。
（註七）　同上卷六四，永樂七年六月己未條。

其地不生五穀，不產布帛，畜養惟狗，或野□□□□□□□□物□以捕魚為業，食肉而衣皮，如弓矢諸般衣食之艱，不勝為言。是以□法女直國□□□恐□□□矣，□□而未善。永樂九年春，特遣內官亦失哈等率官軍一千餘人，巨船二十五艘，復至其國，開設奴兒干都司□遼金時□□故業□□□□□今日復見而□矣□上□朝□□都司□餘人□□□印信□□衣服□□布鈔□□而□依土立與□收集□部人民，使之自相統屬。十年冬，□命中官亦失哈等載至其國□海西抵奴兒干及海外苦夷諸民，賜男婦以衣服器用，給以米穀，宴以酒食□□□懽忻，無一人梗化不率者，□□□□□擇地而建□，柔化斯民，使知敬順□□□相□之□，十一年秋，卜奴兒干西有站滿涇之左，山高而秀麗，先是已建觀音堂於其上，今造寺塑佛，形勢□雅，粲然可觀，國之老幼，遠近濟濟，爭趨□□……。」(註一)

　　文中所說的苦夷諸民，卽樺太烏上的蝦夷（Ainu）人。明代於邊境所設的羈縻衛所甚多，而奴兒干都司在有明一代是獨一無二的羈縻衛都指揮使司。奴兒干都指揮使司的設立，蓋倣元代設立東征元帥府之遺意，欲以此作為經營黑龍江下游一帶的指揮中心。遼東志卷九外夷衛所奴兒干都司條云：「奴兒干都司，先名遠三萬戶府，前代無考，元為東征元帥府，國初累加招諭，永樂九年春，復遣中使率官軍駕巨船至其地，俘賚其人之來附者，設都司，都指揮三員，康旺、佟答剌哈、王肇舟以鎮撫之，間歲相沿領軍，比朝貢往來護送，率以為常。」

　　奴兒干都司設立後，於永樂十年十月特置自遼東至奴兒干水陸城站四十五，以利往來。(註二)十一年九月，復於其地建立永寧寺，並刻銘勒碑以記其事（見上引勅修永寧寺碑記）。碑文用漢、蒙古、女眞三種文字，文後署名者除參與其事的少數中國官吏外，其餘多為異族酋豪領袖人物（利用異族人物進行招撫活動，亦始於洪武時，如三萬衛之開設。）名字未經剗落可見者尚有四十餘人，其中並有酋豪等之母妻，及先已來降居住在自在州、安樂州及快活城地方的千戶百戶等。由寺碑署名人物的複雜，及所用三種不同的文字，可見當時成祖向外經略所組招撫軍之內容，及建寺時之盛況，同時也說明了成祖「以夷制夷」的招撫策略。俟後黑龍江下游的招撫工作，仍繼

(註一)　黑龍江志稿卷六二，藝文志金石條。

(註二)　明太宗實錄卷八五，永樂十年十月丁卯條。

續沿此路線進行，爲了工作的便利開展，並於今吉林城西門外松花江北岸地方建立大造船廠，專門打造江上航行船隻。招撫軍一切所需補給及賞賜物品，皆預貯遼東都司，然後運至此處，啓航出發。主持其事者，雖有漢人官吏，然實際上多爲異族人物（自永樂年間開始經營，至宣德時活動停止，主要人物爲內臣欽差都知監太監亦失哈與康旺、佟答剌哈、王肇舟等，亦失哈爲海西女直人，通曉各族情事，康旺本韃靼人，洪武間以父蔭爲三萬衛千戶，佟答剌哈爲女眞族巨酋。後康旺年老致仕，而由其子康福代之。王肇舟亦以老疾，以其子王貴代之。佟答剌哈以其姪佟勝代其事。皆以彼等熟諳土俗，便於行事而襲職。）(註一)而以遼東官軍護衛往來。當奴兒干都司初設立之時，爲了穩固招撫基地，鎭壓反側，並由遼東都司遣軍三百名前往護印，駐守其地。(註二)

明代自永樂元年開始向外經略活動，其所設羈縻衛所，大明一統志卷八九外夷女直條云：「本朝悉境歸附，自開原迤北，因其部族所居，建置都司一，衛一百八十四，所二十，官其酋長爲都督、都指揮、指揮、千百戶、鎭撫等職，給予印信，俾仍舊俗，各統所屬，以時朝貢。」

除衛所之外，尙有地面城站口河等名目凡五十八。(註三)此一百八十四個衛中，大明一統志及皇輿考皆列有衛名及設置年代，其中成祖時設立者計一七九衛，正統年間設立者五衛。此一七九衛中見於成祖實錄者一七〇衛。二十個所見於實錄者十二個。除就其居地設置衛所城站地面等外，其有願居中國者，並設立安樂、自在二州以處之，亦量授官職，住其耕牧自便。實錄永樂六年四月乙酉條：「上謂兵部臣曰：朕卽位以來，東北諸胡來朝者多願留居京師，以南方炎熱，特命於開原置快活、自在二城居之，俾部落自相統屬，各安生聚。」又五月甲寅條：「命于遼東自在、快活二城設自在、安樂二州，每州置知州一員，吏目一員。」(註四)

(註一)　明宣宗實錄卷八四，宣德六年十月乙未條。卷八〇，宣德六年六月癸丑條。卷一〇五，宣德八年閏八月已卯條。

(註二)　明太宗實錄卷九三，永樂十二年閏九月壬子條。

(註三)　大明統一志卷八九，外夷女直條。皇輿考卷十，東北女直條。

(註四)　明太宗實錄卷五六。

是年六月乙酉，每州又添設同知、判官各一員。安樂州在開原城內，自在州於英宗正統八年移於遼陽城內。(註一)

(二)宣宗年間的經略情形：

成祖雄武英邁，少長習兵，久居塞上，知邊陲形勢。由其六師屢出漠北，積極招撫女眞各族，及遷都北京的舉動觀之，可以看出其大軍數十萬一意北征與運用異族領袖經年遠出招撫，在戰略上配合運用兩面策應的關係。所以當時雖有持反對意見者，成祖不爲所動，一直照原定計劃，積極進行。永樂二十二年七月成祖去世後，仁宗卽位，恭謹仁厚，性近歛守，對外一切經略活動，遂皆令停止。(註二)時奴兒干都司各部亦少至者。仁宗在位甚短，不及一年而卒。宣宗卽位，始又恢復。

宣宗曾從成祖遠征朔北，馳騁沙場，英姿睿略，頗似乃祖，卽位年僅二十八歲，正英年氣盛，豪壯敢爲之時，故卽位後隨卽恢復成祖時代的輝煌活動。仁宗於洪熙元年五月去世，六月宣宗卽位，實錄記十一月勅遼東都司賜內官亦失哈等往奴兒干官軍一千五十人鈔，(註三)當是宣宗卽位以後所派遣的。十二月，奴兒干都司都指揮僉事佟答剌哈來朝，宣德元年七月，奴兒干都指揮僉事王肇舟子王貴亦來朝貢馬，(註四)由於彼等來朝，於是奴兒干等處野人頭目亦復相繼朝貢，實錄宣德二年八月丙子條：「命奴兒干等處來朝野人女直頭目者得兀爲可令河衞指揮僉事，償卜爲弗提衞指揮僉事，俱襲父職……。」(註五)此外尙有禿都河等衞、考郎兀等衞、屯河等衞亦同時來朝。(註六)宣宗甚喜，乃陞遼東都指揮同知康旺爲都指揮使，都指揮僉事王肇舟、佟答剌哈爲都指揮同知，以旺等累使奴兒干招諭，勞苦有功，並賜往奴兒干及招諭同還官軍鈔，千戶一百錠，百戶八十錠，旗軍四十錠，以爲激勵。(註七)宣德三年春，復遣康旺等前往建司，實錄宣德三年正月庚寅條。「命都指揮康旺、王肇舟、佟答剌哈往

(註一)　明太宗實錄卷一〇二，正統八年三月甲戌條。全遼志卷一，圖考，遼陽鎭城圖、開原舊境圖。

(註二)　明仁宗實錄卷一上，永樂二十二年八月丁巳條。

(註三)　明宣宗實錄卷十一，洪熙元年十一月乙卯條。

(註四)　同上卷十二，洪熙元年十二月乙亥條。卷十九，宣德元年七月壬寅條。

(註五)　同上卷三〇。

(註六)　同上卷三〇，宣德二年八月丁丑、戊寅條。

(註七)　同上卷三一，宣德二年九月丁亥、壬寅條。

奴兒干之地建奴兒干都指揮使司，並賜都司銀印一，經歷司銅印一。」又同月壬辰
條：「遣內官亦失哈、都指揮金聲、白倫等齎勅及文綺表裏往奴兒干都司及海西弗提
等衞賜勞頭目達達奴丑禿及野人哥只苦阿等，嘉其遣人朝貢也。」(註一)

　　由上引實錄「建奴兒干都指揮使司」文意觀之，蓋奴兒干都司在成祖卒後已經荒
廢，宣德三年復賜都司銀印令彼等前往重新建司。

　　奴兒干地方的經略活動，宣德四年十二月曾突命停止，實錄：「召內官亦失哈等
還。初，命亦失哈等率官軍往奴兒干，先於松花江造船運糧，所費良重。上聞之，諭
行在工部臣曰：造船不易，使遠方無益，徒以此煩擾軍民。遂勅總兵官都督巫凱，凡
亦失哈所齎頒賜外夷段匹等物，悉於遼東官庫寄貯，命亦失哈等回京。」(註二)

　　造船不易，徒以此煩擾軍民，這只是表面上的理由，事實上是因為海西諸衞發生
問題。先是宣德三年八月，宣宗自將邊巡，九月次石門驛，聞兀良哈寇會州，乃親率
精騎三千往討之，並遣將分路夾擊，兀良哈大敗，官軍窮搜其衆，斬獲甚多。(註三)宣
宗之親討兀良哈，給予海西諸衞酋豪心理影響甚大，所以宣德四年春，乃聯合遣人入
朝，窺探朝廷動向。實錄宣德四年二月甲午條：「亦馬剌、兀者、弗提、屯河等衞指
揮亦里伴哥等遣人來朝奏言：昨大軍至兀良哈，諸衞皆恐，慮不自保。上慰諭之曰：
天道福善禍淫，人君賞善罰惡，一體天心，豈有私哉。兀良哈有罪，則朝廷討之，豈
肯濫及無罪。爾等但安分守法，卽長享安樂，何用恐怖。皆賜賚遣還，仍降勅安撫其
衆。」(註四)

　　諸衞遣人聯合來朝，可能是由宣宗征討兀良哈而意味着朝廷對諸部政策將有新的
轉變，同時亦可看出成祖去世後，各部對明廷態度的轉變。雖經極力解釋撫慰，但仍
肯不完全相信，因而時有寇邊舉動。是年九月，遼東總兵官都督巫凱奏海西野人女眞
數有擾邊者，請發兵討之，宣宗不從，以彼等對朝廷撫慰之言尙信疑不定，故又特遣
使勅諭之曰：「爾等野人女直，受我皇祖太宗皇帝大恩，積有年矣。朕卽位以來，上

(註一)　明宣宗實錄卷三五。
(註二)　同上卷六〇，宣德四年十二月壬辰條。
(註三)　明史卷九，宣宗本紀。
(註四)　明宣宗實錄卷五一。

體皇祖之心，加意撫綏，屢勅邊將毋肆侵擾，俾爾等安生樂業。有來朝者，皆量授官職，賜賚遣還，朝廷之恩厚矣。今聞尚有不知感激思報，屢寇邊境者，此愚之甚也。蓋其所得甚少，不知召禍甚大，非全身保家之計。今邊將屢請發兵剿捕，朕慮大軍一出，玉石難分，良善之人，必有受害者。茲特遣人齎勅諭爾等，宜互相勸戒，約束部屬，各安爾土，朝貢往來，相通買賣，優游足給，豈不樂哉。若仍蹈前過，恣意爲非，大軍之來，悔將無及。」(註一)

　　亦失哈等被召回京，當由於此。至宣德五年秋，遼東軍備經過一番調整配屬後，(註二)又遣使出發。不過這一次並沒有遣亦失哈等率官軍前往，只是奴兒干都指揮康旺等。實錄宣德五年八月庚午條：「勅遣都指揮康旺、王肇舟、佟答剌哈仍往奴兒干都司，撫恤軍民。又勅諭奴兒干、海東、囊阿里、吉列迷、恨古河、黑龍江、松華江、阿速河等處野人頭目哥奉阿、囊哈奴等，令皆受節制。」(註三)

　　康旺等出發後，宣宗仍命加緊松花江上的造船工作，準備下一次招撫行動。是年十一月，以遼東總兵官奏虜窺邊掠抄，乃命停工。實錄宣德五年十一月庚戌條：「罷松花江造船之役。初命遼東運糧造船于松花江，將遣使往奴兒干之地招諭。至是，總兵官都督巫凱奏虜犯邊。上曰：虜覘知邊實，故來鈔掠。命悉罷之。」(註四)

　　宣德七年夏又遣都指揮劉清赴松花江造船運糧，(註五)八年春內官亦失哈等再至奴兒干地方，並重建永寧寺，所刻重建永寧寺碑文云：「宣德初，復遣太監亦失哈部衆再至，……七年，上命太監亦失哈同都指揮康政，率官軍三千，巨舡五十□至，民皆如故，獨永寧寺□□基址有焉。」碑文言「大明宣德八年癸丑歲季春朔日立」。主其事者爲欽差都知監太監亦失哈、御馬監左少監三金、內官范桂、遼東都司都指揮康政、指揮高勗、崔源及土官康福、王肇舟、佟勝等，(註六)這大概是最後一次至其地，時原來主其事的康旺、佟答剌哈已先後以年老致休。宣德十年正月宣宗卒，英宗立，

(註一)　明宣宗實錄卷五八，宣德四年九月丙午條。
(註二)　同上卷六二，宣德五年正月庚午條。卷六六，宣德五年五月乙巳條。
(註三)　同上卷六九，宣德五年八月庚午條。
(註四)　同上卷七二。
(註五)　同上卷九〇，宣德七年五月丙寅條。
(註六)　黑龍江志稿卷六二，藝文志金石條，明奴兒于永寧寺碑。

年方九歲，老臣三楊等當政，老成持重，不欲遠事勞費，遂解散經營活動，實錄宣德十年正月甲戌條：「勅遼東總兵官都督僉事巫凱及掌遼東都司都督僉事王眞、鎮守太監王彥、阮堯民、門副、楊宣等，凡採捕造船運糧等事，悉皆停止。凡帶去物件，悉於遼東官庫內寄收。其差去內外官員人等，俱令回京。官軍人等，各回衛所着役。爾等宜用心撫恤軍士，嚴加操練，備禦邊疆，以副朝廷委任之重。」(註一)

是年十一月，太監亦失哈請求再出經營，朝廷以「將有限之財，供無厭之欲，殊非制馭外夷之良策。」不允。但勅遼東都司「作士氣，謹邊防，使有備無患，餘事不許擅行。」(註二)此後卽未見有關奴兒干地方經營活動之記載。

奴兒干地方經營活動的停止，一方面是由於造船運糧，軍民煩擾，造船軍士，大量逃亡，及造船官軍對當地女眞人的侵奪騷擾，引起各部的攻擊截殺。實錄宣德七年五月丙寅條：「以松花江造船軍士多未還，勅海西地面都指揮塔失納答、野人指揮頭目葛郎哥納等曰：比遣中官亦失哈等往奴兒干等處，令都揮劉清領軍松花江造船運糧。今各官還朝，而軍士未還者五百餘人。朕以爾等歸心朝廷，野人女直亦遵法度，未必誘引藏匿。勅至，卽爲尋究，遣人送遼東總兵官處，庶見爾等歸向之誠。」(註三)又宣德十年四月辛酉條：「太監阮堯民、都指揮劉清等有罪下獄。初，堯民同清等督兵造漕舟于松花江，並捕海青，因與女直市，輒殺傷其人，女直銜之。堯民等徵回京，女直集部落沿途攻截，騎卒死者八九百人，鎮守遼東總兵官巫凱以聞，詔械堯民等下獄鞫之。」(註四)

造船軍士的逃亡，女眞部的截殺叛亂，使松花江造船廠地方前進基地動亂不安。而一般元老重臣，本來卽是反對遠出經略活動的，所以英宗卽位，便主張解散一切經略準備。而另一個更重要的因素，是蒙古高原上情勢的變化。先是，韃靼阿魯台與瓦剌相互攻殺，累戰不休。宣德中阿魯台數爲瓦剌所敗，乃東走侵三衞地，因而與三衞發生戰爭，海西女眞亦因遭侵擾引起騷亂。宣德九年阿魯台爲瓦剌所殺後，瓦剌又

(註一)　明宣宗實錄卷一一五。
(註二)　明英宗實錄卷十一，宣德十年十一月己巳條。
(註三)　明宣宗實錄卷九○。所隱匿明之逃軍，有的並未送還。見明宣宗實錄卷九五，宣德七年九月甲申條。
(註四)　明英宗實錄卷四。

藉口搜捕阿魯台餘黨爲名，擬控制三衞及女眞各部，於是局面漸呈混亂之勢。(註一)當阿魯台被殺之時，明廷已警覺到未來可能發生的變化。曾諭邊臣曰：「瓦剌脫歡既殺阿魯台，必自得志，或來窺邊，不可不備，愼之愼之。」(註二)關于韃靼與瓦剌之爭戰起伏對遼東的侵擾及對遼東整個局勢的影響，詳見後。

四、羈縻衞所與封貢貿易下的邊防政策

(一)羈縻衞所與封貢貿易的關係：

明代對東北各族的經營，以成祖年間最爲輝煌振奮時期，也是發展的頂點。(註三)宣宗時雖亦曾遣使屢出奴兒干地方，只不過是步伍乃祖遺烈，想維持永樂年間遠夷來廷的盛況而已。事實上不但成祖時代的聲威氣魄，已見消沉；國家的武力，亦已開始衰落。英宗卽位，塞北情勢，風起雲急，遼東地方，亦邊報時聞。雖然尙不爲大患，但已發出各部不自安分的訊號。正統十四年七月，瓦剌誘脅諸部及建州、海西等分道大擧入寇，脫脫不花以兀良哈寇遼東，阿剌知院寇宣府，圍赤城，又別遣寇甘州。太監王振慫帝親征，結果造成「土木之變」，軍潰被俘，乘輿受辱。自是之後，國防弱點，盡暴之於敵，於是東西爲患，時貢時叛，漸陷於剿撫兩難困境。永樂年間東北晏然無事，羣夷朝闕的盛況，永不復見。

上章曾敍述凡各族羣受撫來歸者，成祖皆就其所居地區，族羣强弱大小，依照國家衞所組織，分別授其會豪都指揮、指揮、千戶、百戶、鎭撫等官。但這些衞所一如唐代的羈縻州，都是羈縻性質，所授官階，皆爲榮譽職銜，並無俸祿。頒給印記勅書，以便鈐束所部，及作爲朝貢往來的憑證。黑龍江志稿卷六二藝文志金石條記朶顏衞百戶印云：「明朶顏衞印，清嘉慶五年布特哈土人耕地得之，銅質，徑二寸，厚三分以强，直紐，大篆文曰『朶顏左千戶所百戶印』，背鑄洪武二十二年五月禮部造，及「顏字二號」字樣。」衞印材料質地及體積大小，或不相同，如奴兒干都指揮使司爲銀印，經歷司爲銅印，但形制當亦相似。成祖所以對東北女眞各族羣探積極招撫的政

(註一)　明史卷三二七，韃靼傳。卷三二八，瓦剌傳、朶顏三衞傳。明宣宗實錄卷九五，宣德七年九月己未條。卷九九，宣德八年二月辛亥條。明英宗實錄卷二，宣德十年二月庚戌條。

(註二)　明宣宗實錄卷一一二，宣德九年八月戊辰條。

(註三)　明成祖曾計劃將遼東都指揮使司由遼陽移到開原，以便於向外經略。見圖書編卷四四，遼東區畫條。

策，前引殊域周咨錄所記成祖對胡廣等的一段話，已言之甚明。其所以廣置衞所城站地面等，令各統所部，不相轄屬，乃爲了使其各自雄長，相峙而不相結，而得從中羈縻駕馭，皇明經世文編卷四五三楊宗伯(道賓)疏卷一論海建夷情云：「成祖文皇帝所以分女直爲三，又析衞所地站爲二百六十二，而使之各自雄長，不相歸一者，謂中國之于夷狄，必離其黨而分之，護其羣而存之。未有縱其蠶食，任其漁獵，以養其成，而付之無可奈何者也。」皇明經濟文錄卷四三薊州編女直考：「我文皇帝神謀睿算，銷患于未萌，悉分而散之，使之力足以自立，勢足以相抗，各授以官職而不相統屬，各自通貢而不相糾合。」又卷三三遼東編遼東邊夷：「分其部落，則其弱易以制；別其種類，則其間易以役。使之人自爲雄，各相爲戰，所謂夷狄相攻，中國之利也。」

　　廣建衞所，各統所屬，俾仍舊俗，分別羈縻，這是因緣制宜，隨俗而治的政策。當然與東北各族羣的聚落組織情形與特殊的地理環境有密不可分的關係的，中國外患，一向來自北方，明興以前，蒙古、女眞都曾入據中國。一是來自蒙古高原，一是來自東北深處。而蒙古自古以來，歷代皆爲中國巨患。雖然在蒙古高原上由於自然地理環境上的種種特殊因素，民族興衰起伏甚頻，但常能結合成一個統一的力量，南下發動大規模的侵擾，造成嚴重威脅。而東北地方，由於崇山巨河，森林沼澤，密布其間，族羣隔絕，不易結合。尤其經元朝統治之後，勢力更爲分散。所以明興之後，對蒙古殘餘勢力，屢次大舉深入追擊，成祖即位，遷都北京，並親自提兵出塞，必欲徹底擊潰之而後止。同時在另一方面，亦正由於成祖爲了國家的長治久安，遷都、北伐，傾全力與蒙古作戰，因此對東北各族才採取積極招撫政策。朶顏三衞的復置，開原、廣寧馬市的設立，官賞勞賚，待之甚厚，亦正爲了從中駕馭，使蒙古與女眞東西隔絕。

　　設置衞所城站，授予勅印官職，這只是羈縻體制上的形式，眞正能使其發生並立而不相結，各自雄長而勢不歸一，以便從中分化控制的作用的，主要是在於經濟上利益引誘。否則，只是一個空洞的榮譽虛銜，如沒有與其自身切要的利害關係，是不會發生多大的效果的。所謂經濟上的利益引誘，便是由通貢與互市所得到的重大利益。這是明代以勅印官職爲形式，以經濟利益爲手段，所謂「朝廷或開市以掣其黨，或許買鐵器以其心，皆羈縻之義。」(註一)連鎖成的羈縻衞所制度，也可以說是封貢貿易

(註一)　明憲宗實錄卷一九五，成化十五年十一月丁亥條。

式的邊防政策。這一政策的運用，卽凡各族羣聽命來歸者，一方面置立衞所城站等名目，頒賜勅印，授予官職，以鹽米布等贍諸酋豪；一方面許令朝貢，並於邊境開市互易，使其屬人得以換取生活上的必要物資。然後責以統制所屬，接受約束，更進而形成各族羣間彼此箝制，聽命看邊，不爲寇亂。而所賜勅書印記，便是他們得持以入京朝貢及在邊境上進行互市的憑證。勅書上記明所得人的部族衞所名稱，官爵職級，姓名年貌及頒發年月。（註一）朝貢互市之際，卽依勅書上所載身分地位之高下，而予以不同的待遇與賞賜。所以在成祖時對職位的授予，是相當愼重的，而各族羣酋長，對此亦相當重視。仁宗之時，尙能嚴守成祖定制。明仁宗實錄卷三，永樂二十二年十月丙辰條：「忽石門衞指揮沙籠加率頭目亦失哈等來朝，乞授亦失哈本衞指揮。上諭之曰：今一來朝，遽授指揮，有先帝時累累來朝，今尙爲千百戶者，其心必不安矣。彼旣不安，汝得此職，豈能自安。但永堅忠誠，不患無官職也。遂賜沙籠加及亦失哈等鈔幣有差，命禮部厚待之遣還。因謂尙書呂震曰：祖宗官職，當爲祖宗惜之。震對曰：外夷人授之官，而非有俸祿之費，似亦可與。上曰：先帝所授外夷人官，亦非有俸祿，何爲不輕授哉。吾重官職，以寵此徒，而又自輕之，可乎？且得一人而失衆人，亦不可也。」

正統之後，已不能守此原則，漸至有加封都督、將軍等名號者。此時東北邊防情勢，亦已發生變化。因此官職濫授，曲意市恩，而夷人對通貢互市，亦不視爲朝廷恩惠，反成爲勒索要脅的手段。

勅書頒給，有總勅，有分勅。總勅是頒給本族之全體者，止一件，由掌衞事酋長收領；分勅是給予個人，自酋長以下諸小酋，依地位高下而有不同，如東夷考略記海西勅書云：「蓋自永樂來給海西屬夷勅，由都督至百戶，凡九百九十九道，按勅驗馬入貢，兩關（南關、北關）酋領之，际强弱上下。」如父死而由其子侄繼承其位，必須先經過明廷認可，如明世宗實錄卷一四八，嘉靖十二年三月壬子條所記情形去：「兵部議上女直海西、建州、毛憐等衞夷人陞襲事例。一、女直人自都督指揮有功討陞都督職事者，巡撫官譯審正身，及查勘功次無搶冒等弊，例應陞授，然後具由連人咨報。否則就彼省諭阻回，毋濫送以滋糜費。一、來貢夷人除正勅外、齎有年遠舊

勅者，該邊巡撫譯審眞正明白，開寫何等舊勅，例應換給，從實具由連人咨報，以憑查議。其有那移搶奪不明情弊，徑自阻回。一、夷人奏稱授職二十五年之上，例應陞級者，巡撫官備查年數是否，及有無犯邊情弊，果係應陞，其由連人咨報，有礙者徑自阻回。一、各夷奏稱原授職勅書，或被搶及水火無存者，審係招撫之數，方行巡撫查勘咨結，議請定奪，不係招撫之年，不許一概奏擾。一、夷人併繳勅書者，審果同衞同族，尊幼絕嗣，並勅書眞正別無搶冒洗改情弊，卽行該邊巡撫勘報，覆行辨驗，結查明白，不拘所繳勅書多寡，俱于原授職事上量陞一級。其或審有前弊，希圖陞職者，止與原授職事，其併繳勅書，譯令齎回，交還本夷收領。一、都督係重職，其子孫襲替，仍照舊例查勘奏情。一、夷人入關朝貢，必盤驗明白，方許放進。其勅書內有洗改詐僞字樣，卽省諭阻回。守關人員朦朧驗放者，治罪如律。一、夷人奏有總勅，欲行分給襲替者，俱行巡按查勘，具由咨報，以憑奏請分給。」(註一)

(二)入京朝貢與京師會同館貿易：

各夷得到勅書後，便可持此入京朝貢。貢期與人數及貢道，都有規定。大明會典卷一〇七東北夷海西、建州條：「建州衞、建州左衞、建州右衞、毛憐衞，每衞歲許一百人，建州寄住毛憐達子，歲十二人。其餘海西各衞，並站所地面，每歲不過五人。其都督來朝，許另帶有進貢達子十五人同來。貢道由遼東開原城。近年定海西每貢一千人，建州五百人，歲以十月初驗放入關，十二月終止。如次年正月以後到邊者，邊臣奏請得旨，方准驗放。」這雖是後日規定，但亦可推察其早期情形。

野人女眞，以去中國甚遠，朝貢不常。朶顏、福餘、泰寧三衞歲以聖節及正旦（後改冬至）兩貢，每貢各衞百人，由喜峰口入。凡貢皆以勅書爲驗，依所指定貢路到達邊關後，經盤驗無誤，遂由當地有司派遣通事及軍兵車輛護送赴京。沿途食宿，以禮欸待。至京後先安置會同館歇住，由禮部主客司派官依所呈貢單，檢驗貢品，然後擇定日期，呈貢頒賞。

所貢物品，東北各族爲馬、貂鼠皮、舍列孫皮、海青、兎鶻、黃鷹、河膠、殊角（海象牙）等。貢物進納之後，例有頒賞與賜宴。大明會典卷一一一給賜二外夷上：

(註一)　參閱大明會典卷一〇七，朝貢三，東北夷條。武備志卷二二八，四夷六，女直考。殊域周咨錄卷二四，女直條。

「東北夷女直進貢到京，都督每人賞綵段四表裏，折鈔絹二疋。都指揮每人綵段二表裏，絹四疋，折鈔絹一疋，各織金紵絲衣一套。指揮每人綵段一表裏，絹四疋，折鈔絹一疋，素紵絲衣一套。以上靴韈各一雙。千百戶鎮撫舍人頭目，每人折衣綵段一表裏，絹四疋，折鈔絹一疋。……嘉靖十年奏准，女直進貢賞賜，視勅書官職爲隆殺，其有洗改職銜者，將應得賞賜減一等。」「回賜進過馬，每匹綵段二表裏，折鈔絹一疋，貂鼠皮每四箇生絹一疋。零者每箇布一疋。」

給賞物品，有時亦有變動。賜宴席面，豐減亦常不同，大明會典卷一一四管待番夷土官筵宴條：「凡諸番國及四夷使臣土官人等進貢，例有欽賜筵宴一次二次，禮部預開筵宴日期，奏請大臣一員待宴，及行光祿寺備辦，於會同館管待，教坊司用樂，鴻臚寺令通事及鳴贊供事，儀制司領宴花人一枝。」「永樂元年，上卓按酒五般，果子五般，燒碟五般，茶食、湯三品，雙下大饅頭，羊肉飯，酒七鍾，中卓按酒果子各四般，湯二品，雙下饅頭，牛馬羊肉飯，酒五鍾。」

筵宴席面，愈後愈爲豐盛，飲食品目亦愈爲繁多。在會同館住留期間，一切飲食起居，皆由官員照顧。會同館猶如今日國家賓館，禮部志稿卷三十六：「國初，改南京公館爲會同館。永樂初，設會同館於北京，三年，併烏蠻驛入本館。正統六年，定爲南北二館，北館六所，南館三所，設大使一員，副使二員，內以副使一員分管南館。弘治中照舊添設禮部主客司主事一員，專以提督館務。」館內有夫役四百名，南館一百，北館三百，專造飯食。另有政府所派醫生，及差役、庫子、管守等人員，照料所帶貨物，飼養所進禽獸。（註一）當貢畢囘還之時，官員伴送，沿途茶飯管待，亦各有次數。此外並有所謂常例下程及欽賜下程。大明會典卷一一五，番夷土官使臣下程條，常例下程：五日每正一名，猪肉二斤八兩，乾魚一斤四兩，酒一瓶，麵二斤，鹽醬各二兩，茶油各一兩，花椒二錢五分，燭每房五枝。若奉有優旨，不拘此例。欽賜下程：野人女眞都督下程一次，每一人鵝一隻，雞二隻，酒二瓶，米二斗，麵二斤，果子四色，及蔬菜厨料。當然這並不是固定的，但雖有損益，大致仍相同。

所謂朝貢，這是中國政府所要求的體制上的形式，以表示各夷受撫向化接受羈縻

（註一）　欽定日下舊聞卷六三，官署條。明孝宗實錄卷三五，弘治三年二月己亥條。大明會典卷一四五，兵部二八，驛傳一，會同館條。

的關係。在各部族則認爲這是以貢行商，聽命受撫應享的權利。所以朝貢事實上無異是與朝廷進行貿易。帶來的土物，一部分算作是包茅之儀表示誠敬的禮品，政府以賞賜方式給予貨值。一部分政府認爲需要或不願售予民間者，出價購買。其餘不願收買的，於領賞完畢後，許在街上買賣三日或五日。（註一）後以管理不便，容易滋事，乃移入會同館內，在政府官員監視下與商民兩平交易。大明會典卷一○八朝貢通例：「各處夷人朝貢領賞之後，許於會同館開市三日或五日，惟朝鮮、琉球不拘期限，俱主客司出給告示，於館門首張掛，禁戢收買史書及玄黃紫皀大花西番蓮段匹，並一應違禁品物。各舖行人等，將物入館，兩平交易，染作布絹等項，立限交還，如賒買及故意拖欠，驅勒夷人久候不得起程，並私相交易者問罪，仍於館前枷號一箇月。若各夷故違，潛入人家交易者，私貨入官，未給賞者量爲遞減，通行守邊官員，不許將曾經違犯夷人，起送赴京。凡會同館內外四隣軍民人等代替夷人收買違禁貨物者問罪，枷號一箇月，發邊衞充軍。」「私將應禁軍器賣與夷人圖利者，比依將軍器出境，因而走洩事情者律，各斬，爲首者仍梟首示衆。」「在京在外軍民人等，與朝貢夷人私通往來，投託管顧，撥置害人，因而透漏事情者，俱問發邊衞充軍。軍職有犯，調邊衞帶俸差操。通事並伴送人等係軍職者，照軍職例。係文職有贓者，革職爲民。」

爲了避免雙方以價格高下引起爭執，及姦詐之徒巧取夷人財物，後乃由政府於開市日期，估定時價。市畢之後，卽須起程歸還，禮兵二部各委官會同盤點行李，無夾帶違禁物品，方准起程。違禁物品主要是軍器、銅鐵器等。所以在會同館居住時，除於規定日期由通事帶領上街觀光外，平時不許擅自出入，以防私自交易及發生事端。在他們回程之時，所易貨物，政府派車夫軍兵送至邊境關上，然後自行帶回。（註二）

（二）邊關馬市貿易：

京師會同館互市，因有貢期及入貢人數的規定，雖然往往額外來貢，人數亦常出定制，但畢竟是有限制的，所以主要的是邊關馬市貿易。遼東馬市，最初設於永樂三年，明太宗實錄卷三四，永樂三年三月癸卯條：「上謂兵部臣曰：福餘衞指揮使喃不花等奏其部屬欲來貨馬，計兩月始達京師。今天氣向熱，虜人畏夏，可遣人往遼東諭

（註一）　禮部志稿卷三八。大明會典卷一○八，禮部六六，朝貢通例條。

（註二）　禮部志稿卷九，會議貢使禁約事宜。西園聞見錄卷五九兵部八。大明會典卷一四八，兵部三一，驛傳四，應付通例條。

保定侯孟善，今就廣寧、開原擇水草便處立市，俟馬至，官給其直，卽遣歸。』同上卷四一，永樂四年三月甲午條：「設遼東開原、廣寧馬市二所。初外夷以馬鬻於邊，命有司善價易之。至是來者衆，故設二市，命千戶答納失里等主之。」

永樂三年立市，蓋爲臨時性質，後以來市居多，乃於次年正式設立馬市，並以韃官主之，以彼等熟悉馬之優劣，言語疏通，於評定等第高下之時，減少爭執。二市之位置，全遼志卷一山川志關梁條云：「永樂三年，立遼東開原、廣寧馬市。……其立市一於開原城南，以待海西女眞，一於開原城東，一於廣寧，以待朵顏三衞，各去城四十里。」又云：「女眞馬市，永樂初設開原城東屆換屯，成化間改設城南門外西，每歲海西夷人于此買賣。廣寧馬市，在團山堡，朵顏、泰寧二衞諸夷於此買賣。」廣寧馬市初在鐵山，徙於城西北三十里之團山在永樂十年四月，以其地多水草便於住牧。(註一)馬市地點後有變動，並有增設，此不擬於本文論述。(註二)

馬市的開設，一方面是使各部得以多餘之馬換取生活上的必要物資，而便於從中安撫羈縻，明史卷八一食貨志市舶司條：「明初，東有馬市，西有茶市，皆以馭邊省戍守費。」又宣宗實錄卷八四，宣德六年十一月乙亥條：「遼東總兵官都督僉事巫凱上廣寧馬市所市福餘衞韃官馬牛之數。上謂侍臣曰：朝廷非無馬牛而與之爲市。蓋以其服用之物，皆賴中國，若絕之，彼必有怨心。皇祖許其互市，亦是懷柔之仁。」事實上永樂初年在戰馬來說，是相當缺乏的。所以當時開設馬市，亦並非完全了懷柔，一方面也是爲了可以由此購買軍馬，充實自己的戰力，同時並可相對的消弱其叛亂力量。騎兵在當時的戰鬥力來說，正如今日之機械化部隊。攻戰之際，馬功居多。平原曠野，馳騁上下，無不從志。克敵進奔，所向無前，亦皆在馬力。歷來中國外患，多來自北方，而終無長策以制之，晁錯曾云：匈奴地形技藝與中國異，上下山阪，出入溪澗，中國之馬弗與也。險道傾仄，且騎且射，中國之騎弗與也。五胡亂華，金人南侵，蒙元橫掃歐亞，原因固有多端，但撇開政治社會經濟等因素，如果單就軍事觀點而言，騎兵實在是決定雙方戰場勝負的重要力量。明代初年，戰馬甚爲缺乏。而又準備對蒙

(註一)　明太宗實錄卷八二，永樂十年四月癸亥條。

(註二)　楊成龍譯稻葉君山滿洲發達史第五章女眞貿易之經過。江島壽雄：遼東馬市における私市と所謂開原南關馬市。九州大學東洋史論叢（重松先生古稀紀念）。

古用兵，所以明太祖在中原甫定之後，卽亟亟籌劃馬政，於江淮地區設立牧監羣，令官民積極養馬。並遣人齎財貨四出購買。弇州史料卷八市馬考云：「高帝時南征北討，兵力有餘，唯以馬爲急，故分遣使臣，以財貨於四夷市馬。而降虜土目來朝，及正元萬壽之節，內外藩屛將帥，用馬爲幣，自是馬漸充實矣。」事實上到永樂後期，馬始充實。洪武三十年夏，明太祖曾諭塞上諸王曰：今爾等所守地方，不下六千里，急遽難爲聚會。每處軍馬，多者不過一二萬，而胡人之馬，計有十萬。其不出則已，設若南行，馬勢必盛。自非機智深密，晝夜熟算，孰能制之。倘遇胡馬十數萬寇邊，不宜與戰，或收壁壘，或據山谷險隘之處，夾以步兵，深伏以待之。近者人自塞上來，知爾兄弟統軍深入。古人論兵，貴乎知己知彼。以知己言之，我朝自遼東至于甘肅，東西六千餘里，可戰之馬，僅得十萬，京師、河南、山東三處，馬雖有之，若欲赴戰，猝難收集。苟事勢警急，北平、口外馬悉數不過二萬，若逢十萬之騎，雖古名將，亦難于野戰。所以必欲知己，算我馬數如是，縱有步軍，但可以夾馬以助聲勢。若欲追北擒寇，則不能矣。今吾馬少，止可去城三、二十里，往來屯駐，遠斥堠，謹烽燧，設信砲，猝有警急，一時可知。胡人上馬動計十萬，兵勢全備。若欲抗衝鏖戰，其孰可當。爾等不能深思熟慮，提兵遠行，不與敵遇，則僥倖耳。（註一）可見當時戰馬缺乏情形。所以成祖卽位後，以準備對蒙古大舉用兵，對馬政措施，更爲注意。將所畜養馬匹數目，列爲國防最高機密，不令外知。（註二）

由於當時需馬甚急，所以凡來市者，皆償價甚厚：明太宗實錄卷三四，永樂三年三月甲寅條：「遼東都司奏兀良哈等處韃靼以馬至遼東互市，命兵部定其直，上上等每馬絹八疋，布十二疋。上等每馬絹四疋，布六疋。中等每馬絹三疋，布五疋。下等每馬絹二疋，布四疋，駒絹一疋，布三疋。」同上卷一四七，永樂十五年十月丁未條：「遼東總兵官都督劉江奏，今歲兀良哈之地旱，泰寧衞指揮鎖喃等以馬千匹來易米，前此易米者其數不多，止用馬駝。今泰寧一衞用車三百輛運米，其虜朶顏、福餘諸衞皆來，則無以給之。……而舊定馬價甚高，上上馬一匹米十五石，絹三疋，下者米八石，絹一疋，如悉依舊例，則邊儲空匱，宜令所司更議馬直，撙節糧儲，遞增布絹中

（註一）　明太祖實錄卷二五二，洪武三十年四月乙酉條。卷二五三，同年五月己巳條。
（註二）　明英宗實錄卷十六，正統元年四月壬戌條。

牛市之。庶外夷蒙博施之恩，而邊儲無不給之患。」

　是年十一月，兵部議定馬價，計上上馬每匹米五石，絹布各五匹。上馬米四石，絹布各四匹。中馬米三石，絹布各三匹。下馬米二石，絹布各二匹。駒米一石，布二匹。（註一）

　馬市最初開設之意，本爲官市，政府以絹布糧米預貯廣寧等倉庫，以備與各部族相易馬匹。（註二）後亦許持他物入市，與中國商民交易。明宣宗實錄卷一一三，宣德九年十月丁巳條：「行在兵部奏：朝廷於廣寧、開原等處立馬市，置官主之，以便外夷交易，無敢侵擾之者。凡馬到市，官買之餘，聽諸人爲市。近聞小人或以酒食衣服等物，邀於中途，或詐張事勢，巧爲誘脅，甚沮遠人向化之心，請揭榜禁約。從之。」

　馬匹除官買之後，餘聽諸人爲市，蓋始於永樂晚年。（註三）永樂二十二年，官馬已達一百七十三萬六千六百一十八匹。（註四）畜養已多，故令私人購買。已漸由純粹官市馬匹轉變爲一般市場，不過仍是在規定的日期及官軍警戒下進行的。當時的互市情形，已無記載，全遼志曾記有成化年間互市禁令，雖爲後出史料，但仍可藉此推察早期概況。全遼志卷一山川志關梁條：「成化十四年十一月初四日，蒙兵部紅牌榜文爲禁約事。本部太子太保尚書余子俊等於奉天門欽奉聖旨，遼東開設馬市，許令海西、朵顏等三衞達子買賣，俾得有無相濟，各安生理，此係懷柔來遠之道。永樂、宣德間已嘗行之，兩有利益。但恐中間奸詐求賄之徒，妄生事端，阻壞邊務，橫啓邊釁，貽患將來，殊非細故，憑部裏便出榜曉諭，禁約馬市。開原每月初一日至初五日開一次，廣寧每月初一日至初五日，十六日至二十日開一次，聽巡撫官定委布按二司管糧官分投親臨監督，仍差撥官軍用心防護，省諭各夷，不許身帶弓箭器械，止將馬匹並土產物貨，赴役處委官驗放入境。開市本處，亦不許將有違禁物貨之人與彼交易。市畢，即日打發出境，不許通事並交易人等專一與夷欺侮，出入貪多馬價，及偷盜貨物。亦不許撥置夷人，指以失物爲由，符同詐騙，取財分用。敢有擅放夷人入境，及

（註一）　明太宗實錄卷一〇八，永樂十五年十一月乙卯條。

（註二）　明英宗實錄卷一二八，正統十年四月庚戌條：「先是，永樂、宣德間，工部及山東布政司造運青紅藍綠布絹紵絲衣，于廣寧等庫收貯，市易馬駝及賞賜野人。至是年久支用不盡，至有浥爛損壞者。」

（註三）　明仁宗實錄卷七，洪熙元年二月辛丑條。

（註四）　同上卷五下，永樂二十二年十二月乙丑條。

縱容官軍人等無貨者任意入市，有貨者在內過宿，窺取小利，透漏邊情者，許審問明白，俱發兩廣煙瘴地面充軍，遇赦並不原宥。或本處通事，俱不許有所求索，或因而受害，就彼查處。其鎮守總兵等官尤專心體察，並一應勢豪之家，俱不許私將貨物，假充家人伴當，時常在市，出名買賣，俾所司畏勢縱容，無法關防。如有，聽彼處巡按御史緝訪拏問，具招發遣，罪不輕貸。」(註一)

開市之日，官軍佈防警戒，然後商民與夷人持貨入市互易。(註二)由於商民可入市交易，及互市貨物品目的擴大，故有抽分。全遼志卷二賦役志馬市抽分條：「按馬市開原、撫順、廣寧三城俱有市，稅俱同。但市期無定額，故稅銀無定數，各因其買賣多寡，而為抽分數目。」其抽分項目及稅率並有詳細規定。(註三)

邊關互市，夷人謂之作大市。抽分所得，仍充為撫賞之用。遼東志卷三兵食志邊略項下馬市與撫賞條云：「大抵遼土諸夷環落，性多貪悷，故我以不戰為上兵，羈縻為奇計。朝貢互市，皆有撫賞外，有沿邊報事及近邊住牧換鹽米討酒食夷人。」「撫賞：海西朝京，都督每名牛一隻，大菓卓一張。都指揮每名羊一隻，大菓卓一張。供給：海西買賣，都督每名羊一隻，每日卓面三張，酒三壺。都指揮每名羊一隻，每日卓面一張，酒一壺。部落，每四名猪肉一斤，酒一壺。賞賜：傳報夷情夷人白中布二疋，卓面二張，酒二壺。撫賞三衛買賣達子，大頭兒每名襖子一件，鍋一口，靴襪一雙，青紅布三疋，米三斗，大菓卓面半張。零賞：三衛達子每名布一疋，米一斗，兀塔酥一雙，靴一雙，鍋一口，每四名菓卓一張。」這大概也是正統以後的事。

(註一) 遼東志卷三，兵食志，邊略，馬市條。

(註二) 私人互市情形，已不可考，嘉靖時僉事李頁「廣寧馬市觀人交易詩」云：「戍兵夜迓夷人箭，為說年來邊守宴。天朝歲稔百物豐，乞與小夷相易變。元戎下令開邊關，還令奇兵謹隄援。纍纍椎髻捆載多，拗轆車聲急如傳。胡兒胡婦亦提攜，異裝異服徒驚眴。朝廷待夷舊有規，近城廿里開官廳。夷貨旣入華貨隨，譯使相通作行眩。華得夷貨更生殖，夷得華貨卽歡忻。內監中丞鎮是邦，連年烽火疲征戰。茲晨何幸不聞警，往事嘻噓今復見。共誇夷馴斯人福，載酒招呼騎相殿。塞威凜凜北風號，不顧驚沙撲人面。申嚴互市勿作偽，務使夷心有餘羨。羣酋羅列拜階前，仍出官錢供飲醼。令其醉飽裹餕餘，歸示部落誇恩眷。朝廷有道將領賢，保爾疆土朝赤縣。肉食餶饜如不充，常來市易吾不譴。狗鼠偷竊亦何為，徒速天威黤雷電。羣酋歌呼復稽首，長奉茲言作藩埶。監司記述曰一觀，歸覓楮生呵凍硯。」見全遼卷卷六，藝文志下。

(註三) 見註一，抽分貨物條。全遼志卷二，賦役志，馬市抽分條。

無論京師會同館互市或邊關開市，對鐵器的買賣，是禁制甚嚴的。只許收買犂、鏵、鍋等。初規定每人可收買犂鏵一幅，鍋一口。後改爲五十人許買一鍋。（註一）主要是防止毀碎融液，改鑄兵器。成化年間，海西、建州及三衞曾以「禁制市買，使男無鏵鏟，女無針剪」而入寇。弘治年間，乃定例許二年或三年買鍋、鏵一次。（註二）

由上述京師或邊關貢市情形及全遼志、遼東志所記抽分內容，可以看出各族的生活狀況與貢市所發生的疈瘵作用。這些史料，固然都是較晚的記載，但由永樂年間所記安樂、自在二州寄住輋官俸糧費用之浩大，及命各衞調兵運糧接濟毛憐、建州等諸衞，以致官軍自身供給不敷，邊儲難支的情形觀之，（註三）可知早期對諸部互市賞賜勞給，是相當優厚的。又所開市場，亦不止開原、廣寧，撫順、淸河、靉陽、寬奠等處，亦皆開市。此爲正統以後事，故不論述。

五、邊防的崩潰

（一）軍備廢弛：

使各族羣酋長聽命受撫，各統所屬，互相雄長，而不致糾合爲邊盜害，藉通貢互市經濟利益的引誘，「以掣其黨，以結其心」，本來卽是一個消極遷就難以久恃的政策。但這一政策的有效運用，又必須有堅强的邊防武力，作爲後盾。也就是說當其內部發生衝突糾紛之時，可以有效的鎭壓仲裁；當其違命擾邊之時，可以給予決定性的懲處打擊。能怵之以威，而後示之以惠，德威相濟爲用，方得駕馭自如。否則，僅以惠結之，夷心貪悷無厭，國家財力將不勝負擔，終必發生所求不遂，而背恩相犯。正統以後的情況，正是如此。

成祖時由於國家武力正盛，邊備謹嚴，所以當時各部族不但聽命看邊，且「有所征調，聞命卽從，無敢違期。」（註四）成祖征伐蒙古，女眞人受命從征者不少，皆有戰

（註一）　大明會典卷一一一，給賜二，外夷上。

（註二）　明憲宗實錄卷一五九，成化十二年十一月癸亥條。卷一七二，成化十三年十一月已丑條。卷一九五，成化十五年十月丁亥條。明孝宗實錄卷一九五，弘治十六年正月甲午條。卷二〇〇，弘治十六年六月甲辰條。

（註三）　明太宗實錄卷九三，永樂十二年七月丙子條。卷一〇七，永樂十五年十月丁未條。

（註四）　殊域周咨錄卷二四，女直條。

功。(註一)但至宣德後期，情形便不同了，邊境上已呈現蠢蠢欲動的不安態勢。宣宗對阿魯台與瓦剌相互仇殺致兀良哈三衞、海西遭受侵害，而引起彼等欲興兵報復時的處理方法，及海西隱匿逃軍，違命不肯追還，擾邊擄掠，而不以大軍嚴予懲罰的態度，不但暴露了中朝遷就彌縫的弱點，同時也助長了各部窺伺要脅的心理。所以自此而後，原來操之在我的羈縻策略，漸入於曲意市恩的被動情況。而造成這種情形的主要原因，便是由於邊防武力的衰落，失去了執行這一政策的後盾力量。

　　造成邊防武力衰落的因素很多，這牽涉到整個國家的政治、經濟、社會及當地特殊地理條件等問題。而此形之於具體事實且最爲嚴重的，是軍士的大量逃亡，卒伍空虛，與屯田制度的破壞。故擬只就對此二者，加以簡單敍述。軍士的大量逃亡，在宣德後期，已相當嚴重。明宣宗實錄卷一〇七，宣德八年十二月庚午條：「巡按山東監察御史張聰言：遼東之地，南拒倭寇，東連高麗，北控胡虜，爲國家藩籬，兵政不可不修，備禦不可不嚴，邇年軍衞頭目，耽於宴安，忽於邊務，謹陳所宜四事。一曰軍士在戍者少，亡匿者多，皆因軍官貪虐所致。其山海守關之人，不惟失於盤詰，且有容縱之私。是以卒伍曠缺，邊衞空虛。……二曰各衞官旗畏避管事，往往託以公差操備招諭等項爲由，有將百戶所印令總小旗署掌，又別選小旗作管營名目，那移作弊，掊尅軍士，逼令亡匿。……三曰海州衞官軍，舊有定數，今閱教場全廢操練，守門者只二三人，守山海關者僅五六人。又南海口舊置官軍一百三十人，今存者惟老疾軍五人。比詢指揮使兪通等，皆稱各軍俱有差遣，苟且支吾。……」(註二)

　　這種情形，愈後愈爲嚴重，到正統年間，甚至有一個百戶所止存一人者。明英宗實錄卷四七，正統三年十月辛未條：「巡按山東監察御史李純言遼東邊衞利病四事：一、遼東軍士，往往携家屬潛從登州府運船及旅順等口渡船越海逃還原籍，而守把官軍受私故縱，乞嚴加禁約。一、並邊衞所軍士逃亡者多，甚至一百戶所原設旗軍一百十二人者，今止存一人。……一、各衞所官吏多有受囑，將見伍精壯軍士詭稱逃亡疾

(註一)　明太宗實錄卷七一，永樂八年八月乙卯條。卷九九，永樂十三年十二月辛卯條。卷一二〇，永樂十九年六月庚申條。葉向高四夷考女直條。朝鮮李朝世宗實錄卷二〇，五年(明永樂二十一年)六月癸酉條。
(註二)　又明宣宗實錄卷二六，宣德二年三月丁未條。卷五八，宣德四年九月壬戌條。仁宗時有京衞軍官因調防赴遼東，而中途逃歸者。明仁宗實錄卷五，永樂二十二年十二月丁未條。

癈，放免還鄉，却發冊原籍，勾丁代役。……一、定遼等二十五衞軍器多有損壞，自來皆令軍士修整，物力不逮，乞支官庫見錢修整。」(註一)

正統十四年瓦剌也先大舉入寇，並犯遼東，軍備廢弛情形，已完全暴露。于忠肅公奏議云：「在邊賊寇，經今日久，出沒不退，人馬或衆或寡，通路或東或西，來去自由。圍獵馳騁，如蹈無人之境，全無畏懼之心。蓋因總兵等官怯懦，不曾奮勇截殺，以致恣肆縱橫。且如今次各官雖奏躬親督令官軍按伏邊境，意在刼殺，尤恐虛張聲勢，實無此事。旣然各官親率大軍巡哨，必是軍勢振揚，賊寇知覺，緣何又將夜不收殺死，及致官軍出境，撞見趂鹿達賊三十餘人，而義州、錦州刼殺官軍奏內，開有一千五百員名，竟不能擒獲一賊，斬馘一級，貽笑邊方，益長賊志，莫此爲甚。兼且走回人口俱說稱達賊要往漢人地方遼東境內，搶擄興販，而烟火聲息，連日不絕。……及照遼東地方，今年自春以來，達賊犯邊，非止一次，墩堡被其挖掘，人畜被其殺虜。又兼各邊屯割日久不退，如入無人之境，全無忌憚之心。」(註二) 又實錄景泰三年八月丙戌兵部奏云：「軍有被虜脫歸者，言野人云：我輩不畏遼東軍馬，雖是二三人到其境上，亦不見官軍出敵。見今遼東寇邊者，乃建州、海西、兀良哈三衞賊。雖其所言未可盡信，然近年邊報絡繹不絕，蓋因總兵等官怯懦無謀，致賊輕侮。」(註三) 實錄記正統十四年八月也先遣軍三萬向遼東進攻，一月之間，攻破驛堡屯寨八十處，擄去官員旗軍一萬三千餘人，馬六千餘匹，牛羊二萬餘隻，盔甲二千餘幅。(註四) 景泰元年八月，虜賊入遼東境，總兵官左都督曹義、都指揮王祥、耿和等率軍與戰，追至連州，賊千餘人分三處各占山頭以拒官軍，義等齊進圍攻，僅斬首七級，生擒四人，獲

(註一)　到孝宗弘治年間，各衞連軍冊簿籍都沒有了，因之逃亡更多。兵部尚書余子俊奏云：「遼東各衞軍冊無存，以致逃亡日多，姦弊百出。請於南京後湖稽考洪武、永樂間原冊，依式各謄一本，發各衞收貯執掌，照冊查理。見明孝宗實錄卷二一，弘治元年十二月乙巳條。孝宗時對內政國防，都頗注意，屢加整頓。但弘治十六年時，見在軍數，僅及原額五分之二。明孝宗實錄卷一九五，弘治十六年正月甲午條：「遼東東聯海，西北接三衞，國初設二十五衞，梁充官軍，填實行伍，因軍屯種，積聚倉糧。先年官軍十有九萬，近或逃回原籍，或潛匿東山，或爲勢豪隱占，見在止有七萬之數。」

(註二)　卷二，景泰三年八月初六日，兵部爲走回人口事奏疏。景泰三年六月十五日，兵部爲烟火事奏疏。又卷八，景泰二年四、五月，兵部爲關隘事奏疏。景泰二年五月初六日，兵部爲軍務事奏疏。

(註三)　明英宗實錄卷二一九，景泰三年八月丙戌條。

(註四)　同上卷一八三，正統十四年九月乙酉條。又遼東志卷五王翱傳。

馬十三匹。賊奔散出境，遺棄所擄男婦一千七百五十餘名，頭畜稱是。(註一) 大軍進
擊千餘賊虜，而終致脫歸，直是縱橫出入，恣意搶殺，如踏無人之境。當時軍備廢弛
情形，由此可知。

　　軍士逃亡最爲嚴重的，是逃入虜方，引導內犯。(註二)造成軍士大量逃亡的原因，
固然甚多，而主要的一是由於待遇微薄，不能自存，差役過重，不堪負擔；一是由於
軍官暴刻貪虐，非但不能善爲撫恤，且有意逼使逃亡，貪取財物。而遼東地方，冬季
氣候祁寒，夏日又溽熱難當。加以土多未闢，地燕穀貴，軍士已饑寒切身而不能堪，
又外與諸夷相接，時有被掠殺傷性命之虞，於是遂相率逃亡。官軍待遇，明史卷八二
食貨志六俸餉條云：「洪武時，官俸全給米，間以錢鈔兼給，錢一千，鈔一貫，抵米
一石。成祖即位，令公侯伯皆全支米，文武官俸則米鈔兼支。官高者支米十之四、
五，官卑者支米十之七、八，惟九品雜職吏典知印總小旗軍並全支米。其折鈔者每米
一石，給鈔十貫。……仁宗立，官俸折鈔每石至二十五貫。宣德八年，禮部尚書胡濙
掌戶部，議每石減十貫，而以十分爲準，七分折絹，絹一匹抵鈔二百貫。……而卑官
日用不贍矣。正統中五品以上米二鈔八，六品以下米三鈔七。時鈔價日賤，每石十五
貫者，已漸增至二十五貫，而戶部尚書王佐復奏減爲十五貫。成化二年，從戶部尚書
馬昂請，又省五貫……七年，從戶部尚書楊鼎請，以甲字庫所積之布估給，布一匹當
鈔二百貫。是時鈔法不行，一貫僅直錢二、三文，米一石折鈔十貫，僅直二、三十
錢。而布直僅二、三百錢。布一匹折米二十石，則米一石僅直十四、五錢，自古官俸
之薄，未有若此者。十六年，又令三梭布折米，每匹抵三十石。其後蠱濶棉布亦抵三
十石，梭布極細者猶直銀二兩，蠱布僅直三、四錢而已。久之，定布一匹折銀三錢，於
是官員俸給凡二：曰本色，曰折色。其本色有三：曰月米，曰折絹米，曰折銀米。月
米不問官大小皆一石，折絹，絹一匹當銀六錢，折銀六錢五分當米一石。其折色有
二：曰本色鈔，曰絹布折鈔。本色鈔十貫折米一石，後增至二十貫。絹布折鈔，絹每

（註一）　同上卷一九五，景泰元年八月戊寅條。

（註二）　明宣宗實錄卷九〇，宣德七年五月丙寅條。又英宗實錄卷一〇三，正統八年四月庚戌條：「錦衣衞指
　　　　　揮僉事吳良奏：臣奉命使海西，見女直野人家多中國人，驅使耕作。詢之，有爲擄去者，有避差操罪
　　　　　犯逃竄者。」

匹折米二十石，布一匹折米十石，……武職府衞官，惟本色米折銀，例每石二錢五分，與文臣異，餘並同。……天下衞所軍士月糧，洪武中令京外衞馬軍月米支二石，步軍總旗一石五斗，小旗一石二斗，軍一石，城守者如數給，屯田者半之，民匠充軍者八斗，牧馬千戶所一石，民丁編軍操練者一石。」

不過這只是官方所定折給標準，與當時的物價，並不相附合的。自古以來待遇調整，從不能與物價上漲指數相併而行。何況自洪武二十五年所定百官俸祿，此後成爲永制，以至明亡，未曾調整。而明軍待遇自折給俸鈔之後，生活更苦（初只軍官有折銀折鈔，後軍士亦如此）。洪武八年初發寶鈔之時，官方規定每鈔一貫抵米一石，但由於社會上信銀信錢，而不信鈔，因此鈔值日益下跌，購買力日減。永樂元年改爲十貫一石，洪熙元年二十五貫一石，也就是說洪武、永樂兩朝已漲二十五倍。宣德四年米一石，綿布一匹，或絲一斤，都要五十貫，比洪武時漲五十倍。到宣德八年，絹一匹折鈔四百貫，布二百貫，比洪武時漲成三百三十倍。再以鈔與銀銅錢折合比例觀之，洪武九年定每鈔一貫，準錢千文，或銀一兩，折米一石。由於發行太多，收歛無法，至洪武二十三年，寶鈔在兩浙只值錢二百五十文。二十七年，兩浙、江西、閩、廣等地方一貫只值一百六十文。如果銅錢的購買力不變，而用鈔計算物價，漲了六倍。當時商民交易，多用金銀，鈔法阻滯不行。三十年白銀一兩，納糧時可折米四石，但用鈔則要二貫五百文折米一石，這表示銀對鈔漲成十倍。至英宗即位，放寬用銀的禁令後，朝野皆用銀，小者始用錢，惟折官俸用鈔，鈔法益壅不行，白銀取得了價值尺度和流通手段兩種基本的貨幣職能。景泰三年，令京官俸給照時價給銀，五百貫鈔給銀一兩，政府承認寶鈔對白銀跌成五百分之一。此後更激轉直下，成化元年鈔一貫折錢四文，六年折錢二文。至孝宗弘治六年，官俸每銀一兩折鈔七百貫，當時錢七支折銀一分，則一貫僅合銅錢一文。嘉靖十四年鈔一千貫折銀四錢，白銀對鈔漲了二千五百倍。當時銅錢一千文折銀一兩四錢三分，所以鈔一千貫只值值銅錢二百八十文，銅錢對鈔漲成三千五百七十倍。到嘉靖四十五年，五千貫才能折白銀一兩。（註一）由上述自明初至嘉靖年間鈔值的跌落情形，可以想到官軍俸餉折鈔後的生活困苦狀況。明英宗實錄卷八，宣德十年八月己酉遼東總兵官巫凱奏邊情八事中云：「一、官軍俸糧，每

（註一）　彭信威：中國貨幣史第七章明代的貨幣。

石折鈔一十五貫，資給不敷，請不拘常例，量益其數。一、官軍口糧，馬匹豆料，近因減省，食用不給，請依舊例，口糧月給五斗。」時鈔價與洪武九年所定對絹布的購買力已漲成三百三十倍。至正統四年，對無家屬在衞軍士遇出差瞭邊時增給口糧三斗，實錄：「增遼東瞭邊軍士口糧。時軍士無家屬在衞者止給口糧三斗，及差出守瞭，不復增給。巡撫遼東副都御史李濬言，此等軍士，別無家屬供給，遇差宜增給口糧三斗，庶不失所。比其囘衞，仍舊支給。從之。」(註一) 這只是出差守望瞭邊時臨時增加的津貼，囘衞之後，仍月支口糧三斗。俸糧由於折色給鈔，而鈔價日跌，到成化十三年時，若以銀計之，每石不過值銀一錢餘。實錄：「戶部議覆整飭邊備兵部右侍郎馬文升所奏事宜。一、足衣食以恤官軍：謂近年遼東衞所官軍折色俸鈔不足，間有關支，大半輭爛，千貫僅值銀一兩餘。若以月米計之，每石不過值銀一錢以上，不足養贍。又軍士歲例有冬衣布花之給，而海運不繼，妻子不免啼饑號寒。」(註二) 而此區區軍餉，亦並不能按時支給，住往拖欠數月。而軍官因待遇菲薄，遂貪尅軍士，或役使操作生產，以謀補給。軍士在此雙重逼迫之下，便只有相率逃亡。

　　軍士的大量逃亡，除待遇太低，生活太苦外，便是馬匹倒斃追賠之累，巡撫遼東都御史張鼐奏云：「遼東官軍馬匹倒死，其軍士有一年追買二、三匹者。蓋正軍領馬操備，餘丁各有差役，無他生理。故一遇馬死，多典賣房產，或子女，或妻室者。」(註三) 另外一個重大的因素，便是明廷往往將內地衞所軍犯，謫發遼東，或將軍民死罪囚犯，編戍此地。這些戴死罪流配戍邊的人，有的甚且遇赦不宥，他們到戍所後，守堡軍官，以其初來必挾有重貲，於是百般朘索，橫加凌虐，或逼使逃亡而得其財物。明宣宗實錄卷七三，宣德五年十二月丁亥條：「勅副總兵都督方政及開平衞撫恤新軍。初獨石置城堡，移開平衞於其中，而命政領兵守之，凡罪人應死者皆宥死發本衞充軍。至是，勅政等曰：獨石新軍，初皆犯法當死，朕不忍殺之，故令充軍。近聞管軍者悉貪暴武人，謂其初來，必挾重貲，遂欲奪之。無則橫加虐害，多致逃竄死

(註一)　明英宗實錄卷五八，正統四年八月庚寅條。

(註二)　明憲宗實錄卷一六一，成化十三年正月丁未條。這種情形，自英宗年間，已甚嚴重。憲宗十九年軍士給銀二錢五分折糧一石，銀丙折發鈔，到孝宗十五年，軍士月糧一石輕此折給之後，僅可購得米二斗五升。

(註三)　明孝宗實錄卷一九六，弘治十六年二月庚戌條。

亡。……時遼東諸衞亦有宥死發充軍者，勅總兵官巫凱等亦如之。「又英宗實錄卷十一，宣德十年十一月庚午條：「行在刑科給事中陳樞奉勅往遼東選軍，還言……遞年抵罪充軍囚人，編發遼東者不下數千人，往往逃亡，每遇差官巡視，冒名應代。」

這些流配囚犯，有的本爲亡命無根之徒，在編發之初，卽準備逃亡，所以改易籍貫，至衞卽逃。比及勾追，地方有司根本無從查考。(註一)

軍官待遇旣如此微薄，遂不得不設法另謀養贍之道。而在邊衞地方唯一可求的辦法，是除了故縱或迫使軍士逃匿以便侵扣空額糧餉之外，便是在屯田上打主意。先是，遼東軍馬糧料，皆由海上輸給。洪武十五年，明太祖以漕舟往往遭風漂沒，輸卒溺斃，而且戍軍日漸增多，全賴海運，亦不能支，於是乃令各衞積極屯種。軍士八分屯種，二分戍邏。每軍限田五十畝，租十五石，以指揮千百戶爲田官，都指揮爲總督，歲夏秋二徵，以資官軍俸餉。自洪武至永樂，爲田二萬五千三百餘畝，糧七十一萬六十餘石。當時邊有積儲之饒，國無運餉之費，成績頗佳。(註二)但至宣德以後，由於軍官及勢豪之侵佔，旗軍精壯富實者役占於私門，老弱貧難者疲困於征役，於是屯田制度，日漸破壞。明英宗實錄卷一〇八，正統八年九月戊寅條：「遼東極邊，地方廣濶，軍馬衆多，糧草俱憑屯種供給，近年都司衞所官往往占種膏腴，私役軍士，虛報子粒，軍士饑寒切身，因而逃避。亦有管軍官旗，倚恃勢強，欺虐良善，無所控訴。」

膏腴之地，多被鎮守、總兵、參將、都指揮、指揮等官占爲己業，役使軍夫耕種，收利肥己。其守城等項軍士，非但無力耕田，雖有餘力，亦無田可耕。又有隱占軍丁，私充使令，俱稱舍餘，不當差役，多者一家竟至二三百名。如遼東鎮守太監亦失哈，「收養義男家人，隱占軍餘佃戶，動數百計。」(註三)

衞所屯田制度的破壞，一方面是由於勢家官豪侵佔，屯軍逃亡；一方面亦由於自宣德以後邊境多事，無法屯種，以致日漸廢弛。永樂十七年時，遼東二十五衞原額屯田共二萬一千一百七十一頃五十畝，歲得糧六十三萬五千一百四十五石。其時常操軍士一十九萬，以屯田軍士四萬二千供之，而供者又得自耕邊外地，所以邊餉足用。

(註一)　明宣宗實錄卷一〇七，宣德八年十二月庚午條。

(註二)　明憲宗實錄卷二四四，成化十九年九月戊申條。

(註三)　明英宗實錄卷一八六，正統十四年十二月壬子條。

（註一）後日漸敗壞，至景泰時，每年所得屯糧不過十八萬石，與永樂時比較，不過百分之三十五。而至成化時，幾乎已是名存實亡。戶部郎中毛泰曾奏云：「宣德以後，屯田之法雖日寖廢，軍士（屯田軍士）猶餘四萬五千四百，而糧亦視舊不減三分之一。近被邊方多事，屯田之法盡壞，巡撫官相繼興後，其數少增。又歲運銀十萬，兼開中淮浙鹽，所用尚乏。……今所存正軍惟一萬六千七百餘名，而歲徵糧止一十六萬七千九百石。又以荒歉蠲免，歲不足七八萬之數，較倣舊制，屯田之法，十不及一。故遼東三十二倉，通無兩月之儲。」（註二）

遼東軍糧，在宣德年間已開始招商納糧中鹽辦法，（註三）初因所定糧額與鹽引之折兌比例過重，商人利薄，趨之者少。後雖量減鹽一引應納糧之數，多招中納。而鹽商納米之際，又多賄賂有司，官商勾結，濫惡兼收，將陳腐入倉充數，以致邊儲虧損，軍士受害無以自存，遂而逃匿。

（二）靖難之變大寧都司內徙的影響：

明太祖晚年對北疆國防體系的佈署，在本文第一章中已約略言之。又明史卷九一兵志三邊防條云：「元人北歸，屢謀興復，永樂遷都北平，三面近塞，正統以後，敵患日多，故終明之世，邊防甚重。東起鴨綠，西抵嘉峪，綿亘萬里，分地守禦。初設遼東、宣府、大同、延綏四鎮，繼設寧夏、甘肅、薊州三鎮。而太原總兵治偏頭，三邊制府駐固原，亦稱二鎮，是為九邊。初洪武二年命大將軍徐達等備山西、北平邊，諭令各上方略，從淮安侯華雲龍言，自永平、薊州、密雲迤西二千餘里，關隘百二十有九，皆置戍守。於紫荆關及蘆花嶺設千戶所守禦，又詔山西都衞於雁門關太和嶺並武朔諸山谷間凡七十三隘，俱設戍兵。九年，勅燕山前後等十一衞，分兵守古北口、居庸關、喜峰口、松亭關，烽堠百九十六處，參用南北軍士。十五年，又於北平都司所轄關隘二百，以各衞卒守戍。詔諸王近塞者，每歲秋勒兵巡邊。……二十年，置北平行都司於大寧，其地在喜峰口外故遼西郡，遼之中京大定府也。西大同，東遼陽，南北平。馮勝之破納哈出，還師城之，因置都司及營州五屯衞，而封皇子權為寧王，調

（註一）　明武宗實錄卷三九，正德三年六月己卯條。

（註二）　明憲宗實錄卷二四四，成化十九年九月戊申條。

（註三）　明英宗實錄卷十一，宣德十年十一月庚午條。

各衞兵往守。先是，李文忠等取元上都，設開平衞及興和等千戶所，東西各四驛，東接大寧，西接獨石。二十五年，又築東勝城於河州東受降城之東，設十六衞，與大同相望。自遼以西數千里，聲勢聯絡。建文元年，文帝起兵襲陷大寧，以寧王權及諸軍歸。及卽位，封寧王於江西，而改北平行都司爲大寧都司，徙之保定，調營州五屯衞於順義、薊州、平谷、香河、三河，以大寧地畀兀良哈，自是遼東與宣大，聲援沮絕。又以東勝孤遠難守，調左衞於永平，右衞於遵化，而虛其地。」

　　大寧都司內徙事，明人多謂成祖以「靖難」師起，爲補充兵力，並免後顧之憂，乃誘奪寧王兵，並携三衞兵從征，後事定償其前勞，乃以大寧都司地之。明史卷一一七寧王權傳卽承此說云：「寧獻王權，太祖第十七子，洪武二十四年封，踰二年就藩大寧。大寧在喜峰口外，古會州地，東連遼左，西接宣府，爲巨鎭，帶甲八萬，革車六千，所屬朶顏三衞騎兵，皆曉勇善戰。權數會諸王出塞，以善謀稱。燕王初起兵，與諸將議曰：曩余巡塞上，見大寧諸軍慓悍，吾得大寧，斷遼東，取邊騎助戰，大事濟矣。建文元年，朝議恐權與燕合，使人召權，權不至，坐削三護衞。其年九月，江陰侯吳高攻永平，燕王往救，高退，燕王遂自劉家口間道趨大寧，詭言窮蹙來求救，權邀燕王單騎入城，執手大慟，具言不得已起兵故，求代草表謝罪。居數日，歡治不爲備，北平銳卒伏城外，吏士稍稍入城，陰結三衞部長及諸戍卒。燕王辭去，權祖之郊，伏兵起，擁權行，三衞彍騎及諸戍卒一呼畢集，守將朱鑑不能禦，戰歿，王府妃妾世子皆隨入松亭關，歸北平，大寧城爲空。」

　　這一幕戲劇化的行動，如將當時有關史料加以排比分析，可發現其中彼此矛盾，與事實多不相合，此與本文無關，不擬論述。至所謂寧府所屬朶顏三衞騎兵及陰結三衞部長事，更不可信。三衞於洪武二十二年設置後，旋卽叛去，並不時擾邊，至永樂元年，始遣人招之來歸，復置三衞，此時何得受寧王節制？而且成祖在「靖難之變」洪武三十五年（建文四年）六月事定，九月遣人齎詔撫諭兀良哈大小頭目，十月卽命兵部復大寧諸衞，實錄：「命兵部復設大寧、營州、興州三衞。凡各衞官軍先調遼東等處及在京幷有坐事謫戍邊者，皆令復原衞屯田。令戶部尚書王鈍馳驛往北平，與新昌伯唐雲經度屯種。」（註一）十一月，並「謂掌後軍都督府僉事雲陽伯陳旭等曰：東北

（註一）　明太宗實錄卷十三下，洪武三十五年十月戊寅條。

胡虜數入邊境窺瞷虛實，或徑至剽掠，其令武安侯（鄭亨）于千戶寨、灰嶺、慶州、神樹、西馬山、七渡河，皆設烟墩候望，有警卽放炮，使屯守知備。仍令新昌伯以所領軍自小興州至大興州，東接牛嶺、會州、塔山、龍山諸處屯種，北勿出會州，西勿過千戶寨。」(註一)是成祖對大寧防務的重要性，並未忽略。不過恢復大寧諸衞的計劃，並未成功。永樂元年三月乃命將大寧都司移於保定。但亦未將此等地方給予三衞。至景泰初年，大寧猶爲空城。熱河通志對此辯證甚詳。（原文甚長，不具錄。見欽定熱河通志卷六三建置沿革九。）

　　而以成祖五伐蒙古，三次親統大軍渡漠遠擊的用兵態度觀之，當亦不會將此東連遼東西結宣府的國防要地割棄予人，自破防線，以貽後患。顧炎武謂大寧初設，未有人民，自燕府拔之而南，遂爲空城，成宣之世，尙爲甌脫。(註二)葉向高謂「靖難」師定，此處旣已荒廢，以權宜之計，都司乃暫移保定，徐圖恢復。其於所著四夷考卷二朶顏三衞考文後論云：「兀良哈之爲中國利害甚明也。分閫建藩，高皇之慮遠矣。內徙于文皇，非得已也。干戈初戢，障塞尙虛，愛弟之請難裁，征伐之勞在念，權宜移置，姑待後圖，觀其次鳴鑾鎭，有滅殘虜守大寧之諭，彼何嘗遽割以資夷哉！犁庭甫定，楡木變興，雄謨莫究，遺憾可知。章皇寬河之役，威折奸萌，假令乘勝長驅，刈殘酋，復舊疆，善繼善述，誰曰不宜。顧上有雄略之主，下無謀遠之臣，後且並開平而失之，遂使要害藉於犬羊，而宣遠隔若胡越，禦戎之策，從茲紲馬。夫西河套而東大寧，失之皆我害也。然河套猶明知其奪於虜，而時圖恢復。乃大寧藉口於文皇，職方氏遂視若三衞之固有，無敢談及。故實莫稽，而傳訛日甚，可勝嘆哉！」

　　所謂「鳴鑾鎭有滅此殘虜守大寧之諭」，乃指永樂八年二月後第一次親征蒙古，二月二十一日至宣平時諭金幼孜等的一段話，金幼孜北征錄：「二十一日發宣府，晚至宣平，召幼孜等謂曰：今滅此殘虜，惟守開平、興和、寧夏、甘肅、大寧、遼東，則邊境可永無事矣。」三月初八日至鳴鑾戍，葉向高三衞考誤繫於此。「犁庭甫定，楡木變興」，指永樂二十二年七月最後一次親征蒙古旋師途中，師次楡木川而崩。「愛弟之請難裁」，指寧王請藩國內徙。「征戍之勞在念」，蓋謂對「靖難」將士，勞苦

────────────────

(註一)　同上卷十四，洪武三十五年十一月甲申條。

(註二)　昌平山水記卷下。

已多，此時大寧已荒，不願遣令鎮戍塞外苦寒之地。遷都北京之後，又志在集中兵力，肅清沙漠，所以六師屢出，以致軍事倥傯，未遑復置，而擒木變與。又圖書編謂大寧內徙之後，由於餉饋艱阻，因而未復，卷四五宣府總敍條云：「……太祖之定都於金陵也，則以新享財賦之便故也。……成祖之都燕也，以親享兵馬之利故也。太祖據財賦而未嘗忘兵馬，則初年燕、遼、代、谷之封，割肌膚之愛，以膺捍禦之寄，而中山（徐達）、歧陽（李文忠）攻取經略，最久且備，夫亦以都遠而尤勒其防乎。成祖據兵馬而來未嘗忘財賦，則平江（陳瑄）之經運，河濟之轉漕，殫竭羣策，悉賦江南，以雲集神都，夫亦以有兵而尤急其食乎！顧山後叢崖澗谷限隔，操戈之技非乏，而輸運之途難繼。當時開平之棄，大寧之移，雖聖算淵遠，有不可測，而餉饋艱阻，倘亦上欷宸衷，然未足以防萬年卜鼎之至計也。」

　　大寧防務的空廢，也許成祖是在「最佳的防禦是進攻」的戰略下，漠北蒙古王庭澈底擊潰之後，大患已除，然後再計議設防佈署。所以大寧在一度企圖恢復，遭遇困難，後又忙於策劃北征軍事，及限於其他因素，便擱置下來，沒有再進行復防工作。不過無論如何，大寧防務的空廢，致使北疆防線發生中斷，整個防務體系遭受破壞，其帶來的影響是相當嚴重的。寧王府與大寧都司，位於熱河丘陵，此處控扼蒙古高原與松遼平原的通道。或由今錫林郭勒盟地南下，或由多倫東行，均須經過西遼河上游的林西，沿西遼河谷地入遼西。（註一）所以寧王府與大寧都司的設立，在形勢上是以西翼宣府，東屏遼左，不但使蒙古與遼東各部隔絕，當時並用以監視三衞的。同時在對內來說，並為燕、薊外線屏障。古北口與喜峰口皆為熱、冀間長城要隘，清代時通往海拉爾的官道大路，均經由承德再經多倫北上。但大寧防空廢之後，便不得不倚薊州為重鎮，使原來的內線防務，變為外線前哨，因而失去了東西聯屬南北控扼的作用。圖書編卷四四遼西區畫條云：「古遼西郡，即舊設大寧都司，內轄金川、全寧及大寧，和衆富庶、金源、惠和、武平、龍山等縣是也。契丹號為中原，是故大同在西，燕在南，遼陽在東，大寧則在其中。其東南四十里為松林，松林水出，是為廣

<hr>

（註一）　按今哲里木盟、卓索克圖盟、昭烏達盟與察哈爾的錫林郭勒盟，本稱東四盟。除哲里木盟蒙旗散布在遼北、嫩江、吉林三省境內外，其餘兩盟旗，今皆分布在熱河境內。此處為東四盟分布上的中間地區，足徵熱河丘陵與蒙古高原及松遼平原間關係的密切。

河，大山深谷，幅幀千里，馬迂崇隆，迤逶亘京師之西。……我太祖驅逐胡元，于古會州之地設大寧都司及所屬營州等衞，以爲外藩籬，復命魏國公修山海關、喜峰口、古北口、黃花鎮、潮河川一帶，以爲內藩籬。永樂中搬回大寧，以地委朶顏三衞，而以內籬藩爲界。大寧旣棄，則開元（平）與和不容不失，宣德中移守獨石、龍門，勢固然也。土木之變，獨石八城俱陷，所恃者一長安嶺橫亘虜衝耳。」

又遼東區畫條云：「我朝建都燕地，不徒宣大與虜爲隣，患在肘腋，而朶顏三衞，反在遼之內地，所恃薊鎮耳。山海關一線之路，萬一中阻，則咽喉旣塞，彼遼陽一鎮，不特不足爲京師之障，而束手無拯援之策矣。」又皇輿考九邊卷九宣府條云：「太宗文皇帝三犂虜庭，皆自開平與和萬全出入，嘗曰：滅此殘虜，惟守開平、與和、大寧、遼東、甘肅、寧夏，則邊境可永無事矣。後大寧旣以與虜，與和亦廢，而開平失援難守。宣德中迺徙衞於獨石，棄地蓋三百里，土木之變，獨石八城皆破，雖旋收復，而宣府特重矣。」(註一)

大寧空廢之後，三衞遂得蹂西喇木倫河南下，因此老哈河以南，長城以北地區，得自由進出其間，使遼東西側防務，直接受到威脅。大寧西側的開平衞，亦因大寧之放棄，過於突出孤立，不能自存，宣德五年，遂不得不後移至獨石堡。三衞在成祖年間，由於大寧撤退後，失去對其監視控制力量，後乃陰附阿魯台，爲其羽翼，勾結犯邊。永樂二十年，成祖征阿魯台還，曾遣師分道痛擊之。宣德三年，三衞掠永平山海關間，宣宗自將征討，亦斬獲甚衆。後又與阿魯台反目，及阿魯台爲瓦剌脫懽所殺，又轉依附瓦剌也先，泰寧衞拙赤並以女妻之，陰爲耳目，入貢輒易其名，且互用印文，假冒混入。正統六七年間，並東合建州兵入犯山海關至錦州通道上之要地前屯地方。至此，明廷感到問題甚爲嚴重，乃議建立邊墻，以爲防阻。

很明顯的，在整個戰略上說來，如西喇木倫河與老哈河之喪失，卽朝陽一帶之喪失；朝陽一帶之喪失，遼河以西則難以自保。根據明太祖自遼東至大寧、開平防務的佈署，乃以此爲外線，而以山海關、居庸關爲內線。大寧的放棄，使原來的內線變成了國防前哨，不得不增強防禦設置。遼東邊墻的建立，最初是遼西及遼河流域，純爲防三衞而設。此計劃起於巡撫王翺，而由都指揮僉事畢恭任其事。正統七年冬，王

(註一)　又見殊域周咨錄卷十八，北狄條。

翶以右僉都御史提督遼東軍務，到任後，乃躬出巡邊，相度地形，並擢用畢恭（時爲遼陽百戶），授以方略，經理自山海關至開原間的設防工作。(註一)邊墻的構築，大概始於正統八年夏，構築工程，最初爲編木爲垣，掘土爲塹，其後於要衝地方改爲版築，並於適當距離，設置屯堡，建立墩台，置配兵額，警備守禦。全遼志卷二邊防志：「國初，畢恭守遼東，始踐山因河，編木爲垣。久之，乃易以版築，而墩台城堡，稍稍添置。」邊墻的位置，西起山海關、經寧遠、錦州、義州西方，橫斷醫巫閭山，至廣寧北白土廠附近。再由此東南走至遼河及三岔河，因阻於遼河，邊墻至此中斷，此爲遼西邊墻。然後由三岔河，沿渾河左岸，繞遼陽西境北行，過渾河，經瀋陽，由石佛寺越遼河，經鐵嶺之西，由中固出遼河右岸，過開原西方抵昌圖。此爲遼東邊墻。東西邊墻之間，因限於遼河，成一Ｖ字型。王翶與畢恭所築邊墻成此形式，而未由廣寧直結瀋陽，或由於其間爲泥濘沮洳地帶，交通不便，遼東志卷五巫凱傳云：「秋冬駐廣寧防胡，春夏駐金州防倭，道經古澤，泥淖難行。奏築長廣道，行者便之。」長廣道意義不明，蓋爲自廣寧東南經由三岔河之官道。所謂古澤，或爲自廣寧經盤山至三岔河中間以北之地（見後引李善奏疏）。邊墻中間成Ｖ字形，或擬利用此沮洳地帶，恃爲天塹。Ｖ字中間這一大塊地區，明人稱之爲遼河套。(註二)當時王翶、畢恭所建邊墻，或由於交通關係，或限於客觀環境之一時應急手段，但將遼河套地帶置於邊墻之外後，則無異視爲棄地。此等地方水草豐美，正是良好游牧活動場所，因此三衛逐得入侵其地。(註三)弘治時巡按御史李善奏疏云：「切見遼東邊事疲敝，臣至遼陽、開原，詢及故老，皆云宣德年間，本鎭初無邊墻，時唯嚴瞭望，遠烽堠，海運直通遼陽、鐵嶺，以達開原，故開原城西有曰老米灣者。又舊行陸路，自廣寧直抵開原三百餘里，先年燒荒，東西兵馬會合棋盤山，東北至開原平頂山，中有顯州廢城，遼之中京，肥饒之地，不下萬頃。自畢恭立邊後，置之境外，邇來三衛夷人肆意南侵，漸入猪兒山、老虎林、遼河套等處，假牧潛行，伺隙入寇，邊方爲害，甚于昔時。且沿邊地多平漫，土脈鹹鹵，遞年春秋徵夫四、五萬名，糧餉萬石，無益邊防，

(註一)　稻葉岩吉：明代遼東の邊墻。滿蒙歷史地理研究第二卷第七篇。園田一龜：明代建州女直史研究第五章第一節，兀良哈の遼東侵寇。

(註二)　柳邊紀略卷一。

(註三)　圖書編卷四四，遼東區畫條：自遼入我朝，除北自遼陽舊城南抵三岔河關，棄與朵顏三衛。外域周咨錄卷二四，女直條。

徒勞人力。初計所恃者，遼水爲險也。夏旱水淺，虜騎可涉，冬寒冰凍，如履坦途。抄掠人畜，不敢耕牧。遂致田野荒蕪，邊儲虛耗，仰給京運。且今道路隔阻遼河，又縈盤山、牛莊低窪，天雨連綿，水輒泛溢，行旅阻隔。萬一開原有警，錦、義、廣寧之兵，何以應援？且遼東孤懸一方，番漢雜處，遼河失守，則遼陽不支；遼陽不支，畿輔之地豈能晏然也。臣慮及此，不能不爲之寒心。」（註一）

　　邊墻如此建築，事實上已將全遼分爲東西兩段，所以正統、景泰以後，遼河套旣陷之於敵，原來所設總兵官駐節於河西廣寧，對河東方面已不足統攝，因此不得不於遼陽開設副總兵府，全遼志：「我成祖建都於北京，遼東遂爲東北巨鎮，總兵建節廣寧，遙制一方。景泰多事，遼陽始據河爲邊。至天順設分守參將，尋改副總兵充任，開府於此。」（註二）

　　明廷對遼東之開拓，大多依遼河沿岸佈防築城，爲根據地。邊墻旣不能將遼河套包有在內，不但在防務上使遼東西之聯絡發生許多困難，而且整個遼河運路，亦暴露敵前，影響到遼東全局。所以這一邊墻的缺陷，在築成後不久，卽屢有人指陳其失，請設法挽救。至憲宗成化十二年兵部侍郎馬文升受命整飭邊備時，乃建議於三岔河地方建立强大浮橋，使東西聯爲一體，有事得互爲應援。明憲宗實錄卷一六〇，成化十二年十二月甲午條：「整飭邊備兵部右侍郎馬文升奏，遼東地方，三面受敵，故分兵三路，以備外侮。廣寧爲中路，開原、遼陽爲東路，前屯、寧遠、錦、義爲西路，過有警急，彼此應援。切見遼陽迤西一百六十里廣寧迤東二百里，有遼河一道，分界遼之東西，冰結則人馬可以通行，易于應援，或遇冰開，賊先據之，我兵雖有渡船，不能猝濟，彼此勢孤，誤事非小。正統十四年虜犯廣寧，遣兵據此，已有明驗。今請造大船十數，橫列河中，下聯鐵索，上加木板，以爲浮橋，兩岸豎大木爲柱，總繫其纜，遣兵護守，以便往來，設或有警，則東西聲勢相連，不致誤事。從之。」

　　但這仍是消極的彌補作用，成化二十三年，遼東都指揮使鄧鈺又提出遼河套凹入部分向前移動的建議云：「自永樂中罷海運後，築邊墻於遼河之內，自廣寧東抵開原七百餘里，若就遼河迤西徑抵廣寧，不過四百里，以七百里邊墩堡塞移守四百里，虜若入寇，彼此易於應援。」並請降勅責諭朵顏三衛，遠離邊墻三、五百里駐牧，不如

（註一）　遼東志卷七藝文志。明孝宗實錄卷七二，弘治六年二月辛亥條。
（註二）　全遼志卷五藝文上，呼爲輔遼陽副總兵題名記。

約者，聽邊將出兵剿伐。鄧鈺之建議，蓋以V字形邊墻，不但防線拉長，兵力分散，難於防守，且彼此隔阻，聲援不易。故建議將凹入部分向前方推出。旋兵部議覆，其言固皆有理，但邊墻築久，未可輕動。又勒令三衛遠離邊墻，恐引起邊釁，故所議亦未行。（註一）後李善又復建議自廣寧畫一直線至開原西北，開復舊日通路，將邊墻向西方拓展。這一計劃如果實現，不但可以使防務縮短四百餘里，邊墻縮短九萬餘丈，墩台堡減少一百一十五座，瞭守官軍往來糧餉補給道里減三分之二，可以省節大量兵力集中防守，及國家每年爲修繕邊墻墩台營堡的龐大負擔；並可將今新民一帶全部及法庫地方大部分土地，劃入遼東內地，得山澤之利，舟輯之便，肥饒之田。（註二）但亦未實行。

此外，在撫順東方尚有爲防禦建州所建的邊墻，以與本文所論主旨無關，不擬敍述。就上所述邊墻建築情形，我們可以看出大寧防務廢棄之後所帶來的嚴重問題。萬斯同明史樂府云：「虜入潰墻如平地，縱橫飽掠無所忌；虜退復興版築功，朝築暮築竟何利？」明軍既困於遼東西邊之防守，則東邊之外敵，自易會乘機而起。到「土木之變」以後，問題便更爲嚴重了。

此種情勢之造成，固然原因甚多，但大寧防務棄廢之後，使夷虜得以東西交通勾結，狠狠爲患，實爲影響遼東全局的重大因素。「東方初報墻功完，西方又傳虜犯邊。」後建州統一各部，興兵內犯，亦取道遼西，經由大寧故地迂廻而入。

（三）蒙古高原情勢變化的影響：

元自退出中國遁入漠北之後，外部屢受明軍攻擊，內部亦因之發生變化，漸形成東西兩個勢力。東蒙古卽所謂韃靼部，西蒙古卽所謂瓦剌部。雙方對峙，互爭霸權，時相攻殺。成祖卽位後，一方面利用其分裂爭戰弱點，從中離間扶抑，使相互抗衡；一方面乘機用兵，進行個別攻擊。永樂六年冬瓦剌部遣人來朝貢馬並請求封勅，七年五月，遂封其三部長馬哈木爲順寧王、太平爲賢義王、把禿孛羅爲安樂王。（註三）使團結對抗韃靼本雅失里、阿魯台勢力。是年六月，本雅失里與阿魯台以瓦剌結好於明，發兵西侵，爲馬哈木等合兵擊潰，損失甚爲慘重。（註四）實錄記七月間韃靼脫脫卜花王、把禿王以下國公、丞相、知院、都督等多人各率部至寧夏邊境來降，衆至

（註一）　明憲宗實錄卷二九二，成化二十三年七月丁未條。

（註二）　見上頁註一。

（註三）　明史卷三二八，瓦剌傳。

（註四）　明太宗實錄卷九三，永樂七年六月乙丑、丙寅條。

數萬，牛羊馳馬十餘萬。(註一) 這些當是本雅失里、阿魯台所屬，因受瓦剌壓迫，而投降於明。當本雅失里、阿魯台敗於瓦剌之時，明成祖亦乘勢進攻。先是，永樂六年，阿魯台迎立本雅失里之後，成祖曾遣人諭以修好來歸，不聽。七年六月，復遣給事中郭驥齎詔往，驥至被殺。七月，乃命淇國公邱福爲征虜大將軍，率王聰、火眞、王忠，李遠統精騎十萬討之。進至臚朐河中伏，全軍覆沒，五將軍皆戰死。(註二) 成祖甚怒，八年二月，乃發大軍五十萬親征。明史卷三二七韃靼傳：「帝自將五十萬衆出塞，本雅失里聞之懼，欲與阿魯台俱西，阿魯台不從，衆潰散，君臣始各爲部。本雅失里西奔，阿魯台東奔，帝追及斡難河，本雅失里拒戰，帝麾兵奮擊，一呼敗之。本雅失里棄輜重孳畜以七騎遁。……班師至靜虜鎭，遇阿魯台，帝使諭之降，阿魯台欲來，衆不可，遂戰。帝率精騎大呼衝擊，矢下如注，阿魯台墜馬，遂大敗，追奔百餘里乃還。冬，阿魯台使來貢馬，帝納之。」

　　阿魯台連遭失敗，瓦剌乃乘機而起。永樂九年二月，馬哈木等遣使貢方物，且言「本雅失里、阿魯台敗走，此天亡之也。然此寇桀鶩，使復得志，則爲邊害，西北諸國之使，不敢南嚮，願早圖之。」永樂十年九月，馬哈木等攻殺來投依之本雅失里，而立本雅失里弟答里巴，漸倔强不受明廷約束。十一年七月，阿魯台復聲言願內附爲故主復仇，於是乃封爲和寧王。韃靼傳：「越二年，本雅失里爲瓦剌馬哈木等所殺，阿魯台已數入貢，帝俱厚報之，並還其向所俘同產兄妹二人。至是，奏馬哈木等弑其主，又擅立答里巴，願輸誠內附，請爲故主復仇。天子義之，封爲和寧王。」十二年二月，成祖復親征瓦剌。明史卷三二八瓦剌傳：「十年，馬哈木遂攻殺本雅失里。復上言欲獻故元傳國璽，慮阿魯台來邀，請中國除之。脫脫不花子在中國，請遣還。部屬多從戰有功勞，請加賞賚。又瓦剌士馬强，請予軍器。帝曰：瓦剌驕矣！然不足較。賚其使而遣。明年，馬哈木留勅使不遣，復請以甘肅、寧夏歸附韃靼者多其所親，請給還。帝怒，命中官海童切責之。冬，馬哈木等擁兵飲馬河，將入犯，而揚言襲阿魯台，開平守將以聞，帝詔親征。」

（註一）　明太宗實錄卷九四，永樂七年七月丁亥、乙未條。
（註二）　明史卷六，成祖本紀二。卷三二七，韃靼傳。
（註三）　同上卷一一三，永樂九年二月甲辰條。

這一次親征瓦剌，雖未收全勝之功，然給予瓦剌之打擊相當沉重。十三年正月，馬哈木等三酋聯合貢馬謝罪，且還前所留使臣。而阿魯台又乘瓦剌之危，復起而與瓦剌相抗。十三年冬，馬哈木向阿魯台進兵復仇，實錄永樂十三年十二月戊辰條：「瓦剌使者言，瓦剌馬哈木等慮阿魯台與中國和好，將爲己害，擬七月率衆至斡難河北，俟冬襲阿魯台。」(註一)戰爭蓋在十三、十四年冬春之際，馬哈木繞至阿魯台後方突襲，結果慘敗，(註二)尋馬哈木亦卒。(註三)

馬哈木死後，子脫懽襲立，瓦剌勢力受賢義、安樂兩王左右，一時對明又頗恭順，(註四)永樂十五年冬，瓦剌爲報前仇，攻阿魯台，大敗之。(註五)十七年冬，阿魯台復襲瓦剌，實錄永樂十七年十一月己酉條：「指揮毛哈剌還自瓦剌言，阿魯台襲賢義王太平等大敗之。上曰：阿魯台黠虜，與瓦剌相讐久矣，朕嘗遣人諭太平等，令備之，不從朕言，遂至於此。於是遣千戶脫力禿古等往賜太平、把禿孛羅等綵幣表裏，且慰之。」(註六)

從這裏我們可以看出成祖對韃靼與瓦剌間爭霸鬥爭所用的策略，及所造成的邊防情勢。成祖征伐阿魯台，結果使瓦剌猖獗。征伐瓦剌，又造成阿魯台的勢力的復興，驕蹇不遜。實錄永樂十九年正月己巳條：「和寧王阿魯台遣都督脫脫木兒等貢馬。脫脫木兒等至邊境，要刼行旅，邊將以聞，請禁止之。上遣使賫勅諭阿魯台戒戢之。蓋虜自是驕蹇，朝貢不至。」(註七)二十年春大入興和，於是乃有二十年、二十一年、二十二年成祖連續親征阿魯台的軍事行動。(註八)

成祖於最後一次親征阿魯台班師中途，卒於多倫西北楡木川。成祖死後，使北方的整個情勢發生變化。一是阿魯台的東侵兀良哈三衛，使遼西局勢動盪不安；一是

(註一)　明太宗實錄卷一七一。

(註二)　同上卷一七三，永樂十四年三月壬寅條。

(註三)　同上卷一七七，永樂十四年六月丁卯條。蓋陣前被殺。

(註四)　同上卷一八七，永樂十五年四月乙丑條。

(註五)　同上卷一九三，永樂十五年十月丁未條。

(註六)　同上卷二一八，永樂十七年十一月己酉條。

(註七)　同上卷二三三。

(註八)　明史卷三二七，韃靼傳。

瓦剌襲殺阿魯台後成獨霸之勢，結合三衛及女眞入犯。英宗親征，而造成「土木之變」，使北疆防務，急轉直下。初阿魯台屢思向遼東發展並控制兀良哈三衛。實錄正統十四年六月辛亥條云：「永樂初，……虜酋阿魯台欲收女直吐番諸部，聽其約束，請朝廷集諸部長，刻金以盟。（黃）淮曰：胡人各自爲心，則力小易制。若併爲一，則大而難制矣。太宗以爲然，且曰：黃淮如立高岡，無遠不見。」(註一) 又永樂七年六月辛亥條：「本雅失里、阿魯台爲瓦剌所敗，今在臚朐河，欲驅敗散之卒，掩襲兀良哈諸衛，逐襲邊境。」(註二) 後兀良哈亦陰附阿魯台，並時來寇邊，實錄永樂九年十二月壬辰條：「遣指揮木答哈、阿升哥齎勅諭福餘、朵顏、泰寧三衛頭目……比者爾等爲本雅失里所脅，掠我邊卒。又遣苦烈兒等給云市馬，實行窺伺。狡詐如此，罪奚可容。……如能悔過，卽還所掠戍卒，仍納馬三千匹，贖前罪。不然，發兵誅叛，悔將難追。」(註三) 十年夏四月，三衛遣人納馬，贖虜掠邊卒之罪。(註四) 又十五年九月癸亥條：「勅遼東總兵官都督劉江及遼東都指揮使司曰：有自虜中還者，言虜歲凶乏食，欲肆掠各屯堡，其來必自大凌河，或廣寧、義州，宜令各衛愼固防守，毋爲所襲。」(註五) 十一月又勅劉江曰：「近指揮朵兒只還自兀良哈言，虜寇至邊，晝則潛伏，夜則出入烟墩下，守者皆不覺。果如此言，爲將不嚴之過。」(註六) 兀良哈三衛之叛服阿魯台，使其得以東西相結，問題當然是相當嚴重的。所以成祖在永樂二十年襲阿魯台還，曾遣師分道擊之。明史卷七成祖本紀三：「（二十年）七月……旋師，謂諸將曰：阿魯台敢悖違，恃兀良哈爲羽翼也，當還師剪之。簡步騎二萬，分五道竝進。庚午，遇於屈裂兒河，帝親擊敗之，追奔三十里，斬部長數十人。辛未，狗河西，捕斬甚衆。甲戌，兀良哈餘黨詣軍門降。」

　　洪熙時，三衛仍一面入貢，一面零星掠邊。宣德初，漸南下至近塞游牧。實錄宣德三年正月丁未條：「邊將奏，兀良哈之人往往於灤河牧馬，請掩襲之。上曰：虜犯

（註一）　明英宗實錄卷一七九。
（註二）　明太宗實錄卷九三。
（註三）　同上卷一二二。
（註四）　同上卷一二七，永樂十年四月乙丑條。
（註五）　同上卷一九二。
（註六）　同上卷一九四。

邊，當正其罪。今未有犯，姑遣人諭之。」(註一) 尋入寇永平、山海關間，適宣宗自將巡邊，乃親率精騎討之。(註二) 至宣德六年後三衛復頗恭順，朝廷許其照舊互市貿易。實則此時蒙古高原情勢發生變化，六年二月，阿魯台爲瓦剌脫懽戰敗，三衛乃叛阿魯台，往掠之，爲阿魯台所敗。實錄宣德七年九月乙未條：「遼東總兵官都督巫凱奏，亦馬忽山等衛指揮木答兀等來報，福餘等三衛韃軍往掠阿魯台，爲阿魯台所敗，盡收其家口輜重牛馬田稼，三衛之人，奔往海西，或在遼東境外，招之不來，間有來者，語言譸張，已整飭軍馬備之。」(註三) 是年十一月邊報阿魯台部衆東行攻兀良哈，(註四) 並侵海西，實錄宣德八年二月辛亥條：「兀者、肥河等衛奏，和寧王阿魯台部衆數經其地，恐其侵擾，欲以兵拒之。上曰：虜逐水草求活耳，拒之非是。遣勑諭之曰：朕嘗勑和寧王，令其戒飭部屬，毋擾鄰境。爾亦宜約束部下，謹守地方。彼來擾則禦之，不擾亦勿侮之。」(註五) 同上三月戊寅條：「嘉河衛指揮乃剌禿等差指揮卜顏禿等來奏，和寧王阿魯台部屬徙於忽剌溫之地，迫近本境，恐其爲患，今以所部人民移居近邊，乞賜優容。」(註六) 阿魯台之行動，或爲追擊三衛逃往海西之人，也可能是在西方敗於瓦剌後，擬在東面女眞族發展努力。宣德八年二月，阿魯台曾遣使自遼東入貢，朝廷以其往年皆自大同、宣府入境，今迂路從遼東入，或欲窺覘作亂，不可不慮，命守邊官嚴加戒備。(註七) 阿魯台之襲破三衛，並及海西女眞地，使遼東情勢，開始發生變化。

　　阿魯台之東侵，乃由於瓦剌勢力之壓迫。永樂十四年瓦剌馬哈木死後，其子脫懽嗣位。十六年四月明廷令襲父爵爲順寧王。初脫懽修兵雌伏不動，對明亦恭順奉貢。但至永樂二十年阿魯台爲成祖擊敗後，二十一年夏，乃突然向阿魯台所住地大舉進攻。註八) 至宣德六年二月復大敗之。九年二月，阿魯台遂爲脫懽襲殺。實錄宣德九年十月乙

(註一)　明宣宗實錄卷三五。

(註二)　明史卷三二八，朵顏三衛傳。

(註三)　明宣宗實錄卷九五。

(註四)　同上卷九六，宣德七年十一月辛巳條。

(註五)　同上卷九九。

(註六)　同上卷一〇〇。

(註七)　同上卷九九，宣德八年二月庚寅條。

(註八)　明太宗實錄卷二六三，永樂二十一年九月癸巳條：「虜中僞知院阿失帖木兒、古納台等率其妻子來降。備言阿魯台今夏爲瓦剌順寧王脫懽等所敗，拶其人口馬駝牛羊殆盡，部落潰散無所屬。」

卯條：「甘肅總兵官都督僉事劉廣奏：獲到虜寇言，今年二月，瓦剌脫脫不花王子率
衆至哈海兀良之地，襲殺阿魯台妻子部屬，及掠其孳畜……。七月，脫歡復率衆襲殺
阿魯台、失捏干，其部屬潰散。阿魯台所立阿台王子，止餘百人，遁往阿察禿之地。」
(註一)阿魯台滅亡後，脫懽窮搜其餘衆，阿台後逃至亦集乃（額濟納，寧夏西部），
正統三年亦被瓦剌所攻殺。

　　正統四、五年間，脫懽死，子也先嗣位，也先較之脫懽，更爲桀驁。明史卷三二
七韃靼傳：「瓦剌脫懽既擊殺阿魯台，悉收其部，兼併賢義、安樂二王之衆，欲自立
爲可汗，衆不可，乃立脫脫不花，以阿魯台衆屬之，自爲丞相，陽推奉之，實不承
其號令。脫懽死，子也先嗣，益桀驁自雄，諸部皆下之，脫脫不花具可汗名而已。」
這時整個蒙古高原勢力，幾乎都入於其手，於是乃東西侵掠。以下只說其對兀良哈三
衞及遼東的影響。

　　三衞當脫懽擊破阿魯台之時，卽乘勢依附瓦剌，並與之聯合向阿魯台餘衆及阿台
進攻，雙方交驩甚密。同時亦乘瓦剌勢力尚未十分鞏固之時，西上向山西、陝西邊境
活動。正統二年秋，寇大同、延安等處，獨石守備楊洪擊敗之。同年十一月、十二
月，三年正月，四年九月、十一月，屢向延安、綏德一帶進擾。(註二)正統四、五年
之交，復擾犯薊遼邊上，七年十月並糾合野人女眞大犯廣寧前屯，實錄：「本年十月
初五日，兀良哈達賊糾合野人女直共千餘人，自甑帽山入犯廣寧前屯等衞界，殺虜男
婦一百八十人。」(註三)九年春復掠虜邊卒，於是乃命成國公朱勇、恭順侯吳克忠出喜
峰口，與安伯徐亨出界嶺，都督馬亮出劉家口，都督陳懷出古北口，各將精兵萬人，
四路討之。(註四)三衞遭受重創，因之乃導瓦剌入寇。實錄正統九年七月庚午條：「近
得遼東總兵等官奏，兀良哈頭目俺出傳報，泰寧、朶顏頭目拙赤等部屢言被官軍搶殺
人畜，欲收拾人馬犯邊。又言也先見差頭目在三衞，索取以先漫散人口，其情俱未可

(註一)　明宣宗實錄卷一一三。
(註二)　明英宗實錄卷三二，正統二年七月丙辰條。卷三六，正統二年十一月已亥、辛丑條。卷三七，正統二
　　　　年十二月乙亥、辛巳條。卷三八，正統二年正月丁酉、庚戌條。卷五九，正統四年九月丁未條。卷六
　　　　一，正統四年十一月丁卯條。
(註三)　同上卷九七，正統七年十月癸丑條。
(註四)　明史卷三二八，朶顏三衞傳。

測。」八月甲戌條：「比使臣自瓦剌囘邊，備言也先爲人兇狡桀驁，信讒多疑，專行詭道。而兀良哈頭目拙赤等又在彼請兵，圖爲報復。」（註一）又九月丁亥條：「比得降虜言，北虜計議，待我使臣囘日，卽携其家屬于推塔出晃忽兒槐地面潛住，分兵兩路入寇。脫脫不花王率兀良哈東侵，也先率哈密知院西入。」（註二）

就在三衞勾引瓦剌擬共同內犯之同時，海西女眞因不堪三衞之侵擾壓迫，因與三衞發生戰爭，實錄正統九年九月壬寅條：「初肥河衞都指揮別里格奏，兀良哈拘殺其使人，朝廷許其報復，別格里遂同嘔罕河衞都督你哈答等率衆至格魯坤迭連地，與兀良哈頭目拙赤、安出等戰，大敗之。遣指揮咬失以狀開，上賜綵幣奬諭之。」（註三）

初，明廷對海西女眞聯合攻擊三衞，頗爲支持，所以九年冬與十年春海西女眞兩次聯合向三衞進攻。（註四）但十年秋海西復集兵辰州，準備撕殺之時，（註五）明廷恐引起更大騷亂，海西勢力過於强大之後而不易制，因而又採取調停態度。實錄正統十年十月庚申條：「勅諭福餘衞都指揮同知安出、都督指揮僉事歹都及大小管事頭目人等曰：今得爾等奏，女直頭目刺塔等引領人馬到爾地方，殺掠人畜家財，爾歹都率人馬追逐，奪囘人口，今欲復率部屬往彼報仇。然去年冬刺塔等奏，被爾處所屬殺掠其人馬財物，累請擒治。朝廷諭彼令挨尋原賊，依俗賠償講和。爾兀良哈與女直，皆朝廷開設衞分，乃彼此交構報復，論法俱不可容。特念爾等遠人無知，悉置不問。自今各宜謹守法度，毋作非爲，與隣境和睦，用圖永久。仍宜戒飭部屬，凡往來須遠離邊境，恐巡哨官軍一槩勦殺難辨，特諭知之。」同時並諭女眞各部，：「勅諭兀者衞都督刺塔等，肥河衞都督僉事別里格等，嘔罕河衞都督僉事你哈答及各衞野人女直衞分都指揮等官頭目曰：今得爾奏，去年被兀良哈達子刼掠爾女直人畜財物，近者爾往彼報復，得其達子人口，彼復追及爾等，將所得達子人口遣人來奏還，就遣人往彼，取原掠爾女直人口 ，遣人來奏。 近者福餘衞都指揮安出等亦奏，欲復率部屬來爾處報仇。朕以爾野人女直各衞與兀良哈達子各衞，皆朝廷開設，皆當以奉公守法爲心。乃

（註一）　明英宗實錄卷一一八、一二〇。
（註二）　同上卷一二一。
（註三）　同上。
（註四）　同上卷一二一，正統九年九月壬寅條。卷一二六，正統十年二月戊申、庚戌、乙卯條。
（註五）　同上卷一三二，正統十年九月甲申條。

互相報復，不知悔過，豈保長久之道。已遣勑切責安出等，不許擅動人馬，敢有近邊者，悉聽官軍勦殺。然彼譎詐反復，素性不常，爾等宜整飭人馬隄備。如彼遠遁境外，爾亦不必窮追。朕以爾女直衛分忠順朝廷，始終無間，特諭知之。」(註一)

　　三衛與海西之攻殺甫經安定，瓦剌又乘機向三衛侵犯，並向女眞族伸展勢力。正統十一年冬第一次向三衛進攻，泰寧衛掌衛事都督拙赤等被殺，(註二)三衛受創頗重。實錄正統十二年正月庚辰條，兵部尙書鄭埜等奏：「瓦剌虜酋也先，自其父脫懽時，合併阿魯台，部落益以强大。而西北一帶戎夷，被其驅脅，無不服從。惟兀良哈三衛不服，也先又親率人馬，分道掩殺。自此北漠東西萬里，無敢與之抗者。」(註三) 明史三衛傳言：「瓦剌復分道截殺，建州亦出兵攻之，三衛大困。」十二年夏，瓦剌復攻三衛，明史卷三二八三衛傳：「瓦剌賽刊王復擊殺朵顏乃兒不花，大掠以去。也先繼至，朵顏、泰寧皆不支，乞降。福餘獨走避腦溫江（嫩江），三衛益衰。畏瓦剌强，不敢背。」又實錄正統十二年九月己酉條：「勑提督遼東軍務右都御史王翱等曰：瓦剌朝貢使臣言，也先兵侵兀良哈，其泰寧、朵顏二衛已爲所脅，惟福餘人馬奔腦溫江，彼又欲待冰凍時追之，同往海西收捕女直。爾宜遙振軍聲，使虜聞風不敢近塞，斯爲全策。」(註四) 後明廷遣人招諭福餘衛至遼東境內散處居牧。(註五)

　　瓦剌之擊破三衛，使海西女眞各部，大爲驚恐。明廷亦感覺到未來可能發生情勢的嚴重。正統十一年十一月曾諭吉河衛女眞頭目，以防其受瓦剌誘惑爲亂，實錄：「勑諭吉河衛指揮速魯董哈男北赤納等曰：近得爾等奏言，聞迤北韃靼來搶各衛，爾野人女直欲收拾人馬隄備，具見爾等保守境土，忠敬朝廷之意。勑至，爾卽約束部屬，但有遠夷奸人到來蠱誘爾衆爲非者，卽拒絕捕治。或來侵爾境，卽併力勦殺，斯爲爾福。近觀兀良哈三衛，皆因其頭目與遠夷交通，致彼數數往來，察其動靜，今被

(註一)　明英宗實錄上卷一三四，正統十年十月庚申條。卷一三五，正統十年十一月己丑條。

(註二)　同上卷一四六，正統十一年十月乙巳、己未條。卷一五六，正統十二年七月庚戌條。卷一五四，正統十二年五月戊午條。卷一五七，正統十二年八月甲子條。

(註三)　同上卷一四九，正統十二年正月庚辰條。

(註四)　同上卷一五八。

(註五)　同上卷一六三，正統十三年二月乙丑條。卷一六五，正統十三年四月丙子條。卷一六七，正統十三年六月庚辰條。

劫掠人畜，實所自取。爾等宜深以爲鑑，庶不貽爾禍。」(註一) 十二年七月並諭女眞各部。實錄：「勅諭海西野人女直衞分都督剌塔、別勒格、寧哈答，都指揮末朶斡、長安保及建州三衞都督李滿住、凡察、董山並各衞都指揮等官大小頭目曰：今兀良哈來朝言，瓦剌復侵劫兀良哈部屬及爾地方。且瓦剌居迤北之地，兀良哈居迤南之地，本不相侵犯。近年瓦剌謀取兀良哈，以結親爲由，與其都督拙赤等交結。去歲爲彼劫掠，拙赤等先死，其餘敗亡，往事可鑒。今此虜又欲謀爾野人女直，爾宜戒飭所屬頭目人民，但有虜寇來蠱誘者，卽便擒拏送鎭守官，具奏處置。侵犯者卽併力剿殺，無失建立功名，忠報朝廷之意。」(註二)

　　瓦剌自擊潰三衞之後，亦確實在向女眞各部進行恍誘。女眞族曾受蒙古百餘年之統治，故頗想再將其置於自己控制之下，在塞外建立一個統一勢力。如果瓦剌這一個計劃實現，當然問題是非常嚴重的。正統十二年十月明廷曾勅提督遼東軍務右都御史王翺等云：「瓦剌也先以追捕仇人爲名，吞噬諸部，往者自北而西，又自西而東，今又東極海濱，以侵女直。女直自開國以來，役屬中國，一旦失之，是撤我遼海藩籬，唇亡齒寒，不可不慮。已勅女直衞分，俾知隄備。卿等亦宜嚴兵爲備，毋恃其不來，恃吾有以待之。毋恃其不攻，恃吾有所不可攻。不來不攻，尙須有恃。況其必來必攻者乎！卿等其愼之。」(註三) 而瓦剌向女眞各部積極進行恐嚇招誘工作，一時似頗爲成功。實錄正統十三年正月乙巳條：「勅諭建州等七十五衞所都督同知李滿住等及大小頭目人等曰：比聞北虜屢遣人來爾處恍誘，今若再來，爾等卽明白說稱，爾野人女直係朝廷開設衞分，世受節制，不敢擅爲。若彼生事，爾卽設法擒送遼東總兵等官，奏來處治。朝廷論功行賞，必不吝惜。敢有輕聽所誘，私通夷虜，引寇爲患，必調軍馬剿殺不宥。」(註四) 是年十一月，海西等衞繳進瓦剌所與各衞招誘文書，實錄：「勅諭兀者等衞都督等官剌塔、別里格等曰：近爾等進瓦剌與爾等文書，朕覽之，皆甘言誘語。且自古國家興廢，皆出天命。今虜乃以元成吉思薛禪可汗事誘爾。且元亡既百餘年，當其

(註一)　明英宗實錄上卷一四七，正統十一年十一月己卯條。

(註二)　同上卷一五六，正統十二年七月庚戌條。

(註三)　同上卷一五九，正統十二年十月辛酉條。

(註四)　同上卷一六二。

亡時，子孫奔竄草野，皆爲人所害，今其稱爲首領者，亦不過冒其名以脅部屬耳。其屬人尙皆不信服，況欲欺遠方之別類者乎！我祖宗受天明命，統御萬方，爾女直野人，皆自開國之初，設衞受官，頒給印信，管治人民。爾等世受國恩，聽朝廷節制，茲乃受虜文書，於理甚不當。況爾居東陲，虜居北地，相去甚遠，虜以文書遺爾，事必有因，論情固當究問。但念爾等素多忠謹，自以文書繳進，不隱其情，悉置不問。自今爾等宜嚴禁部屬，毋與虜往來。或虜侵犯爾境，爾等備禦不及，馳報遼東總兵等官，爲爾量度應援，務使爾等不致失所，爾等其敬愼之。」（註一）

　　雖然明廷極力解說撫慰，並提出安全保護，但接受瓦剌引誘而爲患者，仍有七十四衞之多，實錄正統十三年十二月癸丑條云：「上以泰寧等三衞並忽魯愛等七十四衞俱受瓦剌也先誑誘，屢爲邊患。遣勅七十二道分諭各衞管事都指揮等官及大小頭目人等，責其已往之失，勉其方來之忠。」（註二）

　　當時瓦剌的招誘活動並遠及黑龍江地方諸部，實錄正統十三年十二月乙丑條：「勅黑龍江野人頭目土忽兒、孔加兀察、亦巴谷、土巴撒兒、得令哈等曰：亦文山衞指揮滿禿言，爾等不聽也先恍誘，願出力報效，足見忠順朝廷之意，朕甚嘉之。……蓋瓦剌本北虜散部之人，妄稱元後，僞立名號，爾等切勿招引，自取禍患。」（註三）由上引史料，可知瓦剌在擊潰三衞後，爲遼東所帶來的騷動，及「土木之變」之前遼東的動盪情勢。

　　也先自得勢之後至正統十四年向明邊寇擾情形，非本文範圍，不擬敍述。這裏只說「土木之變」對遼東邊防的影響。正統十四年七月十一日，也先突遣兵分四路向明大舉入寇。實錄：「是日，虜寇分道刻期入寇，也先寇大同，至貓兒莊，右參將吳浩迎戰敗死。脫脫不花王寇遼東，阿剌知院寇宣府，圍赤城。又別遣人寇甘州，諸守將憑城拒守。報至，遂議親征。」（註四）遼東志卷五王翱傳：「十四年八月內，北虜大舉犯京師，部落數萬寇廣寧。時翱聚兵敎場，虜騎卒至，我軍遂潰。翱收散卒，堅壁固

（註一）　明英宗實錄卷一七二，正統十三年十一月庚寅條。

（註二）　同上卷一七三。

（註三）　同上。

（註四）　同上卷一八〇，正統十四年七月已丑條。

守，虜遂遁去。」實錄正統十四年九月乙酉條：「兵部言遼東提督軍務左都御史王翱、總兵官都督曹義、鎮守太監亦失哈等奏報達賊三萬餘人入境，攻破驛堡屯莊八十處，擄去官員旗軍男婦一萬三千二百八十餘口，馬六千餘匹，牛羊二萬餘隻，盔甲二千餘副。」(註一)

　　當時使遼東局勢，已整個陷入混亂狀態。于忠肅公奏議卷八兵部為關隘事疏內奏稱：「……審據高能等七員名，係遼東三萬等衛所鎮撫總旗舍人職役，內高係三萬衛千戶高宣弟，景泰元年九月間被賊搶去人數，其高能等俱係景泰元年十二月內蒙遼東總兵等官左都督曹義等差齎敕書往海西等衛撫諭都指揮等官加哈等，令其歸順朝廷，將搶去邊上人畜退出。本月二十日到都指揮弗剌出寨內，當有脫脫人馬到來，將弗剌出等捉去，問說朝廷使臣在此，弗剌（出）等不肯承認。脫脫將弗剌出等剥去衣服，用皮條綑縛，弗剌出方纔說出高能等在寨，至被拘去。將各人所齎敕書開看，就將各人交與皮鬼馬黑麻等收領，令在營內，說我如今替朝廷收捕野人女直，你每就眼看收了時，差人送你每去。脫脫領人馬自松花江起，直抵腦溫江，將兀者等衛一帶頭目寨子，都傳箭與他，着他投順。中間投順了的，着車輛裝去，不肯投順的殺了，亦有走了的，寨子俱放火燒訖。有考郎衛都指揮加哈成、討溫衛指揮婁得的女兒都與了脫脫兒子做媳婦。脫脫到白馬兒大泊子去處，將都督剌塔、伯勒奇，都指揮三角兀及野人頭目約三四百人盡數都殺了。脫脫身上得了俘腫病症，又害脚氣，乘馬不得，只坐車回還。留下五千人馬在木里火落等處餧馬，要去收捕建州等衛都督李滿住、董山等。……又說脫脫不花今次收了野人女直等處大小人口約有四五萬，內精壯約有二萬。」又同上兵部為軍務事奏議引王翱奏稱：「今該原差指揮王武等回還呈稱，四月十三日到完者名河等處，尋見李滿住、董山、卜花禿念文書，各人商議要來，至十五日，忽報脫脫不花人馬見在罕里名河等處下營，相離一日路程，各人俱自收拾家小藏躲。有李滿住又說差千戶高完帖、董山差親弟董陽等隨後趕來回話，至今未到。」(註二)

　　朝鮮實錄也有關于此事記載：文宗庚午年（景泰元年）十二月戊戌條：「通事金有禮回自遼東啓，臣前赴遼東，聽探聲息，王大人（王翱）曰：當今別無聲息，唯兵

　　(註一)　明英宗實錄卷一八三。

　　(註二)　見本文頁四六註二。

部侍郎趙燦（棨）實領賞賜到也先處，也先謂燦曰：海西等處野人女直與高麗後門諸種野人等橫逆不服，予將領軍七萬征討剿殺，朝廷勿爲驚惑，以動大軍。」又元年（景泰二年）正月壬戌條：「通事金辛在遼東馳啓，臣到遼東謁王大人曰：聞脫脫圍遼東，欲向朝鮮，又聞脫脫兵已向東，故殿下使臣聽探聲息而來。大人曰：脫脫兵三萬於臘月二十四日開到海西，執兀剌吹殺之，其部落降者不殺，不順者皆殺之。指揮剌塔以下一二百迯奔黑龍江松林等處，建州李滿住聞脫脫王殺掠海西人，奔竄山林，脫脫不窮追，還于海西。今海西、建州等處一空，未聞向朝鮮也。所謂向東者，是建州衞也。」(註一)

由於整個情勢混亂，因此女眞各部亦乘機起而搶掠。實錄景泰元年五月癸丑條：「勅朝鮮國王李珦曰：近得鎭守遼東總兵等官奏報，開原、瀋陽等處達賊入境，搶掠人畜，及攻圍撫順千戶所城池，審知各賊乃建州，海西野人女眞頭目李滿住、凡察、董山、剌塔，爲北虜追脅，領一萬五千餘來寇。」(註二) 又二年十月乙酉條：「建州等衞女直李滿住、董山等自正統十四年以來，乘間竊掠邊境，遼東爲之困敝。」(註三) 四年正月壬午條：「勅弗提等衞都督常安奴並大小題目人等，正統十四年，爾等誘引北虜，犯我遼東邊境，掠去人口。景泰元年，爾等又來開原等處犯邊，將山東一帶直抵遼陽等處男婦虜去。」(註四)

實錄所記尙多，當時女眞諸部，有的受瓦剌恐嚇煽誘，協同爲亂，有的卽乘機流動刼掠，數年始定。殊域周咨錄云：「正統十四年，北虜也先入寇，犯京師。脫脫不花王犯遼東，阿樂出犯陝西，各邊俱失利，而遼東被殺掠尤盛。故海西、建州夷人，所在皆起爲亂，遼東爲之弗靖者數年。兵部侍郎于謙上疏略曰：野人女直各種夷虜之人俱附遼東地方，近來相率投降者衆，朝廷許其自新，推以曠蕩之恩，宥其反側之罪，授以官職，嘉以賞勞。遼東總兵等官就於自在州並東寧等處城堡安插者，動以千數。此等之人，狼子野心，中難測度。卽令醜類犯邊，我軍失利，遂起奸謀，結連內

(註一) 文宗實錄卷五。
(註二) 明英宗實錄卷一九二。又卷一九三，景泰元年六月癸未條。卷二〇一，景泰二年二月丁亥條。
(註三) 同上卷二〇九。又卷二一四，景泰三年三月丁未條。卷二二四，景泰三年十二月辛卯條。
(註四) 同上卷二二五。

應，其貽後患慮，恐非關細故。……至景泰後，始克寧謐。而海西野人女直之有名者，率死於也先之亂，朝廷所賜璽書，盡爲也先所取，其子孫以無祖父授官璽書，不復承襲，歲遣使入貢，第名曰舍人。以後在道不得乘驛傳，錫宴不得預上席，賞賚視昔有薄，皆忿怨思亂。遼東人咸知之，而時未有以處之也。」(註一)海西由於遭受瓦剌嚴重打擊，而日漸衰微，建州女眞乃乘勢而起，天順間董山之驕橫難制，卽由於此。

（四）强酋興起各族內部的變化：

促成這一邊防政策崩潰動搖的另一因素，是强酋的興起，强弱兼併，維持平衡局面的破壞。各族羣由於所據自然環境的不同，生活憑藉條件不一，再加上對外接觸所受到的外部文化影響深淺的關係，因此逐漸造成了各族羣間發展的不平衡，及勢力强弱大小的差異。有的因處於優越有利的地位，進步較速，日漸壯大。如再逢有族中有狡黠强悍富有組織力的領袖人物出現，便很容易形成强酋支配一方的局面，原來各自雄長不相統屬的形勢便破壞了。不但附近的族羣受其指揮控制，而且常會挾衆抗命，鈔暴寇掠，或强求貢市，勒索恩賞。當然，這種情勢的出現，與當時邊防武力的强弱，是相並而起，有密切的關係的。在上節敍述蒙古高原情勢變化對遼東的影響時，已可以看出其中的起伏變化情形。當時明廷爲離散建州、海西受瓦剌的引誘煽惑，對各族多曲意籠絡，協同瓦剌犯邊叛亂者，皆遣使招之，厚遣撫慰。實錄：「建州、朵顏、野人女直、海西等衛，皆我迤東藩籬，赤斤蒙古、沙州等衛，則我迤西藩籬。昔太宗欲征瓦剌，必先遣使迤東迤西，厚加賞賚，以結其心。故我師之出，瓦剌遠遁。及正統已來，瓦剌漸强，東併諸夷，西結諸衛，以撤我之藩籬，所以屢爲邊患。今宜遣使厚賚金帛，撫慰迤東迤西諸衛，俾令去逆效順，革心向內，則也先必自生疑忌，然後選將益兵，據守邊地，則不爲其所窺矣。」(註二)當時遣使四出招撫之記載頗多，來歸者皆優於安處。(註三)然各族亦窺破明廷之此一弱點，及瓦剌對明廷所帶來的困

(註一)　卷二四，女直條。

(註二)　明英宗實錄卷二〇五，景泰二年六月戊辰條。

(註三)　此等記載甚多，故不細列擧。見英宗實錄卷一八六、一八七、一九八、二〇四、二〇五、二〇六、二〇七、二〇八、二〇九、二一一、二一二、二一三、二一四、二一五、二一六、二一七、二一八、二一九、二二〇、二二一、二二二、二二三、二二四、二二五。當時因來歸陞官者甚多，可見包含市恩情形。

擾。因之自此而後，不但要求增開邊市，而且入貢互市人數，越來越多，常數百而至。所以「土木之變」，不但是明代北疆國防從此邊警日急，困惑日增的開始；也是遼東女眞各族開始强弱相併，原來各統所屬平衡局面破壞的關鍵。所謂「離其黨而分之，護其羣而存之，別其種類以間之。」而不使之勢統於一的分化羈縻政策，已不能操之在我隨心運用了。

這種情勢的出現，如明廷對建州左衞董山(亦稱童倉)的問題，便是明顯的例子。董山的父親童猛哥帖木兒本爲建州左衞都指揮使，宣德八年十月住在朝鮮北部會寧附近的阿木河地方時，(註一)遭兀狄哈楊木答兀攻擊，童猛哥帖木兒與長子權豆俱被殺害，董山亦被俘，而由童猛哥帖木兒異父同母弟凡察收集殘部，領左衞事。當戰爭之時，衞印失落，凡察乃奏請頒給新印。後董山自敵中逃回，而所失衞印亦出現，入董山之手，於是發生一衞兩印現象。時部族中又有以董山爲左衞嫡系，主張應由董山襲掌衞事者，於是叔侄相爭，各不相下。正統三年，明廷命董山繳回舊印，叔侄協同署事，董山不肯奉命。正統五年，二人同由朝鮮逃回遼東，依李滿住（李顯忠子，建州衞都指揮僉事）住於蘇子河（蘇克素護河）上流地方後，爭執更烈，形成對立之勢。明廷又命凡察繳回新印，凡察亦抗命不從。正統六年，再申追繳新印前諭，仍不肯行。明廷無可如何，七年，乃分設右衞，命董山收掌舊印，掌左衞事。凡察給予新印，掌右衞事。俱陞爲都督同知，所屬頭目人民，各從所願，分別管領，至此，問題始告解決。(註二)

衞印之誰屬，因牽涉到此後子孫承襲，管轄族人權力，及朝貢互市之際所受接待禮數賞賜厚薄等權益問題，所以爭奪甚烈。而明廷處理此一問題，不但甚費周折，亦

(註一)　童猛哥帖木兒本爲三姓地方的女眞互酋之一，當元末明初東北地方陷於混亂狀，居住其北面的野人南侵作亂時，率族人南遷，入朝鮮北部鏡城、慶源一帶，後移住會寧附近的阿木河。永樂三年入朝於明，授建州衞都指揮使，與阿哈出同住鳳州地方（阿哈出於永樂元年首先來歸，成祖特建建州衞以安綏其衆，以阿哈出領衞事，見頁二十五）。永樂十四年，以與李顯忠（卽釋迦奴，阿哈出子）時起衝突，奏請分離設衞，明廷乃創建州左衞，使統其衆。永樂二十一年，以終不能同居一地，又感蒙古侵襲威脅，乃自鳳州遷回阿木河故地。其分離及遷徙情形，詳見園田一龜著明代建州女直史研究第二章：建州衞と同左衞の濫觴。

(註二)　園田一龜：明代建州女直史研究，第二章第二節建州左衞初期的變動。第四章第四節建州右衞的分設。

甚爲失策，輕率反覆，無異自墜威信，使頒布衞印政策所期求之控制作用，發生動搖，且啓日後豪强覬覦攘奪之心。董山自掌領右衞之後，遂以其雄桀之姿，用剛柔相濟，內外挾騙手段，雄長三衞，建州之勢，頓形强大。「土木之變」時，與諸衞協同叔掠，並乘機擴充勢力，後雖受撫，更爲驕塞。因而屢事勒索，得利則朝，失利則寇。天順二年，明廷特陞其爲右都督，並開市撫順，以撫慰之。而是時董山並私事朝鮮，受其正憲大夫中樞院使制，游離兩間，明廷詰責，乃佯爲謝罪。（註一）時董山頗爲囂張，每强行入貢通市，來則數百，或成千而至。宴賞勞費，供億浩繁，明廷不得己，乃加限制，天順八年，規定每衞止許百人，驗放入關，但事實上並不能認真執行，至者一如往昔。（註二）成化元年，董山入貢，除如例宴賞之外，並索給玉帶、蟒龍衣、金頂帽、銀器等物，然陽爲恭順，陰縱抄掠，且貢且寇。成化二年，大舉入犯，三年又入朝來貢，宴賞之際，桀驁無禮，座次漫罵。且各持佩刀，有一齊殺出，還匿妻子據險拒戰，及糾合海西、野人搶掠等語。於是朝臣多請誅之，並乘機與兵征剿。是時適虜酋毛里孩擁衆數萬東行，邊警甚急，明廷恐董山歸後與之結合，乃命遼東總兵官趙輔拘留董山於廣寧城中，諭令先遣家屬還告部落送回所掠人口，毋再犯邊，取山等至面前宣戒諭。言未畢，董山等卽逞兇肆罵，刺傷通事，在驛夷人聞之，亦起而亂刺，當場被官軍格殺者二十餘人。於是明廷乃命提督軍務左都御史李秉與總兵官趙輔統軍征剿，並命朝鮮出兵於後側夾擊，旋誅董山。（註三）

　　趙輔於戰後所作平夷賦謂「廼者守邊將吏，弗能制禦，以致猖狂莫遏。一歲間寇邊者九十七次，殺擄人民十餘萬，皇上震怒，乃興問皐之師。」（註四）可見當時寇掠情勢之嚴重。是役明軍直搗其巢寨，凡察不知所終，李滿住爲朝鮮軍隊所殺，部族傷亡甚衆。觀平夷賦所記戰事經過情形，似乎建州三衞已被澈底擊潰，幾至全部殄滅者，然事實上聲勢雖盛，戰果與此相差甚遠。觀是年十一月李秉於退師時請嚴修邊備，以防餘賊復來寇擾，實錄所記事定後各衞來貢情形，及成化四年糾合朶顏三衞入寇開原等

（註一）　見上頁註二所引第五章第三節建州衞と朝鮮の復交，第四節明廷、朝鮮、建州を彈壓。

（註二）　明憲宗實錄卷七，天順八年七月乙未條，十月乙巳條。卷一五，成化元年五月乙卯條。

（註三）　明憲宗實錄卷四二，成化三年五月癸巳條。卷四四，成化三年七年甲子、庚辰、癸巳等條。卷四五，成化三年八月庚子條。卷四七，成化三年十月甲寅、壬戌等條。東夷考略女直通考。

（註四）　全遼志卷六藝文下，趙輔平夷賦。

處，(註一)可知其中多誇張之辭。當時班師，乃以大雪塞途，酷寒裂膚，而非全勝收軍。成化五年，建州左衞都指揮佟那和箚等請以董山子脫羅襲父職，明廷許之，授都指揮同知。(註二)時建州三衞終以新創之後，且邊備防禦較嚴，故氣燄一時稍戢。然不久又復行抄掠，葉向高四夷考卷二女直考云：「明年(成化四年)，築撫順、清河、靉陽諸堡，邊備日嚴，夷稍稍創，而朝廷亦欲羈縻之勿絕，復以董山子脫羅爲指揮，滿住、凡察皆得襲，諸從叛者視先世遞貶一官，諸夷復貢。然往往以報董山讐爲辭，患苦塞上。」

　　造成各族羣間內部混亂，强酋得以乘機而起的另一原因，是勅書的爭奪。勅書的頒給情形，前已言之。此如同冊封誥命，子孫並得世襲。不但明廷以此承認其在本族中的身分地位，且可獲得朝貢互市之際的優待權利。因此各酋豪對之甚爲重視。但自「土木之變」以後，由於朶顏三衞及海西、建州等參與爲亂，各酋有的被殺，有的勅書喪失。(註三)加以內部彼此攻伐，遷徙流動，勅書所載，與本人當時所居地區，已多漸不一致，因此勅書已發生混亂。而入貢互市之時，必持有勅書，方得依勅頒賞。於是引起搶奪、洗改、借買、假冒等情事。明廷雖屢次加以糾正禁止，但邊防武力旣衰，威令不行，旣不能澈底整治，諸酋入貢互市之際，邊關稍加嚴察，則往往頓出不遜，聚兵要脅。邊吏爲避禍省事，不敢從嚴盤驗，遂含混放入，因是勅書之搶奪日烈。至武宗正德之時，其混亂情形，已不可究詰。於是大部勅書，皆入於少數强酋之手，用以外索諸夷，內要厚賞。明廷旣不能制，乃多遷就包容，希圖苟安。後且轉而利用强酋，威鎭諸夷。海西南關之與起，卽由於此。先是塔山衞酋速黑忒居松花江上，距開原城四百餘里，爲逈北諸部入貢必經之地，人馬强盛，諸部畏服。嘉靖十年，自稱有襲殺開原城外山賊猛克功，乞討蟒衣玉帶金帶大帽等物，明廷予之，且徧示當時入貢在京諸夷，於是聲名始顯。(註四)至其子王忠時，遂移居開原城邊外，以掌握參貂貢市之利，勢力日大，海西所有勅書，亦多入於其手，成支配一方之勢。馮瑗

<hr>

(註一)　明憲宗實錄卷四八，成化三年十一月丁卯條。卷五二，成化四年三月辛巳條。

(註二)　明憲宗實錄卷六九，成化五年七月乙巳條。

(註三)　葉向高：四夷考卷二女直考。

(註四)　明世宗實錄卷一二三，嘉靖十年三月甲辰條。

開原圖說卷下海西夷南關枝派圖云：「瑗按，嘉（靖）隆（慶）間王台叔王忠，兵力強盛，東夷自海西、建州一百八十二衛，二十所，五十六站，皆聽約束。忠又甚恭順，一時開遼東邊，無一夷敢犯居民者，皆忠之力也。忠蓋金完顏氏正派，夷呼完顏爲王，故其後世子孫以王爲姓。忠自嘉靖初始從混同江上建寨於靖安堡邊外七十里，地名亦赤哈答，以便貢市。亦赤哈答在開原東南，故開原呼爲南關也。……蓋海西等衛勑九百九十道，舊皆王忠所有，忠死無子，台以住分六百九十九道，台出，忠子婿，分三百道（台出，塔魯木衛都督，爲北關逞家奴、仰家奴之父。）」

又卷上靖安堡圖下邊塞條云：「高折枝曰：往夷長王忠初建寨於廣順關外，東夷諸種無不受其約束者，無論遠近各衛站，歲脩贄貢，惟忠爲政，卽野人女直僻在江上有來市易，靡不依忠爲居停主人。」

王忠死後，其姪王台又代之而起，萬曆武功錄卷十一歹商列傳：「故事，兩關皆海西遺種，國初收爲屬夷，給勑書凡九百九十道，南關凡六百九十九道，北關凡三百道，每一道驗馬一匹入貢。中間兩關互有強弱，故勑書亦因之多寡有異耳。初逞仰兵力強盛，以故北關勑書獨多。後王台盛，復大半歸南關，而北關纔得四之一耳。」又東夷考略云：「開厚孤懸，扼遼肩背，東建州，西恍惚太二夷，常謀窺中國，而台介東西二夷間，扞蔽令不得合，最忠順。因聽襲祖速里忒右都督，爲之長，東陲晏然，耕牧三十年，台有力焉。」

王台卽滿洲實錄所說卽哈達國萬汗，滿洲實錄卷一：「哈達國汗姓納喇，名萬，本呼倫族也，後因住哈達處，故名哈達，乃烏拉部徹徹木之子納齊卜祿第七代孫也。其祖克錫納都督被族人巴岱達爾漢所殺，萬遂迯住錫泊部綏哈城。其叔旺住外蘭，迯至哈達部爲部長。後哈達部叛，旺住外蘭被殺，其子博爾坤殺父仇人，請兄萬汗爲部長。萬於是遠者招徠，近者攻取，其勢愈盛，遂自稱哈達汗。彼時葉赫、烏拉、輝發及滿洲所屬渾河部盡皆服之。凡有詞訟，悉聽處分，賄賂公行，是非顛倒，反曲爲直，上旣貪婪，下亦效尤。凡差遣人役，侵漁諸部。但見鷹犬可意者，莫不索取，得之，卽於萬汗前譽之。稍不如意，卽於萬汗前毀之。萬汗不察民隱，惟聽譖言，民不堪命，往往叛投葉赫。並先附諸部盡叛，國勢漸弱。」

又如福餘衛的恍惚太，開原圖說卷下福餘衛夷恍惚太等二營枝派圖云：「自恍惚

太立寨混同江口，凡江東夷過江入市者，皆計貨稅之，間以兵渡江東掠，於是江東夷
皆畏而服之。自混同江以東，黑龍江以西，數千里內，數十種夷，每家歲納貂皮一
張，魚皮二張，以此稱富強，安心江上。」

　　這種情形事實上早已發生。起初是邊將爲圖苟安免事，以夷制夷，市恩放縱，聽
其兼併。後則轉爲國家政策，忽而抑此，忽而扶彼。曲意籠絡，賴以維繫。南關北關
之事，明廷周折其間，受盡勒索，終受其禍。蓋高低厚薄之間，既難平衡；夷心貪惏
無厭，一旦所求不遂，即反而相噬。而尤有要者，聽其兼併，支配一方，實無異爲諸
夷「勢統於一」開拓基礎，自伏禍根。一旦有野心勃勃狡桀人物出現，對農業文化及
草原文化之長短優劣都有瞭解，能取捨運用，因應時勢，大禍遂不可收拾。

　　遼東邊防的崩潰，除上述諸因素外，在其政策本身來說，即存在着難以經遠恃久
的弱點。明代自洪武四年經略遼東起，對此廣大富庶地區，始終視爲一個軍區，除建
立衞所等軍事設施外，並沒有建立如內地一般行政規制，而將有關行政事務，隸之於
山東布政使司之下。亦未曾移民實邊，積極開發，尚不如元代建立行中書省地方政
府組織。這樣便造成了在政教設施推行上的粗疏簡略，中央政府對邊地居民特殊生活
環境所發生的特殊問題，特殊需要，及心理意識上的缺乏眞正瞭解，更進西由此造成
邊民與中央政府情感上的隔閡疏遠，中原文化在邊境傳播上的阻抑，與影響拘束力的
薄弱，忠誠意識的減退。一旦危機來臨，當他們覺得中央政府對他們冷漠，認爲不能
給予確切保護時，便發生了所謂向背問題。例如萬曆後期遼事日急，遼人的大量迸入
敵方，及所謂「以遼人守遼土」，「撫遼」「援遼」「平遼」用辭上的爭議，遼東人
的反應，都可以看出當時人的心理意識，與彼此情感態度。而所謂衞所軍屯制度，其
本身亦不是一個可以經久制遠的辦法，只可以在某一特定時間的特定條件之下，行之
於一個相當時期。在歷史上固然可以看到軍屯辦法一時甚爲收效，但行之日久，軍不
成軍，民不成民，原來已有的條件發生轉變，沒有不日趨崩潰的。而且明代的衞所屯
田制度，對士氣戰力，更足以發生消磨減弱的影響。又通貢互市的羈縻策略，亦是遷
就維持消極辦法，只能在所有原來構成羈縻條件的保持不變情形下，可發生有效的控
馭。正統以後的貢市，常數百而至，各族每年至者不下數千人，已形成被勒索的沉重
負擔。而各族勢力，反因獲得經濟上的重大利益，由是日益壯大難制。又如遼東馬

市，初以市惠利結及國家需馬孔亟，而高價相市，後則以國家已建立育馬規制，軍馬充足，又感市馬負擔過重，於是收買漸少，乃許商民與之互市，而有私市發生。各族因不能得到前此厚價恩賞，及商民騙勒撥弄，遂常發生藉口寇掠行動，邊境由是更爲多事。

出自第三十七本上（一九六七年三月）

論明初北元君主世系

黃　彰　健

　　明中葉時史家記明初蒙古事，自需取材實錄。苟誤解實錄文義，或編纂謄錄時疏忽，卽可有誤。明史韃靼傳取材雖以實錄爲主，然亦參考明中葉以後史家所著。苟疏忽未據實錄訂正，則明中葉史家記述之誤，固可以爲明史所沿襲也。

　　如明鄭曉吾學篇皇明大政記卷一記：

　　洪武二十二年十一月，虜也速迭兒弒其主脫古思帖木兒而立坤帖木兒。

此謂脫古思帖木兒之遇弒在洪武二十二年。然吾學篇皇明北虜考則云：

　　洪武二十一年，藍玉充大將軍，出大寧，至慶州，敗虜主脫古斯帖木兒遁去，獲其子地保奴及后妃以歸。脫古思帖木兒者，卽愛猷識里達臘子也。地保奴有怨言，遣使致之琉球。脫古斯帖木兒爲其下也速迭兒所弒，部落潰散，大臣立坤帖木兒爲汗。

　　二十二年六月，上勅禮部曰：……近命永昌侯蓋玉等率師直度大漠，俘虜其衆。虜主脫古思帖木兒逃竄北歸，未達和林，爲也速迭兒所害。……

此又謂脫古思帖木兒之遇弒在洪武二十一年。同一人所著書，竟自相牴牾若此。余考北虜考所記，脫古思帖木兒於洪武二十一年爲也速迭兒所弒，此本太祖實錄洪武二十一年十月丙午條；其引太祖與禮部勅書，亦見實錄洪武二十二年六月卷，則北虜考所書不誤。大政記所書與北虜考牴觸，當純由編纂疏忽所致，非另有原始可信材料爲其依據也。

　　皇明大政記作於明嘉靖時。明天啓時沈國元所著皇明從信錄卷九則書：

　　洪武二十二年七月，虜也速迭兒弒其主脫古思帖木兒，而立坤帖木兒。

從信錄記脫古思帖木兒遇弒年月，與實錄牴牾。由文句觀之，沈書蓋鈔皇明大政記，特將二十二年十一月，誤錄作二十二年七月耳。

明史太祖本紀書：

　洪武二十二年，是年也速迭兒弒其主脫古思帖木兒而立坤帖木兒。

湯斌擬明史稿太祖本紀所記同，湯書蓋爲明史及明史稿所本。湯氏蓋見大政記與從信錄記脫古思帖木兒遇弒年月有異，不能定其是非正誤，遂乾脆省略月份，書作二十二年事。湯氏纂修明史太祖本紀，未以實錄糾正大政記與從信錄，此則湯氏之疏也。

　大政記、北虜考、與從信錄均言，脫古思帖木兒死後，坤帖木兒繼立爲可汗，此亦有故。太祖實錄於脫古思帖木兒遇弒後，卽未書繼立者名號。太宗實錄書：

　（建文）二年二月癸丑，諜報胡寇將侵邊，上遣書諭韃靼可汗坤帖木兒，並諭瓦刺王猛哥帖木兒，曉以禍福。

則坤帖木兒之始任可汗當在建文二年以前。建文二年去脫古思帖木兒之遇弒，不過十二三年，故鄭氏大政記及北虜考遂以爲脫古思帖木兒死後，係由坤帖木兒繼立爲可汗也。

　實錄記坤帖木兒事，凡二則。其一卽上引，另一則係：

　永樂六年三月辛酉，遣使賞書諭本雅失里曰：……夫元運旣訖，自順帝之後，傳愛猷識里達臘，至坤帖木兒，凡六輩相代。瞬息之間，且未聞一人遂善終者。

夫元順帝死後，太子愛猷識里達臘繼立；愛猷識里達臘死後，脫古思帖木兒繼立，大政記、北虜考與從信錄所記固與實錄無異也。今實錄此則謂，「自順帝之後，傳受猷識里達臘，至坤帖木兒，凡六輩相代」，則脫古思帖木兒死後，非由坤帖木兒繼立，其理明甚。鄭氏北虜考謂：

　（永樂）六年三月，書諭本雅失里曰：夫元運旣訖，自順帝後，傳愛猷識里達臘，至坤帖木兒，凡六代。瞬息間，未聞一人遂善終者。

鄭氏此處所記亦本實錄。鄭氏不知此條所書與其前此所記，「脫古思帖木兒遇弒，大臣立坤帖木兒爲可汗」，二者自相牴觸，此則鄭氏之疏也。

　鄭氏所記，牴牾顯然，故鄭氏以後之史家，卽有謂脫古思帖木兒死後，非由坤帖木兒繼立者。如王世貞北虜始末志書：

　洪武元年，大將軍徐達副將軍常遇春兵二十五萬北伐，逼京師，元主開門北

遁，至應昌。二年殂，國人謚曰惠宗，而高皇帝嘉其能達變推分，遣使祭而尊之曰順帝。皇太子愛猷識里達臘立。無何，李文忠擣應昌，破之，獲太子買的禮八剌，靑（？）其衆五萬人，宮女財寶圖籍不可勝計。元主以餘兵走和林……立凡十一年而殂。謚曰昭宗。次子益王脫古思帖木兒立。七年而丞相給（納）哈出以別部二十萬衆降於明；又二年，營捕魚兒海，大將軍藍玉以十五萬騎襲擊，大破之，降其衆十萬。益王走至也速迭兒遇害。五傳坤帖木兒，咸未幾而弒，不復知帝號矣。

茅元儀殘元世系考亦謂：

元順帝一傳爲愛猷識里達（剌）

二傳脫古里（思）帖木兒

愛猷識里達次（剌）子，爲藍玉所破，也速迭兒迭（衍）縊殺之。

三傳四傳不知名。

五傳坤帖木兒咸（汗）

三君俱短祚。

六傳鬼力赤，

去帝號，稱可汗。非元裔，衆不附。

王茅二氏卽均不言脫古思帖木兒死後，係由坤帖木兒繼位，與鄭氏所記異。惟其言「五傳坤帖木兒」，則仍本鄭氏之說。實錄謂：「自順帝之後，傳愛猷識里達臘，至坤帖木兒，凡六輩相代」，鄭氏潤色作，「自順帝後，傳愛猷識里達臘，至坤帖木兒，凡六代」，王茅二氏之謂「五傳至坤帖木兒」，蓋卽本諸此。

北虜始末志謂，「五傳坤帖木兒」，蓋指順帝至坤帖木兒凡五傳，然其言實不如茅元儀殘元世系考之淸晰。明史韃靼傳言：

敵自脫古思帖木兒後，部帥紛挐，五傳至坤帖木兒，咸被弒，不復知帝號。

此蓋據北虜始末志，而誤以爲脫古思帖木兒五傳乃至坤帖木兒矣。

明史韃靼傳言：

永樂六年春，帝卽以書諭本雅失里曰：自元運旣訖，順帝後，愛猷識里達臘至坤帖木兒，凡六傳。瞬息之間，未聞一人逐善終者。

脱古思帖木兒五傳至坤帖木兒，故明史韃靼傳謂「愛猷識里達臘至坤帖木兒，凡六
傳」。苟從其說，則順帝至坤帖木兒乃七傳；自順帝至坤帖木兒，併順帝及坤帖木兒
在內，凡八主。

　　明史韃靼傳所記，必如此解釋始不自相牴觸。然實錄謂，「自順帝之後，傳愛猷
識里達臘，至坤帖木兒，凡六輩相代」，自順帝至坤帖木兒，不得有八主，故作如此
解釋仍與史實不合。鄙意，明史此文言，「五傳至坤帖木兒」，其文係因襲王氏；其
言「順帝後，愛猷識里達臘至坤帖木兒，凡六傳」，則據實錄潤色。明史糅雜不同來
源之史料於一書，或不自知其所書五傳六傳之自相牴觸也。

　　實錄謂，「自順帝之後，傳愛猷識里達臘，至坤帖木兒，凡六輩相代」。凡六輩
相代，鄭氏北虜考潤色作「凡六代」，故王世貞茅元儀均釋爲順帝至坤帖木兒係五
傳。而明史則將「凡六輩相代」潤色作「凡六傳」，與王茅二氏異。鄭王茅三氏言自
順帝至坤帖木兒凡六代，順帝五傳至坤帖木兒，此牽涉鄭氏對太宗實錄另一處文義之
了解。實錄書：

　　永樂四年三月辛丑，遣指揮哈先，……賷書諭韃靼可汗鬼力赤曰：朕嗣天位，
　撫天下。體天心以爲治，惟欲萬方有生之衆，咸得其所。今海內海外，萬國之
　人，悉已臣順，安享太平。嘗遣使致書可汗，謂宜通好往來，共爲一家，而可
　汗不悟，拘我使臣，掠我邊境，自阻聲敎之外。夫天之所興，孰能違之；天之
　所廢，孰能舉之。昔者天命宋主天下，歷十餘世，天厭其德，命元世祖皇帝代
　之。元數世之後，天又厭之，命我太祖皇帝君主天下。此皆天命，豈人力之所
　能也。不然，元之後世，自愛猷識里達剌北徙以來，至今可汗，更七主矣。土
　地人民，曾有增益毫未者否？古稱順天者昌，逆天者亡。況爾之衆，甲冑不離
　身，弓刀不釋手，東遷西徙，老者不得終其年，少者不得安其居，今數十年矣。
　是皆何罪也哉？可汗聰明特達，宜敬天命，恤民窮，還前所遣使者，及掠去邊
　境之人，相與和好，且用寧息爾衆，同享太平之福，顧不偉哉？若果負倔強之
　性，天命人窮，有所不顧，必欲以兵，一較勝負，朕亦不得獨已。中國士馬精
　強，長驅迅掃之勢，恐非可汗所能支也。可汗其審度而行之。

鄭氏皇明北虜考亦曾節引成祖此書，謂「元之後世，自愛猷識里達剌北徙以來，至今

可汗(鬼力赤)，更七主」，然鄭氏吾學篇皇明四夷考卷下韃靼條乃謂，「自順帝至鬼力赤凡七世」。其改愛猷識里達剌爲順帝，並由順帝數起，蓋以元之北徙始於順帝，非始於愛猶識里達剌故耳。

由實錄觀之，鬼力赤蓋繼坤帖木兒爲可汗。前引太宗實錄已書建文二年二月癸丑上遣書諭韃靼可汗坤帖木兒；實錄書：

洪武三十五年八月丁丑，以卽位遣使齎詔諭和林瓦剌等處諸部酋長。

永樂元年二月巳未，遣使齎書往迤北諭韃靼可汗鬼力赤曰：……比聞北地推奉可汗正位，特差指揮朶兒只恍惚等，賫織金文綺四端，往致朕意。

成祖於建文四年六月卽位，改是年七月至十二月爲洪武三十五年，而以次年爲永樂元年。洪武三十五年八月丁丑，成祖遣使告和林酋長，不言告可汗坤帖木兒，則其時坤帖木兒當已死。實錄永樂元年二月巳未條書，比聞北地推奉(鬼力赤)可汗正位，則鬼力赤之卽位當在洪武三十五年冬，或其次年永樂元年正月。坤木帖兒死後，鬼力赤繼立，而實錄謂，自愛猷識里達剌至鬼力赤更七主，鄭氏旣釋爲自順帝至鬼力赤凡七主，故鄭氏遂將實錄「自順帝之後，傳愛猷識理達剌至坤帖木兒，凡六輩相代」，潤色爲「自順帝後，傳愛猷識里達臘，至坤帖木兒，凡六代」。自順帝至坤帖木兒，併順帝及坤帖木兒在內，凡六主。王世貞茅元儀二氏之言順帝五傳至坤帖木兒，其根據蓋在此。實錄書元順帝後、坤帖木兒以前爲元可汗者，有愛猷識理達剌，脫古思帖木兒。順帝一傳至愛猷識里達剌，二傳爲脫古思帖木兒，五傳乃至坤帖木兒；其三傳四傳可汗名號，實錄不書，此茅元儀之所以言「三傳四傳不知名」也。

鄭王茅三氏之言順帝五傳至坤帖木兒，其主要根據在鄭氏所言「自順帝至鬼力赤可汗，凡七主」。今由實錄原文觀之，實錄係作「自愛猷識里達剌北徙以來，至今可汗(鬼力赤)更七主」。成祖致鬼力赤可汗書，蓋勸鬼力赤可汗尊敬天命。成祖之意蓋謂，凡入主中國者卽受有天命，故元世祖之入主中國，係受有天命；而明太祖之代元主宰華夷，亦正受有天命也。元順帝主中國凡三十六年，其主中國自亦係天之所命，惟其後天厭其德，遂以明太祖代之耳。元可汗之未受天命爲中國主，係自愛猷識里達剌始。成祖原書謂，「自愛猷識理達剌北徙以來，土地人民有增益毫末者否」，此正言其未受天命。其指出愛猷識里達剌北徙，正言其居北，非中國之主，讀者不可以文

害意也。鄭氏將實錄所書，「自愛猷識理達臘北徙」，臆改爲順帝北徙，此則似是而非，與實錄原意牴觸矣。

實錄記，「自順帝之後，傳愛猷識里達臘，至坤帖木兒，凡六輩相代。瞬息之間，且未聞一人逐善終者」。日本和田清先生引實錄此文，於「輩」字處絕句，相代二字屬下讀，而中國學者斷句，由鄭氏北虜考及明史韃靼傳所潤色者觀之，均以「瞬息之間」單獨爲一句，係於代字處斷句。

「自順帝之後，傳愛猷識里達臘，至坤帖木兒，凡六輩相代」，苟於輩字處絕句，則可釋爲「自順帝至坤帖木兒，凡六世」，亦可釋爲「自順帝後，傳愛猷識里達剌，至坤帖木兒，所傳之人凡六輩」。苟作前一解釋，則與實錄所記「自愛猷識里達剌至今可汗（鬼力赤）凡七主」相牴觸。蓋據實錄此條，自順帝至鬼力赤，凡八世；故順帝至坤帖木兒係七世，不得釋爲凡六世也。

苟釋爲所傳之人凡六輩，則不如從中國學者於代字處斷句。實錄謂「凡六輩相代」，明史卽潤色作「凡六傳」也。

自順帝至坤帖木兒，凡六傳，併順帝及坤帖木兒在內，凡七主。然由實錄所記，僅知順帝一傳爲愛猷識里達剌，二傳爲脫古思帖木兒，六傳爲坤帖木兒，吾人當云「三傳四傳五傳不知名」，不得如茅元儀所言，僅「三傳四傳不知名」也。實錄既未書順帝三傳四傳五傳諸汗名號，則欲知其名號，當於蒙古史料中求之矣。

蒙古源流一書記有元順帝北徙以後可汗傳承世系。烏哈噶圖汗（卽元順帝）一傳爲阿裕錫哩達喇汗，（卽愛猷識里達臘），二傳爲特古斯特穆爾汗（卽脫古思帖木兒），三傳爲恩克卓里克圖汗，四傳爲額勒伯克汗，五傳爲琨特穆爾汗（卽坤帖木兒）。由順帝至坤帖木兒適僅五傳，與鄭曉所記相合，而與余上文據實錄釋爲六傳至坤帖木兒者不合。蒙文黃金史所記則與健所釋實錄合。

據札奇斯欽先生蒙文黃金史譯註，順帝之後，一傳爲必里格圖（Biligtu）可汗；必里格圖於狗兒年，亦卽洪武三年庚戌卽大位；於馬兒年（亦卽洪武十一年戊午）賓天；與明實錄所記愛猷識里達剌汗在位年代相合。必里格圖係愛猷識里達剌之蒙語尊號，其意謂「博聞強記」。必里格圖汗死於洪武十一年，兀思哈勒（Usqal）可汗卽於此年卽位，於龍兒年，亦卽洪武二十一年戊辰賓天。兀思哈勒卽實錄所記脫古斯帖木兒汗蒙

語尊號，其意謂謙恭和靄。兀思哈勒汗死於龍兒年，卓里克圖可汗卽於是年卽位，在位四年，於羊兒年亦卽洪武二十四年賓天，由恩克可汗繼位。恩克可汗在位四年，於狗兒年亦卽洪武二十七年甲戌賓天，由額勒伯克汗繼位。

蒙文黃金史謂，額勒伯克汗「在弒位坐了六年之後，於蛇兒年（辛巳，建文三年，公元一四〇）被弒」。今由洪武二十七年甲戌算至建文三年辛巳，係在位八年，與其言「坐汗位六年」不合。

蒙文黃金史謂，額勒伯克汗賓天，其年托歡可汗卽位，在位四年，馬兒年（建文四年壬午）賓天。今按前引明實錄，成祖於永樂元年二月己未致書鬼力赤可汗，謂「比聞北地推奉可汗正位」，則坤帖木兒汗之卒當在洪武三十五年亦卽建文四年（馬兒年壬午）。由卒年觀之，坤帖木兒當如 C. R. Bawden 氏所言，卽蒙文黃金史所記之托歡可汗。（註一）

明實錄建文二年二月癸巳條言，成祖遣使諭韃靼坤帖木兒汗，則在是時額勒伯克汗必已前卒。故蒙文黃金史謂，額勒伯克汗於蛇兒年亦卽建文三年被弒，此蛇兒年之蛇字必係誤字。故鄙意，蒙文黃金史謂，「額勒伯克汗在位六年於蛇兒年被弒」，此「六年」二字不誤，而「蛇兒年」當係「兔兒年」之誤。由洪武二十七年甲戌算至建文元年己卯，適爲六年。額勒伯克汗之遇弒當在是年。是年托歡可汗卽位，在位四年，於建文四年壬午賓天。必如此校正，蒙文黃金史一書始不至自相牴牾也。

蒙文黃金史謂，額勒伯克汗遇弒，由托歡可汗卽位；蒙古源流則言，額勒伯克汗死，其子琨特穆爾卽位。蒙古源流言，坤帖木兒歿於建文四年壬午，與蒙文黃金史所記托歡可汗馬兒年賓天者亦合，則托歡可汗確卽坤帖木兒。

托歡可汗旣係坤帖木兒。蒙文黃金史記脫古思帖木兒遇弒後，有卓里克圖可汗，恩克可汗，額勒伯克可汗相繼卽位，此三可汗之名正不見於明實錄。

蒙古源流一書記有淸順治朝事，其成書已在淸初。蒙文黃金史之成書，據比利時田淸波（A. Mostaert）神甫所考亦在一六四九年（順治六年）至一七三六（乾隆元年）之間。二書所記極多矛盾衝突。如蒙文黃金史謂，脫古思帖木兒逝世後，由卓里克圖可汗、

（註一） 參看 C. R. Bawden 著 "The Mongol Chronicle Altan Tobci" p. 157.

恩克可汗、額勒伯克可汗相繼即位，而此在蒙古源流則以卓里克圖可汗、恩克可汗爲一人。蒙文黃金史謂，卓里克圖可汗於羊兒年洪武二十四年遇弒，而此在蒙古源流則作洪武二十五年壬申事。托歡可汗之即位，據前考正蒙文黃金史，當在建文元年己卯，而此在蒙古源流，坤帖木兒汗之即位係在建文二年辛巳。二書所記既有岐異，其所根據史料之可信程度是否大過於明實錄，此則今之論史者，當愼重考慮，不可以其爲蒙文史料遂即信從之也。

實錄所記，源出當時官府檔案。成祖奉藩於燕，多歷年所，其於北方蒙古事，當知之甚眞，非道聽途說者比。前引實錄所載成祖諭鬼力赤可汗書，諭本雅失里書，均係正式外交文件；成祖授意臣下，起草書辭，亦不得輕率呈臆妄說。故鄙意，論明初蒙古事，仍當以實錄所記爲較可信據也。

蒙古源流成書甚晚。其記脫古思帖木兒汗死後，有恩克卓里克圖可汗及額勒伯克可汗相繼即位。其以恩克可汗卓里克圖可汗爲一人，此或由明中葉史家謂「三傳四傳不知名」之故。吾人苟信蒙古源流之說，則當修正實錄所記，謂愛猷識里達剌至鬼力赤，不得有七世。今由蒙文黃金史所記，則知實錄所記本極正確，不必予以修正矣。

實錄所記源出於檔案，其可信之程度本大於蒙古源流及蒙文黃金史。與其謂蒙文黃金史之紀載與實錄合，使健相信健對實錄之了解較鄭氏爲正確；無寧謂，實錄所記爲可信，故認順帝至坤帖木兒可汗世系，蒙文黃金史所記較蒙古源流爲可信也。近得見日本荻原淳平所著達延汗之研究(註一)，其考論達延汗事，即先據中土史料爲說，嗣始收蒙古源流與之相較，謂蒙古源流所記有誤解中土史籍處。健此文考論明初北元君主世系，謂蒙古源流以恩克可汗卓里克圖可汗爲一人，或係參據明中葉以後史家著作。荻原氏此論正可爲拙說作一旁證也。

蒙古源流謂，阿裕錫哩達喇汗戊寅年 (公元一三三八) 生，歲次辛亥，年三十四歲即位，在位八年，歲次戊午(一三七八)，年四十一歲歿；弟特古斯特穆爾汗壬午年(一三四二)生，歲次巳未，年三十八歲即位，在位十年，歲次戊辰 (一三八八)，年四十七歲歿。蒙古源流謂，脫古思帖木兒係愛猷識里達喇之弟。

(註一)　荻原先生此文載明代滿蒙史研究內，1963年出版。

由實錄所書觀之，則脫古思帖木兒乃愛猷識里達剌之子。實錄書：

洪武三年五月辛丑，左副將軍李文忠師趨應昌。……癸卯，……追至應昌，遂
圍其城，明日克之。獲元主嫡孫買的里八剌。……太子愛猷識里達臘與數十騎
遁去。

五年十二月壬寅，與元臣劉仲德朱彥德二生書曰：……至正之君，蒙塵而崩。
幼主初立，朝之大臣，無不叛去。獨二生竭力守獲之，誠可嘉尚。今特遣使者
諭君以數事，且令取其子買的里八剌歸。二生察之，毋教人絕父子之道。……
若能再三察朕之言，爾君之宗祀不絕，二生之家族亦可長保富貴。

七年九月丁丑，上謂廷臣曰。……崇禮侯買的里八剌南來，已五載，今已長
成。豈無父母鄉土之思，宜遣之還。……因致書與愛猷識里達臘曰：……昔君在
應昌，所遣幼子南來，朕待以殊禮，已經五年。今聞奧魯去全寧不遠，念君流離
沙漠，無寧歲，後嗣未有，故特遣咸禮等護其歸，庶不絕元之祀。君其審之。

十一年十二月詔諭故元丞相哈剌章、蠻子、驢兒、納哈出等曰：自有元多事，
卿等獨奮忠仗義，衛君深塞，歲月如流，倏然十有一年。今聞爾君因疾而崩，
在卿等可謂有始有終，良臣之名播矣。或聞欲立新君，其親王有三，卿等正在
猶豫之間。此三人皆元之嫡派，卿等若欲堅忠貞之意，毋抑尊而扶卑，理應自
長而至幼。無乃人倫正，天道順也歟？若有賢愚之別，禮難備拘，從賢則吉。
夫當流離之際，而為臣者，獨能竭力為之，不絕有元之祀，美聲盈人耳，豈不
難哉？苟或不然，尊卑賢愚，置之弗論，但以立君為名，而內自有專生殺之
威，則非人臣之道矣。況同類頡頏，彼此疑猜，當此之際，卿等富貴，若風中
之燭，命如草杪之霜，深可慮也。

永樂六年三月辛酉，遣使賫書諭本雅失里曰：……我皇祖太祖高皇帝，於元氏
子孫，存邮保全，尤所加厚。有來歸者，皆令北還。如遣妥古斯帖木兒還，後
為可汗，統率其衆，承其宗祀，此南北之人所共知也。

脫古斯帖木兒由太祖遣還，得為可汗，則其人當即買的里八剌。故鄭曉今言即謂，愛
猷識里達臘死，其子脫古思帖木兒繼立，「脫古思帖木兒即買的里八剌」也。

實錄未言脫古思帖木兒係愛猷識里達剌次子。茅元儀殘元世系考謂：

　　　　二傳脫古思帖木兒，愛猷識里達次子。

此當由愛猷識里達剌訛爲愛猷識里達剌，剌剌形近，又訛爲次耳。

　　　　王世貞北虜始末志謂，愛猷識里達臘立十一年而殂，謚曰昭宗，次子益王脫古思帖木兒立。此次子蓋謂其人爲愛猷識里達臘之次子。然由皇明從信錄所記觀之，則可使人誤解爲順帝之次子。皇明从信錄卷八第三十一頁記：

　　　　元順帝遁於沙漠，旣殂，國人謚曰惠宗，太子愛猷識里達臘立；十一年殂，謚曰昭宗，次子益王脫古思帖木兒立。

蒙古源流謂脫古斯帖木兒係順帝之子，愛猷識里達臘之弟，不知是否由於誤解中國史籍文義。如誤解中國史籍文義，則其書於脫古思帖木兒之生年亦可加以改易也。

　　　　明晚期史籍稱脫古思帖木兒爲益王，係愛猷識里達臘之次子，不知有何直接史料爲其根據。在未找得其確實根據前，健實不敢謂成祖所言有誤也。

　　　　沈曾植蒙古源流箋證謂，脫古思帖木兒係愛猷識里達臘之弟，當以蒙古源流所記爲正。此未免太尊信蒙古源流。元史卷一百七宗室世系表云：

　　　　順皇帝三子，長皇太子愛猷識理達臘；餘二子，早世。

此亦可證脫古思帖木兒非愛猷識里達剌之弟也。

　　　　明太祖集諭元丞相哈剌章蠻子驢兒納哈出等詔云：

　　　　或聞欲立新君，其親王者有三，卿等正在猶豫之間。朕觀三者，誠可再思。凡
　　　　此三人，皆元親孫嫡派，不過遙分伯叔而已。

由親孫二字觀之，脫古思帖木兒當非順帝之子，而係順帝之親孫。此三人「遙分伯叔」，蓋謂其有伯仲叔之別，非謂脫古斯帖木兒爲買的里八剌之叔也。

　　　　論明初北元君主世系，日本和田淸及中國札奇斯欽先生尊信蒙古源流之說，而黎東方師則尊信蒙文黃金史之所記(註一)。東方先生未說明理由，今謹據中土實錄所記，而考論之於此。

　　（註一）　見黎東方先生著，細說明朝 p. 194.

明代皇室中的洽和與對立

吳　緝　華

一、引　言
二、朱氏皇室封建規模
三、皇室中皇帝與宗藩的洽和
四、皇室中皇帝與宗藩的對立

一、引　　言

朱元璋卽皇帝位後，曾封朱氏皇室子孫於各地，而實行封建制度。在明代封建皇室的制度下，皇帝與宗藩也有過洽和與對立；這種皇室中的複雜關係，對明代的朝政、軍事、經濟等，確有極大影響。

我打算把有關宗藩問題，分開來研究。本文的論述，着重皇帝與宗藩的洽和與對立，在朝政及軍事上的影響。以後將陸續把宗藩的繁衍、祿米之盛以及對社會經濟的影響等，另撰文詳加論證。

二、朱氏皇室封建規模

這支從沛輾轉遷徙至濠州鍾離（註一）而定居淮河流域的朱家，由於朱元璋卽皇帝位（是爲明太祖），一躍而爲皇族。明太祖卽位後，也把朱氏家譜做過一番整理。他對先世並不加以誇張，只說先祖是『農業忠厚』，（註二）並且僅僅追封先祖到第四代。列

（註一）　天潢玉牒，見紀錄彙編，卷一二，涵芬樓影印明萬曆本，頁一前，云：太祖高皇帝先世江東句容朱家巷人；明史，卷一，太祖紀一，藝文影印殿本，頁五二，云：由沛徙句容，再徙泗州，仁祖又遷鍾離。

（註二）　清傅維鱗：明書，卷二二，表一，祖系故王表，畿輔叢書本，頁四後。

其四代先祖譜系表（註一）如下：

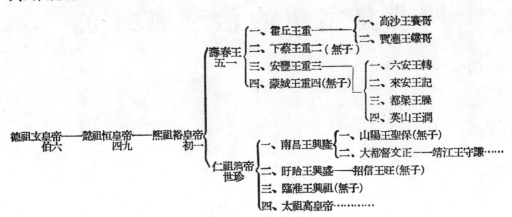

　　從這個譜系表來看，明太祖朱元璋之父朱世珍有四子。明太祖是第四子，明太祖這支子孫是綿延不斷傳下去的。表中另有明太祖的長兄南昌王之孫靖江王守謙，也於洪武三年（一三七〇）封爲親王，這支子孫也不斷的延續下去。其餘表中諸帝王，多爲明太祖即位後追封。

　　明太祖這封先世譜系雖簡略，但他對將來皇子皇孫的綿延，却定有一套封建制度。皇子除了嫡長子長孫繼承皇位爲原則外，其餘的子孫皆以封建制度封爲親王郡王等。明代第一次封建親王是在洪武三年（一三七〇），由明太祖第二子朱樉，到第十子朱檀，上述的靖江王守謙，也在這次封爲親王。這次封藩非常隆重，並且以封建諸王事，詔於安南、高麗等國（註二）；當封建諸王告太廟禮成後，在歡宴羣臣時，太祖說：『先王封建所以庇民，周行之而久遠，秦廢之而速亡……爲長久計，莫過於此。』（註三）他在封建諸王時，也下令用周朝的尺度製造諸王"冊寶"，（註四）由此可以看出明太祖做

（註一）　此表所列，參考明太祖實錄，卷二九，洪武元年正月乙亥，中研院影印本，第二册，頁四七九、四八三、四八四；明王世貞：弇山堂別集，卷三十一，帝系，明萬曆十八年（一五九〇），頁一前；明潘光祖：彙輯輿圖備考全書，卷二，皇明世系圖，明崇禎六年（一六三三）刊本，頁三八後；及明書，卷二二，祖系故實表，畿輔本，頁三、四。又盱眙王，別集、備考、明書皆從「日」作「盱眙王」。案盱眙屬鳳陽府，古項羽尊楚懷王爲義帝，都盱眙。如作「盱眙」，則無所取義，「盱眙」爲是。

（註二）　明朱國楨：皇明大事記，卷九，封建，見明史概，明崇禎間溽溪朱府刊本，頁一一後。

（註三）　明太祖實錄，卷五一，洪武三年四月己未朔，中研院影印本，第三册，頁〇九九一至〇九九九。

（註四）　明朝封建諸王的"冊寶"用金寶，依周尺，方五寸二分，厚一寸五分。用篆文，曰："某王之寶"。見明太祖實錄，卷五一，洪武三年四月己未朔，中研院影印本，第三册，頁〇九九一。

古制而行封建諸王的意義了。

　　同時在洪武三年（一三七〇）又設置大宗正院，掌皇九族，修玉牒，記錄宗室子女嫡庶名封，及生卒、婚嫁、謚葬等事。洪武二十二年（一三八九）又改大宗正院為宗人府，(註一)成為辦理朱氏皇族事務機關的定制。也是明淸兩代宗人府制度的由來。

　　封建王府也設官制。據皇明祖訓及明史職官志等略述如下。王府中有：長史司，左右長史各一人，正五品，屬官有典簿一人正九品。長史的職務掌王府的政令，輔相規諷以匡王的過失，並率王府諸僚各供其事，而總其庶務。所轄的審理所，審理正副各一人，正六品正七品，掌推按刑獄禁詰橫暴無干國紀。典膳所，典膳正副各一人，正八品從八品，掌祭祀，賓客王若妃之膳。奉祠所，奉祠正副各一人，正八品從八品，掌祭祀樂舞。典寶所，典寶正副各一人，正八品從八品，掌王寶符牌。紀善所，紀善二人，正八品，掌諷導禮法。良醫所，良醫正副各一人，正八品從八品，掌醫。典儀所，典儀正副各一人，正九品從九品，掌陳儀式。工正所，工正正副各一人，正八品從八品，掌繕造修葺宮邸廟舍。伴讀四人從九品，掌侍從起居，陳設經史。教授無定員從九品，掌以德義廸王校勘經籍。庫大使副使各一人，俱未入流。王府設有護衛指揮使司，本官並屬官隨軍多寡設置。凡王府中侍衛，指揮三員，千戶六員，百戶六員，正旗軍六百七十二名，守禦王城四門，又有守鎭兵，而選指揮掌之。如遇有國家險要之地有警急，則守鎭兵護衛兵，都由親王調遣，所以明初親王是擁有實際的兵權。由此可知，明代封建王府中的官制，聲勢頗為浩大。(註二)

　　明代封建皇室的爵位，除了皇帝的嫡長子長孫世襲皇位外，其他次嫡子並庶子，

（註一）　參閱大明會典，卷一，宗人府，明萬曆十五年(一五八七)刊本，頁一前後。關於大宗正院，案明太祖實錄，卷一九五，洪武二二年正月丙戌，中研院影印本，第七册，頁二九二五；大明會典，卷一，宗人府，頁一；皇明大事記，卷九，同上，頁一一後；明史稿志，卷五四，職官一，清敬愼堂本，頁二後，皆云大宗正院。則明太祖實錄，卷一九五，江蘇國學圖書館傳鈔影印本，頁二〇後；譚希思：明大政纂要，卷八，湖南思賢書局刊本，清光緒二十一年(一八九五)，頁二二後；明史，卷七二，職官志一，宗人府，藝文影印殿本，頁七四三，又作太宗正院。案黃本驥校：歷代職官志，卷一，三長物齋叢書，頁一前，宗人府條云：宋有大宗正院，金元皆有大宗正府。疑明初設大宗正院為是。

（註二）　參閱皇明祖訓，職制，明刊本，頁三三前至三五後；明太祖實錄，卷二四〇，洪武二八年八月戊子，中研院史語所影印本，第八册，頁三四九六、三四九七；明史，卷七五，職官四，藝文影印殿本，頁七九二。

皆封爲親王。(註一)親王嫡長子，年十歲卽可立爲王世子，世襲爲親王。親王的次嫡子
及庶子年十歲，都可封爲郡王。郡王嫡長子世封郡王，郡王次嫡子及庶子封爲鎮國將
軍，孫授輔國將軍，曾孫授奉國將軍，玄孫授鎮國中尉，五世孫授輔國中尉，六世孫
以下皆世授奉國中尉。(註二)皇帝的皇姑曰大長公主，皇姊妹曰長公主，皇女曰公主，
自公主以上俱授金册。親王女曰郡主，郡王女曰縣主，孫女曰郡君，曾孫女曰縣君，
玄孫女曰鄉君。自郡主以下俱授誥命。(註三)明代封建子孫，以輩行高下，地位也有不
同。今列皇帝之子女封建爵位圖表如下：

封　建　爵　位　表

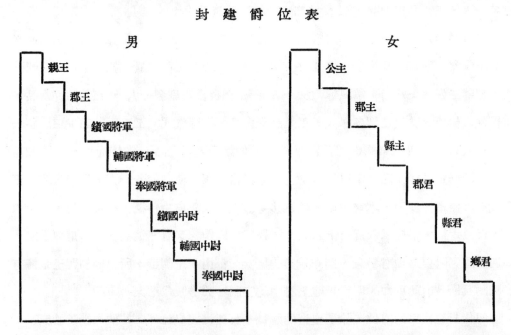

明代封建親王至奉國中尉；公主至鄉君，皆食祿。明代初定諸王歲祿是在洪武八

(註一)　每位親王位下各擬名二十字，爲宗系詩，每一世取一字以爲上字，其下一字臨時隨意選擇以爲雙名，
　　　　編入玉牒，至二十世後，照例續添，永爲定式。見皇明祖訓，禮儀，明刊本，頁十六前至二○後。

(註二)　明太祖實錄，卷二四○，洪武二八年八月戊子，詔更定皇太子親王等封爵册寶之制，中研院史語所影
　　　　印本，第八册，頁三四九六。指出親王嫡長子可立爲王世子世襲爲親王，並未述及郡王以下世襲之
　　　　事。案皇明祖訓，供用，明刊本，頁四三前，云：凡郡王嫡長子襲封郡王者，其歲賜比初封郡王減半
　　　　支給，而言及郡王嫡長子襲封。傅維鱗：明書，卷二三，同姓諸表一，畿輔叢書，六七册，頁三前，
　　　　云：親王嫡長子年十歲封世子，郡王次子鎮國將軍，次孫輔國將軍，次曾孫奉國將軍，次玄孫鎮國中
　　　　尉，次五世孫輔國中尉，次六世孫奉國中尉。明書似云將軍中尉皆可世襲，頗爲可疑。

(註三)　皇明祖訓，職訓，明刊本，頁三○後、三一前。

年（一三七五），親王歲祿五萬石，郡王六千石，及綿、繒、緞、絹、茶、鹽、布、粟等，歲賜有差，（註一）歲祿中則以祿米爲主要。明太祖又感到子孫衆多，歲祿過重是國家的大負擔，到洪武二十八年（一三九五）提出減祿以『資軍國之用』，於是當時的著名戶部尙書郁新，議更定宗室歲給祿米如下：

親王米一萬石	公主及駙馬米二千石
郡王米二千石	郡主及儀賓米八百石
鎮國將軍米一千石	縣主及儀賓米六百石
輔國將軍米八百石	郡君及儀賓米四百石
奉國將軍米六百石	縣君及儀賓米三百石
鎮國中尉米四百石	鄉君及儀賓米二百石
輔國中尉米三百石	
奉國中尉米二百石	

明代於洪武八年原定親王祿米爲五萬石，就洪武時封爲二十五位親王而言（見本文附表一：明代初封親王世系表），除靖江王守謙支祿較低外，若把二十四位親王以洪武二十八年更定親王祿米一萬石計算，每年可省祿米有九十六萬石。明代洪武二十八年更定祿米爲一萬石後，成爲明代封建宗室食祿的永久制度。（註二）明太祖在定祿至改祿的二十年中，卽感到宗室祿米供給是國家大的負擔，於是減祿以資軍國之用。但他沒有想到祿米數量更定後，仍是國家的大負擔；在明代二百餘年裏，因皇室子孫的繁衍，定爲永制的祿米供給，也成明代財政經濟上一個嚴重問題。這個不能解決的問題，給明代經濟困乏帶來一個重要因素，這是明太祖當時所未想到的問題。（關於宗藩子孫的繁衍，及祿米的增加，將另撰文詳論。）

今就明代初封的親王及公主，加以敍述。在明代二百七十餘年中，共有十六位皇帝，皇帝的子孫都在封建制度下延續下去。列明代初封親王世系表及明代初封公主

（註一） 明鄭曉：今言，卷一，第二十八，萬曆四二年（一六一四）刋，頁二一前；明大政纂要，卷八，頁十八後，皆云洪武八年初定親王祿米。明史，卷八二，食貨志六，俸餉，頁一一後，則云洪武九年定親王祿米。年代有異。

（註二） 皇明祖訓，供用，頁四一後至四二後；明太祖實錄，卷二四二，洪武二十八年閏九月庚寅，詔更定親王歲賜祿米，中研院史語所影印本，第八册，頁三五一七、三五一八。

世系表如後。(註一)由初封親王世系表中可知（見附表一），自明太祖以後，明代各朝皇帝所生的兒子，除了繼承皇位者外，其中有太祖的懿文太子，憲宗的悼恭太子，世宗的哀冲太子及莊敬太子，穆宗的憲懷太子，熹宗的懷冲太子，悼懷太子及獻懷太子，共八位太子，因早卒，而未做皇帝。又有惠帝的太子文奎，景帝的懷獻太子，思宗的太子慈烺，三位太子因皇位繼承的中斷，也未做皇帝。各朝中又有六位皇子早卒，未加封號。除去這些皇太子及皇子外，共八十二位有親王封號，再加上明太祖的從孫靖江王守謙，明代各朝初封的藩王共有八十三位。

由初封公主世系表來看（見附表二），自明太祖而下，一直到明思宗明亡，皇帝所生的女兒，共九十一位。其中有十二位早卒，封號無可考，餘下七十九位皆有封號。明太祖除了封建自己所生的女兒外，又封太祖兩位自己的姊妹爲長公主，另封蒙城王及南昌王兩位女兒爲公主。所以明代封建公主有封號而可考者，共八十三位。

明代初封這八十三位親王及八十三位公主，其中自然有無後及死亡者，看來人數不多。然而照明代封建宗室，皇室子孫代代傳下，有親王、郡王、鎮國將軍、輔國將軍、奉國將軍、鎮國中尉、輔國中尉、奉國中尉；皇室之女又有公主、郡主、縣主、郡君、縣君、鄉君等，不斷的綿延下去。並且在當時，娶妻妾沒有限制的社會中，再加上時代的延長，所以明代皇室子孫的生齒，極其繁盛。到明代後期，譬如萬曆三十二年（一六〇四）據徐文定公集的紀載，屬籍者十三萬，而見存者不下八萬人，(註二)可知其繁衍盛況了。

明代封建宗室，不居京師及畿輔之地，而各有封都。明代這八十三位有封號的親

(註一)　附親王世系表之編製，根據明史，卷一〇〇至一〇四，諸王世表一至五，卷一一六至一二〇，諸王列傳，藝文影印殿本，頁一〇八九至一一八〇；並參考今言，卷一，明萬曆刊本，頁八、九；馮應京：皇明經世實用編，卷二，乾集二，明萬曆刊本，頁三六前至三七後；章潢：圖書編，卷八〇，皇明同姓初封王表，明天啓三年（一六二三）刊本，頁十後至十二前後；彙輯輿圖備考全書，卷二，皇明世系圖，明崇禎六年（一六三三）刊，頁三八至三九。

　　　　公主世系，因各家記載多不錄，本表所製，根據明史稿，列傳卷七，敬慎堂本，頁一至十三；明史，卷一二一，公主傳，藝文影印殿本，頁一三九三至一四〇一；明書，卷二一，宮闈記二公主附，畿輔叢書本，頁二二至二五。

(註二)　明徐光啓：增訂徐文定公集，卷二，處置宗祿查核邊餉議，四百年誕辰紀念重刊本，臺北，民五十一年，頁五一。關於宗藩繁衍，將另撰文詳論。

王，其中也有親王封都未定卽早卒，(註一)將明代親王封都可考者，繪製明代親王封都地圖（註二）如後。（見本文附圖）

　　明代諸親王的封都，除了南北直隸不建封都之外，幾乎遍及全國各地。如山東、山西、河南、陝西、四川、湖廣、浙江、江西、廣東、廣西、雲南等十一個布政司，皆有親王的封都。於是這支由淮河流域的朱家變爲皇室後，隨着封建親王，其宗親繁衍遍及各地，也形成社會史中族系研究的豐富資料。

　　明代封建親王遠離南北兩京政治中心，(註三)似爲了避免皇帝與宗藩在政治上發生衝突；同時明太祖封建諸王有守鎭兵及護衛兵，遇有警急，親王可調遣將領(註四)以捍衛國家，因此諸王之封都，是遍及各地，甚至於在邊疆的國防線上，也有親王的封都。則明代財賦之地不建宗藩封都，譬如太祖第五子周定王朱橚初封爲吳王，請置護衛於杭州，而太祖曾云『錢塘財賦地，不可。』，(註五)改封爲周王，就藩開封。顯然

(註一)　參閱附表一：明代初封親王世系表，因早卒而尙未定封都者，如太祖第九子，第二六子；懿文太子第一子，而允炆繼皇位；成祖第四子；仁宗第四子；英宗第三子，第四子，第八子；憲宗第一子，第二子，第十子；孝宗第二子；興獻帝第一子；世宗第一子，第二子，第五子，第六子，第七子，第八子；穆宗第一子，第二子；神宗第二子，第四子，第八子；光宗第二子，第三子，第四子，第六子，第七子；思宗第一子，第三子，第四子，因京師陷，不知所終，二子，五子，六子，七子，皆早卒。

(註二)　封都地圖之繪製，根據圖書編，卷八〇，皇明同姓初封王表，明刊本，頁十後至十三後；明史稿，列傳三至六，諸王傳一至四，敬愼堂本，頁一至十七，及諸王世表一至五，頁三一。明史，卷一一六至一二〇，諸王傳一至五，藝文影印殿本，頁一三四〇至一三九二，及卷一〇〇至一〇四，諸王世表一至五，頁一〇八九至一一八〇。

(註三)　大明會典，卷五十六，禮部十四，王國禮二，之國，萬曆十五年（一五八七）司禮監刊本，頁一前，云：『祖制皇嫡正儲位，衆子封王爵……畿輔地不封，』

(註四)　皇明祖訓，兵衞，明刊本，頁三六後。

(註五)　明史，卷一一六，周王橚傳，藝文影印殿本，頁一三四四；明大政纂要，卷五，湖南思賢書局刊本，清光緒二一年(一八九五)，頁九前，云：『改封吳王橚爲周王，罷浙州護衞。以江浙財賦所從出，不以封。』大明會典，卷五六，禮部十四，王國禮二，之國，萬曆十五年(一五八七)，頁一前，云：『累朝以來，財賦地不封。』案明史，卷一一八，吳王允熥傳，藝文影印殿本，頁一三七〇，懿文太子之第三子吳王允熥於建文元年封國杭州，但未就藩，明成祖篡位後降爲廣澤王，居漳州，後廢爲庶人。明史，卷一一九，越王瞻墉傳，藝文影印殿本，頁一三七六，越靖王於永樂二二年(一四二四)亦封於浙江衢州，未就藩。此後封建親王，未有建王都於財賦之地者。

的，明代封建親王，給有數的藩祿，甚至後來賜有數的莊田。但限制宗藩盤踞財賦之地，以免宗藩能有控制國家經濟的力量。因此造成明代這樣的封都地理分佈形勢。

從明代皇室封建制度及封都來看，明太祖的封藩政策在政治及經濟兩方面，似不容宗藩有干預的機會。惟有在軍事上，給親王捍衛國家的責任。就在明太祖所定的這樣皇室封建制度下，後來朱氏皇室中，皇帝與宗藩也發生了洽和與對立的現象，而形成政治、軍事、經濟上的一些複雜問題。

三、皇室中皇帝與宗藩的洽和

明太祖洪武時代（一三六八——一三九八），在初定封建制度下，朱氏皇室中皇帝與諸親王之間，是浹洽合作的。親王以軍事捍衛國家，維護朝廷，却盡過力量。

明太祖封建諸親王於各地而負有軍事的使命，可從太祖最初於洪武三年（一三七〇）封建諸王告太廟後，宴羣臣時的一番言論中可看出，他對廷臣說：『昔者元失其馭，羣雄並起，四方鼎沸，民遭塗炭。朕躬率師徒以靖大難，皇天眷佑，海宇寧謐。然天下之大，必建藩屏，上衛國家，下安生民。今諸子既長，宜有爵封，分鎮諸國。』（註一）由此可知，明太祖初定封建制度的理想，以嫡長子在京師做皇帝處理朝政；封建諸子於各地負有軍事力量，上衛國家，下安生民，却有藩屏朝廷的使命。

我認爲也可看出，明太祖即位後，對功臣武將政策的轉變。當明太祖藉着淮河流域一羣英雄及一些功臣之助平定天下後，他感到國家能長治久安的下去，非靠他自己的子孫負起捍衛國家的責任不可，如此而比功臣武將的防守，更來得穩固，更可安心。這與後來明太祖對功臣宿將不能信任，恐怕影響朱氏的皇位，在洪武十三年（一三八〇）廢除丞相，丞相職權轉移於皇帝手中，後又藉胡惟庸及藍玉案，造成開國後屠殺功臣的慘劇，（註二）可前後相映。明太祖廢除丞相，集朝政大權於自己手中，並

（註一）　明太祖實錄，卷五一，洪武三年夏四月辛酉，中研院影印本，第三册，頁〇九九九。

（註二）　趙翼：廿二史劄記，卷三二，胡藍之獄，民國三六年(一九四七)，世界書局本，頁四六七，云：『漢高誅戮功臣，固屬殘忍，然其所必去者……獨至明祖，籍諸功臣以取天下，及天下既定，卽盡擧取天下之人而盡殺之，其殘忍實千古所未有。蓋雄猜好殺，本其天性。』並參閱拙作：明代四輔官考，見大陸雜誌，第十九卷，五期，民國四十八年九月十五日，頁八至十六。

親自處理朝政；在外又把出征鎮守的軍事力量，交到自己的子孫手中，這是明太祖想以朱氏皇室子孫自己統治國家的一套政策。在洪武時代，皇帝在京城處理朝政，外有諸王捍衛國家，却在實行明太祖自己認爲的一套理想政策。

明太祖要親王與皇帝合作，能負起捍衛國家的責任，確保國家安寧而長治久安的下去，這是不可否認的史實。因之明代史家鄭曉在同姓諸王傳序中云：『高皇帝驅胡出塞，復我中華，經始慮終防胡爲急。於是大啓宗封，錯布萬國。』(註一)鄭曉指出明太祖爲了『防胡爲急』，於是乃封建諸王。明史稿諸王傳序又云：『蓋由建都應天，去西北遼遠，非親子弟不足以鎮撫而捍外患。』。(註二)史稿也標榜明太祖封建親王，是爲了捍衛西北外患。我們認爲這些看法似乎偏重一方面，其實明太祖封建諸王爲了安排朱氏皇室子孫外；又使諸王負起捍衛國家的軍事任務，是全國性的。我們覺得鄭曉和史稿不應該把明太祖封建皇室，使親王負有軍事捍衛國家之政策的解釋，限於狹小的一方面。胡人居北方，北方的形勢較險要，而對北方的防衛時加注意是事實，並不能說明太祖封建諸王，就是爲了抵禦北方蒙古的侵入。又如皇明祖訓所說：『如本國是險要之地，遇有驚急，其守鎮兵，獲衛兵並從王調遣。』(註三)我認爲親王負起捍衛的責任，確是全國性的，並不限於防禦北方的胡人。

再從明太祖當時封建諸王之封都地理分佈來看，（見本文附圖：明代親王封都地圖）明太祖並沒有把所有的親王封都建立在北方國防邊緣上。據封都地理分佈分析：明太祖時共封了二十五位藩王。在北方，東起遼東，西至陝西。封第二子秦王於西安，第三子晉王於太原，第四子燕王於北平，第十三子代王於大同，第十四子肅王於甘州，第十五子遼王於廣寧，第十六子慶王於韋州，第十七子寧王於大寧，第十九子谷王於宣府，第二十子韓王於開原，第二十一子瀋王於瀋陽。沿整個北方遙遠的國防邊沿，雖封了十一個親王，實際上韓王未就藩而卒，(註四)瀋王亦未就藩，後改封潞

(註一)　陳仁錫：皇明世法錄，卷二七，明刋本，頁二四前後。

(註二)　明史稿，列傳三，諸王傳序，敬愼堂本，頁一前後。

(註三)　皇明祖訓，兵衛，明刋本，頁三六後。

(註四)　明史，卷一一八，諸王傳三，藝文影印殿本，頁一三六四，云：『韓憲王……洪武二十四年封國開原………永樂五年薨，以未之國，命葬安德門外。十年恭王冲𩩙嗣，時棄大寧三衞地，開原逼塞，不可居。二十二年改封平涼。』

州（註一）在洪武時代，就藩北方邊疆者，只有九位親王。這九位親王中，惟有秦王、晉王及燕王較爲年長，其他幾位的年齡較輕。同時明太祖除了封親王於北方邊疆以外，又封第五子周王於中原之地開封，第六子楚王於長江流域的武昌，第七子齊王於山東的青州，第八子潭王於湖廣的長沙，第十子魯王於山東的兗州，第十一子蜀王於四川的成都，第十二子湘王於湖廣的荊州，第十八子岷王於當時陝西的岷州，第二十二子安王於當時陝西的平涼，第二十三子唐王於河南的南陽，第二十四子郢王於湖廣的安陸，第二十五子伊屬王於河南的洛陽，從孫靖江王守謙於廣西的桂林。由此可知明太祖封建藩王的封都，幾乎遍及全國 。 如同他所說的：『 天下之大，必建藩屏，上衛國家，下安生民 』。他認爲封建諸親王能負起捍衛國家的責任，而皇帝的嫡長子長孫能繼續不斷在京師做皇帝；朱氏皇室子孫的洽和的合作，可永遠保障朱氏的皇位與皇權而統治國家了。

　　明太祖想要親王負起捍衛國家的責任，又因親王年齡長成是緩慢的，明初仍不斷利用武將出征保衛國家。然而太祖所定的皇室封建制度以親王『上衛國家，下安生民』的政策，則逐步在實現。

　　中原練兵：洪武九年（一三七六），明太祖曾下詔書命秦王、晉王、燕王、吳王（後改爲周王）、楚王、齊王等，練兵於鳳陽。（註二）鳳陽泗州一帶，是明太祖起兵之地，明太祖命這六位年齡較長的親王，練兵於此地，自然有其深遠的意義。在練兵之後，於洪武十年（一三七七）又以羽林等衛軍士，增加秦、晉、燕三府護衛。（註三）秦、

（註一）　明史，卷一一八，潘王橚傳，藝文影印殿本，頁一三六五；及明史稿，列傳四，潘簡王橚傳，敬慎堂
　　　　　本，頁十九前，皆云：『洪武二十四年封，永樂六年就藩潞州。』圖書編，卷八〇，皇明同姓初封王
　　　　　表，頁十一後，潞州作潞安。案明史，卷四一，地理志二，山西，頁四一九，云：『潞安府，元潞州
　　　　　……嘉靖八年二月升爲潞安府……永樂六年潘王府自潘陽遷此，』明史及史稿於永樂時稱潞州爲是。
（註二）　明太祖實錄，卷一一〇，洪武九年多十月丙子，中研院史語所影印本，第五冊，頁一八二三。
（註三）　明初親王皆有護衛，案明史，卷七六，職官志五，藝文影印殿本，頁八〇六，云：『王府護衛指揮使
　　　　　司，設官如京衛。』明太祖實錄，卷七一，洪武五年正月壬子，中研院史語所影印本，第三冊，頁一
　　　　　三一三，云：『置親王護衛指揮使司，每王府設三護衛， 衛設左右前後中五所，所千戶二人，百戶
　　　　　十人。又設圍子手二所，每所千戶一人。』明太祖於洪武十年，增加秦、晉、燕三府護衛，案明太祖
　　　　　實錄，卷一一一，洪武十年正月辛卯，第五冊，頁一八四一，云：『以羽林等衛軍士益秦、晉、燕
　　　　　三府護衛。秦府西安護衛舊軍一千四百五十一人， 益以羽林衛軍二千二百六十四人。晉府太原護衛

晉、燕、三王是太祖的二子、三子、四子，為諸王之長者，這是太祖逐漸培養子孫能
負起捍衛國家之事實例證。於洪武二十四年（一三九一），明太祖又命漢（後改封肅
王）、衞（後改封遼王）、谷、慶、寧、岷六王，各置護衛往臨清練兵。(註一)我認為臨
清位於山東的西北角上，在明代初年却居有軍事上的重要地位。如明代開國後，太祖
命徐達定中原，自臨清會師北伐元朝京師，而統一天下；又如後來燕王纂惠王帝位
時，大軍由北平出發，取得臨清乃謀南下。(註二)由前後史事來看，臨清是全國南北的
喉嗌。太祖命這六位親王練兵於此，當然使諸王能有領兵的經驗，及明瞭此地的險
要；同時明太祖命諸王練兵，也有鎮壓國內的軍事意義。

　親王南征：譬如早在洪武十八年（一三八五），西南邊疆上的思州諸洞蠻作亂，
明太祖命封於武昌的楚王朱楨統領宿將信國公湯和為征虜將軍，江夏侯周德興為副，
帥師征討。思州蠻聞親王率兵至，即竄匿山谷間。乃於諸洞分屯立栅與蠻民雜耕，使
其不復疑，時間久了，以計擒其首領，餘黨皆崩潰，而留兵鎮守。(註三)這是明代史上
一次著名的平定五開蠻戰役。於洪武二十年(一三八七)，又命楚王朱楨征三毛洞，克
其巢穴。(註四)於洪武三十年(一六〇二)又命楚王朱楨及湘王朱柏帥師征討古州洞蠻，
楚王藉此請餉三十萬，又不親蒞軍，被明太祖詰責說：『尊居王位，安享富貴，宮室

（接上頁)舊軍一千六百三十人，益以興武等衞軍二千二百五十一人。燕府燕山護衞舊軍一千三百六十四人，益
　　　以金吾左等衞軍二千二百六十二人。』此次增秦、晉、燕護衞軍皆至三千餘人。但明初諸王負有捍衞
　　　國家的軍事責任，護衞之人數，亦視需要而有增減。案明太祖實錄，卷八二，頁一四七七，云：『洪
　　　武六年五月……丙午……命長興侯耿炳文於西安、鳳翔、平涼、慶陽、延安、鞏昌、臨洮諸府舊軍內
　　　選一萬九千人，充秦王府護衞軍士。』故明史稿，列傳三，諸王傳序，敬愼堂刊本，頁一後，云：
　　　『護衞甲士，少者三千餘人，多者至萬九千人。』親王護衞人數不等。

(註一)　明太祖實錄，卷二〇八，洪武二四年三月戊戌，中研院史語所影印本，第七册，頁三一〇四，云：『命
　　　漢、衞、谷、慶、寧、岷六王往臨清訓練軍士，各置護衞。漢王甘州中護衞，衞王廣寧中護衞，谷王
　　　興州中護衞，慶王寧夏中護衞，寧王營州中護衞，岷王西河中護衞。』

(註二)　參閱拙作：明代臨清德州的地位及其漕倉的研究，大陸雜誌，第二十一卷，第一、第二期合刊，民國
　　　四十七年七月卅一日，頁四〇。

(註三)　明太祖實錄，卷一七二，洪武十八年四月丙辰，及卷一七六，洪武十八年十月，中研院史語所影印
　　　本，第六册，頁二六三四，及頁二六六八；明史，卷一一六，楚王楨傳，藝文影印殿本，頁一三四
　　　六、一三四七。

(註四)　天潢玉牒，紀錄彙編本，頁一〇前。

衣服輿馬之奉，皆民力所供，而不能爲民禦災捍患，則鬼神必怒，百姓必怨。』（註一）
明太祖始終本着親王要『上衞國家，下安生民』的原則，期望楚王親自負起捍衞國家
的責任。

　　親王西征：明太祖封第二子秦王朱樉於西安，如洪武二十八年（一三九五），太
祖命秦王征吐蕃，以平羌將軍寧正從秦王征洮州等處。（註二）秦王征吐蕃同還後，卽以
疾卒。明太祖在定秦王諡號爲愍王之時也曾說：『朕自卽位以來，列土分茅，封建諸
子，爾以年長者，首封於秦，期在永保祿位，藩屏帝室。夫何不良于德，竟殞厥身。』
（註三）明太祖在追念秦王時又說出封建諸子，做爲藩籬來捍衞國家以『藩屏帝室』的使
命。

　　明太祖於洪武二十八年（一三九五），命慶王朱㮵理慶陽、寧夏、延安、綏德諸
衞軍務，同時又命肅王朱楧就藩甘州（見附圖：明代親王封都地圖）。令肅王理陝西
行都司甘州五衞軍務。（註四）洪武二十九年（一三九六），肅王上疏給明太祖，曾遣甘肅
都指揮等，征西域的沙州，平定昔耳丁達寇（註五）。當明太祖死去的前一年，卽洪武三
十年（一三九七），太祖不斷的命肅王督軍屯糧，遇討伐以長興侯耿炳文從征。（註六）
太祖在洪武一朝中，仍深切盼望肅王能在西方負起征討西域以『藩屏帝室』的責任。

　　親王北征：蒙古人居塞外，太祖封於北方邊疆的諸王，亦預軍務，其中就藩較早
者，是封於山西太原的晉王朱棡（洪武十一年就藩），及封於元故都北平的燕王朱棣
（洪武十三年就藩），尤被太祖所期重。太祖曾命二王不斷率軍出塞及築城屯田，大將
軍如宋國公馮勝、潁國公傅友德皆受其節制，並命晉、燕二王軍中大事始奏聞。（註七）
寧王朱權也在洪武二十八年，就藩於喜峯口外的大寧；東連遼東，西接宣府，擁有帶

　　（註一）　明太祖實錄，卷二五三，洪武三十年五月乙卯，中研院史語所影印本，第八冊，頁三六四八；及明史
　　　　　　　卷一一六，楚王楨傳，藝文影印殿本，頁一三四七。
　　（註二）　天潢玉牒，紀錄本，卷一二，頁一〇前；明史，卷一一六，秦王樉傳，藝文影印殿本，頁一三四一。
　　（註三）　明太祖實錄，卷二三七，洪武二八年三月癸丑，中研院史語所影印本，第八冊，頁三四六二。
　　（註四）　明史，卷一一七，肅王楧傳，藝文影印殿本，頁一三五五。
　　（註五）　天潢玉牒，紀錄本，卷一二，頁一一前。
　　（註六）　明史，肅王楧傳，同上，頁一三五五。
　　（註七）　明史，卷一一六，晉王棡傳，藝文影印殿本，頁一三四二。

甲之軍兵八萬，革軍六千，所屬朶顏三衞騎兵皆曉勇善戰。(註一)在遼東，有遼王朱植
於洪武二十六年（一三九三）就藩於廣寧。明太祖在晚年洪武三十年（一三九七），特
示寧、遼諸王劃出北方軍事要地之地圖，由太祖勅諭(註二)中可知，自西北河套的東勝
以西寧夏河西蔡罕腦兒，東勝以東至大同、宣府、開平，又東南至大寧，又東至遼
東，又東至鴨綠江。又北去不止幾千里，而南至各衞分守地。又自鴈門關外，西抵黄
河，渡河至蔡罕腦兒。又東至紫荆關，又東至居庸關及古北口北，又東至山海衞外。
這一廣大地域，包括整個北方的邊疆，凡軍民屯種田地，不許牧放孳畜。其荒閒平地
及山場，諸王駙馬及極邊軍民，可以牧放樵採。諸王駙馬聽其東西往來自在營駐，因
以時練兵防蒙古人之侵入。由此可知北方這一廣大地域，都在戒備之中。

　　在北方，親王有多次的出征蒙古，略述幾次規模較大的史事如下：洪武二十三年
（一三九○），明太祖以故元丞相咬住、太尉乃兒不花、知院阿魯帖木兒等將爲邊患，
命晉王燕王率師往征，這是一次大規模的出征。太祖命潁國公傅友德爲征虜前將軍，
南雄侯趙庸爲左副將軍等，赴燕王的封都北平訓練軍馬，聽燕王節制。同時遣定遠侯
王弼往山西練兵，而聽晉王節制。在這場征討中齊王朱榑也帥護衞，及山東徐邳諸
軍北征。出征的結果咬住等降。(註三)洪武二十四年（一三九一），太祖命燕王督潁國
公傅友德出塞捕番將阿失里。(註四)於洪武二十六年（一三九三），太祖命令晉王統山
西、河南軍出塞，又命封於大同的代王率護衞兵出塞受晉王節制。太祖又諭燕王曰：
阿魯帖木兒、乃兒不花俱有異志，而命燕王練兵備邊。又命宋國公馮勝，潁國公傅友
德及山西北平其屬衞將校，悉聽晉王、燕王節制。太祖又令凡軍務大者，再向朝廷奏
聞。(註五)洪武三十年（一三九七）太祖又勅晉王、燕王備邊十事。(註六)一直到明太祖

(註一)　明史，卷一一七，寧王權傳，藝文影印殿本，頁一三五八。
(註二)　明太祖實錄，卷二四九，洪武三○年正月，中研院史語所影印本，第八册，頁三六一三、三六一四。
(註三)　明太祖實錄，卷一九九，洪武二三年春正月丁卯，中研院史語所影印本，第七册，頁二九八一一、二九
　　　　八二；明史，卷三，太祖紀三，藝文影印殿本，頁七二。
(註四)　明太祖實錄，卷二○八，洪武二四年四月癸未，中研院史語所影印本，第七册，頁三一○二；明陳祖
　　　　綬撰，皇明職方地圖，卷下，二祖清漠始末考，崇禎間刊本，頁七三後。
(註五)　明太祖實錄，卷二二五，洪武二六年二月丁丑，及卷二二六，洪武二六年三月乙卯，中研院史語所
　　　　印本，第八册，頁三二九五、頁三三○四至三三○五；明史，卷三，太祖紀三，藝文影印殿本，頁七四。
(註六)　明大政纂要，卷二，湖南思賢局刊本，頁二二後、二三前。

死去的前一個月，又遣親王備禦開平，（註一）以防衞蒙古人的侵入。

　　北方邊疆上的軍事行動是長期的，邊疆上的屯田，也是配合長期備邊的政策。親王不但出征盡了力量，而在築城屯田長久備邊的政策上，也盡了力量。如洪武二十八年，太祖命封於中原開封之地的周王朱橚，發河南都指揮使司屬衞馬步官軍三萬四千餘人，往塞北築城屯田。又遣晉王發山西都指揮使司屬衞馬步官軍二萬六千六百人，往塞北築城屯田。（註二）

　　所以在明太祖洪武一朝，皇帝與親王是洽和的，親王在軍事上不斷有所表現，而做到使親王負有以軍事捍衞國家的責任。明太祖在政治制度方面廢除丞相，而皇帝自己親自在京師中處理朝政，在軍事上又有親王負有捍衞國家的義務。明太祖這一套以朱氏皇室子孫自己統治國家的政策，當明代初年洪武時代，在明太祖的控制下，却也逐步實現而湊出功效。

四、皇室中皇帝與宗藩的對立

　　明太祖這套以皇帝的嫡長子長孫控制朝政，並以朱氏諸親王領導軍事以統治國家的想法，不限於洪武時代，他希望這一制度長久延續下去。但事實則不然，軍事力量，往往是奪取政權的武力。我們認爲正由於明太祖使封建諸王有『上衞國家，下安生民』的軍事力量，也給朱氏宗藩留下奪取皇位的軍事力量。這一潛伏性的力量，一旦機會來到，即可澎湃的起作用。

　　在明太祖的統治下，這一潛伏在親王手中奪取皇位的力量，尙不能沸騰奔放。明太祖不能長久做皇帝，明代皇位的繼承是以嫡長子長孫繼承爲原則，明太祖於洪武元年（一三六八），已立嫡長子朱標爲皇太子（卽懿文皇太子），是明太祖的繼承人。但歷史上許多演變有時是偶然發生的，太子朱標在洪武二十五年（一三九二）死去，太子的嫡長子朱允炆立爲皇太孫，又做爲明太祖皇位的繼承人。這些封於各地，擁有

（註一）　明太祖實錄，卷二五七，洪武三十一年五月戊午，中研院史語所影印本，第八册，頁三七-四；並參考明太祖實錄校勘記，中研院史語所刊本，第二册，頁八〇九至八一四。

（註二）　明太祖實錄，卷二三六，洪武二八年正月辛亥及甲寅，中研院史語所影印本，第八册，頁三四四五。

兵權叔父輩的諸親王，在皇太孫的眼裏，都是『尊屬』，(註一)而皇太孫感到是威脅。
所以皇太孫尚沒有卽位時，在東角門曾對伴讀的修撰黃子澄說：『諸王尊屬，擁重
兵，多不法，奈何？』(註二)由皇太孫提出這樣的問題來看，明代皇帝與諸藩王之間
已有了成見，可以說朱氏皇室中的傾軋，由明太祖所定的封建制度，已埋下種子了。

　　事情發生的快，就在洪武三十一（年一三九八），明太祖死去這年，皇太孫卽了
皇帝位，是惠帝建文時代，朱氏皇室中的傾軋立卽實現。惠帝和兵部尚書齊泰、翰林
學士黃子澄、文學博士方孝孺等人形成一個與諸藩王對立的集團，實行削藩政策。在
建文元年（一三九九），周、代、湘、齊、岷五王相繼被廢除，燕王舉兵，以『靖難』
口號，向京師進攻。這時藩王握有軍事力量威脅朝廷的暗流，已演成明代皇室中皇帝
與諸王間的血戰。經過四年的戰爭，燕王攻下南京，惠帝去位。(註三)燕王篡位爲成祖
皇帝，這是明代藩王對朝廷戰爭的一次勝利。

　　明太祖所定的皇室封建制度，由於封建親王擁有兵權，引起皇帝與親王的對立，
燕王攻陷京師而篡惠帝位。親王這次在軍事上的勝利，也造成明代朝政一次大轉變。
明代從太祖晚年休養生息的局面，轉變爲重新開拓的局面。永樂時向外的發展，明成
祖親自北征蒙古，南有鄭和的下西洋，以及內部建設和制度的形成等，奠定明代兩百
餘年來的政治局面，此非本題之範圍，在此不贅述。

　　就明初所定的皇室封建制度來說，也有改變。明成祖自己是一位被封建於北方防
守邊疆的親王而奪取皇位，當然他深切瞭解明太祖定有這套以親王擁有兵權的封建制
度，對朝廷而言，是有弊端，是有危機的。雖然明成祖對太祖定有的封建制度加以維

(註一)　明史，卷四，恭閔帝紀，藝文影印殿本，頁七八，云：『洪武二十五年九月立爲皇太孫，二十九年重
　　　　定諸王見東宮儀制。朝見後，於內殿行家人禮，以諸王皆尊屬也。』

(註二)　明史，卷一四一，黃子澄傳，藝文影印殿本，頁一五六三。

(註三)　明史，卷四，恭閔帝紀，藝文影印殿本，頁八一；明史稿，本紀卷四，敬愼堂本，頁八前，皆云：建
　　　　文四年六月燕王攻進南京，惠帝死於火中；並存逃亡之說。又明代述惠帝遜國之野乘極繁多；明史
　　　　稿，史例議下，敬愼堂本，頁二前至八後，駁出亡之說甚詳。近人有考證野乘演義不可信者甚衆，如
　　　　惠帝史事之傳說，見明靖難史事考證稿，國立中央研究院史語所專刊之二十五，民國三七年，頁二八
　　　　至四二等；及跋崇禎本遜國逸書殘本略，建文遜國傳說的演變，見國立中央研究院史語所集刊第一本
　　　　第一分，民國十七年，頁十九至二三。

持，恢復建文時代所革除諸親王的爵位。但是他對太祖封建親王的護衛軍却加以削
減，（註一）而消除親王在軍事上的力量。親王節制將帥出征的實權也消失了，親王擁有
兵力捍衛國家的制度改變了。明成祖改變了以親王持有軍事力量捍衛國家後，於是他
把明太祖封於北方邊疆諸王內移。卽位後移谷王由宣府到長沙；（註二）改寧王封都，由
大寧徙南昌。（註三）北邊除了谷王寧王外，尚有韓王、遼王及肅王。韓王因未就藩，而
於永樂五年（一四〇七）卒，又封其子於平涼。（註四）遼王於建文時卽徙荊州，肅王亦
於建文徙蘭州。（註五）這時與明太祖洪武的局面，以一部份藩王站在國防邊緣的防守政
策，不同了。（註六）

（註一）　明王瓊：雙溪雜記，叢書集成本，頁四，云；『國初天下諸王皆置護衛有兵權，至太宗靖難後，遂皆
罷，不許來朝。』我們認為靖難以後，護衛確逐漸削減，但親王之護衛並非『皆革罷』。案明太宗實
錄，卷二一，永樂元年六月壬子，中研院史語所影印本，第十冊，頁〇三七八，云：『代王桂有罪，
削其護衛止給校尉三十人隨從。』又明太宗實錄，卷四二，永樂四年四月甲申，第一一冊，頁〇七九
七，云：『勅蜀王椿於三護衛選馬步軍五千，雲南、貴州、四川都指揮使司選馬步軍七萬，俱隸西平
侯沐晟就雲南操練，聽征。』又明太宗實錄，卷七五，永樂六年正月丁巳，第一一冊，頁一〇二九，
云：『以岷王楩慢悔無禮，屢訓不悛，削其護衛官軍，悉調防邊。』又明太宗實錄，卷一二五，永樂
十年二月庚辰，第一二冊，頁一五七〇，云：『遼王植有罪，削其護衛及儀衛司。』又明史，卷一一
八，高煦傳，藝文影印殿本，頁一三七一云：『得天策衛為護衛』。於永樂十四年十一月因漢王高煦
有罪削二護衛，見明史卷七，成祖紀三，藝文影印殿本，頁九四。又明太宗實錄，卷二三七，永樂
十九年五月壬申，同上，第十四冊，頁二二七四，云：『周王橚奏納二護衛官軍，從之。』此為永樂
時削減親王護衛之例。但明代親王護衛並非於永樂時皆革除。如代王、桂王先已革除護衛，於永樂十
六年又復其護衛，見明太宗實錄，卷一九九，永樂十六年四月己酉，第十四冊，頁二〇七九。明代親
王護衛乃後來逐漸被削除，於萬曆時地方誌中，尚能見到親王存有護衛。如明徐學謨：湖廣總志，卷
九，藩封，萬曆十九年（一五九一）刊本，頁三後，云：『按諸藩建設不一，國初率設護衛，楚藩原設
三衛，永樂中，奏辭二衛，今為一。其後諸藩繼受封，不多置衛，各設郡牧所。』並參閱布目潮渢：
明朝の諸王政策とその影響，王府護衛，史學雜誌，第五五編，第四號，頁二七四至二九〇。

（註二）　明史，卷一一八，谷王橞傳，藝文影印殿本，頁一三六四。

（註三）　明史，卷一一七，寧王權傳，同上，頁一三五九。

（註四）　明史，卷一一八，韓王松傳，藝文影印殿本，頁一三六四。

（註五）　明史，卷一一七，遼王植傳，同上，頁一三五六；明史，卷一一七，肅王楧傳，同上，頁一三五五。

（註六）　明成祖卽位後，雖逐漸削去親王兵權，還遷明太祖時封於北方守邊兄弟親王。但成祖在永樂六年曾
使自己的兒子趙王高燧及諸將備邊備，見皇明大改記，卷九，在明史概中，明崇禎間刊本，頁二四
前。又於永樂八年，明成祖率大軍親征蒙古時，命趙王整理北京城池兵馬，見明太宗實錄，卷一〇

　　明成祖卽位後，削減親王軍力，把幾位親王內移。但他也感到國家的昇平就繫於
北方的安寧上，他把北方看得比太祖時更重要。他雖放棄宗藩持有兵權防衞國家的政
策，又放棄大寧三衞之地，廢興和，把開平衞內移；又因西北河套之東勝孤遠而內
移，(註一)但對北方軍事又有新的部署。在永樂元年（一四〇三）卽建北京於順天府，
這時北方邊疆上的防衞，而以北京爲軍事中心。從北京以北的宣府至山西，綠邊皆峻
垣深濠烽堠相接。並且在永樂元年（一四〇三）已將東勝左右二衞及燕山遵化通州薊
州等六十一衞及梁成與和常山三守禦千戶所，皆隸屬北京留守行後軍都督府。(註二)並
且把明太祖建立於南京的政治中心逐漸移於國防線上的北京。又濬通運河，江、淮的
財賦不斷由運河輸送到達北方，支持在北方的政治及軍事中心。(註三)並於永樂十九年
（一四二一）正式宣佈改北京爲京師。京師遷於國防邊緣的北京後，政治中心與軍事
中心卽合爲一體。這一新政策的形成，顯然的，明成祖是爲了皇帝親自領導鎮守北方
的安寧，(註四)這時的皇帝不但在政治中心的京師裏處理朝政，同時也挺身而出親自領
導抵禦外患而防衞國家。成祖卽位後曾親自率軍隊五次大規模深入漠北，出征蒙古，
就是實例。這與明太祖的政策，內有皇帝處理朝政，外有封建親王擁有兵力捍衞國家

（接上頁）一，永樂八年三月辛丑，中研院史語所影印本，第一二册，頁一三一四。明成祖不像明太祖多子有二
　　　　十六子。他只有四子，長子立爲皇太子爲繼承皇位，此外第四子早殤，二子漢王高煦，後來因罪而削
　　　　其護衞，所以三子趙王之參於軍事，在明成祖以皇帝自己挺身捍衞國家的政策下，乃輔佐成祖參於軍
　　　　事而已，並不是把軍權交到趙王的手裏。請見下文。
（註一）　明史，卷九一，兵志三、邊防，藝文影印殿本，頁九七七；拙作：明初東勝的設防與棄防，中研院史
　　　　語所集刊，第三十四本，臺北，民國五十二年，頁六四九至六六〇。
（註二）　明太宗實錄，卷一七，永樂元年，二月辛亥，中研院史語所影印本，頁〇三〇二，云：『以燕山左、燕
　　　　山右、燕山前、大興左、濟州、濟陽、眞定、遵化、通州、薊州、密雲中、密雲後、永平、山海、萬
　　　　全左、萬全右、宣府前、懷安、開平、開平中、興州左屯、興州右屯、興州中屯、興州前屯、興州後
　　　　屯、隆慶、東勝左、東勝右、鎮朔、涿鹿、定邊、玉林、雲川、高山、義勇左右中前後、神武左右中
　　　　前後、武成左右中前後，忠義左右中前後，武功中、盧龍、鎮虜、武清、撫寧、天津右、寧山，六十
　　　　一衞，梁成、興和、常山、三守禦千戶所，俱隸北京留守後軍都督府。』
（註三）　參見拙作：明代海運及運河的研究，第四章、明代繁盛時期運河的作用，第一節、明代定都北京與運
　　　　河的暢通，中究院史語所專刊之四十三，民國五〇年，頁八四至九一。
（註四）　參見拙作：明代海運及運河的研究，第三章、明代政治重心的北移與南北轉運的重建，第一節、明成
　　　　祖向北方的發展與南北轉運的建立，同上，頁三六至四八。

的局面，完全不同。雖然後來的子孫做皇帝不能像明成祖英勇臨陣禦敵，但明代兩百餘年的局面，却在明成祖所定的政治及軍事中心合一的地理環中發展下去，甚至於清代也繼承明代這一地理形式發展下來。

從明太祖定的以親王擁有兵權的封建制度，給皇室中留下傾軋的弊端。當惠帝爲皇太孫時與藩王對立的心理形成，惠帝卽位又演成皇帝與藩王間的血戰，明成祖雖以藩王的身份戰勝惠帝，卽皇帝位後，實際上，明成祖仍繼續走的皇帝與藩王對立路線。只是惠帝與藩王的對立，用積極的政策把藩王廢爲庶人，而消除其兵權，走的極端路線；明成祖則用消極政策，仍保留藩王的爵位，藩祿及恩禮如舊，只是削減藩王的護衞及兵權，遷藩王離開軍事險要之地，使其軍事力量消失，而除掉藩王奪取皇位的力量而已。明成祖這一政策，却在明代施行兩百餘年。但自明成祖對封建諸王削除軍事力量除掉捍衞國家的責任後，却影響到明代宗藩成爲一些坐食祿米的消費者了。

同時明成祖以後，在明代兩百餘年中，皇帝與宗藩對立的現象，以及皇帝對宗藩防犯的心理，沒有消除。經過一次親王向朝廷的進攻，而皇帝對藩王必更增加一層嚴禁。所以明代皇帝與宗藩對立的史事，逐漸加深。

自明成祖以親王身份篡位成功後，却增加親王奪取皇位的念頭。接着親王向朝廷進攻的事實，又一次的發生。明成祖於永樂二二年（一四二四）死於北征途中——榆木川，嫡長子朱高熾卽位是爲仁宗。仁宗卽位不到一年而卒，明成祖嫡長孫，仁宗嫡長子朱瞻基卽位，是爲宣宗。此時宣宗與明成祖所封的親王關係，與明太祖死後，皇太孫朱允炆繼承帝位的局面類似。明成祖共有四子，除長子朱高熾卽位爲仁宗以外，二子朱高煦封爲漢王，封都於山東樂安；三子朱高燧封爲趙王，封都河南彰德；四子朱高爔早卒。初卽位的宣宗視漢王及趙王皆爲叔王，而漢王高煦善騎射，見其父成祖篡位之事，也想以藩王身份奪取帝位。在仁宗時，已有奪取皇位的野心。到宣宗卽位後，於宣德元年（一四二六）卽起兵，結果宣宗誓師親征，漢王被擒，廢爲庶人。（註一）由於漢王的再次以封建藩王之叛，明代皇帝與宗藩站在對立的立場更加深。自此朱氏皇室中皇帝對宗藩的防範又增進一步。自正統末年，宦官王振專政，挾英宗親征

（註一） 參閱明史紀事本末，卷二七，高煦之叛，國學基本叢書，第〇五四册，民國四五年，臺灣初版，頁四一至四九；明史，卷一一八，高煦傳，藝文影印殿本，頁一三七一。

也先，英宗長子見深年幼，而以英宗之弟郕王朱祁鈺監國。這時明代發生一件慘痛的事，英宗親征被俘。明朝為應付這一緊急事件，擁郕王即皇帝位為景帝，這是明代藩王第二次登上皇位。待英宗返回明朝，景帝不肯讓位，又演成『奪門』事件，(註一)英宗復辟，是為天順時代，這位由藩王稱帝的景帝做了八年皇帝而去位。在天順時代，皇帝與藩王間的對立及防犯又加深。自天順以後，經過憲宗、孝宗，到武宗正德時代，又有宦官劉瑾專政，天下傷亂，正德五年（一五一○）慶王朱栴之曾孫安化王寘鐇而起兵，被朝廷都御史楊一清率軍討平，削慶府護衛。(註二)皇帝與宗藩的對立，雖然在防範下，但宗藩起兵向朝廷進攻的事實，也不斷的發生。正德十四年（一五一九）又有寧府的寧王宸濠起兵，被王陽明率兵討平。(註三)在明代惟有一位親王是未經流血的戰亂，被朝廷迎立為皇帝，而這支子孫繼續不斷的做了明朝皇帝，是明世宗。這是一個特殊機會，世宗是憲宗封於湖廣安陸的興王第四子朱祐杬之子（見附表一：明代初封親王世系表）。因為憲宗長子及次子早卒，由三子朱祐樘即位是孝宗，孝宗僅有長子武宗朱厚照及次子蔚悼王朱厚煒（殤），而武宗又沒有生兒子。當武宗卒後，皇位繼承也成了問題，無奈只有迎立孝宗之弟興王之子朱厚熜即位。所以在這種情況下，皇帝無子時，即是兄終弟繼。總之，明代朱氏皇室中皇帝與宗藩走上對立的階段後，時代越往後，對立的現象越嚴重，對宗藩之嚴禁也越加深。

　　入朝之禁：本來明代初年的封建制度，准許諸王入朝。明太祖特別在洪武六年（一三七三）定親王來朝制度。凡親王每次朝覲不許一時同至，必須一王來朝還國，無虞，信報，別王方許來朝。並且親王入朝其隨待文武官員馬步旗軍，不拘數目，(註四)於是在當時封建制度下，藩王入朝事實沒有間斷。雖然明太祖定親王朝覲，不許一時同至，但在洪武時也常有藩王同時來朝的事實。(註五)且各藩王間也有省親的往來。

(註一)　明史紀事本末，卷三五，南宮復辟，國學基本叢書本，頁一二八至一三五。

(註二)　明史紀事本末，卷四四，寘鐇之叛，同上，頁二一六至二一九。

(註三)　明史紀事本末，卷四七，宸濠之叛，同上，頁一七至三○。

(註四)　皇明祖訓，禮儀及兵衛，明刊本，頁一四後、三六前。

(註五)　明初藩王同時來朝史實甚多，今舉一例證明，案明太祖實錄，卷一九三，洪武二一年九月丙戌，中研院史語所影印本，第七冊，頁二九○三至二九○五，『秦王樉、晉王棡、今上（燕王）、周王橚、楚王楨、齊王榑、湘王柏、魯王檀、潭王梓來朝……壬辰，秦晉等九王還國，賜其從官將士鈔有差』。

（註一）到惠帝時代皇帝與親王的對立，當太祖卒時，在惠帝統治下發出的太祖遺詔，卽不准諸王至京師奔喪，（註二）於是在建文時代實行削藩政策，藩王入朝之事實自然廢止。燕王舉兵篡位後，因反惠帝的政策，對藩王的恩禮仍遵舊制，藩王入朝不絕。（註三）成祖卒，仁宗做了不到一年的皇帝而卒，宣宗卽位漢王朱高煦起兵被捕後，皇帝與宗藩的對立以及皇帝對宗藩的防犯却又增加，於是謝絕藩王到京師入朝。如宣德時代，太祖所封的叔祖輩的藩王，欲來入朝，皆被拒絕。（註四）到了英宗正統時代，藩王來朝之禁稍鬆馳，如襄王、荊王、淮王等曾有入朝。（註五）到正統十四年（一四四九）英宗征也先被俘虜，郕王朱祁鈺由監國而卽位爲皇帝位，又演成『奪門』事件，而英宗複辟後，於是皇帝對藩王防犯又加深。但在天順時英宗復辟後，曾有一次詔襄王朱瞻墡入朝。因爲石亨等誣于謙王文迎立外藩，後來英宗發覺是誤會，特此召襄王入朝，實在是慰嫌疑之心。並特命襄王出城遊獵，已非常例。（註六）此後親王不朝，由天順經過成化，中有四十餘年，到孝宗弘治八年（一四九五）周太后因年高，思念二子崇王朱見澤，想召見，爲禮部尚書倪岳抗疏力止。（註七）到武宗正德四年（一五〇九）曾嚴禁親郡王入朝，著爲令。（註八）此後到神宗萬曆時代，羣臣請福王就藩，福王朱常洵爲鄭貴妃子，想以祝李太后壽誕爲詞，留福王明年就藩，而李太后則云：『吾潞王亦可以壽節來乎？』鄭貴妃卽不敢留福王。由此可知，明代自洪武六年（一三七三）定宗藩入朝的制度，到正德四年（一五〇九）正式定宗藩入朝爲禁令，中間經過一百二

（註一）　明大政纂要，卷九，湖南思賢書局刊本，頁一六後、一七前。

（註二）　明史，卷三，太祖紀三，藝文影印殿本，頁七六。

（註三）　成祖於建文四年七月卽位之初，召楚王楨等諸藩王以次入朝，見皇明大政記，卷八，在明史槪中，明崇禎刊本，頁四前。其後永樂時藩王入朝者，不絕。

（註四）　野獲編，卷四，親王來朝，扶荔山房本，道光七年（一八二七）刊本，頁七後，八前；明宣宗實錄，卷九〇，宣德七年五月戊午朔，中研院史語所影印本，頁二〇五五。

（註五）　明英宗實錄，卷一〇二，正統八年三月乙丑，中研院史語所影印本，頁二〇五七。

（註六）　野獲編，卷四，親王來朝，扶荔山房本，道光七年（一八二七），刊本，頁八；明史，卷一一九，襄王瞻墡傳，藝文影印殿本，頁一三七七；廿二史劄記，卷三二，明分封宗藩之制，世界書局本，民三六年，頁四七一。

（註七）　野獲編，卷四，親王來朝，同上頁；廿二史劄記，明分封宗藩之制，同上頁。

（註八）　明武宗實錄，卷五八，正德四年十二日庚戌，中研院史語所影印本，第六十四册，頁一二九六。

十六年，在這期間的演變，自明代皇帝與宗藩走上對立地位後，宗藩入朝以及朱氏皇室與家人晤面的機會逐漸消失，時代越往後，宗藩入朝愈加嚴禁。同時親王彼此之間晤面亦有限制，如襄王朱瞻墡自長沙徙封襄陽過安陸，見其弟梁王朱瞻垍，流連不忍去，臨別痛哭謂：『此生不得復見矣』。(註一)所以明代到後來，皇帝的子孫，一旦封爵就藩，遠離京師，如同父母兄弟無見面機會而永別了。在明代家族觀念深的社會裏，不能不說是一種特殊現象。

出城郭之禁：皇帝對宗藩加以防犯，不但宗藩不能入朝，若離王府出城郭也有限制。譬如上文所述天順時代英宗爲了慰嫌之心，特別准襄王每歲秋冬之間，可出城遊賞三、五次。(註二)由此可知，親王已受出城之限制。出城掃墓也有限制，掃墓對先祖的祭祀，也是當時禮教社會中一件重要的大事。如慶王朱㮵在洪武二六年(一三九三)就藩韋州，建文三年（一四○一）徙寧夏，到景泰時代慶王府第六子安塞王朱秩炅，請至韋州祭掃祖墓而不允。(註三)成化時代趙府臨漳王朱晃㴃請至墓地祭掃，而得到皇帝詔書，許行一次，不爲例。(註四)到萬曆時代，河南巡按曾用升奏疏中有郡王出郭之當禁，及宗室出郭之當禁。(註五)宗藩出城郭之禁，並不是明初皇室封建制度所規定，後來因明代朱氏皇室中皇帝與宗藩對立傾軋後，對宗藩特加防犯，而產生的現象。

親王不能入朝，出城郭又有禁，當然親王率兵禦敵捍衛國家的事實，早已不存在。如後來英宗正統十四年（一四四九）『土木之役』，英宗被俘，京師危急，朝廷召四方兵禦敵時，由開原改徙陝西平涼的韓王府襄陵王朱冲烌（明太祖第二十子韓憲王朱松次子），欲赴京保衛京師，而被朝廷拒絕。到憲宗成化六年（一四七○）襄陵王朱冲烌又奏，蒙古人入寇河套，願率子孫及婿，從總兵官征勦，又遭到憲宗拒絕。

(註一)　廿二史劄記，卷三二，明分封宗藩之制，同上，頁七四一。
(註二)　明英宗實錄，卷三一四，天順四年四月壬申，中研院史語所影印本，第三七册，頁六五八一。
(註三)　明英宗實錄，卷二五六，景泰六年秋七月甲申，中研院史語所影印本，第三五册，頁五五一七，云：
　　　　『代府安塞王秩炅奏至韋州祭掃先父母墓……不允。』代府乃慶府之誤。案慶王朱㮵原封於韋州後徙寧夏，安塞王朱秩炅，乃慶王朱㮵之第六子，見明史，卷一○二，諸王世表三，藝文影印殿本，頁一一二八。安塞王朱秩炅爲慶府子孫無疑，實錄言代府，誤也。
(註四)　明孝宗實錄，卷五，成化二三年十一月乙未，中研院史語所影印本，頁○○九六。
(註五)　明神宗實錄，卷四七九，萬曆三九年正月丁巳，江蘇國學圖書館傳鈔影印本，第四三册，頁五。

(註一)由明代嚴防宗藩的時代下來看，即是襄陵王捍衞國家的奏請出於至誠，也不會實現的。甚至於明代最後一朝，崇禎九年（一六三六）滿淸兵入昌平抵寶坻，連下京師附近的州縣，京師戒嚴，又是緊急的時期。封於河南南陽唐府的唐王朱聿鍵『倡義勤王』，欲率兵保衞朝廷，向淸兵抵抗，而明思宗則下詔切責，勒令還安陽。事後下部議，廢唐王朱聿鍵爲庶人，幽於鳳陽；一直到明代崇禎十七年（一六四四），京師陷，南京兵部尙書史可法迎立神宗孫福王朱常洵之子朱由崧在南京卽位抗淸時，才釋唐王朱聿鍵出。(註二)由此可見朱氏皇室中皇帝與宗藩對立的情況，不下於敵人。

明太祖初定封建制度，准許宗藩子孫有文武才能堪任用者，朝廷加以考驗而授官(註三)然而明朝皇帝與藩王走上對立的階級後，朝廷對宗藩的防範逐步加深，到成化時代以後，明代宗藩子孫有文武才者，也不能任京職。到正德四年（一五〇九），府部大臣等議定，親王妃及宮人有子請封見存者，凡親兄弟所傳子孫與同籍族人，都不許任京官。(註四)因此在朱氏皇室中皇帝與宗藩對立下，朝廷對宗藩施以種種限制。首先奪取宗藩的兵權，使其失去捍衞國家的責任，又絕其仕宦之路，入朝出城皆有禁，宗藩又不習四業，(註五)惟有從國家稅糧中支給祿米，供養這些宗藩子孫，這是明代朱氏皇帝留給宗藩子孫惟一的生存道路。於是明代宗藩子孫身爲皇族，錮於一城，坐食祿米，早已成了社會上一羣特殊階級寄生的消費者。雖然到明代晚期，准許宗室入學考

(註一) 明史，卷一一八，韓王松傳，藝文影印殿本，頁一三六五；廿二史劄記，卷三二，明分封宗藩之制，同上，頁四七一。案憲宗拒襄陵王出兵詔書，見皇明世法錄，卷二七，訓宗，明刊本，頁四前後。

(註二) 明史，卷一一八，唐王桱傳，藝文影印殿版，頁三六七。案淸兵佔領京師後，南安伯鄭芝龍與禮部尙書黃道周等立唐王於福州，號爲隆武，抵抗滿淸。又有兵部尙書張國維及黃宗羲等人追隨太祖第十子魯王朱檀之後裔魯王朱以海監國於紹興。又有神宗孫，桂王朱常瀛之子，桂王朱由榔稱帝於肇慶，建元永曆。乃明代京師陷思宗皇帝死去，朱氏皇室中皇帝及宗藩對立下，殘餘宗藩爲了保衞朱氏皇位，及有民族意識之愛國忠臣及志士爲了挽救國家危急，造成南明抗淸一段慘痛之奮鬪史。

(註三) 皇明祖訓，職制，明刊本，頁三一，云：『凡郡王子孫有文武材能堪任用者，宗人府見以名聞，朝廷考驗，換授官職』。

(註四) 明武宗實錄，卷五六，正德四年冬十月甲辰，中研院史語所影印本，第六四冊，頁一二五六。又案皇甫庸：近峯記略云：『弘治十二年詔修問刑條例，吏書屠鏞與大理少卿王輅有隙，言輅係儀賓弟，不當居臺下，出爲參政。遂條爲例，至今邊之。』見五朝小說大觀，礪葉山房本，頁二前。

(註五) 野獲編，卷四，宗室通四民業，扶荔山房本，頁三八後。

科，但在亡國前政治制度紊亂時代下，也難以挽救宗藩的困窘了。

　　明代朱氏皇室中皇帝與宗藩對立下，在惟一食祿的生存道路上，宗藩子孫却極其繁衍，就以明太祖開國洪武元年（一三六八）到明世宗嘉靖四十五年（一五六六）來說（因此年史料較全），其間已有兩百年，經過這段長時間的綿延，在位的親王因無子及廢除者尚不足三十位，郡王則有二百四十餘位，將軍中尉有一萬二千餘位，郡縣主君一萬六千六百餘位，(註一)以此數來計算，嘉靖末年合計宗藩的人數已有二萬八千八百七十餘人。在這些宗藩中親王及郡王合計尚不到三百位，但宗藩傳下來的子孫却是兩萬餘位。宗藩子孫由親王到將軍中尉，以及郡縣主君，皆按封建制度爵位高下而供給祿米。（見上文第二節：朱氏皇室封建規模），親王及郡王人數不多，祿米之支給對國家的負擔並不大，但郡王以下繁盛的子孫，祿米的支給，却是國家的大負擔。

　　我們根據御史林潤在嘉靖四十一年（一五六二）的奏疏所述，當時應支給的宗藩祿米，已達八百五十三萬石(註二)，再和嘉靖四十一年明代全國稅糧米麥的總數做一比較研究，嘉靖四十一年稅糧米的總數是一千八百二十二萬四千七百七十四石，麥四百六十二萬五千八百二十一石，(註三)這年全國稅糧米麥合計二千二百八十五萬零五百九十五石。列宗藩祿米與全國稅糧米麥比較表如下。

嘉靖四十一年祿米與稅糧米麥比較表

稅　　糧	祿　　米	稅糧與祿米差額	祿米佔稅糧百分比
22,850,595石	8,530,000石	14,320,595石	37.33%

由此表可知宗藩祿米佔了全國稅糧米麥總數的百分之三七點三三(37.33%)，但是明代之全國稅糧米麥的用項，無論是朝廷之需要，宗藩祿米，百官俸祿，軍糧等等，都要從這些稅糧中支出。就宗藩祿米一項支出而言，已是明代財政經濟上的重大負擔。

(註一)　圖書編，卷八○，宗藩總論，明天啓三年（一六二三）刊本，頁三八前。關於明代宗藩繁衍的盛況將
　　　　另撰文詳論。

(註二)　明世宗實錄，卷五一四，嘉靖四一年十月乙亥，中研院史語所影印本，第九○冊，頁八四四八至八四
　　　　五○，云：於嘉靖四十一年，林潤言祿米已八百五十三萬石；案圖書編，卷八○，宗藩總論，明刊
　　　　本，頁三八云：嘉靖末年，歲支祿八百六十餘萬石。數量相近。

(註三)　明世宗實錄，卷五一六，嘉靖四十一年十二月，中研院史語所影印本，第九○冊，頁八四八二。

　　所以上文所引御史林潤的奏疏中又說：『今天下之事極蔽，而大可慮者，莫甚於宗藩』。這是宗藩繁衍及祿米供應帶來的嚴重問題。他的奏疏中舉出嘉靖時代各處王府祿米凡八百五十三萬石。並就山西存留米一百五十二萬石，而祿米三百一十二萬石；河南存留米八十四萬三千石，而祿米一百九十二萬石。就以山西及河南二省存留米爲例，全部供給宗藩祿米尙不足一半，況且地方官吏俸祿等都由存留米中支出，當然宗藩祿米不能如數支給。從御史林潤在嘉靖四十一年的奏疏時代到明代亡國尙有八十餘年，祿米支給隨着子孫的繁衍當然又增加。國家對宗藩祿米的供給，自然更加艱難。在明代皇室中皇帝與宗藩之對立下，宗藩受到種種限制，而宗藩子孫惟一生存的路是靠祿米。又因宗藩的繁衍，祿米不能支給，宗藩子孫的生存也成了問題。

　　親王郡王皆爲皇帝的愛子愛孫，封建就藩有厚祿，並且賜給莊田。到郡王子孫封建爲鎭國、輔國、奉國將軍，及鎭國、輔國、奉國中尉者，不能分此莊田(註一)，所以明代親王及郡王可享有厚祿的生活。但因祿米不能如數支給，宗藩不能自存者，多是將軍及中尉以下極其繁盛的子孫。(註二)

　　從嘉靖四十年(一五六一)代王府中的奉國將軍聰浸等向朝廷陳述，因祿米積欠，宗藩之困苦狀況，已慘不忍聞。他說：『臣等身繫封城，動作有禁，無產可濟，無人可依，數日之中，曾不一食，老幼嗷嗷，艱難萬狀。有年踰三十而不能婚配，有暴露十年而不得殯埋，有行乞市井，有傭作民間，有流移他鄉，有餓死於道路，名雖宗室，苦甚窮民。俯地仰天無門控訴，請下所司將積逋祿米共二十二季，清查催補，使父母妻子得沾一飽。』(註三) 這是由宗藩奉國將軍聰浸自己口中述敍的狀況。奉國將軍在封建宗藩中，上有親王、郡王、鎭國將軍、輔國將軍，下有鎭國中尉、輔國中尉、奉國中尉，奉國將軍聰浸所代表的封建宗藩是中等地位，其述敍困苦之狀況如此，若自奉國將軍以下的鎭國中尉、輔國中尉、奉國中尉等困苦之狀，自然不難想像。

(註一)　廿二史劄記，卷三二，明分封宗藩之制，世界書局本，頁四七二。
(註二)　明世宗實錄，卷五一四，嘉靖四一年十月乙亥，中研院史語所影印本，第八〇册，頁八四四九；圖書編，卷八〇，宗藩條例節略，明刊本，頁十五前。
(註三)　明世宗實錄，卷四九三，洪武四十年二月辛卯，中研院史語所影印本，第八九册，頁八一九一至八一九二。

　　宗藩的繁衍，時代愈往後愈加繁盛；而明朝的時代愈往後，在朝政腐敗以及內憂外患的戰亂下，財賦愈是大量的消耗，國家供給更加不足。當然宗藩祿米因供給不足愈加欠缺，宗藩子孫的生存更加困苦。所以到明代後期因宗藩繁衍，祿米不能供應，朝臣曾針對這一財政經濟上的嚴重問題，紛起而謀求解決辦法。這都是暫時的，因國家在晚年種種消耗殊增，財賦供應不足，並且時代愈後宗藩子孫愈繁盛，祿米之供應更加困難，這些基本的問題，是不能解決的。

　　由於明代皇室中皇帝與宗藩走上對立階段，皇帝爲了防止宗藩奪取皇位及皇權，朝廷用盡辦法，對宗藩加以種種限制；又造成宗藩在嚴禁的法網下，而無求生之路。這些封建於各地的朱氏宗室，坐食祿米寄生的消費者，不但本身過着悲慘窮困生活，也嚴重的影響到明代財政經濟的困窘；又因明代封建宗藩是遍及各地，大量祿米取自各地方，也形成社會經濟不能解決的大問題。(註一)所以由朱氏皇室中的傾軋帶給明代嚴重的影響，也成了明代衰亡重要原因之一。

（註一）　關於宗藩對於明代經濟上的影響，將另撰文詳加論證。

附 表 一 註

(註一)　洪武三年封齊王，十五年就藩青州，永樂四年八月廢爲庶人，封除。見明史，卷一一六，齊王榑傳，
　　　　藝文影印殿本，頁一三四八。

(註二)　洪武二年生，三年受封，四年薨，未就藩國。見明史，卷一一六，趙王杞傳，藝文影印殿本，頁一三
　　　　四九，表中親王下註有薨字，皆早卒，乃未就藩之親王。

(註三)　興宗（懿文太子）生五子，長子虞懷王雄英，洪武十五年八歲薨。二子允炆卽惠帝。三子吳王允熥，
　　　　建文元年封國杭州，未就藩，成祖卽位降爲廣澤王，廢爲庶人，錮鳳陽。四子衡王允熞，建文元年封，
　　　　成祖降爲懷恩王，錮鳳陽。五子徐王允熙，建文元年封，成祖降爲敷惠王，居懿文陵，永樂四年，邸
　　　　中大火暴死，見明史，卷一〇三，諸王世表四，藝文影印殿本，頁一一五〇；明史，卷一一八，興宗諸
　　　　子傳，頁一三七〇。案章潢：圖書編，卷八〇，皇明同姓初封王表，明天啓三年（一六二三）印本，頁
　　　　十一後。馮應京：皇明經世實用編，卷二，乾集二，萬曆刊本，頁三六前至三七後，皆有記載。又案
　　　　潘光祖：彙輯輿圖備考全書，卷二，皇明世系圖，及鄭曉：今言，不載興宗諸子。

(註四)　漢王高煦，成祖第二子，永樂二年封爲漢王。封國雲南，不就。永樂十五年又封樂安州。宣德元年遂
　　　　反，宣宗親征，擒漢王，廢爲庶人。見明史，卷一一八，高煦傳，藝文影印殿本，頁一三七〇、一三
　　　　七二。

(註五)　案明史稿，列傳卷五，清敬愼堂刊本，頁一後，成祖三子，長子仁宗，次子漢王高煦，三子趙簡王高
　　　　燧，未言有四子高爔。據彙輯輿圖備考全書卷二，皇明世系圖，明刊本，頁三九前；及明史，卷一〇
　　　　三，諸王世表四，藝文影印殿本，頁一一五一，亦未載高爔。又案明史，卷一一八，成祖諸子傳，同
　　　　上，頁一三七云：『成祖四子，仁宗，漢王高煦，趙王高燧，俱文皇后生，高爔未詳所生母』，成祖諸
　　　　子傳存高爔傳目錄，今於此表內亦錄高爔名。

(註六)　仁宗第三子越靖王瞻墉，第四子蘄獻王瞻垠，見明史，卷一一九，諸王列傳四，藝文影印殿本，頁一
　　　　三七六。案明史稿，列傳卷五，諸王表三，敬愼堂本，頁九後；彙輯輿圖備考全書，卷二，皇明世系
　　　　圖；鄭曉：今言，卷一，頁八後，皆云仁宗第三子蘄王瞻垠，越王瞻墉爲第四子，與明史所載長幼有
　　　　異，今註明於此。

(註七)　明史，卷一一九，德王見潾傳，藝文影印殿本，頁一三七九；明史稿，列傳卷五，德王見潾傳，敬愼
　　　　堂本，頁十五前；輿圖備考，卷二，皇明世系圖，頁四五前，皆云英宗九子：德王爲二子，三子爲皇
　　　　三子見溼，四子爲許悼王，而未言及榮王。按圖書編，卷八〇，頁十二後，云：英宗九子：榮王爲英
　　　　宗二子，許悼王爲三子，德莊王爲四子；而不言及皇三子。今言，卷一，頁八後，云：載英宗十子，
　　　　二子爲榮王，三子爲皇三子，四子爲許悼王，五子爲德莊王，述諸子長幼皆有異，榮王及皇三子皆
　　　　錄，較明史、明史稿、輿圖備考、圖書編所載九子，多出一子。

(註八)　明史，卷一一九，忻王見治傳，藝文影印殿本，頁一三八一；圖書編，皇明同姓初封王表；輿圖備
　　　　考，皇明世系圖，皆云忻王見治，又明史稿，列傳卷五，敬愼堂本，頁十八前，作近王見治。

(註九)　明史，卷一一九，憲宗諸子傳，藝文影印殿本，頁一三八三，云：憲宗十四子，皇一子薨，次子悼恭
　　　　太子祐極，三子爲孝宗。則明史稿，列傳卷六，悼恭太子祐極傳，敬愼堂本，頁五後，云：憲宗十四
　　　　子，悼恭太子祐極爲長子，孝宗爲次子，未言第三子，則載興獻皇帝祐杬，與明史有異。又案今言，

　　　卷一，頁八後；圖書編，皇明同姓初封王表；興圖備考，皇明世系圖，皆云憲宗十三子，未言有皇第
　　　一子殤，較明史及明史稿少一子。

（註一〇）　明史，卷一一九，憲宗諸子傳，藝文影印本、頁一三八二，云：邵太后生興獻帝祐杬，而無列傳。
　　　　　案明史稿，列傳卷六，興獻皇帝祐杬傳，敬愼堂影印本，頁五後，云：興獻帝爲憲宗第四子，成化
　　　　　二十三年封興王，建邸德安，後改安陸，正德十四年薨，諡曰獻王，故曰興獻王。武宗卒，無嗣，
　　　　　召興獻王世子厚熜入嗣，是爲世宗，進興獻王爲興獻帝，廟號睿宗。

（註一一）　明史，卷一一九，憲宗諸子傳，藝文影印本，頁一三八三；及明史稿，列傳六，敬愼堂本，頁八後，
　　　　　云：皇十子未名，殤。則今言，卷一，圖書編，皇明同姓初封王表；興圖備考，皇明世系圖，皆
　　　　　云：皇八子未名，長幼有異。

（註一二）　明史稿，列傳卷六，興獻皇帝祐杬傳，敬愼堂本，頁七前，云：獻帝長子厚熙生五日卒，世宗即位
　　　　　嘉靖四年贈岳王諡懷。案興圖備考，皇明世系圖；今言，卷一，頁九前；圖書編，皇明同姓初封王
　　　　　表，皆云：岳懷王爲興獻帝長子。而明史，諸王傳未載，今錄於此表中，以補明史之缺。

（註一三）　太子慈烺，思宗之長子。崇禎二年二月生，九月立爲皇太子，崇禎十七年李自成攻陷京師，被捕，
　　　　　封爲宋王，待滿清入關，京師陷，太子慈烺不知所終。見明史，卷一二〇，太子慈烺傳，藝文影印
　　　　　殿本，頁一三九一。

（註一四）　定王慈炯，思宗三子。崇禎四年生，十六年封爲定王，十七年京師陷，不知所終。見明史，卷一
　　　　　二〇，太子慈烺傳，藝文影印殿本，頁一三九一。

（註一五）　永王慈炤，思宗四子。崇禎十五年封，京師陷，不知所終。見明史，卷一二〇，永王慈炤傳，藝文
　　　　　影印殿本，頁一三九二。

附　表　二　註

(註一)　明史，卷一二一，汝寧公主傳，藝文影印殿本，頁一三九五，載汝寧公主下嫁陸賈，吉安侯仲亨之子。
　　　　案明史稿，列傳卷七，汝寧公主傳，敬愼堂本，頁四後；及明書，卷二一，宮闈紀二，公主附，畿輔
　　　　本，頁二三後，陸賈作陸賢。

(註二)　明史，卷一二一，含山公主傳，藝文影印殿本，頁一三九六，云：『含山公主，母高麗妃韓氏，洪武
　　　　二十七年（一三九四）下嫁尹淸。建文初淸掌後府都督事，先主卒，主至天順六年(一四六二)始薨，
　　　　年八十有二。』案含山公主傳列於十三公主後，十五、十六兩公主前，含山爲十四公主似無疑。則明
　　　　書，卷二一，宮闈紀二，公主附，畿輔本，頁二三前，不列含山公主名，僅載十三公主早薨，十四公
　　　　主早薨。明書記載，疑有誤訛。

(註三)　明史稿，列傳七，公主傳，敬愼堂本，頁七前後；及明書，卷二十一，宮闈紀二，公主附，畿輔本，
　　　　頁二十三前，載興宗二女，江都公主，次公主早薨。案明史，卷一二一，公主傳，藝文影印殿本，頁
　　　　一三九六，載興宗四女江都公主，宜倫郡主，三女無考，南平郡主未下嫁，永樂十年薨追册。史稿及
　　　　明史有異，暫據明史列表。

(註四)　明史，卷一二一，公主傳，藝文影印殿本，頁一三九七，云：成祖第五女，案明史稿，列傳七，敬愼
　　　　堂本，頁七後、八前後；及明書，卷二十一，宮闈紀二，公主附，畿輔本，頁二十三前，云：成祖七
　　　　女，謂淸河公主及眞定公主皆爲成祖女。明史則云：淸河、眞定二公主爲仁宗女，各有異。暫據明史
　　　　列表。

(註五)　明書，卷二十一，宮闈紀二，公主附，畿輔本，頁二十三後，載仁宗一女德安公主，早薨，諡悼間；
　　　　明史稿，列傳七，公主傳，敬愼堂本，頁九前，載仁宗三女，德安公主，慶都公主，嘉興公主。案明
　　　　史一二一，公主傳，藝文影印殿本，頁一三九七，載仁宗七女。較明史稿多出延平公主，及德慶公
　　　　主。同時明史稿及明書紀載成祖之女淸河公主及眞定公主，下嫁『某人』，未署名年月。明史則云：仁
　　　　宗女淸河公主，宣德四年（一四二九）下嫁李銘，八年(一四三三)薨，眞定公主母李賢妃，與淸河公
　　　　主同年下嫁王誼，景泰元年（一四五〇）薨。姑且據明史所載編入此表。

(註六)　明史，卷一二一，公主傳，藝文影印殿本，頁一三九八，載固安公主，英宗復辟降稱郡主；及明書，
　　　　卷二十一，宮闈紀二，公主附，畿輔本，頁二十三後，即稱固安郡主。明史稿，列傳七，公主傳，敬
　　　　愼堂本，頁九後，又稱同安公主。暫據明史。

(註七)　明史稿，列傳七，公主傳，敬愼堂本，頁九前；及明史，卷一二一，公主傳，藝文影印殿本，頁一三九
　　　　八，皆云重慶公主；明書，卷二十一，宮闈紀二，公主附，畿輔本，頁二十三，則云惠慶公主。明史
　　　　稿，同上頁，及明書同上頁，皆云下嫁周璟，又明史，同上頁，作周景。

(註八)　明史，同上，頁一三九九，載孝宗三女，太康公主爲長女。睿宗(卽興王，世宗之父)二女，長寧公主
　　　　及善化公主。案明史稿，同上卷，頁十後，載孝宗四女，長追封長寧公主，次追封善化公主，三永福
　　　　公主下嫁鄔景和，四永淳公主下嫁謝詔。又案明書，同上卷，頁二四前，所載與明史稿同。惟永福公
　　　　主作福長公主，下嫁鄔景和同；永淳公主作永安公主下嫁謝詔同。錄各家紀載異同於此，暫據明史列
　　　　表。

(註九)　明書，同上，頁二十四前，載世宗二女，長成平公主下嫁李和，次安泰公主下嫁許從誠。案明史稿，

　　　　同上，頁十一前後，載世宗四女，常安公主早薨，追封。思柔公主早薨，追封，寧安公主下嫁李和，嘉善公主下嫁許從誠。又案明史，同上，頁一三九九，載世宗五女，與明史稿略異，則明史載歸善公主嘉靖二十三年（一四五五）卒，而明史稿，同上，頁十前，載歸善公主爲憲宗第四女，早薨追封。明史載嘉善公主下嫁許從誠，明史稿作嘉喜公主下嫁許從誠，明書則云：安泰公主下嫁許從誠；明史稿及明史皆云寧安公主下嫁李和，明書則云成平公主下嫁李和，各有異，姑且據明史列表。

（註一〇）　明書，同上，頁二十四後，載穆宗六女，皆不錄封號，案明史稿，同上，頁十一後；及明史，同上，頁一三九九，皆云穆宗六女，所載皆同。惟明史云蓬萊公主、太和公主、壽陽公主、永寧公主，明史稿則云：壽陽公主、永寧公主、蓬萊公主、太和公主，長幼次序有別，姑且據明史列表。

（註一一）　明書，同上，頁二四後，載神宗二女，長榮昌公主下嫁楊春元，次公主下嫁冉興讓。案明史稿，同上，頁十二前；及明史同上，頁一四〇〇，皆云神宗十女。暫據史稿及明史列表。

（註一二）　明書，同上，頁二十四，載光宗三女，但云五寧德公主下嫁劉有福，六遂平公主下嫁齊贊元，八榮安公主下嫁鞏永固，悼懿公主早薨。案明史稿，同上，頁十二後；及明史同上，頁一四〇〇，皆云光宗九女（見表），而與明書所載，長幼次序有異；並且明書載悼懿公主早薨，明史稿及明史未述及此封號，似悼懿公主是明史及史稿載『餘五女皆早世』中之一。

（註一三）　明史稿，同上，頁十三前；明史，同上，頁一四〇〇，皆云熹宗二女，而不載封號。案明書，同上，頁二十四後，二十五前，載熹宗三女，長公主早薨，次三亦早薨。

（註一四）　明書，同上，頁二十五，懷宗六女，餘皆早薨，惟存六公主，至國變後始下嫁周某，尋卒。案明史稿，同上，頁十三前，莊烈帝六女，五皆早世，長平公主下嫁周顯。明史，同上，頁一四〇〇，載莊烈帝六女，坤儀公主，周皇后生，追諡。長平公主年十六，帝選周顯，清順治二年（一六四五）始下嫁周顯。餘三女亦皆早卒，無可考。

附表一：明代初封親王世系表

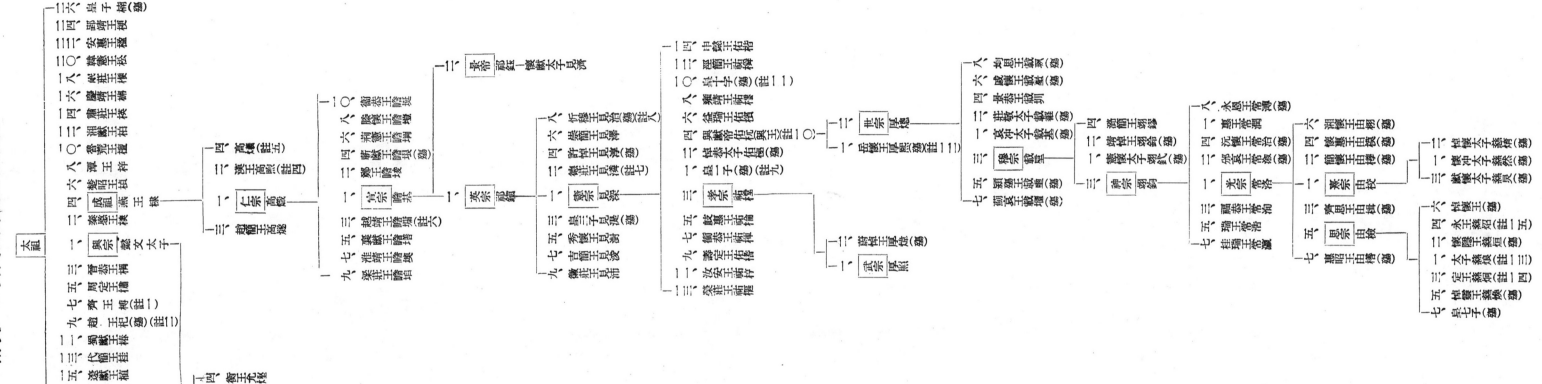

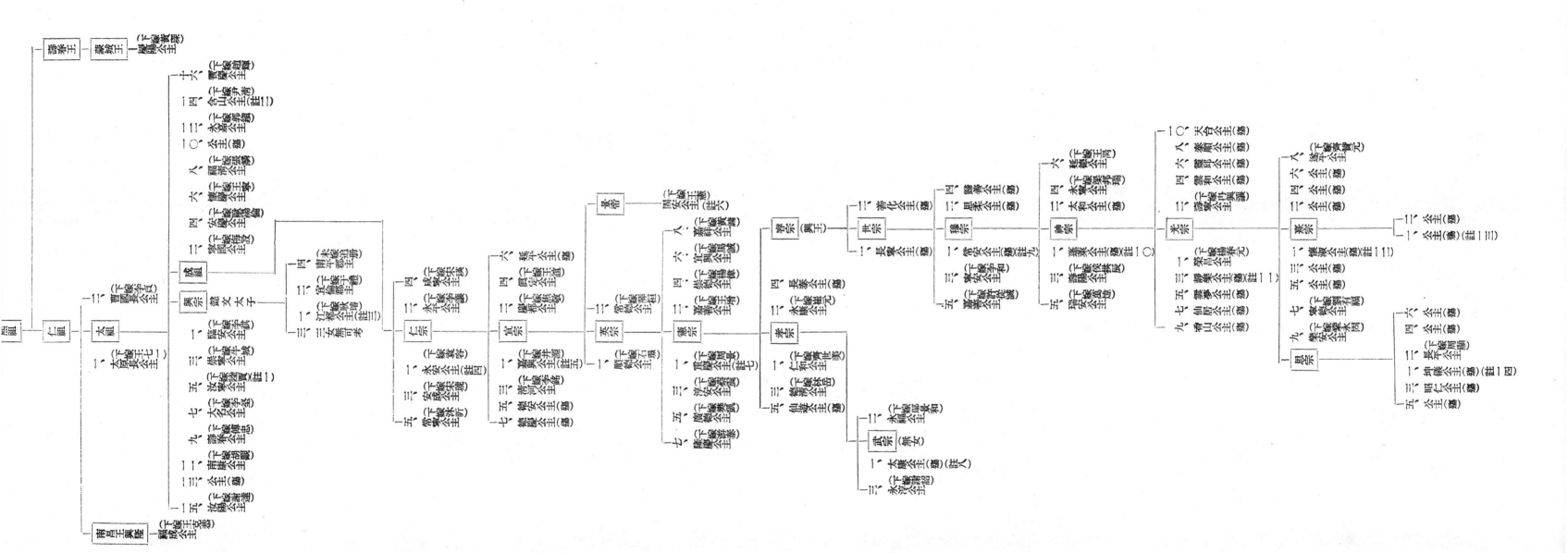

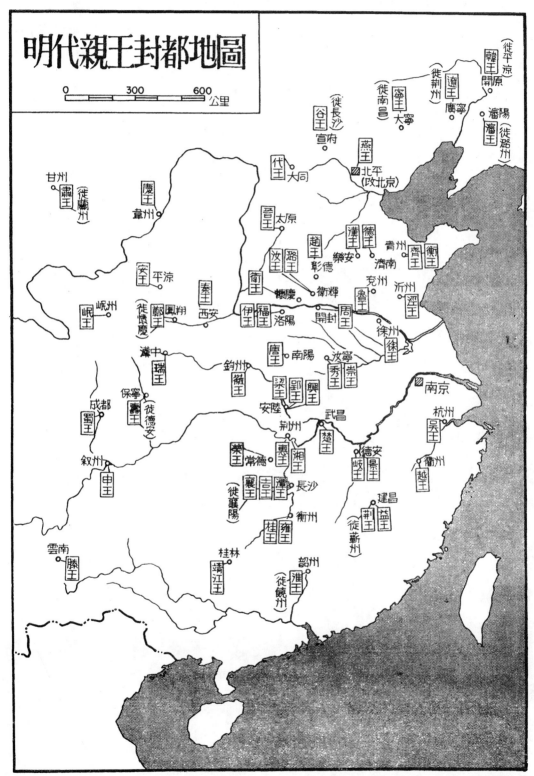

明代親王封都地圖

0 300 600公里

（徙平涼）韓王開原
（徙荊州）遼王廣寧
（徙南昌）寧王大寧
（徙路州）瀋王瀋陽
谷王宣府（徙長沙）
代王大同
燕王北平（改北京）
甘州肅王（徙蘭州）
慶王韋州
晉王太原
趙王彰德潞王汝王
德王漢王樂安
青州齊王濟南衡王衡州
安王平涼
秦王西安鄭王鳳翔（徙懷慶）
衛王懷慶衛輝
克州魯王兗州沂州涇王
岷州岷王
伊王福王洛陽
周王開封
徐州徐王
漢中瑞王
唐王南陽
汝寧秀王崇王
藏王鈞州
保寧壽王（徙德安）
梁王郢王興王安陸
成都蜀王
荊州
楚王武昌
杭州吳王
岐王德安景王
衢州越王
叙州申王
梁王常德惠王湘王
建昌益王荊王（徙蘄州）
襄王（徙襄陽）吉王潭王長沙衡州
桂王雍王
雲南滕王
桂林靖江王
韶州淮王（徙饒州）

— 353 —

論滿文nikan這個字的含義

黃　彰　健

　　滿文老檔裏 nikan 這個字，日本學人有時譯爲明，有時譯爲漢人。如譯 nikan i wan li han 爲明之萬曆帝 ，譯 jusen baksi jakun, nikan baksi jakun 爲 jusen 書記八人，漢人書記八人(註一)，這自然是對的。

　　清文彙書卷二釋nikan爲「漢人、蠻子」。今按，明神宗實錄萬曆四十二年九月壬戌條說：

> 巡按山東御史翟鳳翀疏言：……向來夷漢一家，墩臺俱廢，哨瞭不設。夷人假入市，詞伺虛實，漢人亦出邊透漏消息。……近年懼罪脫逃之人，俱以奴寨爲窟穴，奴酋特築一城以居之，號曰蠻子城。

此卽謂漢人爲蠻子，因此這個城也就叫做蠻子城。

　　天聰朝臣工奏議卷中胡貢明請用才納諫奏：

> 其機全在皇上破格隆才，誠心受諫。切毋曰多言蠻子，又來饒舌。微臣幸甚，國家幸甚。

同書卷中寧完我請變通大明會典設六部通事奏：

> 我國六部之名，原是照蠻子家立的。

同書卷上寧完我等謹陳管見奏：

> 環觀今日軍情，無大無小，都以蠻子家爲奇貨。

也正因女眞人稱漢人爲蠻子，故胡貢明才自稱爲蠻子，而寧完我也就稱大明帝國爲蠻子家了。

　　清太宗實錄天聰元年三月辛巳條說：

> 時阿敏面訴李永芳曰：「我豈不能殺爾蠻奴，爾何得多言！」

（註一）　見東洋文庫出版滿文老檔日譯本

此亦漢人被稱爲蠻子的一個證據。由清文彙書對 nikan 一字所下的定義看來，「殺爾蠻奴」的蠻字，在滿文本清太宗實錄裏可能就是用的 nikan 這個字。

　　清文彙書釋 nikan 爲蠻子，蠻子可能就是 nikan 這字的最原始的意義。在中國南北朝時，南人斥北人爲索虜，北人斥南人爲島夷，南方民族與北方民族本存有種族及地域的成見。在古代經典裏，中國人稱南方民族爲南蠻，於是北方民族也就可借用這個名詞罵住於他們的南方的中國人爲蠻子了。趙匡胤所建立的宋朝，爲漢人所建立的朝代，而南宋被蒙古人稱爲蠻子國，此即見於馬可波羅遊記。

　　陳寅恪先生元代漢人譯名考說：

　　　　至元譯語人事門：「蠻子曰曩家歹」。曩家卽拉施特之 Nangias。法蘭西伯希和教授謂卽華語南家二字之音譯。（見一九一三年巴黎亞細亞學會雜誌第十一集第一期），而南字以與家字聯接，故譯音稍變；並引三朝北盟會編卷二十二馬擴茅齋自敍云：「粘罕云：你說得也煞是好，只是你南家說話多生捎空」。金人稱宋爲南家，蒙古亦承用之，後遂爲中國之通稱，不僅如拉施特書限於支那之南部。如蒙古源流卷六云：「阿勒坦汗，……行兵中國，侵陵騷擾」，此文中國二字，據蒙文原本作 Nangiad-ulus。今蒙文彙書(卷四第八十六頁)及滿蒙漢藏四體文鑑人類門華人二字，蒙文均作曩家之音，雖其界說與至元譯語不同，而此舊名尙存於近代書籍。

蠻子曰曩家歹，曩家源於南家，則 nikan 這個字可能係 nangia 的音變。金粘罕稱宋朝爲南家，恐怕也含有「南蠻」這一含義在內。

　　明翟鳳翀疏草存略再陳東奴情狀疏：

　　　　本月（萬曆四十一年十二月）二十四日辰時，奴酋……親投漢字稟帖一封，說稱：「……我喫的南朝俸祿，穿的南朝衣服，我怎麼不忠順了。……」

奴兒哈赤稱明朝爲南朝。此南朝二字，在滿文裏可能就是用的 nikan 這個字。

　　滿文老檔日譯本第一冊 p. 143 有這樣一句：

　　　　nikan i joo hoidzung joo kindzung han

日譯本譯爲宋之徽宗欽宗，而三田村泰助氏則譯爲南朝之趙徽宗欽宗(註一)。譯 nikan

（註一）　見三田村泰助氏所著天命建元の年次に就いて，東洋史研究一卷二期 p. 127.

i joo 爲宋，這與趙慶男亂中雜錄續錄所載中文原信相合，如僅問此處 nikan 一字的含義，則仍以譯作「南朝」爲妥。

在滿文老檔中常提到 nikan i wan li han。在奴兒哈赤時，南朝是指明朝，因此譯爲「明之萬曆帝」，也是對的。

在奴兒哈赤時，nikan 一字可譯爲蠻子、漢人、南朝及明，而漢人事實上並不是蠻子，因此，在現存的滿文老檔中，還未看見有 nikan 一字應譯爲「蠻子」的。

在奴兒哈赤叛明以前，他的國家主要由女眞人組成。因此，用 nikan 一字來指南朝、明、明人、漢人，不會感到不方便。但等到叛明，俘獲了大量的漢人以後，在這時就需要造 daiming 一字來指明朝南朝，而用 nikan 一字來指漢人及蠻子了。

據滿文老檔日譯本所附索引，在太祖朝滿文老檔裏，稱明朝爲 nikan 的不止百餘見；而稱明朝爲 daiming 的，僅第三一九頁天命六年五月條一見。在太宗朝滿文老檔裏，daiming 一字出現的次數尚不如 nikan 的次數多，但已有幾十見。滿文本清太祖武皇帝實錄的文句多因襲滿文老檔，滿文老檔用 nikan 一字而譯爲明朝的，在滿文本清太祖武皇帝實錄裏則用 daiming 一字來代替(註一)。

在太祖朝滿文老檔裏，有一處稱大明國萬曆皇帝爲 amba nikan gurun i wan li han（見日譯本第九頁），則 amba nikan 二字始可譯爲大明。但等到 daiming 一字漸漸盛行，在滿文老檔內，本用 nikan 一字來指南朝明朝的，於是也可能被了解爲大明了。滿文老檔日譯本所附索引謂 nikan 等於 daiming，卽其一證。

現存漢文本清太祖武皇帝實錄稱明朝爲大明，稱明兵爲大明兵。漢文本太祖武皇帝實錄修於清太宗天聰時，成書於清太宗崇德元年。我曾查史語所現存天聰朝漢文舊檔，除了寫信給明朝稱明朝爲大明，別的地方談到明朝都是稱明朝或南朝，沒有稱明朝爲大明的，故知武皇帝實錄之作大明當係譯自滿文。據乾隆皇帝所寫太祖高皇帝實錄序，在雍正乾隆以前所修的太祖實錄，「清漢之文，或簡或繁，未經畫一」，則漢文本太祖武皇帝實錄之作大明，可能不是譯自滿文本太祖武皇帝實錄，而係直接譯自滿文檔。在那時，史官已將滿文老檔裏的 nikan 南朝解爲 daiming，因此也就譯爲大明了。

(註一)　見三田村泰助氏所著滿文太祖老檔と清太祖實錄との對校，立命館文學第二百號 p.6.

在滿文老檔裏，amba nikan 僅一見，而作明朝講的 nikan 不止一百見。我曾懷疑老檔之作 nikan 係後來重錄，因此省略 amba 一字。現在得見李學智先生所編的故宮原檔簡目，我想 nikan 一字而作南朝明朝講的，可能已見於用明代舊公文紙寫的滿文原檔，因此，我這一懷疑可能是不能存立的。

nikan 與 daiming 二字原本意義相同，而在後來則分化，因此，清文彙書卽僅釋 nikan 爲漢人及蠻子，而未將其釋爲南朝及明。

據李學智氏所寫滿人稱漢人爲尼堪意義之臆測一文，清文補彙收有 nikan niyaha 一語，其漢文釋義係：

無能之謂也。遇戰則死之意。原與 baitaku nikan 同意。均見舊清語。

李學智氏說：

niyaha 一字，滿文單釋作「爛了、餒了」。清文彙書釋 baitaku 爲閑着之閑。以情理來說，「無能之謂也，遇戰則死」，nikan niyaha 這一舊清語也只能在奴兒哈赤叛明，明兵常常戰敗以後纔會有的。

上引李學智氏文中又說，乾隆欽定五體清文鑑人部瘡膿類收有 nikan joo 一詞，清文鑑釋爲天庖瘡，與楊梅瘡同意。健按：楊梅瘡係於明中葉以後，由國外傳入廣州，然後再傳到中國內地，因此中國人有一時期稱這種瘡爲廣瘡。女眞人之有這一疾病又當傳染自漢人，因此女眞人纔把這種瘡叫做 nikan joo。

日本山本守氏疑 nikan 一字係漢語「逆漢」二字的音譯，而李學智氏則據 nikan joo 一詞，謂 nikan 一字的原始意義爲膿庖，其始不過指明代駐防遼東之軍隊，形容明兵之無能，繼而與明之衝突擴大，遂將所有之明兵，均給以 nikan 這一別號，最後遂將明朝官民均稱之爲 nikan。山本守及李學智二氏所釋恐均不如清文彙書所釋爲可信。釋 nikan 爲逆漢，逆漢二字在漢籍中未見連用，而李氏所根據之 nikan niyaha 及 nikan joo 二語，則時代太後，是不能根據牠來推測 nikan 這個字的原始意義的。

本文寫成以後，得見王鍾翰氏所著清史雜考，王氏於所著「滿族在奴爾哈赤時代的社會經濟形態」一文的脚註中，曾指出「天工朝臣工奏議蠻子家三字在滿洲老檔秘

錄（卷下頁三六上）改作漢人二字，當係轉從 nikan 一字譯出」；又指出「清文彙書卷二葉二十一下於漢人之外，尙有蠻子的別譯，當係漢人舊稱如此」。王氏此說過於簡略，我這篇文章還是值得保存的。

奴兒哈赤所建國號考[*]

黃　彰　健

據滿文老檔日譯本所記，奴兒哈赤是在明萬曆四十四年正月上尊號爲「天か衆國を恩養するやうに任じた Genggiyen Han」[(註一)]。在那一年他所建立的國號究爲後金抑建州，近代史家頗有異說。

稻葉君山清朝全史說：「建國號曰大金；或以區別於前代之金，稱爲後金」。[(註二)]

孟心史先生明代史講義說，萬曆四十四年奴兒哈赤自稱建州國汗，亦稱後金。[(註三)]

蕭一山先生清代通史的說法與稻葉君山相同，而近出國立編譯館所編中學歷史課本則說，奴兒哈赤所建的國號係後金。

我們如果根據原始可信的材料，將奴兒哈赤對外文書提到他的國號的，按年代先後排列，則我們將不難發現上述那些說法都有錯誤。

奴兒哈赤建立國號，並不自萬曆四十四年始。從萬曆二十四年起，一直至他的死，他的國號凡五變。最初係稱女直，旋改女眞，又改建州，後又改後金，最後改稱金。在萬曆三十三年時，已稱建州等處地方國王；在萬曆四十四年時仍沿用建州國號，並未另定新名；其改稱後金，則在萬曆四十七年己未三月；其改稱金，則在天啓元年辛酉。後金係其自稱，並非史家所追稱。女直、女眞、建州、後金及金，係不同時間所定，各有其行用的時間，而後金與金亦有分別，是不可像一部分明人及近代史家那樣混稱的。清初史家計六奇彭孫貽記奴兒哈赤在明萬曆四十四年時的國號，有不可依據處，這也是我們討論奴兒哈赤所建國號時應仔細辨別的。

金梁滿洲秘錄序說：

---

[*]　　集刊三十七本所收彰健論文凡八篇。在譔述期間，承國家長期發展科學委員會補助研究費，謹此致謝。

(註一)　見太祖朝滿文老檔，東洋文庫日譯本 p. 67.

(註二)　中華書局出版但燾譯本 p. 105.

(註三)　中華叢書本 p. 298.

國號，初曰滿洲。天命年已稱後金，見於遺朝鮮國王書。天聰年則稱大金，見於金漢蒙古子弟讀書諭及奉天城門題額。崇德年始稱大清，見於陳杜明等書，始不復用滿洲國號。(註一)

金氏的方法與我的相同，所不同的是他相信滿文老檔中的滿洲國號，而我則根據原始可信的漢文記載。關於滿文老檔諱稱建州國，及滿洲國國號由來等問題，我將另文討論。在我看來，我們討論奴兒哈赤的國號，如果一上來就利用滿文老檔那些眞實性成問題的記事，則會將問題弄得更複雜，更不易處理。

在討論奴兒哈赤建立的國號時，還應注意奴兒哈赤的位號，以及旁人對他的稱呼，和他如何稱呼人。我們如留意這一點，則也就會了解爲什麼明朝人說奴兒哈赤是在萬曆四十六年纔建國稱汗。

現在將奴兒哈赤所建立的國號，依次考論於後：

（一）

由現存原始可信的漢文記載看來，奴兒哈赤在萬曆二十四年自稱爲「女直國建州衛管束夷人之主」。這見於申忠一建州紀程圖記所載奴酋回帖，回帖全文如下：

> 女直國建州衛管束夷人之主佟奴兒哈赤稟，爲夷情事，蒙你朝鮮國，我女直國二國往來行走營(？)好。我們二國無有助兵之禮。我屢次營好，保守天朝九百五十於(餘)里邊疆。有遼東邊官，只要害我途(圖)功陞賞。有你朝鮮國的人一十七名，我用價轉買送去，蒙國王稟賞。我得知，我們二國，若不保心，有你臨城堡對只地方，着我的達子住着，看守你的邊疆。若有你的高麗地方生畜不見了，我達子說知，亦尋送還。你差通事，答滿堡(浦)城，到我家來。若有你的人畜，我送去。我的達子到你地方，你送還與我。兩家爲律，在無歹情。後日天朝官害我，你替我方便壹言，呈與天朝，通知我，有酬報。星夜力等天朝二國明文，及(卽)日回報。須至稟者。萬曆二十四年正月初五日稟。(註二)

申忠一建州紀程圖記說，這封回帖係出於歪乃的手筆。日本和田清氏認爲，歪乃

(註一)　滿洲老檔秘錄沒有此序，此據李德啓滿文老檔之文字及史料一文轉引。

(註二)　稻葉岩吉所撰舊老城收有寫定申忠一圖錄本文。本文引申氏此書，均據稻葉氏寫定本。

係「文學外郎」的外郎二字的誤譯，而其時任文學外郎者爲龔正陸。(註一)朝鮮宣祖實

錄說，「虜中識字者只有此人，而文理未盡通」，「凡干文書，皆出於此人之手」。

由這封回帖，使我們知道，奴兒哈赤與明朝及朝鮮辦交涉，他發出去的函件是用中文

寫的。

申忠一建州紀程圖記說：

奴酋任都督僉事十年，龍虎將軍三年。

申忠一建州紀程圖記撰寫於明萬曆二十四年。奴兒哈赤之任都督僉事，據明神宗實錄，

係萬曆十七年九月乙卯事。由萬曆十七年至二十四年，爲時僅七年。因此，「奴酋任

都督僉事十年」的「十」字應係「七」字之誤。

申忠一說，奴酋任「龍虎將軍三年」。按明制，都督僉事係正二品，正二品武官

所加散階分三等，初授驃騎將軍，陞授金吾將軍，加授龍虎將軍。任奴兒哈赤爲都督

僉事時，明廷當授以驃騎將軍散階。以年資已夠，所以後來加授「龍虎將軍」。

明實錄未記奴兒哈赤封龍虎將軍年月。「馬晉允皇明通紀輯要著其時爲萬曆二十

三年八月，茅瑞徵建州夷考、沈國元皇明從信錄則皆渾言二十三年，王在晉三朝遼事

實錄亦敍爲二十年之後三年」(註二)，均與申忠一所記不同。申忠一係記其本人親自見

聞，照道理說，應屬可信。但其書記奴兒哈赤任都督僉事十年之「十」字已有錯誤，

則奴酋任龍虎將軍三年之三字也不能保證其不誤。馬晉允所記有年份月份，應有所

本。而且明制每三年考績一次，初授驃騎將軍，三年後陞授金吾將軍，需任都督僉事

六年才可以加授龍虎將軍，因此，其加授龍虎將軍是可能在明萬曆二十三年，而非如

申忠一所記係在萬曆二十一年。

在萬曆二十三年封龍虎將軍，但其官仍係建州衛都督僉事，因此申忠一見奴兒哈

赤，仍稱奴兒哈赤爲都督。申忠一建州紀程圖記說，奴酋的部下稱奴酋爲王子，而朝

鮮實錄則說奴酋「自中稱王」。

朝鮮宣祖實錄萬曆十七年七月丁巳條：

左衛酋老亦可赤兄弟以建州衛酋長李亦難爲麾下屬，老亦可赤則自中稱王，其

(註一)　見東洋學報三十五卷第一號和田清氏清之太祖之顧問龔正陸　p. 46.

(註二)　據孟心史清太祖由明封龍虎將軍考，明清史論著集刊 p. 187.

　　弟則稱船將。各造弓矢等物，分其軍四運：一曰環刀軍，二曰鐵鎚軍，三曰串

　　赤軍，四曰能射軍。間閭練習，脅制羣胡。從令者饋酒，違令者斬頭。將以報

　　仇中原之計云云。

老亦可赤即奴兒哈赤。在萬曆十七年九月明廷任他為都督僉事以前，他已在他自己的

領土內稱王了。

　　在中國語文裡，王與王子的含義迥然不同。奴兒哈赤「自中稱王」，而其部下稱

之為王子，這可能是受了蒙古人的影響，因為蒙古人是稱他們的可汗為王子的。稱可

汗為王子，似起源於明宣宗時。明宣宗實錄記：

　　宣德九年十月乙卯，甘肅總兵官都督僉事劉廣奏：獲到虜寇言：今年二月瓦剌

　　脫脫不花王子率衆至哈海兀良之地，襲殺阿魯台妻子部屬，及掠其孳畜。阿魯

　　台所立阿台王子止餘百人，遁往阿察禿之地。

此阿台王子，在蒙古源流及蒙文黃金史中稱之為 Adai Qagan，而劉廣則轉述虜寇

所言，稱之為王子。明英宗實錄宣德十年十月壬寅條：

　　遣使齎敕諭阿台王及朶兒只伯等。……

則明朝人稱阿台可汗為王。

　　上引宣宗實錄提到的瓦剌脫脫不花王子，在英宗實錄中稱他為達達可汗或瓦剌可

汗；但可汗的稱謂也只見於明朝給瓦剌可汗的書信；實錄記述脫脫不花的事迹，仍稱

他為脫脫不花王；而脫脫不花之稱王子，在英宗實錄中僅兩見。明英宗實錄記：

　　（英宗）正統十四年七月己丑，是日虜寇分道刻期入寇。也先寇大同，………

　　脫脫不花王寇遼東，阿剌知院寇宣府，圍赤城，又別遣人寇甘州。…報至，遂

　　議親征。……

　　（景帝）正統十四年八月乙亥，總督獨石等處備禦右少監陳公等言：達賊萬餘

　　圍龍門城，云是阿剌知院遣我等來講和，因繫書於矢，射入城內。……少頃又

　　來言：「我阿剌知院說：我是個大頭目，已年老了。如何留一個惡名？我與你

　　講和了罷。我亦曾勸也先太師來。不聽我說，可將所射書奏爾朝廷。我亦同稟

　　也先太師。須仍舊往來和好」。賊又言：「王子軍馬從東來，也先從西來，我

　　從獨石馬營來。我傷了幾處小邊城，我却不是了」。……

阿剌知院說，「王子軍馬從東來」，卽指脫脫不花王寇遼東。此王子一詞顯係阿剌知
院對脫脫不花王的稱呼。

明英宗實錄記：

> 景泰元年十二月甲申，迤北瓦剌使臣兀馬兒奏：脫脫不花王子寄馬二匹，進太
> 上皇帝，命收入御馬監，給賞如例。

此脫脫不花王子卽脫脫不花可汗，不能釋爲脫脫不花王的兒子。實錄此處稱脫脫不花
王子，當係根據瓦剌使臣兀馬兒所奏。

在正統十年正月，明英宗曾致書脫脫不花可汗及淮王也先，並對他們兩人的重要
部屬分別予以犒賞。據實錄所列名單，阿剌知院係也先手下第一大酋。脫脫不花及也
先各擁有武裝部隊，但也先的官衛係「瓦剌都總兵答剌罕太師淮王大頭目中書右丞
相」，國家大權操在他手裏，脫脫不花僅擁可汗虛名。脫脫不花雖僅擁虛名，但其身
份係可汗，因此瓦剌遣使至明，仍由脫脫不花的部屬充正使，也先的部屬充副使。兀
馬兒出使中國，其身份是副使，見英宗實錄P.4232，他當係也先的部屬。

阿剌知院及兀馬兒均係也先部屬。他們不稱脫脫不花爲可汗，而稱他爲王子，這
一點頗可注意。據上引宣宗實錄，阿台王子係阿魯台所立，而英宗實錄 P.542 則說，
阿台王子係阿魯台的部屬，則阿台王子後雖被立爲可汗，仍係阿魯台的傀儡。阿台及
脫脫不花均係傀儡，當爲阿魯台及也先的部屬所看不起，因此他們就不稱阿台及脫脫
不花爲可汗，而按照阿台及脫脫不花兩人原來的身份，稱之爲王子了。阿台及脫脫不
花在被立爲可汗以前，可能未被封爲王。元順帝北徙以後，蒙古可汗的下面有王，也
先稱太師淮王中書右丞相，卽其一證。

脫脫不花王後來爲也先所殺，而也先又爲阿剌知院所殺。毛里孩率兵殺敗阿剌知
院，擁立麻兒可兒爲王子。據英宗實錄景泰六年八月己酉條，麻兒可兒係脫脫不花王
的幼子。明英宗實錄記：

> 天順七年四月戊寅，戶部奏：近該迤北小王子遣使臣五百餘人，赴京進貢。
>
> 五月癸丑，迤北馬可古兒吉斯王子遣頭目阿哈剌忽平章備忽等來朝貢馬。
>
> 六月戊寅，賜迤北可汗並太師孛來、毛里孩王珠翠，金織冠服……等物。
>
> 丁亥，迤北馬可古兒吉斯王…遣頭目阿老出等二百人來朝貢馬。

八年正月乙丑，禮部奏，昨者譯出迤北麥兒苦兒吉斯可汗番文。……
日本和田清氏認爲，麻兒可兒、馬可古兒吉斯及麥兒苦兒吉斯均係蒙古可汗 Makha-
gurkis 不同的中文譯名。和田氏的說法是對的。由實錄所記看來，馬可古兒吉斯的
位號係可汗，而明朝人則稱他爲王；蒙古人仍沿用過去對他的父親的稱呼，稱他爲王
子；因其年幼，所以蒙古人又稱他爲小王子。

　　蒙古人稱可汗爲王子，至萬曆時仍如是。籌遼碩畫卷一第二十一頁載熊延弼疏
云：「應亟遣間使，宣諭虜王子」，此卽沿襲蒙古人對虎墩兔憨的稱呼，而稱虎墩兔
汗爲王子。

　　在明萬曆二十年時，寧夏致仕副總兵哱拜叛變。他求援於河套蒙古諸部。明神宗
實錄萬曆二十年四月壬寅條記：

　　　　達虜闌入頗多，詢之，謂哱王子有約。虜所稱哱王子，卽哱拜也。拜以降虜驍
　　　　勇，……招結亡命千餘人，今且公然勾虜，稱王子。

哱拜自稱王子，這並不是說他僭稱蒙古可汗，他只是想佔據中國做可汗而已。明史卷
二三八麻貴傳：

　　　　拜初與套部深相結，諸部長稱之爲王。

明史此處王字應改爲王子。這因爲明朝人稱可汗爲王，而蒙古人稱可汗爲王子。

　　朝鮮實錄說，奴酋「自中稱王」，而申忠一建州紀程圖記說，奴酋的部下稱奴酋
爲王子，這樣看來，這兩種紀載是並不衝突的。「自中稱王」，用滿洲話來說，應係
「自中稱汗」。

　　奴兒哈赤在萬曆十七年七月卽已「自中稱王」，但這也只是說他對他自己的部屬
稱王，並不是說他在這時與明朝及朝鮮辦交涉，也自稱爲王。

　　在萬曆二十四年時，他對朝鮮自稱「女直國建州衞管束夷人之主」。他自稱「女
直國」，又稱「管束夷人之主」，這可見他的志向不小。他雖用女直爲國號，但仍奉
明朝正朔，仍稱明朝爲天朝。他給朝鮮政府回帖的末尾說，「須至稟者」，仍係下對
上的口氣。據朝鮮宣祖實錄及申忠一建州紀程圖記，奴兒哈赤在這封回帖上所蓋的印
仍係建州左衞之印，而非女直國印。

　　據明實錄，明朝於隆慶五年封蒙古俺答汗爲順義王。萬曆十一年，俺答死，閏二

月甲子，俺答子黃台吉襲封爲順義王，而黃台吉之子撦力克則「襲授龍虎將軍」。這可證黃台吉在襲封順義王以前，明廷已封黃台吉爲龍虎將軍。龍虎將軍係用以封順義王王位繼承人(註一)，則明廷封奴兒哈赤以龍虎將軍，對奴兒哈赤來說，應係一種榮譽。他可用這一封號來脅制他的同族，因此他後來就不稱「女直國建州衞管束夷人之主」，而自稱「女眞國龍虎將軍」了。

朝鮮宣祖實錄萬曆二十九年辛丑十月壬辰條說：奴兒哈赤「自稱女眞國龍虎將軍」。宣祖實錄萬曆二十八年庚子七月戊午條說：

此胡仰順天朝，受職爲龍虎將軍，其印信則仍是建州左衞之印。

朝鮮之知奴兒哈赤自稱「女眞國龍虎將軍」，應係根據奴酋對外行文，否則就不會知道奴酋稱龍虎將軍時，所用的印仍係建州左衞之印。

女直本名女眞，以遼興宗諱宗眞，改稱女直。奴兒哈赤無避遼諱的必要。他不稱女直國而稱女眞國，其理由或在此。

(二)

據東國史略事大文軌卷四十六所載明萬曆三十三年七月朝鮮政府給薊遼總督遼東巡撫及遼東總兵的咨文，鴨綠江與豆滿江乃朝鮮「西北界限」，「奴兒哈赤部落住在鴨綠江越邊迤西之地。豆滿江越邊原有雜種胡人，與朝鮮咸鏡道慶興慶源穩城鍾城會寧富寧等六邑隔水相望。常傳深處野人聲息，使朝鮮得以爲備」。「頃年來，有深處夷人忽剌溫在江外十餘日程，無故興兵侵掠。前項沿江居住夷衆，節次盡行擄去，不從者斯殺」。萬曆三十三年三月十五日，忽賊糾合兵馬過江，犯鍾城府潼關堡，守堡

(註一) 龍虎將軍係用以封王位繼承人，我起初以爲奴酋之被稱爲王子，其理由或在此。友人許倬雲先生不以爲然，認爲王子之稱應與蒙古小王子的稱號有關係。許先生此說是對的。本文初稿這一段因此完全改寫。我很感謝他的寶貴的啓示。

　　頃讀師大學報第十一期朱雲影先生中國正統論對於日韓越的影響一文，文中引舊唐書日本傳：
　　　遣新州刺史高表仁持節往撫之。表仁無綏遠之才，與王子爭禮，不宣朝命而還。
　　又引通鑑卷一九三：
　　　上遣新州刺史高表仁持節往撫之，表仁與其王爭禮，不宣命而還。
　　朱氏認爲：「兩書紀載，略有出入，自以通鑑爲正確。因爲當時正是舒明天皇在位，並無聖德太子攝政一類的事，所以爭禮者應爲王而非王子」。這與彭健本文所討論的可能沒有關係。

兵馬僉節制使金伯玉力戰而死。事後忽刺溫酋長曾遣使報捷於奴兒哈赤，而奴兒哈赤則派人至朝鮮說，他與朝鮮無仇怨，他曾戒諭忽刺溫，勿再侵犯朝鮮。但朝鮮政府則得到情報，忽刺溫與奴酋「聲勢相連，謀議相通」，因此朝鮮政府遂以咨文請薊遼總督及遼東巡撫總兵，派人宣諭奴酋，命奴酋轉諭忽刺溫夷酋，各安本分，無侵擾朝鮮。其時趙楫任遼東巡撫，寧遠伯李成梁為鎮守遼東總兵官，於接到朝鮮咨文後，卽派遣通曉夷情指揮孟承勳齎執諭帖，前往建州宣諭。其宣諭內容如下：

> 建州夷酋奴兒哈赤速兒哈赤知道：今朝鮮國王欲要上本奏知皇上，惟恐不便，將本留下。卽差官傳諭你們。你是朝廷欽奉龍虎將軍，忠順有年。東邊一帶，俱是你管的。忽刺溫擄掠朝鮮人畜，怎麼處治送還？再毋許侵犯。務要遵我天朝法度，永固忠順，事體方妥。若陽為允從宣諭，陰圖侵犯朝鮮，則該國奏之朝廷，豈不壞了忠順好名。爾等悔之何及。況朝鮮原屬天朝，卽遣總督大臣，統領大兵，齎運糧餉，殺退倭奴，保安朝鮮，爾等想亦有聞。愼之，愼之！（事大文軌卷四十六第十八頁）

孟承勳宣諭後，帶回「建州等處地方龍虎將軍佟奴兒哈赤呈文」，內稱：

> 為宣諭虜掠事，蒙撫鎮老爺恩典，委官一員，到我夷寨，宣諭朝鮮國王緣由。有我奴兒哈赤收管我建州國之人，看守朝廷九百五十餘里邊疆。我父子兒孫養活，同受歡樂。這夷情不管我世劼之人事。那忽刺溫夷人，各地方之人，不聽我言。今那忽刺溫比我先生幾輩，我也難與他說。是我女兒女壻，些須賣買行走。要好，來往行走；若要不止路不走，我也難處。（事大文軌卷四十六第十六頁）

孟承勳又向李成梁報告他與奴兒哈赤會談的內容：

> 奴兒哈赤回說：搶掠朝鮮夷酋係兀刺江頭兒卜章台。他是王台夷種，係海西夷人。離我住寨，儘馬走二十三日遠，並不是我建州達子。我自管得我建州達子等語。

> 我說：你速兒哈赤女兒見與卜章台為妻，卜安台女又與你為妻。你兩家通往相好。你可在中間替他兩家講說，可也。

> 奴兒哈赤回說：你說的有理。這事起初原是朝鮮不是。他不該把他達子一二千

家放在他地方養活，因卜章台差達子去他地方，問在他地方寄住達子收差使，被寄住達子將他差達子，綁送朝鮮將官處，扭鎖，用車掙死，以致卜章台興兵仇殺。今有朝鮮國王差使臣送卜章台勅書一道，許他往朝鮮進貢勅書一百五十道。他有這等大利與他，我怎麼講得。（事大文軌卷四十六第十七頁）

李成梁曾以奴兒哈赤所說質問朝鮮，朝鮮政府則說奴兒哈赤所說全屬誣罔，以文繁不引。我這裏要指出的是，上引奴兒哈赤給遼東巡撫總兵的呈文已有「建州國」字樣，這是現在看到的建州國國號的最早的記載。

奴兒哈赤對明朝雖推諉，但明朝既已派人宣諭，他不能不敷衍。因此他於萬曆三十三年十一月十一日致書與朝鮮邊將，就提到朝鮮與忽剌溫講和事。這封信的內容如下：

建州等處地方國王佟，爲我二國聽同計議事，說與滿蒲官鎮節制使知道：你二國講和緣由，我也聽見。若要和事，講和罷。講和事完不肯（消）貼，代（待？）我還。未完事，我朝鮮吃虧傷心。我們二國夥同計議看何如？我也知道你朝鮮傷心。我與你一心。以（一？）定不信我那人我養活命放去了，你朝鮮不信，那人我養活放去是實。養狗有恩，養人無恩，他與我多傷心。你朝鮮怎得知道這緣由？我吃虧。你朝鮮若不信，當天盟誓。要與天朝皇上知道，有誰人押（瞎？）派我。有四名高麗未（爲？）芽（烏？）（兀？）龍江和事，到我夷地來了。遇南朝通事董國云（雲）（註一），有撫鎮文移未驗貢緣由，賚送眼同面前我言答緣由。這就是回答言語，伸文天朝上司知道。不要泄漏肯悉（消息）。

有上年你高麗我夷人些小所（瑣）碎，以後行要不良人役，我儘都斬了，爲例。有反（反叛之反）國之人十四名高麗人口，我得獲，差不正都义你進送。滿蒲城內有你山木石哈兒把城內馬一四，有夷人蘇併革拿來，我聽見，好國之人馬匹怎拏來，將蘇併革綁拏，解送山木石哈兒把城內殺死，爲例。我與朝鮮取和氣，得獲人役馬匹，進送原巢，將惡人斬殺了。這緣由我裏邊不知事小人。國

（註一）　云係雲字的俗寫。董國雲爲其時通事，見下文所引翟鳳翀再陳東奴情狀疏。太祖武皇帝實錄卷二第七頁有通使董國胤，當據翟疏改爲董國雲。滿文老檔日譯本譯 dung quwe yun 爲董國胤，亦當據翟疏改正。稻葉君山氏光海君時代之滿鮮關係疑云字爲蔭字之誤，非是。

王這等好有，高麗以（一）定與我們二國和氣了。

高麗地方，說有人參許多，有參兒騎馬走山、染馬鐙紅、窩參去的四十名夷人，儘都殺了。把他拏送與我，我也斬他生命。

如今有你高麗過江來，我拏者（著）殺了。我夷人過江去，你高麗拏者（著）殺了。還事（完事？）。

反（反叛之反）國一樣。有我夷人過江去出，你綁拏解送與我，我也決處。若要不斬，我的不是。有這樣棍徒兒惡之人，將禮代（待）他，也不知道。不斬他，也不怕改心事。

若否可用，唐跑馬非（飛？）送。（事大文軌卷四十六第二十九頁）

朝鮮邊將答書如下：

朝鮮國滿蒲鎮僉節制使某答建州衛書：今看本衛送到文書，儘知事情，本衛所言，果是真實。我國與本衛自來和好，少無疑惑，各保地界，但有海西卜章台無緣動兵，侵我邊堡，搶我邊民，猶且不止，還要再動兵馬來戰死，又推說建州衛靠爲聲勢云，因此我國不能無疑。到今繞知本衛與海西衛爲貳曲折。我國北邊多聚防守軍馬，器械完備。卜章台雖然來戰，我不怕他。但無故惹釁，兩邊厮殺，有甚所利。莫如講和妥貼。本衛雖言養人無恩，彼海西也人心，曾蒙本衛養活之恩，豈敢忘了？況本衛兵馬比他越強，他必畏怕。本衛誠心與他開諭利害，萬無不從之理。惟在本衛另加曉諭，俾勿生事，如此則我國益知本衛誠信矣。本衛所稱二國和氣等說，甚好甚好。自今以後，兩邊依此施行，十分便益。萬曆三十三年十二月日。（事大文軌卷四十六第三十頁）

朝鮮邊將不稱奴酋爲建州國王，仍稱其爲建州衛，這因爲他之稱王係其自稱，並非明朝所封。朝鮮邊將不稱建州衛爲貴衛，而稱之爲本衛，這可看出奴兒哈赤當時的地位。在此以前，奴兒哈赤曾向朝鮮索討官職，因明朝已封他爲龍虎將軍，朝鮮遂拒絕再給，他現在雖僭稱王號，朝鮮邊將仍然看他不起。

在萬曆三十四年正月七日，朝鮮政府接到邊將塘報說，忽賊分衛出來，將毛老黃古羅等十一部落一併焚刼，又將縣城亡見等部落脅受降附，方爲退兵；同日又得報，奴酋擬犯會寧，並傳令老土，準備日後行兵屯宿之所。正月三十日，朝鮮政府又得邊

將塘報，忽酋鼈下百餘戶，誘稱飢饉役重，逃來阿乞本部落，由奴酋予以接濟。朝鮮
政府認爲，此必「奴忽二酋，密地謀議，陰移其兵於中路，使其聲勢相連，情形叵
測」，因此朝鮮國王遂於萬曆三十四年二月上奏，請萬曆皇帝遵永樂正統及成化朝成
例，勅諭奴酋，務令各安本分，無得妄啓兵禍，仍着傳諭忽剌溫一體遵奉朝廷禁約。
這一奏本由明朝兵部具題，於六月十二日奉旨兪允，六月二十四日由兵部回咨朝鮮國
王。(註一)

　　在萬曆三十五年三月，朝鮮政府又得邊將塘報說，奴兒哈赤派兵將「沿江上下一
帶住居藩胡，盡數搶掠」；奴兒哈赤並有一封信給朝鮮國王。這封信的內容是：

建州等處地方夷王佟呈，爲夷情事，朝鮮國王知道：有天朝、你朝鮮、我達子
三國，係有兩家一家、兩臨（鄰）居住、同心邊日子。有這住牧夷人，無有好
處。有你朝鮮些須言語，孰與烏龍江上傳知。這要兩頭破事，併無好事果實。
隨爾朝鮮的夷人具（俱）全收進裏邊居住；不與你隨的夷人，往外遠發遠去，
各回本巢。往前無有後患。你朝鮮國人役，甚事體不知，況我外國語言語。
（事大文軌卷四十八第三頁）

奴兒哈赤與忽剌溫都想搶掠搬取沿江一帶女眞，以擴充一己的勢力，他們的衝突遂不
能免。在萬曆三十五年四月十八日，奴兒哈赤所部於門岩地方，將忽酋擊敗。在這一
年六月，奴酋致書朝鮮邊將說，他攻打忽剌溫係替朝鮮報怨；同時又向明朝遼東巡按
御史遞稟帖說，殺敗卜占台，使高麗得生，看「朝鮮將何物與我，孝順天朝，大明國
大皇上定奪施行」；奴兒哈赤並請明朝差官宣諭朝鮮，以鴨綠江及豆滿江爲界，在江
這邊的夷人應歸奴兒哈赤管轄。明朝遼東巡撫曾以此事質問朝鮮，朝鮮政府的回答則
說，沿江夷種並不是奴兒哈赤所部，並指出，「諸部夷酋，宜各安部落，以奉天朝號
令」，若奴兒哈赤「併吞西北諸部，熾大其勢，則豈非可虞之漸」。在這時遼東巡撫
又得到「建州等處地方世效邊疆龍虎將軍佟奴兒哈赤印信呈文」說：「世守忠順，原
無侵擾朝鮮」；他領兵殺死兀龍江兵馬時，有黃梁城鍾城人役出牆謝恩；朝鮮並差使
者八人至建州，當天朝序班李惟葵之面，向奴兒哈赤叩頭謝恩。奴兒哈赤與朝鮮各執
一詞，使遼東巡撫總兵難以偏聽。遼東巡撫總兵認爲，朝鮮咨文旣說以豆滿江鴨綠江

(註一)　此段所述，據事大文軌卷四十六及卷四十七。

為國界，則江內江外夷人仍應遷居夷地，而朝鮮則畫江而守。朝鮮政府無可奈何，只好聽命。

在門岩之役以後，忽剌溫勢衰，至萬曆四十一年正月遂為奴酋所滅。朝鮮光海君日記萬曆四十一年癸丑二月卷說：

> 忽溫老土，皆豆滿江外女眞也。二部吞併諸部，為（朝鮮）六鎭大梗。及老酋
> 起於建州，吞併二部，收其兵甲，始强大，有窺遼左之志矣。

這可以證明在萬曆三十五年時，遼東巡撫總兵未接受朝鮮忠告，阻止奴兒哈赤併吞位於朝鮮西北的女眞諸部，實在是很大的失策。明朝人論遼事之壞，每歸咎於李成梁，現在看來，這是不錯的。

據明神宗實錄，李成梁於萬曆二十九年三月奉命鎭守遼東，而原任遼東總兵官馬林以忤遼東徵稅太監高淮，於萬曆二十九年二月奉旨革職閒住。清太祖武皇帝實錄記：

> 辛丑年(萬曆二十九年)正月，太祖將莽姑姬公主與孟革卜鹵子吳兒戶代為妻。
> 明萬曆皇帝不喜，遂責之曰：汝何故破哈達，擄其人民？今可令吳兒戶代復
> 國。太祖迫不得已，仍令吳兒戶代帶其人民而還。

武皇帝實錄繫哈達復國於這一年正月，則似哈達復國仍係馬林的功勞。然檢神宗實錄萬曆二十九年十二月辛未條：

> 建州夷奴兒哈赤欸塞，北關夷那林孛羅請補進雙貢。兵部言：「二酋叩關乞
> 貢，不異歹擸諸夷」，併許之。初，猛酋請補雙貢，北關那林孛羅數侵猛酋，
> 猛酋不能支，求援奴兒哈赤，以子女為質。奴酋誘置寨中，誣之以罪，殺之。
> 中國使往詰問，則請以其女女猛酋之子吾兒忽答（卽吳兒戶代）。二十九年七
> 月，欸撫順關外，刑白馬，誓撫忽答保寨，遂送女於忽答，而那林孛羅亦歸原
> 虜敕六十道，請補進雙貢，如猛酋故事。……

則奴兒哈赤以其女妻吳兒戶代，仍係二十九年七月以後事，哈達之復國應係李成梁的功勞。太祖武皇帝實錄繫此事於萬曆二十九年正月，恐不如神宗實錄所記之可信。乾隆時所修清太祖高皇帝實錄，於「辛丑年正月」下增「庚子朔」三字，這只是修實錄史臣仿中國實錄書法，注明正月朔日干支。我們讀清太祖高皇帝實錄，很容易誤認正月朔日下所記卽係這月初一所發生的事。今由明神宗實錄這一條記事，可以使我們

讀淸太祖高皇帝實錄全書，而不致於有此誤解。

　　奴兒哈赤接受明朝的要求，讓哈達復國，這自然由於明朝是大國，在那個時候他
還沒有把握敢與中國對抗。李成梁在萬曆二十九年雖已七十六歲，但於萬曆初年曾誅
滅夷酋王杲、速把亥、逞加奴、仰加奴，並以邊功封寧遠伯，則奴兒哈赤對李成梁之
再受命鎮遼東，自亦不能不有所戒懼。新官上任，照例求有所表現。既要求哈達復
國，則也不會中途退縮，輕易讓人拒絕。由太祖武皇帝實錄所記看來，奴兒哈赤於這
一年接受明朝的要求以後，卽停止以武力向外發展。因此對萬曆三十年，淸太祖武皇
帝實錄卽無事可記。在萬曆三十二年正月，奴兒哈赤始又用兵攻打葉赫。明神宗實錄
記：「萬曆二十九年十二月乙丑，宴建州等衞貢夷奴兒哈赤等一百九十九名，侯陳良
弼待」。在萬曆二十九年，奴兒哈赤不僅允許哈達復國，還忍氣吞聲，親自到北京
朝貢。

　　據熊廷弼於萬曆三十七年二月所上撫鎮棄地啗虜疏（註一），李成梁於萬曆三十一年
放棄遼東淸河、鴉鶻、鹼場、孤山等堡沿邊地及靉陽迤東新奠、寬奠、大奠、永奠、
長奠等處至鴨綠江邊地，凡棄地數百里。據宋一韓於萬曆三十六年六月所上請勘遼東
棄地疏（註二），寬奠等六堡地是萬曆二年李成梁會同遼東巡撫張學顏所開拓的。「遼東軍
民前往住種，生齒漸繁，籬落相次，雞犬相聞，柵寨器械扞禦之具，蓋亦胥備，隱然
爲一大保障。然而參貂之所市易，將官旣不得牟厚利，而戎心亦頗忌之，爭擾漸起。
撫鎮慮其逐開邊釁，銳然以招撫爲事」。「專委廢將韓宗功，而宗功實成梁子壻，納
建酋重賄。凡種地之家，概作逃民，戶給免帖，逼還故土」。「於是室房居聚，焚掠
一空」，而薊遼總督蹇達、遼東巡撫趙楫反以招撫逃民六萬四千餘人爲功勞，於萬曆
三十三年奏報朝廷（註三），於三十四年八月癸亥奉旨，蹇達趙楫李成梁均論功賞賜，加
官蔭子有差。奴兒哈赤坐得地數百里，也同日蒙朝廷予以賞賜。撫鎮棄地而蒙賞賜，
這自然使擧朝大譁。熊廷弼於萬曆三十六年奉旨往勘，三十七年二月上撫鎮棄地啗虜
疏，卽指出李成梁爲了要逼迫寬奠等堡居民內徙，曾與奴兒哈赤勾結。實錄旣記奴酋

（註一）　熊氏此疏見籌遼碩畫卷一，疏上年月則據明神宗實錄。
（註二）　宋疏原文見皇明經世文編卷四百六十七，其上疏年月則見明神宗實錄。
（註三）　此據宋疏，賞賜李成梁年月，則據實錄。

與李成梁一同蒙朝廷賞賜，則熊氏此疏所說應係可信。

　　據熊氏撫鎮棄地啗虜疏，自「萬曆三十一年起，至三十五年，奴酋已三不貢」。
禮部侍郎楊道賓萬曆三十六年三月所上海建二酋踰期違貢疏說(註一)：

　　海西建州，歲一遣人朝貢。…歲以十月驗放入關。如次年正月到者，邊臣奏請
　　定奪。今自三十四年六月建州海西先後到京進貢去訖，至三十五年，並無驗放
　　入關者。候至今春，尚無消息。近見遼東總兵官寧遠伯李成梁巡撫右都御史趙
　　楫會題本內，明有「奴酋不肯進貢，搶了罷」等語；「事關職掌，合行題明」
　　等因到部。

則奴兒哈赤於萬曆三十四年曾派人朝貢。明神宗實錄記：「萬曆三十二年五月甲戌，
宴建州等衛進貢夷人」，則奴酋於萬曆三十二年亦派人朝貢。萬曆三十一年及三十三
年之未入貢，據熊氏所上撫鎮棄地啗虜疏，很可能是受李成梁的指使。李成梁棄地，
以懼開邊釁為藉口，熊氏說：「楫與成梁之意，以為奴酋本與我民安靜，無故趨同，
不借奴酋索地為名，恐人議論；而（寬奠等地）人衆數萬，不借此先聲以刦之，人豈肯
入，故密使董國雲，通同奴酋，作此圈套，以塗耳目」。奴酋於三十二年入貢，這表
示他本來對明朝忠順，而三十一年不入貢則係為了爭地而向明朝故作姿態，以示抗
議。三十三年遼東撫鎮奏報招撫寬奠等地逃民六萬四千餘人，棄地事已定局，因此奴
兒哈赤於萬曆三十四年六月就又派人入貢了。

　　將官為了壟斷參貂市易的厚利，不惜棄地，與屬夷交結，並「陰導之兇悖，以恐
嚇我民」，這種行為自然使奴兒哈赤齒冷。以懼開邊釁為藉口，這也無異於對奴兒哈
赤示弱。奴兒哈赤既與李成梁等人作此勾結，則對明朝無後顧之憂，因此奴兒哈赤又
可進行統一女眞諸部的工作，以便向明朝報仇了。

　　據太祖武皇帝實錄，奴兒哈赤於萬曆三十二年正月派兵攻打葉赫；而上引東國史
略事大文軌所記奴酋勾結海西衛，侵略朝鮮，卽發生於萬曆三十三年，亦係李成梁棄
地以後事。這可見李成梁棄地實有極惡劣的影響。熊氏撫鎮棄地啗虜疏說：「夷志日
驕，稱王阻貢，悉自得地之日始」。熊氏說，奴酋稱王，此卽指萬曆三十三年十一月
奴酋致書朝鮮，僭稱「建州等處地方國王」。

────────────────────────────

　　（註一）　楊疏見皇明經世文編卷四五三，疏上年月則據實錄。

在萬曆三十五年時，奴酋兼併屬夷，憑陵朝鮮，其罪狀已著。朝鮮在那個時候雖提醒薊遼總督遼東巡撫總兵，但為了棄地事，李成梁已受人攻擊；在萬曆三十六年六月宋一韓彈疏上前，趙楫及李成梁均已解任候代（註一）；在萬曆三十五年時，李成梁恐已因人言而自顧不暇，談不上對奴酋有所作為了。

由於李成梁及稅監高淮之貪婪橫行，已使遼東軍民嗟怨。據宋一韓所上直陳遼左受病之源疏（註二），「高淮之橫，實藉總兵李成梁之勢，故每見成梁，輒呼太爺，稽首俯伏，而成梁於淮，亦以兒子輩畜之」。在明朝，太監橫行，而高淮反倚武臣為重，這可見李成梁之橫。在明朝中葉以後，鎮守總兵官需聽督撫節制，但李成梁則氣燄薰灼，「撫臣咨用將領，需關白總鎮。倘非其意所用，逐之若奴隸。甚至撫院之去來，或憑其愛憎。撫臣欲不聽其所為，亦不可得」。李成梁及高淮刻削軍士，漁獵軍食，使遼東士馬蕭耗。據楊道賓萬曆三十六年三月所上海建二酋違貢疏，其時遼東堪戰精兵，不滿八千，而奴兒哈赤精兵已踰三萬，則李成梁要想對奴兒哈赤用兵，已不可能。為了減輕自己的責任，於是在萬曆三十六年二月薊遼總督蹇達就上奏朝廷，說奴酋「顯逆未形」，而李成梁也上奏說奴兒哈赤「顯惡未著」了（註三）。

在萬曆二十九年逼奴兒哈赤復哈達國時，奴兒哈赤可能即低聲下氣地與李成梁納交，以博李成梁歡心。否則奴兒哈赤在萬曆二十九年冬即未必敢輕身入朝。在萬曆三十一年李成梁棄寬奠等處地時，奴兒哈赤雖心鄙其為人，但有幾百里地可得，則也應送李成梁以重賄。在萬曆三十三年七月時，朝鮮政府給李成梁以咨文，指出奴酋欺凌朝鮮的種種事實，而李成梁的回咨則對奴兒哈赤有所偏袒。據宋一韓直陳遼左病源疏，李成梁趙楫不僅不想辦法制裁奴兒哈赤，反「合揭，欲乘朝鮮之亂，取而郡縣之」。皇明經世文編編者引宋氏此疏并加以這樣評註：「此必係建夷欲圖朝鮮，而假手於寧遠」。李成梁是否納奴酋重賄而上此疏，抑完全僅只為自己的升官發財而作此建議，現在尚不能斷定。不過，他這種建議是誠如宋一韓所指摘，「廢先王耀德之訓，

（註一）　據宋一韓請勘遼東棄地疏。
（註二）　宋氏此疏見皇明經世文編卷四百六十七，宋氏此疏亦係萬曆三十六年上。
（註三）　蹇達此疏係萬曆三十六年二月上，蹇疏原文見日本學人所編明代滿洲史料滿洲篇。李成梁疏原文未見，此據皇明經世文編卷四五三楊道賓建酋兼併屬夷憑陵屬國罪狀已著疏。

失天朝字小之仁，傷中國外夷之體，撤畿輔藩籬之衛，成建酋漁人之功，長邊庭尾大之危，重內地虛耗之災，違春秋恤死之義」，李成梁這一建議未爲明廷所採納。

奴兒哈赤在萬曆十七年卽已有「報仇中原之計」。欲向明朝報仇，自需先統一女眞諸部，而統一女眞諸部，則需採遠交近攻的策略。他鼓動卜章台侵略朝鮮，而他却又向朝鮮報告忽酋將入侵，以示惠於朝鮮，這也正是他的奸詐處，其用意在使忽酋在外交上孤立，雖被奴酋所征服，也不致於引起明朝人太大的反感。他在萬曆三十五年對明朝說：「殺敗卜章台，使朝鮮得生，看朝鮮將何物與我，孝順天朝，看大明國大皇上定奪施行」，卽含有此用意。

他在萬曆三十一年三十三年未入貢，這是受了李成梁的指使。萬曆三十五年的不入貢，此則由於他爭入貢車價，及「勒買參斤」(註一)。在那時他已知李成梁無討伐他的能力，只希望他入貢，以便向朝廷交待，故借入貢與否以向遼東邊臣勒索。及明朝同意增車價，於開原市參，則又要挾立界碑，並於碑上刻夷文(註二)。前引楊道賓疏說，李成梁趙楫會題本內，「明有奴酋不肯進貢，搶了罷等語」，這是奴兒哈赤在立碑以前所作的要挾。一直等到萬曆三十六年六月二十一日，遼陽管副總兵事參將吳希漢到撫順所宣諭奴酋，「上邊竪碑，宰馬盟誓，遵依起貢，備段布等物犒賞訖」，奴酋始遵依入貢(註三)。

他向遼東邊臣作種種要挾，固然係向女眞人表示，中國不足畏，以抬高他自己的聲望，但其主要企圖仍係希望獲得經濟方面的利益。他在萬曆三十五年雖要挾不入貢，但這一年他向明朝督撫總兵所遞呈文，仍自稱「世效邊疆龍虎將軍」，仍稱明朝的官員爲老爺。在未決定與明朝正式破裂以前，爲了經濟上的利益，他在稱謂方面是不妨因襲舊貫的。

向明朝官員遞呈文，僞裝忠順，這還有軍事上的需要。在稱謂上僞裝忠順，明朝卽不便翻臉，先派兵來打他，他可以在軍事上操取主動。萬曆三十六年二月蹇達向朝廷奏報，奴酋「顯逆未形」，也可能因奴酋的稱謂還忠順，蹇達才這樣說的。

(註一)　此據明神宗實錄萬曆三十六年三月乙巳條。
(註二)　此據熊廷弼撫鎮棄地啗虜疏。
(註三)　據皇明經世文編卷四五三楊道賓海建夷貢補至，南北部落未明，謹遵例奏請，乞賜詰問，以折狂謀疏。

　　奴兒哈赤於萬曆三十三年，自稱建州等處地方國王；於萬曆三十五年，自稱建州等處夷王。其自稱建州等處夷王的信，已見於朝鮮給明朝遼東地方官的咨文。以係對朝鮮稱王，而非對明朝稱王，明朝可置之不問。這種事在明朝也不是沒有先例。安南國王向明朝進貢，表文稱臣，然在安南國內則稱帝自若，明朝也並未因此而派兵討伐安南。

　　奴兒哈赤對朝鮮行文，不稱建州等處地方龍虎將軍，而稱建州等處地方國王，這由於其時朝鮮國勢已衰。他不稱女眞國，而稱建州等處地方國王，這由於在那時他還未統一女眞諸部。以女眞爲國名，是不如以建州爲國名之名符其實的。

　　女直、女眞、建州之用作國名，已見於奴兒哈赤的對外文書。莫東寅說，奴兒哈赤對內稱女眞國，對外稱建州國(註一)，這是與史實不符的。

（三）

　　奴兒哈赤在萬曆三十三年對朝鮮自稱建州等處地方國王。在那時，女眞人及蒙古人已承認汗的地位相當於中國的王，這可由俺答汗之被封爲順義王予以證明。因此在萬曆三十四年，遂有人上奴兒哈赤以崑都崙汗尊號。清太祖武皇帝實錄記：

　　　　丙午年（萬曆三十四年）十二月，恩格得力又引蒙古胯兒胯部五衞之使進駝馬
　　　　來謁，尊太祖爲崑都崙汗。

據太祖武皇帝實錄，崑都崙，華言恭敬之意。太祖高皇帝實錄將崑都崙汗譯爲神武皇帝，其謬妄不待辨。

　　稻葉君山清朝全史僅說奴兒哈赤於萬曆四十四年登汗位，沒有說奴兒哈赤在萬曆三十四年已稱恭敬汗，這由於稻葉氏著書時太祖武皇帝實錄尚藏於中國故宮，非普通人所能得見。在那時，他所見的太祖高皇帝實錄係作神武皇帝，這不爲他所採信，自然是對的。

　　太祖武皇帝實錄記萬曆三十四年太祖上崑都崙汗尊號，今由其稱建州等處地方國王一事證之，太祖武皇帝實錄所記應屬可信。

　　奴兒哈赤於萬曆三十四年稱汗，但他於萬曆三十五年給明朝的信，仍自稱「世效

（註一）　莫東寅著明末建州女眞的發展及其建國，滿族史論叢 p. 77.

邊疆龍虎將軍」，此已見前引。在萬曆四十一年時他對明仍用印信呈文，此見於明翟
鳳翀疏草存略再陳東奴情狀疏。今將翟氏此疏徵引於下：

　　題爲再陳東奴近日情狀，懇乞廟堂遐謀遠慮以保萬全事。竊照建夷奴兒哈赤，
　　以富強之勢，逞兼併之謀，其狡橫情形，臣前疏略陳梗槩矣。所議增兵添餉事
　　理，亦旣經部覆，奉有明旨矣。忽於舊年十二月二十五日，據分守道揭，據撫
　　順備禦稟稱：本月二十四日卯時 ，據前差通事董國雲進境 ， 齎執奴酋印信呈
　　文，內稱，我奴親到撫順稟訴苦情。 又據董國雲稟稱，奴酋本日辰時可到撫
　　順；因奴酋說稱，通事先進，恐有防備，隨跟通事聯絡進來等語。又據稟稱，
　　本月二十四日辰時，奴酋帶領跟隨夷人，約有四五百騎，到敎軍場，親投漢子
　　（字）稟帖一封，說稱：有開原金白二酋，誤說我不忠順，叫裏邊怪我。況我
　　喫的南朝俸祿，穿的南朝衣服，我怎麼不忠順了。 只因我行了羊錢，定的女
　　兒，他不與我，又與別人，今日我親來對馬法說，替我把文書申報上司。隨起
　　身出境去訖。臨行有欠參價商人王貴占等馬前哭告，「我們窮苦至極，奉明追
　　拷，家產變盡，望都督饒減些罷」。奴酋分付阿都，「我看備禦馬法金面，王貴
　　占饒他一百五十兩，董世眞饒他八十兩。……」。各商稱謝訖。又探得奴酋預
　　差夷各山頭瞭望，恐怕有兵馬；及起身去後，又差阿都同來對董國雲說，皮掛
　　李馬法不好當人受下，想怕口風。如日後要用甚麼，差人來，只說價買等情。
　　看得奴酋羈留通事董國雲半月，不容出門一步，驟帶多夷親來講話，且說莫要
　　備酒席，我也不喫。此等語言，專防內備等情。本月二十七日又據開原道薛國
　　用揭，據金白二酋稟帖，探得奴酋春正仍欲復攻北關，中國救與不救，未知的
　　確。部夷皇皇，多有逃之建州者。又哀懇明春耕種無糧，爨食無鍋，欲得破格
　　賑濟等情，俱到臣。臣復喚董國雲親問根因，據國雲吐稱，因講貢事到奴寨。
　　奴酋稱說：旣嫌人多，我只差十六箇人進貢領賞，一路自備盤費，也不用裏邊
　　酒飯；復說裏邊因何偏護北關，只說我不忠順；若我在牆裏動一草一木，就是
　　有罪，若兵馬出來救北關，說不得不動手相殺。又說：裏邊救北關，不過怕我
　　聯合西酋。我自不肯。我看守開原一帶邊疆，比北關還要硬實。又稱虜去卜占
　　台部夷家口，解衣推食，撫慰優厚。其自北關逃歸奴寨者，好好交給，仍與房

屋，資衣糧，無不人人歡悅。又親見金白二酋族人來投奴寨，卽與庄田九處，牛四十隻，馬六十四。見今北關之人逃赴奴酋者日每數十人，驛絡不斷。該臣看得，奴酋親來叩關，迹似忠順，亦卽前日質子之心也。而托名老女，不肯干休，畢竟要吞北關之心也。倏忽卽為去來，茶水不以入口，陸抗疑羊祜之酖也。厚撫歸附之夷人，懸作招降之榜樣，呂蒙散關羽之衆也。使彼遙怵於聲勢之張，陰寢其狂逞之志，幸而就我繼籠，漢過自不當先，此卽今日增兵一千七百，增餉二萬八千之明效大驗也。……

翟疏說：「奴酋齎執印信呈文」，「內稱我奴親到撫順，稟訴苦情」，則在呈文中，奴酋當仍稱世效邊疆龍虎將軍，而未稱汗。

奴兒哈赤在自己國內稱汗，而撫順商民王貴占等人仍稱之為都督，這係尊重天朝所授的官職。

奴酋親到撫順事，滿文老檔及太祖武皇帝實錄均記有，可與翟疏所記比較。今徵引武皇帝實錄所記於下：

癸丑年……九月……。是時金台石布羊姑使大臣譖太祖於萬曆皇帝曰：「哈達輝發兀喇已被盡取矣，今復侵吾地，欲削平諸部，然後侵汝大明，取遼陽為都城，開原鐵嶺為牧地」。萬曆皇帝信之，遣使來謂太祖曰：「自今汝勿侵夜黑國。若肯從吾言，是存我體統。若不從吾言，後必有侵我之日」。遂遣遊擊馬時楠周大歧帶槍砲手一千，衛夜黑二城。太祖聞之，修書曰：「吾國興兵原為夜黑哈達兀喇輝發蒙古實伯刮兒恰九國，于癸巳年會兵侵我。上天罪彼，故令我勝。于時殺夜黑布戒，生擒兀喇布占太。至丁酉年，復盟，宰馬歃血，互結婚姻，以通前好。後夜黑負盟，將原許之女悔親不與。布占太乃吾所恩養者，因與我為仇，伐之，殺其兵，得其國。彼身投夜黑又留而不發，故欲征之。吾與大國有何故，乃侵犯乎？」書畢，親齎詣撫順所。于二十五日，至一曠野處，名古勒。卯時，日出，兩傍如門，青紅二色，祥光垂照，隨行不已。太祖一見，遂率衆拜之，其光乃止。廿六日辰時，至撫順所。遊擊李永芳出三里外迎之，馬上拱揖，接入敎軍場，將書與之，不移時卽還。

乾隆修本太祖高皇帝實錄所記內容與武皇帝實錄同，僅將人名地名對音加以潤色，將

文章改得更雅潔。

滿文老檔日譯本（P.36—39）所記較武皇帝實錄多出「萬曆帝夢警」一事。「萬曆帝夢警」一事，金梁已將其譯爲中文，收入滿洲老檔秘錄。太祖武皇帝實錄省略「萬曆帝夢警」不記，蓋以其事涉誕妄。

太祖武皇帝實錄記太祖修書內容，似敵體之詞，而翟疏所載奴酋說辭，辭極恭順。太祖武皇帝實錄所記源出滿文老檔，滿文老檔記此事已諱飾不實了。

滿文老檔說，太祖於十二月二十五日起程，二十六日辰刻到撫順，武皇帝實錄遺漏「十二月」三字，於是到撫順投書就成爲那一年九月的事。今由翟疏證之，奴酋到撫順確係十二月事，武皇帝實錄所記應據滿文老檔改正。

翟疏說，奴酋到達撫順在這一年十二月二十四日，而據滿文老檔則係十二月二十六日事。滿文老檔所記已諱飾不實，係事後追書，其所記日期恐不如翟疏所記之可信。

翟疏記，奴酋差十六人進貢，此可參看明神宗實錄萬曆四十三年三月丁未條(註一)，滿文老檔亦因忌諱而省略不書。

在萬曆四十一年四十二年，張濤任遼東巡撫。明神宗實錄記：

> 萬曆四十二年正月辛酉（初六），遼東巡撫張濤疏進奴酋訴狀，其原狀封投兵部，狀中所云，大約恣恨北關賴婚匿壻，開原人不當助之。詞多不遜。按奴酋從未入內地(註二)，一旦躬率其子，親赴撫順關，見備禦官李永芳等，嘵嘵訴告（抱經樓本廣方言館本作苦。）情形順逆，不待智者而後知矣。

由翟疏看來，奴酋訴狀辭氣應極恭順。只有董國雲所傳的話，如明兵救北關，少不得相廝殺，是對明朝軟硬兼施，可以說是詞多不遜。張濤奏疏可能也提到董國雲所傳的話，因此纂修實錄史臣就說奴酋訴狀詞多不遜了。

翟疏說，使彼遙怵於聲勢之張，陰寢狂逞之志，「漢過自不當先」，這可見那個時候明朝還只採守勢，沒打算用兵征討奴酋。

(註一)　實錄此條作十五人，俟考。

(註二)　由「按」字起，至「知矣」止，係修實錄史臣所加按語，與眞實史事不符。奴兒哈赤曾到北京朝貢，見明神宗實錄萬曆十八年四月庚子，二十六年十月癸酉及二十九年十二月乙丑條。

（四）

　　據滿文老檔日譯本，奴兒哈赤於萬曆四十四年丙辰正月初八日，上尊號爲「天か衆國を恩養するやうに任じた Genggiyen Han」，這一尊號不見於明朝人及朝鮮人的記載。

　　朝鮮趙慶男亂中雜錄收有天命壬戌年三月大金國汗與朝鮮國王的信，信中說：

> 大金國汗書與朝鮮國王知道：南朝與朝鮮，父子之邦，國大兵衆，因此起兵六年。

由萬曆四十四年丙辰算至天啓二年壬戌，恰好六年，則他在萬曆四十四年卽已有意對明朝用兵了。他在這一年上的尊號有「恩養衆國」字樣，正可以看出他心目中已無明朝，這一尊號之上應屬可信。

　　他在萬曆四十四年雖有意對明用兵，但其眞正用兵則始於萬曆四十六年四月。他在這一年四月十三日以七大恨告天，率步騎往征明朝。據遼東巡撫李維翰題本，四月十四日，有奴酋部夷八百餘名，在撫順市集討賞，口說，明日有三千餘名達賊來做大市買賣；至十五日寅時分，達賊果來叩市，遂誘哄買賣商人並軍民出城貿易，各賊遂乘際攻佔撫順。清太祖武皇帝實錄則說（註一），他是以堂堂之陣攻入撫順，這恐怕是史官曲筆，不可輕信。據李維翰題本，在四月十五日酉時分，清河遊擊鄒儲賢收到奴酋漢字印稟一張，內云：

> 因你南朝發兵，設在外邊，故我到撫順講話，候朝廷將出邊的兵馬退囘。若把邊外北關交與我，則這事或可以免得。且今要你清河照常作市，故不侵你清河地界。謹白。

既稱印稟，則在這封信中奴兒哈赤還未對明朝稱汗。

　　他對明朝稱汗，係在萬曆四十六年四月甲寅，已在上一封印稟之後。明神宗實錄記：

> 萬曆四十六年四月甲寅，建酋差部夷章台等，執夷箭印文，送進擄去漢人張儒紳張棟楊希舜盧國仕四名進關，聲言求和，傳來申奏一紙，自稱爲建國，內有

（註一）　李維翰題本見籌遼碩畫卷三。

七宗惱恨等語。

沈國元皇明從信錄卷四十：

萬曆四十六年閏四月，奴兒哈赤歸漢人張儒紳等，賫夷文請和，自稱建州國汗，備述惱恨七宗，大略以護北關，嫁老女，及三岔柴河退墾爲辭，實藉儒紳等以行間。

王在晉三朝遼事實錄卷一：

萬曆四十六年閏四月，奴兒歸漢人張儒紳等，賫夷文請和，自稱建州國汗，備述七宗惱恨。

明神宗實錄說，奴兒哈赤「自稱爲建國」，建字下應省略了一個州字。實錄作建國，可能係據當時臣工奏報。籌遼碩畫卷八第四十三頁載有南京河南道御史孫光裕疏云：

近奴酋以媺書聞，輒敢自稱爲建國，稱中國爲南朝。

此卽作建國，而非建州國。建州國的名稱已見於萬曆三十三年李成梁給朝鮮政府咨文，已見前引。

籌遼碩畫卷五載有這一年六月禮科給事中官應震所上奏疏：

頃奴兒哈赤……借送漢人，觀我空虛，明言入犯，未肯罷兵。跡其七宗惱恨之詞，渾是一片挑激之意。且以乙廰屬夷，而自稱爲國，自稱爲汗，稱我明爲南朝，儼然北朝自居。……

由孫光裕及官應震奏疏看來，奴兒哈赤對明朝自稱建州國汗，卽從張儒紳所齎夷文開始。在這時他已不稱「世效邊疆龍虎將軍」了。

他在萬曆三十三年對朝鮮自稱建州等處地方國王，在三十四年對國內自稱崑都崙汗，萬曆四十四年稱恩養衆國英明汗，因對象不同，所以他的稱號也就有異。

太祖武皇帝實錄記：

己未天命四年，大明萬曆四十七年正月二十二日，令大明使者李繼學及通使齎書回。其書曰：「皇上若聲遼人之罪，撤出邊之兵，以我爲是，解其七恨，加以王封，豈有不罷兵之理」（註一）。

（註一）　本文寫成後，得見李學智先生老滿文檔譯稿。「加以王封」的王字，在老滿文檔中係作 wangse，亦卽王子，而滿文老檔日譯本所據乾隆重錄本則作 wang。王子卽可汗，相當於中國的王，說見前。

他在這封信中尙且要明朝「加以王封」，則所謂建州國汗也只相當於建州國王，在萬
曆四十七年正月時，他還未稱帝。

　　在萬曆四十七年三月，明兵分四路討奴兒哈赤，朝鮮也派姜弘立率兵從征。明兵
戰敗，姜弘立率所部投降。奴兒哈赤有兩個諭帖給姜弘立，今據趙慶男亂中雜錄續錄
引其第二諭帖全文於下：

　　　　汗諭朝鮮將帥：休說前日些須閒失禮 。 助兵南朝，豈非大事乎？大事尙不計
　　　　較，不忍誅戮，是圖名譽傳揚也。今以小過失而朕不能容，復欲計較，則初意
　　　　欲揚名四海，流芳後世，何益之有？朕終始如一。爾勿得胡愁亂想，負朕盛意
　　　　也。

在這個諭帖中，奴兒哈赤卽自稱爲朕。

　　在萬曆四十七年三月二十一日，奴兒哈赤派鄭應井偕胡差二人送信給朝鮮國王。
這封信的全文保存於趙慶男亂中雜錄續錄卷一 ， 在討論奴兒哈赤的年號時 ， 我將徵
引。在這封信中，奴酋是自稱後金國汗，用天命作年號，稱明朝爲南朝。

　　這封信係鄭應井帶來，朝鮮政府曾爲此而審問鄭氏。鄭應井招曰：

　　　　（三月）初六日，始到虜穴。老酋坐於三間廳上，着黃袍錦衣（亂中雜錄續錄
　　　　卷一第一四一頁，大韓民國石印本。）

則在這時奴兒哈赤所穿的衣已係帝王所穿的黃袍了。

　　朝鮮曾將這些事實咨報明朝。明神宗實錄記：

　　　　萬曆四十七年六月庚午，禮科給事中亓詩敎題：逆酋僭號，乞急遣經略以彰神
　　　　武。稱奴酋陷我城堡以來，目中已無中國，近如朝鮮咨報所云，輒敢建國改元
　　　　稱朕。

沈國元皇明從信錄記：

　　　　萬曆四十七年五月，朝鮮咨報，奴酋僭號後金國汗，建元天命，指中國爲南
　　　　朝，黃衣稱朕，詞甚侮嫚。

王在晉三朝遼事實錄記：

　　　　萬曆四十七年五月二十九日，奴酋深入撫順。……朝鮮方咨報奴酋移書聲嚇，
　　　　僭號後金國汗，建元天命，指中國爲南朝，黃衣稱朕，意甚恣。

明朝人之知道奴爾哈赤建國號後金，黃衣稱朕，是由於朝鮮給明朝遼東經略的咨報。實錄繫亓氏題本於六月庚午，謂該疏留中不報，則六月庚午當係亓氏上疏時日。庚午係十九日，皇明從信錄及三朝遼事實錄繫朝鮮咨文於這一年五月，應屬可信。

據朝鮮光海君日記萬曆四十七年己未四月十九日條，後金國汗這封來信鈐有「後金天命皇帝」的印。李民寏柵中日錄萬曆四十七年三月十三日條說：

聞奴中方草通書，鑄成印顆。

柵中日錄三月十五日條記有此信的大意，「後金國汗敬達朝鮮國王，我於明有七宗惱恨，貴國十員將帥，活捉到此，看國王之情，拘留之，求王定奪」，這封信的大意與趙慶男所記後金國汗來書相同。而鑄成印顆，由上引光海君日記看來，此印卽係「後金天命皇帝」之印。在這以前，他用的印係建州左衞之印（註一），及改稱後金國汗，通書與朝鮮，就需要另鑄新印了。他之定國號爲後金，年號爲天命，及稱皇帝，都是萬曆四十七年三月薩兒滸之役大勝明兵以後的事（註二）。

計六奇明季北略卷一說：

萬曆四十四年丙辰，大清朝建元天命，指中國爲南朝，黃衣稱朕，是爲太祖，然是時猶稱後金，後改大清。

稻葉君山孟心史蕭一山諸氏均認爲奴兒哈赤在萬曆四十四年所建國號係後金，可能都根據計氏此處所記。但據我上文所考，黃衣稱朕，國號後金，採用天命作年號，均係萬曆四十七年三月事。計氏大概是看見別的書上說，奴兒哈赤於萬曆四十四年建元天命，遂以爲奴兒哈赤在萬曆四十四年卽已黃衣稱朕，建國號後金。計氏忽略了奴兒哈赤在萬曆四十六年時是自稱爲建州國汗的。

彭孫貽山中聞見錄說：

萬曆四十四年，太祖自稱建州國汗，建元天命。

彭氏也大概是看到別的書上說，奴兒哈赤在萬曆四十四年建元天命，又看見明人紀載說，萬曆四十六年稱建州國汗，遂以爲奴兒哈赤在萬曆四十四年卽已如此。今據我上

（註一）　奴酋早期對外行文，所用的印卽與書信中他自己的稱謂，不相符合。他寫信給朝鮮，稱建州等處地方國王，是否已不用建州左衞之印，史無明文，很可能他仍用建州左衞之印。

（註二）　參看三田村泰助氏天命建元の年次に就いて，東洋史研究第一卷第三號 p. 233.

文分析，則在萬曆三十三年奴兒哈赤已自稱建州等處地方國王，三十四年已稱崑都崙汗，王的地位相當於汗，則在萬曆三十三年奴兒哈赤即已是建州國汗，不必等待萬曆四十四年才有這個稱呼。

奴兒哈赤對明朝稱建州國汗，此係萬曆四十六年四月事。彭氏所見明朝史料，只能作如此解釋。彭氏將稱建州國汗事上移到萬曆四十四年，這是誤解了明朝的史料。在萬曆四十四年奴兒哈赤尚未建元天命，我將在另文中予以討論。

奴兒哈赤在萬曆四十七年三月改國號建州為後金，建州國的名稱源於建州衛，建州二字多少會令他感覺屈辱。金朝係女眞人所建立的帝國，以金為國號，可以鼓舞所有的女眞人，因此他就不稱建州國汗，而改稱後金國汗了。

奴兒哈赤寫信給朝鮮國王，自稱後金國汗。李洵明清史謂後金的後字係後世史家追加，這是與當時史實不符的。

（五）

在中國五代時，朱塭建國號曰梁，而史家稱之為後梁。李存勗建國號曰唐，而史家稱之為後唐。奴兒哈赤後來一定發現在他以前的創業帝王沒有在國號上自己加一後字的，因此他就在天啟元年辛酉改國號後金為金了。趙慶男亂中雜錄續錄卷一曾載有這一年後金國汗與朝鮮國王的信及大金李永芳與朝鮮邊將的三封信，今徵引於下：

> 辛酉（天啟元年，光海君十四年）夏四月，……胡書：「後金國汗致書於朝鮮國（健按，國下恐脫一王字）。貴國要以先年助兵南朝，以報救倭之功。今或不助南朝，各自保守，則過江漢人，不必納之，盡數驅同，此是我民不殺矣。況全遼未殺剃頭，倘若再助南朝，不必我說。朝鮮乃禮義大邦，何事不知。此在貴國定奪謹心」。……

> 五月廿一日，……翌日投書曰：「大金國駙馬王李永芳諭朝鮮守邊官知道：我大金皇帝收取遼東，諒你國知之。東邊一帶，前差官安撫，因古河愚民趙希文等，率衆不服，殺我差官二員，故親來招撫。原無殺害之意，各惡畏法，躲在你江那邊，你不當存留。我與你國，原無仇恨，屢有通往。昨我親在江沿，差通事喚你不應，與你諭帖不看，故此過江，剿殺漢人，並不傷你麗人。以後再有漢人過江，即時送同，方見唇齒之意。不然，致起釁端，你有何靠」云。……

賊退入鎮江，再送書曰：大金國駙馬王李，爲招撫軍民事，票仰義州節度使，卽將夾江潛藏漢人並韓參將家眷，作速先押送過江，俱各養活，以便安撫。如遲，本府提兵過江，檢城搜尋，爾地方驚擾不便。其過江的翰林院給事中，待後送來，勿得遲延惹禍未便，須至票者。(外封駙馬府封，義州節制使開拆)。……翌日賊又送三書，「大金國駙馬王李諭義州節使知道：昨因古河漢人過江，你地方收藏。叫你通送來，屢喚不應；送過文書又不看，我纔發兵過江，你地方人心未不驚動。今我到鎮江地方，軍民安撫已定。中有畏法愚民，跟隨韓參將，見在你義州地方，我故行文叫你送過江來，彼此兩便。你又不接諭帖，不送過人來，反說滿蒲行文。昨你答通事來說，今後就進貢大金皇帝，今又何出此言？你乃禮義之邦，何爲出言反吞？且遼東城堡，全歸大金。鎮江正朝鮮要路，已屬大金。行文不由此地，而言滿堡(蒲)，何也？此言甚是可笑。或者你以我大金尙未一統，非可統馭你國。你不思昔大元曾統一天下，你國何嘗不歸服來？歷代革命，你國曾敢反手乎？是亦不必如此爲模稜之計。若翰林院給事中係朝使來，貴國王今尙可託辭，而韓參將李遊擊見在你驛館，你昨日送在連山堡，怎麼推不知道？又說他各人雇的船？你的地方，他雇的是誰人船隻？爲此一二漢，將惹禍不淺。從井救人，何若是之愚也。亦再思之！天命辛酉五月十八日。持三書來者，曾以經略差官往來義州之吳仲庫也。……

　　後金國汗給朝鮮國王的這封信，不見於光海君日記。據滿文老檔日譯本及太祖武皇帝實錄，這封信係寫於這一年三月二十一日。亂中雜錄作四月，當是指這封信收到的時間。

　　滿文老檔記有這封信，其日文譯文如下：

　　後金國の皇帝は朝鮮王に書を送る。汝等はもとどほり明に味方するのならば味方せよ。味方しないのならば，江を渡つて行つた漢人を皆還せ。今我は遼東地方の漢人を殺さず，皆助命して頭を剃らせた。 諸官人にはもとどほり職を與へて助命する。 汝等は明に再び味方すれば，我に文句を言ふな。汝等の朝鮮は正しい國である。汝等の知らないことは何もなからう。汝等の欲するままであらう。(東洋文庫本 P.293)

在那個時候，後金與朝鮮辦交涉，其來往文件係用中文。滿文老檔所記也只是這封中文信的摘要翻譯。金梁滿洲老檔秘錄譯 Amaga aisin gurun i han 爲後金國大皇帝，滿文老檔日譯本則譯爲後金國皇帝。由朝鮮趙慶男亂中雜錄所載原信看來，仍應譯爲後金國汗。

在滿文老檔裏，後金國號僅此一見。在天命八年正月卷裏(註一)，才看見稱奴兒哈赤所建立的國家爲金國。

太祖武皇帝實錄記這封的內容如下：

> 二十一日遣朝鮮國王書曰：滿洲國汗致書於朝鮮國王 ： 如仍助大明則已 ， 不然，有遼人濟江而竄者 ， 可盡反之 。 今遼東官民已削髮歸降，其降官俱復原職。汝若納我已附之遼民而不還，異日勿我怨矣。

原信作後金國汗，纂修實錄史臣改作滿洲國汗。這封信的原文當以亂中雜錄續錄所記者爲正。

李永芳給朝鮮邊將的三封信，不見於光海君日記，也不見於滿文老檔及太祖武皇帝實錄，但其眞實可信則是無問題的。李永芳的第三封信寫於天命辛酉五月十八日，較前兩封信的寫作時間爲早，而到達朝鮮邊將的手中則較晚，因此亂中雜錄將這封信紀錄在李永芳上兩封信的後面。

亂中雜錄記奴兒哈赤事，自萬曆四十七年己未四月收到後金國汗來書起，至上引天啓元年辛酉四月胡書止，均書奴酋國號爲後金，而自上引辛酉五月十八日李永芳與朝鮮邊將書以後則稱金。這可證奴兒哈赤之改國號爲金係天啓元年辛酉四五月間事。最早不得過於這一年三月二十一日，最晚不得過於這一年五月十八日。

金與後金，非同時所用的國號。近代史家論奴兒哈赤所建立的國號，即忽略此。敍述奴兒哈赤的事迹，在應該稱他作後金國汗的地方，稱他爲金國汗；在應該稱他所建立的國家爲金國時，又稱作後金。稻葉君山的清朝全史即有此毛病。這種觀念上的混淆，在明朝可能即已發生。如籌遼碩畫卷四十四載萬曆四十八年庚申六月通政使姚思仁題本稱：

> 臣于五月二十九日，接到經略遼東熊廷弼疏，……即時封進；再讀副本及奴賊

　　　　榜文，中間稱金稱國，稱汗稱朕。

又同月劉有源題本：

　　　　頃自奴酋，號金稱朕，揭榜招降。

此均稱奴酋所建國號爲金，則似乎在萬曆四十八年庚申奴兒哈赤卽已改國號爲金。然

考籌遼碩畫卷四十五所載楊漣題本：

　　　　（奴酋）故敢爲逆榜招降，妖稱後金天佑，辱我皇上以徽欽。

又熊廷弼經遼疏牘卷三逆榜詬侮疏：

　　　　題爲逆榜招降，詬侮無狀，謹錄呈御覽，伏祈聖明察賊志不在小，亟圖殄滅，

　　　　以雪憤恥事。本月（萬曆四十八年五月）二十日，據邊將劉世功等送到奴酋招

　　　　降榜文一紙，內稱後金國汗，自稱曰朕，皆僭號也。大略賊自言爲天所佑，中

　　　　國爲天所怪，諭各將率城堡歸降，各屯堡人民縱投山海關西，我兵不免隨後又

　　　　到，不如投朕，保全家室，而末有昔日宋徽宗納遼叛臣，以致天怪，徽宗欽宗

　　　　嘗受些須苦難，規例見有等語。……

則奴兒哈赤招降榜文原作後金。姚思仁及劉有源題本之作「金」，可能係作文講求對

仗而省略了一個「後」字。金與後金皆女眞人建立的國家，視爲一個國家，未嘗不

可，不過，名從主人，我們還是應該將金與後金加以區別的。

　　　奴爾哈赤所建立的國號有女直、女眞、建州、後金及金。此係在不同時間所制

定，其行用的時間也不同。前引孟心史先生說，奴兒哈赤所建國號係建州，又稱後

金，孟氏卽忽略這一點。

　　　稻葉君山清朝全史說，「在萬曆四十四年時建國號爲大金，或以區別於前代之

金，稱爲後金。清實錄中所以無國號之記載者，則太宗朝編纂實錄時所塗抹」。現在

看來，在萬曆四十四年時奴兒哈赤的國號仍爲建州，並未另定，所以滿文老檔卽不書

這一年建國號。滿文老檔丙辰正月初八日條記事爲今本武皇帝實錄所自出，滿文老檔

該條旣不書建國號，因此太祖武皇帝實錄也不書這一年建國號了。

　　　奴兒哈赴對外行文，所用的國號計有女直、女眞、建州、後金及金，未用滿洲爲

其國號。太祖武皇帝實錄始稱太祖爲滿洲國汗。滿洲國號之由來，我將另文討論。

— 448 —

論張儒紳齎夷文至明年月並論奴兒哈赤的七大恨及滿文老檔諱稱建州國

黃　彰　健

張儒紳齎夷文至明年月，皇明從信錄及三朝遼事實錄所記與明神宗實錄不同。過去史家沒有人討論此一問題，現在謹據滿文老檔、太祖武皇帝實錄及籌遼碩畫所記，予以考定。

奴兒哈赤對明用兵，以七大恨為其藉口。七大恨的內容，滿文老檔、清太祖武皇帝實錄、清太宗實錄及清太宗天聰四年正月上諭刻本所記，與明神宗實錄三朝遼事實錄所記不同。日本今西春秋先生曾為此與孟心史先生發生筆戰（註一）。現在謹提出我的新看法。

由於考論張儒紳所齎夷文內容，我發現滿文老檔諱稱建州國。在應該稱建州國的地方，他們用早期行用的女眞國國號。

今謹述我的理由於後。

明神宗實錄記：

> 萬曆四十六年四月甲寅，建酋差部夷章台等，執夷箭印文，送進擄去漢人張儒紳張棟楊希舜盧國仕四名進關，聲言求和；傳來申奏一紙，自稱為建國，內有七宗惱恨等語：言朝廷無故殺其祖父；背盟發兵出關，以護北關；靉陽清河漢人出邊打礦打獵。殺其夷人；又助北關將二十年前定的女兒，改嫁西虜；三岔柴河撫安諸夷隣邊住牧，不容收禾；過聽北關之言，道他不是；又西邊被他得了，反助南關逼說退還，後被北關搶去。及求南朝官一員，通官一員，往他地，好信實赴貢罷兵等語。

（註一）　見孟心史關於清太祖告天七大恨之眞本研究答今西春秋氏，明清史諸著集刊 p. 213.

沈國元皇明從信錄卷四十：

　　萬曆四十六年閏四月，奴兒哈赤歸漢人張儒紳等，賫夷文請和。自稱建州國汗，備述惱恨七宗。大略以護北關，嫁老女，及三岔柴河退墾爲辭，實藉儒紳等以行間。

王在晉三朝遼事實錄卷一：

　　萬曆四十六年閏四月，奴兒歸漢人張儒紳等・賫夷文請和。自稱建州國汗，備述七宗惱恨。呈按院陳王庭內云：「先年李成梁李如松父子殺我祖父敎場，奪我土地，一恨；又差部轄圍獵界上，殺我人，搶馬匹，二恨；私自過界，盜斫糧草，三恨；求壻北關，賴我親事，四恨；又將大兵五百名，助北關交戰，五恨；縱放遼民墾地，盜去參種，六恨；我與北關朝鮮，同爲藩臣，他厚我薄，七恨。故因動發兵馬，叛搶是實」。張儒紳等係東廠差役，奴曾藉以行間。言官糾盧受通夷，事中格。

　　傳來申奏一紙，自稱爲建國，內有七宗惱恨等語，明實錄繫此事於萬曆四十六年四月，而皇明從信錄及三朝遼事實錄則繫於閏四月。明實錄記七大恨的內容及次序與三朝遼事實錄所記不同。今引清太祖武皇帝實錄所記以資比較。清太祖武皇帝實錄卷二：

　　（天命三年）四月十三壬寅巳時，帝將步騎二萬征大明。臨行書七大恨告天曰：

　　吾父祖於大明禁邊，寸土不擾，一草不折，秋毫未犯，彼無故生事於邊外，殺吾父祖，此其一也。

　　雖有祖父之讎，尚欲修和好，曾立石碑，盟曰：「大明與滿洲皆勿越禁邊。敢有越者，見之卽殺。若見而不殺，殃及於不殺之人」。如此盟言，大明背之，反令兵出邊衞夜黑，此其二也。

　　自清河之南，江岸之北，大明人每年竊出邊，入吾地侵奪。吾以盟言，殺其出邊之人。彼負前盟，責以擅殺，拘我往謁都堂使者綱孤里、方吉納二人，逼令獻十人，於邊上殺之，此其三也。

　　遣兵出邊爲夜黑防禦，致使已聘之女，轉嫁蒙古，此其四也。

　　將吾世守禁邊之釵哈（卽柴河）、山七拉（卽三岔）、法納哈（卽撫安）三堡

耕種田穀，不容收穫，遣兵逐之，此其五也。

邊外夜黑，是獲罪於天之國。乃偏聽其言，遣人責備，書種種不善之語以辱我，此其六也。

哈達助夜黑侵我二次，吾返兵征之，哈達遂為我有。此天與之也。大明又助哈達令返國，後夜黑將吾所釋之哈達擄掠數次。夫天下之國，互相征伐。合天心者勝而存，逆天意者敗而亡。死於鋒刃者使更生，既得之人畜令復返。此理果有之乎？天降大國之君，宜為天下共主，豈獨吾一身之主？先因糊籠部（華語諸部）會兵侵我，我始興兵。因合天意，天遂厭糊籠而佑我也。大明助天罪之夜黑，如逆天然；以是為非，以非為是；妄為剖斷，此其七也。

凌辱至極，實難容忍，故以此七恨興兵。祝畢，拜天焚表。……

（天命三年四月）十五日晨，往圍撫順城。……（李）永芳衣冠乘馬方出城降。

……十六日，遣兵四千拆撫順城，……有山東山西涿州杭州益州河東河西等處商賈十六人，皆給路費，書七恨之言，付之令歸。……

二十一日，帝回兵。……廣寧鎮守張承胤、遼陽副將頗廷相、海州參將蒲世芳，聞滿洲大兵盡取撫順等處，領兵一萬急追。……大明兵遂敗。……殺總兵副將參遊及千把總等官共五十餘員，……敵兵十損七八。……

閏四月二十二日，遣魯太監下商人二名，開原人一名，書七大恨付之，令回國。

滿文老檔日譯本亦記有這一年四月十三告天七大恨。日譯本所據滿文老檔係乾隆重鈔本。故宮藏老滿文檔原本此段，李學智氏曾譯為中文，見思與言雜誌第二卷第二期第十頁。以故宮藏老滿文檔李學智氏譯文、滿文老檔日譯本與太祖武皇帝實錄所記比較，滿文檔記壬寅告天七大恨與武皇帝實錄不同之處，僅滿文檔作珠申（女真），而武皇帝實錄作滿洲。

中國東亞學術研究計劃委員會年報第四期收有廣祿李學智二氏合著之「老滿文原檔與滿文老檔之比較研究」一文，其第六十三頁載有故宮藏老滿文檔荒字檔第一〇六至一一三號譯文：

記錄法規，書寫成書的大臣額爾德尼巴克什說的話：「因為明國的萬曆皇帝過

失太多，受天地的譴責。所以他那立營三處，掘有深溝，置有層層鎗砲的一萬
兵，……都被攻破殺死。……

因爲英明汗又一次要出兵，於閏四月的十六日招集了軍隊檢閱，看到兵馬尚未
肥壯，卽使軍兵囘去。於二十二日，書寫了七大恨的話，將明國皇帝的魯太監
派來做買賣的兩個人，和開原城的一個人，撫西城（卽撫順）的一個人釋放，
命他們拿了書信送給明國的皇帝。（健按，譯文下面打有圈的，不見於滿文老
檔日譯本。）

以故宮老滿文檔此段譯文與滿文老檔日譯本及上引太祖武皇帝實錄對校，知武皇帝實
錄「開原人一名」下脫「撫順人一名」五字。在萬曆四十六年閏四月二十二日，奴兒
哈赤遣魯太監下商人二名，開原人一名，撫順人一名，書七大恨付之，令囘國，此四
人當卽明神宗實錄所記之「張儒紳張棟楊希舜盧國仕」，而魯太監當卽三朝遼事實錄
所記之盧受。武皇帝實錄記七大恨，將柴河三岔撫安寫作釵哈七拉法納哈，知其所記
係譯自滿文。滿文老檔的日譯本及上引李學智先生譯文將滿文 lu tagiyan 譯作魯太
監，此係根據武皇帝實錄。其實應據三朝遼事實錄譯爲盧太監。盧受說：張儒紳以買
皮張行，因在擄中，其帶來夷書則奴所威挾，並無別情；明神宗詔不問，見神宗實錄
萬曆四十六年六月己未條。

　據故宮老滿文檔及滿文老檔日譯本，送這四個人囘國係萬曆四十六年閏四月二十
二日事，則皇明從信錄及三朝遼事實錄繫張儒紳齎夷文請和於這一年閏四月，其所繫
月份正確不誤。

　纂修神宗實錄史臣繫此事於萬曆四十六年四月甲寅，也一定有他的根據。實錄這
條記事並未說皇帝對張儒紳齎來申奏下有旨意，則甲寅二字可能是指齎來申奏一紙這
件事開始發生的日期。籌遼碩畫卷五載有這一年五月兵科給事中趙興邦的奏疏說：

兵科給事中趙興邦等題：……據遼東撫臣李維翰塘報內稱，奴酋送漢人張儒紳
等四人在酋寨內住居月餘後，乃給以長馬，給以印文，差章台等送返求和等
情；又據儒紳等供稱，「奴酋沿途夷寨，到處有精兵千餘，上下絡繹不絕，直
抵近關，防備甚嚴」等情。此非奴酋審知張儒紳等係東廠所差，故令其齎印文
而歸，以使傳於我中國乎？曰「求和」則愚我也；曰「到處精兵，嚴加防備」，

　　則威我也；又據齎來夷文曰：「七宗惱恨，公議明白，誰是誰非。專等文下，

　　我好罷兵」，則又輕我挾我也。⋯⋯

據趙氏此疏，則在四月二十五日甲寅這天可能命張儒紳等四人往酋寨居住，在閏四月
二十二日方遣張儒紳等四人動身囘國。

　　據明實錄，萬曆四十六年傳來申奏一紙，其中提到「好信實赴貢罷兵」，這與上
引趙與邦題本及三朝遼事實錄所記「請和」意思相同，而故宮所藏老滿文檔、滿文老
檔日譯本與太祖武皇帝實錄均僅說派人送信，書七大恨付之，沒有說「赴貢罷兵請
和」。

　　據廣祿李學智合著老滿文原檔與滿文老檔之比較研究，故宮所藏荒字號檔，係用
高麗紙寫，係事後追書，非原始檔案。上所引老滿文檔譯文均屬荒字檔。也正因其非
原始檔案，因此所記事就可以有諱飾了。

　　明神宗實錄記七宗惱恨，其中提到「靉陽淸河漢人，出邊打礦打獵」，而此在故
宮老滿文檔李學智氏譯文說：

　　「又自淸河以南，江岸以北，尼堪（明人）偷出邊境，侵奪珠申之地」（註一）。
老滿文檔及淸太祖武皇帝實錄所記均無「打礦打獵」字樣，則老滿文檔及太祖武皇帝
實錄所記七大恨內容與「傳來申奏一紙」所記又有出入。

　　滿文老檔及太祖武皇帝實錄記七大恨次序與明實錄相合，而與前引三朝遼事實錄
不合。由太祖武皇帝實錄所記看來，這可能由於書七大恨告明，所派山東山西涿洲杭
州等地商人計有十六人，這些人所帶書信與張儒紳所帶的非一時所寫，因此所記七大
恨的內容與次序也就有出入。三朝遼事實錄所記七大恨疑係根據奴兒哈赤給山東巡按
御史陳王庭的呈文，恐非張儒紳齎囘，而係山東商人所齎囘。張儒紳與東廠太監盧受
有關，曾引起言官糾彈，故爲一般人所知。於是王氏遂誤以爲給察院陳王庭的呈文也
係張儒紳所齎囘的了。論張儒紳所齎夷文內容，仍當以神宗實錄所記爲正。

　　滿文老檔記七大恨的次序與明實錄相同，牠不說「靉陽淸河漢人，出邊打礦打
獵」，而說「尼堪偷出邊境侵奪珠申之地」，所指出明人的罪狀較明實錄所記者爲重，
似更宜於作對明用兵的藉口。滿文老檔荒字檔並非原檔，其所記七大恨大槪係據張儒

（註一）　李氏譯文見思與言雜誌二卷二期史料之運用與史料之徵信 p. 10.

紳所齎夷文而加以潤色。如果認爲荒字檔所記是四月十三告天的七大恨，較張儒紳閏四月齎去者爲早，那與事理不合。四月十三日告天七大恨的內容，在我看來，當與三朝遼事實錄所記的相近。

清太宗天聰元年正月致袁崇煥書也提到七大恨。當時金國與明朝辦交涉，來往文件係用中文。這封信的中文原件已不存，今將太宗實錄稿所記徵引於下：

> 初八日，命阿敏貝勒、跡兒哈朗、阿吉格、都督、藥托、芀托諸貝子等領大兵往朝鮮國，尋擊毛文龍。是日遣方吉納、溫台石齎書于寧遠巡撫袁崇煥處。其書云：「滿洲國汗致書于袁大人。吾二國成敵，因昔遼東廣寧官視爾皇帝如天之遠，自視如天上人一般。蓋天生異國，各有其主，乃渺視異國之主，凌辱欺壓，實難容忍，遂告天興兵。惟天至公，不論國之大小，止論事之是非。何以見我國之是？癸未年，無故殺我二祖，一也。癸巳年，野黑哈達兀喇輝法蒙古會兵無故侵我，故天是我而非彼。爾國不來助我。後哈達復來侵我，爾國又不來助。己亥年，我起兵征哈達，天佑我，遂得之，爾乃逼我復其國，盡還其人民。後野黑復掠之，爾國若罔聞知。爾乃中立之國，宜從公道，乃于我國不助，于哈達則助之，于野黑付之不知，似此不公，二也。雖殺二祖，猶結和好，（實錄稿黑筆改結作願，與滿文老檔合）。戊申年，立石碑於邊界，宰白馬烏牛，祭告天地，勒誓辭於碑云：「彼此有潛越邊界者，許殺之」。癸丑年，爾發兵出邊守衛夜黑，三也。又盟誓云：「彼此有越邊者，見而不殺，天必罪之」。後爾國人，出邊擾害不已，遂遵誓辭殺之。爾廣寧巡撫繫吾使干孤里、方吉納，索十人償命，四也。爾衛守野黑，將吾父已聘之女，復令轉與蒙古，五也。遣兵驅吾世守邊界人民，焚其房，奪其熟禾，侵我疆土三十里，復立石碑。人參貂皮糧米木植，俱從此出。我國所賴以生活者，爾乃奪之，此其六也。甲寅年，聽野黑譖，遂書不善之言，差官窘辱我，七也。此其最大者有七，其餘不悉言之，因忍耐不過。（實錄稿黑筆過下增「遂致興兵如今」六字，刪下句「若」字，遂與滿文老檔合）。若以我爲是，彼此和好。初和，先與金十萬兩，銀百萬兩，紬百萬疋，靑藍布千萬疋。和後，兩國往來禮：我國每年東珠十顆，貂皮一千張，參一千斤。爾國，金一萬兩，銀十萬兩，紬十萬

疋，靑藍布三十萬疋。苟如是和好，盟誓于天地，各安其業，袁大人奏爾皇
上。若不從，是爾仍願刀兵事也。

現存天聰朝漢文原檔均稱淸太宗爲金國汗，沒有稱他爲滿洲國汗的。現存淸太宗
與袁崇煥書的原件及底稿，均稱「金國汗致書于袁老先生大人」，或「金國汗奉書袁
老大人」，沒有稱「金國汗致書於袁大人」的。今實錄稿記此信作「滿洲國汗致書于
袁大人」，這決不是錄自當時中文原信。

實錄稿記此信，中有句云：「袁大人奏爾皇上」，這也不像中文原信用語。滿文
老檔記此句作「汝袁大人以此信轉奏於皇帝」，實錄稿所記可能係譯自滿文檔。

據廣祿李學智二先生合著的「老滿文原檔與滿文老檔之比較研究」，故宮藏老滿
文檔天字號檔載有淸太宗天聰元年正月初八日給袁崇煥的信。老滿文檔此處原本作：

aisin gurun i han i bithe iuwan amban niyalma de unggihe
　金　　國　之汗之書　　袁　　大　　人　於　送

而改稿則將 aisin（金）改爲 manju（滿洲）。李氏認爲改稿的字跡墨色與原稿不同，
而 manju 一字已加有圈點，其改寫的時間已相當晚。惟李氏仍謂天字號檔係原檔，
僅其中 manju 一字係後人改易。然據我看來，天字號檔稱袁爲大人，而非袁老大人
或袁老先生大人，則天字號檔決不是天聰元年的原檔。

當時淸太宗寫信與袁崇煥，不僅用中文，而且係用中文起稿。本所藏有天聰三年
己巳正月金國汗致袁崇煥書的原件及原件的底稿。（註一）底稿有一句「故差原獲錦州
生員鄭伸」，改稿作「乃遺秀才鄭伸」。致袁崇煥書的原件與改稿同，滿文老檔日譯
本此處也與改稿同。這可見當時寫信係用中文起稿，然後再翻成滿文存檔。滿文老檔
日譯本記天聰三年正月與袁崇煥書，作「金國汗致書袁大人」，與中文原件作「金國
汗致書袁老大人」者不同。據李學智氏所編故宮滿文原檔簡目，故宮成字號檔係天聰
三年與明朝書信檔。如成字號檔記此信亦作金國汗致書袁大人，則成字號檔亦非天聰
三年原檔。

老先生大人是可以翻成滿文的。淸太宗在天聰元年五月擄獲袁崇煥給太監紀用的
信。在這封信中，袁稱紀爲老先生大人。滿文老檔卽將老先生三字音譯，大人二字則

（註一）　李光濤先生編內閣大庫檔案存眞初集收有致袁崇煥書原件及原件底稿的照片。

譯爲 amban niyalma.

　據王世貞觚不觚錄，京師稱極尊者曰老先生，自內閣至大小九卿皆如之，門生稱座主亦然。而老大人，則到現在仍係晚輩對長輩極恭敬的稱呼，對平輩則稱仁兄大人。袁崇煥稱紀太監爲老先生大人，這可見明末太監橫行，雖袁崇煥對他亦得另眼相看。清太宗擄獲這信，由臣下翻成滿文存檔。這封信係袁稱紀爲老先生大人，與清太宗顏面無關，所以將「老先生大人」五字全部照譯，而金國汗寫信與袁，稱袁爲老先生大人，或老大人，久後覺其不光彩，於是重錄，將其改爲大人，改爲平輩的稱呼。

　修太宗實錄稿時，天聰元年正月致袁崇煥書的中文原件已沒有保存，所以據滿文檔譯成漢文。且其時清人已入關，如稱袁爲大人，則顏面攸關，因此實錄稿改稿就將袁大人改爲袁巡撫了。

　實錄稿所記七大恨，其中「雖殺二祖，猶願和好」，乾隆修本作「爾國誰啓釁，猶欲修好」。這因爲在中國人眼光看來，殺父之仇，不共戴天。「雖殺二祖，猶願和好」，這實在不像話，因此乾隆修本就將其改易了。

　太宗實錄稿此處所記，非自中文原件摘錄，但其所記七大恨與滿文老檔合，應仍屬可信。

　國立北京大學藏有天聰四年正月清太宗上諭刻本。這一上諭也提到七大恨，其內容與天聰元年正月致袁崇煥書所記相近。今將上諭刻本所記第三恨、第四恨及第七恨徵引於下：

　　先汗忠于大明，心若金石。恐因二祖被戮，南朝見疑，故同遼陽副將吳希漢，宰馬牛祭天地，立碑界銘誓曰：「漢人私出境外者殺，夷人私入境內者殺。」後沿邊漢人私出境外，挖參採取。含山澤之利，係我過活。屢屢申稟上司，竟若罔聞。雖有冤怨，無門控訴。不得已，遵循碑約，始敢動手傷毀。實欲信盟誓，杜將來，初非有意于欺背也。會值新巡撫下馬，例應叩賀。逐遣干骨里方巾納等行禮。時上司不究出□招釁之非，反執送禮行賀之人，勒要十夷償命。欺壓如此，情何以堪。所謂惱恨者三也。北關與建州同是屬夷，我兩家結構，南朝公直鮮分可也。緣何助兵馬，發火器，衛彼拒我。觭輕觭重，良可傷心。所謂惱恨者四也。我國素順，並不曾稍倪不軌。忽遣備禦蕭伯芝蟒衣玉帶，大

作威福。穢言惡語，百般欺辱。文□之間，毒不堪受。所謂惱恨者七也。
就文章來說，這比天聰元年致袁崇煥書所說爲具體。由於寫作在後，說理也更清楚。

孟心史先生以淸實錄所記均已刪改潤色，而天聰四年正月上諭刻本則係原件，遂認爲天命三年告天七大恨當以這一刻本上諭所載爲最近原狀。孟心史先生的說法恐與史實不符。

今西春秋先生指出，滿文老檔天命三年四月條所記七大恨的內容次序與明實錄所記一致（註一），這是他的貢獻。但他未指出，明實錄所記「打參」「打礦」字樣不見於滿文老檔。老檔所記已經人修改，這却是我的新看法了。

孟心史先生認爲，王在晉三朝遼事實錄所記七大恨係得自譯述，其稱奴兒哈赤爲建州國汗係譯者以意爲之，而原文當作金國汗（註二）。今按，其時奴兒哈赤與明朝及朝鮮辦交涉，來往文件係用中文；金國汗之稱是在萬曆四十七年三月以後纔有，可參看我另文所論。

張儒紳之動身回國在萬曆四十六年閏四月二十二日。在閏四月十六這一天，奴兒哈赤尚招集軍隊，預備出兵，這可見他的求和並無誠意。這正如上引趙興邦奏本所說，他只是用求和來懈怠敵人而已。淸太祖及淸太宗之向明求和，談談打打，打打談談，這正是他們的厲害處。滿文老檔日譯本未記四月十六準備出兵事，這可能是乾隆重錄本有意省略不錄。

張儒紳齎夷文求和，老滿文檔的荒字檔沒有記，這顯然係隱諱。自萬曆三十三年至萬曆四十七年三月，淸太祖係稱建州國汗。今檢滿文老檔則未見建州這一國號。這也顯然係隱諱。

檢滿文老檔日譯本，在萬曆四十三年正月、十二月、四十六年正月及四十七年三月卷的紀事裡，均見有女眞國字樣。滿文老檔的荒字檔係記萬曆三十四年至四十七年三月事。前面已說過，荒字檔非原檔。也正因其非原檔，因此牠的記事就有隱諱，而將應該稱建州國地方，遂用早期使用的女眞國國號來代替。

我對奴兒哈赤所建國號的考證，是不能根據滿文老檔的荒字檔來加以反駁的。

（註一）　見今西春秋氏孟森氏に答ふ，東洋史研究一卷五號 p.75.
（註二）　見孟心史淸太祖告天七大恨之眞本研究，明淸史論著集刊 p.209.

滿 洲 國 國 號 考

黃 彰 健

（一）

　　由現存原始可信的漢文紀載看來，奴兒哈赤對外行文所用的國號計有女直、女
眞、建州、後金及金，並無所謂滿洲。滿洲之爲奴兒哈赤的國號始見於淸太祖武皇帝
實錄。據太祖武皇帝實錄，滿洲國號係太祖的始祖布庫里英雄所定，而布庫里英雄則
係仙女佛古倫食神鵲所唧朱果感孕而生的。

　　謂滿洲國號係天女所生之布庫里英雄所定，這自然荒誕不經，雖奴兒哈赤的後人
也不相信。如乾隆皇帝所欽定的滿洲源流考即說：

> 以國書考之，滿洲本作滿珠，二字皆平讀。我朝光啓東土，每歲西藏獻丹書，
> 皆稱曼殊師利大皇帝。翻譯名義曰：曼殊，華言妙吉祥也。又作曼殊室利。大
> 敎王經云：釋迦牟尼師毘盧遮那如來，而大聖曼殊室利爲毘盧遮那本師。殊珠
> 音同，室師一音也。當時鴻號肇稱，實本諸此。今漢字作滿洲，蓋因洲字義近
> 地名，假借用之，遂相沿耳。實則部族而非地名，固章章可考也。（卷一第三
> 頁）

此謂滿洲國名源於太祖的曼殊師利大皇帝尊號，與武皇帝實錄的說法不同。滿洲源流
考卷首載有乾隆四十二年八月十九日上諭：

> 史又稱，金之先出靺鞨部，古肅愼也。我朝肇興時，舊稱滿珠所屬曰珠申，後
> 改稱滿珠，而漢字相沿，訛爲滿洲。其實即古肅愼，爲珠申之轉音，更足徵疆
> 域之相同矣。

此又謂滿洲係肅愼的轉音。同書卷五說：

> 北史：「靺鞨，即古肅愼氏也。所居多依山水。渠帥曰大莫弗瞞咄」。

　　　　案：滿洲語謂長曰達。稱老翁曰薩克達瑪法。是大莫弗三字當係達瑪法也。瞞
　　　　咄二字與滿珠音相近。

此又謂瞞咄與滿珠音近。這兩種說法也與武皇帝實錄不同。武皇帝實錄係乾隆皇帝的
祖宗所修。武皇帝實錄說，滿洲國號係布庫里英雄所定，在滿洲源流考中自然也得徵
引。對武皇帝實錄所說，乾隆皇帝是不能公然予以駁斥的。

　　乾隆皇帝說：西藏每歲獻丹書，皆稱曼殊師利大皇帝。日本市村瓚次郎氏在其所
著清朝國號考一文中已指出達賴喇嘛第一次遣使齎國書至奉天係清太宗崇德七年十月
事。今以實錄證之，市村氏所說不誤。太祖武皇帝實錄成書於清太宗崇德元年十一
月，其中已有滿洲國號，這可見滿洲國號之得名不是由於西藏達賴喇嘛之獻丹書了。

　　乾隆皇帝說，滿洲為肅慎之轉音。市村瓚次郎氏已指出二者音讀完全不同。

　　北史卷十二勿吉傳說，「渠帥曰大莫弗瞞咄」，滿洲源流考認為達瑪法係大莫弗
三字的對音。陳捷先滿洲叢考 p. 15 指出：「大莫弗就是滿語中的 da mafa，滿語
da mafa 作始祖講，瞞咄可能是始祖的名字」。今按清文彙書釋 da 為「始」、「頭
目」、「首領」（卷七第十二頁）；釋 mafa 為「稱呼年紀輩數較高者，祖輩老叟之
稱」（卷八第四十七頁）；釋 da mafa 為高祖（卷七第十二頁）而 da segyen mafa
乃為「始祖」(註一)。本所所藏清太宗實錄稿天聰七年七月二十七日條小註說：

　　　　馬法者，祖也，外祖亦同。媽媽者，祖母也，外祖母亦同。

是大馬法僅可釋為高祖。如用以解釋北史這句話，仍不夠文從字順。清太祖武皇帝實
錄天命四年五月二十八日條載有朝鮮國來信，其第一句話係：

　　　　平安道觀察使朴化（應作燁）致書於建州衞馬法足下。

朴燁不稱奴兒哈赤為後金國汗，而稱他為建州衞馬法，朝鮮國王曾上奏明廷說明理
由：

　　　　伊以後金為號，而邊臣中却謂建州云者，本其受命于天朝之部名也。伊以汗自
　　　　稱，而邊臣却謂馬法者，待之以番頭也。（籌遼碩畫卷四十二第五十六葉朝鮮
　　　　國王李琿題本）

這可見馬法卽頭目之意。大馬法卽大莫弗，亦卽北史所說渠帥之意。原本大莫弗之

（註一）　健不識滿文，此處承李美千小姐檢示。

「大」字才可釋爲頭目，但到後來「馬法」二字也有頭目之意了。

北史說，渠帥曰大莫弗瞞咄。瞞咄二字之意義爲何，今不甚明瞭。由文理看來，似「大莫弗瞞咄」五字合起來纔等於中文的「渠帥」。北史室韋傳說，「其部落渠帥號乞莫弗賀咄，每部有莫賀弗三人」，此咄字亦不知與瞞咄二字有無關係。滿洲源流考卷五第二頁引册府元龜說：

> 突地稽者，靺鞨之長也。大業中與兄瞞咄，率其部內屬營州。瞞咄卒，代總其衆。

突地稽之名正見於北史勿吉傳，則勿吉傳「大莫弗瞞咄」的瞞咄二字似又可如陳捷先氏所釋，釋爲人名，但這樣就得說北史勿吉傳的作者誤以「大莫弗瞞咄」五字相當於中文的渠帥了。

由南北朝至明末，時間相去太久。由瞞咄如何變成滿珠，無法說明。滿洲源流考僅指出二者音近。他也沒有明白地說，滿洲源於瞞咄(註一)。

在清朝初年的史家，自然知道奴兒哈赤曾建國號爲後金及建州。如計六奇明季北略卷一大清建元條說：

> 萬曆四十四年丙辰，大清建元天命，指中國爲南朝，黃衣稱朕，是爲太祖。然是時猶稱後金，後改大清。

彭孫貽山中聞見錄說：

> 萬曆四十四年，太祖自稱建州國汗，建元天命。

但這類性質的書籍在乾隆時曾禁燬，已不易爲學者見到。由於文網甚密，後來的學者卽令看見這些書，也未必敢援據。如果要論述滿清入關以前史事，也只好根據清代官書，如魏源聖武記卽如此。

在魏源聖武記及清末汪榮寶所編清史講義裡有滿洲部一詞。汪氏認爲太祖在萬曆四十四年始定國號曰滿洲，而在此以前則爲滿洲部。這種說法與實錄不同。然據現存原始可信的漢文紀載來說，則奴兒哈赤在萬曆二十四年已自稱女直國建州衞管束夷人之主，在萬曆三十三年已自稱建州等處地方國王，很明顯的不能以萬曆四十四年爲滿洲國與滿洲部的分界。這些紀載自然不是汪氏著書時所能看到的。

(註一)　參看陳捷先滿洲叢考 p. 16。

　　在公元一九〇五年，亦卽清光緒三十一年，日本市村瓚次郎氏登奉天崇謨閣，發現閣中所藏清太宗天聰時各項稿簿及天聰時朝鮮國來書簿均稱清太宗爲金國汗，而非滿洲國汗。市村氏於日本明治四十二年刊佈其所著清朝國號考，指出明人及朝鮮人所著書均稱奴兒哈赤所建國號係後金及金；在遼陽南門外的大金喇嘛法師寶塔碑碑末稱大金天聰四年立；崇謨閣所藏天聰五年上諭說，「敕諭金漢蒙古官員知悉」，係金漢對舉，而非滿漢對舉；而滿洲一詞前見於崇謨閣所藏朝鮮謝表批註。批註說：「此原表於崇德四年十二月二十九日大學士剛借用寫，五年正旦，滿洲字表用記」。因此，他認爲滿洲稱號創始於崇德；淸代官書稱國號爲滿洲，而不稱金國，係有所諱。在明治四十二年時，太祖武皇帝實錄藏於北平故宮，尙未印行，他自然無從知道崇德元年修成之太祖武皇帝實錄已用滿洲爲國號，因此他只好舉崇謨閣所藏朝鮮國謝表批註爲例。清三朝實錄採要天聰九年十月辛丑上諭，「國名稱爲滿洲」，市村氏遺漏未舉，這也許是他認爲實錄所記已有忌諱，不能採信。

　　市村氏認爲滿洲一詞係後來所創，但仍與舊來國號有關連。史稱金人出於靺鞨，而勿吉一曰靺鞨，勿吉二字的古音係 mat-kit，靺鞨的古音係 mat-kut，鞨字從曷旁，曷讀爲 ho，然亦可讀爲 hiseh，如歇揭二字卽是。用滿洲作國號時，靺鞨二字的北京音爲mo-ho，故他認爲滿洲一詞非來自靺鞨。論語子罕篇：「子欲居九夷」。宋邢昺論語註疏釋九夷爲：

　　　　一曰玄菟，二曰樂浪，三曰高麗，四曰滿飾，五曰鳧臾，六曰索家，七曰東
　　　　屠，八曰倭人，九曰天鄙。
在邢昺爾雅註疏裏，滿飾作滿飾，鳧臾作鳧更。梁皇侃論語義疏所釋與爾雅註疏同。市村瓚次郎氏認爲鳧臾卽扶餘，滿節的節字與滿飾的飾字形近。滿節在九夷中的位置係在高麗與扶餘之間，當係今滿洲地方之種族。他疑心滿節卽勿吉，特以南北字音相違，因此用漢字寫外國民族名稱遂有異同。滿節二字之北京音係man-chieh，與滿洲 man-chu 之音近，故他認爲滿洲國號源於滿節。在清太宗時，遼東應有論語註疏，而清太宗的佐命文臣如范文程等人卽通曉中國學問。

　　滿節一本作滿飾。他認爲節字對，飾字不對，那不過是想追溯滿洲一詞語源，遂作此斷定。在清太宗時，諱稱金及女眞，而以不爲人所知之滿節小夷自居，朱希祖先

生認爲市村氏此說不近情理（註一）。

　　據朝鮮趙慶男所著亂中雜錄，朝鮮於萬曆四十七年時，派姜弘立率兵助明朝征討
奴兒哈赤。明兵戰敗，姜弘立遂率所部投降。在投降時，姜弘立向奴酋部將表示，他
很關心他的部下的命運。奴酋部將答覆說：「此軍當到城中，見滿住後，許令還家」。
及姜弘立至胡城，「登階行再揖，滿住怒憤，責以無禮」。亂中雜錄此處所記係根據
萬曆四十七年姜弘立給朝鮮政府的狀啓，其所記自屬可信。在萬曆四十七年時，奴酋
部下已稱奴酋爲滿住，滿住與滿珠同音，而前引滿洲源流考說，滿洲卽滿珠；因此在
民國初年稻葉君山寫清朝全史，遂據朝鮮人的類此記載而主張滿洲國號源於太祖的尊
稱。他說：

> 滿洲國號，在太宗崇德以前，未嘗聞之。彼等文書部面書大金者，悉改爲滿
> 洲。……吾人考之，此字面之選擇又胚胎於對外關係。蓋崇德初年，包容種族
> 之範圍，於彼等部族外，尙有強大之內蒙古。當太宗改國號時，旣棄其大金之
> 原名，又撤其女眞之舊稱，是則內對於女眞之舊部，外對於新附之蒙古，不
> 得不擇一適當部族之稱號。太宗乃採用稱太祖爲滿洲（卽滿珠，卽文殊）之尊
> 稱，以爲國號，此尊稱蓋互西藏蒙古女眞及朝鮮皆知之。於當時之人心，必得
> 良好之感應，無可疑也。是故滿洲者，其意義爲文殊之化身，太祖之舊部也。
> ……以佛名爲人名，則又塞外民族古來之習慣。文殊師利者，傳說留居於山西
> 省之五台山，東方民族之所尊信。……女眞之名酋曰李滿住，曰滿答失利，曰
> 滿住（太祖之尊稱），皆崇拜文殊之影響也。

稻葉氏所舉太祖之尊稱旣與滿洲同音，且係萬曆四十七年事，與清太宗崇德元年之不
用金國爲其國號，時間相去不遠；其解釋又頗合於其時之國情，因此稻葉氏此說出，
就沒有人相信市村氏所說「滿洲源於滿節」了。

　　孟森先生清朝前紀說：

> 滿洲卽文殊，或作滿殊，明代書作滿住，係最大酋長之稱。建州自李顯忠子李
> 滿住後，稱滿住者已非一世，至清太祖仍稱滿住，故知其爲酋長之尊稱，而非
> 爲個人之專名。其後或誤爲部族之名，最後乃定爲國名。故滿洲爲其本部之舊

稱，非由太宗所揑造，如日本人之所誣者。且滿洲卽文殊之佛號，建州女直之尊稱其酋長，輒呼爲佛，此俗蓋終淸之世，未之或改。

孟氏此說之主要根據仍係胡將稱奴兒哈赤爲滿住，惟其解說則與稻葉氏不同。孟氏說，滿住爲李滿住之尊號，建州自李滿住後，稱滿住者非一世。孟氏並未舉出歷史事實以爲其立論根據。朱希祖先生後金國汗姓氏考說：李滿住之子孫未聞其被稱爲滿住，而李滿住之名滿住，猶其父釋迦奴之名釋迦，皆以佛名爲人名，非他人尊稱。朱氏此說是對的。

民國初年唐邦治著淸皇室四譜，曾疑滿洲之得名源於李滿住。我也一度有此看法。我的理由是：據太祖武皇帝實錄，察哈爾林丹汗在萬曆四十八年寫信給奴兒哈赤，自稱爲「四十萬衆蒙古國主巴圖魯成吉斯汗」。成吉斯汗乃元太祖的尊號，而林丹汗竟以此自稱，則奴兒哈赤似也可用其族祖李滿住之名爲其尊號。但後來一想，這個理由不太妥當。李滿住並未建豐功偉業，李滿住係被中國及朝鮮聯軍所誅滅，奴兒哈赤決不會欣佩李滿住而用李滿住的名字作爲他自己的尊號。吳晗曾寫「關於東北史上一位怪傑的新史料」一文，認爲明代東北女眞傑出人物，前期應推李滿住，後期應數奴爾哈赤，吳氏對李滿住的稱譽似失於過份。

在公元一九〇五年，日本學人內籐虎次郎登奉天崇謨閣，發現閣中藏有淸太祖太宗兩朝滿文老檔的乾隆重鈔本。乾隆重鈔本有圈點的這一份的照片在民國元年被帶至日本，而乾隆重鈔本無圈點的一份，則由金梁聘請滿漢文學士十餘人從事翻譯(註一)，費時二載，於民國七年秋脫稿。以卷帙過多，校刊不易，金氏遂擇要摘錄，名曰滿洲老檔秘錄，其書至民國十八年始印行。金梁曾對人說，無圈點的老滿文不易辨識，他們翻譯時，見官修開國方略等書和牠約略相同的卽鈔錄其文；其不同的，始以意翻譯。滿洲老檔秘錄卷二收有天聰元年正月淸太宗與袁崇煥的信，信首說：「滿洲國皇帝致書於袁巡撫」。孟心史在民國二十四年曾爲文指出金梁譯本此處係鈔東華錄。在民國二十四年時，滿文老檔尙未有日譯本。今查老檔日譯本所載該信係作「滿洲國汗致書於袁大人」，金梁譯老檔所載該信作袁巡撫，是誠如孟氏所指摘，係鈔東

(註一)　此據金梁滿洲老檔秘錄序。李學智先生認爲金梁秘錄序所說不忠實。金梁實係根據乾隆重鈔本有圈點的那一份翻譯。

華錄。東華錄天聰九年十月條說，「我國無知之人，稱爲諸申，今後一切人等止許稱我國滿洲原名」。孟氏認爲滿洲一詞從這時才開始使用。在孟氏看來，滿州老檔秘錄所譯天聰元年正月淸太宗與袁崇煥書，如老檔亦稱滿洲國，則老檔之寫成當在天聰九年十月以後。日本今西春秋先生則指出老滿文原檔聞已有滿洲稱號，新滿文之製作則在天聰六年，謂滿洲稱號係實錄編纂時所制作，此係從獨斷論出發。

在民國二十一年，故宮博物院文獻館開始淸查內閣大庫舊檔，發現淸太祖武皇帝實錄及淸太祖太宗朝滿文老檔三十七本。故宮所藏滿文老檔爲淸人入關以前舊檔，爲乾隆重鈔本所自出。這些滿文舊檔遂由李德啓張玉全二氏予以整理。李德啓氏寫有滿文老檔之文字及史料一文，刊佈於民國二十五年雙十節所出版的文獻論叢。李氏文中曾談到淸太祖太宗時所用的國號，他說：

> 因滿洲部落之稱謂，曾引起研究淸初史事的學者，對滿文老檔時代之懷疑，實有矯正之必要。

他這幾句話很明顯的係針對孟心史先生說的。

李氏此文說：

> 檔中在天命以前，有下列數段：

> 戊申年（明萬曆三十六年）六月，太祖與明邊臣盟誓建碑，有云：「……凡諸申漢人，若私越邊境……」。

> 癸丑（萬曆四十一）年九月，葉赫貝勒愬太祖於明帝，有云：哈達、輝發、烏拉、已被征取，今復征取葉赫。將吾諸申部落完全征取後，卽征取汝之明國。

> 癸丑年九月，明萬曆帝夢警，以問羣臣。對云：「女子卽女直滿洲之蘇勒崑都侖汗，將進奪吾明國之帝位。……」

> 乙卯（明萬曆四十三）年十二月，……額赫庫倫人曾向其環近諸部逞强。命寄語曰：「人謂滿洲之兵强勇，如此，可來與我一戰」。

> 據此，則滿洲稱號，在天命以前，曾有「諸申」「女直」「滿洲」數種。……至天命時，則又有下列數段：

> 天命四（明萬曆四十七）年三月，……「明以二十七萬兵，……來破諸申庚

音汗所居之城。

天命四年三月，致朝鮮國王書云：「昔我金大定時」。

天命四年七月，太祖述對蒙古宰賽貝勒之恨有云：「刑牲歃血，誓侵滿洲」。據此則滿洲稱號，在天命時復有「諸申」「滿洲」「後金」數種。

至天聰之時，復有下列數段：

天聰元年正月，致袁崇煥書云：「滿洲國汗致書袁大人」。

三年正月，致袁崇煥書云：「金國汗致書袁大人」。

五年八月，招蒙古出降有云：「諸申蒙古，原係一國」。

六年十月，致明帝書云：「滿洲國汗上書大明國皇帝」。

十一月，致明寧遠官員書云：「金國汗致書明寧遠官員」。

據此，則滿洲稱號，在天聰時，仍爲金與滿洲並用。

總上所見，可知清初部落名稱，初曰諸申，亦曰女直滿洲，或滿洲。天命及天聰時，統稱建州諸部，仍用諸申之號；而單稱滿洲部落，則「後金」「金」與「滿洲」三者並用。至崇德時，始專稱大清焉。

李氏旣通曉滿文，而其所論又係歸納關外滿文舊檔所得。李氏旣認關外舊檔爲原檔，因此金靜庵先生在民國三十六年刊佈的「滿文老檔考」一文中，也就認爲李氏所說最屬可信了。

據文獻論叢所載該館大事表，故宮文獻館所藏檔案文物，於民國二十二年三月裝箱南運。二十四年五月，將滿文老檔自滬庫取出，運平整理；同年八月，開始校對滿文老檔，二十五年二月滿文老檔原本運回滬庫。孟心史與今西春秋筆戰是民國二十五年五月事，而李德啓此文又係針對孟氏對今西春秋的答辨而立說，則李氏寫作此文時，滿文老檔原本已不在他的手中了。

故宮所藏滿文老檔原本，現保存於臺北市外雙溪故宮博物院。前幾年，由中國東亞學術研究計劃委員會資助，將其攝成照片，現正由李學智先生譯成中文。故宮藏太祖朝滿文老檔所用紙，有些係明代舊公文紙，有些係高麗紙。據廣祿李學智二氏合著的清太祖朝老滿文原檔與滿文老檔之比較研究，用明代公文紙寫的係原檔，用高麗紙寫的係天聰年間修實錄時重錄，並非原檔。上引李德啓氏所舉天命以前滿洲稱號，

此均見於故宮滿文老檔的荒字檔及艮字檔，而荒字檔艮字檔係用高麗紙寫，並非太祖
朝原檔。

據廣祿李學智二氏合著之清太祖朝老滿文原檔與滿文老檔之比較研究，故宮藏太
宗朝老滿文檔的天字號檔記有天聰元年正月清太宗與袁崇煥書，老檔原本作：

aisin gurun i han i bithe iuwan amban niyalma de unggihe
金　　國　之汗之書　　袁　　大　　人　　於　送

而改稿則將金 (aisin) 改爲滿洲 (manju)，而 manju 一字已施有圈點，係新滿文，
其改寫的時間相當晚。孟心史氏曾推測，老檔此處若作manju，則非原檔。今廣祿及
李學智氏此文正可證實孟氏所推測的是正確不誤的了。

滿文老檔中 manju 一字既係後來所塗改，因此也就不能據滿文老檔而說清太祖
時卽已有 manju 國號。

在民國二十三年，吳晗寫關於東北史上一位怪傑的新史料一文。吳氏見婆豬江、
潑豬江、蒲州江及潚州這四個名稱在朝鮮實錄中到處互用；蒲字字形與滿字相近，而
婆豬江又係李滿住所住地，吳氏遂疑後來之僞造滿洲一詞係從這一點得到暗示。在民
國四十九年，陳捷先氏作說滿洲一文，則認滿洲一詞係婆豬的音變。陳氏此文一開始
卽引太祖武皇帝實錄、滿洲實錄及滿文老檔，謂滿洲係部族名；然後指出其時女眞各
部族名多得名於其所住地之河川，如渾河部因渾河而得名，兀喇部因兀喇河而得名，
而李滿住所住地爲婆豬江，故朝鮮實錄中曾稱之爲婆豬野人。朝鮮世宗實錄宣德八年
二月己未條說：

婆豬入寇，以忽剌溫爲辭。

又正統三年六月條說：

傳旨咸吉道都節制使今啓：凡察云：撒滿塔失里見我於開陽曰：如我婆豬人等
欲降順朝鮮，若論歸順，則我欲獨歸；若獨歸，必不殺也。國家若欲鎭撫婆豬
之人，則我受本國敎旨招安滿住之遣凡察招安觀變如何？

又同年八月庚申條記：

凡察甫乙看都爾溫言：我等欲遣管下招安滿住。但管下人到婆豬，而國家遣兵
致討，則恐管下人被殺也。

陳氏認爲後二條係女眞人稱李滿住管下爲婆猪人的例證。陳氏認爲婆猪江在朝鮮實錄中有時寫作馬猪江，明宣宗實錄宣德元年丁酉條的楊滿皮，朝鮮實錄寫作馬言彼，因此他認爲婆猪可以音變爲滿珠。

　　陳氏此說的主說缺點，現在看來，仍係用撰寫時間太晚及經過竄改的材料以證明滿珠係地名及部族名。滿洲實錄，今所得見者，非天聰朝原本，而係乾隆重修本。乾隆本不稱明朝爲大明，與崇德時所修之太祖武皇帝實錄不同，此卽其書已爲乾隆諱改之鐵證。崇德元年修成之漢文本太祖武皇帝實錄雖稱明朝爲大明，但其書所記滿洲一詞仍不足信。在天命辛酉年三月，奴兒哈赤曾有一信與朝鮮國王，其中文原件保存於亂中雜錄，信首係稱「後金國汗奉書於朝鮮國王」，滿文老檔日譯本所記同，而此在武皇帝實錄則改後金爲滿洲，這可見太祖武皇帝錄中滿洲一詞亦不可輕信。至於太祖朝滿文老檔所記滿洲字樣，李德啓氏所引用的，則上引廣祿李學智合著的論文已指出其不可信了。

　　滿洲一詞在未能證明其非捏造以前，謂其由婆猪音變，這只能備一說。稻葉氏謂滿洲國號源於太祖之尊稱，其證據相當堅強；而且所依據的係萬曆四十七年的記載。我們如果不能在更早的漢文原始可信的記載中找到滿洲一詞確爲地名及部族名，則稻葉氏對滿洲國名來源的考證將恐怕是不能推翻的了。

（二）

　　最近，我得讀東國史略事大文軌，見其書卷四十六收有萬曆三十三年七月朝鮮給明朝薊遼總督遼東巡撫及遼東總兵的咨文，其中提到奴酋所住地爲萬朱。今將該一咨文節引於下：

　　　　朝鮮國王爲開諭虜酋，以弭邊患，以固封疆事：……據咸鏡北道兵馬節度使金
　　　　宗得呈稱：節該據沿江居住各夷等口說：俺等聽得忽剌溫欲備銃丸，便要貿得
　　　　火藥，密齎貂裘四領，令伊部下夷人前赴萬朱地方，務期買取，又送旅（族）
　　　　人於奴兒哈赤部下，要索火藥。有奴酋答說，戰用火藥，原係　中國禁物，非
　　　　但決不可得，俺你相通，要買火藥一事，若或透漏，傳播　上國，則一境必被
　　　　殄滅。你可速回，却怕有人知覺等因聽此，具呈。……忽剌溫侵犯本國，則奴

酋曲加禁戢；忽剌溫要覓得火藥，則奴酋嚴辭斥絕。……忽賊侵犯本國北邊，其所俘獲分送于奴酋。忽剌溫之於奴酋，聲勢相連，謀議相通。……奴酋既統守建州衞分，服命天朝。煩乞貴部院，……省諭該酋，使之禁制忽剌溫，勿許妄動兵甕，以杜疆場之患。……須至咨者。……萬曆三十三年七月　日。

此萬朱地方顯係奴酋所在地，此由其言「要貿火藥，則奴酋嚴辭斥絕」可證。

此係朝鮮政府咨文，故「萬朱」二字應從朝鮮人讀音。檢權相老編韓國地名沿革考，萬滿二字皆讀爲만（man）。李元植先生告訴我，朝鮮人讀萬朱與滿洲二字，發音完全相同。

上引朝鮮咨文說，「節據沿江居住各夷等口說」，這可見萬朱一名係女眞人對該地的稱呼；而朝鮮咨文說，奴酋統守建州，則係遵從天朝對其地的稱呼。這樣看來，太祖武皇帝實錄說，滿洲一詞，「南朝誤稱建州」；他們是的確叫該地爲滿洲，而南朝則稱之爲建州。南朝稱其地爲建州，這自然不錯。實錄說，「誤稱建州」，那是他們的自尊心使然。建州得名，源於建州衞，這一名詞使他們感覺屈辱，因此修實錄時就不願意用中國地名，但又不能不提，因此他們就說「南朝誤稱建州」了。

滿洲本係女眞人對建州衞的稱呼。及奴兒哈赤稱建州等處地方國王，汗相當於王，則用女眞人的稱呼，就可以稱他爲滿洲國汗了。

奴兒哈赤對外行文，所用的國號計有女直、女眞、建州，後金、及金，並沒有用滿洲爲其國號。滿洲國應是俗稱，而女直、女眞、建州，後金、及金則係官方正式採用的國名。

地名本係滿洲，則住居其地之土著亦卽滿洲人。滿洲人本係女眞人之一枝，故奴兒哈赤曾用女眞爲其國號。滿洲國本行軍事統治，向外發展時，則將擄掠來的人作奴隸，故當其將女眞各部統一時，女眞各部的人就稱滿洲國的汗及貝勒爲主子，自稱爲奴才，於是諸申（女眞）一詞就引伸而有奴才的含義了(註一)。

清太宗實錄天聰九年十月庚寅條：

諭曰：我國原有滿洲哈達烏喇葉赫輝發等名。向者無知之人，往往稱爲諸申。

夫諸申，乃席北超墨爾根之裔，實與我國無涉。我國建號滿洲，統緒綿遠，相

(註一)　參看王鍾翰淸史雜考 p. 18. 淸文彙書釋諸申爲滿洲之奴才。

傳奕世。自今一切人等，止稱我國原名，不得仍前妄稱。

清三朝實錄探要：

　　（天聰九年十月辛丑）諭衆于朝曰：國名稱爲滿洲。其各旗貝勒人員，稱爲某
　　旗貝勒家諸申。（此條不見於清太宗實錄乾隆修本）

這只是由於諸申（女眞）已含有奴才一義，所以他不許人稱他爲女眞，而只許人稱他
爲滿洲。女眞人在貝勒家仍稱諸申，但其實所征服的女眞人仍從其主人之名而稱滿
洲。清文彙書卷八第四十九頁說：「滿洲從龍六十六國，歸順俱名滿洲」，可爲其
證。

　　清太宗諱稱諸申，同時下諭說，「國名稱爲滿洲」，這也是他在第二年四月改國
號金爲清的理由。稻葉君山說，清太宗改國號金爲清，是怕引起漢人之反感，這自然
是對的。

　　建州本係地名，其後變爲國名。在天聰朝重錄的滿文老檔荒字檔中已諱稱建州
國，至此更諱女眞及金。在崇德元年修成之太祖武皇帝實錄中，需提到奴兒哈赤的種
族名、地名、及國名，於是就一律改爲滿洲了。

　　在天聰朝臣工奏議裏尙看見稱女眞人爲金人，金漢對舉。至崇德以後，則官方文
書中就有滿文滿官等名詞，及滿漢對舉了。

　　在萬曆三十三年時，女眞人稱建州爲萬朱、滿洲。而奴兒哈赤於萬曆三十三年稱
建州等處地方國王，於萬曆三十四年上崑都崙汗尊號，則奴兒哈赤亦即滿洲國汗。在
萬曆四十七年時，奴酋部將稱奴兒哈赤爲滿住，這可能是當時的一種習慣。在萬曆三
十三年時，朝鮮曾受海西衞忽剌溫夷酋卜章台的侵略，奴酋給明朝遼東巡撫總兵的呈
文說：

　　那忽剌溫比我先生幾輩，我也難與他說。（事大文軌卷四十六第十六頁）

忽剌溫係地名，而此處却用以指卜章台，則倣此，也就可以稱奴兒哈赤爲滿住了。稻
葉君山謂滿住爲奴兒哈赤之尊號，其說未必可信。

　　萬朱係地名，而奴酋在萬曆三十三年自稱建州等處地方國王，萬曆三十四年稱崑
都崙汗。由尊號變爲地名，決非短時間所能變成，因此萬朱之爲地名應與太祖之尊號
無關。

太祖爲萬朱國汗，可叫太祖爲萬朱及滿住。今考太祖武皇帝實錄記：

癸丑（萬曆四十一年）九月，太祖以金盃賜酒，將所戴東珠金佛帽併衣賜之。

又太宗實錄稿載天聰元年四月八日金國汗與袁崇煥書說：

人君卽佛也，天之子也。

則由萬朱汗之稱，太祖後來是否自視爲佛，並眞如乾隆所說上有曼殊師利大皇帝尊號，那就不敢說了(註一)。如果他上有曼殊室利大皇帝尊號，則後來淸太宗正式採用滿洲作爲國名，這自然也可能是他的理由之一。卽令如此，但萬朱之爲地名，此在萬曆三十三年已然。他在萬曆二十四年已自稱女直國建州衞管束夷人之主，則用滿洲作國名當也很早。因此滿洲之爲地名及國名，乾隆皇帝從曼殊師利大皇帝予以解釋，仍是倒果爲因的。

在萬曆三十三年時，滿洲已爲地名及國名。滿洲之得名，修太祖武皇帝實錄的史臣也未必知道其由來。爲了政治上的理由，需神道設敎，於是就捏造說滿洲國號係仙女所生布庫里英雄所定的了。

關於萬朱地名之由來，我現在提出兩個假設：

萬朱與滿住同音，我曾經想到萬朱之爲地名可能由於李滿住，亦卽地以人名。但李滿住未建豐功偉業，女眞人是否會以其名字名其所住地，頗令人懷疑，因此我提出另一假設：

朝鮮宣祖實錄萬曆十七年七月丁巳條說：

左衞酋老亦可赤（卽奴兒哈赤）兄弟以建州衞酋長李亦難等爲麾下屬。老亦可赤則自中稱王，其弟則稱船將。各造弓矢等物。……將以報仇中原之計云云。

申忠一建州紀程圖記說：

一土城乃蔓遮諸部酋長李大斗、李以難主、李林古致等，抄領千餘壯勇，本住此城，共拒奴酋之侵凌。奴酋遂□（合？）羣來鬥。合戰四度，尙且相持。（李大斗等知）其終不可敵，便乘黑夜□□逃命。今不可知去處者□□□云。

(註一)　這一尊號仍可能係西藏喇嘛所上，不必指實爲達賴喇嘛。天聰四年所立敕賜大金喇嘛法師寶記說：「法師斡祿打兒罕囊素，烏斯藏人也。……蒙太祖皇帝敬禮緣師，倍常供給。至天命辛酉年法師示寂歸西，太祖有敕，修建寶塔」。在太祖時，滿洲國內已有西藏喇嘛。

此李以難主當卽宣祖實錄所記建州衞酋長李亦難。在萬曆十七年七月時，奴兒哈赤尙為建州左衞酋，非建州衞都督僉事，則建州衞酋長只能指李亦難等人，而建州衞三字正與蔓遮諸部落為互文。據申忠一圖記⁽註一⁾，以蔓遮為地名的，有蔓遮嶺、蔓遮川、蔓遮、蔓遮土城，則蔓遮二字當係建州衞之胡名。蔓遮土城正在婆豬江側，而酋長李姓，則蔓遮土城當卽李滿住時建州衞治所，而其後則遷徙到蔓遮。故胡人稱建州衞為蔓遮。奴兒哈赤係建州左衞酋，所住地為赫圖阿拉，及其征服李亦難，任建州衞都督僉事，於是建州衞地就「西自遼東界，東至蔓遮」，而奴酋治所，中國人及朝鮮人遂稱之為建州，而女眞人則從其舊稱，仍稱之為蔓遮，蔓遮音轉為萬朱。

　　蔓遮當係該地古地名，由於以蔓遮為地名之地方相當大⁽註二⁾，因此，我疑心這可能是渤海國鄭頡府的所在地，不過這一點還待詳考。

　　蔓遮的蔓字，朝鮮人讀為「滿」，而遮字讀為「cha」。據高本漢分析詞典，「遮字的切韻音為 t'sia，滿節二字的切韻音為 muân tsiet。蔓遮的位置正在扶餘與高麗之間。市村瓚次郎氏說，滿洲源於滿節，他的論證有問題，但他的結論仍可能是對的。

　　婆豬江僅係蔓遮地方的一條江，故蔓遮一名當與婆豬無關。朝鮮世宗實錄所提到的婆豬野人，恐仍係朝鮮人對他們的稱呼。這一稱呼為後來所不用，朝鮮人改從中國人稱其地為建州。

(註一)　稻葉岩吉寫定申忠一圖錄本文，舊老城 p. 106.
(註二)　參看舊老城 p. 54 所附申忠一行程圖與現代實測圖。原圖酋字誤為酉，且字誤為且。

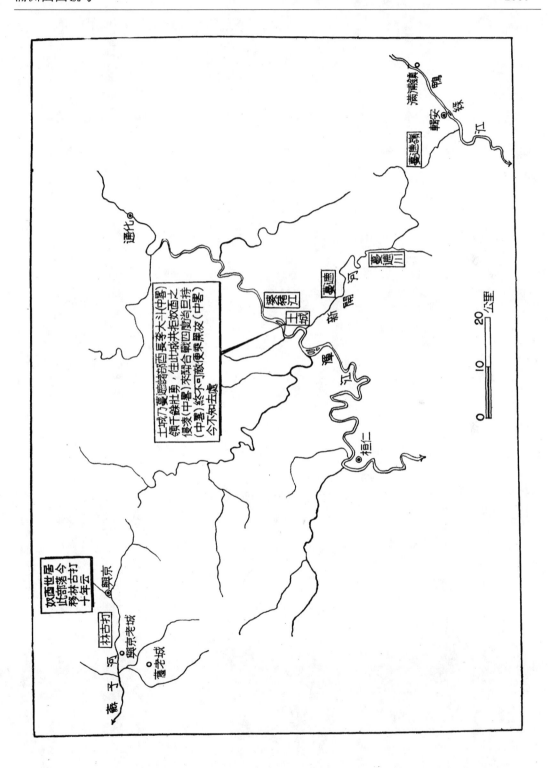

清 太 祖 天 命 建 元 考

黃 彰 健

據太祖武皇帝實錄所記，奴兒哈赤是在萬曆四十四年丙辰正月初八日建元天命，以這一年爲天命元年。

奴兒哈赤於萬曆四十七年三月曾有信與朝鮮國王，朝鮮光海君日記萬曆四十七年四月初九條記其事說，奴酋「差人致書，稱以天命二年後金國汗諭朝鮮國王」。日本三田村泰助氏據此逐謂萬曆四十七年係天命二年，而非天命四年(註一)。

最近我得見朝鮮趙慶男亂中雜錄，見其書續錄卷一載有這封信的全文，信末署天命三十六年，而非天命二年；取與太祖武皇帝實錄及光海君日記所載比較，我發現亂中雜錄所記係眞實可信。奴兒哈赤是在萬曆四十七年追認萬曆十二年爲天命元年，而以萬曆四十七年爲天命三十六年；惟在天命三十六年後不久，又於天命年號下，改以干支紀年。

在以天命作年號時 ， 奴兒哈赤的滿文尊號仍係 Genggiyen Han 。 這一尊號係萬曆四十四年正月所上，因此，修太祖武皇帝實錄的史臣就以萬曆四十四年爲天命元年。

今將我對這一問題的考證詳細敍述於下：

趙慶男亂中雜錄續錄卷一：

> 己未（萬曆四十七年，光海君十二年）四月初四，元帥武從事官鄭應井及許依李長培景瑞子得振，通事河世國等自胡中持胡書出來，差胡二名，留在滿浦，越邊以待回答。胡書：「後金國汗奉書于朝鮮國王：汗於南朝有七宗惱恨，因此我痛傷不已，不過被王察院等復奪邪之。我料南朝必不我養，故犯。昔大金

(註一) 見三田村泰助氏天命建元四年次に就いて，東洋史研究第一卷第二號 p.22.

大元，併吞三吳，意欲獨存，到底其後無永也，不得其志。此樣之事，我皆詳
知。昨犯之事，不是我昏暗之致，乃有犯大國皇上之意，青天豈不鑑察？天何
佑我？況我臉面豈大於南朝皇帝臉面乎？天至公，是其是，非其非。今我料朝
鮮助兵南朝，非出於本意，必被南朝救倭之功，徵督之甚，故不得已助之也。
昔大金世宗皇帝時，朝鮮趙住罷以四十餘城投至，世宗却之曰，我朝與宋徽、
欽相戰之時，朝鮮兩國都不助，也是忠厚之國，是以却之。今我亦念兩國自前
和好之情，故將朝鮮將帥十餘員活捉來此，看看國王之情，姑留之。而今後之
事，全在國王定奪。然天下何樣之國獨存，而盡滅小國之理乎？所謂大國南
朝，與天地同法，而今違天施謬，屈害天情，諒國王豈不知過也。況南朝要撥
他兩個兒子我國兩爲主，此南朝欺我兩國之甚。今國王或念我國自前無絲毫之
怨，因修前好，同恨南朝，或脫我以助南朝，何必復棄之，故奉書以俟國王同
音。天命三十六年月日」。

滿文老檔日譯本及太祖武皇帝實錄己未三月二十一日條均提到奴兒哈赤這封信，
其記這封信的內容係從「昔大金大元」起，信末無「天命三十六年月日」等字。三月
二十一日當係這封信發出的日期，而到達朝鮮則在這一年的四月。

其時後金與朝鮮辦交涉，來往函件係用中文，因此滿文老檔所記只是這封中文信
的原件的摘譯。

清太祖武皇帝實錄記這信，將鄭應井誤爲張應京，故知其所記係譯自滿文。中文
原信的文句自應以亂中雜錄續錄所載爲正。

朝鮮王朝實錄所收光海君日記也說收到這封信，並簡略地提到這封信的內容，但
所記與亂中雜錄續錄有牴觸處。今將太白山本光海君日記所記徵引於下：

己未四月初二日乙卯。胡差來境上，進奴酋書，被俘從事官鄭應井（武官）等
偕來。……胡書（極書天朝待夷之失，請與我通好）辭極傲悖。王令二品以上
議其答書便宜。

初九日壬戌，備邊司啓曰：「臣等竊見本司諸臣獻議，其守經行權彌縫不絕之
意，大槩一樣。而唯大提學李爾瞻之議，以不稟天朝而與大邦僿私相約和，爲
人臣子，寧有此理？柳希奮之議亦以爲爾。若深謝既往，歸順天朝，則兩國

舊好，式相永保，令邊將措辭云。此二臣之議有異，自下不敢的從，敢稟睿裁」。傳曰：「今此胡書之答，有何難斷之事？而一日二日，已過七八日而不決，賊其曰國王未及聞知乎？我國處事不敏，類如此矣。禮判獻議之意，尺童所知。予雖昏病，豈不知之？但此賊立國建元，諭帖稱朕，則兇猾已極。其桀驁難當之狀亦可知也。只令邊臣措辭善答，實非約和之意，此議恐不可用矣。兵判之議，他語則好矣。至如深謝歸順等語，其意雖美，非徒伊賊不爲聽從，似不必提起此語也。大臣及李尙毅金藎國崔瓘權盼等之議亦好。但只曰父母有命，子不得不從云，則似有後日更擧之事。若曰息兵和好，各守封疆云，則中朝人聞之未知以爲如何？予意今茲奴賊雖極桀驁，苟能善爲應變，則足以弭禍而守國，一如前朝不被兵禍矣。顧予昏病，何以策應於其間乎？然係國存亡，安得不言。胡書中助某之說，今不可提起。唯以朴燁之意答曰：建州所謂殺祖父之恨，正如我國救倭兵之感。建州之以怨報怨，我國之以恩報恩，其義一也。天朝責德徵兵，屬國安敢有辭，此則建州之所已知也。戰敗將領，差人出送，甚可喜也。若姜弘立等以下軍兵，盡爲出送，則可見建州和好之意。王京此去數十日程，啓知往來間，差人久留不便，敢此先報云云。且令河瑞國跟同護送；雖或入住，又以己意破格厚待；勿置江邊草家，而引入官舍，握手開懷，酌酒贈物，期得其歡心可矣。昔郭子儀與回紇盟，但曰大唐天子萬年，回紇可汗千年，以爲善應變。今亦依此，以好辭待之，勿爲日後惹事之端，而一邊具由奏聞，移咨經略，則天朝亦諒我國以直不諱之意也。兵事貴速。此差胡等若求朝廷所答，則拒之亦難。急送朴燁答書，更觀其情，似合機宜，詳議善處」。時奴酋旣送鄭應井等，又遣差人致書，稱以天命二年後金國汗諭朝鮮國王，枚數七宗惱恨，歸怨中朝，且求助己，約以通和息兵。胡差至滿浦，越邊結草幕以處。王令過江入城，欸待贈物，虜使之至我境，自此始矣。

光海君日記說，「稱以天命二年後金國汗諭朝鮮國王」。由其時局勢看來，奴兒哈赤是想聯絡朝鮮，「同仇大明」(註一)，則他寫信給朝鮮國王，恐不會妄自尊大，用上對下的口氣，用一「諭」字。因此，亂中雜錄記這封信的第一句話作「後金國汗奉

(註一)　亂中雜錄載原信作「同恨南朝」，武皇帝實錄據滿文檔譯作「同仇大明」。

書朝鮮國王」，應較光海君日記所記爲可信。

　　「稱以天命二年後金國汗諭朝鮮國王」，這句話見於上引光海君日記四月初九條的最末一段。此最末一段係自「時奴酋既送」起，由語氣看來，似係史官追書；而此最末一段的頭兩句「時奴酋既送鄭應井等，又差人致」，計十三字，又爲另一史官以黃筆塗抹，並在「致」字旁打一「×」號，則在這一史官看來，這最末一段所記是有問題的。

　　由於這一段紀事說，「後金國汗諭朝鮮國王」，這可以證明史官作此追記時，他根本未看見這封信的中文原件。他用一「諭」字，可能係根據四月初九條所說的「立國建元」「諭帖稱朕」。而諭帖稱朕，則我在奴兒哈赤所建國號考一文中已指出，是指奴兒哈赤給姜弘立以諭帖；在這一諭帖中，奴兒哈赤自稱爲朕；並非他對朝鮮國王也用諭帖，也自稱爲朕的。這樣看來，修光海君日記的史臣不僅未看見後金國汗給朝鮮國王的信，而給姜弘立的諭帖也是他們所未看見的了。

　　光海君日記繫胡差之來於四月初二，而亂中雜錄續錄則作四月初四事。光海君日記係朝鮮政府所修，其書性質與實錄相同，照通常情形說，其所繫月日應較野史所記爲可信。今細審光海君日記太白山本，則日記此處所繫日期也有問題。

　　光海君日記太白山本係草本，修日記史臣將光海君朝每一天所發生的事擇要紀錄，僅中間加一圈以表示圈下那一節所記係這一天發生的另外一件事，而記第二天的事則從另一頁起。四月初二胡差送書事，係這一天日記的最末一條；與這一天發生的其他的事並未連着寫，中間空了二十二行；而且字跡特別潦草，很明顯的係另一人補記。其第二頁係記己未四月初三日丙辰事，而「己未四月初三日丙辰」九個字又經史官塗抹，並在「丙」字處打一短的橫槓，遂成一「×」符號。史官將日期塗去，好像要將日期改寫在上一頁空白的二十二行內，但又未補寫，結果這一月的日記遂只有初二而無初三這一日的記事，故知太白山本日記仍係草稿而非定稿。在這一史官心目中，胡差來朝鮮的日期可能還需要斟酌考定。

　　光海君日記鼎足山本似係據太白山本謄清。謄錄清本的人於鈔錄四月初二記事後，仍將太白山本已勾掉的日期「丙辰」二字加以鈔錄。四月初九這一條最末一段，以太白山本僅塗去「時奴酋既送」等十三字，鼎足山本遂省略此十三字不錄，結果末

段剩餘文句遂與上文文氣不接。如果不是亂中雜錄及太白山本尙存，就不容易覺察鼎
足山本所記是有問題的了。

　　據光海君日記及亂中雜錄續錄，朝鮮國王在接到奴兒哈赤這封信後，命平安道觀
察使朴燁署名寫回信。這封回信的內容，光海君日記及亂中雜錄續錄都記有，但辭句
不同。今引光海君日記所記於下，並注明亂中雜錄續錄所載朴燁答書異文。

　　己未四月二十一日……備邊司啓曰：「今此胡書回答，乃朴燁貽書于馬法者。
所謂馬法者，卽是偏裨之稱，則非直答於奴酋者也。末端去「惟勉之」三字，
而添入「此意轉告幸甚」六字，然後朴燁之不爲直答奴酋之意，彼此可以明知
矣。且「永享天休」一句，似爲未妥，改以「永荷天庥」爲當。且書中兩「建
州」字，俱改以「貴國」無妨，敢此付標以啓」。答曰：「知道」。

　　答胡書曰：「洪惟兩國境土相接（亂中雜錄續錄洪惟作惟我，惟上有「朝鮮國
平安道觀察使朴燁奉書於建州衛馬法足下」二十一字），共惟帝臣（續錄共惟
作俱是），同事天朝者二百年于茲，未嘗有一毫嫌怨之意矣。不圖近者貴國與
天朝構釁（續錄貴國作建州），兵連禍結，以致生民塗炭（續錄生民作民生），
四郊多壘。豈但隣國之不幸，其在貴國，亦非好事也（續錄無也字）。天朝之
於我國，猶父之於子也。父之有命，子敢不從乎？大義所在，固不得不然（續
雜錄無固字），而隣好之情，亦豈無之。（隣好之情亦豈無之，續錄作「事在
既往，今不必言之」）。鄭應井等爲先出送，（續錄爲先作先爲），致欵之
義，（續錄作意），亦可見於此也。（續錄也下有「隣好之情亦豈無之」八
字）。來書有曰，以我心初來（續錄無心字），若犯大國皇帝之意，（續錄作
若有犯大國皇上之心），靑天豈不監察（續錄監作鑒）？此心足以保有世業，
而永享天休者，（續錄此句作「而永荷天庥者也」），豈不美哉（續錄無此四
字）？自今以後（續錄後下有「復懷好音」四字），偕之大道，則天朝寵綏之
典，不日誕降，兩國各守封疆，相修舊好，實是兩國之福（續錄此句作豈不美
哉），此意轉告幸甚（續錄此意作惟此意）。

　　胡書之到，已踰二十日，上下相持，至是始爲發送，猶以爲朝廷未及聞知，令
朴燁答書。

這封答書寫於四月二十一日。亂中雜錄續錄說：「以本營軍官梁諫定（？）差官入送」。光海君日記己未五月二十七日條也說：

> 鄭忠信病重，以監司軍官梁諫代送虜中。

亂中雜錄續錄卷一引姜弘立別錄也記有朝鮮差官送朴燁答書至建州事：

> 五月二十六日，小弄耳先到，言差官鄭忠信不來，文書平安監司爲之云。酋卽令停止迎逢（送？）之事。

> 翌日，酋令管掌文書者彥加里、大海、李相介等出迎差官，於中路出其文書，謄抄以來。……是夕，酋始送兩胡人，迎來差官，寓於外城。

> 翌日，阿叱耳大海劉海等偕差官來臣等所寓，仍出文書置於臣前曰：貴國文書恐有未盡解見，請一一解釋。……

> 阿叱耳曰：「此文書何以平安監司爲之乎」？臣曰：「我國待隣國規例，本以其道監司主之。故日本則慶尙監司爲之」。

> 又曰：「馬法者，指汗乎」？臣曰：「指汗左右之人，以轉告二字看之可知矣」。

> 又曰：「何不書後金號，而只稱建州乎？必不以隣國待之也」。臣曰：「我國之稱建州，目前已熟」。……

> 阿叱耳頗解顏色，大海報曰：「小的粗知文字，不得解見云」。阿叱耳曰：「當告汗前」，因卽起去。俄而復來，以酋言致謝於差官。……

據此，則梁諫於五月二十七日始抵達虜中，而奴兒哈赤知悉朝鮮國答書內容則在五月二十八日，故滿文老檔日譯本及太祖武皇帝實錄均繫朝鮮國覆書於這一年五月二十八日。

朝鮮給後金的回信是用中文寫的，滿文老檔記朝鮮國答書，卽省略「惟此意轉告幸甚」七字不譯。

太祖武皇帝實錄也沒有這七個字。今將武皇帝實錄所記徵引於下：

> 朝鮮國書：「平安道觀察使朴化致書於建州衞馬法足下：吾二國地土相連。大明爲君，吾二國爲臣，經二百餘載，毫無怨惡。今貴國與大明爲仇，因而征戰，生民塗炭，不特鄰邦，卽四方皆動干戈矣，亦非貴邦之善事也。大明與我

國，猶如父子。父之言，子豈敢拒，蓋大義也。吾亦不願此舉，其如不從何？事屬已往，今不必言。若等情由，聞張應京等四人來言方知，然隣國亦自有交道也。來書云：吾有心與大國之君結怨，穹蒼鑒之。卽此一念，便可常享天眷，受福無疆，以後果行合大道，明朝聞之必喜，善言不久而下矣。吾二國各守邊疆，復乎前好，乃爲善也」。

武皇帝實錄誤朴燁爲朴化，誤鄭應井爲張應京，故知其所記又係譯自滿文。這封中文信的文句自應以朝鮮人的記載爲正。

這封信的文句，光海君日記所記與亂中雜錄續錄所記有異同。以滿文老檔及太祖武皇帝實錄所譯來參證，則亂中雜錄續錄所載朴燁答書，「事在旣往，今不必言之」兩句係在「隣好之情，亦豈無之」之前，與滿文老檔及太祖武皇帝實錄所譯相合，而光海君日記所記反與滿文老檔及太祖武皇帝實錄所譯不合，這可見光海君日記所錄已經潤色，答書原文當以亂中雜錄續錄所載爲正。朝鮮總督府所編朝鮮史第五編第一卷引朝鮮國覆書全文，仍據光海君日記。如果不是滿文老檔日譯本及武皇帝實錄已刊印行世，那我也會相信光海君日記所記。

光海君日記說：

己未（萬曆四十七年）七月十四日乙未，梁諫持胡書來自虜中。

梁諫帶囘後金國汗的信的文句，光海君日記與亂中雜錄續錄所記又有異同。今引續錄所記於下，注明光海君日記所載胡書異文：

答胡差官梁諫持答書到建州，奴酋又遣書曰：「後金國汗奉書于朝鮮國王（日記無此句）：今見來書曰（日記無今見二字，曰作云）：四郊多壘，其在貴國，非好事（日記非上有亦字）。我國之于天朝，猶父之于子也（日記無于字）。今後偕之大道，則天朝寵綏之典，不日頒降等語（日記無「不日」二字），諒必南朝所言也。且夫南朝素常祗言嚇諭，（日記祗作誂，諭作語。健按，誂疑應作哄。）孤甚厭之。昨孤奉書於國王（日記無昨字），是伸孤素日之惱，以聞國王也。並不囘答。去書之言（日記去作來，言作語），何據南朝之言，而差朝鮮之人也。今國王或意欲靜坐兩間看變，則在國王（國王二字據日記補）。不欲看變，主定一心（日記主作立），要與孤斷然同機，則我兩國當

寫盟言之書，殺白馬祭天，烏牛祭地，當天歃血焚書盟誓（日記書作香），方
可爲信耳（日記耳作矣）。況此盟誓是爲子孫世世永遠相好，太平之機，除非
如此盟誓，何信有也。昨日陣上留住十員將帥，二員奉書而去，見留八員。只
看國王與南朝作惡，要結作惡，不可同給。不能作惡，我□□□□□國王索
去殺了。食孤之食，養他一常（場？），豈不惱乎？今國王差大官來，不好空
回，以十名降人給去」。（自況字起，至「給去」止，日記作「國王與南朝作
惡，要能作惡，不能作惡，我給回去」。）

光海君日記所記後金國書末段顯然有脫誤，而其語意也似未完。今考光海君日記修於
朝鮮仁祖時。仁祖實錄卷二十八記：

光海日記一百八十五朔，事跡盡失於（李）适變時。厥後設廳纂修，拾得閭家
朝報章奏，參以耳目聞見，僅成頭緒。……議者多以爲辛勤湊合，只爲草件。

修日記時，舊檔已經亂散失，怪不得日記所錄後金國汗這封信是語意未完的了。前引
光海君日記說，「稱以天命二年後金國汗諭朝鮮國王」，也當由於舊檔散失，史官纂
述，才會有這種錯誤。

　　亂中雜錄續錄在記梁諫持來胡書以後，又徵引梁諫帶回來的姜弘立別錄，其中有
不利於朝鮮的消息。續錄於其下有雙行小字注云：

胡答書以下，梁諫持來警報。諫由滿蒲踰萬遮嶺而去，至建州幾七八百里。嶺
外未百里始有部落，人物頗盛，禾穀甚茂，美色亦多在焉。諫與病翁言之。

此小字注下打有圈的，僅見於一九六四年大韓民國石印本，不見於大東野乘本。這一
段小字注極重要。據山西趙先生年譜，病翁即亂中雜錄續錄的作者趙慶男的別號。據
趙氏年譜，亂中雜錄成書於明萬曆三十八年，續錄成書於崇禎十一年。雜錄及續錄均
係日錄體裁，多記其平日見聞。趙氏既關懷國事，而又與當事人梁諫認識，怪不得他
能知道這些重要的國家大事了。

　　光海君日記說，「稱以天命二年後金國汗諭朝鮮國王」，而亂中雜錄續錄所錄該
信末署「天命三十六年月日」，並非天命二年。本文已指出「天命二年後金國汗諭朝鮮
國王」此一諭字之不可信；又指出光海君日記記朴燁答書，記後金國汗第二次來書，
均不如亂中雜錄續錄所記；亂中雜錄所記當得自可靠來源，因此我認爲，「稱以天命

二年後金國汗諭朝鮮國王」，不僅諭字不可信，而「天命二年」四字恐亦不如亂中雜
錄續錄所記之可信。

　　光海君日記說，「稱以天命二年」，依情理來說，也應有他的根據。籌遼碩畫收
有萬曆四十六年九月兵部尚書黃嘉善題本：

　　　　兵部題，爲夷氣未靖，兵力宜增，伏乞皇上俯從經略之議，再調邊兵以救危遼
　　　　事。……頃接經略手書，謂奴酋部落約有七萬，而我調募主客二兵亦止七萬。
　　　　在我則分防勢孤，在彼則盡驅赴鬪，多寡之形，直是相懸。今議增調援兵，正
　　　　與臣議相合。又據同鄉生員孫弘祖稟帖內開，奴酋狂悖，僭稱年號，擬都遼
　　　　陽。又密計軍至遼廣，不戰而過，引勾野外相殺。此等猖獗之狀，未可謂前兵
　　　　馬已足也。……（籌遼碩畫卷十一，頁十八）

又同書載同年十月兵科給事中薛鳳翔題本：

　　　　兵科給事中薛鳳翔題：……奴酋之舉動，又何狡甚而叵測也。清河被冠之後，
　　　　亦旣兩閱月矣。一見於朝鮮偵探之言，則云兵至遼廣，不戰而過，且向皇都
　　　　矣。再見於生員同鄉之稟，則云先搶某處，起號天命元年，要來遼陽建都矣。

則奴兒哈赤在萬曆四十六年，似已起號天命元年，而萬曆四十七年正好是清太祖的天
命二年。

　　然檢籌遼碩畫所載方從哲題本：

　　　　大學士方從哲題：爲臣于九月初接得經略楊鎬書，寄有同鄉廣寧生員孫弘祖稟
　　　　帖一紙，內言：在虜寨時聞說，要先後犯搶清河靉陽等處，且僭稱年號，要來
　　　　遼陽建都。臣見之，不勝憤恨。（籌遼碩畫卷十一第十一頁）

又神宗實錄：

　　　　萬曆四十六年九月壬辰大學士方從哲題：近接得經略楊鎬書，有同鄉生員孫弘
　　　　祖稟帖。言在虜寨時，聞奴要先後犯搶清河靉陽等處，僭號建都遼陽。

則孫弘祖稟帖僅說奴酋擬僭稱年號，並未說奴酋已僭稱年號。孫弘祖給楊鎬的稟帖的
文句可能相當含混；楊鎬將孫弘祖稟帖咨報朝鮮，朝鮮人是可以像明朝兵部尚書黃嘉
善一樣，誤以爲奴酋在萬曆四十六年卽已僭號天命元年。

　　修光海君日記的史臣，可能見到楊鎬咨報，所以他就說奴酋在萬曆四十七年寫給

朝鮮的信裏「稱以天命二年」了。

　　我在奴兒哈赤所建國號考中已指出，奴兒哈赤於萬曆四十六年閏四月寫給明朝請和，「好信實赴貢罷兵」；萬曆四十七年正月又寫信給明朝，請明朝「加以王封」。在那時他雖稱建州國汗，仍自視爲王；其稱「後金天命皇帝」，係在萬曆四十七年三月薩兒滸之役大敗明兵以後。如果說奴兒哈赤在萬曆四十六年八九月時卽已用天命作年號，那就與上述當時眞實的史實牴觸了。

　　萬曆四十七年三月二十一日後金國汗給朝鮮國王的信保存於趙慶男亂中雜錄。亂中雜錄記該信內容旣可信，則記該信信末所署年月也應可信。

　　日本三田村泰助氏考論天命建元事，認爲天命年號之採用係在薩兒滸之役以後，這是他的創見。但他相信光海君日記，「稱以天命二年後金國汗諭朝鮮國王」，他文中引亂中雜錄所載該信，省略信末「天命三十六年月日」八字不引，好像這幾個字係錯字，不值一提。他對亂中雜錄所記未予以深考。

　　我所引用的亂中雜錄係一九六四年大韓民國石印本，雖較臺灣大學所藏大東野乘本爲佳，但其中仍有不少錯字。以上引天命三十六年後金國汗與朝鮮國王書來說，其中「被王篘院等復邪奪之」一句卽可能仍有錯字。這封信說：

　　　　昔大金世宗皇帝時，朝鮮趙住罷以四十餘城投至。

此趙住罷三字，在滿文老檔內係作 joo wei jung，太祖武皇帝實錄譯作趙維忠，金梁滿洲老檔秘錄譯作趙偉忠，滿文老檔日譯本則譯爲趙位寵。以本所所藏朝鮮刊本麗史提綱證之，則譯作趙位寵是對的。亂中雜錄續錄作趙住罷，大東野乘本作趙注罷，均係傳寫有誤，應據滿文老檔日譯本改正。

　　亂中雜錄續錄所載有誤字，但信末所署天命三十六年月日，此「三十六」三字則未傳寫錯誤。續錄引該信下附有小字注云：

　　　　萬曆十二年甲申，彼賊亦稱帝改元，鍊秦（？）軍馬，潛懷犯上之志，而中原及
　　　　我國皆未知之，知之亦無益矣。

由萬曆十二年甲申算至四十七年己未，正好三十六年，這可見「三十六」三字是沒有傳寫錯誤了。

　　據太祖武皇帝實錄，太祖於萬曆十一年癸未五月起兵攻尼康外郎，其時太祖止有

「遺甲十三副」；在第二年，兵仍不滿百，甲僅三十副。在萬曆十二年時，他的兵力
既如此的微薄，因此決不可能在這一年即改元天命。 以情理來推測， 這應該是在萬
曆四十七年薩兒滸之役戰勝明兵以後，他認爲已獲得上天睿命，而他之蓄意叛明，蒙
上天睿佑，則自萬曆十一年五月始，因此他就追認萬曆十二年爲天命元年了。

他係在萬曆四十七年三月稱後金國汗，追認萬曆十二年爲天命元年，因此他在這
一年三月給朝鮮的信末即署天命三十六年。

在這封信中，他自稱後金國汗，信末署天命三十六年月日；因此朝鮮給明朝遼東
經略的咨報，就說奴酋僭號後金國汗，建元天命。此所謂建元，也只是說奴酋採用天
命作年號，並不必拘泥解爲以這一年爲天命元年。

奴兒哈赤的行事，有些是在中國歷史上找不到前例的。他的國號係稱後金，即其
一例。他不以即帝位之年爲元年，而以萬曆十二年爲天命元年，則係其另一例子。在
他左右的人，雖有懂得漢文的，如達海劉海，但這些人的漢文程度都不甚佳，所以才
會有這種事情發生。但當他一發現他所定的國號年號與中國成例不合，他於是就改國
號後金爲金，而對年號，則於天命年號下改用干支紀年，而不用數目字注明年數。

於天命年號下用干支紀年，至遲從天啓元年辛酉五月即已開始。我在奴兒哈赤所
建國號考一文中曾徵引李永芳與朝鮮邊將的信，該信信末即署天命辛酉五月十八日，
不作天命三十八年。

亂中雜錄續錄卷一又載有大金國皇帝與毛文龍書，末署天命丙寅五月日，不作天
命四十三年。這封信的全文，在討論奴兒哈赤的位號時，我將徵引。

我曾查本所所藏明清檔案，有漢字的天命朝舊檔只存一件，那就是天命丙寅年閏
六月老滿文誥命。這一誥命已收入內庫大庫檔案存眞初集，見該書第六十二頁。這一
文件也正是只在天命年號下用干支紀年，而未注明年數。

明清史料甲編第一本內有徐中舒先生所寫內閣檔案之由來及其整理一文，其中提
到北平圖書舘藏內閣舊藏書目，「內碑圖總目一冊，所載都是殘存的內閣檔案。關於
開國期史料，只有天命丙寅年封佟延一件」。這一文件，由上引天命朝老滿文誥命看
來，也當是在天命年號下用干支紀年，而未用數目字注明年數。

羅福頤滿洲金石志卷六著錄有勅賜大金喇嘛法師寶記，記文說：

　　法師斡祿打兒罕囊素，烏斯藏人也。誕生□境，道演眞傳。既已融通乎法□，意普度乎羣生。於是不憚跋涉，東歷蒙古諸邦，闡揚聖敎，廣敷佛惠，蠢動含靈之類，咸沾佛性。及到我國，蒙太祖皇帝敬禮尊師，倍常供給。至天命辛酉年八月廿一日，法師示寂歸西。太祖有勑修建寶塔，歛藏舍利。緣累年征伐，未建壽域。今天聰四年法弟白喇嘛奏請，欽奉皇上勅旨、八王府令旨，乃建寶塔。事竣，鐫石以誌其勝。謹識。旹大金天聰四年歲次庚午孟夏吉旦同門法弟白喇嘛建。

　　這一碑文也只說天命辛酉年，不說這一年是天命三十八年。

　　我曾查式古堂書畫彙考所著錄唐宋誥敕，見所載誥敕皆於年號下用數目字注明年數。我所見明代文集卷首所錄誥命敕書也均如此。在年號下不注年數，而注干支，這只有在非正式的場合及書畫題跋中才可以。上引老滿文天命丙寅年誥命係官方正式文件，末署天命丙寅年閏六月，則當時官方規定的紀年法卽係如此。因此李永芳與朝鮮邊將書末署天命辛酉五月，大金國皇帝與毛文龍書末署天命丙寅年五月，那都是當時的原信是這樣，亂中雜錄的作者並沒有將年號下的數目字省去。

　　官方正式文件用這種辦法紀年，這只有由天命三十六年這種奇怪的紀年才可予以合理的解釋。在萬曆四十七年時，已追認萬曆十二年爲天命元年，卽無法再以稱帝之年爲元年。他後來發現追認萬曆十二年爲天命元年的辦法不妥當，而他又不擬廢除天命年號，那他就只好採用「天命辛酉年」這種紀年了。如依太祖武皇帝實錄所記，太祖於萬曆四十四年已稱天命元年，則天命朝誥命之署天命丙寅年而不署天命十一年，卽不易予以合理的解釋。

　　本所藏老滿文誥命係稱天命丙寅年，而此在太祖武皇帝實錄則稱天命丙寅年爲天命十一年。我曾查本所所藏清太宗實錄稿，原稿卷一係記天命丙寅年九月初一至十二月三十日的事。原稿說，「天命丙寅年九月初一日皇太極貝勒卽位」，而改稿則改爲「天命十一年九月庚申朔皇太極貝勒卽帝位」。原稿記這一年十月、十一月、十二月的事，均不書天命丙寅年，此因上文已言天命丙寅年九月卽位，遂蒙上文而省。今改實錄此處天命丙寅年爲天命十一年，於是這一年的十月、十一月、十二月也就成爲天命十一年的十月十一月十二月了。

　　在未看見天命丙寅年老滿文誥命以前，我還以爲太宗實錄稿的改稿改得好，認爲這樣修改才與中國史家修實錄所用的書法相合。等我看到天命三十六年後金國汗致朝鮮國王書，及天命丙寅年老滿文誥命，我才曉得改天命丙寅年爲天命十一年是與天命朝的眞實史實不符的。

　　在淸太宗時，史臣修太祖武皇帝實錄，如因太祖曾追認萬曆十二年爲天命元年，而書萬曆十二年爲天命元年，則史臣記萬曆十二年以後事，在書法方面將一定會遇到困難。如此書萬曆四十七年爲天命三十六年，於天命三十六年後書天命辛酉年丙寅年，則史臣也將嫌書法不一致。而且太祖旣廢除天命三十六年這種紀年，則史臣也不應違背太祖後來旨意，據實直書，以萬曆四十七年爲天命三十六年。

　　太祖廢棄天命三十六年這種紀年法，而於年號下用干支紀年，這已隱含應以稱帝之年爲元年之意。太祖晚年已稱帝，但其滿文尊號仍爲 Genggiyen Han，其稱「天か衆國を恩養するやうに任じた Genggiyen Han」是在萬曆四十四年丙辰正月，他在這一年雖未用天命作年號，但其所上尊號已含有天命意思在內，因此修太祖武皇帝實錄的史臣也就以這一年爲天命元年了。

　　太祖於天命丙寅年八月逝世，太宗於這一年九月卽位。依中國規矩，嗣君應踰年改元，因此太宗遂以卽位的第二年丁卯年爲天聰元年。太宗實錄稿的初稿書太宗於天命丙寅年九月卽位，這倒是據實直書的。

　　太祖武皇帝實錄修於淸太宗時，史臣之以萬曆四十四年爲天命元年，當蒙太宗認可。及修太宗實錄，記天命建元事，自當尊重太宗所修之太祖武皇帝實錄，因此修太宗實錄稿史臣就將初稿的「天命丙寅年」改爲「天命十一年」了。

　　日本學人三田村泰助氏考論天命建元事，認爲以萬曆四十四年爲天命元年係修實錄史臣杜撰，我這裡所提出的太宗實錄稿正可以替他的說法作證。我與他不同的是，我相信天命三十六年，我認爲在天命三十六年以後，太祖於天命年號下改用干支紀年。

　　當我得到這一結論時，我曾向李光濤先生請益。承李先生告訴我，他在北平曾看見一本天命丙寅年曆書，在這本曆書裡也沒有說這一年是天命十一年。

　　我查日本學人所編東洋史論文索引，知今西春秋先生寫有天命建元考及考補，發

表在朝鮮學報第十四及第二十期。我到臺灣大學去借閱，則該校藏有朝鮮學報第十四期。今西春秋在該期所發表的文中曾附有一城門額的照片，城門額上所刻的字是老滿文，城門名的右旁有老滿文「天命六年立」五字，左旁有老滿文癸亥年建等字。而老滿文天命六年的「六」字，今西春秋先生以所見照片模糊，不像是個「六」字，所以他在這一「六」字的下面打一疑問號。

我不認識滿文，因此，我向李學智先生請教。李學智先生也認爲這是一個數目字，但照片模糊，無法認識；如說是干支，則城門額照片此處又不夠兩個字的地位。我向他提起本所所藏天命丙寅年老滿文誥命。他說，他整理故宮所藏老滿文檔，曾發現其中有一漢文奏本末尾署天命六年。他既然看見實物，則我上文對「天命三十六年」「天命辛酉年」「天命丙寅年」那些我自認爲很合理的、煞費苦心的解釋，都將動搖了。

我爲之惘然若失。我囘到史語所，檢查本所所藏故宮滿文老檔的照片，我發現這一奏本末署天命辛酉年拾貳月日，並非天命六年，我爲之狂喜。討論天命建元問題，最好能利用天命朝舊檔。而我上文事實上只舉出了天命丙寅年老滿文誥命，可以說是孤證。而其他的例證，如天命辛酉五月十八日李永芳與朝鮮邊將書，事實上也都由於這一誥命，我才認爲年號下的年數是原本沒有的。現在由於這一奏本的發現，使我更增加了一個證據，我非常感謝李學智先生。現在將這一奏本的照片複製刊載於下：

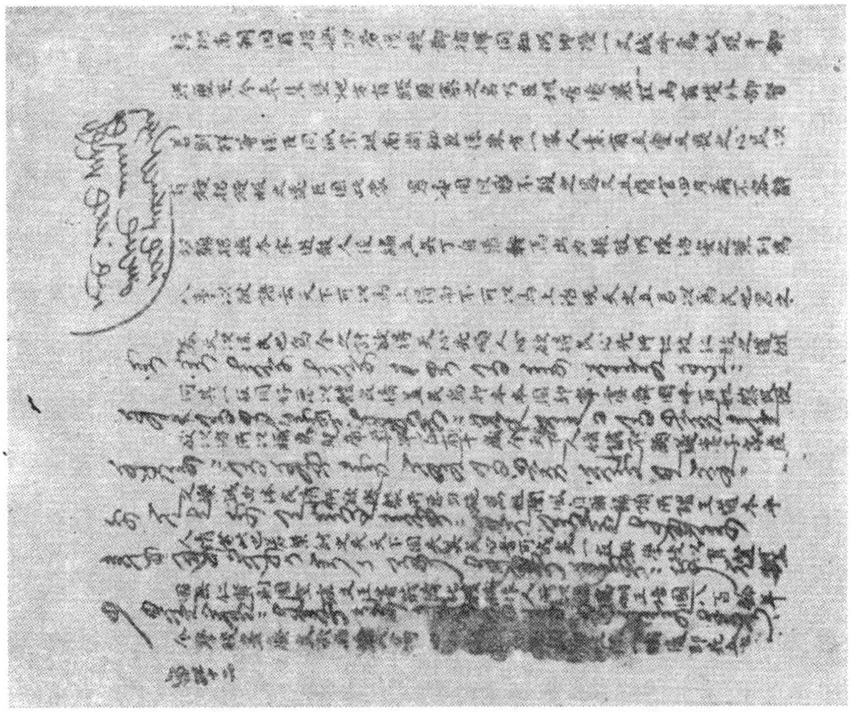

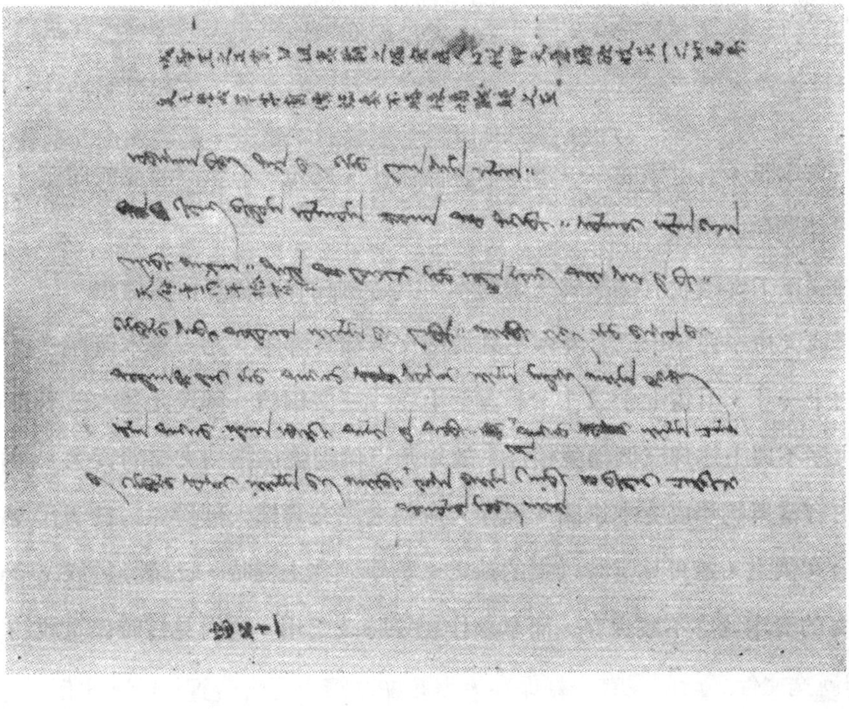

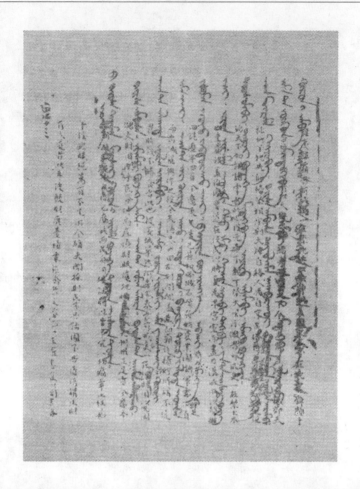

　　這一奏本說，「臣學成……臨奏不勝悚惕」，又說，「劉詳等係臣同派」，則這一奏本當係劉學成所上。

　　天聰朝臣工奏議收有劉學成三個奏本，其時劉氏官銜係正白旗備禦。

　　劉學成天命辛酉年十二月奏本不見於滿文老檔日譯本。此一奏本僅存三頁，其旁有「宙七十一」、「宙七十二」、「宙七十三」三個編號。劉氏此奏本已不全，奏本內容的次序不與上述那三個編號相合，故知此三個編號係指滿文檔的頁次，而滿文檔所記的內容當與劉學成奏本無關。現存天命朝老滿文舊檔大部份係寫於明代遼東各衙門的舊公文紙上，這可見當時紙張的缺乏。劉學成在上奏時，已歸降於奴兒哈赤，其用漢文寫的奏本竟亦不蒙保存，而拿來作紀錄時政之用，這可見當時僅重視滿文檔。當時對漢文文件可能就沒有好好保存，因此在修清太祖皇帝實錄時，史臣將中國人及

朝鮮人的姓名譯錯，也無從參核改正了。

　　檢內閣大庫舊檔書目第十二目，其所著錄開國文冊卽大部份係清太宗時的，屬於清太祖天命朝的僅有天命年誥命一道。本所藏清朝入關以前的漢文舊檔，亦僅有太宗世祖二朝的，而未有天命朝的，其理由當亦在此。

　　清太祖武皇帝實錄係據滿文檔修成。其據滿文譯成漢文處，上文已提出許多例證。本所藏有清太宗實錄稿殘卷，其封面批：「中堂陳老爺滿漢對閱訖」；其記遼東地名，間有用同音或音近的字，然後再改正的，如「自礙巖以北，法那哈以南」，改爲「自靉陽以北，樊河以南」，此均其譯自滿文之證。太宗實錄稿於其時賞賜臣下物件，均一一詳記，與滿文老檔日譯本所記同，故知其所記當源出於滿文老檔。現存太宗朝滿文老檔已有缺逸，是可用太宗實錄稿來補的。羅振玉印的太宗皇帝日錄，其實也是太宗實錄稿。羅氏命名爲日錄，那只是由於他所見的那兩卷實錄稿沒有封面。

　　現存清太宗實錄稿係據滿文檔編譯，但亦有據漢文檔編纂的，其記天聰元年三月四月太宗與袁崇煥來往書信，或注明「以上俱有書札」，或注明「有書札」，或注明有「原稿」，以袁崇煥致金國汗書原件校之一字不異。在清太宗時，其書房日記係用滿文，此見於天聰朝臣工奏議所載天聰六年十一月楊芳與條陳時政奏。修實錄時，自需將書房日記譯爲漢文。與袁氏來往文書原爲漢文，翻成滿文，記入書房日記，修實錄時，需將其由滿譯漢，那就不如鈔漢文檔原件的省事了。

　　由於他注明「有書札」，這可以證明太宗實錄稿的漢文本非譯自太宗實錄的滿文本。現存清太祖武皇帝實錄滿文本，由三田村泰助氏所引萬曆丁卯年的紀事看來，其內容與漢文本並未劃一(註一)。而太祖高皇帝實錄康熙修本，乾隆御製序已指出其「清漢之文，或簡或繁，未經畫一」，則清實錄漢文本與滿文本之內容整齊劃一，恐應自雍正乾隆改修之太祖高皇帝實錄始。檢內閣大庫舊檔書目，其第十八書目著錄有：

　　　太祖本紀上下二卷共一本，清漢稿完。

　　　太宗本紀四本，漢稿完，清字翻完二本，尙有二本未翻。

　　　世祖本紀九本，漢稿完，清字翻六本，尙有三本未翻。

（註一）　見三田村泰助氏「滿文太祖老檔と清太祖實錄との對校」，立命館文學第二百號。

則乾隆皇帝修太祖高皇帝實錄，可能也是先修漢文本，然後再將其譯成滿文。

　　劉學成奏本可以說是天命朝漢文文件之唯一倖存者。上引天命丙寅年老滿文誥命，漢字僅「天命丙寅年閏六月」一行，餘皆係滿文；其所以倖存，那可能也是由於天命朝重視滿文檔。

　　這一奏本係當時正式的官方文件，末署天命辛酉年十二月，則在那個時候官方規定的紀年方法即係如此。今西春秋先生所舉出的城門額，滿文「天命六年立」的「六」字既無法辨識，我想這可能是以十二生肖紀年，稱庚申年爲猴年，辛酉年爲雞年，此即見於滿文老檔日譯本。（見日譯本 p. 1234）。

　　本所藏天命丙寅年老滿文誥命的老滿文天命二字，承李美千小姐辨識，應讀爲 abkai fulinggai，而非漢文天命二字的譯音。「天命辛酉年」與「天命丙寅年」的句型一樣，則滿文「天命辛酉年」的天命二字也當讀爲 abkai fulinggai。天命三十六年的滿文天命二字，究竟係漢文天命二字的音譯抑意譯則待考。滿文老檔於明朝皇帝的年號均音譯。滿文老檔收有己未七月初八太祖制諭，其第一句話係 abkai fulinggai banjiha genggiyen han hendume，日譯本譯爲「天の命で生れた genggiyen han 言ふには」。己未年係天命三十六年，則天命三十六年的滿文天命二字似當係意譯而非音譯。

　　太祖於萬曆四十七年三月採用天命作年號，今檢滿文老檔日譯本，則老檔紀事並未於干支上加天命二字。滿文老檔的紀年法與太祖武皇帝實錄不同。

　　滿文老檔的紀年法，由日譯本看來，凡有數變。

　　其記萬曆三十五年戊申三月事，則稱該月爲「戊申年 Sure Kundulen 汗之五十歲之三月」。至萬曆四十二年甲寅四月卷尚見這種書法，而記這一年的六月十一月十二月，就只說六月十一月十二月，沒有說甲寅年 Sure Kundulen 汗的五十六歲的六月十一月十二月。其記萬曆四十三年正月仍稱「乙卯年 Sure Kundulen 之五十七歲之正月」，而於這一年中正月以後各月則僅書幾月，於干支及汗的歲數均省略不提，蓋蒙這一年的正月而省。這有點像春秋經書「隱公元年春王正月」，而於元年的其他各月就不再加「王」字。

　　奴兒哈赤於萬曆四十四年正月初八上尊號爲「天が衆國を恩養するやうに任じた

Genggiyen Han 」，因此滿文老檔書這一年正月仍爲丙辰年 Sure Kundulen 汗的六十歲的正月，而於萬曆四十五年及四十六年的正月，始書 Genggiyen Han，並注明干支及汗的歲數。

其記萬曆四十七年己未正月，書法又一變。只書己未年正月，不說己未年 Genggiyen Han 幾十幾歲的正月，此後一直至丙寅年太祖之死爲止，都如此。

我檢閱李學智先生所編故宮原檔簡目，知「荒字檔」係記萬曆三十五年三月至四十七年己未三月事，係用高麗紙寫，而記天命辛酉年二月至丙寅年的事則多用明代舊公文紙寫。以 Sure Kundulen Han 及 Genggiyen Han 的年齡來紀年的當見於高麗紙寫的荒字檔，而以干支紀年的當見於用明代舊公文紙寫的老滿文檔。據李學智先生的考證，用明代舊公文紙寫的係原檔，其書寫時間要比用高麗紙寫的要早。這樣看來，用干支紀年的方法應比用汗的歲數紀年方法爲早。

用干支紀年，這種方法極朴實無華，簡便實用。而用 Sure Kundulen Han 及 Genggiyen Han 的歲數來紀年，此係後來追記，故力求冠冕堂皇；而其紀事體裁亦係紀事本末體，這只能看作官修的「滿洲開國史」，其性質與滿文老檔他卷之爲原始檔案者有異，故其所記亦極多隱諱不實。荒字檔記事，未將甲寅年四月六月的紀月法劃一，故知其所記仍非定稿。其撰寫仍在今本太祖武皇帝實錄之前，故其所記事仍爲太祖武皇帝實錄所依據。其以 Sure Kundulen Han、Genggiyen Han 的年齡紀年，在中國史書裏找不到前例，因此這種紀年法也就不爲修太祖武皇帝實錄史臣所取。

太祖晚年稱帝，用天命作年號，但其滿文尊號仍爲 Genggiyen Han，所以修太祖武皇帝實錄史臣將萬曆四十四年所上尊號譯爲列國沾恩明皇帝，而將萬曆四十四年書爲天命元年。其稱 Kundulen Han 時，實自視爲王，因此史臣將其音譯爲崐都崙汗。其記天命元年以前事，用干支紀年，這係倣照明太祖實錄。明太祖實錄記明太祖事，也是於吳元年以前用干支紀年，不用龍鳳及至正年號。

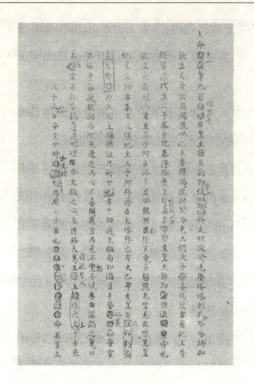

後記：

　　本文寫成後，檢羅福頤所編國朝史料零拾，見其中載有「衆貝勒擁戴太宗誓辭」，今徵引於下：

　　　　衆貝勒擁戴太宗誓詞

　　　　天聰丙寅年九月初一日，因君立之禮，衆貝色祝天之辭曰：

　　　　天地愛恤輔助

　　　　君父爲君，君父升遐，國因無主。衆子弟議將

　　　　太宗皇帝代

　　　　君父爲君。天地愛恤，令皇帝退壽永生，國道恆興。此因君立之禮，衆貝色祝

　　　　天之辭。……

文中稱貝色，而標題作貝勒，故知「衆貝勒擁戴太宗誓詞」九字係羅福頤校錄時所加。文中稱「太宗皇帝」，則這一誓詞也係太宗死後，史臣追記，並非天命丙寅年原檔。

　　由天命丙寅年老滿文誥命看來，在丙寅年已用天命爲年號，那是絕無問題的。李

光濤先生所見的「天命丙寅年曆書」應頒行於天命乙丑年冬。在這本曆書裡，稱丙寅年九月至十二月爲天命丙寅年九月十月、十一月、十二月，這也是無問題的。惟太祖於天命丙寅年八月逝世，太宗於丙寅年九月初一日卽位，在這一年九月一日以後，是否仍稱天命丙寅年，則除了上述太宗實錄稿外，尚未找到原始可信的史料以爲佐證。

太宗實錄稿並不是原始史料。實錄稿不作衆貝色，而作衆貝勒。實錄稿記衆貝勒告天之詞爲：

> 皇天后土，旣祐我父爲君；今父王已崩，國內無主。諸兄弟子侄共議，皇太極承父之業，祈天地垂祐，俾皇太極壽命延長，國祚昌盛。

其寫作時代似較史料零拾所引誓辭爲晚。史料零拾所引誓詞稱天聰丙寅年九月一日，與中國傳統紀年方法不合，可能較實錄稿所記更眞實可信。在丙寅年九月時滿洲人可能認爲天命皇帝已死，在丙寅年九月至十二月上，冠以已死皇帝的天命年號不妥，所以改用天聰二字。

天聰係清太宗的尊號，也係他的年號。很可能在第二年丁卯，清太宗才正式採用中國傳統的紀年法，稱天聰丁卯年爲天聰元年。

修實錄稿史臣書「天命丙寅年九月初一日皇太極貝勒卽位」，那只是照中國規矩——嗣君應踰年改元。而天命丙寅年九月這一書法有天命丙寅年誥命曆書爲其根據，也不能說他完全歪曲史實。

對羅書所載衆貝勒擁戴太宗誓詞，我們仍需與羅氏所見原件比對，看天聰丙寅年的聰字是否謄錄製版時有誤。

論清太祖於稱汗後稱帝，清太宗即位時亦稱帝

黃　彰　健

我在奴兒哈赤所建國號考中，已指出奴兒哈赤在萬曆三十三年自稱建州等處地方國王，三十四年上崑都崙汗尊號，四十四年上恩養衆國英明汗尊號，四十六年稱建州國汗，而「汗」的地位相當於中國的王。

在元朝時，汗的地位等於皇帝。如元史即稱成吉斯汗爲成吉思皇帝。但在元順帝北遷以後，汗的地位就漸漸低落，不如明朝的皇帝。明隆慶五年，俺答汗被中國封爲順義王，在這時汗的地位已公認低於皇帝。

奴兒哈赤於萬曆四十七年薩爾滸之役後，致書朝鮮國王，自稱後金國汗，但所鈐國璽則稱「後金天命皇帝」。

將汗的地位視如皇帝，這是用的「汗」字的古義，與同時人的觀念不合，因此他後來對外行文也就稱大金國皇帝而不稱汗。

趙慶男亂中雜錄續錄卷一收有天命丙寅年大金國皇帝與毛文龍的信，今將其徵引於下：

> 丙寅（天啓六年，仁祖四年）夏五月，奴賊移書于毛文龍云：大金國皇帝致書于毛大將軍麾下：自古國家興亡，皆天運循環。其將亡也，必災異屢降，各處兵起；其將興也，必天默護佑，動而成功。昔日伊尹見夏數盡，去夏歸湯；太公見商數盡，棄商歸周。今聞將軍說我「何必殺人，若不殺人，何人不歸？」遼東原是先王之民，天乃賜我，我甚喜悅。益民益兵，又益錢糧。故南自旅順，北至開原，東自鎮江，西至廣寧，皆撫養之。不任我命官及兵差人，又有奸細來往逃亡不已，是其自取誅戮，非我誅之也。且自這邊到儞那邊，將軍不

為自安，乃不分好反(歹)，皆入兵伍，逼勒驅來，各處殺死。是的殺邊(？)。我原以誠治國，故自東海各處，人民皆悅以來。又北關兀剌廻扒與我對敵，箭射刀斫，猶不殺他，擒拿撫養之也。昨征西虜，大興兵所得，不如自來歸順的矣。至今不斷，是亦聞見撫養慕恩來歸。若要殺人，為何來歸我？我素謂毛將軍明智通達，何其昏然，不知天時也！南朝運終，死數未盡，何處不為殺死？其安邦彥、崷□、安南國、貴州、泗(四)川、雲南、廣西、鄒縣各處，殺人死人，豈不此南朝喪亡之時也？天使喪亡，將軍豈救之乎？昔周運終衰，孔孟之聖尚不能救，卒至喪亡，將軍悉知之矣。良禽擇木而棲，賢臣擇主而事。韓信陳平棄楚而歸漢，劉整呂文煥棄宋而歸元。此皆默識天時，擇主而事，名垂後世者。人何嘗說不忠？自古天生帝王，不念仇隙，只念功德。管仲，桓公之仇也，不殺而相之，遂成霸業；敬德，太宗之仇也，不殺而相之，以有天下。今將軍竭力辦事，君臣反受禍患，邦(那？)有好處。南朝氣數已盡。此各處兵起。又丙辰年風刮防扶(？)樹，及各殿樓脊獸。戊午己未，玉(御)河兩流血水，此非天示將亡兆耶？天運循環，賢良改事。將軍豈不知麼？時勢如此，稽欲措置，悔之不及。佟駙馬與遼東廣寧諸將，皆從陣上得的，今皆顯官。將軍若來，又非他將之比也。利害貽思量之。天命丙寅五月日。

滿文老檔丙寅五月二十一日條記有這封信，未將「大金國皇帝致書於毛大將軍」譯成滿文。這封信說，「韓信陳平棄楚而歸漢，劉整呂文煥棄宋而歸元」，滿文老檔亦省略陳平呂文煥五字未譯。當時金國與明朝辦交涉，來往文件係用漢文，因此這封信的內容當以亂中雜錄續錄所載者為正。

滿文老檔所記這封信，金梁滿洲老檔秘錄曾譯為中文，不如日譯本所譯之信達。亂中雜錄所記這封信，以滿文老檔所記校之，仍有脫落及誤字。如「安邦彥崷□安南國貴州四川雲南廣西鄒縣各處殺人死人」，滿文老檔將「鄒縣」譯作 tsoo hiyan 而其下更有 tang hiyan 二字。金梁將 tsoo hiyan tang hiyan 譯為「曹縣唐縣」，而日譯本則譯為「曹縣滕縣」。今按明史熹宗本紀：

天啟二年二月癸酉，水西土司安邦彥反。……

五月丙午，山東白蓮賊徐鴻儒反。六月戊辰，徐鴻儒陷鄒縣滕縣。十月辛巳，

　　官軍復鄒縣，擒徐鴻儒等，鄒縣賊平。

則滿文老檔的 "tsoo hiyan tang hiyan" 應譯爲鄒縣滕縣。亂中雜錄鄒縣下應補「滕縣」二字。

　　亂中雜錄「崙」下一字係空白。滿文老檔譯此二字作 sǎn yen。金梁及日譯本譯 sǎn yen 作山陰。今按，山陰係縣名，在這一句中的位置不與鄒縣滕縣相連，而位於人名及國名之間，與中文辭例不合。由亂中雜錄所記看來，崙字字形與奢字相近。明史熹宗本紀：

　　　　天啓元年九月乙卯，永寧宣撫使奢崇明反。

明史卷三百二十永寧宣撫司傳：

　　　　天啓元年。(奢)崇明請調馬步兵二萬援遼，從之。崇明與子寅，久蓄異志，借調兵援遼，遣其壻樊龍部黨張彤等領兵至重慶，久駐不發。巡撫徐可求移鎭重慶，趣永寧兵。樊龍等以增行糧爲名，乘機反，遂據重慶。

又籌遼碩畫卷三十第四十八頁熊廷弼酌調土兵疏：

　　　　四川永寧宣撫司馬步兵五千，須奢崇明與其子奢寅親領。

則奢寅當係奢崇明所部主力，而 sǎn yen 當係奢寅二字的對音。安邦彥奢寅徐鴻儒在天啓年間同時作亂，因此奴兒哈赤在這封信中就提到這三人的事了。

　　奴兒哈赤對外行文，不稱汗而稱皇帝，這封信是我看到的最早的記載。

　　清太祖武皇帝實錄記：

　　　　丙寅天命十一年六月初一日，大宴奧巴，賜以汗號。……帝曰，吾故順天道，賜名吐舍兎汗，其兄土美爲泰打兒汗。……奧巴等謝賜號之恩。

也正因在這時奴兒哈赤已稱帝，帝的地位高於汗一等，因此他可以賜人以汗號了。

　　奴兒哈赤死於天命丙寅年八月，袁崇煥得知此消息，遂遣喇嘛李鎮南木座往瀋陽弔奴兒哈赤之喪，守備傅以昭等三十三人同行。在這一年十二月，袁崇煥曾向明廷奏報他遣使的目的有三：

　　　　亟往偵其虛實，一也；因離間其諸子與夷上下，二也；且諭其母仍前叛逆，束手歸命，聽朝廷處分，三也。（見三朝遼事實錄卷十六）

據清太宗實錄稿卷一，這一羣人之抵達瀋陽是在這一年的十月十七日丙辰。在十一月

十六日乙酉，明使臣回國，清太宗遂令方吉納溫塔石等九人偕往，並帶了一封信給袁，實錄稿記此信的內容如下：

> 大滿洲國皇帝致書於大明國袁老先生大人閣下：今南朝不計兩國交兵，而差李喇嘛及四員官來弔慰慶賀，以禮相加，我國亦豈有他意哉？既以禮來，自當以禮往，故差官致謝。其兩國和好之事，先父皇曾在寧遠致書，未見回答。今南朝皇帝有書來，照其來書，便有回答。凡事須要實情實意，勿以虛辭來往誤事。

袁氏收到清太宗此信，遂向朝廷報告。袁氏題本見於三朝遼事實錄卷十六。題本說：

> 臣隨諸臣後東遣偵諭，前疏已悉。東夷來者爲方金納溫台十二夷，則夷中之大頭目，諸事待裁決者。臣同鎮道協三臣召而見之於學宮，取在泮獻功獻琛之義。此夷之恭敬柔順，一如遼東受賞時。三步一叩頭，與虎㹟諸夷無有二也。跪投夷稟一封與臣，如以下申上體式，獨其封上稱臣爲老大人，而（猶）書大金國，踵老酋之故智，臣卽以原封還之。

則清太宗的來信係稱大金國而非大滿洲國，稱袁爲老大人而非老先生大人。實錄稿作滿洲國及老先生大人，當係纂修實錄史臣所改。

三朝遼事實錄卷十六又載有這一年十二月袁崇煥的塘報。塘報說：

> 據鎮道報稱，撥丁遇前來夷使方金納九人，賫有文書前來講話。隨差人調之入境。各道鎮于路上詰來夷何故起兵，彼云打圍，乘便搶西韃子，斷不敢擅入寧前等情。職偕內臣紀用及鎮道協將，召方金納，見之學宮。投遞行文夷稟，將向時僭稱皇帝二字改汗字，如虎酋之稱，而仍彼僞號。然既差人，當留其來使，暫放小夷一二名回話，令其去年號，遵奉正朔，爲代題。一操一縱，職自有微權。定不敢一着不先而一籌之漏也。

塘報說，「將向時僭稱皇帝二字改汗字」，這是奴兒哈赤死時自稱皇帝的另一證據。在這封信中，清太宗不稱皇帝而稱汗，而實錄稿却寫作「大滿洲國皇帝」，這又是修實錄史臣諱改了。

由袁崇煥的題本及塘報看來，袁氏認爲可以與金國談和，惟其先決條件係要求清太宗去帝號國號年號，改奉明朝正朔。如履行信條件，他才允許代奏給明朝皇帝知

道。清太宗實錄稿所記則不同。實錄稿說：

> 十二月二十八日，方結納溫台石至。明朝人書俱未之來，言大明國大滿洲二字
> 竝書，難以奏上，遂將原書回。

實錄稿所記又有諱飾，不可輕信。

清太宗於天命丙寅年十一月寫信給袁崇煥，稱汗而不稱帝，這應與袁的勸告——
「毋仍前叛逆」有關。

他不稱帝而稱汗，係對袁假意敷衍。他的滿文尊號本係天聰汗，汗的古義本係皇
帝，因此變文稱汗，他認為無妨；而作皇帝的人應該有國號及年號，因此，對國號年
號二者，他不肯輕易地予以廢棄。檔案存眞初集收有天聰元年四月初八日致袁崇煥書
稿照片及天聰元年十月初二致大明皇帝求和書照片，在信尾均有天聰年號。

檔案存眞初集又收有天聰三年己巳正月金國汗給袁崇煥的信的照片。這封信亦係
談和，惟信末只稱己巳年，不用天聰年號，這表示他對袁的讓步。然所蓋的印仍係國
璽，又未遵奉明朝正朔，仍與袁提出的條件不合。這封信又遭袁退還，國書上蓋的印
被袁打了幾道槓。這表示清太宗的來書不應該用國璽。

清太宗於天聰三年十月出兵攻明，於十一月至通州。清太宗實錄記這一月丙申太
宗傳諭各城曰：

> 我太祖皇帝思戢干戈，與民休息，遣人致書講和，而爾國不從。……我復屢次
> 遣使講和，爾天啓皇帝崇禎皇帝，仍加欺凌，使去滿洲國皇帝帝號，毋用自製
> 國璽。我亦樂於講和，遂欲去帝稱汗，令爾國制印給用。又不允行，以故我告
> 天興師，由捷徑而入。

實錄所載此上諭只說「欲去帝稱汗」，沒有說已去帝稱汗，與檔案存眞初集所載金國
汗致袁崇煥書照片牴觸，可知實錄所記已諱飾不實。北京大學藏有天聰四年正月上諭
刻本，其內容與十一月丙申上諭略同。這一上諭刻本說：

> 朕躬實欲罷兵戈，享太平，故屢屢差人講說。無奈天啓崇禎二帝渺我益甚，逼
> 令退地，且敎削去帝號，及禁用國璽。朕以為天與大地，何敢輕與。其帝號國
> 璽，一一遵依。易汗請印，委曲至此，仍復不允。朕耐不過，故籲天哀訴，舉
> 兵深入。

此即說己去帝號，與檔案存眞致袁崇煥書照片相合，而與實錄所記不同了。

刻本上諭說：「帝號國璽，一一遵依」，此即清太宗即位時稱帝之證。

清太宗給袁崇煥的信，蓋有國璽。刻本上諭說：「帝號國璽一一遵依」，這是他強辭奪理。清太祖太宗給明朝及朝鮮的信，有許多強辭奪理處，刻本上諭所說只是一個例子。我們讀史，不可據一面之辭，而責備明朝。

稻葉君山清朝全史說：

> 萬曆四十四年正月，奴兒哈赤自登可汗之位，國號大金，建元天命。……據清實錄所載，尊上爲覆育列國英明皇帝。……抑建元雖屬實事，而登皇帝之位則殊近盧誕。（中譯本 p. 106）

奴兒哈赤以可汗終，太宗又繼其汗位。其稱帝，尙在此後九年。

今由上文所考，則奴兒哈赤在萬曆四十四年以前即已登汗位。奴兒哈赤於死前已稱帝，因此，清太宗即位時亦稱帝，惟以與袁崇煥談和，遂降號稱汗。

已降號爲汗，因此在天聰元年毛文龍寫信給清太宗，就稱清太宗爲「汗王」。這也可見汗的地位在那時人的心目中是較皇帝低一等。這封信的照片見於內閣大庫檔案存眞初集。

檔案存眞初集收有天聰九年十二月廂藍旗固山別將張存仁奏本，奏文說：

> 汗國勢已大，何不稱曰皇帝，而尙曰汗。

在這時察哈爾林丹汗已敗死。於是清太宗就接納臣下建議，改元崇德，建國號曰清，上尊號爲寬溫仁聖皇帝了。

檢滿文老檔日譯本，寬溫仁聖皇帝的皇帝二字，在滿文裏仍作汗。

前面說過，汗本可譯爲皇帝，但至明中葉以後，汗的地位已低於皇帝，而且也只有中國的君主才夠資格稱皇帝。在那個時候，中國的文化高於四週各小國，中國人的思想觀念對當時隣近的民族自應發生影響，清太祖太宗之稱帝，即其一個例子。

當時中國文化最高，用漢文「帝」字表示地位的崇高，即已足夠。滿文稱號仍沿用「汗」字，並無關係。

以中國人眼光看來，皇帝的地位最尊貴。太祖晚年已稱帝，其滿文尊號仍爲genggiyen 汗。這一尊號係萬曆四十四年所上，所以修太祖武皇帝實錄的史臣就將這年

論清太祖於稱汗後稱帝，清太宗即位時亦稱帝

所上尊號譯爲列國沾恩明皇帝，而修太宗實錄史臣則諱太宗之去帝稱汗不書。我們利用原始可信的材料來參證審核，雖仍可得知其時史實眞相，然已費了我們不少的時間了。

在元朝時，汗卽皇帝，因此在康熙時，外蒙古土謝圖汗及車臣汗之能保留汗號，這是康熙皇帝給他們的恩寵。在明中葉以後，汗的地位事實上比皇帝低一等，因此在康熙皇帝看來，土謝圖汗車臣汗旣已稱臣，則仍其舊稱，也無妨礙。在淸朝，汗的地位雖高於王，但史籍所謂蒙古王公，汗仍包括在王這一等級內。

清初順治康熙年間減免賦稅的過程[*]

劉　翠　溶

　　本文所指的賦稅是包括田賦與丁銀。在以農業爲傳統的中國，地丁的收入一向是國家收入的主要項目。地丁就是田賦與丁銀的合稱，兩者合併的關係可能始於明末實行的一條鞭法。到了康熙末年雍正初年，各省的丁銀陸續併入田賦，於是地丁合稱才眞正名符其實。但是在地丁合併的改革完成以前，還有一重要的改革，就是所謂「盛世滋生人丁永不加賦」的改革。這是康熙五十一年（1712）上諭，令各省丁銀以康熙五十年的額數爲定額，以後增加的人丁，永不加賦。由於這一措施，才使明末以來漸漸固定的丁銀數額正式的固定下來，促成地丁合併的完成，使一條鞭法有一合理而公平的成果。(註一)除了丁銀數額的固定以外，清初政府亦以豁免田賦爲要務，本文就要討論這些措施與順治康熙年間國家財政的關係。

一、清初的稅額以萬曆末年額數爲依據

　　清朝初年，政府鑑於明末苛征擾民，終至亡國，爲了收拾人心，鞏固政權，所以入關後攝政王多爾袞就告諭全國說：「自順治元年爲始，凡正額之外，一切加派，如遼餉，剿餉，練餉及召買米豆，盡行蠲免。」(註二)在此所謂「正額」，一般說是依照

* 本文是筆者就讀臺灣大學歷史學研究所時所作論文之一章，今已加以修改。但全文撰寫期間（1965—1966）曾受中國東亞學術研究計劃委員會之資助，謹此致謝。

(註一)　研究明代一條鞭法，以梁方仲最有成績，他在這方面的著作有：一條鞭法（中國近代經濟史研究集刊四卷一期，1936）；釋一條鞭法（中國社會經濟史集刊七卷一期，1944）；明代一條鞭法年表（嶺南學報十二卷一期，1952）；明代一條鞭法的論戰（社會經濟研究一期，1951）。由於圖書的限制，筆者只得閱前兩篇文章，不過何炳棣在他的 Studies on the Population of China 1368-1953(Cambridge, Mass., 1959) 一書中就以梁氏的研究爲基礎，對這一問題加以討論，見該書第二章。

(註二)　清世祖實錄，6/9b-10b.

萬曆年間的舊額。但是萬曆年間長達四十八年（1573—1620），到底清初所依據的是
其初年或末年的舊額呢？當時人稱頌清初薄賦之善政，有的說「賦役一依萬曆初年條
編之例」，有的說「一準前明萬曆中年舊額」，有的只攏統的說「照萬曆年中則例徵
收。」(註一)但清世祖實錄中很明白的說，浙江、福建、廣東是依照萬曆四十八年的則
例徵稅。(註二)在清代內閣大庫檔案中，也看到以萬曆四十八年則例為準的命令。如順
治五年固山額眞公兼戶部侍書英峩岱題本云：

> 各直省錢糧已經本部題奉明旨，俱照萬曆年間則例徵解，卽欽遵通行。凡係萬
> 曆四十六、七、八年加增之數，自應一體派徵解部充餉。近見各處起解批申俱
> 仍去年舊額，於萬曆年間加增全未言及，果部文未至乎？抑地方官藐抗不遵也
> ？(註三)

另外，有徵收「九釐地畝」的名目。(註四)所謂「九釐地畝」就是自萬曆四十六年至四
十八年，連續三次的田賦加派共為九釐而得名。(註五)這「九釐地畝」在明朝僅畿內八
府及貴州不徵。據順治八年一月庚申清世祖親政頒詔中，列有兩條，其中一條是：
「各省由萬曆年間加派地畝錢糧，順治八年分准免三分之一。」另一條是：「畿輔地方
原未派有萬曆年間加增地畝錢糧」，故分等免其人丁徭銀。(註六)由這一條可以證明，
除了畿輔地區以外，清初的額賦是依據萬曆四十八年的則例。在最初可能發生了前面
所引英峩岱題本中所說的現象，但是順治十四年訂正賦役全書時，明白的規定：「九
釐銀原係明時額徵，舊書未載，今應補入。」(註七)可見清初政府並未視萬曆末年的加
徵為應該除去的項目。再者，由前面所引攝政王的告諭只提及蠲免三餉等加派。而順

(註一)　依次見皇清奏議（都城國史館琴川居士排字本），5/282a-b, 陝甘巡按何承都畫一賦政疏；張玉書，
　　　　張文貞公集（乾隆五十七年松蔭堂板），7/20a-b; 皇清奏議，2/25b, 湖北巡按馬北墊請將屯田王田
　　　　歸併民田議。

(註二)　清世祖實錄，30/16a; 23/9b.

(註三)　中央研究院歷史語言研究所藏清內閣大庫檔案(未發表，以下簡稱檔案)，登記編號3011(順治5.1.18)。

(註四)　檔案3012，戶部侍書固山額眞吳噶達洪題本（順治 9.8.29）。

(註五)　明史（藝文印書館影印本），78/11b.

(註六)　清世祖實錄，52/14a-b.

(註七)　大清會典事例（嘉慶刊本），149/15b; 除了會典事例之外，又可從方志中找到若干例子。如湖南通志
　　　　（嘉慶二十五年刊本），36/11b; 江南通志（乾隆元年刊本），1/3b; 番禺縣志（同治十年刊本），
　　　　19/4b.

治年間凡大赦天下，也都言及：「派徵錢糧俱照萬曆年間則例，其天啓崇禎年加增，盡行蠲免，通行已久。」(註一)由以上引證可以確定，清初除明末加派僅及天啓崇禎所加者，萬曆末年的加增仍在徵收之範圍內，也可以說清初徵稅所依據的是一個已經加派過的賦稅結構。

　　並且清初除明末三餉之弊也不徹底。順治二年戶部奏言：

　　　故明加派三餉及召買等項，已奉恩詔除免。但三餉之內原非盡派之民間，有出
　　　於裁扣驛站，賓興及官吏柴馬、衙役工食者，宜量留派徵。(註二)

其實驛站等費用也是徵自民間，不過經一番轉折而成爲不同的欵項罷了，這是除弊不徹底之一。此外，如江西在順治六年以前仍徵遼餉，到了六年十月才奉准豁免。(註三)浙江因總督陳錦不察明賦役全書的舊額，使紹、金、衢三府南米，由原來每石改折七錢，改爲每石一兩五錢，後雖經浙撫秦世禎題請自順治十二年開始，每石折十錢，但較舊額仍增三錢。(註四)到了順治十八年，清聖祖以幼齡踐祚，鰲拜等人輔政，八月，有恢復練餉之議。當時計直隸等十三省，土地五百七十餘萬頃，每畝徵銀一分，計銀五百餘萬兩，限三個月徵完。(註五)不久都察院左都御史魏裔介曾爲了這件事上疏云：

　　　今歲司農告匱，議及加派天下地畝錢糧五百餘萬，實爲百姓禦災捍患，無可奈
　　　何，非忍於取民財也。近聞直隸各省百姓，莫不輸將恐後，解赴軍前，然雖勉
　　　完此項，而窮苦之民不可名狀，伏祈敕下戶部，速爲籌算，每年兵餉若干，直
　　　隸各省正賦若干，如果足用，其加派錢糧，即應停止。(註六)

於是，清聖祖乃諭戶部：「除順治十八年已派外，康熙元年通行停止。」(註七)這次加派雖然很快就停止了，但加派的舉動，除去貪官汚吏自行私派的不論之外，政府公開的以暫時的加派爲解決一時之需，這種權宜之策是清政府在避免加賦之名義下常行的。

(註一)　清世祖實錄，41/10b；131/15b.

(註二)　同上，17/3b-4a.

(註三)　同上，46/18b.

(註四)　檔案3023，浙江巡撫秦世禎題本（順治 12.3.12）。

(註五)　清聖祖實錄，4/9b.

(註六)　同上，5/18b-19a.

(註七)　同上，5/19a-20a.

例如清聖祖實錄康熙二十四年八月辛丑條云：

> 宿遷縣士民陸爾諡等叩閽，縣有暫加三餉、缺額丁銀、缺額糧地、及曠土虛糧
> 四項包賠之苦，籲請豁免。戶部以載在賦役全書，徵收已久，應毋庸議。得
> 旨：「朕過宿遷，見小民窮苦情形，此事爾部再確議以聞。」尋議：暫加三餉
> 一欸，徵收與各州縣同，不便獨蠲。至缺額糧地、續報曠土，悉予蠲除，其缺
> 額丁銀應暫停徵，以待招徠後起徵。從之。(註一)

由此可見，清初儘管有順治元年的告諭，減輕民間負擔的實惠並非立即可見。誠如陳
登原中國田賦史所說，明季之加派，在清初固有嫋嫋之餘音者在。(註二)

二、清初賦稅的豁免

　　清初的政府也像中國以往朝代的治世一樣，實行愛民的仁政。在清世祖實錄及清
聖祖實錄中有很多免賦的記載，通常是短短的一句話。如，順治二年八月癸巳（十四
日）條云：「免直隸眞定、順德、廣平、大名四府本年分水災額賦。」(註三)這一類的
記載在順康兩代約八十年中，共有九百十三條。爲了說明清初豁免田賦的情形，察其
原因，究其範圍，便就這些零碎的記錄作成一表（表一）。由此可以知道免賦的主要
原因是自然災害造成的歉收。除了表中所列水、旱、雹、蝗四種災害之外，尚有少數
幾條記載霜、地震、疾疫、颶風所造成的災害。(註四)免賦的範圍，以表中所列十五省
全部而言，則有廣達三百八十餘州縣，幾達全國三分之一者，如順治十年及康熙十九
年。有小至三、四縣者，如康熙三十一年及五十四年。以省份而言，有時災害幾乎遍
及全省，如順治十一年直隸的水災，康熙四年山東的旱災，及康熙二十八年直隸的旱
災。有時則僅有一縣受災，這種例子較多不必細舉。以時間來說，則每一年都有災害

(註一)　同上，121/28a-b.

(註二)　陳登原，中國田賦史（商務印書館，民國二十五年），頁193。

(註三)　清世祖實錄，20/7a.

(註四)　因霜者，如山西，順治十二年，見清世祖實錄，98/9b；陝西：順治十二年，同上，94/7a；直隸，
　　　　康熙三十四年，清聖祖實錄，169/1b。因地震者，如山東，康熙七年，同上，27/21a；山西，康熙三
　　　　十四年，同上，167/9b。因疾疫者，如甘肅，康熙六年，同上，25/21b. 因颶風者，如福建臺灣所屬
　　　　三府，康熙六十年，同上，295/12a.

發生，因而都有免賦的措施。當然表中所列，不敢說是絕對的完備，並且由於各地距京師遠近不同，奏報到達　或遲或速，甚至已過限定的日期，因而影響原始記錄的完備。所以上面的討論，僅僅是想在瑣細之中尋求一個大概，有所脫漏也就暫不計較了。至於因被災而免賦的比例如下：

> 順治十年定：州縣被災八分九分十分者免十分之三；五六七分者免二；四分者
> 免一。有漕糧州縣衛所准改折。康熙十七年增定：災地除五分以下不成災外，
> 六分免十之一；七分八分者免二；九分十分者免三。(註一)

由以上災荒免賦的實例及辦法，我們可以說，由自然災害造成的免賦，在清初是常行而且有一定的比例的。

除了因自然災害而免賦以外，還有因兵事寇亂，田地荒蕪而免賦。順治年間，直隸、山東、河南、山西、陝西、湖廣、江南、江西各省皆有這類例子。(註二)康熙年間，陝西、福建亦有這類情形。(註三)另外有蠲免拖欠的情形，不勝枚舉，僅舉兩例以明其概況。康熙三年，諭戶部等衙門云：

> 向因直隸各省順治元年至十七年拖欠銀共二千七百萬兩有奇，米七百萬石有
> 奇，藥材十九萬斤有奇，紬、絹、布匹等項九萬有奇，先曾有旨應作何催徵，
> 作何蠲免，著議政王貝勒大臣九卿科道會議具奏。……今將自順治元年以來，
> 十五年以前所欠銀、米、藥材、紬、絹、布疋等項錢糧悉予蠲免。(註四)

據清朝文獻通考所記，則順治元年至十八年的逋賦均得蠲免。(註五)又康熙四十五年十月諭戶部云：

> 其山西、陝西、甘肅、江蘇、安徽、浙江、江西、湖北、湖南、福建、廣東各

(註一)　清朝文獻通考（新興書局影印本），45/5275。

(註二)　直隸，見清世祖實錄，7/12a-b；17/2a；21/5a；25/21b；26/16a；42/17b；44/24b；46/23b；
　　　　60/11b；61/12a；山東，見15/5a；16/7b；13b；32/23a；河南，見13/16a；20/4a；山西，見
　　　　17/6b；73/3b-4a；5b；陝西，見19/15a；江南，見26/13b；27/21b，33/2b-3a；50/16b，61/12a；
　　　　江西，見73/6a；湖廣，見28/7b-8a；50/10a；83/12b，86/20b。

(註三)　陝西，見清聖祖實錄，61/7a；67/17a-18b；福建，108/1b。

(註四)　清聖祖實錄，12/13a-14a。參見清朝文獻通考，44/5259-5261。

(註五)　清朝文獻通考，44/5259。

省，自康熙四十三年以前未完地丁銀二百十二萬二千七百兩有奇，糧十萬五千七百石有奇，按數通行豁免。(註一)

由這兩例中所保存的數字來看，可見豁免拖欠的數目相當大。並且豁免拖欠不僅只是田賦，還包括丁銀在內。這種地丁一併豁免的情形，從康熙中葉以後更是屢見不鮮，而這些豁免的舉動，不像被災時由地方官向戶部奏報請求照例豁免，而是由清聖祖自己告諭戶部，豁免某省某年的地丁錢糧，甚至於同時豁免天下的地丁錢糧。(註二)下面就將這一類的情形列爲下表（表二），以便明晰。

表二　康熙中葉以後各省地丁之豁免

上諭之年	豁免之年	豁　　免　　之　　省　　份	根　據　資　料
康熙26年	康熙27年	江蘇	清聖祖實錄，131/26a-b.
32	33	廣西、四川、雲南、貴州	同上，160/1b-2a.
35	36	甘肅、陝西榆林等沿邊州縣衞所	同上，178/23a-b.
36	37	江西	同上，185/20b-21a.
38	39	湖南	同上，196/4b-5a.
40	41	江蘇、甘肅	同上，206/6a-b；206/3b.
41	42	安徽	同上，210/10b-11a.
41	43	雲南、貴州、四川、廣西	同上，210/9b.
42	43	山東	同上，213/22b.
43	44	浙江	同上，217/17a-b.
47	48	江蘇、浙江	同上，235/13a.
49	50	直隸、奉天、浙江、福建、廣東、廣西、四川、雲南、貴州	同上，244/4a.
50	51	山西、河南、陝西、甘肅、湖北、湖南	同上，248/6a.
51	52	江蘇、安徽、山東、江西	同上，251/14a.

上表所列康熙中葉以後大規模的豁免措施，可說是一種由上而下的措施，一方面有清聖祖仁慈愛民之原則，一方面有安定的社會爲背景。

總之，豁免賦稅是清初的盛事，愛民的要務。在此可以舉一總數以明其盛況。根據清聖祖實錄所記，從康熙元年至四十年，豁免總數約有九千餘萬兩，到了五十年，

(註一)　清聖祖實錄，227/12b.

(註二)　清聖祖在康熙四十八年十一月庚辰曾上諭在五十年通免天下地丁錢糧。但經張鵬翮奏稱，所存之帑恐不足用，應自五十年起視各省大小，酌酉配搭，於三年內免完。聖祖乃採諸臣之議，從五十年起分三年輪免各省地丁錢糧。見同上，240/6b-7a；12a-b.

則總數超過一億。(註一)

　　固然，我們也可能懷疑這種豁免賦稅的舉動，尤其是因災豁免的措施，是否有實際的效果，百姓小民是否眞正得到免賦的實惠。當時的官員和清聖祖都很注意這個問題。康熙四年三月丙申（九日）戶部題稱：

> 凡被災地方，夏災不出六月，秋災不出九月，各撫具題，差官履畝踏勘，將被災分數詳造冊結，題照分數蠲免。但本年錢糧，有司畏於考成，必已敲撲全完，則有蠲免之名而民不得實惠，以後被災州縣，將本年錢糧先暫行停徵十分之三，候題明分數，照例蠲免。庶小民得沾實惠。(註二)

先行停徵十分之三是補救的辦法之一。又同年三月己亥（十二日），工部尙書傅維麟疏言：

> 部覆報災之疏，復下督撫，取結取冊，動經歲月，及奉蠲免，完納已久。臣以爲凡遇災傷，督撫卽委廉能官確勘，並冊結一同入奏，該部卽照分數請蠲，庶小民受實惠，而官無由滋弊。(註三)

簡化公文往返之手續是補救的辦法之二。又同年六月，因山西、山東旱災民饑，清聖祖諭戶部云：

> 今思有司或以已徵在官者乘機肥己，使小民不沾實惠，亦未可知。著該督撫卽嚴行各地方官，將康熙四年已徵在官錢糧，按冊逐名盡行給還，其給還花名銀數，明白造冊具奏，不得分釐侵扣。(註四)

給還固然是一個辦法，但恐難行，故戶部議留抵次一年錢糧。關於流抵之法，戶科給事中姚文然，在康熙六年曾有所建議改進，因爲他看到康熙五年各省的奏銷冊，與由單相對查，由單中竟有未載流抵一項者，所以他建議將流抵之數刊於流抵之次年的由單上，則官吏若有隱匿，百姓可據之赴上司控告。(註五)另外，對於管理錢糧的地方官吏有處分的條例。康熙六年，戶部議覆山東道御史錢延宅疏言：

(註一)　同上，223/4b；245/20a。
(註二)　同上，14/24a-b。
(註三)　同上，14/25b-26a。
(註四)　同上，15/21a-b。
(註五)　皇清奏議，18/7b-12b。

以後被災州縣衞所，凡奉蠲錢糧，有已徵在官不准抵次年者；有未徵在官不與扣除蠲免一槩混比侵吞者；或於督撫具題之時，先停徵十分之三，及部覆之後題定蠲免分數，不將告示通行曉諭者；或只稱蠲起運不蠲存留，使小民僅沾其半者；或於由單內扣除而所扣不及蠲額者；州縣各官俱以違旨侵欺論罪。如上司不行稽查，道府俱降三級調用，督撫布政司俱降一級調用。如該管上司察出不行糾參，被科道察糾，旁人首出，俱照徇庇例議處。（註一）

至於佔農民中大多數的佃農，也定有辦法顧及他們租稅的蠲免。康熙九年九月，戶部議覆吏科給事中莽佳之疏中云：

> 遇災蠲免田賦，惟田主沾恩，而租種之民納租如故，殊爲可憫。請嗣後徵租者，照蠲免分數亦免田戶之租，則率土沾恩矣。（註二）

康熙二十九年，山東巡撫佛倫又疏請「七分蠲免業戶，以三分蠲免佃種之民。」（註三）當時曾下令各省皆行這個辦法，而到了四十九年，戶部曾再議將這個辦法「永著爲例。」（註四）由以上種種補救的辦法，或許可以說，免賦的實惠固然可能有不及小民的情形，如孫宗彝責田詩中所謂「國恩有蠲除，胥吏肆貪贖；多寡是耶非，止憑算手畫；知之不敢問，問之懼生毒，俛首復奚辭？」（註五）但清聖祖自己也曾說蠲除額賦的目的專爲小民樂業逐生，使他們在「一歲之內，足不踐長吏之庭，耳不聞追呼之擾。」（註六）全年蠲免之舉動大約就是基於這種旨趣。這種愛民之政配以約束官吏的法規，縱有貪官汚吏，然而我們也不敢完全否認蠲免的實惠。

總之，輕徭薄賦一向是儒家傳統理想的仁政，不僅是在漢人統治的朝代，就是在異族統治的朝代，也都以此懸爲治民的理想。例如遼史中有救荒免稅的記載。（註七）元

（註一）　清聖祖實錄，21/3a-b。

（註二）　同上，34/1b。

（註三）　同上，147/27a。

（註四）　同上，244/12b-13a。

（註五）　孫宗彝，愛日堂全集（康熙年間刊本），詩集。1/10a-b。

（註六）　清聖祖實錄，223/5a。另外，清聖祖納詩有云：「田家底爲樂，……不識催租吏。」熱河志（乾隆年間修，民國二十三年重刊遼海叢書本），92/7b。

（註七）　島田正郎，遼制之研究（日本中澤印刷株式會社刊，1954），頁453。

吏中也有減稅免賦的例子。(註一)顧炎武在日知錄中也曾說過：「厚下之政前代已有行
之者。」(註二)所以清初免賦的情形並不能專美於史冊。何況因循不改之陋習仍然昭彰
在目。(註三)不過因爲正當明末苛擾之後，豁免賦稅之措施頻率大而範圍廣，休養生
息，開展盛世，這樣的仁政也就顯得更有光彩了。

三、丁銀數額的固定與攤入田賦的過程

談到丁銀，先要說明的是丁銀的性質。據清朝文獻通考云：「凡天下戶口之賦亦
曰徭里銀。」(註四)王慶雲石渠餘紀云：「案本朝丁口之賦謂之丁徭銀，亦曰徭里銀，
是丁與徭合也；其因田起差之法，則田與徭合也。」(註五)而李紱在穆堂初稿中說出了
丁銀的原始意義，他說：「竊查丁差納銀，卽古時力役之征。」(註六)由這些定義可以知
道丁銀原來是勞役之征，其折銀繳納，是經過明朝長期逐漸的演變。(註七)到了清朝，
一般人並不要親自負擔勞役，公家有所營造，皆雇工計值。(註八)不過，清承明制，沿用
明末人丁的數額，而這些人丁數額並不是實在的數目。並且清朝雖然仍舊採用五年編
審的制度，但由此所增的數目也不能代表實際人丁的增加，這與地方官不願藉此加重
百姓的負擔有關係。(註九)這樣由於折銀徵收以及不是徵於實有的人丁這兩種性質，丁

(註一)　顧炎武，日知錄（世界書局），頁241。

(註二)　同上，頁242。

(註三)　如第一節所論。再如蘇松重賦，雖然從順治元年就有人提出減賦的建議，如何承都條陳賦役利弊疏
　　　　（見賀長齡，皇朝經世文編，29/54a-56a），趙宏文請均賦役以收民心疏（同上，29/52a-53a）。但
　　　　始終因軍餉之需不敢遽減，至雍正三年始減蘇州府三十萬兩，松江府十五萬兩，見清朝文獻通考，
　　　　3/4873-4874；又見王慶雲，石渠餘記，1/9b；陳康祺，郎潛紀聞（筆記小說大觀第22本），4/8a。至
　　　　於蘇松重賦的情形，見顧炎武，前引書，頁235-242；梁章鉅，退庵隨筆（筆記小說大觀第21冊），
　　　　8/3a；及陳其元，庸閒齋筆記（同上，第11冊），6/8a。

(註四)　清朝文獻通考，19/5023。

(註五)　王慶雲，前引書，1/23a。

(註六)　李紱，穆堂初稿（道光十一年阜祺堂板），39下/5a。

(註七)　Ping-ti Ho, Studies on the Population of China 1368-1953 (Cambridge, Mass., 1959) pp.
　　　　26-29.

(註八)　清朝文獻通考，21/5043。

(註九)　Ping-ti Ho, 前引書, pp. 32-35。

銀的數額逐漸成爲固定的數目。而康熙五十一年「盛世滋生人丁永不加賦」的詔令終於使丁銀的數額正式成爲固定。關於這一措施，最重要的文獻是清聖祖的聖諭。康熙五十一年二月諭大學士九卿等曰：

> 朕覽各省督撫奏編人丁數目，並未將加增之數盡行開報。今海宇承平已久，戶口日繁，若按見在人丁加徵錢糧，實有不可。人丁雖增，地畝並未加廣，應令直省督撫將見今錢糧冊內有名丁數，勿增勿減永爲定額。自後所生人丁不必徵收錢糧，編審時止將增出實數察明，另造清冊題報。朕凡巡幸地方，所至詢問，一戶或有五六人，止一人交納錢糧，或有九丁十丁，亦止一人交納錢糧。詰以餘丁何事？咸云蒙皇上宏恩，並無差徭，共享安樂，優游閒居而已。此朕之訪聞甚晰者。前雲南、貴州、廣西、四川等省遭叛逆之變，地方殘壞，田畝抛荒，不堪見聞。自平定以來，人民漸增，開墾無遺，或沙石堆積難於耕種者亦間有之，而山谷崎嶇之地已無棄土，盡皆耕種矣。由此觀之，民之生齒實繁，朕故欲知人丁之實數，不在加徵錢糧也。今國帑充裕，屢歲蠲免輒至千萬，而國用所需並無不足之虞。故將見今徵收錢糧冊內有名人丁永爲定數，嗣後所生人丁免其加增錢糧，但將實數造清冊具報。豈特有益於民，亦一盛事也。直隸各省督撫及有司官編審人丁時，不將所生實數開明具報者，特恐加增錢糧，是以隱匿不據實奏聞。豈知朕並不爲加賦，止欲知其實數耳。嗣後督撫等倘不奏明實數，朕於就近直隸地方，遣人逐戶挨查，即可得實。此時伊等亦復何詞耶？(註一)

由於這道上諭，九卿等才議定：「嗣後編審人丁，據康熙五十年徵糧丁冊爲常額，其新增者謂之盛世滋生人丁，永不加賦。」然後，康熙五十二年，又頒佈恩詔向百姓申明。(註二)於是，這一次丁銀的改革便由上而下的推行了。

　　在清聖祖的告諭中固然說得很明白，這一改革是由於他親自巡幸各地，感覺到人口滋生的事實，加以國用充裕爲條件，所以才頒此命令。向來提到這次措施，都只說到這些因素而已。(註三)但是我們想進一步問，是不是任何皇帝在這種條件之下，都會

(註一)　清聖祖實錄，249/14b-16a；又見清朝文獻通考，19/5025，文字略省。

(註二)　清朝文獻通考，19/5025。

(註三)　參見 Ping-ti Ho, 前引書，頁267。

像清聖祖一樣想要知道人丁的實數呢？可能還有別的因素伴同著造成這次盛舉。這個因素可能是滿洲人和漢人處理人丁的觀念不同。漢人的觀念，由於歷朝相襲，以戶當作抽稅的對象，因此如同清聖祖在上諭中所說的，地方官因恐加增錢糧，而隱匿一戶中人丁的實數。滿洲人則不同，他們在入關以前，一切賦役都以丁男計算，清太祖在天命六年（1621）就曾指出了這種賦役負擔的差別；入關以後，內務府的稅收中亦有一部份仍按丁計算。(註一)雖然清聖祖提出這一主張時，滿清入主中國已經六十九年，若干生活習慣已經漢化，但他們並未喪失滿洲人的意識。在清朝的官書中，旗下戶口與一般的戶口都分別記載，從而可以看出一些不同的觀念和方法。當努爾哈赤初編牛彔的時候，是以每三百人編爲一牛彔。但牛彔不只是軍事的組織而且是民事的組織。滿洲人在征戰掠奪中所得的俘虜，後來也都編入牛彔，成爲牛彔的成員或財產的一部分。(註二)八旗戶口每三年編審一次，每牛彔分別記明有多少壯丁、多少戶下人，多少開戶人，造冊存檔於戶部及各旗。(註三)並且，由於支領家口銀米的關係，旗下的人口初生就要登記，七歲以上算一口，六歲以下四歲以上者算半口，雖未成丁不入丁冊，但有記錄可查，不可隨意多報口數，冒領錢糧。(註四)至於旗下的婦女，因爲有選秀女之制，(註五)故婦女亦有記錄。此外，從滿洲人的婚姻制度亦可窺知他們對人口記錄的嚴格。因爲滿洲人行外婚制，擇配時必須認清是否犯了同一氏族的禁忌。(註六)貝勒娶妻須經諸貝勒共同會議。並且清太宗曾明諭規定：驍騎校以上各官員的子女寡婦，須赴部報明，部中轉問各該貝勒方准嫁；小民則須問明該管牛彔章京（卽佐領），方准嫁，否則罪之。(註七)乾隆時甚至尚有宗室女不許與另記檔案人戶結親之令。(註八)可見

(註一)　見陳文石，清人入關前的農業生活——太祖時代（大陸雜誌22卷10期，1661）頁23。又內務府果園按丁納銀，見八旗通志 68/4a-b；大清會典事例（嘉慶刊本），905/5b-6a。

(註二)　有關牛彔的組織及制度，見 Franz Michael, The Origin of Manchu Rule in China (The Johns Hopkins Press, 1942) p. 66, 及陳文石，滿洲八旗牛彔的構成（大陸雜誌31卷9、10期，1965）。

(註三)　清朝文獻通考，20/5057；大清會典事例（嘉慶刊本），130/1a-5b。

(註四)　同上；又檔案2268，刑部尚書張秉貞題本（順治11.5.18）爲一審理冒領錢糧之案件。另有若干失名題本皆是審理多報家口之案，檔案2267，2269，2270。

(註五)　大清會典事例（嘉慶刊本），130/11b-12b。

(註六)　S. M. Shirokogorov, Social Organization of the Manchus (Shanghai, 1924), p. 65.

(註七)　清太宗實錄，25/7b；23/2a。

(註八)　大清會典事例，1/17a。

滿洲人爲了維持他們的風俗和血統，對於族內成員的婚姻有相當的限制，而這種限制則有族內成員的記錄爲依據。再由懲賞的法律來看，旗下編審壯丁，若有隱匿，則壯丁入官，壯丁的主人及該牛彔的佐領、領催皆要受罰。(註一)旗下生女謊報生男，編入戶冊冒食錢糧，除將本人交部按律治罪外，其失察之佐領、驍騎校、參領、副參領、都統、副都統，均照例分別議處。族長、領催均照驍騎校處分，分別議處。(註二)這種正面的處罰，與爲了獎勵州縣官編審戶口而定的記錄獎敍之法，(註三)竟是兩個極端。由以上種種處理人口的觀念同方法，可以知道滿洲人對於人口的登記較漢人爲嚴格。做爲滿洲人的領袖，清聖祖必定涵育了這種重視人口的觀念，所以他很自然的要想知道他所統治的人口實數。

　　總之，「盛世滋生人丁永不加賦」的措施，是丁稅改革中重要的一步。由於此，從明末以來逐漸固定的丁銀數額才正式的固定下來。對於老百姓而言，這眞是空前的福祉，表示兩千年來政府壓力的終止。(註四)也正是由於丁銀成爲固定的數額，到了康熙末年雍正初年，清政府才能逐漸把各省的丁銀攤入田賦之內征收。這一措施可以說是一條鞭法的實現。直隸總督李紱讚頌說：「視條鞭之法愈益簡明。」(註五)下面就要說明攤丁入田的過程及結果。

　　根據有關的資料，做成下表（表三）以便說明：

表三　丁銀攤入田賦的百分比

省　　份	年　　份	田　賦	丁　銀（兩）	百分比(%)d
廣　　東	康熙55 (1716)	1兩	0.164	16.4
直　　隸	雍正 1 (1723)	1兩	0.27	27
福　　建	2 (1724)	1兩	0.057—0.312	18.2
山　　東	3 (1725)	1兩	0.115	11.5
河　　南	4 (1726)	1兩	0.0117—0.207	10.9
浙　　江	4 (1726)	1兩	0.145	14.5

(註一)　清朝文獻通考，20/5037。
(註二)　欽定中樞政考（嘉慶間刊本），16/35a。
(註三)　清朝文獻通考，19/5024。
(註四)　參見 Ping-ti Ho, 前引書，頁211。
(註五)　李紱，前引書，31/6a。

陝	西	4	(1726)	1兩	0.153	15.3
甘	肅	4	(1726)	1兩	0.1593 (河東) 0.016 （河西）	15.9 1.6
四	川 a	4	(1726)	1兩	0.052－1.96石	—
雲	南	4	(1726)	?	?	?
江 安	蘇 徽 }b	5	(1727)	1畝	0.0011－0.0629兩	—
江	西	5	(1727)	1兩	0.156	15.6
湖	南	6	(1728)	1石	0.00014－0.861	—
廣	西	6	(1728)	1兩	0.136	13.6
湖	北	7	(1729)	1兩	0.1296	12.9
山	西 c	乾隆10	(1745)	1石 或 1兩	0.018－0.222 0.1479－0.338	— 23.8

根據資料：清朝文獻通考，19/5026；5028；欽定大清會典事例（嘉慶刊本）123/11b-16b.

附註：a. 四川丁銀向係以糧載丁，故此次僅威州等十一州縣實行。

b. 江蘇安徽另有匠班銀三千八百餘兩，亦攤入地畝。

c. 山西情形最複雜，僅太原等十八州縣丁銀全攤入地畝，另外交城等十五州縣攤一半；寧鄉等二縣丁銀照下則徵收，渾源等二州縣攤入三分之一，河曲縣攤入十分之一，吉州只以無業苦丁攤入，其餘陽曲等二十州縣仍地丁分解。

d. 單位不同者不計百分比，丁銀數目不同者取平均值。

由上表所列，可以知道丁銀攤入地畝的實施先後，雖然要到乾隆時才全部完成，但在明末已植其根，在康熙末年開始積極的實施。至於丁銀攤入田賦以後，在田賦中所佔的百分比，大約是在百分之十與百分之三十之間。清稗類鈔中記載：

> 定制丁統於地，非計丁出賦。有漕省分並地丁，計爲什一，無漕省分祇計地丁，尙未及三十分之一。(註一)

可知丁銀攤入田賦成爲清朝之定制。

四、清初田賦及丁銀的收入與國用的關係

從以上三節我們大體可以明白清朝承襲了明朝的制度以後，其間之因循與改革。這一節所要討論的，就是基於這些原則，清初田賦及丁銀的收入與國用的關係。首先要說明的是本節所用數字資料的性質。根據何炳棣先生的研究，他認爲清代官方記錄的耕地面積及人丁戶口，都不是眞實的數字，而只能視爲繳納賦稅的單位而已。(註二)

(註一)　徐珂，清稗類鈔（商務印書館）第四册，度支類，頁6。

(註二)　Ping-ti Ho, 前引書，p. 35; pp. 101-135。

不過，它們作爲繳納賦稅的單位是否就完全可信，這個問題是需要稍加考慮的。以現存而可見的材料而論，史語所的清初內閣大庫檔案應該是最好的。可惜所存的一些有關大計的檔冊，數目既已不多，而更可惜的是僅存前面的公文，而後面所附的錢糧冊皆已不存。(註一)另外有一些完欠考成的題本，內容是奏報州縣官完欠的分數，作爲參罰的根據，但年份省份也不完全。所以這些原始的材料並不適於用來印證官書上數字之可信程度。至於清初的賦役全書，筆者尚未得見，因此也還不能用以解決問題。由於這些困難，本節引用清代官書記錄的數字，關於土地面積及人丁戶口就認爲它們是繳納賦稅的單位，而繳納的銀數及其他實物，既使不能信爲確實徵於百姓之數，至少也可以視爲財政上徵收的數字。

　　先說田賦的收入。中國傳統的田賦科則是很複雜的，大抵是依據田地的種類，土壤的肥瘠，定爲三等九則，甚至於更細的科則。(註二)在此不想細列各地方不同的科徵標準，在此所要討論的是全國田賦收入的概況。根據清朝文獻通考的記錄，將順治十八年（1661）及康熙二十四年（1685）各省田地及田賦列於下表。

表四　清初順治康熙年間的田賦

省　份	順　治　十　八　年　（1661）				康　熙　二　十　四　年　（1685）			
	田　土 （畝）	田賦銀 （兩）	糧、米、豆、麥 （石）		田　土 （畝）	田賦銀 （兩）	糧、米、豆、麥 （石）	
奉　天	60,933	1,827	—		311,750	9,352	—	
直　隸	45,977,245	1,824,191	米 12,210石，籽粒43石 豆　7,738石		54,343,448	1,824,191	同順治十八年	
山　東	74,133,665	2,380,091	麥 28,610石，穀 731石 米366,058石		92,526,840	2,818,019	麥 35,546石，穀 731石 米470,688石	
山　西	40,787,125	2,205,545	糧　45,931石		44,522,136	2,368,831	糧 59,737石	
河　南	38,340,397	1,800,943	糧 237,441石		57,210,620	2,606,004	—	

(註一)　據現在已整理之檔案，關於大計朝覲者，順治七年以前僅有十件，且不關錢糧之事。順治十年大計報告順治六至九年錢糧，所存件數最多，計山西22件，湖廣13件，直隸47件，江南32件，陝西19件，河南32件，山東23件，江西20件，浙江8件，福建12件。都以州縣爲單位。即使錢糧冊皆存，因爲所存之件數所包括之州縣仍舊太少，無法看出全國的情形。順治十三年報十至十二年錢糧，總共僅存33件。順治十六年存23件，而其中大多不關錢糧之事。錢糧冊之離開史語所，參見李光濤，記內閣大庫殘餘檔案(下)（大陸雜誌11卷6期，1955）頁23-24。

(註二)　各省田賦的科則，見清朝文獻通考，1/4855-4857。至於分等分則之瑣細，參見周金聲，中國經濟史（永信印刷局出版，1959），第四冊，頁1151。

省						
江蘇	95,344,513	4,602,739	米2,745,113石 麥19,472石 豆23,932石	67,515,399	3,680,192	米359,810石，豆5,239石 麥521石
安徽				35,427,433	1,441,325	糧166,427石
江西	44,430,385	1,726,970	米938,753石	45,161,071	1,743,245	米925,423石
福建	11,345,754	750,862	米109,661石	11,199,548	762,706	米104,829石
浙江	45,221,601	2,572,592	米1,361,367石	44,856,576	2,618,416	米1,337,512石 漕米8,260石
湖北	79,335,371	1,088,597	南糧238,582石	54,241,816	923,288	米138,197石
湖南			漕米222,109石	13,892,381	517,092	米65,366石
陝西	37,328,588	1,436,033	糧61,851石	29,114,906	1,315,012	糧170,922石
甘肅				10,308,767	153,520	糧47,617石
四川	1,188,350	27,094	糧928石	1,726,118	32,211	糧1,215石
廣東	25,083,987	847,961	糧27,668石	30,239,255	2,027,793	糧30,643石
廣西	5,393,865	199,654	糧94,299石	7,802,451	293,604	糧221,718石
雲南	5,211,510	61,748	糧123,917石	6,481,766	99,182	米203,360石
貴州	1,074,344	53,150	糧76,660石	959,711	53,512	糧58,535石 蕎、穀、折米947石
總計	549,357,640	21,576,006	6,479,465石	607,843,001	24,449,724	4,431,131石

根據資料：清朝文獻通考，1/4860-4861，2/4865-4866。

附　　註：康熙二十四年，山西、陝西、甘肅除糧外，徵草共98,721束。

由上表我們可以知道清初順治康熙年間各省田賦之多寡，以及全國的總數。從田土的面積來說，明朝萬曆六年(1578)的記錄是701,397,628畝。(註一)根據清世祖實錄，順治八年(1651)開始有記錄，當時總計田、土、山、蕩、畦地，共爲290,858,461畝，(註二)可知明清之際殘破荒蕪的程度。到了乾隆十八年(1753)，根據清朝文獻通考記錄的全國田土是708,114,288畝，(註三)可知經過一百餘年，納稅耕地面積的損失才逐漸恢復。至於田賦的收入，我們知道原則上清初徵稅是根據明萬曆末年的則例。萬曆六年以前有記錄的明朝田賦都分別夏稅、秋糧，米麥多而錢鈔少，很難折算來與清初的田賦相比。而明末的記錄，僅知道明神宗實錄載萬曆四十七年七月甲午（十三日）戶部侍郎李長庚奏稱：

　　　　職查會計錄，每歲本折所入通計一千四百六十一萬。(註四)

(註一)　明史，食貨一，77/7b。

(註二)　清世祖實錄，61/16b。

(註三)　清朝文獻通考，4/4888。

(註四)　明神宗實錄，584/18b-19a。

這個數目與張玉書所記順治八、九年的歲入額賦一千四百八十五萬九千有奇，(註一)相差不遠。不過在此必須注意這兩個數目所指的只是戶部的歲入，而我們在表四所列的包括了各省存留及解部的總數。了解這一點，我們才能明白，為什麼清世祖實錄記載順治八年共徵銀二千一百十萬零一百四十二兩，(註二)較之張玉書所記的相差很多，雖然實錄的記錄沒有分明地丁，但是下面我們要講到清初丁銀的數額總在三百萬兩左右，而順治初年恐怕尚不及此數，所以實錄的記載除去丁銀後，仍然較張玉書的記錄為高，這便是由於前者包括了各省存留的數目。這一點我們可以另外從清世祖實錄中得一證明：順治十一年戶部的收入地丁項下為 14,803,884 兩，而各省存留共 8,371,696兩。(註三)再者清聖祖實錄記順治十八年共徵銀 25,724,124 兩，康熙二十四年共徵銀27,210,649 兩，(註四)這兩個數字與上表所列兩年的總數相比，實錄所記較多，也是因為包括丁銀在內之故。釐清了這些不同的數字間的關係，可助我們下面討論地丁之收入與國用的關係。至於清初田賦銀的增加，顯然與社會漸漸安定，荒田日闢有關。清初政府很注意墾荒的政策，以勸墾的多寡列入州縣官員的考成。(註五)所以田賦隨着荒田日闢而有所增加。

　　再說丁銀的收入。由於缺乏明末丁銀數額的記錄，無法將明末清初的情形相比較。下面就以順治十八年、康熙二十四年、康熙五十年、雍正二年、及乾隆十八年的記錄列表（表五），以說明清初丁銀收入的一般情形。

表五　　清初丁銀的收入

年　　　　　份	丁　　　數a	銀　　數（兩）
順　治　18　年　（1661）	21,068,609	3,008,905
康　熙　24　年　（1685）	23,411,448	3,136,932

(註一)　賀長齡，前引書，29/26b。

(註二)　清世祖實錄，61/16b。

(註三)　同上，84/26b-27b。

(註四)　清聖祖實錄，5/23b；123/23b。東華錄所記同。參見朱偰，中國財政問題（商務印書館，1933）頁62-70，依東華錄之記載列出順、康、雍三朝每年之歲入。實錄亦有記載，今將兩者對校並無大差異。

(註五)　清朝文獻通考，2/4863-4865。

康　熙　50　年　（1711）	24,621,334	3,117,993 b
雍　正　2　年　（1724）	25,284,818	3,291,229
乾　隆　18　年　（1753）	102,750,000	3,295,359

根據資料：清朝文獻通考，19/5023-5029.

附　　註：a. 根據清聖祖實錄，5/23b；123/23b，所記順治18年人丁戶口爲 19,137,652；康熙24年爲
　　　　　　　20,341,738，皆較上表所列者少。

　　　　　b. 康熙50年的數目係據朱學勤結一廬遺文卷上/58a-59b，所記各省之數相加而得，未計入週閏
　　　　　　　加徵之數。

　　　　　c. 除銀之外有，少數納米豆，在此省略。

根據何炳棣先生的研究，一六五一年至一七三四年清朝丁數的統計，旣不是人口實數的統計，也不是戶數的統計，也不是納稅成丁的統計，而僅僅是納稅的單位而已。(註一)所以上表所列之丁數，除乾隆十八年外，就視爲繳納丁銀的單位。至於其間的增加，可能是五年編審的制度所造成的。清初曾規定編審戶口，增丁二千名以上者，州縣官及督撫皆准予記錄，並且以戶口消長課州縣吏之殿最。(註二)因此地方官無不力求溢額，例如陸隴其在論直隸與除事宜書中說：

> 每遇編審，有司惟恐部駁，必求溢額。非盡庶富加於其舊，亦強以煢獨無告充
> 數而已。王成爲增戶口，處處皆然。且編審旣定，五年之內，卽有逃亡死絕，
> 不得開除。(註三)

陸氏是清初有名的愛民的地方官之一，他主張審丁不宜求溢額，只求無缺額。他這種意見恐怕與清聖祖主張以康熙五十年丁銀爲 定額有關。 不過我們看 他所說編審之實情，便可以了解，在實行「盛並滋生人丁永不加賦」以前，丁數增加，丁銀並隨著增加，正符合了「丁增而賦隨之」的原則。(註四)但康熙五十年以後，丁數雖增加很多，而丁銀並未成比例的增加，這就是「盛並滋生人丁永不加賦」實行的結果。表上雍正乾隆間丁銀仍保持三百萬兩左右，可以爲證。這一點由嘉慶年間及光緒年間所修的大清會典事例，在「口賦」項下的數字前後不變，亦可以得一證明。而兩書中所指的口

（註一）　Ping-ti Ho, 前引書，p. 35。

（註二）　清朝文獻通考，19/5024。

（註三）　賀長齡，前引書，28/10a-b。

（註四）　清朝文獻通考，19/5023。

賦應卽是丁銀，而且是指康熙五十年的數額，這一點我們可以證之以朱學勤結一廬遺文中明白標出康熙五十年各省丁銀，其數目與兩種大清會典事例所記無大差異。現在把朱氏的記錄列出，一方面可以了解各省丁銀的多寡，一方面可以補充說明清朝固定的丁銀數額。

表六　康熙五十年各省丁銀

省　份	每丁額徵（兩）	總　額（兩）	遇閏加徵（兩）	省　份	每丁額徵（兩）	總　額（兩）	遇閏加徵（兩）
奉　天	0.15—0.2	23,474.95	—	浙　江	0.002—0.572	237,518.69	—
直　隸	0.03—2.6	424,444.19	16,280.00	湖　北	0.154—0.6438	109,999.54	—
山　東	0.0539—0.78	354,052.20	—	湖　南	0.03—0.835	77,036.00	—
山　西	0.1—4.053	563,713.99	—	陝　西	0.2	240,313.15	2,432.74
河　南	0.01—0.2	120,264.00	—	四　川	0.0266—1.715	56,991.82	—
江　蘇	0.014—0.2	239,546.96	1,827.26	廣　東	0.0019—1.326	120,003.79	5,517.40
安　徽	0.05—0.519	230,355.12	—	廣　西	0.15—0.452	46,303.10	324.20
江　西	0.032—1.346	183,145.80	1,878.00	雲　南	0.03—0.55	29,305.92	—
福　建	0.0839—0.291	180,499.81	—	貴　州	015—4.00	13,781.12	663.43
總　計		3,117,993.95	29,023.10				

根據資料：朱學勤，結一廬遺文（光緒34年刊本），卷上/58a-59b.
　　　　　參見欽定大清會典事例（嘉慶刊本）133/7b-11b.
　　　　　及同上（光緒刊本），157/10a-14a.

由表中可以看出丁銀最多的是山西、直隸、山東、陝西四省，都在北方。這四省丁銀較多並不是由於人口多的緣故，這一種看似矛盾的現象是由於明末以來的一條鞭法運動，在北方進行得較南方遲，並且在清初北方的省份對於戶與丁的編審仍然較嚴格的實行。江蘇人口素稱最多而丁銀反少，是因爲在明末有些地方丁銀的負擔就幾乎已經完全併入田賦。（註一）總之，清初丁銀未併入田賦以前，丁銀的收入已相當固定，變動幅度不大，維持每年三百萬兩左右。

　　至於地丁之收入與國用的關係，在此擬將順治康熙年間分爲兩期來討論。兩期以康熙二十二年（1683）作爲一個分界，因爲在這一年臺灣歸入清朝的版圖，清人入關以後的征戰終告一段落。

　　在前一期中，清朝國用的情形，按照當時人的看法是處於國用不敷的狀態。當時

────────────────

（註一）　見 Ping-ti Ho, 前引書，頁 28-32。

國用不敷的主要原因是軍餉浩繁。例如，順治九年禮科給事中劉餘謨，順治十三年工科給事中王命岳分別提出了當年收支不敷的情形。（註一）而大學士張玉書紀順治間錢糧數目一文所記的與劉、王二氏分別所記的相同，不過他合而言之，更適於作爲代表，他說：

> 方順治八、九年間，歲入額賦一千四百八十五萬九千有奇，而諸路兵餉歲需一千三百餘萬，加以各項經費二百餘萬，計歲出至一千五百七十三萬四千有奇，出浮於入者凡八十七萬五千有奇。至十三年以後，又增餉至二千萬，嗣又增至二千四百萬，時額賦所入，除存留項欵外，僅一千九百六十萬，餉額缺至四百萬，而各項經費猶不與焉。（註二）

這一段所說的「額賦」就是指存留各省以外，戶部地丁項下的收入，這一點前面已經說明過了。由此可以說順治年間地丁的收入，並不敷國用之需。當時國用最大項是兵餉，據魏源聖武記云：

> 順治十七年，部臣奏計雲南省俸餉歲九百餘萬，……加以閩粵二藩運餉，歲需二千餘萬，……天下財賦半耗於三藩。（註三）

這種軍餉浩繁的現象，在康熙的早期仍舊存在。康熙六年湖廣道御史蕭震疏言：

> 國用不敷之故，皆由於養兵。以歲費言之，雜項居其二，兵餉居其八。（註四）

在三藩之亂平定前兵餉佔國用的比例一直是很大的。聖武記雖未記載平定三藩所用的餉銀，但記載「康熙時征剿吳逆，各省滿漢大兵調至四十餘萬。」（註五）可想見用餉之鉅。兵餉之削減必待三藩之亂平定及臺灣歸入版圖以後，朱學勤結一廬遺文記載：

> 康熙二十六年，部撥各省兵餉一千三百六十三萬三千九百兩，米一百九十六萬二千五百石，豆七萬餘石，草三百餘萬束。……按聖祖削平三藩、角蒙古而臣僕之，嘗躬擐甲胄，跋履行間，於兵可謂精且練矣。時額設之兵常少，雖順治間兵數不可考，以餉額推之，蓋裁減於舊者十之三四，苟守常而不變，豈非度

（註一）　皇清奏議，5/26a，　劉餘謨敬陳開墾方略疏；又檔案2846，戶部尙書孫廷銓題本。（順治13.閏5.15）

（註二）　賀長齡，前引書，29/26b。

（註三）　魏源，聖武記（道光二十七年刊本）2/2a-b。

（註四）　淸聖祖實錄，24/3b。

（註五）　魏源，前引書，11/5b。

支之幸哉！(註一)

由此可以推知，從順治末年起至削平三藩以前，清朝兵餉之需總在二千餘萬兩以上。而當時田賦增加有限，丁銀又趨於固定，所以地丁之收入總不敷兵餉之支出。雖然我們看到順治十五年以前所欠的兵餉，曾因爲民欠錢糧已經豁免，故兵餉也不必復給。(註二)這雖是解決兵餉不敷的一個辦法，但這是消極的，政府也不能長久驅枵腹之兵爲它作戰。所以想法籌措兵餉便是當時財政的急務。不過在此我們所要指出的就是這期間地丁收入不敷兵餉的事實，至於籌措挹注之策，將在以下各章分別討論。

至於康熙中年以後，國用漸漸富裕的情形，由免賦的措施中可以得知一些消息。我們在免賦一節中所提到的，比因災害而免賦規模較大的免賦措施，也就是分別豁免各省全年的賦額，都是發生在康熙中年以後，這可以作爲國富漸充的一個證明。據清聖祖在康熙四十一年十一月諭大學士等官員說：

　　蠲賦爲愛民要務，徵取錢糧，原爲國用不足，國用若足，多取奚爲？(註三)

可見大規模的豁免賦稅正是因爲國用已足之故。另外，康熙二十六年七月大學士等奏稱戶部請裁公費，而清聖祖的回答是：

　　目下國計充裕，所爭不在於此，況貪官需此以資生者甚多，豈可盡裁，著仍照見行例行。(註四)

這件事發生在康熙二十六年，不過是三藩之亂平定後之五年，然已有國計充裕之說，可見兵餉需要的份量已經減輕，而政府也不必再像從前一樣以裁省爲籌國用之一法。再從戶部的庫帑觀之，康熙四十一年，戶部有庫帑四千五百萬兩。(註五)康熙四十八年有五千餘萬兩。(註六)這是康熙間戶部庫帑最多之數，較之雍正年間的六千萬兩及乾隆四十五年的七千餘萬兩，(註七)當然有所不及。這是因爲連年蠲免之故。何況清聖祖曾

(註一)　朱學勤，結一廬遺文，卷上/23b-24b。
(註二)　清聖祖實錄，12/13a-15a。
(註三)　同上，210/9b。
(註四)　同上，130/28a。
(註五)　同上，210/9b。
(註六)　同上，20/87a；240/5a。
(註七)　賀長齡，前引書，26/29a，阿桂，論增兵籌餉疏。

因爲戶部之盤查庫帑說：「其中細微，不必探究。」(註一) 這種寬大之政策，與康熙末年虧空情形之嚴重不無關係，雍正朝嚴厲的財政整頓正是針對康熙朝之寬鬆而發，雖說因此奠定清朝乾隆鼎盛的基礎。(註二)然而，正因爲清聖祖以寬大之政策，躬行節儉，而給人民一個休養生息的機會，藏富於民而國富亦寓於其中，故論清之盛世，亦不應忽視這一早期的醞釀階段。

(註一)　清聖祖實錄，240/4b-5a。

(註二)　王業鍵，清雍正時期的財政改革（中央研究院歷史語言研究所集刊第32本，1961），頁47-57。

PROBLEMS OF AUTHOR AND TITLE OF
THE *HOU-HUA-LU*

CHUANG SHEN

The author of the present *Hou-hua-lu* (後畫錄) is Yen Tsung (彦悰), a monk of the T'ang Dynasty. This book is a small volume in two parts: a short preface dated in the 9th year of the Chen Kuan era (635 A.D.) of the T'ang Dynasty, and his critical evaluation of some twenty-six painters.

According to the *Li-tai-ming-hua-chi* (歷代名畫記)[1] of Chang Yen-yüan (張彥遠), a Sui (隋) monk Yen Tsung (彦琮) also wrote his "Critical Evaluation of Painters", although the specific title of this work has not been given by Chang Yen-yüan. However, it is highly likely that two monks of two different dynasties would have the same name, and both write about paintings.

After an examination of Chang Yen-yüan's LTMHC, it will be noted that between chüan 7 and chüan 9, there are twenty-six passages quoted from the writing of the 'Sui' monk. Curiously, the painters associated with twenty-six quotations are virtually identical to the group of painters that appear in the present *Hou-hua-lu* attributed to the T'ang monk. Thus, very likely, the Sui monk and the T'ang monk are actually the same person. Moreover, the 'Critical Evaluation of Painters" attributed to the Sui monk actually is the *Hou-hua-lu* attributed to the T'ang monk. Unquestionably, the author of this work in painting is the T'ang monk, not the Sui monk. And, through other evidence, it can be determined that its title may not originally have been *Hou-hua-lu* either. Therefore, there are at least two problems concerning this *Hou-hua-lu*: its author and its title. Meanwhile, there are two areas of information, the examination of which throws light on my conclusions: the preface of this *Hou-hua-lu*, and the passages quoted from the so-called *Hou-hua-lu* which now exist in Chang Yen-yüan's LTMHC and other works of some T'ang and Sung writers.

THE PROBLEM OF THE AUTHOR OF THE *HOU-HUA-LU*

At the very beginning of the preface, the opening sentence says: "for

---

(1) See Section II of Chapter I of *LTMHC* 敍畫之興廢 or "On the Vicissitudes of the Art of Painting"). English translation see W. Acker: *"T'ang and Pre-T'ang Texts of Chinese Painting"*, p. p. 143–144, Leiden, 1954.

the *Ti-ching-ssu-lu* (帝京寺錄, Record of the Temples of the Capital of the Empire), I, Yen Tsung, am contemplating the masterpieces (of art) in the Capital," and at the end of the preface, the date 635 mentioned above is given. On the basis of these two facts, the author of this *Hou-hua-lu* certainly should not only be a monk of the T'ang Dynasty, but also a co-author of the *Ti-ching-ssu-lu*. On the other hand, of course, we might assume that the preface dated 635 is only an addition of the later period, the book was originally written by the Sui monk Yen Tsung. However, such an assumption is very difficult to be supported by literary evidence, and is therefore not tenable. Because, as far as the available materials are concerned, there was a monk, Yen Tsung, in the Sui Dynasty, and he was a prominent figure of many Buddhist writings. According to chüan 33 of the *Sui-shu* (隋書, The History of the Sui Dynasty), there are two books bearing the same title, and the title, *Ching-shih-ssu-t'a-chi* (京師寺塔記, Notes on Temples and Pagodas in the Capital), is quite close to the so-called *Ti-ching-ssu-lu* mentioned by the preface of *Hou-hua-lu*. The 10 chüan version was compiled by Liu Miu (劉璆), an author of the Liang Dynasty, and the two chüan version was compiled also by a monk T'an Ching (曇景), again a writer of the Liang Dynasty. Although the titles of these two books are quite close or similar to the *Ti-ching-ssu-lu*, yet, certainly, the Liang writing *Ching-shih-ssu-t'a-chi* is certainly not the *Ti-ching-ssu-lu*. Similar to this is another book of the same category, entitled simply *Ssu-t'a-chi* (寺塔記, Notes on Temples and Pagodas) which is recorded in chüan 5 of the *Ta-T'ang-nei-tien-lu* (大唐內典錄). The author of this *Ssu-t'a-chi* is again a Sui monk. But his name is Ling Yu (靈祐), not Yen Tsung.

The *Sui-shu* was compiled by a group of scholars under the direction of Chang-sun Wu-chi (長孫無忌) and was completed in the first year of the Hsien Ch'ing era (656 A.D.). While the *Ta-T'ang-nei-tien-lu* was compiled by an anonymous monk of the Hsi-ming temple (西明寺), and was completed in the first year of the Lin Te era (664 A.D.). Liu Miu, as well as the monk T'an Ching and Ling Yu, were all minor writers. But Yen Tsung, was a prominent figure about Buddhist writings. If he had really written a book about the temples of the capital and entitled *Ti-ching-ssu-lu*, it could not possibly have been neglected by the compilers of either the *Sui-shu* or the *Ta-T'ang-nei-tien-lu*. And since the works of the minor writers have been recorded, while nothing is said of the major figure Yen Tsung, it is very clear that he must not have written any thing about the temples of the Sui capital. If the Sui monk Yen Tsung is not the author of the *Ti-ching-ssu-lu*, certainly he cannot have been the author of the *Hou-hua-lu* either. Because as we determined above, the author of the *Hou-hua-lu* is also the author of the *Ti-ching-ssu-lu*.

Having established that there is no possibility that the Sui monk Yen Tsung wrote anything about either painting or temples, we shall now try to examine the other question whether the T'ang monk Yen Tsung is the real author of the *Ti-ching-ssu-lu*, as the preface of the *Hou-hua-lu* indicated.

In chüan 59 of the *Hsin-T'ang-shu* (新唐書, The New History of the T'ang Dynasty) and chüan 67 of the *T'ung-chih* (通志), compiled by the famous Sung scholar Cheng Ch'iao (鄭樵), there is recorded a book entitled *Ta-T'ang-ching-ssu-lu-chuan* (大唐京寺錄傳, Record of the Temples of the Great T'ang Capital). This book contains ten chüan, and its author is Yen Tsung (彥琮). Certainly, this character 琮 is a mistake for the other character 悰. Since the Sui monk Yen Tsung died in 610, before the establishment of the T'ang Dynasty, historically it would be impossible to have "Ta-T'ang", literally the great T'ang Dynasty, on the top of his book's title. The title recorded in the *Hsin-T'ang-shu* and *T'ung-chih*, although not precisely the same as that mentioned in the preface of the *Hou-hua-lu*, it is, nevertheless, close enough to it. More significant is the author of the ten chüan book has been confirmed by the *Hsin-T'ang-shu* and the *T'ung-chih* as the T'ang monk Yen Tsung.

Curiously, perhaps, the title *Ta-T'ang-ching-ssu-lu* that appears in the *Hsin-T'ang-shu* and *T'ung-chih* is more likely to be the original title of the T'ang monk Yen Tsung's writing about the temples of the capital than the other title, *Ti-ching-ssu-lu*, mentioned by the preface of the *Hou-hua-lu*. The author of this paper would like to point out two facts which tend to confirm this particular point.

In the first place, the T'ang monk Yen Tsung was one of the disciples of the great Buddhist priest Hsüan Chuang (玄奘, 602-664 A.D.). Hsüan Chuang's biography was written by another monk Hui Li (慧立),[2] but when Hui Li passed away, Yen Tsung was selected to prepare annotations and commentaries for it. In addition to that work, he also wrote a preface for

---

(2) The earliest English translation of this biography was made by Samuel Beal. See his "*The Life of Hiuen-Tsiang by Shaman Hwei Li*", London, 1884.

this biography. Originally, the biography was compiled with the title *Ta-tz'u-en-ssu-san-tsang-fa-shih-chuan* (大慈恩寺三藏法師傳) by its author Hui Li. But when the preface was finished, Yen Tsung added two characters "Ta-T'ang" at the top of the original title of the biography. Thus, clearly, Yen Tsung had a habit of putting the two words "Ta-T'ang" at the top of a completed title. On the other hand, his record about the temples may originally have been simply entitled *Ching-ssu-lu*. Because he lived in the T'ang Dynasty, the record of the temples of the "Ching", namely, the capital, would clearly indicate the capital of the T'ang Dynasty. But Yen Tsung still added the "Ta-T'ang" at the top, just as he added the same words at the top of the biography of Hsüan Chuang. Obviously, the title of the biography and the title of the record of the temples of the capital correspond to each other, and together, they explain that Yen Tsung really had habit of putting the words "Ta-T'ang" at the top of the title of a piece of writing.

Further more, it can be seen that the addition of the words is not merely a personal idiosyncrasy of Yen Tsung himself, but more likely was the custom of the T'ang Dynasty in general. There are many books or short essays bearing these two characters i.e. Ta-T'ang, in their titles, especially among Buddhist writings. For instance, the record of Hsüan Chuang's travel from China to India is entitled *Ta-T'ang-hsi-yü-chi* (大唐西域記). The descriptive catalogue of Buddhist writings compiled by the famous monk, Tao Hs'üan (道宣) is entitled *Ta-T'ang-nei-tien-lu* (大唐內典錄). The collected biographies of those Buddhist pilgrims who travelled from China to India or Chinese-Turkestan seeking Indian sutras that was compiled by the monk Yi Ch'ing (義淨) is entitled *Ta-T'ang-hsi-yü-ch'iu-fa-kao-seng-chuan* (大唐西域求法高僧傳). And the cannotations of Buddhist terminology compiled by the monk, Hsüan Ying (玄應), is entitled *Ta-T'ang-chung-ching-yin-yi* (大唐衆經音義). More significant is that most of the mentioned writings were written in a general period very close to each other.[3] According to these examples, we can probably say that the use of "Ta-T'ang" these two

---

(3) This biographical-record, according to the record found in chüan 10 of the *Ta-T'ang-nei-tien-lu*, was compiled in 661 A.D. Among other Buddhist writings which bear the two words "Ta-T'ang" in their titles, is the *Ta-T'ang-chung-ching-yin-yi*, which is a compilation of the mid 7th century. More specifically, it was compiled earlier than the Ling Te era, but later than the Chen Kuan era. And the *Ta-T'ang-nei-tien-lu* was a compilation of 664 A.D.

words at the very beginning of a work's title, is probably a customary usage of the early T'ang Dynasty.[4] So, Yen Tsung's use of "Ta-T'ang" in the titles of his writings, therefore simply corresponds to the practice of his period. If this is the case, then, undoubtedly, the T'ang monk Yen Tsung should be considered the author of the so-called *Ti-ching-ssu-lu* instead of the Sui monk whose name has the same pronunciation.

The following materials will directly confirm our assumption that the *Ti-ching-ssu-lu* that is mentioned in the preface of the *Hou-hua-lu* was written by the T'ang monk Yen Tsung. In chüan 10 of the *Ta-T'ang-nei-tien-lu*, a book is recorded with the title *Ta-T'ang-ching-ssu-t'a-lu-chuan* (大唐京寺塔錄傳, A Biographical-record of the Temples and Pagodas of the Capital of the Great T'ang Dynasty). Below the full title of this record, a short note says "one pu (部). ten chüan. Compiled in the first year of the Lung Shuo era (661 A.D.)." And, on the left of the title, in a longer note the name of the author, T'ang Yen Tsung appears, along with the story of why this biographical-record was compiled.[5] Thus, we finally obtain the full title, the date, the number of chüan of its contents, and the name of the author, from the helpful *Ta-T'ang-nei-tien-lu*. This proves that what I assumed above (e.g. that the title *Ta-T'ang-ching-ssu-lu-chuan* which is recorded in the *Hsin-T'ang-shu* and the *T'ung-chih* would be close to the original title) is true.

---

(4) Aside from these Buddhist writings usually associated with the two words "Ta-T'ang," the non-Buddhist writings occassionally also had the custom of putting these two-words on the top of a title, such as the *Ta-T'ang-hsin-yü* (大唐新語) written by Liu Su, and the *Ta-T'ang ch'uan-tsai* (大唐傳載) by an anonymous writer. In other catagories this custom also existed; such as in stone steles, a stele written by Yen Shih-ku (顔師古) is titled *Ta-T'ang-cheng-chou-teng-tz'u-ssu-pei* (大唐鄭州等慈寺碑). The essay written by the Emperor T'ai-tsung of the T'ang Dynasty to praise the marvelous career of the Buddhist priest Hsüan Chuang for his sutra translation is entitled *Ta-T'ang-san-tsang-sheng-chiao-hsü* (大唐三藏聖教序), written in the 22nd year of the Chen Kuan era (648 A.D.).

(5) The story of why the T'ang monk Yen Tsung compiled this 10 chüan book runs like this: "Yen Tsung, the monk of the Hung-fu Temple (弘福寺) of the capital, considered that the pagodas and temples of the capital, possess a great deal of the ethereal or supernatural representations, which were sufficient to influence the humble hearts; lead them harmoniously to open their hearts and sincerely to believe in Buddhism. The Liang Dynasty, to the south of the (Yangtse) River, has compiled 10 chüan (about the artistic representations of the temples and pagodas), and the Posterior Wei Dynasty which established its capital in Lo-yang also has used five rolls (to represent the same subject). Only the famous temples and well known pagodas which are located in the imperial living-area to the south of the River Wei, had no list and description of these subjects at all. Zealously, (Yen) Tsung started this work. He established his writings and collected them together. The individual style of his writing is realistic. Events have their historical derivation, and he also has his principles."

On the basis of the above discussion, it is quite clear that the author
of the so-called "Critical Evaluation of Painters" mentioned in the note of
Chang Yen-yüan's LTMHC, as well as the so-called *Hou-hua-lu*, is the T'ang
monk Yen Tsung. However, there is still the question of why Chang
Yen-yüan mistook the Tang monk Yen Tsung for the Sui monk Yen
Tsung. Two answers suggest themselves. In the first place, although these
two personal names are different in written form, yet, they are quite the
same in their pronounciation. The two monks bearing the same name are
obviously very easily confused, and this is probably the main reason for
Chang Yen-yüan's mistake.

In the second place, the Sui monk, Yen Tsung, is a very important
figure among Buddhist writers. He knew Sanscrit,[6] and translated sutras
from the Sanscrit into Chinese. He was also an important writer on Bud-
dhist subjects generally, and wrote in addition many prefaces for the
Chinese translated sutras.[7] From Sui to the early T'ang (chronologically,
from the late 6th cent. to the early 7th cent.), Buddhism have continuously
increased in popularity in China. Most of the Buddhists recited sutras, and

---

(6) According to Yen Tsung's biography in chüan 2 of the *Hsü-kao-seng-chuan* (續高僧傳)
compiled by the monk Tao Hsüan, there are at least three passages which indicate that
Yen Tsung was a master of Sanscrit. The first passage is:
　　"In the 2nd year (of the K'ai Huang era; 562 A. D.), Yen Tsung was permitted to
　　enter the capital....where he lived in the temple of Ta-hsing-shen. So, sutras like
　　Fa-hua (i. e. Saddharma-pundarika) *Wei-mo* (i. e. Vimalakirti-nirdesa), *Leng-chia* (i. e.
　　Lanka), *She-lun* (i. e. Mahayana-samparigraha), and *Shih-ti* (i. e. the 22nd chapter of
　　the 60 chapter version of Hua-yen sutra; Avatamsaka), all in their Sanscrit versions
　　were taught by Yen Tsung himself."
The second passage runs like this:
　　"In the second year of the Jen Shou era (602 A. D.),....again, Yen Tsung was ordered
　　by the Emperor to translate the Chinese sutras in the Sui Dynasty into Sanscrit. He
　　collected his translations into 10 chüan, which was given by the imperial order to the
　　countries of Chinese-Turkestan."
The third passage concerned is:
　　"In the later period, the sutras he recited were more than 4,000 chieh (偈), and also more
　　than 13,000 words of the Sanscrit sutras. Moreover, he can recite all of them in seven
　　days, as his usual practice. He has joined the work of translation for a long time; he
　　has a marvelous understanding in Sanscrit. Masters of this country (i. e. the Sui
　　China) all respected him. Regarding the individual pronounciation or character, and
　　the textual investigation and explanation, they can seldom make them correspond
　　(from Sanscrit to Chinese). Therefore, he wrote the dissertation of Pien-cheng (辯正),
　　to provide the formula for translation."
(7) There are at least 15 sutras with prefaces written by the Sui monk Yen Tsung. According
to the *Ta-T'ang-nei-tien-lu*, and *K'ai-yüan-shih-ch'iao-lu* (開元釋教錄) chüan 7, the titles and
the dates of these sutras were as follows:
　　1. *Ta-ch'eng-fang-kuang-tsung-ch'ih-ching*, (大乘方廣總持經) the preface for this sutra
　　　was made in the 2nd year of the K'ai Huang era (582 A. D.).

since the Sui monk Yen Tsung was a translator, and also wrote the prefaces for certain sutras, his name would naturally familiar to the majority of Chinese Buddhists. Thus, it is not difficult to imagine that the name of the Sui Yen Tsung would have been widely known during his life-time, and also after his death.

Although the T'ang monk Yen Tsung wrote several essays which except for his *Hou-hua-lu*, all deal with the principles of Buddhism, he was nevertheless described as "not clever" and "merely good in learning."[8] Therefore we must imagine that his essays must not have been commonly noticed by his contemporaries, and his name was much less known than the Sui monk Yen Tsung, perhaps even rendered virtually anonymous in comparison. So, although the T'ang monk was the real author of the writing about the twenty-six painters, yet, when Chang Yen-yüan quoted from this writing about painters he still neglected this T'ang minor Buddhist writer, and erroneously selected the same of the Sui monk Yen Tsung as the author of his quotations. Hence the mistake happened in Chang Yen-yüan's LTMHC.

2. *Ta-sui-yeh-pao-tsa-pieh-ching.* (大隋業報差別經). The praface was made in 582 A.D.
3. *Yi-hsiang-ch'u-sheng-p'u-sa-ching* (一向出生菩薩經), prefaced in the 5th year of the K'ai Huang era (585 A.D.).
4. *Wen-shu-shih-li-hsing-ching* (文殊師利行經). Prefaced in the 6th year of the K'ai Huang era (586 A.D.).
5. *Ta-wei-teng-hsin-jen-wen-yi-ching* (大威燈仙人問疑經). Prefaced in 586 A.D.
6. *Pa-fu-ming-hao-ching* (八佛名號經). Prefaeed in 586 A.D.
7. *Hsi-yu-chiao-liang-kung-te-ching* (希有校量功德經). Prefaced made in 586 A.D.
8. *Shan-kung-ching-shih-ching* (善恭敬師經). Preface made in 586 A.D.
9. *Ju-lai-shan-fang-pien-shan-ch'iao-chou-ching* (如來善方便善巧呪經). Preface made in the 7th year of the K'ai Huang era (587 A.D.).
10. *Chin-kang-ch'ang-to-lo-ni-ching* (金剛場陀羅尼經). Preface made in 587 A.D.
11. *Fu-pen-hsing-chi-ching* (佛本行集經). Prefaced in 587 A.D.
12. *Shih-erh-fu-ming-shen-chou-ch'u-chang-mieh-tsui-ching* (十二佛名神呪除障滅罪經). Prefaced in 587 A.D.
13. *Hsü-kung-y'ün-p'u-sa-ching* (虚空孕菩薩經). Prefaced in 587 A.D.
14. *Yüeh-shang-nü-ching* (月上女經). Preface was made in the 11th year of the K'ai Huang era (591 A.D.).
15. *Shan-ssu-t'ung-tzu-ching* (善思童子經). Preface was made in 591 A.D.
Besides, there is one more bearing the Sui Yen Tsung's preface, but with out its date of translation: *Pu-k'ung-chüan-so-kuan-shih-yin-hsin-chou-ching* (不空羂索觀世音心呪經). *And in* addition to this list, there is the *Hsin-ho-chin-kuang-ming-ching* (新合金光明經) which bears no preface of Yen Tsung; but according to the *Ta-T'ang-nei-tien-lu* chüan 5, the collation and the comparison of its textual errors were worked out by Yen Tsung too.
(8) Quoted from the biography of Yen Tsung himself. This biography can be found in chüan 4 of *Sung-kao-seng-chuan* (宋高僧傳), which was compiled by Tsan Ning (贊寧) of the Sung Dynasty.

THE PROBLEM OF THE TITLE OF THE *HOU-HUA-LU*

As we already learned above, the title of the T'ang monk Yen Tsung's writing related to painting is *Hou-hua-lu*. But, as Chang Yen-yüan himself indicated in one of his notes in the second section of the first chapter of his LTMHC, this book seemingly bore another title. Here is the text of Chang's note: [9]

"....The Emperor Wu of the Liang dynasty, Yao Tsui of the Ch'en dynasty, and Hsieh Ho (of the Southern Ch'i), the Sramana Yen Tsung of the Sui dynasty, and in the T'ang dynasty the present of the Censorate Li Sze-chen, the Corrector of Texts in the Department of the Imperial Library Liu Cheng, and the Drafter of Documents (in the Han Lin Academy) Ku K'uang, all wrote books with 'Critical Evaluations of Painters.'...."

The equivalent term of the English translation "Critical Evaluations of of Painters" in Chinese is "Hua P'ing" (畫評). According to this quoted note of Chang Yen-yüan's, the book of the Emperor Wu of the Liang Dyansty, Yao Tsui (姚最), Hsieh Ho (謝赫), Li Sze-chen (李嗣眞), and Liu Cheng (劉整), as well as Ku K'uang (顧況) and the monk Yen Tsung himself all were entitled *Hua-p'ing*. This statement could be initially interpretated thus, but most of the mentioned writers' works have their own titles—Yao Tsui's bears the title *Hsü-hua-p'in* (續畫品), Hsieh Ho's is called *Ku-hua-p'in-lu* (古畫品錄), and Li Sze-chen's small volume has *Hou-hua-p'in* (後畫品) as its title. All these titles must have been known to Chang Yen-yüan. However, instead of pointing out these titles one after the other, in his note, he only uses the so-called *Hua-p'ing* as the designation for all of them. This is actually a simplified way to speak of all of these different authors as a whole.

But in chüan 69 of Cheng Ch'iao's *T'ung-chih*, appeared three of the authors' names from Chang Yen-yüan just mentioned list of seven painting critics. Associated with their names were the titles of their writings; *Ku-hua-p'in-lu* of Hsieh Ho,[10] *Hua-hou-p'in* (畫後品)[11] of Li Sze-chen. Curiously, Ku K'uang's writing is still called *Hua-p'ing*. According to

(9) Acker op. cit. p. 144.

(10) In *T'ung-chih*, this book is actually recorded as *Ku-chin-hua-p'in* (古今畫品), its author is Hsieh Ho. But this book has never been mentioned by any other record or painting texts. Most probably, this is an incorrect record of Hsieh Ho's *Ku-hua-p'in-lu*.

Chang Yen-yüan's list, Hsieh Ho, Li Sze-chen, and Ku K'uang's names appeared altogether. Again, according to our above assumption, *Hua-p'in* is assumed as the general name of all of those seven authors' works. But why when Hsieh's and Li's works were called by their individual titles, was Ku's writing really called *Hua-p'in?* This unusual nomenclature indicates that perhaps *Hua-p'in* is only a general term in Chang Yen-yüan's note. It is used to refer all of the seven authors' writings as a whole. But in Cheng Ch'iao's *T'ung-chih*, *Hu-p'in* is the individual title of Ku K'uang's writing, just as *Ku-hua-p'in-lu* and *Hsü-hua-p'in* are titles for Hsieh Ho's and Li Sze-chen's writings. It no longer implies any general idea, as is the case when it appears in the note in Chang Yen-yüan's book.

The following facts support this particular point. Chang Yen-yüan himself in Ku K'uang's biography[12] recorded that Ku had written a *Hua-p'ing*. To conbine this fact with the *T'ung Chih's* record as a whole, it is quite possible that *Hua-p'ing* is actually the real title of Ku K'uang's writing on painting. Thus, as a temporary conclusion, *Hua-p'ing* is the general term for several writings on the one hand, and also the real title of Ku K'uang's own writing on the other.

The second case could also be true of Yen Tsung's writing. In chüan 69 of the *T'ung-chih,* there is recorded a book entitled *Hua-p'in* (畫品). It consists of only one chüan, and its author is the monk Yao Pao (彥保). Most probably, the monk Yen Pao is the T'ang monk Yen Tsung. Because the character Pao and the character Tsung, generally speaking, are quite similar to each other in their written forms, especially when they are very cursively written, or when they are read carelessly, Tsung could very possibly be read as Pao. The two characters P'in and P'ing also are quite similar in their pronounciations. Thus, *Hua-p'ing* could very easily be recognized as *Hua-p'in* or vice versa. According to Chang Yen-yüan's note, when the book of Yen Tsung's writing on painting was copied, "mistakes and omissions have been made again and again," so 琮 may very easily have been misread as 悰. And again through the close pronounciations of P'in and P'ing, the correct character may also have been replaced by the other character. What Cheng Ch'iao had to go on the Sung Dynasty for his *T'ung-chih*, is nothing but just one of these badly transcripted late T'ang copies.

(12) See Chang Yen-yüan *LTMHC* chüan 10.

In chüan 9 of Chang Yen-yüan's LTMHC, under the biography of the artist Fan Ch'ang-shou, Chang has a passage[13] which consists of four sentences quoted from the monk writer Yen Tsung. The first sentence of this quotation also has been quoted by Chu Ching-hsüan (朱景玄)[14] in his well known writing *T'ang-ch'ao-ming-hua-lu* (唐朝名畫錄, The Famous Painters of the T'ang Dynasty). The most significant thing is that this sentence was associated with the original title of the work from which the quotation was taken. The title given is *Hsü-hua-p'in* (續畫品, The Supplementary Classification of Painters). The author of this quotation is just the monk Yen Tsung. Very possibily, this title *Hsü-hua-p'in* is really the original title of Yen Tsung's work related to painting. Two points confirm this point:

In the first place, Chu Ching-hsüan and Chang Yen-yüan are both painting critics of the late T'ang period. But the active period of Chu is some twenty years earlier than that of Chang.[15] So, *Hsü-hua-p'in* these three characters mentioned in the text of Chu's writing, doubtlessly, are the first indication of the full title of Yen Tsung's writing that we have. From the historical point of view, this is really a valuable preservation. And the title in the text of Chu's book is more reliable than the other title mentioned first in Chang's text in the mid-9th century and then recorded by Cheng Ch'iao in the 11th century. Because the title of Yen Tsung's book mentioned in Chang's text only consists of two words, *Hua-p'ing*, but Chu preserved it as *Hsü-hua-p'in*. Very likely, *Hua-p'ing* is nothing but a paradoxical substitution of the last words *Hua-p'in* of the three-words title. This paradox happened perhaps by the confusion of the words "P'in" and "P'ing" which are so close in their pronounciation.

In the second place, the title preserved in Chu Ching-hsüan's text contains three characters. But the first character is missing from the title

---

(13)　This is the full passage of Chang Yen-yüan's quotation:
　　　"The monk Tsung said; (he is) erudite but over-burdened. However, he achieved elegance. Regarding his composition, he has no patience for arranging."

(14)　A Soper, translated this sentence as "(his talent) was extensive and prolific." His full translation of the *T'ang-ch'ao MHL* of Chu Ching-hsüan can be seen in *Archives of the Chinese Art Society of America* IV, 1950. pp. 5-29.

(15)　Soper, ibid. p. 5. He also pointed out in his note No. 4 that F. Hirth in his *Scraps from a Collector's note Book*, Leiden, 1905, p. 105 makes the erroneous statement that Chu flourished around 1000 A. D.. A mistake identical to that of Hirth's, was made by H. Giles, who in his "*An Introduction to the History of Chinese Pictorial Art*", London, 1915, p. 78 also acknowledged the 10th and 11th centuries as Chu's active period.

recorded by Chang Yen-yüan (the same thing also happened in Cheng Ch'iao's record). Chang Yen-yüan has only some twenty years later than the active period of Chu Ching-hsüan's. How can the last word of the title be incorrectly pronounced, and again, the first word of the title is missing? Is there really such a case that two mistakes have happened together about such a simple title within a short period of twenty years? Perhaps this question could be answered by some aspects that are found in the text of Chang himself. On the one hand, as Chang has criticized in his note, "the 'Critical Evaluation of Painters' of the monk Tsung....is the most inaccurate of all. And in the transmission of the text by copying, mistakes and omissions have made again and again. So that his book is the least worth reading". The missing of the character 'Hsü' perhaps is one of the examples of the so-called 'omissions', and the paradoxical changing from *Hua-p'in* to *Hua-p'ing* is one of the so-called 'mistakes'. Although these two kinds of mistakes, according to Chang Yen-yüan, occur in the text of Yen Tsung's book, yet now, through the above analysis, certainly, they also occur in a place as simple as the book title which consisted of only three words originally.

On the other hand, when Chang compiled his LTMHC, his attitude to writing was "to search materials extensively."[16] Unfortunately, the materials that he collected about the monk Yen Tsung's work were incorrect. Therefore, his erroneous information mislead him into dropping a word on the one hand, and using a wrong character on the other. If this is the case, obviously, the title that contains three words and is preserved in Chu Ching-hsüan's text is more reliable than the title which only consists of two characters, and is mentioned by Chang and recorded by Cheng Ch'iao.

From another point of view, the title *Hsü-hua-p'in* bears more literary meaning than either the abbreviated title *Hua-p'in* or *Hou-hua-lu*, the title of the present, collected work of Yen Tsung. The word "Hou" in the title *Hou-hua-lu,* are more or less close to each other in their meaning. However, they are not the same word, either in their written forms, or in their pronounciation. There should be no reason at all that Hsü can be replaced by "hou".

Historically, the title *Hsü-hua-p'in* looks much more meaningful than the other title of *Hou-hua-lu.* Because as far as our knowledge about the.

---

(16) See Section II of Chapted I of Chang's *LTMHC* p. 146.

texts of painting is concerned, the word "P'in", classification, appears for the first time in Hsieh Ho's *Ku-hua-p'in-lu*. Thereafter, there are many critics who follow his practice of making the same type of work on the classification of painters of different dynasties. For instance, Yao Tsui of the Ch'en Dynasty, has a book associated with the title *Hsü-hua-p'in-lu*. Yen Tsung was active in the early T'ang. If his book is entitled *Hsü-hua-p'in*, certainly, it would correspond to the historical development of making such classifications.

The last painter, Lu Kao (陸杲), in Hsieh Ho's book is an artist of the Liang Dynasty. But Hsieh actually neglected many artists of either the Liang or the Southern Ch'i Dynasties. So, Yao Tsui made his supplementary list to Hsieh's, and this is why the title of Yao Tsui's book begins with the character "Hsü", namely, a supplementary. However, this supplementary list supplied by Yao Tsui is still incomplete, and again this is why Yen Tsung supplied his supplementary list. For instance, the earliest painter in Yen Tsung's *Hou-hua-lu* is Chou T'an-yen (周曇妍) of the Ch'i Dynasty. Logically, his name should have been supplied by Yao Tsui rather than Yen Tsung. But as a matter of fact, Yao Tsui did not include Chou T'an-yen in his *Hsü-hua-p'in-lu*. The name of the painter Chou, seemingly, was not recorded until Yen Tsung's work. Therefore, the list of painters given by Yen Tsung actually, is not only a supplement of Yao Tsui's incompleteness, but also to that of Hsieh Ho's. Based on the case of Yao Tsui's supplementary list being called *Hsü-hua-p'in-lu*, Yen Tsung's supplement, of course, also could use the same title, *Hsü-hua-p'in*: since his supplement as well as Yao Tsui's, was written in part to supplement the incompleteness of the *Ku-hua-p'in-lu* of Hsieh Ho. Through this analysis, in conclusion, the word "Hsü" in the title *Hsü-hua-p'in* becomes very much more meaningful than the other title *Hou-hua-lu*.

If *Hsü-hua-p'in* is truely the original title of Yen Tsung's writing on painting as above mentioned, naturally, the next step in our story would be the question of when the original title become separated from Yen Tsung's work, and of course, when the new title of *Hou-hua-lu* became associated with this writing. The answers to these questions are pretty difficult to pinpoint, yet, generally speaking, it can be assumed that both events happened between the late 9th century and the late 11th century. The literary evidence available to make this point is as follow:

At the very beginning of Kuo Jo-hsü's *T'u-hua-chien-wen-chih* (圖畫見聞誌, The Experiences of Paintings), there is a bibliography of earlier works of painting, listed rough chronological order. In his bibliography, is found the name of the Tang Yen Tsung, but instead of the *Hsü-hua-p'in*, this work on painting is recorded as *Hou-hua-lu*. Since Yen Tsung's work is entitled *Hsü-hua-p'in* in the *T'ang-ch'iao-ming-hua-lu* of Chu Ching-hsüan, enwhich was assumed written in the 840's,[17] and the same book is entitled *Hou-hua-lu* in the *T'u-hua-chien-wen-chih* of Kuo Jo-hsü, which was assumed that presumably to have been written during the 1070's A. D.[18] Thus, obviously, the loss of the original title and the introduction of the later new title for the T'ang monk Yen Tsung's writing on painting both took place between 840 and 1074. Or, less specifically, between the late 9th and the late 11th centuries.

(17) Soper, Ibid. p. 5.

(18) Also see Soper's translation of Kuo Jo-hsü's *T'u-hua-chien-wen-c-kih* or "*The Experiences on Painting*", "*Translators' preface*" p. ix. Washington, 1951.

康有爲衣帶詔辨僞

黃　彰　健

　　據梁任公戊戌政變記所記，光緒皇帝在光緒二十四年曾賜康有爲兩個密詔。梁所刊佈的兩個密詔是不是眞的呢？近代史家對此問題尙無定論，現在我嘗試予以討論。

　　爲討論方便計，先徵引戊戌政變記卷二所記於下：

　　（光緒二十四年七月）二十八日之召見楊銳，（八月）初二日之召見林旭，初五日之召見袁世凱，皇上皆賜有硃筆密諭。廿八日之諭，係賜楊銳及康有爲譚嗣同林旭劉光第等五人；初二日之諭，係專賜康有爲；初五日之諭，係專賜袁世凱云。聞袁世凱旣退朝，語人云：「皇上若責我以練兵，我不敢不奉詔。若他事則非我之所知也」。故當時北京之人，咸疑皇上三密詔中皆與諸臣商廢幽西后之事。後康有爲將前兩諭宣布，不過託諸臣保護及命康出外求救之語。然則袁之密諭亦無廢后之事可想也。今將賜康有爲等之兩諭，揭載于下：

　　朕惟時局艱難，非變法不能救中國；非去守舊衰謬之大臣而用通達英勇之士，不能變法。而皇太后不以爲然。朕屢次幾諫，太后更怒。今朕位幾不保，汝康有爲楊銳林旭譚嗣同劉光第等，可與諸同志妥速密籌，設法相救。朕十分焦灼，不勝企望之至。特諭。

　　右七月廿八日諭康有爲楊銳林旭譚嗣同劉光第五人，由楊銳帶出。

　　朕今命汝督辦官報，實有不得已之苦衷，非楮墨所能罄也。汝可迅速出外，不可延遲。汝一片忠愛熱腸，朕所深悉。其愛惜身體，善自調攝。將來更效馳驅，共建大業，朕有厚望焉。特諭。

　　右八月初二日諭康有爲一人，由林旭帶出。

（一）

首先討論第一個密詔。

健按：戊戌變法第四册P.343引康有爲明夷閣詩集戊戌八月國變記事詩「南宮慚奉詔」下有梁任公案語說：

啓超謹案：先生當國變將作時，曾兩次奉硃筆密詔。第一次乃七月二十九日，由四品卿銜軍機章京楊銳傳出者；第二次乃八月初二日，由四品卿銜軍機章京林旭傳出者。兩詔啓超皆獲恭讀。其第一詔由楊銳之子於宣統二年詣都察院呈繳，宣付實錄館；其第二詔末數語云：「爾其愛惜身體，善自保衞。他日再效馳驅，共與大業，朕有厚望焉」。

梁任公既然說，楊銳傳出之密詔在宣統朝爲楊銳之子繳囘給政府，則該密詔的內容自應以繳囘給政府的爲準。

楊銳傳出的密詔係於宣統元年八月十二日由楊銳之子四川縣竹拔貢楊應昶及楊銳的門人中書科中書黃尙毅恭齎至都察院呈請代繳；都察院的奏疏上於八月十七日，奉旨留中，見趙炳麟諫院奏事錄卷六請宣佈德宗手詔編入實錄疏及再疏。梁任公謂係宣統二年繳囘，此係梁氏記憶有誤。

趙炳麟光緒大事彙鑑卷九載有該密詔全文。趙氏所記與庸言報一卷九期羅惇曧賓退隨筆所載字句略有不同。今徵引趙書所記於下，而注明羅文所載密詔異文。

八月，召見楊銳，賜密詔。……詔曰：「近來朕仰窺皇太后聖意，不願將法盡變，並不欲將此輩老謬昏庸之大臣罷黜，而用通達英勇（庸言報作英勇通達）之人，令其議政，以爲恐失人心。雖經朕累次降旨整飭，而并且隨時有幾諫之事，但聖意堅定，終恐無濟於事。即如十九日之硃諭，皇太后已以爲過重，故不得不徐圖之，此近來之（庸言報無之字）實在爲難之情形也。朕亦豈不知中國積弱不振，至於阽危，皆由此輩所誤；但必欲朕一旦（庸言報且作早）痛切降旨，將舊法盡變，而盡黜此輩昏庸之人，則朕之權力實有未足。果使如此，則朕位且不能保，何況其他？今朕問汝：可有何良策，俾舊法可以全變（庸言報作漸變），將老謬昏庸之大臣盡行罷黜，而登進通達英勇（庸言報作英勇通達）之人，令其議政，使中國轉危爲安，化弱爲強，而又不致有拂聖意。爾其（庸言報其誤等）與林旭劉光第譚嗣同及諸同志等妥速籌商，密繕封奏，由軍

機大臣代遞。候朕熟思（庸言報思下有審處二字），再行辦理。朕實不勝十分
焦急翹盼之至。特諭」。

此詔後至宣統元年由楊銳之子呈都察院，是時炳麟掌京畿，主持代奏，并連疏
請宣付實錄。

趙氏所記得自親見，而羅氏所記則係汾陽王式通榮縣趙熙「錄以見示」。羅氏說
：「詔盖七月二十八日所賜」。今由趙羅二氏所記密詔原文看來，詔末未署年月。羅
氏謂係七月二十八日發下，可能係據上引梁氏戊戌政變記。

庸言報二卷六期載有黃尚毅所撰楊銳行狀，其中也提到密詔事。今徵引於下：

……德宗召見，賜手詔曰：「近日朕仰窺聖母意旨，不欲退此老耄昏庸之大
臣，而進用英勇通達之人；亦不欲將法盡變。雖由朕隨時幾諫，而慈意甚堅。
卽如七月二十八日之事，聖母已謂太過。朕豈不知中國積弱不振，非退此老耄
昏庸之大臣，而力行新政不可。然此時不惟朕權力所不能及，若必強而行之，
朕位且不能保。汝與劉光第譚嗣同林旭等詳悉籌議，必如何而能進此英勇通達
之人，使新政及時舉行，又不致少拂聖意。卽具封奏以聞。候朕審擇施行。不
勝焦慮之至」。七月二十八日，禮部主事王照請代上封事，尚書許應騤懷塔布
等格不上奏，上震怒，六堂同日革職。大臣頗自危。先生覆奏，情詞剴切。奏
上，卽召見；於是有旨派康有爲至上海……。

光緒皇帝於光緒二十四年七月十九日下詔革除禮部六堂官的職務，此見於清德宗
實錄。此一行動當時曾引起軒然大波。黃尚毅謂係七月二十八日事，係記憶有誤。閔
爾昌碑傳集補卷十二收有黃尚毅所撰楊銳事略，其記密詔事與行狀稍有出入，行狀引
密詔「七月二十八日之事」，及行狀所說「七月二十八日禮部主事王照請代上封事」
，碑傳集補引七月二十八日作七月二十六日。檢黃尚毅所撰縣竹縣志，其中收有楊銳
傳，亦作七月二十八日，則閔書作二十六日，顯係謄錄刊刻有誤。

據黃尚毅撰楊銳事略，楊銳所奉密詔，於楊銳被殺之後，由楊慶昶及黃尚毅携返
四川。在路上爲避免搜查，密詔藏於黃尚毅的衣領內。黃氏當然看見密詔。但黃氏撰
楊銳行狀，却將七月十九日誤爲七月二十八日。行狀說，楊慶昶死於民國元年，是行
狀之撰寫已在民國初年，其時密詔已繳囘，黃氏憑記憶，撮述密詔大意，致有此誤。

　　羅氏賓退隨筆記密詔原文，將「一旦」誤爲「一早」，那自然是謄錄刊刻有誤。「通達英勇之人」，羅文引作「英勇通達之人」，黃尙毅所撰楊銳行狀也作「英勇通達之人」。就文理來說，恐以通達英勇之人爲長。因爲議政，需要知識豐富及析理精密，其次則需勇氣。一個人的見解如不通達則根本不能議政，苟通達而無勇氣，則亦知而不能行。

　　趙書所載密詔，「俾舊法可以全變」，羅文「全變」作「漸變」。將舊法全變，將老謬昏庸之人盡行罷黜，這是康有爲的主張，可參看康自編年譜。

　　光緒帝在七月十九日罷黜禮部六堂官，卽係受了康氏這種主張的影響。由於罷黜衰謬昏庸大臣，已使慈禧太后認爲過重，如果繼續這樣做，罷黜昏庸，起用英勇通達的新黨議政，違背太后意旨，則勢必影響光緒的皇位，因此光緒皇帝遂密詔楊銳等人籌謀，如何能繼續原定計劃而不致於引起太后的反感。黃尙毅撮述密詔大意，如何使新政及時舉行，而又不致稍拂太后意旨，卽與趙書所錄相合。如依羅氏所記，欲將舊法漸變，則與太后的衝突就不難避免，也不需要下密詔問人了。

　　「全變」、「漸變」，與光緒皇帝本人對變法的主張有關，這一異文相當重要。戊戌變法第二册P.91記楊銳所奉密詔，僅據羅氏賓退隨筆，未據趙書校勘，似失之不考。

　　「俟朕熟思」，羅文思下有「審處」二字。就文理來說，似羅文所載較長。趙書也說不定有手民之誤。密詔旣已繳回，應仍存於北平故宮。這一密詔不見於清德宗實錄，是值得再影印流傳的。

　　對這一密詔的頒發日期，有三種不同的說法。前引戊戌政變記卷二謂係七月二十八日發下，但戊戌政變記卷六譚嗣同傳及前引康有爲明夷閣詩集所附梁任公按語則又謂係七月二十九日發下；康有爲自編年譜亦謂係二十九日，而康南海墨蹟載光緒二十四年九月康南海致李提摩太第三書則又說八月初一日交楊銳帶來硃筆密諭。梁任公撰譚嗣同傳說：

　　　初君之入京也，與言皇上無權西后阻撓之事，君不之信。及七月二十七日，皇
　　　上欲開懋勤殿，設顧問官，命君擬旨，先遣內侍捧歷朝聖訓授君，傳上言，謂
　　　康熙乾隆咸豐三朝有開懋勤殿故事，令查出引入上諭中，蓋將以二十八日親往

頤和園請命西后云。君退朝，乃告同人曰：今而知皇上之眞無權矣。至二十八日，京朝人人咸知懋勤殿之事，以爲今日諭旨將下，而卒不下，於是益知西后與帝之不相容矣。二十九日，皇上召見楊銳，遂賜衣帶詔，有「朕位幾不保」，及「同志速設法籌救」之語。……

則此一密詔之下是在請開懋勤殿不允之後。開懋勤殿，設顧問，係變法的重要措施（註一），光緒帝自需徵求慈禧太后的同意。檢淸德宗實錄記光緒的行蹤：

光緒二十四年戊戌七月壬申（二十日），上詣頤和園樂壽堂，問慈禧端佑康頤昭豫莊誠壽恭欽獻崇熙皇太后安，至乙亥（二十四）皆如之。

乙亥，上還宮。

庚辰（二十九），上詣頤和園樂壽堂，問慈禧端祐康頤昭豫莊誠壽恭欽獻崇熙皇太后安，翌日如之。

辛巳（三十日），上還宮。

八月壬午朔，上詣頤和園樂壽堂，問慈禧端祐康頤昭豫莊誠壽恭欽獻崇熙皇太后安，至甲申（初三）皆如之。

則七月二十八日光緒未往見太后，楊銳所奉密詔決不可能在七月二十八日發下。梁任公撰譚嗣同傳說，「京朝人人咸知懋勤殿之事，以爲二十八日諭旨將下」，可能係梁氏記憶有誤。

開懋勤殿，置顧問。其顧問人選也有種種異說。據光緒二十四年九月初六字林西報週刊（North China Herald）所載，上海新聞報記懋勤殿十顧問係「李端棻、徐致靖、康有爲、楊深秀、宋伯魯、徐仁鑄、張元濟、梁啓超、康廣仁、徐仁鏡」；而字林西報週刊則謂此十顧問係「李端棻、徐致靖、康有爲、楊深秀、康廣仁、梁啓超、譚嗣同、林旭、楊銳、劉光第」。字林西報週刊認爲新聞報所記不如字林西報週刊的記者自己採訪所得爲可信。現在看來，懋勤殿顧問職司議政，而楊銳林旭劉光第譚嗣同則係四品京卿參預新政，職司執行。新政四卿恐不應列入十顧問名單內。康南海自編年譜記當時所推薦顧問：宋伯魯舉黃遵憲及梁任公；王照則舉黃遵憲、梁任公、康

（註一） 康有爲謝編書銀兩乞預定開國會期並先選才義政許民上書摺係康事後僞作，不可採信，說詳拙著康南海戊戌奏稿辨僞。

廣仁、麥孟華、徐仁鑄、徐仁鏡及宋伯魯；徐致靖則舉康有爲。而王照與木堂翁筆談
記所舉薦人又與康所記不同。王氏說：

> ……七月二十八日，忽聞徐致靖請召袁世凱入都，照大驚，往問徐，答曰：「
> 我請召袁爲禦外侮也」。照曰：「雖如此，太后豈不驚」？於是照急繕摺，請
> 皇上命袁駐河南歸德府以鎮土匪，意在掩飾召袁入京之計，以免太后驚疑。二
> 十九日午後，照方與徐致靖參酌摺稿，而康來，面有喜色，告徐與照曰：「譚
> 復生請皇上開懋勤殿，用顧問官十人，業已商定，須由外廷推薦。請汝二人分
> 薦此十人」。照曰：「吾今欲上一要摺，不暇及也」。康曰：「皇上業已說
> 定，欲今夜見摺。此摺最要緊。汝另摺暫擱一日，明日再上何妨」。照不得
> 已，乃與徐分繕薦（按此下脫「摺」字）。照薦六人，首梁啓超；徐薦四人，
> 首康有爲。夜上奏摺，而皇上晨赴頤和園見太后，暫將所薦康梁十人交軍機處
> 記名。言皇上已說定者僞也。照於七月三十日始往頤和園上請袁兵南去之摺。
> 八月初二日袁到京，太后已知之。皇上密諭章京譚嗣同等四人，謂朕位今將不
> 保，爾等速爲計劃，保全朕躬，勿違太后之意云云。此皇上不欲抗太后以取禍
> 之實在情形也。（註一）

康有爲謂，王照所舉有七人，而王照則謂只薦六人，王照記他自己的事應比康所記爲
可信。王氏說，他及徐致靖的薦摺係七月二十九日夜間所上，這也是記他自己的事。
王照說皇上晨赴頤和園見太后，暫將所薦康梁十人，交軍機處記名，是開懋勤殿事已
碰壁，則光緒帝給楊銳的密詔的發下最早應在七月三十日，而不是七月二十九日了。
密詔說：「有何良策，……登進通達英勇之人，令其議政」，這一密詔之下，顯然是
由於開懋勤殿，設顧問，他的主張未爲慈禧所同意。

　　袁世凱戊戌日記說，光緒二十四年八月三日晚上，譚嗣同來訪，要求袁派兵圍頤
和園及殺榮祿。譚出示光緒硃諭，『乃墨筆所書，字甚工，亦彷彿皇上之口氣，大概
謂：「朕銳意變法，諸老臣均不甚順手。如操之太急，又恐慈聖不悅，飭楊銳劉光第
林旭譚嗣同另議良法」等語』。袁因詰以「此非硃諭，且無誅榮相圍頤和園之說」。
譚云：「硃諭在林旭手，此爲楊銳鈔給我看的，確有此硃諭，在三日前所發交者」。

（註一）　見戊戌變法第四冊 P.332。木堂係犬養毅的字。

檢康南海自編年譜，交楊銳帶出之密詔，係至初三日，由林旭交來。是硃諭在初三日
晨確在林旭手。光緒賜楊銳密詔，楊銳需轉知劉光第林旭譚嗣同，又需照例將密詔繳
回給光緒，則楊銳勢需用墨筆過錄數份。譚八月初三夜見袁時，所持光緒密詔爲楊銳
墨筆過錄本，與事理相合，袁戊戌日記所記這一點確鑿可信。戊戌日記所述僅係密詔
的大意。袁所見此一密詔係由楊銳用墨筆鈔錄，袁未看見硃諭原件，遂以爲此一墨筆
過錄的上諭係僞造，這實在是一個嚴重的誤會（註一）。戊戌日記引八月初三譚嗣同的
話說：「此密詔係三日前所發交者」。此三日前正指七月三十日，正係王照上摺薦人
之次日，這可見我上面所推測的密詔發下日期眞實可信。王照將這一詔書之下敍在八
月初二日袁到京之後，今考實錄及袁戊戌日記，袁於七月二十六日奉召，七月二十九
日抵京，八月初一日覲見，於八月初一日卽奉上諭，開直隸按察使缺，以兵部侍郎候
補，專負責練兵事務。王照將密詔之發下繫於八月初二日後，這係記他人之事，因此
有這種錯誤。

　　檢論摺彙存所載光緒二十四年七月二十八日至八月初二日光緒召見臣工名單，光
緒皇帝於

　　　　七月二十八日召見軍機及錫光、潘慶瀾、錢恂。

　　　　二十九日召見軍機，及張英麟、張紹模、嚴復。

　　　　三十日召見軍機，及崇禮，楊銳。

　　　　八月初一日召見軍機，及袁世凱。

　　　　初二日，召見軍機，及袁世凱、成勳、周蓮、陳春瀛、林旭。

光緒皇帝僅於七月三十日召見楊銳，則其賜楊銳以密詔，係在七月三十日，可無疑。

　　康南海致李提摩太第三書說，這一密詔係八月初一日傳出，而自編年譜却又說楊
銳之得密詔在七月二十九日。對這一密詔究竟是那天賜給楊銳的，可能康也記不清楚
。這一密詔是給軍機四卿的，沒有康的名字。密詔發下的日期，康記不清楚，不足爲
異。

　　戊戌政變記卷二所載楊銳傳出的密詔，係據此一眞的密詔而加以點定改作。據

（註一）　王慶保曹景郕驛舍探幽錄引張蔭桓的談話：「七月間，皇上有硃筆條諭，令我向日本使臣言，中國擬
　　　　派頭等欽差赴日本。……正談論間，又奉皇上墨諭」。則皇帝下諭，也可用墨筆。

康有爲自編年譜，康於光緒二十四年八月初九日下午二點鐘後，在吳淞口外，換搭英國 Ballaraat 輪。戊戌變法第四册 p. 524 收有八月初十英國駐上海領事班德瑞 Baurne 在 Ballaraat 輪上與康談話的備忘錄的中文譯文，該一備忘錄載有康所奉二密詔全文；惜王崇武先生未據英文原文，將二密詔譯出，僅據康南海墨蹟所載過錄。班德瑞備忘錄現藏英國檔案館，其編號爲 F.O. 17/1718，未收入英國外交部印的藍皮書內。

在光緒二十四年八月二十一日（陽曆十月六日），香港孖刺報（China Mail）刊載該報記者與康談話的紀錄。這一談話紀錄爲光緒二十四年陽曆十月十五陰曆九月初一日字林報（North China Daily News）所轉載。戊戌變法第四册 p. 409 收有該次談話的中文譯文。談話錄的英文原文記有康所奉二密詔全文，但爲戊戌變法編者所省略，未照英文原文翻譯。光緒二十四年陽曆十月十七日陰曆九月初三日字林西報週刊曾簡述該次談話內容，以 Kang Yu-wei's Story（康有爲的述往事）爲題，加以刊出，其中也錄有二密詔全文。今據中央研究院近代史研究所所藏字林西報週刊影捲，將康所奉第一密詔全文徵引於下：

> We know that the Empire is in very troublous times. Unless we adopt Western methods, it is impossible to save our Empire; unless we remove the old-fashioned Conservative Ministers and put in their stead young and intelligent men possessed of a knowledge of Western affairs, it is impossible to carry out the reforms we had intended. But the Empress-Dowager does not agree with me. I have repeatedly advised Her Majesty, but she becomes enraged. Now I am afraid I will not be able to protect my Throne. You are hereby commanded to consult with your colleagues and see what assistance you can give to save me. I am very anxious and distressed. I am anxiously waiting for your assistance. Respect this.

（錄自一八九八年十月十七日陰曆九月初三字林西報週刊 Kang Yu-wei's Story）

字林西報週刊在光緒二十四年九月初十（陽曆十月二十四日）刊載康的公開信，

其中也有康所奉二密詔全文。今將其第一密詔徵引於下：

We know that the Empire is in very troublous times. Unless we adopt Western methods, it is impossible to save our Empire; unless we remove the old-fashioned Conservative Ministers and put in their stead young and intelligent men possessed of a knowledge of Western affairs, it is impossible to carry out the reforms we had intended. But the Empress Dowager does not agree with me; we have repeatedly advised Her Majesty, but she becomes more and more enraged. We are now afraid that we will not be able to protect our Throne. You are hereby commanded to consult with Yang Jui, Liu Kuang-ti, Tan Tze-tung and Lin Hsiô and all who hold similar principles and see what assistance you can give to save us. .We are very anxious and distressed and are anxiously waiting for your assistance.

據該報編者所加按語，知康南海的公開信，上海的中文報僅新聞報敢刊載。劉坤一在光緒二十四年九月二十九日曾致電總署說：「查閱上海新聞報於九月初五日所載康南海逆書，情詞極爲狂悖」（註一），則字林西報週刊所載康的公開信當卽新聞報的康的中文原信的英文譯文。

康南海墨蹟載康所奉第一密詔，今亦鈔錄於下：

初一日交楊銳帶來硃筆密諭：朕維時局艱難，非變法不能救中國，非去守舊衰謬之大臣，而用通達英勇之士，不能變法。而太后不以爲然；朕屢次幾諫，太后更怒。今朕位幾不保，汝可與譚嗣同林旭楊銳劉光第及諸同志妥速密籌，設法相救。朕十分焦灼，不勝企望之至。特諭。

據日本外交文書，知康南海係於光緒二十四年陽曆十月十九日亦卽陰曆九月初五日在香港上船，十月二十四日亦卽陰曆九月初十日抵日本。墨蹟所載係康南海抵香港及日本後寫給李提摩太的信。載有密詔全文的信係寫於陰曆九月，時康在日本，該

（註一）　戊戌變法第二册 p.636 引劉氏原電。

信由湯覺頓代書。（註一）這一封信的寫作已在康的上一封公開信之後。

　　日本外交文書第三十一卷第一冊 P.714 載有康南海奉詔求救文的全文，其中也收錄有康所奉二密詔的全文，與康的述往事、康的公開信及康南海墨蹟所載又有出入。今將奉詔求救文所載第一密詔徵引於下：

　　　　八月初一日楊銳帶出硃筆密諭：朕維時局艱危，非變法不能救中國，非去守舊衰謬之大臣，而用通達英勇之士，不能變法。而太后不以爲然，朕屢次幾諫，太后更怒。今朕位幾不保，汝可與楊銳林旭譚嗣同劉先弟（光第）及諸同志，妥速密籌，設法相救。十分焦灼，不勝企望之至。特諭。

　　中央研究院近代史研究所藏有康南海未刊文稿的顯微影捲，其中有一頁的標題係謝欽派督辦官報局摺，而內容實爲康致英國駐華公使的照會。這一照會也引有康所奉二密詔全文。這一照會不知是否已遞給英國駐華公使，以係未刊稿，今將其全文徵引於下：

　　　　謝欽派督辦官報局摺　　　　　康南海文

　　　大清國欽派督辦官報事工部主事康

　　　照會事：照得我

　　大皇帝採萬民之良法，以變中國之敝政。四月以來，庶政具舉，力圖維新。凡學校農商保國養民之舉，並仿西法，次第施行。英明仁武，眞能救此中國者，此萬國所共知也。而宮闈守舊，意見乖違，本督辦過承

　　知遇，旣佐維新。八月初一日奉到我

　　大皇帝硃筆密諭：朕維時局艱危，非變用西法，不能救中國；非去守舊衰謬之大臣，而用英勇之士，不能變法。太后不以爲然。朕屢次幾諫，太后更怒。今朕位幾不保，汝可與譚嗣同林旭楊銳劉光第等及諸同志，妥速密籌，設法相救。朕十分焦灼，不勝企望之至。特諭。又初二日奉到我

　　大皇帝硃筆密諭：朕今命汝督辦官報，實有不得已之苦衷，非楮墨所能罄也。汝可迅速出外，萬勿延遲。汝一片忠愛熱腸，朕所深悉。其愛惜身體，善自調攝。將來更效馳驅，共建大業，朕有厚望焉。特諭。本督辦奉到

密諭，卽涕泣徬徨，奔走求救。而爲日迫速，無從措手。初五日，我

大皇帝遂被錮廢，天地反翻，日月失明。嗚呼！痛哉！夫我

大皇帝上繼

文宗顯皇帝。敝國經義，天子於正嫡乃得爲母，妃妻不得爲母。僞后臨朝太
　　后那拉氏者，在

穆宗時爲生母，在

大皇帝時，爲

先帝之遺妾耳。母子之分旣無，君臣之義自正。垂裳正位，二十四年。但見憂
　　勤，未聞失德。乃以淫邪之宮妾，廢我聖明之

大君。妄矯詔書，自稱訓政。安有壯年聖明之

天子，而待訓政者哉？民無二王，國無二君。正名定罪，實爲篡位。僞臨朝淫
　　昏貪耄，惑其私嬖，不通外國之政，不肯變中國之法。向攬大權，荼毒兆
　　衆。海軍之衆（？）三千萬，蘆漢鐵路之款三千萬，京官之養廉年二十六
　　萬，皆提爲修

　頤和園之用。致國弱民窮，皆僞臨朝抑制之故。僞臨朝素有淫行，故益姦
　　兇。太監小安之事，今已揚暴。今乃矯詔求醫，是直欲毒我

大皇帝，此天地所不容，神人所共憤者也。僞臨朝有奸生子名晉明，必將立
　　之，

祖宗將不血食，固中國之大羞恥。然似此淫奸兇毒之人，廢君篡位之賊，
　　貴國豈肯與之爲伍，認之爲友邦之主？救災恤難，友國之善經；攻昧立明
　　，霸王之大義。我

大皇帝與

　　貴國爲邦，聘使遣問，拭玉張瓊，慶福弔災，情至親好，於今二十四年
　　矣。

　　貴國仁心義聞，著於地球。旣名爲友，豈忍坐視其危難而不救乎？僞臨朝
　　太后守舊虐民，徒亡我國。

大皇帝維新變法，實與我邦。存亡之局，繫於一人。保救之方，在於此日。斯

固敝國之禍災，亦地球所關係。本督辦家屬親友，荷承保護，感激殊深。

伏乞轉達

貴國外部，奏明

貴國

　　　　（健按：此處原空一行。）

　貴國政府主持公義，調兵會議，速爲救援，除我簒弑之賊，保我

大皇帝聖躬，歸我

大皇帝權力，

　貴國旣施我大德，我

大皇帝復辟，必將格外圖報，公法仁術，理必宜之。本督辦不能預救，辜負

聖恩，萬死艱關，僅存

密詔。游走萬國，涕泣陳辭。敬爲我

大皇帝匍匐求救。除照會，相應照會

　各國公使外，爲此照會

　貴公使。煩爲查照施行。

大清光緒二十四年　　　　　月　　　　　日

　據淸議報所刊廣告，知梁任公戊戌政變記是在光緒二十五年四月中旬出版。戊戌政變記所載康密詔較晚出，故點定改易得較妥當。

　如康有爲的述往事引第一密詔作："You are hereby commanded to consult with your colleagues," 康有爲的公開信作："You are hereby commanded to consult with Yang Jui, Liu Kuang ti, Tan Tze-tung, Lin Hsiô and all who hold similar principles"，奉詔求救文作「汝可與楊銳林旭譚嗣同劉光第及諸同志」；康南海墨蹟及康致英國駐華公使照會作「汝可與譚嗣同林旭楊銳劉光第及諸同志」，至梁任公寫戊戌政變記時遂改爲「汝康有爲楊銳林旭譚嗣同劉光第等，可與諸同志……」。其改易的理由很簡單。原詔係由楊銳傳出，則詔文所謂「汝可與」之汝字應指楊銳，如作康有爲講，與文理不合；改爲「汝康有爲楊銳林旭譚嗣同劉光第等」，即無此語病；而

且這樣改易，將康有爲的名字列在第一，也才表現得出康在這次變法運動中的身份。

梁任公死後，梁氏家屬請林宰平編梁任公合集，交中華書局出版。密詔所說「汝康有爲楊銳林旭譚嗣同劉光第等，可與諸同志妥速密籌」，合集本戊戌政變記無「與諸同志」四字。這可能是戊戌政變記光緒二十五年鉛印本出版後，梁氏又加以改定。這種秘密的事豈可與諸同志商議，應只限於少數的幾個人與聞，因此梁氏這樣刪改。合集本無此四字，未必係排印時所造成的錯誤。

（二）

以上係證明戊戌政變記所載楊銳傳出的密詔係康據眞密詔改作，其後復經梁竄改。現在再討論康所奉第二密詔。

字林西報週刊所載康的述往事、康的公開信，日本外交文書所載康的奉詔求救文，康南海墨蹟所載康給李提摩太的第三書，均載有康所奉第二密詔全文，今徵引於下：

I have commanded you to superintend the establishment of the Official Organ. It is strongly against my wish. I have very great sorrow in my heart, which can not be described with pen and ink. You must proceed at once outside (abroad), and devise means to save me without a moment's delay. I am deeply affected with your loyalty and faithfulness. Please take great care of your health and body. I hope that before long you will be able to assist me again in reorganising my Empire, and to put everything upon a proper basis. This is my earnest wish. (錄自光緒二十四年陽曆十月十七日字林西報週刊所載 Kang Yu-wei's Story.)

We have command you to superintend the establishment of the Official Organ. It is strongly against our wish. We have very great sorrow in our heart, which cannot be described with pen and ink. You must proceed at once abroad and devise means to save us without a moment's delay. We are deeply affected with your loyalty and faithfulness. Please take great care of yourself in health and body. We earnestly trust that before

long you will be able to assist us again in reorganising our Empire, and
to put everything upon a proper basis. This is our earnest desire.

（錄自光緒二四年陽曆十月二十四日字林西報週刊康的公開信）

八月初二日林旭帶出硃筆密諭：朕命汝督辦官報，實有不得已之苦衷，非楮墨所能罄也。汝可迅速出外國求，不可遲延。汝一片忠愛熱腸，朕所深悉。其愛惜身體，善自調攝。將來更效馳驅，共建大業，朕有厚望焉。（日本外交文書）。

初二日交林旭帶來硃筆密諭：朕今命汝督辦官報，實有不得已之苦衷，非楮墨所能罄也。汝可迅速出外，不可遲延。汝一片忠愛熱腸，朕所深悉。其愛惜身體，善自調攝。將來更效馳驅，共建大業，朕有厚望焉。特諭。（康南海墨蹟載康南海致李提摩太第三書。）。

又上引康南海致英國公使的照會亦載有第二密詔的全文。

日本外交文書所載「汝可迅速出外國求」的求字下可能掉了一個「救」字，必須補一個救字才與奉詔求救文的標題相合。

光緒二十四年八月望後康南海致李提摩太第二書說：「僕此次出都、實奉我皇上兩次密詔，命出外求救」；上引康氏公開信也說： "You must proceed at once abroad and devise means to save us without a moment's delay" 由公開信所記也可證日本外交文書所載「求」字下掉了一個救字。

奉詔求救文所載第二密詔與康的述往事、康的公開信所載內容接近，均有求救字樣，因此，我斷定康的奉詔求救文的寫作應較康南海致李提摩太第三書及康致英國公使的照會爲早。

覺迷要錄卷三收有深山虎大郎致康有爲書，其中說：

……曩者，足下在香港作文寄各報館，醜詆太后，表白其十大罪；又作奉詔求救文，函致列國使臣。……

此所謂康氏在香港作文寄各報館，醜詆太后，應指九月初五日新聞報所載康氏逆書。字林西報週刊所載康的公開信並未說慈禧太后有十大罪。慈禧十大罪狀僅見於日本外交文書所載康南海奉詔求救文。深山虎大郎說康氏第一逆書指摘慈禧太后十大罪狀，

我疑心係深山虎大郞誤記。

康的述往事引康所奉第二密詔作 "You must proceed at once outside (abroad), and devise means to save me without a moment's delay," 康的公開信作 "You must proceed at once abroad and devise means to save us without a moment's delay"。我疑心康的述往事所據中文密詔係作「出外求救」，而非「出外國求救」。奉詔求救文作「汝可迅速出外國求救」，康南海墨蹟及梁任公戊戌政變記改作「汝可迅速出外」，其所以刪掉「國求救」三字，當由於密詔此句上文係命康至上海督辦官報，下文忽說「迅速出外國求救」，文理不連屬，遂如此改易。

康南海僞作的第一密詔，由於眞的密詔已由楊銳的兒子繳交淸廷，有人鈔錄，因此我們可以知道他所根據的密詔的原來面目。而康南海所奉第二密詔，由於他自己這樣亂改，其眞實可靠性就有問題了。

王照與木堂翁的筆談說：

> ……皇上密諭章京譚嗣同等四人，謂朕位今將不保，爾等速爲計劃，保全朕躬，勿違太后之意云云。此皇上不欲抗太后以取禍之實在情形也。另諭康有爲，祇令其速往上海，以待他日再用，無令其舉動之文也。……今康刊刻露布之密詔，非皇上眞密詔，乃康僞作者也。

王照說：「無令其舉動之文」，其意思是說，未命其赴外國求救。在未看見奉詔求救文之前，我看不懂王氏這句話。

由王氏這段話看來，康氏確奉有密詔。檢諭摺彙存所載光緖召見臣工名單，知光緖在八月初二曾召見林旭。康有爲自編年譜說，八月初二日賜康密詔，係由林旭傳出。其由林旭傳出係眞實可信。惟該密詔，據康自編年譜，已於八月初三具摺謝恩報啓程日期時繳回，原詔恐已不存，現在誰也不知道康所奉第二密詔的原文是怎樣的了。

上引康氏明夷閣詩集梁任公所附案語，其中記第二密詔文句卽與上引戊戌政變記等書所載不同。康南海墨蹟載有民國六年康所撰戊戌輪舟中與徐勤書跋，文中引第二密詔作：

> 汝一片熱腸，朕所深悉。它日更效馳驅，重建大業。……汝其愛惜身體，善自

調攝……

其字句與上引戊戌政變記等書所載亦不同。就情理來說，光緒帝既已尊信康氏，採用其「盡黜昏庸老朽大臣」，及全變舊法的主張，後忽爲時勢所迫，將康派赴上海辦報，則私自對康加以慰勉，諭以將來再用，這是合乎人情的。康所宣佈密詔，其中有「共建大業」字樣，似與光緒身份不合。這種語句恐不是原詔所有。

覺迷要錄卷三深山虎大郞與康有爲書說：

> ……獨聞足下去國，因奉有衣帶密詔，故出疆求救云云，則僕懼未足解天下之惑。僕讀密詔，足下所宜哀痛急切甚矣。足下而有程嬰貫高之勁節也，當單身入闕，謀出君囚。事雖不捷，百代之下，生氣凜然。如有杵臼田叔之苦心也，當急出都門，裹糧結襪之不遑。乃足下遲遲而去，悠悠而行，如曾不知大禍將及其身。閒舟泊煙臺，尙登岸買物。當時微某君仗義釋難，則足下不免於虎狼之口矣。若曰大人胸中綽綽有餘地然，獨不念貴國大皇帝厚望於足下者乎？「愛惜身體，善自調護」者何在？誠使足下處是際，知危難將近也，必當直赴朝鮮或香港，以免萬死。何乃赴上海，自冒不測？夫不乘招商局舟，而爲葉斯克號英兵船救去者，天也，非人也。聞葉斯克兵船將弁抵重慶舟，促足下俱去，足下愕然不知所出。西報言，是時足下尙不知羅網之將及。嗚呼！果信耶？欲僕無惑於受詔之事，不可得也。近有某某寄書滬上某報云，實無是事。彼固見人墜井而下石者，僕誠不屑引之以作左券。但天下惑者甚多，雖素傾倒足下者，猶或未渙然於足下。意者，煙臺買物，乃譌傳耶？不直赴外國而赴上海，別有其不得已之故耶？雖然未審其爲譌傳與否，未詳其不得已之故，則焉能無致疑乎？……（註一）

深山虎大郞郞以康之奉詔遲遲而去，及在煙臺買物，不直赴外國而赴上海，懷疑求救密詔係僞作。在光緒三十一年出版的同盟會機關報民報第一號內，有「記戊戌庚子死事諸人紀念會中廣東某君之演說」一文，亦以同樣的理由認康所奉密詔係僞作。煙臺購物事，見光緒二十四年十二月初一出版的清議報第三期梁任公所撰附記康南海先生

（註一）　覺迷要錄係舊黨葉德輝所編，光緒三十年刊行。深山虎大郞此信載亞東時報第五號，係光緒二十四年出版。

出險事。此一附記後收入光緒二十五年四月出版的戊戌政變記卷四第二章末。梁任公
合集本戊戌政變記無這一附記，我想，這應與覺迷要錄及革命黨人均據附記指摘康所
奉密詔係僞作有關係，康梁無法反駁，只好忍痛將附記刪去。梁可能在他自己所藏的
日本鉛印本戊戌政變記上作此刪改，因此梁死後所印的合集本戊戌政變記就無這一附
記了。

　　康南海未刊文稿影捲內有康氏請復辟乞還興京師摺，其中也提到康所奉密詔。原
文太長，今節引於下：

　　臣康有爲跪奏：爲瀝陳奉詔出行，開會籌救，萬國孚信，公請復辟情形，乞還
　　興京師，以定和議，而安危局，恭摺仰祈聖鑒事：竊光緒二十四年七月二十九
　　日由軍機章京楊銳面帶硃筆密諭：以變法觸忤皇太后，位幾不保，囑臣等妥速
　　密籌，設法相救。臣卽與楊銳劉光第林旭譚嗣同等，捧詔徬徨，相持痛哭，日
　　夜密籌，冒死設法，冀圖補救，事未及就。八月初二日奉上諭催臣迅出上海，
　　並由軍機章京林旭面帶硃筆密諭，宣達聖衷，命出外國求救，嘉臣具忠愛熱
　　腸，戒臣愛惜身體，善自調攝，期臣重效馳驅，共建大業。臣伏讀流涕。……

摺文末尾說，「謹托英國公使交議和大臣李鴻章代進」。今按：李鴻章死於光緒二十
七年辛丑九月；庚子拳亂後，西方國家本一度有意要光緒復辟，於光緒庚子十月爲李
鴻章交涉勸止，因此康的這一個摺子應寫於這一年，並在這一年十月以前。康這個摺
子未提唐才常在漢口起義事，故這個摺子之寫作又在這一年七月二十八日之前。康的
這一摺子可能根本未寄出，胎死腹中。這一摺稿提到「命臣出外國求救」，雖未寄
出，我們仍可以誅心，而說康欺君，目無光緒。因爲康明知道光緒看見這個摺子就會
知道康所述不眞實，而康竟敢擬這樣的摺稿。這樣看來，我們對康的保皇動機確不必
看得太純眞。光緒二十六年七月唐才常組織自立軍，在漢口圖謀起義失敗，張之洞於
這年九月十二日致電倫敦清駐英公使羅豐祿說，抄獲康梁密札，其中有「欲圖自立，
必先自借聲皇權始」之語。張之洞認爲「借字可惡」，謂「康之保皇，不過借名作
亂」(註一)。康有爲的未刊稿駁后黨張之洞于蔭霖僞示卽力駁張氏此說，謂所抄獲康

　　(註一)　見戊戌變法第二册p.627。

梁密札係張僞造（註一）。現在看來，康之辨駁不足探信。梁任公在光緒二十六年三月
二十九日致孫中山先生書卽說：「借勤王以興民政」（註二），卽明用一「借」字。梁
氏對華僑說：名雖保皇，實則革命。革命黨人謂梁之言革命係騙人。現在看來，他們
之說保皇也確只是一個幌子。

　　康有爲請復辟還興京師摺當係事先擬好，以便要用時很快卽可拿出。這個摺稿爲
康所保存，我想，這可能由於這一摺稿還有另一妙用。他旣然敢向皇上上奏說他是奉
詔出外國求救，則他可以拿出這個摺稿，使保皇黨黨徒相信他所奉的求救密詔是眞的
。這個摺子如果需要寄出，他可能將摺稿所引密詔的僞作部份刪除，因爲以情理來說
，他不能讓皇帝一看就發覺他的欺騙。不過這仍得假定戊戌政變記所載僞密詔未爲光
緒所看到才可，因爲依照淸代刑律，僞造聖旨的人是應處死的。楊復禮所撰康梁年譜
，書首有伍莊所撰序，序文說：「康在星洲，英國願以兵力助康入京，迎皇上復辟，
康意動而卒不行，蓋懼後人不察，謂借外力爭政權也」。這又是誤信康騙人的話。康
在光緒二十四年八月初九吳淞口遇救後，曾熱烈的向班德瑞要求派兵二百人救光緒，
見班德瑞備忘錄，現在英國願以兵力助康入京，又爲甚麼不接受呢？康僞造密詔給外
國政府看，這不妨事；但戊戌政變記所載僞密詔則係給國人閱讀，他根本未考慮光緒
看到後作何感想，所以後來英人要助康入京，迎光緒復辟，康也不敢接受了。（註三）

（三）

　　康所宣佈的光緒二密詔均係康據眞密詔潤色改作。由本文第一節所引袁世凱戊戌
日記看來，譚嗣同在八月初三夜訪袁時所出示的僅係楊銳所鈔錄的眞密詔。在這時這
一密詔尚未爲康所竄改。這一密詔係光緒賜給軍機四卿的，並未有康的名字。然光緒
二十四年八月初十日英國領事班德瑞與康談話的備忘錄却錄有二密詔，說是康所奉，
這就與眞密詔不合了。康自編年譜說：

　　　（光緒二十四年八月）初九日抵滬，兩點鐘將入吳淞。……英人手出其上海道

（註一）　康文見戊戌變法第一册p.424.戊戌變法所收康未刊稿五篇，均不見於中央研究院近代史研究所所藏康
　　　　　未刊稿影捲。
（註二）　見梁任公年譜長編P.140。
（註三）　仍需查新加坡英方檔案，審核伍莊序文所說，是否可信。

蔡鈞一書，抄白僞上諭一道云：吾進紅丸弑上，卽密拿就地正法。覽畢，眩然哭。英人曰：「汝有進丸弑上事否」？卽寫密諭與之，並哭言其故。英人曰：「我英人濮蘭德也。我領事固知君是忠臣，必無此事，且向知汝聯英惡俄，特令我以兵船救君。可速隨我下輪，事不可遲，恐上海道卽來搜船」。乃隨之下小輪。時聞上弑，又不知英人如何，痛不欲生，卽預爲蹈海計，卽口占一絕句：「忽灑龍蘇翳太陰，紫微光掃帝星沈。孤臣辜負傳衣帶，碧海靑天夜夜心」。

此處卽提到康寫密諭出示，則康之竄改密詔當在八月初九日吳淞口遇救後，因此八月初十班德瑞的備忘錄卽可錄有康所奉二密詔。班德瑞所錄二密詔，我尚未見到，今由康「孤臣辜負傳衣帶」的詩句，也可以斷定備忘錄所錄二密詔是已經康竄改的。備忘錄所載二密詔，以情理來推測，牠的文句應與康的述往事所載二密詔接近。

由上引康有爲自編年譜看來，似乎他竄改密詔時，確信光緒已死。但光緒已死，則康竄改密詔，說奉詔求救，又有何用？如僅爲了駁斥紅丸弑主的誣控，而竄改密諭，則未免小題大做。因此，我認爲康之竄改密詔應在他知悉光緒尚未大行之後。年譜將「卽寫密諭與之」敍於「上大行尚無確信」之前，恐與事實不符。忽灑龍蘇翳太陰一詩提到孤臣辜負傳衣帶，亦疑係康事後補作，非光緒二十四年八月初九日所作。

年譜此處記僞上旨：康「進紅丸弑上，卽密拿就地正法」，以淸德宗實錄所記證之，也有問題。

實錄記：

光緒二十四年八月丁亥（初六），諭軍機大臣等：工部候補主事康有爲，結黨營私，莠言亂政，屢經被人參奏，着革職，並其弟康廣仁，均着步軍統領衙門，拏交刑部，按律治罪。

是初六日上諭並未說康進紅丸，應密拿就地正法。實錄記：

光緒二十四年八月戊子（初七）又諭：電寄榮祿：工部候補主事康有爲，現經降旨革職拿辦。茲據步軍統領衙門奏稱，該革員業已出京。難免不由天津航海脫逃。着榮祿於火車到達及塘沽一帶，嚴密查拿；並着李希杰蔡鈞明保於輪船到時，立卽捕獲。毋任避匿租界爲要。

則初七榮祿轉給上海道蔡鈞的電旨的內容當如實錄所記。

　　據中央研究院近代史研究所所藏總理衙門收電檔，總理衙門於光緒二十四年八月初七收到北洋大臣榮祿來電說：

　　　　電旨奉悉。昨日酉正聞有查拿康有為之旨，當卽密派得力弁兵，先在紫竹林行棧等處，暗為查察；復於戌刻，經崇禮派弁速拿，又加派弁兵連夜馳往塘沽大沽等處搜捕，並電飭蔡鈞李希杰妥為設法，挨船嚴搜，並知南洋一體查拿矣。茲據派赴塘沽差弁回（健按：回字疑係田字之誤）文奎等電稱，探得康有為係於初六晚乘重慶輪船巡煙赴滬等情，當卽電派該弁乘飛鷹魚艇追駛煙台，復再急電李希杰蔡鈞迎頭搜捕，懸賞務獲。請先行代奏。榮祿肅，陽申。

此所謂電旨卽上引德宗實錄八月初七日給榮祿的電諭，而酉正聞查拏康有為之旨，卽上引實錄八月初六所下上諭。榮祿給蔡鈞的兩個電報也只是轉達他所得電旨，他不會假傳太后懿旨，說康進紅丸的。

　　戊戌變法第三冊第五三三頁載有一八九八年九月二十六日亦卽光緒二十四年八月十一日英國駐上海代理總領事白利南 Brenan 給英國駐華公使竇納樂的信，信中說：

　　　　（九月）二十三日（卽陰曆八月初八日）早晨，我接到上海道台一封信，說他接到密令，要他逮捕行將到達上海而已被革職的主事康有為。道台同時又派他的秘書通知我：光緒已經死了；是康有為進奉某種毒藥害死的。

據此，蔡鈞所奉密令僅係逮捕康有為，而光緒為康毒死則係蔡鈞的秘書所口說。蔡鈞可能是為了要英國領事同意中國政府在英國船上抓人，須得說康不是政治犯，所以捏造康的罪名。蔡寫信給白利南時，當敍述所奉電旨，而他所捏造的康的罪名不便紙寫筆載，就只好由他的秘書口頭通知英國總領事了。

　　照常理說，蔡鈞與外國人辦交涉，不能憑道路傳聞亂說，因此 白利南 也就相信蔡鈞秘書所口說，於初八日當天致電英國外交部：

　　　　清宮政變已發生，光緒死了。西太后當政。新黨被打倒。駐北京的英國公使或許不能給你通消息，所以我直接打此電報。（載藍皮書中國事件二五四頁，此處係據戊戌變法第三冊 p. 523 所載該信中文譯文。）

濮蘭德於初九日告訴康：「上大行尚無確信」。此已在 白利南 電報發出後。白利南

及濮蘭德，在初八日電報發出後已發覺蔡鈞秘書所說不可信。

康可從英國領事派來的濮蘭德口中，得知蔡鈞與英國領事交涉的情形，於是康遂捏造諭旨，說康進紅丸，着密拿就地正法。他僞造這一諭旨，不僅用以獲取外人的同情，且用以證明他的獲罪是無辜的。梁任公戊戌政變記說：

> 觀其誣康有爲之罪名也，初則曰酖弑皇上，繼則曰結黨營私，終則曰謀圍頤和園。十日之間，罪名三變。

康有爲明夷閣詩集「忽灑龍漦嫠太陰」詩下有梁任公案語說：

> 戊戌之變，羣賊自始欲甘心於先帝。故六七月間，日興訛言，謂帝疾大漸，相驚以內務府已查大行典禮。又撫愚民仇教之邪說，謂南海先生曾以一丸進帝服之，遂爲所迷惘。此等謠諑，徧布輦轂，併爲一譚，牢不可破。其處心積慮，則在逮捕南海先生後，旋卽弑帝，因歸獄於先生而誅之。故逮捕時，僞旨稱帝已大行。其時上海道蔡鈞以此僞旨徧示各國領事，各領事無不見之，故各國報紙咸報我國邮。英領事往救先生，卽挾此僞旨行，文中明有八月初五日大行皇帝遇毒上賓之語。先生親見之，一痛幾絕，此詩所以有帝星沉之句也。而先生爲英人所救，事出羣賊意外。憚西鄰責言，未敢遽行弑逆，而搜捕黨人，又苦無名，乃一變而爲謀圍頤和園之說。此說起於八月初十日以後，初發難時無有也。此詩根於英領事所持僞旨，實爲本案鐵證。今者先帝已矣，而憑几末命，猶不免杯弓蛇影。微聞今修實錄，無一人敢存直筆。先帝之寃，將永不能白於天下後世矣。謹實記所聞，以告良史。（註一）

由梁任公所記看來，康之僞造進紅丸上諭是用來洗刷他們謀圍頤和園的罪名。

康在八月初九日吳淞口遇救後僞造光緒求救密詔，如果康的保皇活動眞以救光緒的性命爲第一優先，則似應宣佈楊銳所奉的眞密詔。因爲這一密詔強調不可拂違太后意旨，這可證明光緒實無廢慈禧之心，可彌縫光緒與慈禧的感情，或許可使光緒於政變後不至於遭逢到那樣多的不幸。然而康梁却始終未作此一宣佈。他們所宣佈的却是求救僞密詔。這不是曲突徙薪，而是火上加油。王照與木堂翁筆談說：

> 今康刊刻露布之密詔，非皇上之眞密詔也，乃康所僞作者也。而太后與皇上之

（註一）見戊戌變法第四册 p.342。

仇，遂終古不解。

王照此言是頗有道理的。王照小航文存卷三復江翊雲兼謝丁文江書說：「戊戌政變記捏造景帝口出恨那拉之言，因此景帝幾遭不測之禍。吳德瀟曾寄書責梁氏。吳德瀟亦時務報主筆，梁之舊侶。吳氏此書登昌言報」。

康有爲之聰明才智難道不如王照吳德瀟，致見不及此？康有爲奉詔求救文說：

自古廢立，豈有免于幽弒之禍者哉？

這可能才是康對其時局勢的判斷，而奉詔求救則是他的姿態，我們不要爲他的表演逼眞所迷惑。他所寫的公開信及奉詔求救文，對慈禧備極醜詆，很可能是借刀殺人。唐才常所散發的富有票，辜鴻恩所散發的貴爲票，富有及貴爲是「富有四海，貴爲天子」的省略，其中卽隱含有康有爲的名字（註一）。康氏未刊稿中有勤王宜直擣京師議，這是他的門面語，不可信爲出於他的內心。

康是一個「胸有城府心腸叵測」的人。他可以上萬言書對清朝表現非常忠誠，同時却又可主使他的黨徒在湖南從事自立活動，秘密的傳播革命思想。我研究中國近代史上重要人物，我覺得康的思想行爲最難研究，他的眞實意圖是最不容易猜測的。

在康那個時代，受傳統敎育的典型的士大夫只希望做官能做到宰相，能得君行道，沒有人敢存非分之念，想做國家元首。康的哲學則不然，他認爲王是天下之所歸往，視民心之向背而定。他的變法改制主張如爲人民所接受，則依他的哲學，他卽可以做王。因此章太炎在光緒二十三年三月十九寫信給譚獻說，康黨諸大賢，視康氏爲敎皇，謂不及十年，康氏當受符命。康氏存這種非分之想，站在民主政治的立場來說，沒有甚麼不可以的，如孫中山先生卽以民心所歸而爲中華民國第一任大總統。不過在光緒丁酉戊戌那個時候，士大夫們是可以斥康爲悖逆的。

光緒對康，寵信異常。在其時士大夫眼光中，光緒以國士待康，康也應該以國士報答光緒。這種觀念給康以壓迫，使康內心充滿觀念上的衝突，遂使康的行爲不够光明磊落，令人不易捉摸。

康之僞造密詔也與他的學術思想不醇正有關。在他看來，孔子尙託古改制，尙且作假，則他僞造密詔有何關係？中庸說：「誠者天之道也」，「不誠未有能動者也。」

（註一）易傳：「富有之謂大業」。由富有二字亦可看出康的襟抱。

新黨所行所爲未能感化舊黨，說服舊黨，原因固然很複雜，而康對清朝不忠誠，仍然是一個很重要的原因。由楊崇伊請太后訓政摺看來，戊戌政變的爆發就是由於舊黨懷疑康存心不軌。

（四）

康有爲奉詔求救文末除附有康僞作的二密詔外，還附有譚嗣同獄中絕筆、今上口諭及文宗顯皇帝密詔，今亦徵引於下：

八月六日之禍，天地反覆。嗚呼！痛哉！我

聖上之命，懸於淫后賊臣之手。嗣同死矣，天下之大，臣民之衆，寧無一二忠臣義士，傷心君父，痛念神州，出而爲平勃敬業之義舉者乎？果爾則中國人心眞已死盡，強鄰分割，卽在目前。嗣同不恨先衆人而死，而恨後嗣同而死者之虛生也。嚙指血書此，告我中國臣民，同興義憤，剪除淫賊，保全我

聖上。嗣同生不能報國，死亦當爲厲鬼，爲海內義師一助。卓如如未死，請以此書付之。卓如其必不負嗣同，負　　皇上也。

八月初十日譚嗣同獄中絕筆

又

受衣帶詔者六人。我四人必受戮。彼首鼠兩端者，不足與語。千鈞一髮，惟先生一人而已。天若未絕中國，

先生必不死。嗚呼！其無使死者徒死，而生者徒生也。嗣同爲其易，

先生爲其難。魂當爲厲，以助殺賊。裂襟嚙血，言盡於斯。

南海先生　　　　　　　　　　　　　譚嗣同絕筆敬上。

今上皇帝口諭軍機章京譚嗣同：

我爲二十三年罪人，徒苦民耳。我何嘗不想百姓富強？難道必要罵我爲昏君耶？特無如太后不要變政，又滿洲諸大臣總說要守祖宗之成法，我實無如之何耳。

又

汝等所欲變者、俱可隨意奏來，我必依從。卽我有過失，汝等當面責我，我亦速改也。

文宗顯皇帝遺慈安太后密詔

朕崩之後，嗣子幼沖，羣臣必請母后臨朝。汝卽朕正后，自應臨朝。西妃（那拉氏）其人不端良。汝愼勿爲西妃所賣，而與共臨朝也。

王照小航文存卷三復江翊雲兼謝丁文江書說：

任公創辦淸議報，大放厥詞，實多巧爲附會。如製造譚復生血書一事，余所居僅與隔一紙扇，夜中梁與唐才常畢永年三人謀之，余屬耳聞之甚悉。然佯爲睡熟，不管他。

王照與木堂翁筆談指摘康僞作密詔，本文上文已證實王照所說爲可信，則王照此處說梁唐畢三人僞造譚獄中絕筆，自亦眞實可信。

文宗顯皇帝如果眞有一密詔賜慈安太后，如奉詔求救文所附，其密詔原文也不會爲人所知。康有爲從何得見？其屬康氏僞作，亦無疑。

由奉詔求救文看來，康所僞作二密詔皆有求救字樣，皆係衣帶詔。譚嗣同獄中絕筆說：「奉衣帶詔者六人」，此衣帶詔指康所僞作第一密詔。康所僞作第二密詔係給康一個人的，第一僞密詔則給康及軍機四卿。譚於八月初三夜訪袁，曾以光緒賜楊銳密詔出示袁，故康梁僞作譚嗣同獄中絕筆，提到第一僞密詔，卽說「奉衣帶詔者六人」。連袁在內，正好六人。

康有爲詩：「孤臣辜負傳衣帶，碧海靑天夜夜心」。通常都認爲這一衣帶詔僅指第一密詔，因戊戌政變記所記二密詔，僅第一密詔有密籌相救字樣。今按：本文開端所引戊戌政變記說：「康將前兩諭宣佈，不過託諸臣保護及命康出外求救之語」。出外兩字見戊戌政變記的第二詔，相救兩字見第一詔，第二詔仍然是他們所說的衣帶詔。康有爲七十大慶謝恩摺中也說光緒衣帶詔促行，是康氏亦稱第二詔爲衣帶詔。

（五）

王照係新黨，於戊戌政變後逃到日本。他與木堂翁筆談，由筆談原文看來，係光緒二十五年二月事。他指摘康僞作密詔，對康有不利的影響。馮自由革命逸史記革命黨人獲悉王照筆談的內容經過說：

總理派陳少白偕平山至康寓訪謁，康梁出見，在座有王照、徐勤、梁鐵君三人。少白乃痛言滿清政治種種腐敗，非推翻改造無以救中國，請康梁改弦易轍，共同實行革命大業。康答曰：『今上聖明，必有復辟之一日。余受恩深重，無論如何不能忘記。惟有鞠躬盡瘁，力謀起兵勤王，脫其禁錮瀛台之厄。其他非余所知，祇知冬裘夏葛而已。』少白反覆辯論三句鐘，康宗旨仍不少變。談論間，王照忽語座客謂：『我自到東京以來，一切行動皆不得自由。說話有人監視，來往書信亦被拆閱檢查。請諸君評評是何道理』等語。康大怒，立使梁鐵君強牽之去，並告少白謂：『此乃瘋人，不值得與之計較。』少白疑王照別有寃抑，乃囑平山伺機引王外出，免爲康所羈禁。平山從之，果於數日後窺康師徒外出，逕携王至犬養寓所，王遂筆述其出京一切經過及康所稱衣帶詔之詐僞，洋洋數千言，與康事後紀述多不相符。由是康作僞之眞相盡爲日人所知。康以爲少白故惡作劇，因而遷怒及於革命黨，而兩派更無融合之望矣。

由於王照之揭發，康僞作密詔眞相逐爲革命黨人所知。檢國父年譜，國父孫中山先生在光緒二十五年春曾往東京長崎各處，分析衣帶詔的眞僞，以免華僑爲康有爲所惑。太炎文錄卷二駁康有爲論革命書也說康「事敗亡命，作衣帶詔，立保皇會以結人心」。但坊間中國近代史敎本記戊戌政變事仍多尊重戊戌政變記所記，對康所作僞密詔仍照引不誤。這也許由於孫中山先生章太炎先生與康梁非一派，在未發現確切證據前，對敵對黨派所說，不敢輕易採信。王照與木堂翁的筆談係罕見秘笈，由張蔭麟標點重佈，易名爲關於戊戌政變的新史料，張氏僅視之爲史料，不信王氏所記爲實錄。丁文江寫梁任公年譜長編，記康所奉第一密詔，不援引戊戌政變記，而引用清史稿楊銳傳，這是他的特識。他已發現康所奉第一密詔係僞作，不過，由於丁氏尊敬梁任公，他不便明白地指出而已。清史稿楊銳傳記楊銳所奉光緒密詔，也只是撮述眞密詔的大意。丁氏記此密詔，現在看來，仍應採趙炳麟光緒大事彙鑑所記。

民國四十六年湯志鈞寫「關於光緒皇帝的密詔」一文（註一），湯氏此文寫得極不清楚，他似乎已得到康所奉第一密詔僞作的結論，但其翌年所作戊戌變法人物傳

（註一）見湯志鈞戊戌變法史論叢P.271

稿，記光緒密詔事，却仍效法羅氏賓退隨筆，於鈔錄賜楊銳眞密詔後，即鈔錄戊戌政變記所載康所奉二密詔，於康所奉第一密詔的眞僞，不加別白（註一）。民國五十三年劉鳳翰撰袁世凱與戊戌政變，指出康有爲所奉第一密詔係僞作，對康第二密詔則認爲與史實文獻相合，無庸考證（註二）。我這篇文章則指出康梁所刊佈的二密詔均係僞作，而我證明康僞作的主要證據均建立在康梁自己的著作上。我對康有爲衣帶詔這一問題的考證，也許可以視爲定論罷。

趙炳麟光緒大事彙鑑記楊銳傳出密詔全文，不據戊戌政變記，而據楊慶昶繳回眞密詔；其記林旭傳出之密詔，不錄戊戌政變記所載僞密詔全文，僅云，上密詔促康有爲出京，是趙氏已發現戊戌政變記所載二密詔均不可信。趙書刊行於民國十三年，較康南海墨蹟的印行爲早。光緒大事彙鑑繫光緒賜楊銳密詔於二十四年八月，可能係據新聞報所載康南海公開信。光緒賜楊密詔，係光緒二十四年七月三十日事，恐當依彰健本文所考。

後記：

頃閱淸議報，知康有爲所著駁后黨張之洞于蔭霖僞示已刊佈於淸議報第六十六册，該文作者署名「光緒帝黨人」。

光緒二十六年十一月出版的淸議報第六十七册載有南海先生上皇帝書，其文與本文第二節所引之請復辟還興京師摺相同。該摺刊佈於庚子十一月，迎光緒復辟之說已成過去，該摺已無遞呈光緒之必要，在摺中徵引僞密詔，已無妨礙。淸議報謂，康摺作於庚子九月，可能係倒塡日期。

本文第二節撰寫時，只知康此摺爲未刊稿，故對此摺撰寫日期，曾臆定爲庚子七月二十八日以前。現在看來，康此摺旣已於庚子十一月刊佈，則其撰寫時間當在庚子十月或十一月。該摺係康黨的宣傳品。其用意在強調他們對光緒的忠誠，使人不相信張之洞于蔭霖所抄獲的康梁密札；並以此欺騙保皇黨黨徒，使人相信密

（註一）羅惇曧係康門人。羅將三密詔併列，可能係爲他的老師圓謊。

（註二）見劉鳳翰著袁世凱與戊戌政變 P.165

詔是眞的。

頃讀康同璧編康有爲萬木草堂遺稿，見此摺下注云：「光緒二十七年（辛丑）」其所注撰寫時間與淸議報牴觸，不可信。

續記：

康同璧編萬木草堂遺稿卷三收有光緒二十四年康有爲所撰謝奉到衣帶密詔摺，該摺與僞密詔有關，今將其全文徵引於下：

初三日，楊銳譚嗣同交奉到硃筆密諭，乃驚悉大變。皇上以變法救中國之故，觸怒宮庭，致位幾不保，令臣等密籌救法。捧讀涕泣，惶恐震駭，相聚謀議。是日，林旭又交到硃筆密諭，令臣迅速出外，令愛惜身體，以圖將來，共建大業。聖意補全，過於家人，臣愚但有感涕，不知所云。經交譚嗣同代遞，覆陳密摺，未知上遞否？此事榮祿與其腹心李盛鐸同謀，臣早已窺測，預爲佈置，故與徐致靖及門人舉人梁啓超徐仁錄分畫籌策，以袁世凱擁兵而忠勇可用，故特請皇上破格擢用，溫意撫慰。是日與袁世凱譚嗣同密謀，不意楊銳畏怯，竟皆不宣，致爲日無幾，不及措手。致初五日爲彼先發，天地反覆，遂致僞后臨朝，皇上被廢。臣飲泣吞聲，倉皇出走。英人感臣忠義，特用兵艦保護，送至香港。臣當效申包胥之哭，遍詣各國，痛哭求救我皇上，以冀保全萬一。先告英使署參贊及上海領事及香港總督，請其電英廷相救，適頭品頂戴海軍提督上議院議員子爵柏麗輝到港相見。其人兵權最大，臣具道我皇上神武聖明，樂用西法，以保中國，請其出力相救；若能保護皇上大位全權，幽廢僞后，中國變法，或有望焉。該提督此來，本爲救護中國，及聞臣言，倜儻自負，卽握臣手，以死自誓，願出力救我皇上，立電其外部，卽又長驅天津入覲，以圖設法保救，恐皇上驚疑，令臣宣達其至誠救護之意，作摺與其手收，俾面呈我皇上。若該提督能保救成功，皇上見摺，乞格外優待，信倚無疑。文宗顯皇帝僞后，旣非正嫡，不過先帝之遺妾耳。乞卽於該提督前，親草詔書，立廢僞后，交英提督手收，俾有爲以見各國，去其名義，正其典刑，天下久恨僞后次骨，當皆懽快。皇上擢用徐致靖及其子仁鏡仁錄等，皆忠誠可倚，卽調袁世凱統兵

入備，安慰人心，天下自定。然後召用賢才，講求變法，<u>中國</u>尙可保全也。<u>中</u>
<u>國</u>安危在此一舉，臣奉詔出救，故敢專擅密陳，不勝悚惶之至。臣此密摺卽交
<u>英</u>總督統水師提督<u>柏麗輝</u>面遞，謹奏。

這一密摺也提到「奉詔出救」，如果遞呈<u>光緒</u>，<u>光緒</u>一見卽知其扯謊，故這一摺子與
請復辟還與京師摺一樣，均不可能遞交<u>英</u>人，託其代遞。

　　<u>康</u>自編年譜記：

當（八月）十四夕吾到<u>港</u>也，<u>英</u>人前海軍卿<u>柏麗輝</u>適到，約見，慷慨許救我皇
上。我告<u>俄</u>人屯兵<u>旅順</u>者二萬，貴國未易輕舉也。<u>柏</u>海部卿指頭誓死以救我皇
上，蓋雄才熱血，不可多得之人也。

<u>康</u>在謝奉到衣帶密詔摺中提到他曾向<u>柏麗輝</u>（Charles Beresford）求救，而在自編年譜
中却說<u>康</u>曾潑<u>柏麗輝</u>以冷水，這應係<u>康</u>求救不成功，故作此語，年譜所記恐不可信。

　　<u>柏麗輝</u>之來<u>中國</u>，係奉命考察商務，他根本無權往救<u>光緒</u>。<u>柏麗輝</u>在所著 The
Broken up of China 一書第一九四頁曾提到他一到<u>香港</u>卽約見<u>康</u>，<u>康</u>與他的談話曾
觸及政治問題，但以與商務無關，故<u>柏麗輝</u>未在該書中記述與<u>康</u>討論政治問題內容。
<u>柏麗輝</u>在該書中曾說<u>康</u>是一個愛國者，但變法不得其道，以致失敗，則他是否會接納
<u>康</u>的主張，誓死救<u>光緒</u>，是有問題的。討論<u>康</u>與<u>柏麗輝</u>交涉情形，這還需查<u>英</u>方檔
案。我猜想，<u>康</u>可能與<u>柏麗</u>輝談到求救事，卒爲<u>英</u>人所拒，故<u>康</u>遂離<u>香港</u>而東渡<u>日</u>
<u>本</u>。<u>康</u>自編年譜未說他曾草摺交<u>柏</u>氏代遞。萬木草堂遺稿所載謝奉到衣帶密詔摺應係
<u>康</u>事後撰作，用來招搖，並以此欺騙他的黨徒，使人相信他所奉求救密詔是眞的。這
一謝奉到衣帶密詔摺開端未說奏爲某事恭祈聖鑒，也只是一個草稿，他如果用來騙
人，他自然還得說這僅是該奏摺的主要部份。

　　<u>彭健</u>在本文第三節曾懷疑<u>康</u>忽灑龍灕翳太陰一詩非戊戌八月初九日所作。今按：
此詩曾刊佈於<u>光緒</u>二十四年十二月二十一日出版的<u>淸議報</u>第五册，係<u>康戊戌</u>八月國變
紀事八首中的第一首，今將該八首詩全錄於下：

忽灑龍灕翳太陰，紫薇移座帝星沈。孤臣辜負傳衣帶，碧海波濤夜夜心。
緹騎蒼黃徧九關，飛鷹追逐浪如山。我橫滄海天不死，猶在<u>芝罘</u>拾石還。
<u>關西</u>夫子<u>桓霍</u>高，博聞強記人之豪。忠憤誤譚五王事，千秋遺恨崑崙奴。

澧蘭沅芷思公子，桂酒瓊茅祭國殤。絕世英靈魂魄毅，鬼雄請帝在帝旁。

奪門白日閉幽州。東市朝衣血倒流。百年夜雨神傷處，最是青山骨未收。

抗疏維新冠九卿，燕然薦剡累先生。最憐七十老宗伯，沙磧冰天萬里行。

海水排山通日本，天風引月照琉球。獨運南溟指白日，龕鼉吹浪渡滄洲。

梨洲乞師當到此，勃鬐痛哭至於今。從來禍水堪橫涕，不信神州竟陸沉。

「梨洲乞師今到此」之此字係指日本，故知康戊戌八月國變紀事詩的撰寫已在康戊戌九月至日本後。

光緒二十四年十二月初一日出版的清議報第三期收有梁任公所撰附記康南海先生出險事，該文謂忽灑龍鬃颯太陰一詩係康八月初九日作，與光緒二十四年歲暮康自編年譜所記同，僅年譜記該詩末句「碧海波濤夜夜心」係作「碧海青天夜夜心」，有此一小異。清議報第三期附記康南海先生出險事，後收入光緒二十五年四月出版之戊戌政變記內。康梁後來一定發現清議報第三期第五期所記康絕筆詩撰寫時間矛盾，故康氏遂將其詩集所收戊戌八月國變紀事詩予以刪改。據戊戌變法第四冊 P.342 所載，知康有爲明夷閣詩集將「戊戌八月國變紀事八首」的標題改爲「戊戌八月紀變八首」，原本八首詩的第一首改移在戊戌八月紀變詩的前面，於其前復加以這樣標題及自註：

八月九日在上海英艦，爲英人救出，得僞旨稱吾進丸弒上，上已大行，聞之一痛欲絕，決投海，寫詩繫衣帶，後英人勸阻，謂消息未確，請待之，派兵船保護至香港。（時英總領事璧利南謂在廣州久慕我講學，故力請救，至感其意。）

於是「忽灑龍鬃颯太陰」一詩就成爲八月初九所作的了。

戊戌八月國變紀事八首，在明夷閣詩集中旣移出一首，康又將「海水排山通日本」「梨洲乞師當到此」二首刪去，於是明夷閣詩集戊戌八月紀變八首的小註就說，原詩八首，「今佚其三」了。小註說：「今佚其三，乃懷徐東海及哀諸新參」。原詩八首具見清議報，何嘗有懷徐世昌的？這是康存心騙人。康明夷閣詩集係梁啓超手寫，並附有梁按語。該書有宣統三年影印本。梁手寫康集，他對康補作絕筆詩事，應該知情。

明夷閣詩集首有康所撰小序：

自政變出奔，日本元老大隈伯爲適館授餐，居東半年，名所館曰明夷閣。自戊

戌蒙難，走英日，爲秦庭之哭既不可得，則自開保皇會於美。歸省母病，遂圖
勤王。起戊戌，終己亥，兩歲幽憂之作，都曰明夷閣詩集，凡九十九首。

據戊戌變法第四册 P. 344 引康明夷閣詩集，知其中有一詩如下：

閱報見德人賀得膠周歲，又得楊漪川（深秀）獄中詩，題其後。

膠海輸人又一年，維新舊夢已成煙。山河殘破成何事，大鳥飛來但黯然。（傳
言，剛毅至楊公原籍聞喜縣，見大鳥驚死。）

今按：剛毅死於光緒二十六年庚子閏八月二十五日，見張文襄公全集卷一六七第二十
三頁。明夷閣詩集係收康戊戌己亥兩年作品，怎麼會有詩詠及庚子年事？對康詩集所
收康撰各詩，我們也得仔細考核，才可援據。

　康自編年譜於記八月初九日作「忽灑龍湫翳太陰」一詩後，即接着記：

乃草與家人遺書，及與諸弟子書，及與徐君勉一書，以家事託之，匆匆數言，
交李唐（按李唐係康僕人）密藏之。濮蘭德見吾哀哭，慰之曰：「上大行尙無
確信，但傳聞耳，可待之」。乃節哀。

今按：康南海墨蹟一書收有八月初九康所寫戊戌輪舟中與徐勤書及戊戌輪舟中絕筆書
的眞蹟照片。今將該二書徵引於下：

吾以救中國故，冒險遭變，竟至不測，命也。然神明何曾死哉？君勉爲烈丈
夫，吾有老母，謹以爲託。（旁註：任甫若存，並以爲託。）照料吾家人，力
任大道，無變念也。同門中誰能仗義，護持吾家吾國者，吾神明嘉之。孔子生
二千四百七十五年，即光緒二十四年八月九日，爲絕筆告君勉仁弟，並示同門
有志諸子。

我專爲救中國，哀四萬萬人之艱難而變法以救之，乃蒙此難。惟來人間世，發
願專爲救人起見，期皆至於大同太平之治，將來生生世世，歷經無量刼，救此
衆生，雖頻經患難，無有厭改。願我弟子我後學，體吾此志，亦以救人爲事，
雖經患難無改也。地球諸天，隨處現身，本無死理。至於無量數刼，亦出世救
人而已。聚散生死，理之常。出入其間，何足異哉？到此一無可念，一切付
之，惟吾母吾君之恩未能報，爲可念耳。光緒二十四年八月初九日，康長素遺
筆。

第一書係與徐勤及諸弟子，第二書則與家人及諸弟子，康年譜記作三書，恐係記憶有誤。

康年譜謂此二書係八月初九日作，今細審康與徐勤書照片，則該書「八月九日」的九字似原擬寫作「十」字。其改竄的痕跡很明顯。康於初九日下午在吳淞口遇救，換搭 Ballaraat 輪，於八月十四日夕抵香港。此二絕筆書當寫於八月初十以後，八月十四日以前。年譜謂寫於八月初九，恐不可信。

康倒塡日期，僞作初九日遺書，此係康虛憍積習。欲使其遇救事多彩多姿，使其門弟子更欽佩其人格偉大而已。

論明代稅糧重心之地域及其重稅之由來

————明代前期稅糧研究————

吳　緝　華

一、引　　言

　　明代賦稅稱爲夏稅秋糧，這些夏稅秋糧中米麥的徵收，是明代財政經濟上的一筆大收入；無疑的，也支持了國家的繁榮與強大。研究明史，不能忽略了這些在經濟上佔重要成分的問題。明代稅糧徵收的重心在何處？何以某些地域會有重稅的現象？重稅的由來何在？甚至明淸兩代的史家把重稅原因解釋成明太祖遷怒增稅所致，是否應成定論？究竟明代稅糧重心之重稅實況如何？我想在本文中把這些經濟上的問題，具體的加以論證。

二、從全國稅糧徵收看稅糧重心之地域

　　要想知道全國稅糧重心在何處？必須先要根據全國各地夏稅秋糧的徵收，加以分析，才能看出明代全國稅糧重心的地域。要想找出全國各布政司及直隸府州等稅糧數目，也要經一番深入研究才能獲得。因爲元末喪亂，版籍多亡失，稅糧已無準確的紀載。我們要論證明代稅糧重心的地域，首先要從各家的紀載中加以引證考索找出可信的稅糧數字，然後才能進一步解釋明代全國稅糧重心在那裏，和重稅由來的情況如何。

　　明代開國，雖然在一個紊亂的局面中，明太祖也認爲建國最重要的條件先要覈查國家的田畝而定賦稅，取得經濟上的資源，才能建設國家。所以明太祖即位後，曾遣

周鑄等一百六十四人覈查浙西田畝，定其賦稅；又命六部中管理財政的戶部覆實全國田土。明太祖雖然這樣逐步實施覈查的政策，我認爲一時也難能得到肯定的數目，因爲當時兩浙富民畏避徭役，多以田產寄親鄰佃僕，謂之『鐵腳詭寄』；久之，相習成風，里欺州縣，州縣欺府，奸弊百出，又謂之『通天詭寄』。在這些情況下，不易有確實的統計。後來明太祖又命國子生武淳等至地方澈底覈查，分行州縣，隨糧定區，區設糧長，量度田畝方圓次以字號，登記主名，及田之丈尺，編類爲册，號曰『魚鱗圖册』。(註一) 於是明太祖實錄卷一八〇載洪武二十年(一三八七)浙江布政使司及直隸蘇州等府縣進『魚鱗圖册』，(註二) 自此才有較準確稅糧的統計。但這只是浙江及直隸蘇州等府的『魚鱗圖册』而已，不能算全國的統計。一直到洪武二十六年（一三九三）全國覈查纔有了結果，在這二十餘年中經幾番的覈查，始得到確切的統計。洪武二十六年有了準確的覈查，因之明史食貨志紀載云：『益駸駸無棄土矣。』(註三) 並說出洪武二十六年的統計在明初太祖時代是澈底的覈查。

　　關於全國各布政司及直隸府州等稅糧徵收數字，又可見於明會典紀載云：『洪武二十六年各布政司，並直隸府州實徵夏稅秋糧總數，』總數是二千九百四十四萬二千三百五十石(29.442.350 石)，(註四) 及分別詳載各布政司和直隸府州『實徵』稅糧的數字。這些全國各地『實徵』的稅糧數目，恰是我們研究明代稅糧徵收的好資料。

　　明初稅糧徵收的數字，在洪武二十六年以前也有殘斷的統計。例如明太祖實錄卷一四〇載洪武十四年歲徵麥米豆穀二千六百一十萬五千二百五十一石 (26,105,251 石)。(註五) 明太祖實錄卷一七六載洪武十八年（一三八五）是歲徵天下田租二千八

(註一) 明徐學聚：國朝典彙，卷九十，戶部四，賦役，明萬曆二十年（一五四一）刊本，頁一後至三後；明朱健子：古今治平略，卷一，國朝田賦，明崇禎十二年（一六三九）刊，頁八五後；明史，卷七七，食貨志一，田制，藝文影印殿本，頁八一一四。

(註二) 明太祖實錄，卷一八〇，洪武二十年二月戊子，中央研究院影印本，第六册，頁二七二六；明祝允明：野記，歷代小史，卷七九，叢書集成初編，民二十五年，頁三六；明譚希思：明大政纂要，卷八，湖南思賢書局本，頁三前。

(註三) 明史，卷七七，食貨志一，田制，同上，頁八一一四。

(註四) 大明會典，卷二四，戶部一一，稅糧，明萬曆十五年（一五八七）司禮監刊本，頁四前至一三後。

(註五) 明太祖實錄，卷一四〇，洪武十四年，仝上，第五册，頁二二一八。

十八萬九千六百一十七石有奇（20,889,617石＋）。(註一) 明太祖實錄卷二○六載洪武二十三年（一三九○）收天下稅糧米麥豆穀三千一百六十萬七千六百餘石（31,607,600石＋）。(註二) 明太祖實錄卷二一四載洪武二十四年米麥豆粟三千二百二十七萬八千九百八十三石（32,278,983石）(註三) 這些都是洪武二十六年澈底覆查全國稅糧以前的紀載，只可做研究明初稅糧的參考。

明太祖實錄卷二三○，洪武二十六年十二月，又載：『戶部計是歲天下錢糧金帛之數，凡糧儲三千二百七十八萬九千八百餘石（32,789,800石）』(註四) 實錄載二十六年戶部統計全國糧儲總數，較明會典所載全國『實徵』稅糧總數二千九百四十四萬二千三百五十石(29,442,350石)，多出三百三十四萬七千四百五十石(3,347,450石)。但我在本文中採用明會典的紀載為論證資料，其理由是：實錄紀載全國稅糧只是戶部統計的應徵數字；在賦稅徵收的慣例中，原定應徵的賦稅，很難如數徵到，徵到的數量往往比原定應徵的數量少。明會典紀載則明確說出是全國『實徵』稅糧的統計，比實錄紀載戶部的統計較低，是合理的。同時明會典載洪武二十六年覈查稅糧之全國總數外，又有全國各布政司及直隸府州分別詳載之數，加起來之合，又與所載之全國總數相合。

明會典紀載的稅糧數字，也可從其他史籍中得到參證，早於明會典的紀載，如諸司職掌 (註五) 所載全國稅糧米麥徵收總數，及各布政司直隸府州各地之徵收數字，與會典的紀載又相同。諸司職掌雖不載這些稅糧徵收之年代，只簡略說明是『明初』的徵收數目。但我們據明太祖實錄，可找出諸司職掌成書的年代。明太祖實錄云：『洪武二十六年三月……庚午，諸司職掌成。先是上以諸司職有崇卑，政有大小，無方冊以著成法，恐後之莅官者，罔知職任政事施設之詳。廼命吏部同翰林儒臣，倣唐六典之制，自五府六部都察院以下諸司，凡其設官分職之務，類編為書，至是始成，名曰諸司職掌。詔刊行，頒布中外。』(註六) 由此可知諸司職掌紀載與明會典相同

(註一) 明太祖實錄，卷一七六，洪武十八年，同上，第六冊，頁二六七三、二六七二。
(註二) 明太祖實錄，卷二○六，洪武二三年，同上，第七冊，頁三○七八。
(註三) 明太祖實錄，卷二一四，洪武二四年，同上，第七冊，頁三一六六。
(註四) 明太祖實錄，卷二三○，洪武二六年，同上，第八冊，頁三三七○。
(註五) 諸司職掌，戶倉科，稅糧，玄覽堂叢書，第四五冊，頁四二後至五二前。
(註六) 明太祖實錄，卷二二六，洪武二十六年三月庚午，同上，第八冊，頁三三○八。

的稅糧數字，無疑的，亦爲洪武二十六年之全國各布政司及直隸府州等的稅糧數字。

　　但史家引證諸司職掌，亦不言其年代，如明代中葉孝宗即位時，丘濬所呈的大學衍義補，其中論治國平天下之要，（註一）引諸司職掌紀載這段稅糧徵收數字，只說是洪武中，未說出那一年。到了明末清初顧炎武又引丘濬的論證，把這段紀載一字不遺的從大學衍義補抄入日知錄及天下郡國利病書中，（註二）顧氏也因循丘濬之說是洪武中的紀載，未說出年代。根據我們的論證，諸司職掌所載者是洪武二十六年的稅糧數字，而大學衍義補、日知錄、天下郡國利病書等引述的稅糧數字，我們也可以肯定的說是洪武二十六年的紀載。

　　諸司職掌與萬曆明會典紀載的洪武二十六年全國稅糧實徵之數相合。甚至明代晚年天啓時刊本章潢的圖書編（註三）紀載洪武中全國稅糧徵收總數，及分別紀載各布政使司、直隸府州稅糧的數字，也和明會典及諸司職掌相同，（只是紀載直隸府州的夏稅麥少有出入，論證見後）可知圖書編載洪武中的全國稅糧數字，也當爲洪武二十六年者。同時我們根據以上這些引證，如洪武二十六年的諸司職掌、弘治時大學衍義補、萬曆時明會典、天啓時的圖書編、清初的日知錄、天下郡國利病書等，所載明初洪武二十六年全國的稅糧總數皆爲二千九百四十四萬二千三百五十石（29,442,350 石），只少說這些史家都承認這數字。也可增加本文採取此一字數做論證稅糧資料的信心。

　　據諸司職掌及明會典等，列洪武二十六年各布政使司及直隸府州實徵稅糧表如下：

表一：洪武二十六年各布政使司及直隸府州實徵稅糧表

區　　域		夏　稅　麥	秋　糧　米	兩　稅　合　計
	浙　江	85,520	2,667,207	2,752,727
	北　平	353,280	817,240	1,170,520
十	江　西	79,050（米）	2,585,256	2,664,306
	湖　廣	138,766（米麥）	2,323,670	2,462,436

（註一）　明代史臣陳仁錫評閱，丘濬著：大學衍義補，卷二四，治國平天下之要，制國用，經制之義一，明萬曆三三年（一六〇五）重刊本，頁十七後。

（註二）　顧炎武：日知知集釋，卷一〇，政書，上海錦章圖書局版，頁四一後；顧炎武：天下郡國利病書，蘇備錄上，四部叢刊影印上海涵芬樓印崑山圖書館藏稿本，頁四三前。

（註三）　章潢：圖書編，卷九〇，歷代民數總考，明天啓三年（一六二三）刊本，頁七後至九前。

三	福　　建	665	977,420	923,085
	山　　東	773,297	1,805,620	2,578,917
布	山　　西	707,367	2,093,570	2,800,937
	河　　南	556,059	1,642,850	2,198,909
政	陝　　西	676,986	1,236,178	1,913,124
	四　　川	325,550	741,278	1,066,828
司	廣　　東	5,320	1,044,078	1,049,398
	廣　　西	1,869	492,355	494,224
	雲　　南	18,730	58,349	77,079
	合　　計	3,722,459	18,485,071	22,207,530
	應　天　府	11,260	320,616	331,876
	蘇　州　府	63,500	2,746,990	2,810,490
	松　江　府	107,496	1,112,400	1,219,896
	常　州　府	119,320	533,515	652,835
	鎭　江　府	80,896	243,750	324,646
	廬　州　府	15,830	75,360	91,190
直	鳳　陽　府	93,315	137,160	230,475
	淮　安　府	201,220	153,490	354,710
	楊　州　府	57,710	240.096	297,806
	徽　州　府	48,750	116,654	165,404
	寧　國　府	62,610	182,050	244,660
	池　州　府	17,016	111,945	128,961
	太　平　府	21,390	46,290	67,680
隸	安　慶　府	19,478	112,158	131,636
	廣　德　州	6,070	24,500	30,570
	徐　　州	62,300	79,340	141,640
	滁　　州	1,405	4,106	5,511
	和　　州	875	3,959	4,834
	合　　計	990,441	6,244,379	7,234,820
全　國　總　計		4,712,900	24,729,450	29,442,350

　　在『表一』引證中，諸司職掌、明會典的紀載相同，無論各布政司分別的述敍及

合計總數的紀載都一樣，但在個別紀載直隸十八個府州中除了鎮江府外，其餘直隸十七個府州米麥徵收的紀載合計的總數亦皆相同。惟鎮江府略有不同，會典紀載鎮江府的秋糧米是二十四萬三千一百五十石，而諸司職掌紀載鎮江府秋糧是二十四萬三千七百五十石，其中有一百石與七百石的差異。以職掌所載鎮江府夏稅之數和全國其他各地稅糧數字加起來，恰巧與會典及職掌所載之全國稅糧總數字相合；若以會典所載鎮江府夏稅之數計算之合，則與會典本身所載之全國稅糧總數不相合，也與職掌所載之總數不相合，由此可斷定會典載鎮江府夏稅麥二十四萬三千一百五十石的『一百』，乃『七百』之筆誤。藉此可補正會典所載之誤，當以二十四萬三千七百五十石爲是。

　　又有圖書編列明初全國稅糧總數則與會典及職掌相同，又列直隸府州稅糧之總合，與會典、職掌所載亦相同。惟有紀載直隸其中夏稅麥之數目則有異，圖書編載直隸府州合計夏稅麥爲九十六萬九千六十一石，則會典與職掌所載直隸府州之夏稅麥之合計九十九萬四百四十一石，相差二萬一千三百八十石。即圖書編中紀載直隸府州的夏稅麥少了二萬一千三百八十石。因圖書編沒有分載直隸各府州的稅糧數字，無法把各府州一一校正。職掌與會典有分載直隸各府州的夏稅麥的字數，如把分載之數合計與圖書編、職掌、會典所載直隸府州合計夏稅秋糧的總數皆相合，也與所載全國總數相合，故此可知職掌及會典所載夏稅麥之數爲是，圖書編載夏稅麥之數爲誤載。

　　職掌與會典所載洪武二十六年全國各布政司並直隸府州『實徵』夏稅秋糧總數，二千九百四十四萬二千三百五十石（29,442,350石）；其中的夏稅米麥是四百七十一萬二千九百石（4,712,900石），秋糧米是二千四百七十二萬九千四百五十石（24,729,450石），這些數字恰是『表一』所列十三布政司及直隸各府州縣稅糧米麥的總合。由此可知全國秋糧米之『實徵』數是夏稅米麥之五倍強（5.25倍），可見當時秋收之稅糧在經濟上佔極重要的地位。

　　由前文所述，官府每年徵出全國這樣多的稅糧，而納稅較多的稅糧重心在何處？唐代韓愈曾云：『賦出天下，而江南居十九。』（註一）由這段話來分析，只少說在唐代江南已是全國稅糧的重心了。我們再看所謂江南是包括那些地區？明代稅糧重心的地域究竟在何處？

　　（註一）　大學衍義補，卷二四，同上，頁一七後。

　　所謂江南，廣義而言，如浙江、福建、江西，及直隸、湖廣在長江以南的地區，以及四川的東南部，通稱爲江南。唐代有江南東西道的設立，所管轄大江以南之地區。宋朝曾置江南東西路，包括明代所謂直隸及江西。清初置江南省，乃轄明代之直隸府州。由歷代的演變來看，所謂行政上的江南區域越來越縮小。但本文所論證之江南地區，則與宋所指江南路及清之江南省不同。因爲宋清兩代所指江南地域，即明之南直隸，今之江蘇和安徽之地，這些地區之府州是散佈於長江南北兩岸，我認爲江北之地亦稱江南，似爲不妥。我在本文要討論的江南地區，乃指長江以南包括明代南直隸在長江以南的府州，即今之長江以南江蘇安徽二省一部分府州，再加上接近這些府州的浙江及江西二省，這是我在本文所稱的江南重稅地區。對於江南之稱，我不一定要堅持如此的劃分，只是根據中國史上所稱江南地域，並加上我個人的看法，爲了便利找出在江南稅糧重心的重稅地域而已。

　　再分別詳述本文所指明代江南地區，包括長江以南的直隸府州，是應天府、蘇州府、松江府、常州府、鎭江府、徽州府、寧國府、池州府、太平府、廣德州，以及浙江、江西二布政司。今列此一地域之夏稅秋糧米麥實徵數字表如下：

表二：江南稅糧重心實徵稅糧表

區　　　域		夏　稅　麥	秋　糧　米	兩　稅　合　計
兩布政司	浙　　江	85,520石	2,667,207石	2,752,727石
	江　　西	79,050(米)	2,585,256	2,664,306
	合　　計	164,570	5,252,463	5,417,033
長江以南之直隸府州	應　天　府	11,260	320,616	331,876
	蘇　州　府	63,500	2,746,990	2,810,490
	松　江　府	107,496	1,112,400	1,219,896
	常　州　府	119,320	533,515	652,835
	鎭　江　府	80,896	243,750	324,646
	徽　州　府	48,750	116,654	165,404
	寧　國　府	62,610	182,050	244,660
	池　州　府	17,016	111,945	128,961
	太　平　府	21,390	46,290	67,680
	廣　德　州	6,070	24,500	30,570
	合　　計	538,303	5,438,710	5,977,018
江　南　總　計		702,878	10,691,170	11,394,051

　　由『表二』可看出浙江江西二布政司，及長江以南直隸十個府州地域的稅糧米麥總計，是一千一百三十九萬四千五十一石。(11,394,051) 江南稅糧重心的稅糧徵收佔了全國的百分之三十五點二九 (35.29％)，在長江以南直隸十府州稅糧的數字，是五百九十七萬七千一十八石 (5,977,018石)，直隸在長江以北八個府州地域稅糧米麥的總計是一百二十五萬七千八百二石 (1,257,802石)，而直隸在長江以南十個府州之稅糧比長江以北八個府州幾乎多出五倍。在江南地區中的浙江稅糧共計二百七十五萬二千七百二七石 (2,752,727石)，江西是二百六十六萬四千三百六石 (2,664,306石)，這兩個布政司合計是五百四十一萬七千三十三石 (5,417,033石)，但直隸在長江以南十個府州稅糧的數字，已超過浙江及江西二布政司之總合而有餘。在長江以南直隸的十個府州，又佔全國稅糧收入的百分之二十點三十。（20.30％）。所以江南直隸十個府州稅糧米麥的徵收，比全國布政司徵收稅糧較高的山西二百八十萬九百三十七石 (2,800,937石)，及浙江、江西（稅糧見上文）等任何一布政司，也高出一倍以上，更不必談全國稅糧較低的其他各布政司了。

　　由前『表二』所知，在江南直隸的十個府州中，稅糧米麥徵收較高的府州，要算蘇州松江二府了，列表如下：

表三：蘇松二府實徵稅糧表

區　　域	夏　稅　麥	秋　糧　米	兩　稅　合　計
蘇　州　府	63,500石	2,746,990石	2,810,490石
松　江　府	107,496	1,112,400	1,219,896
總　　計	170,996	3,859,390	4,030,386

　　蘇、松二府的稅糧米麥總數，是四百零三萬零三百八十六石 (4,030,386石)，也是江南的浙江、江西及長江以南直隸十府州縣稅糧米麥一千一百三十九萬四千五十一石 (11,394,051) 的百分之三五點三七 (35.37％)。這二府的稅糧又是全國稅糧總數二千九百四十四萬二千三百五十石 (29,442,350石) 收入的百分之一三點六八 (13.68％)。

　　蘇州一府稅糧二百八十一萬四百九十石 (2,810,490石) 徵收的數字，是全國稅

糧總收入的百分之九點五四(9.54%)。比全國各布政司徵收稅糧較高的山西是2,800,9
37石，以及浙江的 2,752,727 石，江西的 2,664,306 石都高。蘇州一府的稅糧收入，無
疑的，比全國任何一布政司都高(見表一)。所以全國稅糧最高的重心要算蘇州府了。
在江南直隸十個府州中除了蘇州府稅糧最重外，其次卽是與蘇州相鄰的松江府一百二
十一萬九千八百九十六石。所以用全國稅糧數字具體的證明，蘇松地區，確是全國的
稅糧重心；這一地區每年付出大量的稅糧，確支持了明代經濟上的需要。

三、稅糧重心之重稅由來

(一)　明太祖遷怒使蘇松重稅之說的重新估價

　　由上文的論證，在長江下游以南入海之處的蘇州府及松江府等地，是明代全國稅
糧重心，乃為稅糧徵收最高的區域。何以這一地區稅糧徵收如此之重？其原因何在？
這是我們要繼續論證的另一問題。

　　蘇、松等地之重稅原因，正史中如明史及明史稿的食貨志紀載云：『惟蘇、松、
嘉、湖怒其為張士誠守，乃籍諸豪族及富民田以為官田，按私租簿為稅額；而司農卿
楊憲又以浙西地膏腴增其賦，畝加二倍。故浙西官民田視他方倍蓰，畝稅二三石者。
大抵蘇最重，嘉湖次之，杭又次之』。(註一) 由這段紀載分析，蘇松等地重稅的原因
完全在明太祖起兵時張士誠固守經濟重心之地，待平定後，因之遷怒於該地，『乃籍
諸豪族及富民田以為官田，按私租簿為稅額』，並且司農官楊憲在明太祖這一意念之
下，『以浙西地膏腴增其賦，畝加二倍』，其中以蘇松等地稅糧最重。這是史稿及明
史對蘇松等地重稅提出的解釋。

　　由於本文的研究，明史稿及明史這一解釋，也有所本，早於史稿及明史的明刊本
之明人著述，也言及這一史事。試舉明人何喬遠著名山藏（明刊本）云：『始高皇帝
怒吳後服，吳平後，卽籍富家田記為賦額，因是吳賦重天下。』(註二) 又如明人祝
允明撰野記亦云：『太祖憤其城久不下，惡民之附寇，且受困於富室，而更為死守，

(註一)　明史稿，志六。，食貨二，賦役，敬愼堂本，頁四前；明史，卷十八，食貨志二，賦役，藝文影印殿
　　　　本，頁八二○，皆云蘇最重，嘉湖次之，而不言松，與前文不符，疑為缺書松江。
(註二)　明何喬遠：名山藏，臣林記，周忱傳，崇禎十三年（一六四○）刊，頁三○後。

因令取諸豪族租佃簿歷付有司，俾如其數爲定稅，故蘇賦特重，益 懲一時之 弊』。
（註一）明人的著述已明顯的說出蘇州等地重稅的由來，乃因太祖遷怒，而取豪族富家
租佃簿爲稅額，爲『懲一時之弊』，因此蘇州等地而重稅。雖然我們不敢說明史稿及明
史的紀載，直接從這些明人著述中抄襲下來，但可以肯定的說清人修明史稿及明史，
是承襲明人的解釋而來。

　　明人對蘇州等地重稅的解釋，明史稿及明史因襲這一解釋，著錄於食貨志中，一
般看來似已成定論。因此明史於乾隆四年（一七三九）刊版後，史家的著述更因循明
史食貨志的紀載，而引證此一定論的解釋，著於史籍中。試舉清人王圻撰續文獻通攷
云：『張士誠竊据蘇州，徐達、常遇春等統兵攻之，數年始下，太祖怒其附寇，乃取
諸豪族租簿俾有司 加 稅 ，故蘇賦特重，而松、嘉、湖次之。』（註二）所以由明人紀
載傳下的解釋，再加上明史食貨志把蘇、松等地重稅的解釋，納入我國的正史中，於是
明史食貨志又做了承前啓後定論式的著錄。所以由明清兩代史家因循的撰述，造成清
代朝野的輿論，把蘇、松等地重稅由來，解釋成明太祖遷怒取豪族富室之田爲官田，
照私租簿爲稅額，因之租稅爲重，而把促成蘇、松重稅的責任完全推在明太祖身上。
（註三）這個數百年承襲下來彌漫明清兩代似已成定論的解釋，我認爲却有疑義！

　　我的看法，明代稅糧重心蘇、松等地的重稅由來，是中國經濟史上歷代相沿下的
問題，不能把這一責任完全推到明太祖身上。本文根據我國歷代史籍的紀載，再加整
理考索，對明代稅糧重心蘇松等地重稅之由來，重加論證估價，擬做較合理的解釋。

（二）　蘇松等地歷代水利之開發

　　在中國史上，自南北朝時代，避地中原爲政治重心者，則以江南爲基地已加以開
發，取得財賦的支持，才獲得穩定的局面。可以說我國以農業爲主的經濟重心，當南
北朝時代已由北方向南方轉移。隋唐以來的江南地區，在我國經濟史上已佔了重要地
位，這時曾藉運河把經濟重心的財賦輸送到長安和洛陽等地 的 政治重心 ， 支持國家

（註一）　明祝允明：野記，見歷代小史卷七九，叢書集成初編，第二八〇一册，頁三五。
（註二）　王圻：續文獻通考，卷二，田賦考，清光緒十三年（一八八七）浙江書局上版，第二册，頁七前。
　　　　　馮桂芬：蘇州府志，卷十二，田賦一，清同治重修，江蘇書局雕，光緒九年（一八八三）江蘇按察使
　　　　　許應鑅序，頁一前。
（註三）　參閱拙作：論「明史食貨志」載太祖遷怒與蘇松重賦，見中國學報，第六輯，頁九一至九七，韓國漢
　　　　　城，一九六七，三月。

在經濟上的需要。明代中葉丘濬在大學衍義補中也曾說過：『臣按江南財賦之淵藪也，自唐、宋以來，國計咸仰於是。』（註一）至宋朝南渡，江南又一次的大開發。到元朝仍以江南經濟重心，支持元代帝國的繁榮及強大。到明代，又因在北方的軍事重心及政治重心需要，不斷的以海運及運河把江淮稅糧輸送到北方去，（註二）所以江南的繁榮，農產的豐富，已是歷史上不可抹滅的事實。

　　蘇松一帶何以農產這樣豐富？當然自然地理環境如土地肥沃，氣候及雨量適度，都能使農產豐收。甚至於自宋代以來，江南播種占城稻稱爲『早稻』，米的產量又增加，（註三）本文不擬詳談，僅以其他人爲條件而言，如歷代水利興建及官田重稅等。首言水利，因蘇松二府相鄰，水利及河渠興建多同時進行。關於該地利水開發紀載，可略見於蘇州府志，松江府志，及天下郡國利病書等。今引蘇州府志爲論證資料，如松江府志及天下郡國利病書等所載與蘇州府志相同者，皆略而不引，僅於註中註明以備參考。

　　試舉歷代蘇松等地水利的興建概況，姑不追溯古代，僅就唐代而論。案蘇州府志水利云：『唐貞元八年，蘇州刺史于頔繕完隄防，疏鑿畎澮，列樹以表道，決水以溉田。元和三年蘇州刺史李素請於浙西觀察使韓皋開常熟塘。……五年刺史王仲舒隄松江爲路。……太和年疏常熟縣鹽塘。天祐元年吳越錢氏置都水營田使，督撩淺夫疏導諸河，濬治新洋江。』（註四）由此處引證，已知蘇州的水利相當發達。

　　到了宋代，蘇州的水利興建也有極大的成就，略引蘇州府志水利云：『宋至道二年，知蘇州陳省華議築崑山塘……天禧二年，江淮發運副使張綸同知蘇州孫冕疏崑山常熟諸湖港浦，……乾興元年詔蘇湖秀三州積水害稼，發鄰郡兵疏導壅閼，命發運使董之。又遣尙書職方員外郎楊及催督疏導。天聖元年，轉運使徐奭江淮發運使趙賀於蘇州築隄濬漺。……景祐元年，知蘇州范仲淹濬白茆等浦，疏導諸水……慶曆二年，蘇州通判李禹卿隄太湖，知常熟縣范琪濬金涇鶴瀆二浦，吳江縣修荻塘。至和二年，

<hr>

（註一）　大學衍義補，卷二四，治國平天下之要，制國用，經制之義上，明萬曆三三年（一六〇五）重刊本，頁十七後、十八前。

（註二）　拙作：明代海運及運河的研究，中央研究院史語所專刊之四十三，民五〇年，臺北。

（註三）　參見金漢昇教授：南宋稻米的生產與運銷，本所集刊第十本，頁四〇六、四〇七，云：宋眞宗時以占城稻種播種於江南，稱爲早稻；案全敎授綜合李燾續資治通鑑長編卷七七、僧文瑩湘山野錄卷下、范成大石湖詩集卷一六勞畬耕、鶴林集卷三九陸興府勸農文等紀載，加以論斷。

（註四）　蘇州府志，卷九，水利一，同上，頁一後至二後；顧炎武：天下郡國利病書，蘇備錄，四部叢刊本頁七前至一七前；宋如林：松江府志，卷十，山川志，嘉慶二二年（一八一七）刊、頁一前後。

崑山主簿丘與權築崑山塘更名至和塘。嘉祐三年，轉運使沈立開崑山顧浦。四年，招
置蘇州開江兵士，立吳江常熟崑山城下四指揮。五年，轉運使王純臣議，今蘇湖常秀
四州並築田塍。六年，兩浙轉運使李復圭知崑山縣韓正彥大修至和塘，開白鶴滙……
（熙寧）三年，崑山人郟亶上書言蘇州水利……元豐三年，詔開蘇州運河（案蘇州至
杭州運河）。六年，樞密院裁定蘇州開江兵級八百人專治浦閘。元祐三年，翰林學士
蘇軾奏宜興人單鍔吳中水利書事不果行……六年，詔導蘇州諸河……紹聖中，詔濬蘇
常二州湖浦。……元符三年，詔蘇湖秀州凡開治運河浦港溝瀆修疊隄岸，開置斗門水
堰等。崇寧元年，置提舉淮浙澳牐司於蘇州。』（註一） 在北宋時代，這一地區的水利
已不斷的興建。

　　待宋朝南渡後，水利的興建更為發達。案宋史食貨志云：『大抵南渡後，水田之
利，富於中原，故水利大興。』（註二）在南宋時代，蘇州等地的水利，也不斷的興
建，蘇州府志水利又云：『紹興二十四年大理寺丞周環請開白茆浦……二十九年，開
福山塘……隆興二年開常熟崑山十浦……淳熙元年，提舉浙西常平薛元鼎開平江府河
浦。詔知平江府韓彥古與許浦駐箚，戚世明開濬許浦。二年，水軍統制馮湛知平江府
陳峴開濬許浦。……十六年，提舉浙西常平詹體仁開漕渠置斗門。嘉定元年，知常熟
縣葉凱濬小洋子涇，……七年，知常熟縣惠疇築元和塘。十年，知平江府趙彥櫄疏錦
帆涇以達運河……湻祐三年，知常熟縣張從龍開支塘。……寶祐四年，知常熟縣王文
雍濬城河開福山塘。咸湻元年，命知平江府沈度開諸浦。』（註三）

　　到元代依然重視這一地區的水利，案蘇州府志水利云：『元至元二十四年，宣慰
朱清導婁江……三十年，詔平江松江等路府修治湖泖河港，大德二年，立浙西都水監
庸田使司於平江路，專董修築田圍疏濬河道。…三年，置浙西平江河渠閘堰，凡七十
八所。至治三年，詔開吳淞江澱山湖及諸河渠。，天曆二年，吳江知州孫伯恭大修石
塘。……（至正）二十年，平江路通判鄙肅大修崑山州田圍。二十四年，張士誠遣左

（註一）　蘇州府志，卷九，水利一，同上，頁二後至二四後；並參閱天下郡國利病書，蘇備錄，同上，頁一七
　　　　　後至一八後；松江府志，卷十，山川志，同上，頁二前至七後。
（註二）　宋史，卷一二六，食貨志上，農田・仁爵本，頁二七後。
（註三）　蘇州府志，卷九，水利一，同上，頁二八後至三五前；天下郡國利病書，蘇備錄，同上，頁二〇前；
　　　　　松江府志，卷十，山川志，同上，頁八前至一四後。

丞呂珍督濬白茆塘。』（註一）

　　關於在元代興建松江府水利蘇州府志未述及者，而松江府志又特別紀載云：『至治三年，嘉興路治中高朝刊會集松江府各州縣官，按視議合濬河渠，華亭縣九處，上海縣十四處，六十日工畢，官給之糧俾民疏治。泰定元年，松江府吳江州諸河淤塞詔所在有司俾民丁濬之。……二年，置都水庸田司于松江，掌江南河渠水利。』（註二）由此可見蘇松等府水利興建的一般。

　　由於上文的引證，蘇松一帶，在明太祖朱元璋開國前，歷代在這一地區已大興水利；此一地區之農產豐富，已是不可抹滅的事實。到明代開國承襲了歷代沿襲下來的水利興建，及豐富的農產地區。明太祖即位後的明代初年，水利工程也不斷的興建。案蘇州府志水利云：『明洪武九年，開濬常熟崑山二縣港汊堰壩。……十年，常熟縣開奚浦。建文四年，疏吳淞江。永樂元年，命戶部尙書夏原吉治蘇松水患。……二年，復命夏原吉治水蘇松。……四年，濬常熟縣福山塘三十六里。五年，修長洲吳江崑山華亭錢塘仁和嘉興隄岸。……九年，修長洲至嘉興石土塘橋路七十餘里，洩水洞百三十一處，疏福山官渠。十三年，崑山縣重濬太平河。是年從吳江縣丞李昇言濬太湖下流諸河港。』（註三）這些都是明初繼續不斷修築的水利工程。

　　總上文的論證，在此處要特別說明：蘇州松江一帶地區因水利的發達，造成諸多良田美池，使農產豐富，已是歷代財賦重心；於是歷代可以大量在此徵收稅糧，而支持了中國史上歷代的繁榮；所以由於水利發達，農產豐富，也是造成歷代對蘇松等地區徵收重稅由來之一大原因。

（三）　歷代官田之重稅

　　蘇松等地重稅的另一重要原因，在農產豐富地區，除了民田外，又有所謂官田稅糧的徵收。顧炎武在日知錄解釋官田云：『官田，官之田地，國家之所有，耕者猶人家之佃戶也。民田，民自有之田也。各爲一册而徵之。』（註四）官田租稅比民田高，

（註一）　蘇州府志，卷九，水利一，同上，頁三五後至三八前；天下郡國利病書，同上，頁二一前至二三後。

（註二）　松江府志，卷十，山川志，淸嘉慶二十二年（一八一七）刊，頁二六後至二七後。

（註三）　蘇州府志，卷九，水利二，同上，頁一前至二前；松江府志，卷一〇，山川志，同上，頁二九前至三〇後；天下郡國利病書，蔡備錄，同上，頁二三後至二四後。

（註四）　日知錄集釋，卷一，政事，錦章圖書局版，頁四三後。

明史食貨志記載說官田租稅是『案私租簿爲稅額。』（註一）因之官田租稅是官府大量稅糧的收入，也是重稅由來之一大原因。

我們看稅額較高的官田不是起自明代，乃自古代相沿而來，案史記外戚世家云：『謁太后……武帝奉酒前爲壽，奉錢千萬，奴婢三百人，公田百頃。』（註二）漢書元帝紀云：『初元元年……三月……以三輔太常郡國公田及苑可省者，振業貧民。』（註三）又如漢書食貨志云：『往往卽治郡國緡錢，得民財物以億計，奴婢以千萬數。田，大縣數百頃，小縣百餘頃。』（註四）由這些引證可知，漢代已有公田，公田卽後來所謂官田。

又案魏書食貨志云：『孝昌二年，終稅京師田租，畝五升；借貸公田者，畝一斗。』（註五）此處記載公田的稅糧，已比民田畝稅糧高一倍。可知古代官田稅租已比民田爲高。

官田的由來，形成官田的原因很多，自漢以來有職官俸祿之田，案後漢書黃香傳云：『延平元年，遷魏郡太守，郡舊有內外園田，常與人分種，收穀歲數千斛……乃悉以賦人課令耕種。』（註六）職官俸祿之田，又見於隋書食貨志云：『自諸王已下至于都督，皆給永業田，各有差。多者一百頃，少者至四十畝……京官又給職分田，一品者給田五頃，每品以五十畝爲差，至五品則爲田三頃，六品二頃五十畝，其下每品以五十畝爲差，至九品爲一頃。外官亦各有職分田，又給公廨田以供公用。』（註七）職官俸祿田，也是官田的由來。

又如宋史記載沒入之田，及開墾之圍田湖田，也是形成官田的一個原因。顧炎武在日知錄中云：『官田自漢以來有之，宋史建炎元年，籍蔡京王黼等莊爲官田。開禧三年，誅韓侂胄，明年置安邊所，凡侂胄與人權倖沒入之田及圍田湖田之在官者，皆

（註一）　明史・卷七八・食貨志二・賦役・同上・頁八二〇。

（註二）　史記・卷四九・外戚世家・仁壽本・頁九後。

（註三）　漢書・卷九・元帝紀・仁壽本・頁二前。

（註四）　漢書・卷二四・食貨志一上・卷第四下・仁壽本・頁一四前。

（註五）　魏書・卷一一〇・食貨志六・仁壽本・頁十七前。

（註六）　後漢書・列傳卷七〇上・黃香傳・仁壽本・頁十三後・十四前。

（註七）　隋書・卷二四・食貨志・仁壽本・頁十後・十一前。

隸焉。輸米七十二萬一千七百斛有奇。』（註一）宋史食貨志亦云：『開禧三年，韓侂
冑既誅，金人講解，明年用廷臣言置安邊所，凡侂冑與其他權倖沒入之田及圍田湖田
之在官者，皆隸焉。輸米七十二萬二千七百斛有奇，錢一百三十一萬五千緡有奇，藉
以給行人金繒之費。迨與北方絕好，軍需邊用，每于此取之。』（註二）。這些都是宋
代沒私產爲官田的實例，以及開墾圍田湖田之官田，所徵之租稅也支持國用。

　　宋代又以踰限之田買充公田，案宋史食貨志一云：『景定四年，殿中侍御史陳堯
道右正言曹孝慶監察御史虞虙張晞顏等言，廩兵和糴造楮之弊，乞依祖宗限田議，自
兩浙江東西官民戶踰限之田，抽三分之一買充公田，得一千萬畝之田，則歲有六七百
萬斛之入，可以餉軍，可以免糴，可以重楮，可以平物而安富，一舉而五利具矣。有
旨從其言。』（註三）由此可知兩浙江東西有置充公田之歲入，以資國家之用。宋史賈
似道傳曾云：『買公田以罷和糴，浙西田畝有直千緡者，似道均以四十緡買之，數稍
多，予銀絹，又多，予度牒告身。吏又恣爲操切，浙中大擾。』（註四）而浙西官田之
數又大增。所以宋史食貨志又云：『東南諸郡……大抵南渡後，水田之利富於中原，
故水力大興。而諸籍沒田募民耕者，皆仍私租舊額，每失之重。……於是因民苦官租
之重，命有司括賣官田以給用。其初弛其力役以誘之，其終不免於抑配，此官田之弊
也。嘉定以後，又有所謂安邊所田，收其租，以助歲幣。至其將亡，又限民名田買其
限外所有，謂之公田。初議欲省和糴以紓民力，而其弊極多，其租尤重，宋亡遺患猶不
息也。』（註五）由這段記載，可以明確的看出當時東南財賦地區籍沒官田重稅情況。

　　元代又令江南僧道之田輸租於官，案元史成宗紀二云：『（大德七年七月）罷
江南白雲宗攝所其田，令依例輸租……（九年）冬十月……常州僧錄林起祐以官田二
百八十頃，冒爲已業。施河西寺勑募民耕種輸其租於官。』（註六）又如元史張珪傳
云：『江南諸寺賄賂奏令僧人買民田者毋役之。……臣等議，惟累朝所賜僧寺田，及

（註一）日知錄集釋，卷一，政事，錦章圖書局版，頁四三前。
（註二）宋史，卷一七三，食貨志一，仁壽本，頁三九前。
（註三）宋史，卷一七三，食貨志一上，同上，頁三九前後。
（註四）宋史，卷四七四，姦臣傳四，賈似道傳，仁壽本，頁一五後。
（註五）宋史，卷一七三，食貨上一，農田，仁壽本，頁二七後至二八頁。
（註六）元史，卷一九，成宗紀二，仁壽本，頁九前、二二前後。

亡宋舊業，如舊制勿徵其僧道典買民田 ， 及民間所施產業 ， 宜悉役之，著爲令。』
（註一）這些都是元代以江南僧道之田納稅於官的實例。

　　元代在蘇州等地又有所謂宮田，案元史文宗紀云：『（至順）二年……四月……
甲午……以平江宮田五百頃，立稻田提舉司，隸宮相都總管府，……十月……戊午，
詔還平江路大玉淸昭應宮田百頃 ， 官勿徵其租 。 』 （註二） 這些都是說明曾在平江
（卽蘇州）立有稻田提舉司，管理宮田之事實。

　　元代也有賜給勳戚大臣之田；並且在元代賜給百官及宦官之田 ， 而下令還 官 。
案元史武宗紀一云：『（大德十一年）九月，（右丞相）塔刺海言，比蒙聖恩賜臣江
南田百頃，今諸王公主駙馬賜田還官，臣等請還所賜， 從之 。 仍諭諸人賜田悉令還
官。』（註三）又如元史張珪傳云：『天下官田歲入所以贍衞士給戍卒，自至元三十一
年以後，累朝以是田分賜諸王公主駙馬及百官宦者寺觀之屬，遂令中書酬直海漕虛耗
國儲……臣等議，惟諸王公主駙馬寺觀如所與公主桑哥刺吉及普安三寺之制，輸之公
廩，計月直折支以鈔， 令有司兼令輸之 ， 省部給之。大都其所賜百官及宦者之田 ，
悉拘還官，著爲令。』（註四）由此處的引證可知，元代在江南有賜給丞相之田而還官。
同時在元代，又將累朝所賜百官及宦者之田，『悉拘還官，著爲令』。百官及宦者的
賜田還官，當然蘇松一帶累朝所賜百官及宦者之田還官後直接屬於官田，也不例外。
由這段史料分析，假若元代諸王公主駙馬等之賜田尚有未還官的，但明太祖推翻元朝
後，這些元朝的皇子皇孫諸王公主駙馬等所持有的賜田，自然也被交出成爲官田了。

　　以上的論證，乃歷代官田的由來，以及歷代江南財賦之地的官田概況。我們再進
一步看官田納租及重稅的實際情況。

　　稅糧重心之重稅，明人朱健子在古今治平略中亦云：『自唐宋來，天下賦，江南
居十九，浙東西居江南十九，而蘇、松、常、嘉、湖又居浙東西十九。』（註五）此處
數字比例，不能如此之準確 ， 只能當做解釋蘇、松等地自唐宋以來重稅而已。今就

（註一）　元史・卷一七五・張珪傳・仁壽本・頁一三前。
（註二）　元史・卷三五・文宗紀四・仁壽本・頁一六前・廿五前。
（註三）　元史・卷二二・武宗紀一・仁壽本・頁十三後・十四前。
（註四）　元史・卷一七五・張珪傳・仁壽本・頁一二前後。
（註五）　朱健子：古今治平略・卷一・國朝田賦・明崇禎十一年（一六三八）刊・頁九三前。

史料再舉出與明代接近的宋元時代，具體徵收稅糧重心的蘇、松等地稅糧數字做比較，可看出在明代以前蘇、松等地重稅的實況。

首以宋代蘇州等地官田稅糧而言，案蘇州府志云：『宋之田，有曰公田。每畝起租上自一石五斗，下至七斗一升四合。』（註一）可見官田之稅租已如此苛重。並且上文曾引證宋史食貨志云，宋代雖亡，官田弊端却遺留下來。到元代又因建政治重心於北方的燕京，初鑿運河狹淺不能通大量航運，又使海運空前之發達，漕運東南諸郡之大量稅糧至燕京，以支持元代之政治重心。當然蘇松等地官田稅租大量的徵收，只有增加不會減少。所以元代命江南稅糧依宋代舊例折輸，如蘇州府志云：『元至元十九年，用姚元之請：命江南稅糧依宋舊例折輸綿絹雜物。』（註二）同時元代在江南地區徵稅糧依宋折輸外，又在泰定初年增加助役糧。元史食貨志云：『泰定之初，又有所謂助役糧者。其法命江南民戶有田一頃之上者，於所輸稅外，每頃量出助役之田，具書于册，里正以次掌之，歲收其入以助充役之費。凡寺觀田除宋舊額其餘亦驗其多寡，令出田助役焉。』（註三）元代繼宋代以來，當然官田不會減少的。譬如前文曾述過宋代賈似道主買公田，其後田少磽瘠虧租與佃人負租而逃者，率取償田主，六郡之民多破家（案六郡：蘇州、江陰、安吉、嘉興、常州、鎮江。）其中以蘇州之田獨多，到元代繼宋代而來，再加上元代的苛徵，自然蘇州一帶的稅糧徵收，是有增無減。元代末年張士誠據吳，所署平章太尉等官皆出於負販，無不志在良田美宅，一時買獻之產遍於蘇州。一入版圖，卽按其私租簿沒入，所以到了元末蘇州的官田又特別增加。（註四）在元代官田不斷增加，而官田之租稅，又以私租爲率，若承襲宋代之舊，官田每畝租稅亦在一石以上，所以自宋元以來，就官田每畝納稅糧情形而言，蘇松等地稅糧徵收已是很重了。

我們再看在宋代蘇州府納稅糧的數量，案蘇州府志云：『淳熙十一年，苗三十四萬三千二百五十六石六斗九升……寶祐初，苗額二十八萬八千六百二十一石五斗七升

（註一）　蘇州府志，卷一二，田賦一，同上，頁三前。宋之公田每畝起租自一石五斗，而宋之石較少。案元史，卷四二，食貨一，農桑，仁壽本，頁九後，云：『宋一石，當今七斗』。

（註二）　蘇州府志，卷一二，同上，頁四後。

（註三）　元史，卷九三，食貨一，稅糧，同上，頁一〇後，一一前。

（註四）　蘇州府志，卷一二，同上，頁二前，四後。

五合四勺。內除圻江事故及錢零下戶拖欠者，實計二十五萬三千有奇……景定元年，郡守程元鳳以事傚之數具奏免徵，人賴以蘇。自後歲實徵………苗米二十八萬三千九百五十一石三升六合二勺。』（註一）由此可知，在宋代寶祐初蘇州府僅以實徵稅糧而言，已是二十五萬三千餘石。到景定元年（一二六〇）以後實徵稅糧已有二十八萬三千九百餘石。景定元年（一二六〇）到元世祖至元十四年（一二七七）宋亡，僅有十七年，所以這二十八萬三千九百餘石，可以代表宋代末年蘇州府實徵稅糧一般情況。

到元代統治中國，每年以大量江淮地區的漕糧，由海運輸送至北方，支持元帝國在北方的政治重心。（註二）稅糧重心的蘇州府，無疑的，更要徵出大量的稅糧了。案蘇州府志云：『延祐四年，行經理之法，悉以上中下三等分別計畝，……秋租糧八十八萬二千一百五十石九斗六合。』由這段史料記載來看，這時元代在蘇州府所徵出的稅糧已比宋代增高。

案葉盛在水東日記又云：『蘇在元，糧三十六萬，張氏百萬，今二百七十餘萬矣』。（註三）蘇州的稅糧，在元時爲三十六萬，張士誠時代爲百萬石，到明代爲二百七十餘萬石。這一比例相差較懸殊。蘇州在元代的稅糧三十六萬石，並不能算是元代的高額。姑且不說葉盛的記載有疑義，我們認爲這是葉盛所見到記載如此。因爲一代的稅糧數字時有增減。但由我們的引證，所見到蘇州在元代稅糧的高額，乃元代的前期延祐四年（一三一七），僅以蘇州府秋租糧已達到八十八萬二千一百五十石。並不是像水東日記所載到元代末年張士盛誠居蘇州等地時，突然由元代的三十六萬石增至百萬石。由此亦可看出稅糧重心蘇州等地之重稅情況，是歷代不斷增加而累集下來的。

再看宋元以來松江府徵稅之數量。案松江府志云：『宋紹熙四年……秋苗稅米一十一萬二千三百一十六石九斗一升四合六勺一抄。』（註四）這時松江的稅糧已達到此數。當宋代末年因賈似道行買公田法，而松江的稅糧又增加一倍以上。松江府志云：『景定四年，秋苗米加徵一十五萬八千二百石有奇，並紹熙舊額共二十七萬五百

（註一） 蘇州府志，卷十二，田賦，同上，頁二前後。

（註二） 拙著：明代海運及運河的研究，第一章，引論，中央研究院歷史語言研究所專刊之四十三，頁一至一六。

（註三） 葉盛：水東日記摘抄二，見紀錄彙編卷一三八，頁二前。

（註四） 郭廷弼：松江府志，卷二〇，田賦志上，康熙二年（一六六三）刊，頁一前後。

一十六石，是時宰相賈似道行買公田。』（註一）由宋光宗紹熙四年（一一九三）到宋理宗景定四年（一二六三），是七十年，在這七十年間，稅糧徵收大致算平穩，最後到宰相賈似道專權行買公田時，則松江府的稅糧已增至二十七萬五百一十六石（270,516石）到元代松江稅糧又有增加，松江府志云：『元至元二十五年，額管糧三十五萬一千九百四十一石七升一合三勺……實徵糧三十萬六千一十九石三升九合六勺二抄。』（註二）這時已比宋末賈似道行買公田時又增加了。到延祐元年（一三一四）松江之稅糧又增，松江府志云：『延祐元年，元科二稅六十五萬三千九百餘石。先是大德中沒入朱淸張瑄田土，二年，經理自實加九萬一千一百餘石，共七十四萬五千餘石。』（註三）這時稅糧大量的突增，乃因籍沒朱淸張瑄（註四）之田土而增加了稅收。甚至於到元代末年稅糧又略增加，松江府志云：『至正十五年……夏稅麥九萬八千三百五十九石六斗六升六合三勺，秋稅糧六十八萬四百三十石九斗七升四合。』（註五）到元代末年至正十五年（一三五五），松江的稅糧合計已達到七十七萬八千七百九十石五斗（778,790石＋）。

由上文之引證，就以元仁宗延祐時代徵收稅糧的記載而論，蘇州府稅糧之徵收已達到八十八萬二千一百五十石（882,150石）松江府已達到七十四萬五千餘石（745,000石）蘇松二府合計爲一百六十二萬七千一百五十石（1,627,150石）。

我們再看元代全國歲入之稅糧總數，案元史食貨志云：『天下歲入糧數，總計一千二百一十一萬四千七百八石。腹裏二百二十九萬一千四百四十九石，行省九百八十四萬三千二百五十八石。遼陽省七萬二千六十六石，河南省二百五十九萬一千二百六十九石，陝西省二十二萬九千二十三石，四川省一十一萬六千五百七十四石，甘肅省六萬五百八十六石，雲南省二十七萬七千七百一十九石，江浙省四百四十九萬四千七百八十三石，江西省一百一十五萬七千四百四十八石，湖廣省八十四萬三千七百八十七

（註一）　松江府志，卷二〇，田賦志上，同上，頁六前。

（註二）　松江府志，同上，頁六後。

（註三）　松江府志，同上，頁八後。

（註四）　案朱淸張瑄乃宋末海上亡命者。宋亡，元世祖招懷授金符千戶，賜田產，命主持海運，建立元代海運良好基礎，造成元代海運空前發達。使財賦重心稅糧輸送到北方政治重心，支持元帝國的強大。參見拙作：明代海運及運河的研究，第一章引論，同上，頁九至一一。

（註五）　松江府志，同上，頁一一後，一二前。

石。』（註一）在此可略做一比較，元代全國歲入糧數爲一千二百十一萬四千七百八石（12,114,708石），而蘇松二府稅糧的徵收，合計一百六十二萬七千一百五十石（1,627,150石），是全國的百分之十三點四三（13.43%），也是蘇松二府支持元代的稅糧是全國的十分之一點三四。

　　再把元代蘇松重稅地區之稅糧徵收數字，與全國的百分比，和明初做一比較。本文第二節『從全國稅糧徵收看稅糧重心之地域』中之『表一』，曾述過明代洪武二十六年蘇州稅糧爲二百八十一萬四百九十石（2,810,490石），松江府是一百二十一萬九千八百九六石，（1,219,896石）蘇松二府合計爲四百零三萬零三百八十六石（4,030,386石）；而全國的稅糧總計二千九百四十四萬二千三百五十石（29,442,350石）。雖然到明初蘇松的稅糧徵收又增加，但全國各地的稅糧徵收是普遍的增加。如果把明初這數字做一百分比，而蘇松二府之稅糧是全國稅糧的百分之十三點六八（13.68%），在明初蘇松二府的稅糧卽是全國稅收的十分之一點三六。列元代及明初蘇松與全國稅糧百分比的比較表如下：

表四：元代明初蘇松與全國稅糧百分比表

朝　　　代	蘇　松　稅　糧	全　國　稅　糧	百　　分　　比
元　代	1,627,150石	12,114,708石	13.43%
明　初	4,030,386石	29,442,350石	13.68%

　　由於我們的統計，在明代開國明太祖定天下後，蘇松二府所付出的稅糧佔全國的13.68%，幾乎也相當於元代蘇松二府付出稅糧佔全國的百分之十三點四三（13.43%）。我們雖不敢肯定的說元代之蘇松等地付出稅糧的比例，與明代幾乎相等，但至少說由於這一統計，可看出兩代徵收蘇松二府稅糧多寡的一個影子。所以由於本文從實際的數字統計比較研究，我們可以肯定的得到解釋，稅糧重心蘇松一帶的重稅，並非起自明代，在比例上說，元代蘇松稅糧徵收之重，已相當於明代的現象了。

　　據本文具體的論證，明代稅糧重心是在蘇松等地；並且此一地區之重稅，確非

　　（註二）　元史，卷九三，食貨志，稅糧，同上，頁一一前後。

起自明代，這是自漢唐宋元等歷代延續下來經濟史上的問題。這一個由中國史上累集下來的重稅問題，時代越往後重稅現象越增加。自歷代相沿傳到明代，不但未解除，當明太祖開國後，全國稅糧是普遍增加，自然稅糧重心蘇松等地又增加稅糧之稅收，於是蘇松等地仍爲全國稅糧重心的重稅地區。我們對蘇松等地重稅由來的解釋，如果說由歷代相沿累集下來，到明代也不例外，也增加其稅糧則可；但不能像明人祝允明的野記、何喬遠的名山藏，以及清代纂修之明史稿食貨志及明史食貨志、續文獻通考等等所說，甚至於清代朝野人士的論調，皆不提及歷代江南蘇松一帶已有重稅事實，一味把蘇松重稅的責任完全推到明太祖身上，是不可盡信的。

四、明初稅糧重心之重稅實況

由前文之論證，稅糧重心蘇松等地區的重稅由來，是歷代相沿累集下來的現象。到明代開國又不例外，也增加該地區稅收。我們再把明代開國後，蘇松重稅實際情況，加以論證。

明代開國在稅糧重心蘇、松地區，除了歷代遺留下來舊有的重稅現象，又增加新的抄沒之私田爲官田，也以私租額而徵其稅糧，於是蘇松等地之稅糧又有增加。例如明初史仲彬著致身錄云：『時建文帝正值更制。（建文二年）仲彬疏曰：「國家有惟正之供，賦役不均，非所以爲治，浙江本賦重，而蘇松嘉湖又以籍入沈萬三（松江），史有爲（嘉興），黃旭（蘇州），紀定（湖州），準租起稅。』（註一）由此可知明代開國後，籍沒殷實富族私產入爲官田，準私租而起稅額的實例。

以稅糧最多的蘇州而言，明初抄沒入官之田數及科稅的情況，案顧炎武：天下郡國利病書、蘇松備錄云：『國朝洪武初七縣，官民田地共六萬七千四百九十頃有奇。官田地二萬九千九百頃有奇。起科凡一十一則：一則七斗三升、一則六斗三升、一則五斗三升、一側四斗三升、一則三斗三升、一則二斗三升、一則一斗三升、一則一斗、一則五升、一則三升、一則一升。又功臣還官田，開耕田，俱名官田，重則一石六斗三升者。民田地二萬九千四十五頃有奇、起科凡十則：一則五斗三升、一則四斗三升、一則四斗三升、一則三斗三升、一則二斗六升、一則二斗三升、一則一斗六

升、一則一斗三升、一則五升、一則三升、一則一升。抄沒田地一萬六千六百三十八
頃有奇、內有原額今科之分。原額田起科凡六則：一則七斗三升、一則六斗三升、一
則五斗六升、一則五斗三升、一則四斗三升、一則四斗。今科田自五斗五升至三升
止，凡二十八則，崇明官田又有曰江淮田、江浙田、職田、學院田，俱科黃赤荳。抄
沒田，有曰故官田，江浙故官田，沒官田，俱稅米。』（註一）這是洪武初年蘇州府官
田抄沒田及民田之田數，以及科稅的情況。惟利病書言：『民田地二萬九千四十五頃
有奇』（29,045頃＋），經本頁註一之考證，當為『民田二萬九百四十五頃五十一畝』
（20,945頃＋）之筆誤。由這一論證可知明代開國後，蘇州的官田相當於民田之數，這
些官田是由歷來留下的數額，明代開國後，又有抄沒入官之田，是舊額官田之二分之
一強。若把官田及抄沒田加起來，合計為四萬六千五百四十四頃有奇（46,544頃＋），
幾乎是民田的一倍。

　　抄沒田及官田，皆以私租額起稅，抄沒田稅額最重，案天下郡國利病書常鎮備錄
云：『國初糧額抄沒田最重，官田次之，站田又次之，民田最輕』（註二）明代蘇州抄沒田
由官田等付出大量之稅糧。所以明史食貨志記載云：『蘇州一府秋糧二百七十四萬六

（註一）　天下郡國利病書，蘇松備錄，涵芬樓影印崑山圖書館藏稿本，頁五二後、五三前；及蘇州府志，卷十
　　　二，田賦一，光緒九年刊，頁五後，皆云：洪武初蘇州府所轄之七縣（吳、長洲、吳江、崑山、常熟、
　　　嘉定、崇明）共田土六萬七千四百九十頃一分八毫（67,490頃十）。其中包括官田二萬九千九百六頃
　　　七畝六分（29,906頃十），抄沒田土一萬六千六百三十八頃四十畝七分（16,638頃十）皆相同。惟載
　　　民田，利病書言：二萬九千零四十五頃五十一畝（29,015頃十），則府志云：二萬九千九百四十五頃
　　　四十五分（29,945頃十）；府志比利病書多載九百頃，但此二書所載官田，民田、抄沒田合計之數，
　　　皆與蘇州府田土總數不合。府志又載此數於洪武十三年，太祖命戶部減蘇松等府稅額時之前，可知此
　　　段數字的統計，乃洪武十三年前之史料。又案日本人藤井宏：明代田土統計に關する，東洋學報，第
　　　三十卷第四號，昭和十九年（一九四四），頁五三二，引洪武時修之蘇州府志，盧熊撰，有宋濂序。洪
　　　武十一年完稿。此洪武蘇州府志所載蘇州府所轄七縣，共有田土七萬七千四百九十頃一分八毫（67,
　　　490頃），及官田，抄沒田之數，皆與光緒本府志，和利病書相同；惟載民田二萬九百四十五頃五十
　　　一畝（20,945頃十）與光緒本府志、及利病書不同。但洪武蘇州府志所載官田，民田、抄沒田合計之
　　　數，恰與各家紀載蘇州田土之總數相合。由此可斷定利病書所載民田二萬九千零四十五頃（29,045
　　　頃）及光緒本府志載民田二萬九千九百四十五頃五十一畝（29,945頃十），皆為洪武蘇州府志所載民
　　　田二萬九百四十五頃五十一畝（20,945頃十）之筆誤。當以洪武蘇州府志所載為是。

（註二）　天下郡國利病書，常鎮，同上，頁五二後，五三前。

千餘石。自民糧十五萬石外，皆官田糧。』（註一）蘇州一府民糧歲額僅爲十五萬石，而官田秋糧卽有二百五十九萬六千石，因此蘇州一府的重稅高於全國任何一地區。

這些官田稅糧之徵收，而以私租額爲稅率，其稅高低也不等。明史食貨志又云：『官田貧民佃種，畝入租三斗或五斗，或石以上者有之』（註二）官田稅額一畝達一石以上，雖然佃戶耕耘官田，所交給官府的稅糧額和交給田主私租額相等，但在官府稅糧收入來說，每畝相當於私租的稅糧，不能不說是國家重稅的一筆大收入。

在明初開國後，也是政治較爲清明的一段時期，官田由有司招佃，佃戶耕耘官田也稍有利益。明人陸深曾云：『編審差徭，則官田輕，而民田重。』（註三）明人徐獻忠又在吳興掌故集亦云：『官田得免徭差，獨民受累，甚非均平之政。』（註四）但後來時代久了吏治弛懈，官民田版籍訛脫，更加紊亂，邊界無法尋求，如海水陷沒之官民田，田沒而稅糧仍存。例如明史食貨志云：『仁和、海寧、崑山海水陷官民田千九百餘頃，迄今十有餘年，猶徵其租。田沒於海，租從何出？』（註五）當然這些田沒糧存的稅糧由民間分擔了。於是時代越往後，由於種種複雜的關係，稅糧越加重。明史食貨志又云：『御史郭弘化等亦請通行丈量，以杜包賠兼並之弊。帝恐紛擾，不從。』（註六）所以官府只要徵到稅糧，卽不設法釐正弊端，於是重稅地區蘇松一帶稅糧徵收的弊病更加嚴重。明史食貨志又云：『給事中徐俊民言：「今之田賦有受地於官，歲供租稅者謂之官田。有江水泛溢溝塍淹沒者，謂之坍江。有流移亡絕田棄糧存者，謂之事故。官田貧民佃種，畝入租三斗，或五六斗，或石以上者，有之。坍江事故虛糧，里甲賠納，或數十石，或百餘石者有之。夫民田之價十倍官田，貧民既不能置，而官田糧重，每病取盈焉，以坍江事故虛糧又命攤納，追呼敲撲，歲無寧日。而奸富

（註一）　明史，卷七八，食貨志二，賦役，藝文影印殿本，頁八二〇。

（註二）　明史，卷七八，食貨志二，賦役，全上，頁八二二。

（註三）　陸深：谿山餘話，叢書集成初編，商務版，民二五年，第二八〇一册，頁一八。

（註四）　徐獻忠：吳興掌故集，卷十一，官民田地談均爲一則議，有萬曆七年（一五七九）茅瑞徵序，清吳興劉氏嘉業堂刊本，頁十七前後。

（註五）　明史，卷七八，食貨志二，賦役，藝文影印殿本，頁八二一。

（註六）　明史，卷七八，食貨志二，賦役，同上，頁八二二。

猾胥方且詭寄那移，並輕分重，此小民疾苦閭閻凋瘁，所以日益而日增也。』（註一）
這是明代稅糧重心蘇松等地因重稅所遭遇的實際情況。這些因『坍江』『事故』等田沒而
糧存之史實，也並非起自明代，至少說上文引蘇州府志云在宋代已有之。又有富室通
於猾胥『詭寄』『那移』『飛灑』以減輕其私下稅糧的弊端，相沿累集，時代越往後，蘇松
等地稅糧的徵收，越是一篇糊塗賬。官府只知按時大量徵收不能減低的稅糧，因此
分攤賠納由於重稅不能如數交出而有拖欠，所以蘇松等地的重稅，確成嚴重問題了。

　　由於本文的論證，我們可以肯定的說，明代稅糧重心蘇松等地的重稅，並非如明
史食貨志及明人和清人著述的解釋，完全把責任推到明太祖的身上。我們認爲蘇松等
地重稅的由來，乃中國歷代傳下來經濟史上的問題。並且時代愈往後稅糧的徵收愈加
複雜，引起社會上的問題愈嚴重。雖如此，但這一地區在重稅及複雜的情形下，却徵
出大量的稅糧，無疑的，也支持了中國歷代經濟上的需要，也助長了中國歷代的繁榮！

　　（註一）　明史・卷七八・食貨志二・賦役・同上・頁八二二。

出自第三十八本（一九六八年一月）

明末清初裁節驛費史事研究

蘇　同　炳

明崇禎年間，由於兵餉不繼，明朝政府曾有裁節驛費之舉。其結果是使許多平素仰賴驛糈為生的驛卒失去了生活的憑藉，卒致流落為盜，助長了流寇之禍的聲勢與氣燄。其前後情形，李光濤先生已曾撰為明季驛卒與流賊一文，今不多贅。

本所所藏內閣大庫檔案，近經分類整理，在順治年的驛遞檔案中，也發現了裁節驛費的史事。兩個不同的朝代都曾有過類似的舉措，而所得的結果並不相同（順治年的裁節驛費案並未因此而造成類似崇禎年的不良後果），這其間便大有問題存在，值得我們研究推敲。

清初的驛遞制度，大體沿襲明制。由於制度昉自明代，而在實施裁節時的社會背景又大體與明末相同，所以頗便於二者之間的對比研究。但在論述明末裁節驛費史事時，不能不追溯其制度之由來及其演變。所以本文首須敍述一條鞭法實施前後的明代驛遞制度，繼述驛遞經費之來源及裁節對象，然後就明末清初的裁節驛費史事互為對比研究。依據此一構想，本文分為如下各節：

第一節　一條鞭法實施前後的明代驛遞制度

第二節　崇禎裁驛

　　　　㈠　崇禎三年的裁節驛費案　　　　㈡　驛站經費

　　　　㈢　不列在額編站銀內的驛費支出——里甲走遞夫馬銀兩

　　　　㈣　裁扣夫馬工食的不良後果及擾驛之害

　　　　㈤　協濟制度所暴露的缺點

　　　　㈥　崇禎十二年的裁節驛費案

第三節　清初驛遞情況及裁節驛費史事

　　　　㈠　對驛站困難的諸種改善措施

　　㈡　物價・工資・及經費情況

　　㈢　裁僻濟衝　　　　　㈣　裁減無驛處所走遞夫馬銀兩充餉

　第四節　得失比較

第一節　一條鞭法實施前後的明代驛遞制度

　　明代的驛遞制度，最初完全是一種僉派人民義務承當的力役。續文獻通考卷十六記云：

> 洪武元年正月，置各處水馬站、遞運所、急遞舖。凡陸站六十里或八十里，專遞送使客、飛報軍情、轉送軍需。衝要處設馬八十匹、六十匹，其餘依次遞減，皆驗民戶田糧出備。上馬一匹糧一百石，中馬八十石，下馬六十石，糧數不及者許衆戶合併。設官一人掌之。水驛設船二十隻及五隻不等，每船水夫十人，於民糧五石之上十石之下者充之。水遞運所每船水手十三人至十人不等，皆選民糧五石以下者充之。陸遞運所大車載米十石者夫三人、牛三頭，小車載米三石者夫一人、牛一頭，選民糧十五石者充之。如不足者並許合併。

由於各府州縣路途有衝僻，地方有貧富，故又定有協濟之法，與僉派並行。其法爲設置驛站處所的州縣，如係衝途大驛，其額需車船夫馬，除由本地僉派外，並酌視附近未設驛站或地簡而費少的州縣，共同僉派民戶，協力出夫承當。如萬曆湖廣總志卷26徭役，武昌府驛傳項下云：

> 紅船二十九隻，除黃州府協編十九隻七分外，本府編九隻三分，每隻夫十四名，共夫一百二十九名。

其下小註云：

> 派興國州一隻零夫三名半，江夏縣二隻零夫十名，武昌縣一隻零夫二名，大冶縣二隻零夫一名半，蒲圻縣夫一名，咸寧縣一隻零夫一名，崇陽縣夫十二名。

又驛馬項下云，各驛上中下馬共230匹，分配將臺驛50匹，其餘分配山陂、東湖、咸寧、鳳山、官塘、港口等六驛各30匹。僉派情形如下：

> 派興國州上中下馬五十六匹頭，江夏縣馬四十八匹，武昌縣馬三十匹，大冶縣馬二十六匹，咸寧縣中馬十六匹，蒲圻縣中馬二十五匹，嘉魚縣中馬六匹，通

城縣中馬十二匹，崇陽縣中馬五匹，通山縣中馬六匹。

僉派既定，各州縣照此數造入賦役全書，審編當地民戶納糧合於規定數目者，責令出備當差。為了平均負擔起見，又規定十歲審編丁糧一次，以為決定重新審驗僉派的依據。但行之既久，而流弊滋多，「遞軍驛夫充役者轉遞往復，久不得代，船壞馬斃，則易買補償，雖巨室甲戶亦憚其役，往往富者以賄免而貧者愈困。」（註一）當時與驛遞同為民累的差徭，尚有均徭內的銀、力二差，與里甲雜辦。銀差照例屬於各上司衙門所僉派的書手門丁之類，祇須照額納銀；力差則是本地方的皂隸門丁機兵弓兵齋夫膳夫庫子斗級之類，必須親身供役　，而其中尚有賠墊。清刊本山西趙城縣志卷四徭役，有修志人李升階論前明徭役之害的一段話，說：

　　余前任浙江山陰，見通志中陳善言曰：徭法有銀力二差，銀差號輕省，民猶病之，力差素稱煩艱，尤以耳房、架閣、舖陳、三庫子，斗級、館夫、應捕、巡鹽諸役為甚。初設耳房，俾司贓罰，祇值謹愿，無侵削即職舉矣。後當不時之給，往往令以已資辦具，人稍不堪累，然終償之，未甚也。再後所辦皆不償，始大困。而尚可言者，以所責辦皆公家大計，不濫用，猶有紀極也。至其末流，不問公私，有求輒取，若左藏然，欲無罄資產得乎？架閣所職者圖籍，亦易辦也。有司以易辦，故令任茶房油燭火炬。其始惟供長吏每夕燭十枚、炬數秉，日煮香茗數器，投以棗果足矣。既而凡役縣中者皆取給焉，供之家一，而資焉之家百，奈何其不貧且困乎？有悋惜者，或拒不予，則風其燭，倒其炬，汗濁其茶品，而役者且以不治見罰，上之人烏從知之？舖陳供使往來，役本蔡雜，兼以世習日華，人情取悅，衾綢枕簟，緣飾文采，窮極靡麗，皆民膏血，一不當可，掠治殆遍。凡若此者，不可勝紀。……

萬曆順德縣志卷三賦役志論此，以為此卽是「宋之衙前，呂中所謂陷失責之償，費用責之供也」，名義上所當丁糧不過銀數兩，而所費每至百餘兩或二三百兩。至於里甲雜辦，則素為地方有司一切需用物品的取給之所。明代制度，各州縣民戶皆編為里甲，輪年直供，「給不能什一，而供者或什百。」（註二）「窮鄉小民，不至官府，傭人代直，日銀一兩，少八九錢。其有定班科銀，名為雜用，有司或乾沒之。里甲大

苦。」（註一）故各地人民，不苦賦而苦役。蓋賦則輕而有定額，役則款目多而時有變更，吏胥復乘機作奸射利，放大戶而勾單小，簸弄上下。柳子厚所謂「富者操其贏以市於吏，有富之實，無富之名。貧者無資以求于吏，有貧之實，無貧之名」（註二）者，復見於明代矣。由於徭役的僉派不均，官吏的需索太濫，故窮民下戶的負擔遂極重。驛遞等項差徭爲民之害如此，地方良有司軫恤民瘼，惻然思有所以拯救之，於是遂有種種的改革措施。屬於均徭及里甲方面的，有所謂十段錦、均平法；屬於驛遞方面的，有派銀雇役之法。最後則有總括一切差徭，隨丁糧一總派銀雇役的一條鞭法。

　　均役及里甲方面的改革措施，因與本文無關，不贅。這裡只敍述驛遞制度方面的改革措施。

　　續文獻通考卷十六所記明初設立驛站時的定制，各處驛站額設的夫馬船隻，「皆驗民戶田糧出備」。這種早年所定的舊規，在較早的明代志書中猶可查見。如嘉靖三年刊行的薊州志卷四徭役一章，記薊州所屬各縣在驛傳項下應行出辦的力役數目說：

　　平谷縣

　　　上馬夫　遵化驛一名，石門鎮驛一名，每名該糧三百五十石。

　　　中馬夫　石門鎮驛一名，每名該糧二百五十石。永濟驛一名，每名該糧二百二十五石。

　　　下馬夫　石門鎮驛一名，每名該糧二百二十五石。

　　　驢　夫　漁陽驛、三河驛各五名，漷河驛二名，會同館一名，每名該糧五十石。

　　遵化縣

　　　…………

但在以後刊行的各地志書中，驛傳項下的記載方式都有了顯著的改變。如嘉靖潁州志驛傳項下云：

　　嘉靖十五年派編協濟各驛馬騾水扛夫工食共銀三千兩，二十五年添編銀五百八十四兩六錢七分。

　　睢陽驛　上馬五匹，每匹銀四十二兩。中馬二匹，每匹銀三十八兩。下馬一

　　　　　　　匹，銀三十五兩三錢三分。共銀三百二十一兩三錢三分。

百善道驛　中馬三匹，每匹銀三十八兩。騾十二頭，每頭銀三十二兩。共銀四百九十八兩。

…………………

又隆慶四年刊本豐潤縣志卷六食貨志：

　　本縣義豐驛上馬二匹，本縣一匹，香河縣協濟一匹，每匹編糧三百五十石，每石折銀五錢。中馬六匹，本縣二匹，香河縣協濟四匹，每匹編糧三百石，每石折銀五錢。下馬十六匹，本縣六匹，香河縣協濟四匹，東安縣協濟六匹，每匹編糧二百五十石，每石折銀五錢。騾十九頭，本縣四頭，香河縣協濟四頭，東安縣協濟十一頭，每頭編糧二百石，每石折銀五錢。驢十四頭，本縣二頭，香河縣協濟一頭，東安縣協濟十一頭，每頭編糧五十石，每石折銀五錢。

由糧僉改為折銀，又將所折銀數均攤于納糧地畝責令照額出辦，其轉變的時間大概即在嘉靖初年。萬曆順德縣志卷三賦役志驛傳，有關于此事的記載，說：

　　舊驛額設夫頭若干人，凡夫頭一人編糧七十石或八十石，視驛繁簡，計糧朋編，十年而更及。廩給庫子皆身執役事，供億浩繁。無論符驗有無，誅索無藝，傾蕩生產，十人八九。嘉靖六年，御史蘇恩議官雇法，尚未畫一。十四年，御史戴璟通計各驛一年之費，照糧派銀，隨糧帶征解府，按季給驛供應，其羨以待次年。民免賠償，幸甚。

又嘉靖三十七年刊本龍巖縣志卷二民物志云：

　　國朝洪武間，縣左設公館。初編夫首二十名，漸增至四十名，每名抽編米一石。……嘉靖十二年，改上館為適中驛，割縣夫首三十九名暫當，縣館止留一名，供應貽累里甲，公私俱病。嘉靖三十七年罷夫首，苗糧每石帶辦驛傳銀一錢二分，僉舉夫保，供應夫廩，謂之官當。

驛遞制度之由僉派改為隨糧徵銀，官為雇夫代役，是即後來一條鞭法的權輿。這裡所舉，雖然只是廣東福建二地的情形，事實上正是一般大勢所趨，各地大概都有這種情況。因為嘉靖中葉以後所刊行的各地志書，都有所謂「站銀」的新名詞，在糧僉派役之時，事實上根本不可能有站銀之說。而所謂站銀，即是將舊時出辦驛差的地畝按糧

折銀，由官府徵收雇役當差的意思，應該並無疑義。

　　明代的驛遞制度，由僉派改為徵銀，在制度的改革上已向前邁進了一大步。至一條鞭法實施，這種改革措施更被正式加以確定。至此，我們需要將一條鞭法的實施情形及其內容要點附帶一述。

　　一條鞭法的創始人，據說是龐尚鵬。松江府志說：「嘉靖四十年，龐公尚鵬作一條鞭法，最稱簡便。」龐尚鵬，明史卷 227 有傳。傳中說他於嘉靖間巡按浙江，「民苦徭役，為舉行一條鞭法。」續文獻通考卷十六記一條鞭法的大概內容說：

> 一條鞭者，總括一州縣之賦役，量地計丁，丁糧輸於官，一歲之役，官為僉募。力役則計其工食之費量為增減，銀差則計其交納之費加以贈耗，凡額辦派辦京庫歲需與存留供億諸費以及土供方物，悉併為一條，皆計畝徵銀折辦於官，故謂之一條鞭。

一條鞭法的好處，是將當時的徭役制度以折銀代役的辦法併入額征糧賦之內加以簡化。「凡里甲均徭，通計十歲所總存留起運為額，應募應加者增其數，不輪甲，通一縣共徵之。帖下民戶，備載十歲諸色課程糧稅徭役所應納之數於上，歲分六限，凡上納完輸與給募，皆官自支撥，募人不親至民戶。」(註一) 人民只要照政府所規定的數目依時繳清包括賦役二者的條鞭銀兩，便可以「閉戶而臥，無復叫呼之吏。」(註二)「自是民悉輸錢于官，官盡雇役於民，民即老死勿自役於官。」(註三) 但此法雖經龐尚鵬的巧妙設計而且行之有效，各地官府，似乎並無人加以倣傚。江西通志卷 83 引舊志的記載說，當時徐階為大學士，曾諷示地方大吏加意推行，「顧薄海無有應之者。」至隆慶二年，劉光濟為江西巡撫，徐諭劉試行條鞭法。是年三月，訂定南昌新建二縣的條鞭法。翌年，又通編於全省七十餘縣。明史卷78所謂條鞭法在「嘉隆間屢行屢止，至萬曆九年乃盡行之」之說，當即指此而言。自此以後，條鞭法始正式取代了當時僉糧僉丁的力役制度，而以納銀代替。湖廣總志纂於萬曆十九年，其時已行條鞭之法。故武昌府的驛傳項下，各州縣所派定的船、馬、夫數之後，均註明應納銀數，以為各州縣的派徵準則。為了明瞭一條鞭法實施以後當時人民在徭編項下出辦條鞭銀兩的項款數目，以資參考起見，今特將湖廣總志卷26武昌府屬額編徭役及經費製表如下：

（註一）江西通志卷83引江西大志　（註二）同註一　（註三）江西通志卷83引舊志

參上表可以知道，在明代驛遞制度下供役於武昌府屬各驛站的工作人員，計有如下數種：

(1)　館夫　　　(2)　舖陳庫子　　　(3)　支應庫子

(4)　防夫　　　(5)　水夫　　　　(6)　江濟夫

另外，參閱嘉靖三十九年刊本寧波府志，驛傳項下尙有「摃轎夫」一種。又萬曆三十三年刊行的懷遠縣志，驛傳項下亦有「王莊驛轎夫銀」若干，「固鎮驛扛夫銀」若干的記載。而萬曆汾州府志則將「扛轎夫」列入徭編項下，不屬於驛遞範圍。按崇禎江浦縣志卷六賦役志「里甲」下云：

> 浦爲四衝之邑，供應煩費，莫甚於夫。條編未行之前，歲徵徭役銀兩貯庫以待僱募。每値皇槓官使等差輻湊絡繹，用夫五六百名，多或至千名，則責之里排，號召各里鄉夫，謂之起紅單。守候稽延，三五日始應一差。

據此云云，則扛遞等夫的設置，原爲應付驛差。故不論其經費列入均徭、里甲、或驛傳，其爲驛差而設之用途則一。前引萬曆順德縣志及龍巖縣志中亦有夫頭之名，並屬於驛傳項下；又湖廣總志里甲項下亦有「排夫」；而清順治年裁節驛費檔案中，亦將里甲夫馬走遞銀兩同列爲節裁範圍；則其差役性質之屬於驛遞，應無疑義。大概在明初設立驛遞時，使用驛遞的限制綦嚴，驛站及遞運所的額設夫馬供應已足，本無須另再徵用民夫。至後世驛遞日趨冗濫，額設夫馬不足供應差使，於是遂於均徭或里甲或驛傳項下另行設處經費，僱派民夫以應需要。所以各地志書對于此項夫役的經費記載，項目殊不一致。多數情形，均列於里甲項下。如萬曆湖廣總志及萊州府志、新城縣志等書皆然。果屬如此，則驛遞工作人員於前述諸種之外，尙須增加一種，卽：

(7)　扛轎夫

以上種種人役，館夫職司守門治膳，見嘉靖寧波府志卷13驛傳章。庫子職司管理及出納，略見前引趙城縣志的記載。防夫職司管押囚犯，見萬曆鎭江府志及萬曆應州志。水夫既專門配屬在各驛所的站馬紅船，自爲專司駕船的水手。扛轎夫的職掌有二：扛挑與抬轎。此外，則江濟夫的職掌似在縴挽船隻，亦可以從其名稱的字義上推測而知。但是，除了嘉靖薊州志的驛傳項下曾有馬夫的記載外，明刊的各種志書中，驛傳項下均無馬夫或驢夫、騾夫之名。這種情形，當與明初設立驛站時的定制有關。

前引續文獻通考卷16，已曾說明洪武元年設立各地驛站時，驛站馬匹「皆驗民戶田糧出備。」其定制爲：「上馬一匹糧一百石，中馬八十石，下馬六十石。」在此項制度下出馬赴驛當差的糧戶，不但出備馬匹而已，自馬匹的鞍轡鞦鐙之外，馬的日食所需及跟馬的人役，亦皆包括在馬的名目在內。若不是負擔太重，亦不須規定納糧六十石以上的大戶方始充當此差的了。嘉靖初年改僉派爲納銀代役，所納站銀數目，即由僉編的馬戶田糧數目中折徵而來。如前引隆慶四年豐潤縣志就明白開列，上馬一匹編糧三百五十石，中馬一匹編糧三百石，下馬一匹編糧二百五十石，騾每頭編糧二百石，驢每頭編糧五十石，每石俱折銀五錢。又崇禎五年固安縣志卷三食貨志云：「嘉靖二十九年原額站糧九千七百二十五石，前每石徵銀二錢九分七厘，今每石徵銀五、六錢。」如以豐潤縣志爲例，則該縣驛馬所編徵的站銀數目，上中下馬每匹分別爲銀175、150、125兩，騾每頭100兩，驢每頭25兩。按，明人張萱所編的西園聞見錄，卷72引佚名奏疏：「議革市棍以清驛蠹」，其中曾說：

> 爲今之計，莫若將夫馬一委之驛所官，在馬立攢槽法，每驛若干匹，每匹價高者十兩止矣。

此疏所論驛遞弊竇，其時間約在萬曆末年至天啓初年。所云馬「每匹價高者十兩止矣」，自是上馬，而中下馬的每匹價銀尙不需此。又崇禎三年良鄉知縣石鳳臺稟請良鄉復驛須購馬三百匹的稟帖中說：

> 每馬一匹，價銀非一十五兩不可。（註一）

崇禎三年，正當崇禎二年「己巳虜變」之後，寇擾年荒，百物涌貴，而馬一匹的價銀尙不過銀十五兩，然則在隆萬之時何以每匹須編徵銀一百兩以上？很明顯的，所編馬價，並不專供買馬之用。萬曆汾州府志卷五賦役，開列有府屬各縣額征均徭銀兩數目，其中鄉寧縣走遞馬騾十三頭，每頭徵銀二十一兩，書中載有計算方法如下：

> 馬騾一頭三兩
> 草料一匹十兩八錢
> 馬夫工食七兩二錢

馬騾一頭價銀，可能不止三兩，此云「馬騾一頭三兩」，當係就馬騾十三頭的每年平

均倒死數目估算其購補所需價銀，然後分攤於一十三頭，作爲每年額徵的馬價。**湖廣總志**開載**武昌府**屬各驛站的額編馬價爲上馬每匹銀30兩，中馬每匹銀28兩，下馬每匹銀26兩。如以**鄉寧縣**爲例，於額編馬價銀兩內扣除馬夫工食及馬匹草料每匹銀18兩，則其實際馬價銀兩，分別爲12兩、10兩、8兩，頗符實際。至於**豐潤縣**何以須編徵至一百數十兩之多？大約由於地當衝途，差使繁劇，馬匹倒死率旣高，馬夫又需常年應差在外，所需增加之工食銀兩及買補馬匹之費用，均特別增多之故。如**北直隸**的邯鄲縣**叢臺驛**、**永年縣臨洛驛**，額馬每匹編銀140兩，當亦是屬於此類。

　　馬夫的工食銀兩旣已在額編馬價內有了著落，我們當可進一步知道，自站銀代替了僉派辦法之後，各地驛站的供役人員中，都有了受雇供役的馬夫在內（騾夫驢夫同）。**明**刊本各地志書中所以未曾在驛傳項下明白列出，只是由於當時的習慣使然。據此，我們在前述諸種驛站供役人員中，尙應添入一項，卽：

　　(8)　馬夫・騾夫・驢夫

　　前述第(1)項至第(8)項驛站供役人員，其工食所出的經費來源，殊不一致。大致的情形是：水馬等夫、江濟夫，其工食出於驛站經費；館夫、庫子、防夫，其工食出於均徭；摃轎夫（卽**湖廣總志**中的排夫）的工食出於里甲或均徭。驛站錢糧，在**明**代是單獨設立的。各類供役人員的工食來源如此互異，在後來實施裁節驛費時，就難免發生差異的現象了。

　　明代各地的額徵站銀，自條鞭法實施之後，雖已併入條鞭銀兩內一總徵收，但其名稱及徵收數目仍獨立不混。這可以從下面所引的各條志書資料中看得出來。

　　　㊀　**萬曆**十二年刊本**陝西富平縣**志卷八田賦：「站銀共一萬六千二百八十九兩二錢。以因糧徵站之數計之，每糧一石站總徵一錢三分五厘九毫二忽五微。

　　　㊁　**萬曆**十三年刊本**廣東順德縣**志卷三賦役：「驛傳……歲編銀二千一百四十九兩三錢七分九厘二毫。丁不編，實編米二萬四千零四十二石三斗三合二勺，每石編銀八分九厘四毫。」

　　　㊂　**萬曆**二十八年刊本**山東東昌府**志卷十二戶役：「府屬站地三萬一千零三十五頃，每頃徵銀九錢，實徵銀二萬七千九百三十一兩五錢。」

　　以上三例，除記載各該府縣的額徵站銀數目之外，並附帶說明了派徵的方法。前引崇

禎五年刊本固安縣志，驛傳方面的記載內容亦略同。此外，僅僅記載額征站銀數目而未同時記述每畝派銀數目，或與其他條鞭項款併記每畝派銀數目而未單獨列舉站銀每畝派銀若干的例子，在明刊本志書中記載尤多，今不細載。

　　由上面所敍的事實，我們當可得到如下一些概念：——

　　(1)　自僉派一改爲折徵站銀，繼又將站銀併入條鞭銀兩一總徵收支解，明代的驛遞制度，已由純粹的力役改爲納銀代役。這種轉變過程，在萬曆九年普遍推行條鞭法時，業已正式完成。

　　(2)　由於人民祇交納代役銀而不再自行供役，供職於驛站的各種工作人員，乃改由受雇的專門從業人員來擔任。明代裁節驛費案中常有所謂「包當市棍」及「驛棍」之類的名詞，大概即指此而言。其職名計有馬夫、驟夫、驢夫、水夫、防夫、江濟夫、館夫、扛轎夫、及庫子等。

　　(3)　工作旣屬專業，其生活自卽仰賴工資收入以餬口。一旦職位不穩或驛站倒廢，倘無別項工作可爲謀生之計，就不免造成失業問題。

　　(4)　驛站銀兩在各地的條鞭收入中列有單獨的徵收項目，各使用單位均有固有的經費來源，在實施裁節計劃時，有確定的對象可以執行。

第二節　崇禎裁驛

(一)　崇禎三年的裁節驛費案

　　崇禎時的裁節驛費案，前後曾有兩次。一次在崇禎三年，另一次在崇禎十二年。崇禎三年裁節驛費的動機，起因於驛遞之冗濫。明會要卷75云：

> 崇禎二年，毛羽健陳驛遞之害，言兵部勘合有發出無繳入，士紳遞相假借，一紙洗補數四。差役之威如虎，小民之命如絲。帝卽飭所司嚴加釐革。

按，明初設立驛遞之目的，原爲便利國家政令之推行，故驛傳又名郵政，其使用限於飛報軍情，傳遞奏章。遞運所則止用於運送上供物料及給邊錢糧，非專爲有司官員便利往來行旅而設。據明會要所記，可知明代初年對於官吏濫用驛遞的禁罰頗嚴。會要卷75引唐勝宗傳：「延安侯唐勝宗坐擅馳驛遞奪爵。」又引大政記：「洪武二十年十月定，勳戚出使非奉符驗不得乘驛。」至宣德時，方逐漸放寬限制，准許「進表官得

宿驛舍，御史得乘驛馬_{初止乘驢}」，以及「方面官按部許給驛」。而其流變所至，則自京官以至地方有司，無不借勘合以便往來。甚且「仕籍一通，即得勘合，夫馬之數倍蓰，徵索多者逾百。主人應付外，復有燕享以展其綢繆。既應以馬，復應以財。」（註一）而「夤緣之徒，假公行而營私事，接遞繁供應之擾。」（註二）公私所需皆濫用驛遞，則驛遞焉得不困？西園聞見錄載有沈昌世論述此事的話，說：

> 今天下州縣困於驛站者十七八矣，諸臣之條議，舌敝頴脫，我皇上嚴諭飭禁，又不啻三令五申矣。顧條議徒煩，而疲困如故，諭禁日嚴，而冒濫如故。爲調停之說者，不過曰加增工食，曰僉派里甲，曰官爲僱養，曰里甲幫貼。夫民窮已無可再加，編愚又不慣酷使。官養而草料仍科之民，則利歸于官而害仍在民也。私幫而奸棍恣飽其貪，則明擾者十一，而暗擾者十九也。調停之法窮。爲禁革之說者，不過曰查比勘合牌票，革需索冒濫，禁枉道前款。夫假牌需索等弊，皆枉道仕途之強有力者也。貽害在民，情面在官。撫按不肯爲小民而破面，州縣又誰肯爲小民而開罪上官？即聖旨三令五申，亦止行於良涿，而外竟高閣矣。禁革之法又窮。將罄此小民膏血，竭縣官餘力，支此驛遞不足，其故何也？……

沈昌世不知何許人，此疏亦不知上於何年。但其疏中曾附帶建議裁驛遞以蘇民困，「其裁去夫馬工食銀兩，總計若干，或全蠲以寬民力，或姑借以抵新餉」，新餉即萬曆四十六年因遼東軍興而加派之地畝銀兩，則此疏或即上於萬曆四十六年以後，或天啓年間。同書又引天啓元年侍郎鄒元標的奏疏，說：「驛遞之苦，自昔爲然，于今爲甚。」大約愈到明朝末年，由於法令之廢弛及人情之積玩，這種情形亦愈甚。國榷崇禎元年六月壬子記：

> 諭閣臣曰：朕覽御史顧其國奏，騷擾累民，莫甚於驛遞。朕思國家設立勘合馬牌，專爲軍情及各處差遣命官之用，近多狥情將勘合送親故，供應之外，橫索折乾，小民困極，甚至賣兒貼婦以應之。或措處不前，背井離鄉。卿等傳示兵部，倣舊例，某項宜用勘合，某項宜用馬牌，其餘例禁，俱細開奏，用清弊源。

大約由於諭飭無效，所以纔再有御史毛羽健之疏論，及刑科給事中劉懋建議裁節驛站經費之事。國榷崇禎二年二月甲午記：

（註一）萬曆同官縣志卷二　（註二）隆慶豐潤縣志卷六

刑科給事中劉懋請裁定驛站。有旨：驛遞原爲奏報解送奉差及大臣以禮致仕與奉旨馳傳者方應付，近濫給不遵，致驛遞困敝。今改劉懋兵科，專管驛遞，務節省歲例。兵部確定幾項應付，凡勘合火牌出兵部者准給發銷注，有犯重治。仍設法查核，不時糾奏。年終撫按類報各驛應付之數於部科，如節省若干，即減編額派工食，以蘇民力。

崇禎三年的裁節驛費案，由此肇始。推原其故，可說其動機是由於驛遞之冗濫累民所引起的。

崇禎三年所頒行的裁節驛費案，其最初所希望達到的目標有三：

一、整飭驛遞，禁絕冒濫。

二、免除加派私幫，以輕民累。

三、由此而裁省的驛站經費，可以撥補兵餉之不足。

我們如以清順治年間裁節驛費案件所顯示的事實看來，崇禎三年裁節驛費案之所以終於導致極爲惡劣的後果，實在是犯了方法上的錯誤。加以當時奉行裁節驛費案的政府官吏，多數不知以國事爲重，不肯就力所能及的範圍內去設法補救那些可能導致不良後果的錯誤方法，於是遂因裁節驛費而發生了許多問題。山陝諸省，因實施裁節而致驛站經費缺乏，夫逃馬死，驛站倒廢，許多驛所夫役無以爲生，卒致流落爲盜。這一層關係，後文將再申論，今從略。

在未曾論及崇禎三年裁節驛站經費案的失敗原因之前，我們應先將當時的驛站經費情形作一檢討。

（二）　驛站經費

明會典卷148驛遞事例「站銀」下一條云：

（萬曆）五年議准，各處站銀通行減徵。共計天下原額站銀三百一十三萬一百七十二兩，免編九十五萬二千三百四兩，實徵二百一十八萬七千八百三十二兩。

按，萬曆五年正當張居正秉政，以澄汰冗濫作爲節省國用的手段。裁節驛遞，即爲此項政策的一部分。史稱其「覈驛遞，省冗官，清庫序，多所澄汰。公卿羣吏，不得乘傳，與商旅無別。」（註一）這一次裁定的驛費，會典中雖有「已減者不得復徵」的明

<hr />

（註一）　明史卷213張居正傳

文規定，但是否直至崇禎年間時猶一直保持不變，殊有問題。如萬曆河間府志卷五驛傳所開河間府屬各驛站額設馬匹工料及支直、中火等項銀兩之後，就有「萬曆三十四年新添馬價」一款，計瀛海驛原額工料銀6,232.80兩，萬曆34年新添1,260兩；鄚城驛原額5,180兩，新添1,050兩；樂城驛原額4,368兩，新添600兩。下略。其增加比率，少者約爲14％，多者約爲22.7％。又萬曆二十八年陝西同官縣志卷二：「漆水驛額設中馬八匹，驢十頭折馬五匹。萬曆八年檄，漆水驛招募馬正副二十六匹。」此云漆水驛額設馬匹，在萬曆八年時已照原額增設馬匹一倍，而順治十二年十月初七日陝西三邊總督金礪揭帖，爲查覆潼關、華陰等驛差使繁苦案內，曾附帶開列同官漆水驛額設經費情形云：「同官漆水驛，舊額馬四十匹，設站銀一千四百四十三兩七錢九分九厘。」（註一）是漆水驛額設馬匹，在明末時較萬曆八年又增加了十四匹之多。額馬增多，站銀的支出自亦增多。這是河間府志以外可以另外舉出來作爲例證的第二條證據。此外，我們從崇禎三年戶部主事王鰲永奏陳襄陽縣驛遞苦累的疏中，還可以找出第三條證據。原疏說，襄陽縣額設漢江呂堰二驛，額馬186匹。（註二）但兩驛馬匹，原係由長沙、黃州、衡州、德安、襄陽等五府協設，萬曆十九年刊行的湖廣總志卷26—28，載有以上各府派撥襄陽縣漢江呂堰二驛的馬驢數目，轉錄如下：

漢江驛			呂堰驛		
茶陵州協馬16匹	價銀 480 兩		德安府協馬29匹	價銀 870 兩	
茶陵州協驢 8 頭	價銀 96 兩		德安府協驢 4 頭	價銀 48 兩	
益陽縣協馬 7 匹	價銀 420 兩		長沙府協驢 5 頭	價銀 110 兩	
湘潭縣協馬 6 匹	價銀 360 兩		本府站銀、黃州府協銀、德安府續協		
本府站銀、黃州府協銀、並德安府續			銀共編馬 13 匹	價銀 780 兩	
協銀共編馬13匹	價銀 780 兩		驢 1 頭	價銀 24 兩	
又驢 2 頭	價銀 24 兩				
合計　馬42匹　驢10頭			合計　馬42匹　驢10頭		

將兩驛的馬驢數目相加，總共104匹頭。是則在崇禎年間，漢江呂堰兩驛的額設馬匹，較萬曆十九年時要多出82匹。（兩驛在萬曆十九年時俱無衡州府協銀）

（註一）　本所原檔　（註二）明清史料壬編第一本葉96

中研院歷史語言研究所集刊論文類編(歷史編·明清卷)

以上所舉，雖然僅只三條例證，亦足以看出明代末年各地驛站的額設馬匹及經費，都有增加的趨勢。證以驛遞差使愈到明代末年愈形冗濫無紀，以及里甲走遞夫馬銀兩龐大無倫的情形，我們都有理由相信，明代末年的各地額編站銀，必不能恪守會典中「已減者不得復徵」的明文。所以，萬曆五年所裁定的全國站銀總數，暫時只能作爲一種參考，而不能相信此數卽爲崇禎初年時的額徵數目。

在檔案資料中，我們可以查到下列各省在崇禎三年時的額徵站銀數目如次：

一、河南省——每年約40萬兩有奇。 (本所原檔順治十三年閏五月二十八日河南巡撫亢得時題本：「中州驛遞天下腹心，十省通衢，在明季時額設站銀四十萬有奇」。)

二、山東省——每年29萬兩。 (明清史料辛編第五本葉477，崇禎十三年閏一月二十九日，兵科抄出山東巡按李春泰題本：「查崇禎三年議裁之始，浙江裁十分之五，閩粵十分之四，惟東省十裁其一之中，又題留一半銀一萬四千五百兩」。十分之一的半數爲14,500兩，則其原額站銀應爲14,500×20=290,000兩。)

三、山西省——每年101,168兩。 (明清史料壬編第一本葉89，兵部核覆江西裁站銀兩案：「江右一省…………止可照山西之例，酌裁一分五厘。」又同書葉93，兵部核覆山東道御史劉令譽請留晉省裁站銀兩大剿流賊案：「且山西額裁一萬五千一百七十五兩二錢一分……」據此推算，山西省原額站銀應爲15,175÷0.15=101,168兩零。)

四、福建省——每年90,557.90兩。 (明清史料辛編第五本葉492，兵科抄出福建巡撫蕭奕輔題本：閩省額編站銀九萬五百五十七兩九錢零。」)

五、江西省——每年146,793兩。 (明清史料壬編第一本葉89，兵部車駕清吏司稿簿：「爲照江右…………原額傳銀止十四萬六千七百九十三兩。」)

檔案之外，萬曆十九年所修的湖廣總志，開載湖廣各府州縣的額編驛傳銀兩，共計爲179,620.02兩。嘉靖39年所修的陝西通志，開載陝西各府州縣的額編站銀總數共計433,973.93兩。以上七省的總和，計爲1,642,082.90兩，所餘不明額編站銀數的省直，尚有南、北二直，及浙江、廣東、廣西、雲南、貴州、四川等六省。清會典事例卷685葉11，亦載有清初各省直額徵驛站銀兩的數目，頗有助於設法推定崇禎時各省直額編

站銀總數的嘗試。今列表比較如下：

	省　直　別	明代額設站銀數目	省　直　別	清代額設站銀數目	附　　記
A組	河　南	(兩)400,000.00	河　南	(兩)582,621.74	
	山　東	290,000.00	山　東	303,644.57	
	山　西	101,168.00	山　西	181,928.78	
	福　建	90,557.00	福　建	65,605.65	
	江　西	146,793.00	江　西	180,285.02	
	湖　廣	179,620.02	湖　北	207,627.43	
			湖　南	141,995.67	
	陝　西	433,943.98	陝　西	261,712.06	
			甘　肅	137,255.81	
	小　　計	1,642,082.90	小　　計	2,062,676.73	2,062,676.73—1,642,082.90＝420,593.83兩
B組	南　直		江　蘇	191,337.60	
			安　徽	135,098.20	
	北　直		直　隸	685,863.95	
	浙　江		浙　江	109,539.52	
	廣　東		廣　東	34,553.12	
	廣　西		廣　西	30,545.00	
	雲　南		雲　南	46,054.45	
	貴　州		貴　州	74,891.36	
	四　川		四　川	58,452.22	
	小　　計		小　　計	1,366,335.44	
	總　　計		總　　計	3,429,012.17	

　　上表以河南、山東、山西、福建、江西、湖廣、陝西諸省爲A組，以北直、南直、浙江、兩廣、雲貴、四川諸省爲B組。列入A組的諸省，其額編站銀的數目，明清二代都有資料可查。列入B組的諸省，其額編站銀數目，祇清代有資料可查。將明清二代的資料比較起來看，A組各省，清代的額編站銀數目較明代要多出42萬餘兩，其比率約爲10與8之比。B組各省，清代的額編站銀數目總計136萬兩，如以同樣的比率去推算同一組內的明代各省額編站銀總數，其可能數目約爲119萬餘兩。加上A組內已知的明代各省額編站銀總數，所得之和計爲283萬兩。較明會典所記萬曆五年裁定的站銀總數218萬餘兩，要多出65萬兩之譜。此數雖然並無確切的史籍記載可以憑信，但是我們目前旣無更直接的資料可以取證，暫時亦只能以此數作爲推論的基礎。

　　李光濤先生在明季驛卒與流賊一文中，曾引述崇禎八年九月初十日順天巡撫張鵬雲的咨文，論定崇禎三年第一次裁節驛費案中所裁定的裁站銀兩，總計爲659,000兩（註一）。將此數與前述明末各省直額編站銀總共283萬餘兩的假定數目相合算，其裁節分數祇23.29％。卽使退一步說，崇禎三年時各省直的額編站銀總數仍祇218萬餘兩，則其裁節分數亦不過30.12％。在總數二百數十餘萬兩之中裁減百分之23.29—30.12，共計銀659,000兩，較之萬曆五年時的裁減比率，仍有不逮。清順治年間，各省直額編站銀因田畝拋荒而缺額甚多，河南省甚且缺額半數以上，此時滿清政府仍有裁減驛費命令的頒發，其難易情形，相去又復遠甚。因此我們不免要發生疑問，崇禎三年的裁節驛費案，何以會造成如此惡劣的後果？這就不能不歸咎於人謀之不臧了。

　　前文已曾說到，明代各地的額編站銀，實際上並未包括一切用於驛遞的費用。因爲，在各項供役人員中，館夫與庫子的工食銀兩就是在徭編項下開支的；防夫及搢轎夫，多數情形下均在均徭及里甲經費下開支工食，祇有少數例外情形在站銀內支給工食。其經常在站銀內支給用費的，祇有馬騾的工料（包括馬騾夫的工食），及水夫、江濟夫等項人役的工食。此外，則在驛站內協應驛遞差使的「里甲走遞馬騾」，其費用之多幾不在驛馬之下，所需工食及草料銀兩，亦全不在站銀內開支。倘使裁節驛費的手段可以達到節省差使、禁絕冒濫之目的，則原設的驛站夫馬與里甲項下的馬騾夫役，均在可裁之列。崇禎三年所頒行的裁節驛費案，祇規定將各驛站的額設夫馬工食按核

定比率實行裁扣，而置其他一切於不問，這就首先犯了兩種錯誤：

　　(1)　在均徭及里甲項下支領工食銀兩的館夫等役，不受此項裁節辦法的影響。使得同在驛站內供役的夫役，其工食有裁扣有不裁扣，發生了苦樂不均的現象。

　　(2)　不裁里甲夫馬銀兩，在驛費支出中仍然留下了一個極大的漏巵。

前一項情形所可能發生的影響或許不至太大，因為館夫等役本來人數甚少，而搶轎等夫年領工食不過銀七、八兩，卽使不予裁扣，亦不能與裁扣後的馬騾額設工料數目相比。惟有第二項情形，在裁節驛費事件中佔有頗大的比重，不可不加以深入探究。下文將先檢討明代各地額設里甲夫馬銀兩的大致情形，然後再繼續討論裁節問題。

(三)　不列在額編站銀內的驛遞支出──里甲夫馬走遞銀兩

　　由附表一湖廣武昌府屬各縣徭編項目明細表中可以知道，在一條鞭法實行後的明代徭役制度下，有一種名爲「里甲」的力役項目，其內容包括排夫、脚馬、里甲皂隸等三小項。在別的明刊本志書中，或稱爲里甲走遞夫馬，或稱爲里甲夫馬。所包括的內容，大致不外接遞，搶轎等夫，走遞馬騾等。這類里甲走遞夫馬的設立用意何在？清人黃六鴻曾有解釋云：

> 夫驛傳之設，有衝有僻。衝則謂之驛站，所以供皇華之使臣，朝貢之方國，與齎奏之員役也。僻則謂之里甲，馬僅以供本州邑之馳遞，故又謂之遞馬。遞馬之設，不過數匹。驛站每州邑或再設，甚衝或三設，每站額馬六十七十不等，其廩糧工料，存留項下支銷，而歲終隨地丁奏報焉。（註一）

照黃六鴻的解釋，驛馬與里甲馬的不同，僅爲設置地點的衝僻之別──衝要處設驛站，則來往文報的傳遞概由驛馬承擔；簡僻處未設驛站，則另置里甲馬以供走遞。這一說法看似圓滿，其實未盡。因爲，在明刊本的各種志書中可以看到，里甲馬之設置徧於各地，並未因當地已有驛站而省略。甚且其設置數量之多寡亦與地方之衝僻成正比。地方愈衝，里甲馬愈多。卽使當地已有驛站，其數量仍可等於一小驛。夫役亦然。由此看來，里甲夫馬之設置目的，顯然由於驛站的額設夫馬不足以供應差使需

────────────────────────────

（註一）　清朝經世文編卷七十三黃六鴻論驛政

要，乃多設里甲馬以供不足。明代制度，增設驛站及增編站銀均屬變更定制，每須奏准舉行。而里甲力役自昔即被視爲一切官府需要的取給之所，或增或減，地方官吏即有權決定。驛遞冗濫，額設夫馬不敷支應，除了額外增加里甲幫貼之外，最好的辦法就是增加里甲夫馬，一不須專案題准，二不慮增之無名。於是在若干地區，里甲夫馬的支出數目乃可以比擬站銀支出。湖廣總志所載湖廣全省的額編站銀總數不過銀18萬兩，而額設里甲夫馬銀兩的總數竟多至24萬餘兩（參見後文）。這就可以知道，黃六鴻的解釋，祇能適用於清代大事裁節驛遞以後的情況，而並非明代的情況。

明代各地設置里甲夫馬的詳細情形如何？由於明會典等書並無記載，只能從現存的明刊本志書中去儘量蒐尋有關資料，以瞭解其大概情形。目前所能看到的情形，約如下述：

(1) 清代各地的里甲馬僅有一匹或數匹，明代則除了極少數簡僻縣分設馬騾十數匹外，多數均有二、三十匹；最多的如山東臨清州，額設里甲走遞馬騾64匹，其次如山東汶上縣、茌平縣、高唐州、恩縣，亦各有60匹之多。較之若干簡僻小驛的額設馬騾數目，遠爲超出。

(2) 明代里甲項下的夫役，包括接遞皂隸、走遞夫、損轎夫、排夫等（其工作性質大致相近，只是因地方不同而有不同的名稱），其人數每視地方衝僻而有多寡不同。如湖廣總志所載蒲圻縣額設排夫300名，嘉魚縣額設排夫500名；萬曆東昌府志載高唐州及恩縣額設走遞夫各300名；又萬曆汶上縣志載，該縣額設走遞夫亦有300名之多。至於人數最少的地方，如山西臨縣僅只九名，寧鄉縣亦僅有十數名而已。僱夫多自然是由於差使多，如果里甲走遞人夫僅供本地差使之用，則本地又何來如許差使？前引崇禎江浦縣志已曾說到，該縣額設里甲人夫專供皇槓官使等差應用。上述蒲圻、嘉魚、臨清、高唐、汶上、恩縣等地額設里甲走遞夫役數百名，顯然亦是由於地當衝衢，驛遞差使繁劇之故。

爲了瞭解明代各地額設走遞夫馬銀兩數目，以資比較起見，今將萬曆以後各種明刊本書中有關里甲走遞夫馬銀兩及驛傳銀兩數目摘錄製成如下附表，以見一斑。

縣　名	額設里甲走遞夫馬銀兩數目										額設驛傳銀兩數目	引用方志書名
	走遞夫		接遞皂隸		摃轎夫		走遞馬騾		支應數	合　計		
	名數	銀數	名數	銀數	名數	銀數	匹數	銀數	(兩)	(兩)	(兩)	
山西汾陽縣				(兩)120.00	50	(兩)360.00 / 372.00(另雇夫銀)		(兩)520.00	300.00	1,417.00	3,767.11	萬曆37年汾州府志卷五
平遙縣			20	120.00	4	28.80	26	676.00	211.79	1,036.59	3,934.58	同　上
介休縣			20	120.00	4	28.80	25	650.00	180.00	978.80	1,998.45	同　上
孝義縣			12	72.00	28	201.60	22	572.00	80.00	925.60	1,943.07	同　上
臨縣			1	6.00	8	57.60	12	300.00	15.00	378.60	555.48	同　上
靈石縣			30	216.00	4	36.00	15	420.00	194.78	866.78	995.38	同　上
永寧州					50	360.00	12	288.00	90.00	738.00	2,095.01	同　上
山西寧鄉縣			4	24.00	12	86.40	13	723.00	15.00	398.40	814.50	同　上
山東掖縣	71	698.53					72	1,091.84	120.00	1,910.37	223.00	萬曆32年泰州府志卷三
平度州	61	620.13					18	372.00 又雇馬銀80.00		1,072.13		同　上
昌邑縣	90	928.80					30	708.40	60.00	1,697.20		同　上
濰縣	90	904.00					38	800.00	60.00	1,764.00		同　上
膠州	55	544.00					20 又雇馬	400.00 50.00	30.00	1,024.00		同　上
高密縣	48	472.00					12 又雇馬	240.00 45.00	30.00	787.00	76.00	同　上
即墨縣		432.00						365.00	30.00	827.00		同　上
南直懷遠縣								240.00	1,360.00	1,600.00	2,993.15	萬曆33年懷遠縣志
北直香河縣			15	90.00		120.00	24	1,248.00		1,458.00	1,055.78	萬曆48年香河縣志
山東汶上縣	300	3,306.40				300.00	60	1,116.00		4,722.40	3,734.00	萬曆36年汶上縣志
北直廣宗縣			16	115.20	20	200.00	14	336.00		651.20	1,469.78	萬曆26年廣宗縣志
北直新城縣					(雇夫雇車)	2,880.00	32	732.00		3,612.00	8,164.82	萬曆45年新城縣志
河南原武縣	10	72.00	25	180.00		10.00	14	350.00		612.00	1,696.60	萬曆19年原武縣志
南直江浦縣	207		40							2,144.00	6,030.17	崇禎14年江浦縣志
山東聊城縣	184	2,153.60					55	1,294.00	970.635	4,418.235	1,476.00	萬曆28年東昌府志
堂邑縣	100	1,074.67					40	795.666	606.915	2,477.251	1,710.00	同　上
博平縣	32	517.20					16	384.066	418.085	1,319.351	976.50	同　上
茌平縣	200	2,755.00					60	1,116.00	824.725	4,695.725	1,961.00	同　上
清平縣	30	386.26					8	259.13	408.408	1,053.798	1,224.00	同　上
莘縣	54	690.40					26	544.13	421.523	1,656.053	1,098.00	同　上

冠　縣	85	1,329.33	18	223.20		40	822.93	656.235	3,031.695	1,980.00	同	上
臨清州	180	1,984.00				64	1,419.60	1,111.315	4,514.915	2,286.00	同	上
丘　縣	32	522.93				15	370.00	424.025	1,316.958	1,458.00	同	上
館陶縣	57	860.40				18	446.40	471.475	1,778.275	1,746.00	同	上
高唐州	300	4,072.60				60	1,116.00	925.468	6,114.068	2,754.00	同	上
恩　縣	300	3,666.32				60	1,116.00	813.395	5,595.715	2,052.00	同	上
夏津縣	84	901.66				32	742.00	665.885	2,309.545	2,214.00	同	上
武城縣	75	866.50				50	1,023.00	648.365	2,537.365	1,188.00	同	上
濮　州	54	690.40				23	631.93	634.505	1,956.835	1,368.00	同	上
范　縣	31	454.00				12	315.70	393.825	1,163.525	549.00	同	上
觀城縣	29	353.47				10	253.23	381.905	988.605	540.00	同	上
朝城縣	43	686.80				20	507.83	485.185	1,679.815	1,355.00	同	上

試將上表加以分類統計，便可以見到如下的情形：

①　額設里甲走遞夫馬銀兩500兩以下者　　——2

②　額設里甲走遞夫馬銀兩501至1,000兩者　——9

③　額設里甲走遞夫馬銀兩1,001至1,500兩者——9

④　額設里甲走遞夫馬銀兩1,501至2,000兩者——8

⑤　額設里甲走遞夫馬銀兩2,001至2,500兩者——3

⑥　額設里甲走遞夫馬銀兩2,501至3,000兩者——1

⑦　額設里甲走遞夫馬銀兩3,001至4,000兩者——2

⑧　額設里甲走遞夫馬銀兩4,001至5,000兩者——4

⑨　額設里甲走遞夫馬銀兩5,001至6,000兩者——1

⑩　額設里甲走遞夫馬銀兩6,001兩以上者　——1

在上述統計數字中，以②③④類佔最多數。如將上項統計數字再加歸併，以每 1,000 兩作爲各類的差距，則佔最多數的，仍是 1,000—2,000 兩的階段。因此，我們如以銀 1,500兩作爲明代各地州縣額設里甲夫馬銀兩的平均假定數，相信當不致離事實太遠。 此外，湖廣總志卷26—28所載湖廣各地州縣額設里走遞夫馬銀兩數目，亦可以提供另 一種參考。今亦製成一表列下：

府　州　別	額設里甲夫馬銀兩數目	額設驛傳銀兩數目	附　　　　　　　記
	（兩）	（兩）	
武　昌　府	15,522.16	15,292.14	
漢　陽　府	9,470.21	1,491.40	
黃　州　府	31,479.93	16,643.92	
承　天　府	26,561.07	16,282.02	
德　安　府	18,082.77	3,729.23	
荆　州　府	25,214.36	22,275.96	
岳　州　府	6,852.88	25,179.53	
鄖　陽　府	5,861.53	560.00	
襄　陽　府	21,203.18	3,275.61	
長　沙　府	28,472.66	20,621.88	
寶　慶　府	6,316.64	3,457.65	
衡　州　府	17,859.53	10,434.30	
永　州　府	7,390.43	4,541.54	
辰　州　府	7,650.40	19,503.00	里甲夫馬銀數外脚馬 115 匹未定銀數
常　德　府	12,219.30	13,027.64	
郴　　　州	4,157.65	2,180.20	
靖　　　州		1,114.00	里甲項下脚馬98匹排夫188名未定銀數
合　　　計	244,716.30	179,620.02	

辰州府脚馬 115 匹，靖州脚馬98匹，每匹估計銀15兩。靖州排夫 188 名

每名估計銀 5 兩，三項合共銀 4,135.00兩。

244,716.30＋4,135.00＝248,851.30 兩　（湖廣闔屬額設里甲夫馬總銀數）

明代湖廣全省共設州縣 123 ，則各州縣的額設里甲夫馬銀兩平均數應爲 248,851.30 ÷
123 ＝ 2,023.18 兩。較之前述數字，更爲超出。

　　明代各地州縣額設走遞夫馬銀兩何以必須如此之多呢？我們且看天啓二年時大學
士葉向高所說的話：——

　　　臣等見向時縉紳往來，水行不過二舟，陸行不過數十夫。卽有假借勘合，答應
　　　人情，尤未甚累。今用舟動至三四隻，用夫動至一二百名，不知其所攜載俱是
　　　何物，而輜重纍纍，一至於此。而且有分外之勒索，常例之折乾，要津作備，
　　　度職效尤。雖屢奉朝廷嚴禁，而過客等於弁髦，地方官亦褎如充耳。（註一）

又沈昌世奏陳驛遞苦累疏中亦說：

　　　今自京官而及司道州縣官無不借勘合 ， 夫役無不討火牌 ， 且也私牌私票橫行
　　　不絕，幾于天壤間無不馳驛之人矣。其中不仁貪宦，馬動以六七十匹，夫以二
　　　三百名，不法差役，無藝之需索，無情之凌辱，又不與焉。（註二）

強有力的仕宦縉紳，借驛遞以搬遷家眷，運送私財，船隻動至三四隻，馬匹動至六七
十，夫役動至二三百，各驛站額設夫馬車船有限，擡轎等夫更非驛站所額設，如不是
取之於里甲項下，試問地方官府如何應付？萬曆以後的明刊本志書中所以有甚多里甲
夫馬銀兩的記載，大槪卽由此故。崇禎三年裁驛案的緣起，由於當時的驛遞冗濫過甚
，百姓苦累不堪，所以廷臣中先後有人提出裁驛的主張，最後終於促成了明思宗的裁
驛決心。事實上，在毛羽健劉懋等人發爲此言之前，早就有人針對驛遞之冗濫害民，
提出了裁驛的主張。如西園聞見錄卷72便有沈昌世的意見，說：

　　　今欲國與民並受其利，自有一直截之法，曰裁之而已。馬自飛報軍情、齎奏撫
　　　按章疏，傳遞撫按緊急公文而外，所夫自擡送上供物件、給邊錢糧而外，大臣
　　　以禮致仕，京官奉命差遣，有詔勅等書，量煩簡大小，各應給馬幾匹，脚力幾
　　　頭，擡夫幾名，注定名數，不許濫加。自非然者，無論京官外官，給假、告病
　　　、罷閑等項，俱不得私遣牌票，違者計夫數追贓坐罪。其各驛馬頭夫頭，照各
　　　原有工食，每十匹裁六匹，每十名裁六名。規則一定，過客雖欲非法索之，而

────────────────────

（註一）　　張萱西園聞見錄卷72

（註二）　　同註一

窮于無可索；縣官雖欲曲意奉之，而窮于無可奉。其裁去夫馬工食銀兩，總計
若干，或全豁以寬民力，或姑借以抵新餉。則驛遞免騷擾之苦，而國與民亦受
涓滴之利，計似無便于此者。

沈昌世所提的節裁辦法，是將各地驛站額設夫馬數目照額減六存四，另外更限制使用
驛遞，如此本末兼治，則驛遞自省，而費用亦節。但崇禎三年明思宗令劉懋專管裁驛
事宜時，所頒行的裁節辦法，却是不減額設夫馬的數量，而但裁扣每一夫馬的額設工
食銀兩。這辦法有兩項矛盾：一、如果驛差可省，則夫馬的數量不減，未免形於浮濫
。二、如果驛差不可省，而夫馬之數目不可減，則額設的工食銀兩需供飽腹之用，又
如何可以裁扣？由於崇禎三年的裁驛案兼具有省差使與節費用的雙重目的，推測劉懋
的用意，大概認為原設夫馬銀兩的額數本有浮濫，由於差使可節，故夫馬工食亦稍有
可減。這一推測如果能够成立，則證以崇禎年間物價上漲的情形，夫馬工食亦有不可
扣減的事實存在，而劉懋所定的裁扣辦法，在理論上仍是說不通的。

在這裡我們需要看看崇禎年間的物價情況，藉以瞭解裁扣夫馬工食銀兩的辦法，
是否足以影響其生活。

（四）　裁扣夫馬工食的不良後果及擾驛之害

明代的物價，在萬曆末年時仍甚低廉。廣東吳川縣志引陳舜系亂離見聞錄云：

予生萬曆四十六年戊午，時丁昇平，四方樂利。又家海角魚米之鄉，斗米錢未
二十文，魚錢一二………肋肉隻鴨六七文………百般平易，貧者幸託安生。
（註一）

明代錢價，紋銀一兩率易黃錢六百文，見骨董瑣記卷一。此云「斗米錢未二十文」，
則最高不過十八、九文。折合銀價，斗米之值不過三分，亦卽一石值銀三錢。此與馮
桂芬跋袁胥臺父子家書所記，正德時米每石約值銀二錢，隆萬間約值銀三、四錢的情
形符合（註二），可以相信為事實。當時的驛所夫役以每名年支工食銀六、七兩最為普
遍，亦卽每月可得銀五、六錢。其購買價值，在萬曆末年時約為米二石左右，貧寒之
家，勉可餬口。但至啓禎之間，由于天災人禍交洊至，而政府又一再藉加賦以為彌
補軍需不足的手段，生產不足更加之以征斂繁重，於是物價漸見上昇。天啓四年，吳

（註一）　瞿宣穎編．中國社會史料叢鈔甲集葉333轉引。　　（註二）　同上葉331。

中米價，曾因災歉及加賦而上漲至每石銀一兩二錢。崇禎時山東米價且有高至每石銀
二十四兩的空前紀錄（註一）。這雖然都祇是局部地區的暫時現象，不足以代表全般情
況。但自天啓以至崇禎年間，百物價格之日增月漲，當為不爭之事實。反映在兵餉方
面的，遼東軍興之初，每兵月餉不過銀五、六錢，到了崇禎初年，則月支一兩二錢者
有之，月支一兩五錢者亦有之（註二），比之萬曆末年，增加已有一、二倍。兵餉增加
即是意味物價上漲。兵卒的月餉猶可一加再加，驛所夫役的工食銀兩，一向均為額定
預算所限制，即使不予扣減，已不免因物價上漲而減少其實際所得。如果再予扣減，
則日用勢將不敷，夫何以為生，馬從何得食？在未有節裁令之前，不敷工食所賴以為
彌補的方式是私幫津貼。自節裁之令下，私幫已盡蠲免，而額銀不敷之外，又重之以
扣減，於是驛遞始重困。這種情形，有崇禎三年正月江西巡按范復粹的奏疏可證，
摘引如下：——

　　……但馬戶一役，臣聞三十年前，人樂供役，視為利藪。迨後伊歷漸劇，征調
　　時繁，牌票濫用，工食未敷，而驛始困。故招商窮而僉報，僉報窮而里派，包
　　當之棍，乘是射利，又告添工食，私索幫貼，一年一換，祇開騙門，年年累幫
　　，民受實害，皮毛俱盡，貧富同傾，此二十年來之積困積弊也。臣初入班行，
　　即疏言及此，而諸臣大暢其說。幸我皇上洞察諸弊，一切牌票等弊悉革，從前
　　之累，一旦獲蘇。天語煌煌，臣已頒刻各驛，遠邇歡呼，頌皇恩之浩蕩矣。且
　　命科臣專督其事，科臣苦心裁察，誰敢再有橫行以擾驛者？從此差役已省，工
　　食可足，私幫可免，蘇驛即以蘇民，莫不喜色相告。及聞減扣其工食，又相向
　　而悲矣，何也？驛仍苦民仍病也。臣不知他省何如，但據江西南昌、九江等衝
　　途馬戶，紛紛告擾告退，因而扳報里甲，人無寧居，臣甚憂之。詢其故，則曰
　　：舊時差煩而上有工食，下有幫貼。今差雖省矣，幫貼無望矣，止靠工食為命

（註一）　中國社會史料叢鈔甲集集331轉引骨董瑣記。
（註二）　明清史料辛編官一本葉95，兵部行「關於登萊二屬善後各款」殘稿，議設登萊總兵內云：「大約計
　　　　　之，……川兵二千名，月食一兩□□□□□月食一兩二錢，行糧三錢，合之亦一兩五錢，歲支餉十
　　　　　一萬八千兩。土兵五千名，月食一兩二錢，歲支餉該七萬二千兩。」按，籌遼碩畫所記萬曆四十六年時
　　　　　兵卒月餉，不過銀五、六錢，而議設登萊總兵在崇禎六年，相距不過十五年，兵卒月餉已增一、二倍，
　　　　　可知物價上漲之一斑。

耳。然十裁其六；差煩固養馬也，卽差省亦養馬也，馬不能一日廢蒭，則工食

可一日缺給哉？欲其不又轉相扳害，私索幫貼，不仍蹈前弊不可得矣。（註一）

按，崇禎三年所頒行的裁節命令，原爲不分省直，一律裁扣夫馬工食十分之六。但後

來所核定的裁減分數，江西省僅爲十分之一點五，當是由於撫按等官力爭之故。江西

如此，他省亦然。這一點足以說明，物價上漲的因素，已使原定的夫馬工食銀兩貶低

其實際價值，而至無法扣減的程度。祇因政府當局堅持不裁夫馬而祇減工食，於是迫

使驛站夫馬轉而以私幫津貼的方式取償於里甲地方。此一事實，除了范復粹的題本之

外，尚有明人申佳胤的臨洺驛馬政記一文，可爲佐證。

　　無奈羽書旁午，當事者迫於度支告匱，遂議節省勘合馬牌，每匹裁銀三十四兩

，扣留解部，以濟燃眉。酌工料之有餘，補經費之不足，不過爲一時權宜計。

豈知郵符之裁革僅十分之一，工料之裁減幾十分之三，較之常數，已不相敷。

兼以時方多事，差役倍增，年穀不登，豆芻騰貴，顧欲以裁去之銀兩，辦極貴

之草料，應極煩之差徭，庸可得乎？迫夫募夫多逋矣，驛站幾倒矣，乃議僉派

輪應，一蹈萬曆以前之夙弊。復任其恣情扳累，橫索包賠，剜閤縣之膏脂，填

無厭之慾壑，究使民生日蹙，驛害滋甚，吁，亦無策甚矣。（註二）

爲了解決夫馬工食不足的困難，最後的辦法是計馬核銀，每匹增加工料錢六萬八千六

百四十文，分攤於廣平府屬各縣，計畝出錢，以爲幫補，事見原文，今不多敍。裁扣充

餉，而幫貼仍出民間，這已足以說明夫馬工食在當時的物價情況下實無可裁。何況「

郵符之裁革僅十分之一，工料之裁減幾十分之三」，則驛遞差使的裁省比率亦甚爲有

限。郵符未能充分裁革，卽冒濫未能充分禁絕，而加幫之害，民仍受之，崇禎三年裁

驛案中所希望達到的三項目標，已經有兩項落了空。而據後面的資料顯示，其實際情

況之惡劣，又有遠甚于此者。皇明經世文編卷 153 崔銑直隸驛傳事宜序，有編者陳子

龍的按語，說：

　　近者裁驛以來，浮費雖稍省，而中使屢出，需索百倍于強薦紳。

明季驛站之苦于官吏需索，西園聞見錄中載有資料頗多。下面摘引數條，以見一斑。

（註一）　明清史料壬編第一本葉51。

（註二）　廣平府志卷27。

其一是說，驛站需索之弊，起于法令許可馳驛人員得於規定數目外多索五倍的夫馬。

口口口曰：……兵部見行勘合事例，撥夫自二十名至二名，撥馬則變馬單馬一馬一騾。若廩給口糧站船紅船車輛等，一視差之大小，秩之崇卑有差。顧勘合所開者一，而外所起派者不啻數倍。先經題請，夫馬只許溢五倍，夫亦就差之重大者極言之耳；今乃一概多索，大半折乾。……

其二是說明折乾的內容。

又曰：………今天下驛遞之累苦，有折夫錢，有馬錢，又有趕繂錢，又有折吹手錢，種種指索，不一而足，而大都皆由于前站。前站者，率積慣走差之人，假名執殳，實營谿壑。且如旱驛，一到便于額外索常例馬數匹折乾矣，正數坐騎馬于每匹索借馬錢，必飽所欲乃止矣。不然者，或將本馬打過前站，質當店家銀兩以去。有司又不嚴質當官馬之禁，致令恣爲指索。又不然者，割馬耳，截馬尾，且立見瘦死矣。若夫水驛，官船一到，則船頭有索，行廚有索，長行吹手有索，家人有索。或鎖驛官，或毀驛器。既索趕繂馬，又索趕夫錢，多者以兩計。若馬、快、進鮮船甚且以十數兩計。皆登報之所不敢載也。

其三是說明驛站官吏何以必須曲意奉承過往官吏之勒索：

……有司之在今日，其視仕途之過客，不啻如該管之上司。一有弗備，卽指之爲朽鈍，而長安之物議騰矣。其視過客之僕隸，又不啻如親臨之過客，稍有不遂，因之爲中傷而反間，而主翁之懻忮起矣。夫爲有司者，俛首一經，折腰五斗，寧肯恃一時釐奸剔蠹之名，而招天下鑠金銷骨之口哉？以故索之者視爲故然之物，而應之者視爲必供之需。年復一年，迄無變計。

崇禎年間內官承差額外多索夫馬，騷擾驛遞的實例，明清史料中便有如下一條記載：

……兵科抄出山東巡撫王公弼題……據樂安縣申稱……差官錦衣衞張可大、裘國祚、王向國、潘允昌、郭明德等，賫火牌五張，每一張馬三匹，共十五匹，俱應付訖。差官恣意需索，每馬要錢一千七百，每夫要錢三百。要檻車三輛，每輛折銀三十兩。此外，要轎夫吹銃旗皁，坐包引馬，扛夫坐飯中火，俱要折乾。一時湊辦不及，卽將馬夫譚民旺等拿致公所拷打，伊坐轎領役，擁至公堂

，欺凌辱罵，打壞堂上柵欄，燒燬東司門窗。……（註一）

官吏們向驛站恣意需索折乾，驛站當局藉何銀以資應付呢？據西園聞見錄卷72所載佚名疏，簡直就是從馬夫、摃轎夫等一應驛站供役人夫的工食銀兩中尅扣而來的：

> 今天下驛遞之苦累，有折夫錢，有馬錢，又有趕纜錢，又有折吹手錢，種種指索，不一而足。……竊計旱驛額設馬騾，多百匹，少幾十匹止矣。馬價多者，如北直金臺、河南衞源等驛，名雖七八十兩，半苦協濟之拖欠。乃湖廣如漢江、郧城諸驛，每匹價僅二十五兩，即議幫以里甲，仍苦不足。而短差長差，無日無之。若夫夫銀，每名每日多不過三分，而驛所日一切雜費，皆以取給，夫所領十不六七。計馬值有不足供芻豆顧值費者，計夫值有不克充竟日餬口資者。

按，驛站供役人員**中**的摃轎夫等項，其工食銀兩多數均在里甲夫馬銀兩內開支，前文已曾述及。上述的資料更說，驛站額設馬騾的工料不足，亦由里甲幫貼。如此說來，各地里甲差役中所以要設置甚多的摃轎夫、排夫、接遞皂隸、里甲馬，以及額設夫馬之外，更有所謂備用的雇夫銀、雇馬銀，原來就是專供應付過往使客之需索而設的。天啓元年時，侍郎鄒元標亦曾說過：「臣邑夫不過百名，日停征艄，蓋不知其幾，諸夫多有逃者。縣官設法，復招之來。每年額設工食，半在士紳，家奴華衣上食……」（註二）。由這裡可以知道，所謂里甲走遞夫馬銀兩，實際上是一項巨大的漏巵。崇禎三年頒行裁驛之始，倘能如沈昌世建言**中**所說，以節省差使及裁減夫馬為本末兼治的辦法，則在驛差節省，冒濫禁絕之後，不但夫馬可裁，即此項「里甲夫馬」銀兩亦有大宗款項可資裁汰。退一步說，即使不裁驛站額設夫馬，此項里甲夫馬銀兩中裁省的銀兩，亦不難得有六、七十萬之譜，以之抵充驛站節裁而免扣夫馬工食，豈非十分合理而容易奏功的事？當時主持裁驛事宜的刑科給事中劉懋，起家牧令，曾厬民社（註三），對於地方利弊，應該知之甚稔。何以他在制訂裁驛辦法時，祇知裁扣夫馬工食而不問此項里甲夫馬銀兩？這一點，當與明代官吏狗私滅公的風氣有關。因為裁扣驛站夫馬的工食銀兩，其害由民受之，與官吏無涉；里甲夫馬項下額設的各項銀兩，

（註一）明清史料辛編第八本葉787

（註二）西園聞見錄卷72

（註三）明清史料壬編第一本葉51兵科抄出江西巡按范復粹題本：「科臣劉懋，嘗令新安，臣按其地，喜其清白自矢，蘇驛蘇民，稱一時循卓。」

實際乃是官吏們侵漁的對象，一旦裁節，勢將直接損害官吏們的權益。劉懋既知其中利害，又豈敢冒天下之大不韙而倡言裁減呢？崇禎三年裁驛案之所以不能成功，於此已可覘知。

如前所述，崇禎三年所頒行的裁驛案，由於內容的不適當及執行的不認眞，使得頒行裁節計劃時所預期的前二項目標——整飭驛遞，以清冒濫，免除私幫加派以輕民累，都未能順利達成。但是，其第三項目標——裁省驛站經費以補兵餉之不足，則是自始至終都被切實執行的。前二項目標未能達成，不過貽害在民；第三項目標被切實執行的結果，却造成了若干地區的馬死夫逃、驛站倒壞的後果，於是迫使頗多仰賴驛糈爲生的無業之徒因生計無著而流落爲盜，引發了更大的社會問題。這是崇禎裁驛案中最大的弊害，下面就將討論到這一點。

五、協濟制度所暴露的缺點

明初設立驛站，因爲其制度本身純爲人民貢獻於政府的力役，而一州一縣的丁糧有限，爲羣策羣力及平均負擔起見，各地驛站所需要的力役，每每由附近州縣甚至隔省府縣共同出夫協力承當。在力役未改行條鞭法之前，協濟州縣年年須照派定的額數僉解人夫應役，無可諉避。如果瓜代者不依時前往換替，則舊役者不能息肩，縱使苦在民夫，被協濟州縣全無牽累。但自條鞭法實施之後，舊時的力役改爲納銀代役，役銀由協濟州縣彙解，這種制度的缺點，就逐漸暴露出來了。萬曆三十年，部覆保定巡撫汪應蛟議處驛遞疏，中云：

> 浙江蘇常協濟該屬北直工料銀每年一萬五千六百有奇，國初係糧僉解人應役，後改爲召募解銀，今並其銀而不解，似非立法之初意。且各省直亦係正供正解，每年派徵在官，卒視爲不急之務，那借別用，不則官吏侵漁。卽差役催取，十不得一，往來冒費，竟置烏有。（註一）

協濟不解，被協濟州縣卽不免遭遇站銀不敷的困窘。其情形有如前引西園聞見錄佚名疏中所說的：「馬價多者，如北直金臺、河南澠源等驛，名雖七八十兩，半苦協濟之拖欠。」七八十兩之中被協濟拖欠半數，猶有三四十兩可供走遞；倘馬價銀兩原僅三四十兩，再被拖欠，其情形就不免要如戶部主事王鰲永疏中所說的襄陽縣漢江呂堰二

（註一）　張萱西園聞見錄卷72

驛那樣：「計每馬一匹，止得銀十五兩，將以爲買馬之値乎？抑充養馬草料與馬夫工食乎？」這是崇禎三年裁驛以前的情況。自崇禎三年裁驛命令頒發之後，各地驛站的額設夫馬工食銀門均按核定的裁扣比率裁解兵部，倘協濟銀兩再如從前之拖欠不解，所給予被協濟州縣的打擊便很大了。

　　崇禎三年的裁節驛費案，浙江省額裁十分之五，福建廣東各裁十分之四，山西江西各裁十分之一點五，山東裁十分之一，其情形已見前述。此外則陝西省額裁銀21,000兩，見明清史料辛編第五本葉479，戶科外抄督催陝西練餉刑科給事中曹代之題本。如該省原額站銀爲433,943.98兩，則其裁節比率僅爲百分之五。其他各省直的裁減比率若干？因資料不全，不詳。裁減分數核定之後，自崇禎二年秋季爲始，凡有驛站設置的州縣，卽須按裁定分數扣減其額設的夫馬工食銀兩，按季解由布政司彙解兵部。到時不解或解不足額，由兵部按季考成參罰。當時所定的罰則是：初次違限未完者住俸，參後寬限再違者降級督催，三違者解職赴部降調。（註一）罰則如此森嚴，自撫按司道以至各府州縣，督催起解，罔敢後時。但，裁站銀兩雖從各驛站扣解，而各驛站的站銀並非全出於本地土徵，而大半仍賴於外解協濟。今協濟不能依期速至，而裁扣却須先行解部，於是其夫馬工食所需遂無着落。爲解決此一困難計，戶部主事王鰲永曾於崇禎五年八月疏陳襄陽驛遞苦累案內提出建議，請將長黃衡德四府額解該縣協濟站銀作爲襄陽縣應行扣解之數，由四府逕行解部，不敷之數，仍由襄陽解足。襄陽土徵站銀，留供本地走遞之用。此案經兵部看議的意見是：「已咨湖廣撫按竟自具奏。」此年十月，鳳陽巡撫李待問及湖廣巡撫魏光裖亦有類似的建議，要求將浙江省額解的協濟站銀逕行解部，抵兌各該省直應解裁扣站銀，多餘之數，仍解驛支用。兵部覆云：

　　爲照錢口起解，必須項款分明，最忌東那西抵。今據鳳陽湖廣兩撫臣議將浙江

（註一）　明清史料壬編第一本葉96兵部稿簿。爲摘參未完以清積案事，內稱：「……一咨浙江湖廣……各巡撫，頒爲查照兵科摘參原疏及奉明旨內事理，嚴行所屬府州縣，速將崇禎二三兩年未解節裁銀兩限次年（原空四字）月內解部，仍查違玩府州縣各官。曾經崇禎四年十一月內該兵科都給事中仇摘參，本部題覆，初違未完節裁見在住俸者，應照再違事例降級督催，先將職名自行速奏，仍開館明清冊報部查考。以憑完日具題開復。其崇禎四五年應解節裁亦照前限解部，如過限不解，本部定照三違欽限罰例題參，赴部調用。……」

　　應解協濟驛遞銀兩以抵該省直解部節裁，雖有利於郵驛，而不無乖於經制，抑
　　且數目懸殊。

祇因乖於經制及數目懸殊之故，所以地方官所提出的抵兌辦法雖有利於驛站業務之推
行，兵部仍議覆不准。但兵部也有相對的議案代替此一辦法，其內容是：

　　今日之求抵兌者，無非以驛傳錢糧不載考成，其應協濟省分，痛癢不關，又難
　　參罰，故議兌以蘇驛困耳。乃更有直接簡便，可以免拖欠之苦，並可以省抵兌
　　之煩者，無如專責各省驛傳道，每年終將（約缺數字）省府州縣應解協口，查其
　　完欠，申報撫按，完者咨部紀錄，欠者明開本省某州縣未完本年站銀若干，某
　　省直某州縣未完協濟若干，照京邊錢糧參罰新例具題罰治，卽隔屬一例參罰，
　　停其陞考。至驛傳道職司通省郵政，若舉劾不前，催解怠玩，一併請本部年終
　　查參。如此則人惕于功令，起解自不後時，蘇驛之道，不外此矣。（註一）

此稿具於崇禎五年十二月初六日，堂簽「題」字，當爲業經畫發之稿。果如所說，各
省直額徵站銀及協濟站銀完欠自此一律載入考成，按年查參，則驛站銀兩應該再無拖
欠，而驛站的困窘亦可賴以少減。但事實上由於明末弊政，惟重錢糧，賦重民貧，敲
扑難完。倘使各項錢糧俱視完欠一體參罰，則輕重不分，京邊錢糧反致貽悞。所以最
後惟以京邊錢糧列爲最優先，站銀之類，仍多緩視。試看崇禎十三年三月延綏巡撫劉
令譽題參陝西延長、延川等縣積欠清澗縣石嘴驛協濟站銀一案云：

　　該驛舊額站銀一千九十七兩三錢二分五厘三毫，在於延屬延長、延川、安塞、
　　安定、米脂協濟。自荒盜後，前項各縣止焰熟糧徵銀一百七十一兩六錢八分四
　　厘八毫。竝清澗原額銀五十六兩五錢九分三厘七毫，共銀二百二十八兩二錢七
　　分五厘八毫。向使歷年焰數解納，猶可接濟，不致周行大道置郵中斷。而有司
　　以隔屬秦越相視，疊年協濟不解，而清澗亦然，以致郵率（疑誤）苦莫能支。前
　　督撫以延綏餉庫銀兩借給，嗣後戶部不准銷算，已而驛站遂廢矣。（註二）

站銀協濟，在崇禎十三年猶仍「隔屬秦越相視」，足見崇禎五年所患苦的情形，至此
猶未有改善；或一度曾有改善，而日久仍蹈襲故常。明代的驛站制度，驛馬交付領養

（註二）　明清史料辛編第五本葉 480

的馬夫飼餵，官府但給工料銀兩。協濟不解，被協濟的州縣無銀支付，勢必只有任令
馬夫自行設處。然馬夫率多無業赤棍，全靠工料接濟，當草料騰貴之時，原有額銀已
苦不支，又何堪拖欠賠墊之苦？至無可賠墊之時，必至坐視馬騾瘦損倒死，而自己亦
出於逃亡之一途。馬夫如此，其他夫役何獨不然。馬死夫逃，則驛站不倒而自倒。這
是非常合乎事勢發展的必然歸趣。除前引延撫劉令譽題本之外，猶可舉出崇禎十五年
三月眞定巡按韓文銓之疏爲證：

> …夫有力之家，誰肯捨身應募？不過奸猾乞棍，圖養身命，全賴工料及時，顧
> 覓行差。卽令按季支領，尙有許多繳費，每十僅徵六七。值此殘陷之餘，旱蝗
> 頻仍，完納不前，支解不敷。有驛衝途，迫于功令，嚴法捉拿僉報支持。料草
> 米糧，十倍往昔。協濟州縣，秦越異視，縱有輸徵，各急京邊，明知站銀無關
> 參罰，催提萬紙，褎如充耳，有司束手無策。驛站之廢，全緣于此。
>
> ……蓋郵站倒斃，率緣錢糧不敷，錢糧不敷，實緣考成之無例也。如今日眞屬
> 驛遞，自僉報更爲召募，殷實者盡放歸農，口役者槪係赤棍，賠墊毫無，全靠
> 工料，而各州縣視站銀爲緩項，任其橄催，竟若罔聞，壓欠經年。更兼料珠草
> 桂，而夫頭馬戶，安得不逃廢乎？（註一）

由上面所引敍的史實，使筆者個人對明末的驛遞制度發生頗多的感慨。

明代的驛遞制度，自力役廢而條鞭行，原來的僉解人夫辦法已由納銀代役的辦法
所取代，其制度本身卽應同時加以調整改革，以資適應，特別是驛遞制度中的協濟辦
法那一部分。

明代的田賦，在早期均爲實物，後來逐漸改爲一部分徵實，一部分徵銀。既然協
濟站銀所徵收起解的都是銀兩，那末，此項由協濟州縣所徵解的站銀，很可以併入本地
應解布政司的錢糧數目之內，解由布政司彙解戶部。被協濟州縣所需的協濟站銀，卽
在本地應解布政司的錢糧數目內照額留用，如有不敷，仍由布政司撥補。如此一轉移
間，可以得到幾種良好的後果：一、本地所需站銀取給于本地錢糧，可無協濟拖欠之
弊。二、協濟州縣將協濟站銀解交布政司彙解，可無隱匿侵漁之弊。三、如需裁扣
站銀，只要算明應裁數目，或在額解錢糧之外增解應裁之數，或扣除布政司撥補的站

（註一）　明清史料辛編第七本葉676，677

銀，可無轉輾牽掣之弊。這應該是比較進步的錢糧徵解辦法。自力役改爲折銀代役，這種條件已經具備。如此則錢糧的項款旣甚清楚，輸解的手續亦甚簡便，決不致如上引史文所說的秦越異視，各急所急，卒致陷驛站於坐困。當戶部主事王鼇永等人提出抵兌的建議時，協濟制度的重大缺點已經分明可見。明知有重大缺點而不肯設法改進，反以「有乖經制」的理由駁覆不准，我們眞不知道主管全國驛政的兵部官吏，是何用心？明朝官吏之善於諉卸公事，而不知以國事爲念，於此可見一斑。

在整個裁驛史事中，由於兵部主管裁驛官吏之缺乏責任心及處置不當，已經造成了一連串的錯誤。例如：

一、不節裁驛遞差使，使得額設的驛站夫馬不能減少名額。

二、不裁減驛站夫馬名額而但事裁減每一夫馬的額設工食，使得驛站夫役的生活直接受到影響，其中尤以馬夫爲甚。

三、物價上漲，驛站夫役的工食所得更見貶低，生活更爲困苦。

四、不肯改善這種不合理的協濟制度，以致協濟不解，站銀無出，驛站夫役的生活全無着落，終於促成馬死夫逃，驛站倒廢的結果。

以上所述，雖說物價上漲的原因是由於長期戰爭中的軍費膨脹、生產不足所致，但如能將此外三點設法加以改正，則物價上漲對於驛夫生活的威脅，便不致如此嚴重。特別是第四點，如果驛站所需一皆出於本地，不必急京邊而緩站銀，則無論裁扣工食及物價上漲如何使驛站夫役的生活陷於困難，只要接濟不致中斷，驛站就不致趨向倒廢之途，事實至爲明顯。這種不合理的協濟制度，在山陝兩省所造成的弊害最大。因爲山陝兩省自昔地瘠民貧，明末賦役繁重，盜起如毛。加以災歉頻仍，各地額徵賦銀缺額過半。缺額雖多，京邊錢糧仍須儘先起解，於是視協濟站銀爲可緩之項，任意那欠。而本地又別無錢糧可以設處，驛站經費無出，不至於倒廢不止。上面所引的清澗縣石嘴驛，卽爲其一例。石嘴驛之外，在檔案中可見的，尚有陝西洛川縣的張村驛，隆盆驛，安化縣的驛馬關驛，見於順治十八年十二月初四日的戶部殘題本。原文說：

「張村、隆盆二驛，……自明季以來，驛遞久廢。」

「驛馬關驛……自崇禎年來……久廢。」

驛站倒廢的意義，卽是驛站夫役的生活失去了憑依，其不致流落爲盜者幾希。關于這

一層，李光濤先生在明季驛卒與流賊一文中闡述已詳，今不贅。

下面需要將崇禎十二年的裁節驛費案略作補敍，以結束崇禎裁驛史事的敍述。

<h3 style="text-align:center">六、崇禎十二年的裁節驛費案</h3>

崇禎十二年的裁節驛費案，不知頒於何時，因資料不詳，無從查考。所藉以推知其大概內容的，只有下面所引的幾點：

一、崇禎十三年九月十六日兵部題行「邊驛概裁可憫等事」殘稿，中云：「……據懷柔縣申：據本縣槽頭劉廷佐等四十名連名籲告前事，告稱：本縣槽頭向有工食一千四百四兩，自崇禎三年奉裁七百八十兩，止存六百二十四兩，節年每苦支應不敷，上年七月內又奉新裁抽四存六……」（註一）

二、崇禎十五年三月初六日兵科抄出眞定巡按韓文銓題本，中云：「……據永年縣申稱，本縣所屬臨洺驛，額設馬五十四，馬頭五十名，每匹每年工料銀一百五十八兩八錢……至崇禎十二年間，奉行驛遞工料裁四存六………」（註二）

這兩條史文都說崇禎十二年的裁驛案頒於此年七月，其節裁辦法是按照各驛站的現設工食銀兩裁四存六。如此說來，崇禎十二年的裁驛案亦如崇禎三年節裁案之舊，並無新的創意。然則此案之不利於驛站夫役的生活與不能得到成功，亦如崇禎三年的裁驛案，可無疑義。

按，自崇禎三年頒佈初次裁驛的命令以來，由於物價上漲，工食不敷，若干地區的驛站，本來已曾自行設法增加私幫，以免驛站之倒廢，其情形略見前引申佳胤臨洺驛馬政記一文。崇禎十一年，政府爲了顧念物價上漲，夫馬工食確屬不敷的事實困難，一度曾將裁減後的工食銀兩酌增若干，如前引眞定巡按韓文銓題本中曾說：

邯鄲縣……叢臺驛……額設馬五十四，每匹工料銀一百零六兩，崇禎十一年奉旨，每匹每年加添銀五十八兩八錢，每匹共銀一百六十四兩八錢。（註三）

叢臺驛的額設馬匹工料銀，在崇禎三年未裁扣前原爲每匹銀 140 兩，與臨洺驛相同。裁減後每匹存銀 106 兩，亦與臨洺驛相同。但臨洺驛的馬匹工料銀在崇禎十一年增爲每匹銀158.80兩，計增銀52.80兩；叢臺驛則每匹增銀58.80兩，多寡不同。此外則懷柔縣的申文中未曾提到加增之事，不知在臨洺、叢臺二驛之外，各驛是否均普遍得到增

（註一）　明清史料辛編第七本葉 679　（註二）　明清史料辛編第六本葉531（註三）明清史料辛編第七本葉680

加？但至崇禎十二年忽又奉新例「裁四存六」，若是說實行新裁是由于各驛的夫馬工料仍有可裁，然則崇禎十一年何必又有加添之舉？若是崇禎十一年的加添是爲了夫馬工食確有不敷，然則到了崇禎十二年又有何銀可裁？崇禎裁驛案之矛盾不通，在這裡又再度顯示了出來。

　　崇禎十二年頒行「新裁」時的驛站情況如何？據眞定巡按韓文銓的題本所說，是「草料價增十倍」，而差使又「比前倍加繁苦」，驛站夫役甫得喘息之機，輒又加之以裁四存六的「新裁」，其結果是迫使驛站夫役「逃亡流離，將及過半」。所差堪自慰的是，驛站夫役窮餓可憐的情形，居然能博得乘驛官吏的憐憫同情，「達官貴人，憐惜窮民，無不惻心，一切供億，斷（疑脫）責備。卽走差員役，目擊苦楚，只得夫馬，苟且前往，折乾貼馬，久無覬覦。」需索苛擾的積弊，因驛殘民窮而無形革除，這倒正合了沈昌世早年提出裁驛建議時所作的預測：「各驛馬頭夫頭，各照原有工食，每十匹裁六匹，每十名裁六名。規則一定，過客雖欲非法索之，而窮于無可索，縣官雖欲曲意奉之，而窮于無可奉。」亦只有在這種情形下，驛遞的冗濫需索等弊，方能不革而自革，而驛費之糜費，亦方能不節而自節。可惜明朝政府的官吏士紳，不到民窮財盡之時，任何人都不肯爲國家節郵傳，爲小民恤身家，所以終於造成可悲的結果。崇禎十二年頒行裁驛令以後，雖然稍有好的效果，然而已無補于整個驛遞制度所受的創害，及國家社會所受的損失了。

第三節　清初驛遞情況及裁節驛費史事

一、對驛遞困難的諸項改善措施

　　崇禎十七年三月流寇攻陷北京，明祚覆。滿清入關，繼承了明朝的統治。此時正當明末大亂之後，社會的元氣大受傷害，殘驛疲民，仍須負擔新朝的驛遞往來差使，誠然是極爲沉重的任務。但是，新的朝代畢竟有若干新的措施，尤其是舊朝的亡國覆轍，殷鑑不遠，又豈能重新蹈襲故常而不知改變。因此，在明朝末年被困於一再裁節及料珠草桂情況下的驛站，這時逐漸顯現了活潑的生機。所以能促成這種情況的原因。大致可以舉出三項來說：一、核實支用，儘量減少糜費，使每一文驛站錢糧都能用於實際的需要。二、增加夫馬工食，以安定其生活。三、改正不合理的站銀協濟制

度，使驛站所需，取給于本地，避免不必要的侵漁拖欠。以下逐項說明上述三點。

　　驛站錢糧之需要核實支用，在清初特別有此必須。原因是清代初年正當明末大亂之後，額徵站銀缺額甚多，倘仍沿襲明末的浮濫作風，勢將造成更大的困難。由附表㈠湖廣武昌府屬各州縣徭編項目明細表可以知道，武昌府屬江夏、武昌、蒲圻、咸寧四縣額設的排夫名額均在二、三百名以上。雖然每名年支工食不過銀六、七兩，但如合算其總數，便有一、二千兩之多。這些夫役之設置目的，本為應付過往差使之需索。然而過往差使不致每月如此之多，其間之隱占乾沒，便無從稽考。順治九年八月十四日到內閣的江西巡按張嘉殘揭帖，就說：

　　　江西兵燹之餘，匹馬不存。查全書止編馬料，不編馬價，所以買馬應動料銀。江省買馬一匹，時價六七十兩，馬料額編每匹二十四兩，是三匹馬料始足備一馬也。遞夫工食額給每日二分，江省米價日貴，人一日不再食則餒，二分之需，不供一飽，況妻孥待給乎？馬料工食不敷，於是議幫議貼，而加派僉報，雖嚴法禁之，不過紙上遵依耳。職晝夜思維，補救無術。查額設夫馬，以衝僻為多寡。南昌府之附郭南、新二縣，舊額馬一百一十二匹，夫三百八十名，其他衝縣大率准此。伏讀欽案應付條例，一品官應付夫三十六名，馬十二匹止矣，其下依品而減，幾曾見一品二品三品官同時並過乎？職設立循環簿按季繳查，皇華之使，間月一過，至於本省緊急公務，應付無多，其不登循環者，皆縣官狥情違法，所當與受並究者也。為今之計，郵費既節，額馬減半，尚有餘閒動支料價買馬，赴驛傳道驗烙。計實在馬若干，每貳匹鞭夫一名，舊例工食七兩二錢，今倍給之，十四兩四錢。每馬一匹，日給草料一錢，如遇撥差，加給五分。附縣者縣尉董之，在驛者驛丞董之。若贓落倒瘠，以侵匿料銀論。如真正病壞，務先期報驗。職就江省計之，極衝之邑，有馬三四十匹便自不匱，而僻處者永無京差載馳，雖三四匹不為少也。至於遞夫，應將額設裁去，凡遇走遞，動用驛銀現雇，每人給銀二錢。計程一日往回四錢，程二日往回八錢，則人皆奔走應募之不暇。平時無虛靡之患，臨期忘奔命之苦。填記循環簿上清算開銷，不當應付者不准開銷，則濫觴既杜，而驛費大省矣。……（本所原檔）

張嘉所提的辦法，一方面查核驛遞差使，嚴杜冒濫，一方面更減設額馬及裁夫現雇，

其見解相當高明。檔案中另一件 順治十三年八月十三日到內閣的湖廣總督祖澤遠殘揭帖，其中也有此項辦法，云：

> 順治十三年七月初七日據驛傳鹽法道副使卞三元呈……該本道看得，驛困撥濟不敷，夫銀尚可通融一案，先奉通行各屬，將長養人夫盡裁，止養夫頭數名，一應排夫錢糧徵貯在庫，凡遇差使，臨期雇募，各置紅簿，每季齎道查算餘剩錢糧彙報。今據江夏等六十一州縣已到紅簿查算，除去夫頭工食並僱夫銀兩外，共存剩排夫銀七千一百零九兩五錢八分七釐四毫九絲……（本所原檔）

湖廣所屬各府州縣額設排夫之多，由附表一可見其大概。今以裁夫現雇的辦法極力撙節，便可年省銀七千餘兩。明末雇夫之值較清初爲低廉，倘亦能照此法實行撙節，可省之數當必更多。此文前端有：「奉林巡撫牌，准兵部咨，該本部題覆前事內開：驛遞止供正差，濫費禁絕，錢糧自有餘剩，將節省錢糧存貯驛傳道爲衝驛買馬之備，且計算夫差，誠爲有見，相應如議，以淸冒濫」等語，可知此案係出於兵部 通行。果爾，則淸順治年間，各省都曾努力核實驛遞差使，杜絕冒濫，以撙節驛費的支出。其足以有益於驛遞，當是極顯明的事實。

關於增加夫馬工食，以安定夫役生活方面，前引江西巡按張嘉殘揭帖中，已經說明了一部分。另外則順治十二年十月初七日的陝西三邊總督金礪揭帖，爲申 覆陝西潼關、華陰、華州、渭南、臨潼等五驛差使繁苦，工料不敷案中，亦說：

> 前五驛除外備倒馬等項照前冊議定之數不議外，合無將五驛夫馬工料，照衝繁一例設備，每馬一匹日給草料銀七分，每馬夫一名日給工食銀五分。（本所原檔）

馬一匹日支工料銀七分，即是年支銀 25.20 兩；馬夫一名日給工食銀五分即是年支銀 18 兩。二項相加，共計銀 43.20 兩，其中並未包括馬價銀兩在內。按，明制驛站額設驛馬，每四年支銀通常不過六、七十兩，其中半苦協濟之拖欠，在崇禎二年及十二年又先後有兩次節裁，以致其實得之數遠不及額定之數。這裡所開列的夫馬工料銀兩，即使未能較明制有顯著的增加，但既能較裁扣之前的舊額尤多，足徵其能夠顧及夫馬實際需要而酌量調整，在安定夫役生活方面，自可有良好的效果。

關於改正不合理的協濟站銀制度方面，檔案內有殘存的福建道御史宋調元題本貼黃一件，曾針對此事提出改進意見，云：

爲敬陳驛遞受病之原等事，竊炤驛遞之設，有衝途正驛，有分養協應。繼因僻
路憚煩，祇濟工料。久而工料不解，關取留難，故衝途獨苦。伏祈皇上勅兵
部確議，每驛養馬工料，卽於本處估計扣留。更勅戶部，於設驛州縣所減額
解，卽於協濟州縣炤增。但將本府本省更正，其南省協濟俱可解部。如此不病
國不病民不病驛，實造福遠邇矣。（本所原檔）

此本上於順治二年十月初七日，所提辦法，最能厘正協濟制度的弊害。但因檔案內再
無與此相關的文件，竟不知戶兵二部對此的看議意見如何。而由順治十二年十月十二
日戶部核覆直督李蔭祖題，爲請將江南、江西、浙江三省協濟山東省驛站銀兩逕解戶
部，東省所需卽動本省正項錢糧案的內容看來，宋調元的意見，此時至少已曾照案實
施了一部分。戶部題本中先引敍直督李蔭祖的原疏，云：

今據山東驛傳道副使員蓋忠造送江南、浙江、江西三省協濟該省驛遞夫馬等銀
已未領數目册開，江南等省每年協濟各驛遞馬匹水夫等銀共二萬三千零七兩五
錢六分，自順治四年起至十一年止，該銀一十八萬四千六十兩四錢，已領銀一
萬四千二百四十五兩零，未完銀一十六萬九千八百一十四兩零，所領者尚不及
十分之一。是徒有協濟之名，而無協濟之實，無怪乎馬倒夫逃，稱苦者屢屢控
籲也。（本所原檔）

原疏所提的意見是：「爲今之計，自十二年爲始，將江南等三省歲額協濟銀二萬三千
七兩零，責令三省徑自解部，算作山東藩司起運正項之數，而將藩司解部正項銀內扣
留二萬三千七兩零，以作各驛買馬之用，年終報銷，餘銀解部充餉。庶水陸各驛無困
苦之控，而隔省亦免侵冒之端矣。」戶部覆云：

案查兵部題覆該督浙江協濟河南疏內，議於十二年爲始，將浙省歲編協濟徑解
戶部，河南應領浙省協濟站銀，照數赴該藩司兌領，已經奉旨依議。十一年以
前欠銀，著該督撫嚴察具奏，欽遵在案。則江南等省協濟東省銀兩，亦應一體
解部，其東省驛站，該藩司卽動支本省正項錢糧，庶隔省無影射之弊，而催解
免守候之苦矣……。（本所原檔）

此本的面頁，有硃批「是依議行」四字，可知山東河南原由江浙三省協濟的驛站
銀兩，此後已改爲逕動本省正項錢糧，無須守候三省協濟了。山東河南二省的情形

如此，北直所屬各府舊有江浙協濟的，想必亦能同時得到改正。其同省內的州縣協濟，當時還祇訂有考成參罰之法，雖然亦能賴此督催速解，究不能如運動本地錢糧之得心應手（註一）。但是，因協濟拖欠而累及驛遞的不合理情形，至此總算已曾得到很大的改善。

上面所引敘的史實，說明滿清政府在改善驛遞困難方面，確實曾經有過若干努力，而且顯然著有成效。然而驛站本身仍有某些基本上的困難，非此所能解決的，一是昂貴的物價貶低了站銀的實值，二是田畝拋荒而致站銀缺額，一減一縮，於是使得有限的站銀愈益不足以敷支應。在這方面，仍有待於清政府之繼續努力。

（二）　物價、工資、及經費情況

順治年間的物價，一般說來要高於明崇禎初年。卽以馬價及豆草的價值來說，所表現的卽是如此。

前引江西巡按張嘉的殘揭帖中曾說，順治九年時江西的馬價，每匹需銀六、七十兩。但崇禎三年時，良鄉縣知縣石鳳臺的稟帖中却說，當時的馬價每匹需銀十五兩。兩者相比，順治九年時的馬價，上漲何止四倍。又檔案內有失名失年的直隸巡撫殘揭帖，為涿州請撥還該州驛站順治十、十一、兩年因差繁料貴額外借墊的支應銀兩，中云：「查定經制之時，料豆每石價銀七錢，今則每石三兩五錢；草每束價銀七厘，今則三分五厘。」上漲五倍以後的情形不必說，卽以「定經制時料豆每石銀七錢、草每束銀七厘」的情形看來，明萬曆末年時米每石不過銀三、四錢，卽使崇禎初年時已高至六、七錢，亦祇米價而已。料豆的價值無論如何不能比擬米價，則順治時草豆價值之高於崇禎初年，亦可想見。倘使站銀的原額依舊，已不免因料豆價貴及工食增加的原因而使額銀的實際價值大打折扣；如果站銀再有缺額，所減少的數目豈不是更大麼？在檔案資料中所見的情形，正是如此。

（註一）　順治朝驛遞檔案內有各省查參所屬州縣額征驛站錢糧完欠考成案共十五件，其內容大致為年終查報所屬州縣額征驛站銀兩及應解協濟站銀完欠分數。開列經徵職名，題請處分。其時間最早者為順治十年分，最遲者為順治十六年分。可知同省內州縣協濟站銀的辦法，在順治十六年以前仍未改正。不過訂有考成辦法，較明季略勝。又據康熙十二年所刊山東濮州志卷二葉27，同省州縣協濟站銀制度之廢除，在康熙七年始奉旨遵行。自此以後，各地站銀均在本地存留錢糧內動支，不敷之數由布政司撥補，淵源於明代的協濟制度，始完全廢除。

　　在未曾說到清初額征站銀因田畝拋荒而致缺額甚多的情形之前，我們應將清初驛
站銀兩的派徵方法及派徵數目，先在這裡略作說明。

　　其一是站銀的派徵方法。

　　順治十八年十二月初四日戶部殘題本，爲據陝西巡撫題報順治十一至十三年下剩
馬驢變價及裁僻應追等項銀兩完欠數目暨經催各官職名，乞勅吏部照例議處一案，其
中說到陝西麟遊、環、汧陽三縣額征順治十一、十二兩年站銀未完原因如下：

　　一、麟遊縣——「麟遊縣見任知縣史崇恂申稱：本縣十一、十二兩年每年額供本
　　　　府各驛支直銀七十八兩六錢四分一厘，除荒外止該實徵銀四兩一錢九分八厘
　　　　零，賦役全書可考。以上二年共該銀八兩三錢九分零，卑職捐俸賠解布政司
　　　　訖。又追協濟未完平涼府十一、十二兩年支直銀四十三兩四錢一分零，因本縣
　　　　衝殘，百姓死徙，協站銀兩從未派徵，已於協濟本可通融案內奉總督金尚書題
　　　　明，俱在荒殘未徵之數，理合囘報。」

　　二、環縣——「環縣陞任知縣金先聲申稱：單開額供靈武驛十一、十二兩年實徵
　　　　站支銀二百四十六兩六錢八厘，奉此。卑職查得十一、十二兩年地方始復，奉
　　　　文編徵十一年原額靈武驛站支銀五百五十四兩一錢零，內除荒外，實徵銀七十
　　　　八兩七錢零，徵完解赴布政司訖。十二年原額靈武驛站支銀五百五十四兩一錢
　　　　零，內除荒外，實徵并新墾銀一百一十二兩九錢七分零，徵完解赴布政司訖。」

　　三、汧陽縣——「汧陽縣見任知縣史闓緒申稱：查得應追協濟未完平涼府十一、
　　　　十二兩年支直銀一百二十七兩三錢六厘零，因本縣衝殘，地方死徙，協站銀兩
　　　　從未派徵，已於協濟本可通融案內奉總督金尚書題明，俱在荒殘未徵之數，理
　　　　合囘報。」（本所原檔）

以上所引資料俱一再提及「除荒實徵」及「新墾」字樣，可知清初陝西各縣額編驛站
銀兩之派徵方法，仍係計畝派徵，與明制無異。由於大亂之後人民死徙，田畝拋荒，
故而額編銀兩於除荒之外，所得乃極爲戔薄。此外，則康熙臨縣志卷三食貨志云：「
驛站每石派銀四分五厘八毫九絲一忽二微六纖四沙，該銀五百五十五兩四錢八分一
毫。」又靈石縣志卷三：「站銀每石派銀八分八厘九毫六絲八微，該驛站銀九百九十
五兩三錢七分九厘三毫。」檔案的內容與志書記載相同，可知明制與清初制度無異。

其二是各地派徵站銀的數目。

　　前引清刊本臨縣志及靈石縣志，記有各該縣額派站銀的數目。此二縣在明代屬於山西汾州府，所列站銀數目，頗可用來與萬曆汾州府志所載府屬各縣額征站銀數目相對比，藉以瞭解其同異。加上另外在清刊本汾陽縣志等書中所尋得的資料，列表如下：──

縣　　　　　名	萬曆汾州府志所載額徵站銀數目	清刊本志書所載額徵站銀數目	比　較	所根據之清刊本志書名稱及卷數	附　　　　　記
汾　陽　縣	3,767.1062兩	3,767.1062兩	全　同	汾陽縣志卷二	
平　遙　縣	3,934.5836兩	3,934.5836兩	全　同	平遙縣志卷六	
介　休　縣	1,998.4497兩	（無記載）		介休縣志	
孝　義　縣	1,943.0686兩	（無記載）		孝義縣志	
臨　　　　縣	555.4801兩	555.4801兩	全　同	臨縣志卷三	
靈　石　縣	995.3793兩	995.3793兩	全　同	靈石縣志卷三	
永　寧　州	2,095.0059兩				本所圖書館缺該縣志書
寧　鄉　縣	814.4986兩				本所圖書館缺該縣志書

上表內汾陽、平遙、臨、靈石等四縣的額徵站銀數目，明清二代竟完全相同，頗可使人相信，清順治初年制訂賦役全書時，所定的各府州縣額徵站銀數目，即是根據明萬曆年間的舊制。按王氏東華錄順治十四年十二月諭戶部云：「錢糧則例，俱照明萬曆年間。其天啓崇禎時加增，悉行蠲免。」又順治十四年御頒賦役全書序云：「特命戶部侍郎王弘祚將各額定徵收實數編撰成帙，詳稽往牘，參酌時宜，凡有參次遺漏，悉行駁正。錢糧則例，俱照萬曆年間。其天啓崇禎間加增，悉行蠲免。」（註一）二者均以「錢糧則例俱照明萬曆年間」爲言，而順治十四年又正是戶部侍郎王弘祚纂成賦役全書之時，然則山西汾陽等縣額徵站銀數目之所以同於萬曆汾州府志，應該即是此一史文的最好註解。可惜清刊本的各地志書其成於乾隆以後者，由於當時曾有命令，一切丁徭等項錢糧，業已攤入地糧項下徵收者，俱不開列款項銀數（註二），以致驛傳

（註一）　浙江通志卷67
（註二）　咸豐順德縣志卷6經政略戶口：「乾隆十年奉行，嗣後編審，俱照江西省例。册內止載丁數。其已攤入地糧之男婦並官吏藝住人口食鹽課鈔以及男丁應徵之徭差、民壯、均平、驛傳等項銀數，俱免造入册內。………以乾隆十一年爲始，永遠遵行。」

項下原編站銀若干，多數均已無法查考。祇有山西省的志書，在這方面的記載特詳，雖有乾隆時的定例，亦不無例外。因此，我們現在仍能藉萬曆平陽府志所載府屬州縣額編站銀的數目，在清刊本志書中查得頗多的資料供互相對比之用。今亦列表如下：

縣　名	萬曆平陽府志所載額徵站銀數目（兩）	清代額徵站銀數目（兩）	比　　較	所根據之本志書名稱	附　　　記
洪洞縣	3,027.0999	2,825.4999	少 191.60兩	民國洪洞縣志卷 9	明代平陽府共轄34州縣，除
浮山縣	1,286.3894	1,286.3894	全同	乾隆浮山縣志卷13	其中無資料可查者未開列外
太平縣	3,361.8483	3,361.8483	全同	光緒太平縣志卷 7	，其有資料者共13州縣，彙
岳陽縣	845.6479	845.6479	全同	民國岳陽縣志卷 7	製爲本表。
曲沃縣	3,324.356	3,324.356	全同	光緒曲沃縣志卷 3	
翼城縣	2,847.13116	2,847.1311	全同	光緒翼城縣志卷 9	
汾西縣	1,222.2643	1,221.816	少 0.4483兩	光緒汾西縣志卷 3	(註一)
猗氏縣	3034.51	3,034.51	全同	雍正猗氏縣志卷 2	
稷山縣	2,472.4364	2,375.83	少96.6064兩	同治稷山縣志卷 2	(註二)
垣曲縣	635.6203	635.6	全同	乾隆垣曲縣志卷 4	
霍　州	1,254.0383	1,147.6383	少 106.40兩	道光霍州志卷 12	
石樓縣	633.2766兩	633.2766兩	全同	雍正石樓縣志卷 2	
鄉寧縣	846.8505兩	846.8505兩	全同	乾隆鄉寧縣志卷 4	

上表所列州縣共十三，其中九縣，明清二代的額徵站銀數目完全相同，四州縣的清代額徵數目較少。按民國洪洞縣志卷九田糧云：「民田，前明萬曆九年知縣喬因羽奉例清丈，共地六千三百零七頃九畝二分六厘一毫二絲。清順治十四年巡撫白具題蠲免河漲坍塌地十七頃三十三畝一分三厘二毫，實在六千二百八十九頃七十六畝一分二厘九毫二絲。」清代額徵站銀既係沿襲明制由地畝出辦，地畝減少，徵數自少。順治十四年適當制訂賦役全書之時，徵銀減少之後，自後遂不加編。洪洞縣的情形如此，其他汾西、稷山、霍州的情形，可能亦屬此類。由此並可得到一項結論：清代的站銀徵派

(註一)　光緒七年汾西縣志卷三貢賦：「支解驛站銀一千三百三十三兩二錢六分，閏月加銀九十六兩，不敷銀一百五十三兩四錢四分四厘，赴司請領。」按，前代閏月加銀係三年分攤，故實徵站銀數目，應由實支數減去不敷數求得之。所得之結果爲：（1,333.26＋96÷3）─153.444＝1,221.816兩

(註二)　同治稷山縣志卷二田賦：「萬曆三十八年爲始，每糧一石徵站銀四分五厘七毫有奇，共徵銀二千四百七十二兩四錢三分有奇。國朝………驛站抵解起運銀二千一百二十三兩八錢三分有奇，外協濟浹川驛工料銀二百五十二兩。」據此，算得稷山縣在清代額征站銀數爲2,123.83＋252＝2,375.83兩。

方法仍係沿襲前代，徵銀數目則大體上仍與明代相同，而小有差異。

　　說到這裡，我們需要另外舉出兩條檔案資料來研究，既然清初各省的額編站銀大致係依據明萬曆時的舊額，何以河南省的額編站銀數目，在檔案中會有不同的記載？

　　前引順治十三年閏三月二十八日河南巡撫亢得時題本：「中州驛遞天下腹心，十省通衢，在明季時額設站銀四十萬有奇。」又檔案另件，順治八年十月二十四日河南巡撫吳景道揭帖：「查通省驛站原額銀五十六萬二百二十三兩有零，見在徵熟止計銀二十萬九千四百六十三兩有零，尚缺額銀三十五萬七百五十九兩有零。」同在河南一省，同為順治年所上章疏，何以一云四十萬兩，一云五十六萬餘？要瞭解這一點，我們需要看另外一件檔案中的記載。

　　順治十二年十月初七日陝西三邊總督金礪揭帖，為查覆陝西潼關、華陰、華州、渭南、臨潼五驛差使繁苦，工料不敷案內，曾附帶開列耀州順義驛及同官漆水驛額設經費除荒徵熟情形如下：

甲、耀州順義驛

　　一、舊額馬40匹，設站銀1,662兩。

　　二、舊額州馬9匹，設草料並忙差銀360兩。

　　三、舊額支直銀108.40兩。

　　四、舊額槓轎夫53名工食銀477兩。

　　以上合計銀 2,607.40 兩，順治十二年除荒徵熟，實徵銀1,390兩零。

乙、同官漆水驛

　　一、舊額馬40匹，設站銀 1,443.799 兩。

　　二、舊額縣馬13匹，設草料銀450兩。

　　三、舊額支直銀108.40兩。

　　四、舊額扛轎夫120名工食銀1,080兩。

　　以上合計銀3,082兩零，順治十二年除荒徵熟，實徵銀1,535.40兩零。

上列耀州順義驛及同官漆水驛額設站銀各四款，其中祇一、三兩款在明代列入站銀項下開支，二、四兩款皆在里甲項下開支。陝督金礪將四款皆作為站銀計算，似乎順治年間的驛站制度，已有將額設站銀及里甲夫馬銀兩一併作為驛站額設經費看待，而通

盤估算其收支的趨勢。這樣的做法，一可以杜絕里甲夫馬銀兩被狥私用於額外人情開支，二可以避免地方官吏之侵漁中飽，使一切用於驛站的金錢每一分皆能得到正當的用途，用意誠然很好。但如此估算，無異使當地的額設站銀陡增其成數，乍看起來，彷彿清代站銀有多於明制舊額的模樣，這就未免混淆不清了。河南省額設站銀之所以有四十萬及五十六萬兩種數字，其情形大概亦屬如此。否則，不但前引「錢糧則例俱照明萬曆年間」的史文有欠正確，卽其前後互異的理由，亦很難以解釋了。

　　基上討論，可以使我們進一步瞭解，在崇禎裁驛時被置於不論的里甲夫馬錢糧，這時已有若干省分直接以之納入站銀系統之內總收總支。明代官吏之所以不欲提出里甲夫馬銀兩來實施裁節，完全是出於私心；清代官吏之所以將此項銀兩悉數公開出來，倒也並非出於公忠體國之心使然，事實上正是由於當時的站銀數目不敷支應太甚，而驛遞差使關係軍國大事，又不容漠視，因此繞不得不議及此項。而且舊朝的官僚與士紳這時俱已滅跡，新朝的官吏一時還不需要使用這麼多的里甲夫馬。於是，里甲夫馬銀兩便在此時歸入了站銀系統之內公開支用。當時，各省站銀缺額甚多，自有此項挹注，自然不無裨益。

　　順治初年各省額設站銀數目旣然與明制相同，其里甲夫馬銀兩亦已納入站銀系統內一併支銷，則估算其總數，大約亦不過銀 380 萬兩左右——站銀 280 萬兩，里甲夫馬銀兩 100 萬兩左右。但因長期戰亂造成了人口死徙，田畝抛荒，故實徵之數，較之原額遠爲不逮。見之於河南巡撫吳景道疏中的，有「額銀五十六萬二百二十三兩有零，見在徵熟止計銀二十萬九千四百六十三兩有零」語，缺額三十五萬以上，佔 62.6 %以上。見於陝督金礪揭帖中的，則有耀州順義驛及同官漆水驛各缺額銀一半以上。見於前引順治十八年十二月初四日戶部殘題本中的，則陝西汧陽縣十一、十二兩年額徵站銀從未派徵，麟遊縣實徵數僅及原額 5 %，環縣實徵數僅及原額16%。此外，則順治九年七月直督馬光輝有一揭帖，極陳保定府屬各縣苦于「地土圈撥，工料不敷」（註一）。這種種情形，總括起來看，就如順治十三年閏五月二十八日河南巡撫亢得時題本中所說的：

　　　　以今日站銀論之，減於昔時者數倍。以今日草料論之，貴於昔時者數倍。以今

（註一）　本所原檔順治 9 年 7 月直省總督馬光輝揭帖：「保屬驛遞衝繁爲最，兼以地土圈撥，工料不敷，協濟無出，節年缺額數多，苦累益甚，各屬紛紛陳請。」

日供應論之，增於昔時者又數倍。因而請補請救之文，批察批催之詳，積案盈几。（本所原檔）

錢糧普遍缺額，驛站經費不敷，這大概是當時南北各省所同感痛苦的事。由於缺額過多，兼以物價高昂，工食增加，所缺的銀數乃更多。單單靠杜絕冒濫及核實支銷，並不能解決問題。無已，只好請求中央，在本省正項錢糧內動支銀兩或另議撥派，以補不敷（註一）。但順治年間的兵費支出極爲龐大，戶部爲應付兵費支出的重大壓力，正在從事各種開源節流的努力，以爲彌補之計。如果驛站錢糧亦需動支正項或另籌撥補，勢將使戶部的全國總預算案更難達到收支平衡。驛站經費自昔屬于地方支出，中央政府無此預算。究應如何方能解決此一困難？正在此時，戶科給事中周曾發提出了他的建議辦法，是卽下文所要述及的「裁僻濟衝」案。

（三）　裁 僻 濟 衝

周曾發的原題本，上於順治十年七月二十四日。檔案中僅有題本原件的尾頁二幅，一幅署年月日及職名，一幅爲貼黃。因清實錄不錄此題本，而題本原文又已失落，故貼黃文字，甚覺可貴，今轉錄如下：

戶科給事中臣周曾發謹題，爲協濟本可通融，衝僻不難酌量，請嚴定驛傳考成之法，釐夙弊以飭郵政事。臣惟驛遞錢糧，關係甚大，邇來紛紛陳請協濟，多未核實。如山東按臣馮右京疏題酌議，部咨督撫確查，原欲節有餘以濟不足，而申覆但議加增，奉有嚴旨在案。臣謂驛遞應付俱憑勘合火牌，爲可據以清查耳。但清查必屬專官，考成原有通例。臣請自今以後，凡官役人等需用夫馬口糧，照依勘合火牌，該州縣驛官逐一登記明白，按季呈繳驛傳道。該道於歲終類送督撫，督撫轉送戶兵二部磨察。其間錢糧多而應付少者，卽可據以裁減，應付多而錢糧少者，卽可據以加增。至應行協濟之處有無完欠，及州縣頒給馬頭料價，附載查核，照糧道學道一例考成。一以清婪奸需索之害，一以絕官胥侵冒之端，一以杜小民加派之累，國計民生，胥攸賴矣。伏乞聖鑒勅部議覆施行。謹題請旨。（本所原檔）

此一建議案的主要著眼點，是認爲各地驛站費用的盈絀情形並不一致，衝途大驛，固然因差繁料貴而苦于站銀不敷，僻邑小驛，則因地僻差簡而額銀仍有盈餘。裁僻濟衝

（註一）　同上頁所引直省總督馬光輝揭帖：「欲救保屬之疲困，必得部臣另議撥派，始可甦積欠之累耳。」

，可以不煩增銀而解決衝途驛站額銀不足之困難。此案經兵部議覆，通行各省確查驛站衝僻情形。但檔案中今祇江西直隸二省有資料可查。如順治十二年八月十三日吏部殘題本，核議江西巡撫郎廷佐開參順治十年分江西各州縣協濟驛站銀兩完欠考成案，曾引敘江西省實施「裁僻濟衝」案情況說：

> …驛傳道副使蕭起元呈詳……本道細查江西通省七十八州縣，除未到三縣未入總冊外，查邑之衝繁，應付多而錢糧少，當議僻邑協濟者，則南昌新建豐城上高……十八縣也。邑之偏僻，錢糧多而應付少，當議協濟衝邑者，則寧州進賢武寧奉新……三十一州縣也。至於邑雖衝繁，錢糧足用；邑雖偏僻，額銀無多，仍應照舊無容再議增減者，則高安新淦……二十三州縣也。（本所原檔）

此文中未述及江西省實行「裁僻濟衝」後有無存剩銀兩。但直隸則有之，且有前後二次之不同。其第一次見於順治十二年三月初五日直隸巡撫董天機揭帖：

> …該職看得，直隸驛遞為萬國朝宗之咽喉也，按舊制，夫馬有額，工料有差，已云周且備矣。但時勢今昔不同，道途通塞有異，故簡僻供應無幾，而衝繁應接不暇，則衰多益寡，誠不可緩。職查順治十年分各屬驛遞錢糧確有成數，故以十年為準，察其應付之多寡，定地方之衝僻。除各道報稱，或經往時計程按里酌議加增者，或差使如常錢糧充足者，俱應照舊，無容再議增減外。至衝繁驛遞，應付多而錢糧少者，如順天府屬良鄉涿州通州三河武清楊村，保定府屬定興安肅清苑滿城慶都，河間府屬河間任丘獻縣阜城等驛是也，今議歲共增銀一萬七千零二十兩。簡僻走遞，應付少而錢糧多者，如順天府屬霸州文安大城……真定府屬……等處走遞是也，今議歲共減銀一萬七千零二十兩。即以裁減之數濟加增之用。……（本所原檔）

第二次見於順治十三年閏五月二十四日直隸巡撫董天機揭帖：

> 為察明驛站衝僻以均協濟事，順治十三年閏五月二十四日准直省督臣李蔭祖會稿前事內開………臣同撫臣按程繪圖，悉心商確，共議減僻地銀四萬七千二百四十二兩零，補衝驛銀二萬七千二十兩零，餘銀二萬二百二十兩零，以備向後缺額之用。……（本所原檔）

比較直隸各府州縣先後兩次「裁僻」所得，第二次要比第一次多銀三萬二百餘兩，而

「濟衝」之數亦多一萬兩。大約<u>直撫</u>所報的第一次裁僻案達部以後，部議以爲所裁者不但數目太少，且尙不敷增補衝驛所需的實際數目，覆請勅下該督撫再行詳察確減，所以又有第二次的題報案。試看第一案係由<u>直撫董天機</u>自題，第二次則由<u>直督</u>主稿，<u>直撫</u>會題，就不難想見其中的道理所在。既然戶部核覆<u>直隸</u>所屬的裁僻濟衝案務在多裁以求存剩，則其他各省的情形，大概亦與此彷彿。

　　<u>順治</u>十二年的裁僻濟衝案之值得重視，並不在這一次的裁節案爲淸政府解決了多大的困難，或因此而存剩了多少裁僻銀兩；而是這種裁節的辦法，自此爲淸代的歷次裁驛案創下了先例，在<u>康熙雍正</u>之間曾一再仿行，使得各地驛站的額設夫馬不再像<u>明</u>代制度那樣限於本地使用，而得視<u>實際</u>需要作機動性的增減調整。而且驛遞差使始終有嚴格的審核管制，冒濫的情形已充分禁絕，不但既裁之後的簡僻小驛可以無須按舊額補足夫馬銀數，卽前此未裁的衝途大驛，在需用量減少之後，其額設夫馬亦仍可裁減。這些裁減下來的驛費，後來都被視爲政府的正項收入，倂入起運項下彙解布政司，各地志書中都有紀錄可查。由歷次裁節所累積的數字，著實可觀。比之<u>明崇禎</u>三年因裁節驛站夫馬工食銀六十餘萬而致引起無窮的紛擾，其得失成敗之間，簡直不可以道里計。

　　淸代初年的各地驛站，因「裁僻濟衝」案被削減的額設夫馬數量，在後來不但未曾恢復原額，而且累有裁減的情形，可以舉出如下諸例：

一、<u>山西長子縣漳澤驛</u>

　　<u>長子縣志</u>卷六：「<u>漳澤驛</u>，<u>洪武</u>三年置，設馬驟48匹頭。<u>順治</u>九年裁馬八匹，十二年裁馬八匹。<u>雍正</u>五年裁馬七匹，馬夫三名半。繼撥協濟<u>義井驛</u>馬五匹，馬夫二名半；協濟<u>朔州</u>馬六匹，馬夫三名；協濟<u>侯馬驛</u>馬二匹，馬夫一名；協濟<u>銅戈驛</u>馬一匹，馬夫半名；協濟<u>甘桃驛</u>馬一匹，馬夫半名。今驛實存馬十匹，馬夫五名。」

二、<u>山西襄垣縣虒亭驛</u>

　　<u>襄垣縣志</u>卷二：「<u>虒亭驛</u>原額馬50匹，<u>順治</u>九年裁十四，十二年又裁八匹，撥協<u>蒙城侯馬</u>兩驛馬七匹，額存馬25匹，馬夫一十二名半。以後遞次撥協<u>陽和</u>等處馬十五匹，馬夫七名半。今存馬十四，夫五名。募夫原額一百十二名

　　○順治十二年裁十五名，以後遞有裁減，今額所夫三十五名。」

三、山西汾陽縣汾陽驛

　　乾隆汾陽縣志：「府舊志，汾陽驛馬騾三十二對，歲給草料工食銀一千七百四十兩八錢。縣舊志成於順治十三年者開載，汾陽驛馬騾五十四匹頭，每年草料工食銀一千九百四十四兩。」又咸豐汾陽縣志：「自雍正五年裁定汾陽驛馬三十匹，十年裁定夫十名半，歲支工料銀一千一百三十七兩二錢四分。」

四、湖北襄陽縣漢江驛、呂堰驛

　　襄陽府志卷十四載，漢江驛額馬，雍正六年裁二十匹，乾隆二十四年裁二十五匹，見存馬七十五匹。排夫，雍正六年裁二十名，乾隆二十二年裁四十名，見存一百名。呂堰驛額馬，雍正六年裁四匹，乾隆二十四年裁二十七匹，見存馬七十三匹。擡夫，雍正六年裁二十名，乾隆二十二年裁五十名，見存八十名。

上舉四例，一二兩條都有「順治九年」裁馬若干匹的記載。按前引順治十二年十月初七日陝西三邊總督金礪揭帖，題報耀州同官兩地驛站額設站銀順治十二年除荒徵熟情形，曾說明耀州順義驛雖額定驛馬及州馬共49匹，順治十二年二共設馬40匹。同官漆水驛額定驛馬及縣馬共53匹，順治十二年二共設馬40匹。額設馬匹不足，當由於站銀缺額太多，而工料增加，故不能照原額補足。長子縣漳澤驛及襄垣縣�亭驛的情形，當亦與此相同。至於順治十二年的裁減數目，則是直接淵源于「裁僻濟衝」案，事實甚明。此二驛在當時應屬於簡驛，而第三例所引的汾陽驛，雖係衝驛，在順治十三年時的額設馬騾仍較舊制少10匹頭。第四例所引襄陽縣漢江、呂堰二驛，亦係衝途大驛。據前引崇禎五年戶部主事王鰲永疏，二驛額設馬共計186匹。今據襄陽府志核算其未裁節以前的額數，計漢江驛舊設馬120匹，排夫160名，呂堰驛舊設馬104匹，擡夫150名。合計則共有馬224匹，夫310名，較明制額馬多38匹。此當係由於襄陽地當南北軍事要衝，順治年間對南明用兵，湖廣為長時間的對壘之地，因軍事需要，故襄陽二驛的額馬亦較明時為多。但此畢竟不是經常性的需要，故一旦軍事行動中止，二驛額馬即減至148匹，較明制尤少。這說明了清代的驛遞制度，自有「裁僻濟衝」辦法之後，各地驛站的額設夫馬，即可視事實需要而保持伸縮的彈性。在從前，驛站制度尚

停留在力役的時代，政府對驛站夫馬的增減，不能享有此種便利；且即使削減夫馬名額，於政府亦並無所得。自條鞭制度將力役改為納銀之後，此一條件已經充分具備了。明崇禎三年的裁驛案，就是希望藉裁節驛費來彌補兵餉。可惜當時的明朝政府並不知道利用條鞭制度的便利，以自由增減夫馬名額的方法來達到裁節目的，以致條鞭制度的優點，反而讓清人來坐享成果，說起來實在太可惜了。（註一）

（註一）　清代全國驛站經費的額徵數及逐年奏銷數，清會典事例卷 685 載有具體數字，頗可以看出順、康、雍、乾各朝的裁節數目。列表引敘如下：

省　別	額設站銀數目(兩)	支用原額數(兩)	康熙29年奏銷數(兩)	雍正 5 年奏銷數(兩)	乾隆15年奏銷數(兩)
直　隸	685,863.95	500,358.41	375,662.55	447,499.84	396,262.39
山　東	303,644.57	303,644.57	234,455.17	239,309.27	191,376.17
山　西	181,928.78	169,201.59	135,204.68	128,698.76	105,831.17
河　南	581,621.74	310,756.78	240,497.85	299,871.58	288,929.87
江　蘇	191,337.60	281,493.00	213,288.20	191,337.60	165,705.03
安　徽	135,098.20	264,338.00	135,095.00	135,095.00	98,818.52
江　西	180,285.02	180,285.02	108,171.01	108,171.01	109,943.11
福　建	65,605.65	65,605.65	34,445.55	33,627.15	32,912.91
浙　江	109,539.52	110,997.25	66,598.35	65,886.52	65,723.71
湖　北	207,627.43	174,726.00	137,330.00	112,783.72	185,019.01
湖　南	141,995.67	126,758.10	85,603.87	76,131.05	120,194.17
陝　西	261,712.06	248,334.20	154,476.70	154,476.70	165,890.54
甘　肅	137,255.81	122,583.20	78,549.92	116,883.52	131,046.51
四　川	58,452.22	55,019.60	28,550.88	31,491.28	58,452.22
廣　東	34,553.12	34,553.12	20,731.87	20,731.87	20,731.87
廣　西	30,545.02	35,045.02	13,675.10	11,081.10	15,219.88

　　「裁僻濟衝」案的設計目的，不過是在裁有餘以補不足，其著眼點並不在希望藉此得到剩餘。雖然在實施裁節時由於裁僻過多而偶有剩餘，但畢竟並非原意所在。其眞正以裁節爲目的，並希望能得有剩餘以補兵餉不足的，當是另一件「裁減無驛處所走遞夫馬銀兩充餉」案。因與裁驛史事具有關聯性，今一併在此附帶討論。

　　㈣　裁減無驛處所走遞夫馬銀兩充餉

　　「裁減無驛處所走遞夫馬銀兩充餉」案的原始發起者，是主管全國財政的戶部。戶部的原題本，檔案中未曾發見。但順治十三年六月二十七日江西巡撫郎廷佐覆奏此案的題本中，曾引敍戶部原題，轉引如下：

　　　　爲遵諭敬陳職掌，淸查里馬錢糧事。順治十三年閏五月二十七日准戶部咨開，廣東淸吏司案呈，奉本部送，戶科抄出該本部題前事內稱：直省驛站錢糧通融支給，歲有定額，無容再議。惟是無驛處所各州縣有走遞夫馬銀，多者千餘兩，少亦不下數百兩，以供差使之用，載在全書可考。但地方有衝僻之不同，驅使有公私之不一，計一歲之所支，必有餘剩銀兩，若不嚴加滿覈，半爲姦胥侵沒。應請勅各該督撫嚴行確查，除有驛地方外，其餘州縣有走遞夫馬銀兩者，分別某處係衝，某處係僻，斟酌地方繁簡、差使多寡，量減三分之一，以充兵餉，備造淸册，報部查考。限文到三月開報，毋得遲延，致悮急需可也。等因，順治十三年五月二十一日題，二十三日奉聖旨：依議嚴飭行，若違限不報，即指參處治。欽此欽遵，抄出到部送司。奉此，案呈到部，備咨到部院。（本所原檔）

此案並未說明淸查各無驛地方走遞夫馬銀兩的動機是否由「裁僻濟衝」案而來，但其間之具有關聯，顯有脈絡可尋。因爲順治年間的兵費支出，數字極爲龐大。在順治八九年間，歲入額賦1,485萬餘兩，而兵費支出佔1,300餘萬，加上各項經費二百餘萬，總

雲　南	46,054.45	45,939.41	28,768.64	48,383.64	26,541.45
貴　州	74,891.36	52,664.60	37,957.00	32,717.00	74,891.36
合　計	3,429,012.17	3,077,813.52	2,128,957.34	2,249,126.61	2,251,916.54

說明：〔額設站銀數目〕　當爲各地按田畝派徵站銀之數目
　　　　〔支用原額數〕　當爲淸初因額徵站銀不足而核定之減支數

計歲出1,573萬餘，財政赤字計85萬有餘。至順治十三年以後，歲入額賦增至1,960萬餘，而兵餉支出增至2,000萬，加上各項經費支出，財政赤字達200萬以上（註一）。出入之數相差如此之多，於是戶部的主事者不得不多方從事開源節流，以求彌補之術。明崇禎年間，曾因同樣的原因而從事裁驛省費；順治十三年的「裁減無驛處所走遞夫馬銀兩充餉」案，亦此之類。以順治年間的驛遞情況來說，額徵經費不足，應付差使開支已苦不敷，更何來餘銀可供裁節之用？但順治十二年頒行的「裁僻濟衝」案爲戶部主管人員帶來了新的節裁構想—— 既然簡僻地區的驛站額銀大有可裁，則無驛地方的額設走遞夫馬銀兩當更有可裁。顯然戶部亦已知道，各設驛處所的走遞夫馬銀兩多數已併入驛站開支，因此戶部原題本中亦僅以「裁減無驛處所走遞夫馬銀兩」爲言，而不包括各「有驛處所」在內。明代各地的額設走遞夫馬錢糧，大多耗於差使需索及答應人情，無驛處所不供驛遞差使，「若不嚴加淸覈，半爲姦胥侵沒」，揆之事理，亦甚有可能。其所持觀點，與裁僻濟衝大致相同。更因其發動時間緊接在裁僻濟衝案之後，更可使人相信，裁僻濟衝案實對此案具有誘導啓發的作用。

　　戶部以爲各省無驛處所的走遞夫馬銀兩大有餘剩可以裁充兵餉，事實上殊不盡然。如江西及湖廣的覆奏案，就都說各地走遞夫馬銀兩前已在裁僻濟衝案內酌量衝僻情形裁僻濟衝，無可再裁，懇恩免裁（註二）。祇直隸巡撫董天機題覆裁銀4,907兩零，山西巡撫白如梅題覆裁銀16,535兩零，其他各省，因檔案內無資料，不詳。但山西省的裁減數何以能較直隸多出一萬餘兩？細檢原案，方知是合併前此「裁僻濟衝」案內所已裁減的里甲夫馬銀兩，併此次所裁，始能得此總數（註三）。若將前次已裁者除去不計

（註一）清朝經世文編卷29，張玉書紀順治間錢糧數目

（註二）順治十三年六月二十七日江西巡撫郞廷佐殘題本：「江省額設走遞夫馬銀兩，先已酌量多寡，通融衰益。今衝者不勝其繁，簡者無可再裁，懇恩免裁，以造殘疆。」又順治十三年八月初七日湖廣總督祖澤遠題本引敍驛傳道卞三元詳文：「楚省錢糧除荒殘賊踞者外，實徵已多缺額，前奉裁濟之行，已經撥補題允在案。間有未盡者，又奉大路衝繁一案，酌補新添起復各驛之用不足，復計排夫剩銀七千餘兩，爲買馬加添之費。其草料無出，尚須在十三年夫銀內抵補，乞念楚省與承平之地不同，咨達內部，暫免裁減，俟南寇蕩平另議。」（本所原檔）

（註三）順治十三年十一月山西巡撫白如梅揭帖：「……平陽府屬今裁馬匹並擔輛夫及外僱夫馬，共裁銀六千二百八十六兩九錢八分。襄陵縣原額里馬一十五匹，歲額工料銀四百二十兩，前奉文全裁，今亦照前裁。接遞擔輛夫一十四名，工食銀一百二十六兩，今議裁夫四名，該裁工食銀三十六兩。接遞不敷外聽雇擔輛夫

，則此一次的裁減所得，亦不過數千兩而已。大致說來，直隸與山西的裁減辦法，都
不外是分別地方的衝僻，除衝要州縣免裁外，次衝州縣的額設里甲走遞夫馬銀兩，連
前此已裁者共裁足三分之一，簡僻小縣則除前此已裁者外，再裁三分之一。如此一來
，較大的縣份勉強尚能維持半數以上的額設銀兩，若干簡僻小縣的額設里甲走遞銀兩
，差不多就被裁減殆盡了。

　　順治十三年五月的「裁減無驛處所走遞夫馬銀兩充餉」案，若是在崇禎三年時頒
布實施，必定能有很多的裁節；而在順治十三年提出此案，則已非其時。這其中的道
理很明顯：當崇禎三年時，全國各地的額徵站銀及里甲走遞夫馬銀兩均無缺額，而里
甲走遞夫馬銀兩的實際用途，不過是在應付差使需索及勘合牌票以外的人情，若有剩
餘，則為吏胥所侵漁中飽。若能厲行杜絕需索冒濫、聚減差使，即使衝僻一例裁減半
數以上，亦無困難。而順治十三年則不但里甲走遞夫馬銀兩亦因田畝拋荒而多缺額，
其中的大部分且已用於撥補衝途驛站，所餘甚為戔戔，勉強實施裁節，勢將增加地方
上應付差使的困難。加以時當軍興，供億煩苦，裁剩銀兩不足以供雇募夫役，勢將仍
派之里甲而重困小民。人民在輸納站銀及里甲走遞夫馬銀兩代役之後，仍須負擔力役
的義務，何異政府施於人民的苛斂重派？李之芳的賦役詳稿一書，述及浙江省若干縣
分，因里甲夫馬銀兩被裁充餉後民間所受的苦累情形頗詳。如呈兵巡道一件內稱：

　　「……看得湯溪夫馬額銀二百四十兩盡裁充餉，由是供億之苦，官民兩病矣。
　　蓋湯雖小縣，實婺之次衝，一旦盡括其所存，將何以應郵使，給軍興乎？前即
　　解囊以募役，恐難繼於在官；雖或薄給以資行，而仍苦於民力。此該縣之借箸
　　無籌，欲以開墾陞科，人役小盡，收零積餘三項為請也。」

又呈兵巡道另一件內稱：

　　「………看得夫役一事，邇來官民之所交困，而蘭谿當水陸之衝，尤為煩苦。
　　額銀既減半於初，應付反十倍於昔。僱募不足，勢不能不取民夫；夫散四鄉，

銀一百四十四兩，該裁銀四十八兩。民馬工料銀一百三十五兩，該裁四十五兩。以上共議裁銀五百四十
九兩。萬泉縣原額里馬一十四，歲額工料銀二百八十兩，前奉文全裁訖，今亦照全裁。接遞僱損輳夫銀
二十八兩八錢，今議該裁銀九兩六錢。以上共議該裁銀二百八十九兩六錢。……鄉寧縣原額里馬八匹，歲
額工料銀二百二十四兩。前議免裁。今議裁馬二匹，該裁工料銀五十六兩。接遞損輳夫七名，工食銀五
十兩四錢，今議裁夫二名，該裁銀一十四兩四錢。以上共議裁七十兩四錢。……」（本所原檔）

不能一呼而集，勢不能不責里長；此膳夫之設，亦一時權宜不得已之計也。」

裁扣里甲走遞夫馬銀兩，在順治年間由於軍餉急迫，或不免操之過急。但如時際承平，地方無事，則此項銀兩確實大有可裁。清刊本的山東省各縣志書中，對於刪減後的里甲夫馬銀兩數目開列頗詳，可供我們用來與明刊本志書所記載的數字互作比較，藉以瞭解此項銀兩是否確有浮濫之處。列表如下：

縣 名	明代額設里甲走遞夫馬數			清代額設里甲走遞夫馬數			清代額設銀兩較明代額設銀兩節減比率	所根據之清代志書名稱
	走遞夫	走遞馬騾	合計銀數	走遞夫	走遞馬騾	合計銀數		
聊城縣	184名	55匹頭	4,418.285兩	67名	24匹頭	1,293.30兩	70.95%	嘉慶東昌府志卷六
堂邑縣	100名	40匹頭	2,477.2483兩	11名	4匹頭	211.60兩	91.5%	〃
博平縣	32名	16匹頭	1,319.351兩	8名	4匹頭	177.76兩	86.53%	〃
茌平縣	200名	60匹頭	4,695.725兩	106名	26匹頭	2,649.30兩	45.5%	〃
清平縣	30名	8匹頭	1,053.798兩	5名	4匹頭	140.40兩	86.67%	〃
莘 縣	54名	26匹頭	1,656.053兩	5名	4匹頭	162.00兩	90.22%	〃
冠 縣	85名	40匹頭	3,031.695兩	19名	4匹頭	341.87兩	88.73%	〃
臨清州	180名	64匹頭	4,514.915兩	40名	13匹頭	827.2385兩	81.65%	乾隆臨清州志卷二
丘 縣	32名	15匹頭	1,316.958兩	8名	4匹頭	170.00兩	87.1%	〃
館陶縣	57名	18匹頭	1,778.275兩	12名	4匹頭	242.60兩	86.36%	嘉慶東昌府志卷六
高唐州	300名	60匹頭	6,114.068兩	160名	16匹頭	2,390.00兩	60.9%	宣統恩縣志
恩 縣	300名	60匹頭	5,595.715兩	160名	16匹頭	2,390.455兩	57.28%	宣統恩縣志
夏津縣	84名	32匹頭	2,309.545兩	7名	4匹頭	189.90兩	91.78%	乾隆臨清州志卷二
武城縣	75名	50匹頭	2,537.365兩	12名	10匹頭	423.50兩	83.31%	〃
濮 州	54名	23匹頭	1,956.835兩	4.5名	4匹頭	155.8795兩	92.04%	光緒濮州志卷二
觀城縣	29名	10匹頭	988.605兩	4.5名	4匹頭	139.2329兩	84.92%	道光觀城縣志卷五
朝城縣	43名	20匹頭	1,679.815兩	14名	7匹頭	379.25兩	77.42%	民國重刊康熙朝城縣志
掖 縣	71名	72匹頭	1,910.47兩	32名	27匹頭	1,092.862兩	49.28%	乾隆萊州府志卷三
平度州	61名	22匹頭	1,072.13兩	15名	9匹頭	422.533兩	60.59%	〃
昌邑縣	90名	30匹頭	1,697.20兩	20名	17匹頭	678.492兩	60.01%	〃
濰 縣	90名	38匹頭	1,764.00兩	20名	17匹頭	678.492兩	61.51%	〃
膠 州	55名	20匹頭	1,024.00兩	8名	9匹頭	304.165兩	70.3%	〃
高密縣	48名	12匹頭	787.00兩	6.5名	6匹頭	191.71兩	75.39%	〃
即墨縣			827.00兩	6.5名	6匹頭	181.155兩	78.1%	〃
汶上縣	300名	60匹頭	4,722.00兩	185名	38匹頭	3,504.366兩	25.79%	康熙汶上縣志

上表所列山東省聊城等25州縣明清二代額設里甲夫馬銀兩統計表，清代的額設數目均

比明代爲少。其節減的比率，最低爲25.79％（汶上縣），最高爲92.04％（澧州），平均爲73.75％。前文已曾說過，明代各地州縣平均額設里甲走遞夫馬數目約爲銀1,500兩；卽使僅以1,000兩估計，全國的總數當不下100萬兩之譜。如亦以清代的節減比率實行裁節，所得銀數當不下六七十萬兩。崇禎初年，僅遼東及北方邊塞爲征戰之地，陝西雖有流寇初起，但其禍害僅限於一隅，此外各地均爲寧靜地區。在寧靜無事的地區酌裁事屬浮濫的里甲夫馬銀兩，旣無礙於大局，亦不致重累小民，豈不是輕而易舉的事？然而明朝的士大夫們在當時未見有發爲此言者，我們眞不能知道他們的用心何在！

第四節　得失比較

明末清初兩個朝代中所實施的裁節驛費案，爲我們提供了一個研究比較的機會，可以藉此檢討二者之間的得失成敗。

清順治初年，各地驛站的額設經費與明制略同。而額徵旣苦不足，物價與工資又都較崇禎時高出甚多，所處的情勢遠較崇禎初年時困難。但因清政府對于驛站所處的困難情形能隨處留心改善，卒能賴缺額甚多的經費維持驛遞業務的推行，不能不使人承認，他們的努力確有可觀。

清朝政府能以他們本身的努力來克服他們所面臨的困難，明朝政府何以不能？這只能使人相信，明朝政府的工作能力太差，以及明朝末年的政治風氣太壞，自官吏以至士紳，大多缺乏公忠體國的精神，以致一切改革措施都因阻力太大而無人敢於嘗試。這些，在對比了兩個朝代的裁節驛費史事以後可以深深的體認得到。

總括起來說，明崇禎三年裁節驛費案的根本錯誤，在於不能節省差使而但知裁節夫馬工食。因爲不嚴覈冒濫需索，則驛遞差使終不可省；驛遞差使不可省則額設夫馬終不可減，在這種情況下硬性裁扣額設夫馬的工食銀兩，無異是不揣其本而齊其末，必然會替國家社會帶來極大的禍害。當然，杜絕冒濫需索與裁省驛遞差使，必需要有絕大的勇氣來摒除輿論的譭謗與人情的干擾，這方面的阻力太大，兵部與兵科的主事者都不敢一力肩當，於是大家只好避難趨易，以最拙劣的辦法——裁扣夫馬工食——來實行裁節。這種不正確的觀念與錯誤的方法，自始就註定了崇禎三年的裁節驛

費案必將失敗。而時當軍興，征歛繁重，生產不足，物價正有日見上漲之勢。裁扣夫馬工食，必將直接影響驛站從業人員的生活。加以不合理的站銀協濟制度又拖欠了工料費用的及時給發，裁扣站銀之報解又刻不容緩，於是造成了驛遞的重重困難。試將這些困難因素逐一加以分析，便可知道，其中有很多本可藉人爲的方法加以補救。然而明朝政府不曾如此做，這就證明了明朝政府的工作能力實在太差。

明朝政府的錯誤覆轍，使淸朝政府提高了警惕。因此，淸朝政府之能够改正錯誤，祇能說他們懂得體認歷史的敎訓。但是，明朝政府在崇禎三年頒行裁扣夫馬工食的命令以後，眼見窒礙橫生，錯謬百出，而曾不知卽籌補救之策，以收桑楡之效，實在也太使人感到失望了。

附　　記

本文撰成後承　黃彰健先生賜予審閱，並指示改正，獲益甚深。謹誌數言，以表謝忱。

跋「毛大將軍海上情形」

李 光 濤

一九六二年（中華民國五十一年）十一月二十三日，承日本朋友松村潤先生自「日本東京都文京區駒込上富士前町一四七番地東洋文庫」寄贈攝成照片之「毛大將軍海上情形」（參圖版），凡四十一張。其最後一張，係底封面，空白無字，無製版之需要，故未付製版，今所取者，共只四十張。是書封面，其標題曰「毛將軍海上情形」（簡稱毛情），已爲黑影所掩蔽，比之內封面所書「毛大將軍海上情形」，少一「大」字。「毛情」封面所書入藏情形，曰「雜史‧四一」，曰「別」，曰「漢書門‧二二四四號，九九函，一四架，一册。」再檢其首葉，卽圖版第三張，上面有印章多方，曰「林氏藏書」，曰「林氏傳家圖書」，曰「江雲渭樹」，曰「淺草文庫」，曰日本政府圖書」，凡五方。由此印章，特別是前三者，則可知此書之傳至日本，當係傳自中國之林氏，是無問題的。不過，「毛情」在日本，其時期雖不可知，但其本身始終未爲日本學人所利用，則係一事實。有如照片之原記葉次前後顚倒錯亂之狀，可以知其然矣。茲爲證明這一錯誤，特將其錯誤拈出，表之如次：

原編葉次	今改葉次	原編葉次	今改葉次	原編葉次	今改葉次	原編葉次	今改葉次
1	1	11	17	21	21	31	31
2	2	12	18	22	22	32	32
3	3	13	19	23	27	33	33
4	4	14	20	24	28	34	34
5	11	15	5	25	25	35	35
6	12	16	6	26	26	36	36
7	13	17	7	27	23	37	37
8	14	18	8	28	24	38	38
9	15	19	9	29	29	39	39
10	16	20	10	30	30	40	40

由此一表，其於原書次序之改訂，看來亦爲方便的。以此爲例，日本所藏其他漢

籍之類乎此者（指抄本），恐亦多有之，不可不注意。但，日本藏書之涉及保管方法，有一優點，即：「凡是古物書畫藝術品有價值者，均由政府登記起來，列爲國有財產，一律不准携帶出國或出售外人。如果讓給自己人，也須變更登記，以免文物外流。」見民國五十五年九月二日中央日報第六版容天圻「談黄山谷的字」。茲「毛情」一書，上面既有「日本政府圖書」印章，則其價值之所在，當亦「列爲國有財產」之一了。今吾人乃得作爲研究之資料，使非松村先生之重視學術以及其特別的厚情，是固不易獲睹這一書册的，謹此珍重致謝。

讀「毛情」書册，其最後一行，書「天啓癸亥仲秋朔日天都汪汝淳書」。天啓癸亥，即天啓三年。至汪汝淳其人，履歷不詳，當係毛文龍之門客。如圖版六所書「生以季夏既望歸」，據此一言，特別是說「生」，便是「門客」口氣之明證。以門客的身份，而爲其主人寫文章，其措辭，當然專主乎稱頌。所以「毛情」的大旨，揆其內情，可能出于毛文龍之授意，藉門客爲之宣揚，並刊印成册（圖版貳有「由庚堂梓」四字，今所見者只抄本），使之廣爲流傳，其間接則爲欺騙朝廷而已。而且毛文龍之欺騙，不止一端，即如令朝鮮之「立石頌功」罷，參朝鮮仁祖實錄卷三葉二十六及卷九葉十四，有：「毛都督欲我國稱頌其功，以欺詔使」語。又記：「上曰：無理甚矣。」此與「毛情」之稱頌，正是等量齊觀，其在文龍言之，都同是無聊之一舉動的。是「毛情」之眞實性，既如此無聊，似可不論矣，然使當初如爲羅振玉所見，則必又爲毛文龍張目，稱爲「海外奇書」的。蓋往者羅氏嘗得清人吳兔牀所輯「東江遺事」一書，特爲之影印傳世，爲毛文龍洗刷罪惡，其跋語有云：「文龍沉寃，終明之世，未嘗一日白，得兔牀先生此書，爲之渳雪，可謂千秋定論矣。」東江遺事，凡二卷，傅孟眞先生曾藏有此書。當民國二十九年冬，史語所由昆明龍頭村遷四川南溪李莊板栗坳，時傅先生因奔走國事前往重慶，其私人所藏書籍，均令打包郵寄四川（自費）。光濤因參加此項打包工作，便中看到「東江遺事」一書，其皮面有傅先生批語云：「毛文龍之奸逆持兩端，明朝士大夫每不知之，此明士大夫之夢夢也。自弘曆言其實，當無可疑，自內閣大庫檔案出，更無可疑。然上虞老賊（羅振玉）猶信此書所說，以之爲寃。老賊固見大庫史料者也，可知老賊心中本無倫類。」其後民國三十七年史語所刊印拙著「毛文龍釀亂東江本末」一文，（集刊第十九本）凡十一萬七千字，此一長

篇，概括言之，可以說，原係根據傅先生之批語而寫的。寫成之初，曾送請傅先生審
查。傅先生認爲此乃重要史題，特化了兩天時間，計看過三遍。退還之日，於稿中附
有評語曰：「此文乃極重要之史題，所採又爲極信實之史料，刊布之後，於新知之貢
獻不小。作者了解力甚深，蓋于史料之混雜叢中，能把握着此些史料，即足以證其思
力與見解矣。此等工作，可謂爲史料編纂之正宗。」本書所用材料，以檔案爲第一，如
毛文龍私通金人之若干文件。其次則爲朝鮮實錄，如「毛文龍言胡賊欲以渠爲劉豫，
事甚不測」，並「上曰：文龍與禽獸無異」。以上所述，是其大較也。茲再將書中節
目姑錄如次：

第一章　開鎭東江上──㈠三方布置──㈡鎭江之捷──㈢經撫不和──㈣生釁
　　　　朝鮮──㈤入據椵島

第二章　開鎭東江下──㈠牽制虜套──㈡結交近侍──㈢接濟東鎭──㈣召商
　　　　專利──㈤陰撓移鎭

第三章　東國朝鮮──㈠丁卯之禍──㈡侵害朝鮮──㈢毛文龍碑

第四章　交通金人

第五章　斬帥始末

第六章　孔耿之叛

附論東江遺事

由右錄節目，再更就「毛情」而論，其事之是是非非，姑置之。可注意的，莫如毛文
龍鎭守東江，首尾凡九年，歲餉百萬，政府原責以「聯屬國、牽奴賊」的，乃其結果
竟相反。一、所謂「聯屬國」，則變爲「侵害朝鮮」，二、所謂「牽奴賊」，則變爲
「交通金人」。至究其交通之目的，則更駭人聽聞，不外「胡賊欲以渠爲劉豫」。凡
此，是皆明人之所不知也，亦卽傅先生所云：「此明士大夫之夢夢也。」總之，「毛
情」一書，依吾人的結論，功也罷，罪也罷，且放在一邊，現在只看看朝鮮仁祖實錄
卷一九葉四二關於「文龍與禽獸無異」之所云云，則可見文龍之所爲，其非明朝之利，
則固係事實也。據此，所以吾人對於「毛情」一書，實無再爲討論之必要。只是其中
尚有若干荒唐之記錄，不可不指出，以證其妄：

⑴將軍往受異傳，以木爲城，足當奴馬，昔已獻之袁經略，不用而退。今屯兵

往往用此，然從盾甲中，飛砲可以貫城，摧夷虜之驍騎也。（圖版十八）

(2)又一事甚奇，去冬奴酋歸巢，忽一夕，夢一金甲大將立其前，奴問爲誰？答曰
：毛文龍。奴驚問：汝何來，曰：取汝首級也。（圖版十八）

(3)公急呼天禱祝曰：文龍赤心報主，念切救民，不顧生死，遂中伏，望天垂憐。
祝始畢，海水忽湧數丈，船從白浪中捲出，頃刻與奴馬相隔數十里，神靈之默
佑如此，眞一大奇事。其日早始潮候，當未潮，乃方午而潮湧，是日方三潮，
豈非天乎？觀毛將軍一念精誠，呼天天應，感格之驗，捷於影響，此可以卜其
成功矣。（圖版二十一）

此下再據羅振玉所輯怪誕記事（東江遺事），亦歸類錄之：

(1)遇敵敢戰決勝，屢得捷，出奇無窮，而神亦助之，嘗戰於大石門嶺，矢來如雨
，再易馬，行甚疾，敵望之，皆辟易退却，天明，還其軍，軍士皆歡呼，及下
馬，則黑虎騰跳而去。皆大驚曰：大將軍眞天人也。（毛太保公傳）

(2)時六月五日……是夕，見大星墜海中，有光，聲如雷，遲久乃止，各嘆曰：將
軍亡矣，天意也。（毛總戎墓誌銘）

(3)有德心念舊恩，言及大將軍時事，輒於邑，不自勝。文龍停喪登州北寺，有德
親具舟，從海道遣人迎之，將葬於遼陽。舟至中流，颶風倏起，怒濤山立。
有德拜而言曰：公不欲往東耶？因返舟，舟移，而風止。（孔定南傳）

讀「毛情」三則，再讀上引三則，試合而觀之，可知他們的著錄，差不多都是犯了誣
搆之病，誣搆焉能成信史？現在我們要說的，特別是「毛情」，所以「毛情」之不值
討論，此亦一例矣。再明史文龍無傳，他日如爲文龍補寫一傳，則「毛情」也是有用
的，蓋曰文龍除嘗令朝鮮爲其「立石頌功以欺詔使」外，又更授意其門客汪汝淳著書
稱頌，以圖欺騙明季朝廷等等之類，不能悉記。以欺罔爲長技，而欺罔行爲，參前引
拙著全書，又無所不用其極，此文龍之所以爲文龍歟？

壹

貳

叁

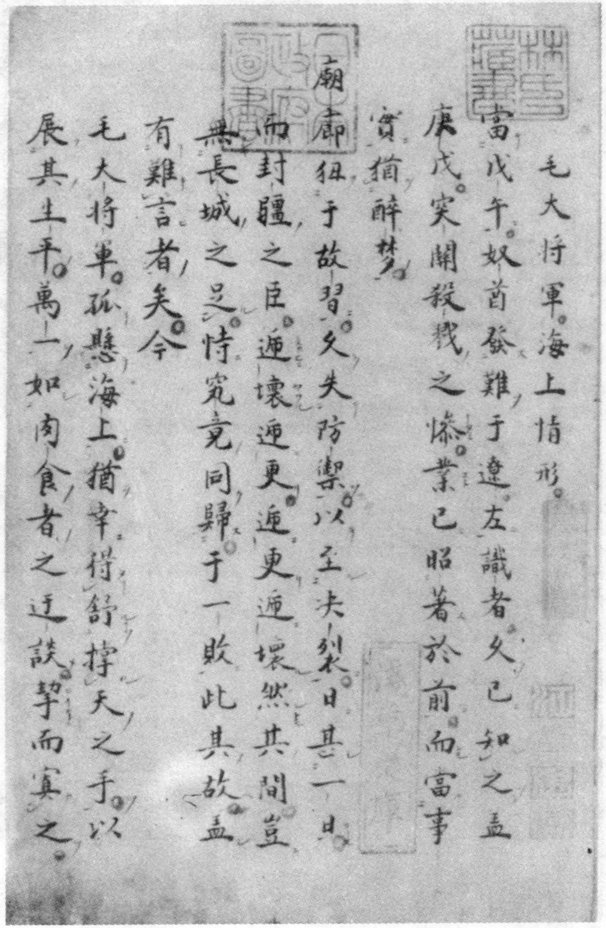

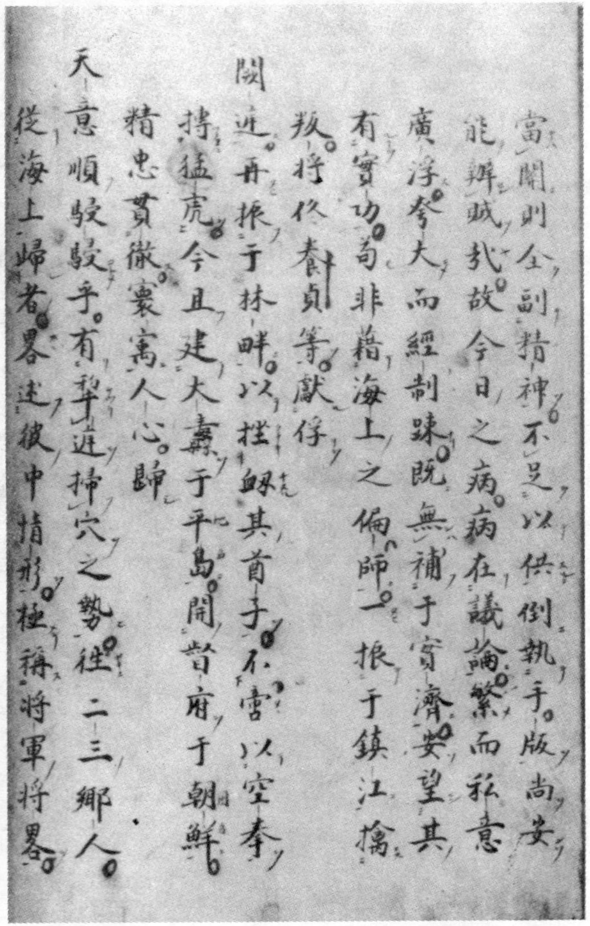

肆

伍

經營布置。確有端緒。馮驥阖國以誠，以信，而共主哉。在收遼人，以漫遼上。故歸之者。如市今秋，將軍猶子維新，亦自海上來，備述將軍英武，進駐方略，頗與傳者。吻合。第衣甲器械。尚未湊手。火藥糗糧，更屬不支。因合紀之，以祈當事。念天外之孤忠。勉圖接應。狀關東之實功，奏凱歌云。

將軍屯兵平島。開督府于朝鮮之新政館驛。日以招集遼民。安插屯種。揀練將士。爲事凡歸止之遼民。每口月給糧三斗。奴自去冬殺

陸

阿骨，後殘酷日甚。殺戮日衆。故民離怨。而歸將軍者。日衆。即編剃遼兵逃者亦多歸公。今軍聲大振。寬鎮鳳靉蒲横諸城堡。俱已遣將收復。設立防守。生以季夏既望。歸將軍亦于是日。將五萬衆進屯鎮江。寬奠間逼奴老寨。以窺進取。朝鮮亦已助兵數萬進屯。金漫聽候調發。大畧選兵已十餘萬。并新歸附各島。安插屯種遼之男婦。合兵民已五六十萬矣。公初屯駐彌串。往來林畔，及朝鮮館驛以逼近鎮江。辛酉臘月之戰。畏奴馬竊窺。且彌串

叁拾

賊徒尚有數萬而以李永芳鎮守得勝城堡
督各路兵馬今春李見海上迎降兵船群集
之滿機密故悉將劉復等處一帶兵馬及李
永芳等盡數撤回老寨遼城折作白地今哨
馬出入遼海直抵得勝城絶無防禦初夏毛
將軍具稟
樞輔孫公約會進兵毛出寬鎮逼奴老寨孫
也廣寧候彼分兵先取海州入據廿倉關兵
過河同取新城樞輔以不得奴首真耗未可
輕易進兵不允所請故于六月十六日公自

肆拾

提兵徑趨寬鎮今奴畏公日甚而猜疑日深
人見近日逃亡數多故殺戮遼人更慘糧餉
盡撤運歸巢而遼人日益怨恨思歸將軍矣
此奴前之情形也奴大帥名阿骨者極驍勇
善用兵名位既高又素得士心李永芳以下
悉皆叩頭自奴起兵以來皆阿骨力每破下
城諸頭目殺戮極慘獨阿骨能撫循收用降
民分種給食故歸之者皆死心効用所向無
敵去歲毛將軍用間以離之奴竟殺阿骨阿
骨死遂失撫馭之帥而奴性猜人極嚴酷日

大凡今年四人先達民若日發餉遣請降之交民潯潯昭奏執
事乃攻之機也。三月間勦利者一十四投逐凈懷池烏故所�ブ
然故如句隨將料料字壚四十十故迷懷池烏以劉到之
皆散其所嶼嶒涉以救罷見海艦照執綱之一帶之報有遠許
散言以懔先救如軍云南。明縅十。何有遠許

多兵馬正以毛將軍進也更鎮遠近本案遠
乃領以馬自毛之使將軍進金使海盡失此四月
級衛刀徵各鳥救不逼下奏視劃文語及朝鮮一百二十巡
叛將進至通將事雄有馬得將軍心激而約一條三人金下海鎮江燕
僱有到者數十入者馬健供情懷愾藐視遠上岸矢
往獲

玖拾

谷曰毛文龍奴驚問汝何來曰取汝首級也
奴驚走而醒次日大揭榜文有能斬毛文龍
首級者以全遼王之凡數日無一度已而遼
之降民王宇吉者降奴已兩朞奴亦親信之
已授職領兵乃自請于奴願往判文龍斬首
歸報奴大喜與定盟鑽刀說誓立春而往及
行全家東裝奴問汝全家去君不來柰何宇
吉對曰不全家不足以信文龍而能親近以
行其計奴然之遂行竟投毛公毛公見其家
口衆多又述奴之情形甚悉納之不疑尋亦

拾貳

授職領兵宇吉留兩月見帥府軍容日盛副
叅以下皆健見劍戟簇擁機無可乘因密通
奴伏精騎三千人于石城島一日詭云前經
石城島尚有遼民數千急欲歸止而無門公
云當遣一大將發兵船迎護之來世傑曰民
遭殺戮見兵即匿何敢出須公親行公云我
一心報
國專在救拔遼民既有此許多人陷彼安得不
一親行救之遂發虎船二十六隻載親兵
三十名員同世傑徑抵石城島登岸行數里

寂無人跡。毛領問逢民何在世傑東馬尤虓
指云前面哨馬十餘騎跜其後公亦隨行頭
馬登高一望見韃賊無數急喊有伏疾馳而
旋抵舟次日方午潮已退船閣沙岸去大海
尚一望無際群湧登舟陸地無策回首奴馬
僅數里公急呼
天禱祝云文龍赤心報
主念切救民不須生死遂中伏望
天垂禱祝始畢海水忽湧數丈船從白浪中捲
出頃刻與奴馬相隔數十里

神靈之默佑。如此真一大奇事。其日早始潮候。
當未潮。乃方午而潮湧。是日凡三潮。豈非
天子。觀毛將軍一念精誠。呼
天天應感格之驗。捷於影响。此可以卜其成功
矣。第
閣部。全副精神。悉以當關。每歲費帑全五六
百萬。尚終日呼號。今日缺糧。明日鼓噪。餉兵
貪弁騙官騙餉殊無實用。若望此輩成功。萬
萬不能。況今奴兵已盡撤歸巢。自山海以達
遼。瀋千餘里。絕無奴馬。一人一騎。當關者毫

叁拾贰

徒扎全銭當關必不能張挺伐之挙而毛将
軍奏績無期中原骨血日以陰乳恐東魯黠
蜀之變未必無継吠而起則天下事尚未知
所終局也從古能成大功者必待天人之助
人心帰則天意助観毛将軍石城之急則精
忠可以格
天而朝鮮亦且激順如斬義州道観察使鄭選
亟其首以謝擒奸細王宇吉械送轅門梟示
也傑石城之計不就遂由朝鮮渡江故
為所擒今五月初二日梟首妄妾給賞有士矣
歲助餉十萬助兵数萬今已遣本将張曉也

肆拾贰

兵境上聴候調發葉供一一實行此雖将軍
之精忠亦所感發實
冲聖洪福
列廟神霊之所庇也第属國效順且如此
當國者豈忽藩外視之而不急為之處以道
呼吸之應乎順
當事早為之計以慰四海臣民之望舒
聖主東顧之憂
杜稷幸甚蒼生幸甚
海運接濟如未豈本已雖道便分登津起運

壹拾叁

不得一真耗徒見呼號吽怒以撓亂視聽益
庫名而益實禍濩愚以爲今日之事宜莫如
以當關之兵將嚴加簡練不必圖多除薊鎮
舊額兵二三萬所當嚴加精選不在新餉外
山海只須選精兵三四萬歸經督於一以
允髦臣之屢請庶
朝廷優老之盛典焉不建且事權不至掣肘閫
外如馬大將軍等既已出防只選精兵三萬
人也練中前兩處動其訓練以彈壓西虜不
得過寧遠一步而姑寘廣寧王世忠三千之

贰拾叁

防守庶免遺咲於西虜則水陸建制亦還并
撤以省多耗然則薊鎮僅抵額兵而山海寧
前之六七萬抵向者山海寧前廣寧之額兵
所浮不過二萬而遼瀋開鐵清撫靉本等處
一帶額兵全廢者亦不下六七萬則以全遼
之舊餉抵今日之當關縱客兵餉一倍似可
足用即今方議征伐製造衣甲火藥車炮器
械之類旋倍於前然省遼瀋之遠運舊餉之
外多不過再加百萬一切驕弱貪懦之兵將
悉行汰去則所省帑金無數而切實用矣今

叁拾叁

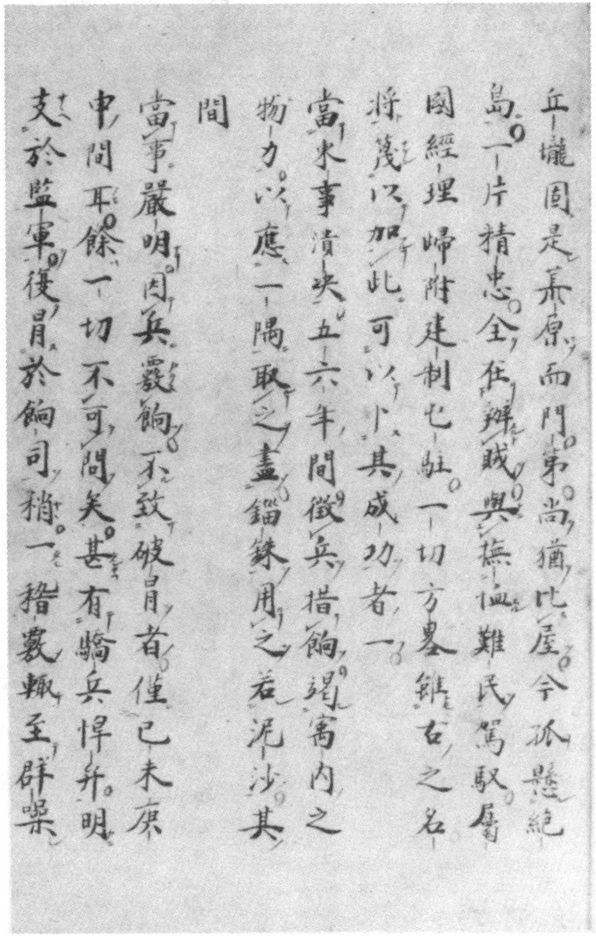
丘壠固是蓁原而門第尚猶比屋令孤懸絶
島一片精忠全在辨賊與撫恤難民篤馭屬
國經理歸附建制屯駐一切方略鉅古之名
將蔑以加此可以卜其成功者一
當來事潰决五六年間徵兵措餉竭寓内之
物力以應一隅取之盡錙銖用之若泥沙其
間
當事嚴明因兵覈餉不致破冒者僅已未庚
申間耳餘一切不可問矣甚有騎兵悍弁明
支於監軍復冒於餉司稍一稽覈輒至群譟

肆拾叁

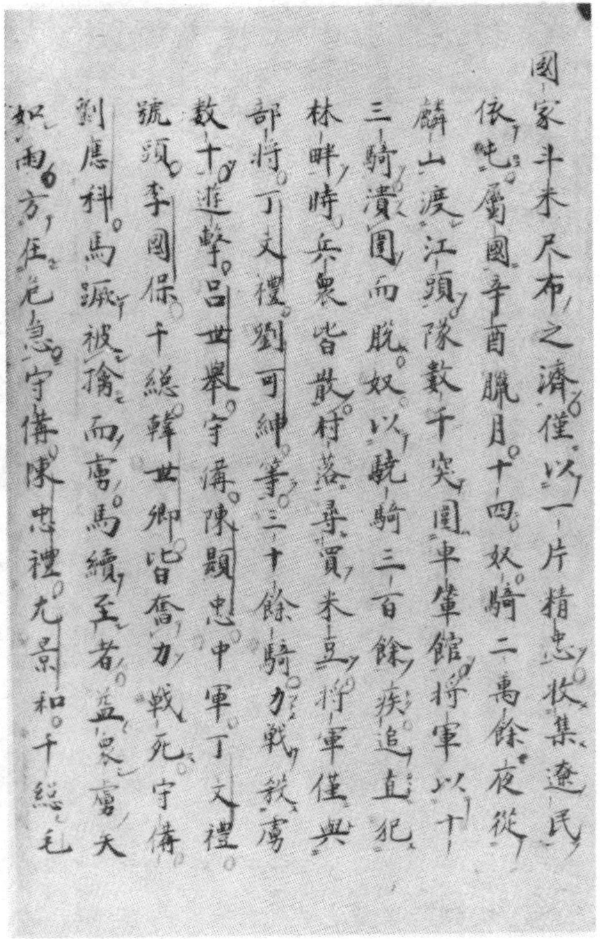
國家斗米尺布之濟僅以一片精忠收集遼民
依托屬國辛酉臘月十四奴騎二萬餘夜從
麟山渡江頭隊數千突圍車輦館將軍以十
三騎潰圍而脫奴以驍騎三百餘疾追直犯
林畔時兵衆皆散村落尋覓米豆將軍僅與
部將丁文禮劉可紳等三十餘騎力戰殺虜
數十遊擊呂世舉守備陳顯忠中軍丁文禮
號頭李國保千総韓世卿皆奮力戦死守備
劉應科馬㴇被擒而虜馬續至者益衆虜大
如雨方在危急守備陳忠禮尤景和千総毛

柒拾叁

而後將軍旦以偏師屢出寬鎮衝擾奴賊張
疑惱以亂賊心避其鋭而緊其惰倏忽進退
如疾風掣電而奴遂委寬鎮鳳凰以去將軍
始得從容屯駐肆其出入而無襲擊之恐矣
是向之用兵者皆與奴角力用其所短而敗
獨將軍者強弱衆寡虛實度形勢舍其寬平逼
奴老寨狎奴不敢出蟻穴一步一以謀勇制
奴死命此可以卜其成功者四
兵行詭道故戰必用間自用兵以來每將敗
衄奴必蟄伏肆其詭傳謂奴畏我而哭矣獾

捌拾叁

倘將盡矣父子相戕矣敗將思内應矣且多
用奸細句引我之遼民為奴間諜矣而我報
信之以為實若線索全在奴手是奴慣用間
而我專落其間致屢戰屢敗而我終不能一
用間以得奴之真耗也獨將軍自取鎮江則
用間以離眷貞之愛妾除阿骨則用間使奴
立斬其大帥招劉愛塔王子登等則用間以
剪奴之羽翼誘諸偽將俾陰受節制而奴之
腹心始離真情始得奴始不得將軍之虛實
將軍之細作時遣逡巡飛書遞投而奴之疑

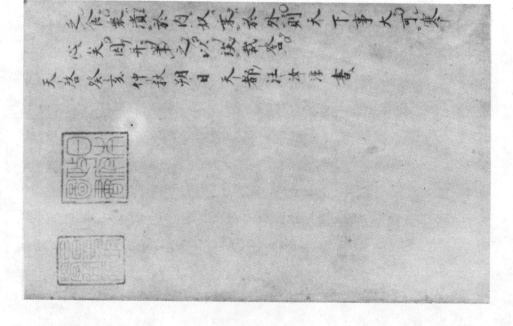

玖拾叁

拾肆

跋乾隆三十一年給暹羅國王勅諭

李　光　濤

民國五十五年夏，因清理內閣大庫殘餘檔案中之清代勅諭，查出「乾隆三十一年給暹羅國王勅諭」一件。此類勅諭，其外圍俱繪有龍紋，故在明清兩代，俱稱曰「龍邊勅書」。而今者暹羅一勅書，在清代檔案中，乃係惟一僅有之文件，是很值得公之於世的，爰將其全文抄錄如次：

（上缺「皇帝勅諭暹羅國王森」九字）烈□□□勅馬嗶陸（約缺十四字）報禮酬庸，天朝之鉅典，寵章（約缺八字）暹羅國王森烈拍照廣勅馬嗶陸坤司由提雅普埃屬在遐方，肅將誠悃，遣貢使丕雅嵩統呵沛等，恭賚方物入貢，深可優嘉。今特賜王文綺珍玩器皿等物，王其祇承嘉命，益愍忠忱，以副朕眷。欽哉。故勅。計開：賞暹羅國王禮物：上用粧緞四疋，補緞四疋，蟒紗四疋，補紗四疋，緞十八疋，羅緞八疋，紗十二疋，官用錦八疋。賞暹羅國王妃禮物：上用蟒緞二疋，補緞二疋，蟒紗二疋，補紗二疋，緞六疋，紗六疋，羅緞四疋，羅六疋。加賞暹羅國王禮物：蟒緞一疋，蟒襴緞一疋，片金一疋，閃緞一疋，錦緞二疋，大卷八絲緞四疋，磁琺瑯大小碟四件，青花執壺（壺字之誤）一對，均釉雙喜耳瓶一對，青花八卦雲鶴碗十件，藍地紫綠龍碗十件，青花靈芝茶鍾十件，五彩八吉祥鍾二件，霽青五寸盤四件，五彩蚕紋壽字五寸碟一件，磁琺瑯壺二件，均釉膽瓶一對，青花四足壺一對，青花小雙管瓶一對，霽青撇口碗十二件，霽青茶碗十件，五彩茶鍾四件，霽紅五寸盤十件，五彩壽枝蟠桃四寸碟五件，青花白地把蓮三寸碟十件，藍著草瓶一對，青漢玉松梅靈鳳雙孔花插一件紫牙烏木座，紅白瑪瑙佛手雙孔花插一件紫牙紫檀座，石盒硯二方，呆玻璃紙搥瓶二件，黃玻璃罄口碗二件，藍玻璃鏡盌二件，綠玻璃磨花罄口盌二件，綠玻璃五

寸盤二件，琥珀玻璃五寸盤二件，紅玻璃麥斗一件。乾隆三十一年六月十二日
。（圖版壹）

就勅書原件觀之，其可討論者略述如次：

㈠勅書紙地：長三一五公分，高五五公分。按，勅書長度，據我經驗所得，凡在
二百公分上下者，其龍邊大抵都是木刻印刷的，故多模糊不清，茲暹羅勅書，長度由
於長至三一五公分，其於木刻印刷似乎不適用，因此其龍邊乃特用毛筆繪畫的，看來
極其清晰勻淨，參圖版可以知之。我想，可能當初誥勅房有專用畫工，專管畫勅之事
，與朝鮮專用畫工畫印，正同一情形。

㈡勅內所書賞賜暹羅的緞疋之屬，凡一百二十疋，其瓷器之屬凡一百二十三件。
檢清史稿暹羅傳，關于乾隆二十二年及三十一年兩次記事，參合觀之，前者所錄，只
共十疋，而後者則爲一百二十一件。據此，可見檔案的價值，無論事之大小，其於校
正書冊之錯誤是很有用的。除此，還有瓷器許許多多的名稱，以性質言之，也是重要
的，即在今之研究清代瓷器的學人，看到勅書的圖版，當可爲參考之用。

㈢勅內賞賜的物品，關于賞賜時的情形以及受賞者之若干禮節，亦當爲讀者所欲
知，茲據明清史料甲編葉六七八將涉及朝鮮事例（暹羅、安南、琉球等國同）錄其一則，以
爲例證：

　　康熙二十四年二月初三日，禮部咨呈內閣文：禮部爲頒賞事……照得朝鮮國王
　　李焞，差陪臣議政府右議政南九萬……等，爲冬至、正朝、萬壽聖節、年貢，
　　恭進禮物前來……應照定例賞賜。其賞賜之物，於該部移取，在午門前賞給，
　　照定例筵宴二次令囘可也。等因。康熙二十四年二月初日題，本月初三日奉旨
　　：依議。欽此。欽遵。抄出到部，送司，奉此。其賞賜之物，於二月初九日，
　　在午門前擺設高桌之上，未賞之先，令行三跪九叩頭禮，逐一唱名，跪，賞畢
　　，仍令行三跪九叩頭禮。相應知會，案呈到部。擬合就行，爲此咨呈內閣，煩
　　爲請照施行，須至咨呈者。右咨呈內閣。

㈣清史稿暹羅傳，在乾隆三十一年條記繳還頒賜物有云：「三十一年，暹羅入貢
，賜與前同（指二十二年）。頃之，兩廣總督李侍堯奏，暹羅爲花肚番所破，繳還原頒
賜物。花肚番即緬甸也」。按：所謂「繳還原頒賜物」，其實不僅「賜物」而已，

即如現在我們所看到的勅書，也正是其時一同「繳還」的。所幸有此一繳還，否則我
們今日那裏還能去欣賞呢？此「繳還」情形，在清代的「與國」中，也僅只得這一次
而已。最奇的，莫如此一勅書，在十五萬斤爛字紙中（檔案的總重量），居然被發見，貢
獻於世人之前以共賞，說來也正是奇蹟啊。

　　㈤勅書內關于「暹羅國王森烈拍照廣勅馬嘩陸坤司由提雅菩埃」一問題，經吾人細
想之下，也很值得研究的。當民國四十八年十月，作者嘗撰有「記清代的暹羅國表文
」，凡四萬五千字，另圖版二十四張，載史語所集刊第三十本。本文發表之後，頗爲
世人所關心：㈠五十一年三月三日，倫敦大學東方研究院講師魏至之（英文譯名）氏，
參觀明清檔案時，首以暹羅國表文爲問。㈡五十二年七月三十日，英文中國郵報宋
執漢氏來函有謂：「敝報泰國讀者華僑李君，擬購尊著記清代暹羅的國書一本，不知
能於何處購得，請賜示知」。以上所述，只舉例而已，不必多說，總之，暹羅的表文
，其爲中外讀者注意之處，當係一事實。

　　不過，像拙著「記清代的暹羅國表文」，當初所錄，原只以檔案資料爲第一，易
言之，也正是始自乾隆元年的，乾隆以前，因檔案中未查出暹羅的表文，所以捨而不
論。今者因讀乾隆三十一年的勅諭，而且勅內又特以「暹羅國王森烈拍照廣勅馬嘩陸
坤司由提雅菩埃」爲言，這由歷史的淵源觀之，是最富意義的。比如這位國王罷，其
在「詔裔」（據清史稿。又暹羅的汰人，嘗自稱與唐時雲南的南詔爲一事，故有詔裔二字之稱）的王朝究
竟算是第幾代，考之清史稿暹羅傳並無明白的記述，只康熙十二年有過一次「册封暹
羅」之事（實際通貢遠在順治九年），自此迄于乾隆三十一年國王亡于緬甸之亂，凡百餘年
（包括通貢之年在內），中間未有第二次册封的記錄，（乾隆三十二年以後是爲鄭氏王朝，姑不算。）
是其世系不明（朝鮮、琉球、安南等國，每一國王繼立之後，必有册封，故世系紀錄亦最詳明），可見一
斑矣。

　　談到暹羅「詔裔」的世系（鄭氏王朝以前），必須先從其淵源講起，然後始能略悉其
梗槩，爰據若干書册記其大略如下：
　　㈠暹羅一瞥（楊伊倫斯特著　顧德隆譯　少年史地叢書　中華民國十六年十二月初版　二十二年三月
印行　上海商務印書館）：
　　　　照中國史乘所載，暹羅人是扶南的別種，本名赤土國。最先和我們交通的時候

是在隋朝大業年間。暹羅古時分三國，北曰老撾，南曰羅斛，中曰暹，地方四萬二千哩，人口六百餘萬，後來革命事起，而李羅隆亞自立為王，稱國號曰羅越。

羅斛王參烈勃羅怡菩堤，併吞暹國，建暹羅斛國，都於猶地亞。二世參烈昭毗牙非常懦弱，王位遂為伯父參烈多羅所篡。王遣世子昭祿羣膺到中國來求爵，明太祖就於洪武十年封他為暹羅王。後來堵直波智王卽位，用我國翰林謝文彬為坤岳，國勢大振。這是暹羅國第一朝。

第二朝孛羅遜曇王，第三朝孛羅察得安王，都沒有什麼特別可記的事……一百年之後，又有一個外國人出來執掌暹羅國權，他是我們中國人，名叫鄭昭，暹羅人稱他為非亞他克。那時緬甸侵入暹羅，把暹羅擾亂得雞犬不寧，鄭昭就乘機糾合了許多盜賊流氓，把緬甸人趕出國去。他得勝之後，就回到盤谷，自立為王，這是暹羅第四朝，而京都就此改在盤谷。

㈡明史暹羅傳

暹羅在占城西南，順風十晝夜可至，卽隋唐赤土國，後分為羅斛、暹二國。……元時，暹常入貢，其後羅斛強，併有暹地，遂稱暹羅斛國。洪武三年，命使臣呂宗俊等齎詔諭其國，四年，其王參烈昭毗牙遣使奉表與宗俊等偕來，貢馴象、六足龜，及方物。詔賜其王錦綺及使者幣帛有差。……五年……其時王懦而不武，國人推其伯父參烈寶毗邪嗯哩哆囉祿主國事。遣使來告，貢方物。宴賚如制。已而新王遣使來貢謝恩……已，遣使賀明年正旦，貢方物，且獻本國地圖。七年……諭中書及禮部臣曰，古諸侯於天子，比年一小聘，三年一大聘，九州之外，則每世一朝，所貢方物，表誠敬而已。惟高麗頗知禮樂，故令三年一貢，他遠國如占城、安南、西洋瑣里、爪哇、浡泥、三佛齊、暹羅斛、眞臘諸國，入貢既頻，勞費太甚，今不必復爾，其移牒諸國，俾知之。然而來者不止。其世子蘇門邦王、昭祿羣膺亦遣使，上箋於皇太子，貢方物。命引其使朝東宮，宴賚遣之。八年，再入貢。其舊明臺王世子昭孛羅局亦遣使，奉表朝貢。宴賚如王使。十年，昭祿羣膺承其父命來朝。帝喜，令禮部員外郎王恒等齎詔及印賜之，文曰暹羅國王之印……自是其國始稱暹羅……二十一年，貢象

三十，番奴六十。……二十八年，昭祿羣膺遣使朝貢，且告父喪。命中官趙達
等往祭，敕世子嗣王位……成祖即位，詔諭其國。永樂元年，賜其王昭祿羣膺
哆囉諦剌陀紐鍍金銀印，其王即遣使謝恩。……十四年，王子三賴波羅摩剌箚
的賴，遣使告父之喪。命中官郭文往祭，別遣官齎詔封其子爲王，賜以素錦素
羅。隨遣使謝恩。……宣德八年，王悉里麻哈賴遣使朝貢。……正統……十一
年，王思利波羅麻那惹智剌遣使入貢。景泰四年，命給事中劉洙、行人劉泰，
祭其故王波羅摩剌箚的賴，封其嗣子把羅蘭米孫剌爲王。天順……六年，王孛
剌藍羅者直波智遣使朝貢。成化九年，貢使言天順元年所頒勘合，爲蟲所蝕，
乞改給。從之。十七年……先是汀州人謝文彬，以販鹽下海，飄入其國，仕至
坤岳，猶天朝學士也。……十八年，遣使朝貢，且告父喪。命給事中林霄、行
人姚隆往封其子國隆勃剌略坤息剌尤地爲王。……正德……十年，進金葉表朝
貢。館中無識其字者，閣臣梁儲等請選留其使一二人，入館肄習。報可。嘉靖
……三十二年，遣使貢白象及方物。……隆慶中，其隣國東蠻牛求婚不得，慙
怒，大發兵，攻破其國，王自經，攜其世子及天朝所賜印以歸。次子嗣位，奉
表請印。予之。自是爲東蠻牛所制。嗣王勵志復仇，萬曆間，敵兵復至，王整
兵奮擊，大破之，殺其子，餘衆宵遁，暹羅由是雄海上，移兵攻破眞臘，降其
王，從此歲歲用兵，遂覇諸國。六年，遣使入貢。……其後奉貢不替。崇禎十
六年猶入貢。

㈢清史稿暹羅傳

暹羅在雲南之南，緬甸之東，越南之西，南頻海灣。順治九年十二月，暹羅遣
使請貢，並換給印敕勘合。允之。自是奉貢不絕。康熙……三年……議准暹羅
進貢，正貢船二艘，員役二十名，補貢船一艘，員役六名來京，並允貿易一次
。明年十一月，國王遣陪臣等齎金葉表文，文曰：
暹羅國王臣森烈拍臘照古龍拍臘馬嘩陸坤司由提呀菩埃，誠惶誠恐，稽首謹奏
大淸國皇帝陛下：伏以新君御世，普照中天，四海隸㡩㡩，萬方被敎化。卑國
久荷天恩，傾心葵藿，今特竭誠朝貢，敬差正貢使握坤司吝喇耶邁低禮、副貢
使握坤心勾吞㫒替、三貢使握坤司勒博㫒綈、大通事揭帝典，辦事等臣，梯航

渡海，齎上金葉表文方物進獻，用伸拜舞之誠，恪盡遠臣之職。伏冀俯垂天聽，寬宥不恭，微臣不勝瞻天仰聖戰慄屏營之至。謹具表以聞。

御前方物：龍涎香，西洋閃金緞，象牙，胡椒，臘黃，荳蔻，沉香，烏木，大楓子，金銀香，蘇木，孔雀，六足龜等。皇后前半之。帝賜國王緞紗羅各六，金緞紗羅各四，王妃各減二。正副使等，賞賚有差。定暹羅朝貢三年一次，貢道由廣東，常貢外，加貢無定額。貢船以三艘爲限，每艘不許逾百人，入京員役二十名，永以爲例。

又記：

康熙十二年，貢使握坤司吝喇耶邁低禮等至，具表請封。四月，冊封暹羅國王，賜誥命及駝紐鍍金銀印，令使臣齎回，誥曰：

來王來享，要荒昭事大之誠，悉主悉臣，國家著柔遠之義。朕纘承鴻緒，期德教暨於遐陬，誕撫多方，使屏翰躋於康乂，彝章具在，渙號宜頒。爾暹羅國森烈拍臘照古龍拍臘馬嘑陸坤司由提呀菩埃，秉志忠誠，服躬禮義，既傾心以向化，乃航海而請封。礪山帶河，克荷維藩之寄，制節謹度，無忘執玉之心。念爾悃忱，朕甚嘉尙，今封爾爲暹羅國王，錫之誥命，爾其益矢忠貞，廣宣聲教，膺茲榮寵，輯乃封圻。於戲，保民社而王，纂休聲於舊服，守共球之職，懋嘉續於侯封。欽哉，無替朕命。

二十三年，王遣正使王大統、副使坤孛述列瓦提，齎金葉入貢。帝諭：暹羅進貢員役，有不能乘馬者，官給夫轎，從人給昇夫。先是，貢船抵虎跳門，守臣查驗後，進泊河干，封貯貨物，俟禮部文到，方准貿易。至是，疏請嗣後貢船到廣，具報即准貿易，並請本國採買器用，乞諭地方官給照置辦。允之。……四十七年，貢馴象二，金絲猴二。是年，禮部議准：暹羅貢船壓艙貨物，在廣東貿易，免其徵稅。六十一年，……諭禮部曰：暹羅米甚豐足，若運米赴福建、廣東、甯波三處，各十萬石貿易，有裨地方，免其稅。部臣與暹羅使臣議定，年運三十萬石，逾額米糧與貨物，照例收稅。雍正二年十月，廣東巡撫年希堯，陳暹羅運米併進方物。詔曰：暹羅不憚險遠，進獻穀種果樹及洋鹿獵犬等物，恭順可嘉，壓船貨物，概免徵稅，用獎輸心向化之誠。六年，帝諭：暹羅

　　　商船運來米穀，永遠免稅。(以下從略)

右引三種史料，其第一種「暹羅一瞥」，乃西人所著，華人所譯，於暹羅世系，亦語
焉不詳，其云暹羅本名「赤土國」，可能係採自明史？又所云「用我國人謝文彬爲坤岳
」，亦爲明史之言。凡此，則「暹羅一瞥」今者之轉錄，僅備一格而已，可不必深究
。現在所擬討論者，乃明史及清史稿二種，試爲記述於次：

　　　(甲)明史本傳記暹羅世系，由洪武四年遣使奉表來貢起：㈠參烈昭毘牙 (光濤按，
其伯父奪位之一記錄，姑不算)，㈡昭祿羣膺 (洪武二十八年封)，㈢三賴波羅摩剌箚的賴 (永樂十
四年封)，㈣把羅蘭米孫剌 (景泰四年封)，㈤國隆勃剌略坤息剌尤地 (成化十八年封) ㈥六
世的「次子嗣位」 (隆慶年封)。以上所記，自洪武四年至隆慶年，暹羅繼統之君凡六
世，而這六位君主，其國勢當以第六世爲最強，參本傳，有曰：「暹羅由是雄海上，
遂覇諸國」。又有云：「萬曆二十年，日本破朝鮮，暹羅請潛師直擣日本」。由上兩
則記事，其後者之萬曆二十年，由西元言之，卽一五九二年，是時暹羅於中國，爲一
極端親明的國家，而朝鮮之親明亦與暹羅同，可以說，三國正是一家，乃朝鮮之突遭
「倭禍」，在暹羅視之，似乎義難坐視，故欲「潛師直擣日本」以解其危，後來只因
大明認爲中國援韓力足制倭，毋須暹羅「潛師直擣」而止其出兵之請，然而暹羅之義
聲以及其國力之強盛，可謂有光史册矣。

　　　又，暹羅之親明，參本傳成化十七年條另有一則記云：「先是汀州人謝文彬，以
販鹽下海，飄入其國，仕至坤岳，猶天朝學士也」。此謝文彬故事，今史册所書，僅
只一例而已。實際華裔之見重於暹羅，說來是有淵源的，比如暹羅現代史一○八葉就
曾說：「汰人以前相信世界之文明無出乎中國右者」。民國四十六年九月，我曾撰有
「華裔與暹羅」一文，卽爲闡明此一含義，凡一萬四千字，見民主評論第八卷第十八
期。茲又更得一現證，證內之「鄭鎭」其人，當爲鼎鼎大名的華裔，其視謝文彬，可
合作一傳以共垂不朽。現證全文如下：

　　　暹羅國捏浮勝丕職鈞祿高望君藍，字奉日本攝子馬國王麾下：船主五官，遇風
　　飄泊大泥被難，逃入暹羅港時，以鄉親來托，報王，蒙王思見貴國素存天地之
　　量，常懷柔遠之心，凡四隣與販者，咸優恤有方。正欲着人往來貿易，結爲伯
　　仲之邦，茲逢有人到此，大稱夙心。且此人忠厚，力量能堪重任，可備船送囘

，使他得年年來此處經商，永通兩國之好，遵照外，卽備船送五官囘。今冬幸
王念德意，着船復來，連繹不斷，永通和好，一時無可爲貢，聊具黃檀香觀音
佛一身，活麝一隻，少伸贊敬，笑納。不勝感激瞻仰之至。萬曆丙午年四月日
書。（圖版貳）

此一照片，乃民國五十一年三月澳洲籍魏至之（見前）氏所贈，魏氏的夫人係泰國人
，故其對於暹羅史事之研究，特別是金葉表文，甚感興趣，因拙著「記清代的暹羅國
表文」中，我曾談到於民國二十一年在北平參觀故宮時，曾經看到暹羅國的金葉表文
。於是魏氏乘來臺之便，特偕其夫人前往臺中故宮博物院，擬參觀前項的金葉表文，
結果所見者只銀葉表文，而且字數不多，其眞正的金葉表文並未看到，魏氏認爲可能
仍裝在箱中，否則也許仍留在北平而未及運出？由此可以看出外人之注意中國文化無
論在古物和文件都是念念不忘的。比如「鄭鎭」文件的照片罷，原是魏氏於經過日本
時所搜集而來，今承其特別以僅有的一張轉贈吾人，而他自己只保留了底片，這一厚
情，是很十分可感的。

　　按照片四圍的黑道，當係經過裝裱的，其右方，上端書「暹羅國國書」，下端書
「公爵島津忠重氏所藏」。而照片的文字最值得注意的，莫如「萬曆丙午年」五字之
起人興感。丙午卽萬曆三十四年，是時暹羅於中國在所謂「四方諸國」比較爲最強，
以一最強之國，其於遠交日本的文書，乃竟堂堂地奉行大明「萬曆」的年號，則其所
有「親明」的熱誠和自然，卽此更可想見了。又按，年月上所用印章一顆，曰「鄭鎭
之關防印」，此「鄭鎭」二字，是否爲人名，抑或「鎭」字是官名（有如某某地鎭守之類）
，姑置而不論，要之，鄭氏爲華裔而又代表暹羅朝廷以與日本通情往來則係事實也。
以鄭氏爲例，所以華裔於暹羅，尤其是當明淸之際，有許多「不樂從胡」的「義民」
，他們大都「因親及親因友及友」選擇了所謂「天南樂國」的暹羅，以爲逃難之所，
此在拙著「華裔與暹羅」（見前）曾有詳細的報導，敬請讀者檢查爲幸。

　　再，暹羅之往來明朝，自洪武四年通貢起，迄崇禎之末，一直是往來不絕，可謂
有始有終。有如崇禎九年丙子，朝鮮冬至兼謝恩使金堉（字伯厚淸風人）燕京之行，恰巧
暹羅使臣亦同時到京，這是值得借此作一報告的，據潛谷先生遺稿卷之十四朝京日錄
（編入燕行錄選集上册葉二〇三至二二九）載：

十一月十四日，呈謝恩、冬至表于儀制司。……暹羅國使臣來，入于東館（光
濤按，此乃東平館之簡稱），一行凡二十四人。……二十六日，曉起詣闕，待開于長
安門。暹羅國使臣亦往，上使頭著金絲帽，狀如僧巾，穿青金線錦衣，次者著
紅錦帽，紅鹿皮衣，次者著紅冠，長如蕉葉，尖直上指，穿紅衣。衣皆掩膝，
剪髮，無網巾。從者皆剪髮露頂，髮長二三寸，鬐鬆如蓬，面皆不洗。使以下
皆步行，天明入門，詣午門前行權停禮，只五拜三叩頭。詣光祿寺宣酒飯。…
…十二月二十五日，……暹羅使臣四人，通官樊懋己等來見，致禮單而去。…
……丁丑（崇禎十年）三月二十日，暹羅人二名，來傳二貢使之書，且送香筒雜
畫。……四月二十日……暹羅使出去。

右錄史文，記暹羅使臣朝京之行，自崇禎九年十一月十四日到東平館，至崇禎十年四
月二十日「出去」（即離京之意），凡共五月有餘，留京如是之久，可能此次使臣之
行，正所謂「有事之使」，如請封及告喪之類。另外，明季朝廷，亦值國家多故之秋
，如崇禎九年之「丙子虜變」，以及崇禎十年清人之用兵朝鮮，皆是。除此，還有流
賊之攻城掠地，更是其時一大害，於是乎使明之朝廷，上下憂慮，不遑他務，而暹羅
使臣回國之遲延，多少當係受了這些影響的。又，考朝鮮每一使臣燕京之行，俱有日
錄之記述，同於使行之報告，彙而刊之，傳於後世，看來都是極有意義的，如「燕行
選錄集」，等於是一種叢書，足供吾人參考之用。試讀金堉之報導暹羅使行，其性質
乃是一種新材料，可謂有益之作。我想，假如暹羅使行亦如朝鮮使行之作風，也有甚
麼「燕行錄」一類的記著，俾刊而行之，以嘉惠後人，在今日中泰兩國的人士讀之，
也可增加更多親切之感啊。

　　（乙）談清史稿暹羅傳，須先談明史，然後才能貫通一致。考明史內之冊封暹羅第
六世君主，乃隆慶中之事。隆慶凡六年，今姑自隆慶六年算起，以迄崇禎十七年明朝
之亡，凡七十三年，以公曆計之，即一五七二至一六四四年。此七十三年，其第六世
君主，是否一直做到底，自然是問題？還有明亡之後，清人代興，自乾隆三十二年
（乾隆三十二年以後是爲鄭氏王朝不必計算）上溯至順治元年，由暹羅的「詔裔」王朝言之，
凡一百二十三年，即公元一六四四至一七六七年，此一百二十三年，參清史稿本傳，
記「冊封暹羅」，僅康熙十二年有過一次，可是先後相繼之君，凡兩位君主，前者曰

「森烈拍臘照古龍拍臘馬嘑陸坤司由提呀菩埃」。（這位國王請封雖是康熙十二年，但請貢則爲康熙四年）　，而後者卽勅諭內之「森烈拍照廣勅馬嘑陸坤司由提雅普埃」，（大南實錄前編睿宗卷十一葉五所記「緬甸攻破暹羅虜瘋王」，瘋王卽指這位國王。）最值得注意的，莫如後者之大名，又爲本傳所不載，今幸有勅諭爲現證，使吾人對於暹羅「詔裔」的世系，又可多一瞭解了。以此爲例，我們再算一算關于康熙十二年之請封以及康熙四年之請貢，據本傳，俱關第一位國王之事，可以不論，但康熙四年以前，和順治九年以後所說的「奉貢不絕」，似乎也有些交代不清，特別是不書國王的姓名。再說明史罷，其所記的第六世君主，在位也不會那麼久，乃至七十三年？依我的看法，也許是明史失于詳實，可能第六世之後，還有第七世或第八世，接着淸初便當是康熙十二年請封的國王。此一推論，總因明淸兩代的暹羅，其在「詔裔」而言，原是一個系統，比如前後國王的大名，特別是明史本傳的第一世，下逮康熙十二年所封的那一位，他們的大名，起頭二字都稱曰「參烈」，這便是一證，不可不注意。

再，關于康熙十二年之「册封暹羅」，據淸史稿本傳：「賜誥命及駝紐鍍金銀印，令使臣賚回」。此由使臣賚回之事，參王士禎池北偶談卷一葉十七「外國封使」條，曾記其原因：「康熙十二年，暹羅請封，上以海道窵遠，令以勅印付其使臣帶往，於事理甚便，而亦不失柔遠之體」。同書卷三葉八「三國貢物」條，其記康熙（六年）丁未夏暹羅貢物有云：「是歲暹羅國王森烈拍臘照古龍拍臘馬嘑陸坤（疑脫）遣貢使握坤司答喇耶邁低禮，貢六足龜，孔雀，馴象等物」。按，淸史稿暹羅傳，不書康熙六年進貢之事。據此，則淸史稿漏記之多（如上文所述，連一代的國王亦不載），此又一實證。再，同書更有二則，因與參考有關，亦併錄於後：

一、六足龜

暹羅國進貢，有六足龜十枚，比至京師，止存其三，其足前二後四，趺趾相連。余在主客（光濤按，卽禮部主客司）時見之。　按龜三足曰賁。　（卷二十葉三）

二、暹羅表文

康熙二十三年，暹羅國進表云：啓奏大淸國皇帝陛下：伏以聖明垂統，繼天立極，無爲而治，德敎孚施萬國，不動而化，風雅澤及諸彝。巍巍莫則，蕩蕩難名，卑國世荷皇恩，久沾德化。微臣繼襲踐祚，身屬遐方，莫能仰瞻天顏，幸遇貢期

，敢効輸款。顓遣正貢使坤孛迣列瓦提、二貢使臣坤巴實提瓦抒、三貢使臣坤司杏搭瓦喳、正通事坤思杏塔披彩、辦事文披迣嗒新禮嘜等，梯航渡海，齎捧金葉表文，方物譯書，前至廣省，差官伴送京師，朝貢進獻。代伸拜舞之誠，恪盡臣子之職，恭祝皇圖鞏固，帝壽遐昌。伏冀俯垂鑒納，庶存懷遠之義，微臣瞻天仰聖，不勝屏營之至。（卷四葉十二）

由上二則，其後者表文，頭尾俱略去，即如暹羅國王的大名亦不書，不知記事的條件，最主要的，第一是人名地名，第二是日期，今者既略去國王之名，使吾人研究暹羅「詔裔」的世系，又失去了一個主要的根據，看來是很可惜的。若在朝鮮使臣每一次燕京之行，有所謂「聞見事件」，都是連頭帶尾一齊抄一字不漏，如朝鮮正宗實錄卷十九葉十七所錄的「暹羅國長鄭華漢字表文」，包括進貢物件，都是錄其全文的，像這種抄法，其有裨於吾人今日之研究，可謂獲益不淺。

不過，在史料缺乏情形之下，有了若干文件，說起來多少總是可貴的，例如右錄「暹羅表文」，由清史稿暹羅傳言之，特別是康熙二十三年，只記「是歲入貢」不記表文，現在有了「表文」的資料，其於清史稿，可以說，也正是有補的。又，表文措辭，我尚有一點意見，爲討論如次：

表文云：「卑國世荷皇恩」。又有云：「微臣繼襲踐祚」。由此二語，可分析言之，曰「世荷」，曰「繼襲」，「世」字和「繼」字，都有含義的，因爲這兩個字起碼是包括上一代的國王在內，那，也就是說，當係「父王」去世之後而由「嫡子」繼立的解釋。這種曲折，我們不妨即以康熙十二年受封的國王作爲根據，假如所謂「世荷」和「繼襲」等語，是出於這位國王之口，則在他前一代的「父王」究竟應該算是第幾世，參前文所述，是否第七世或第八世？反之，如是出於乾隆三十一年勅諭內的國王之所云云，似乎也不像，何況又是一位「瘋王」（見前），享國也不會那麼長久，蓋自康熙二十三年至乾隆三十一年，凡八十二年，即公元一六八四至一七六六年。凡此問題，都是由於王士禎氏當初的疏忽，抄錄表文不完全，而略去暹羅國王的大名，才致令人看了不免有些模糊的。可是王氏另有一記事，即前面所引：「康熙十二年，暹羅請封，上以海道窵遠，令以敕印付其臣帶往，於事理甚便，而亦不失柔遠之體」。據此，可知康熙十二年之「冊封暹羅」，只因不專遣重臣往封，而但以誥命等件，

付與進貢使臣順道賫囘而已。此由封典言之，其於暹羅國不但不能聳動遠近，就實際觀之，且更有些埋沒了。所以自此之後，關于「詔裔」國王之相承，都自由自主爲之，不再向淸國請封，只「禮文往來」仍照舊例行，當然，淸國於「詔裔」也更無第二次册封之事。凡此，則淸史稿暹羅傳有關「詔裔」的世系，自然也就不能明白了。這一點，是爲王土禎氏啓示之功，不可不記也。

附　　記

民國五十六年七月十五日，泰籍華裔「熊掌」（祖籍廣東梅縣）先生來訪。他訪問的動機，乃是由於看到我在前面所說的那篇「記淸代的暹羅國表文」，因爲這位熊先生對於暹羅國史料，也是特別注意搜集的。茲爲答覆熊先生起見，謹將「燕行錄選集」（西元一九六二年韓國成均館大學影印）所載若干有關暹羅國史料，姑借此附記於後，以當貢獻。卽在前述「記淸代暹羅國表文」言之，也正可作爲拾遺補闕之用。

(一)　李基憲燕行錄（嘉慶六年辛酉）

暹羅使臣亦三人，在下班。見其所謂朝服，則斑紋緞無神長袍，其冠則銅造半尺，塗以泥金，其形如牛角，削髮而無辮。身材短小，眼深而黧，言語啁啾，而不解文字。問其在私處，則衣冠帶履，皆從淸制，故自此製給一襲，而朝會祇迎之時，始用本國衣冠云。

追見暹羅國員役名單，則正貢使吥雅騷滑粒巡毁呵叭喇昭突、三貢使鄜勃車哪鼻門卑突、四貢使坤第區呱遮，辦事通事二名，從人十五名，伴送官韶州府知府章銓、撫標右營遊擊張汝翥也。有正貢使三四貢使，而第二闕焉，聞使本有四人，而其一人道死云，可怪。其貢物淸單，則曰恭進御前方物：龍涎香一觔，沈香二觔，檀香一百觔，白膠香一百觔，降眞香三百觔，金剛鑽七兩，上冰片一觔，中冰片二觔，樟腦一百觔，蓽撥一百觔，大楓子三百觔，白荳蔻三百觔，藤黃三百觔，桂皮一百觔，甘蜜皮一百觔，翠鳥皮六百張，孔雀尾十屏，象牙十二枚，重三百觔，犀角六個，西洋毯二領，西洋紅布十疋，烏木三百觔，蘇木三千觔。恭進中宮方物：龍涎香八兩，沈香一觔，檀香五十觔，白膠香五十觔，降眞香一百五十觔，金剛鑽三兩，上冰片八兩，中冰片一觔，樟腦五

十勉，蓽撥五十勉，大楓子一百五十勉，白荳蔻一百五十勉，藤黃一百五十勉，桂皮一百五十勉，甘蜜皮五十勉，翠鳥皮三百張，孔雀尾五屛，象牙六枚，重一百五十勉，犀角三個，西洋毯一領，西洋紅布五疋，烏木一百五十勉，蘇木一千五百勉。其貢路則緬甸交境，水路八千餘里，始到廣東，又由旱路七千餘里達燕京，其國王名鄭華云。（下册葉七七〇至七七一）

(二) 徐長輔薊山紀程（嘉慶八年癸亥）

暹羅本二國名，暹乃漢赤眉遺種，元時合爲一國，在占城極南，浮海八千餘里，至廣東下陸，自廣東至北京七千餘里。五年一朝貢，衣服槩同淸人，使臣四人，而衣色紫黑，繡以金花，頭岸獨角金冠，長可一尺，其端尖殺如錐，人皆剃頭光光，而體矮貌薄類類僧徒。蓋國在江南，多亦不寒，皆著單衣，無皮綿之裝，國中所用文字，皆類梵貝。所貢之物，皇帝前龍涎香一斤，沉香二斤，白檀香一百斤，白膠香一百斤，降眞香三百斤，金剛鑽七兩，上冰片一斤，中冰片二斤，樟腦一百斤，大楓子三百斤，荳蔻三百斤，蓽撥一百斤，桂皮一百斤，甘蜜皮一百斤，翠鳥皮六百張，孔雀尾十屛，象牙十二枝，犀角六個，西洋毯二床，西洋紅布十疋，烏木三百斤，蘇木三千勉。皇后前，方物諸種並同，而勉兩皆減其半。其稱皇后曰皇宮。而皇帝前，亦有番字金葉表文一道，漢字表文一道，表文亭一座。賞賜國王錦八疋，織錦緞八疋，紗十二疋，緞十八疋，羅十八疋。王妃則無錦，而其餘視國王半減。使臣四人，羅緞各三疋，緞各八疋，羅各五疋，綃各五疋，紬各二疋，布各一疋。上通事二名，緞各五疋，羅各五疋，綃各五疋。從人十九名，綃各三疋，布各八疋。伴送官二員，彭緞袍料各一件。一統志曰：暹羅俗尙侵掠，氣候不正，其婦人志量出男子上，國中每有計議，刑法輕重，錢穀出入皆決之。又有人云：暹羅男子年四十以上，若怒而形于色，則國人擯而不齒，故攻苦忍耐，卒遇不平，凝然若愚人。（上册葉八一八）

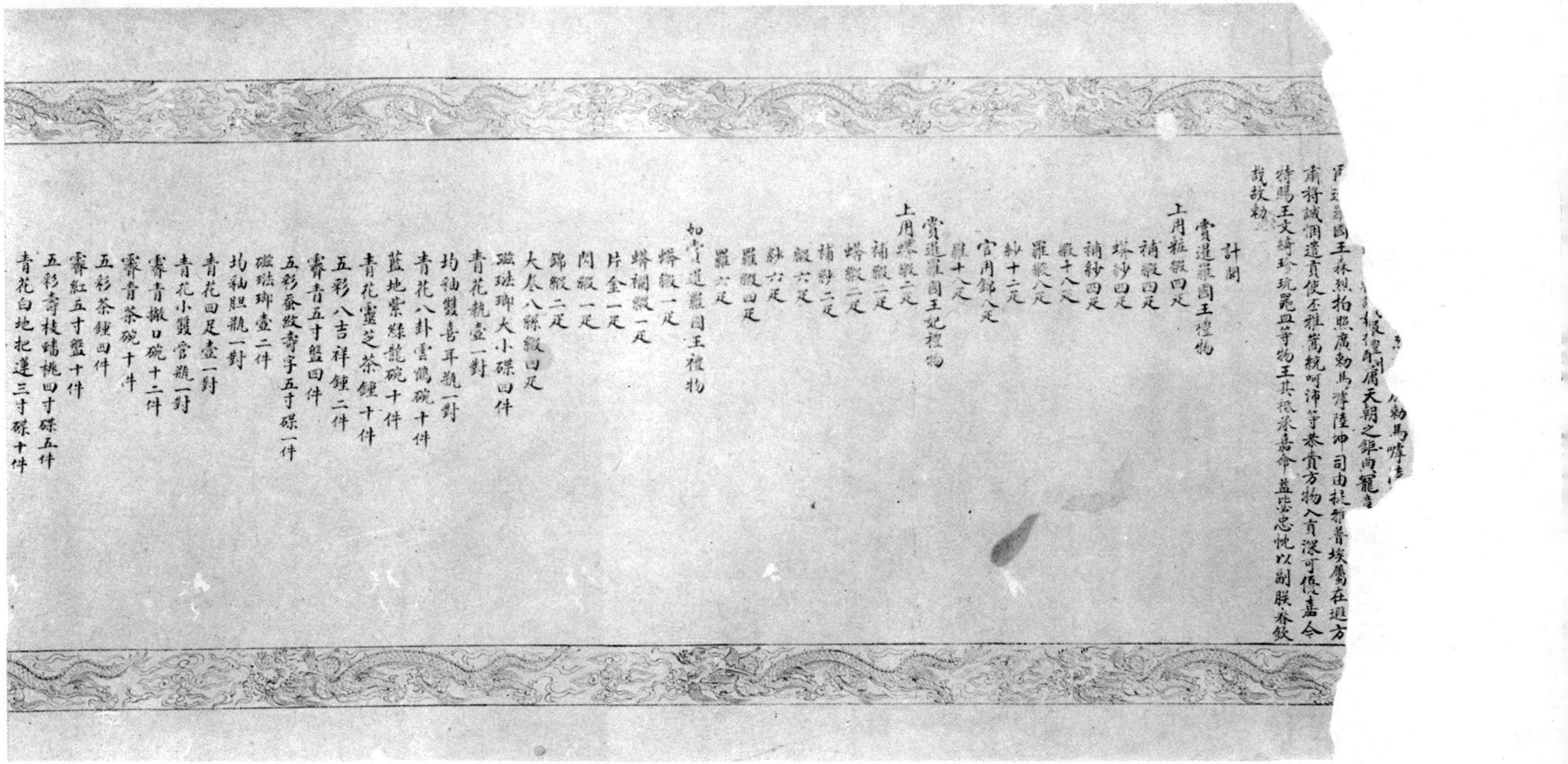

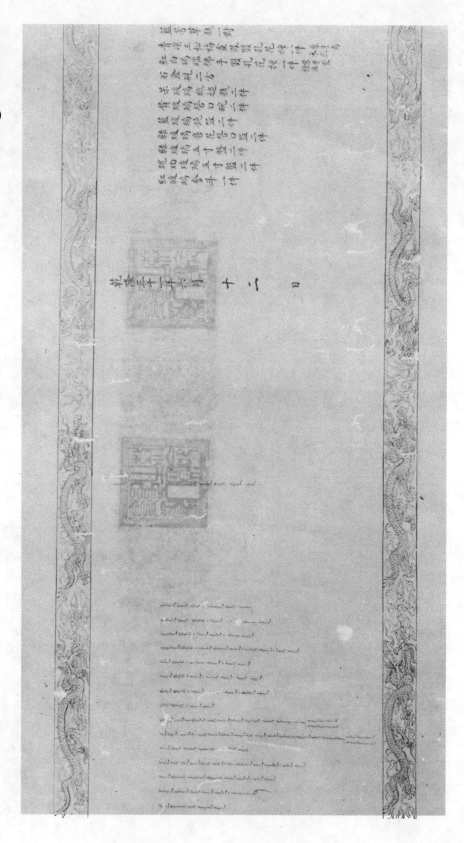

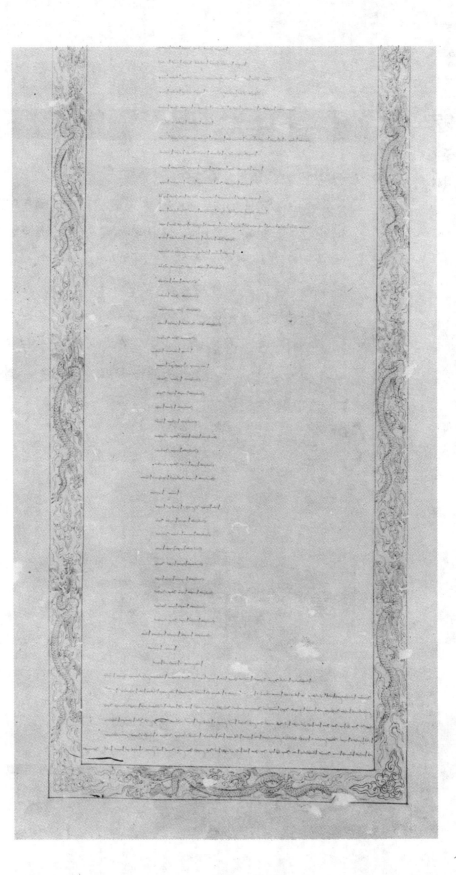

萬曆丙午年四月　　　日書

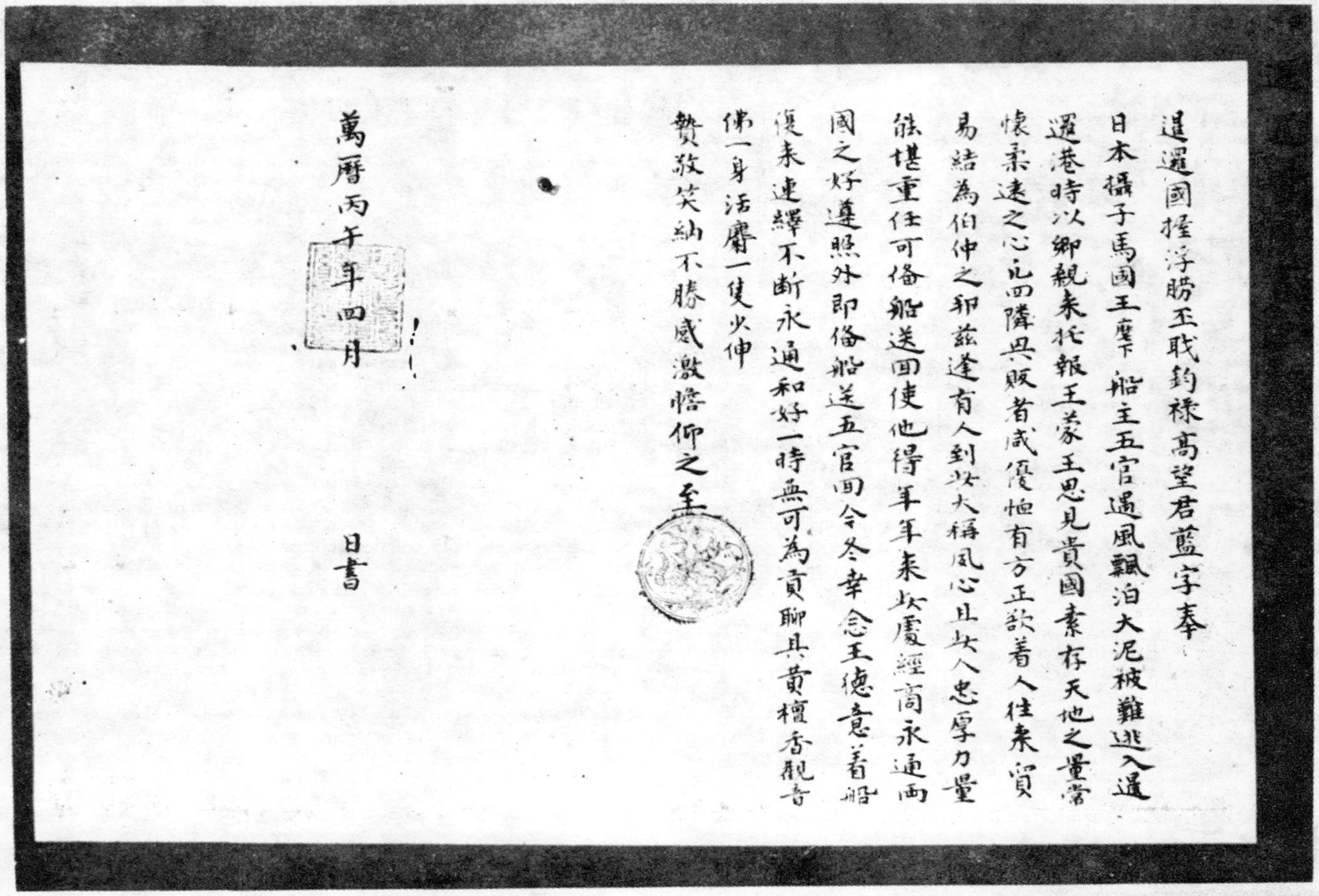

律解辯疑、大明律直解及明律集解附例三書所載明律之比較研究

黃 彰 健

(一)

現存皇明制書本大明律、嘉靖刊本大明律例、光緒戊申沈家本重刊明萬曆本明律集解附例，書首均有洪武三十年五月明太祖御製序。這些本子均未附洪武三十年欽定律誥條例，但其書所載明律則係洪武三十年所定，應無疑義。

朝鮮金祗著大明律直解，書末有「洪武(二十八年)乙亥二月尚友齋金祗題識」。這一書有日本昭和十一年朝鮮總督府重刊本。重刊本係據弘文舘本為底本，底本與奎章閣本、備邊司本、內閣文庫本、及濯足庵本異同，則見於重刊本書眉。底本所載明律，與朝鮮光武七年刊本大明律講解、日本享保刊行之荻生觀校點明律、及沈家本刊本明律集解附例三書所載之明律、亦有異同，這些異同亦見於大明律直解重刊本書眉。由書眉所注明律集解附例所載明律異文看來，則今存大明律直解一書訛誤太多。其中如誤六部為六陪，四川為四州，祗候為祗侯，附籍為付籍，挑花為桃花，營葬為塋葬，夾帶為俠帶，剪錯為前錯，此類異文無庸考證；而有些岐異則究竟係直解一書傳鈔刊刻有誤，抑由於他所據明律係洪武二十二年所定，致與明律集解附例所載明律不同，在未用洪武朝律註舊本校勘以前，實令人躊躇，不敢輕易決定。

最近我讀國立北平圖書館所藏明何廣律解辯疑，我發現律解辯疑所載明律有些地方與大明律直解所載相合，而與明律集解附例所載明律不合，這可以幫助我們認識洪武二十二年律與洪武三十年律的不同處；而最重要的是，我發現律解辯疑所引用的明律係洪武十八九年時行用的；在洪武十八九年時，明律已係四百六十條，這是我們以前考論明律時所不知道的。洪武二十二年律雖亦係四百六十條，但明律每一條

復分許多節，洪武十八九年時明律的節數可能要比洪武二十二年所定明律 的 節 數 要
少。

（二）

　　國立北平圖書館所藏律解辯疑明刊本可能係海內孤本 。 惜斷爛太甚 ， 無別本可
校。該書書首有洪武丙寅（十九年）春正月松江何廣自序，書末有洪武丙寅春二月四
明鄧敬後序。自序說：

> ……我朝酌古準今，□天行誅，爰命刑部尚書劉惟謙採摭諸條，刪繁就簡，類編
> 爲大明律令，頒行天下。廣□□□□□□□□□之句，申之以律疏，解其□□
> □□□□□□分條，編成別集，名之曰律解辯疑。……

鄧敬後序說：

> ……今我皇明啓運，奉天行討，開萬世太平之基，命良臣採擇唐律，著□□□□
> □補其不及，以就中爲。……松江何公名儒，書通律意，由近臣任江西新□□□
> 。未ㄙ之暇，於我聖朝律內，潛心玩味，深究其理，參之於疏議，疑者而解之，
> 惑者而□之，爲別□（集），名曰律解辯疑。……

則何氏此書之成應在洪武十八年多或十九年春。

　　何氏此書於自序後，名例律前，附有律條目總□歌、例分八字西江月、本宗九族
五服歌、妻爲夫族服之歌、妾爲家長族服歌、出嫁女爲本宗降服歌、外親服之歌、妻
親服之歌、三父八母服之歌、六贓總類歌、二死三流通爲一減、金科一誠賦，及照刷
文卷罰俸例。在照刷文卷罰俸例後有這樣一段文章：

> 刑書之來尚矣。………太祖高皇帝龍飛准甸，肇造區夏，特命刑部尚書劉惟謙，
> 取諸律之協於中者，目條具以聞。宸翰親爲裁正，頒布天下，爲萬世法。……某
> 嘗伏讀，潛心講解，欲求其義而未能。常念忝屬秋官，專於棘寺，有年於茲，而
> 衰老及之，非惟無益於時，抑且愧於職；是用講明律之疑難，僅得一二，萃爲一
> 篇，題曰律解辯疑。實所以遵奉講明律條之意，非敢自以爲當，與諸同志共商確
> 之。

在這段文章中何氏既稱朱元璋爲太祖高皇帝，則北平圖書館所藏律解辯疑決不是洪武
朝印本。趙萬里編北平圖書館善本書目說此書係洪武刊本，他的根據恐只是書首何廣

自序及書尾郤敬後序，趙萬里可能未注意到律解辯疑這一頁有太祖高皇帝字樣。

　　由上引何廣這段題識看來，似乎何廣寫律解辯疑是在明太祖死後；這與書首何廣自序不合；而上引這一段文章中太祖高皇帝五字的位置有點歪斜，似係挖補改刻。因此我認爲這一書的書版可能仍刊刻於洪武時，而北平圖書館所藏這部書則係建文朝或永樂朝的印本。

　　何廣的事蹟見弘治上海志卷八及嘉慶松江府志卷五十一，今徵引於下：

　　　　何廣字公遠。寬容多識，博學有才。以明經爲江西令。尋遷御史，至陝西按察副使。既歿，長沙通判兪永狀其行曰：居鄉里則稱學者，任郡邑則爲循吏，在風憲有澄清志，位藩垣得大臣體，謂非不器之丈夫可乎？所著有律解辯疑行世。（弘治上海志）

　　　　何廣字公遠，華亭人。後徙上海。以明經爲江西令，擢御史，累遷陝西按察副使。博學有才，尤精法律。時變亂成法者當大辟，法家因仍，凡一政令改，輒以傅議，廣曰：「若是則大辟者踵相接矣。此但爲改定律令者言之，蓋禁於所不犯也」。學士解縉深然之。及卒，長沙通判兪永狀其行。（松江府志「狀其行」以下文句，與弘治上海志同。）

明太宗實錄記：

　　　　永樂二年三月壬戌，擢知縣何廣爲御史。

　　　　五月戊申，陞浙江道監察御史何廣爲陝西按察副使。

今所知何廣事迹僅此。

　　這一書既有洪武十九年何廣自序，又有太祖高皇帝字樣，則這一書所載明律是否曾參酌洪武三十年所定律增訂改正，我們仍需取該書所引明律與大明律直解及明律集解附例所引明律對校，不能僅憑版本方面某一頁的鑒定。

（三）

　　律解辯疑所引明律有與大明律直解相合，而與明律集解附例所引明律不同處。如親屬相姦條，律解辯疑引明律該條作：

　　　　凡姦同宗無服之親及無服親之妻者，各杖一百。若姦義女者，加一等。（止）兄弟

子妻者，各絞

議曰：姦同宗無服之親，謂高祖親姊妹、曾祖堂姊妹、祖再從姊妹、 父三從姊妹、身四從姊妹、一從姪女、再從姪女、再從姪孫女之類 ；及無服親之妻、 謂高祖親兄弟妻、 曾祖堂兄弟妻、 祖再從兄弟妻、父三從兄弟妻、身四從兄弟妻、三從姪婦、再從姪孫婦之類， 各杖一百，妾減等。若姦義女者，加一等，謂杖一百上加一等，杖六十， 徒一年。若姦緦麻以上親，謂內外有服緦麻及緦麻以上親之妻者，謂內外有服者妻；若姦妻前夫之女者，謂妻先嫁所生之女；及同母異父姊妹者， 各□□百，徒三年。妾減等，強者斬。從祖祖母姑 ，謂祖之兄弟妻、□□□；從祖伯叔母姑謂祖之堂兄弟妻、 祖之堂姊妹。從父姊妹，謂之堂姊妹；母之姊妹謂從母及姨□；兄弟妻，謂嫂弟婦； 兄弟子妻卽姪婦； 與之姦者各絞，妾減等，強者絞。

若姦父祖妾、伯叔母姑、姊妹、子孫之婦、兄弟之女者，各斬。

大明律直解親屬相姦條作：

凡奸同宗無服之親，及無服親之妻者，各杖一百。若姦義女者，加一等。若奸緦麻以上親，及緦麻以上親之妻，（謂內外有服之親），若妻前夫之女，及同母異父妹姊者，各杖一百，徒三年，強者斬。若奸從祖母姑、從祖伯叔母姑、從父姊妹、母之姊妹、及兄弟妻、兄弟子妻者各絞，強者斬。若奸父祖妾、伯叔母姑、姊妹、子孫之婦、兄弟之女者各斬。妾各減一等，強者絞。若姦乞養子孫之婦者，各減一等。

而明律集解附例所載明律親屬相姦條較直解所載少「若姦義女者加一等」八字；強者絞下多「 謂強姦親屬妾者該絞 」八字。「 若姦乞養子孫之婦者各減一等」十三字，明律集解附例該條無此節。

今按：明太祖實錄記：

洪武十七年十二月庚戌，刑部尚書王惠廸言：凡民間乞養義女，雖非己生，然皆自幼撫養，同居而食，已有尊卑之分。若惟薄不俇，有傷風化。宜比同宗無服之親律，加一等，杖六十，徒一年，其女歸宗。請著爲令。從之。

則明律親屬相姦條之有「若姦義女者加一等」八字，是在洪武十七年十二月庚戌以後才有。律解辯疑親屬相姦條有這八個字，而書首又有洪武十九年何廣自序，則他所解釋的明律正係洪武十八九年所行用的，既非洪武七年所定，也非洪武九年所定，也非洪武三十年所定的。

又如老小廢疾收贖條，律解辯疑所載明律作：

凡年七十以上，十五以下，及廢疾，犯流罪以下收贖。

八十以上，十歲以下，及篤疾犯反逆殺人應死者，議擬奏聞，取自上裁。盜及傷人者，亦收贖。餘皆勿論。

大明律直解作：

凡年七十以上，十五以下，及廢疾，犯流罪以下，收贖。（其犯死罪，及謀反逆叛緣坐應流，若造畜蠱毒，採生拆割人，殺一家三人家口，會赦猶流者，不用此律。其餘侵損於人，一應罪名，並聽收贖。）

八十以上，十歲以下，及篤疾犯反逆殺人應死者，議擬奏聞，取自上裁。盜及傷人者，亦收贖。（謂既侵損於人，故不許全免，亦令其收贖）。

餘皆勿論（謂除反逆殺人應死者上請，盜及傷人者收贖之外，其餘有犯，皆不坐罪。）

九十以上，七歲以下，雖有死罪，不加刑。（犯反逆緣坐應配役者，不用此律。）

明律集解附例與直解所載明律不同處，是明律集解附例在「其犯死罪及謀反逆叛緣坐應流」的「及」字下有「犯」字。

「八十以上，十歲以下，及篤疾犯反逆殺人應死者，擬議上聞，取自上裁」。明律集解附例無反逆二字。

「九十以上，七歲以下，雖有死罪，不加刑，犯反逆緣坐應配役者，不用此律」，明律集解附例作：「九十以上，七歲以下，雖有死罪，不加刑。九十以上，犯反逆者不用此律」。

律解辯疑及大明律直解所引明律老小廢疾收贖條都有反逆二字，這可證二書所載反逆二字決非衍文。今按唐律疏議卷四老小廢疾條云：

諸年七十以上，十五以下，及廢疾，犯流罪以下收贖。

八十以上，十歲以下，及篤疾，犯反逆殺人應死者，上請。

九十以上，七歲以下，雖有死罪，不加刑。

律解辯疑之有「反逆」二字，此由於明初制律曾參酌唐律。

明律集解附例老小廢疾收贖條的纂註說：

八十以上，十歲以下，及篤疾之人，其犯反逆殺人，並一應斬絞死罪者，俱擬

— 293 —

議奏裁。

纂註所釋，即與明律集解附例所載明律不合。這大概是纂註作者鈔襲早期律註，失於比對，致有此誤。

洪武三十年改律，將老小廢疾收贖條「八十以上篤疾犯反逆」之反逆二字削去，這是將八十以上犯反逆罪名的處分加重。

今考洪武三十年所定明律謀反大逆條也將謀反大逆的處罰加重。律解辯疑謀反大逆條：

> 凡謀反（謂謀危社稷）及大逆（謂謀毀宗廟山陵及宮闕），但共謀者，不分首從，（止）杖一百，流三千里。
>
> 解曰：謀反大逆，但共謀者，不分首從，有祿無祿，皆凌遲處死。父母□□□八十以下，十五以上，不分篤廢殘疾者皆斬。祖伯叔兄弟及本宗緦麻以上親，年八十以下，十五以上，不分篤廢殘疾者□□□妻妾□（女）孫女男婦年八十以上，十四以下，男子□□□□□□為奴。□居男子八十以下，十五以上，無殘廢者□□□□分見丁充軍，財產盡沒入官。祖母伯叔母姊妹以下親及女孫女已定已嫁歸已□並已聘未成婚，及同居異姓男子八十以上，十四以下，并患殘疾者，免緣坐。若男若孫已過房與人者，亦通坐處絞。若伯叔兄弟以下親，過房與人者，並免緣坐。其有祿人不預謀，止隨從其謀，本身凌遲處死，父子孫八十以下，十四以上，不分篤廢殘疾，皆絞。祖伯叔兄弟本宗緦麻以上，年八十以下，十五以上，無殘疾者，發極邊衛分，見丁充軍。母妻妾女孫女男婦孫婦，年八十以上，十四以下，給付功臣之家為奴，財產盡沒入官。若男若孫，已過房與人者，亦追極邊衛分，見丁充軍。祖母伯叔姊妹以下親，及祖伯叔兄弟姪，若年八十以上，十四以下，并篤廢殘疾者，若女孫女已定已嫁歸已出□□□未成婚及同居異姓男子殘疾者，並免緣坐。□□人□□□本人父子孫年八十以下，十五以上，無殘疾者，並發極邊衛分，見丁充軍。其餘親口並過房與人男孫，並免緣坐，財產免籍沒。若受財為官者，同有祿人論。若已謀而狀未行，能自首者全免。若狀已行而能自首者，並已謀而未行，論欲告而自首者，有祿之人止斬本身，親口家產並免。緣坐之人，止將本身杖一百，發極邊衛分，見丁充軍，親口家產亦並免緣坐。若狀已行而其勢已逼，方自首者，不准，並如前論。若親屬首告，即同自首論。知情故縱隱藏者斬。能自首告及獲者，量功賞用。竊知而不首者，杖一百，流三千里。如犯盜罪刺字免警，律若免刺，不必□□。

大明律直解謀反大逆條：

> 凡謀反大逆，但共謀者，不分首從，皆陵遲處死。父子年十六以上皆絞。十五以下及母女妻妾祖孫兄弟姊妹若子之妻妾，給付功臣之家為奴，財產並入官。
>
> 男夫年八十及篤疾，婦人年六十及廢疾，並免緣坐之罪。伯叔父兄弟之子，不

限籍之同異，皆流三千里安置。緣坐之人，非同居者，財產不在入官之限。若女許嫁已定歸其夫，子孫過房與人，及聘妻未成者俱不坐。知情故縱隱藏者斬。有能捕獲者，民授以民官，軍授以軍職，仍將犯人財產全給充賞。知而首告，官爲捕獲者，止給財產。不首者，杖一百，流三千里。

明律集解附例謀反大逆條：

凡謀反（謂謀危社稷）及大逆，（謂謀毀宗廟山陵及宮闕），但共謀者，不分首從，皆凌遲處死。祖父父子孫兄弟及同居之人，不分異姓；及伯叔父兄弟之子，不限籍之同異；年十六以上，不論篤疾廢疾，皆斬。其十五以下，及母女妻妾姊妹，若子之妻妾，給付功臣之家爲奴，財產入官。若女許嫁已定歸其夫，子孫過房與人，及聘妻未成者，俱不追坐（下條准此）。知情故縱隱藏者斬。有能捕獲者，民授以民官，軍授以軍職，仍將犯人財產，全給充賞。知而首告，官爲捕獲者，止給財產。不首者，杖一百，流三千里。

今按唐律疏議卷十七謀反大逆條云：

謀反及大逆者皆斬。父子年十六以上皆絞。十五以下及母女妻妾祖孫兄弟姊妹，若部曲資財田宅並沒官。男夫年八十及篤疾，婦人年六十及廢疾者，並免。伯叔父兄弟之子皆流三千里，不限籍之同異。

即雖謀反，詞理不能動眾，威力不足率人者，皆斬。父子母女妻妾並流三千里。資財不在沒限。其謀大逆者絞。

則唐律對犯謀反大逆者之父子處以絞刑。大明律直解所載與唐律同，而律解辯疑及明律集解附例所定則爲斬罪，較唐律及直解所定者爲重。

明太祖實錄記：

洪武三十年三月甲戌，刑部署尚書夏恕都察院署左僉都御史司中等奏請加反逆法，以爲漢法反者夷三族，宜改大明律依漢法，不分異姓同居，三族應坐者男子無長幼皆磔于市，婦人入官爲婢，沒其貲。上曰：古者父子兄弟罪不相及，漢用秦法，故謀反逆者皆夷三族，其法太重。且夫明刑定律，務在公平，使加之於人，其人雖死不怨。傳之後世，雖有仁聖之君，必不能有所變更矣。恕等曰：不軌，大惡也。重刑以治之，所以使民不敢犯也。上不允，但令如律。

按今本明律書首有洪武三十年五月御製序，其頒行是在這年五月。在洪武三十年三月，刑官討論謀反大逆處罰是否應加重，太祖謂「但令如律」，此律恐卽指明律集解附例所載之洪武三十年律，而非大明律直解所載之明律。其時刑官欲迎合帝王家天下、傳之萬世的心理，擬將謀反大逆罪刑加重，這不必深責。實錄記此一事，稱讚太祖聖德，今由三十年定謀反大逆律條較直解所載爲重看來，實錄所記恐有隱諱曲筆。

（四）

律解辯疑所載謀反大逆條，與大明律直解及明律集解附例所載不同；所載詐僞制書條及詐傳詔旨條，則與明律集解附例所載合，而與大明律直解不同。

律解辯疑詐僞制書條：

凡詐僞制書及增減者皆斬，未施行者絞。傳寫失錯者，杖一百。詐僞將軍總兵官，（止）用印者皆絞。

議曰：詐僞制書及增減者皆斬。詐僞將軍總兵官以下，緊要隘口千戶所以上文書，套畫押字，雖不曾盜用印信，事已施行者，皆絞。

察院布政司按察司府州縣衙門者，杖一百，流三千里。其餘衙門者，杖一百，徒三年。未施行者，各減一等。

議曰：未施行者，各減一等，謂雖詐僞文書，套畫押字，盜用印信及空口用印，止是將欲有所規避，不曾施行者，於口口罪內，各減一等。謂該絞罪，止杖一百，流三千里。流罪者，止杖一百，徒三年。其餘各衙門，杖九十，徒二年半。

大明律直解詐僞制書條：

凡詐僞制書者斬。爲從者杖一百，流三千里。未施行者，減一等。若增減制書者，罪亦如之。其官府行移傳寫有誤者，以失錯論○若詐爲五軍都督府、六府（部）、諫院官、監察御史及總兵將軍及都指揮使司並守禦管軍衙門文書，套畫押字，盜用印信者，杖一百，流三千里。其餘衙門者，杖一百，徒三年。爲從者，各減一等。未施行者，各又減一等。若有規避，事重者從重論。其當該官司，知而聽行，各與同罪。不知者不坐。

明律集解附例詐爲制書條：

凡詐僞制書及增減者皆斬。未施行者絞。傳寫失錯者，杖一百○詐爲將軍總兵官、五軍都督府、六部、都察院、都指揮使司、內外各衞指揮使司、守禦緊要隘口千戶所文書，套畫押字，盜用印信，及空紙用印者，皆絞。察院、布政司、按察司、府州縣衙門者，杖一百，流三千里。其餘衙門者，杖一百，徒三年。未施行者，各減一等。若有規避，事重者從重論。其當該官司，知而聽行，各與同罪。不知者不坐。

律解辯疑所引有節略，但所省略文句，應如明律集解附例所引。

詐傳詔旨條，律解辯疑所引作：

凡詐傳詔旨者斬。皇后懿旨、皇太子令旨、親王令旨者絞。

（止）不知者不坐。

議曰：謂如詐傳詔旨至五品以下衙門言語，當該官司知而聽行者，各與同罪。罪至死者，杖一百，流三千里。不知者不坐。

大明律直解作：

凡詐傳詔旨者斬。皇后懿旨、皇太子令旨者絞。親王令旨者，杖一百，流三千里。若詐傳一品二品官衙門言語，於各衙門分付公事，有所規避者，杖一百，徒三年。三品四品衙門官言語者，杖一百。五品以下衙門官言語者，杖八十。爲從者各減一等。若得財者，計贓以不枉法論。因而動事曲法者，以枉法各從重論○其當該官司，知而聽行，各與同罪。不知者不坐○若各衙門追究錢糧，鞫問刑名公事，當該官吏將奏准合行事理，妄稱奉旨追問者，斬。

明律集解附例作：

凡詐傳詔旨者斬。皇后懿旨、皇太子令旨、親王令旨者絞。若詐傳一品二品衙門官言語，於各衙門分付公事，有所規避者，杖一百，徒三年。三品四品衙門官言語者，杖一百。五品以下衙門官言語者，杖八十。爲從者各減一等。若得財者，計贓以不枉法論。因而動事曲法者，以枉法各從重論。其當該官司，知而聽行，各與同罪。不知者不坐。若各衙門追究錢糧，鞫問刑名公事，當該官吏將奏准合行事理，妄稱奉旨追問者，斬。

律解辯疑所引亦有省略，其所省略處亦當如明律集解附例所引。洪武三十年定律時，

似曾參酌洪武二十二年以前所定明律。大明律直解此處所記不似傳寫有誤。

　　唐律疏議卷廿五詐爲制書條：

　　　諸詐爲制書及增減者絞，（口詐傳及口增減亦是）。未施行者減一等。

此在律解辯疑及明律集解附例，詐爲制書未施行者皆絞，而大明律直解則減等。大明律直解所載反與與唐律近。

　　明太祖實錄記：

　　　洪武十六年三月壬申，命刑部尙書開濟議定詐僞律條。

　　　四月庚寅，刑部尙書開濟議法巧密，上覽而惡之，曰：刑罰之設，本以禁民爲非，使之遠罪耳，非以陷民也。汝張此密法，以罔無知之民，無乃用心太刻？夫竭澤而漁，害及鯤鮞；焚林而田，禍及麛鷇。巧密之法，百姓其能免乎？此非朕所以望汝也。濟大慚。

開濟所定詐僞律，當卽律解辯疑所載。開濟於洪武十六年十二月有罪伏誅。二十二年刑官更定明律，將詐僞律改輕，故大明律直解所載與唐律接近，至洪武三十年時，始又斟酌更易，改從開濟所定。此與謀反大逆條之由重改輕，又由輕改重，正相似。實錄洪武十六年四月庚寅條所紀恐有曲筆。

　　又官吏受財條，律解辯疑所引明律作：

　　　凡官吏受財者，計贓科斷。無祿人各減一等，官追奪除名，吏罷役不敍，（止）從重論。

　　　議曰：各遷徙者，謂說事過錢人不限所犯笞杖罪，各並遷徙，准徒二年。有贓者，計贓從重論。

大明律直解作：

　　　凡官吏受財者，計贓科斷。無祿人各減一等。官追奪除名。吏罷役，俱不敍。

　　　說事過錢者，有祿人減受錢人一等，無祿人減二等。罪止杖一百。有贓者，計贓從重論。

明律集解附例所載明律，較直解所載，「罪止杖一百」下有「各遷徙」三字。由律解辯疑所附「議曰」看來，律解辯疑所疏釋之明律亦有「各遷徙」三字。

　　明太祖實錄記：

　　　洪武十四年三月癸卯，敕刑部：自今官吏受賂者，必求通賄之人，倂罪之，徙

其家于邊，著爲令。

薛允升唐明律合編卷十一說：

不論過錢多少，俱應遷徙，其罪名反有重於受錢之人者，此明代特定之法也。明律官吏受財條之有各遷徙三字，應在洪武十四年三月癸卯以後，故律解辯疑所依據之明律卽有此三字。

由上引謀反大逆詐僞制書等條的修改情形看來，對說事過錢者予以遷徙的處分，可能也與對謀反大逆的處分一樣，在洪武二十二年制律時曾予減輕。我不相信大明律直解官吏受財條遺漏了「各遷徙」三字。

<h2 style="text-align:center">（五）</h2>

明律集解附例所載明律係洪武三十年定。以其修定在後，它的字句自然應比以前所定的要妥貼。如明律尊長爲人殺私和條：

若妻妾子孫及子孫之婦，奴婢雇工人 被殺 ，而祖父母父母夫家長私和者，杖八十。

律解辯疑及大明律直解所引「祖父母父母」下無夫字。

又良賤相毆條：

其良人毆傷他人奴婢者，減凡人一等，若死及故殺者絞。

律解辯疑及大明律直解作「其良人毆傷殺他人奴婢者，減凡人一等」。此亦洪武三十年大明律潤色改易妥當處。

律解辯疑所引明律與大明律直解相同，而與明律集解附例不合者還有數處，今亦舉於下：

(1) 棄毀制書印信條：「有所規避者從重論」。直解及律解辯疑規作窺。律解辯疑濫設官吏條何註：「律辭作規。如有窺避，今改爲規避。窺，小視也。規，求也」。大明律直解 P. 137 事應奏不奏條作規。

(2) 荒蕪田地條：「納糧當差」。直解 P. 194 差作役，律解辯疑亦作役。

(3) 棄毀器物稼穡條：「若毀損人房屋牆垣之類」。直解 P. 196 及律解辯疑牆垣作垣牆。

(4)　出妻條註：「奴逃者罪亦同」。直解 P. 215 及律解辯疑作正文。

(5)　多收稅糧斛面條：「不令納戶行槩，踢斛淋尖」。直解 P. 224 及律解辯疑踢作趺。

(6)　蒙古色目人婚姻條註：務要兩相情願。直解 P. 213 及律解辯疑作正文。

(7)　損毀庫倉財物條：「曬晾不以時」。直解 P. 238 及律解辯疑晾作涼。

(8)　隱瞞入官家產條：「若隱漏田土者」。直解 P. 242 及律解辯疑漏作瞞。

上所舉八條異文，僅其中第八條隱漏田土，由於該條上下文作「隱瞞人口」，「隱瞞財物」，似今本明律作隱漏田土，係刊刻有誤。其他均係洪武三十年時有意更易。但這種改易也只屬於詞句的修飾，與律之輕重無關。

（六）

明律集解附例所載律文，與律解辯疑相合，而與大明律直解不合的，為數更多。今亦列舉於下：

(1)　八議條：「素得侍見」。大明律直解 P. 28 侍誤待。「銘功太常」，直解 P. 29 太作大。

(2)　徒流遷徙地方條：另項結課。直解 P. 104 課誤裏。

(3)　同僚代判署文案條：「同僚官代判署者」。直解 P. 147 無官字。

(4)　脫漏戶口條：「亦杖一百」。直解 P. 165 脫亦字。

(5)　收留迷失子女條：「自從重論」。直解 P. 172 無自字。

(6)　出妻條：追還完聚。直解 P. 214 聚誤娶。

(7)　虛出通關硃鈔條：「折收財物」。直解 P. 226 收作受。

(8)　收支留難條：「無故留難刁蹬」。直解 P. 236 刁誤刀。

(9)　損壞倉庫財物條：直解 P. 237 律條標目壞作毀，而律文却又作壞。

(10)　擬斷贓罰不當條：「及應給主而入官者」。直解 P. 241 脫及字。

(11)　隱瞞入官財產條：「抄沒人口」。直解 P. 242 沒作劄。

(12)　監臨勢要中鹽條：「請買鹽引勘合」。直解 P. 249 買誤賣。

(13)　合和御藥條：「飲食物」。直解 P. 273 飲誤餅。

⒁　上書陳言條：「接察司」。直解 P. 279 察誤廉。「若百工技藝之人」，直解脫若字。

⒂　禁止迎送條：「出巡按治」，直解 P. 281 治作理。

⒃　喪葬條：「將屍燒化」，直解 P. 287 化誤火。

⒄　內府工作人匠替役條：「差撥赴內府」。直解 P. 296 作差發內府。

⒅　私出外境及違禁下海條：「紬絹」。直解 P. 350 絹誤絹。

⒆　宰殺牛馬條：「因而殺傷者」。直解 P. 361 殺誤毀。

⒇　隱匿孳生官畜產條：「不知者」。直解 P. 364 知下有情字。

(21)　多支廩給條：「官吏不坐」。直解 P. 375 坐下有罪字。

(22)　乘驛馬賚衣物條：「隨身衣仗」。直解 P. 378 衣誤依。

(23)　私役民夫擡轎條：「擡轎」。直解 P. 378 轎誤橋。

(24)　強盜條：「但得財者」。直解 P. 396 無者字。由律解辯疑議曰所釋看來，律解辯疑所據明律似有者字。

(25)　刼囚條：「至死者減一等」。直解 P. 397 脫者字。

(26)　白晝搶奪條：「拆毀」。直解 P. 399 拆作折。

(27)　略人略賣人條：「姪姪孫」。直解 P. 408 脫一姪字。

(28)　發塚條：「毀棄子孫死屍」。直解 P. 411 毀棄作棄毀。

(29)　謀殺人條：「其造意者」。直解 P. 423 脫其字。

(30)　造畜蠱毒殺人條：「不知造蠱情者」。直解 P. 429 蠱作毒。

(31)　鬥毆條：「令人全不能說話」。直解 P. 446 全作專。

(32)　宮內忿爭條：「加凡鬥傷二等」。直解 P. 450 作毆傷，律解辯疑議曰作鬥傷。

(33)　奴婢毆家長條：「徒一年，當房人口悉放從良」。直解 P. 466 脫「當房人口悉放從良」八字。「至折傷以上」，直解脫至字。

(34)　聽訟回避條：「訴訟」。直解 P. 488 訴作所。

(35)　誣告條：「若獄囚已招伏罪」。直解 P. 496 伏作服。

(36)　誣告充軍及遷徙條：「併入所得笞杖通論」。直解 P. 506 併誤并。

(37) 詐爲瑞應條：「詐爲瑞應」。直解 P. 536 爲作僞。

(38) 妃奸條：「奸幼女十二歲以下」。直解 P. 539 奸上衍強字。

(39) 搬做雜劇條：「粧扮」。直解 P. 556 粧作糚。

(40) 不應爲條：「事理重者杖八十」。直解 P 557 誤作律註。

(41) 罪人拒捕條：「若罪人持杖拒捕」。直解 P. 562 罪作犯。

(42) 獄囚脫監及反獄在逃條：「枷鎖」。直解 P. 561 作枷鏁。

(43) 獄囚衣糧條：「應脫去枷鎖杻而不脫去」。直解 P. 578 作「應脫枷鎖杻而不脫去」。律解辯疑作「應脫去枷鎖杻而不解去」。

(44) 有司決囚等第條。直解 P. 594 作有司決囚條。

(45) 徒囚不應役條：「因病給假」。直解 P. 603 假誤暇。

(46) 虛費工力採取不堪用條。直解 P. 610 工力作功力。

像上引律解辯疑與明律集解附例相合處，除其中直解所載文理顯有訛誤者外，我想這不應解釋爲洪武三十年定律又改復洪武十八九年律之舊，這應係直解傳鈔刊刻有誤。

（七）

　　由於律解辯疑引明律常只引律文兩端，中間用一止字來表示省略，因此比較明律集解附例與大明律直解所引明律異文，欲分別那些是直解刊刻之誤，那些係所根據的洪武二十二年律確已如此，可用律解辯疑來幫助我們裁斷抉擇的，只有上述那一些。直解書眉所載明律異文，如由文理判斷，自然有些也可看出是直解刊刻訛誤。如：

(1) 工樂戶及婦人犯罪條註：「犯謀反逆叛緣坐應流」，直解 P.55 犯作凡。按明律文例，在每一條的開始才用凡字。律註無此用法，直解應誤。

(2) 鈔法條，從「其民間閱市交易」起，至「並依本律」止，明律集解附例作明律正文，而直解作爲律註。按明律每條分若干節，第一節用凡字開始，第二節以後則喜用「其」字「若」字。此處用其字，應係明律正文。

(3) 良賤相毆條，「若奴婢自相毆傷殺者」。直解 P .457 傷殺作殺傷。與該句上下文不合。

像這一類的異同，與律之輕重無關，今不一一列舉。

　　其中有些異同僅係字形不同，而其意義實係同一者，如鞫問作鞠問，價直作價值，大廟作太廟，這類異同也無列舉之必要。

　　其中還有一些異同，如徒流人逃條，「役過月日，並不准理」。直解 P. 562 月日作日月。我們現在作文言文，是說月日；不作日月。不過，當我想到「牆垣」在律解辯疑及大明律直解中係作垣牆，這類異同也只好存而不論。我們現在作文，選詞用字，說不定還受有洪武三十年所定明律的影響。

（八）

　　以律解辯疑、大明律直解及明律集解附例所載明律互相比較，我覺得還有一些異同可以注意。

　　如宮殿門擅入條律註：「餘條准此」。此四字在直解 P. 292 係作正文。律解辯疑所引無此四字。

　　乘官畜產車船附私物條：「罪止六十」。直解 P. 381 「六十」二字下無「不在乘驛馬之條」七字。律解辯疑引此條只說某字起，止某處，中間有省略。由於律解辯疑所載議曰未對此七字予以解釋，則其所據明律似無此七字。此應係洪武三十年定律後出轉精處。

　　刼囚條註，「雖有服親屬與常人同」。直解 P. 397 引作正文，不如作註文文氣較暢。律解辯疑引此條有省略，未對這句話加以解釋，則其所見明律恐亦無此九字。

　　又上書陳言條，直解 P. 280 引此條少「若稱訴寃枉，於軍民官司，借用印信封皮入遞者，借者及借與者皆斬」二十七字。律解辯疑引上書陳言條至「杖一百」止，亦無這一節。我疑心這一節係後來所加，未必係直解脫落。

　　以直解與明律集解附例對校，弘文館本直解所載明律缺懸帶關防牌面條及吏典代寫招草條。朝鮮總督府重刊本直解則據奎章閣本直解以補。是直解所載明律仍係四百六十條。明律每條包含若干節，直解所載節數也與明律集解附例同，僅上書陳言條少末一節。

　　以直解、律解辯疑明律集解附例三書所載明律互校，則直解與明律集解附例的異

文有許多是見於明律該條最後那幾節，而這些節却又爲律解辯疑所不引。難道這些節的文句就無疑義需要辯析？因此我想，這很可能由於律解辯疑所據明律即無那些節。它所依據的明律的節數可能比直解及明集律解附例所載明律的節數爲少。

此處舉一例證。如大明律直解犯罪事發在逃條：

> 凡二人共犯罪，而有一人在逃，見獲者，稱逃者爲首，更無證佐，則決其從罪。後獲逃者，稱前人爲首，鞫問是實，還依首論，通計前罪，以充後數〇若犯罪事發而在逃者，衆證明白，即同獄成，不須待問。

不須待問，明律集解附例作不須對問。律解辯疑引犯罪事發在逃條係至「以充後數」止。

犯罪事發在逃條係分兩節。第一節係抄唐律，而第二節則係明太祖增定。

太祖實錄記：

> 洪武二十二年八月〇是月更定大明律。先是刑部奏言；比年律條增損不一，在外理刑官及初入仕者，不能盡知，致令斷獄失當。請編類頒行，俾知所遵守。遂命翰林院同刑部官，取比年所增者，參考折衷，以類編附。舊律名例律附於斷獄下，至是特載之篇首。凡三十卷，四百六十條。名例一卷，四十七條。吏律二卷，曰職制，十五條；曰公式，十八條。戶律七卷，曰戶役，十五條；曰田宅，十一條；曰婚姻，十八條；曰倉庫，二十四條；曰課程，十九條；曰錢債三條；曰市廛，五條。禮律二卷，曰祭祀，六條；曰儀制，二十條。兵律五卷，曰宮衞，十九條；曰軍政，二十條；曰關津，七條；曰廏牧，十一條；曰郵驛，十八條。刑律十一卷，曰盜賊，二十八條；曰人命，二十條；曰鬥毆，二十二條；曰罵詈，八條；曰訴訟，十二條；曰受贓，十一條；曰詐僞，十二條；曰犯姦，十條；曰雜犯，十一條；曰捕亡，八條；曰斷獄，二十九條。工律二卷，曰營造，九條；曰河防，四條。書成，命頒行之。

我疑心明律律條末尾這些節不見於律解辯疑而見於大明律直解的，均係洪武二十二年所增定。

律解辯疑卷首有明律條目總□歌，今錄於下：

> 名例職制兼公式，戶役田宅與婚姻。倉庫課程接錢債，市廛祭祀儀制明。宮衞

軍政關津密，廄牧郵驛盜賊寧。人命鬥毆連罵冒，詞（訴）訟受贓詐偽傾。犯
姦雜犯捕亡獲，斷獄營造河防成。十句總言三十卷，條有四百六十名。
律解辯疑的篇目卽與直解及明律集解附例的篇目同，而且均係四百六十條，均以名例
律居首。實錄說：舊律名例律附於斷獄下，恐係實錄作者誤記。由洪武七年宋濂進明
律表文看來，洪武七年所定明律卽已以名例居首。

明太祖實錄記：

洪武六年閏十一月庚寅，詔刑部尙書劉惟謙詳定大明律。先是　上旣命頒行律
令，又恐小民不能周知，命大理卿周禎等直解其義，頒行民間。旣而又令儒臣
同刑官，共講唐律，日錄二十餘條進覽，上爲酌量擇其可行者從之。至是重命
惟謙詳定大明律，篇目皆准于唐。其篇目曰名例，曰衞禁，曰職制，曰戶婚，
曰廄庫，曰擅興，曰盜賊，曰鬥訟，曰詐偽，曰雜律，曰捕亡，曰斷獄。采用
舊律二百八十八條，續律一百二十八條，舊令改律三十六條，因事制律三十一
條，掇唐律以補遺一百二十三條，合六百有六，分爲三十卷。其間損益，務合
輕重之宜。每成一篇，輒繕寫以進。上命揭於兩廡之壁，親加裁定。及成，翰
林學士宋濂爲表以進，命頒行天下。

九年多十月辛酉，上覽大明律，謂中書左丞相胡惟庸御史大夫汪廣洋等曰：古
者風俗厚而禁網疏，後世人心漓而刑法密。是以聖王貴寬而不貴急，務簡而不
務煩。國家立法，貴得中道，然後可以服人心而傳後世。昔蕭何作漢律九章，
甚爲簡便，後張湯猶得以私意亂之。況未盡善，其能久無弊乎？今觀律條猶有
議擬未當者，卿等可詳議更定，務合中正，仍其存革者以聞。於是惟庸廣洋等
復詳加考訂，釐正者凡十有三條，餘如故，凡四百四十六條。

十六年三月壬申，命刑部尙書開濟議定詐偽律條。

十六年九月癸卯，磨勘司奏增朝參牙牌律，詔從之。

朝參牙牌律卽大明律卷十三懸帶關防牌面條。實錄所說釐正十三條，餘如故，凡四百
四十六條，其文義相當含混。我起初以爲洪武九年律總共才四百四十六條。但由於何
氏律解辯疑所據明律已四百六十條，我猜想洪武九年律係十三條外加四百四十六條，
共四百五十九條，至十六年九月增朝參牙牌律，遂成爲四百六十條。

　　律解辯疑，大明律直解，及明律集解附例所載明律篇目名稱相同，但其條文次序則直解所載與明律集解附例所載不同。據直解書眉所記：

　　　　直解共犯罪分首从條在今本明律公事失錯條後。

　　　　本條別有罪名條在今本明律化外人有犯條之次。

　　　　殺害軍人條在今本明律處決叛軍條之次。

　　　　斷罪無正條在今本明律斷罪依新頒律之次。

　　　　處決叛軍條在今本明律吏卒犯死罪條之次。

　　　　軍民約會詞訟條在今本明律教唆詞訟條之次。

　　　　僞造印信曆日條在今本明律上書詐不以實條之次。

而律解辯疑條文次序則與明律解附例所載相合。很可能洪武十八九年所定律條次序，於洪武二十二年更易，至洪武三十年又復舊。

　　　　大明律直解飛報軍情條：

　　　　凡飛報軍情，在外府州差人，一申布政司，一申都指揮使司，及行移本道按察司，一具實封，俱至御前開拆。若互相知會隱匿，不速奏聞者，杖一百，罷職役不叙，因而失誤軍機者斬。

按明律集解附例此條作：

　　　　凡飛報軍情，在外府州差人，一申布政司，一申都指揮使司，及行移本道按察司。其守禦官差人，行移都指揮使司。都指揮使差人，一行本管都督府，一具實封布政司，一差人行移兵部，一具實封，俱至御前開拆。按察司差人，具實封直奏。在內直隸軍民官司，並差人申本管都督府及兵部，另具實封，各自奏聞。若互相知會，隱匿不速奏聞者，杖一百，罷職不叙。因而失誤軍機者斬。

律解辯疑於此條僅引「因而失誤軍機者斬」八字。使我們很不容決定直解此處是否有錯落，抑直解所載確係洪武二十二年新定。

　　　　今按，明太祖實錄記：

　　　　洪武二十三年八月甲戌，復命兵部清理驛傳符驗。先是，上以在外諸司所給符驗過多，官吏不分事務緩急，動輒乘驛，或假以營私，致驛夫勞弊，船馬損乏。命悉追奪之。惟都司布政司按察使司如舊。至是復有是命，仍命工部更制

之。在京止設二百道，各王府及<u>山西北平山東陝西廣東福建遼東貴州</u>等處都指揮使司布政使司，各給六道。<u>雲南</u>都指揮使司、布政使司，<u>陝西涼州衞</u>各給十道。<u>浙江江西湖廣四川廣西</u>布政使司及<u>金齒衞</u>各給五道。其都指揮使司不與。如有軍務，止以多槳快船飛報。<u>中都留守司</u>、各道按察司、<u>陝西寧夏衞</u>各給四道。<u>山海密雲永平河州岷州洮州大理臨安普安松潘建昌茂州</u>諸衞各給三道。<u>畢節烏撒永寧普定平越楚雄曲靖洱海五開鎮遠興隆</u>諸衞各給二道。各處宣慰使司及<u>衍聖公張眞人</u>歲一來朝，各給二道。其餘衙門及腹裏軍衞鹽運司俱不給。

州縣官如用實封向皇帝奏報軍情，自須利用驛傳。很可能有些人就以奏報軍情爲名，假公濟私，而使驛傳困敝。<u>洪武</u>二十三年八月將州縣驛傳符驗收回，很可能卽係針對此一流弊而作的措施。

州縣官旣無符驗，不方便具實封，於是<u>洪武</u>三十年更定<u>大明律</u>，就將飛報軍情條予以更易了。

行省武官報告軍情的規定，已見<u>明律擅調官軍條</u>及<u>申報軍務條</u>。<u>擅調官軍條</u>說：

凡將帥部領軍馬，守禦城池，及屯駐邊鎮，若所管地方遇有報到草賊生發，卽時差人體探緩急聲息，須先申報本管上司，轉達朝廷奏聞，給降御寶聖旨，調遣官軍征討。若無警急，不先申報上司；雖已申上司，不待囘報，輒於所屬，擅調軍馬，及所屬擅發與者，各杖一百，罷職，發邊遠充軍〇其暴兵卒至，欲攻襲，及城鎮屯聚軍馬之處，或有反叛，或賊有內應，事有警急，及路程遙遠者，並聽從便，火速調撥軍馬，乘機剿捕。若賊寇滋蔓，應合會捕者，鄰近衞所，雖非所屬，亦得調撥策應，並卽申報本管上司，轉達朝廷知會。若不卽調遣會合，或不卽申報上司，及鄰近衞所不卽發兵策應者，並與擅調發罪同。

<u>申報軍務條</u>說：

凡將帥參隨總兵官征進，如總兵官分調攻取城寨，克平之後，隨將捷音差人飛報，一申總兵官，一申五軍都督府，一行兵部，另具奏本，實封御前。

故<u>直解飛報軍情條</u>僅對行省文官如何飛報軍情有所規定，是不錯的。

<u>洪武</u>三十年更定<u>大明律</u>，其所定飛報軍情條，取與申報軍務條比較，未提都司應移文兵部，不知是否制律時疏忽，謹誌於此，以俟異日詳考。

　　大明律直解於五刑條贖銅多少貫下 ， 增註贖五升布若千疋 ；於徒流遷徙地方條後，另增一條記高麗人犯徒流應遷徙處所，此均係爲了在朝鮮行用而增加的，自非明律原文所有。

　　由於大明律直解刊本訛誤太多，而律解辯疑對明律條文又不全引，今存律解辯疑已斷爛，因此我們對洪武十八九年律、洪武二十二年律與洪武三十年律的異同，仍不能完全弄淸楚。我們現在僅知道洪武二十二年更定明律時，曾將明律節數大量增加；洪武三十年更定明律時，曾對謀反受贓罪處分加重。洪武三十年所定律誥條例對後來的影響，此可參看拙著大明律誥考。我很想將律解辯疑、大明律直解、洪武弘治正德嘉靖萬曆等朝所定條例、明人律註，及實錄所記更定刑律事，彙編爲一書，以考有明一代刑律之因革。惜明人律註多散落於國外 ， 現正購求其顯微影捲， 尙不知何時可以編成。

　　本文論律解辯疑、大明律直解、明律集解附例三書所載明律異同，只是這一計劃第一步應該做的工作而已。

出自第三十九本上（一九六九年一月）

清朝中葉蘇州的米糧貿易

全　漢　昇

一

「上有天堂，下有蘇、杭」的蘇州，是長江下游的一個城市。這個城市經濟之所以能够繁榮起來，原因當然有種種的不同，但就清朝 (1644—1911) 中葉來說，那裡米糧貿易的發展可說是其中一個重要的因素。

宋代有一句俗語說：「蘇、常（一作湖）熟，天下足。」換句話說，長江三角洲，由于農業資源的開發，到了宋代成爲全國的穀倉，在那裡出產的糧食，除供給當地人口的消費以外，還有剩餘輸出來養活其他地方的人口。（註一）其後經過多年的發展，到了清朝中葉左右，位于長江三角洲的蘇州，米糧貿易的規模更爲擴大。在那裡集中的食米，並不以來自長江三角洲爲限，就是長江中上游稻田的過剩產品也大量運銷到那裡去。同時，集中于蘇州米市的食米，不獨供應當地及附近人口的消費，而且老遠的運往浙江、福建各地，以滿足那裡大量人口對于糧食的需要。在近代上海興起以前，蘇州可說是長江流域與沿海地區之間的一個重要的米市。

蘇州雖然不位于長江沿岸，可是因爲有運河（南達杭州）和長江聯繫，再加上其他水道運輸的便利，故成爲長江下游的交通樞紐。蘇州城外的滸墅關（或滸墅鎮）位于運河傍邊，載重三千多四千石的樑頭大船，可自長江駛達。（註二）在康熙二十四年

（註一）　拙著南宋稻米的生產與運銷，中央研究院歷史語言研究所集刊第十本，頁四〇三至四三二。

（註二）　雍正硃批諭旨（臺北市文源書局印行）第十六函第二册高斌頁四至五（第九本頁五三六五至五三六六）說：「雍正四年(1726)十月初九日，蘇州織造兼理滸墅關稅務郎中高斌謹奏：…查滸墅關有邵伯、鎮江二處樑頭大船，撐樑頭者本是船戶，並非客商，專裝豆貨，名爲加補料。部定則例，一丈八尺樑頭，納料六十七兩三錢。裝豆二千九百八十二石計算，每石徵銀二分六厘。如所裝有逾此數，按石另補鈔銀，名爲外加。船戶日久弊生，將船隻改造長大，竟可裝三千五六百石至四千石不等者。……」

(1686) 十二月，有一位監察御史報告說：「江南滸墅一關，地當南北通衢，爲十四省貨物輻輳之所。商船往來，日以千計。」（註一）因爲距離海洋不遠，在近代輪船航運發展以前，蘇州又成爲長江流域所產米穀轉運往沿海地區的一個口岸。（註二）

二

由于交通運輸的便利，清朝中葉左右，各地人口對于蘇州米糧的需要非常之大。就以蘇州爲省會的江蘇來說，在全國各省中，牠的人口數量最多，密度最大。（註三）關于蘇州的人口，在雍正五年（1727）蘇州巡撫陳時夏已經說：「蘇州地狹民稠。」（註四）及乾隆十三年（1748），江蘇巡撫安寧也說：「查蘇州地狹民稠，米糧已產不

（註一）　清代鈔檔：康熙二十四年十二月初三日巡視東城陝西道監察御史吳震方謹題。引自彭澤益編中國近代手工業史資料，一九五七，第一卷，頁四五五。

（註二）　雍正硃批諭旨第十四函第十四册高其倬頁五八至六〇（第八本頁四八二〇至四八二一）載雍正四年七月十八日，閩浙總督高其倬奏：「若將江西穀石，用大船由長江載至鎮江，再到蘇州一帶，用海船載至福建之福、興、泉、漳四府，秋間北風起時，半月可到，似屬便捷。」

（註三）　因爲滿清政府于乾隆五年（1740）始決定利用保甲來查報戶口，此後全國人口數字註明爲「通共大小男婦」，從而成爲全國眞正的人口數字，故我們對于江蘇人口狀況的研究，也只能自乾隆年間開始。關于江蘇人口數量與密度，現在列表如下：

表一　　清代江蘇的人口

年　　　　別	人　口　數	人　口　密　度 (每方英里)	佔全國人口的百分比
乾隆二十六年（1761）	23,161,049	600.03	11.68
乾隆五十二年（1787）	31,426,750	814.16	10.75
嘉慶十七年（1812）	37,843,501	980.40	10.46
道光二十二年（1842）	43,032,910	1,114.84	10.38
道光三十年（1850）	44,155,000	1,143.91	10.27

資料來源：羅爾綱太平天國革命前的人口壓迫問題（中國社會經濟史集刊第八卷第一期，上海，民國三十八年），表二；拙著（與王業鍵合著）清代的人口變動（中央研究院歷史語言研究所集刊第三十二本，臺北市，民國五十年），表四。

（註四）　雍正硃批諭旨第二函第三册陳時夏頁三九（第一本頁四九一）。

敷用。」（註一）在蘇州的人口中，非農業人口所佔的比例非常之大。例如蘇州的棉紡織業，在雍正年間(1723—35)，光是踹匠便有一萬餘人——如連染匠在內，更多至二萬餘人。（註二）如再加上其他工商業的人口在內，非農業人口在蘇州人口中當然要佔很大的比例。這些非農業人口，旣然都不能自己生產糧食，在市場上對于米糧的需要自然很大。

除蘇州本身以外，在牠附近的廣大地區，過去雖然以「蘇、常熟，天下足」出名，到了淸朝中葉左右，却並不完全生產稻米，而大量種植其他經濟作物。在蘇州以東，如松江、太倉以及其他沿海區域，兩江總督高晉曾經于乾隆四十年 (1775) 親自留心體察，向政府提出報告說：「以現在各廳州縣農田計之，每村莊知務本種稻者，不過十分之二三，圖利種棉者，則有十分之七八。」其後到了道光十二至十六年 (1832—36) 間，林則徐任江蘇巡撫時，也說太倉等州縣，「種稻之處十僅二三，而木棉居其七八。」由于棉花生產的豐富，各地棉紡織業普遍發展，大量人口都靠紡織爲生。（註三）復次，在蘇州以南，位于太湖傍邊的土地，也不注意種稻而專門推廣種桑的面積。如以蘇州府吳江縣爲例，自明宣德七年 (1432) 至淸乾隆十二年 (1747)，約三百餘年，種桑株數約增加十倍。（註四）隨着蠶桑產額的增加，絲織工業便特別發展，使激增的人口得到就業的機會。據估計，光是吳江縣盛澤鎭，在自明初至淸中葉，由村落發展爲市，再成爲鎭的擴展過程中，集中在那裡來交易的綾、紬等絲織品，自嘉靖年間 (1522—66) 至乾隆十二年，前後約二百年左右，約增加十倍，人口則增

(註一) 史料旬刊（北平故宮博物院文獻館出版；臺北市國風出版社重印，民國五十二年）第二十九期，頁五六四，安寧疏（乾隆十三年五月三十日硃批）。

(註二) 拙著鴉片戰爭前江蘇的棉紡織業（淸華學報，新一卷第三期，臺北市，民國四十七年，頁二五至五一）。

(註三) 同上。按高晉的報告，見賀長齡輯皇朝經世文編（光緒十二年刊）卷三七高晉請海彊禾棉兼種疏；林則徐文，見林則徐林文忠公政書甲集，江蘇奏稿卷二，太倉等州縣衛幫續被歉收請緩新賦摺。

(註四) 陳葵纕等修乾隆吳江縣志（序于乾隆十二年，1747)卷五，頁一○下說：「桑以育蠶，明洪武二年(1369)詔課民種桑，吳江境內凡一萬八千三十三株。宣德七年 (1432)，至四萬四千七百四十六株。近代絲綿日貴，治蠶利厚，植桑者益多，鄉村間殆無廢土。春夏之交，綠陰彌望，通計一邑無慮數十萬株云。」

加一百倍。(註一)

在蘇州附近的廣大地區，土地種植棉、桑既然遠比種稻爲多，人民既然倚賴紡織爲生而較少耕種，他們消費的糧食自然要靠市場來供應了。何況棉、絲等紡織工業的發展，給許多人帶來了就業的機會，因而刺激人口增加，從而糧食消耗也跟着要增加呢？這樣一來，過去曾經是全國穀倉所在的江蘇，其所產米糧便不再能够養活本省激增的人口，(註二)而須向其他地區購米來滿足需要，從而交通方便的蘇州，在米糧貿易上所佔的地位便特別重要起來了。

在清中葉蘇州米市中構成需要方面的力量，並不限于蘇州或江蘇的人口，而且來自浙江、福建等沿海省份。位于江蘇以南的浙江，人口數量很大，在全國各省中牠的人口密度只次于江蘇而居第二位。(註三)由于人口衆多，浙江糧食的消費量當然很大。可是，浙西的杭州、嘉興、湖州三府，田地多半種桑，浙東山地較多，耕地面積有

(註一)　同書卷四，頁一至二說：「盛澤鎮在二十都，去(吳江)縣治東南六十里。明初以村名，居民止五六十家。嘉靖(1522—66)間倍之，以綾、紬爲業，始稱爲市。迄今(乾隆十二年)居民百倍于昔，綾、紬之聚亦且十倍。四方大買鬻金至者無虛日。每日中爲市，舟楫塞港，街道肩摩。蓋其繁阜誼盛，實爲邑中諸鎮之第一。」又仲虎騰光緒盛湖志補卷一，頁一說：「前明宏、正間莫氏吳江志(按指明弘治元年莫旦纂吳江縣志)無盛澤(鎮)。嘉靖中徐氏志(按指嘉靖四年徐師曾纂吳江縣志)始稱爲市，居民百家，以綢、綾爲業。其后商買輻湊。烟火萬家，百倍于昔。」
(註二)　高宗純皇帝實錄卷三二〇，頁二四至二五，載乾隆十三年(1748)閏七月丁卯，軍機大臣等奏：「江蘇戶口殷繁，一年出產，原不敷一年民食。」
(註三)　關于清中葉前後浙江人口數量與密度，茲列表如下：

表二　清代浙江的人口

年　　別	人　口　數	人　口　密　度 (每方英里)	佔全國人口的百分比
乾隆二十六年(1761)	15,429,690	420.77	7.78
乾隆五十二年(1787)	21,718,646	592.27	7.43
嘉慶十七年(1812)	26,256,784	716.03	7.26
道光二十二年(1842)	27,614,832	753.06	6.66
道光三十年(1850)	30,027,000	818.84	6.98

資料來源：與表一同。

限，故稻米生產不能滿足本省人口的需要，而須向外採購食米。(註一) 鄰近浙江的江蘇，雖然因爲人口增加，本省食米已經供不應求，但蘇州因爲水道交通便利，江西、湖廣 (湖北、湖南) 客販米船都把米運到那裡去賣，故成爲浙江輸入食米的重要來源。(註二) 在乾隆十六年 (1751)，當浙江歉收時，浙江商人于兩個月內在蘇州一共購米二十三萬九千餘石。(註三) 由此推算，浙江每年約自蘇州買米一百四十餘萬石。自然，在收成較好的年頭，浙江自蘇州輸入的食米，可能沒有那麼多。

沿海各省中，除浙江以外，福建人口消費的食米，也要向蘇州購買。福建地勢多山，前臨大海，後無大平原，耕地面積狹小，故所產糧食不能滿足當地人口的需要。(註四) 蘇州既然位于長江流域與沿海地區之間，爲湖廣及其他產區食米的集散地，糧

(註一) 雍正硃批諭旨第十六函第五册程元章頁六五 (第九本頁五五七七)，載浙江總督程元章 (約雍正十二年 1734) 說：「竊查杭、嘉、湖三府屬地方，地窄人稠，民間多以育蠶爲業，田地大半植桑。歲產米穀，除辦漕外，卽豐收之年，尚不敷民食，向藉外江商販接濟。」又高宗純皇帝實錄卷八二，頁一八下至一九，載乾隆三年 (1739) 十二月丙戌，「戶部議覆：大學士前總理浙江海塘管總督事稽曾筠疏言：杭、嘉、湖三府，地狹人稠，每歲產米，不敷數月口糧，全賴商販接濟。」又同書卷三一三，頁四四下至四五，載乾隆十三年 (1748) 四月，陞任浙江巡撫顧琮說：「杭、嘉、湖三府，樹桑之地獨多。金、衢、嚴、寧、紹、台六府，山、田相半。溫、處二府，山多田少。(食米) 向資江、楚轉輸。」

(註二) 高宗純皇帝實錄卷三一四，頁六，載乾隆十三年五月乙酉上諭：「浙西一帶地方所產之米，不足供本地食米之半，全藉江西、湖廣客販米船，由蘇州一路接濟。」(乾隆東華續錄，文海出版社本，卷九，頁一四下，及大清高宗純帝聖訓卷一六四，頁一下至二，記載相同；但前者「浙西」作「浙南」。)

(註三) 高宗純皇帝實錄卷四○三，頁二四至二五，載乾隆十六年十一月壬辰，「江蘇巡撫莊有恭奏：今歲浙省歉收，遵旨廣開海禁。又准浙撫臣永貴咨，浙商販米數十石及數百石者，在蘇州採買，均有浙省藩司及溫、處、台、寧四府印照。查蘇(州)城兩月之間，賣米二十三萬九千零，……」

(註四) 皇朝經世文編卷八四，頁三八，藍鼎元論南洋事宜書 (雍正二年，1724) 說：「閩、廣人稠地狹，田園不足于耕。」(藍鼎元鹿洲初集卷三論南洋事宜書，及重纂福建通志卷八七，頁五一，海禁，記載相同。)又同書卷八五，頁三三，福建巡撫汪志伊議海口情形疏 (嘉慶四年，1799) 說：「閩省負山環海，地狹人稠。延、建、汀、邵四府，地據上游，山多田少。福、興、寧、泉、潭五府，地當海濱，土瘠民貧，潭、泉尤甚。」

食商人便在那裡購米，由乍浦或上海經海道運往福建出賣。（註一）由于福建客商的不斷搜購，在十八世紀上半，蘇州米市常因感受到需要增大的壓力而價格波動。（註二）

三

由于各地人口對米糧需要的增大，在清中葉前後以蘇州爲集散地的食米，不僅產于長江下游，而且來自長江中上游的稻米產區。我們在上文提及到達蘇州的客販米船來自江西、湖廣（湖北、湖南）。就這兩個地區來說，湖廣尤其重要。說到中國稻米生產的情況，自明末到清中葉，「蘇、常熟，天下足」這句俗語，已轉變爲「湖廣熟，天下足。」（註三）雍正年間（1723—35），「湖廣爲天下第一出米之區，」（註四）已爲人

（註一）　雍正硃批諭旨第二函第五册毛文銓頁六七至六八（第一本頁六〇七），載雍正四年（1726）五月十四日，福建巡撫毛文銓奏：「閩省生齒浩繁，全賴本地產米，並江省、粵省收成不薄，然後方保無虞。今粵省自顧不遑，……江南本地所產既饒，而湖廣之米日至蘇州者不可勝數。臣查蘇州之米，須從乍浦由海運來閩，……」又皇朝經世文編卷四四蔡世遠與浙江黃德軍請開米禁書（約撰于雍正七、八年間，1729—30，參考清史稿列傳七七蔡世遠傳）說：「福建之米，原不足以供福建之食，雖豐年多取資于江、浙。亦猶江、浙之米，原不足以供江、浙之食，雖豐年必仰給于湖廣。數十年來，大都湖廣之米輳集于蘇郡之楓橋（位于滸墅關之南，見顧炎武天下郡國利病書，廣雅書局本，卷一六，頁五，江南四〇），而楓橋之米，間由上海、乍浦以往福建。故歲雖頻祲，而米價不騰。」

（註二）　例如文獻叢編（北平故宮博物院文獻館編）第三〇輯李煦奏報蘇州米價騰貴摺（康熙四十五年，1706）說：「蘇州地方去年收成甚好，今歲菜、麥俱茂盛，而米價忽然騰貴，賣至每石一兩三錢五分、一兩四錢三分不等。臣煦留心打聽，蓋名行家有攬福建人買米，每石價銀一兩八錢，包送至乍浦出海，以致本地米價頓貴。」又雍正硃批諭旨第二函第三册陳時夏三九（第一本頁四九一）載雍正五年（1727）四月十一日，蘇州巡撫陳時夏奏：「自今春以來，福（建）省督臣二次遣員到蘇（州）買米一萬一千餘石，麥九千石，外有商販等六次，共計買米二萬餘石。皆由閩省督撫給咨來蘇，接買江（西）、（湖）廣之米，逐次運回，以資接濟。……近日閩商仍復接踵來蘇，齎領督、撫咨文，接買江、廣之米。臣查蘇州地狹民稠，產米無多；卽係豐收，亦資江、廣之米以敷食用。今閩省已經搬運三萬餘石之多，若復接踵而至，必致蘇州米價高昂，小民艱食。臣已咨覆閩省督、撫，請飭各商販前赴江、廣產米地方採買；如值江、廣來蘇之米果多，仍可在蘇接買。如此則彼此通融，實屬兩濟。」

（註三）　「湖廣熟，天下足」這句俗語，在明末某人（姓名不詳）著的地圖綜要已有記載。（加藤繁支那經濟史考證，東京，1953，卷下，頁六五七）其後，到了清雍正、乾隆年間，記載尤多。例如蕭奭永憲錄（中華書局，一九五九）卷四，頁二九三，雍正四年（1726）七月條說：「湖廣稻、麥再熟。語云：湖廣熟，天下足。」又雍正硃批諭旨第十七函第二册邁柱下，頁一二一（第九本頁五七九一），載雍正十二年（1734）九月十五日邁柱奏摺的硃批說：「民間俗諺：湖廣熟，天下足。豐收如是，實慰朕懷！」又皇朝經世文編卷三九，頁二七，朱倫瀚截留漕糧以充積貯箚子（約乾隆十三年，1748）說：「湖廣素稱沃壤，故有湖廣熟，天下足之諺。」

（註四）　雍正硃批諭旨第四函第一册，福敏頁三五（第二本頁九七七）雍正四年（1727）十二月初四日，署理湖廣總督福敏奏。

們所公認。在湖北的「漢口地方，自去年（雍正九年）十一月至本年（十年）二月初旬，外販米船已有四百餘號，而鹽商巨艘裝運者，尤不可以數計。」（註一）在雍正十二年（1734），到了五月十五日，「江、浙官羅商販，陸續搬運四百餘萬（石）之多。」（註二）及七月初八日，「江、浙商販已運米五百餘萬石。」（註三）根據這些數字，我們可以推算，在雍正十二年一年中，自湖廣運往江、浙的食米，約爲一千萬石左右。裝載這一千萬石的湖廣米船，由漢口出發，沿江而下，大部分都運往蘇州出賣。（註四）當日蘇州府、松江府「民間所買常餐……俱屬糙粳、楚秈等類。」（註五）因爲湖廣出產的秈米成爲蘇州及附近廣大地區人民消費的糧食，故地方行政長官經常把蘇州米市中這些米的價格向皇帝報告。（註六）約自康熙（1662—1722）末葉開始，蘇州市場上米價的漲落，主要由湖廣（有時加上江西）食米到達的多少來決定。（註七）

（註一）　同書第十七函第二册邁柱下，頁五五（第九本頁五七五八），雍正十年（1732）二月二十四日，湖廣總督邁柱奏。

（註二）　同上邁柱下，頁一一四至一一五（第九本頁五七八七至五七八八），雍正十二年（1734）五月十五日，邁柱奏。

（註三）　同上邁柱下，頁一一七（第九本頁五七八九），雍正十二年七月初八日，邁柱奏。

（註四）　上文曾引藍世遠的文章說：「數十年來，大都湖廣之米輳集于蘇郡之楓橋。」又皇朝經世文編卷四七江寧布政使晏斯盛上制府論布商易米書（約撰于乾隆元年至六年，1736—41，參考淸史稿列傳九六晏斯盛傳）說：「查江（西）、（湖）廣米船，開江東下，其口岸有三：棕陽（在安徽安慶東北）、蕪湖、蘇州是也。」

（註五）　雍正硃批諭旨第十七函第三册喬世臣頁三九（第六本頁三七二七），雍正十一年（1733）四月十五日，江蘇巡撫喬世臣奏。

（註六）　同書第十八函第一册趙弘恩上，頁九六（第十本頁六〇六〇）說：「雍正十二年三月十五日，署理江南總督印務臣趙弘恩謹奏：……蘇（州）城現在米價，湖廣白秈米每石一兩一錢五分，……各屬有比蘇城增減數分者。總較往年輕二三錢一石等語。」

（註七）　關於湖廣食米供應增多，影響到蘇州米價低廉的例子，文獻叢編第三四輯李煦奏報米價摺（康熙五十一年八月初八日）說：「蘇州…因湖廣客米到得甚多，所以米價仍賤，上號不出八錢，次號不出七錢。」其次，關于湖廣客米到少，以致刺激蘇州米價上漲的例子，同書第三一輯李煦奏報太倉賑貸供有一念和尙給節惑衆摺（康熙四十六年十二月）說：「至于蘇、松米價騰貴，一兩六七錢一石，……因湖廣客米到少，……」又同書第三五輯李煦奏報督催煎鹽並報米價摺（康熙五十二年六月初九日）說：「至于蘇（州）、揚（州）米價，近日因湖廣、江西客米來少，所以價值稍增。」此外，關于蘇州米價因湖廣、江西食米到達的遲早而漲跌的情形，同書第九輯曹寅奏報米價及熊賜履行動並進詩稿摺（康熙四十八年三月）說：「臣探得蘇州平常食米每石一兩三肆錢不等。……總因江西、湖廣禁糶，兼近日東北風多不能下來之故。今地方督撫已經移文江、廣開禁，往前天氣大晴，西南風多，米船運行，新麥上場，米價可以無慮。」又同書二十六第二輯李煦奏報米價及御種稻子現已收割並進晴雨錄摺（康熙五十五年九月十六日）說：「竊蘇州八月初旬湖廣、江西客米未到，米價一時偶貴。後卽陸續運至，價值復平。」

由此我們可以看出湖廣食米與蘇州米市的密切關係。

　　蘇州米市每年雖然自漢口得到這許多湖廣食米的供應，事實上漢口所在的湖北，因爲山地較多，稻田較少，米糧生產有限，（註一）本身並沒有多少剩餘可供輸出。幸而漢口水道運輸便利，成爲各地產米的集散地，（註二）湖南及四川出產的食米更大量運到那裡去賣。（註三）因此，自漢口沿江東下，運銷于蘇州一帶的食米，有不少產于湖南和四川。

　　湖南的農業資源，經過長期的開發以後，到了清朝中葉，稻米產量激增，米價特別便宜。（註四）由于米產的豐富，剛在位不久的乾隆皇帝，乾脆把「湖廣熟，天下足」的諺語，改爲「湖南熟，天下足。」（註五）當日湖南稻米產額所以增加，和洞庭湖盆地農業資源的大規模開發有密切的關係。在湖南北部洞庭湖沿岸地區，土壤非常肥美，可是因爲洪水定期泛濫，須先築堤防水，纔能墾闢成爲耕地。滿清自入關以後，于康熙二十年（1681）平定三藩，二十二年（1683）收復臺灣，大一統的局面始告完

（註一）　皇朝經世文編卷三九，頁二六下至二七，朱倫瀚截留漕糧以充積貯䟽子（約乾隆十三年，1748）說：「湖北一省，宜昌、施南、鄖陽多處萬山之中；荊州尚須由武漢撥濟兵米；德安、襄陽、安陸，其地多種豆、麥，稻田亦少；武昌所屬，半在山中；惟漢（陽）、黃（州）兩郡，尚屬產米。」

（註二）　雍正硃批諭旨第九函第七册鄂爾泰七，頁五七（第五本頁二九二七），載雍正八年(1730)四月二十日，雲、貴、廣西總督鄂爾泰說：「又如湖廣全省，向爲東南諸省所仰賴，諺所謂湖廣熟，天下足者，誠以米飯充裕，水又通流之故。」又皇朝經世文編卷四〇，頁四五，晏斯盛請設商社䟽（乾隆十年，1745）說：「如楚北漢口一鎮，尤通省市價之所視爲消長，而人心之所因爲動靜者也。戶口二十餘萬，……日消米穀不下數千（石）。所幸地當孔道，雲、貴、川、陝、粵西、湖南，處處相通，本省湖、河，帆檣相屬，糧食之行，不舍晝夜。是以朝糶夕炊，無致坐困。」

（註三）　高宗純皇帝實錄卷三一一，頁三三下，載乾隆十三年（1748）三月，「署理湖北巡撫彭樹葵覆奏：湖北在康熙（1662—1722）年間，戶口未繁，俗尚儉樸，穀每有餘；而上游之四川、湖南，人少米多，商販日至，是以價賤。遂號稱產米之鄉。」又雍正硃批諭旨第十七函第一册邁柱上，頁五九（第九本頁五六八四）說：「雍正六年（1728）三月十一日，湖廣總督臣邁柱、湖北巡撫臣馬會百謹奏……竊查楚北武昌省城並漢口地方，人烟稠密，日用米穀，全賴四川、湖南商販輻集，米價不致高昂。」

（註四）　雍正硃批諭旨第二函第四册布蘭泰頁五二（第一本頁五五八）說：「雍正五年(1727)七月十四日，戶部侍郎、仍署理湖南巡撫印務臣布蘭泰謹奏：……臣伏查湖南素稱產米之鄉，米價賤于他省。從前每石不過六七錢，貴至八九錢而止。……」

（註五）　乾隆東華續錄卷二，頁二二，載乾隆二年（1737）十一月癸未，「湖南巡撫高其卓奏報收成分數。得旨：諺云，湖南熟，天下足。朕准有額手稱慶耳！」

成。當國家真正統一，大部分人力物力有機會用來從事經濟建設的時候，洞庭湖沿岸的築堤防水和墾田計畫，便開始長期實行。沿洞庭湖區域共有九縣，如以湘陰縣為例，牠沿湖築堤的進展情況，及因此而墾闢田地的畝數，在郭嵩燾湘陰縣圖志（光緒六年，1880）卷二二，頁一下至三，水利志中，有很詳細的記載。茲依照時間的先後，列表如下：

表三　明、清間湘陰縣築堤長度與墾田面積

年　別	堤　名	堤長（丈）	累計（丈）	墾田（畝）	累計（畝）
萬曆年間(1573—1620)	荊塘圍	5,344		8,248	
	塞梓圍	4,350.5	9,694.5	6,490	14,738
崇禎年間（1628—44）	古塘圍	3,737.5		5,051	
	軍民圍	1,740	15,172	1,398	21,187
康熙二十八年（1689）	沙田圍	3,971.5	19,143.5	9,302	30,489
康熙三十年（1691）	莊家圍	1,140		685	
	黃公圍	1,020		657	
	營家圍	1,500	22,803.5	1,284	33,115
康熙三十二年（1693）	楊柳圍	1,350		677	
	葡萄圍	1,549	25,702.5	960	34,752
康熙三十三年（1694）	金盤圍	3,345		3,120	
	灣斗圍	1,390.5		1.158	
	韓灣圍	5,840		7,186	
	買馬圍	1,202.5		940	
	余家圍	3,396	40,876.5	2,890	50,046
康熙五十三年（1714）	東莊圍	4,000	44,876.5	2,630	52,676
雍正十二年（1734）	冷公圍	300		90	
	趙家圍	400	45,576.5	60	52,826
雍正十三年（1735）	三合圍	2,180	47,756.5	7,000	59,826
乾隆元年（1736）	林興圍	1,010	48,766.5	660	60,486
乾隆二年（1737）	大有圍	1,000		800	
	復興圍	3,780		7,000	
	錫福圍	4,750		7,100	
	合興圍	900		1,210	
	三陽圍	1,700		2,700	
	小三陽圍	200		400	
	馬眼圍	685	61.781.5	853	80,549
乾隆四年（1739）	酬塘圍	2,645		8,800	
	傍山圍	1,900		300	

年代	圍名				
	蟒湖圍	500		230	
	猪婆圍	300		90	
	楊柳坪圍	478		730	
	黃荊圍	1,790		1,660	
	壬通圍	1,000		500	
	金汊圍	400		190	
	大順圍	620		1,260	
	義合圍	4,000		6,000	
	仁和圍	5,974		16,300	
	密舊圍	250		80	
	公悅圍	2,000		3,000	
	荻湖圍	1,300		900	
	茨塘圍	800		400	
	蘆子圍	200	85,938.5	90	121,069
乾隆五年 (1740)	福星圍	734		400	
	東圩圍	100		50	
	屯田圍	800		400	
	喬山圍	1,750		1,260	
	義興圍	2,000		1,300	
	慶興圍	1,000		500	
	圍山圍	640	92,962.5	440	125,419
乾隆八年 (1743)	鎭江圍	630	93,592.5	479	125,898
乾隆九年 (1744)	文洲圍	2,934.5		10,725	
	一姓圍	620		800	
	太和圍	2,866.4	100,013.4	5,070	142,493
乾隆十年 (1745)	朱公圍	651.5		772	
	桃源圍	863		526	
	東合圍	1,765		738	
	壬土圍	2,726		2,132	
	金城圍	2,160		1,100	
	順豐圍	1,305		1,480	
	南陽圍	2,280		1,754	
	定豐圍	937		690	
	永興圍	970		705	
	小永興圍	332		210	
	紗帽翅圍	807	114,809.9	520	153,120
乾隆十一年 (1746)	德興圍	1,599.5		1,835	
	聚賢圍	4,352.8		9,888	
	保賦圍	1,654		1,102	
	下三陽圍	1,350	123,766.2	1,130	167,075

資料來源：湘陰縣圖志卷二二，頁一下至三，水利志。

　　根據表三，我們可以把明、清之際湘陰縣築堤墾田的歷史，約略分爲兩個時期：

第一個時期爲萬曆、崇禎年間（1573—1644），前後共計七十二年；第二個時期自康熙二十八年（1689）開始，至乾隆十一年（1746）止，前後共計五十八年。第一個時期一共築堤四圍，但第二個時期築堤多至六十五圍，爲前者的十六倍以上。第一個時期築堤長度不過15,172丈，但第二個時期築堤長達108,594.2丈，爲前者的七倍有多。第一個時期因築堤而墾田的面積，只有21,187畝，第二個時期却多至145,888畝，將近等于前者的七倍。由此可見，湘陰縣的沿洞庭湖築堤墾田計畫，雖然在明萬曆年間（1573—1620）已經開始，事實上要到康熙（1662—1722）中葉後的半個多世紀中纔大規模實行。除湘陰以外，沿洞庭湖其他縣份，也約在同一期間內積極築堤墾田。（註一）因此，湖南一省的耕地面積，自康熙中葉至乾隆（1736—95）時代，曾作激劇的增加。（註二）

　　除由于洞庭湖沿岸的築堤墾田以外，湖南在清中葉左右所以能够成爲全國的穀倉，又由于稻米品種的改良。大約在十與十一世紀之交，安南占城（Champa）的稻米種子已經傳入福建，故宋眞宗（998—1022）派人自那裡運往江、准、兩浙高地種植。占城稻一名占米，（或作粘，又或作黏，也就是秈米）因爲性耐旱，故能够在水份供應較不充裕的高地上生長；同時由于生長時間較短，故又能在每年有水患的低地栽種，因爲在洪水來臨以前已經收割（早稻），或在洪水退後仍可種植（晚稻）。占城稻既然具有這些優點，在傳入中國沿海地區以後，便逐漸在國內各地普遍推廣種植起來。同時，由于各地土壤、氣候以及其他因素的不同，占城稻在國內各地長期栽種以後，又培養出許多不同的品種。（註三）就地理位置來說，湖南位于我國稻米生產地帶

（註一）　雍正硃批諭旨第六函第四册王國棟頁四〇（第三本頁一七五九）說：「湖南巡撫臣王國棟謹奏，爲奏明事：雍正五年（1727）七月十三日，奉上諭興修堤岸一事。臣謹按湖南長沙、岳州、常德三郡，逼近洞庭湖邊，計有堤之處，如湘陰、巴陵、華容、安鄉、澧州、武陵、龍陽、沅江、益陽九州縣，環遶大湖，堤埭甚多。緣洞庭一湖，春夏水發，則洪波無際，秋冬水涸，則萬頃平原，濱湖居民，逐築堤堵水而耕之。但地勢卑下，水患時有，惟恃堤埭以爲固。……湖南之堤，阻水爲田。……大者周圍百餘里，小者二三里，方圓不一，星羅棋布。……」（約奏于雍正六年，1728，參考淸史稿列傳七八王國棟傳。）

（註二）　湖南省的耕地面積，在康熙二十四年（1685）爲138,924頃（民田額），雍正二年（1724）爲312,561頃（包括民田、屯田及學田三項），及乾隆三十一年（1766）爲343,965頃（包括民田及屯田）。（李文治編中國近代農業史資料，一九五七，第一輯，頁六〇至六一。）

（註三）　Ping-ti Ho, "Early-ripening Rice in Chinese History," *Economic History Review*, Second Series, Vol. IX, no. 2, December 1956, pp.200-219.

的中央，正好吸取各地的優良品種來推廣種植。清朝中葉左右，在湖南栽種的占米中，有來自貴州的「思南黏」、「安南黏」、「貴陽黏」、「五開黏」、「思南秈」；有來自雲南的「雲南黏」、「雲南秈」；有來自江蘇的「南京黏」、「蘇州秈」；有來自江西的「江西秈」；有來自四川的「梁山黏」；有來自廣東的「廣東黏」。此外，湖南本省培育出來的品種，如「湘潭黏」、「桂陽黏」、「桂東黏」、「麻陽秈」、「寧鄉秈」、「寶慶白」，也在省內各地種植。（註一）湖南這些外來的或本地培育出來的稻米品種，當然是根據過去長期的經驗，發見牠們能够適應本省特有的土壤和氣候，因而大量種植起來的。這樣一來，湖南稻米的產量當然要大爲增加了。

由漢口運往蘇州出賣的湖廣食米，除產于湖南以外，又有一部分來自四川。四川號稱天府之國，土壤肥沃，（註二）米產豐富；（註三）可是在明末曾遭流寇張獻忠的屠殺，人口大量減少。滿清取得政權以後，經過百餘年的休養生息，到了乾隆二十六年（1761）四川每方英里平均只有12.74人，及乾隆五十二年（1787）也只有39.21人。（註四）四川人口既然稀少，對米糧需要不大，自然可選擇肥美的土地來耕種，故生產成本便宜，從而米價非常低廉，（註五）有不少剩餘可供出口。（註六）在四川各地出產

（註一）曾國荃等纂湖南通志（刊于光緒十一年，1885）卷六〇，頁三，引舊志。據本書序，舊志「肇于乾隆，重修訖于嘉慶（1796—1820）。」

（註二）據雍正硃批諭旨第十七函第六册鄂彌達下，頁二三（第十本頁五九八〇），雍正十一年（1733）十月初四日，廣東總督鄂彌達的奏摺，當日有人「揚言川省膏腴，每田種一石，可收穀百餘石。」

（註三）同書第十三函第二册李衞二頁九〇（第七本頁四三六一），雍正五年（1738）十二月初三日，浙江總督李衞奏：「臣查各省米穀，惟四川所出最多，湖廣、江西次之。」

（註四）拙著（與王業鍵合著）清代的人口變動，表四；羅爾綱前引文，表二。

（註五）雍正東華錄（文海出版社本）卷六，頁六，載雍正六年（1738）二月「甲辰，諭內閣：……川省曠土本寬，米多價賤。……又有傳說者謂川省之米，三錢可買一石。……獨不思川省食米價賤之故，蓋因地廣人稀，食用者少，是以如此。……」又雍正硃批諭旨第十八函第五册黃廷桂頁八四至八五（第十本頁六二六二至六二六三），載雍正九年（1731）六月二十二日，四川總督黃廷桂奏：「川省……素產米穀，古稱沃野千里。……成都前比糶販甚廣，而產米之鄉相忘不覺，米價不增者，以本處人烟稀少，食之者寡也。」

（註六）雍正硃批諭旨第十一函第二册憲德頁三三至三四（第六本頁三六六〇）說：「雍正六年正月二十九日，四川巡撫臣憲德謹奏，爲奏聞事：竊惟上年川省收成頗稱豐足，因商販絡繹，買運者不可數計，以致秋冬之間，米價漸長。……今川省米石，外省之人販運甚多。……」

的米，除供當地人口消費外，多先利用水道運輸，集中于重慶（註一），然後由重慶沿江東下，運往漢口。（註二）這許多由四川運來的米，使漢口米糧供應增加，在雍正、乾隆年間，對于湖廣米價的穩定曾經發生決定性的作用。（註三）不獨如此，牠又像湖廣產米那樣，以漢口爲轉運口岸，運往江、浙出賣。（註四）因爲如上文所說，蘇州是長

（註一）同書第八函第一册任國榮頁三至四（第四本頁二二八一），載雍正五年十二月十三日，四川重慶總兵官任國榮奏：「臣查川省固爲產米之區，而重慶郡城則惟賴上江米客陸續販來糶賣，始得價平而食足。」又同書第七函第六册管承澤頁七（第四本頁二二四三），載雍正六年二月初六日，四川布政使管承澤奏：「竊川省素稱產米之鄉，秋成之時，米價甚賤。于雍正五年十二月……重慶因係川省總滙，各處商販雲集，米價亦一時頓長。夔州、保寧二府，以及其餘府屬有產米地方，俱已聞風趨利，裝至重慶就賣。」

（註二）同書第十三函第一册李衞一，頁六九（第七本頁四二八六），載雍正四年（1726）六月初一日，浙江巡撫李衞奏：「臣查湖廣漢口地方，向來聚米最多者，皆由四川土饒人少，產米有餘，本地穀價甚賤，故川民樂于出賣，以助完糧用度之需，而川江直抵湖北，水路盤運甚易。」

（註三）同書第四函第六册朱綱頁三六（第三本頁一二七〇），載雍正五年（1727）九月二十六日，臺南巡撫朱綱說：「臣過……湖廣……留心問荊、襄以至常德米價。皆云四川大熟，川米已下湖廣，目今荊、襄米價每石八九錢不等，常德府米價更平，民心甚安。」又皇朝經世文編卷四〇，頁四五，晏斯盛請設商社疏（乾隆十年，1745）說：「楚北漢口一鎮，……請……建義倉，……一遇米貴，即行平糶。其平糶價銀，一遇川南米船積滯價賤之時，即行買補。」又同書卷三九，頁二七，朱綸瀚截留漕糧以充積貯箚子（約乾隆十三年，1748）說：「今日之採買運販者，動云楚省。不知今日之楚省非復昔日之楚省也，且亦待灣于川省矣。武漢一帶，有待川米來而後減價之語。……」

（註四）雍正硃批諭旨第一函第三册楊宗仁頁三五至三六（第一本頁一四四），載雍正元年（1723）十月十六日湖廣總督楊宗仁奏摺的硃批說：「至如楚地本產米之鄉，素爲東南之所仰給。因爾禁米出境，以致川米亦不到楚，不但鄰省價昂，而本省糧價亦致漸長。是爾之遏糶，原欲封殖本境，而本境之民並未沾毫釐之益也。況鄰省黔黎，莫非朝廷赤子。……爾其速行改圖，務令販運流通，遠近民食有賴。特諭！」又同書第四函第二册王景灝頁三（第二本頁一〇六三），載雍正二年（1724）八月二十日四川巡撫王景灝奏摺的硃批說：「四川巡撫王景灝：據奏四川各府豐收，小民含哺鼓腹，殊爲可喜！……朕念江、浙糧米，歷來仰給于湖廣，湖廣又仰給于四川。……今四川秋成豐稔，以羨補不足，洵屬兩便。爾當嚴諭沿途文武官弁，遇有江、楚商人赴川販米，或四川商人往江、楚賣米者，立卽放行，不得留難阻遏。聞年羹堯當日曾舉行此善政，爾其實力勉諭之。特諭！」又同上頁四至五（第二本頁一〇六三至一〇六四），載雍正二年十一月初二日，四川巡撫王景灝奏：「臣奉到諭旨，隨卽檄行沿江之府、州、縣，遇有外省商販到川買米，及本地民人有販米赴楚者，均令公平糶糶，任其運載出境。由四川可至湖廣，由湖廣可至江、浙。在隣封之米價旣不至于涌貴，而本省之農民又得資其財用，商民均沾樂利，無不頌皇仁。適夔州府知府喬鐸因公到省，臣面加詢問。據稱自秋收之後，每日過夔關大小米船，或十餘隻至二十隻不等，源源下楚等語。此後遠近商民聞信輳集，絡繹販運，諒必更多于前。則江、浙民人可無艱食之虞矣。」又同書第十七函第二册邁柱下，頁十九至八〇（第九本頁五七七〇），載雍正十一年（1733）五月初六日，湖廣總督邁柱奏：「漢口地方，自蒙聖諭勅令川省速弛米禁以來，川米連檣而至，米價平減，江、浙客商搬運甚多。」又常明等修四川通志（序于嘉慶二十年，1815）卷七二，頁三三下，載乾隆四十年（1775），「上諭：川省產米素稱饒裕，向由湖廣一帶販運而下，東南各省均賴其利。……」又頁三四至三五載乾隆「四十三年（1778）諭……江南向每仰給川、楚之米，今歲亦間有偏災，更不能不待上游之接濟。……楚米旣不能販運出境，若復將川米截住，不令估船運載，順流而下，則江南何所取資？……隨卽傳諭訓飭：如川省米船到楚，聽其或在該省發賣，或運赴江南通行販售，總聽商便，勿稍抑遏。」

江下游的重要米市，這些由漢口東運的川米‥，可能有不少先運往蘇州，然後運銷于江、浙各地。

根據上述，我們可知淸朝中葉在蘇州市場上買賣的食米，並不以長江三角洲的產品爲限，而且老遠的來自長江中上游廣大的稻米產區。位于長江中游的漢口，因爲水道運輸便利，成爲大量食米的集散地，湖南、四川等地出產的米，都先在那裡集合，然後轉運往蘇州米市出售。湖南洞庭湖畔的廣大地區，在康熙中葉以後曾經長期築堤防水，墾闢田地，結果稻米產量激增，構成運銷于蘇州的湖廣食米的主要部分，故乾隆皇帝把「湖廣熟，天下足」這句俗語，改爲「湖南熟，天下足。」復次，位于長江上游的四川，因爲人口稀少，米產豐富，也輸出食米，由漢口轉運往蘇州出賣。

四

綜括上文，我們可以判斷，淸中葉蘇州的米糧貿易規模非常之大。當日蘇州米市中供、需兩方的力量，都來自全國的廣大地區。在需求方面，食米的買主並不限于蘇州及其附近的人口，而且包括浙江、福建等沿海省份的消費者。在供給方面，江西、湖廣、四川大部分的稻米生產者，都可能是食米的賣主。蘇州的米市，可說是長江流域與沿海省份之間食米供、需兩方交易的場所。從事蘇州米糧貿易的米行（註一）、牙人（註二）以及其他有關人等，因爲要爲這樣廣大的地區提供服務，自然可以賺到不少的錢。「上有天堂，下有蘇、杭」的蘇州，在當日所以能够那樣繁榮富庶，固然可以有種種不同的解釋，牠的米糧貿易的發展，當是其中一個非常重要的因素。

蘇州既然位于長江流域與沿海地區之間，成爲大多數食米生產者與消費者相互間交易的媒介，牠的米糧貿易的發展，又促使長江各地的天然資源得到更充分的利用。在淸朝中葉，江蘇是全國各省中人口最多的一省。就人口密度來說，江蘇在道光三十

（註一）　文獻叢編第三一輯李煦奏報太倉縣賊供有一念和尚給筍感來摺（康熙四十六年十二月），有關于蘇州「楓橋米行王文欽」的記載。

（註二）　雍正硃批諭旨第十八函第二册趙弘恩下，頁六一至六二（第十本頁六一〇三），載雍正十三年（1735）正月二十四日，江南總督趙弘恩奏：「向有蘇州楓鎮等處姦牙，胆將米糧串賣出洋，……臣到任後，竭力察禁，不時密訪。嗣經察出王二等偷販，當卽嚴挐參究。自此各處官弁、兵役、商、牙人等，憨知儆惕。……臣猶恐姦商、地棍、牙行，因其米糧過賤，輒萌故智，茲又刊示編發嚴禁。……」

年（1850），平均每方英里多至一千一百餘人，浙江多至八百餘人，（註一）成爲全國人口最密集的兩省。這兩省人口所以能够大量增加，主要由于絲、棉的大量生產及絲、棉紡織業的發展。在浙江、江蘇蠶絲產區，有人估計，同樣一畝田地，如果用來種桑養蠶，因此而得到的報酬，約爲種稻的數倍至十餘倍。（註二）同樣，在江蘇沿海地區，「種棉費力少而獲利多，種稻工本重而獲利輕。」（註三）換句話說，同樣面積的土地，如果用來種桑養蠶，或種植棉花，和栽種稻米比較起來，利潤要大得多，從而可以養活較多的人口。何況絲、棉生產以後，用作原料，分別加工紡織，又可使更多人口得到就業的機會呢？因此，江、浙人口所以會有那麼多，和絲、棉生產及其有關工業的發展，當然具有密切的關係。假如這兩省的耕地完全用于種稻，是養活不了這許多人口的。可是，江、浙土地既然多半用于生產絲、棉等經濟作物，許多人口既然要靠紡織工業爲生，在那裡集中的人口自然不能不從外地輸入糧食來滿足需要。湖南因洞庭湖區域農業資源的開發而增產的稻米，四川因土地肥沃、人口稀少而輸出的過剩食米，正好以蘇州米市爲媒介而成爲江、浙大量人口消費糧食的重要來源。這樣一來，蘇州的米糧貿易，一方面刺激湖南、四川的稻米增加生產，他方面使江、浙因得到充分米糧供應而專門發展多數人賴以爲生的絲、棉紡織業，當然有助于長江流域天然資源之更有效的利用。

　　當蘇州米糧貿易在清朝中葉前後特別發達的時候，在蘇州以東更爲靠近海洋的上海，隨着海道交通的發展，自康熙二十四年（1685）至嘉慶九年（1804），每年自關

（註一）　參考表一及表二。

（註二）　皇朝經世文編卷三六，頁二三，張履祥（卒于康熙十三年，1674，見淸史稿列傳二六七張履祥傳）農書說：「（浙江）桐鄉田地相匹，蠶桑利厚。……田極熟，米每畝三石，春花一石有牛，然間有之，大約共三石爲常耳。地得（桑）葉盛者，一畝可養蠶十數筐，少亦四五筐，最下二三筐。（若二三筐者，卽有豆二熟。）米賤絲貴時，則蠶一筐，卽可當一畝之息矣。」又何石安、魏默深輯重刊蠶桑圖說合編頁一蠶桑合編序（道光二十四年，1844）說：「吳中……上田畝米三石，春麥石牛，大約三石爲常。……今桑地得葉盛者畝蠶十餘筐。次四五筐，最下亦二三筐。米賤絲貴時，則蠶一筐卽可當一畝之息。夫婦並作，桑盡八畝，給公賦贍私之外，歲餘牛資。……是桑八畝當農田百畝之入。爲貧民計，爲土隘人稠計，孰尚于此！」原文未見，玆引自中國資本主義萌芽問題討論集，一九五七，頁六二九至六三〇。

（註三）　拙著鴉片戰爭前江蘇的棉紡織業頁二七。按原文見于皇朝經世文編卷三七兩江總督高晉請海疆禾棉兼種疏（乾隆四十年，1775）。

東輸入豆、麥千餘萬石，(註一) 在長江下游糧食貿易方面所佔的地位漸漸重要起來。不過要等到鴉片戰爭結束，五口通商以後，上海纔代替蘇州而在長江下游成爲米糧貿易的重要集散地。

附記：(1)湘陰縣圖志的記載蒙王業鍵兄自哈佛大學中日文圖書館影印寄來，特此誌謝！

　　　(2)文中若干資料，因旅次參考困難，未能註明頁數，請讀者原諒！

(註一)　　同上拙著，頁三七至三八，引包世臣中衢一勺卷上 (安吳四種卷一) 海運南漕議 (嘉慶九年，1804)。

出自第三十九本下(一九六九年十月)

論明代前期稅糧重心之減稅背景及影響

吳　緝　華

一、引　言

二、明初稅糧重心之減稅及減稅之背景

三、仁宣時及英宗初之減稅及減稅之背景

四、稅糧重心之重稅整頓及其對社會經濟之影響

五、宣德時及正統初減稅對全國稅糧歲收之影響

一、引　言

　　稅糧重心之蘇松等地，在中國史上已付出大量的稅糧，確支持了歷代的繁榮；明代開國後，這一地區依然付出大量的稅糧，也支持了明代帝國經濟上的需要！由於我們的研究，儘管明代如何需要這一地區的稅糧，但在重稅苛徵之下，也施行過減免稅糧政策，使這一地區稍得蘇息。如明代開國後，在洪武初年，明太祖曾下令蠲免稅糧及減低稅率，甚至建文時又澈底改革重稅之稅率，以及永樂時代雖復舊制，但有時也蠲免該地區之稅糧。本文擬把洪武建文及永樂時代的減稅，及減稅的背景，加以論證。

　　繼永樂重新開拓和向外發展時代後，卽仁宗及宣宗的守成時期。國家在安定的時代下，對於稅糧重心之蘇松等地民困重稅，加以整頓及改革，一時也影響到蘇松等地社會經濟趨向於新局面。並且在宣德時及正統初，又施行全國減稅，這時的減稅，却影響到明代全國稅糧總收入普遍降低，亦擬在本文中加以論證。

二、明初稅糧重心之減稅及減稅之背景

　　關於明代在長江下游蘇州與松江等地是稅糧重心，以及蘇松等地重稅之由來，在拙作論明代稅糧重心及其重稅之由來 (註一) 一文中有過論證；已把明史食貨志

（註一）　拙作：論明代稅糧重心及重稅之由來，見中央研究院歷史語言研究所集刊，第三十八本，頁三五一至三七四。

及史家記載蘇松等地重稅的原因，完全解釋成明太祖遷怒增稅所致，已重新估價。
我們認爲蘇松等地重稅之由來，是中國漢唐宋元等歷代傳下來經濟史上的問題。甚至
於由於我們的分析研究，歷代相沿到了明代前一朝的元代，蘇松等地的重稅已相當嚴
重了。如我在論明代稅糧重心及其重稅之由來第二節的表四『元代明初蘇松稅糧與全
國稅糧百分比表』中，已指出元代全國歲入糧數爲一千二百十一萬四千七百八石 (12,
114,708石)；蘇松二府稅糧的徵收，合計一百六十二萬七千一百五十石(1,627,150石)，
元代蘇松歲入之稅糧是全國的百分之十三點四三（13.43％）。則明代初年全國稅糧
歲入總數是二千九百四十四萬二千三百五十石（29,442,350石），而蘇松二府合計爲四
百零三萬零三百八十六石（4,030,386石），明初蘇松二府所付出的稅糧佔全國的百分
之十三點六八(13.68％)。因此明初蘇松二府歲入稅糧的百分比 (13.68％)，幾乎相當
於元代蘇松二府歲入稅糧佔全國的百分之十三點四三(13.43％)。由實際統計和比較研
究，可以肯定的說，元代蘇松重稅的百分比，已相當於明代了。所以明清兩代有些史
家把蘇松等地重稅原因完全推在明太祖身上是不可相信。

　　並且由於我們的研究，歷代傳下的重稅問題，時代越往後重稅複雜現象越增加。
到明代當然也不例外，明太祖雖籍沒蘇州的黃旭、松江的沈萬三等富族之私田爲官田
而增加其稅收，但以實際統計比較研究，到明代開國後全國各地的稅糧徵收是普遍的
增加，並不是明代特別增加蘇松的稅糧。所以在明代蘇松等地與全國都要徵出大量的
稅糧，才能支持國用。於是蘇松由歷代傳下大量的稅糧徵收，在洪武初年蘇州因重稅
已發生所謂交不出的逋糧問題。明太祖是瞭解這種困苦，也曾對蘇松重稅加以蠲免。

　　例如洪武三年（一三七〇）蘇州有逋糧，據明太祖實錄卷五二云：『洪武三年五
月……丙辰，免蘇州逋負秋糧三十萬五千八百餘石。先是戶部奏蘇州所逋稅，其官吏
當論如律。上曰：「蘇州歸附之初，軍府之用多賴其力，今所逋稅積二年不償，民困可
知。若逮其官，必責之於民，民畏刑罰，必傾貲以輸官，如是而欲其生，遂不可得矣。
其並所逋免之。」』 (註一) 由明太祖與戶部的對話中可知，蘇州自歸附後歲出大量
的稅糧，確支持了國家軍府之需要，大軍才順利的平定北方，而摧毀元代的殘餘勢
力。明太祖並沒有聽從戶部的主張以法來追究蘇州的逋糧；相反的，在洪武三年五

(註一)　明太祖實錄，卷五二，洪武三年五月丙辰，中研院影印本，第三册，頁一〇二九。

月下令蠲免蘇州逋負的秋糧三十萬五千八百餘石。可看出蘇州等地歷代傳下來的重稅，明太祖雖知道國家的經濟來源，要靠這些地區的支持；同時也知道體邮該地的困苦，又蠲免交不出的逋糧。由此也可證明，並不像有些史家所說的明太祖一味遷怒該地而以重稅做爲懲罰，以解其怨恨。

洪武初年，明太祖因蘇州民饑，也以官糧貸民加以救濟。如明太祖實錄卷八三云：『洪武六年六月……甲子，蘇州府屬縣民饑，詔以官糧貸之。計戶五萬九千五百十六，羅者減其半，直貸者秋成還官。』（註一）又如明太祖實錄卷八九云：『洪武七年五月……己巳……免蘇州松江嘉興諸府夏稅。』（註二）在洪武七年（一三七四）五月，明太祖實錄又云：『辛巳，上聞蘇州府諸縣民饑，命戶部遣官賑貸，計戶二十九萬八千六百九十九，計給米麥穀三十九萬二千一百餘石；並以穀種農具等貸之。』（註三）這又是明太祖對蘇州府的賑貸。同時在洪武七年五月裏，明太祖因蘇松等府籍沒之官田租稅太重，又有減低稅率之令。明太祖實錄云：『上以蘇松嘉湖四府近年所籍之田租稅太重，特令戶部計其數，如畝稅七斗五升者除其半，以甦民力。』（註四）　到洪武十三年（一三八○）三月又下詔減稅率。明太祖實錄記載明太祖減稅詔書云：『比年蘇松各郡之民衣食不給，皆爲重租所困。民困於重租而官不知邮，是重賦而輕人。亦猶虞人反裘而負薪，徒惜其毛，不知皮盡而毛無所傅，豈所以養民哉！其賦之重者宜悉減之。於是舊額田畝科七斗五升至四斗四升者減十之二，四斗三升至三斗六升者俱止徵三斗五升，以下仍舊。自今年爲始，通行改科。』（註五）明太祖說出這些懇切的話，他已深切瞭解蘇松等區因重稅生活困苦的情況。在洪武時代不但屢次下令蠲免蘇松之逋糧及夏稅秋糧等，同時也減輕了蘇松等地重稅的稅率。

（註一）　明太祖實錄，卷八三，洪武六年六月甲子，同上，第四册，頁一四八九、一四九○。實錄載戶五萬九千五百十六，案明實錄校勘記第一册，頁三五○云：『廣本嘉本抱本百下有九字，中本有五字。』

（註二）　明太祖實錄，卷八九，洪武七年六月己巳，同上，頁一五七三。

（註三）　明太祖實錄，仝上卷，頁一五七六。

（註四）　明太祖實錄，卷八九，洪武七年五月辛巳，及五月癸巳，中央研究院影印本，第四册，頁一五七七至七八。

（註五）　明太祖實錄，卷一三○，洪武十三年三月壬辰朔，同上，第五册，頁二○六五；明史，卷七八，食貨志二，賦役，同上，頁八二。

　　由以上的例證，明太祖開國時在稅糧重心之地的蘇松等府，一面接收了歷代傳下來的重稅，一面和過去時代一樣，也曾籍沒富室私產為官田以私租之額為稅糧。同時明太祖又深知蘇松地區之民困於重稅，又不斷的蠲免逋糧及減輕稅率，以求蘇松等地稍得蘇息，這似乎是矛盾。但本文認為明代開國時，國家實在需要大量經濟來源支持，方能以大軍蕩平內亂及建設國家。所以蘇松等地徵出大量稅糧，也是必然而不得已的事實。然而到了國家安定下來，軍事逐漸平息後，明太祖又在蘇松等地蠲免逋糧，又減低田畝的稅率。如上文引實錄所載，明太祖在洪武七年五月以蘇松等地因『籍之田租稅太重，………如畝稅七斗五升者除其半，以甦民力。』甚至到洪武十三年（一三八〇）明太祖進一步對政權加以控制時，如罷中書省廢除丞相，太祖除了君權以外又控制了相權；在外又把保衛國家的軍事職權交到藩王手中。（註一）他認為能影響皇位與皇權的勢力剷除了，由於政治制度變遷，又可促使時代的穩定。在政治穩固國家安定的時代背景下，所以明太祖於洪武十三年三月因蘇松各郡之民困，而基於『民困於重租，而官不知卹……豈所以養民哉！』又實行『舊額田畝科七斗五升至四斗四升者減十之二，四斗三升至三斗六升者俱止徵三斗五升。』（見上文）以期減輕稅糧重心蘇松等地之稅率，使該地區得到蘇息。

　　並且再從一項事實可得到參證，明太祖在洪武十三年三月減輕蘇松等府稅糧後兩月，又在洪武十三年五月下詔書蠲免這年全國的秋糧。明太祖實錄記載明太祖在詔書中明顯的說出：『朕荷天眷佑，君主華夷十有三年，倉廩盈，府庫充。』（註二）因此下令蠲免全國的秋糧。由以上實例可以充分的看出明代經過開國後，國家安定下來後倉廩盈餘及府庫充實，在這樣安定的時代背景下，才大規模蠲免全國的秋糧徵收，以及減輕稅糧重心蘇松二府重稅的稅率，擬使社會得到安定。

　　明太祖減稅的時代背景，既如上述。再分析明太祖減稅的實況，如洪武七年蘇松減稅之稅率是『畝稅七斗五升者除其半』，但每畝稅額在七斗五升以上者，以及七斗五升以下者，而未提及減輕。

（註一）　參見拙作：明代皇室中的洽和與對立，中央研究院歷史語言研究所集刊，三七本，頁三二三至三五一。
（註二）　明太祖實錄，卷一二一，洪武十三年五月己亥，同上，第五冊，頁二〇八五；太祖之詔書，又見明譚希思：明大政纂要，卷五，浙江巡撫採進本，湖南思賢書局版，頁二十四前。

　　洪武十三年之減稅率，是每畝七斗五升至四斗四升者，減十分之二；四斗三升至三斗六升者，俱徵三斗五升，從減稅率來看，每畝七斗五升以上，或一石以上的稅額，亦皆未言及；並且每畝三斗六升以下之稅額，又仍舊不減，所以明太祖在洪武七年及十三年之減蘇松等地稅額，都不澈底。就以每畝七斗五升減十分之二來計算，也只變成每畝六斗；原來四斗三升至三斗六升者，也只變成三斗五升，若如明史食貨志記載其他地區一般稅率云：『初太祖定天下官民田賦，凡官田畝稅五升三合，民田減二升；重租田八升五合五勺，設官田一斗二升。』（註一）由這些事實來看，明太祖在洪武十三年雖略減蘇松等地稅額，但蘇松等地重稅的事實依然存在。所以從後來洪武二十六年所覈查蘇松田畝及稅糧的記載，（見前文引拙文論明代稅糧重心及其重稅之由來）蘇州府稅糧仍有二百八十一萬餘石，比全國任何一布政司的稅糧都高；松江一府也有一百二十一萬餘石。所以明太祖在洪武七年及十三年之減低稅率，不過使該地少有蘇息罷了，並沒有解除蘇松等地重稅的問題。

　　明太祖死去後，皇太孫允炆卽帝位，是爲惠帝。惠帝承襲明太祖晚年國家的安定，及開國後的休養生息局面；但在這一時期全國稅糧重心，仍在江南的蘇松等地，這一地域的重稅民困仍舊存在。惠帝以一位好學的書生態度接過來這樣一個時代，他雖沒有明太祖開國打天下的氣概，但是他繼承了太祖晚年國家休養生息的局面，就在這樣的時代背景下却改革了前代留下的稅率。如建文書法儗（註二）記載惠帝在詔書中曾說過：『國家有惟正之供，田賦不均，民不可得而治。』他根據這一基本政治理論，明確的指出：『江、浙賦獨重，而蘇松準私租起稅，特以懲一時之頑民耳，豈可爲定則以重困一方？宜悉與減免，照各處起科，畝不得超過一斗。田賦既均，蘇松人仍任戶部。』我們認爲惠帝減低稅額，却澈底解決了蘇松等地多年來重稅問題。並且在過去時代爲了徵收蘇松等地的稅糧，而禁止這一帶的人士做戶部官，以免掌握國家經濟上的職權，而影響稅糧的收入；當惠帝下令解除這一帶重稅之際，同時也下令蘇松人可以做戶部的官。這是一個革命性的改革，儘管在建文二年（一三四〇），居於北平的燕

（註一）　明史，卷七八，食貨志二，賦役，藝文影印殿版，頁二八〇。

（註二）　明朱鷺：建文書法儗：正編下，明萬曆刊本，頁二後；明大政纂要，卷十一，同上，頁二三前；明史，卷四，恭閔帝本紀，藝文影印殿本，頁八〇。

王已揭起戰爭，喊着『靖難』口號向南京進攻時，也沒有影響實行這一減稅政策的決心。

建文時代雖然澈底減稅，可惜時間太短暫了，兩年後，在建文四年（一四〇二）燕王以藩王身份打進南京篡了惠帝位爲永樂時代，明成祖反惠帝的政策，把建文時代改革的制度多加恢復。惠帝在建文時所施行的減稅政策也被推翻了，仍復舊制，於是蘇松等地的重稅，又依然存在。

自此以後，這一地域之重稅，由永樂時代又一直蔓延下去。明成祖有明太祖開國之君的氣魄，卽位後使明代又轉向重新開拓時代。當靖難成功後，在永樂時代接着又派八十萬大軍征安南。又造寶船由鄭和率領官兵下西洋，通使海外諸國。又營建北京宮殿，又如運河之濬通，國家的建設，以及明成祖五次率官軍大規模親征蒙古等等，所以明史夏原吉傳記載永樂時代『供億轉輸以鉅萬萬計』（註一）。當時雖有名臣戶部尚書夏原吉『悉心計應，國用不絀』，但是這些經濟資源，當然取自地方的稅收，在這樣的一個大時代下，稅糧的徵收自然有增無減，所以在永樂時代恢復稅糧重心蘇松等地的重稅，也是必然的事實。這時蘇松等地付出大量的稅糧，又支持了明成祖永樂時國內的建設及向外發展的需要。

明成祖永樂時代，是一個重新開拓的時代，國家有許多重大的事業走向新途徑。僅就建都北京，及由南京移政治重心於北方的實例而論，稅糧重心經濟的資源必須要經過幾千里的路程運輸到達北方去，這與明初洪武時代不同，僅以海運運糧至北方的遼東、永平、薊州、北平等地，一年中最高額僅達七十五萬石不同。然而到永樂時，明成祖向北方發展之時期，洪武時遺留的海運已不足應付需要，又增加陸運，而把南方的稅糧源源不斷運到北方，以支持明成祖向北方發展的需要。海陸兼運每年達北方的糧有二百四十餘萬石，已比洪武時增加三倍以上。但海陸兼運又不能滿足明成祖向北方發展的需要，而促成運河在永樂十三年的濬通，蘇松常及浙江的杭嘉湖等府的秋糧，除存留並起運南京供內府等項外，盡改撥運淮安倉交收，（註二）以備運到北方去。運到北方的稅糧，雖然不限於取自蘇松杭嘉湖等府，但在運河暢通這年，據明太宗實

（註一）　明史，卷一四九，夏原吉傳，藝文影印本，頁一六二六。

（註二）　參見拙作：明代海運及運河的研究，第四章、明代繁盛時期運河的作用，第一節、明代定都北京與運河的暢通，中央研究院歷史語言研究所，專刊四十三，民五十年，頁八五。

錄的記載，漕運稅糧至北方，居然達到六百四十六萬餘石。（案國朝典彙、皇明世法錄、通漕類編、明史紀事本末又云三百餘萬石。）(註一) 這些漕運至北方的稅糧，到明代中葉成化時代，才定歲額爲四百萬石；各地付出的漕糧數字，也有了規定，成了明代定制。在漕糧定制中，就以蘇州松江二府來說，蘇州所付出稅糧中的漕糧是六十九萬七千石，佔全國漕運總數的百分之十七點四（17.4％），超過付出漕糧區域的浙江、江西、山東、河南、湖廣等任何一省。松江府付出的漕糧也有二十三萬二千九百五十石，佔漕糧總數的百分之五點八（5.8％）。所以當明成祖永樂時代運河濬通遷都北方以後，蘇松二府重稅地區確負擔了一筆大量的漕糧數字，這些漕糧必須經運河運到北方去，以支持建立在北京的政治重心，及一部份北方軍事地區的需要。(註二)

　　自明成祖對明代重新開拓及遷都北方以後，不但蘇州及松江等府由稅糧中交出一大筆漕糧，隨着大規模的漕運轉輸到數千里外的北方去，漕糧由長途中運達北方，用船一萬二千六百餘隻，需官軍十二萬七千八百餘人，(註三) 在路上也需要脚耗輕齎銀等費用。早期的漕運俱用民運至淮安、徐州、臨清、德州四倉，再用軍船接運入北京通州等地漕倉，稱爲支運。到永樂末年始令民運赴淮安瓜州，補給脚價，兌與軍船領運爲之兌運。後來兌運漸增又令軍船各囘附近水次領兌，民加過江脚價，名爲改兌運。(註四) 這些輕齎銀，無疑的，是因明成祖向北方的發展，及遷政治重心於北方後增加的。所謂脚耗的耗米是漕糧以外的加徵，兌運米俱一平一尖收受，故有尖米耗尖米之稱，除隨船給運外，餘皆折銀，謂之輕齎銀，備運軍盤剝費用。如兌運時加耗米曾至一百七十五萬一千一百九十五石（1,751,195石），兩尖米三十一萬二

(註一)　拙作：明代海運及運河的研究，第二章、明代開國後的海運，第三章、明代政治重心的北移與南北轉運的重建，中央研究院歷史語言研究所，專刊四十三，頁二二至二五，五五至五九，七〇至七六。

(註二)　拙作：明代海運及運河的研究，第五章、明代中興時期的運河及黃河的改道，第三節、孝宗時代運河上的漕運及各地漕糧的徵收，同上，頁一五五至一七一。

(註三)　拙作：明代海運及運河的研究，第四章、明代繁盛時期運河的作用，第四節、天順成化時代運河上的漕運及漕運規模的制定，同上，頁一三五至一三八。

(註四)　申時行：大明會典，卷三七，戶部，會計三，漕運，萬曆十五年（一五八七），司禮監刊本，頁二七前後。

千二百二十六石五斗 (312,226 石)，輕齎銀四十四萬五千二百五十七兩。這些漕糧額
外所徵收的耗米及輕齎銀，在江南地區皆以每石加耗米六斗六升；而蘇州松江常州等
地，每石外也加至六斗六升。 (註一) 若以明代中期所定蘇州每年由稅糧中付出漕糧六
十九萬七千石 (697,000 石)計算，即外加耗米四十六萬零二十石(460,020 石)，所以蘇
州府要付出而運到北方的漕糧與耗米，合計而達到一百一十五萬七千零二十石(1,157,0
20石)。松江府漕糧二十三萬二千九百五十石 (232,950 石)，也要加耗米十五萬三千
七百四十七石 (153,747石)，合計爲三十八萬六千六百九十七石 (386,697 石)。陸
世儀在蘇松浮糧考中亦云：『永樂後建都北平，其脚耗又相去倍蓰乎。』 (註二) 這一
說法雖有些誇大，但自永樂遷都以後蘇松等地運到北方的漕糧又增加 ， 却是 一 件事
實。

　　由於明成祖即帝位對明代重新開拓，及國都遷往北方的時代背景下，因之蘇松等地
的重稅實必不會減少。於是蘇松在重稅之下 ， 民困多不能如數交出稅糧 ， 所謂逋糧
即不斷的發生。然而明成祖也有 下 詔觸免逋糧的事實 ， 因之日知錄紀載自永樂十三
年(一四一五)到十九年(一四二一)七年之間，所免之稅糧不下數百萬石；自永樂二十
年(一四二一)到宣德三年(一四二八)又復七年，拖欠折收輕齎不下數百萬石。(註三) 甚
至於蘇松浮糧考記載洪永熙宣時赦詔數下，成化及弘治以後徵糧至七分率，停徵待赦
以爲常。雖有二百餘萬石之額，而其數減十分之三。 (註四) 所以顧炎武在日知錄中居
然又說出：『由此觀之，徒有重稅之名，殊無徵稅之實。』 (註五)

　　我不贊同顧炎武這一說法，因爲這一說法並不能證明蘇松無重稅之事實。如果不
談蘇州每年所付出的稅糧中的漕糧和外加耗米合計的一百一十五萬七千零二十石。單
就永樂時代前洪武二十六年所擬定而實徵蘇州一府每年之稅糧是二百八十一萬四百九
十石稅額爲例來計算。若以永樂十三年 （一四一五） 至十九年(一四一一)七年之間，
蘇州一府共付出稅糧一千九百六十七萬三千四百三十石 (19,673,430石)，幾乎達到兩

(註一) 大明會典，卷二七，戶部，會計，漕運，同上，頁二七後，二八前後。

(註二) 淸陸世儀：蘇松浮糧考，陸桴亭先生遺書，光緒元年 (一八七五) 刊，第十九册，頁九後

(註三) 日知錄集釋，卷十，政事，上海錦章書局，民十六册，頁四十二前。

(註四) 蘇松浮糧考，陸桴亭先生遺書，同上，第十九册，頁三前。

(註五) 日知錄集釋，卷十，政事，同上，頁四十二前。

千萬石。在這樣高的稅糧中，如果以日知錄所云永樂十三年到十九年七年之間，卽是免去數百萬石逋糧，也只能算免去少數的稅糧，蘇州府在七年之中仍舊要付出一千數百萬石的糧。如果再自永樂二十年（一四二二）到宣德三年（一四二八）又七年，又拖欠折收之數百石，在另一個七年中蘇州府仍舊要付出一千數百萬的糧，何以顧炎武在日知錄中能說『徒有重賦之名，殊無徵稅之實？』甚至於再以陸世儀蘇松浮糧考所說成化弘治時代以後徵糧至七分率，而減去十分之三來計算，如果蘇州府二百八十一萬四百九十石，若打個七折，每年照樣要付出一百九十六萬七千三百四十三石，何以能說蘇州府就不是眞有所謂重稅事實？我們認為正因為重稅，才有『吳民大困，流亡日多』的史事。(註一) 民困流亡，遺留下的稅糧更無人交納，因而又促使逋糧的增加。所以蘇松等地之重稅，雖在明初的某些時代背景下有過減免，也未能解決稅糧重心嚴重的重稅問題。

三、仁宣時及英宗初減稅及減稅之背景

明成祖於永樂二十二年（一四二四）七月死於北征途中的楡木川，仁宗於八月卽位；在仁宗卽位後三個月，卽永樂二十二年十一月裏，仁宗已關心到民間的疾苦與稅糧的問題，曾下令實行輕徭振荒之政策。明仁宗實錄記載仁宗給戶部尙書夏原吉等的詔書云：『田土民所恃以衣食者，今所在州郡奏除荒田租得非百姓苦於征徭相率轉徙歟？抑年饑食衣不給或加以疫癘而死亡歟？自今一切科徭務撙節，仍令有司凡政令不便於民者條具以聞。』(註二) 仁宗卽位之初已重視百姓苦於征徭及逃移。又如明仁宗實錄記載洪熙元年（一四二五）仁宗在奉天門與羣臣行慶成禮所頒的詔書中又曰：『各處逃移人戶，詔書至日卽囘復業，其戶下遞年拖欠稅糧與蠲免，仍自復業之後，再免稅糧差役二年。如乏牛具種子者，所司勸諭糧長並有力之家給助耕種，不許生事優害。』(註三) 這是仁宗繼承永樂時代後，所做的各項全國性稅糧蠲免及安撫民間社會的施政。同時仁宗又特別重視蘇州、松江、常州、應天、鎭江、湖州、杭州、嘉興八府重稅民困之情況。明仁宗實錄又記載仁宗曾派遣廣西布政使周幹、按察使胡槩、參政

(註一) 蘇松浮糧考，陸桴亭先生遺書，同上，頁二前。

(註二) 明仁宗實錄，卷六下，永樂二十二年十一月癸酉，同上，第十五冊，頁一三二。

(註三) 明仁宗實錄，卷六下，洪熙元年正月丙戌，同上，第十五冊，頁二〇九至二一六。

葉春前往巡視『軍民安否？何弊當去？何利當建？』（註一）然而所不幸的，正當仁宗着手調查蘇松等地重稅逃亡並準備加以改善時，做了不到一年的皇帝而死去（永樂二十二年八月至洪熙元年五月），蘇松之重稅未及整頓而洪熙的時代卽告終止。

仁宗死去，接着宣宗卽帝位是爲宣德時代。雖然仁宗的死，洪熙時代在短短一年中結束，但宣宗却繼承仁宗洪熙時代守成的局面發展下來；民間的疾苦及苛稅的徵收，宣宗也繼仁宗加以重視。

如上文所述，仁宗生前曾派遣廣西布政使周幹等往蘇州等府調查民間困苦及苛徵之情況，到仁宗死後，於洪熙元年閏七月周幹巡視歸來而提出詳細的報告。這是一篇重要而切實的報告，他把蘇松等地民困重稅的因原，述敍的極詳細。周幹的奏疏載於明宣宗實錄卷六（註二），本文據實錄所載分段述其要點如下，藉此有助瞭解當時蘇松等地重稅的實況。如明宣宗實錄卷六紀載的首段云：『洪武元年閏七月………丁巳………廣西右布政使周幹自蘇常嘉湖等府巡視民瘼還言：臣竊見蘇州等處人民多有逃亡者，詢之耆老，皆云由官府弊政困民及糧長弓兵害民所致。如吳江崑山民田每畝舊稅五升，小民佃種富室田畝，出私租一石，後因沒入官，依私租減二斗，是十分而取其八也。撥賜公侯駙馬等項田，每畝舊輸租一石，後因事故還官，又如私租例盡取之，且十分而取其八，民猶不堪，況盡取之乎？盡取則無以給私家，而必至凍餒，欲不逃亡不可得矣。』這是蘇州等府民困於重稅的原因。復云：『又如杭之仁和海寧，蘇之崑山，自永樂十二年以來海水淪陷官民田一千九百三十餘頃，逮今十有餘年，猶徵其租。田沒於海，租從何出？』田被海水淪沒，租稅則不能消除，自然要分擔，也是民困於重稅的原因。又云：『糧長之設專以摧徵稅糧，近者常鎮蘇松湖杭等府無籍之徒，營充糧長專掊尅小民以肥私己。徵收之時於各里內置立倉囤，私造大樣斗斛，而倍量之；又立樣米擡斛米之名以巧取之，約收民倍，却以平斗正數付與小民運赴京倉輸納，緣途費用所存無幾，乃其不完着令賠納，至有亡身破產者。』這也是民困於重稅的原因。又云：『連年逋負倘遇恩免，利歸糧長，小

（註一）　明仁宗實錄，卷六下，洪熙元年正月己亥，同上，第十五册，頁二二六。

（註二）　明宣宗實錄，卷六，洪熙元年閏七月丁巳，同上，第十六册，頁一六四至一六六。

民全不沾恩，積習成風以爲得計。巡檢之設從以弓兵本用盤詰奸細緝捕盜賊，常鎭蘇松嘉湖杭等府巡檢司弓兵不由府縣僉充，多是有力大戶令義男家人營謀充當，專一在鄉設計害民，占據田產，騙要子女。稍有不從，輒加以拒捕私鹽之名，各執兵仗團繞其家擒獲，以多漿快舡裝送司監收挾制，官吏莫敢誰何，必厭其意乃已。不然卽聲言起解赴京，中途絕其飲食，或戕害致死，小民畏之甚於豺虎，此糧長弓兵所以害民而致逃亡之事也。』這也是民間困苦的原因。周幹又肯定的說：『臣等覆勘信如所言』，這些實地調查蘇松等府的當時情況，確是民間困苦及重稅的原因。

　　由明宣宗實錄卷六　（註一）　記載周幹的奏疏可知，周幹又針對著這些民困於重稅的原因，直接提出解決的計劃。他曾云：『若欲斯民各得其所，必命有司將沒官之田及公侯還官田租，俱照彼處官田起科，畝稅六斗。海水淪陷田地與農具車牛無存者，悉除其稅。如此則田地無拋荒之患，官府無暴橫之徵，而細民得以安生矣』。這是周幹消除民困於重稅的計劃。又云：『乞禁約糧長不許置立倉囤私造大樣斗斛，止是催徵毋得包收攬納。巡檢司弓兵從府縣僉充將僉過姓名榜示以革其弊。民人出入不許帶伴，當五人以上乘四櫓多漿船隻。如此則糧無侵漁之弊，豪強無暴虐之毒，而細民安業矣。此事雖小，而爲害實大。不特此也，豪強兼並游惰無賴之徒爲民害者尤重。衆究其所以，亦由府縣官多不得人。乞勅所司愼選賢才授守令之任，撫字存恤，仍命在廷大臣一員往來巡撫，務去兇頑，扶植良善，而後治効可興也。』這些都是周幹消除民困於重稅的計劃。並且明宣宗實錄卷六接著又云：『幹又言，治農左通政岳福老疾不任事，宜別委任，庶使耕種以時，民免饑餒，而流亡可歸。』由以上的記載可知，周幹就民困重稅的原因，已間接直接的提出解決辦法。這是自明代開國以來，經過實地調查所提出較澈底的改革稅糧重心蘇松等地民困於重稅，及安定社會經濟的有效計劃。

　　周幹的實地調查報告，確說出蘇松等府由前代傳下來的複雜重稅情形，又經明代開國由洪武到洪熙時累積下來民困重稅的社會現象，以及造成民困重稅的一些實際原因。剛卽位的宣宗接受了先帝仁宗留下命周幹調查以求改革重稅的任務，當然不能坐視，於是宣宗立卽命朝中的重臣吏部尙書蹇義與戶部尙書夏原吉及禮部尙書呂震

（註一）　明宣宗實錄，卷六，洪熙元年閏七月丁巳，同上，第十六冊，頁一六七、一六八。

等共同議行，關於宣宗對蘇松重稅的整頓，請見下一節的論證。

　　周幹的調查報告述敘蘇松民困重稅等事，給宣宗的啓示很大。宣宗不但繼承仁宗的遺志對蘇松重稅加以整頓，並且宣宗也重視全國各地整個的稅糧徵收及民間疾苦。如明宣宗實錄卷六三記載云：『宣德五年二月………癸巳，勑諭行在六部都察院曰：朕恭膺天命嗣承祖宗洪業，夙夜孜孜保民圖治，每食則思下人之饑，衣則思下人之寒，心存民瘼，未嘗忘之……一、各處百姓近因饑窘逃徙他處者，速行各布政司按察司及府州縣招諭復業仍善加撫綏，免其戶下稅糧及雜泛差役一年……一、各處舊額官田起科不一，租糧既重，農民弗勝。自今年爲始，每田一畝舊額納糧自一斗至四斗者，各減十分之二。自四斗一升至一石以上者，減十分之三，永爲定例。』（註一）在宣宗這篇給六部都察院設法安定社會的宂長勑諭中，僅舉其蠲免稅糧及減低稅率而論，乃明代開國後有效的使全國稅糧徵收之稅率大量而普遍的降低，確是明代經濟史上值得注意的大事。

　　宣宗這篇勑諭，委實是明代經過開拓發展後於守成時代施行安定社會的政策。在宣宗給六部都察院勑諭後的六個月，宣宗又命大臣薦舉人才，陞其官階；並動員新進人才，總督全國稅糧，以求澈底實行減稅政策。如明宣宗實錄卷七〇云：『宣德五年九月……丙午……陞行在吏部郎中趙新爲吏部右侍郎，兵部郎中趙倫爲戶部右侍郎，禮部員外郎吳政爲禮部右侍郎，監察御史于謙爲兵部右侍郎，刑部員外郎曹弘爲刑部右侍郎，越府長史周忱爲工部右侍郎，總督稅糧。新江西，倫浙江，政湖廣，謙河南山西，弘北直隸府州縣及山東，忱南直隸蘇松等府縣。』（註一）宣德時代陞這些新進的官員爲正三品的六部侍郎，命至各地總督稅糧，這也是宣宗下令減稅後逐步實現整頓全國稅糧的事實。

　　這些被加官的新人才，命至各地總督稅糧時，宣宗也有勑諭給他們。從宣宗直接給他們的勑諭中，又可看出這些總督稅糧官員所負改革稅糧的重大使命。明宣宗實錄卷七〇紀載云：『先是，上謂行在戶部臣曰：「各處稅糧多有逋慢，督運之人少能盡心。姦民猾胥爲弊，滋甚百姓，徒費倉廩未充，宜得重臣往涖之。於是命大臣薦舉，

（註一）明宣宗實錄，卷六二，宣德五年二月癸巳，同上，第九册，頁一四八九至一四九一。

（註二）明宣宗實錄，卷七〇，宣德五年九月丙午，同上，第十九册，頁一六三九、一六四〇。

逐舉新等以聞。悉陞其官，分命總督。賜勅諭曰：「今命爾往總督稅糧，務區畫得宜，使人不勞困輸，不後期。尤須撫恤人民，扶植良善。遇有訴訟，重則付布政司按察司及巡按監察御史究治，輕則量情責罰或付郡縣治之。若有包攬侵欺及盜賣者，審問明白解送京師。敢有沮撓糧事者，皆具實奏聞。但有便民事理，亦宜具奏。爾須公正廉潔，勤謹詳明，夙夜無懈，毋恭毋刻，庶副朕委任之重，欽哉。』（註一）由此可知，宣宗積極改善全國稅糧，及總督稅糧官員所負的使命了。

　　宣宗雖然在宣德五年（一四三〇）定全國減稅之稅率，照舊額減十分之三和十分之二；並命有才幹的六部侍郎官至各地總督稅糧，而宣宗恐怕官員阻撓施行不澈底，後來在宣德七年（一四三二）又重申下令澈底施行。如明宣宗實錄卷八七云：『宣德七年三月庚申朔，勅諭行在五府六部都察院等衙門。朕以菲德恭膺天命嗣承祖宗大統，夙夜惓惓思付託之重。夫君國之道，保民為要……一、近年百姓稅糧遠運艱難，官田糧重，艱難尤甚。自宣德七年為始，但係官田塘地稅糧不分古額近額，悉依宣德五年二月二十二日勅諭恩例減免。中外該管官司不許故違』（註二）由此可看出宣宗施行減稅決心是何等堅強！

　　一個大時代的轉移，却是不易。宣宗在明代守成時期下詔實行減低稅糧安定社會的政策，也曾遭到官員的阻撓，但宣宗確知明代在開拓發展苛徵的時代後，應當走上安定生息的時代了。他深知這一時代轉變的重要，所以他提出的減稅政策非常堅決，並屢次重申澈底施行。我們再看，當宣德七年三月，宣宗在勅諭五府六部都察院後的第二天，宣宗與禮部尚書胡濙的談話中已指出戶部等對減稅的阻撓；宣宗特地以所作減稅詩給胡濙觀看，以示決心。據明宣宗實錄卷八七云：『宣德七年三月……辛酉……上退朝御左順門謂尚書胡濙曰：「朕昨以官田賦重，百姓苦之，詔減什之三，以蘇民力。嘗聞外間有言朝廷每下詔蠲除租賦，而戶部皆不准。甚者文移戒約有司，有勿以詔書為辭之語。若果然，則是廢格詔令壅遏恩澤不使下流，其咎若何？今減租之令務在必行。……朕昨有詩述此意，卿當體念勿忘也。」濙等皆頓首謝。其詩曰：「官租頗繁重，在昔蓋有因。而此服田者，本皆貧下民。耕作既勞勤，輸納亦苦辛。逐

（註一）　明宣宗實錄，卷七〇，宣德五年九月丙午，同上，第十九冊，頁一六三九、一六四〇。
（註二）　明宣宗實錄，卷八八，宣德七年三月庚申朔，同上，第二〇冊，頁二〇一七、二〇一八。

令衣食微，曷以贍其身。股念惻予懷，故迹安得循。下詔減什三，行之四方均。先
王視萬姓，有若父子親，茲惟重邦本，豈曰矜吾仁。」』（註一）宣宗這番談話及所詠
之減稅詩，已充分流露出施行減稅的決心，並給阻礙減稅者一個打擊。所以宣德時的
減稅是堅決的，對明代全國稅糧徵收的影響也很大。

在這樣實施全國減稅的情況下，却是一件值得注意的史事。宣宗不顧朝臣的反對，
堅決實行其政策，朝臣也只有默認了。然而等到宣宗死去，則朝臣又激起反對減稅
的浪潮。據明英宗實錄卷五記載云：『宣德十年五月……壬午……行在戶部奏浙江等
布政司並直隸蘇松等府州縣，自永樂十九年至宣德八年，有全家充軍並絕戶拋荒官民
田地，俱准民田起科，及古額官田照例減除，共減稅糧二百七十七萬七千三百餘
石，其中慮有不實，朝廷供給歲用攸繫，請移文各處委官重加審覈。』（註二）這是
宣德十年五月戶部的奏疏。此時宣宗已於宣德十年正月死去，年幼的英宗已即位。戶
部仍在不滿宣德時的減稅，所以戶部委宛的說出稅糧爲『朝廷供給歲用攸繫』，竟以
減稅『慮有不實』，而提出奏請『移文各處委官重加審覈』。此時新朝代的英宗雖
是一個年幼的孩童，但在英宗即位初年，朝政由四朝元老的名臣內閣大學士楊士奇、
楊榮、楊溥等的輔助，凡事閣議，這時繼宣宗守成時代之後，國家仍爲昇平的時代。
所以戶部的奏疏經閣議後，以英宗爲名所發下的詔書，仍堅決拒絕戶部的奏請。明英
宗實錄卷五記載云：『上曰，減除田租正欲以蘇民困，今若又令所司覈實，恐其復
虛增額，重遭民患，不從。』（註三）所以在新舊朝代交替之時，宣德時的減稅政
策，仍不怕時代的考驗，並沒因朝代之轉移而被推翻。

並且由戶部在宣德十年五月這次的奏疏中，也可知浙江等布政司及直隸蘇松等府
州縣的廣大地區，自永樂十九年（一四二一）到宣德八年（一四三三）中間，將拋荒
官民田地准民田起科，及古額官田照例減除，共減稅糧二百七十七萬七千三百
餘石。戶部奏疏指出減稅的地區，雖不是全國的，但浙江等布政司及直隸蘇松等府
州縣之中，却完全包括了明代稅糧重心地域。由此可略知宣德時在稅糧重心減稅的實

况了。

宣宗死去後，英宗的正統時代不但繼續施行宣宗的減稅政策，並且又把宣德時提出而沒有實行的減稅計劃，在正統時也加以施行。如宣德時代周忱巡撫稅糧重心蘇松等地稅糧時，曾主張把華亭上海等地之官田改為民田起科，而遭到戶部激烈反對，（見下文第四節、稅糧重心之重稅整頓及其對社會經濟的影響）於是周忱的主張在宣德時代格而不行。然而宣宗死去英宗卽位後，由內閣大學士楊士奇、楊榮、楊溥輔政，凡事閣議時，却施行了這一地區官田準民田起科的政策，並且又擴大周忱在宣德時主張改官田依民田起科地區。如正統元年(一四三六)，令直隸的蘇、松，及浙江的嘉湖等府官田每畝秋糧四斗一升以上至二石者，減作二斗七升；二斗一升以上至四斗者，減作二斗；一斗一升至二斗者，減作一斗。（註一）正統初年這一政策的實施，確進一步繼宣德時代後在蘇、松等地澈底施行減稅的計劃了。

何以明代在仁宗宣宗時代能澈底施行減稅政策呢？也有其時代背景，囘顧仁宗宣宗守成時代前，經明太祖開國時大規模的建設，繼而明成祖簒位，對內的建設，及向外的發展，使明代繼明太祖開國後又進入一個重新開拓的時代。在這一大時代發展下，無疑的，需要大量經濟支持，才能達到預期的願望；苛徵稅糧充實國家經濟資源，才

(註一)　正統元年令蘇松嘉湖等地官田準民田起科，各家紀載其減稅額有不同。如明史，卷七八，食貨志二，賦役，同上，頁八二一云：『糧四斗一升至二石以上者，減作三斗；二斗一升以上至四斗一升者，減作三斗；一斗一升至二斗者，減作一斗。』夏燮：明通鑑，卷二二，英宗紀，光緒二十二年(一八九六)湖北官書處重校刊本，頁三前後；及蘇州府志，卷十二，田賦一，同上，所載之減稅額與明史食貨志同，皆云四斗一升至二石以上者減作三斗。　案明英宗實錄，卷十九，正統元年閏六月，中研院影印本，二三冊、頁三七〇，云：『行在戶部奏浙江直隸蘇松等處，減除稅糧數目已命重覆，尚多不實……請移文各處巡撫侍郎並司府縣官用心覆實。其官田准民田起科，每畝秋糧四斗一升至二石以上者，減作二斗七升；二斗一升以上至四斗者，減作二斗；一斗一升至二斗者，減作一斗，明白具數送部磨勘，上從其請。』實錄載四斗一升至二石以上者，減作二斗七升，於是明代史臣陳仁錫：皇明世法錄，卷三九，科則陞降，明刊本，頁三二前；皇明通紀，正統卷九，同上，頁二前；且知錄，卷十，政事，同上，頁四二後；明大政纂要，卷二一，同上，頁十一後；蘇松浮糧考，同上，頁九前，以上諸史籍所載，皆與實錄同。本文從實錄所載戶部奏疏言四斗一升至二石以上者，減作二斗七升為例。又案松江府志，卷二十，同上，頁二十一，云：『正統元年，戶部奏官田準民田起科，每畝秋糧四斗一升至二石以上者減作二斗，一斗二升至二斗者減作一斗。』今以實錄及以上史籍證之，松江府志載『四斗一升至二石以上者』之下文，『減作二斗』之上文，中間當脫『減作二斗七升；二斗一升以上至四斗者，』十六字。籍此可補松江府志之缺遺。

能支持新時代的發展，所以在明成祖永樂時稅糧徵收繼明太祖洪武時代後有增無減。由於明代開國後，國家急遽的建設與發展，大量稅糧的徵收，稅糧交不出，逋糧而增加；在苛徵稅糧的社會中，自然引起的弊端若複雜。然而明成祖死後，接着是一位年已四十七歲的仁宗即皇帝位，他的即位對明代有了極大的影響。這位剛即位的皇帝在爲皇太子時，已是中年人了，目睹永樂時代的南征北討向外發展帶來苛徵及民困逃亡，以及社會經濟的不穩定。於是當他即位就有決心把明成祖重新開拓發展的時代予以結束，而使明代走向安定的守成時期。所以上文的論證在仁宗即位後的三個月，他給戶部尚書夏原吉的詔書中立刻注意到前朝留下來的民間疾苦與重稅問題，並且在洪熙元年（一四二五）曾遣官至稅糧重心之蘇松等府實地調查民間困苦及重稅的情況，預備加以改革而穩定社會，由此可充分看出這時明代已開始走上守成的時代了。

　　但仁宗做了不到一年皇帝而死去，宣宗即位又繼仁宗守成時期，走向守成時代的康莊大道。在這個時代，罷除明成祖時大規模的造寶船及『下西洋』，放棄鎮守安南爲布政使司，停止對蒙古大規模的出征等。並且這時沒有大規模的營造，官吏軍士供給無增，宗藩祿米供給尚不繁盛，因之國家省下大量財賦的消耗。又如在守成時期雖然政治重心的京師仍建立在遙遠的北方國防線上，這時運河濬通不久，政治清明，河工效率又高，運河是暢通無阻的，稅糧重心的稅糧可藉運河上的漕運，源源不斷的運到北方的政治及軍事重心。在宣德時代每年運到北方的漕糧，竟有五百餘萬石，造成倉廩贍足，生齒繁殖的太平盛世。（註一）國家在經濟上無大量耗費，倉廩中又有用之不盡的稅糧，就在這樣一個治平繁盛時代背景下，宣宗當然有決心繼仁宗後改革洪武永樂時代留下苛徵稅糧所產生的弊端，以及減低全國稅糧徵收的稅額，使社會走向安定途中。所以在宣德五年（一四三〇），也是宣德的中期，國家一切都步入守成治平的穩定時期，宣宗纔下詔減低全國稅額。如前文所述，又遣六部的侍郎官如趙新、趙倫、吳政、于謙、曹弘、周忱等，至稅糧重心的蘇松一帶及其他各省總督稅糧，以求澈底實行改革前代苛徵引起的弊端，而實行減低稅額安定社會的政策。並且宣宗恐

（註一）　拙作：明代海運及運河的研究，第四章、明代繁盛時期運河的作用，同上，頁九一至一〇四。

戶部官員阻撓，又於宣德七年（一四三二）再下令重申減稅的決心；甚至在英宗卽位的正統初年，又澈底施行宣德時提出而未實行完的減稅計劃。我們認爲，就因爲明代由開拓發展時期走上守成時代，在守成安定的時代背景下，才能澈底實行全國減稅安定社會的政策。同時也因爲減稅政策的實施，民間才能得以休養生息，社會更趨於安定，使明代守成時期的治平時代更趨昇平和繁榮！

四、稅糧重心之重稅整頓及其對社會經濟的影響

　　上文已論證過宣宗時及英宗初減稅及減稅背景，再進一步就稅糧重心之重稅整頓及全國稅糧歲入降低等等的影響，加以分析。首先看稅糧重心蘇松一帶的重稅整頓及影響，如明史況鍾傳云：『蘇州賦役繁重，豪猾舞文爲奸利，最號難治。』（註一）所以宣宗在改革全國苛徵時，特別重視這一地區。當宣德五年（一四三〇）下令減稅後就令朝廷重臣推選賢能者治理蘇松等地，周忱被差巡撫蘇松一帶，就是實例。周忱之被選出乃得到戶部尙書夏原吉的期重，及內閣大學士楊榮的推薦，才負起這一職務。（註二）同時又有一位有才幹的蘇州知府況鍾也於宣德五年被吏部尙書塞義及禮部尙書胡濙推薦治蘇，與周忱合作下不但整頓蘇松等地稅糧獲得成功，同時也影響到該地社會經濟之發展。

　　關於蘇松重稅的弊端，上文引仁宗命周幹曾赴蘇松等地調查，在周幹調查後所上的奏疏中，已加述論。至宣德五年，宣宗下令減稅後，又經吏戶禮三部尙書推選出的巡撫周忱知府及況鍾治蘇松等地，再經實地勘查，據古今治平略又云；『剔蘇松弊孔凡七；一、大戶苞蔭，言豪有力者役屬小民而庇之，不更其糧差。二、豪匠聚兩京者昌合逃民隱弊之爲戶。三、船居浮蕩。四、軍囚牽引。五、屯營隱占。六、鄰境蔽匿。七、僧道招誘。』（註三）其大患在勢豪，又據明史周忱傳載周忱從地方父老口中知道豪戶不肯加耗，並徵之細民，民貧逃亡，而稅額益缺。（註四）並且皇明通紀云：

（註一）　明史，卷一六一，況鍾傳，藝文影印殿本，頁一七二七。
（註二）　明史，卷一五三，周忱傳，藝文影印殿本，頁一六五四。
（註三）　明朱健子：古今治平略，卷一，國朝田賦，明崇禎十一年（一六三八），頁九十三後，九十四。
（註四）　明史，卷一五三，周忱傳，同上，頁一六五四。

『民輸官及耕作，多舉債于富家，而倍納其息，至於傾家產鬻子女不足以償，於是民益逃亡，而租賦益虧。』（註一）周忱及況鍾針對這些弊端加以改革。

在周忱總督稅糧與況鍾同心合力治蘇時期，不少的弊端被改革，據明宣宗實錄卷九一記載蘇州知府況鍾於宣德七年（一四三二）六月戊子朔的奏疏，可窺見蘇松稅糧徵收的種種姦弊，以及民困重稅的情況，而加以整頓改革。本文述其要點如下：

明宣宗實錄卷九一記載況鍾的奏疏云：近奉詔書，官民田地有荒蕪者，召人佃種，官田準民田起科。無人種者，勘實除豁租額。又勘得崑山等縣，民以死徙從軍除籍者三萬三千四百七十二戶（33,472戶），所遺官田召人佃種，應準民田科者二千九百八十二頃（2,982頃）。其間應減秋糧一十四萬九千五百一十石（149,510石），已嘗申達戶部未奉處分。況官田沒入海者，糧額尚在，請皆如詔書從事減稅。（註二）

又如蘇州府所屬長洲等七縣，舊有民三十六萬餘戶（360,000戶），秋糧二百七十七萬九千餘石（2,779,000石），其中民糧止一十五萬三千一百七十餘石（153,170石），官糧二百六十二萬五千九百三十餘石（2,625,930石）。官田每畝科糧不等，自五斗至三石，輕重不均如此。（註三）

洪武間徵各縣民糧者，出馬二百餘匹，役於濠梁等驛，又出丁船役於水驛及遞運所。永樂間北方民饑，徵本府民有民糧者，出馬二百四十餘匹，役於銅城等驛，約至三年仍令土民代還。比因有民糧者不足，又以有官糧者補之，至今三十餘年，未曾更代，民實困苦。（註四）

又言工部近徵闊三梭布八百疋，浙江布政司凡十有一府，民糧二百六十餘萬（2,600,000石）所出不過百疋，蘇州一府獨七百疋，其餘徵科不均，往往類此。請凡有科徵，或以民糧或以戶口為度，庶幾多寡適均，公務易集，而民可得蘇息。（註五）

（註一）　明陳建：皇明通紀，宣德卷八，明刊本，頁二九前。

（註二）　明宣宗實錄，卷九一，宣德七年六月戊子朔，同上，第二〇册，頁二〇七一。

（註三）　明宣宗實錄，同上，頁二〇七一、二〇七二。

（註四）　明宣宗實錄，同上，頁二〇七二。

（註五）　明宣宗實錄，同上，頁二〇七二，二〇七三

又如各部都司布政司及直隸衞府州縣倉，歲收稅糧出給通關付納戶齎繳，戶部查理至爲詳細，而有亡賴之徒私賄倉官，斗級包收攬納，虛出通關；甚至僞造印信，事覺犯者雖宜刑辟，而稅糧已爲侵欺，不免重徵實爲民患。請各處倉欵收糧，亦如各部行移勘合編寫字號底簿，一樣三本，一存於部，一付各處府州，一同編過勘合，通關紙發，該倉掌印官相沿收掌。凡所納糧不拘多寡截日塡給，通關不許先改，或差錯，則明白圈注，用印鈐蓋，以付納戶收領，囘縣繳送府州，比對硃墨字號相同，然後轉繳該部，如此則稅糧易清，姦弊頓革。（註一）

以上是況鍾提出施行的諸項計劃，這些改革計劃，得到宣宗的允諾，已加以實行，也獲到效果。但周忱及況鍾對蘇松一帶稅糧的整頓，却屬艱巨的工作。除了苦心設法改革社會中久已積下的弊病外，還要應付京師內管理徵收賦稅的戶部。因爲稅糧重心蘇松一帶，可以徵來大量稅糧，以供國家經濟上的需要，在戶部來說，如周忱對蘇松等地徵收稅糧的改革，則減少財政經濟上的來源，往往是戶部不易通過的事。

例如宣德六年，宣宗實錄卷七七（註二）記載說：『巡撫侍郎周忱言松江府華亭上海二縣，其東瀕海地高，止產黃豆，得雨有收；其西近湖地低，堪種禾稻，宜雨少。洪武間秋糧折收綿布，永樂間俱令納米，今遠運艱難，請仍折收綿布黃豆。又上海縣舊有吳松江年久湮塞，過去尚書夏原吉等按視以爲不可疏濬，止開范家浜闊十三丈，通水漑田，因潮汐往來衝決八十餘丈，淪沒官民田四十餘頃，計糧一千二百八十餘石，小民困于陪納。又華亭上海舊有官田稅二萬七千九百餘石，俱是古額，料糧大量，請依民田起科，庶徵收易完上命。』周忱這一意見提出，戶部會官議決結果，一些意見是通過，但有的還不能接受，反要加罪於周忱。如戶部尚書郭資及禮部尚書兼戶部尚書胡濙等議奏：『華亭上海地有高卑，時有旱潦，收成不一，宜折收綿布起運京庫，餘折黃豆存留本處軍倉備用。官民田淪沒者請再行踏勘。上海縣大戶凡有多

（註一）　明宣宗實錄，同上，頁二〇七二、二〇七三。

（註二）　明宣宗實錄，卷七七，宣德六年三月戊辰，同上，第二〇册，頁一七八五、一七八六。

餘田畝，請分撥與民耕種，以補常數。其欲減官田古額依民田科收緣，自洪武初至今籍冊已定，徵輸有常。忱欲亂成法，沽名要譽，請罪之。』宣宗則云：『忱職專糧事，此亦其所當言，朝議以為不可則止，何為遽欲罪之？卿等大臣必欲塞言路乎？忱不可罪，餘如所議。』（以上所引之出處見前頁註二）由此可見周忱巡撫蘇松等地所欲施行的政策，雖得到一些實施，如改華亭上海等地古額官田以民田起科的方案，却遭戶部反對。因此周忱與行在戶部之間起了磨擦，行在戶部居然『以變亂成法』加罪於周忱。宣宗也變成模稜兩可的態度，雖不加罪於周忱，但也不實行周忱這項建議，於是周忱提出改華亭上海官田以民田起科的政策，在宣德時代格而不行。（待宣宗死去後，在正統初年則實行此一政策，見前文。）

雖然如此，但是況鍾治蘇之時，因種種複雜關係，民困重稅，及交不出而累集下的逋糧，却奏請加以蠲免。如明史況鍾傳云：『屬縣逋賦四年，凡七百六十餘萬石，鍾請量折以鈔，為部議所格，然自是頗蠲減。』（註一）同時明史周忱傳云：『時宣宗屢下詔減官田租，忱乃與知府況鍾曲算累月，減至七十二萬餘石，他府以次減，民始少甦。』（明史況鍾傳同）（註二）當況鍾治蘇時，凡周忱所行善政，況鍾皆協力促成，因此稅糧重心在周忱及況鍾的整頓下，確有了貢獻。同時在重稅的整頓中，直接間接對社會經濟也有了大影響，本文據明史、周忱傳、況鍾傳、皇明通紀、皇明大政紀、天下郡國利病書、蘇州府志、松江府志、及我的明代海運及運河的研究等，綜合有關對社會經濟有影響的史事，分六項論證如下（註三）：

一、革糧長之弊：請工部頒鐵斛，令各縣作為準式，以革糧長大入小出之弊。舊制糧長正副三人，以七月赴南京戶部領勘合，既畢復賷送部，往返資費，皆出於科斂充之，周忱止設糧長正副各一人，民稱便。（註四）去糧長耗費民糧之弊。

（註一）明史，卷一六一，況鍾傳，同上，頁一七二八。

（註二）明史，卷一五三，周忱傳，同上，頁一六五五；明史況鍾傳，同上，頁一七二八。

（註三）本文把周忱及況鍾整頓稅糧對社會經濟之影響，綜合為六項，如一、革糧長之弊，二、水次置囤，三、平米法，四、漕運之兌運法，五、濟農倉之設，六、折徵等六項加以論證；又案周氏：明代蘇松地區的官田與重賦問題一文中，（見歷史研究，一九五七，第一○期）也言及周忱及況鍾治蘇對稅糧之整頓，則舉出四項對社會有影響的措施，如一、均徵加耗法，二、折徵，三、設水次倉，四、兌軍解運等，可互相參閱。

（註四）明史，卷一五三，周忱傳，同上，頁一六五四。

二、水次置囤：諸縣收稅糧而無團局集存，糧長里胥多厚取於民，而把交來之糧貯藏於糧長之家中。經過糧長里胥之手，弊病橫生，也是增加逋糧的一個原因，<u>周忱</u>令諸縣於水次置囤，囤設糧頭囤戶各一人，名『轄收』。至六七萬石以上，始立糧長一人總之，名『總收』。民持帖赴囤，官爲監納，糧長但奉期會而已，（註一）由民自送稅糧繳納，可免去舞弊。

三、平米法：前文亦曾述及耗米及輕齎銀，用來補充盜竊消耗及脚費等。明初民田每畝起科五升，止帶七耗，以備鼠省之消耗，後抄沒入官之田科則各有異，又徵一斗七合。（註二）後來<u>成祖</u>遷都<u>北京</u>，稅糧漕運北方，耗米加重。並且這些耗米，由秋糧中正式徵收，所以秋糧有正有耗之稱。官田之耗重，民田之耗輕；或豪戶之耗輕，民之耗重。<u>周忱</u>創平米法，利用工部所鑄的鐵斛，官民田畫一加耗，合正米耗曰平米。初定正米一石耗米一石七斗，計輸將遠近之費爲支撥，其餘存貯縣倉曰餘米。次年餘米多，正米一石減加耗爲六斗，又次年餘米益多，減加耗爲五斗，最後令縣各貯餘米於<u>濟農倉</u>。（註三）

四、漕運之兌運法：<u>明代</u>漕運之法有幾次改變，明初爲民運及支運。<u>周忱</u>整頓<u>蘇松</u>等地稅糧時，見到<u>蘇松</u>等地稅糧由民運至<u>徐州倉</u>，路程遙遠，往返經年，而失農事。他認爲民因漕運不能務農，稅糧愈不能繳納。於是<u>周忱</u>與主持漕運的平江伯<u>陳瑄</u>議定，民運至<u>淮安</u>或<u>瓜州</u>水次交兌給軍人，再由軍人運抵北方的<u>通州倉</u>，加耗米及道里費等，則軍少有贏利，民免勞苦可務農，軍民兩便，這是<u>明代</u>著名的兌運法，則促成<u>明代</u>漕運制度的大改進。由於兌運法之施行，於是<u>宣德</u>時由南方經<u>運河</u>運至北方的漕糧，一年中竟達五六百萬石以上，（註四）影響到<u>宣德</u>時代倉廩充實，國家有充分經濟支持，造成<u>明代</u>守成時代的極盛時期。

（註一）　<u>明史</u>，<u>周忱傳</u>，頁一六五四；<u>皇明通紀</u>，<u>宣德</u>，卷八，<u>明刊本</u>，頁二九後。

（註二）　<u>天下郡國利病書</u>，<u>常鎭</u>，四部叢刊本，涵芬樓影印稿本，頁七三前。

（註三）　<u>蘇州府志</u>，卷十二，田賦一，同上，頁八後。

（註四）　拙作：<u>明代海運及運河的研究</u>，第四章、<u>明代繁盛時期運河的作用</u>，第二節、<u>仁宣之治與運河安流及支運兌運並行</u>，同上，頁九五至一○二。

　　五、濟農倉：該倉之設，乃因宣德七年（一四三二）秋季江南豐收，宣宗命以官鈔平糴，且勸借儲積以待賑。而周忱與蘇州知府況鍾、松江知府趙豫及常州知府莫愚協謀而推行，蘇州得米二十九萬石，松江常州亦得米分貯於各縣，名其倉曰濟農倉。於是當宣德八年（一四三三）蘇松饑，民凡三百餘萬口，盡發濟農倉糧尚不足以贍。又如蘇、松、常三府輸稅糧一百餘萬石，貯南京倉，以備京師公侯祿米及軍職月糧，計其耗費，每石加六斗，周忱與況鍾謀改於各府支給，不必輸於南京，只給船價米一斗，於是每石可餘耗米五斗。以蘇州一府而言，得餘耗米四十餘萬石，並官鈔所糴共得米七十萬餘石，遂貯於濟農倉。松、常皆得糧次之，亦各貯於濟農倉。同時凡綱運風飄盜奪有欠失者，皆可借於濟農倉賠納，秋收時如數還官。若民夫修圩築岸開河濬湖，有乏食者，皆計口給之，不責償。耕者借貸必驗中下事力及田多寡給之。至秋收時與稅糧並賦。如此則小戶之民則免舉債，而民無失所。宣宗聞而嘉獎，並令諸縣各設濟農倉，擇縣官之廉公有威與民之賢者掌其籍，司其出納。（註一）因此這一改革影響到社會經濟趨於安定。

　　六、折徵：卽以稅糧中實在的米麥改折爲金花銀及布疋之制度。明初也因遭糧，而行折徵，因爲折徵較時價爲低，如明史食貨志所說：『帝（明太祖）曰：折收遭賦，蓋欲蘇民困也。』（註二）這是因一時遭糧民困，臨時施行減輕民間負擔。但到宣德時代周忱巡撫蘇松時，見於民間馬草歲運南北兩京勞費，周忱請改每束折銀三分，南京則輕齎卽地買納，京師百官月俸皆持捧帖赴領，南京米賤時俸帖七八石僅易銀一兩。（註三）也有金花銀一兩一錢準平米四石六斗，或四石四斗，每兩加車腳匭銀八釐。關白三梭布一匹準平米二石五斗，或二石四斗至二石，每匹加車腳船錢米二斗或二斗六升；關白綿布一匹準平米一石或九斗八升，每匹加車腳船錢米一斗或一斗二升，而照重則官田均派。（註四）由於折徵，官民兩便，民出稅糧少，官俸亦常足，也是解決民困於稅糧的辦法。同時由於經濟重心蘇松一帶可由布類折徵稅糧，在周忱及況鍾治蘇

（註一）　皇明通記，宣德卷八，同上，頁三十前；雷禮：皇明大政紀，卷十，明刊本，頁五六後；及明史，卷一五三，周忱傳，同上，頁一六五六。

（註二）　明史，卷七八，食貨志二，賦役，同上，頁八二〇。

（註三）　明史，周忱傳，同上，頁一六五五。

（註四）　松江府志，卷二十，田賦上，康熙二年（一六六三）刊，頁二〇後，二一前。

時正式成爲制度化後，而刺激了明代經濟重心蘇松一帶紡織業之發達而重於農耕，造成此一地區的社會經濟走向另一個嶄新的局面。這對於中國近代史上稅糧重心蘇、松一帶的社會經濟，有了至深的影響。

周忱況鍾在宣德時對稅糧重心蘇松等地社會經濟的改革，無疑的有了功效。但稅糧重心蘇松等地的重稅由本文的論證，自漢唐宋元等朝以來已是根深蒂固難以整頓的問題；雖然在這時有了整頓的功效，但後來時間久了又免不了發生問題。如洪熙宣德及正統初年治平鼎盛時代過去，到正統末年宦官王振的專權禍國，使明代政治迅速的腐敗了，接踵而來的賦稅制度也敗壞下來。周忱及況鍾在稅糧重心的社會中一時所施行的善政，又不免弊病橫生，所以後來稅糧重心之蘇松等地，又免不了受重稅的困擾。然而在宣德時代，周忱及況鍾對稅糧重心重稅流弊的整頓，使民困於重稅逃亡的社會，得到一時的甦息。又如稅糧重心濟農倉的設立，糧長弊政的革除，漕運方式的改良等，使社會經濟得到一時的穩定。又以布類折徵代稅糧正式成爲制度化，無形中促進蘇松等地在中國近代史上紡織業的發達！而影響到社會經濟的繁榮，確是明代經濟發展史上一件大事。

五、宣德時及正統初減稅對全國稅糧歲收之影響

明代仁宣時及英宗初的減稅，和減稅的時代背景，以及減稅對稅糧重心蘇松等地社會經濟的影響，如前文所略論。本文再把宣宗時及英宗初減稅對明代全國稅糧徵收歲額下降之影響，加以論證。

如果要論證宣德時及正統初減稅對明代全國稅糧徵收歲額之影響，必須要有明代兩百餘年全國各地稅糧歲收的總數字，有了這一統計，才能實際比較那時減稅對明代全國稅糧歲收之影響。關於宣德及正統時代每年全國稅糧徵收之總數字，大明會典等沒有記載。就目前能見到的史籍中，則明實錄記載明代兩百餘年稅糧歲額數字較爲詳細。固然明實錄中所載明代每年全國稅糧之總數，是戶部統計的應徵數字，不一定是實徵數字。但在史料不足徵時，實錄所載此等數字也成了研究明代經濟史的珍貴資

料。(註一) 至少由於明實錄這些較完整記載的統計，可看出明代兩百年來稅糧歲入總數一個輪廓。同時就明實錄本身記載明代兩百餘年間每年的稅糧總數昇降高低的統計來看，也可明顯的看出宣德時的減稅對明代稅糧歲收有了大影響。據明實錄所載明代歷朝全國稅糧歲收總數，(註二) 列表一及表二『明實錄中所見歷朝稅糧歲收總數表』如後：

由『表一』可明顯的看出，當明宣宗於宣德五年（一四三〇）減低苛徵的稅率以前，如洪武末年、永樂時代、洪熙時代，全國每年稅糧米麥的總收入，幾乎都在三千萬石以上。但明代由開拓發展的時代進入守成治平的時期，明宣宗在宣德五年二月決心下令減低全國的稅率以求安定社會，每畝四斗一升至一石以上者皆減十分之三定爲永制時，自宣德五年起全國的稅糧米麥的總收入，又降到三千零幾十萬石，如宣德五年爲三千零六十一萬零八百九十八石（30,610,898石）。第二年卽宣德六年降爲三萬零三十零零三百一十五石（30,300,315石），全國稅糧歲入總數顯然已有降低。

由前文的論證，宣宗雖然在宣德五年下令減低全國的稅率，曾有戶部等官員之阻撓，不能普遍實行其減稅政策，於是宣宗在宣德七年（一四三二）三月再下令重申宣德五年定爲永制的全國減稅率，力求澈底施行。於是由『表一』可以看出宣德七年全國夏稅秋糧米麥的歲入總數，又突然降到三千萬石以下，卽二千九百一十萬二千六百八十五石（29,102,685石）。囘顧明初洪武末年經過永樂洪熙等時代，在這四十餘年間，全國稅糧的收入一直是在三千餘萬石以上，但自宣德七年全國的稅糧收入降低至二千九百幾十萬石以下，我們可以肯定的說，這是受到宣宗重申澈底施行全國減稅的影響。並且宣宗在宣德七年下令澈底實行減稅的第二年，卽宣德八年（一四三三）全

(註一)　案大明會典，卷二四，戶部一一，會計一，萬曆一五年（一五八七）司禮監本，頁四前後、一四前一六前；及卷二四，戶部二，會計二，頁一前、三前，紀載洪武二六年（一三九三），弘治十五年（一五〇二），萬曆六年（一五七八）三個年代全國實徵稅糧的總數，比明實錄所載洪武二六年弘治十五年戶部統計之總數較低，而略有出入。（萬曆六年總數實錄缺載）

(註二)　案明實錄載有歷朝全國稅糧總數，如永樂、洪熙、宣德、景泰、天順、成化、弘治、正德、隆慶等每年之全國稅糧皆有紀載，惟有洪武建文及明末嘉靖、萬曆、天啓等朝紀載不全。共計明實錄每年紀載稅糧總數的年次，有一百四十次之多。實錄記載雖爲官府戶部所統計之徵收數字，所載之數與會典所載『實徵』之總數有異，（見前註）但就實錄記載歷朝總數，可從實錄本身看出整個明代各年稅糧數字升降的比例。所以今將實錄所載明代歷朝稅糧總數皆列入本文『表一』及『表二』中。實錄中各年代之全國稅糧總數，請見實錄所載各朝每年年終十二月後之記事。本表乃據中研院影印本明實錄，並參證史語所藏其他影印本及鈔本明實錄等，亦參閱梁氏：明代戶口田地與田賦統計，見中國社會經濟史集刊，第三卷第一期，民二十四年，頁八四至九四。

表一、明實錄中所見歷朝稅糧歲收總數　(一)

年　代	米　麥（石）	年　代	米麥（石）	年　代	米麥（石）	年　代	米麥（石）
洪武一四年	26,105,251	永樂十八年	32,399,206	正統　八年	27,100,926	成化 元年	26,349,998
一八年	20,899,617＋	十九年	32,421,831	九年	27,134,213	二年	26,651,343
二三年	31,607,600＋	二十年	32,426,739	十年	27,155,958	三年	26,509,931
二四年	32,278,983	二一年	32,373,741	十一年	27,014,779	四年	26,657,971
二六年	32,789,800＋	二二年	32,601,206	十二年	26,197,238	五年	26,385,725
建文 四年	34,159,823	洪熙 元年	31,800,234	十三年	26,722,902	六年	26,304,871
永樂 元年	31,299,704	宣德 元年	31,312,839	十四年	24,212,143	七年	26,372,066
二年	31,874,371	二年	31,250,110	景泰 元年	22,720,360	八年	26,384,170
三年	31,133,993	三年	30,249,936	二年	23,320,780	九年	26,409,050
四年	30,700,569	四年	31,331,351	三年	26,469,679	十年	25,939,080
五年	29,824,436	五年	30,610,898	四年	26,662,618	十一年	26,396,978
六年	30,469,263	六年	30,300,315	五年	26,840,653	十二年	26,461,397
七年	31,005,458	七年	29,102,685	六年	26,853,931	十三年	26,471,020
八年	30,623,138	八年	28,957,227	七年	26,849,159	十四年	26,409,056
九年	30,718,814	九年	28,524,732	天順 元年	26,848,464	十五年	26,388,623
十年	34,612,692	十年	28,499,160	二年	16,852,695	十六年	26,482,438
十一年	32,352,244	正統 元年	26,713,057	三年	26,845,117	十七年	26,481,746
十二年	32,574,248	二年	26,979,143	四年	26,852,575	十八年	26,462,564
十三年	32,640,828	三年	27,036,776	五年	26,287,376	十九年	26,780,715
十四年	32,511,270	四年	27,066,285	六年	24,716,887	二十年	26,779,261
十五年	32,695,864	五年	27,079,421	七年	26,629,492	二一年	26,581,583
十六年	31,804,385	六年	27,069,361			二二年	26,783,344
十七年	32,248,673(註一)	七年	27,085,921	八年	26,348,660	二三年	26,321,329

（註一）　永樂十七年稅糧米麥總數，案中研院影印本明實錄、史語所藏廣方言館抄本及抱經樓抄本明實錄，皆爲
　　　　二千二百二十四萬八千六百七十三石(22,248,673石)，案梁鴻志影印本明實錄作三千二百二十四萬八千六
　　　　百七十三石(32,248,673石)，以永樂時代前後其他年代稅糧總數相比較，嶷梁本實錄所載較爲可能。

表二、明實錄中所見歷朝稅糧歲收總數表　(一)

年　代	米麥(石)	年　　代	米麥(石)	年　　代	米麥　(石)	年　　代	米麥　(石)
弘治　元年	26,346,309	弘治十四年	28,887,777	正德　九年	26,794,024	隆慶　二年	24,468,490
二年	26,754,248	十五年	27,944,465	十年	26,794,024	三年	26,817,845
三年	27,844,370	十六年	28,887,586	十一年	26,794,024	四年	26,817,845
四年	26,933,255	十七年	27,788,886	十二年	26,794,024(註一)	五年	26,817,845
五年	27,685,408	十八年	26,794,024	十三年	26,694,024	萬曆三十年	28,369,247(註四)
六年	26,935,353	正德　元年	26,794,024	十四年	26,794,024	泰昌　元年	25,793,645
七年	28,825,748	二年	26,794,024	十五年	26,794,024	天啓　元年	25,793,645
八年	27,751,788	三年	26,794,024	嘉靖　元年	22,850,443	三年	25,793,645
九年	28,844,942	四年	26,794,024	十一年	22,850,443	五年	25,793,645(註五)
十年	26,786,485	五年	26,794,024	二一年	22,850,599	六年	25,793,645
十一年	27,676,646	六年	26,794,024	三一年	22,850,595(註二)		
十二年	28,578,565	七年	26,794,024	四一年	22,850,595(註三)		
十三年	27,948,768	八年	26,794,024	隆慶　元年	15,418,922		

（註一）　正德十二年稅糧總數，案中研院影印本、梁氏影印本、及廣方言館、抱經樓等抄本實錄，皆載一千六百七十九萬四千二百二十四石（16,794,024石）。案武宗即位後自弘治十八年至正德十五年共計十六年中，每年總數皆爲二千六百七十九萬四千二百二十四石（26,749,024石），突然在正德十二年二千萬寫成一千萬；而一千萬後其他數字又完全相同，似爲筆誤。疑正德十二年稅糧可能爲二千六百七十九萬四千二百二十四石。

（註二）　嘉靖三十一年稅糧中之麥，案中研院及梁鴻志影印本實錄，皆載四百六十三萬五千八百二十一石（4,635,821石），則廣方言館抄本作四百六十二萬五千八百二十一石（4,625,821石），案明實錄載嘉靖時稅糧麥共五次，其他四次如元年、十一年、二十一年、四十一年皆書四百六十二萬五千餘石，疑廣方言館本實錄載三十一年麥爲四百六十二萬五千八百二十一石爲可能。

（註三）　嘉靖四一年稅糧中之米，案中研院影印本實錄載一千八百二十一萬四千七百七十四石，梁鴻志影印本及廣方言館抄本實錄皆作一千八百二十二萬四千七百七十四石（18,224,774石），案實錄載嘉靖時稅糧米共五次，其他四次如元年、十一年、二十一年、三十一年，皆書一千八百二十二萬四千餘石，疑梁本及及廣本實錄載四十一年米一千八百二十二萬四千七百七十四石爲可能。

（註四）　萬曆三十年秋糧米，案中研院影印本實錄載二千三百七十萬一千八百一石，（23,701,801石），梁氏影印本作二千三百七十萬一千一百一石（2,370,101石），其中有七百石之差，因實錄載萬曆時代稅糧僅一次，今仍據中研院影印本列表。

（註五）　天啓五年稅糧中之米，案中研院影印本載麥四百三十萬零八十二石（4,300,082石），黍米二千一百四十九萬三千五百六十三石（21,493,563石），梁氏影印本麥黍米作一千一百四十九萬二千五百六十三石（11,492,563石）。案實錄載其他朝代如泰昌元年、天啓元年、三年、六年皆爲二千一百四十九萬三千五百六十三石，疑中研院影本載二千一百四十九萬三千五百六十三石較爲可能。

國稅糧歲入降爲二千八百九十五萬七千二百二十七石（28,957,227石），又終宣德一朝，如宣德九、十年全國稅糧歲入都是二千八百餘萬石。從這幾年全國稅糧歲收的總數來看，宣宗在宣德七年二月重申澈底施行減稅政策，於是全國稅糧收入總數大量下降。

再看蘇松二府減稅對全國稅糧數字下降的比例如何？如明史食貨志云：『周忱與蘇州知府況鍾曲計減蘇糧七十餘萬，他府以爲差。』（註一）此處所載與前文引明史周忱傳亦爲相合，其云：『忱乃與知府況鍾曲算累月減至七十二萬餘石，他府以次減。』若案『他府以次減』之例，蘇州府稅糧爲二百八十一萬零四百九十石，（註二）減七十二萬石。松江府稅糧爲一百二十一萬九千八百九十六石，應減之數計算如下：

松江府應減之稅糧：720,000石＝1,219,896石：2,810,490石

松江府應減之稅糧＝312,514石。

雖不敢說松江府應減之數一定爲三十一萬二千五百十四石，但據蘇州府所減之數以次減之例推算，似當如此，姑且以此數做松江府減稅之數。若蘇州及松江二府減稅之數相加則爲一百零三萬二千五百十四石。由『表一』可知，當宣德五年實行全國減稅之前宣德四年全國稅糧歲入爲三千一百三十三萬一千三百五十一石（此數亦爲宣德時代中最高額），再以宣德五年至七年屢下詔減稅後，到宣德八年全國歲入降到二千八百九十五萬七千二百二十七石，全國前後所減之稅糧爲二百三十七萬四千一百二十四石，若以蘇松二府所減稅糧爲一百零三萬二千五百十四石相比，蘇松二府所減之稅佔全國減稅總數的百分之四十三（43%），幾乎佔全國減稅的一半，所以蘇松等地之減稅對全國稅糧歲入總數之降低有大影響。

宣宗於宣德十年死去，年幼的英宗即位是爲正統時代。由於前文的論證，在正統初年。內閣大學士三楊等輔政，這時宣宗守成治平的時代也延續下來，並沒有因朝代

（註一）　明史，卷七八，食貨志二，同上，頁八二一。

（註二）　明史，卷一五三，周忱傳，同上，頁一六五四，云：『蘇賦比他府獨重，官民田租共二百七十七萬石』。案明史同上卷食貨志二，頁八二〇，云：蘇州一府秋糧二百七十四萬六千餘石，此數與諸司職掌，戶金科，玄覽堂叢書初集，第四册，頁四五同，所載秋糧同。但職掌又載夏稅六萬三千五百石，大明會典引職掌所載亦同。若夏稅秋糧之合爲二百八十一萬零四百九十石，則比周忱傳所載之數，多出四萬零四百九十石，因諸司職掌爲洪武時當代著作記載，所以本文姑以二百八十一萬零四百九十石爲準。

的改換而變更宣宗定爲永制的減稅政策，宣宗的減稅政策也延續下來，並且在正統初年又把宣德時提出的而未施行的整頓稅糧政策，例如改蘇州府之華亭上海官田以民田起科，也實行了；同時繼宣德後又減低稅量重心蘇松等地官田的稅率（見前文第三節）等，所以從『表一』中可以看出自正統元年（一四三六）後全國稅糧的歲入又有降低，約在二千六七百萬石左右。當然這時全國稅糧歲收的再降低，也是正統時代再激底繼續施行減稅政策的影響所致。

如正統的十四年後，經過景泰、天順、成化等時代每年稅糧總收入都未超過二千七百萬石。到孝宗雖有明代中興之稱的弘治時代，由『表二』所知，惟有弘治七年、九年、十四年及十六年的全國稅糧收入在二千八百餘萬石；弘治其他十餘年歲收也在二千六七萬石之數。自弘治時代以後，經過武宗的十六年，嘉靖的四十五年，隆慶的六年，也都在二千七百萬石以下。隆慶時代過去是神宗萬曆時代，神宗實錄紀載萬曆時代戶部統計全國稅糧收入，僅有萬曆三十年（一六〇二）一次的記載，這一稅糧數字的記載亦爲二千八百餘萬石。自萬曆後，即泰昌和天啓的動亂時代，全國稅糧總收入僅二千五百餘萬石。由於我們的論證，可以看出明實錄紀載明代兩百餘年間的稅糧歲入總數，從宣宗在宣德五年下令減低稅率爲永制，接著於宣德七年及正統初年屢次施行全國減稅政策，自此一直到明末，再沒有一個朝代的全國歲入稅糧恢復到宣德時減稅前三千萬石以上的數目了。

爲了更清楚的瞭解宣德時及正統初減稅影響到全國稅糧歲收減低的情形，再列『表三』明代歷朝全國稅糧米麥徵收的平均數及百分比表如下：

『表三』的統計，是根據『表一』和『表二』把各朝全國稅糧歲額之總收入加起來，再被各朝的年數來除得出每一朝的平均數。當『表三』計算各朝年代時，自每位新皇帝即位年開始，新皇帝即位這年雖然仍用前朝年號，但新皇帝的施政及影響，應該算着新朝代較合理，所以新皇帝即位這年雖用舊年號，也算在新朝的年代中。如此所得的明代歷朝全國稅糧米麥平均數見『表三』，可以看出自宣德實行減稅以前，如永樂、洪熙朝的稅糧平均數都在三千萬以上。明太祖開國的洪武前期，因國家初定，見於明實錄記載洪武十四年及十八年全國稅糧總數收入較低，而在二千七百萬石以下；然而到洪武後期，國家平定，稅糧制度也逐漸整理就緒，見於洪武二三年、二四、

表三、明代歷朝全國稅糧平均數及百分比表

朝　代	平　均　數　（石）	百分比（以宣宗朝作100計算）
太　祖　朝	28,734,250	95.20%
成　祖　朝	31,788,696	105.32%
仁　宗　朝	32,601,206	108.01%
宣　宗　朝	30,182,233	100.00%
英　宗　朝（正統）	27,075,691	89.77%
景　帝　朝	25,483,665	84.43%
英　宗　朝（天順）	26,363,318	87.35%
憲　宗　朝	26,469,200	87.70%
孝　宗　朝	27,707,885	91.80%
武　宗　朝	26,794,024	88.77%
世　宗　朝	22,850,538	75.71%
穆　宗　朝	24,068,189	79.74%
神　宗　朝	28,369,247	93.99%
熹　宗　朝	25,793,645	85.46%

二六年的紀載，都在三千一百餘萬石以上。所以洪武朝的平均數為二千八百七十三萬四千二百五十石（見『表三』），而較低。其實據明實錄紀載自洪武二十三年以後，經永樂洪熙，歲糧歲額早已超出三千萬石以上。再從宣德朝以後，由正統朝開始，一直到明末，歷朝平均數都在二千七百萬石或二千七百萬石以下，因神宗朝明實錄僅記載萬曆三十年一次的稅糧徵收為二千八百三十六萬九千二百四十七石，而無法與萬曆其他年次平均。所以自宣德施行減稅政策以後，再找不出一朝稅糧歲入的平均數能達到三千萬以上了。

在『表三』中也附有明代歷朝稅糧徵收百分比表，若以降低稅率及施行減稅政策的宣德朝作為百分之一百計算，再以此算出明代歷朝稅糧歲收的百分比，更可看出在宣德朝以前，如仁宗朝是百分之一百零八點零一（108.01%），成祖朝是百分之一百零五點三二（105.32%），都是百分之一百以上。太祖朝，如上文所述，明代開國洪武的前期稅糧制度未上軌道時，稅糧徵收總數較低，雖如此，而太祖朝的百分比，也是百分之九五點二零（95.20%）。再看由宣宗時代實行減稅後，自英宗前期正統時代以

後，經過景帝、英宗後期（天順）、憲宗、孝宗、武宗、世宗、穆宗、神宗、熹宗諸朝，（光宗在位一月，而熹宗即位，泰昌元年算在天啓時代中。）每朝的稅糧歲額徵收的百分比，都在百分之一百以下。雖然在這些朝代之間稅糧歲收總額，也有高下不等，但就大體而言，自宣德時代減稅以後，再沒有任何一朝的稅糧徵收的百分比能超過百分之百了，這確是明顯的事實。

又如明代後來全國稅糧歲額徵收的降低，雖然如天災人禍以及稅糧制度敗壞等等也能構成稅糧降低的原因。但是綜觀整個的明代兩百餘年，當明代開國後，由太祖到成祖，國家建設開拓及向外發展時，必須要有大量經濟的支持，因之朝廷徵收全國稅糧歲額總數較高。自成祖死後，到仁宗時代僅為短短的一年，如前文所述，仁宗雖有決心調查整頓稅糧，但未及施行減稅而卒，所以僅有一年的仁宗時代，繼永樂苛徵的時代後，全國歲額總數依然較高。但由於宣宗在守成時代的治平時期對稅糧重心蘇松等地重稅民困的整頓，因之又降低稅率而定為永制，使宣德及正統時全國普遍的實行減稅，自此以後全國稅糧歲額徵收突然大量的降低。宣德時及正統初的減稅却有重大的影響。

所以明代的前期，在某些時代背景下曾施行過減稅。特別是宣德時及正統初在守成安定的時代中，定全國減稅率為永制，減低稅糧重心蘇松等地的重稅，不但影響到全國稅糧歲徵總數下降；同時在宣德時周忱及況鍾對稅糧重心蘇松等地重稅民困的整頓改革，也有了功效。如革糧長之弊，水次置囤，平米法的施行濟農倉的設立，對穩定農村經濟，都有了成就。又如漕運制度改革而行兌運法，則軍人少有利潤，民間可免輸送勞苦而可務農。於是大量漕糧由經濟重心不斷的運往北方，使國家在北方的政治重心及軍事重心，有了充分經濟上的支持，造成守成時代的極盛時期。又如折徵，以布類折徵稅糧，民間稍獲利益，在宣德時而成制度化，則刺激了明代稅糧重心蘇松一帶紡織業特別發達，影響到此一地區的社會經濟在中國近代史上走向另一個嶄新的局面，這在明代經濟史上，不能不算重大的史蹟。

— 124 —

滿族入關前的文化發展對他們後來漢化的影響^(註一)

管　東　貴

一、引　　論

漢化一詞的內容，往往因所指的對象不同而有差別。本文所說滿族的漢化，包括文化的同化與民族的融合。這是漢化問題中的兩個層次，應予分辨（註二）。

（註一）　漢化與華化兩詞，嚴格說來雖然有所不同，但習慣上用於指漢代以後的情形時，則往往視作同義。姚從吾先生在契丹漢化的分析（原刊大陸雜誌 4 卷 4 期，從來編入大陸雜誌史學叢書第一輯第五冊，今據後者頁 258）文中說：「我贊成用『華化』兩字，說明我們整個文化逐步的形成……但這裡仍保留漢化一詞，以期符合當年的原意。」本文從姚先生意見。

（註二）　關於「滿族的漢化」，須加幾點說明：一、兩族融合後，以保留較多成份的一方爲主體，故稱漢化；二、重點在於指進入關內的滿人；三、如正文所說，它包括文化同化與民族融合兩個層次。其中第三點尚須再加說明如下：漢化一詞所包括的內容，一直都還沒有固定，有時只指文化的同化（例如對契丹乃至蒙古而言），有時又包括民族的融合（例如用以指女眞與滿族的情形）。再說，文化的同化固然是導致民族融合的必經過程，但有了文化的同化却不一定就會產民族融合的結果，例如契丹在統治漢族期間也同樣走上了文化同化於漢族的道路，（參看上引契丹漢化的分析；另參看日人島田正郎遼的社會與文化，頁15—18，民國53年，臺北），但却於政權崩潰時，退出中國，另建西遼。契丹在統治漢族期間文化上的那種變化，通常也稱爲漢化；但却並沒有達到民族融合的階段。因此，本文須要特別說明，漢化一詞用以指滿族時，它的內容包括兩個層次。按：第一層次「文化的同化」，相當於近代文化人類學上所謂的 Acculturation（此字通常譯作涵化），卽一種文化與另一種文化不斷接觸，所產生的適應情形及變遷過程（參考：Redfield, Linton and Herskovits 合寫的 Memorandum for the Study of Acculturation, 刊於 American Anthropolgist, vol. 38, 1936; Ralph Beals 的 Acculturation, 刊於 Kroeber 主編的 Anthropology Today, 1953, Chicago; 另外，由聯國合教科文組織資助, Ake Hultkrantz 主編, 1960年出版的 General Ethnological Concept 一書中的 Acculturation 條）。

　　文化的內容非常廣，大凡經過了人的腦或手所產生或獲得的，而具有社會功能並可傳習的東西，如知識、技能、文物、制度等等，都是構成文化的成份（註三）。對於這樣廣大的範圍作全面細節的討論，事實上不可能。本文所要討論的只是屬於文化範圍內的幾個基本問題；這些問題也反映出了文化其他相關方面的情形。

　　滿族入主中國，歷二百六十餘年。當其初期，嘗欲以征服者的威風滿化被征服的漢族（註四），但結果恰恰相反。滿族的這一結局，必有其深遠的成因。本文主旨即在於從滿族入關前的文化發展上，去探尋這一問題的脈絡。

　　有人比較契丹、蒙古、女眞、滿洲（即滿族）各族統治中國的結局，認爲契丹與蒙古兩族跟女眞與滿洲之所以不同，是由於過遊牧生活的契丹與蒙古，其生活方式基本上跟中國的不同，這種差別產生了抗阻同化的作用；至於女眞與滿洲，則除畜牧外，農業也佔着相當的份量（按：這顯然是指他們獲得中國政權以前的情形），尤其是滿洲，其畜牧份量最少，所以對較高的中國文化的抗阻力也較小，易於接受中國文化，終爲中國所同化（註五）。這種基於文化性質之不同的「文化抗阻力」的說法，難以令人滿意（註六）。

　　人之有文化，基本上是爲了生存，並與環境奮鬥而產生的；滋乳附麗都是以這爲

（註三）　在 A. L. Kroeber and Clyde kluckhohn 的 Culture──A Critical Review of Concepts and Definitions (1952) 一書中，收錄各家關於文化的定義多達一百六十餘種，可供參考。不過，不必拘泥某種說法，因爲都是指經過了人的腦或手所產生的東西，只因觀點不同而有不同的定義。

（註四）　例如：改明代衣冠（見但燾譯訂清朝全史上册，頁60引吳三桂檄文）；令漢人薙髮（見清鑑易知錄正編一，第7及8頁）；包衣抬旗與轉籍（參看莫東寅滿族史論叢頁146）；收漢人爲義子，載入滿洲册內（見雍正上諭八旗七年六月初四日諭）；漢軍必須用滿語奏對（同上上諭八旗七年閏七月廿五日諭）等等。

（註五）　見 K. A. Wittfogel and Feng Chia-sheng 合著的 History of Chinese Society──Liao。1949, Philadelphia, pp. 10-16。另外，日人島田正郎北亞洲史（民國53年，臺北）頁32──33，論到女眞的情形時，也有類似的說法，他認爲「這可能是因爲他們已完全定居農耕民化的結果」，我覺得這有倒果爲因的嫌疑。姚從吾先生在女眞漢化的分析（原載大陸雜誌6卷3期，民國42年，後來編入大陸雜誌史學叢書第一輯第五册，今據後者頁288）一文中，認爲女眞人的漢化是由於他們的根據地東北，適宜於發展農業文化。若然，則金朝覆亡後，由女眞到滿族這段時期中，他們的文化發展有許多現象難以解釋。

（註六）　對於 Wittfogel 等人的說法，我將另文提出討論，這裡不多說。

主體。因此，文化中與生存直接關連的部份，也即是文化的核心部份。從這個觀點（文化的基本功能）上去看，則一個民族的文化乃是該民族所發揮出來的生存能力的總和。

人所生存的環境（自然的以及由人形成的）時時都在發生變動。爲了在這種變動不息的環境中保持生存，所以文化須要改變；這種改變即是爲了增加生存能力的總和。如果一個民族在變動的環境中不知改變其生存能力，則這個民族必將沒頂於「環境變動」的巨浪之中。所以當民族與民族一旦捲入了生存競爭的同一旋渦時，決定勝敗的主要因素即是文化。

滿族入關前，文化方面有着迅速的發展。這種發展，歸根到底無非是想增加生存能力。然而於征服漢族後，反而同化於漢族，則其主要因素仍當是文化力量居於劣勢。

文化的同化是導致民族融合的必經過程。不過，也有例子表明，文化的同化並不一定會產生民族融合的結果（參前註二）。因爲這一進程可能被某些因素所阻滯或打斷。所以造成滿族的漢化（由文化同化到民族融合），其因素決不是單純的只有一種。據作者觀察，較爲基本的因素有三：一、文化（滿族入關時尚處在文化寄生狀態中）；二、人口（滿族人口遠比漢族少）（註七）；三、領域（他們把民族重心移進了漢族境內）（註八）。滿族的結局，主要即是由這三個因素交織而成的。本文以其中的第一個因素爲討論中心，而這個因素的形成，在他們入關以前的文化發展的過程中即已開始，並延續到入關以後。不過，歷史並沒有給誰註定甚麼命運，而是自己造成了那樣的歷史。

二、滿族的壯大及其文化發展

（註七）　到十六世紀末（明朝末葉），中國約有人口一億五千萬左右（見 P. T. Ho, Studies on the Population of China──1396–1953, p. 264, Harvard East Asian Studies, 1959）。滿族入關前後的人口，最高估計也不超過一百萬。（參看莫東寅滿族史論叢頁134—135，引有幾種說法，而莫氏自己的估計則不超過六十萬。按：六十萬之數恐嫌稍低，且莫氏的計算法顯然有錯）。

（註八）　滿清政權崩潰時，他們的龍興之地東北，在一千五百多萬人口中，漢人佔了一千四百來萬。而關內滿人，則文化與語言兩方面都已跟漢人融合。（見管東貴滿族入關與東北漢化，待刊）。

　　文化必須依附於人才能存在。而滿族的文化發展跟他們在民族方面的發展正有着密切的關係。所以在說到滿族的文化發展之前，當把他們在民族方面的發展情形略予敍述。

由部落到建國

　　十二、三世紀間，女眞民族起於東北，逐漸向南擴張，進而建立金朝，統治中國北部等地歷一百餘年(1125—1234)。金朝覆亡後，進入中國境內的女眞人逐漸漢化。留在他們的發祥地東北的女眞人，因與漢族接觸較少，文化渲染不深，當金朝政權崩潰後，又逐漸返於部落生活的狀態。後來統治中國的滿洲（今簡稱滿族）（註九）卽是這些女眞人的遺裔。他們之所以一波又一波地撲向漢族，大概是因爲經過元朝以來一段長時期的休養後，人口蕃息，而生業不濟，遂使他們又向外去謀求生路。他們部落間的許多戰爭，以及朝鮮實錄中所見他們屢屢向朝鮮乞糧的事(參下註15)，可能都是由於這一原因造成的初期現象。

　　在明代，那些女眞部落名義上是由中國設衞統轄，但實際上只是利用當地酋豪，授以官職，並與互市，以羈縻籠絡而已。而他們自己則仍舊是以部落爲主體，直到努兒哈赤興起前，沒有自己的統一組織。

　　通常把努兒哈赤建國以前的女眞人分爲三種，卽所謂的建州女眞、海西女眞以及野人女眞。每種之內又包括好些部落。他們的活動區域，大抵是環長白山一帶，北至黑龍江流域及韃靼海峽，東南與朝鮮爲隣，西南及西則與明及蒙古接壤。野人女眞處極北，少與漢族接觸；海西女眞處長白山西側；建州女眞居長白山東側及南端。其中建州女眞卽是後來滿族發展的主體。而他們正界於中、朝兩農業國之間。

　　明初，建州女眞內部有兩個主要部落，一由阿哈出（漢名李誠善）率領，一由童猛哥帖木兒（也作孟特穆，卽淸人尊爲肇祖者，童姓）率領。永樂初年，明設建州衞，以阿哈出爲指揮使。永樂六年（1408）左右，明增設建州左衞，以猛哥帖木兒爲指揮使。滿族這團雪球的核心就是這個建州左衞。

（註九）　滿族爲女眞遺裔，於皇太極時改稱滿洲。參看：傅斯年等著東北史綱卷首；孟森淸朝前紀第一篇滿
　　　　　洲名稱考；黃彰健滿洲國國號考（中央研究院歷史語言研究所集刊第37本，民國56年）。

　　這兩個部落原先都在朝鮮東北近境圖們江外諸地（註一〇）。嗣後逐漸南遷而抵遼東一帶；其間曾數度進出朝鮮。永樂二十一年（1423），猛哥帖木兒率部人求糧於朝鮮，當時在他手下有正軍一千名，婦人小兒共六千二百五十人（見下註十五）。從這裏我們可以看出，這個部落在十五世紀初的輪廓。明宣德八年（1433），猛哥被楊木答兀（屬野人女眞）殺害，左衞內部發生紛爭，明廷乃分置建州右衞。左衞由猛哥的後人董山（猛哥之子）嗣領；猛哥之弟凡察掌新設之右衞。這就是所謂的建州三衞。努兒哈赤出自建州左衞，大概是猛哥的六世孫（註一一）。

　　自從明廷於永樂初年陸續開設馬市，與女眞通貿易以來（參下註十八），由互市所形成的經濟活動上的種種便利，逐漸影響到女眞人的移動方向。到努兒哈赤興起時，他們已經移到了竈突山（今遼寧新賓縣境）附近（註一二）。

　　當努兒哈赤二十五歲那年（明萬曆十一年，1583），他的祖父和父親在隣近部落裏的一次不幸事件中遇害。努兒哈赤向明朝邊史要求嚴懲兇手，但不得要領。於是在憤憤不平之下，決心以武力復仇。結果把掀起這場風波的蘇克素護河部人尼堪外蘭殺了。復仇之役的勝利，一方面使他勢成騎虎，另方面也鼓勵了他去作更大發展的嘗試。五年後（1588）他居然統一了建州各部。隨後又併滅海西及野人各部。到萬曆四十四年（1616）除海西的葉赫及野人的一部份外，都已掌握在他的鐵腕之中了（註一三）。就在這一年，他宣告獨立，建後金國，即汗位於興京（今遼寧新賓縣境），建元天命。再兩年（萬曆四十六年，1618），以七大恨告天，誓師攻明。天命六年（明天啓元年，1621），奪得遼東，即自興京遷都遼陽。天命十年又遷都瀋陽，是爲盛京。努兒哈赤利用由漢人建設的城市來做都城，值得注意。

　　天命十一年（天啓六年，1626），努兒哈赤去世，子皇太極繼位。他繼位不久即明白表露了他要推翻明朝的意圖（註一四）。但是，就在滿族入關的前一年（1643），皇

（註一〇）　徐中舒明初建州女眞居地遷徙考（中研院史語所集刊6本2分，頁179）「明初建州河哈出猛哥帖木兒兩部族，尚居於朝鮮東北近境圖們江外諸地」。

（註一一）　參看蕭一山淸代通史（民國一六年，商務）第一篇卷上頁7—8，世系表。

（註一二）　參看舊老城（僞康德6年，建國大學刊，按：此書係根據申忠一圖錄本文的記錄所作的考古調查報告）頁54後附圖。

（註一三）　關於努兒哈赤併滅各部的年代，可參看蕭一山淸代通史卷上淸代大事表。

（註一四）　天聰四年的木刻揭勝（見孟森明淸史集刊頁209引）中所謂的「成大業」即是指這種意圖。

太極去世了。子福臨（卽後來的順治皇帝）年幼，由叔父多爾袞攝政。當時，中國內部因政治腐敗，不但使本身的力量自相抵消，甚至有些力量反爲滿族所利用。多爾袞就在這種情形下入關並獲得了中國的政權（崇禎十六年，1644）。直到兩百六十餘年後，這個政權才在另外一個攝政的手裡結束。

滿族的文化發展

朝鮮李朝初期的實錄中關於女眞部落向朝鮮乞求糧食的記載之屢見不鮮，顯示出自明朝初年以來，女眞部落中就普遍有着缺糧的現象（註一五）。在這股饑餓風暴的吹襲之下，女眞人自難安定。這大概就是使他們向外發展，甚至導致戰爭的一個主要因素。而他們舊有的一套生產及生存的辦法，也在這股風暴之下開始動搖了起來。

在滿族的民族發展中居於核心地位的建州女眞，在明朝初期大體上是過着採獵畜牧，而兼操農耕的經濟生活（註一六）。那時候，農耕在他們的部落中似乎還沒有達到穩

（註一五）　朝鮮世宗實錄卷20，世宗5年（明永樂21年，1423）4月乙亥：「咸吉道兵馬都節制使馳報：今四月十四日，童猛哥帖木兒管下童家吾下等二十七名來告慶源府云：『我指揮蒙聖旨許令復還阿木河地面以居。指揮先令我曹率男女二百餘名，牛一百餘頭，送還舊居耕種，仍使朝京請穀種口糧；且移鐘城，慶源，官文我等帶來矣』。猛哥帖木兒則隨後率正軍一千名，婦人小兒共六千二百五十名，今四月晦時出來。………以王旨（按：指朝鮮李朝世宗）諭曰：『汝等還來舊居，可喜。然近年咸吉道失農………只將豆、粟、稷種共三十石，米二十石，以補不足，可遣人受領……』」。同上，5年6月癸酉：「少時（按：指猛哥帖木兒）蒙太祖招安，支給耕牛、農器、糧料、衣服，許于阿木河居住。故今六月初二日，率管下百姓五百二十三戶，還到斡木河。乞給糧資生。」又同上，世宗7年正月辛卯：「平安道監司馳報，野人李滿住（按：卽阿哈出之孫）等百七十三名到江界。童修甫等等二百六名到閭延。俱以諸糧爲辭，留連不還。」這類記載在朝鮮實錄中俯拾皆是，僅錄以上數例；另參看園田一龜明代建州女直史研究。按：猛哥帖木兒於請口糧之同時，也請穀種，這可能是在嚴重缺糧，又遷徙不定的情形下，連原有的穀種也吃掉了。

（註一六）　明太祖實錄卷144，洪武15年（1382）4月丙午：「時故元臣名祖自定遠來歸，上問遼東風俗。名延言：遼東地遐遠，民以獵爲業，農作次之，素不知詩書。」又遼東志卷7藝文志韓斌遼東防守規劃：「建州虜營，昔在戻州，去邊月餘程。永樂間，虜酋李滿住款塞求近邊種牧，乃卽蘇子河（按：在今新賓縣境）興之。」又朝鮮世宗實錄卷21，世宗5年8月辛亥：「永樂二十一年四月二十五日，據咸吉道兵馬都節制使何敬復呈送到建州左衞指揮使童猛哥帖木兒關本，使關文二紙。一件，本職於永樂二十年四月內赴京，根駕囘到北京。九月內奉天門奏，有達達常川往來攪擾，邊境去處，住坐不得。奉欽依准他，著他自在好原久去處住坐、打圍、放牧。本職等於永樂二十一年三月十五日起程，前來阿木河等處。」另參上註引朝鮮實錄。

定的地步，因爲這種方式的經濟生活需要有相當安定的社會做背景。而他們部落間則
經常發生戰爭，而且常常遷來遷去，這對於農耕的發展當然會有不良的影響。不過，
從長期的前後對照上看來，整個的趨勢則仍是逐漸增加農業生活的成份。

　　當他們輾轉於朝鮮邊境的那段時期，生活各方面自然會受到朝鮮的影響(註一七)。
然而自從大明與女眞互市後(註一八)，則透過互市所受漢族的影響，對他們未來的發展
具有決定性的作用：第一、以天朝上國的吞吐量在邊境開市所形成的經濟活動上的優
良環境，對那些正在流離飄泊的女眞部落，尤其是建州各部落，發生了強大的吸引
力，而使之逐漸向開市地區移動；第二、他們的天然產品有了方便的市場，漢人的貨
品種類多，可以換取自己需要的東西（例如：糧食、器用等），因而刺激了他們的生
產力（包括增加天然產品以換取漢人的東西，換來農具促進農業發展等），並改善了
他們的經濟生活(註一九)；第三、天朝的各種手工藝產品大量流入女眞社會，逐漸淘汰
了他們原有的某些生產技能與產品，致使「服用之物，皆賴中國」(註二〇)。

　　當互市對女眞人的生活的關係演進到這般地步時，女眞人就像抽上了煙癮一樣，
不能沒有市場了。所以有時候因爲對於物品的急切需要，從市上得不到滿足，竟不惜
動用武力，寇邊掠奪(註二一)。女眞人在經濟生活上之如此不能脫離漢族，反映了他們

(註一七)　參看陳文石淸人入關前的農業生活──太祖時代（上），原載大陸雜誌22卷9期，民國50年，後來
　　　　　收入國防研究院邊疆論文集第一册，今據後者頁262。
(註一八)　永樂3年(1405)設開原馬市，每歲海西夷人於此買賣。同年並設廣寧馬市，朶顏、泰寧二衞諸夷於
　　　　　此買賣。夷貨均以絹、布、或米計價。（見全遼志卷1，山川女眞馬市條）。這是據記載最早正式
　　　　　開放的馬市。嗣後有陸續增設。撫順馬市之設，則爲與建州諸夷交易。馬市中交易的貨品並不限於
　　　　　馬，實際上包括女眞人的各種天然土產，漢人的輸出則多爲器用、米、布等。（參看但燾譯訂淸朝
　　　　　全史第五章，稻葉君山著楊成能譯滿洲發達史第五章第三節，並參下註）。
(註一九)　滿洲實錄卷2：「所產有明珠、人參、黑狐、元狐、紅狐、貂鼠、猞狸猻、虎、豹、海獺、水獺、
　　　　　青鼠、黃鼠等皮，以備國用。撫順、淸河、寬甸、靉陽四處關口，互市交易，以通商賈，因此滿洲
　　　　　民殷國富。」
(註二〇)　方孔炤全邊略記卷10，記宣宗宣德6年(1431)的情形說：「上謂侍臣曰：朝廷非無馬牛，而與之
　　　　　爲市，蓋以其服用之物，皆賴中國。若絕之，彼必有怨心。」
(註二一)　明憲宗實錄卷172，成化13年(1471)11月己丑：「命都指揮同知崔勝爲廣寧中路參將。時海西虜
　　　　　酋糾建州三衞入寇靉陽，言往年受朝廷厚遇，今無故添一官人伴送我行，飲食之如犬豕，禁制我市
　　　　　買，使男無鑼鏟　女無針剪，因事乃寇。」亂事平定後，有人乘機打擊當時的兵部侍郎馬文升，說
　　　　　「虜夷之變，文升禁不興農器激之也」（見皇明史竊卷35馬文昇傳）。馬文升雖以所禁乃兵器、非
　　　　　農器申辯，但虜夷入寇與市易不能滿足他們的需要有關則無疑。因爲無論農器或兵器，他們都須要
　　　　　依靠外來。按，女眞人將市易所得鐵器改鑄爲兵器，也確有其事。明孝宗實錄卷195，弘治16年（
　　　　　1503)正月甲午，吏科給事中鄒文盛奏疏：「竊聞虜所易鍋、鏟，出關後盡皆毀碎融液；所得豆料等
　　　　　以飼馬，其志可知。」

在文化方面所受漢族的影響（註二二），就像近代工業國家對農業國家的貿易所產生的影響那樣。

以上是努兒哈赤興起前，在女眞社會中，由經濟生活的變化所反映出來的文化發展的一個輪廓。從這上面我們已可約略看出，他們原有的以採獵畜牧爲基礎的文化成份逐漸在喪失中，而代之以外來的以農業爲基礎的文化成份。女眞人文化上的這種變化是存在於他們整個民族中的一種趨勢，所以也是努兒哈赤興起前的時代背景。

努兒哈赤興起後，他們的文化發展隨着民族的逐漸統一而又產生了重大的轉變，那就是他不但想改變生活上仰求於人的局面，而且還把創業精神帶到了文化發展上面。在他的推動下，整個女眞社會呈現出一股蓬勃氣象。他不僅在農業方面做到了「禾穀豐茂，無野不耕」（註二三），以致自認爲已是耕田食穀的農業國家（註二四），而且在手工業方面也設法自己開礦（註二五），並使「銀鐵革木，皆有其工」（註二六），另外還「養蠶繰絲，種棉織布」（註二七）。天命六年（1621）奪得遼東地區後，農田面積大增，於是又實行土地制度，計口授田（註二八）。總之，自努兒哈赤興起以來，女眞社會中各

(註二二)　同前滿洲發達史頁167：「吾人不已言撫順關爲建州名酋董山（按：卽孟哥帖木兒之子）要諸明人所開設乎。豈知建州女直，不特爾時收得互市之利益，後來之享其惠澤者，實無窮期也。故此關者，不特爲貨物分佈之關鍵，蓋中國之文化由內地以流佈於邊郡，復由此馬市以吐出於塞外之關鍵也。故吾人又謂，若非撫順之馬市，建州之發達不能若之速也。」

(註二三)　李民寏建州聞見錄：「土地肥饒，禾穀甚茂，旱田諸種，無不有之。」又寫定申忠一圖錄本文（見前揭舊老城頁83）：「自此以西（參看原書圖版三），至奴酋家，所經處無野不畊。至於山上，也多開墾。」

(註二四)　滿文老檔太祖十三，天命4年11月（日本東洋文庫滿文老檔研究會譯註本，頁201—202）：「汝等蒙古國，飼養家畜，食其肉、衣其皮過活；我國以耕田食穀過活。」

(註二五)　滿洲實錄卷3己亥年（萬曆27年，1588）3月：「始炒鐵，開金銀礦。」

(註二六)　建州聞見錄：「銀鐵革木　皆有其工，而惟鐵匠極巧。」

(註二七)　滿文老檔太祖五，天命元年正月（同上版本頁68）：「這年，佈告國中，開始養蚕繰絲　織綢緞，種棉，織布。」

(註二八)　滿洲老檔秘錄上，天命6年7月，爲計口授田事諭曰：「海州一帶有田十萬日（按：盛京通志卷34，旗田：『一日約六畝餘』），遼陽一帶有田二十萬日，宜分給駐紮該處之軍士⋯⋯每一男丁給他六日，以五日種糧，一日種棉，按口均分⋯⋯所有官員，皆由朕給以銀米，不准向民間勒索，免蹈明覆轍。」

方面都在發生突出的變化。尤其是在經濟生活方面，已開始朝着擺脫依賴外界的路途發展。現在我們看努兒哈赤於天命六年遷都遼陽以前，他在寧古塔（註二九）的建設情形。籌遼碩劃卷首程令名東夷奴兒哈赤考：

> 寨在寧官塔內，城高七丈，雜築土石，或用木直橫築之。城上環置射箭穴竇，狀若女牆，門皆用木板。內城居其親戚，外城居其精悍卒伍。內外見居人家約二萬餘戶。北門外則鐵匠居之，專治鎧甲。南門外則弓人箭人居之，專造弧矢。東門外則有倉廒一區，共計一十八照，每照七、八間，乃是貯穀之所。

據前註十五引朝鮮世宗實錄，頭一條記猛哥帖木兒的部落有軍隊一千名，婦人小兒約六千五百人；又據第二條（兩條記事時間僅隔一個半月），他們當時有五百二十三戶。如果軍隊不計在戶內，則每戶平均有12.3人強。兩百年後，戶的大小雖然可能有變動，但是寧古塔的兩萬餘戶有人口十五至二十萬，則當不算高估。另外還有兵工專業區和一百多間穀倉。單單拿寧古塔一地所反映的情形來跟兩百年前他的祖先猛哥帖木兒帶着七千多人在阿木河（今圖們江上游）一帶輾轉移徙，向朝鮮乞求穀種口糧的情形相比，則可以看出這團雪球，兩百年來，社會體積及文化兩方面都在擴大發展之中。

在努兒哈赤時期，文化發展方面還有兩件特別值得注意的事是，製作文字（註三〇）

（註二九）　寧古塔，也作寧官塔或林古打。當時的寧古塔在今遼寧省新賓縣境內（參看前揭舊老城頁54後所附圖），不是現在地圖上於吉林寧安縣名下所註的寧古塔。莫東寅滿族史論叢（頁60—61）記爲努兒哈赤於萬曆15年（1587）由新兵堡移住寧古塔，並卽築寧古塔城。又孟森清世宗入承大統考實（明清史論著集刊頁538）：「太祖所居寧官塔卽後之興京。」又謝國楨清初流人開發東北史頁4，對這兩個寧古塔的說明是：「寧古塔在今吉林寧安縣治，清康熙五年建置將軍副都統，泰寧縣、綏芬廳、寧安府於此，爲柳邊以外之最大都會。按清之先世寧古塔貝勒，居今遼寧之興京一帶，分居六堡，故以爲名，見王氏東華錄，與吉林之寧古塔實非一也。」

（註三〇）　滿洲實錄卷3己亥年（萬曆27年，1599）：「時滿洲未有文字，文移往來必須習蒙古書，譯蒙古語通之。二月，太祖欲以蒙古字編成國語。巴克什額爾德尼、噶蓋對曰：『我等習蒙古字，始知蒙古語。若以我國語編創譯書，我等實不能。』太祖曰：『漢人念漢字，學與不學者皆知。蒙古念蒙古字，學與不學者皆知。我國之言寫蒙古之字，則不習蒙古語者不能知矣。何汝等以本國語編字爲難　以習他國之言爲易耶？』噶蓋、額爾德尼對曰：『以我國之言編成文字最善，但因翻編成句，吾等不能，故難耳。』太祖曰：『………吾意決矣，爾等試寫可也。』於是自將蒙古字編成國語頒行。創制滿洲文字，自太祖始。」

與建立八旗制度（註三一）。 文字與八旗制度在文化功能上對於關外時期的滿族的重要性，無需在這裡闡述。我們所要注意的是，這兩樣東西的出現，表明了他們已在估量着自己的需要，而去動腦筋創造適合於自己社會的文化成份。滿族在與外族文化長期接觸後，終於撞開了智慧的蓋子，而把文化發展推進到一個新的水平。

從滿族文化發展的全部進程上去看，到努兒哈赤時代已經堆積成了一個高峯。皇太極在位的十幾年間（1626—1643），對於太祖留下來的這個高峯，大體上維持着水平的發。另外他也有他所用心的地方，例如興辦教育，令滿族子弟讀書，以期建立起滿族的新民族觀念與國家觀念。這是他深深體驗到的，由部落到民族的發展過程中所帶來的一個亟待處理的沉重包袱。關於這一點，我們留在下面再討論。

滿族文化發展的分期

滿族入關前的文化發展，可以粗略地劃分為兩個時期，而努兒哈赤的興起正好可以作為這兩個時期的界標。在他興起以前可以算作第一期。在這一期內，民族尚未統一，表現於經濟生活方面的文化發展是，原有的以採獵畜牧為基礎的文化成份逐漸減少，外來的以農業及手工業為基礎的文化成份逐漸增多。第一期大體上也可以說它是一個依靠輸入時期。這大概跟民族的尚未統一有關係。因為在部落分裂的時候，不但部落的體積比統一後的民族小，而且部落之間常因戰爭而不能久居一地；需要社會安定以及分工較細為基礎的農、工等業，在這種情形下當然較難發展。

努兒哈赤興起後到入關為止（1583—1644），可以算作第二期。在這一期內，他們逐漸由分裂的部落變成為統一的民族，這使他們在文化發展上有了較好的一個架子

（註三一）　孟森八旗制度考實（中研院史語所集刊第6本，頁343—344，民國25年）：「八旗者，太祖所定之國體也。一國盡隸於八旗，以八和碩貝勒為旗主，旗下人謂之屬人，屬人對旗主有君臣之分。八貝勒分治其國，無一定君主，由八家公推一人為首長，如八家意見不合，即可易之。此太祖之口定憲法。………八旗之始　起於牛彔額真。牛彔額真之始，起於十人之總領。十人各出箭一枝，牛彔即六箭，而額真乃主也。此為太祖最初之部勒法。萬曆十一年癸未，太祖以父遺甲十三副起事，自後即有牛彔額真之部伍。吞併漸廣，糾合漸多，至萬曆二十九年辛丑，乃擴一牛彔為三百人　而牛彔額真遂為官名，蓋成率領三百人之將官。當時有四牛彔，分黃、紅、藍、白四色為旗，蓋有訓練之兵千二百人矣。征服更廣，招納更多，一牛彔三百人之制不變，而牛彔之數則與日俱增。自二十九年辛丑，至四十三年乙卯，所增不止女真部族。除夜黑外皆已統一，且蒙古、漢人亦多有降附，蓋十四年之間增至四百牛彔，則為百倍其初矣。於是始設八旗。」

——社會體積較前增大。隨着這種變化，他們逐漸踏上了「擺脫依靠外界」的路途，並且還估量着自己社會的需要，努力去增加自創的文化成份。所以第二期也可以說它是一個自求發展時期。

如果我們要把他們的文化發展（姑仍襲用發展兩字）包括入關以後，則入關以後可以算作第三期。不過，這是一個萎縮時期（詳後）。

三、滿族文化發展中的困難與弱點及其影響

在上一節裡面，我們所看到的滿族的情形，民族與文化兩方面都蒸蒸向上。然而那只是一個外表；現在我們要從骨子裡去看。

滿族由於輸入了漢族文化而促成的文化發展，到第二期雖然進展速度像起飛一樣，但他畢竟還沒有達到青出於藍的地步。而且，在第二期所建立起來的那座文化高峯之下，我們還發現有許多浮石，以致使那座高峯缺乏穩固的基礎。

滿族的統一事業是由努兒哈赤開始並完成的。但是從他以十三副遺甲攻殺尼堪外蘭算起，到多爾袞領着福臨入關為止，中間只有六十來年 (1583—1644)。民族的統一與邦國的建立，形成了一個必須有東西擺上去才不會倒的架子。在文化方面他們雖然已開始步入自求發展的階段，但是充實文化內容並奠定它在本民族中的基礎，以符合他們那個架子的需要所當做的事還多得很。例如：他們必須把舊有的部落觀念轉變成為新的民族觀念和國家觀念；必須有適合於作為一個國家的各種制度；必須使滿族文字所載的「道」豐富起來；必須使自己的民族分子具有從事各種基本生產工作的技能等等。但是，他們在那六十來年中，還沒有把那類工作打下穩固的基礎，就一湧進到了關內。因此，他們在關內與漢族相處，文化上卽顯然居於劣勢（人口方面也是一樣）。這對滿族顯然是不利的，除非他們能把那些居於劣勢的地方改變過來。

滿族文化發展中的困難

滿族入關前，在軍事方面之所以能連連得勝，八旗制度在當時所發揮的組織力量固然是一個重要的因素；但還有同樣重要的一個因素卽是對於官兵的運用得宜，使他們樂於拼死冒險。而滿族官兵之所以樂於拼死冒險，主要原因則又是打伏對個人有直

接的好處，例如掠奪財物或獲得奴隸等（註三二）。然而，從民族與民族或國家與國家對抗的觀點上去看，在滿族軍事勝利的許多原因之中，獨缺乏最重要的一項，就是超出舊日的部落範圍而能溝通滿人的想法和做法的一套民族思想和國家思想。這項缺乏，使他們只能勝不能敗，只能對弱敵不能對強敵。一旦遇到強敵或遭到失敗時，這方面的缺點就會暴露出來。天聰年間，皇太極在灤州之役的失敗中體會到了這方面的問題，因此他積極興辦教育，令滿族子弟讀書，期能有所改進。阿桂開國方略卷十五，天聰五年（1631）閏十一月庚子朔，令貝勒大臣子弟讀書，集貝勒大臣諭曰：

> 朕令諸貝勒大臣子弟讀書，所以使之學習學問，講明義理，忠君親上，實有賴焉。聞諸貝勒大臣，有溺愛子弟不令就學者，殆謂我國雖不讀書，亦未嘗誤事。獨不思上年，我兵之棄灤州，皆由永平駐守貝勒失於救援，遂致永平、遵化、遷安等城相繼而棄，豈非未嘗學習學問，不明義理歟？今年明國築大凌河城，我兵圍之經四閱月，人皆相食，猶以死守。雖援兵盡絕，凌河已降，而錦州、松山、杏山猶不忍委棄者，為讀書明道理，為朝廷盡忠故也……

所謂「明道理，為朝廷盡忠」，歸根到底無非是一套民族思想或國家思想經過了昇華程序的結晶（註三三）。皇太極責令滿族子弟讀書，目的也就是想使這個剛由部落統一起來的民族和國家趕緊去建立那種昇華程序。然而，有些貝勒大臣却認為「我國雖不讀書，亦未嘗誤事」。這是他們剛想去建立那種昇華程序時所遭遇到的一連串觀念上的困難。皇太極說那番話的時候，距入關只有十三年的時間。

在民族與民族的接觸中，文化方面有一個特別值得我們注意的現象就是：在文化壓力的鋒面上，往往是物質部份的鋒刃較為銳利，並且較易被對方感受，而將文化較低的對方捲入掌握該較高文化的民族的同一價值系統中。例如近代中國受西洋文化的刺激所引起的文化變化，中國的反應首先卽是物質建設。所謂的洋務運動或自強運

（註三二）李民寏建州聞見錄：「出兵時無不歡欣，其妻亦喜躍，為以多得財物為願。如軍卒家有奴四、五人，皆爭借赴，專為搶掠財富故也。」又太宗聖訓卷2，崇德3年正月：「今在各家充役之家人……皆攻城破敵之際，或經血戰而獲者有之，或因陣亡而賞給者也有之。」

（註三三）漢族早已有這種結晶品，世世代代流傳着。只是在政治腐敗的情形下，無法充份發揮它的效能，就像酵母必須有良好的溫度才能發生良好的發酵作用一樣。滿族則是缺乏這種結晶品。他們用戰爭對於個人的直接利益來代替了它。

動，着眼點幾乎全在物質建設方面，到甲午戰爭失敗後，才囘頭檢討，而有變法維新之議。

由於文化中物質部份的鋒刃具有這種力量，所以如果對它缺乏正確的認識，則往往會在心理上產生於事無補的反應，例如盲目崇拜，以致於無形中喪失了民族自信心。現在我們舉一個跟滿族有關的例子看。楊賓柳邊紀略卷三：「陳敬尹爲余言曰：我於順治十二年（1655）流寧古塔，尙無漢人。滿人富者緝麻爲寒衣，搗麻爲絮。貧者衣麀鹿皮，不知有布帛(註三四)；有之，自予始。予曾以疋布易稗子穀三石五斗。有撥什庫某得余一白布縫衣，元旦服之，人皆羨焉。」拿我們現在社會中一般人崇尙洋貨的心理及其影響來比較，則不難由上述事件中領會到當時東北滿族社會的一般情形。這時候，滿族成爲中國的統治者已經有十來年了。如果我們再囘頭看，則又會發現這一類的問題在他們入關以前卽已存在。

當皇太極在位的時候，有人屢次向他建議改滿洲衣冠，效漢人服飾。這種建議對於皇太極的致力於培養滿族的民族思想的用心是不調和的，所以他極力反對。阿桂開國方略卷二十二，崇德元年（1636）十一月癸丑，上御翔鳳樓，集諸親王、郡王、貝勒、管旗大臣及都察院官，命內閣宏文院大臣讀大金世宗本紀，諭衆曰：

爾等審聽之：世宗者，蒙古、漢人諸國聲名顯著之賢君也……朕思金太祖、太宗，法度詳明，可垂久遠。至熙宗合剌及完顏亮之世盡棄之。耽於酒色，盤樂無度，效漢人之陋習。世宗卽位，奮圖法祖，勤求治理，惟恐子孫仍效漢俗，豫爲禁約，屢以無忘祖宗爲訓；衣服、語言，悉尊舊制，時時練習騎射，以備武功。雖垂訓如此，後世之君，漸至懈廢，忘其騎射。至于哀宗，社稷傾危，國遂滅亡。乃知凡爲君者，耽于酒色，未有不亡者也。先時，儒臣巴克什達海、庫爾纏屢勸朕改滿洲衣冠，效漢人服飾制度。朕不從，輒以爲朕不納諫。朕試設爲比喻，如我等於此聚集，寬衣大袖，左佩矢，右挾弓，忽遇碩翁科羅巴圖魯勞薩挺身突入，我等能禦之乎？若廢騎射，寬衣大袖，待他人割肉而後食，與尙左手之人何以異耶？朕發此言，實爲子孫萬世之計也；在朕身豈有變更之理。恐日後子

(註三四)　努兒哈赤時代所開創的種棉織布，大槪只供軍需，不供民用。後來滿族一湧入關，東北赤地千里，先前的那些建設也都歸廢棄。

孫忘舊制，廢騎射，以效漢俗，故常切此慮耳。我國士卒，初有幾何？因嫺于騎
射，所以野戰則克，攻城則取。天下人咸稱我兵曰：立則不動搖，進則不回顧。
威名震懾，莫與爭鋒。此番往征燕京出邊，我之軍威竟爲爾八大臣所累矣。故諭
爾等，其謹識朕言（註三五）。

那位巴克什的一再建議，以及皇太極把滿朝文武大臣都召來聽他這一頓厲聲厲色的訓
誡，顯示「效漢人服飾制度」在當時已是一種普遍的潛在趨向。而且皇太極還認爲征
燕京的失敗，跟這種潛在趨向有關，可見事態的嚴重。再看他拿金朝的歷史來告誡羣
臣，則他似乎已經覺得，如果不把那種潛在趨向阻止，而讓它受到鼓勵及表面化，就
難免再走上金朝他們的祖先所走過的老路子。

　　「禁效漢人服飾制度」，只要一道諭旨就可以在表面上生效。但是要想從實際上
排除漢族文化對滿人所造成的影響，却不是一件容易的事。這種困難不但在入關前沒
有解決，入關後反而有加深的趨勢。所以他的這一套空洞的說教，後來的滿清皇帝曾
一而再、再而三的去翻版。

　　滿清皇帝都希望滿人有堅強的民族觀念，同時也想盡力排除漢族對他們的影響；
然而却是一代不如一代。這種情勢之所以不能扭轉，其中必另有更基本的問題沒有解
決——卽更深一層的原因。從下面兩節中我們可以約略看出。

滿族文化發展中的空檔

　　滿族自從踏上統一與壯大的道路以來，不但本身的體積在增大，對外的接觸也在
逐漸增大。在這些變化情況下，他們於裡裡外外所遇到的種種新問題也不斷增加。但
是解決這些問題所必具的知識却顯得供不應求。因此在他們貯藏知識的腦子裡面便經
常相對地有着一些空檔出現。另外，在欲望方面，他們似乎也跟着社會體積的增大，
而表現出一種過份膨脹的現象（他們想推翻人口較多，文化較高的漢族所建立的政權
——明朝）。欲望的過份膨脹，更是相對地使他們腦子裡面的空檔大大增加。滿族在
當時那樣的發展趨勢下，必定會找東西去填補那些空檔，就像人餓了一定會去找東西
吃一樣。

（註三五）　這道諭也見於太宗實錄；管旗大臣，實錄作固山額眞。另據高宗聖訓卷30法祖，乾隆17年壬申3月
　　　　　辛巳記載，乾隆皇帝曾經把這道諭在紫禁箭亭、御園、引見樓、侍衞敎場及八旗敎場等處立碑刊刻。

　　當然，塡補這類空檔的上策是想自己的辦法走自己的路。努兒哈赤時代的製作滿文及創設八旗制度，即是屬於這一類的塡補空檔的辦法。但是，他們並沒有眞正理解到這種辦法對於民族生存前途的重要性，所以也沒有把它推廣並持續下去。再說，初創的滿洲文字經不經得起載「道」豐富的漢族文字的「滲透顚覆」？八旗制度的架子在變動的環境中是否耐用？這些都是還需要考驗的問題。而滿文與八旗制度本身，在變動不停的局面下，也常常呈現出空檔須要塡補。

　　也許是由於「欲望過份膨脹」的緣故，他們愈往後愈是一發現有空檔就顯得饑不擇食的樣子，想找東西去塡補。在這種情形下，現成的東西當然會受到歡迎。再說，滿族所遇到的問題多因受了具有較高文化的漢族的影響並與漢族對 立 所引起的 。 因此，採用漢人的一套現成的東西，不但得之方便，而且容易見效 。 至於這樣做了以後，腦子裡會起甚麼變化，滿族的領導分子在饑不擇食的情形下對這樣的問題是難於顧慮的。滿族大體上即是以這樣的方式去塡補那類空檔的。所以皇太極一方面禁效漢人服飾，另方面却又仿行明朝的封爵制度（註三六），而且還希望從戰爭俘虜中得到一些能替他們動腦筋的漢人來供利用（註三七）。入關後，世宗（雍正） 的 用儒道，變祖法（註三八），也是一脈相承的做法。

────────────────────────────

（註三六）孟森八旗制度考實（同前，頁348）：「崇德。以前，淸不封親王，崇德改元，仿明制而封親王，
　　　　並稍定親王以下之宗室封爵。順治九年，始仿明制設宗人府。」另外，我們再擧幾個仿漢人制度的
　　　　例子看：採諡法（見孟森淸史講義第三章世系表太祖欄）行三年之喪（見雍正上諭八旗康熙61年11
　　　　月21日，時康熙帝已崩；又同書雍正3年3月12日）；遵諱制（見上諭八旗雍正元年11月初9 日）；
　　　　修家譜（例如：星源集慶，八旗滿洲氏族通譜；另參上諭八旗雍正3年3月初 8 日）。
（註三七）崇禎2年（天聰3年1629），滿兵曾越過長城，接近北京，擄得大批人口與財物。後來皇太極對這
　　　　次豐富的擄獲感慨地說：「金銀幣帛，雖多得不足喜，惟多得人爲可喜耳。金銀幣帛，用之有盡，
　　　　如收得一 、二賢能之人堪爲國家之助，其利賴寧有窮也？」（見淸太宗實錄卷 7，天聰4年4月己
　　　　卯）。
（註三八）八旗制度考實（同前，頁343—344）；「八旗者，太祖所定之國體也。一國盡隸於八旗，以八和碩
　　　　貝勒爲旗下人，謂之屬人。屬人對旗主有君臣之分。八貝勒分治其國，無一定君主，由八家公推一
　　　　人爲首長。如八家意有不合，即可易之。此太祖之口定憲法。其國假借名之，可曰聯邦制，實則聯
　　　　旗制耳。太宗以來苦心變革，漸抑制旗主之權，且逐次變革各旗之主，使不能據一旗以有主之名，
　　　　使各旗屬人不能於皇帝之外，復認本人之有主。蓋至世宗朝而法禁大備，純以漢族傳統之治體爲治
　　　　體，而尤以儒家五倫之說壓倒祖訓。非戴孔、孟以爲道有常尊，不能折服各旗主之稟承於太祖也。
　　　　世宗制朋黨論，其時所謂『朋黨』，實是各旗主之名分，太祖所制爲綱常，世宗乃破之爲朋黨，
　　　　而卒無異言者，得力於尊孔爲多也。夫太祖之訓亦實是用夷法以爲治，無意於中夏之時有此意造之
　　　　制度，在後人亦可謂之亂命。但各旗主有所受之，則憑藉固甚有力，用儒道以易之，不能不謂大有
　　　　造於淸一代也。夫儒家名分之說在中國有極深之根柢，至今尙暗資束縛者不少耳。」

　　儒道乃是漢族從生活經驗中累積起來，並藉語言、文字承傳於社會中發生實際作用的一套關於人與人的關係的道理。世宗運用這一套道理去變更祖法，獲得成功，這表明漢族的這一套道理已適合於塡補他們腦子裡的空檔。同樣，當他們腦子裡另有空檔需要塡補時，漢族也另有現成的東西可供他們利用(註三九)。需要愈多，塡補也愈多，而累積也愈多。滿人從腦子裡到生活上，就這樣一點一滴地發生着變化。滿清皇帝雖然口口聲聲要一般滿人用滿語，守本習，但在訓諭中却又通篇累牘引漢族的經，據漢族的典(註四〇)。滿族的最高領導人都要用漢人經典上的道理來曉諭別人，以期收到排難解惑的效果，而又叫一般滿人不受漢人的影響，豈非作則不以身又緣木求魚？再說，滿族人口居於劣勢，八旗滿洲除京師地帶較爲集中外，其他則分散各地；平均每個滿人的周圍有一百五十個以上的漢人（參前註七）。而漢人又大都是在具有較高的文化傳統（包括知識、技能等）的社會中長大的；滿人既屬少數，又缺乏自己的一套優於漢人的文化素養。在這種被包圍的形勢下，滿族的當道者既無以自救，又怎麼能憑空空洞洞的訓諭去救一般滿人呢？

　　也許有人認爲，仿明制與用儒道，正是他們的善於運用—— 善於運用別人的長處。但是，年長月久，老是只會利用別人的長處，而不去想辦法建立起自己的一套更好的東西出來，則那樣的運用實際上等於借債渡日，不無破產的危險。滿文滿語的逐漸喪失，正是一種破產現象(註四一)。仿明制與用儒道，可以說是由無到有，因爲滿族本

(註三九)除儒道外，如五行之術（參看莫東寅滿族史論叢頁72—75）及經書算法（見雍正上諭八旗 2年10月26日）等都鑽進了滿人的腦子裡。

(註四〇)八旗制度考實（同前，頁 356）：「康熙間修太祖聖訓，大約皆粗淺之修齊治平語；又多引中國史事，連篇累牘，數典過於儒生：此必爲後來增飾之文。」按，即使那是後來增飾之文，但必有朝廷的授意，才得增飾，這正反映了他們的引中國史事有後來居上的趨勢。如果拿「引中國史事，連篇累牘，數典過於儒生」來形容雍正的上諭八旗，那是很恰當的。而上諭八旗，自雍正一年至五年的那一部份是雍正在位時刊頒的，當不致有後人增飾的嫌疑。

(註四一)滿人於雍正時期卽已不能固守滿語本位，甚至連蒙古旗人也有同樣的趨勢。上諭八旗雍正 5年10月18日上諭：「比見滿洲能蒙古話者甚少，卽蒙古旗下人等善蒙古話者也少。」同上7年3月初1日上諭；「八旗滿洲人等學習滿洲話，蒙古人等亦應學習蒙古話。」同上9年2月22日上諭：「著降旨與八旗都統，前鋒統領，護軍統領等，於八旗曉騎營兵丁內擇其年少無疾，而騎射不堪，不能滿洲、蒙古語，諸事無能，極爲庸劣之人，滿洲、蒙古每族各派一百名，共八百名八；八旗漢軍合派兩百名共爲一千名。或在西廠子，或在聖化寺等處設立一營……營內一槪不許漢語，惟習清語或蒙古語。」另參同書6年正月29日，9年2月初10日，11年11月27日，11年11月29日等諭。

來沒有這些東西；語言與文字的喪失則是由有到無。無論怎樣轉變，都是漢族的一套
東西愈來愈多地活在他們身上，而他們自己原有的一套東西則逐漸死滅。這不但表
明了漢、滿兩族的文化因高低勢差所產生的壓力無法抗阻（註四二），而且也表明了滿族
被捲入到漢族的價值系統中後，一直沒有掙脫出來站穩自己的脚跟，而是愈捲愈緊。
他們被愈捲愈緊的主要原因，卽是因爲他們塡補腦子裡的空檔所用的都是漢族現成的
東西，以致愈積愈多。

滿族文化發展中的弱點

在滿族入關前的文化發展中，經濟生活方面的發展，從外表上看，自努兒哈赤以
來，是一股勁往上爬。然而，他們走的路子却不正確，以致脚下踩着的盡是些浮石。
換句話說就是他們始終沒有使這方面的發展在自己的民族分子中打下穩固的基礎。沒
有打下穩固基礎的主要原因則是由於他們一直過份地利用具有先進農工技術的外族人
民來做奴隸，替他們從事實際的生產工作。

在孟哥帖木兒時代，他們卽已開始擄掠異族的人來從事耕作（註四三）。後來他們竟

（註四二）滿清的最高領導分子似乎曾經體會到了漢、滿之間有着文化高低勢差的存在，然而却沒有正確的辦
　　　　法去面對問題。他們反而覺得，既然已經有了那麼大的高低勢差，也就不必再與漢人相競，只要緊
　　　　握權杖就可以擋住文化勢差的壓力，而保持滿族的特殊地位。上諭八旗雍正2年（1724）7月23日上
　　　　諭（按：此諭也見於淸世宗實錄）：「我滿洲人等，因居漢地，不得已與本習日以相遠，惟賴烏拉
　　　　、寧古塔等處兵丁不改易滿州本習。今若如此崇尙文藝，則子弟之稍顯悟者，俱專事於讀書，不留
　　　　心武備矣。卽使百方力學，豈能及江南漢人？何必捨已所能出人之技（按：指騎射等武技），而習
　　　　其不能出人之事乎？」到乾隆20年（1755）又有類似的諭，見東華錄乾隆20年5月庚寅第二條。
（註四三）朝鮮李朝世宗實錄卷32，世宗8年（明宣宗宣德元年，1426）6月丁丑：「慶源前千戶李三哲，以
　　　　事變探侯到阿木河。童猛哥帖木兒謂三哲曰：『吾等曾居余下時艱難，管下人將牛馬衣服買得人物
　　　　，通入慶源、鏡城之境，則以楊木答兀管下人列論，專不送還。管下人心痛，欲擄掠慶源、境城人
　　　　物，以償所亡。』……上召政府六曹，都鎮撫及卞季良議曰：『楊木答兀、童猛哥帖木兒，率其部
　　　　落居我國之地，不可以敵國論也。然在前背叛朝廷，故其所擄掠唐人，逃來則押送于京。』」又同
　　　　上，卷92，世宗23年（明英宗正統6年，1441）正月丙午：「凡察與楊木答兀搶擄遼東、開源等處
　　　　軍民爲奴使喚，或做娼婦。所擄人等不勝艱苦，逃脫前來，本國隨到隨解（按：朝鮮實錄中很多這
　　　　類的例子），共計八百餘名。凡察與土官金得淵說道：『我的使喚人口，雖係上國人民，旣已作妾
　　　　爲奴，如今農忙時月，被奪轉解，深以爲悶。我當擄掠慶源人物，以報此讎。』」

沿着這條路子發展，而愈演愈烈。到萬曆年間，竟使受攄的遼東地區有人盡之苦。籌遼碩畫卷一，熊廷弼懲前規後修舉本務疏：

> 臣惟遼左今日之患，莫大於無人。夫邊非無民，土沃而民聚，向稱富庶矣。自萬曆四年 (1576)、八年、九年、十一、十四、十五、二十二、二十六、二十七年受虜，開、鐵、汛、懿之人盡。自萬曆二年、三年、十、十一、十三、十七、十八、十九、二十一年受虜，而遼、海迤西南之人盡。間有存什佰於千萬者，邊吏又不爲之保護，聽虜節年撿拾無遺。雖使造物能生人，遼人善育人，而歲計所產，不抵所掠。遼於是乎無人矣！

這種頻頻攄人的行動，到努兒哈赤以後可能已經變成了他們的一種政策。而且攄人之多動輒數十萬。萬曆四十六年（清太祖天命三年，1618），攻下撫順時，「得人畜三十萬，散給衆軍」（註四四）。天啓元年（天命六年），又攄去遼東「人民」二十萬（註四五）。他們奪得遼東後，攄掠地區也跟着南移，竟至越過長城，深入內地。自清太宗天聰至崇德年間，大規模攄掠計有四次：第一次在崇禎二年（天聰三年，1629），曾接近北京。這一次沒有記載攄獲多少，只知道「此行俘獲人口較前甚多」（註四六）。第二次在崇禎九年（崇德元年，1636）在延慶州攄得人畜一萬五千二百三十（註四七）；再入長城至安州，攄得人畜十七萬九千八百二十（註四八）。第三次在崇禎十一年（崇德三年），破邊關，至燕京，西抵山西，南至山東濟南，皆受蹂躪；這次攄獲「人口」二十五萬七千八百八十（註四九）。第四次在崇禎十五年（崇德七年，1624，入關前兩年），至兗州府一帶，攄得「人民」三十六萬九千（註五十）。

（註四四）滿洲實錄卷4，4月。

（註四五）山中閒見錄卷 3。

（註四六）清太宗實錄卷 7，天聰4年4月己卯。

（註四七）同上，卷30，崇德元年7月辛酉。

（註四八）同上，卷31，崇德元年9月乙卯。

（註四九）同上，卷45，崇德4年3月丙寅。按實錄又載杜度的數字說：「俘獲人口二十萬四千四百二十有三。」

（註五〇）同上，卷64，崇德8年5月癸卯。

　　自天命三年至崇德七年，只不過二十五年的時間，單就以上所舉，所擄人口（天
命三年以前，如籌遼碩畫熊廷弼文所說，以及天聰三年第一次入長城擄人未記人數
的，均不算在內；人畜合計的，以人口佔五分之一計算）即有九十來萬！這還只是規
模較大而見於記載的一些，而且還不包括「來歸」的漢人、蒙古人和朝鮮人（註五一）。
就這些被擄來的九十來萬人即可能已超出了入關前滿族人口的總數（參前註七）

　　被擄去的人，有的留在家裡供使喚，有的編爲軍隊，而大部份則是編入農莊從事
耕作。李民寏建州聞見錄：

　　　　自奴酋及諸子，下至胡卒，皆有奴婢、農莊。奴婢耕作以輸其主。卒則但礪
　　　　刀劍，無事於農畝。

又朝鮮李朝仁祖實錄卷七，仁祖二年（明熹宗天啓五年，清太祖天命十年，1625）十
二月丙戌：

　　　　參將徐孤臣見昌城府使金若時曰：遊擊朱尙元差人自虜中來言，夷兵三萬，
　　　　漢兵四萬，屯駐蓋州、海州、遼陽、藩陽、鐵嶺之間。南北四百里，東西兩百
　　　　里，漢人內耕，夷兵外圍。

　　以上是當時朝鮮人所看到的由擄來的奴僕耕種的情形。努兒哈赤也說過「爲主者
宜憐僕。僕宜爲其主。僕所事之農業，與主共食」（註五二）。朝鮮人所看的情形跟努兒
哈赤所說的正相符合。

　　在他們的擄人對象中，能替他們運用腦筋的人（見前註三七），或工匠一類的技
術人材，由於特別需要，所以更受到重視。工匠一類的人被擄後所受的待遇即特別優
厚。朝鮮李朝宣祖實錄，卷一百三十四，宣祖三十四年（明萬曆二十九年，1601）二
月己丑：

　　　　往年北道總兵與老土相戰時，北道人物被擄者善手（于？）鐵匠，今在老酋

（註五一）藩陽狀啓（昭和10年，京城帝國大學法文學部刊印）頁 390，辛巳年12月23日：「蒙古及漢人之來
　　　　歸者，則不過期年，使自耕作，於朝鮮則五年之後始令自耕。」
（註五二）滿洲實錄卷 6，天命6年閏2月21日。

城中。而昔則胡地素無鐵丸（註五三）。兵器、斧、鐮等物，以水鐵反鑄，得用極貴。一自鐵人入去之後，鐵物興產。以此，老酋欣然接待，厚給雜物，牛馬亦給云云。

從這些情形中我們可以約略地看出，自努兒哈赤以來，他們在經濟生活方面之所以能百工俱興，突飛猛晉，主要的一個原因是由於擄來了大批的異族生產老手（二次大戰中，德國失敗後，史達林搶擄德國科學家的情形跟這相仿）。因爲那些生產老手，一擄來就可以種田的種田，打鐵的打鐵……而且可以隨意壓榨。他們在經濟生活方面的這種發展方式，似乎可以當作是他們整個文化發展之輪廓的縮影看。

這是一種揠苗助長的做法。當然，他們這樣做，也有他們的用意。因爲這樣既可以勻出更多的滿族青年去當兵，又可以節省訓練滿人成爲農夫或工匠所需要的時間和財力。他們自己只要握着刀劍，高高在上地做着「文化督辦人」，則技術方面、物資方面、乃至知識方面的種種需要都可以得到。然而，他們老是只利用奴隸的長處，不去學習奴隸的長處，所以他們只會拿刀拿劍，而不會拿鋤頭拿鐵錘。這使他們的民族在生產技能方面逐漸處於青黃不接的狀態。雖然努兒哈赤有雄心想建立自己的民族文化，但却依然沒有使這個弱點改變過來。當異族奴隸在他們的社會中愈來愈多時，他們自己也就愈浮在奴隸上面，而變爲寄養在奴隸上面的一個戰鬥集團。如果把所有的異族奴隸從滿族當時（入關前）的社會中抽出來，則滿人自己所能做的事恐怕就只有打獵和上操了。滿族入關，大業得成（皇太極語，見前註一四），於是他們又變爲浮在更多的奴隸上面的一個統治集團。而原先佔着最多份量的漢族奴隸也從龍入關，囘到漢族母體，這又恰似把奴隸從他們的社會中抽了出來。

揠苗助長的後果

根據以上的論述，我們可以在大體上看出，滿族入關前的文化發展，實際上只做到了改變生活方式的外表（把本來的以採獵畜牧爲基礎的生活方式改變爲農業社會的生活方式），而沒有從根本上去掌握鑄造那種生活方式的文化力量。所以我們也可以

（註五三）努兒哈赤於明萬曆27年「始炒鐵，開金銀礦」，見前註25引滿洲實錄。朝鮮實錄於萬曆29年記北道往年的事，時間與滿洲實錄相符，而且可能就是因爲擄得了朝鮮的鐵匠，才「始炒鐵，開金銀礦」的。

說，滿族是在「文化寄生」的狀態下進到關內來的。

以勝利者的地位入關，對於追求農業社會中的生活方式的滿人當然是一個大好機會。同時，滿族的領導分子也用種種辦法鼓勵滿人入關，以作為鞏固政權的資本。因此，滿族的民族重心很快就移到了關內（參看拙著滿族入關與東北漢化，待刊）。

滿族入主中國，使滿、漢兩族的關係在幾方面發生了重大的變化：㈠原先滿、漢兩族間的地域及社會等方面的界限打破了，而轉變成了全面的無界的接觸；㈡原先明末因政治腐敗所造成的漢族內部的對立和自相抵消力量的情形，也因滿族的入關及政權的轉移，而逐漸變成了征服者與被征服者的滿、漢對立；㈢滿、漢之間動刀動槍的戰爭轉變成了文化柔道。

但是，入關後，滿族的領導分子却依然沒有認識到，掌握文化對於民族的重要性比掌握政權還更深一層。他們所認識到的，只是形勢的外表，那就是：沒有鞏固的滿清政權，滿族便不能在關內立足；沒有勇悍的滿族做資本，也不會有鞏固的滿清政權。因此，他們不但鼓勵滿人入關，百般優待，而且把原有的八旗制度也搬入關內，想用全族皆兵的辦法來達到鞏固政權的目的。於是，「民族、武力、政權」三者便形成了這樣一種關係：以民族供作武力，以武力鞏固政權，以政權保護民族。這三者之間互相依存的關係也就是滿族在中國建立政權後的生機所在。然而，在這三者之中最重要的一環——民族，却也是最脆弱的一環。這一環之所以脆弱，主要是因為他們沒有掌握文化力量。以致使滿族生機所賴的那種三環互相依存的關係，自本身瓦解。

上面說到，滿族是在「寄生於漢族文化」的情形下進到關內的。入關後，為想使「民族、武力、政權」三者互相依存的關係永遠維持，他們的領導分子乃用盡心事使滿人的聰明才智只在八旗制度這個文化的狹小角落裡去發揮，而在通往更廣大的天地的路途上對自己的民族分子豎起了「禁止通行」的標誌（註五四）。所以滿族雖然掌

（註五四）由前註42引上論八旗等，可以看出滿清皇帝對於滿人向文藝方面發展，只是一昧阻之，而非導之。另外，在農、工、商等職業方面，對滿人也有限制。皇朝經世文編卷35，乾隆 5年，范咸八旗屯種疏：「蓋民生有四，各執厥業，士、農、工、商皆得以自食其力。而族人所藉以生計者，上則服官，下則披甲。」又同上，卷35，沈起元擬時務策：「況法制禁令更使之無可經營乎？若施非常之恩，下恢宏之令，俾脫族籍，東西南北，除伊祖、父作宦郡邑之外，許其擇便佔籍，隸於有司；將學而為士，力而為農，藝而為工，賞而為商，以至或為執師，為幕客。」

握了中國的政權，並且如願地生活在當時最大的農業社會中，但是他們跟「構成當時農業社會的基本文化成份」却毫無關係；他們依然是漢族文化的寄生者。

在八旗制度的框框內，滿人之不在軍營，不在官署的，都成了等待朝廷徵用的後備隊。他們享受優待，坐食國家錢糧。久而久之，這支後備隊竟變成了不士、不農、不工、不商、非兵、非民的所謂閒散（註五五）。由於飽食終日，而聰明才智又得不到恰當的發揮，於是精力氾濫，經常在歌場、賭館、戲院、酒肆這類地方消磨時光（註五六）。這種現象大致可以解釋說是，一般滿人下意識地不滿意他們的領導分子把他們領導得愈來愈背離文化的一種消極表現。當這種情勢一旦形成，而滿族青年大部份自小就是在那樣的環境中長大的，因此這些後備隊也就一代一代腐化下去。這樣不但沒有使滿族的後進發揮保護民族的力量，而且相反地使他們逐漸變成了對於滿族生機的內在威脅。這種情勢的形成與發展，表明了他們在跟漢族進行的文化柔道中已被摔倒在地上起不來了。梁啓超先生論到滿族到了清朝末葉的情形時說：

> 當其初期，創制滿洲文字，嚴禁滿漢通婚，其他種種設施，所以謀保持其民族性者良厚。然兩百餘年間，卒由政治上之征服者，變爲文化上之被征服者。及其末葉，滿洲人已無復能操滿語者；其他習俗思想，皆與漢人無異。不待辛亥革命，而此族之消亡蓋已久矣（註五七）。

滿族語言的喪失，顯然卽是文化漢化的延伸所造成的。順着這種情勢發展下去，可以料想到的結果卽是民族的融合。不過，如果建築在民族基礎上的滿清政權不崩潰，則滿族至少還可以在名義上維持存在。另外，當政權轉移到文化較高、人口較多的漢族手裡後，如果兩族的人口仍舊雜處，而沒有地域界線及主權對立，則可繼續朝着

（註五五）同上註，沈起元擬時務策：「未有擧數十萬不士、不農、不工、不商、非兵、非民之徒安坐而仰食於王家，而可以爲治者……」這就是指八旗閒散。

（註五六）上諭八旗雍正2年4月初5日：「朕以八旗滿洲等生計時匮於懷，疊沛恩施。其縱肆奢靡、飲酒、賭博，於歌場、戲館以覓醉飽等事，屢經降旨訓誡……」又同上，雍正6年7月初8日：「今時之少年滿洲等，不諳素習，惟事奢靡，賭博游戲。至於應習之滿洲技藝，反不專心學習。」

（註五七）梁啓超中國歷史上民族之研究（見國史研究六篇頁27，民國45年，臺灣中華書局）。

民族融合的方向去發展。滿族的情形正是這樣（註五八）。這大慨就是滿族在中國的結局
跟契丹與蒙古之所以不同的主要原因之一。

四、結　論

　　本文把滿族的漢化分為「文化同化」與「民族融合」兩個緊密相關的連續層次，
並且把「民族融合」這一層次看作是在某種情況下進行的文化同化所產生的結果。

　　滿族在文化上之所以同化於漢族，根本原因在於滿族本身的文化比漢族文化低。
當他們在尚未統一的部落時代，由於本身社會發展的需要，已開始由他們原有的以採
獵畜牧等生產方法為基礎的文化逐漸朝着以漢族為根源的農業文化的方向去發展。所
以滿族在關外時代的文化發展，實際上也就是一種由低文化朝向高文化的漢化運動。
而他們入關後的漢化，即是入關前的這一運動的延續。

　　滿族在文化發展的全部過程中，大體上只消極地表現出一種改變生活方式（由採
獵畜牧的生活方式變為農業社會中的生活方式）的外表的欲望，而沒有積極地設法去
掌握鑄造那種生活方式的根本力量——即文化力量。因此，他們也就一直沒有使移植
過去的農業社會中的文化成份活在他們自己的民族份子的身上。這使他們在文化發展
中不知不覺地形成了一道心理界限——只求改變生活方式的外表。而這道心理界限在
他們還沒有統一以前的部落時代的文化發展中即已在開始形成。

　　當努兒哈赤興起後，他的創業精神給滿族的文化發展帶來了一股新氣象。依照他
所鼓動起來的那種精神發展下去，他們很可能突破自部落時代沿襲下來的對於發展文
化的那道心理界限。但是，由於包括努兒哈赤在內的滿族領導分子對於這項可能使滿
族命運轉機的艱鉅工作沒有確切的認識，所以缺乏持續性。結果他們依然沒有衝出那
道傳統界限。可是，努兒哈赤的創業精神對於滿人却仍舊發生了激勵作用，使他們在
那道心理界限內，面對着腐朽的明朝，躍躍然讓欲望作畸形的膨脹——想推翻由文化

（註五八）滿族的這種情形跟美國白人社會中的黑人的情形雖然大致相似（指人口的多寡與文化的高低），但
　　　　是也有很不同的一面，那就是白人與黑人體形上有着顯著差別，一望即知。因此，隨歷史下來的許
　　　　多分別黑白的因素也都跟着體形的差異而實際存在着。滿漢之間體形上看不出有什麼差別。因此，
　　　　只要文化之牆與語言之牆一經推倒，兩族極易混合。

較高，人口較多的漢民族所建立的明朝政權。他們由只求改變生活方式的外表到企圖推翻明朝，欲望上的這種膨脹是有其一貫性的，因爲他們所追求的那種生活方式正是漢族文化的產物。所以當他們獲得了中國的政權後，民族重心很快就移到了漢族境內。另外，由於他們在入關前的文化發展過程中沒有使移植過去的農業社會中的文化成份活在他們自己的民族分子身上，所以他們也沒有在這一發展過程中使自己的民族分子跟他們的故鄉東北的天然環境直接建立起一套新的生態關係來；只是透過了被擄爲奴的大批異族（尤其是漢族）才間接地建立起這種關係來的。因此他們缺乏「安土重遷」的觀念。這也是他們很快就把民族重心移到關內的重要原因之一。

滿族把民族重心移入漢族境內，對於他們的「由文化同化於漢族進到民族融合於漢族」，有着密切的關係。因爲那使他們一方面在滿漢雜處的情形下，漢化的進行逐漸由文化的範圍延伸到了語言的範圍，另方面當他們的政權崩潰時，既喪失了可以作爲退身之地的老家——東北，又膠着在漢族的文化網與人口網中。所以滿漢兩族遂由文化的同化順利地進到了民族融合的階段。

滿漢之間的這段歷史，可以使我們更清楚地認識到：一、一個民族的文化在基本上乃是該民族所表出來的生存能力的總和，只要能有優於別人的表現，則其他處境方面的劣勢（例如漢族的被征服）終可扭轉；二、高低不同的文化之間所存在的壓力，無法永久抗阻，其由高向低的流向也無法強行改變，只有先改變高低勢差的方向才能改變流向；三、當民族被捲入到生存競爭的旋渦中時，武力是文化中的一個特別重要的部份，沒有武力則爲人魚肉，不過武力必須賴文化的其他部份供給養料，否則它將逐漸枯萎而喪失生機。

滿族能在東亞造成一段光輝的歷史，必定有他們的優點存在，這種優點或卽擅於利用別人的長處。但是他們也必定有某種缺點，這種缺點或卽是只止於利用別人的長處，而不去學習別人的長處，使它眞正屬於自己的力量。所以當別人一旦可以不被利用時，他們自己立卽變爲弱者。滿族之不能革除這種缺點，則又當歸因於他們的領導分子對於民族生存的遠景缺乏正確、明白的認識。也許有人認爲這樣的評論對古人是一種苛求，本文作者並無此意；相反地，作者認爲苛求古人卽是糟踏歷史。所謂古人與今人，只是在民族生存脈序上的時間位置不同而已，誰都不能不成爲古人。對於民

族生存前途的殷望，古人與今人實無二致。所以卽使今人對古人有所苛求，那也是古人所樂聞的。滿漢的融合，順乎事態之自然。其間有要求出旗的滿人，也有拼死保皇的漢臣，這些都是順乎自然的表徵。今滿漢旣已融合在一起，跟古往其他民族的融合一樣，都已成爲中華民族的分子，則在夜黑風高的處境中，人人休戚相關，增強生存能力的目標自屬一致。

　　附記：本著作之完成，得國家科學委員會之補助，特此誌謝。